金融学精选教材译丛

MULTINATIONAL BUSINESS FINANCE [第11版]

跨国金融与财务

戴维·K. 艾特曼（David K. Eiteman）
〔美〕阿瑟·I. 斯通希尔（Arthur I. Stonehill） 著
迈克尔·H. 莫菲特（Michael H. Moffett）
贺学会 陈诤 王海峰 梁志兵 译

北京大学出版社
PEKING UNIVERSITY PRESS

北京市版权局著作权合同登记　图字:01-2006-5874

图书在版编目(CIP)数据

跨国金融与财务(第11版)/(美)艾特曼(Eiteman, D. K.)等著;贺学会等译. —北京:北京大学出版社,2009.2

(金融学精选教材译丛)

ISBN 978-7-301-12316-4

Ⅰ. 跨…　Ⅱ. ①艾… ②贺…　Ⅲ. 跨国公司-国际金融-教材　Ⅳ. F276.7　F831

中国版本图书馆CIP数据核字(2007)第113280号

书　　　名:跨国金融与财务(第11版)

著作责任者:〔美〕戴维·K.艾特曼　阿瑟·I.斯通希尔　迈克尔·H.莫菲特　著
　　　　　　贺学会　陈　净　王海峰　梁志兵　译

责 任 编 辑:张　燕　张慧卉

标 准 书 号:ISBN 978-7-301-12316-4/F·1657

出 版 发 行:北京大学出版社

地　　　址:北京市海淀区成府路205号　100871

网　　　址:http://www.pup.cn　电子邮箱:em@pup.pku.edu.cn

电　　　话:邮购部62752015　发行部62750672　编辑部62752926　出版部62754962

印　刷　者:北京宏伟双华印刷有限公司

经　销　者:新华书店

　　　　　　850毫米×1168毫米　16开本　45.25印张　1025千字

　　　　　　2009年2月第1版　2013年11月第2次印刷

印　　　数:4001—6000册

定　　　价:78.00元

丛书序言

北京大学出版社策划出版的《金融学精选教材》系列图书与读者见面了，这是一件令人兴奋的好事。众所周知，现代经济已经进入金融经济时代。经济关系的国际化扩大了金融活动的空间，使得经济全球化、金融全球化的格局逐步形成。如何使广大金融学和相关专业的学生站在国际视野，全面而系统地了解现代金融活动的本质和金融市场运作的内在规律，已经成为世界各国金融学教育中必须面对的重大现实问题。

中国是一个金融人才短缺的国度，急需培养一大批高质量、具有国际先进知识的优秀金融人才，从而增强在经济全球化背景下的国际竞争力。而我们深知，要培养出一流的金融人才，不仅需要一流的师资和学者、一流的教学管理水平，而且还需要一流的教科书。作为在国内外从事了多年金融学研究和教学的学者，我们深感国内教材建设严重滞后，教材老化、脱离现实、远离前沿的现象非常严重。虽然随着近年来一批国外原版教科书的陆续引进，上述情况已经有所改善，但与国外相比还存在着很大的差距。将国外最优秀的著作引入中国，让国内的学生能够接触到国际最经典和前沿的理论知识，让国内的教师能够借鉴国际上最成熟先进的教材编写方式和教学方式，进而推动中国的现代金融学教育，是中国的教育界和出版界共同肩负的神圣责任和使命。正是本着这样一种强烈的使命感，北京大学出版社在组织国内顶级专家编写优秀金融学教材和专著的同时，特地精选了一批在国际上享有盛誉的经典力作。

《金融学精选教材》系列所入选的图书包括三种类型：在专业领域内有着广泛影响的权威之作，比如 J. Weston，Mark Mitchell 和 J. Harold Mulherin 教授撰写的有着广泛影响的并购重组和公司治理教材 *Takeovers, Restructuring, and Corporate Governance*（第 4 版）；国外最具畅销性的金融学教材，如 Copeland 等人的 *Financial Theory and Corporate Policy*（第 4 版）；著名金融学专家的最新力作，如货币银行学专家 Stephen G. Cecchetti 教授编著的最新货币银行教材 *Money, Banking and Financial Markets*，等等。这些著作都有一个共同特点，就是内容丰富，叙述严谨，深入浅出，非常适合金融学和相关专业高年级本科生、研究生和 MBA 作为教材或研究参考书；同时，由于理论与实践的并重，其中大多数著作对于金融行业的从业人员来说也具有很高的参考价值。为了满足不同层次教学以及双语教学的需要，本丛书中的大多数图书都将同时推出中文翻译版和英文影印版。

《金融学精选教材》是一个开放的系列，在出版社和丛书编委会的精心挑选和严格把关下，相信将有越来越多的国外优秀金融教材入选其中。我们热切期待更多的专家学者为我们提出宝贵的意见和建议，也衷心希望本丛书的出版能为中国的金融学教育和现代金融人才的培养作出一份贡献。

《金融学精选教材》
丛书编委会
2006年12月

前　　言

如同国际金融领域所取得的进展一样,《跨国金融与财务》的内容也发生了很大的变化。在以前的版本中,我们将跨国企业看做既充当国际贸易的催化剂和服务商,也充当其分支机构东道国中的重要生产商和分销商的唯一的机构。跨国企业的成功仍被认为是取决于其识别并受益于国内产品、要素和金融资产市场不完善的能力。

从以前版本中延续过来的还有本书的主题,那就是汇率的波动可能会加大风险,但如果对外汇风险管理有正确的理解,它们也会为投资者和企业创造获利的机会。

在第11版中,我们继续重点关注货币市场和资本市场的全球一体化这一重要的趋势,因为这一趋势为需要筹资的投资者和机构创造了更多机会。尽管金融市场的全球一体化消除了阻止资本跨国流动的一些市场不完善因素,但仍然存在着一些有利的机会,对投资者而言可以使他们在通过国际性组合投资降低风险的同时提高收益,对企业而言可以通过资金来源的国际化而降低资本成本。

第11版的改进

- 本书的章节根据读者们的意见进行了重新排序:国际平价条件从以前的第6章前移到了第4章,汇率决定与预测现在是位于第5章而不是第7章,外汇市场现在是第6章而不是第4章,外汇衍生品现在是第7章而不是第5章。
- 第1章进行了修改,以突出对公司控制权的白热化的争论,以及政府对大量治理危机和失灵[如安然(Enron)和世界通信公司(Worldcom)]的反应。
- 第2章“国际货币体系”的内容进行了更新,以将一些特定的材料包括进来,如2005年7月中国人民币升值的最新小案例。
- 第3章“国际收支平衡”的内容进行了更新和扩展,使其涵盖了关于贸易流和贸易余额如何受到汇率变化和波动影响的最新研究成果。本章的新增内容还包括美国政府持续增长的赤字在融资上对外国资本的依赖。
- 第5章对汇率决定的分析中,在汇率预测的理论和实践层面都得以扩展,以便突出对预测理论与实践不足之处的新近研究成果。本章中给出的一个新的小案例突出了近期在汇率预测实践中的困难。
- “资金转移”(原第21章)和“营运资本管理”(原第22章)被整合在一起,成为新版中的第 22 章。

• 原第 24 章“国际金融高级议题”中的诸多主题,被移至贯穿全书的选读性附录中,且位置一般都紧随在与之相关的基本主题之后。

• 原第 20 章“国际投资组合理论”被重新编排至新版的第 15 章。原版第 23 章“国际贸易融资”则被重新安排至第 20 章。

• 由于我们的小案例受到越来越多的欢迎,因此每章现在都至少包含一个作为对本章材料应用的小案例。有些章节(如第 8 章)在对交易风险的论述中,实际上包含了两个小案例,其中有些是在本版中新增的。

• 每一章都有各种对当前热点话题和事件的讨论,这些讨论被放在“金融实务专栏”中,以便继续深化读者对现实世界中的行业惯例以及对章节内容的管理和制度含义的认识。

《跨国金融与财务》一书中的大量修改充分反映了我们所理解的一本教材所应具有的易接受性,这些修改包括全书页数的缩减、更为短小精悍的案例讨论,以及既有利于复习又对读者具有一定挑战性的各类新颖的习题。我们希望借此修改,在这一领先的教科书中继续保持简明性、实践性、与时俱进性和可读性。

补充材料

第 11 版仍然包含一个补充材料包。由南俄勒冈大学的 Curti. J. Bacon 准备的试题库包括 700 多道题目,由 Mark. J. Bradt 准备的 PPT 幻灯片提供了各章的讲义和有关的图表,教师资源光碟包括了教师手册、试题库、PPT 幻灯片、章末习题的工作表解答以及案例材料。

此外,学生也可以得到一部分经选择的章后习题工作表解答。他们可以从 www.aw-bc.com/eiteman 的网址去下载这些工作表。教师可以通过教师资源中心和教师资源光碟得到对所有习题的工作表解答。

读者群

《跨国金融与财务》第 11 版适用的读者群与以前的版本完全一样。以前的版本被各大学本科学位教育项目、大学承担的管理教育项目和公司管理发展项目作为国际金融与财务管理课程的教科书广泛使用。

读者将会发现,如果他们具有基本金融课程的知识背景或者与此类似的实践背景,本书将能发挥更大的作用。如果之前修过国际经济学的课程是最理想的,但本书和网站补充材料的设计已经覆盖了足够的经济学内容,因此,这样的课程背景并不是必需的。

语言

请原谅我们“王婆卖瓜,自卖自夸”,但我们的确非常骄傲于这一事实:《跨国金融与财务》已经被译为六种文字:中文(简体和繁体)、法语、印度尼西亚语、葡萄牙语、西班牙语和乌克兰语。看来市场本身也已经认识到本书的内容是全球性的了。

致谢

作者非常感谢许多为本书各版本提供了评论、批评意见及改进建议的人们。第11版从我们收到的对以前版本的评论(无论是正式评论还是各位同事对我们的回复)中受益匪浅。

不可避免的是,本书中嵌入了许多来自世界各地我们所任教的机构中的同事和学生的想法。这些机构包括我们所工作的大学,即加州大学洛杉矶分校、俄勒冈州立大学、夏威夷大学和雷鸟大学(Thunderbird)。我们作过短暂访问的机构包括香港科技大学、加州大学伯克利分校、位于安娜堡的密歇根大学、英国的克兰菲尔德管理学院、夏威夷大学马诺亚分校、挪威的北欧管理学院、丹麦的哥本哈根商学院和奥尔胡斯商学院、芬兰的赫尔辛基经济与工商管理学院、位于海德拉巴的印度商学院、阿根廷的管理发展学院、新加坡国立大学、南斯拉夫公共企业国际中心、中国的北京化工大学和大连科技大学。我们还从阿根廷、比利时、加拿大、丹麦、芬兰、危地马拉、中国香港、印度尼西亚、日本、马来西亚、墨西哥、荷兰、挪威、中国内地、秘鲁、瑞士、中国台湾、英国和委内瑞拉等国家和地区进行的咨询工作中受益匪浅。

我们还想感谢 Addison Wesley 公司为本书第 11 版付出了辛苦劳动的所有人——Donna Battisa, Allison Stendari, Meredith Gertz, Heather Mo,以及 Argosy 出版公司的 Richard Harrington 和 Kevin Sullivan 所率领的超强团队。

最后,我们愿意将该书献给我们的父母——已故的 Wilford 和 Sylvia Fiteman、已故的 Harold 和 Norma Stonehill,以及 Bennie Ruth Moffett 和已故的 Hoy K. Moffett,是他们给了我们作为学者和作者的动力。我们还要感谢我们的妻子 Keng-Fong、Kari 和 Megan,感谢她们在我们准备该书的数年中所付出的耐心。

戴维·K.艾特曼

阿瑟·I.斯通希尔

迈克尔·H.莫菲特

目　录

第一篇　国际金融环境

第二篇　外 汇 理 论

第三篇　外汇市场和衍生品

第四篇　外汇风险

第五篇　公司的全球化融资

第六篇 对外投资决策

第七篇 跨国经营管理

第一篇 国际金融环境

第1章　比较公司治理与财务目标

第2章　国际货币体系

第3章　国际收支

第一篇主要介绍跨国公司(MNE)所赖以生存的国际金融环境。

其中第1章描述了国际金融管理的不同之处。给定所有权和管理权的分离,管理的目标是什么?我们分别阐述了股东财富最大化模型和利益相关者资本主义模型。我们仍然需要确定营业目标。本章的主题是公司治理的作用,其内容将包括公司治理的目标与结构、公司治理的比较、家族所有制、公司治理的失灵及其改革。

第2章以介绍国际货币体系从古典的金本位到当今时代货币的简要历史为开端。这一历史包括欧洲货币市场的发展及该市场上重要的基准利率——伦敦银行间拆放利率(LIBOR)。接下来,我们描述了当代各种不同的货币制度——固定汇率制和浮动汇率制,以及理想货币的特征和属性。然后,我们分析了新兴市场和制度选择,包括货币局和美元化问题。然后介绍了欧元的诞生和通往货币一体化之路,包括欧盟在2004年5月1日的扩张。最后一小节从固定规则与相机抉择、合作与独立的角度分析了不同汇率制度间存在的权衡关系。

第3章的主题是国际收支。我们详细分析了每一个账户以及最重要的汇总账户(summary accounts)。我们解释了国际收支总是维持“平衡”状态的原因。本章接下来提供了美国1993—2004年详细的国际收支账户情况。最后,通过对国际收支如何与GDP、汇率、利率和通货膨胀率等关键宏观经济变量进行互动的分析来结束全章。

第1章　比较公司治理与财务目标

本书是关于国际金融管理的教科书，其重点在于研究跨国公司的活动。**跨国公司**(multinational enterprise, MNE)是指在国外设有营业性子公司、分公司或附属机构的企业。它还包括从事诸如咨询、会计、基建、法律、广告、娱乐、银行、电信和酒店等服务业的公司。

跨国公司的总部遍及全世界。其中许多公司都是由国内股东和国外股东共同所有。有些公司的所有权是高度国际分散的，以致它们被称为“跨国公司”(transnational corporations)*。跨国公司通常是从全球的视角而不是某一个国家的视角来进行管理的。

尽管**跨国公司金融**(multinational business finance, MBF)强调的是跨国公司，纯粹的国内公司也常常有可观的国际业务。这些业务包括产品、原材料和服务的进出口。国内公司也可以注册国外公司来运作它们的国外业务。它们在其国内市场上面临来自国外的竞争，也可能通过与客户和供应商之间的往来关系而面临间接的国际风险。因此，国内企业管理者也需要理解国际金融风险，特别是那些与汇率有关的国际金融风险，以及与贸易支付有关的信用风险。

1.1　全球金融管理有何不同

图表1.1详细描述了国际金融管理与国内金融管理的主要区别。这些区别包括制度、外汇和政治风险，以及对金融理论和金融工具所作的必要修正。

国际金融管理需要对文化、历史和制度上的差异以及它们对公司治理的潜在影响具有一个透彻的理解。尽管国内公司和跨国公司都面临着外汇风险，跨国公司仍要面对一些国内业务经营中通常并不存在的风险，如政治风险。

---

* 此处作者区别了MNE和transnational corporations。严格地说，MNE是指多国公司，即在多个国家有分支机构和业务的企业，而transnational corporations是指因所有权为不同国家居民所分散持有而称的“跨国公司”。但在中文习惯中，我们并不作这种区分，而统称为“跨国公司”或“跨国企业”。——译者注

图表 1.1 国际金融管理有何不同

概　　念	国际金融管理	国内金融管理
文化、历史和制度	在每个其他国家都是独具特色的，且并不总被跨国公司管理层所理解	每个国家都有一个公认的基准
公司治理	外国的监管和制度惯例总是独一无二的	监管和制度被充分理解
外汇风险	跨国公司因为它们的子公司、进出口和外国竞争对手而面临的外汇风险	因进出口、国外竞争（没有外国子公司）而引致的外汇风险
政治风险	跨国公司因其外国子公司和高知名度而面临的政治风险	政治风险可忽略
国内金融理论的修正	因为国际的复杂性，跨国公司必须对资本预算和资本成本等金融理论作出修正	传统金融理论可以适用
国内金融工具的修正	跨国公司运用期权、期货、互换和信用证等被修正了的金融工具	因为较低的外汇和政治风险，较少运用金融工具和衍生品

跨国公司还面临一些其他任务，这些任务可以被归入对国内金融理论的延伸。例如，必须对资本成本、债务与股权融资、资本预算、营运资本管理、税收和信用分析等国内适用的常规分析方法进行修正，以适应国际市场的高度复杂性。此外，国内金融管理中使用的一些金融工具也需要进行修正，以满足国际金融管理的要求。这方面的例子有外汇期权和期货、利率和货币互换、信用证等。

本章的其余部分考察了文化、历史、法律、政治和制度方面的差异如何影响一个公司财务目标的选择和公司治理。

1.2 所有权和管理权的分离

美国和英国股票市场是以股权的高度分散为特征的。管理层仅持有其公司一个很小比例的股票。与之相对，在世界的其他地方，所有权往往以存在控制性股东为特征。典型的控制性股东包括：

（1）政府（如私有化的公用事业）；

（2）机构（如德国的银行）；

（3）家族（在法国和亚洲很普遍）；

（4）财团（如日本的财团和韩国的财阀）。

通过双重投票权、董事会联结、董事会轮选制、收购保护和其他在英美市场上不甚采用的技术，股票所有者的控制权得到了强化。

1.3 管理的目标是什么

金融学入门课程的教学往往是在将股东财富最大化作为管理目标的框架下进行

的。这一看法不仅在英美国家的金融课程中占据主导地位，而且从某种程度来说，在其他地区的基础金融课程中也是如此。人们可以观察到同样的教科书（或者是其译本）在全世界使用。即使是一些本土的作者撰写本国使用的基础金融教科书时，也往往采用英美市场上使用的同样的理论模型。

尽管在英美市场上，最大化股东财富的目标很可能在理论和实践层面都是具有现实意义的，但在其他地方不见得总是如此。在英美市场和世界其他地区的市场上，公司和投资者的哲学方面存在着一些根本的区别。因此，我们必须认识到，在基础金融课程中教授的所谓的"普遍真理"事实上可能是"文化决定的规范"。

1.3.1 股东财富最大化模式

英美市场上有一个基本的哲学，即公司的目标应该服从**股东财富最大化**（shareholder wealth maximization, SWM）模式。更具体地说，公司应该坚持在给定风险水平的条件下，使股东的收益最大化，其收益通过资本利得和股利之和来进行度量。换句话说，对于给定的收益水平，公司应该最小化股东的风险。

SWM 模型假设股票市场是有效的，并将其视为一条普遍真理。这种描述意味着股票价格永远是正确的，因为它包含了投资者认识到的收益和风险的所有预期因素。股票价格会立即将新的信息反映进来。如此一来，股票价格就被当做宏观经济中最佳的资本配置器了。

SWM 模型还将它对风险的定义当做一个普遍真理。风险被定义为该公司的股票给一个分散化投资组合所增加的风险。公司总的营业风险可以被投资者的投资组合分散化消除掉。因此，这种**非系统风险**（unsystematic risk），即个体证券的风险，不应该被作为管理层的一个主要关注点，除非它增加了破产的可能性。**系统风险**（systematic risk），即一般性的市场风险，是不能被消除的。这一概念是通过将股票价格看做是股票市场的函数来反映风险的。

代理理论。代理理论研究股东如何激励管理层来接受 SWM 模型的理念。[①] 例如，股票期权的有效使用应该可以鼓励管理层站在股东的立场上考虑问题。这些激励是否取得了成功，仍需要讨论。但是，如果管理层与为股东收益最大化工作的 SWM 目标偏离太远的话，董事会将会换掉他们。在董事会过于弱势而无法采取这种行动的情况下，股权交易市场可以通过接管来实现这一点。通过大多数英美市场中存在的一股一票的投票规则，这种约束机制发挥作用成为可能。

长期与短期价值最大化。在 20 世纪 90 年代，美国和其他国家，特别是美国经济的繁荣与股票价格的上升暴露了 SWM 模型的一个缺陷。几个大的美国公司不是在寻求长期价值最大化，而是短期价值最大化（如关于是否要满足市场每季度赢利预期的持续争论）。这种策略部分地导源于过分慷慨地使用股票期权来激励高级管理层。为了

① Michael Jensen and W. Meckling, "Theory of the Firm: Managerial Behavior, Agency Costs, and Ownership Structure", *Journal of Financial Economics*, No. 3, 1976, and Michael C. Jensen, "Agency Cost of Free Cash Flow, Corporate Finance and Takeovers", *American Economic Review*, 76, 1986, pp. 323—329.

使短期赢利水平的增长最大化，满足投资者日益膨胀的预期，Enron、Global Crossing、HealthSouth、Adelphia、Tyco、Parmalat 和 WorldCom 等公司采取了冒险的、欺骗性的，有时甚至是不诚实的做法来进行赢利记录和(或)债务隐瞒，这些做法最终导致了公司的崩溃。这些做法也导致了大量的对公司总裁、财务总监、会计公司、法律顾问和其他相关方面的起诉。管理层和投资者的这种破坏性的短期目标被恰当地称为**缺乏耐性的资本主义**(impatient capitalism)。这一争议点有时也被称为公司的**投资期界**(investment horizon)，它表示的是公司的行为，即它的投资和经营活动产生赢利所需要的时间长度。

与"缺乏耐性的资本主义"相对应的是**有耐性的资本主义**(patient capitalism)，这一概念的关注点是长期的股东财富最大化。通过所投资的伯克希尔-哈撒韦公司(Berkshire Hathaway)，传奇投资家沃伦·巴菲特代表的是最有耐性的资本家之一。通过将投资组合集中于像可口可乐这样的成长缓慢但却随经济稳步增长的主流公司，巴菲特变成了身价数十亿计的富翁。面对2000年前后高成长但却充满风险的网络公司或"高科技"部门投资的诱惑，他从容应对，这使他逃过了2001年网络泡沫的最终破灭。

1.3.2 利益相关者资本主义模式

在非英美市场上，控制性股东也是试图最大化股权资本的长期收益。但是，他们却受到更多的约束，这些约束来自强大的其他利益相关者。特别是工会的力量比英美市场更强大。为了保护重要的利益相关团队，如当地社区、环境和就业，政府对市场有着更多的干预。相对于证券市场，银行和其他金融机构是更重要的债权人。这种模式被称为**利益相关者资本主义模式**(stakeholder capitalism model, SCM)。

市场有效性。SCM 模式并没有假定股票市场是有效的或无效的。市场的无效性实际上并不要紧，因为公司的财务目标并不完全是股东导向的，它们还受到其他利益相关者的约束。在任何情况下，SCM 模式都假定在长期意义上，"忠诚"的股东——典型的如控制性股东——而不是临时性的投资者，会影响公司战略。

风险。SCM 模式假定**总风险**(total risk)——即经营风险和财务风险——确实是重要的。给定公司的使命和目标，在长期内以尽可能高的确定性获取增长的赢利和红利，则是公司的特定经营目标。风险更多的是通过产品市场的波动来度量的，而不是用来反映短期的赢利和股票价格波动。

单一目标与多重目标。尽管 SCM 模式避免了 SWM 模式的缺陷——即基于短期的缺乏耐性的资本——但它也有自己的缺陷。试图满足多种利益相关者的想法给管理层留下了一个关于目标冲突的不明晰的信号。相反，管理层却试图通过局面或口头的信息披露和复杂的薪酬体系来影响这种目标冲突。

记分卡。与 SCM 模式相比照，SWM 模式需要一个价值最大化的单一目标，以及一张良好定义的记分卡。用 Michael Jensen 的话说就是：

> 最大化公司的市场总价值——即公司股权、债务和其他发行在外的或有要求权的市场价值加总——是指导公司管理者在多种成分(或利益相关者)中实现最优权衡的目标函数。它告诉公司要将每一美元额外的资源花在满足每个利益相关

者上，只要该利益相关者对这一投资结果的评价超过一美元。在这种情况下，从资源的投资中公司得到的回报将至少是一美元（以市场价值衡量）。[2]

尽管两种模式都有自己的优点和缺陷，但近年来有两种趋势导致股东财富方面受到越来越多的关注。一方面，在更多的非英美市场越来越多地对产业进行私有化的背景下，关注股东财富对从很多其他国家来的外部投资者那里吸引国际资本来说好像是必需的。另一方面，至今仍然充满争议的是，许多分析师相信，以股东为基础的跨国公司在它们所处的全球产业中越来越占据主导地位。没有什么比成功更能吸引追随者。**“金融实务专栏1.1”**就阐述了在德国向股东财富转移的趋势。

金融实务专栏1.1

GLOBAL FINANCE IN PRACTICE

价值观变革：满足股东需要

尤里克·哈特曼（Ulrich Hartmann）是行业巨头Veba AG公司的总裁。他在做的事情在德国是闻所未闻的：他在担心股东价值！他已经让几千工人下岗了，解雇了长期雇用的经理们，还关闭了一些历史可追溯至Veba创业之初的部门——所有这一切都是以投资者的名义。“亲爱的股东们，”他在去年的年报中说，“我们的使命是为你们创造价值。”

按收入计算，Veba是德国第四大企业。它的发展显示了德国各大公司董事会中的一种趋势。哈特曼先生相信，这种趋势在德国将会更加明显，因为对股东价值的追求符合每个人的利益。“满足股东的利益需求是保证其他利益相关者也得到满足的最佳途径，”他说，“如果所有的工作都在一个病态的公司中进行，那对任何人都没有好处。”

但德国公众习惯了一种神话般的“德国管理模式”，这种模式被其拥护者们描述为“人性资本主义”（capitalism with a human face）。他们对上述这种新的做生意的方式保持着强烈的怀疑态度。“许多人被遗忘了，”一位名叫诺伯特·威佐莱克（Norbert Wieczorek）的德国下参议院参议员和反对社会民主党的经济专家说，“那不是德国人的方式。”

哈特曼先生是热情拥抱股东价值概念的德国经理人之一。其他人还有Hoescht AG公司的居尔根·多曼（Juergen Dormann）和戴姆勒–奔驰公司的居尔根·希利姆普（Juergen Schrempp）。在最近的一次采访中，一位秘书插话通知希利姆普先生奔驰公司股票的开盘价格。“一年以前，公司里没有人知道股票价格是多少。”而现在，他补充道，公司在做每件事的时候都将股东牢记心中。

② Michael C. Jensen, “Value Maximization, Stakeholder Theory, and the Corporate Objective Function”, *Journal of Applied Corporate Finance*, Volume 14, No. 3, Fall 2001, p. 12.

促使公司转变观念的因素是日益增长的资本需求。在德国国内无法筹集到足够资金的情况下，公司就转向国外融资。药品公司 Hoechst、Bayer AG 和 Schering AG 都有几乎一半的股票被非德国人所持有，他们需要的不仅仅是一张红利支票。“再也不存在德国、法国或美国的资本市场了，”Veba 公司的哈特曼先生说，“这是一个全球的资本市场，我们必须采用共同的游戏规则。”

资料来源：Greg Steinmetz, “Changing Values: Satisfying Shareholders Is a Hot New Concept at Some German Firms”, *The Wall Street Journal*, 3/6/96, pp. A1, A10.

1.3.3 跨国公司的经营目标

跨国公司必须由适合各种不同公司层次的经营目标来引导。即使公司的目标是最大化股东价值，对公司的高管来说，投资者对公司进行估值的方式也并不总是显而易见的。许多高层管理者都相信股票市场是以难以理解的方式在运行，其结论并不总是一致的。因此，许多公司都希望了解来自投资者的对实现经营目标的一个有利的反应，这些经营目标可以为公司经营的方式所控制。

跨国公司必须做好以下三个普遍的经营财务目标之间的平衡：

（1）合并税后利润最大化；

（2）公司有效总体税负最小化；

（3）公司收益、现金流和可用资金在不同国家和币种之间的正确配置。

这些目标经常都是不相容的，对某一方面的追求可能会导致另一方面结果的不理想。管理层必须在未来的目标权衡中作出正确的决策，这正是为什么要雇用人而不是计算机担任经理的原因。这些经营目标应该建立在对哪些变量创造或消灭价值的精到理解的基础之上，对此我们在**金融实务专栏 1.2** 中有详细阐述。

金融实务专栏1.2

GLOBAL FINANCE IN PRACTICE

什么创造价值

股东价值（shareholder value）这一概念经常被企业管理者和投资者误解。资本利得（股票价格的变动）和红利（本期收益的分配）的度量并不能告诉我们如何创造股东价值的全部故事。然而，分析师和投资者往往看得更远，除了公司价值评估中的基本财务绩效之外，他们还看到企业的知识资产。

知识资产（knowledge assets）是公司的无形资产，它是指公司在知识方面所掌握的竞争优势的来源和使用情况。专家们认为，至少存在 10 种类型的知识资产：

(1) 创新；
(2) 产品质量；
(3) 客户服务；
(4) 管理技能；
(5) 组建联盟；
(6) 研究与产品/服务开发；
(7) 流水线操作技术；
(8) 品牌价值；
(9) 员工关系；
(10) 对环境与社区的认知。

投资者关注的并不是由数字所表达的过去的经营绩效，而是未来的前景和他们投资的可能回报。因此，对管理层来说，与投资者和分析师就公司未来愿景进行沟通是至关重要的。那么，分析师和投资者到底需要什么？他们需要的是透明度、诚实和公开，他们需要管理层展示能够兑现他们承诺的能力，他们需要公司具有清晰定义的策略、可度量的结果和价值观。

什么消灭价值

有些时候，知道什么不能做恰恰是最重要的。尽管有无数的专著、期刊、教材和讨论会来帮助公司的关键决策者定义和重新定义他们的策略并实施他们的计划，还是有很多失败的教训值得我们引以为鉴。Forrester 公司最近对全球财富 1 000 强公司所作的一项调查中，将公司股票价值损失（损失在 25% 以上）的主要原因归结为四种类型：战略因素（占总原因的 58%）、经营因素（31%）、财务因素（6%）和意外因素（5%）。

战略因素：		经营因素：	
客户需求下降	24%	成本失控	11%
竞争压力	12%	会计规则不力	7%
并购中的整合问题	7%	管理无效	7%
产品参差不齐	6%	供应链问题	6%
客户定价压力	4%	财务因素：	
关键客户流失	2%	国外的宏观经济问题	3%
监管问题	1%	主要投入品的价格	2%
研发滞后	1%	利率波动	1%
供应商问题	1%	意外因素：	
		诉讼	1%
		自然灾害	1%

资料来源：www.forrester.com（未署日期）。

合并利润。跨国公司的主要经营目标是最大化合并税后利润。**合并利润**（consolidated profits）是指用母公司所在国货币计量的公司所有经营单位用许多不同币种进行经营所得利润之和。这并不是说公司不要追求未来现金流现值最大化；它只是说明在全球化管理中，大多数日常决策都是关于当前赢利的。跨国公司的领导者，即提出和执行公司战略的高级管理团队，在考虑问题的时候眼光必须更加长远。

例如，按照传统，外国子公司有它们自己的一套财务报表：(1) 损益表，该报表概括了公司在一年中所产生的收入和费用；(2) 资产负债表，该报表概括了该经营单位产生收入的过程中所使用的资产，以及这些资产的融资来源；(3) 现金流量表，该报表概括了公司在一年中产生和使用现金流的一切业务活动。为了计税和向当地政府汇报的方便,这些报表起初都是用经营单位的当地货币来编写的,但为了向股东报告经营成果,这些报表必须与母公司的财务报表进行合并。

1.4 公司治理

尽管任何公司(包括国内公司、国际公司或跨国公司)要生存,一个最基本的条件是必须具有自己的治理结构,但这一主题却已成为过去几年间政界和商界争论的一个重要主题,因为各种形式的治理失灵已经导致了公司的欺诈行为和破产。在近几年中,公司治理的丑闻和失效在全球的商业新闻中占据了主导地位。从安然公司的会计欺诈和商业行为伦理问题开始,到2001年秋天该公司的破产时达到顶峰,公司治理的失灵已经将商业行为的伦理和文化问题提上了日程。

1.4.1 公理治理的目标

公理治理最为重要的目标是持续实现股东收益最大化。为了实现这一目标,良性公司治理应该是,通过发展和实施公司战略,以确保公司成长和公司股权价值增加,由此将公司董事会的注意力集中到这一目标上来。与此同时,好的公司治理方式还应该保证与利益相关者建立有效的关系。③

良性公司治理是由经济合作与发展组织(OECD)所界定的,这种表述被广泛接受:④

1. **股东权利**。公司治理框架应该保护股东的权利。

2. **股东的平等待遇**。公司治理框架应该保证所有股东(包括小股东和外国股东)受到相等的待遇。在他们的权益受到侵犯时,所有股东都应该有机会得到有效的赔偿。

3. **公司治理中利益相关者的作用**。公司治理框架应该将利益相关者的权利看做法定的,并鼓励公司和利益相关者在创造财富和就业,以及公司财务稳健的可持续性等方面进行积极的合作。

4. **信息披露与透明度**。公司治理框架应该保证在有关公司财务状况、经营业绩、所有权及治理等方面的所有实质性问题上进行及时和准确的披露。

5. **董事会的责任**。公司治理框架应该保证董事会能对公司进行战略上的指导、对管理层进行有效监督,并保证董事会对公司和股东的责任。

显而易见,这些原则主要集中于几个关键的领域:股东权利和作用、信息披露和透明度,以及董事会的责任。这些议题我们将在下面几节中进行更详细的讨论。

---

③ 公司目标的这一定义是基于国际公司治理网络(ICGN)给出的概念,ICGN是致力于改进全球公司治理的一个非营利机构。

④ "OECD Principles of Corporate Governance", The Organization for Economic Cooperation and Development, 1999, revised 2004. http://www.oecd.org. Available free online.

1.4.2　公司治理的结构

我们面临的第一项挑战就是要了解人们在使用“公司治理”这一术语时所指的是什么意思。图表 1.2 为现代公司治理中所涉及的相关各方及其责任提供了一个概览。现代公司的行为不仅受到内部力量的引导和控制,还受到外部力量的引导和控制。

图表 1.2　　公司治理的结构

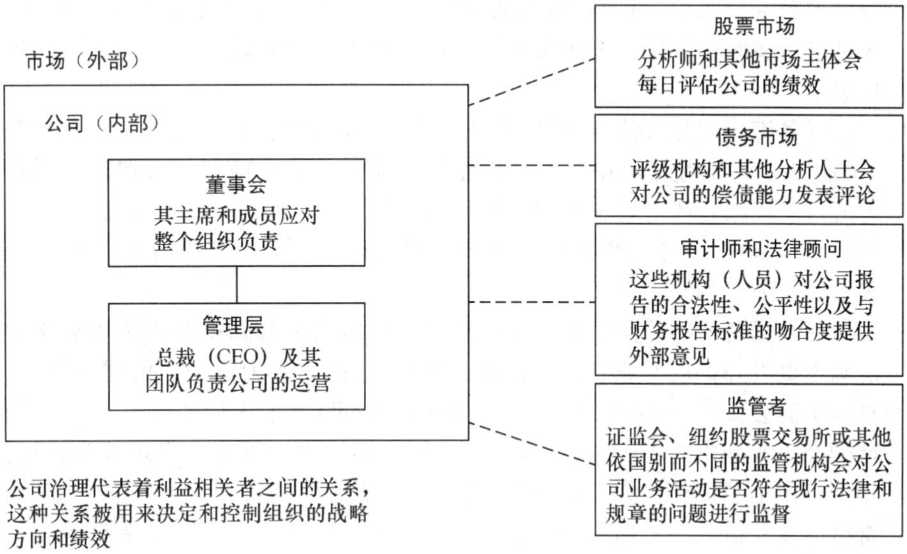

内部力量是指那些对于决定公司战略方向和公司未来直接负责的力量,包括公司管理者(如总裁,或称 CEO)和公司的董事会(包括董事会主席)。但他们并不是在真空中运作;他们受到来自市场的**外部力量**的监督和约束,这些外部力量会质疑他们决策和表现的有效性与稳健性。这些外部力量包括交易股票的股票市场、评判公司投资前景的分析师、借钱给公司的债权人和信用机构、检查公司报告公平性和合法性的审计师和法律顾问,以及为保护投资大众利益而对公司行为进行监督的监管者。

董事会。对公司治理负有责任的法律实体是公司董事会。董事会由公司的雇员(内部成员)和有影响力的高级非雇员(外部成员)构成。围绕董事会有争议的领域包括:(1) 内部成员与外部成员的合理平衡;(2) 为董事会成员所提供的服务支付薪酬的方式;(3) 当董事会成员在董事会活动中所花费的时间一年不足五天时,董事会对公司进行有效监督和管理的实际能力。董事会外部成员通常是其他大公司的现任或退休的主要管理者,他们经常会带来一种很健康的距离感和公正感,这虽然可以使人振奋,但同时也可能会导致他们对公司内部真正的问题和事态缺乏理解。

管理层。公司的高级管理者——总裁(CEO)、财务总监(CFO)、运营总监(COO)——不仅是精通公司业务的员工,也是公司战略和运营方向的缔造者和引导者。理论上说,公司管理层是以实现价值创造为目的并与股东建立合约关系的代理人。他们的动力来自工资、奖金和股票期权(正面激励)或失去工作的风险(负面激励)。然而,他们可能会存在损公肥私的行为偏差,这些行为是董事会和公司利益相关者应该负责监督和管辖的范围。有意思的是,在《财富》全球“500强”公司中,超过80%的公司总裁同时也担任董事会主席。在很多人看来,这存在一种利益冲突,并不是最符合公司和股东利益的安排。

股票市场。一个公开上市交易的公司,不管公司所在国在哪儿,都非常容易受到市场观点变化的影响。不管是纽约股票交易所、伦敦股票交易所,还是墨西哥城交易所,股票市场本身应该反映出市场对某个公司承诺和业绩的一个稳定的评估。分析师是那些被许多投资银行机构雇用的自诩为专家的人,而这些机构也参与对它们一些客户公司股票的投资。人们(有时是很天真地)期待他们来对公司的战略、战略执行计划及财务表现进行实时的评估。分析师在评估时依赖于公司的财务报表和公司其他公开披露的信息。

债务市场。尽管债务市场(提供贷款,以及其他各种形式的证券化债务,如公司债券)的银行和其他金融机构对于创造股东价值并没有特别的兴趣,但它们仍然关心公司的财务健康状况。具体地说,它们关心的是公司及时有效地偿还其债务的能力。与股票市场一样,债务市场必须依赖于它们合作公司的财务报告和其他信息披露(包括公开和非公开的)。

审计师和法律顾问。审计师和法律顾问负责为公司财务报表的公平性、合法性和准确性提供外部的专业意见。在这一过程中,他们要确定公司的财务记录和做法是否符合美国会计程序方面的**通用会计准则(GAAP)**。但审计师和法律顾问是由被他们审计的公司所雇用的,这可能导致对雇主进行监管的过程中会出现较为独特的问题。近年间还产生了另外一个困难,那就是几个主要的会计公司还从事着一些咨询项目,这通常会导致利益冲突。如果一个会计师不给客户一个干干净净的审计报告,你近期就别指望从该公司得到有赚头的咨询合同。

监管者。在美国和其他地区,公开上市的公司要受到政府组织和非政府组织的监管。在美国,证券交易委员会(SEC)是公开交易的股票市场的忠实看守人,不仅监管在这些市场上市的公司行为,还监管参与这些市场的各类投资者的行为。SEC和美国以外的其他国家或地区的监管当局要求公司对它的业绩进行规则有序的披露,以便所有投资者能有充分、准确和公平分布的信息来对公司的投资价值进行评估。这种监管通常集中于公司何时发布信息、发布什么信息,以及向谁发布信息。

一个公开上市的美国公司还要受到它们交易所在的交易所(纽约股票交易所、美国股票交易所和最大的纳斯达克交易所)的规则和监管的约束。这些组织通常按其本质归类为“自律型”组织,它们构建和执行成员公司及它们自己在股票交易中的行为标准。不幸的是,正如最近理查德·格拉索(Richard Grasso,前纽约股票交易所主席)的案子和他高达1.48亿美元的退休津贴中所暴露出来的那样,这种情况好像经常是“黄鼠狼守鸡窝”。

1.4.3 比较公司治理

对公司治理过程的需要有两个来源:(1)所有权与管理权的分离;(2)不同文化中对利益相关者是谁及他们相对重要性的不同认识。全球企业行为中的这两个特征导致公司治理惯例在不同国家、经济体和文化中的不同——有时甚至是极大的不同。

图表1.3提供了区分公司治理类型的一种方法。这里描述的四种类型主要是基于其中提到的这些国家(地区)企业所有制的演化过程。[⑤]

图表1.3 公司治理机制比较

类　型	特　征	例　子
基于市场的公司治理	有效的股票市场;分散的所有权	美国、英国、加拿大、澳大利亚
基于家族的公司治理	管理权与所有权结合;家族是多数股或少数股股东	中国香港、印度尼西亚、马来西亚、新加坡、中国台湾、法国
基于银行的公司治理	政府干预银行信贷;缺乏透明度;家族控制	韩国、德国
附属政府的公司治理	企业的国有制;缺乏透明度;小股东缺乏影响力	中国内地、俄罗斯

资料来源:"Corporate Governance in Emerging Markets: An Asian Perspective", by J. Tsui an T. Shieh, *International Finance and Accounting Handbook*, Third Edition, Frederick D. S. Choi, editor, Wiley, 2004, pp. 24.4—24.6.

以美国、加拿大、澳大利亚和英国为代表的**基于市场的公司治理机制**,其特征是资本市场相对有效,在这些市场上,公开上市交易的公司所有权高度分散。**基于家族的治理机制**是很多新兴市场、亚洲市场和拉丁美洲市场的特征,该机制不仅在创业阶段(与合伙制或非家族的小投资集团相比)呈现出家族所有权高度集中的特征,甚至在公开上市后仍为家族所控制。**基于银行或附属政府的公司治理机制**反映出在市场当中,政府对财产和产业的所有是经济中持续的驱动力,这会导致企业在边际意义上的"公共所有权",而在以前它们甚至在商业行为上也受到很大的限制。

因此,这些公司治理机制至少可看做公司治理原则和惯例的演进过程中四个主要因素的函数:(1)金融市场的发展;(2)管理权和所有权分离的程度;(3)信息披露和透明度的理念;(4)法律体系的历史发展。

金融市场的发展。资本市场的深度和广度对公司治理惯例的演化是非常重要的。成长相对较慢(如新兴市场),或者利用相邻的资本市场实现快速工业化(如西欧)的国家的市场,可能不会形成大规模的公开的股票市场体系。如果没有对股票的大型公开交易,所有权的高度集中就会保留下来,受到严格约束的治理过程就很少能够形成。

管理权和所有权的分离。在一些国家和文化中,公司所有权仍然被作为管理权一个不可或缺的部分,这样,代理问题和治理失灵就不太会成为一个问题。在美国这样的国家,所有权在很大程度上已经与管理权分离,并且已经高度分散化,此时将管理者和所有者的目标相协调就困难得多。

信息披露和透明度。与公司的运作和财务结果有关的信息披露程度在不同的国家之间存在着巨大的差异。信息披露惯例反映了很多文化因素和社会因素,包括所有权

⑤ 对比较公司治理的综述,可见 R. La Porta, F. Lopez-de-Silances, and A. Schleifer, "Corporate Ownership Around the World", *Journal of Finance*, 54, 1999, pp. 471—517。另见 A. Schleifer and R. Vishny, "A Survey of Corporate Governance", *Journal of Finance*, 52, 1997, pp. 737—783。

公众化的程度、政府认为保护投资者权利与所有者权利的必要程度，以及基于家族和附属政府的企业在文化中保持中心地位的程度。透明度是信息披露的一个平行术语，它反映了企业组织内部决策过程的可见度。

法律体系的历史发展。与法国和德国法律（即《拿破仑法典》）为典型的**大陆法**（codified civil law）相比，在以**英国普通法**（English common law）作为法律体系基础的国家，投资者保护往往做得更好。在英国和英国的前殖民地国家，包括美国和加拿大，通常都是将英国普通法作为法律体系的基础。而在前法国殖民地和拿破仑曾经统治过的欧洲国家，如比利时、西班牙和意大利等，往往以大陆法作为法律体系的基础。在对投资者保护程度较弱的国家，控制性股东的所有权通常是对缺乏法律保护的一种替代。

注意，我们并没有使用“伦理”一词。到现在为止，我们描述的所有原则和惯例都假设，处于负责和领导地位的个体都会诚实、公正地行使职责。然而，事实并不总是如此。

1.4.4 家族所有权与公司治理

尽管关于公司治理的讨论很多都是集中于基于市场的模式（见图表 1.3），从世界范围内看（包括美国和西欧），基于家族的模式却被认为更为普遍和重要。例如，在一项对 13 个西欧国家 5 232 家公司的研究中，家族控制的公司占到总样本的 44%，而分散持股的仅占 37%。[⑥]

最近的研究显示，与流行的看法相反，在一些高度发达的经济中，家族所有的公司比公众公司表现更好。这种骄人的绩效不仅发生在西欧，也发生在美国。最近一项对标准普尔 500 指数（S&P 500）成分股公司的研究发现，在 S&P 500 整整三分之一的公司中都有家族的身影出现，家族持股占到这些公司总股份的 18%。此外，也与流行的观点相反，家族企业的绩效优于非家族企业。（一个附带的结论是，从家族内部产生 CEO 的公司也比从外部产生 CEO 的公司表现要好。）有趣的是，根据该项研究，在一个部分受到家族影响的公司中，小股东的处境好像更好一些。[⑦]

对 120 家挪威的、创立时由家族控制和不由家族控制的公司所作的另一项研究表明，创立时的家族控制是与更高的公司价值联系在一起的。此外，创立时的家族董事对公司价值的影响不会受到诸如公司年龄、董事会独立性和股票类型等公司治理条件的影响。研究者们还发现，创立时的家族所有权与公司价值之间的正相关关系在存续时间更长的公司和董事会规模更大的公司中表现得更为明显，特别是当这些公司具有多种股票类型的时候。[⑧] 对挪威以及其他几个欧洲国家的公司来说，拥有两种具有不同投票权的股票类型是一种很普遍的现象。

---

⑥ Mara Faccio and Larry H. P. Lang, "The Ultimate Ownership of Western European Corporations", *Journal of Financial Economics*, 65, 2002, p. 365; Torben Pedersen and Steen Thomsen, "European Patterns of Corporate Ownership", *Journal of International Business Studies*, Vol. 28, No. 4, Fourth Quarter 1997, pp. 759—778.

⑦ Ronald C. Anderson and David M. Reeb, "Founding Family Ownership and Firm Performance from the S&P 500", *The Journal of Finance*, June 2003, pp. 1,301.

⑧ Chandra S. Mishra, Trond Randøy, and Jan Inge Jenssen, "The Effect of Founding Family Influence on Firm Value and Corporate Governance", *Journal of International Financial Management and Accounting*, Volume 12, Number 3, Autumn 2001, pp. 235—259.

1.4.5　公司治理失灵

近年来,公司治理失灵已经变得越来越常见了。美国的安然公司丑闻在本章后面的小案例中作了介绍。除了安然以外,其他如 WorldCom、Parmalat、Global Crossing、Tyco、Adelphia 和 HealthSouth 等公司也出现了大的会计和信息披露失灵,以及管理者掠夺公司财富的现象。

可能是因为赚头较大的咨询业务关系或者其他利益冲突,在每一个案例中,都有像安达信这样声誉卓著的审计公司掩盖或者淡化其违规行为。此外,证券分析师和银行则鼓励投资者买入这些公司或者其他他们明知风险很大,甚至接近破产的公司的股票或债务。更过分的是,大多数应该对搞垮公司承担责任的高层管理者却在公司崩溃前兑现巨额的股票赢利而逍遥法外(起初),甚至还带走极度慷慨的解雇赔偿金。

秋后算账的日子好像到了。第一个倒下的是卷入安然案的安达信,这曾是美国"五大"会计公司之一。然而,更多的针对前高管的法律行动还在进行中。尽管公司腐败的丑闻首先在美国披露,类似现象也已经扩散到加拿大和欧盟国家。我们在**金融实务专栏1.3**中作了介绍。

金融实务专栏1.3

GLOBAL FINANCE IN PRACTICE

当丑闻风靡全球

关于金融丑闻的蟑螂理论认为,你每看到一只蟑螂,就表明还隐藏着成百上千只蟑螂。就继美国的安然丑闻之后出现的 WordlCom、HealthSouth 和其他事件而言,情况正是如此。而现在,这种现象已延伸至海外:先是荷兰第一杂货店 Ahold,然后是意大利生产减肥产品的企业 Parmalat,以及最近的由出生加拿大的英国人 Conrad M. Black 所控制的报业公司 Hollinger 国际集团。

丑闻总是成串地爆发,是因为它们都有共同的成因。它们都发生在内部人试图利用弱势的公司治理、不力的政府监管,而金融体系看起来有些脆弱的时候。事实上,Parmalat 的破产暴露了那些在 20 世纪 90 年代国际金融界中非常知名的公司。在这些年间,美洲银行、巴克莱、美林都销售了数十亿美元的 Parmalat 债务。尽管没有证明表明这些金融巨人有违规行为,但如果对几年前 Parmalat 的情况进行一点批判性调查的话,即可发现该公司核心业务中的腐败成分。

Conrad Black 的缓慢倒台好像也是一个体现高压政策和有问题治理的案例。在一起它所安排的向自己及其他没有被董事会合理授权的主体付款的诉讼案中,出版商 baron 否定了自己的辩解。如果董事会让 Black 为自己的利益而经营 Hollinger 的话，这恰恰严重地反映了 Henry A. Kissinger 和 Richard N. Perle 等董事的先知先觉。

显然，这对像 Parmalat 的债券持有人 AFLAC 这样的股东和债权人是不利的。而不明显但实际上却更为严重的后果在于它破坏了市场对公司的信任，这将导致诚实的公司获得其发展所需资金的难度更大。同在美国国内一样，在海外，解决方法也是明显的：透明化、责任明晰化、严厉审计，以及对欺骗者的刑事惩罚。不彻底的处罚方法等于是纵容更多的欺骗行为。

资料来源："When Scandals Go Global", *Business Week*, February 2, 2004, p. 96.

1.4.6 良性公司治理与声誉

良好的公司治理重要吗？这的确是一个难以回答的问题，比较现实的答案很大程度上取决于历史上出现的结果。例如，只要安然的股票价格在整个 20 世纪 90 年代持续不断地上涨，有关透明度、会计规则甚至财务事实的一些问题就会被公司的所有利益相关者所忽略。然而，欺诈、谎言和公司治理实践的失灵最终仍然导致了该公司的破产。这不仅损害了投资者的财富，还毁坏了众多最基本的利益相关者——公司自己的雇员——的职业生涯、收入和储蓄。最终来说，良性公司治理的确是重要的，而且非常重要。

评价良性公司治理的另一种方法是度量全球大型机构投资者的态度和倾向，因为它们要作出资本投向何处的最主要的决策。麦肯锡最近的一项研究就它们对良性公司治理所赋予的价值问题对两百多个机构投资者进行了调查。调查结果见图表 1.4，它

图表 1.4 良性治理的价值

你愿意为下列国家或地区中具有"良性治理"的公司股票额外支付多少钱(溢价)？

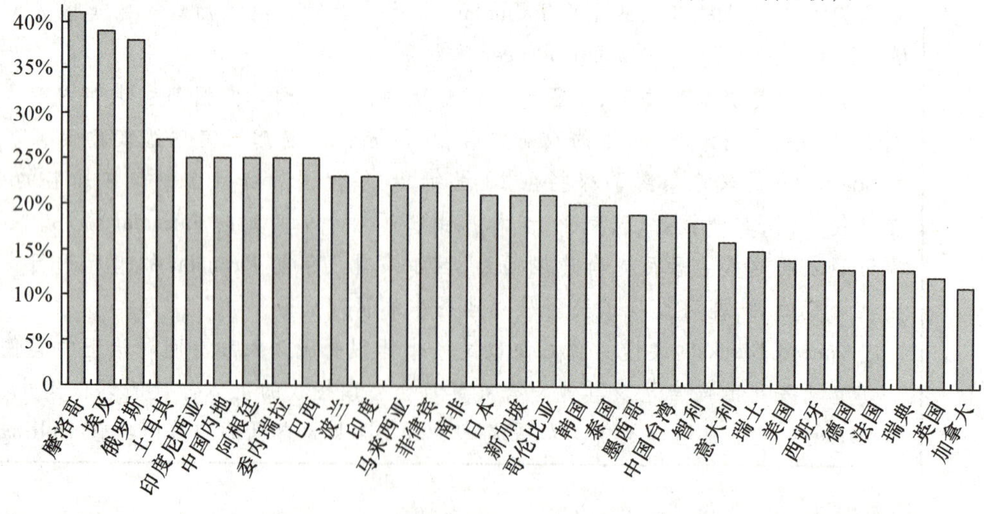

资料来源："McKinsey Global Investor Opinion Survey on corporate Governance, 2002", McKinsey & Company, July 2002.

将良性公司治理量化处理为机构投资者们愿意为某一特定国家市场上具有良性治理的公司额外支付的溢价。尽管这并不完全等价于说全球公司中谁具有“好的”或者“坏的”治理,但它的确可以表明哪些国家的机构投资者认为该国缺乏良性治理。需要再次提醒的是,即使是在今天,大多数新兴市场国家中公开上市交易的公司仍然较少。

对非英美市场的公司进行良性公司治理识别的第三种方法是,选用一位或者多位英美的董事会成员。这一理论对于部分 Scandinavian 企业群体来说是正确的。Oxelheim 和 Randoy 针对挪威和瑞典企业数据库所作的一项研究得出了如下结论:

> 本项研究考察了外国(英美)董事会成员对公司绩效(以公司价值估值,即托宾 Q 值)的影响。通过对总部设于挪威和瑞典的公司的研究,我们发现,在控制了一系列公司特定及与公司治理有关的因素后,具有外部英美董事会成员的公司显然具有更高的价值。我们认为这种优越的绩效反映了这些公司成功地脱离了分离的国内资本市场,它们达成这一目的的方式是通过它们的外部英美董事会成员而“进口”了英美公司治理体系,这种体系提供了更好的监督机会并赢得了投资者的认可。⑨

对这些相同公司的跟踪研究发现,公司 CEO 的薪水提高了,因为人们对不良绩效的容忍度下降了,而对监督的要求则提升了。⑩

1.4.7 公司治理的改革

在英国和美国,主要的公司治理问题是由代理理论所阐明的:随着公司股权的分散化,如何才能将公司管理层的利率与股东的利益统一起来?因为个人股东没有足够的资源或权利去监督管理层,美国和英国市场依赖于监管者在代理理论的监督任务中发挥作用。在美国和英国之外(包括加拿大),大的控股股东处于主要地位。它们在某些方面比监管者更有能力对管理层进行监督。然而,控股股东又提出了另外一个代理问题:相对控股股东而言,小股东的权益如何才能得到保护?

近年来,美国和加拿大的改革主要还是监管方面的。其他地区的改革则主要还是原则理念的引入而不是更为严格的法律监管。原则理念的改革方法更温和、成本更低,也更不容易与其他现存的监管产生冲突。

《萨班斯-奥克斯利法案》。美国国会于 2002 年 7 月通过了《萨班斯-奥克斯利法案》(Sarbanes-Oxley Act,SOX)。SOX 是一项以它的两位主要的国会提案人命名的法案,它主要提出了四项要求:(1) 公司上市公司的 CEO 和 CFO 必须对公司发表的财务报告的真实性提供保证;(2) 公司董事会必须有从独立的(外部)董事构成的审计和薪酬委员会;(3) 禁止公司向管理者和董事提供贷款;(4) 公司必须对其内部财务控制系统的抗欺诈能力进行测试。

---

⑨ Lars Oxelheim and Trond Randoy, “The Impact of Foreign Board Membership on Firm Value”, *Journal of Banking and Finance*, Vol. 27, No. 12, 2003, pp. 2,369—2,392.

⑩ Lars Oxelheim and Trond Randoy, “The Anglo-American Financial Influence on CEO Compensation in Non-Anglo-American Firms”, *Journal of International Business Studies*, Vol. 36, No. 4, July 2005, pp. 470—483.

第一条规定——所谓的“签字条款”——已经对公司准备其财务报告的方式产生了重要的影响。这一条款旨在对高级管理层逐步引入一种责任和义务感(并因此使签字审计师只需更少的解释)。公司本身也将同样的方法向公司内的下层推进,通常要求更低层次的业务单位管理者和董事对他们的财务报告签字负责。对于不服从这一条款的行为,其处罚是很严厉的。

SOX 条款的实施成本比当初在美国国会中进行辩论的时候所预期的要高得多。除了需要填写更多的表格所花费的显性成本外,许多批评家都认为,大量时间被浪费在满足新规、修改内控规则以便打击欺诈行为,以及重新报告以往的赢利方面,而不是公司的营运管理方面。对于必须满足和大公司同样监管条件的小公司来说,这一成本的比例可能畸高,特别是在审计和法律方面的费用暴涨的情况下。

作为安然丑闻的结果,安达信轰然倒塌了。每个公司都害怕重蹈它的覆辙。“五大”会计公司一夜之间变成了“四大”! 其最终结果可能是很多规模较小但富有成长性的公司选择出售给大公司而不是走公开发行(IPO)的道路。其他公司则可能选择保持非公众公司状态,因为它们感觉到公开发行的成本超过了其收益。此外,许多公司可能会变得更加厌恶风险。低级别的员工可能会将所有的风险决策上交,从而形成一个更集中的风险水平。这种行动可能会延误决策,甚至还可能放慢增长速度。

在国际上,SOX 也是充满争议。该条款“一尺量天下”的特征与不少自认为比美国具有更好治理记录的市场中已经存在的公司治理实践存在着冲突。希望在美国交易所上市或者继续上市的外国公司必须遵守该法律。有些公司,如 Porsche,为了反对 SOX 条款,已经取消了在美国上市的计划。然而,另外一些公司,包括许多在美国的交易所上市的大型外国公司,如 Unilever、西门子和 ST 微电子等,表示愿意遵守该条款——如果它们能够在美国法律和它们自己国家的治理要求和原则中找到可以接受的折中的话。一个例子是在德国,其监事会审计委员会必须包含员工代表。但按照美国法律,员工并不具有独立性。有许多上市公司已经得出结论,它们需要进入美国资本市场,所以必须遵守其法律。

董事会结构与薪酬。许多批评家认为,美国应该更多地朝与欧洲标准相一致的方向进行结构改革。例如,禁止公司 CEO 同时兼任董事会主席。尽管这一现象越来越普遍,却没有监管法律或其他法律来强制性调整这一现象。其次,也是更激进的,即向类似德国等国家的双层结构转变,即存在着一个监管委员会(主要由外部人掌控且规模通常很大——如西门子有 18 位成员)和一个管理委员会(主要由内部人掌控且规模较小——如西门子有 8 位成员)。如图表 1.5 所示,董事会的构成是否是问题所在,这一点并不清楚。

图表 1.5 董事会构成与薪酬(《财富》100 强)

公司规模(销售额)	董事总人数	外部董事人数	平均年聘金
30 亿美元以下	9	7	33 792 美元
30—49 亿美元	10	8	37 567 美元
50—99 亿美元	12	10	42 264 美元
100—199 亿美元	12	10	47 589 美元
200 亿美元以上	13	11	6 587 美元

资料来源:Korn/Ferry International,转引自"The Way We Govern Now",*The Economist*,January 9,2003。

尽管 SOX 阐明了代理理论的透明度问题,但它并没有说明代理理论中的董事会和管理层与股东利益的一致性问题。过去,美国公司薪酬计划的特征是以年津贴或工资与大量股票期权的组合来回报董事和管理层的。然而,当股票期权处于**深水区**(underwater,即因为处于严重虚值状态,以致实质上没有价值)的时候,它不会给期权接收者带来任何直接成本——仅带来一个未来潜在利益的损失。事实上,一些公司此时所做的仅仅是重新签发期权以使得它立即具有更大的价值。现在,好像许多公司已开始改变其薪酬计划,以权利限制型股票来代替期权。限制型股票仅在一个约定的期限之后才可以公开出售。如果公司股票的价格下跌,其接收方会有实际的金钱损失,而通常不会以再得到更多限制型股票的方式得到进一步的补偿。

透明度、会计与审计。透明度(transparency)也是在不同的市场和语境下提出来的一个概念。透明度是一个被普遍采用的术语,用来描述现存或潜在的投资者可以从公司的信息披露和财务结果报告中洞悉公司真实经营活动和价值驱动力的程度。例如,当涉及公司多元的业务领域中的实际经营与财务结果及风险的实际情况时,安然就曾经常被比喻为一个"黑箱"。公司治理专家们的一致意见是,在全球范围内,所有公司都应朝着增强公司收益和风险情况的透明度而努力。

会计过程本身现在也已处于争议之中。美国体系是一个以严格基于规则为特征的体系,而不像在西欧普遍存在的基于实质概念的体系。美国公司治理实践的众多批评家将这一点作为一个基本的缺陷,在这种体制下,聪明的会计师通常可以找到一些符合规则的方法,但这些方法却并不符合这些规则背后的真实意图。对会计过程争论的一个延伸是关于审计的作用和报酬。审计是一种由公司付款,由第三方来诊断公司的报告是否符合公认会计准则的过程。在安然事件之后接踵而来的安达信的崩溃提醒人们,当前这种做法的有效性仍存在着严重的质疑。

小股东利益。最后,小股东权利问题在全球最大的一些市场上仍普遍存在。许多新兴市场仍是以家族公司治理模式为特征,在这些市场上,即使公司已公开上市,家族仍保持着控制地位。但其他股东的利益和声音如何得到反应?在家族或控股股东们(包括董事)实际作出所有的决策时,这些机构中其他股东的利益如何得到保护?正如**金融实务专栏 1.4** 中所指出的那样,无论在工业化国家还是新兴国家,小股东权利都受到威胁。

金融实务专栏1.4
GLOBAL FINANCE IN PRACTICE

Conrad Black 和小股东权利

Conrad Black 是在纽约股票交易所上市的一家加拿大公司 Hollinger 国际集团的 CEO。通过一个复杂的管理协议和一家被他所控制且持有 Hollinger 大多数投票权的控股公司,Black 控制了 Hollinger 公司。人们知道,他对股东提出的问题毫无耐心,特别是被问到关于他如何管理公司时。在 2003 年的一次股东大会上,对于股东持续的提问,他作出了如下的回答:"你们所有人都有权说出你们心里所想的一切","你们并不知道自己在说些什么,但你们仍被作为股东而受到欢迎。"2003 年 11 月,在压力下,他辞去了董事会主席和 CEO 的职务。

资料来源:改写自 David Leonard,"Hollinger Black & Blue",Fortune,September 29,2003。

不良的管理绩效通常会要求变更管理层、所有者,或者二者兼变。图表 1.6 显示了对公司绩效不满意的股东所面临的其他道路。与文化和惯例相关,许多投资者对股票价格的表现不满但却安然受之,这种现象并不少见,至少在一个相对较长的时间内是如此。如果反映更激进一点的话,他们可能会卖掉他们的股票。只有在第三种和第四种反应,即股东的激进主义反应中,管理层才能听到来自不满意的股东的响亮的声音。

图表 1.6 股东不满意的可能反应

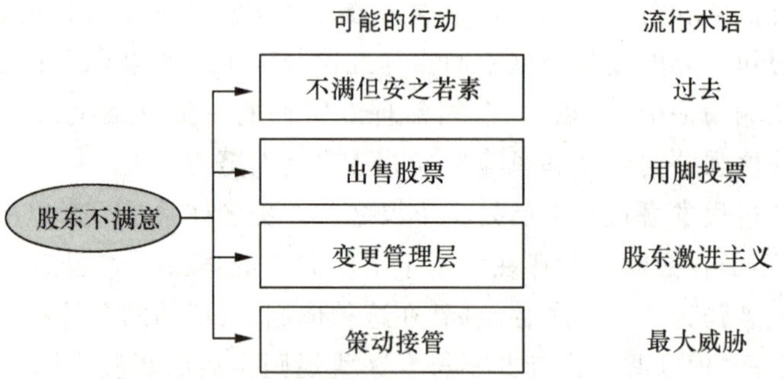

重要的是,如果一家公开上市的公司表现不佳,其管理层和董事会应该明白,公司可能会成为法律诉讼或恶意收购所针对的目标。

1.5 货币术语注释

对一些基本术语的解释,将有助于避免在阅读后面的章节时陷入概念上的混乱。

- **外币汇率**(foreign currency exchange rate),或简称**汇率**(exchange rate),是指以另一国货币或商品(通常是金或银)计量的一国货币的价格。如果一国(如阿根廷)政府管制着比索对其他货币兑换的比率，这种制度就被归入**固定或有管理的**（fixed or managed）汇率制度。该国货币的兑换比率是固定的，或钉住的，也通常被称为它的**面值**（par value）。如果政府不以任何形式干预其货币的估值，则该货币就被归类为**浮动的或弹性的**（floating or flexible）汇率制度。

- **即期汇率**（spot exchange rate）是指外汇被立即交割，或银行间交易时在两天内交割时所提供的报价。如 114 日元/美元就是日元对美元汇率的一个报价。你需要 114 日元去购买 1 美元，且立即进行交割。
- 一种货币的**贬值**（devaluation），是指钉住黄金或另一种货币的币种，其价值相对于外汇的价值在下跌。换句话说，其面值下降了。贬值的反面是**升值**（revaluation）。
- 一种货币的**走弱、恶化或贬值**（weakening, deterioration, or depreciation），是指一种汇率可浮动的货币，其价值相对于外汇的下跌。走弱的相反面是**走强**或**升值**（strengthening or appreciating），意指一种汇率浮动货币的换汇价值上升。
- **软货币或弱货币**（soft or weak currency）是用来描述相对于主要货币而言，其币值预期将会下跌的货币。这一概念也可用于那些币值被其政府人为支撑的货币。如果相对于主要交易货币而言，一种货币预期将升值，则该货币被认为是**硬货币**（hard currency）。
- **欧洲货币**（Eurocurrencies）有时被认为是指另外一种货币，尽管实际上，它们是指一国的国内货币被存放在第二个国家的情况。它们的币值与在国内的同种货币相同。例如，**欧洲美元**（Eurodollar）是指在美国之外的银行存放的以美元为面值的生息存款。而**欧洲日元**（Euroyen）则是指在日本之外的银行存放的日元面值的存款。这些银行可以是外国银行，也可以是美国或日本银行的海外分支机构。
- **即期汇率变动的度量**。在考虑汇率问题时，其变动百分比的计算需要一点技巧。假设瑞士法郎最近的标价是 1.6351 瑞士法郎/美元（这等价于 0.61158 美元/瑞士法郎），但突然升值至 1.5000 法郎/美元（这等价于 0.66667 美元/法郎）。那么，法郎的美元价值上升的百分比是多少？美国人持有或接收的以瑞士法郎为面值的账户，其价值上升的比例又如何？“本币”这一概念的界定，对于正确的计算至关重要。

以本币进行标价（直接标价法）：在使用本币来对外币进行标价时，外币价格变动百分比的计算公式为：

$$\% \Delta = \frac{\text{期末汇率} - \text{期初汇率}}{\text{期初汇率}} \times 100$$

$$= \frac{0.66667 \text{ 美元} / \text{瑞士法郎} - 0.61158 \text{ 美元} / \text{瑞士法郎}}{0.61158 \text{ 美元} / \text{瑞士法郎}} \times 100$$

$$= +9.008\%$$

在这种情况下，以期末汇率来看，瑞士法郎升值了 9.008%。美元应收账款的持有人收到的美元将会增加 9.008%，而那些拥有瑞士法郎负债的人则需要多付出 9.008% 来购买这些法郎。

以外币进行标价（间接标价法）：在使用外币来对本币进行标价时，外币价格变动百分比的计算公式为：

$$\% \Delta = \frac{\text{期末汇率} - \text{期初汇率}}{\text{期末汇率}} \times 100$$

$$= \frac{1.6351\text{ 瑞士法郎/美元} - 1.5000\text{ 瑞士法郎/美元}}{1.5000\text{ 瑞士法郎/美元}} \times 100$$

$$= +9.008\%$$

无论使用哪种方法都可得到,相对于美元,瑞士法郎升值了9.008%。

小案例

安然的公司治理失灵

关联交易和会计失误的悲剧性后果的发生,是各个不同层次失灵和许多人共同酿成的恶果:一套有缺陷的理念、损人利己的员工、未经充分设计的控制系统、执行力不足、监督缺乏关注度、简单的(以及不太简单的)会计错误,以及一种走过头了的、似乎一直在鼓励挑战极限的文化。我们的评论显示,这其中的很多后果是可以而且应该能够避免的。

——"Report of Investigation: Special Investigative Committee of the Board of Directors of Enron Corporation," Board of Directors, Enron, February 1, 2002, pp. 27—28.

2001年12月2日,安然公司按照第11章申请了破产保护。如前文所引述的董事会报告中所说,公司破产的原因涉及安然公司内部和外部的组织和个人。但在法庭和耸人听闻的媒体之外,问题依然存在:我们的制度为什么允许它发生?为什么美国公司治理制度中众多的结构和保护机制没能捕捉、阻止或避免安然的破产?

安然的崩溃

根据安然前CEO Jeffrey Skilling的说法,安然的破产保护是因为"银行挤兑"。实际上,从技术层面来说,这一说法可能是对的。2001年11月,当信用评级机构将安然的信用评级调低到投资级别以下时,其业务就受到了显著的影响。发生这一现象是因为安然是一家贸易公司,它需要维持一个投资级的信用级别,以便让其他公司愿意和它进行交易。没有级别,就没有交易。

但这一答案很大程度上回避了问题的实质,即公司为什么被调低信用级别。安然的总债务现在已被确定为380亿美元,而不是130亿美元。为什么债务变得如此高企?那些曾经被划作**表外**(off-balance sheet)的债务,现在被重新归类为**表内债务**(on-balance sheet)。为什么要重新归类?许多承担这些债务的**特设机构**(special purpose entities, SPEs)和表外合作伙伴或者被发现错误地归类;或者是当其权益价值下跌时,被重新合并到公司中来。这让我们回到问题的起点——为什么安然的股票价格在2001年出现下滑?它仅仅是业务下降的一个自然结果,还是因为安然报告的赢利和预期赢利,连同它的总体财务健康状况,都没有得到诚实的报告和评估?

安然的公司治理失灵

安然的高级管理团队,主要是其首席执行官Kenneth Lay和首席营运官Jefferey

Skilling（后来成了CEO），应对公司战略的制订和实施，包括营业和财务结果负责。像与该公司规模相当的其他公司一样，在公司的永久员工名单上，拥有成百上千的会计师和律师。一名会计师Sehrron Watkins的顾虑在2001年8月和9月变成了公开信息，它加速了2001年秋天对安然及其营运状况进行检查的快速升级。

在安然案例中，下列外部公司治理主体曾经是众多批评的焦点：

1. **会计师**。安达信（所谓的“五大”之一）是安然的审计公司。安达信的工作是确定并每年签字证明安然是否在它的财务结果报告中遵守了公认会计准则。像所有的审计师一样，安达信也是由安然自己雇用并且支付报酬的。安达信同时还为安然提供了多种类型的咨询服务，其业务种类的数量已远远超过基本的审计业务本身。

2. **法律顾问**。安然的法律顾问，主要是休斯敦Vinson & Elkins公司，也是由公司雇用的。它负责对公司的许多战略、结构和安然公司所作所为的合法性提供法律意见。和安达信的情况一样，当后来被问及为什么没有出具某些反对意见或做法时，公司解释说它并未被告知关于特设机构管理权和所有权的全部细节和复杂性。

3. **监管者**。安然实际上已落入大多数美国监管机构的围追堵截之中，特别是跨州的电力交易。作为能源市场的交易商，在涉及安然公司所参与的一些市场和交易方面，联邦能源监管委员会（FERC）负有一些远程失察责任，但这与安然的总体经营行为基本是不相关的。

4. **股权市场**。作为一家公开上市的公司，安然应该受到证监会（SEC）的规则和监管的约束。然而，SEC几乎从来不会亲自进行第一手调查，或者对尽职报告进行确证，相反，它大量依赖于像公司审计机构这样的其他实体的证词。

作为一家在纽约股票交易所（NYSE）上市交易的股票，安然要受到该交易所规章制度的监管。然而，此时，纽约交易所对汇报材料的要求与SEC的要求差异很小——如果说还存在差异的话。纽约交易所也不会亲自对公司的合规程度进行第一手的验证。

因为安然的股票受到大量投资银行的跟踪，这些投资银行的分析师们负责经常性地对安然的财务结果进行跟踪、分析和评估。安然与投资银行的关系经常会涉及类似“投桃报李”的行为，那些与安然合作并对它的绩效神话持支持态度的公司将会被授以新的业务，或者得到其他投行业务的新的授权，从而给这些投行带来利润。

5. **债务市场**。与希望且需要得到一个信用级别的所有公司一样，安然向标准普尔和穆迪一类的公司付款，以便得到一个信用评级。对于公司的债务类证券在市场上发行和交易来说，这些评级是必需的。我们又一次看到，信用评级机构与安然之间的问题是，评级机构所能提供的对安然经营和财务活动及结果的分析，只能基于它们所知道的信息。对于由特设机构所持有的表外债务的情况，评级机构是否了解全部的细节，或者是否明知故犯地选择有意在公司的总体债务中忽略它，至今仍存在着持续的争论。

最后，让我们记住那些向债务资本提供通道的银行和银行家们。作为安然债务发行过程的牵头人和管理者，这些银行中的大多数都从中赚取了上百万美元的利息和费用收入。

欲壑难填

安然在20世纪90年代后期所采用的新兴业务模式的一个特别麻烦的特点是，收入增长速度比赢利水平增长快得多。承接大型国际能源项目（如安然在印度的项目）、进行电力交易，甚至在像水权和宽频交易中的新交易计划，用一位前高管的话说，其成本是骇人听闻的。工资、奖金、启动成本，以及对全部营运成本总体缺乏控制，吞没了从新业务中获取的全部利润。甚至在较为成功的交易领域，包括电力，都没有实现市场对安然和它以往的业务组合（主要是天然气交易）所预期获得的利润空间。如下面图表A所显示的那样，按业务范围划分的实际营业收入（IBIT，或称息税前收入）没有赶上收入的增长。

图表A 安然分部门赢利水平（IBIT*，百万美元）

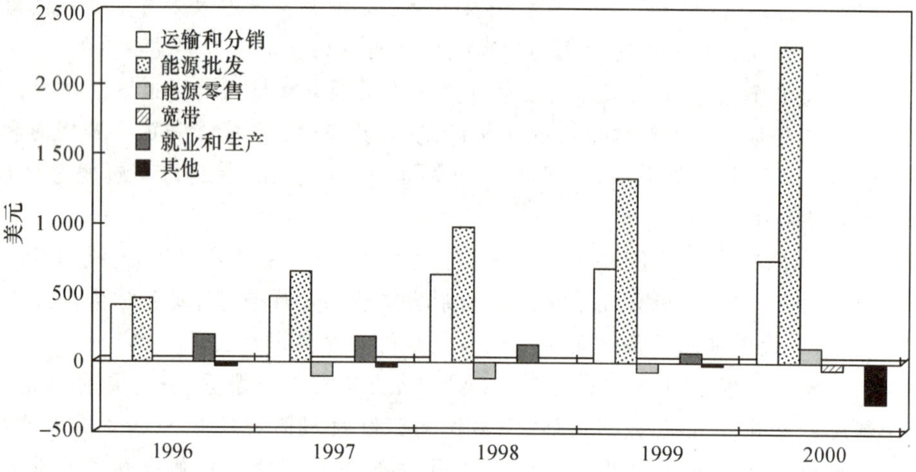

* IBIT是指息税前收益。

公司现金流上日益增长的赤字也给安然带来了一个基本的财务管理问题：对外部资本日益增长的需求，或者如公司内部所描述的"欲壑难填"。对新业务快速增长的投资，无论是1997年波兰通用电气（PGE）的收购，还是安然国际发展部主任Rebecca Mark在全球范围内所推动的能源项目，都在吸收着比公司当前自融资能力更多的资本。安然的现金流越来越落后于它的投资和销售。

安然需要更多的外部资本——新债务和新股票。然而，Ken Lay和Jeff Skilling都不愿意发行大数量的新股权，因为那将稀释现有股东的赢利和持股份额。债务的选择也是有限的，因为安然已经债台高筑，这已经将公司置入一个BBB级的勉强地位，而这仅仅刚够信用评级机构的**投资级**（investment grade）标准。

Jeff Skilling于1991年首次采用了一种资本基金的概念，即通过创立**仙人掌基金**（cactus fund）来实现对安然内部业务发展的支持，Andrew Fastow则将这一概念带到一个全新的高度。Fastow的银行业经验，特别是对金融服务业的通用工具——特设机构（SPEs）的使用，是他在安然向上爬的门票。他最终升到了首席财务官的位置。

许多交易都涉及一种被称之为"特设机构"（在本摘要和本报告中将其称之为

"SPE")的会计结构。一家与SPE做生意的公司可能会因为会计上的目的,而将该SPE看做一家独立而外在的实体,如果其满足如下两个条件:(1)独立于公司的所有人必须在SPE的资产中拥有至少3%的实质性的股权投资,这3%在整个交易的过程中还必须处于风险状态;(2)该独立所有人必须对SPE实施控制。在这些情况下,该公司可能会记录与SPE进行交易的盈亏,而SPE的资产和负债则不被包含在公司的资产负债表内,即使该公司与SPE是高度关联的。正是与安然做生意以满足这些条件的一些结构中存在的技术上的失败导致了安然的重新声明。[11]

由Andy Fastow和他的助手Michael Kopper所创立的特设机构服务于两个非常重要的目的:其一,通过将有问题的资产卖给合伙企业,安然得以将这些资产从自己的资产负债表中移除,从而缓解了公司总负债的压力,同时也隐藏了公司投资绩效不佳的事实。这也给公司为新的投资机会进行融资而在资产负债表上释放出空间。其二,通过向合伙企业出售有问题的投资,也给安然带来了收入,从而可用来向华尔街兑现自己的季度赢利承诺。

这一解决方案的问题在于,它仅仅是临时性的。SPE主要通过三个渠道来获得资金:(1)以库存股票形式获得的股权投资;(2)以无关第三方(原则上如此,尽管在几个案例中,人们后来发现这不是事实)至少3%资产的形式提供的股权投资;(3)从大银行获得的巨额债务。这种资本基础构成了SPE资产负债表的右方。在左方,这些资本被用来从安然购买各种类型的资产。Fastow将这些减仓交易卖给了银行,其前提是作为唯一被同时任命为安然财务总监和SPE管理合伙人的管理者,他拥有为SPE选择购买哪些资产的实质决定权。Fastow确实进行了选择,但他选择的都是一些烂资产。这些SPE购买的资产大部分都是有问题或者表现不佳的。

关于这些特设机构的最后一个细节最终被证明对安然的财务前景产生了破坏作用。因为SPE的主要股权是安然的股票,当股票价格在1999至2000年间大幅上涨的时候,这些SPE还可以周期性地用当前的股票价格进行重估,来获得SPE的升值,并对安然贡献大幅的赢利。2001年,当它们的股票价格开始下滑时,同样是这些股票,却导致这些合伙企业本应盯住市场并实现亏损,不过它们没有这么做。当2001年秋天,安然的股票开始作自由落体运动时,SPE的股权将再也不能满足维持在表外的会计原则了。SPE已经成为类似于安然的人造企业那样的东西。

问题在于,像LJM2的其他部分一样,Raptors已经变成类似于不良资产的倾倒地。在提高季度赢利(当然,也包括年度奖金)的努力中,安然发起人沉迷于和Fastow而不是外部第三方进行交易——第三方将会问到许多问题,这会降低交易进程的节奏,甚至在许多情况下,会扼杀交易。我们再一次看到,所有这一切对安然公司的大多数人来说都不重要,只要公司的股票持续上涨。[12]

---

⑪ Report of Investigation: Special Investigative Committee of the Board of Directors of Enron Corporation," Board of Directors, Enron, February 1, 2002(*Powers Report*), p.5.

⑫ Sherron Watkins, *Power Failure*, New York, N.Y.: Doubleday, p.232. Raptors和LJM2均是指特设机构。

人的失败

已经水落石出的是，安然所报告的很多赢利其实根本就不是赢利。而公司通过合伙企业所举借的很多债务虽然没有在公司财务报告中披露出来，但确实是债务。与虚报利润与少报债务相伴随的是公司管理层高额的薪酬和奖金。那么，这种现象是如何发生的呢？

- 公司的管理层似乎成功地驾驭了董事会，以便为管理层自身的目标服务。管理层已经将公司引入几个新的市场，在这些市场上，公司遭受了严重的损失，这导致公司加倍地努力，以便以某些方式实现所需要的利润，用以满足华尔街对赢利增长的不可遏制的需求。

- 董事会在保护股东利润方面未能履行职责，原因是尽责程度不够，同时，还很可能是因为公司高管能力和品格方面的自信不足。同样应注意的是，安然的法律顾问中虽然有些人是直接向董事会负责的，但他们也没能在几个渎职的环节上提供指导性意见。

- 安然的审计方——安达信公司，在对安然的许多业务活动的会计处理方面的判断存在着严重的错误，包括对前述的合伙企业的业务处理。据报道，安达信存在着严重的利益冲突，2001年，它从安然赚取了500万美元的审计费，但同年还赚取了超过5 000万美元的咨询费。

- 在几个案例中，安然的分析师都被20世纪90年代中后期安然成功的光环照花了眼睛，或者是效力于那些从复杂的合伙企业有关的业务中赚取极高投行费的投资银行。尽管有几位分析师持续注意到，相对于公司报告的现金流下降而言，公司的赢利显得异乎寻常地高，但安然的管理层还是成功地维护了他们的观点。

安然的沉浮是一个远没有讲述完整的故事。然而，到最后，也许该故事的真实哲理并不在于美国公司治理体系中某个特定过程的失败，不在于对公允价值会计的错误关注，也不在于董事会自身审计委员会缺乏敬业精神，而仅仅在于许多声誉与责任俱佳的组织中各种不同职位上的人的失败。

案例思考题

1. 在公司治理体系中，包括内部因素和外部因素，你认为何者对安然破产的影响最大？

2. 在安然所遇到的问题还没有达到危机程度之前，公司治理体系中每个个体利益相关者和因素如何避免安然所遇到的这些问题，或者解决这些问题？请描述一下你对这一问题的看法。

3. 如果美国所有公开上市的公司都在与安然相同的基本治理结构体系下运作，为什么有些人相信这仅仅是一个个案，而不是即将到来的大规模破产案中的一个？

小结

◎ 财务管理是公司战略不可或缺的一部分。本书的主题是分析当一个公司在追求其全球性战略机会和面临的新约束时，其财务管理任务如何演化。

◎ 国际与国内财务管理中存在的一些主要区别是制度、外汇和政治风险，以及对金融理论和金融工具所进行的必要的修正。

◎ 国际财务管理需要对文化、历史和制度上的差异及其对公司治理的潜在影响有深刻的理解。

◎ 美国和英国股票市场的特征是股票所有权的分散化。在世界的其他地区，所有权通常是以控制股东的存在为特征的。典型的控制股东是政府、机构、家族和财团。

◎ “收益”和“风险”的定义并没有被普遍接受。事实上，它们可能是一个由文化所决定的标准，因而因国别而不同。

◎ 在英美市场上，股东财富最大化模型是由文化决定的标准。在许多非英美市场上，利益相关者资本主义模型则是其文化决定的标准。在如何处理收益和风险方面，这些模型存在着重要的区别。此外，这些由文化决定的标准在许多国家正处于进化的过程之中。

◎ 由于跨国公司(MNE)在融资方面越来越依赖于全球资本市场，它们可能需要修正其公司治理政策。非英美国家市场的公司中存在着一种趋势，那就是它们正变得越来越“股东友好”(shareholder-friendly)。与此同时，英美市场的公司则变得更加“利益相关者友好”(stakeholder-friendly)。

◎ 跨国公司必须有适合于各种不同水平公司的营运目标的指引。

◎ 跨国公司必须自己决定在三个普通的营运目标之间实现恰当的平衡：合并税后收益最大化、公司全球有效税负最小化，以及公司收入、现金流在每种货币及每个业务所在国家间的正确分布。

◎ 用来决定和控制公司战略方向及组织绩效的利益相关者之间的关系，被称为“公司治理”。

◎ 公司治理的维度包括代理理论、董事会构成与控制，以及文化、历史及制度方面的变量。

◎ 公司治理的失灵，特别是在美国，最近已成为焦点，其部分原因已被归咎于美国股票市值的下跌。

◎ 对公司绩效不满的股东具有四种典型的选择：不满但安之若素、出售股票、变更管理层，或者策动接管。

◎ 美国最近发生的公司治理失灵已经激起政府和私人部门的行动，以避免未来再发生同样的失灵事件。

◎ 美国已经对近期的公司治理失灵作出了反应，那就是于2002年通过了《萨班斯-奥克斯利法案》。该法案具体要求公司CEO对其财务报表作出保证，并从独立董事中成立审计委员会。然而，该法案与许多其他国家所采用的政策和惯例却不相一致，这已成为那些考虑在美国上市(或继续在美国上市)的公司顾虑的一个焦点。

思考题

1. **公司目标:股东财富最大化**。解释股东财富最大化模型的假设和目标。
2. **公司目标:利益相关者资本主义**。解释利益相关者资本主义模型的假设和目标。
3. **公司治理**。定义下列术语:
   a. 公司治理
   b. 公司控制权市场
   c. 代理理论
   d. 裙带主义
4. **经营目标**。一个跨国公司(MNE)的主要经营目标应该是什么?
5. **知识资产**。知识资产是企业的无形资产,是其智力优势的来源和运用——也是它的竞争优势。能够为股东创造价值的最重要的"知识资产"有哪些?
6. **工会**。在德国和斯堪的纳维亚以及其他的一些地方,工会在董事会或监事会中派有代表。与利益相关者资本主义模型相比,在股东财富最大化模型下,应该如何看待这种工会代表?
7. **关联董事**。在关联董事制度中,一个公司的董事会成员也可能在其他公司的董事会中任职。与利益相关者资本主义模型相比,在股东财富最大化模型下,应该如何看待关联董事制度?
8. **杠杆收购**。杠杆收购是指一种财务策略,在这种策略中,一个投资者群体取得一家公司的投票控制权,然后将该企业的资产变现,以便偿还用来购买该公司股份的贷款。与利益相关者模型相比,在股东财富最大化模型下,应该如何看待杠杆收购?
9. **高财务杠杆**。与利益相关者模型相比,在股东财富最大化模型下,应如何看待高的杠杆水平(债务/资产)?
10. **集团公司**。**集团公司**(conglomerates)是指那些已经在不相关的领域中进行了分散化的公司。与利益相关者模型相比,在股东财富最大化模型下,应该如何看待集团化现象?
11. **风险**。与利益相关者模型相比,在股东财富最大化模型下,应该如何定义风险?
12. **股票期权**。与利益相关者模型相比,在股东财富最大化模型下,应该如何看待授予公司管理层和员工的股票期权?
13. **股东不满意**。如果股东对他们的公司不满意,他们可以采取哪些行动?
14. **普通股的不同类别**。在很多国家,一个企业拥有两种或两种以上具有不同投票权的普通股,是一种很普遍的现象。在美国,正常情况是一家公司仅有一种类型的普通股,且一股一票。这两种制度各有什么优缺点?
15. **新兴市场公司治理失灵**。有人宣称,公司治理失灵已经阻碍了位于新兴市场的一些杰出企业的增长和赢利能力。这些公司治理失灵的典型原因通常是什么?
16. **新兴市场公司治理改进**。近年来,新兴市场跨国公司已经在改进它们的公司治理政策,变得更为"股东友好"了。你认为是什么因素在促使这种现象发生?
17. **发达市场公司治理失灵**。美国和欧洲近来所发生的公司治理失灵的主要原因是什么?

练习题

运用下列股东收益的公式来回答问题1至问题3。其中P_t是时间t的股票价格，D_t是在时间t支付的红利。

$$股东收益 = \frac{P_2 - P_1 + D_2}{P}$$

1. **股东收益**。如果在一年的时间内，股东价格从16美元上升至18美元，请在下列条件下计算股东的收益率：
   a. 公司未支付红利。
   b. 公司每股支付了1美元红利。
2. **股东的选择**。Wilford Fong是一个杰出的投资者。他正在评估不同的投资选择。如果他相信一只个股的价格在未来的一年间将会从62美元升至74美元，且该股票预期将支付每股2.25美元的红利，而该投资者从该种类型的投资中所期望获得的收益至少是12%，请问他是否应该投资于该只股票？
3. **微软的红利**。2003年1月，微软宣布它将开始支付每股0.16美元的红利。给定微软股票近期的价格（见下表），每股每年0.16美元的固定红利对公司在这一期限内的股东收益产生了什么样的影响？

第一个交易日	收盘价($)	第一个交易日	收盘价($)
1998年(1月2日)	131.13	2001年(1月2日)	43.38
1999年(1月4日)	141.00	2002年(1月2日)	67.04
2000年(1月3日)	116.56	2003年(1月2日)	53.72

4. **普通股的不同类型(A)**。有一些国家，普通股存在不同类型是普遍现象。假设Powlitz制造公司具有如下的资本结构（按账面价值计）：

Powlitz制造公司	当地货币（百万元）
长期债务	200
留存收益	300
实收普通股:100万A股	100
实收普通股:400万B股	400
长期资本总量	1 000

   A股每股拥有10票，而B股每股仅拥有1票投票权。
   a. 总长期资本中有多大比例是通过A股筹得的？
   b. A股所代表的投票权占有多大比例？
   c. A股应该得到的红利占有多大比例？
5. **普通股的不同类型(B)**。假设Powlitz制造公司所有的债务和股权价值都与问题4中的相同，唯一的区别在于A股和B股都拥有相同的每股投票权：
   a. 总长期资本中有多大比例是通过A股筹得的？
   b. A股所代表的投票权占有多大比例？
   c. A股应该得到的红利占有多大比例？
6. **市盈率与收购**。在20世纪60年代，一个拥有高市盈率(P/E)的公司可以创造出许多集团公司出来。然后运用它们高市值的股票去收购其他一些市盈率较低的公司，且通常是在不相关的国内其他产业中。这些集团公司在20世纪80年代它们失去其高市盈率时就显得过时了，因为这会使得找到比它们市盈率更低的公司作为收购对象更困难。

   在20世纪90年代，那些位于高市盈率比较普遍的国家（与那些低市盈率普遍的其他国家相比）的那些公司而言，同样的收购策略也就成为可能。假设在制药行业存在下列一些假想的公司。

美国药业公司打算收购意大利药业公司。它发行550万股美国药业的股票，其现行市值为2.2亿美元，而对意大利药业的所有股票提供10%的溢价。

a. 在收购意大利药业后，美国药业发行在外的一共会有多少股票？

b. 美国药业和意大利药业的合并赢利是多少？

c. 假设市场以40倍的市盈率为美国药业的赢利估值，则美国药业的新市值是多少？

d. 美国药业的新的每股赢利是多少？

e. 美国药业股票的新的市场价值是多少？

f. 美国药业的股票价格上升了多少？

g. 假设市场对这桩兼并持负面看法，从而使美国药业的市盈率降至30倍，其股票的每股新市价是多少？其损失百分比是多少？

	市盈率	股份数量	每股市值（$）	赢利（$）	每股赢利（$）	总市值（$）
意大利药业	20	10 000 000	20	10 000 000	1.00	200 000 000
美国药业	40	10 000 000	40	10 000 000	1.00	400 000 000

7. **公司治理：虚报赢利**。有一些公司曾被迫降低它们以前所报告的赢利，特别是在美国。这通常是因为会计上的错误，或者欺诈。假设美国药业公司（承前题）必须将它先前报告的1 000万美元的赢利降至500万美元，在收购之前，它的新市值将会是多少？它还能做这笔收购吗？

8. **太平洋精密公司（A）：欧洲销售**。太平洋精密公司（Pacific Precision）是一家以中国香港为基地的机器设备出口商。它所有的财务报表都是以港币（HK$）计价的。该公司的欧洲销售主管Jacque Mayal曾因业绩不佳而受到批评。他申辩说，欧洲的销售近年来一直在稳定增长。到底谁是对的？

	2002	2003	2004
净销售总额，HK$	171 275	187 500	244 900
欧洲销售额占总销售额比例	48%	44%	39%
欧洲总销售额，HK$	______	______	______
平均汇率，HK$/€	7.4	8.5	9.4
欧洲总销售额，€	______	______	______
欧洲销售增长率	______	______	______

9. **太平洋精密公司（B）：日元债务**。香港太平洋精密公司几年前在一个长期贷款合同下借入了日元债务。然而，公司新的财务总监相信，原本被认为相对"便宜的债务"，现在已经不再便宜了。你认为如何呢？

	2002	2003	2004
按债务合同每年的日元支付（¥）	12 000 000	12 000 000	12 000 000
平均汇率，¥/HK$	15.9	14.7	13.7
每年日元债务偿还，HK$	______	______	______

10. **中国外包和人民币**。科罗拉多州丹佛Harrison装备公司所有的液压管道都是

从中国内地的制造商那里购买的。该公司最近(2005 年 6 月)刚刚完成全公司范围内的六西格玛生产改革。已经完工的石油野外压装系统的成本在一年内降低了 4%,从 88 万美元降至 84.48 万美元。公司现在担心的是,那些进入到这些系统中的所有液压管道(占其总成本的 20%)会受到中国人民币升值预期的冲击,如果华盛顿的某些人的说法变成现实的话。如果人民币相对美元升值 12%,会对系统的总成本有何影响?

人民币升值 12% 可以通过下式计算:

$$\frac{¥8.28/\$}{1+\text{变动百分比}}=\frac{¥8.28/\$}{1.012}$$
$$=¥7.39/\$$$

11. **Mattel 的全球绩效。** Mattel(一家美国公司)2001—2004 年间在其主要国际区域的销售都取得了显著的增长。在提交给美国证监会的材料中,它报告了在各地区的销售量以及由于汇率变动而导致的地区销售额的变动比例。
   a. 以美元计价,公司在各地区销售额的变动比例是多少?
   b. 在剔除货币变动的影响后,各地区销售额变动比例是多少?
   c. 货币变动对 Mattel 在 2001—2004 年间合并销售额的水平和增长有何相对影响?

Mattel 全球销售额(千美元)	**2001 年销售额($)**	**2002 年销售额($)**	**2003 年销售额($)**	**2004 年销售额($)**
欧洲	$933 450	$1 126 177	$1 356 131	$1 410 525
拉丁美洲	471 301	466 349	462 167	524 481
加拿大	155 791	161 469	185 831	197 655
亚太地区	119 749	136 944	171 580	203 575
国际汇总	$1 680 291	$1 890 939	$2 175 709	$2 336 236
美国	3 392 284	3 422 405	3 203 814	3 209 862
销售额调整	(384 651)	(428 004)	(419 423)	(443 312)
净销售额汇总	$4 687 924	$4 885 340	$4 960 100	$5 102 786

汇率变动的影响

地　区	**2001—2002**	**2002—2003**	**2003—2004**
欧洲	7.0%	15.0%	8.0%
拉丁美洲	-9.0%	-6.0%	-2.0%
加拿大	0.0%	11.0%	5.0%
亚太地区	3.0%	13.0%	6.0%

资料来源:《Mattel 公司年报》,2002,2003,2004。

Garrison 产业集团

问题 12 至问题 15 是基于 Garrison 产业集团的。Garrison 是一家总部设在美国的国际制造公司。除了在美国的国内经营之外,它在巴西、德国和中国都有自己的全资子公司。Garrison 在纳斯达克上市交易。目前,Garrison 已发行有 65 万股股票。各经营单位的基本经营特征如下:

（当地货币，千）	美国（美元，$）	巴西（里耳，R$）	德国（欧元，€）	中国（人民币，¥）
税前利润（EBT）	$4 500	R $6 250	€ 4 500	¥2 500
公司所得税率	35%	25%	40%	30%
期内的平均汇率	—	R $3.50/$	€ 0.9269/$	¥8.10/$

12. **Garrison 公司的合并利润**。Garrison 必须在它当前营业的国家缴纳公司所得税。
    a. 在每个国家扣除所得税后，Garrison 以美元计价的合并利润和合并每股利润是多少？
    b. Garrison 合并利润中各有多大的比例来自各个不同的国家？
    c. Garrison 合并利润的多大比例是来自美国以外的地区？
13. **Garrison 每股赢利对汇率的敏感性**。假设一场大型政治危机冲击了巴西，这首先会影响到巴西里耳的币值，然后会导致其国内的经济萧条。
    a. 如果巴西里耳下跌到 R$4.50/$，而其他地区赢利和汇率保持不变，则该事件对 Garrison 合并每股赢利的影响是怎样的？
    b. 除了里耳的币值下跌至 R$4.50/$ 之外，如果由于经济萧条而导致公司在巴西的税前赢利下降至 R$5 800 000，又会对 Garrison 的合并每股利润产生什么影响？
14. **Garrison 的赢利与美元贬值**。近年来，美元相对世界上大多数货币经历了显著的波动。
    a. 如果所有的外国货币都相对美元升值 20%，这会对 Garrison 的合并每股赢利产生什么影响？
    b. 如果所有的外国货币都相对美元贬值 20%，这又会对 Garrison 的合并每股赢利产生什么影响？

    提示：如问题 10 中那样计算变动百分比，将初始币值除以（1 + 变动百分比）来计算新的货币币值。
15. **Garrison 的赢利与全球税收**。所有跨国公司都试图最小化它们的全球税收负担。请回到原始的基本假设，并回答下列与 Garrison 的全球税收义务有关的问题。
    a. Garrison 在其全球业务活动中支付的公司所得税总额——以美元计——是多少？
    b. Garrison 在全球范围内的有效税率（即总税收占其税前利润的比例）是多少？
    c. 如果德国将公司税率削减至 28%，且 Garrison 在德国的税前赢利上升至 € 5 000 000，其对 Garrison 每股赢利和全球有效税率的影响是什么？

网上练习

1. **跨国公司与全球资产/收益**。不同跨国公司之间的差异是显著的。使用一组公司的样本（如下面所列举的公司），从这些公司的主页中找到它们在自己的注册国家之外的收益所占的比重。（注意雀巢公司为什么称自己为“跨国公司”。）

迪斯尼

http://disney.go.com

雀巢

http://www.nestle.com

英特尔

http://www.intel.com

戴姆勒-奔驰

http://www.daimlerchrysler.de

三菱

http://www.mitsubishi.com

诺基亚

http://www.nokia.com

皇家荷兰/壳牌

http://www.shell.com

另外,请注意它们的国际业务现在是通过因特网进行运作的。上述主页中有一些主页允许使用者选择浏览的语言。

2. **公司治理**。在商业界,今天已没有什么话题比公司治理更热了。使用下面的网址来查阅最近的研究、事件和新闻条目,以及与企业及其利益相关者之间关系的其他信息。

公司治理网

http://www.corpgov.net

3. **《财富》全球500强**。《财富》杂志因为在全球范围内进行《财富》500强排名而闻名。使用《财富》的网址来查找最近的哪些国家的哪些企业在这个杰出的俱乐部中。

财富

http://www.fortune.com/fortune

4. **《金融时报》**。总部设在国际金融中心伦敦的《金融时报》网站提供了大量的信息。在进入其主页后,进入"市场数据与工具"(Market Data & Tools)页面,察看全球股票市场的近期表现。注意世界主要的股票市场每日波动的相似性。

《金融时报》

http://www.ft.com

文献选读

Jensen, M., "Eclipse of the Public Corporation", *Harvard Business Review*, September 1989, pp. 61—74.

Jensen, M. and W. Meckling, "Theory of the Firm: Managerial Behavior, Agency Cost, and Ownership Structure", *Journal of Financial Economics*, 3, 1976, pp. 305—360.

La Porta, R., F. Lopez-de-Silances, and A. Schleifer, "Legal Determinants of External Finance", *Journal of Finance*, 52, 1997, pp. 1131—1150.

La Porta, R., F. Lopez-de-Silances, and A. Schleifer, "Corporate Ownership Around the Globe", *Journal of Finance*, 54, 1999, pp. 471—517.

La Porta, R., F. Lopez-de-Silances, and A. Schleifer, "Investor Protection and Corporate Valuation", *Journal of Finance*, 57, 1997, pp. 1147—1169.

Oxelheim, Lars and Trond Randoy, "The Anglo-American Financial Influence on CEO Compensation in Non-Anglo-American Firms", *Journal of International Business Studies*, Vol. 36, No. 4, July 2005, pp. 470—483.

Schleifer, A. and R. Vishny, "A Survey of Corporate Governance", *Journal of Finance*, 52, 1997, pp. 737—783.

第2章　国际货币体系

本章以从古典金本位制到现在的国际货币体系的历史开篇。这一历史包括欧洲货币市场的发展,及其基准利率——伦敦同业拆放利率(LIBOR)的发展。第二节描述了当代货币制度、固定与浮动汇率,以及理想货币的特征。然后,我们分析了新兴市场和制度选择问题,包括货币局和美元化。随后的一节中,我们描述了欧元的诞生,以及通向货币一体化之路,包括 2004 年 5 月 1 日欧盟的扩张。最后一节分析了基于固定规则、相机抉择、合作及独立的不同汇率制度之间的权衡。

2.1　国际货币体系简史

曾几何时,通货就被定义为黄金或其他有内在价值的物品,而国际货币体系则受制于一连串的国际协议。对这些制度作一个回顾,对于我们理解今天的货币制度,以及评估现存制度的缺陷及改革建议,提供了一个有益的视角。

2.1.1　金本位制(1876—1913)

从法老的时代(大约公元前 3000 年前后)开始,黄金就被作为交换媒介和价值贮藏的工具。希腊人和罗马人使用金币,并将这一传统从重商主义时代带入 19 世纪。19 世纪后期的自由贸易阶段,贸易量的大幅增长引发了对解决国际贸易收支问题的一种更为正式的体系的需求。一个又一个的国家都将其货币的面值以黄金来设定,然后试图坚持所谓的游戏规则。这后来就成为所谓的古典金本位制。作为一种国际货币体系,金本位制于 19 世纪 70 年代在西欧被广泛接受。对这一体系来说,美国多少是一个后来者,它直到 1879 年才接受金本位制。

金本位制下的"游戏规则"简单明晰:每个国家都设定一个其货币单位(纸币或硬币)可以兑换一定重量黄金的比率。例如,美国就曾宣布可以按 20.67 美元/盎司黄金的比率将美元兑换成黄金(一直到第一次世界大战初期都延续这一比率)。英镑被钉住在 4.2474 英镑/盎司黄金的比率上。只要两种货币都可以自由兑换成黄金,则美元与英镑的汇率为:

$$\frac{20.67\text{ 美元/盎司黄金}}{4.2474\text{ 英镑/盎司黄金}} = 4.8665\text{ 美元/英镑}$$

因为每个实行金本位制的国家政府都同意向任何人以固定的平价比率按其需求买卖黄金,每种货币按黄金计算的币值就是固定的,所以货币间的汇率也就固定下来了。对于实行这种汇率制度的国家来说,维持足够的黄金储备以支撑其货币币值是非常重要的。这一制度还有一个隐含的作用,就是限制了任何一个国家扩张其货币供给的比率。货币量的任何增长都被限定在官方所能得到的黄金的增长率上。

金本位制的运行令人满意,直到第一次世界大战的爆发中断了贸易流通和黄金的自由流动。这一事件导致主要的贸易国家暂停了金本位制的运行。

2.1.2 两次大战期间及第二次世界大战(1914—1944)

在第一次世界大战期间及20世纪20年代,按黄金及货币之间比价计价的货币币值被允许在一个很宽泛的范围内波动。理论上说,对一国进出口的供给和需求会导致汇率在一个中心均衡值附近进行适当的波动。这正是黄金在以往的金本位制下所发挥的作用。不幸的是,这种弱性的汇率并不会以一个均衡的方式运行。相反,国际投机家卖空弱势货币,这导致这些货币币值跌到其实际经济因素所决定的应有水平之下。**卖空**(selling short)是一种投机技巧,表现为某个投机者将一种像货币一样的资产卖给另一方,而在未来某一天进行交割。然而,该投机者自己并不拥有这一资产,他希望在他必须从公开市场买回该资产以备交割之前,该资产的价格下跌。

对于强势货币,情况则相反。货币币值的波动不能通过流动性相对较差的远期外汇市场来对冲,除非你付出高昂的成本。其净结果是,在20世纪20年代,世界贸易总量并没有和世界各国的国内生产总值同比例增长,相反,随着20世纪30年代大萧条的到来而衰减到一个很低的水平。

1934年,当美元的价格从一战之前生效的20.67美元/盎司黄金贬值至35美元/盎司黄金时,美国采取了一种修正的金本位制。与以前的做法相反,美国财政部仅与外国的中央银行进行黄金交易,而不与私人进行交易。从1934年到二战末期,汇率在理论上都是由各国货币的黄金价值所决定。然而,二战期间及混乱的战后,许多主要的贸易货币都失去了与其他货币的可兑换性,美元是唯一继续保持可兑换性的主要贸易货币。

2.1.3 布雷顿森林体系与国际货币基金组织(1944)

1944年,当二战接近尾声的时候,为了创立一种新的战后国际货币体系,盟国在新罕布什尔州的布雷顿森林举行会议。《布雷顿森林协议》建立了一种以美元为基础的国际货币体系,并成立了两个新的机构:国际货币基金组织和世界银行。国际货币基金组织(IMF)用以帮助那些在外汇收支和汇率方面存在问题的国家。国际复兴开发银行(世界银行)则是来帮助战后重建融资的,战后,它有力地支持了总体经济发展。

IMF是新的国际货币体系中的关键机构,至今仍是如此。IMF建立的目的在于对于试图保卫自己的货币免于周期性、季节性或随机性因素冲击的成员国提供临时性援助。

它还帮助那些有结构性贸易问题的国家渡过难关,如果这些国家承诺采取足够的行动来纠正这些问题的话。然而,如果发生持续的逆差,IMF 也无法使这些国家的货币最终避免贬值。近年来,IMF 还试图帮助那些面临金融危机的国家。它向俄罗斯及其他前苏联共和国、巴西、印度尼西亚和韩国等国家提供了大规模的贷款和改革建议。

在《布雷顿森林协议》的原始条款下,所有国家都将自己的货币币值以黄金价格固定下来,但并不要求其货币可兑换黄金。只有美元继续保持对黄金的可兑换性(每盎司 35 美元)。因此,每个国家都通过美元来确定自己货币的汇率,然后计算出其货币的黄金面值,以便建立一个理想的美元汇率。参与国都同意通过在必要的时候买卖外汇或黄金,来使其货币币值维持在面值 ±1% 的范围(后扩展至 ±2.25%)之内。贬值不被用做一种竞争性的贸易政策,但如果一种货币太弱势,以致难以维护,则高至 10% 的贬值也是允许的,且无须 IMF 的正式批准。更大幅度的贬值则需要 IMF 的批准。这种制度后来被称为**金汇兑本位制**(gold-exchange standard)。

特别提款权(special drawing right, SDR)是由 IMF 创立的,用来作为现有外汇储备补充的一种国际储备资产。它被用做 IMF 和其他国际和地区组织的一种记账单位,也是一些国家钉住其货币汇率的基础。

SDR 起初是以固定黄金数量来定义的,但后来被重新定义了好几次。现在,它是四种主要货币的加权平均:美元、欧元、日元和英镑。各种货币的权重由 IMF 每五年更新一次。各个国家以在 IMF 存款的形式持有 SDR。各个国家持有的这些 SDR 头寸是其国际货币储备的一部分,与官方的黄金储备、外汇储备和在 IMF 的储备头寸一起,构成了国际储备。成员国之间可以通过 SDR 的转移进行交易结算。

2.1.4 欧洲货币

欧洲货币(Eurocurrencies)是指存放在第二国的本国国内货币。欧洲美元定期存款的期限可以从立即支付到隔夜借贷,甚至更长的期限。存单通常是三个月或更长,其量也是以百万美元计算的。欧洲美元存款不是一种活期存款;它并不是以必要的部分准备金为基础发放贷款而在银行账面上形成的存款,也不能以支票的形式从拥有这一存款的银行转走。欧洲美元存款是通过在美国境内的代理行所持有的相应余额以电汇的形式进行转移的。在很多国家,一个国内的类比是由非银行的储蓄协会所持有的存款转账。它们转账的方式是让储蓄协会开出一张它自己在商业银行的支票。

任何可兑换货币都可以以"欧洲"的形式存在。(注意,"欧洲"一词的这种用法不应该被混同于被称做**欧元**(euro)的欧洲统一的新货币。)欧洲货币市场包括欧洲英镑(存放在英国之外的英镑)、欧洲欧元(存放在欧元区之外的欧元)、欧洲日元(存放在日本之外的日元)以及欧洲美元(存放在美国之外的美元)。欧洲货币市场的精确规模是很难测量的,因为它每天都取决于存款人对其可转移的流动性资金存放地点的决策,特别是将美元存放于美国国内还是国外的决策。

欧洲货币市场主要服务于两个重要的目的:(1) 欧洲货币存款是一种公司持有多余流动性的一种有效而方便的货币市场工具;(2) 欧洲货币市场是银行为公司流动资本需求进行短期融资的一个主要来源,其中包括对进出口的融资。

欧洲货币存放的银行被称为**欧洲银行**(Eurobank)。欧洲银行是一种在其所在国家货币之外还同时用另一种货币办理定期存款和发放贷款业务的金融中介;它是除了其他的银行功能之外,还从事欧洲货币业务的世界主要银行。因此,使一家银行有资格称为"欧洲银行"的欧洲货币业务,实际上就是一家大型商业银行的一个部门,这一名称也来自这一功能的发挥。

现代欧洲货币市场在二战结束后马上就产生了。当时东欧的美元持有者,包括前苏联的各种政府交易的银行,都不敢将它们所持有的美元存在美国,因为这些存款也可能被美国人贴上共产主义政府的标签。因此,东欧的持有人将它们的美元存放在西欧,特别是在两家苏联银行:位于伦敦的莫斯科那拉德尼银行(Moscow Narodny Bank)和位于巴黎的欧洲诺德商业银行(Banque Commerciale pour l'Europe du Nord)。这些银行再将这些资金存入其他西方银行,特别是伦敦的银行。其他美元存款则来自西欧各种类型的中央银行,它们选择以这种形式持有一部分美元储备,以便获得更高的收益。商业银行也将它们的美元余额放在欧洲市场中来,这一方面是基于以上相同的原因;另一方面,欧洲美元市场上各种特定的到期期限可以通过协商来确定。进入该市场的美元还有一部分来自那些拥有大量美国业务的欧洲保险公司。这些公司发现将它们的美元储备置入高收益的欧洲美元市场是非常有利的。各种国际流亡组织也为该市场提供资金。

尽管欧洲货币市场成长的基本原因是经济效率,20 世纪 50 年代和 60 年代期间的一些特定的制度因素也促进了它的成长。

- 1957 年,英国货币当局通过控制英国银行向非英国居民发放英镑贷款的做法来应对英镑的疲软。由于受到英格兰银行的鼓励,英国的银行将发放美元贷款作为在世界金融业中维持其领先地位的唯一替代方法。因此,它们需要美元存款。
- 尽管纽约是美元的大本营,拥有一个巨大的国内货币和资本市场,伦敦则因其在国际货币问题上的专业性和与大客户在时间和空间上的接近性而成为国际美元交易的中心。
- 以欧洲为基地的美元市场还有一个额外的支持因素,就是它没有经历美国在 20 世纪 60 年代所经历的国际收支困难,那场困难曾经临时性地将美国国内资本市场与世界其他市场分开。

然而,欧洲货币市场的继续繁荣,最终还因为它是一个相对来说可以逃脱政府监管和干预的一个大型的国际货币市场。

2.1.5 欧洲货币利率:LIBOR

在欧洲货币市场上,基准的利率是**伦敦银行同业拆借利率**(London Interbank Offered Rate, LIBOR)。现在,LIBOR 是标准化报价、贷款协议和金融衍生品估值中所使用的最广为接受的利率。LIBOR 的官方定义是由**英国银行家协会**(British Bankers Association, BBA)给出的。例如,美元 LIBOR 是由 BAA 抽样的 16 家跨国银行在**伦敦时间**上午 11 点的同业拆借利率平均值。与此类似,BBA 还在伦敦的同一时间用银行样本计算了日元 LIBOR、欧元 LIBOR 和其他货币的 LIBOR 利率。

然而，银行间利率并不限于伦敦。各主要国内金融中心都为本地贷款协议构造了它们自己的银行同业拆借利率。这些利率包括 PIBOR（巴黎银行同业拆借利率）、MIBOR（马德里银行同业拆借利率）、SIBOR（新加坡银行同业拆借利率）和 FIBOR（法兰克福银行同业拆借利率），等等。

欧洲货币市场吸引存款人和借款人的关键因素是该市场内的利差区间较小。存款和贷款利率之差通常小于 1%。欧洲货币市场利差小主要有几个方面的原因：存在较低的放款利率是因为欧洲货币市场是一个**批发市场**（wholesale market），其存贷款都是在 50 万美元以上，且是以无担保的形式交易；借款人通常是大公司或政府机构，由于其信用等级很高和交易规模巨大，它们有资格享受低利率；此外，参与银行分摊到的欧洲货币运作的管理成本也是很低的。

在欧洲货币市场上，存款利率比大多数国内货币市场高，这是因为提供欧洲货币业务的金融机构不会受到传统国内银行和银行业务所受到的许多监管和准备金要求等方面的约束。这些成本不存在的情况下，利率就受到更多的竞争压力，从而导致存款利率更高，而贷款利率更低。欧洲货币市场还能避免的另一项主要的成本是无须支付存款保险费（如在美国存款需向联邦存款保险公司支付的费用）。图表 2.1 显示了 2005 年 6 月，欧洲美元存款和贷款利率（包括美元 LIBOR 和 LIBID），与传统国内利率的一个类比。

图表 2.1　　美元利率，2005 年 6 月

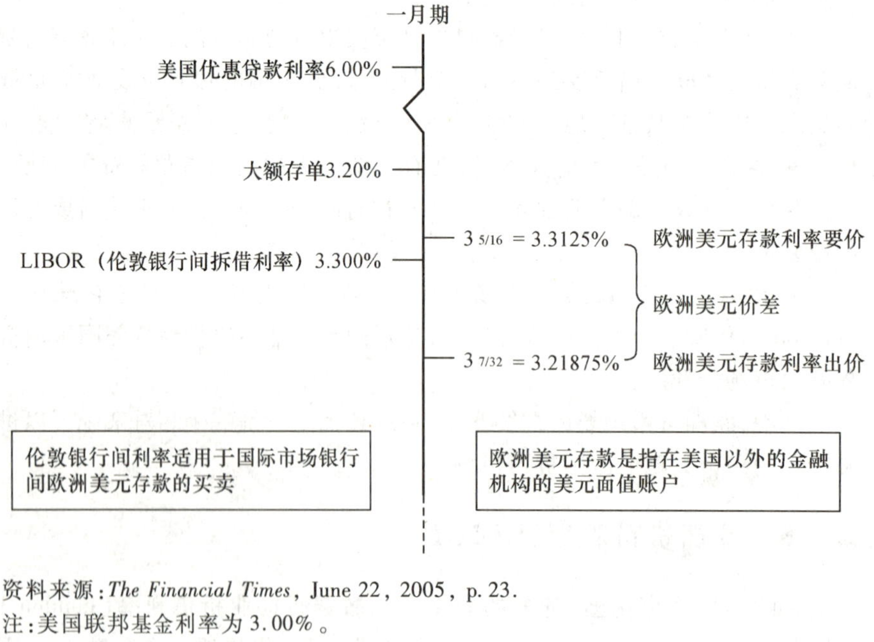

资料来源：*The Financial Times*, June 22, 2005, p. 23.
注：美国联邦基金利率为 3.00%。

2.1.6 固定汇率（1945—1973）

在布雷顿森林达成协议并由 IMF 监督的货币安排，在二战后的世界贸易恢复和快速增长时期运行得很好。然而，各国存在广泛差异的货币与财政政策、不同的通货膨胀率以及各种未能预期的外部冲击,最终导致了这一体系的终结。美元是各中央银行持有的主要储备货币,也是汇率价值网的关键。不幸的是,美国的国际收支陷入了持续、高额的赤字之中。美国需要一个巨大的美元资本流出,以便为这些赤字融资,并满足来自投资者和企业对美元不断增长的需求。外国人所持有的美元居高不下,最终导致了他们对美国的信心不足,担心其无法实现美元兑换黄金的承诺。

在 1971 年头七个月中,美国遭受了其官方黄金储备的近三分之一外流的厄运之后,这种信心不足迫使理查德·尼克松总统于当年 8 月 15 日中止了由美国财政部进行的官方黄金买卖。多数领先贸易国的汇率被允许相对于美元进行浮动,因而间接相对于黄金可浮动。到 1971 年底,多数主要贸易货币相对美元而言均有所升值。这种变化实际上是美元的贬值。

一年半以后,美元再一次受到冲击,这导致 1973 年 2 月 12 日的第二次贬值;这次贬值的幅度为 10%,达 42.22 美元兑 1 盎司黄金。在 1973 年 2 月底,由于当时货币的投机性流动,维持一个固定汇率的体制看来已不再可能了。1973 年 3 月,各主要外汇市场实际上都关闭了几个星期。当它们再重新开张的时候,多数货币都被允许浮动到由市场力量所决定的水平。面值仍然保持不变。到 1973 年 6 月,美元平均又再次向下浮动了 10%。

2.1.7　一个折中的货币安排(1973 年至今)

自 1973 年 3 月以来,与"固定"汇率时期汇率极少发生变动的情况相比,汇率变得波动更大且更缺乏可预测性。图表2.2显示了IMF编制的自1957年以来美元名义汇

图表 2.2　**IMF 美元名义汇率指数和主要事件,1957—2005 年**

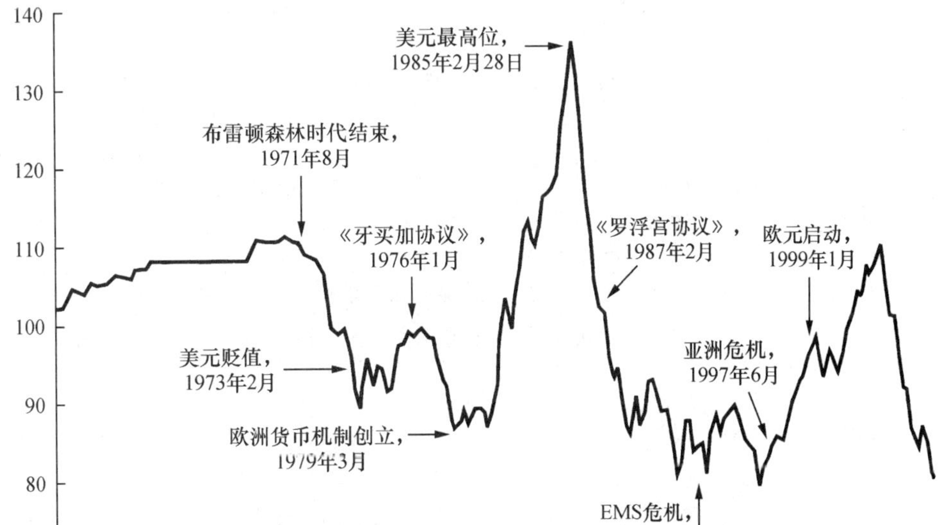

资料来源:International Monetary Fund, *International Financial Statistics*, http://www.imfstatistics.org.

率指数的大幅波动。显然,自 1973 年以来,对这一货币度量来说,波动性显著地增加了。

图表 2.3 概括了自 1973 年 3 月以来的主要事件,以及影响货币币值的外部冲击。近年来最重要的冲击有:1992 年和 1993 年欧洲货币体系(EMS)的重建;新兴市场货币危机,涉及 1994 年的墨西哥、1997 年的泰国(以及几个其他亚洲货币)、1998 年的俄罗斯以及 1999 年的巴西;1999 年欧元的引入;2001 年的土耳其,以及 2002 年的阿根廷和委内瑞拉。

图表 2.3 世界货币事件,1971—2005 年

日期	事件	影响
1971 年 8 月	美元浮动	尼克松关闭了美国黄金兑换窗口,中止了美国财政部的黄金买卖;对进口实行了 10% 的临时附加税。
1971 年 12 月	《史密森协议》	十国集团达成妥协,美元贬值至 38 元兑 1 盎司黄金;多数其他主要货币相对于美元升值。
1973 年 2 月	美元贬值	美元的贬值压力加大,迫使其进一步贬至 42.22 元兑 1 盎司黄金。
1973 年 2—3 月	货币市场危机	固定汇率不再被认为是可以受保护的;投机迫使国际外汇市场被关闭了近两周;然后,主要工业国货币以浮动汇率的形式重新开市。
1973 年 6 月	美元贬值	至 6 月份,浮动汇率继续使当时可自由浮动的美元贬值了大约 10%。
1973 年秋至 1974	欧佩克石油禁运	石油输出国组织(OPEC)实施石油禁运,最终导致世界油价格翻了四倍;因为世界油价是以美元标价的,美元的币值在一定程度上恢复了以前的强势。
1976 年 1 月	《牙买加协议》	IMF 在牙买加的会议导致了已经生效的浮动汇率体系"合法化";黄金被非货币化为一种储备资产。
1977—1978 年	美国通胀率上升	卡特政府为降低失业率而付出了通胀率上升的代价;美国通胀率的上升导致了美元的持续贬值。
1979 年 3 月	EMS 创立	欧洲货币体系(EMS)创立,为欧洲经济联盟(EEC)的参与国建立了一种合作型的汇率体系。
1979 年夏	欧佩克提价	欧佩克国家再次提高石油价格。
1980 年春	美元开始升值	世界性通胀和衰退的早期信号,以及以美元为面值的资产在实际利差方面的优势,促进了对美元需求的增长。
1982 年 8 月	拉美债务危机	墨西哥于 1982 年 8 月 13 日(星期五)通知美国财政部,它将无法履行偿债义务;巴西和阿根廷在几个月之内也步其后尘。
1985 年 2 月	美元最高位	美元相对大多数主要工业国货币而言达到最高值,相对德国马克和其他欧洲货币来说则创下新高。
1985 年 9 月	《广场协议》	十国集团在纽约广场饭店开会,签署了一项旨在控制世界货币市场波动性和建立目标区的国际合作协议。

（续表）

日期	事件	影响
1987 年 2 月	《罗浮宫协议》	六国集团表示，它们将“加强”经济政策协调，以促进经济增长和降低外部不平衡。
1991 年 12 月	《马斯特里赫特条约》	欧洲联盟最终签署了一项条约，用一种单一货币——欧元——来代替所有的货币。
1992 年 9 月	EMS 危机	德国的高利率导致大量资本流入以马克为面值的资产，这导致意大利里拉和英镑从 EMS 共同浮动中退出。
1993 年 7 月 31 日	EMS 重组	EMS 对所有成员国（除荷兰盾以外）将允许的波动范围调整到 ±15%；美元继续走弱；日元达到 ¥100.25/$。
1994 年	EMI 成立	欧洲货币研究院（EMI），即欧洲中央银行的前身，在德国法兰克福成立。
1994 年 12 月	比索崩溃	由于有管理的贬值政策受到越来越大的压力，墨西哥比索遭受了大规模贬值；比索在数天内即从 Ps 3.46/$ 降至 Ps 5.50/$。比索的崩溃导致大多数主要拉美国家货币处于传染性下跌中——“龙舌兰效应”。
1995 年 8 月	日元顶峰	日元相对美元的汇率达到有史以来的最高值 ¥79/$；在接下来的两年内，日元缓慢贬值，使汇率值超过 ¥130/$。
1997 年 6 月	亚洲危机	7 月，泰铢宣告贬值，紧随其后的有印尼卢比、韩国韩元、马来西亚林吉特和菲律宾比索。在最初的汇率贬值之后，亚洲经济陷入萧条。
1998 年 8 月	俄罗斯危机	8 月 17 日星期一，俄罗斯中央银行将其卢布贬值 34%。在随后几天内卢布继续恶化，将本来就很弱的俄罗斯经济送入萧条。
1999 年 1 月 1 日	欧元启动	欧洲单一货币——欧元——的官方启动日。十一个欧盟成员国选择参与这一体系，从而不可逆转地将它们自己的货币汇率锁定在其中。
1999 年 1 月	巴西雷亚尔危机	雷亚尔最初于 1999 年 1 月 12 日被巴西政府贬值 8.3% 后，被允许相对世界其他货币自由浮动。
2002 年 1 月 1 日	欧元铸币	欧元铸币和纸币与本国货币一起平行使用。各国货币将在从 2002 年 1 月 1 日开始的六个月之内逐步退出流通。
2002 年 1 月 8 日	阿根廷比索危机	阿根廷比索 1991 年通过货币局制度与美元按 1:1 的比率固定币值，现被贬值至 Ps 1.4/$，然后实行浮动。
2002 年 2 月 13 日	委内瑞拉玻利瓦浮动	委内瑞拉玻利瓦自 1996 年起实行对美元的固定汇率，现由于日益加重的经济危机而实行浮动汇率。
2004 年 2 月 14 日	委内瑞拉玻利瓦贬值	为了处理日益增长的财政赤字，委内瑞拉将其货币玻利瓦相对美元贬值 17%。
2004 年 5 月 1 日	欧盟扩张	十个新的成员国加入欧盟，从而使欧盟扩容至 25 个成员国。未来，若这十个成员国达到 EMU 的要求，大多数这些国家都将采用欧元。
2005 年 7 月 21 日	人民币改革	中国政府和中国人民银行放弃人民币钉住美元制度，宣布它从 ¥8.28/$ 升值至 ¥8.11/$，并将未来的汇率制度改革成有管理的浮动制度。马来西亚也宣布了一个类似的汇率制度改革方案。

2.2 当代货币制度

今天的国际货币体系包括国家货币、人造货币(如特别提款权 SDR),以及从 1999 年 1 月 1 日开始代替 11 个国家货币的一种全新货币(欧元)。所有这些货币通过一个货币制度的“大杂烩”而联系在一起。

2.2.1 IMF 的汇率制度分类

IMF 将所有的汇率制度分为八种不同的类型。这八种类型覆盖了从刚性固定到自由浮动的各种不同汇率制度的图景。

1. **没有独立法定货币的汇率安排。**以另一国家的货币作为唯一的法定货币进行流通,或者是属于一个货币联盟的成员,该联盟内各成员国采用一个共同的法定货币。

2. **货币局制度。**一种基于将本国货币按固定汇率兑换成某一指定外国货币的隐含法律承诺的货币制度,它同时还包括对发行当局的限制,以保证其法律义务的履行。

3. **其他常规固定钉住汇率安排。**国家将自己的货币(正式地或既成事实地)以固定的汇率钉住一种主要货币或一篮子货币(复杂货币),其汇率可以在一个很窄的范围,或者至多是在某一中心汇率的上下 1% 范围内波动。

4. **带水平区间的钉住汇率。**货币的币值维持在一个正式的或事实上的固定钉住汇率附近的波动幅度内,这一幅度超出中心汇率的上下 1% 。

5. **爬行钉住。**货币以一个固定的、事先宣告的比率,或者是作为对某些定量指标变动的反应,而作出小幅周期性调整。

6. **爬行带内浮动汇率。**货币被维持在一个中心汇率的某一波动幅度内,但中心汇率可以以固定的事先宣告的比率或作为对某些定量指标变动的反应,而作出周期性调整。

7. **无事先宣告路径的管理浮动汇率。**货币当局在对汇率没有事先说明、承诺或宣告的情况下,通过在外汇市场采取积极干预的行动影响汇率的变化。

8. **独立浮动。**汇率由市场决定,任何外汇干预行动的目的仅在于缓和变动速率和避免汇率的过度波动,而不是为了确定一个汇率水平。

刚性固定汇率的最著名的例子就是欧元区,在欧元区内,欧元是其成员国的唯一货币。然而,相对所有其他货币而言,欧元本身又是一个独立浮动的货币。其他刚性固定汇率制度的例子还包括:厄瓜多尔和巴拿马,它们使用美元作为自己的官方货币;中非法郎(Central African Franc, CFA)区,包括的国家有马里、尼日尔、塞内加尔、喀麦隆和乍得等,它们使用单一的共同货币(法郎,与欧元相联系);东加勒比货币区(Eastern Caribbean Currency Union, ECCU),其成员国使用单一的共同货币(东加勒比元)。

处于另一极端的是采用独立浮动货币的国家。这些国家包括许多最发达的国家,如日本、美国、英国、加拿大、澳大利亚、新西兰、瑞典和瑞士。但是,这种类型中还包括被迫参与的成员——那些试图维持固定汇率但却由于市场压力而被迫实行浮动汇率制度的新兴市场国家。这其中包括韩国、菲律宾、巴西、印度尼西亚、墨西哥和泰国。

很重要的一点是,我们应该注意到,最后两类中覆盖了186个国家中的80个,它们在任何真实的意义上处于“浮动”状态。尽管当代国际货币体系经常被界定为“浮动制度”,但对世界上的大多数国家来说,显然并非如此。

2.2.2 固定汇率与弹性汇率

一个国家选择何种货币制度,反映了该国对经济各个方面(包括通货膨胀、失业率、利率水平、贸易差额和经济增长)的侧重点。固定汇率和浮动汇率的选择可能会随着不同时期侧重点的变化而发生变化。

我们认为下列因素部分地解释了各国选择特定汇率制度的原因,尽管这些解释多少有点泛泛而谈。其中存在着一个隐含的前提,就是在其他因素相同的情况下,各国都会优先选择固定汇率。

- 固定汇率使贸易可以在稳定的国际价格环境下进行。稳定的价格有助于国际贸易的增长,并降低所有业务的风险。
- 固定汇率天生是反通货膨胀的,这要求国家执行严格的货币和财政政策。然而,这种严格性对那些希望采取政策来减轻持续存在的内部经济问题(如高失业率或低经济增长)的国家而言,经常会成为负担。
- 固定汇率制度要求中央银行维持很大数量的国际储备(硬通货或黄金),以便在偶尔维护固定汇率的时候使用。当国际货币市场在规模和交易量方面快速成长的时候,日益增长的储备对很多国家来说就成为一种很大的负担。
- 固定汇率一旦存在,就可能被维持在与经济基本面不相一致的水平。当一国经济结构发生变化的时候,以及其贸易关系和差额发生变化的时候,汇率本身也应该发生变化。弹性汇率允许这种变化缓慢而有效地发生,但固定汇率就必须采取行政手段进行调整——通常会太晚、太公共化,并且对国家的经济健康来说要付出太大的一次性成本。

2.2.3 “理想”货币的特征

当今世界如果存在一种理想货币的话,它应该具备图表2.4中所示的三种特征,这三种特征通常被称为**不可能三角**(the impossible trinity):

1. **汇率稳定性**。货币的价值与其他主要货币的比价关系应是固定的,因此,交易商和投资者对于当时及不久的将来每种货币的汇率值是相对比较确定的。

2. **完全的金融一体化**。应该允许货币完全自由地流动,以使交易商和投资者可以根据其对经济机会或风险的判断,自愿且轻易地将资金从一国和一个币种转移至其他国家或币种。

3. **货币独立性**。每个独立国家都可以设定自己国内的货币和利率政策,以实现理想的国家经济政策,特别是在这些国家试图限制通货膨胀、对付衰退、促进繁荣和充分就业的情况下。

这些特征被称为"不可能三角"的原因是：一个国家必须放弃这一三角形的三条边所描述的三大目标之一：货币独立，汇率稳定，或者完全的金融一体化。经济学的力量不允许这三个目标同时实现。例如，一个实行完全浮动汇率制度的国家可以拥有货币独立性和一个与外部资本市场融合程度很高的金融一体化，但其结果必然是牺牲汇率稳定性（如美国的情况）；与此相似，一个对资本实施严格控制的国家可以保持其货币独立性和稳定汇率，但却要失去与全球金融和资本市场一体化的机会（1998—2002 年期间的马来西亚就是这种情况）。

如图表 2.4 所示，许多专家的共识是，日益增强的资本流动力量已经促使越来越多的国家为了刺激其国内经济，并满足其自己跨国公司的胃口，而朝向完全金融一体化的方向发展。其中的一个结果是，它们的货币制度被"倒逼"进入了完全浮动（如美国），或者通过货币联盟的形式实现了与其他国家的一体化（如欧盟）。

图表 2.4 不可能三角

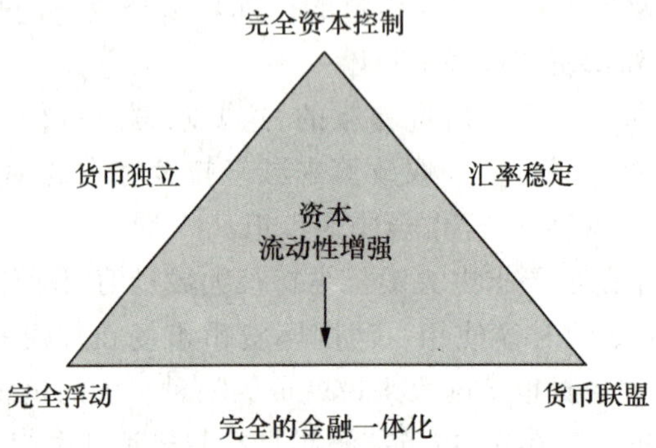

经济金融理论明确指出，一个国家不可能同时处于三角形的三条边上。如果一国欲实现三角形的顶点所描述的一种状态，它就必须在三大"特征"中放弃其中之一。

资料来源：改编自 Lars Oxelheim, *International Financial Integration*, Springer-Verlag, 1990, p. 10。

2.3 新兴市场与制度选择

1997—2005 年，新兴市场国家在更为极端的汇率制度选择上承受了越来越大的压力。上一节中提到的日益增大的资本流动压力，已经促使好几个国家作出了极端选择，即要么选择一个自由浮动的汇率（如土耳其于 2002 年 2 月作出了这种选择），或者选择另一个极端，即固定汇率制度——例如**货币局**（如阿根廷，虽然不太成功），甚至**美元化**（如厄瓜多尔 2000 年的情形）。

2.3.1 货币局

当一国的中央银行承诺将其基础货币——货币供给在任何时候都完全与外汇储备

挂钩时,该国就存在一个**货币局**(currency board)。这一承诺意味着如果没有事先取得一个单位的外汇储备作为后盾,其经济中就不能引入一个单位的本国货币。世界上有 8 个国家和地区,包括中国香港,采用货币局制度作为一种固定其汇率的方式。

阿根廷。1991 年,阿根廷将比索从先前的受管制汇率转移到货币局结构上。货币局结构将阿根廷比索的价值与美元以 1:1 的比率固定下来。阿根廷政府要求阿根廷的银行体系每发行 1 比索,都必须有存放在阿根廷银行账户中的黄金或者美元作后盾。通过这种方式,阿根廷维持了固定的汇率。这种 100% 的准备金制度使阿根廷的货币政策依赖于国家通过贸易或投资取得美元的能力。阿根廷只有在通过贸易取得这些美元后,其货币供给才能得到扩张。这种要求就杜绝了国家货币供给增长过快和引致通货膨胀的可能性。

阿根廷货币局制度的另一个特点是,所有阿根廷人或外国人都能在阿根廷的银行中拥有美元面值的账户。这些账户实际上是**欧洲美元账户**(Eurodollar accounts)——在非美国银行中存放的美元面值存款。这些账户为储蓄者和投资者提供了一种是否持有比索的选择。

然而,从最开始起,市场就对阿根廷政府能否维持固定汇率这一问题心存疑虑。阿根廷银行对比索面值账户所支付的利息比美元面值账户的利息要略高一些。这一利率差代表了市场为这一制度本身所确定的**风险溢价**(risk premium)。存款人因为承担了风险——将自己的钱存放在比索面值的账户中——而得到了报酬。这是由市场发出的一个明显的信号,即存在着一种可能性,当时所"固定"的东西,并不见得永远都会是如此。

事态的发展证明市场是对的。2002 年 1 月,在经历几个月的经济和政治动乱以及将近三年的经济衰退之后,阿根廷货币局制度寿终正寝了。比索首先从 1 比索/美元贬值至 1.40 比索/美元,然后走向完全浮动。在数天内,比索就出现了大幅度的贬值。阿根廷持续了 10 年的严格固定汇率实验正式结束了。出现了几个月的混乱局面,包括持续的银行休假以及布宜诺斯艾利斯的街头暴乱,随后而来的就是货币的贬值。阿根廷危机在第 5 章中将详细阐述。

2.3.2 美元化

几个国家多年来承受着通货膨胀所导致的货币贬值的痛苦,这些国家已针对美元化采取了措施。**美元化**(dollarization)是指用美元作为国家的官方货币。巴拿马自从 1907 年开始就一直使用美元作为官方货币。在经受了 1998 年和 1999 年严重的银行和通货膨胀危机之后,厄瓜多尔于 2000 年 1 月起,将美元作为自己的官方货币。对于美元化的一个主要特征,《商业周刊》在 2000 年 12 月 11 日发表的一篇题为《美元俱乐部》的文章中作了很好的概括:

> 美元化的一个吸引力在于其稳健的货币和汇率政策不再依赖于国内决策者们的智慧和理论。它们的货币政策实质上是跟随于美国,而汇率则是永远固定的。

美元化的观点是前面所讨论的不可能三角的自然的逻辑结果。实行美元化的国家消除了货币的一切波动性(相对于美元),从而在理论上也消除未来发生货币危机的可能性。其他的好处是可以预期将与美国和其他以美元为基础的产品市场和金融市场实现更高程度的经济一体化。这一点使得很多人支持区域美元化,因为在区域美元化中,那些高度经济一体化的国家将从共同美元化中享受到很大的利益。

同时,也存在三种反对美元化的观点。第一,美元化会使国家丧失对货币政策的主权。然而,这正是美元化的要义。第二,国家失去了**铸币税**(seignorage)的收取权,即自己印制钞票以获得收益的能力。第三,因为在经济和金融体系内失去了创造货币的能力,该国中央银行将不再有能力担任最后贷款人的角色。这种角色要求在金融危机期间中央银行具有向处于破产边缘的金融机构提供流动性的能力。

厄瓜多尔。厄瓜多尔于2000年9月9日完成了法定货币从厄瓜多尔苏克雷(sucre)向美元的替换。这一步使厄瓜多尔成为美元的最大国际采用者,也使它在很多方面成为美元化的一个检验案例,为其他新兴市场国家所密切关注。如图表2.5所示,这两年的时间是苏克雷大幅度贬值的最后阶段。

图表2.5 **厄瓜多尔苏克雷汇率,1998年11月—2000年3月**

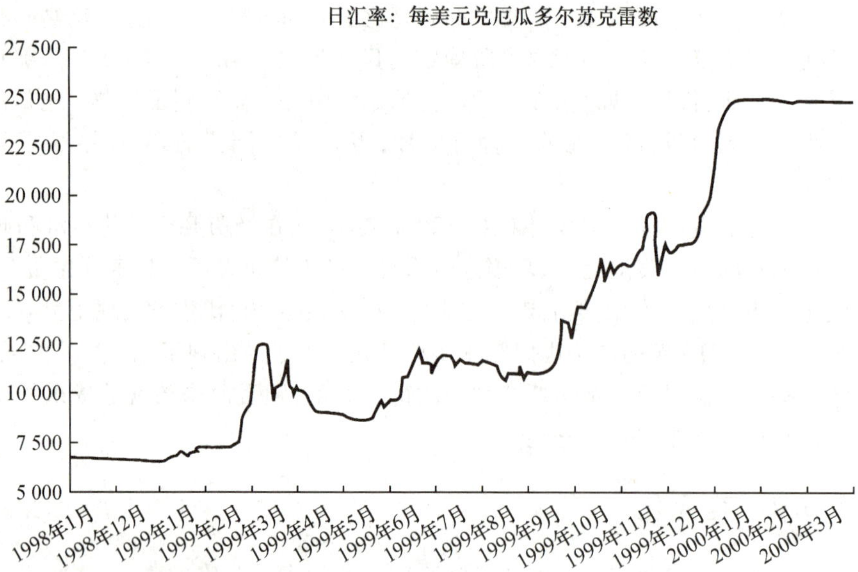

资料来源:Pacific Currency Exchange, http://pacific. commerce. ubc. ca/xr © 2001 by Prof. Werner Antweiler, University of British Columbia, Vancouver, BC, Canada.

1999年,厄瓜多尔遭受了通货膨胀率上升和经济产出水平下降的双重打击。1999年3月,厄瓜多尔的银行体系遭受了一系列致命的“银行挤兑”,所有存款人都试图同时提出他们的所有资金,从而引致金融恐慌。尽管厄瓜多尔银行体系中确实存在着严重的问题,而事实是,在这种金融抽水机的挤压之下,即使是最健康的金融机构也会破产。此时,厄瓜多尔总统Jamil Mahuad立即冻结了所有存款(这在20世纪30年代的美国被称为**银行休假**(bank holiday),意指所有银行关门)。厄瓜多尔苏克雷1999年1月交易的价格大概在7 400苏克雷/美元,到3月初已快速跌至12 500苏克雷/美元。厄瓜多尔仅在 1999 年就有超过 136 亿美元的外债违约。Mahuad 总统快速采取行动,建议实行美元化,以拯救濒临崩溃的厄瓜多尔经济。

到 2000 年 1 月下一位总统上任时(在经历一次相当复杂的军事政变和随后的撤退之后),苏克雷的价格已跌至 25 000 苏克雷/美元。新总统 Gustavo Naboa 继续推行美元化的观点。尽管没有得到美国政府和国际货币基金组织的支持,厄瓜多尔还是在随后的 9 个月内完成了从本国货币向美元的替换。

厄瓜多尔实行美元化的后果现在仍不清楚。厄瓜多尔居民的确立即将超过 6 亿美元的资金交回了银行体系,这是他们此前因担心银行破产而从银行提取的资金。这增加了资本注入,再加上国际货币基金组织提供的新贷款和经济重组,使这个国家以 1% 的小幅经济增长走完了 2000 年。然而,通货膨胀率却居高不下,(从 1999 年的 66% 开始上升)至当年年底仍高居 91%。显然,仅仅依靠美元化并不能消除通货膨胀压力。厄瓜多尔仍在通过它的新货币制度努力寻求经济与政治的平衡。

毫无疑问,对许多新兴市场来说,货币局、美元化和自由浮动的汇率制度都是极端情况。事实上,很多专家都感到,全球金融市场将会导致越来越多的新兴市场国家走向这些极端中的某一种。如图表 2.6 所示,在刚性固定与自由浮动的极端之间,明显缺乏一个中间地带。作为对这一观点的经验支持,1999 年对墨西哥民众所作的民意调查显示,每 10 人中就有 9 人更倾向于美元化而不是让比索浮动。显然,在全世界的新兴市场中,有很多人都对实施有效汇率政策的领导体系与制度缺乏信心。

图表 2.6 新兴市场的货币制度选择

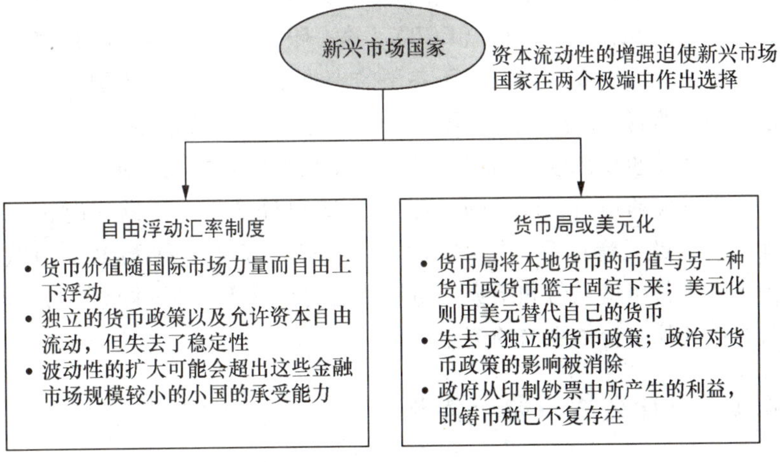

2.4 欧洲货币的诞生:欧元

欧洲联盟(EU)原先的 15 个成员国也是欧洲货币体系(EMS)的成员国。这一集团希望在主要货币采用浮动汇率的汪洋大海中为自己建起一座固定汇率的岛屿。EMS 成员国彼此之间的贸易依存度很高,因此,它们之间采用固定汇率所带来的日常利益是巨大的。尽管如此，EMS 自 1979 年建立以来还是经历了几次大的变动，包括 1992 年和 1993 年的大规模危机和重组，以及 1999 年 1 月 1 日 11 个成员国向欧元的转换（希腊于 2001 年加入）。1991 年 12 月，欧盟成员在芬兰的马斯特里赫特举行会议，达成了改变欧洲货币前景的条约。

时间表。《马斯特里赫特条约》确定了将所有欧盟国家货币替换为一种单一货币（称之为**欧元**，euro）的时间表和计划。此外，还采取了一些其他的步骤，以建立一个完整的欧洲经济与货币联盟（EMU）。

趋同标准。为了为 EMU 作准备，《马斯特里赫特条约》呼吁其成员国货币和财政政策的一体化和协调。EMU 将通过一个被称之为**趋同**（convergence）的过程来逐步实现。在成为一个完全的 EMU 成员之前，每一成员国应该按照预期达到以下的趋同标准：

1. 名义通货膨胀率在前一年通货膨胀率最低的三个欧盟成员国平均水平的基础上，不得越过 1.5 个百分点。

2. 长期利率在利率水平最低的三个成员国平均水平的基础上，不得越过 2 个百分点。

3. 财政赤字不得超过国内生产总值的 3%。

4. 政府债务不得超过国内生产总值的 60%。

这些趋同标准是非常严格的，以至于当时很少有成员国能够满足这些标准。但 11 个国家还是竭尽全力以能够在 1999 年之前做到这一点。希腊于 2001 年 1 月 1 日采用了欧元。

强势中央银行。根据《马斯特里赫特条约》，一个强大的中央银行在德国的法兰克福成立了，称为欧洲中央银行（ECB）。这一银行是模仿美国联邦储备体系的架构设立的。这个独立的中央银行凌驾于各国的中央银行之上，而各国央行则继续对本国境内的银行进行监管；金融市场干预和欧元发行的所有职能都由欧洲中央银行独家履行。ECB 唯一的最重要的使命就是在欧盟范围内保持价格的稳定。

作为发展跨境货币政策的一部分，ECB 已经成立了泛欧实时快速自动结算与支付系统（简称"欧元清算系统"，TARGET）。TARGET 是一种 ECB 在对欧盟银行业务和监管操作中进行跨境支付和结算的机制。它将允许 ECB 快速且无成本地执行货币政策，以及进行其他银行体系内的资本流动。

2.4.1 为什么货币要一体化

根据欧盟的解释，EMU 是欧盟统一市场内的一个单一货币区域，现在被非正式地称为**欧元区**（euro zone）。在欧元区内，人员、商品、劳务和资本可以无限制流动。从 1957 年《罗马条约》开始，后经 1987 年《单一欧洲法令》、1991—1992 年的《马斯特里赫特条约》和 1997 年的《阿姆斯特丹条约》的延续，一些欧洲的核心国家一直在向将各国整合成一个更大、更有效的国内市场而稳步前进。然而，即使是在 1992 年欧洲单一货币计划启动后，仍然存在着对实际开放的大量壁垒。不同货币的使用要求消费者和公司都区别对待不同的市场。跨境商务活动的货币风险仍然存在。单一货币的创造就是用来跨越不同市场之间的障碍的。

欧元的官方简称,EUR,已经向国际标准组织注册了(字母简称在全球电子交易中是必需的)。这与美元简称 USD 和英镑简称 GBP 是类似的。欧元的官方符号是 €。根据欧盟的说法,这一符号是源自希腊字母 ε,它既表明了希腊作为欧洲文明起源的作用,同时也能提示**欧洲**一词的第一个字母。

2.4.2 欧元的启动

1999 年 1 月 4 日,欧盟的 11 个成员国启动了欧洲经济与货币联盟(EMU)。它们建立了一个单一货币——欧元,以替代这些 EMU 成员国自己的货币。这 11 个国家是奥地利、比利时、芬兰、法国、德国、爱尔兰、意大利、卢森堡、荷兰、葡萄牙和西班牙。英国、瑞典和丹麦选择了保留自己的货币。希腊未达到 EMU 的要求,但最终于 2001 年加入了欧元集团。1998 年 12 月 31 日,11 个参与国货币之间的兑换比率最终确定,欧元准备就绪。1999 年 1 月 4 日,欧元正式启动。尽管这是欧盟各种政治和经济力量长期和系统性协调的结果,但欧元的启动还只是万里长征第一步。欧元对各参与国经济环境和社会的影响总体上看是巨大的,而且这种巨大影响还将持续下去。这些影响将会是什么? 直到现在,仍只有一部分可以看明白。

欧元对市场的影响表现为三个方面:(1) 欧元区国家可以享受到更低的交易成本;(2) 与汇率不确定性相关联的货币风险和成本降低了;(3) 欧元区内外所有的消费者和企业都能享受到透明的价格和更激烈的以价格为基础的竞争。

2.4.3 实现货币一体化

如果欧元将成为欧盟的参与国货币的一个成功的替代品,那它一定存在一个稳固的经济基础。一种货币币值的主要驱动力源于它维持其购买力的能力(即货币的价值源于它能够买到什么)。维持货币购买力的最主要的一个威胁就是通货膨胀。因此,从一开始,欧盟最首要的工作就是努力对抗对欧元具有破坏力的通货膨胀压力。

财政政策与货币政策。欧洲经济与货币联盟的货币政策由欧洲中央银行(ECB)操作,而欧洲中央银行有一个责任,就是保卫欧元的稳定性。由于 ECB 采用了美国联邦储备体系和德国德意志银行所采用的基本结构,ECB 就摆脱了那些政治压力,这些压力在历史上曾经导致货币当局以经济膨胀为代价缓解就业压力。ECB 的独立性使它无须滑入这一历史陷阱,而仅仅专注于货币的稳定性。

固定欧元的币值。1998 年 12 月 31 日所固定的各国货币比价及欧元的价值就是这些货币的永久固定值。英国怀疑欧盟会侵犯到自己的主权,所以选择不加入欧元区;瑞典未能看到作为欧盟成员的巨大利益(尽管它也是欧盟的最新成员之一),也对加入 EMU 抱怀疑态度;与英国和瑞典一样,丹麦具有一种高度国家主义的强大政治力量,迄今为止也选择了拒不参与;挪威曾两次就加入欧盟问题进行公决未果,因此也未加入欧元区。

1999 年 1 月 4 日,欧元开始在世界货币市场上进行交易。它的引入是很平稳的。然而,自引入以后,欧元的币值稳步下滑,这主要是因为美国经济和美元的稳健性,以及 EMU 成员国经济部门业绩的持续滑坡。图表 2.7 显示了欧元自 1999 年引入以来的币值状况。在 1999 年和 2000 年币值对美元有所下滑以后,整个 2001 年,欧元都在一个相对狭窄的区域内交易。然而,从 2002 年初开始,欧元相对美元开始了一轮强势而稳健的升值,在 2004 年后期达到了 1.36 美元兑 1 欧元的顶峰。

图表 2.7 **美元/欧元即期汇率,1999—2005 年(月平均)**

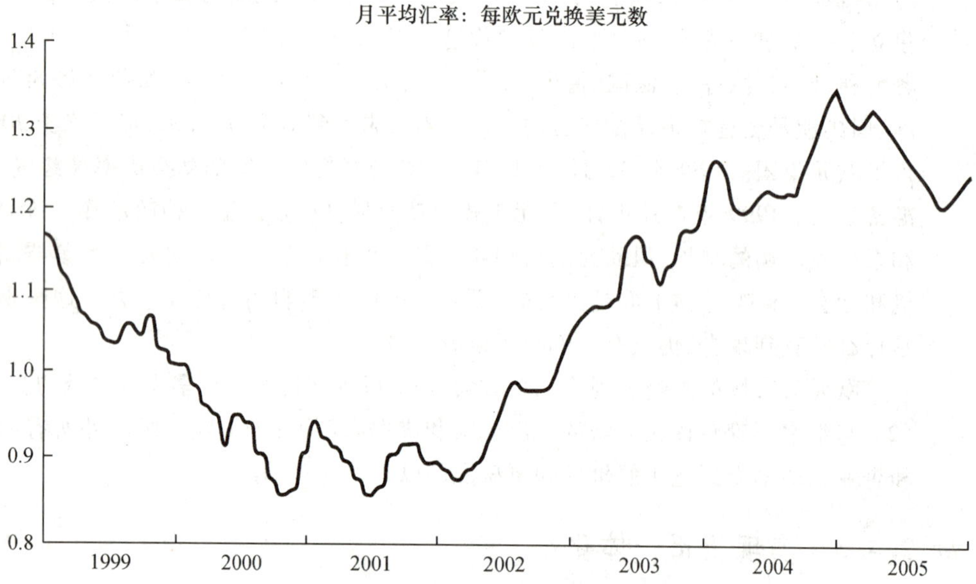

资料来源:© 2005 by Prof. Werner Antweiler, University of British Columbia, Vancouver, BC, Canada. 图中显示的时间区间为 1999 年 1 月 1 日至 2005 年 12 月 31 日。

美元贬值的原因。自欧元引入后直到现在,美国经历了严重的经常账户国际收支逆差(第 3 章中再作解释)。最大的逆差来源于和中国及日本的贸易。然而,中国和日本为了保护自己的出口竞争力,都采取了在自己的货币和美元间维持固定汇率的宏观经济政策。为了达到这一目标,中国和日本都采取了通过大量买入美元而发放相应数量本币(人民币和日元)的方式来对外汇市场进行干预。这些外汇购买最终又变成了美国的资本流入。然而,在美国为刺激其国内经济而继续维持其历史低位的利率水平的情况下,有些批评家怀疑中国和日本是否会继续持有如此大数量的美元。

欧盟与欧元的扩张。2004 年 5 月 1 日,欧盟又增加了 10 个成员国。尽管当时这些新成员国中还没有一个国家符合采用欧元作为货币的条件,但欧元在未来 6 年内得到扩张似乎已是必然。**金融实务专栏 2.1** 列举了这 10 个国家、它们的货币制度,以及它们向欧元转换的时间表。

金融实务专栏2.1

GLOBAL FINANCE IN PRACTICE

欧盟新成员国会自动采用欧元吗

国家	货币	预期进入欧盟日期	现行汇率制度
塞浦路斯	磅	2007	钉住欧元
捷克共和国	克朗	2009 年 10 月	自由浮动,参照欧元
爱沙尼亚	克鲁恩	2007	1999 年初钉住欧元
匈牙利	福林	1990 年 10 月	自 2001 年 5 月以来为 ERM-II 类银行
拉脱维亚	拉特	2008	自 1994 年起,钉住 IMF 特别提款权
立陶宛	立特	2007	自 2002 年 2 月起钉住欧元
马耳他	里拉	2007/2008	钉住一篮子货币(70% 欧元,20% 英镑,10% 美元)
波兰	兹罗提	2008/2009	自 2000 年 4 月起自由浮动
斯洛伐克	克朗	2009	自 1998 年 10 月起自由浮动
斯洛文尼亚	托勒	2008	有管理的浮动,欧元参照汇率

2004 年 5 月 1 日加入欧盟的 10 个新成员国(捷克共和国、爱沙尼亚、塞浦路斯、拉脱维亚、立陶宛、匈牙利、马耳他、波兰、斯洛文尼亚和斯洛伐克)并不会在加入欧盟的同时就自动采用欧元。只有在它们实现了单一货币成员所必需的、与欧元区经济存在高程度的持续收敛性时,它们才会采用欧元。

因此,它们将需要满足现在欧元区成员国所适用的同样的马斯特里赫特收敛标准,即高程度的价格稳定性、可持续的政府财务(以公共赤字和公共债务水平为口径)、稳定的汇率和长期利率的收敛。对新成员国来说,并不存在预定的采用欧元的时间表,但成员国所需达到的收敛性水平将在欧盟委员的提议下,由欧盟理事会在欧盟委员会和欧洲中央银行所提供的收敛性报告的基础上进行评估。这些报告至少每隔两年要生成一次,或者在希望采用欧元的成员国要求下进行。

资料来源:"EU Enlargement and the Adoption of the Euro," *AIG Global Treasury*, Economic Research Unit; and http://europa.eu.int/comm/economy_finance/euro/faqs/faqs_19_en.htm (2004 年 5 月 19 日)。

2005 年,为 25 个欧盟成员国创立一部单一宪法的努力失败,这可能会给向欧元的转换带来一点负面影响。提议中的宪法必须得到所有 25 个成员国的批准。到 2005 年 6 月为止,9 个国家已经批准了这一协议,但法国和荷兰却投了反对票。

否定的投票结果对那些不仅将欧盟看做一个潜在的经济、货币和通货联盟的欧洲人来说,不啻是一个巨大的打击。欧盟的创始国希望最终可建成一个政治联盟,作为"欧洲合众国"。作为该计划的一部分,除了建立欧元之外,许多非贸易壁垒也在 1992 年欧洲单一市场的大跃进中被削弱了。

欧元与经济增长。在欧元被引入之前,反对派们认为政治和经济条件对建立一个共同货币是不利的。大多数最终采用了欧元的国家,如德国、法国和意大利,都缺乏富有弹性的劳动力市场,而它们恰恰需要用这样的市场来补偿所失去的、对作为促进经济增长工具的货币政策的独立控制权。因为欧盟成员国不能单独对自己的货币进行贬值,它们主要将依赖财政政策的协调来刺激经济增长。如我们在前面讨论过的"不可能三角"一样,想要实行一种适合所有成员国情况的集中性货币政策,基本上是不可能的。有些成员国的经济在增长,有些则没有增长;有些成员国的失业率较高,而另一些则不太高。

欧元估值。除了增长和就业问题以外,欧元使用的历程充满了成功和失败的例子。**金融实务专栏 2.2** 概括了到目前为止欧洲货币联盟和欧元的正反两面意见。

金融实务专栏2.2

GLOBAL FINANCE IN PRACTICE

盘点欧元的成功度

正面

- 对意大利这样的国家来说降低了利率。
- 欧洲对"9・11 事件"这类冲击的吸收能力增强了。
- 消除了欧元区内的汇率风险。
- 有助于创立更有深度的资本市场,使更大规模的交易成为可能。
- 欧元正成为一种流行的储备货币,至 2004 年 2 月,它在中央银行持有的储备货币中占比 19.7%。

负面

- 强势欧元对面临来自中国竞争的出口商来说是致命的。
- 普通百姓还不太喜欢它;欧元使人们对欧盟充满怨恨。
- 鼓励政治家们在不受欢迎的改革上拖延。
- 存在一国金融危机传染至整个区域的风险。
- 统一货币政策对增长较慢的国家来说是一件紧身衣,对增长较快的国家来说又会刺激通胀。

2.5 汇率制度:何去何从

所有汇率制度都必须处理好**固定规则**(rules)与**相机抉择**(discretion)的关系,同时还有**合作**(cooperation)和**独立**(independence)之间的关系。图表 2.8 显示了以固定规则、相机抉择、合作及独立为基础的汇率制度之间的权衡。

图表 2.8　不同汇率制度之间的权衡

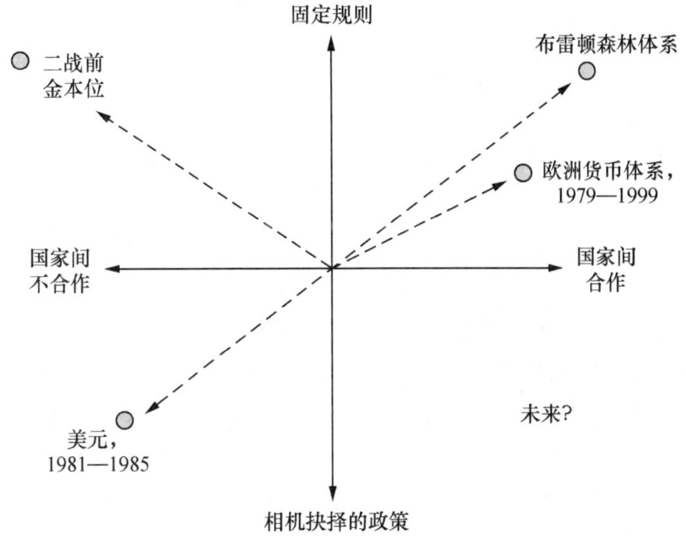

- 纵向看，不同的汇率安排可能会规定国家政府是采用严格的干预措施——**固定规则**，还是选择是否、何时，以及在何种程度上对外汇市场进行干预——**相机抉择**。
- 横向看，参与某一特定制度的国家需要权衡的问题是与其他国家相协调并采取一致行动——**合作**，还是选择虽作为该制度的一个成员国，但却独自行动——**独立**。

像金本位这样的制度结构不需要国家之间的合作政策，只需要保证所有国家都遵守“游戏规则”就可以了。在二战前实行的金本位制下，这种保证对应的是政府愿意随时按照平价兑换比率买卖黄金。1944 至 1973 年间生效的布雷顿森林体系在合作方面的要求更高，此时黄金不再是“规则”，而是要求国家进行更大程度的合作，以维持这种以美元为基础的制度。汇率制度，如欧洲货币体系在 1979 年至 1999 年间所采用的固定汇率带制度，则是这些合作和规则的混合体。

目前的国际货币体系的特征是没有规则，同时存在各种不同程度的合作。对于新的国际货币制度应该采取何种形式，尽管还存在争论，至今没有答案；但很多人都相信，只有将国家之间的合作与各国为实现自身社会、经济和金融目标而进行的相机抉择结合起来，才有可能成功。

小案例

欧洲美元的形成

欧洲美元的产生可以通过一个简单的例子来解释。假设一家法国公司（FF）拥有一家纽约银行（NYB）的即将到期的存单，面额 1 000 万美元，利率为 5%。这 1 000 万美

元在两个实体的账户上表现如下(单位为千美元):

纽约银行(NYB)

		存单(FF@5%)	10 000

法国公司(FF)

存单(NYB@5%)	10 000		

法国公司希望继续持有美元,但却想得到一个更高的利率。一家伦敦银行(LB)愿意提供期限三个月、利率为5.25%的美元存款。当纽约银行的存单到期时,法国公司要求纽约银行将资金转移至伦敦银行,在该银行中,这笔钱被放入一个为期三个月且支付5.25%利率的欧洲美元存款账户。因为伦敦银行与纽约银行间有一个代理账户,自纽约银行借记法国公司账户且贷记伦敦银行代理账户的活期存款(demand deposit, DD)之时起,实际的资金转移即生效。此时,账户的状态如下:

纽约银行(NYB)

		~~存单(FF@5%)~~	~~10 000~~
		活期存款(LB)	10 000

伦敦银行(LB)

活期存款(NYB)	10 000	存单(FF@5.25%)	10 000

法国公司(FF)

存单(LB@5.25%)	10 000		

美元存款从纽约银行向伦敦银行的转移创造出了一笔欧洲美元存款:在美国之外的一家银行(伦敦银行)现在拥有了一笔以美元而不是英镑为面值的存款债务。在这笔美元债务的背后是一笔以伦敦银行持有的纽约银行活期存款的形式存在的美元资产。因此,美国的总存款并没有减少,但纽约银行对外国公司的负债现在变成了对一家外国银行的负债。在三个月内,伦敦银行必须还1 000万美元(加利息)给法国公司,即给法国公司一份纽约银行的活期存款,或者将一笔纽约银行的存款转移给法国公司指定的任何一方。

此时,伦敦银行暂时持有位于纽约的美元活期存款,它不带来任何回报,而同时它却欠法国公司同样数量的美元,并承诺付息5.25%。如果伦敦银行不想在该笔交易上亏本,它必须将这笔美元资产(纽约银行的活期存款)贷给一家愿意付息超过5.25%的实体。假设伦敦银行将这1 000万美元贷给意大利银行(IB),利率为5.50%,则账户将会表现为：

纽约银行(NYB)

		~~存单(FF@5%)~~	~~10 000~~
		~~活期存款(LB)~~	~~10 000~~
		~~活期存款(IB)~~	~~10 000~~
		活期存款(IM)	10 000

伦敦银行(LB)

~~活期存款(NYB)~~	~~10 000~~	存单(FF@5.25%)	10 000
贷款(IB@5.50%)	10 000		

法国公司(FF)

存单(LB@5.25%)	10 000		

意大利银行(IB)

~~活期存款(NYB)~~	~~10 000~~	贷款(FF@5.50%)	10 000
贷款(IM@5.75%)	10 000		

意大利生产商(IM)

活期存款(NY)	10 000	贷款(IB@5.75%)	10 000

纽约银行的存款负债现在已转移给意大利银行，而伦敦银行则拥有一笔美元资产，其形式是给意大利银行发放了一笔美元贷款，在该笔贷款上，它将在给法国公司所支付利率的基础上赚得0.25个百分点。意大利银行将为该笔美元支付5.50%的利息而(暂时)未得到任何回报。

这种放款和以更高的利率再放款的链条在一段时间内可以持续下去。为了结束这一过程，假设意大利银行将该笔美元放款给一家意大利生产商(IM)，利率为5.75%。纽约的美元则被转移到了意大利生产商的账户，此时账户的状态是：

纽约银行(NYB)

		~~存单(FF@5%)~~	~~10 000~~
		~~活期存款(LB)~~	~~10 000~~
		~~活期存款(IB)~~	~~10 000~~
		活期存款(IM)	10 000

伦敦银行(LB)

~~活期存款(NYB)~~	~~10 000~~	存单(FF@5.25%)	10 000
贷款(IB@5.50%)	10 000		

法国公司(FF)

存单(LB@5.25%)	10 000		

意大利银行(IB)

~~活期存款(NYB)~~	~~10 000~~	贷款(FF@5.50%)	10 000
贷款(IM@5.75%)	10 000		

意大利生产商(IM)

活期存款(NY)	10 000	贷款(IB@5.75%)	10 000

意大利生产商(IM)为商业目的而借入了该笔资金——可能是为了从美国购买机器设备。如果真是这样,则意大利生产商就将该笔资金转移给了机器设备生产商,在纽约的存款则变成了银行对那家美国国内公司的负债。该笔欧洲美元存款的额外价值在于任何美国人或公司都可以接受它作为对商品和服务的支付手段。

在纽约银行和意大利生产商之间这一链条上的每一家银行都有一笔美元资产和一笔美元负债,以图在利率的价差中赚取利润。该笔美元存款仍然保留在纽约银行(或其他某一家美元银行),但其所有者则从一位存款人转移至另一位存款人,最后又转回了一家美国机构。

为了在六个月内偿还这笔贷款,该意大利生产商必须买入或者积累美元(可能是通过向美国出口的方式),并将其转移支付给意大利银行,该银行则将这些美元转移至伦敦银行,伦敦银行再将这些美元以在纽约存款的形式转回到法国公司。

上述事件的顺序也可以以其他方向进行。任何欧洲美元余额的持有者可能已将这些欧洲美元以持有美国股票、美国房地产,或者直接以美国子公司的形式投资于纽约货币市场。在所有这些情况下,如开始所述及的情况一样,每一笔欧洲美元交易背后都有一笔美国银行的活期存款。接受欧洲美元定期存款的外国银行并没有"创造"资金,或者如教科书中所描述的国内货币银行中货币供应量的扩张。也就是说,发放贷款后,它们并不会像国内银行那样创造新的活期存款,而仅仅是将在纽约所持有的存款以一个利率加成的方式转移了一下。

你可能会问,为什么法国公司没有直接将它的美元存在意大利银行中以赚取更高的利率,或者为什么意大利生产商没有直接从伦敦银行以更低的利率水平直接借入资金？部分答案在于国际资本市场的不完美性，部分答案在于参与人对于风险的不同认知。法国公司可能并不知道意大利银行，或者没有渠道可以轻易得知意大利银行对欧洲美元支付着更高的利率。此外，法国公司可能只是对英国银行更有信心——一种因为地理位置上的相近性和历史的联系而与生俱来的信心，或者它只是想成为一个好的银行客户，以便伦敦银行将来可以为它提供其他的服务。

意大利银行可能有，也可能没有积极争取这家法国公司的美元存款。意大利生产商在伦敦可能也并不知名，因此，在通过一个漫长的过程获得信用级别之前是无法在这里借到钱的。如果意大利生产商在伦敦不为人所知，它向伦敦银行支付的利率可能必须高于向意大利银行支付的利率水平。

小案例

人民币升值

“他们开始谈论一些不那么有用的东西，然后开始搜集手机号码和黑莓。”一位我们后面将要报道的银行家说。中国人开始散布一种说法：北京马上开始将人民币与美元脱钩。

——“Behind Yuan Move, Open Debate and Closed Doors,” *The Wall Street Journal*, July 25, 2005, p. A1.

“这是很谨慎的一步，”北京师范大学的金融专家钟伟说，“这更像是一种政治上的姿态，而不是真正的货币改革。”

——“China Ends Fixed-Rate Currency,” Peter S. Goodman, *The Washington Post*, July 22, 2005, p. A01.

2005 年 7 月 21 日，中国政府和中国人民银行正式宣布改变人民币的币值。7 月 21 日上午，在没有公开通告的情况下，北京几家主要的外资银行被要求选派代表到中国人民银行参加会议。人民银行宣布将放弃人民币钉住美元的制度，允许人民币币值即刻升至 8.11 元兑 1 美元，并允许此后人民币在前一天收盘价格的基础上每天波动 0.3%（见附录的公告全文）。币值和汇率制度的此次变动——对美元升值，并转向钉住一篮子货币——既在意料之外，又在情理之中。

升值之争

自 2004 至 2005 年，美国政府持续不断地要求中国对人民币升值，以改变 10 年来以 8.28 元兑 1 美元的水平钉住美元的状况。美国认为中国日益增长的对美国的贸易顺差说明人民币被显著地低估了。政治上的论争已经到了赤裸裸威胁的地步，有美国财政部官员警告中国官方，人民币至少需要 10% 的升值，以避免美国国会进行保护主义立法。甚至中国国内很多人也承认，维持钉住汇率的成本是高昂的，因为中国的中央银行已持续买入了大量从贸易和投资中涌入的美元。2005 年初，中国的外汇储备已高达7000亿美元以上,其中包括1900亿美元的美国政府债券。

然而,中国政府和许多国际贸易专家并不同意人民币被低估的说法。他们认为中国与美国的双边贸易顺差是竞争力、生产成本和全球产业结构变化的结果。尽管如此,人民币升值的行动还是被看做用来减轻政府间压力的一种政治行动。它同时也开了中国经济在全球经济中承担关键角色之先河。

2004年5月,中国政府召集了一些学术专家在大连开会,就人民币的未来进行了讨论。讨论的结果被概括成"坚持到底"哲学,这种观点得到了斯坦福大学的罗纳德·麦金农和哥伦比亚大学的罗伯特·蒙代尔的支持,但被哈佛大学的杰弗里·弗兰克尔和国际经济学院的莫里斯·戈尔茨坦所反对,他们持有的是"拥护升值"观点。有趣的是,两大阵营都同意存在的风险是,如果升值幅度太小,货币市场——具体地说,是投机者——将会要求升得更多,这将导致进一步的不稳定性。这种风险现在已发展成为一种明显的可能性。

压力在继续累积,流言也开始传播。到最近的7月15日,《金融时报》头条还在宣称"美国预期中国货币将升值",并预期这将在8月的某个时候发生。中国的行动甚至比这还快,2005年7月20日(星期三)晚间,美国财政部和中国香港银行当局比世界其他地区早几个小时接到通知,中国将会让自己的汇率制度从钉住美元转至有管理浮动汇率。

新货币制度

自1997年初开始,人民币就一直以8.28元兑1美元的价格钉住美元。这种钉住制熬过了1997—1998年的东南亚金融危机,为中国经济的快速发展和新世纪的增长提供了一个稳定的货币基础。中国经济继续以极快的速度增长——以实际GDP计量,超过10%——并且预期这一速度还将持续至少10年。显然,经济规模的不断扩大使中国难以再保持一个二手汇率国家的地位。来自海外的越来越多的声音呼吁中国人民币过渡到浮动汇率制,并和美元、欧元、日元一起加入到全球金融体系的最前线。

中国人民银行宣布的新货币制度将改变货币币值管理的方式。尽管不清楚币值具体是如何确定的,但显而易见的是,中国政策制定者们将会在美元之外,考虑欧元和日元等其他主要货币的币值,以实现向**管理浮动**(managed float)的转变。然而,如果不知道这个**货币篮子**(conceptual basket)的内容,外部人是无法预测政策制定者在货币币值上的动作的。

然而,当时的升值幅度仅大约为2.1%,这是一个比像美国政府这样的中国批评者所建议的10%到20%的幅度小得多的一个变化:

$$\frac{8.28\text{元/美元} - 8.11\text{元/美元}}{8.11\text{元/美元}} \times 100 = 2.096\% \approx 2.1\%$$

中国政府接受0.3%的波动幅度,其潜在的意义可能更丰富。尽管这种波动幅度会限制人民币币值的每日变动(这在很多方面是对投资者和公司避免大的突然波动的一种保护),但它将允许人民币开始实行小幅度的浮动。而且这将不能阻止人民币在长期内对美元等其他货币进行缓慢而渐进的**升值**(appreciating)。有几位货币专家很快就指出,以前的人民币制度也允许渐进的官方汇率调整,而事实上人民币在1994—1997年间也已逐步从8.70元/美元升值至8.28元/美元。

图表 A　　月平均汇率:人民币/美元

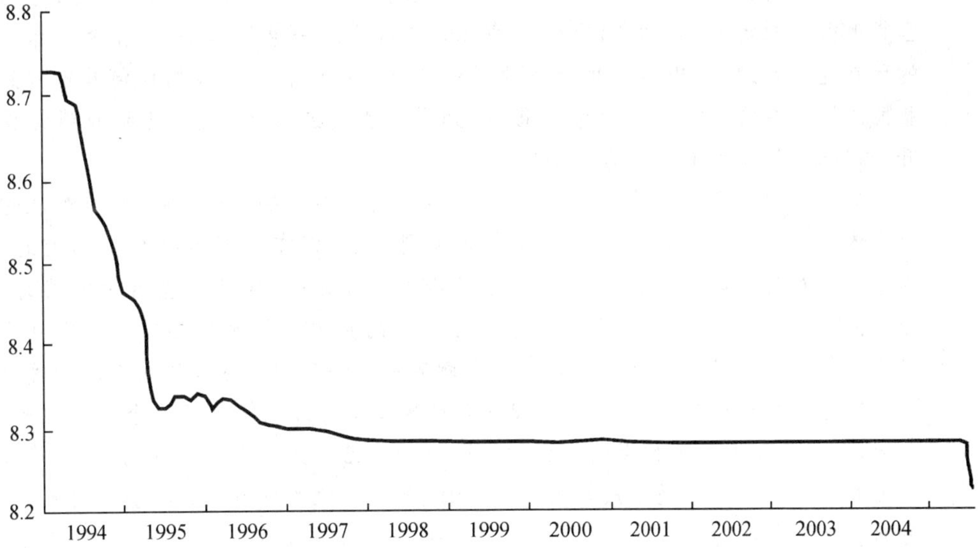

资料来源:© 2005 by Prof. Werner Antweiler, University of British Columbia, Vancouver, BC, Canada.

区域性影响

中国内地经济与亚洲经济已越来越一体化了,特别是与泰国、马来西亚、韩国和中国台湾地区的经济。近年来,有几个主要的产业都已从其他东南亚国家转移至中国,因此,人民币升值会改变该区域内的竞争态势。有几个国家立即宣布了自己的汇率变动,以对人民币升值作出反应。然而,中国香港地区仍维持钉住美元的制度。

在几个小时内,马来西亚政府就宣布引入与中国相似的管理浮动汇率制度。马来西亚从 1997 年亚洲金融危机冲击之后就一直维持着固定汇率制度。中国和马来西亚的新货币制度都与新加坡的货币制度相似,即所谓的"篮子、区间浮动与爬行"(basket, band, and crawl),简称 BBC。新加坡自 20 世纪 80 年代以来一直成功地实行了这种货币制度。

竞争力含义

Mattel 集团公司是世界上最大的玩具制度商,也是一家中国化程度很高的美国知名企业,它的芭比娃娃、hot wheels 车和其他玩具中大约有 70% 是来自中国,其中包括来自它在中国拥有的工厂。Mattel 的一位发言人说,更强势的人民币将可能意味着在下一年它与其他工厂重新进行谈判的时候会有更高的材料成本。在它自己的工厂,影响"主要是与劳动力有关而不是与原材料有关的,而且影响规模也不大。"她补充道。

——"Companies See Little Impact from Costlier Yuan—For Now," *The Wall Street Journal*, July 22, 2005, p. B1.

人民币的升值并不是许多跨国公司所想要的东西。大多数在中国运作的跨国公司在中国投资的目的都是将这里作为面向全球供应的一个生产基地。因此,它们希望中国货币保持稳定和相对的"廉价"。像Mattel这样的一家跨国公司,作为世界上最重要的玩具生产商,有70%以上的玩具原材料是来自中国。人民币的任何升值都意味着当相同的产品在欧元或美元市场出售时,如果用美元或欧元计价,商品的销售成本会上升,相应地,利差和赢利能力会下降。

对一些像波音这样的公司来说,升值如果对其有影响的话,则这种影响在边际意义上应该是有利的。波音没有什么业务外包到中国,但在中国却有越来越大的销售额。由于波音对其出口销售实行以美元为基础的定价方式,这其中包括对中国的出口,因此,人民币升值将会小幅提高它的中国客户的购买力。其他公司对其竞争力的影响有着更为复杂的期待。如通用汽车实际上就欢迎这种升值。尽管通用汽车的确有越来越多的部件和生产线外包在中国,但2.1%的升值被认为仅仅代表一个很小的成本上升。与此同时,人民币升值预期将在国际金融市场上给日元一个实质性的刺激,使日元相对美元和欧元升值。从通用汽车的观点来看,日元币值的任何上升都会让自己受益,因为它将挫败其主要的竞争对手丰田,该公司在全球范围内的大量生产仍限于日本境内。

对中国企业的竞争力影响——特别是中国的跨国企业,如海尔集团(为全球生产像大学宿舍中使用的迷你冰箱等小型电器的生产商)——在长期内可能会是比较大的。尽管相对国外市场的定价来说,它们目前仅仅承受了一个2%的成本上升,但人民币随时间逐步浮动的自由给它们带来了一种新的、随时间而增长的汇率营运风险。

显然,对于所有正在快速进入中国生产或销售的公司来说,只有时间才能证明人民币的新自由到底是挑战还是机遇。

案例思考题

1. 许多针对中国的批评家都敦促中国让人民币升值20%甚至更多。如果真让人民币升值20%,则用美元表示的人民币元的币值是多少?

2. 你认为人民币的升值主要出于政治动机还是经济动机?

3. 如果人民币相对美元每天可变动的最大幅度为0.3%,在30天或60天持续升值的情况下,它可达到什么样的极端值?

4. 中国跨国企业目前正面临与美国、日本和欧洲跨国公司同样的汇率风险。你认为这种日益上升的风险在不久的将来会对中国企业的战略和运作产生怎样的影响?

小案例附录

中国人民银行关于完善人民币汇率形成机制改革的公告

为建立和完善我国社会主义市场经济体制,充分发挥市场在资源配置中的基础性作用,建立健全以市场供求为基础的、有管理的浮动汇率制度,经国务院批准,现就完善人民币汇率形成机制改革有关事宜公告如下:

一、自2005年7月21日起,我国开始实行以市场供求为基础、参考一篮子货币进行调节、有管理的浮动汇率制度。人民币汇率不再钉住单一美元，形成更富弹性的人民币汇率机制。

二、中国人民银行于每个工作日闭市后公布当日银行间外汇市场美元等交易货币对人民币汇率的收盘价，作为下一个工作日该货币对人民币交易的中间价格。

三、2005年7月21日19时，美元对人民币交易价格调整为1美元兑8.11元人民币，作为次日银行间外汇市场上外汇指定银行之间交易的中间价，外汇指定银行可自此时起调整对客户的挂牌汇价。

四、现阶段，每日银行间外汇市场美元对人民币的交易价仍在人民银行公布的美元交易中间价上下千分之三的幅度内浮动，非美元货币对人民币的交易价在人民银行公布的该货币交易中间价上下一定幅度内浮动。

中国人民银行将根据市场发育状况和经济金融形势，适时调整汇率浮动区间。同时，中国人民银行负责根据国内外经济金融形势，以市场供求为基础，参考篮子货币汇率变动，对人民币汇率进行管理和调节，维护人民币汇率的正常浮动，保持人民币汇率在合理、均衡水平上的基本稳定，促进国际收支基本平衡，维护宏观经济和金融市场的稳定。

资料来源：http://www.pbc.gov.cn/english/xinwen/.

小结

◎ 在金本位制下（1896—1913），游戏规则是，每个国家都设定一个比率，其货币单位可按此比率兑换成一定重量的黄金。

◎ 在战争期间（1914—1944），货币被允许以相对较大的幅度相对黄金或货币之间进行波动。汇率值由供求力量所决定。

◎《布雷顿森林协议》（1944）建立了一个以美元为基础的国际货币体系。在《布雷顿森林协议》的原始条款下，所有国家都将其货币以含金量固定下来，但不要求其货币可兑换黄金。只有美元保持其对黄金的可兑换性（35美元兑1盎司）。

◎ 很多经济力量导致了1971年8月美元与黄金可兑换性的终止。大多数主要的贸易国汇率随后都被允许相对美元进行浮动，因此也就间接相对于黄金进行浮动。由于1972年和1973年发生了一系列持续的危机，美元和世界上其他主要货币币值都发生了浮动。

◎ 欧洲货币是指存放在另一国的某国货币。

◎ 尽管欧洲货币市场增长的基本原因是经济效率上的问题，20世纪50—60年代发生的几个特殊的制度上的事件也促进了它的发展。1957年，英国货币当局通过对英国银行对非英国居民的英镑贷款实施严格的控制，对英镑的走弱作出了反应。在英格兰银行的鼓励下，英国银行将美元贷款作为允许其在世界金融市场上继续保持领先地位的唯一替代手段。因此，它们需要美元。尽管纽约是美元的大本营并拥有一个巨大的国内货币与资本市场，但伦敦也变成了美元的国际交易中心，因为这座城市在国家货币问题上具有专业的背景，在时间和空间上也很接近主要的跨国公司。

◎ 如果当今世界上存在一种理想的货币制度，它应该具有三个特征：固定币值、可兑换性，以及货币政策独立性。

◎ 新兴市场国家通常必须在两个极端的汇率制度中作出选择——要么是完全浮动制

度，要么是像货币局或美元化那样的极端的固定汇率制度。

◎ 欧盟的15个原始成员国也是欧洲货币体系（EMS）的成员国。这一集团一直试图在由浮动汇率主宰的世界中形成一个固定汇率之岛。EMS成员国彼此的贸易依赖程度很高，因此，它们之间实行固定汇率的日常利益是巨大的。

◎ 欧盟于2004年5月扩展到25个成员国。最终，所有这些新的成员国都将采用欧元。

◎ 欧元从三个方面影响了市场：(1) 欧元区的国家可以享受到更廉价的交易成本；(2) 与汇率不确定性相关的货币风险和成本降低了；(3) 欧元区内外所有的消费者和企业都能享受到透明的价格，以及基于价格的竞争程度的提高。

◎ 欧元取得了充满复杂性的成功。因为各个成员国不能对自己的货币进行贬值，也不能使用独立的货币政策，所以它们经历了不均衡的增长和就业结果。

思考题

1. **金本位与货币供给。** 在金本位制下，所有国家的政府承诺要服从“游戏规则”。这意味着它们要捍卫固定汇率。这一承诺对一国的货币供给来说意味着什么？

2. **贬值的成因。** 如果一国采用固定汇率制度，那些宏观经济变量会导致固定汇率贬值？

3. **固定与浮动汇率制度。** 固定汇率制的优势与缺陷何在？

4. **不可能三角。** 解释“不可能三角”这一概念的意思。

5. **货币局或美元化。** 固定汇率制度有时通过货币局（如中国香港）或美元化（如厄瓜多尔）的方式来实现。这两种方法之间有什么区别？

6. **新兴市场汇率制度。** 高速的资本流动迫使新兴市场国家选择在自由浮动制度和货币局或美元化制度之间作出选择。从新兴市场国家的角度看，这些制度中每一种制度的主要后果分别是什么？

7. **阿根廷货币局。** 阿根廷货币局在1991年至2002年间是如何运作的？它为什么会崩溃？

8. **欧元。** 1999年1月4日，欧盟的11个成员国启动了欧洲货币联盟（EMU）并建立了单一货币，即欧元，并以此替代了各参与国的货币。简述欧元影响EMU成员国的三个主要的方面。

9. **独行者。** 英国、丹麦和瑞典选择了不采用欧元，而是维持自己的货币。由于这三个国家也是欧盟成员国，它们这样做的动机分别是什么？

10. **国际货币基金组织（IMF）。** 国际货币基金组织是布雷顿森林协议（1944）的基础上建立起来的。它创立的最初目的是什么？

11. **特别提款权。** 什么是特别提款权？

12. **汇率制度分类。** 国际货币基金将所有的汇率制度划分为八种不同的类型，本章概括了这些类型。你会将下列各国的汇率制度归入哪一种类型？

    a. 法国　　b. 美国
    c. 日本　　d. 泰国

13. **布雷顿森林体系瓦解。** 为什么1945—1973年间实行的固定汇率制度最终会走向瓦解？

14. **欧盟与欧元扩张。** 2004年有这么多新的国家加入欧盟，它们什么时候将会正式启用欧元，如果可能启用的话？

练习题

1. **阿姆斯特丹和纽约**。在阿姆斯特丹，你可以以€0.8200 的价格买到 1 美元。而在纽约，你可以以 $1.22 的价格买到 1 欧元。美元和欧元的外汇汇率是多少？

2. **比索汇率变动**。1994 年 12 月，墨西哥政府官方将墨西哥比索(Ps)的币值从 Ps 3.2/$ 调至 Ps 5.5/$。这是一次主动贬值(devaluation)、主动升值(revaluation)、市场贬值(depreciation)还是市场升值(appreciation)？为什么？

3. **商品作为黄金**。在金本位制下，1 盎司黄金的美元价格是 $20.67，而同样 1 盎司黄金的英镑价格为£4.2474。如果美元价格是 38 美元/盎司黄金，则美元与英镑之间的汇率是多少？

4. **金本位**。在第一次世界大战前，购买 1 盎司黄金需要 US$20.67。如果同时 1 盎司黄金在法国可以以 FF 310.00 的价格买到，则法国法郎与美元之间的汇率是多少？

5. **即期汇率——顾客**。墨西哥比索的即期汇率是 Ps 10.80/$。如果你的公司星期一从你的银行购买 180 000 比索，你的公司必须付多少钱？哪一天支付？

6. **港币和人民币**。港币长期以 HK$7.80/$ 的价格钉住美元。2005 年 7 月，当人民币相对美元从 8.28 元/$ 升值至 8.11 元/$ 时，港币的价值相对人民币如何变化？

7. **丰田向英国的出口**。丰田向英国出口的大部分汽车都是在日本生产的。丰田 Tundra 卡车生产线的基础平台价值为¥1 650 000。日元对英镑的即期汇率近期从¥197/£ 变动至¥190/£。这会导致丰田在英国的子公司 Tundra 卡车的英镑价格如何变化？

8. **巴西的 Ranbaxy(印度公司)**。Ranbaxy 是一家以印度为基地的制药公司。在其快速增长的市场之一——巴西，该公司在其降低胆固醇的产品价格上持续遇到问题。所有的产品都是在印度生产的，其成本和最初定价的计值货币都是印度皮比(Rps)，然后转换成巴西雷亚尔(R$)的价格在巴西进行分销和最终销售。2004 年，单位容量的定价是 Rps 12 500，其巴西雷亚尔价格定在 R$825。但 2005 年，雷亚尔相对卢比出现了升值，平均汇率为 Rps 17.5/R$。为了保持雷亚尔的价格和产品利润空间(按卢比计)，新的卢比价格应该设定为多少？

9. **海底隧道选择**。海底隧道是从地下穿越英国和法国之间的英吉利海峡的隧道，它是大陆和英格兰群岛之间的联系纽带。因此，其一边是英镑经济，另一边则是欧元。如果你通过互联网查询隧道铁路票价，你将会发现它们是以美元(US$)标价的。例如，一位成人通过欧洲铁路的服务经隧道从伦敦至巴黎的头等舱往返的票价可能是 US$170.00。然而，这种货币的中立性意味着隧道两边的顾客每天都在用自己国家的货币支付不同的价格。如果在下面的日期用《金融时报》上给出的相应的即期汇率计算，且用本国货币购买往返车票的话，则 US$170.00 用英镑和欧元计价的价格分别是多少？

日期	英镑即期汇率	欧元即期汇率
2005 年 7 月 17 日	£0.5702/$	€0.8304/$
2005 年 7 月 18 日	£0.5712/$	€0.8293/$
2005 年 7 月 18 日	£0.5756/$	€0.8340/$

10. 沙特的进口。一家基地在欧洲的制造商运送了一批机器设备到约旦的买主。购买价格是€375 000。约旦对从欧盟购买的所有产品都征收12%的关税。然后约旦进口商再将这一产品出口给沙特阿拉伯的进口商,但在价格上加收了22%的转手费。给定下面的即期汇率,对沙特阿拉伯的进口商来说,其按沙特里亚耳计算的总成本是多少?这一价格的美元等价值又是多少?

即期汇率,每欧元(€)对应约旦第纳尔(JD), JD 0.8700/€

即期汇率,每美元($)对应约旦第纳尔(JD), JD 0.7080/$

即期汇率,每美元($)对应沙特里亚耳(SRI), SRI 3.750/$

11. **人民币升值**。许多专家都相信,中国货币相对美元不仅应该像2005年7月那样再一次升值,而且应该升值20%或30%。如果人民币以升值后的初始汇率8.11元/$为起点,额外再升值20%或30%的话,其新汇率将会是多少?

12. **越南咖啡郊狼**。近年来,越南已成为世界上仅次于巴西的第二大咖啡生产国,这让很多人都感到吃惊。越南盾(VND或d)是相对于美元来进行管理的,但并没有被广泛用于交易。如果你是一个批发市场的游走型咖啡购买者(用行业术语的话,叫郊狼,coyote),在你到越南采购时,下面的货币汇率和汇兑费用哪一种对你最有利?

货币兑换所	汇率	费用率
越南银行汇率	d 14 000	1.50%
西贡机场兑换局汇率	d 13 800	2.00%
酒店兑换局汇率	d 13 750	1.50%

网上练习

1. **IMF特别提款权**。特别提款权(SDR)是一个综合指数。访问IMF网站,查找一下SDR现行的权重和估值。

国际货币基金

http://www.imf.org/external/np/fin/rates/rms_sdrv.com

2. **资本控制**。不可能三角中关键的一条"边"是资本流入和流出国境的程度。访问Yahoo的国际金融部分,了解下列国家资本流动自由度的现行状态:智利、中国、马来西亚和俄罗斯。

Yahoo

http://biz.yahoo.com/ifc

3. **美元化与货币局**。访问下列以及其他你能找到的网站,跟踪对美元化和货币局相对成功度的争论。

国际货币基金组织

http://www.imf.org/external/pubs

国民经济研究局

http://papers.nber.org/papers/

4. **马来西亚的货币控制**。马来西亚政府在亚洲货币危机之后实施的货币控制制度是政府对货币状态不稳定所采取的一个经典回应。访问下面的网站,增进你对货币控制如何起作用的理解。

EconEdLink

http://www.econedlink.org/lessons/index.cfm?lesson=EM25

5. **个人转移支付**。每一个曾经做过国际旅行的朋友都知道,对个人零售客户所提供的汇率并不总是像企业所能得到的汇率那样具有吸引力。OzForex网站的"客户汇率"(customer rates)部分说明了这种差别。访问该网站并计算澳大利亚元兑美元即期汇率中零售客户汇率与银行间汇率的差异百分比。

OzForex

http://www.ozforex.com

文献选读

Miller, Merton H., "Financial Markets and Economic Growth", *Journal of Applied Corporate Finance*, Fall 1998, Volume 11, No. 3, pp. 8—15.

Rajan, Raghuram G. and Luigi Zingales, "Which Capitalism? Lessons from the East Asia Crisis", *Journal of Applied Corporate Finance*, Fall 1998, Volume 11, No. 3, pp. 40—48.

Singal, Vijay, "Floating Currencies, Capital Control, or Currency Boards: What's the Best Remedy for the Currency Crisis", *Journal of Applied Corporate Finance*, Winter 1999, Volume 11, No. 4, pp. 49—56.

第3章 国际收支

在一年当中，国际商业交易以许多种不同的形式在进行。一国居民和外国居民之间进行的所有国际经济交易的记录和度量称为**国际收支平衡表**（balance of payments，BOP）。本章中所使用的正式术语都是国际货币基金组织（IMF）所采用的。由于IMF是全球各国国际收支和经济绩效类似统计数据的主要来源，它所采用的术语比像美国商业部这样的机构所采用的术语使用得更普遍。政府决策者需要通过对经济活动的这种度量，来评估本国产业的一般竞争力、设定汇率或利率政策与目标，以及服务于其他目的。跨国公司使用各种BOP度量工具来评估世界上各个国家或地区相对母国的各种形式的贸易或金融交易的增长情况和健康程度。

对企业管理者、投资者、消费者和政府官员来说，母国和东道国的国际收支数据都是很重要的，因为这些数据影响着GDP、就业水平、价格水平、汇率和利率这样的宏观经济变量，同时也受到这些因素的影响。在国家层面上，货币政策和财政政策必须将BOP纳入考虑的范围。企业管理者和投资者需要BOP数据，以便对东道国那些可能会受到BOP因素驱动的经济政策变动作出预期。BOP数据的重要性还基于下列原因：

- BOP是一国外汇汇率所面临压力大小的一个重要指标，因此，也是与该国做交易或在该国投资的公司产生外汇赢利或亏损潜力的重要指标。BOP的变化可预测外汇管制的实施和解除。
- 一国BOP的变化可能构成实施或解除对红利和利息支付、特许经营费、特许开采费或其他对外国公司或投资者现金支付管制的信号。
- BOP有助于预测一国市场潜力，特别是在短期内的市场潜力。经历严重贸易逆差的国家不会像它处于顺差时候那样扩大进口。然而，它可能会欢迎投资，因为投资会增加其出口。

3.1 典型的国际收支交易

国际交易可以采用许多不同的形式。以下的例子都是美国国际收支平衡表中统计和记录的国际经济交易。

- 美国本田是其母公司日本本田于日本生产的汽车在美国的分销商。
- 一家美国公司 Fluor 公司管理着泰国曼谷的一个大型水处理设施的建设项目。
- 法国公司 Saint Gobain 的美国子公司向其远在巴黎的母公司支付利润(红利)。
- 知名的德-美合资的汽车生产商戴姆勒-克莱斯勒收购了位于伊利诺伊州芝加哥城外的一家小型汽车配件生产商。
- 一位美国游客在芬兰购买了一串 Lapponia 小型项链。
- 美国政府为北约(NATO)军事联盟国家挪威购买军事设备提供融资。
- 一位墨西哥律师通过克里佛兰的一个投资经纪人购买了一家美国公司的债券。

这是每年发生的成千上万桩国际交易中的一个很小的样本。国际收支平衡表提供了一种对这些交易进行分类的系统方法。有助于理解国际收支会计的一条经验法则是:跟着现金流走。

国际收支平衡表包括几个子账户,这些子账户受到投资银行、农场主、政治家和公司管理者等广泛的群体的密切关注。这些群体持续跟踪并分析的主要账户包括**经常账户**(current account)、**资本账户**(capital account)和**金融账户**(financial account)。图表 3.1 概述了 BOP 中这些主要的子账户。

图表 3.1 通用国际收支平衡表

A. 经常账户
1. 商品净出口/进口(贸易差额)
2. 服务净出口/进口
3. 净收益(从直接投资和证券投资中所得的投资收益,加劳工报酬)
4. 净转移支付(移民及居国外的永久工人汇回款项、赠与和捐助金)
A(1—4) = 经常账户余额
B. 资本账户
与房地产等固定资产的买卖相关的资本转移
C. 金融账户
1. 净外商直接投资
2. 净证券投资
3. 其他金融项目
A + B + C = 基本差额
D. 净误差与遗漏
遗失的数据,如非法转移
A + B + C + D = 总体差额
E. 储备与相关项目
官方货币储备的变动,包括黄金、外汇和 IMF 头寸

3.2 国际收支平衡表会计的基本原理

国际收支平衡表必须平衡。如果它不平衡,一定是有什么东西没有记录,或者是被不恰当地记录了。因此,说国际收支平衡表处于非均衡状态,这是不正确的表述。它不可能存在。对一国货币的供给和需求可能不平衡，但供求毕竟与 BOP 不是一码事。BOP 的一个子账户，如商品贸易差额，可能是非平衡的，但一个国家的整个国际收支平衡表却总是平衡的。

度量国际经济活动的实际过程包括三个主要部分：(1) 识别哪些属于、哪些不属于国际经济交易；(2) 理解商品流、服务流、资产流和货币流如何为整个 BOP 产生借方和贷方数据；(3) 理解 BOP 会计的整个簿记程序。

3.2.1 国际经济交易的界定

一般说来，识别国际交易并不很困难。商品的出口——如卡车、机械、计算机、通讯工具等——显然是一种国际交易，如法国酒、日本相机和德国汽车的进口显然也属于国际交易。但商品贸易仅是美国或其他任何国家每年所发生的成千上万种不同的国际交易中的一部分。

许多其他的国际交易并不是那么显而易见。一位美国游客在意大利威尼斯购买的玻璃雕塑品被归入美国的商品进口。实际上，所有由美国游客在全球范围内购买劳务(如餐饮、酒店服务等)而不是购买商品所发生的全部支出，都被记入经常项目中美国的旅游服务进口支出差额。外国居民购买美国国库券的行为也是一种国际金融交易，应记入美国国际收支平衡表中的金融账户。

3.2.2 作为流量记录的国际收支平衡表

人们从名称上推断，经常会将 BOP 误解成是一种资产负债表，而实际上它是一种**现金流量表**(cash flow statement)。通过记录一段时间内(如一年)所有的国际交易，BOP 跟踪了一个国家和其他所有国家之间持续的购买和支付流量。它并不像一家公司的资产负债表那样将一个国家在特定日期的全部资产和负债累加起来。

两种类型的商业交易主导着国际收支平衡表：

1. **实物资产的交换**。商品(如汽车、电脑、手表、纺织品)和劳务(如银行服务、咨询服务、旅行服务)与其他商品或劳务的交换(易货贸易)，或者与货币的交换。

2. **金融资产的交换**。金融要求权(如股票、债券、贷款、公司的买卖)与其他金融要求权或者与货币的交换。

尽管资产可以分为实物资产和金融资产，但仅仅将所有资产都看做可以买卖的商品往往更简单一些。一位美国游客在曼谷的一家商店里所购买的一块手织小地毯，与一位华尔街银行家为了投资目的而购买一种英国政府债券，并没有大的区别。

3.2.3 国际收支平衡表会计

对一年中某一国家进出两个方向所有的国际交易活动进行度量是一件令人望而生畏的任务。错误、误差以及统计差异在所难免。主要的问题在于理论上使用的是复式计账法，而在现实中并不是。一笔买卖交易在理论上应该在国际收支平衡表中产生一笔与之相应的金融项目。而在现实中，这些项目的记录是独立进行的。经常账户、资本账户和金融账户的项目是彼此独立而不是按照复式记账原则所要求的同时进行记录。因此,在借方和贷方之间将存在严重的统计误差(这是好听一点的说法)。

3.3 国际收支平衡表账户

国际收支平衡表包括三个主要的子账户:经常账户、金融账户和资本账户。此外,**官方储备账户**(official reserves account)跟踪了政府的货币交易,而第五个子账户,即**净误差与遗漏账户**(net errors and omissions account),则被用来保持 BOP 的平衡。然而,如同下面所讨论的 BOP 中主要账户最近的修改所显示的那样,国家之间的国际经济关系还在继续演化。

3.3.1 经常账户

经常账户包括一年中,即所谓的**经常时期**(current period,意指短期)内所发生的带有收入或支出流的所有国际经济交易。经常账户包括四个子类:

1. **商品贸易**。指商品的进出口。商品贸易是国际经济活动最古老,也是最传统的方式。尽管许多国家依赖商品的进口(根据比较优势理论,这是合理的),但它们通常也着力于保持商品贸易的平衡甚至顺差。

2. **服务贸易**。指服务的进出口。常见的国际服务包括银行向国际进口商和出口商提供的金融服务、航空公司的旅行服务,以及国际公司在其他国家提供的建筑服务。对主要的工业化国家来说,这一子账户在过去十年间取得了飞速的增长。

3. **收入**。主要是指在以前的时期进行的投资所产生的**当期收益**(current income)。如果前一年内,有一家美国公司在韩国设立了一家子公司来生产金属部件,则其在本年度支付给其母公司的净收益部分(红利)就构成当期的投资收益。此外,支付给非居民身份的工人的工资和薪水也包括在这一类中。

4. **经常项目转移支付**。这是指与实物资源或金融项目所有权更换相关的金融结算项目。国与国之间的任何单向的转移支付——捐赠或援助——都被称为**经常项目转移支付**(current transfer)。例如,美国政府提供的资助欠发达国家发展的资金就属于一种经常项目转移支付。与固定资产转移相关的转移支付则被包括在一个独立的账户中,即**资本账户**(capital account)。

所有国家都有一定数量的贸易,其中大部分是商品贸易。许多小一些的欠发达国家很少有服务贸易,或者属于收入或转移支付子账户的项目。

通常情况下,经常账户主要被上述第一项,即商品的进出口所支配。因为这一原因,在许多国家商业媒体中广泛使用的**贸易差额**(balance of trade, BOT)就仅指商品的进出口差额。然而,如果是在一个更大的工业化国家,BOT 则存在一定的误导性,因为其中并未包含服务贸易。

图表 3.2 概括了美国 1998—2003 年经常账户和它的各个组成部分的情况。如图所示,美国商品贸易差额持续为负,但部分地被服务贸易差额的持续顺差所弥补。

图表 3.2 美国经常账户,1998—2003 年(10 亿美元)

	1998	1999	2000	2001	2002	2003
商品出口	672	687	775	722	685	716
商品进口	-917	-1 030	-1 224	-1 146	-1 165	-1 261
商品贸易差额(BOT)	-245	-343	-450	-424	-479	-544
服务贸易贷方	260	271	291	286	289	304
服务贸易借方	-182	-189	-217	-219	-227	-256
服务贸易差额	78	81	74	66	61	48
利润收入	259	285	353	277	256	294
利润支出	-265	-299	-368	-267	-260	-261
利润差额	-6	-14	-15	11	-4	33
经常性转移支付,贷方	9	9	10	9	12	15
经常性转移支付,借方	-54	-58	-64	-55	-70	-82
净转移支付	-44	-49	-54	-47	-59	-67
经常账户差额	-217	-324	-445	-394	-481	-531

资料来源:Derived from the International Monetary Fund's *Balance of Payments Statistics Yearbook*, *2004*.

3.3.2 商品贸易

图表 3.3 将图表 3.2 中经常账户的数字按时间排列了一下,并将经常账户分解成两个部分,即:(1) 商品贸易;(2) 服务贸易与投资收益。首要的、最为重要的信息是显

图表 3.3 美国贸易差额、服务及投资收益差额,1985—2003 年(10 亿美元)

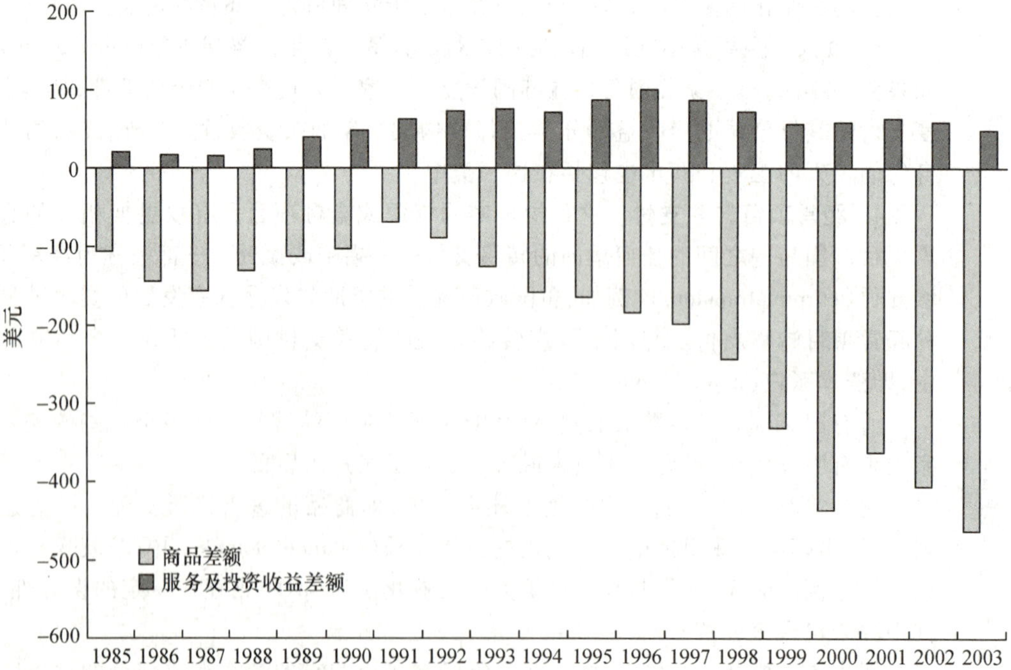

资料来源:International Monetary Fund, *Balance of Payments Statistics Yearbook*, *2004*.

示区间内商品贸易逆差的规模(20世纪80年代早期形成的头寸的持续)。服务和投资收益差额尽管与商品贸易净额相比并不算太大,但在过去20年间却基本保持着顺差。

过去10年间商品贸易差额的赤字,无论是对美国的公共部门还是对私人部门来说,都一直是一个需要重点关注的领域。商品贸易本是国际贸易的核心部分。商品制造业是工业革命的基础,而国际贸易中比较优势理论将在本书第16章进行论述。传统上,制造业是一国经济中雇用工人人数最多的部门。20世纪80年代的商品贸易逆差见证了美国传统重工业的衰退,这些行业在历史上是美国许多工人的雇主。钢铁、汽车、汽车配件、纺织和鞋业制造等领域商品贸易差额的下降导致了大量的经济和社会失调。

对商品进出口表现的理解与对某一单一产品市场的理解非常相似。驱动二者需求的因素都是收入、买方的经济增长率和经过汇率转换的消费者眼中的产品价格。例如,美国商品进口反映了美国消费者的收入水平和工业增长。在收入上升的时候,对进口的需求也同样会上升。

出口也遵循同样的原理,但作用的方向相反。美国制造业制品的出口不是取决于美国居民的收入,而是取决于其他国家的美国产品消费者的收入。当这些国家的经济增长的时候,对美国产品的需求也会上升。

美国经常账户中的服务贸易部分对许多人来说很神秘。如图表3.2和图表3.3所示,美国在服务贸易收入方面实现了持续的顺差。主要的服务业领域包括旅行和客流费用、交通运输服务、美国学生在海外以及外国学生在美国学习所产生的支出、电信服务以及金融服务等。

3.4 资本和金融账户

国际收支平衡表中资本和金融账户度量的是对金融资产的所有国际经济交易。

- **资本账户**。资本账户由金融资产的转移和非生产/非金融资产的得失所构成。这一账户是在最近才被作为IMF国际收支平衡表中一个独立部分的。其中包含的资本交易的规模相对较小,原则上,我们会将其包含在以下对金融账户的讨论中。
- **金融账户**。金融账户包括三个部分:直接投资、证券投资和其他资产投资。金融资产可以以几种不同的方式进行分类,包括资产寿命的长度(期限)以及所有权的性质(公有还是私有)。然而,金融账户采用的是第三种方法,即对资产或运作的控制程度。在证券投资中,投资者没有控制权;而在直接投资中,投资者对其资产可实施一些显性的控制。

直接投资。这一投资项目度量的是以对资产的控制为目的而发生的资本从美国流入和流出的净差额。如果一个美国公司在另一个国家建立了一个新的汽车配件厂,或者在另一国实际收购了一家公司,这在美国的国际收支账户中就体现为一笔**直接投资**(direct investment)。当资本流出美国的时候,它就被作为一笔负的现金流记入国际收支平衡表中。然而,如果一家外国公司在美国购买一家企业,则它是一笔资本流入,并以正值进入到国际收支平衡表中。如果一家美国公司有10%或者更多的投票权被外国投资者持有,则该公司被归类为外国公司的美国附属企业,列入**外商直接投资**(foreign direct investment)中;与此类似,如果美国投资者持有一家居于美国境外的公司10%或者更多的控制权,则该公司被看做是美国公司的海外附属企业。

20世纪80年代大量外商投资蜂拥进入美国,或者大量的外国居民购买美国境内资产,成为一个备受争议的现象。在任何国家,包括美国,对外商投资的关注通常源于两个话题:控制力和利润。有些国家对外商在其国内可以拥有的资产施加限制。这一管制是基于如下假设:国内的土地、资产和产业一般说来应该为本国居民所有。而美国传统上对外国居民或企业能拥有或控制什么没有什么限制;至今仍然保留的大多数限制是出于国际安全的考虑。和国际贸易是否应该自由化的传统争议所不同的是,国际投资是否必须自由化则没有统一的意见。这一问题首先仍是一个国内政治上的问题,其次才是一个国际经济问题。

外商直接投资引起关注的第二个主要原因在于谁从企业中获得利润。对美国企业享有所有权的外国公司将最终从企业的运作中获得利润,或者换句话说,从美国工人的劳动中获利。尽管有证据表明,在美国的外国企业将它们的大多数利润都再投资于它们在美国的业务(事实上,其再投资率比美国国内企业还要高),而对可能发生的利润抽逃的争议还在继续。抛开人们所作的实际选择不论,任何国家的工人都感觉到,他们的劳动形成的利润还是应该保留在他们自己的手中。另外,在很多方面这仍是一个政治和情感上的问题,而不仅仅是一个经济问题。

选择什么样的词汇来描述外商投资也会影响到公众的观点。如果这些大量的外资流入被描述成"来自世界各地的资本投资表现出对美国未来产业发展的信心",则资本的净流入就被看成是正面的。反之,如果资本净流入被描述成导致"美国成为世界上最大的债务国",其负面的含义就显而易见。两种说法实质上代表着对经济原理的扭曲。

无论是长期还是短期,资本总是流向投资者认为能够在既定风险水平下赚取最大收益的地方。尽管在会计意义上,这是一种"国际债务",但当大多数资本流入是以直接投资的形式实现时,它实际上是一种对工作机会、生产、服务、技术和其他竞争性投资所作的一种长期承诺,其对美国境内产业竞争力的影响增强了。用"净债务"来描述股权投资是具有误导性的,因为它容易让人联想到过去在很多国家所发生的巨额债务危机。

证券投资。这是指流入或流出美国,但未达到10%所有权门槛的净资本余额。如果一个美国居民购买了一家日本公司的股票,但没有达到10%的门槛,我们则将这种购买定义为**证券投资**(portfolio investment)(该种情况是一种资本流出)。债务证券(如美国国库券)的跨境买卖也被归类为证券投资,因为根据定义,债务证券不向其购买者提供所有权或控制权。

证券投资是指投入纯粹以赢利为目的,而不是以对投资的控制权或管理权为目的的资本。债务证券、债券、生息银行账户以及其他类似的证券买卖,其目的仅仅是获取收益。它们不提供对债务发行方的投票权或控制权。外国投资者对美国政府发行的债务(美国国库券、中长期国债)的购买行为构成了对美国的**净证券投资**(net portfolio investment)。值得注意的是,外国投资者购买的大多数美国债务都是以美元——即发行国货币为面值的。而其他像俄罗斯、墨西哥、巴西和东南亚国家等国所发行的大多数外国债务也是以美元为面值的——这种情况下,即以一种外国货币为面值。这些外国必须赚得美元来偿还它的外债。美国不需要赚取任何外币来偿还其外国债务。

如图表 3.5 所示,在过去的十年间,证券投资表现出比净外商直接投资大得多的波动性。许多美国债务证券,如美国政府债券和公司债券,在 20 世纪 80 年代后期具有强劲的需求,而 20 世纪 90 年代新兴债务和股权市场的崛起导致了方向上的逆转。证券投资资本流动的驱动力量总是相同的——收益和风险。然而,这一事实并没有使资本流动变得更具有可预测性。

其他投资资产和负债。最后这一类包括各种短期和长期的贸易信贷、从各种类型金融机构获得的跨境贷款、货币存款和银行存款,以及与跨境交易相关的其他应收和应付账款。

图表 3.4 显示了 1998—2002 年美国金融账户各主要子类别的余额:直接投资、证券投资,以及其他长期和短期资本投资。

图表 3.4　**美国金融账户及其构成,1998—2003 年(10 亿美元)**

	1998	1999	2000	2001	2002	2003
直接投资						
海外直接投资	-143	-155	-152	-120	-138	-174
在美国直接投资	178	301	288	152	40	40
净直接投资	36	146	135	32	-98	-134
证券投资						
资产净额	-136	-131	-125	-85	16	-72
负债净额	269	355	475	425	421	544
净证券投资	133	224	350	340	437	472
其他投资						
其他投资资产	-74	-159	-303	-140	-53	-39
其他投资负债	57	158	262	189	246	245
其他投资净额	-17	-1	-41	48	193	206
金融账户净差额	152	368	444	421	532	544

资料来源:Derived from the International Monetary Fund's *Balance of Payments Statistics Yearbook, 2004*.

图表 3.5 显示了美国金融账户各主要子账户——净直接投资、证券投资和其他投资——自 1985 年以来发生变动的情况。

图表 3.5 美国金融账户,1985—2003 年(10 亿美元)

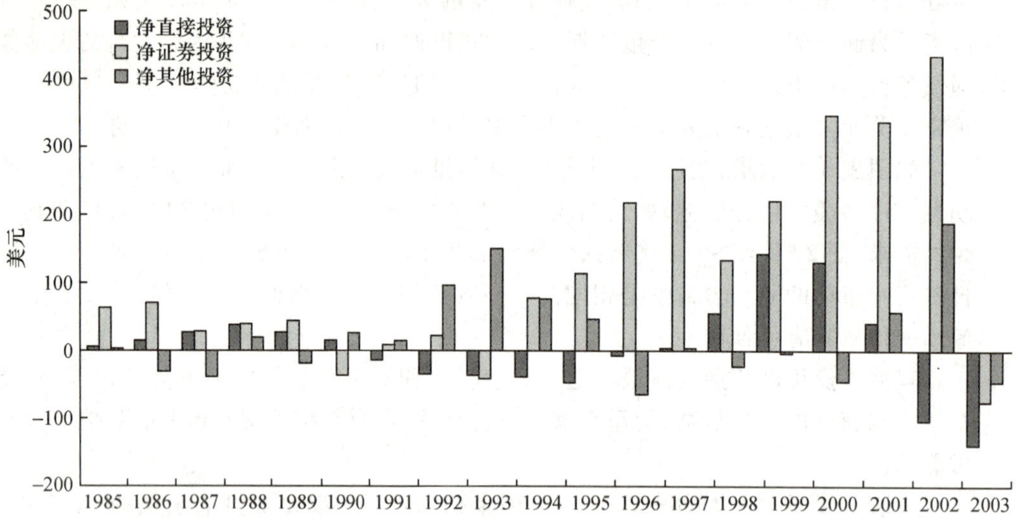

资料来源:International Monetary Fund, *Balance of Payments Statistics Yearbook*, *2004*.

3.4.1 经常账户与金融账户余额的关系

图表 3.6 显示了美国经常账户和金融账户近年来的平衡情况。该图所显示的内容是国际收支平衡表中最基本的经济与账户关系之一:**经济账户与金融账户之间的反向关系**。这种反向关系不是偶然的。国际收支平衡表的记账方法,即理论上的复式计账法,要求经常账户和金融账户相互抵消。经历巨额经常项目赤字的国家通过同等数额的金融账户盈余来为这些赤字进行“融资”,反之亦然。

图表 3.6 美国经常账户和金融/资本联合账户余额,1992—2003 年(10 亿美元)

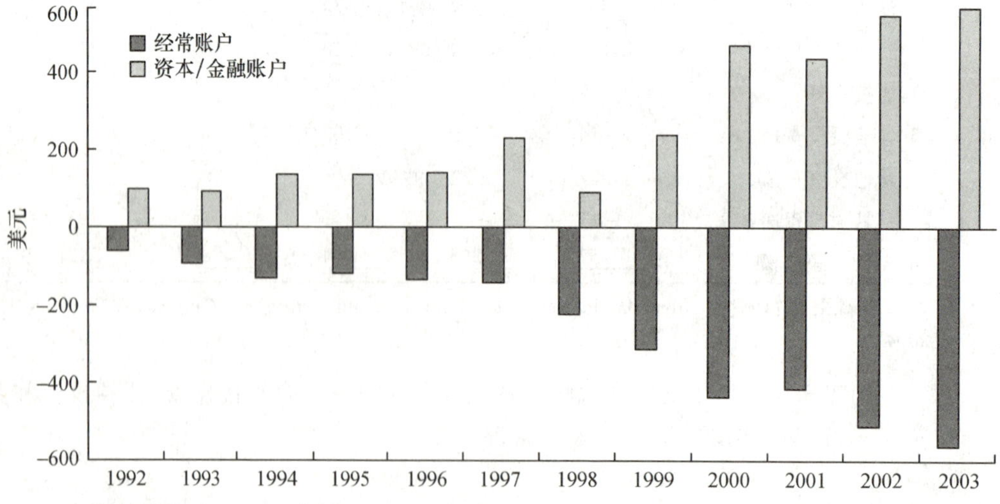

资料来源:International Monetary Fund, *Balance of Payments Statistics Yearbook*, *2004*.

净误差与遗漏。 如前所述,因为经常账户和金融账户的项目是单独收集和记录的,因此会发生误差和统计差异。**净误差与遗漏账户**(net errors and omissions account)保证了国际收支平衡表最终会实际平衡。

官方储备账户。 **官方储备账户**(official reserves account)是一国官方货币当局所持有的全部储备。这些储备通常由国际贸易和金融交易中最主要的货币组成(即所谓的硬通货,如美元、欧元、英镑、日元;黄金;特别提款权,即 SDRs)。

一般来说,官方储备的重要性依赖于一国是实行固定汇率制还是浮动汇率制。如果一国的货币是固定汇率,则该国政府会正式宣布其货币可以兑换成一固定数额的外国货币。例如,韩元许多年以来一直对美元实行固定汇率。维持这种固定汇率,即所谓的**平价汇率**(parity rate),是韩国政府的责任。如果货币市场上因为某种原因而存在韩元的过度供给,为了防止韩元贬值,韩国政府就必须通过在公开市场上购买韩元(通过支出它的硬通货,即官方储备)来支持韩元的币值,直到这种过度供给被消除。在浮动汇率制度下,韩国政府则无须承担这种责任,其官方储备的作用也就减弱了。

3.5　国际收支平衡表总览

图表 3.7 提供了一个 IMF 报告的美国官方国际收支平衡表。IMF 收集了全球 160 多个不同国家的这些统计数据。既然我们已讨论了单个账户以及这些账户之间的关系,图表 3.7 给我们提供了一个综合的视角,来理解如何将这些单独账户结合起来,为跨国企业管理者们创造出一些非常有用的概括性指标。

经常账户(图表 3.7 中 A 行)、资本账户(B 行)和金融账户(C 行)结合在一起即形成**基本余额**(basic balance,即"汇总:A 组到 C 组")。这一余额是国际收支平衡表中使用最普遍的汇总指标。它描述了一个国家的国际经济活动,这些经济活动取决于市场力量,而不是政府决策(如货币市场干预)。2003 年,美国的基本余额汇总达 100 亿美元的逆差。第二个常用的指标是**总体余额**(overall balance),也称为**官方结算余额**(official settlements balance, 即图表 3.7 中的"汇总:A 组至 D 组"),2003 年该指标为 20 亿美元的逆差。

在过去 30 年中,BOP 的意义发生了变化。只要大多数主要工业国家还在使用固定汇率框架,BOP 的解释就是相对比较直接的:

- BOP 顺差意味着对一国货币的需求超过了供给,其政府应该允许其货币升值,或者干预市场,并在其官方储备账户中积累更多的外汇储备。这种干预发生在政府出售其本币以兑换其他货币的时候,这会增加政府对硬通货的库存。
- BOP 逆差意味着在全球市场上存在对该国货币的超额供给,该国政府将采取的措施要么是让其货币贬值,要么是花费其官方储备来支撑其货币币值。

20 世纪 70 年代向浮动汇率制的转轨(前面的章节已述)使人们对国际收支平衡表的总体关注转变为对其各种子账户(如经济账户和金融账户)余额的关注。这些子账户是经济活动及货币对经济活动如何作出反应的风向标。

图表 3.7 美国的国际收支平衡表:分析性解读,1993—2003 年(10 亿美元)

	1993	1994	1995	1996	1997	1998	1999	2000	2001	2002	2003
A. 经常账户	**-82**	**-118**	**-110**	**-121**	**-140**	**-217**	**-324**	**-445**	**-394**	**-481**	**-531**
商品:出口(离岸价)	459	505	577	614	680	672	687	775	722	685	716
商品:进口(离岸价)	-589	-669	-749	-803	-877	-917	-1 030	-1 224	-1 146	-1 165	-1 261
商品贸易差额	-131	-164	-172	-189	-196	-245	-343	-450	-424	-479	-544
服务,贷方	184	199	217	238	255	260	271	291	286	289	304
服务,借方	-122	-132	-142	-151	-166	-182	-189	-217	-219	-227	-256
商品和服务差额	-69	-97	-96	-102	-108	-167	-262	-376	-358	-418	-497
收益,贷方	134	165	212	226	261	259	285	353	277	256	294
收益,借方	-110	-149	-191	-205	-252	-265	-299	-368	-267	-260	-261
商品、服务和收益差额	-45	-80	-76	-81	-99	-173	-275	-391	-347	-422	-463
经常性转移支付,贷方	6	6	8	9	8	9	9	10	9	12	15
经常性转移支付,借方	-44	-45	-42	-49	-49	-54	-58	-64	-55	-70	-82
B. 资本账户	**0**	**0**	**0**	**1**	**0**	**1**	**-4**	**1**	**-1**	**-1**	**-3**
资本账户,贷方	0	0	1	1	0	1	0	1	1	1	1
资本账户,借方	0	-1	0	0	0	0	-4	0	-2	-2	-4
汇总:A 组加 B 组	**-83**	**-119**	**-110**	**-120**	**-139**	**-217**	**-328**	**-444**	**-395**	**-482**	**-534**
C. 金融账户	**83**	**125**	**123**	**185**	**273**	**152**	**368**	**444**	**421**	**532**	**544**
直接投资	-33	-34	-41	-5	1	36	146	135	32	-98	-134
海外直接投资	-84	-80	-99	-92	-105	-143	-155	-152	-120	-138	-174
美国直接投资	51	46	58	87	106	178	301	288	152	40	40
证券投资资产	-146	-60	-123	-150	-119	-136	-131	-125	-85	16	-72
股权证券	-63	-48	-65	-83	-58	-101	-114	-100	-109	-18	-100
债务证券	-83	-12	-57	-67	-61	-35	-17	-25	24	33	28

（续表）

	1993	1994	1995	1996	1997	1998	1999	2000	2001	2002	2003
证券投资负债	111	139	237	368	386	269	355	475	425	421	544
股权证券	21	1	17	11	68	42	112	194	121	53	37
债务证券	90	139	221	357	318	227	242	281	304	368	508
其他投资资产	31	-41	-121	-179	-263	-74	-159	-303	-140	-53	-39
货币当局	0	0	0	0	0	0	0	0	0	0	0
一般政府部门	0	0	-1	-1	0	0	3	-1	0	0	1
银行	31	-4	-75	-92	-141	-36	-76	-138	-135	-21	-10
其他部门	1	-36	-45	-66	-122	-38	-86	-164	-5	-32	-29
其他投资负债	120	120	170	132	268	57	158	262	189	246	245
货币当局	68	10	47	57	-19	7	25	-7	35	65	36
一般政府部门	1	3	1	1	-3	-3	-1	-1	-6	3	2
银行	40	108	64	22	171	30	67	94	68	109	125
其他部门	11	0	59	52	118	23	67	178	70	70	82
汇总：A组至C组	**0**	**6**	**14**	**45**	**133**	**-65**	**40**	**0**	**26**	**50**	**10**
D. 净误差与遗漏	**1**	**-11**	**-4**	**-52**	**-132**	**72**	**-49**	**1**	**-21**	**-46**	**-12**
汇总：A组至D组	**1**	**-5**	**10**	**-7**	**1**	**7**	**-9**	**0**	**5**	**4**	**-2**
E. 储备与相关项目	**-1**	**5**	**-10**	**7**	**-1**	**-7**	**9**	**0**	**-5**	**-4**	**2**

资料来源：International Monetary Fund, *Balance of Payments Statistics Yearbook*, 2004, p. 984.

注：由于四舍五入的原因，汇总数字与原始数据不一定匹配。

3.6 国际收支与主要宏观经济变量的相互作用

一国的国际收支与几乎所有的主要宏观经济变量之间都存在着相互作用。相互作用意思是说,国际收支会影响到类似以下的宏观经济因素,同时也会受到这些因素的影响:

1. 国内生产总值(GDP)
2. 汇率
3. 利率
4. 通货膨胀率

3.6.1 国际收支与 GDP

在静态的(会计)意义上,一个国家的 GDP 可以表示成下式:

$$\text{GDP} = C + I + G + X - M$$

其中,

C = 消费支出

I = 资本投资支出

G = 政府支出

X = 商品和服务出口

M = 商品和服务进口

$X - M$ = 经常账户余额(包括当期收益和转移支付)

因此,一个正的经常账户余额(顺差)会直接为 GDP 指标的增长作出贡献,而一个负的经常账户余额(逆差)则会降低 GDP。

在动态的(现金流)意义上,GDP 的增减会影响到经常账户的顺差或逆差。当 GDP 增长时,可支配收入和资本投资也会增长。可支配收入的增长会产生更多的消费,而消费中的一部分将要通过更多的进口来供应。消费的增加最终会导致更多的资本投资。

GDP 的增长最终还应该导致更高的就业率。然而,就业的这种理论上的增长也可能部分地被海外的外包(即从其他国家的其他企业购买商品和服务)所抵消。

供应链管理(supply chain management)已经越来越将注意力集中于通过从成本更低的其他国家进口来降低成本。这些进口可以来自外商独资企业,也可来自母公司的海外子公司。在后一种情况下,外国子公司倾向于从它们的母公司购买部件和知识产权,这会增加出口。尽管外包总是确定在哪里生产或获得制成品的一个决定因素,但在过去十年间,高科技商品和服务中越来越大的数目是来自海外的分包。美国和西欧的海外分包去向是印度(软件和呼叫中心)、中国、东欧、墨西哥和菲律宾等国家。这种模式在美国和西欧已经造成了一些白领失去工作,而相应地,另一些地方白领的工作机会则增加了。

3.6.2 国际收支与汇率

一国的国际收支可能会对该国的汇率水平产生巨大的影响,或者是反方向的作用,这取决于该国的汇率制度。国际收支与汇率之间的关系可以用一个能概括国际收支数据的简化公式来解释：

$$\frac{\text{经常账户余额}}{(X-M)}+\frac{\text{资本账户余额}}{(\mathrm{CI}-\mathrm{CO})}+\frac{\text{金融账户余额}}{(\mathrm{FI}-\mathrm{FO})}+\frac{\text{准备余额}}{\mathrm{FXB}}=\frac{\text{国际收支差额}}{\mathrm{BOP}}$$

其中：

X = 商品和服务出口

M = 商品和服务进口

CI = 资本流入

CO = 资本流出

FI = 金融账户流入

FO = 金融账户流出

FXB = 官方货币储备，如外汇和黄金

一国国际收支不平衡的后果存在着一定程度的差异，这取决于该国是采用固定汇率、浮动汇率，还是有管理的浮动汇率制度。

固定汇率国家。在固定汇率制度下，政府有责任保证国际收支差额接近于零。如果经常账户与资本账户不近似于零，则可以预期政府会通过买卖官方外汇储备来干预外汇市场。如果前两个账户之和大于零，则世界上存在着对该国货币的超额需求。为了维持固定汇率，政府必须干预外汇市场，卖出本币以换取外币或黄金，使 BOP 回归到近似于零的状态。

如果经常账户和资本账户之和小于零，则世界市场上存在着对该国货币的超额供给。此时该国政府必须通过使用自己的外汇和黄金储备买入本币来干预外汇市场。对政府来说，保持相当数量的外汇储备余额，其重要性是显而易见的，这使它有可能对市场进行有效的干预。如果国家的外汇储备用完了，政府就不能回购本币，从而本币被迫贬值。

浮动汇率国家。在浮动汇率制下，国家政府没有钉住汇率的责任。经常账户和资本账户余额加总不等于零的事实（理论上）会自动地以正确的方向改变汇率，以便使 BOP 维持在近似于零的水平。例如，一个存在较大规模经常账户逆差而资本账户和金融账户余额为零的国家，将存在国际收支的净逆差。此时世界市场上将存在对该国货币的超额供给。像所有存在超额供给的商品一样，市场会通过降低商品价格来消除这种不平衡。因此，本币将会贬值，BOP 将会回归到零。汇率市场并不总是遵循这一理论，尤其是在中短期内。这种滞后被称为 **J-曲线效应**（J-curve effect，也可参阅下一节"贸易差额与汇率"）。逆差在短期内会恶化，但长期内会回复到均衡状态。

管理浮动汇率国家。在实行管理浮动汇率制度的国家，尽管其日常的汇率决定仍取决于市场条件，但政府经常发现有必要采取行动来维持它们认为理想的汇率值。因此，它们会试图通过影响市场行为的动机，而不是通过对外汇市场直接进行干预，来改变某一特定汇率的市场估值。

此类政府所采取的主要行动是改变相对利率水平，从而影响决定汇率的经济基本面。变动国内利率是试图改变上述公式中的（CI－CO）项，特别是这些资本流动中的短期证券投资部分，以恢复因经常账户逆差而导致的不平衡。利率变动对国际资本和汇率变动的威力可能是实质性的。试图保卫其货币并实行管理浮动的国家可能会选择提高国内利率以吸引更多的海外资本。这一做法会改变市场力量的方向,并为本国货币创造出更多的市场需求。在这一过程中,政府向外汇市场参与者发送了一个信号,即政府试图采取措施将货币币值维持在一定范围之内。然而,这一做法也会提高当地企业借款的成本。因此,这一政策常招致国内的批评。

3.6.3 国际收支与利率

利率除了可以用于干预外汇市场之外,还对国际收支平衡表中的金融账户具有影响。相对较低的实际利率通常会刺激那些寻求更高利率的资本以他国货币的形式流出。然而,美国却发生了相反的情况。美国的实际利率水平相对较低且经常账户存在大量的国际收支逆差,但美国国际收支的金融账户却经历了对冲性的金融流入,这是由于相对较有吸引力的美国增长前景、高水平的生产力创新和政治安全性。因此,金融账户的流入帮助美国稳定了其较低的利率水平,也为其高额财政赤字获得了融资。

然而,现在看起来,似乎金融账户有利的资本流入在下降,而美国经常账户余额却在恶化。**金融实务专栏 3.1** 表明,美国正在变成一个更大的债务国。

金融实务专栏3.1

GLOBAL FINANCE IN PRACTICE

美国:世界上最大的债务国

美国已成为世界上最大的债务国,而不是像早年一样处于世界上最大债权国的地位。对美国证券的国外净购买已经从 2001 年的高峰期退潮,而美国经常账户余额则继续恶化,如图表 A 所示。图表 B 显示了按市值度量的美国净国际投资额占 GDP 的比重,这一指标也在下降,目前已达 –25%。

图表A 雄风不再

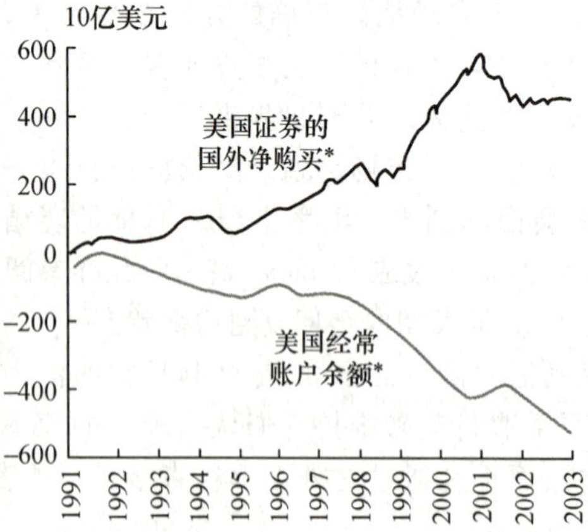

*12个月移动加总

资料来源:Deutsche Bank; US Bureau of Economic Analysis.

图表B 债务重重

*12个月移动加总

资料来源: US Bureau of Economic Analysis.

资料来源:Exhibits A and B are from *The Economist*, September 18, 2003. http://www.economist.com.

3.6.4 国际收支与通货膨胀率

出口具有降低一国通货膨胀率的潜在效应。具体地说,低价商品和服务的进口为可比商品和服务的国内竞争者的收费设置了一个上限。因此,来自国外的竞争作为对国内竞争的替代,有利于将通货膨胀率维持在一个与没有进口的情况相比更低的水平。

另一方面,依据低价进口商品对国内生产和就业替代的程度,国内生产总值会下降,经常账户余额会更趋负值。

3.7 贸易差额与汇率

一国商品和服务的进出口受到汇率变动的影响。其中的转换机制从理论上讲是非常简单的:汇率变动改变了进口和出口的相对价格,而价格的变动则相应地导致因需求的价格弹性而引起的需求量变化。尽管经济学理论看起来很直接,而全球的商业实践则更加复杂。

3.7.1 贸易与货币贬值

作为持续大规模贸易逆差的结果,各国偶尔会对它们自己的货币进行贬值。在并不遥远的过去,许多国家都蓄意对自己的货币进行过贬值,以便使它们的出口在世界市场上更加具有竞争力。许多人认为,1997年在亚洲金融危机期间,新台币的贬值就是一次这样的竞争性贬值。然而,这些竞争性贬值经常被认为是自我破坏式的,因为它们也会使进口变得相对更加昂贵。那么,蓄意贬值本国货币来改善贸易差额的逻辑和可能的后果到底是怎样的呢?

3.7.2 J-曲线调整路径

国际经济分析中将贸易差额的调整过程描述为三个阶段:(1) **货币合同阶段**(currency contract period);(2) **传递阶段**(pass-through period);(3) **数量调整阶段**(quantity adjustment period)。这三个阶段,以及贸易差额总体上的时间调整路径,见图表3.8。假设在贬值之前贸易差额已处于逆差状态,在时间 t_1 进行贬值会导致贸易差额在最终得到改善之前进一步恶化——调整的路径像一个平放的字母“J”的形状。

在第一阶段,即**货币合同阶段**,本币的一个突然的、未预期到的贬值会产生某种不确定的影响,这只是因为所有的进出口合同都已经生效。在这些合同下运作的企业必须履行它们的义务,无论是赢利还是亏损。假设美国经历了一次美元的突然贬值。大多数出口商都是以美元定价的,但大多数进口商的合同则是以外币签订。突然贬值的结果是,在时间 t_1,贸易逆差的规模将增加,因为美国进口商需要支付越来越多的美元来换取它们所需要的外币,从而使它们为支付进口账单而产生的成本会上升,而美国出口商所赚到的收入则保持不变。尽管这是关于贸易差额调整的最常被引用的情况,

图表 3.8 贸易差额对汇率变动的调整:J 曲线

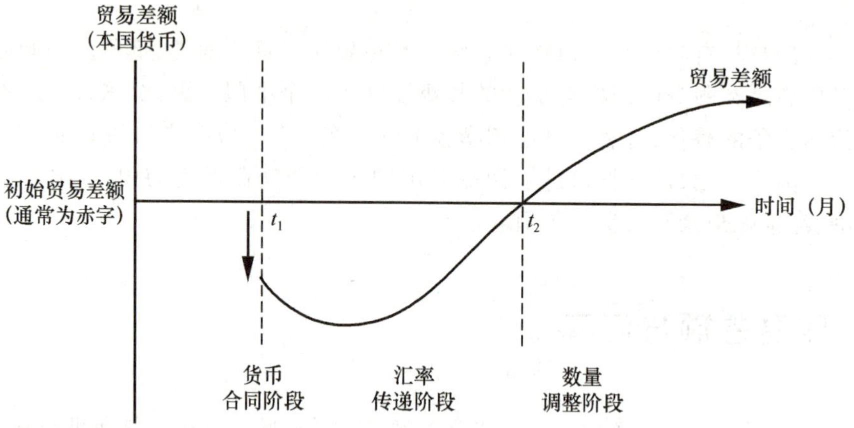

如果出口产品主要以本币标价并开具发票,而进口主要以外币标价和开具发票,则本币的突然贬值可能会(在初期)导致贸易收支的恶化。当汇率变动传递到产品价格以后,市场有时间通过改变市场需求而对价格变动作出反应,则贸易平衡情况将有所改善。货币合同阶段可能会持续3—6个月,而其后的传递阶段和数量调整阶段则又会持续3—6个月。

我们却没有理由相信大多数美国进口是以外币交易而大多数出口以美元交易。

贸易差额调整过程的第二个阶段被称为**传递阶段**。当汇率发生变动时,出口商和进口商最终都会将这些汇率变动因素传递到产品价格中去。例如,在一次美元币值大幅下跌后,一家向美国市场出售产品的外国生产商必须要全部收回自己在国内的生产成本。这要求该厂商收取更高的美元价格,以便获得足够的本币利润。该厂商必须提高它在美国市场的销售价格。美国进口价格大幅度上涨,最终将汇率变动全部传递到价格之中。美国消费者会在货架上看到更高价格的进口商品。与此类似,与外国竞争者相比,美国出口价格将更低廉,因为美元更便宜了。对美国出口商来说,不幸的是,它们最终产品的很多投入品很可能是进口的,这导致它们在美元贬值后同样要承担价格上涨的恶果。

第三阶段,也是最后的阶段,即**数量调整阶段**。这一阶段将会实现本币贬值所预期带来的贸易差额调整。作为对传递阶段的结果,随着进出口价格的变动,美国境内以及美国出口市场的消费者都会对新价格作出相应的需求调整。进口相对来说更贵了;因此,对其的需求量会下降。出口相对更便宜了,对其的需求量将上升。贸易差额——对出口的支出减去进口支出——将得到改善。

不幸的是,这三个调整阶段并不是一夜之间完成的。像美国这样经历过巨大汇率变动的国家也经历了一个很长时期的贸易差额调整。经验研究已经表明,对工业化国家,在时间 t_1 和 t_2 之间所花费的总时间可能是 3 到 12 个月不等——有时甚至更长。使情况更加复杂的是,可能在调整还没有完成之前,新的汇率变动又发生了。贸易对汇率变化的调整并不是发生在真空式的实验环境中,而是发生在纷繁复杂的国际商业和经济世界中。

3.7.3 贸易差额调整路径:方程式

一国的贸易差额实际上就是出口和进口收入的净值,而这二者又分别是出口价格($P_X^{\$}$)和进口价格($P_M^{fc}$)的倍数。假定出口价格是按美元标价的,而进口价格是按外币标价的。出口数量和进口数量分别记作 Q_x和 Q_M。以美元计价的进口支出可表示为外币标价的支出与即期汇率($S^{\$/fc}$)的乘积。用美元计价,美国的贸易差额即可表示为:

$$\text{美国贸易差额} = (P_x^{\$} Q_x) - (S^{\$/fc} P_M^{fc} Q_M)$$

本币贬值的即期影响会提高即期汇率 S 的值,这导致贸易差额立即恶化(货币合同阶段)。只有在当前的合同都到期之后的一段时间内,部分或全部反映传递效果的新价格被制定出来以后,贸易差额的改善才是显而易见的(传递阶段)。在最后阶段,需求的价格弹性有时间产生作用(数量调整阶段),预期中的实际贸易差额——理论上的——才会上升到图表 3.8 中它初始的位置。

3.7.4 汇率波动性与贸易流

汇率波动性会阻碍全球贸易的增长,这是一个长期存在的顾虑。尽管全球贸易在 20 世纪 90 年代后期以两位数的速度增长,但 2001—2003 年,世界商品和服务的出口增长速度却出现了大幅度的下降。与此同时,美元的币值相对全球其他主要货币(如日元和欧元)出现了显著的波动。

2004 年,IMF 受委托进行了一项研究,重新检验了汇率波动的证据以及不同时期汇率波动对国际贸易的影响。然而,近年来世界主要货币币值的大幅波动证明,这种情况并不是特别罕见的。

> 以观察到的波动性来衡量,我们的研究表明,虽然在货币和国际收支危机期间汇率波动有所增强,但平均说来,在 20 世纪 70 年代至 20 世纪 90 年代之间,汇率的波动性并没有明显加剧。毫不奇怪的是,发达国家的货币比其他国家具有更低的平均汇率波动性。然而,许多转型国家、新兴市场和发展中国家近年来经历了与许多发达国家同等程度——或者近似同等程度的汇率波动性。①

图表 3.9 对被研究的国家按照汇率制和时间两个维度提供了其货币波动性的概括性度量指标。尽管在该图上半部分,我们使用了传统的 IMF 汇率制度分类方法(即分为**钉住**、**有限弹性**、**管理浮动**和**自由浮动**),图的下半部分为那些遭受严重危机的国家而增加了第五种制度——**自由贬值**(freely falling)。

粗看之下,好像得到一个意外的结果:实行钉住制度的货币比那些处于有限弹性制度下的货币具有更高的波动性。但是,正如该项研究的作者们指出的那样,宣称实行钉住制度并不意味着其货币的币值保持不变(贬值或升值)。在意图和结果之间,确实存在着差别。毫不意外的是,在几乎所有的时间段当中,自由浮动制度下的货币波动性都

① Peter B. Clark, Natalia Tamirisa, and Shang-Jin Wei, with Azim Sadikov and Li Zeng, *Exchange Rate Volatility and Trade Flows—Some New Evidence*, International Monetary Fund, Washington DC, 2004, p. 27.

是最高的(按照官方的 IMF 分类体系)。当加入自由贬值的制度之后,它显然包含了危机货币——那些拥有最高波动性的货币——它们在所有的时间段中都接近极端情形。

图表 3.9 不同汇率制度下的实际有效汇率波动性,1970—2001 年

货币制度	1970—1980	1981—1990	1991—2001	1970—2001
IMF 官方分类(波动百分比)				
钉住	3.12	4.96	4.11	3.99
有限弹性	2.13	2.20	2.13	2.15
管理浮动	4.93	4.75	4.18	4.43
自由浮动	3.05	6.95	5.01	5.22
自然分类(波动百分比)				
钉住	2.80	3.17	3.03	2.98
有限弹性	2.58	2.97	2.88	2.83
管理浮动	3.48	4.27	4.16	4.02
自由浮动	3.32	4.11	4.64	4.26
自由贬值	7.99	13.04	9.31	10.56

资料来源:Peter B. Clark, Natalia Tamirisa, and Shang-Jin Wei, with Azim Sadikov and Li Zeng, "Exchange Rate Volatility and Trade Flow—Some New Evidence," International Monetary Fund, Washington DC, 2004, p. 27.

注:这一分析基于 1970—2001 年 150 个国家的样本。IMF 官方分类是根据 IMF 年度出版物 *Exchange Arrangements and Exchange Restrictions*。自然分类是基于 Carman M. Reinhart and Kenneth S. Rogoff, "A Modern History of Exchange Rate Arrangements: A Reinterpretation," NBER Working Paper 8963, Cambridge, MA, 2003.

略微有点出人意料的事实是,大多数汇率制度下的货币币值波动性在 1990—2001 年并未走高。这一事实——在前面引文中曾提到——为以下论点提供了新的证据:20 世纪 90 年代影响如此深远和具有破坏性的汇率危机和汇率变动(不完全列举,有 1994 年墨西哥、1998 年俄罗斯、1999 年巴西、2000 年阿根廷,以及 1997 年亚洲很多国家)似乎并不像以往所想象的那样具有极强的波动性。

一些专家认为,资本流动的增加和各国对贸易开放程度的提高,可能提高了全球贸易对汇率波动的敏感性。然而,IMF 的研究结果再一次发现情况不是这样:

> 关于汇率波动对贸易流量的影响,这里的研究并没有发现一个确定的负面影响。更精确地说,该项研究报告了一些证据,这些证据与波动性对贸易的负面影响的结论是相一致的,但这种关系并不是稳定的……

3.8 资本流动

资本跨境流动的自由程度对一国国际收支具有十分重要的影响。我们已经看到,尽管在过去 20 年中美国经历了经常账户余额的逆差,但它同时拥有金融账户的顺差。这种金融账户顺差很可能就是美元能够在这段时间内维持其币值的主要原因之一。然

而,其他国家——如1998—1999年的巴西和2001—2002年的阿根廷——则经历了大量的金融账户流出,这也是它们经济和金融危机发生的重要原因。

3.8.1 资本流动的历史模式

在完成对国际收支的讨论之前,我们还需要对资本流动的历史和资本流出——**资本外逃**(capital flight)——对国际收支危机的贡献作更为深入的洞察。资本能否总是自由地出入一个国家？当然不能。外国投资者在另一些国家拥有不动产、购买企业,或者购买股票和债券的能力总是充满争议的。Obstfeld 和 Taylor (2001)研究了资本市场的全球化问题,并得出结论,认为图表3.10中所描述的模式是对近代历史上全球资本市场开放的传统智慧的一个公平的表述。自1860年以来,在第一次世界大战之前使用的金本位制和1971年之后的浮动汇率时代都已见证了资本跨境流动的巨大能力。注意,Obstfeld 和 Taylor 并没有使用具体的资本流动的量化指标。该图仅使用了“低”和“高”之间的特征性差异,同时结合两个基本因素:汇率制度和国际政治经济关系所处的状态。

图表3.10 现代史上的资本流动大观

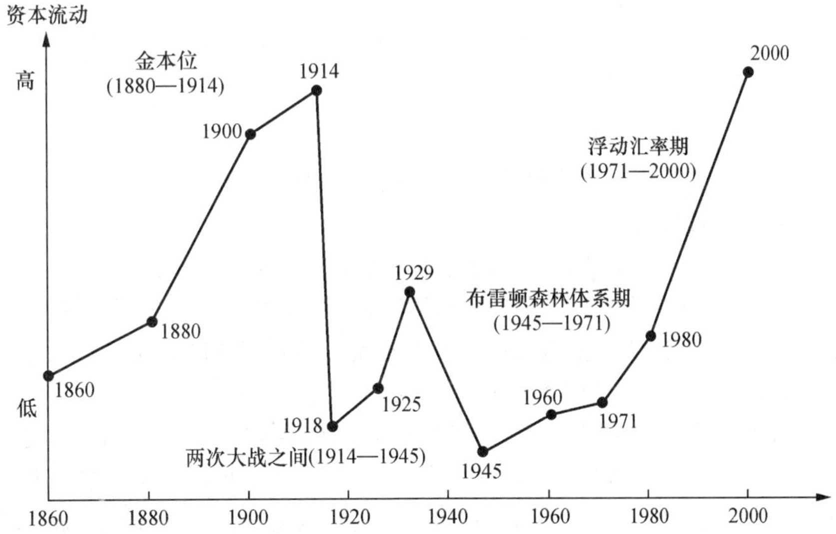

资料来源:M. Obstfeld and A. M. Taylor, "A Stylized View of Capital Mobility in Modern History," M. D. Bordo, A. M. Taylor, and J. G. Williamson, eds., *Globalization in Historical Perspective*, Chicago: University of Chicago Press, 2001.

他们认为1860年之后的时代可以被细分为四个不同的时期:

1. 第一阶段,1860—1914年。这是一个以资本开放度持续增加为特征的时期,在此期间,越来越多的国家采用金本位制,并扩张国际贸易关系。

2. 第二阶段,1914—1945年。这是一个全球经济遭到破坏的时期。两次世界大战的联合破坏力量和全球性萧条使大多数国家走向高度民族主义和隔离主义的政治与经济政策，这有效地遏制了资本在不同国家之间的大规模流动。

3．第三阶段，1945—1971 年。这是布雷顿森林体系时期，这一阶段见证了商品和服务国际贸易的大扩张。这一时期还经历了资本市场缓慢的但稳定的复苏。布雷顿森林固定汇率制崩溃的原因可能在于全球资本偏航的力量已经无法控制。

4．第四阶段，1971—2000(2004)年。这是一个以浮动汇率和经济波动为特征的时期，但同时，跨境资本流动却在迅速地扩张。主要工业国家要么是不再试图或不再需要控制资本流动，要么是再也没有能力控制资本流动了。因为货币市场可以自由地反映背后的经济基本面和投资者对未来的预期，作为对这种开放度的回应，资本的流动性增加了。

20 世纪 90 年代后半期和 21 世纪初所发生的货币危机导致了这种跨境资本流动的逆转；当然，现在下结论还为时过早。然而，已经明了的是，资本的这种即时和大规模跨境流动的能力已经成为近期货币危机加重的重要因素之一。

3.8.2 资本外逃

最后一个问题是资本外逃。尽管还不存在一个对资本外逃的广为接受的定义，但 Ingo Walter 的讨论是较好的解释之一：

> 在正常环境下，国际直接投资和证券投资的流动很少与资本外逃现象联系在一起。但是，当居民所进行的资本转移与政治上的目标相冲突的时候，才会使用"外逃"这一术语。②

尽管并不仅限于高度负债国家，一国可兑换货币的高速且有时是非法的向外转移造成了较大的经济和政治问题。许多高负债国家都遭受了严重的资本外逃，这加剧了它们的债务偿还问题。

资本从一国转移至另一国的过程中存在着五种主要的途径：

1．通过常规的国际支付机制，即常规银行支付的方式进行的转移，这显然是操作最易和成本最低的，也是合法的。许多经济上很健康的国家允许它们的货币自由兑换。当然，对这样的国家，"资本外逃"并不是个问题。

2．通过搬运工进行货币的物理转移(众所周知的货币走私)，这是更为昂贵的方式，而且对许多转出国家来说，是非法的。这种资金转移被界定为非法，可能是出于国际收支平衡表的原因，或者为了使毒品贸易或其他非法交易涉及的货币转移更加困难。

3．将现金转换成收藏品或贵金属，然后转移出境。

4．洗钱，是指跨境的资产购买，然后以一种隐藏货币运动和其所有权的方式进行管理。

5．国际贸易中的错误计价所导致的资本转移，如通过对出口低开发票，或者对进口高开发票，其中发票金额与实际协议支付金额之间的差价被存入一个选定国家的银行机构。

---

② Ingo Walter, "The Mechanisms of Capital Flight," in *Capital Flight and Third World Debt*, edited by Donald R. Lessard and John Williamson, Institute for International Economics, Washington, D.C., 1987, p. 104.

小案例

土耳其危机(A):国际收支恶化

> 仅当乐观的土耳其人开始抢购进口品时,投资者才会开始怀疑外国资本流入是否能够为铺张的消费者和长年拮据的政府提供足够的资金来源。
>
> ——"On the Brink Again," *The Economist*, February 24, 2001.

2001 年 2 月,土耳其加速升级的经济危机,迫使土耳其里拉贬值。土耳其政府成功地对 1999 年和 2000 年国家经济中的通胀压力采取了果断措施。但就在 2000 年下半年经济开始繁荣的时候,国际外汇收支和货币所面临的压力却上升了。在危机过后的几个月中,许多分析师所提的问题都是:危机是否可以提前得到预测?情况恶化时有哪些早期症状应该引起外部世界的注意?

账户

图表 A 提供了 1993 年至 2000 年间(贬值前不到两个月)土耳其经常账户和金融账户的余额情况。有几个问题显而易见:

图表 A　　**土耳其的国际收支,1993—2000 年**

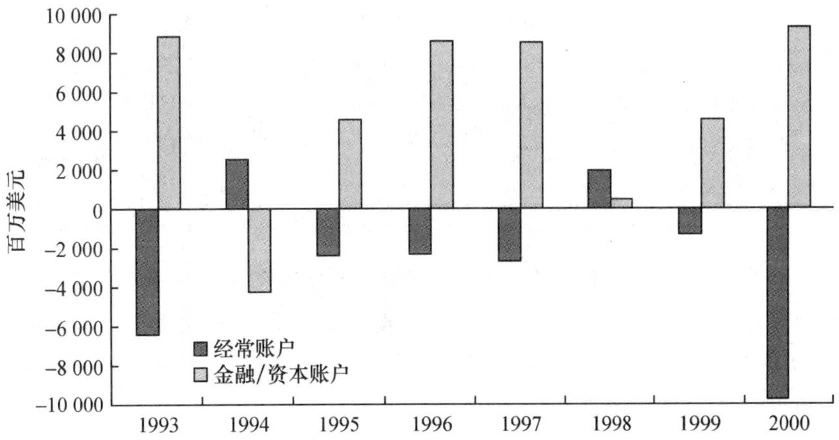

- 首先,土耳其主要国际账户的余额好像经历了巨大的波动。金融账户在顺差(1993 年)和逆差(1994 年)中摇摆,然后又再次回复到顺差状态(1995—1997 年)。在经历了 1998 年的下降之后,1999 和 2000 年,金融项目顺差又回来了。
- 其次,与一般情况一样,经常账户的行为模式与金融账户相反,在大多数年份中处于赤字状态。但是,经常账户赤字 2000 年时出现了大幅度的增长,从 1999 年的仅 14 亿美元增至超过 98 亿美元之巨。

许多分析师立刻得出结论:经常账户赤字的巨额增长应该被看做即将发生的崩溃

的危险信号。然而,其他人则非常正确地指出,许多国家在经济快速增长的时期也经历了贸易和经常账户赤字的快速增长。使这一论点更有说服力的是,金融账户的净顺差似乎表明了外国投资者对土耳其经济前景的信心在增强。

对这些主要账户各个构成部分的余额进行考察是有帮助的。如图表 B 所示,2000 年经常账户的快速恶化在很大程度上是进口商品快速跃升的结果。进口商品的账单从 1999 年的 398 亿美元上升至 2000 年的 540 亿美元,一年时间内增长了 36%。与此同时,服务贸易与经常收益账户,无论是借方还是贷方,都很少显示出变化。不幸的是,对于这些快速增长的进口的构成、其产业或性质,以及融资等方面的问题,报告给 IMF 的统计数据没有为我们提供什么额外的细节。

图表 B 土耳其经常账户的子账户,1998—2000 年 (单位:百万美元)

	1998	1999	2000
商品:出口	31 220	29 325	31 664
商品:进口	-45 440	-39 768	-54 041
商品差额	-14 220	-10 443	-22 377
服务:贷方	23 321	16 398	19 484
服务:借方	-9 859	-8 953	-8 149
服务差额	13 462	7 445	11 335
收入:贷方	2 481	2 350	2 836
收入:借方	-5 466	-5 887	-6 838
收入差额	-2 985	-3 537	-4 002
经常性转移支付:贷方	5 860	5 294	5 317
经常性转移支付:借方	-133	-119	-92
转移支付差额	5 727	5 175	5 225
经常账户差额	1 984	-1 360	-9 819

资料来源:International Monetary Fund, *Balance of Payments Statistics Yearbook*, 2001, p. 913.

对金融账户顺差作一个类似的分解也会帮助我们识别土耳其各种类型的资本流入和流出中,哪里存在着明显的变化。图表 C 为金融账户提供了这种分解。根据图表 C,2000 年土耳其金融账户顺差翻倍很大程度上是“其他净投资”大规模增长——超过 70 亿美元——导致的结果。

这些账户余额的一个非常重要的决定因素是电信部门。在整个 2000 年,土耳其的电信供应商 TelSim 从 Nokia(芬兰)和 Motorola(美国)进口了价值数十亿美元的设备。这些设备是通过贸易融资的方式购买的,则 TelSim 将在未来的某一日期偿付 Nokia 和 Motorola 的设备款,而资金来源主要来自使用这些设备提供电信服务。然而,TelSim 却在付款问题上违约了,这使 Nokia 和 Motorola 遭受了数十亿美元的损失。

图表 C　土耳其金融账户的子账户,1998—2000 年　(单位:百万美元)

	1998	1999	2000
净直接投资	573	138	112
净证券投资	-6 711	3 429	1 022
净其他投资	6 586	1 103	8 311
金融账户差额	448	4 670	9 445

资料来源:International Monetary Fund, *Balance of Payments Statistics Yearbook*, 2001, p. 915.

案例思考题

1. 进口的电信设备应该被列入经常账户的哪个位置?这一位置与金融账户在规模和时间上是对应的吗?

2. 你认为净直接投资从 1998 年的 5.73 亿美元降到 2000 年的 1.12 亿美元的原因是什么?

3. 你认为 TelSim 在从 Nokia 和 Motorola 进口设备的款项上违约的原因是什么?

小结

◎ 国际收支平衡表(BOP)是一国与所有其他国家之间所有国际交易的概括性表示。

◎ BOP 是一种流量表示,它概括了在一定时间内——通常是一年——发生在一个国家跨越地理界限的全部国际贸易活动。

◎ 尽管在理论上,BOP 总是平衡的,但在实践中,却总是存在着实质上的不平衡,其原因在于统计误差以及经常账户和金融/资本账户流量的误报。

◎ 国际收支平衡表有三个主要的子账户,即经常账户、金融账户和资本账户。这三个子账户分别概括了国家经常性贸易和国际资本流动。

◎ 经常账户和合并的金融与资本账户在余额上通常是相反的——一个处于顺差,则另一个遭遇逆差。

◎ 尽管大多数国家都追求经常账户的顺差,经常账户或资本账户的余额,或者经常账户的顺差到底是可持续的还是合意的,这一点却并不清楚。

◎ 尽管商品贸易更容易被观察到(例如,商品通过港口进行流动),但今天,服务贸易的增长对世界上许多大型工业化国家的国际收支来说更为重要。

◎ 对一国国际收支活动的各个子账户进行监督,对于各级政府和产业的决策者发现驱动一国国际经济活动的基本经济力量的变动及其潜在趋势很有意义。

◎ 国际收支与一国的 GDP、汇率、利率以及通货膨胀率等主要宏观经济变量都存在着相互作用的关系。

◎ 资本即时、成规模地进行跨境转移的能力是影响近期货币危机严重程度的主要因素之一。在好几个案例中,如 1997 年的马来西亚和 2001 年的阿根廷,国家政府得出的结论都是,除了对资本流动能力施加严格限制外,它们别无选择。

◎ 尽管并不局限于高负债国家,可兑换货币的快速的、有时是非法的出境转移还是会引发显著的经济和政治问题。许多高负债国家已经遭受了显著的资本外逃,这使它们的债务偿还问题更加恶化。

思考题

1. **国际收支定义**。什么机构为全球的国际收支和经济绩效提供了类似可比统计数据的基本来源?
2. **国际收支平衡表(BOP)的重要性**。企业管理者和投资者都需要BOP数据来预期那些可能由BOP事件所引起的东道国经济和政治变化。列举三种一国BOP数据向企业管理者和投资者传达的特定信号。
3. **经济活动**。一国BOP所度量的主要是哪两种经济活动?
4. **平衡**。为什么BOP总是"平衡的"?
5. **BOP会计**。如果BOP被看做是一张会计报表,那么它是该国财富的资产负债表、该国赢利状况的损益表,还是该国货币流入和流出的现金流量表?
6. **经常账户**。经常账户的主要构成部分是什么?对美国经常账户的构成各举出一个借方和贷方的例子。
7. **实物资产与金融资产**。实物资产与金融资产的区别是什么?
8. **直接投资与证券投资**。外商直接投资和外国证券投资之间的区别是什么?对二者各举一个例子。跨国公司更可能从事的是哪一种投资?
9. **资本账户与金融账户**。金融账户的主要构成是什么?对美国金融账户的构成各举出一个借方和贷方的例子。
10. **交易分类**。将下列事件分类纳入所涉及的两个国家经常账户或资本和金融账户下的子成分交易中:
    a. 一家美国食品连锁店从智利进口酒。
    b. 一位美国居民从一家德国公司买入以欧元为面值的债券。
    c. 在新加坡的父母为他们在美国读书的女儿支付学费。
    d. 一家美国大学对一位来自新加坡的外国学生提供学费。
    e. 一家英国公司进口西班牙橘子,并使用在伦敦的欧洲美元存款进行支付。
    f. 西班牙果园将其销售所得的一半存入一家纽约的银行。
    g. 西班牙果园将其销售所得的一半存入在伦敦的欧洲美元账户。
    h. 一家总部在伦敦的保险公司为它的投资组合购买了美国的公司债券。
    i. 一家美国跨国企业从一位伦敦保险经纪人处购买了保险。
    j. 一家伦敦保险公司为美国因国际恐怖袭击而招致的损失进行理赔。
    k. Cathay Pacific 航空公司在洛杉矶国际机场购买燃料,以便飞回中国香港。
    l. 一家总部位于加州的共同基金购买在东京和伦敦股票交易所上市的股票。
    m. 美国军队在南亚从当地零售商处为它的士兵购买食物。
    n. 一位耶鲁毕业生得到了一份由国际红十字协会提供的在波斯尼亚的工作,并用瑞士法郎支付薪水。
    o. 俄罗斯政府雇用了一家挪威的搜救公司来打捞沉没的潜艇。
    p. 一家哥伦比亚毒品卡特尔组织走私可卡因到美国,收到一箱现金,并带着那些现金飞回哥伦比亚。
    q. 美国政府向在美国驻贝鲁特大使馆工作的外国服务人员支付薪水。
    r. 一家挪威水运公司因船只通过苏伊士运河而向埃及政府支付美元。
    s. 一家德国汽车公司向它在底特律的子公司管理人员支付薪水。
    t. 一位美国游客用她的美国运通卡向巴

黎的一家酒店付款。

u. 一位来自地方省份的法国游客用她的美国运通卡向巴黎的一家酒店付款。

v. 一位美国教授在富布赖特项目资助下到国外讲学一年。

11. **差额**。国际收支账户的主要汇总报表是什么？它们度量的是什么内容？

12. **毒品和恐怖主义**。毒品交易商和国际恐怖组织洗钱所涉及的资金流动处于国际收支平衡表的什么位置？

13. **资本流动——美国**。在过去二十多年间，尽管美国一直处于经常账户赤字逐步上升的状态，但美元的币值仍然能保持不变甚至上升，为什么？

14. **资本流动——巴西**。巴西在过去二十多年间尽管偶尔还存在经常账户顺差，但其货币仍经历了周期性的贬值，为什么？

15. **BOP 交易**。确定下列每一笔交易所对应的正确的国际收支平衡表账户。

a. 一家德国养老基金在自己的投资组合中购买美国政府发行的 30 年期债券。

b. 斯堪的纳维亚航空系统(SAS)在(美国)纽瓦克机场为它飞往哥本哈根的航班购买燃油。

c. 中国香港学生向加州大学伯克利分校支付学费。

d. 美国空军在韩国购买食品，以供应它的机组人员。

e. 一家日本汽车公司为它在美国的子公司管理者支付薪水。

f. 一位美国游客为自己在曼谷一家餐馆的饮食埋单。

g. 一位哥伦比亚公民将可卡因走私到美国，并将收到的现金偷运回哥伦比亚。

h. 一家英国公司从一家意大利跨国公司购买以欧元为面值的债券。

练习题

澳大利亚的经常账户。使用下列来自 IMF 的数据(所有项目均指经常账户)回答问题 1 至问题 4。

澳大利亚的经常账户

项目(百万美元)	1998	1999	2000	2001	2002	2003
商品:出口	55 884	56 096	64 052	63 676	65 099	70 577
商品:进口	61 215	65 857	68 865	61 890	70 530	85 946
服务:贷方	16 181	17 399	18 677	16 689	17 906	21 205
服务:借方	17 272	18 330	18 388	16 948	18 107	21 638
收益:贷方	6 532	7 394	8 984	8 063	8 194	9 457
收益:借方	17 842	18 968	19 516	18 332	19 884	24 245
经常性转移支付:贷方	2 651	3 003	2 622	2 242	2 310	2 767
经常性转移支付:借方	2 933	3 032	2 669	2 221	2 373	2 851

1. 澳大利亚的商品贸易差额是多少？

2. 澳大利亚的服务贸易差额是多少？

3. 澳大利亚的商品和服务贸易差额是多少？

4. 澳大利亚的经常账户差额是多少？

中国的国际收支。使用下列来自 IMF 的关于中国国际收支的数据*回答问题 5 至问题 8。

中国的国际收支

项目(百万美元)	1998	1999	2000	2001	2002	2003
A. 经常账户差额	31 472	21 115	20 518	17 401	35 422	45 875
B. 资本账户差额	-47	-26	-35	-54	-50	-48
C. 金融账户差额	-6 275	5 204	1 958	34 832	32 341	52 774
D. 净误差与遗漏	-18 902	-17 641	-11 748	-4 732	7 504	17 985
E. 储备与相关项目	-6 248	-8 652	-10 693	-47 447	-75 217	-116 586

5. 中国的商品差额是多少？

6. 中国的服务差额是多少？

7. 中国的商品和服务差额是多少？

8. 中国的商品、服务和收益差额是多少？

乌拉圭的国际收支。使用下列来自 IMF 的关于乌拉圭的国际收支数据(所有项目均指经常账户)回答问题 9 至问题 13。

乌拉圭的经常账户

项目(百万美元)	1998	1999	2000	2001	2002	2003
商品:出口	2 829.3	2 290.6	2 383.8	2 139.4	1 922.1	2 273.3
商品:进口	3 601.4	3 187.2	3 311.1	2 914.7	1 873.8	2 091.5
服务:贷方	1 319.1	1 261.6	1 275.7	1 122.5	753.7	777.9
服务:借方	883.6	802.3	881.8	801.4	600.3	615.3
收益:贷方	608.0	735.5	781.5	832.0	453.4	237.8
收益:借方	805.9	879.3	841.8	895.2	405.1	601.7
经常性转移支付:贷方	75.0	78.4	48.0	48.0	83.7	79.8
经常性转移支付:借方	16.0	4.9	20.5	18.3	11.5	8.2

9. 乌拉圭的商品差额是多少？

10. 乌拉圭的服务差额是多少？

11. 乌拉圭的商品和服务差额是多少？

12. 乌拉圭的商品、服务和收益差额是多少？

13. 乌拉圭的经常账户差额是多少？

欧元区的国际收支。使用下列来自 IMF 的关于欧元区的国际收支数据*回答问题 14 至问题 17。

欧元区的国际收支

项目(百万美元)	1998	1999	2000	2001	2002	2003
A. 经常账户差额	30.5	-22.3	-61.9	-14.9	52.4	28.8
B. 资本账户差额	13.9	13.6	9.1	5.9	10.3	15.5
C. 金融账户差额	-86.1	4.7	47.6	-46.0	-65.0	-90.3
D. 净误差与遗漏	29.3	-7.6	-10.9	38.5	5.0	10.9
E. 储备与相关项目	12.3	11.6	16.2	16.5	-2.6	35.0

* 原书此处有一括号注释，内容为“所有项目均为经常项目数字”，疑误。——译者注

14. 欧元区的商品差额是多少?

15. 欧元区的服务差额是多少?

16. 欧元区的商品和服务差额是多少?

17. 欧元区的商品、服务和收益差额是多少?

缅甸的国际收支。使用下列缅甸的国际收支数据回答问题18至问题21。

缅甸的国际收支

项目(百万美元)	1998	1999	2000	2001	2002	2003
A. 经常账户差额	-499.1	-284.7	-211.7	-169.5	10.0	49.6
B. 资本账户差额	0.0	0.0	0.0	0.0	0.0	0.0
C. 金融账户差额	540.9	251.2	212.8	303.3	97.2	28.8
D. 净误差与遗漏	18.7	-12.4	-24.5	46.1	-61.8	-39.5
E. 储备与相关项目	-60.4	45.9	23.4	-179.8	-45.4	-38.9

18. 缅甸当前是资本净流入还是净流出?

19. 缅甸A组和B组的汇总额是多少?

20. 缅甸从A组到C组的汇总额是多少?

21. 缅甸从A组至D组的汇总额是多少?

阿根廷的国际收支。阿根廷采用货币局制度来维持其比索与美元的平价。2002年1月,比索崩溃了。阿根廷的国际收支平衡表已经对这一事件提前给出了信号。这里列举的是阿根廷1998—2003年的国际收支数据。使用这些数据回答问题22至问题28。

阿根廷的国际收支

项目(百万美元)	1998	1999	2000	2001	2002	2003
A. 经常账户						
商品:出口	26 434	23 309	26 341	26 543	25 709	29 556
商品:进口	29 531	24 103	23 889	19 158	8 473	13 119
服务:贷方	4 756	4 617	4 808	4 440	3 039	3 989
服务:借方	9 246	8 768	9 130	8 384	4 697	5 530
收益:贷方	6 151	6 109	7 446	5 358	3 052	3 197
收益:借方	13 538	13 656	14 968	13 083	10 061	10 866
经常性转移支付:贷方	790	777	781	838	761	892
经常性转移支付:借方	326	322	377	407	189	290
B. 资本账户	73	86	106	101	39	70
C. 金融账户						
海外直接投资	2 325	1 730	901	161	-627	-774
在阿根廷的直接投资	7 291	23 988	10 418	2 166	785	1 020
净证券投资资产	-1 906	-2 005	-1 252	1 797	477	-95
净证券投资负债	10 693	-4 780	-1 331	-9 574	-6 596	-34
其他投资资产净差额	5 183	-1 065	784	-7 596	-18 738	-61
D. 净误差与遗漏	-389	-515	-63	-4 155	-1 422	-1 729
E. 储备与相关项目	-4 090	-2 013	1 176	21 405	15 269	10 720

22. 阿根廷的服务差额是多少?

23. 阿根廷的经常账户差额是多少?

24. 在1998—2000年间,阿根廷经常账户差额最主要的驱动因素是什么?

25. 阿根廷金融账户差额是多少?

26. 阿根廷A组至C组的汇总额是多少?

27. 阿根廷A组至D组的汇总额是多少?

28. 阿根廷的国际收支在这一时期内出现了显著的恶化。国际收支的这种恶化预示了什么?

29. **贸易赤字与J曲线调整路径**。假设美国具有如下的进出口数量和价格。它承受了一次大的美元贬值——相对其主要贸易伙伴的货币平均贬值了18%。请问其贬值前和贬值后的贸易差额是多少?

初始(贬值前)即期汇率($/外币)	2.00
出口价格($)	20.00
进口价格(外币,fc)	12.00
出口数量,单位	100.00
进口数量,单位	120.00
进口需求的价格弹性	-0.90

网上练习

1. **世界性组织与经济展望**。IMF、世界银行、联合国只是那些跟踪、报告和帮助国际经济与金融发展的主要世界性组织的其中几个。访问这些网站以及其他相关的网站,简要概括世界上发达国家和新兴国家的经济前景。例如,世界银行每年出版的《世界经济展望》(*World Economic Outlook*)第1章的全文,就可通过IMF的网页得到。

   国际货币基金组织

   http://www.imf.org

   联合国

   http://www.unsystem.org

   世界银行集团

   http://www.worldbank.org

   欧盟主页

   http://europa.eu.int

   国际清算银行

   http://www.bis.org

2. **圣路易斯联邦储备银行**。圣路易斯的联邦储备银行在线提供了大量的近期开放经济宏观数据。使用下面的地址来跟踪主要工业国家近期国际收支和GDP的数据。

   近期的宏观经济数据

   http://research.stlouisfed.org/publications/iet/

   国际收支统计数据

   http://research.stlouisfed.org/fred2/categories/125

3. **资本控制**。所有国家都以某种形式或方式对本国的资本流入或流出进行监管。访问下面的网址,确定下列国家(或地区)对资本流动的开放程度:阿根廷、哥伦比亚、尼泊尔和中国台湾地区。

   Yahoo国际金融中心

   http://biz.yahoo.com/ifc/

4. **美国和日本最新的国际收支数据**。访问下列经济分析局(美国政府)和财政部(日本政府)的网站,找出这两个国家最新的国际收支统计数据。

   经济分析局

   http://www.bea.doc.gov/bea

   财政部

   http://www.mof.go.jp

5. **世界贸易组织**。世界贸易组织(WTO)当前正处于对国际贸易的新一轮谈判之中。访问WTO的网站,找出WTO对包括国际服务贸易和知识产权国际承认等问题上磋商进展的最新证据。

   世界贸易组织

   http://www.wto.org

文献选读

Clark, Peter B., Natalia Tamirisa, and Shang-Jin Wei, with Azim Sadikov and Li Zeng, *Exchange Rate Volatility and Trade Flows—Some New Evidence*, International Monetary Fund, Washington, DC, 2004, p. 27.

International Monetary Fund, *Balance of Payments Statistics Yearbook*, annual.

Obstfeld, Maurice, and Alan M. Taylor, "Globalization and Capital Markets", Paper presented at NBER conference on Globalization in Historical Perspective, Santa Barbara, California, May 4—5, 2001.

Walter, Ingo, "The Mechanisms of Capital Flight", in *Capital Flight and Third World Debt*, edited by Donald R. Lessard and John Williamson, Institute for International Economics, Washington, DC, 1987, p. 104.

第二篇 外汇理论

第 4 章　国际平价条件

第 5 章　汇率决定与预测

第二篇讨论的是跨国企业管理者为了衡量和管理它们企业的外汇风险所必须理解的背景知识,即外汇理论。

第 4 章考察了外汇汇率的决定所依赖的国际平价条件。该章探讨了价格和汇率的关系,即**购买力平价**。然后解释了利率与汇率的关系,其作用的途径是**费雪效应**和**国际费雪效应**。本章的讨论显示了抛补利息套利是如何保证**利率平价**条件成立的。这就是说,两个国家的短期利率差应该等于它们货币的远期升水或贴水。本章还讨论了投机者们如何运用非抛补利息套利来对他们所预期的未来即期汇率进行赌博。第 4 章还讨论了远期汇率是否是对未来即期汇率的一个良好的预测器。本章用一个模型得出了价格、利率和汇率是如何走向均衡趋势的结论。

第 5 章讨论了如何进行外汇汇率预测的问题。这一章论述了**资产市场方法**和**技术分析方法**。然后,我们描述了在几个新兴市场国家,非均衡是如何主宰汇率的。第 5 章还对始于 1997 年的亚洲经济金融危机、1998 年的俄罗斯和 2002 年的阿根廷的货币和经济危机进行了详细的分析。本章的最后介绍了对预测方法的实际应用。

第4章 国际平价条件

汇率的决定因素是什么？汇率变动是可预测的吗？这些都是跨国公司的管理者、国际证券投资者、进出口商，以及政府官员必须每天处理的基本问题。本章围绕汇率的决定问题论述了这些核心的金融理论。第5章还将介绍关于货币估值的两个其他主要的理论和思想流派，并将这三种不同的理论结合起来，进行各种现实应用。

将汇率、价格水平和利率联系在一起的经济理论被称为**国际平价条件**(international parity conditions)。在很多人看来，这些被认为是国际金融领域独有的国际平价条件构成了金融理论的核心。学生和经济领域从业者在现实世界中所观察到的现象证明这些理论并不总是"正确的"。这种错误通常并不总是在于理论本身，而更可能在于它在实践中被解释或应用的方式。

4.1 价格与汇率

如果同样的产品或服务可以在两个不同的市场进行销售，且市场间对产品的流动没有销售上的限制，也不存在运输成本，则该产品在两个市场上的销售价格应该是相同的。这被称为**一价定律**(law of one price)。

竞争性市场的一个基本原理是，如果市场间不存在摩擦，也不存在商品的转移费用，则价格在不同市场间应该相等。如果这两个市场位于两个不同的国家，则产品的价格可能用不同的货币来标价，但该产品的价格仍然应该相同。在进行价格比较时仅需要将一种货币转换成另一种货币。例如，

$$P^{\$} \times S = P^{¥}$$

其中，产品的美元价格($P^{\$}$)乘以即期汇率($S$,每美元兑换的日元数)等于该产品的日元价格($P^{¥}$)。相反，如果两种产品的价格都是以各自的本币计价，而相对于另一个市场，某个市场能有效地将价格推至一个更高的位置，则汇率可从产品各自的本地价格中推算出来：

$$S = \frac{P^{¥}}{P^{\$}}$$

4.1.1 购买力平价与一价定律

如果一价定律对所有的商品和服务都成立,则**购买力平价**(purchasing power parity, PPP)的汇率就可以从任意一组价格中计算出来。如果市场是有效的,通过比较同一产品用不同货币标价的价格,我们就能确定应该存在的"实际的"或 PPP 汇率。这就是**购买力平价理论**的绝对版本。绝对购买力平价说的是即期汇率应由类似商品篮子的相对价格来决定。

由《经济学家》杂志(图表 4.1)提出的"汉堡包标准"就是一价定律的一个例子。

图表 4.1 汉堡包标准

	按美元计价的巨无霸价格[*]	隐含的对美元 PPP[†]	相对美元的高估或低估(%)		按美元计价的巨无霸价格[*]	隐含的对美元 PPP[†]	相对美元的高估或低估(%)
美国[‡]	3.06	—	—	哥伦比亚	2.79	2 124	-9
阿根廷	1.64	1.55	-46	哥斯达黎加	2.38	369	-22
澳大利亚	2.50	1.06	-18	克罗地亚	2.50	4.87	-18
巴西	2.39	1.93	-22	多米尼加共和国	2.12	19.6	-31
英国	3.44	1.63[§]	+12	爱沙尼亚	2.31	9.64	-24
加拿大	2.63	1.07	-14	斐济	2.50	1.39	-18
智利	2.53	490	-17	格鲁吉亚	2.00	1.19	-34
中国内地	1.27	3.43	-59	危地马拉	2.20	5.47	-28
捷克共和国	2.30	18.4	-25	洪都拉斯	1.91	11.7	-38
丹麦	4.58	9.07	+50	冰岛	6.67	143	+118
埃及	1.55	2.94	-49	牙买加	2.70	53.9	-12
欧元区	3.58[**]	1.05[††]	+17	约旦	3.66	0.85	+19
中国香港	1.54	3.92	-50	拉脱维亚	1.92	0.36	-37
匈牙利	2.60	173	-15	黎巴嫩	2.85	1 405	-7
印度尼西亚	1.53	4.771	-50	立陶宛	2.31	2.12	-24
日本	2.34	81.7	-23	澳门	1.40	3.66	-54
马来西亚	1.38	1.72	-55	马其顿王国	1.90	31.0	-38
墨西哥	2.58	9.15	-16	摩尔多瓦	1.84	7.52	-40
新西兰	3.17	1.45	+4	摩洛哥	2.73	8.02	-11
秘鲁	2.76	2.94	-10	尼加拉瓜	2.11	11.3	-31
菲律宾	1.47	26.1	-52	挪威	6.06	12.7	+98
波兰	1.96	2.12	-36	巴基斯坦	2.18	42.5	-29
俄罗斯	1.48	13.7	-52	巴拉圭	1.44	2 941	-53
新加坡	2.17	1.18	-29	卡塔尔	0.68	0.81	-78
南非	2.10	4.56	-31	沙特阿拉伯	2.40	2.94	-22
瑞典	4.17	10.1	+36	南斯拉夫	2.08	45.8	-32
瑞士	5.05	2.06	+65	斯洛伐克	2.09	21.6	-32
中国台湾	2.41	24.5	-21	斯洛文尼亚	2.56	163	-16
泰国	1.48	19.6	-52	斯里兰卡	1.75	57.2	-43
土耳其	2.92	1.31	-5	乌克兰	1.43	2.37	-53
委内瑞拉	2.13	1 830	-30	阿拉伯联合酋长国	2.45	2.94	-20
阿鲁巴	2.77	1.62	-10	乌拉圭	1.82	14.4	-40
保加利亚	1.88	0.98	-39				

[*] 按当前汇率计算。[†] 购买力平价。[‡] 纽约、芝加哥、旧金山和亚特兰大的平均值。[§] 每英镑兑换的美元数。[**] 成员国加权平均值。[††] 每欧元兑换的美元数。

资料来源:"The Big Mac Index", *The Economist*, June 9, 2005, http://www.economist.com.

假设巨无霸在所列举的国家中都是完全相同的，它就可以作为一种比较基准，用来比较不同货币是否在按近似于由各国本币计价的巨无霸所隐含的市场汇率进行交易。

例如，根据图表 4.1，欧元区（欧盟成员国的加权平均）的巨无霸价格为 2.92 欧元（本地货币），而美国同样的巨无霸价格为 3.06 美元。此时市场的实际汇率为 1.2260 美元兑 1 欧元。用美元计价的欧洲巨无霸价格就是：

$$€2.92 \times \$1.2260/€ = \$3.58$$

这正是图表 4.1 欧元区第一列中的值。《经济学家》然后计算了使用巨无霸的美元价格除以欧元的实际价格所得到的隐含购买力平价汇率：

$$\frac{\$3.06}{€2.92} = \$1.0479/€ \approx \$1.05/€$$

这是图表 4.1 的欧元区第二列中的值。现在将隐含的 PPP 汇率 \$1.0479/€，与当时的实际市场汇率 \$1.2260/€进行比较，则欧元相对美元被低估或高估的程度就可以计算出来：

$$(\$1.2260/€ - \$1.0479/€)/(\$1.0479/€) = 1.0169959 \approx 17\%$$

在这种情况下，巨无霸指数表明，相对于美元，欧元被高估了 17%，这个结果记录在图表 4.1 欧元区的第三列中。

这一原理的一个不那么极端的形式是，在相对有效的市场上，一篮子商品的价格应该在每一个市场上都是相同的。用价格指数来替代单一商品的价格，则两个国家之间的 PPP 汇率即可表示如下：

$$S = \frac{PI^{¥}}{PI^{\$}}$$

其中，$PI^{¥}$ 和 $PI^{\$}$ 分别表示日本和美国用当地货币表示的价格指数。例如，如果同样的商品篮子在日本要花 1 000 日元，而在美国要花 10 美元，则 PPP 汇率为：

$$¥1\,000/\$10 = ¥100/\$$$

对汉堡包标准的一个替代品是《经济学家》杂志 2004 年 1 月提出的“星巴克大杯拿铁指数”。**金融实务专栏 4.1** 对这些引用率非常高的食品和饮料组合进行了一个比较。

金融实务专栏4.1

GLOBAL FINANCE IN PRACTICE

购买力平价：汉堡包还是大豆

在为汇率购买力平价寻求完美指数的不断努力中，《经济学家》杂志于 2004 年 1 月引入了星巴克大杯拿铁指数，并在很多国家用巨无霸指数和星巴克咖啡指数进行了比较。

很巧合的是，美国星巴克的大杯拿铁平均价格与巨无霸的平均价格正好相同——都是 2.80 美元。那么，就可以通过用大杯拿铁和巨无霸的当地价格除以美元价格，来计算出一个理论上的购买力平价汇率。这就可以拿来与当时市场上的实际汇率进行比较。其差异百分比就是高估或低估的百分比。

与现时正在进行的争论相吻合的是,与巨无霸指数一样,大杯拿铁指数显示,欧元相对美元存在着严重的高估(分别为33%和24%)。与此类似,两个指数都显示瑞士法郎相对美元也存在着严重的高估。

然而,在几个亚洲货币相对美元的币值方面,两个指数给出的结果迥异。例如,根据大杯拿铁指数,日元是高估的(+13%),但巨无霸指数显示日元存在低估(-12%)。中国人民币也表现出截然不同的结论:拿铁指数显示轻度低估(-1%),但巨无霸指数则显示出严重的低估(-56%)。

哪一个指数更好?很难讲。购买力的较好度量应该是根据在本地生产的产品来构建的,当然原材料可以完全来自国内的商品和服务,也可通过对贸易品的购买而形成。这两个指数所选取的产品在劳工和材料成本方面,本地成本都占着较大的份额,但它们同时也包含了大量的本地房地产和租金等非贸易类成本。然而,两个指数确实能做到的是,它们表明了两家公司的品牌价值的来源——在世界上任何地方都能提供同样的商品和服务。

资料来源:"The Starbucks Index: Burger or Beans?" *The Economist*, January 15, 2004.

热门提示:使用不同指数时,本地货币相对美元的低估(-)和高估(+)程度

	星巴克大杯拿铁指数	麦当劳巨无霸指数
澳大利亚	-4	-17
英国	+17	+23
加拿大	-16	-16
中国内地	-1	-56
欧元区	+33	+24
中国香港	+15	-45
日本	+13	-12
马来西亚	-25	-53
墨西哥	-15	-21
新西兰	-12	-4
新加坡	+2	-31
韩国	+6	0
瑞士	+62	+82
中国台湾	-5	-21
泰国	-31	-46
土耳其	+6	+5

4.1.2 相对购买力平价

如果将购买力平价理论的绝对版本的假设稍微放松一点儿,我们就得到了所谓的**相对购买力平价**(relative purchasing power parity)。相对购买力平价理论认为,购买力平价在决定今天的即期利率时不是特别有效,而是两个国家在一段时期之内价格水平的相对变化决定了该段时期内汇率的变化。更具体地说,**如果两个国家之间的即期汇率起初是均衡的,则它们之间的通货膨胀率差异的变化在长期内倾向于被即期汇率的一个程度相等但方向相反的变动所抵消。**

图表 4.2 显示了相对购买力平价的一个一般情形。纵轴表示的是外币即期汇率变动的百分比，横轴表示的是预期通货膨胀率变动的差异百分比（外国相对本国）。对角的平价线表示汇率变化和相对通货膨胀率之间的均衡位置。例如，*P* 点表示当外国（日本）通胀率比本国（美国）通胀率低 4% 时的均衡点。因此，相对购买力平价可以预测，相对于美元，日元将会每年升值 4%。

图表 4.2　　**相对购买力平价**

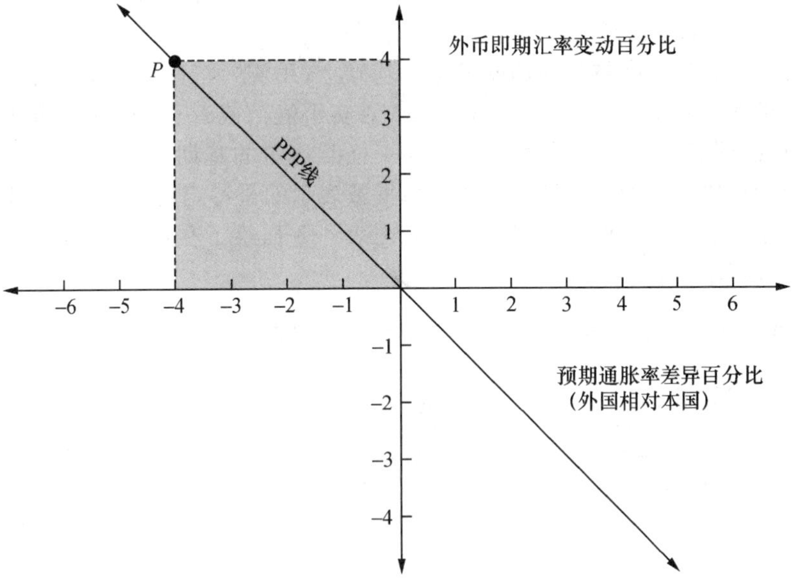

购买力平价主要的合理性在于，如果一国经历了比它的主要贸易伙伴更高的通货膨胀率，而其汇率保持不变，则与其他地区生产的可比商品相比，该国商品和服务的出口将变得缺乏竞争力。而与国内更高价格的产品相比，从国外进口的商品将变得更具价格竞争力。这些价格的变化会导致在国际收支平衡表中出现经常账户的逆差，除非被资本和金融项目的流动所抵消。

4.1.3　购买力平价的实证检验

对于购买力平价的绝对和相对版本以及一价定律，已经有大量的实证检验。① 这些检验中的大部分并没有证明购买力平价能够精确地预测未来的汇率。商品和服务在现实中并不能零成本地在不同国家间进行转移，而事实上，很多服务并不是“可贸易的”——例如，理发服务。许多商品和服务在不同国家间也并不是同质的，它们反映了其不同生产和消费国在偏好和资源上的差异。

从这些检验中，可以得到两个一般性结论：(1) 购买力平价在很长的时期内能很好地成立，但在更短的时期内则表现不佳；(2) 这一理论在具有较高通货膨胀率的国家和

① 例如，可参阅 Kenneth Rogoff, “The Purchasing Power Parity Puzzle”, *Journal of Economic Literature*, Volume 34, Number 2, June 1996, pp. 647—668；以及 Barry K. Goodwin, Thomas Greenes, and Michael K. Wohlgenant, “Testing the Law of One Price When Trade Takes Time”, *Journal of International Money and Finance*, March 1990, pp. 21—40。

不发达的资本市场上表现得更好。

4.1.4 汇率指数:实际值与名义值

因为任何一个国家都会与众多的贸易伙伴发生贸易,为了确定相对购买力,我们需要跟踪和评估该国货币相对于所有其他货币的币值。其目的是为了发现按照购买力平价理论,货币的汇率是被“高估”还是“低估”了。处理这一问题的基本方法之一,就是计算一个**汇率指数**(exchange rate indices)。这些指数是通过在本国和它的贸易伙伴间的双边汇率按贸易量加权而形成的。

名义有效汇率指数是在加权平均的基础上,用实际汇率为目标货币的币值所创立的一种指数。它实际上并不表明货币的“真实币值”,或者与 PPP 相关的任何东西。名义指数仅仅是计算了该种货币如何与某一任意选定的基期相关联,但在实际有效汇率指数的计算中要用到它。**实际有效汇率指数**表示的是特定货币的加权平均购买力相对于某一任意选定的基期是如何变化的。图表 4.3 描绘了在过去 22 年中美国和日本的实际有效汇率指数。

图表 4.3 **IMF 实际有效汇率指数:美国和日本(1995 = 100)**

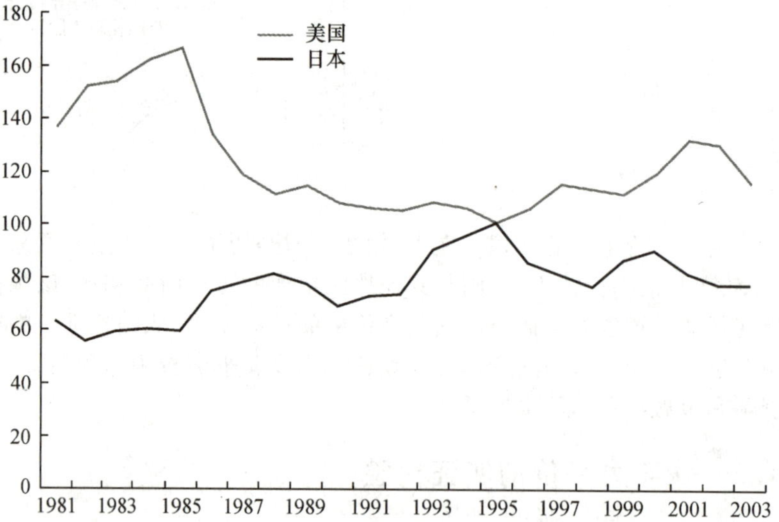

资料来源:*Balance of Payments Statistics Yearbook—International Financial Statistics* © 2003 by International Monetary Fund. Reproduced with permission of the International Monetary Fund via Copyright Clearance Center. May 2004, monthly, 1995 = 100.

美元的实际有效汇率指数 $E_R^\$$ 的计算方法是:将名义有效汇率指数 $E_N^\$$ 乘以美元成本率 $C^\$$,再除以外币的成本 C^{FC}。二者的指数形式都为:

$$E_R^\$ = E_N^\$ \times \frac{C^\$}{C^{FC}}$$

如果汇率变动正好抵消掉通胀率的差异——即购买力平价成立——则所有的实际有效汇率指数将稳定在 100。如果一种汇率高于通胀差异所决定的水平,则其指数将

上升至 100 以上。如果实际有效汇率指数在 100 以上，则从竞争角度看，该货币将被看做是“高估的”。一个低于 100 的指数值则意味着这是一种被“低估的”货币。

图表 4.3 显示了美元和日元的实际有效汇率在不同年份之间都经历了相当大的变动，这些数据为购买力平价可能成立的观点提供了一些支持——即使是在长期内。例如，美元的实际汇率指数从 1981 年的 135 上升至 1985 年的 166，而在 1995 年回落至 100（指数基年）。美元随即再次上升，至 2000 年已过 132，然后在 2002 和 2003 年再次回落。在美元币值高估的每一年，日元都被低估。日元从 1981 年以 63 的值为起点，然后相对稳健地升至 1995 年的平价值。然而，在 1995 年以后，日元又回复到它的低估轨道，回落至 1999 年 85 的指数值。

除了用来度量对购买力平价的偏离程度，一国的实际有效汇率在预测一国国际收支和汇率向上或向下的压力时还是一个重要的管理工具，也是该国出口生产意愿的一个指示器。**金融实务专栏 4.2** 给出了 20 世纪中对购买力平价的偏离情况。

金融实务专栏4.2

GLOBAL FINANCE IN PRACTICE

20 世纪中对购买力平价的偏离

Dimson、Marsh 和 Staunton（2002）最近的一个富有启发性的研究发现，在 1900—2000 年，相对购买力平价一般是成立的。然而，他们也注意到，短期内对购买力平价的偏离的确存在。“当存在对购买力平价的偏离的时候，很可能是汇率不仅是在对相对通货膨胀率作出反应，还可能是对其他的经济和政治因素的反应。如同日本战后在贸易品部门生产率的增长那样，劳动生产率差异的变化可能会带来类似的财富效应，而国内的通货膨胀并不会危害到国家的汇率。”

国别	几何平均（%）	算术平均（%）	标准差（%）	最小变化（年份，%）	最大变化（年份，%）
澳大利亚	-0.6	-0.1	10.7	1931：-39.0	1933：54.2
比利时	0.2	1.0	13.3	1919：-32.1	1933：54.2
加拿大	-0.5	-0.4	4.6	1931：-18.1	1933：12.9
丹麦	0.1	1.0	12.7	1946：-50.3	1933：37.2
法国	-0.4	2.5	23.0	1946：-78.3	1943：141.5
德国	-0.1	15.1	134.8	1945：-75.0	1948：1 302.0
爱尔兰	-0.1	0.5	11.2	1946：-37.0	1933：56.6
意大利	-0.2	4.0	39.5	1946：-64.9	1944：335.2
日本	0.2	3.2	29.5	1945：-78.3	1946：253.0
荷兰	-0.1	0.8	12.6	1946：-61.6	1933：55.7
南非	-1.3	-0.7	10.5	1946：-35.3	1986：37.3
西班牙	-0.4	1.1	18.8	1946：-56.4	1939：128.7
瑞典	-0.4	0.2	10.7	1919：-38.0	1933：43.5
瑞士	0.2	0.8	11.2	1936：-29.0	1933：53.3
英国	-0.3	0.3	11.7	1946：-36.7	1933：55.2

> “尽管实际汇率并没有表现出一个长期向上或向下的趋势，但它们显然是波动的，而且在年份比较的意义上，购买力平价仅能解释汇率波动的很小的部分。（表中）一些极端的波动所反映的汇率或通胀指数并不具有代表性，通常是因为（如德国）战时控制，这可能放大了实际汇率变动的波动性。更为引人注目的是，给定通胀指数中可能存在的测量误差以及实际汇率关系到两国不同价格指数系数的比值，除了南非以外，所有的实际汇率年升值或贬值的幅度都不超过1个百分点。”
>
> 资料来源：Elroy Dimson Paul Marsh, and Mike Staunton, *Triumph of the Optimists: 101 Years of Global Investment Returns*, Princeton University Press, 2002, pp. 97—98.

4.1.5 汇率传递

不完全的**汇率传递**（exchange rate pass-through）是一国实际有效汇率指数能够较长时间偏离其购买力平价均衡水平（100）的一个原因。作为汇率变动的结果，进出口商品的价格变动的程度被称为**传递**（pass-through）。尽管购买力平价理论意味着所有的汇率变动都以相同的价格变化传递给其贸易伙伴，但20世纪80年代的实证研究对这种长期存在的假说提出了质疑。例如，美国在20世纪80年代和90年代巨额的经常账户逆差并没有对美元的币值作出反应。

为了说明汇率传递问题，假设宝马（BMW）公司是在德国生产汽车，其所有的生产费用均用欧元支付。当公司出口汽车到美国时，宝马汽车在美国市场的价格应该是其欧元按照即期汇率转移成美元的价值：

$$P_{\mathrm{BMW}}^{\$} = P_{\mathrm{BMW}}^{€} \times S$$

其中，$P_{\mathrm{BMW}}^{\$}$是宝马汽车的美元价格，$P_{\mathrm{BMW}}^{€}$是宝马汽车的欧元价格，$S$是每一欧元对应的美元数量。如果欧元相对美元升值10%，则新的即期汇率将导致宝马汽车在美国的价格也上升10%。如果美元价格与汇率上升同样的百分比，则汇率变动的传递是完全的（或者说100%）。

然而，如果美元价格以一个小于汇率变动的百分比上升（在国际贸易中通常是这种情况），则传递是部分的，如图表4.4所示。71%的传递（当欧元升值20%的时候，美元价格仅上升了14.29%）意味着宝马吸收了一部分不利的汇率变动。这种吸收可能来自于更小的利差或成本消减，或者二者兼而有之。例如，当欧元升值的时候，进口到德国的部件和原材料用欧元计价的话可能花费更少了。也可能是在所有的汇率变动最终反映到贸易商品价格中去之前已经过去了一段时间，包括以前签订的合同实际交割所需的时间。显然，阻止欧元升值，以避免造成其汽车在主要出口市场的价格上涨，是符合宝马公司利益的。

图表 4.4　汇率传递

传递是对进出口产品价格对汇率变化反应程度的度量。假设德国生产、在美国销售的宝马(BMW)汽车按照即期汇率计算的美元价格和欧元价格为：

$$P^{\$}_{\text{BMW}} = P^{€}_{\text{BMW}} \times (\$ / €) = €\,35\,000 \times \$1.000/€ = \$35\,000$$

如果欧元相对美元要升值 20%，即从 $1.0000/€升至 $1.2000/€，则宝马汽车在美国市场的价格理论上应该为 $42 000。但是，如果宝马汽车在美国的价格并没有上升 20%——例如，它仅升至 $40 000——则传递的程度仅是部分的：

$$\frac{P^{\$}_{\text{BMW},2}}{P^{\$}_{\text{BMW},1}} = \frac{\$40\,000}{\$35\,000} = 1.1429\text{，或者说上升了 } 14.29\%$$

传递的程度是通过美元价格中所反映的汇率变动的份额来度量的。在这一例子中，宝马汽车的美元价格仅上升了 14.29%，而欧元相对美元升值了 20%。传递的程度是部分的，即：14.29% ÷ 20.00%，大约为 0.71。汇率变化中仅有 71% 被传递到美元价格中。其余 29% 的汇率变化则被宝马汽车吸收了。

在确定传递的理想水平时，**需求价格弹性**(price elasticity of demand)的概念是有用的。回忆一下，任意商品需求的自身价格弹性是指该商品自身价格变动一定比例后所导致的商品需求量的变化百分比：

$$\text{需求的价格弹性} = e_p = \frac{\%\Delta Q_d}{\%\Delta P}$$

其中，Q_d是需求量，P 是产品价格。如果 e_p的绝对值小于 1.0，则该商品是相对“缺乏弹性的”，而大于 1.0 则表示一个相对“有弹性”的商品。

假设一种德国产品相对缺乏价格弹性，即该商品需求量对价格变动相对不太敏感，则它通常会产生一个较高的传递程度。这是因为美国市场上一个更高的美元价格会对消费者需求的产品数量没有显著的影响。美元收入将增加，但欧元收入则保持不变。然而，那些相对富有价格弹性的产品则恰好相反。如果 20% 的欧元升值导致了高出 20% 的美元价格，美国消费者会减少对宝马汽车的购买量。如果在美国对宝马汽车的需求价格弹性高于 1，则宝马汽车的美元销售总收入就会下降。

4.2　利率与汇率

我们已经看到不同国家的商品价格应该如何通过汇率发生关系。我们现在考虑一下利率是如何与汇率联系在一起的。

4.2.1　费雪效应

以经济学家欧文·费雪(Irving Fisher)的名字命名的费雪效应，其主要内容是，任一国家的名义利率都应等于其必要的实际收益率加上对预期通货膨胀的补偿。更正式地说，这是从公式$(1+r)(1+\pi)-1$ 中推导出来的：

$$i = r + \pi + r\pi$$

其中 i 是名义利率,r 是实际利率,π 是在资金借贷时期内所预期的通货膨胀率。最后的交叉项 $r\pi$ 因为其值相对较小,通常被忽略不计。费雪效应可以简化为(近似形式):

$$i = r + \pi$$

如果将费雪效应应用到美国和日本,那就是:

$$i^{\$} = r^{\$} + \pi^{\$}; \quad i^{¥} = r^{¥} + \pi^{¥}$$

其中,上标 \$ 和 ¥ 分别表示美元和日元面值的金融工具相应的名义(i)、实际(r)和预期通胀(π)。我们需要预测未来的通货膨胀率,而不是已经出现的通货膨胀率。预测未来是非常困难的。

使用事后的全国性通货膨胀率进行的实证检验已经证明,对于期限较短的政府债券,费雪效应通常是存在的。而基于更长期限的比较则受到在到期之前债券市场价值波动所包含的金融风险加大的影响。对私人部门证券的比较又受到发行人资信状况的影响。由于过去的通货膨胀率在一定程度上并不是对未来预期通货膨胀的一个正确的度量指标,所以所有这些检验都无法得到明确的结论。

4.2.2 国际费雪效应

即期汇率随时间而变动的百分比与不同国家资本市场上可比利率之差二者间的关系,被称为**国际费雪效应**(international Fisher effect)。如通常所称的,“费雪开放性”表述的是,即期汇率的变动应该与两个国家间利率差异的变动在数量上相等,而方向相反。更正式的表述是:

$$\frac{S_1 - S_2}{S_2} = i^{\$} - i^{¥}$$

其中,$i^{\$}$ 和 $i^{¥}$ 代表相应国家的名义利率,S 代表用间接标价法标示的即期汇率(例如,对美元的间接标价法是 ¥/\$),期初为 S_1,期末为 S_2。这是行业中普遍使用的近似形式。精确的公式是:

$$\frac{S_1 - S_2}{S_2} = \frac{i^{\$} - i^{¥}}{1 + i^{¥}}$$

国际费雪效应存在的理由是,投资者必须为冲销汇率的预期变动而得到回报或承受损失。例如,如果一个美元投资者买了一份利息为 4% 的 10 年期日元债券,而不是一份利息为 6% 的 10 年期美元债券,则该投资者一定是预测在这 10 年中日元每年相对美元至少贬值 2%。如果不是这样,则该美元投资者保持美元投资将更合算。如果日元在 10 年期间升值幅度达 3%,则该美元投资者将挣得一个 1% 的额外收益。然而,国际费雪效应预测,如果资本流动不存在限制,则对于其债券到底是美元还是日元,对投资者来说应该是无差异的,因为全世界的投资者都将看到同样的机会,并通过竞争消除这种差异。

实证检验对国际费雪效应所揭示的关系提供了一些支持证据,尽管在短期内还存在着相当的偏离。然而,近年来的研究提出的一个更为严肃的批评是大多数主要货币存在着一个外汇风险溢价。此外,非抛补利息套利(随后讨论)中的投机活动产生了货币市场的扭曲。因此,汇率的预期变动可能会持续地高于利率差。

4.2.3　远期汇率

远期汇率(forward rate)是指今天的报价在未来某一日期进行结算的汇率。不同货币间的远期外汇协议标明的是一种外币在未来某一特定日期(通常是 30、60、90、180、270 或 360 天后)进行**远期买卖**(bought forward or sold forward)所使用的汇率。

某一特定期限后的远期汇率计算方法是对当前的即期汇率按一个比率进行调整，调整的比率是相同期限两种目标货币的欧洲货币利率之比。例如，瑞士法郎/美元的 90 天远期汇率($F_{90}^{SF/\$}$)的算法是，将当前的即期汇率($S^{SF/\$}$)乘以 90 天欧洲瑞士法郎存款利率($i^{SF}$)对 90 天欧洲美元存款利率($i^{\$}$)的比率：

$$F_{90}^{SF/\$} = S^{SF/\$} \times \frac{\left[1 + \left(i^{SF} \times \frac{90}{360}\right)\right]}{\left[1 + \left(i^{\$} \times \frac{90}{360}\right)\right]}$$

假设即期汇率为 SF 1.4800/\$,90 天欧洲瑞士法郎存款利率为每年 4.00% ,90 天欧洲美元存款利率为每年 8.00% ,则 90 天远期汇率为 SF 1.4655/\$:

$$F_{90}^{SF/\$} = \text{SF } 1.4800/\$ \times \frac{\left[1 + \left(0.0400 \times \frac{90}{360}\right)\right]}{\left[1 + \left(0.0800 \times \frac{90}{360}\right)\right]}$$

$$= \text{SF } 1.4800/\$ \times \frac{1.01}{1.02} = \text{SF } 1.4655/\$$$

远期升水或贴水(forward premium or discount)是指即期和远期汇率之间的百分比差异，以年百分比表示。在使用本币的外币价格时，如本例中的 SF/\$ ，年升贴水公式就是：

$$f^{SF} = \frac{\text{即期汇率} - \text{远期汇率}}{\text{远期汇率}} \times \frac{360}{\text{天数}} \times 100$$

将 SF/\$ 的即期和远期汇率以及远期天数(90)代入上式，即得

$$f^{SF} = \frac{\text{SF } 1.4800/\$ - \text{SF } 1.4655/\$}{\text{SF } 1.4655/\$} \times \frac{360}{90} \times 100 = +3.96\%\text{(每年)}$$

上式的符号为正，表明相对美元而言，瑞士法郎远期卖出的价格存在着每年 3.96% 的溢价(即按 90 天远期汇率，你需要多花 3.96% 的美元才能买到 1 法郎)。

如图表 4.5 所示，一系列欧洲美元远期汇率的升水起因于欧洲美元利率与瑞士法郎利率之间的差异。因为任一特定期限的远期汇率使用的是同样期限的特定利率，一种货币的远期升贴水在直观上是显而易见的——拥有更高利率的货币(在本例中是美元)将存在远期贴水，而利率水平较低的货币(在本例中是瑞士法郎)则存在远期升水。

图表 4.5 货币收益曲线与远期升水

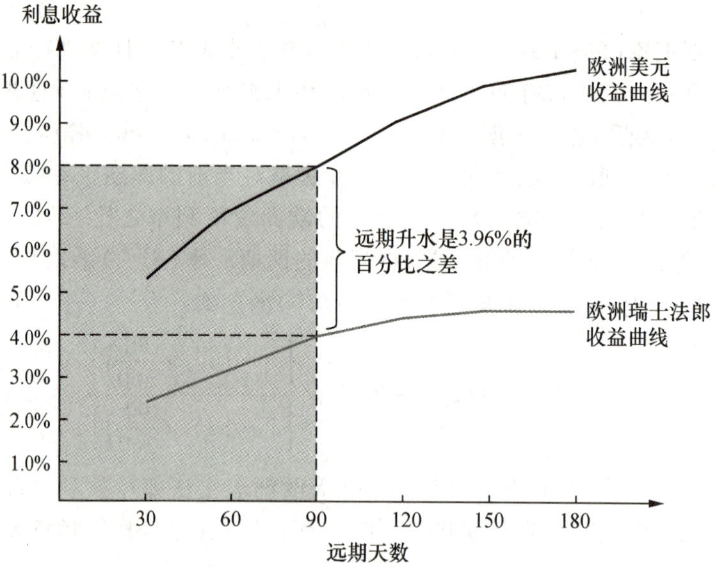

远期汇率是从三个可观测的数据项目中计算出来的——即期汇率、外币存款利率和本币存款利率,而且它并不是对未来即期汇率的预测。然而,如下文所述,在跨国公司中,它经常被管理者们用做预测工具,其结果喜忧参半。

4.2.4 利率平价(IRP)

利率平价(interest rate parity, IRP)理论为外汇市场和国际货币市场之间提供了一个联结通道。这一理论说的是:**各国风险程度和期限类似的证券之间的利率差异在剔除交易成本后,应该与外币远期汇率的升贴水在数量上相等,但符号相反。**

图表 4.6 显示了利率平价理论是如何发生作用的。假设一个投资者有价值 100 万美元的几项不同但具可比性的瑞士法郎(SF)货币投资。如果该投资者选择投资于美元货币市场工具,则该投资者能赚得美元利率。如果美元的利率是 $i^{\$}$,则这项投资将带来$(1+i^{\$})$的期末价值。然而,投资者也投资于同样风险等级和期限的瑞士法郎货币市场工具。这将要求投资者按即期利率将美元兑换成法郎,投资于法郎货币市场工具,同时卖出远期法郎(以规避汇率变动的风险),到期末再将投资所得换成美元。

图表 4.6　　利率平价(IRP)

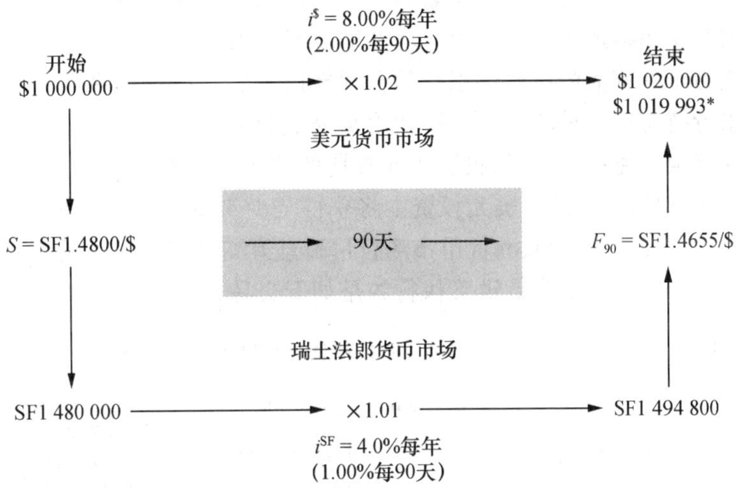

* 注意,瑞士法郎的投资收益为 $1 019 993,比 $1 000 000 的投资少了 $7。

美元投资者要评估的是,自左上角开始,投资于瑞士法郎(向下,然后绕图表一圈至右上角),与投资于美元市场(直接经过图表上端)的相对收益。由收益的比较可知:

$$(1 + i^{\$}) = S^{SF/\$} \times (1 + i^{SF}) \times \frac{1}{F^{SF/\$}}$$

其中,S 为即期汇率,F 为远期汇率。将图表 4.6 中的即期汇率(SF 1.4800/$)和远期汇率(SF 1.4655/$)及相应的利率($i^{\$} = 0.02, i^{SF} = 0.01$)代入上式,则利率平价条件为:

$$(1 + 0.02) = 1.4800 \times (1 + 0.01) \times \frac{1}{1.4655}$$

上式的左边是投资者投资于美元市场所得到的总收益。右边则是投资者按即期汇率将美元兑换成瑞士法郎,然后将所换得的法郎投资于法郎货币市场,同时按当前的 90 天远期汇率卖出法郎本金和利息所得到的总回报。

忽略交易成本,如果在两个替代性货币市场投资中所得到的美元收益相同,则即期和远期汇率就可被认为处于利率平价状态。该笔交易是“抛补的”,因为在 90 天后兑换回美元的汇率已经被锁定。因此,如图表 4.6 所示,为了使两种投资具有同等的效果,利率的任何差异都必须被即期汇率和远期汇率的差价所抵消(近似形式):

$$\frac{F}{S} = \frac{(1 + i^{SF})}{(1 + i^{\$})} \quad 或者 \quad \frac{\text{SF } 1.4665/\$}{\text{SF } 1.4800/\$} = \frac{1.01}{1.02} = 0.9902 \approx 1\%$$

4.2.5 抛补利息套利(CIA)

即期和远期外汇市场并不经常处于利率平价理论所描述的均衡状态之中。当市场未处于均衡状态时,则存在“无风险”利润或者说套利的可能。认识到这种非均衡性的套利者将采取行动来利用这种非均衡机会，即在抛补的基础上投资于能提供更高收益的货币。这被称之为**抛补利息套利**(covered interest arbitrage, CIA)。

图表4.7描述了一个货币交易者采取行动来完成CIA交易的步骤，这种交易者很可能效力于一家大的国际性银行的套利部门。假设该货币交易者叫洪飞，他可能利用自己银行持有的几种主要的欧洲货币来完成套利投资。早上的市场条件向洪飞显示，将100万美元兑换成日元，投资于6月期的欧洲日元账户并在远期市场兑换回美元的CIA交易，则从该笔欧洲美元投资中将获得至少4 638(1 044 638 - 1 040 000)美元的利润。然而，外汇市场和欧洲货币市场行情瞬息万变，因此，哪怕是等待一分钟的时间，这种获利机会就可能消失。洪飞执行的是如下交易：

图表4.7 **抛补利息套利(CIA)**

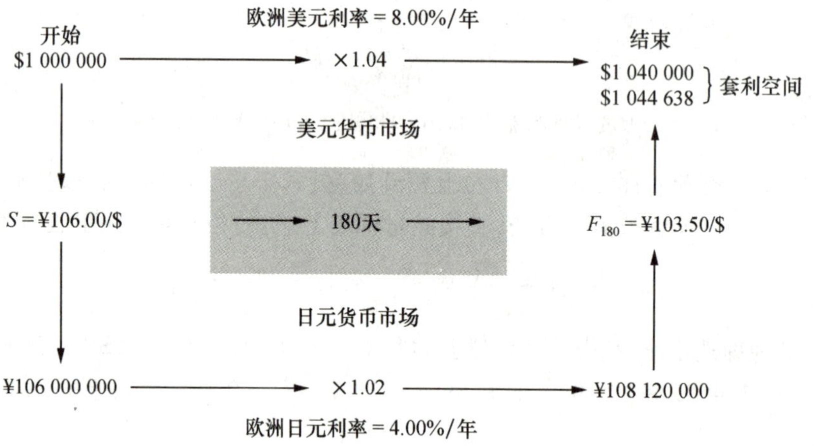

第一步：将100万美元按即期汇率¥106.00/$兑换成¥106万(见图表4.7中"开始"部分)。

第二步：将兑换所得¥106万投资于6个月期欧洲日元账户，赚得每年4%的回报，或者说180天赚得2%。

第三步：同时在远期市场上按¥103.50/$的远期汇率卖出未来日元所得(¥108 120 000)。这一举动"锁定"了$1 044 638的总收入(见图表4.7中"结束"部分)。

第四步：计算资金的使用成本(机会成本)，即欧洲美元利率每年8.00%，或者说180天利率4%，本息合计为$1 040 000。CIA投资的利润("结束")为$4 638($1 044 638 - $1 040 000)。

注意，所有利润都是按照交易开始时所使用的货币来计量的，但交易者可以从事以美元、日元或者任何其他主要货币为面值的投资。

拇指法则。抛补利息套利获利所需要的唯一条件是利率平价不成立。根据相对利率水平和远期升水情况，洪飞也可能是从日元开始，投资于美元，并在远期市场卖出美元换回日元。此时，利润就以日元计量。但在图表4.7中，洪飞是如何决定方向的呢？

决定从美元还是日元开始的关键是对比利率差和日元的远期升水(**抛补成本**)。

例如，在图表 4.7 中，180 天利率差是 2.00%（美元利率高出 2.00%）；180 天日元远期升水为：

$$f^{¥} = \frac{即期汇率 - 远期汇率}{远期汇率} \times \frac{360}{180} \times 100 = \frac{¥106.00/\$ - ¥103.50/\$}{¥103.50/\$} \times 200$$

$$= 4.8309\%$$

换句话说，通过投资于日元并按远期汇率卖出日元投资所得，洪飞每年赚得了 4.83%，而如果他继续投资于美元，则每年只能赚得 4%。

- **套利拇指法则**（Arbitrage rule of thumb）：如果利率差大于远期升水（或者即期汇率的预期变动），则投资于高生息货币；如果利率差低于远期升水（或者即期汇率的预期变动），则投资于低生息货币。

使用这一拇指法则应该能使洪飞确定在图表 4.7 中应采用何种方向。它还能保证如果采取了正确的方向，他将总是能获取利润。这一法则假设利润大于其中所产生的任何交易成本。

这种 CIA 过程驱使国际外汇和货币市场向利率平价所描述的均衡状态逼近。对均衡的小幅偏离即为套利者提供了赚取小额无风险利润的机会。这种偏离提供了驱动市场回归平价（均衡）状态的供求力量。

抛补利息套利机会将会一直持续到利率平价关系成立，因为套利者们能够以可能的最高频率来重复这一循环并赚取无风险利润。然而，因为下列原因，他们的行动会以微调的形式帮助外汇和货币市场恢复均衡：

1. 在即期市场买入日元而在远期市场卖出日元，缩小了远期日元的升水。这是因为即期日元会因额外的需求而走强，远期日元则因额外的供给而走弱。一个较小的远期日元升水会减少以前投资日元所得到的外汇收益。

2. 对日元面值证券的需求会导致日元利率下跌，而在美国市场上较大的借入规模则导致美元利率上升。其净结果是出现一个对美元投资更为有利的利率差。

4.2.6　非抛补利息套利（UIA）

对抛补利息套利的一个变种是**非抛补利息套利**（uncovered interest arbitrage，UIA），此时投资者们会在呈现出相对较低利率的国家进行该币种投资，并将投资所得兑换成能提供更高利率的货币。这种交易是“非抛补的”，因为投资者并没有在远期市场上卖出高收益货币，而是选择保持非抛补状态，并承担在期末将高收益货币兑换成低收益货币的货币兑换风险。图表 4.8 展示了进行所谓的“日元持有交易”（yen carry trade）时，非抛补利息套利者所采取的步骤。

“日元持有交易”是 UIA 的一种古老的应用。来自日本境内外的投资者利用日元极低的利率（年利率 0.40%）来筹资。投资者将他们筹到的资本兑换成像美元或欧元这样的日元之外的货币。然后再将这些美元或欧元所得投资于美元或欧元的货币市场，在这些市场上，这些资金可以获得高得多的收益率（图表 4.8 中的 5.00%/年）。到期末——本例中是一年——他们再将美元所得在即期市场上换成日元。投资结果是在偿还初始贷款的花费之外的可观利润。

图表 4.8 非抛补利息套利(UIA):日元持有交易

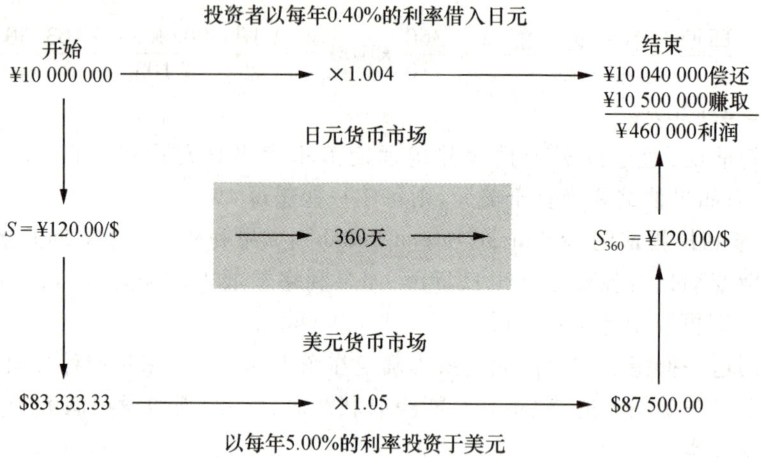

然而,这其中的诀窍在于,年末的即期汇率相对年初的汇率来说不能有很大的变化。如果日元相对美元大幅度升值,如它在1999年末那样从¥120/$升至¥105/$,这些"非抛补"的投资者在将美元所得换回日元来偿还其日元借款的时候,就会遭受重大损失。更高的收益的确是伴随着更大的风险!

4.2.7 利率与汇率之间的均衡

图表4.9描述了利率和汇率之间达成均衡的必要条件。纵轴表示外币的有利利率差,横轴表示外币的远期升贴水。利率平价线表示的是均衡状态,但交易成本会导致它

图表 4.9 利率平价(IRP)与均衡

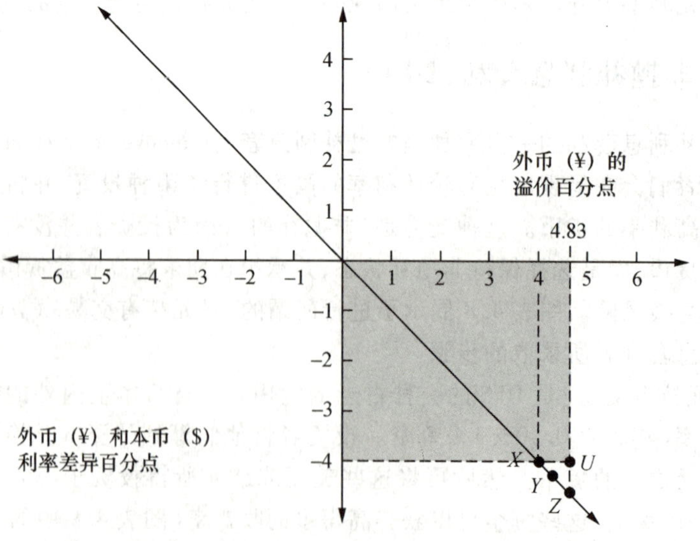

不是一条单一直线，而是一个带状区域。交易成本产生于外汇兑换和证券买卖所需的投资经纪成本。近年来，一般的交易成本率大概在每年 0.18% 至 0.25% 的区间内。对类似于前述洪飞的套利活动那样的单一交易来说，每笔交易并没有显性的交易成本；然而，支持洪飞行为的银行成本即构成交易成本。点 X 表示的是一个可能的均衡位置，此时日元证券上低于 4% 的利率将被日元 4% 的升水所抵消。

在前面 CIA 例子中引发利率套利行为的非均衡状态可由点 U 来说明。该点位于利率平价线之外，因为日元利率偏低的幅度为 −4%（按年计算），而远期日元升水略高于 4.8%（按年计算）。用前面所给的远期升水公式，我们可得日元的升水为：

$$\frac{¥106.00/\$ - ¥103.50/\$}{¥103.50/\$} \times \frac{360\text{ 天}}{180\text{ 天}} \times 100 = 4.83\%$$

点 U 所表示的状态是不稳定的，因为所有投资者都存在一种执行同样的抛补利息套利的激励。除非银行破产，否则套利收益差不多是无风险的。

有些人曾认为这其中确实存在政治风险，因为可能其中某国政府会进行资本管制，这就会阻止远期合约的执行。这种风险对世界上主要金融中心之间的抛补利息套利来说是相当罕见的，特别是因为用来进行抛补利息套利的大部分资金是以欧元和美元的形式运作的。在与那些政治和财政稳定性不足的国家进行交易时，这种风险可能确实存在。

非均衡的净结果是，资金流动将缩小利率缺口和（或）降低远期日元的升水。换句话说，市场压力会使图表 4.9 中的点 U 向利率平价带移动。均衡可能在 Y 点，或者在 X 和 Z 之间的任何其他位置达到，具体取决于远期市场升水是否比利率差更容易发生变动。

4.3　作为对未来即期汇率无偏预测的远期汇率

有些预测者相信主要浮动汇率货币的外汇市场是“有效的”，其远期汇率是对未来即期汇率的**无偏预测**（unbiased predictors）。

图表 4.10 通过用远期汇率估计未来即期汇率向我们展示了“无偏预测”的含义。如果远期汇率是对未来即期汇率的一个无偏估计，则在时间 t_2 的未来即期汇率的预测值会等于当前约定的在时间 t_2 交割的远期汇率，即 $E_1(S_2) = F_{1,2}$。

直观地看，这意味着未来可能的实际即期汇率分布的中心值就是远期汇率。然而，它是一个无偏预测的事实并不是说未来即期汇率将实际等于远期汇率所预测的值。无偏预测只是说平均意义上，远期汇率高估和低估实际未来即期汇率的频率和程度应相等。实际上，远期汇率可能永远都不会与未来即期汇率正好相等。

图表 4.10 **作为未来即期汇率无偏预测的远期汇率**

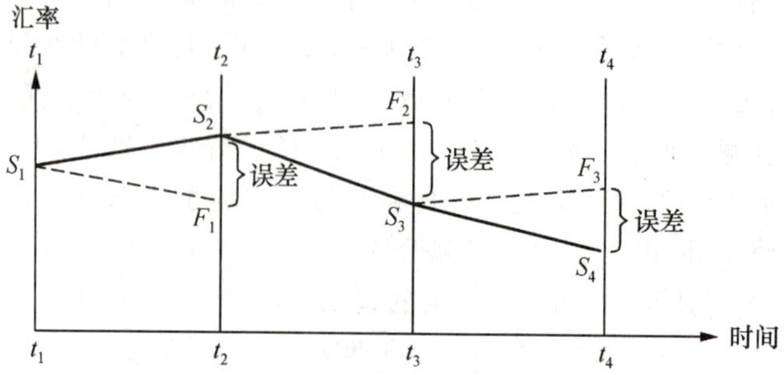

今天(时间 t)约定的在未来(时间 $t+1$)进行交收的远期汇率,$F_{t,t+1}$,被用作是对未来交收时间存在的即期汇率的“预测值”。因此,对时间 S_{t2} 的预测即期汇率为 F_1;而其实际汇率值将为 S_2。预测值和实际即期汇率值之间的垂直距离即为预测误差。

当远期汇率被定义为“对未来即期汇率的无偏预测”时,其意思是说,远期汇率高估和低估未来即期汇率的相对频率和数量是相等的。因此,它“偏离目标”的方式应该是有规则和有序的,其误差之和等于零。

这种关系的原理是基于外汇市场相对有效的假设的。市场有效性假设:(a) 所有相关的信息在即期和远期外汇市场上都会得到快速的反映;(b) 交易成本低廉;(c) 以不同货币为面值的金融工具彼此可以完全替代。

对外汇市场有效性假设的实证研究得出了相互矛盾的结果。不过,一个拒绝有效市场假说的共识正在形成之中。这似乎说明远期汇率并不是对未来即期汇率的无偏预测,试图使用一些资源去预测汇率确实是有回报的。

如果有效市场假说是正确的,一个财务主管就不可能期望通过预测未来汇率而以任何系统方式获利,因为远期市场当前的报价已经反映了所有现在已知的关于未来汇率的信息。尽管未来的汇率可能与当前远期市场报价中所隐含的预测存在差异,但我们今天不可能知道未来的实际报价将与今天的远期汇率有何不同。偏差的预测均值为零。远期汇率因此就成为对未来即期汇率的一个“无偏”估计量。

使用更长时段分析所作的外汇市场有效性检验得出的结论是,外汇市场有效性是不可检验的;如果是可检验的,则市场是无效的。此外,外汇预测服务业的存在和成功表明,经理们愿意为获取预测信息而支付费用,尽管他们本可以不花一分钱而将远期汇率作为预测值。在许多情况下,购买这种信息的“费用”对财务经理们来说是一种“保险费”,因为如果他们使用自己的预测,包括用远期汇率所作的预测,当预测被证明不正确时,他们可能会被解雇。如果他们“购买”了专业意见,即使结果被证明是错误的,也不是他们自己预测的结果!

如果外汇市场不是有效的,一个企业花费一些资源来预测汇率就是明智的。这与在外汇市场被认为是有效的情况下是完全相反的结论。

4.4　均衡状态下的价格、利率与汇率

图表 4.11 使用美元和日元对均衡中的所有基本的平价关系同时进行了阐释。日本和美国的预测通货膨胀率分别是 1.0% 和 5.0%，即存在 4% 的差异。美元市场的名义利率（一年期政府债券）是 8%，这比日本 4% 的名义利率高出 4%。即期汇率 S_1 为 ¥104/$，而一年期远期汇率为 ¥100/$。

图表 4.11　**均衡中的国际平价关系（近似形式）**

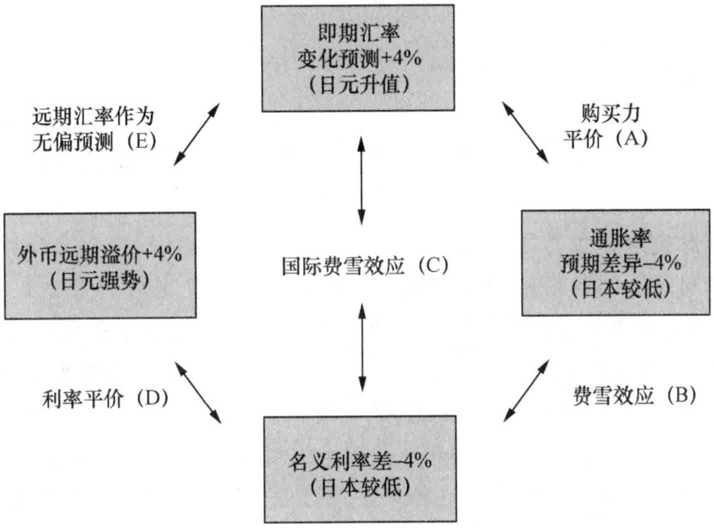

- **关系 A：购买力平价（PPP）**。根据购买力平价的相对版本，从现在起一年后的即期汇率 S_2 预期将为 ¥100/$：

$$S_2 = S_1 \times \frac{1+\pi^{¥}}{1+\pi^{\$}} = ¥104/\$ \times \frac{1.01}{1.05} = ¥100/\$$$

这是一个 4% 的变化量，它与预测通货膨胀率之差在数量上相等，而符号相反。（1%—5%，或 4%）

- **关系 B：费雪效应**。实际收益率等于名义利率减去预期通货膨胀率。假设市场是有效且开放的，则实际收益率在不同货币间应该相等。这里，美元市场的实际收益率为 3%（$r = i - \pi = 8\% - 5\%$），日元市场也是如此（4% - 1%）。注意，3% 的实际收益率在图表 4.11 中未标示出来，但费雪效应关系——名义利率差等于预期通货膨胀率之差，即 -4%——给出了这一结果。

- **关系 C：国际费雪效应**。即期汇率的预测变化值（在本例中为 4%）与名义利率之差在数量上相等而符号相反：

$$\frac{S_1 - S_2}{S_2} \times 100 = i^{¥} - i^{\$} = 4\% - 8\% = -4\%$$

• **关系 D:利率平价(IRP)**。根据利率平价理论,名义利率之差与远期升水二者相等而符号相反。对这一数值例子来说,日元名义利率(4%)比名义美元利率(8%)低4%:

$$i^{¥} - i^{\$} = 4\% - 8\% = -4\%$$

而远期汇率升水为正4%:

$$f^{¥} = \frac{S_1 - F}{F} \times 100 = \frac{¥104/\$ - ¥100/\$}{¥100/\$} \times 100 = 4\%$$

• **关系 E:远期汇率作为无偏预测**。最后,由于日元一年期远期汇率为¥100/$,如果假设它是对未来即期汇率的无偏预测,则它也预测未来即期汇率为¥100/$。

小案例

保时捷911 卡雷拉4S 敞篷车的引入

保时捷总部在德国,其生产和装配则仅限于德国、斯洛伐克和芬兰,因此,其总成本计算基础是欧元或斯洛伐克克朗(该货币受斯洛伐克政府管制以维持对欧元的稳定性)。这意味着,出于实际考虑,其汽车生产中所有的直接成本都是以欧元计价的方式发生的(成本、加成、基本定价)。有三个产品系列(911、博克斯特和卡宴)在主要工业化国家市场上出口和销售。因此,保时捷很少有外包,也没什么在非欧洲市场的当地货币成本,而它在这些市场上的销售占其年总销售量的一半以上。

如果保时捷不积极管理这种汇率风险暴露,其以欧元计价的产品在像美元这样的非欧元环境下定价和销售时,公司就会出现赢利能力下降的后果——或者至少是赢利增长率下降。假设美元市场的消费者愿意和有能力为保时捷产品支付的价格存在一个限度的话,则美国价格会触及上限,并且如果欧元相对美元继续升值的话,这就会导致利润空间下降,或者销售量下降,或者二者同时发生。用下面的公式给一个简单的数值例子可以使美元价格的限制一目了然。

美元价格 = 欧元价格 × 即期汇率($/€)

下图给出了计划在北美发布的新款保时捷911 卡雷拉4S 敞篷车(3.6 升六缸发动机,最高时速174 英里/小时,5.3 秒内加速0—62 英里/小时)的欧元成本和定价情况。假设保时捷首先以欧元确定汽车价格,然后——2003 年4 月——按当时的汇率$1.0862/€ 制定美元价格,大约为$93 200。

如图表A 所示,在制定价格后的几个月内,由于欧元相对美元持续升值,公司的利润空间必定大幅度下降。分析突显了欧洲生产商向美元市场出口所遭受的利润缩水。不管保时捷采用何种对冲的方法、程度和有效性,公司在北美的所有销售都会面临持续的定价困境。

图表 A 保时捷 911 卡雷拉 4S 敞篷车的传递分析,2003 年

价格构成	定价			新车发布					
	4 月	5 月	6 月	7 月	8 月	9 月	10 月	11 月	12 月
全部成本	€74 696	€74 696	€74 696	€74 696	€74 696	€74 696	€74 696	€74 696	€74 696
利润率(@15%)	€11 204	€11 204	€11 204	€11 204	€11 204	€11 204	€11 204	€11 204	€11 204
欧洲价格	€85 900	€85 900	€85 900	€85 900	€85 900	€85 900	€85 900	€85 900	€85 900
即期汇率($/€)	1.0862	1.1565	1.1676	1.1362	1.1286	1.1267	1.1714	1.1710	1.2298
100%传递条件下美国基准价格	$93 305	$99 343	$100 297	$97 600	$96 947	$96 784	$100 623	$100 589	$105 640
在价格上限限制下的 4S 敞篷车的有效利润率									
美元目标价格	$93 200	$93 200	$93 200	$93 200	$93 200	$93 200	$93 200	$93 200	$93 200
即期汇率($/€)	1.0862	1.1565	1.1676	1.1362	1.1286	1.1267	1.1714	1.1710	1.2298
收到的欧元价格	€85 804	€80 588	€79 822	€82 028	€82 580	€82 719	€79 563	€79 590	€75 785
减去全部成本	(€74 696)	(€74 696)	(€74 696)	(€74 696)	(€74 696)	(€74 696)	(€74 696)	(€74 696)	(€74 696)
剩余利润	€11 108	€5 892	€5 126	€7 332	€7 885	€8 024	€4 867	€4 894	€1 089
利润率	14.9%	7.9%	6.9%	9.8%	10.6%	10.7%	6.5%	6.6%	1.5%

假设 2003 年 4 月保时捷确定了它所认定的目标价格,此时汇率为 $1.0862/€。这一汇率允许保时捷的定价在考虑全部成本的基础上还有大约 15% 的利润空间,即在欧洲的价格为€85 900,而在北美的目标价格为 $93 200,这留下了 15% 的获利空间。

4S 敞篷车在北美的发布实际上到 7 月份才发生。此时,即期汇率已经有效地降低了保时捷在新车型上的赢利空间。2003 年的后几个月,利润空间则越来越受到侵蚀。

案例思考题

1. 显然,或迟或早,在某一时点上,保时捷必须提高这款车型和所有车型的美元价格(特别是如果欧元相对美元继续走强并保持这种强势的情况下)。问题在于这一做法在何时必须发生?

2. 何种因素能说服保时捷管理层,现在就是将汇率变化的大部分影响都传递至价格中去的良机?

小案例

土耳其危机(B):非抛补利息套利

第 3 章结尾处提供的土耳其小案例[土耳其危机(A):国际收支恶化]展示了 2001 年 2 月土耳其里拉危机爆发的头一年中土耳其经常账户差额恶化的情况。如图表 B 所示,里拉的崩溃是突然而强烈的。尽管国际收支平衡表中经常账户和金融账户记录了危机前一年其相对价值的大幅波动,这场危机背后的原因却一直存在一个问题。

土耳其银行业

在 20 世纪 90 年代后期,土耳其银行体系的腐败是臭名昭著的。银行牌照被作为政治待遇颁发或出售给土耳其政府中有影响的成员,这些牌照给予其持有人在土耳其

开设商业银行和投资银行业务的权利。一旦投入运营,这些银行就可自由进入国际市场,并将自己装扮成成熟的、有信誉的借款人。它们的确借了钱。

> 这场危机是土耳其近几十年来最糟糕的情况。银行以低利率借了数十亿美元,然后换成里拉,并购买了高收益的土耳其政府国库券。这一策略一直都有用,直到里拉在几天内币值损失40%之前。银行间利率达到7 000%。由于不能偿付美元债务,大多数土耳其银行在技术上都是没有清偿能力的。
>
> ——"Crash Control for a Broken Economy", *Business Week*, August 27, 2001

图表 A **土耳其通货膨胀率与汇率(季度数据)**

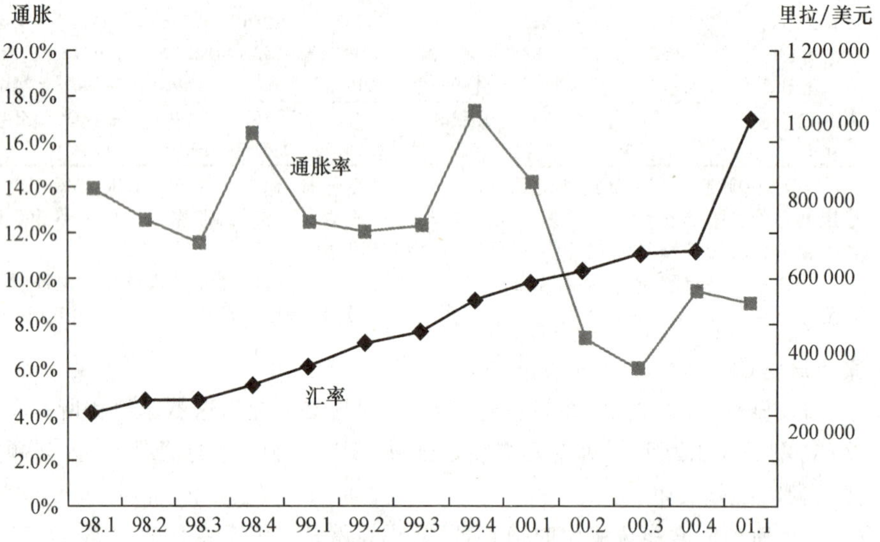

资料来源:*International Financial Statistics*, October 2001, pp. 842—843. Copyright 2001 by International Monetary Fund. Reproduced with permission via Copyright Clearance Center.

在整个1998年、1999年以及2000年的上半年,许多土耳其银行从国外借入了大量的美元。这些银行然后将美元所得转换成土耳其里拉并购买了土耳其政府债券作为投资。目的很明显:以低美元利率借入资金,再投资在收益高得多的政府债券上,这会创造大量的利润。只要土耳其里拉能够保持其币值,这些利润将持续存在。

然而,里拉的币值受到土耳其政府的高度管制。由于1998年和1999年遭受的相对较高的通货膨胀率,土耳其政府实行了一个渐进的、持续的贬值政策。与1994—1999年间巴西的里尔计划相似,这种管制下的贬值是不充分的。里拉贬值的速率远低于通胀率差异所要求的速率。

银行的行为无疑是给当时的经济火上加油。这种投资结构无非是本章中所述及的**非抛补利率套利**。这种不断增长的利率套利给土耳其的金融体系带来了一系列的即时影响和永久性影响:

- 在即期市场上美元向里拉的转换有助于维持土耳其里拉的较高币值。如图表B所示,里拉相对美元的币值长期以来一直受管制。尽管土耳其通胀率比美元通胀率高很多,大量的美元转换成里拉人为地刺激了对里拉的需求,这提高了里拉的币值(或者阻止了里拉向通胀所要求的方向进一步贬值)。

- 对土耳其政府债券的持续需求允许政府在可管控的成本水平上为日益增长的预算赤字提供资金。银行对土耳其证券的强劲需求阻止了政府债券的收益大幅度上升。它还阻止了市场力量向政府发出其赤字支出和国家债务增长的危险信号。
- 然而,土耳其银行日益增长的对外债务对银行体系的稳定性是一个威胁。一旦债务到期,许多银行的债务都是**可赎回的**(callable),即国际银行可以隔夜要求偿还,这种债务清偿所需要的里拉兑换成美元的冲动会导致汇率大幅度下降。

然而,土耳其在对付根深蒂固的通胀压力方面做得相当成功。2000年下半年,通胀率大幅度下降,利率也随之下降。结果,经济立即得到扩张,这表现在2000年进口的快速增长和相应的经常账户逆差上。如好几位媒体记者所指出的,国家的反通胀项目已成为其自身成功的牺牲品。

经济死循环

2000年秋,土耳其经济处于繁荣之中,但国家偿付其日益增长的国际债务的能力却处于危险之中。10月底,由于不能履行国际债务偿付义务,土耳其的一家大型银行破产了。由于利率和通胀率再一次开始螺旋式上升,土耳其政府向IMF求助。从IMF得到的一笔75亿美元的贷款组合使银行体系得到了拯救——至少是暂时得到了拯救。(在1999年秋至2001年春,IMF向土耳其承诺了超过11亿美元的贷款。)作为其贷款条件的一部分,IMF要求土耳其政府降低其外债,进行重组并净化银行体系,还需对许多国有工业采取私有化举措。

但这些涉及面广泛的举措说起来容易,做起来却不然。由于经济现在已经减速,各种政府和金融紧缩措施在政治上已经不再受欢迎。土耳其电信是一家国有的固定电话线路通信公司,它可向任何国内外投资者提供33.5%的股权,但却没有收到一份标书。土耳其航空公司的控制权发标也在国际投资者中受到类似的冷遇。

2000年12月,欧盟和土耳其就政治和贸易关系进行了一系列热烈的公开辩论。土耳其抱怨说在成为欧盟成员的问题上,欧盟以自己的方式对其施加了一些不公平的歧视性的壁垒。欧盟则回应说,土耳其对经常账户的诸多限制与成员国的精神不相吻合。土耳其解释说,自己正处于经济危机之中,只是试图减缓经常账户赤字的增长速度。紧张的关系升级了。

但在2001年1月,至少在土耳其外部出现了一些乐观迹象,许多改革和积极举措仍有望成功。

> 来自IMF的75亿美元可能的支持组合和备用制度安排可能会缓解市场对土耳其稳定项目的忧虑,特别是从私有化项目再度激活和强化2001年财政目标的角度看更是如此。就在IMF注资之后,土耳其里拉立即走强。
>
> 然而,用三个月的观点看,预期里拉恢复到跟踪通货膨胀的状态意味着到3月底(汇率)将达到TL 750 000的水平。然而,一个充分展开的货币贬值——与1993年的情况相似——其外部可能性仍不容低估。
>
> ——"IMF Bailout of Turkey appears Successful", *Corporate Finance*, January 2001.

土耳其危机

2001年2月18日,就停职腐败的政府官员进展缓慢的问题,总统阿赫迈特·内吉代特· 塞泽尔(Ahmet Necdet Sezer)和总理比伦特·埃杰维特(Bulent Ecevit)之间爆发了一场公开论战。总统塞泽尔抱怨说,总理的努力是"半心半意的"。总理试图通过对土耳其反通胀项目快速作出新的承诺以及减少政治腐败的持续努力来平息国际上的忧虑。然而,破坏已经造成了。

第二天,即2月19日,国际投资者从该国抽走了50亿美元资本。土耳其中央银行的全部外债储备(200亿美元)已无法对这种资本外逃的速度作出有效的维持。2月22日,土耳其政府宣布允许里拉浮动。如图表B所示,里拉的币值马上从TL 685 000/$ 迅速降至TL 1 000 000/$ 以上。

在接下来的几个月中,土耳其里拉继续下跌,该国许多银行也破产了。工业生产在2000年第三和第四季度分别增长了2%和1%,而在2001年第一季度下降了20%。对土耳其人民来说,通往经济改革与繁荣之路好像更加遥远了。

图表B 土耳其里拉的下跌

日汇率: 每美元兑换土耳其里拉数

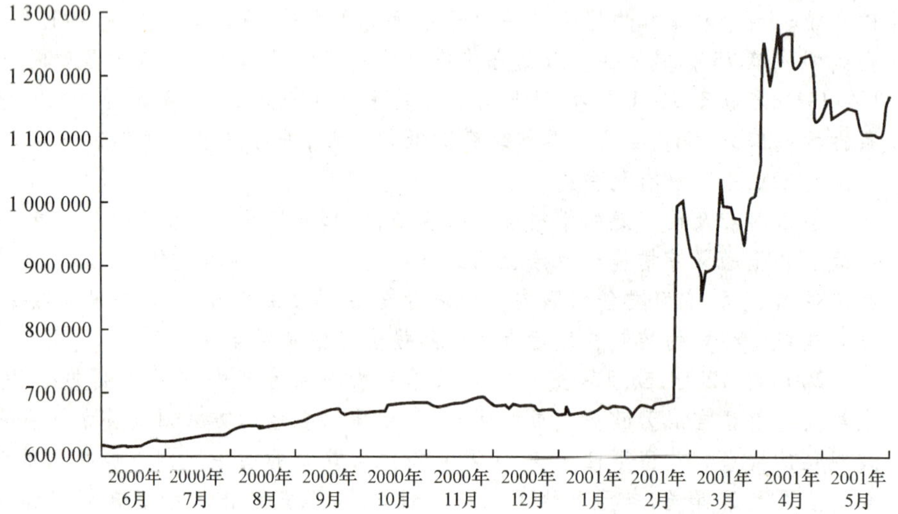

资料来源:© 2002 by Prof. Werner Antweiler, University of British Columbia, Vancouver BC, Canada. 图中所示的时间范围为2000年6月1日—2001年5月30日。

案例思考题

1. 土耳其里拉崩溃是国际收支危机、通货膨胀危机、政治危机,还是经济危机的结果?

2. 简要描述一下土耳其的银行是如何进行非抛补利率套利的。你是否觉得这是一个不太恰当的投资策略?

3. 如果要购买土耳其政府债券,支持并为自己的政府融资的话,土耳其银行如何才能为金融危机作出贡献?

4. 你认为下列因素中哪个因素对像土耳其这样的国家更重要:抑制通胀还是抑制巨额的贸易和经常项目逆差?

5. 在 *Corporate Finance* 2001 年 1 月的引文中，尽管也注意到贬值的外部可能性，但总体上对土耳其的前景预期还是比较正面的。如果是你，当时会做出怎样的预测？

小结

◎ 经济学家们传统上都使用平价条件来帮助解释汇率的长期趋势。

◎ 在自由浮动汇率条件下，即期汇率的预期变化率、国家通货膨胀率和利率的差异以及远期升贴水都是彼此直接形成比例关系并且相互决定。这些变量中一个发生变动，则所有变量都有发生变化的趋势，同时又反馈到首先发生变动的那个变量。

◎ 如果同样的产品或服务可以在两个不同的市场上出售，并且对其销售不存在限制，在不同市场间移动时也不存在运输成本，则其在两个市场中销售的价格应该相等。这被称为一价定律。

◎ 购买力平价理论的绝对版本是指，即期汇率决定于类似的商品篮子的相对价格。

◎ 购买力平价理论的相对版本是指，如果两个国家的即期汇率在初始状态是均衡的，则这两国通货膨胀率差异的任何变化在长期内将被即期汇率的一个数量相等而方向相反的变动所抵消。

◎ 费雪效应因经济学家欧文·费雪而得名。该理论表明，每个国家的名义利率等于其必要的实际收益率加上对预期通货膨胀的补偿。

◎ 国际费雪效应（费雪开放性）认为，即期汇率的变动与两国间利率之差在数量上相等而方向上相反。

◎ 利率平价理论（IRP）认为，在排除运输成本后，风险和期限相类似的证券的利率差应该与外币的远期汇率贴水或升水相等而方向相反。

◎ 当即期和远期外汇市场不是处于利率平价所描述的均衡状态时，则存在"无风险"或套利空间。这被称为抛补利息套利（CIA）。

◎ 有些预测人士相信，对主要的浮动货币来说，外汇市场是"有效的"，而远期汇率是未来即期汇率的无偏预测。

思考题

1. **购买力平价**。定义下列术语：
   (1) 一价定律
   (2) 绝对购买力平价
   (3) 相对购买力平价
2. **名义有效汇率指数**。解释名义有效汇率指数是如何构造的。
3. **实际有效汇率指数**。将名义有效汇率指数转换成实际有效汇率指数的公式是什么？
4. **实际有效汇率：日本和美国**。图表 4.3 对日本和美国的实际有效汇率进行了比较。如果相对实际有效汇率是主要的决定因素，日本还是美国在出口上具有竞争优势？哪国在进口上具有优势？为什么？
5. **汇率传递**。不完全的汇率传递是一国实际有效汇率会较长时间内偏离其购买力均衡水平 100 的原因之一。术语"汇率传递"的意思是什么？
6. **费雪效应**。定义费雪效应。实证检验在何种程度上证实了费雪效应在实践中确实存在？

7. **国际费雪效应**。定义国际费雪效应。实证检验在何种程度上证实了国际费雪效应在实践中确实存在？
8. **利率平价**。定义利率平价。利率平价和远期汇率之间的关系是什么？
9. **抛补利率平价**。定义抛补利率平价和非抛补利率平价。这两种交易的差别是什么？
10. **作为未来即期汇率无偏预测的远期汇率**。有些预测者相信，主要浮动货币的外汇市场是“有效的”，远期汇率是对未来即期汇率的无偏预测值。就用远期汇率来估计未来即期汇率而言，“无偏预测”的意思是什么？

练习题

1. **拉美巨无霸指数：历史比较**。本教科书在多个版本中都使用了《经济学家》的巨无霸指数。以下是在本教科书过去三版中使用的拉美国家的巨无霸价格和实际汇率。使用这些数据来完成其货币相对美元的隐含 PPP 的计算，确定这些货币相对美元是高估还是低估。

巨无霸指数:1997 年 4 月(本书第 8 版)					
国别	(1) 本币巨无霸价格	(2) 实际汇率 (1997 年 4 月 7 日)	(3) 美元巨无霸价格	(4) 隐含的美元 PPP	(5) 本币低估(－)/高估(＋)
美国(美元)	2.42	—	2.42	1.00	
阿根廷(比索)	2.50	1.00			
巴西(里尔)	2.97	1.06			
智利(比索)	1 200.00	417.00			
墨西哥(比索)	14.90	7.90			
巨无霸指数:1999 年 3 月(本书第 9 版)					
国别	(1) 本币巨无霸价格	(2) 实际汇率 (1999 年 3 月 30 日)	(3) 美元巨无霸价格	(4) 隐含的美元 PPP	(5) 本币低估(－)/高估(＋)
美国(美元)	2.43	—	2.43	1.00	
阿根廷(比索)	2.50	1.00			
巴西(里尔)	2.95	1.73			
智利(比索)	1 250.00	484.00			
墨西哥(比索)	19.90	9.54			
巨无霸指数:2002 年 4 月(本书第 10 版)					
国别	(1) 本币巨无霸价格	(2) 实际汇率 (2002 年 4 月 23 日)	(3) 美元巨无霸价格	(4) 隐含的美元 PPP	(5) 本币低估(－)/高估(＋)
美国(美元)	2.49	—	2.49	1.00	
阿根廷(比索)	2.50	3.13			
巴西(里尔)	3.60	2.34			
智利(比索)	1 400.00	655.00			
墨西哥(比索)	21.90	9.28			

注：第(3)列＝第(1)列/第(2)列；第(4)列＝第(1)列/巨无霸美元价格；第(5)列＝第(4)列/第(2)列。

2. **XTerra* 出口和传递**。假设尼桑 XTerra 从日本大阪的出口价格是 ¥2 800 000。汇率是 ¥110.60/$。预测的美国通货膨胀率为每年 2%，日本为每年 0%。
   a. 若以美元表示，XTerra 在年初的出口价格是多少？
   b. 假设购买力平价成立，年末的汇率应该是多少？
   c. 假设汇率变动传递为 100%，在年末 XTerra 的美元价格应该是多少？
   d. 假设汇率传递为 70%，在年末 XTerra 的美元价格应该是多少？
3. **阿根廷比索与 PPP**。在整个 20 世纪 90 年代，阿根廷比索都通过货币局制度将汇率固定在 Ps 1.00/$ 的水平上。2002 年 1 月，阿根廷比索开始浮动。2003 年 1 月 29 日，比索的交易价格是 Ps 3.20/$。在那一年中，阿根廷的年化通货膨胀率为 20%。美国同期年化通胀率为 2.2%。
   a. 如果购买力平价成立，则 2003 年 1 月的汇率应该是多少？
   b. 阿根廷比索被低估的比率（年化）是多少？
   c. 低估的可能原因是什么？
4. **美元/欧元国际费雪效应**。假设美国一年期利率为 4.40%，欧元区利率为 3.75%。欧元和美元的即期汇率是€0.8250/$。假设国际费雪效应成立，此后一年，€/$ 汇率应该是多少？
5. **丹麦 CIA(A)**。Steve Shi 是摩根大通的一名外汇交易员。他可以用 500 万美元或者等值外币的银行短期资金，来与丹麦进行抛补利率套利投资。根据下面的数据，Steve Shi 能在抛补利息套利中获利吗？
   3 月期远期汇率：Dkr 7.1980/$
   3 月期美元利率：3.0% 每年（90 天为 0.75%）
   3 月期克朗利率：5.0% 每年（90 天为 1.25%）
6. **丹麦 CIA(B)**。Steve Shi 现在正在评估在同一市场利率变动后进行套利的获利潜力。
   a. 假设美国利率上升至每年 4%（90 天 1%），但所有其他国家利率保持不变。计算 Steve Shi 是否可通过 90 天抛补利率套利来获利。
   b. 假设丹麦克罗纳的利率上升至每年 6%（90 天 1.5%），而所有其他货币利率保持不变，包括美国每年 3% 的年利率。计算 Steve Shi 是否可通过 90 天抛补利率套利来获利。
7. **Toshi Numata——日本 CIA**。Toshi Numata 是瑞士信贷第一波士顿（CSFB）东京办事处的一位外汇交易员。他想投资 200 万美元或者等值日元在美元和日元之间的抛补利息套利上。他面临的是给定的汇率和利率报价：

即期汇率	¥110.20/$
180 天远期汇率	¥109.80/$
180 天美元利率	3.000% 每年
180 天日元利率	1.800% 每年

   银行不对每笔单独的交易计算交易成本，因为这些成本被作为套利部门整体运作预算的一部分。对 Toshi Numata 在抛补利息套利中获利所必须采取的具体步骤进行解释并画图说明。
8. **Toshi Numata——日本 UIA**。Toshi Numata 观察到（CSFB 东京）¥/$ 即期汇率一直保持稳定，而美元和日元利率在过去一周内也保持相对固定。Toshi Numata 不知道他是否应该试着进行非抛补利息套利（UIA）交易，从而节省远期抛补的成本。Toshi Numata 的许多研究助手——和他们

* 译名艾斯特拉，是帕拉丁的上一代。——译者注

的计算机模型——都预测在未来的180天内,即期汇率将保持在¥110.00/$左右。使用上题中同样的数据,分析其UIA获利潜力。

a. 如果Toshi Numata的预期被证明是正确的,计算他能够获得的利润。

b. 他承担的风险是什么?如果未来180天即期汇率为¥106.00/$,情况会如何?

9. **日本——美国平价条件**。使用下列数据画图并计算在日本和美国之间国际平价条件是否成立。一年以后日元/美元的汇率预测变化是怎样的?

日本年通胀率预测值	1.00%
美国年通胀率预测值	5.00%
日本一年期利率	4.00%
美国一年期利率	8.00%
即期汇率	¥104.00/$
一年期远期汇率	¥100.00/$

10. **Kavita Raman——纽约CIA**。Kavita Raman是纽约一家银行的外汇交易员。她有100万美元(或者其等值瑞士法郎)可投资于短期货币市场。她正在考虑是否应该投资于三个月的美元市场或者以瑞士法郎作一个抛补利息套利投资。她面临的是下面的数据:

即期汇率	SFr. 1.2810/$
3月期远期汇率	SFr. 1.2740/$
3月期美国利率	4.800%每年(1.200%每季度)
3月期瑞士利率	3.200%每年(0.800%每季度)

a. 你推荐Kavita Raman在哪里投资?为什么?

b. 在该项投资上,她的年化回报率是多少?

11. **Kavita Raman——UIA**。使用上一题中同样的数字和假设,Kavita Raman现在决定不对其美元远期收入进行抛补,以便寻求4.800%的完整的美元收益,即做一笔非抛补利息套利(UIA)。请评价这一决定。

12. **Kavita Raman——30天以后**。前一题中描述的事件发生一个月以后,Kavita Raman又有$1 000 000(或者其等值瑞士法郎)可以投资三个月。她现在面临下面的利率和汇率。她应该进行这一笔抛补利息套利(CIA)的投资吗?

即期汇率	SF 1.3392/$
3月期远期汇率	SF 1.3286/$
3月美国利率	4.75%(年)
3月瑞士利率	3.625%(年)

13. **Langkawi岛旅游胜地**。你正在计划一年后到马来西亚的Langkawi岛进行为期30天的旅游。豪华套间加餐饮按马来西亚林吉特现在的收费是RM 1 050每天。马来西亚林吉特现在的交易汇率是RM 3.75/$。因此,30天吃住的当前美元成本为$8 400。酒店已经告知你,房费的上涨仅限于马来西亚生活费用上涨的幅度。马来西亚通货膨胀率预期为每年4%,而美国通货膨胀率预期为每年1%。

a. 一年后你在马来西亚30天吃住的费用预期为多少美元?

b. 美元成本上升了百分之几?为什么?

14. **挪威Statoil公司的套利**。Statoil是挪威的国家石油公司。它是一家在货币市场和化工市场上表现活跃的大型公司。尽管它是一家挪威企业,但由于它在全球石油市场进行运作,它将美元而不是挪威克朗当做自己的功能货币。Ari Karlsen是Statoil的一名货币交易员,他具有400万美元的即时使用权(或者等值挪威克朗)。他面临的市场条件如下,并在考虑是否能在未来的90天内获取一些套利利润。他能吗?如何做到这一点?

即期汇率	Nkr 6.5520/$
3月期远期汇率	Nkr 6.5264/$
美国3月期国债利率	5.625%每年
挪威3月期国债利率	4.250%每年

15. **法兰克福和纽约**。法兰克福和纽约的货币与外汇市场都是非常有效的。已知下列信息：

	法兰克福	纽约
即期汇率	\$1.2000/€	\$1.2000/€
一年期国库券利率	6.50%	3.20%
预期通货膨胀率	未知	2.00%

a. 金融市场对下一年欧洲的通货膨胀给出了什么信号？

b. 估计今天的美元和欧元一年期远期汇率。

16. **夏木尼城堡租赁**。你正在计划一年后到法国夏木尼的Blanc山脉进行一次滑雪旅行，并在就城堡的租用进行谈判。夏木尼城堡所有者希望在排除通货膨胀和汇率的影响后继续保持其实际收入，现在的周租金价格为€8 000(圣诞期间)，它将根据法国生活水平在现在和一年后的任何变化向上或向下作相应调整。你是根据购买力平价来进行预算的。法国来年的通货膨胀预期为平均3.5%，而美国通货膨胀预期为2.5%。你应该将一周的租金预算定为多少美元？

17. **东亚公司——泰国**。东亚公司(East Asiatic Company, EAC)是一家子公司遍布整个亚洲的丹麦公司。由于美元相对泰铢资金在融资成本和可得性方面的优势，该公司在曼谷子公司的融资主要采用美元债务。EAC泰国公司的财务主管正在考虑一笔\$350 000的一年期银行贷款。当间的即期汇率为B 42.84/\$，一年期美元基准利率为8.885%。

a. 假设泰国和美国下一年的预期通货膨胀率分别为4.50%和2.20%。根据购买力平价，以泰铢计价的有效资金成本是多少？

b. 如果EAC的外汇顾问很有把握地认为在下一年中，泰国政府希望将泰铢相对美元的币值贬值5%(以提高自己在美元市场的出口竞争力)，则以泰铢计算的有效资金成本会是多少？

c. 如果EAC可以以14%的年利率借到泰铢，这会比第(1)小题或第(2)小题中更便宜吗？

18. **马耳他雄鹰：2003年3月至2004年**。声名狼藉的纯金雄鹰起初是罗德岛爵士为表示对西班牙国王按照1530年的指令向其赠送马耳他岛的感激之情而赠送的礼物。该雄鹰最近得到了修复。雄鹰高14英寸，由纯金铸成，重约48磅。2002年底和2003年初，由于国际政治局势紧张，黄金价格涨至每盎司440美元。

雄鹰现由伊斯坦布尔的一个私人投资者持有，他正与马耳他政府就雄鹰的购买和返回岛上的事宜进行积极的谈判。销售和支付将在2004年3月进行，双方正在就买卖价格和支付币种进行磋商。为了表示友好，该投资者决定仅将出售价格定在雄鹰的铸造价值，即其所含黄金价值上。

当前的即期汇率为0.39马耳他里拉兑1美元。马耳他来年的通货膨胀预期大约为8.5%，而美国在衰退的车轮上，其通货膨胀预期仅为1.5%。如果投资者将以美元作为估值货币，并假定购买力平价成立，他是在一年后接收马耳他里拉合算，还是接收有保证的美元合算(假定黄金价格为1盎司420美元)？

19. **伦敦货币基金**。Tim Hogan是一家管理部门不在伦敦的国际货币市场基金的经理。与许多向投资者保证仅作近似于无风险投资以获取一个可变利息收益的许多货币基金不同的是，Tim Hogan的基金是一家非常激进的基金，它在全球范围内寻求相对较高的利息收益，但需要承担一定的风险。基金是以英镑计值的。Tim当前正在评估在马来西亚的一个有趣的投资机会。自1997年亚洲危机以来，马来西亚政府一直周期性地对货币和资本实施实质性的限制,以便保护和稳定马来西亚林吉特(RM)的币值。当前 RM 3.800/$ 的即期汇率自 1997 年末期以来一直维持着,仅有很小的波动。期限为 180 天的当地货币(马来西亚林吉特)定期存款利率在大约每年 9.600% 的水平徘徊(指金额最小为 $500 000 的存款)。而在伦敦欧洲货币市场同样期限英镑存款提供的年利率则仅为 4.200%。当前英镑的即期汇率为 $1.6382/£,而 180 天远期汇率为 $1.6100/£。

假如 Tim Hogan 计算投资 100 万英镑,你会建议他在马来西亚货币市场机会中如何采取行动?

20. **啤酒标准**。1999 年,《经济学家》的报告创立了一种对非洲货币进行估值的指数或标准。啤酒被选择为进行比较的基准产品,因为麦当劳还没有打入除南非以外的非洲大陆市场,而啤酒正好满足构建一种恰当的货币指数所需要的市场特征。

Investec 是一家南非投资银行。它为非洲创立了一种像《经济学家》提供的巨无霸指数那样的购买力平价度量指标。该指数比较了整个非洲大陆上一瓶 375 毫升啤酒的成本。作为一种购买力平价度量工具,啤酒需要在不同国家之间具有相对均匀的质量,并需要具有本地生产、分销和服务的实质性特征,以便为相对购买力提供一种符合实际的度量。

啤酒首先是用本地货币定价的(在本地人集中的酒馆购买,而不是在定价偏高的旅游或服务中心购买),然后转换成南非 rand 价格。然后就可以比较啤酒的 rand 价格,形成对货币相对南非 rand 是低估(-%)还是高估(+%)的一种度量。

使用下面给定的数据计算表中所列的各种非洲货币是高估还是低估了。

啤酒标准

国家	啤酒	啤酒价格 按本地货币计价	啤酒价格 按 rand 计价	隐含 PPP 汇率	即期汇率 (3/15/99)	相对 rand 高估或低估(%)
南非	Castle	Rand 2.30	2.30	—	—	—
波茨瓦纳	Castle	Pula 2.20	2.94	0.96	0.75	______
加纳	Star	Cedi 1 200	3.17	521.74	379.10	______
肯尼亚	Tusker	Shilling 41.25	4.02	17.93	10.27	______
马拉维	Carlsberg	Kwacha 18.50	2.66	8.04	6.96	______
毛里求斯	Phoenix	Rupee 15.00	3.72	6.52	4.03	______
纳米比亚	Windhoek	N $2.50	2.50	1.09	1.00	______
赞比亚	Castle	Kwacha 1 200	3.52	521.74	340.68	______
津巴布韦	Castle	Z $9.00	1.46	3.91	6.15	______

注:按 rand 计价的啤酒价格 = 按当地货币计价的啤酒价格/即期汇率。隐含 PPP 汇率 = 按 rand 计价的啤酒价格/2.30。相对 rand 高估或低估(%) = 隐含 PPP 汇率/即期汇率。《经济学家》1999 年 5 月 8 日,第 78 页。

网上练习

1. **巨无霸指数更新**。使用《经济学家》网站寻找货币高估和低估的巨无霸指数的最新版本。(你需要做一个“Big Mac currencies”的搜索。)创建一个工作表来比较一下英镑、欧元、瑞士法郎和加元与本章提供的版本相比发生了什么样的变化。

《经济学家》

http://www.economist.com

2. **购买力平价统计数据**。经济合作与发展组织(OECD)发表了其成员国价格和购买力的详细度量指数。使用 OECD 的网站下载其成员国购买力的历史数据。

   OECD 购买力

   http://www.oecd.org/oecd/pages/home/displaygeneral/0,3380,EN-statistics-513-15-no-no-no-513,00.html

3. **国际利率**。有几个网站按币种和期限发布其现行的利率。使用《金融时报》网站计算美元、英镑和欧元一年以内(含一年)以所有期限下的利率差。

   《金融时报》市场数据

   http://www.marketprices.ft.com/markets/currencies/international

   《金融时报》列出的数据包括:

   (1) 国际货币利率(主要货币存款的银行支付利率)。

   (2) 货币利率(LIBOR 和 CD 存单等)。

   (3) 10 年价差(各国相对欧元和美国 10 年国债的价差)。(提示:哪些国家实际具有比美国和欧元区更低的 10 年期政府债券利率?也许瑞士和日本是这样。请确认。)

   (4) 基准政府债券(主要国家代表性政府债券发行的抽样及近期的价格变化)。注意哪些国家有较长期的基准利率。

   (5) 新兴市场债券(政府发行、布雷迪债券等)。

   (6) 欧元区利率(欧洲公司各种债券的利率,包括穆迪和标准普尔的评级)。

4. **新兴市场货币**。尽管像美元和日元这样的主要货币总是占据新闻头条,而世界上实际上几乎是有多少国家就有多少种货币。这当中很多货币是在空间极小且高度管制的市场上进行交易,从而使其可兑换性受到怀疑。要找到这些货币的报价,有时是非常困难的。试试你能找到多少种非洲货币报价。

   新兴市场

   http://emgmkts.com

5. **汇率指数**。J.P.摩根计算和维护了世界上许多主要的货币相对其他主要货币篮子的币值指数。像 IMF 发表的那些指数一样,这些指数主要作为相对币值的基本和一般性度量指标发挥作用。使用最近的指数来确定美元、欧元和日元的相对强弱程度。

   JP 摩根货币指数

   http://jpmorgan.com/MarketDataInd/Forex/CurrIndex.html

文献选读

Cumby, Robert E. and Maurice Obstfeld, “A Note on Exchange Rate Expectations and Nominal Interest Differentials: A Test of the Fisher Hypothesis”, *Journal of Finance*, June 1981, pp. 697—703.

Ohno, Kenichi, “Exchange Rate Fluctuations, Pass Through, and Market Share”, *IMF Staff Papers*, Vol. 37, No. 2, June 1990, pp. 294—310.

Rogoff, Kenneth, “The Purchasing Power Parity Puzzle”, *Journal of Economic Literature*, Vol. 34, No. 2, June 1996, pp. 647—668.

附录

国际平价条件的代数基础

下面的附录是对本章中所论述的平价条件的一个纯代数描述。这些附录的目的是为那些希望对各种平价条件进行分步推导的理论细节和概念准备有进一步了解的读者提供一个基础。

一价定律

一价定律指的是在自由贸易的状态下,商品之间具有完全的可替代性且没有交易费用时出现的一种状态,这种状态下,两种货币间的均衡汇率是由用两种不同货币分别对任意一种商品 i 所标的价格之比来确定的。例如,

$$S_t = \frac{P_{i,t}^{\$}}{P_{i,t}^{SF}}$$

其中,$P_i^{\$}$ 和 P_i^{SF} 指同一商品 i 在时间 t 分别以美元和瑞士法郎表示的价格。即期汇率,S_t,就是两种货币价格的比率。

购买力平价

由两种价格指数之比来确定汇率的更一般的形式被称为购买力平价(PPP)的绝对版本。每一种价格指数反映了不同国家间同一个商品"篮子"的货币成本。使货币对同样的商品集合的所具有的购买力相等的汇率则为:

$$S_t = \frac{P_t^{\$}}{P_t^{SF}}$$

其中,$P_t^{\$}$ 和 P_t^{SF} 分别表示在时间 t 上以美元和瑞士法郎所表示的价格指数值。如果以希腊字母 π 表示每个国家的通货膨胀率,则在时间 $t+1$ 的即期汇率为:

$$S_{t+1} = \frac{P_t^{\$}(1+\pi^{\$})}{P_t^{SF}(1+\pi^{SF})} = S_t\left[\frac{(1+\pi^{\$})}{(1+\pi^{SF})}\right]$$

从时间 t 到 $t+1$ 的变化则为:

$$\frac{S_{t+1}}{S_t} = \frac{\dfrac{P_t^{\$}(1+\pi^{\$})}{P_t^{SF}(1+\pi^{SF})}}{\dfrac{P_t^{\$}}{P_t^{SF}}} = \frac{S_t\left[\dfrac{(1+\pi^{\$})}{(1+\pi^{SF})}\right]}{S_t} = \frac{(1+\pi^{\$})}{(1+\pi^{SF})}$$

将时间 t 和 $t+1$ 之间的即期汇率变动百分比进行分离,有:

$$\frac{S_{t+1}-S_t}{S_t} = \frac{S_t\left[\dfrac{(1+\pi^{\$})}{(1+\pi^{SF})}\right]-S_t}{S_t} = \frac{(1+\pi^{\$})-(1+\pi^{SF})}{(1+\pi^{SF})}$$

上式右边的分母如果被认为较小的话,则在公式中通常忽略它而得到一个近似结果。于是上式可表示成:

$$\frac{S_{t+1}-S_t}{S_t} = (1+\pi^{\$})-(1+\pi^{SF}) = \pi^{\$}-\pi^{SF}$$

远期汇率

远期汇率是指银行或者其他在外汇和债券工具上充当交易中介的其他金融机构向私人主体提供的约定汇率。远期汇率和即期汇率之差的年化百分比被称为远期升水：

$$f^{SF}=\left[\frac{F_{t,t+1}-S_t}{S_t}\right]\times\left[\frac{360}{n_{t,t+1}}\right]$$

其中，f^{SF}是瑞士法郎的远期升水，$F_{t,t+1}$是在时间 t 成交在 $t+1$ 进行实际交割的远期汇率，S_t是当前的即期汇率，$n_{t,t+1}$是成交日(t)和交割日($t+1$)之间的天数。

抛补利息套利(CIA)和利率平价(IRP)

抛补利息套利是当一投资者在即期外汇市场上以本国货币交换外国货币时，当该货币投资于一种生息资产上，同时签订一份远期合约，以“锁定”将外币投资(总)所得换回本国货币的未来汇率的过程。CIA 上的净收益为：

$$净收益=\left[\frac{(1+i^{SF})F_{t,t+1}}{S_t}\right]-(1+i^{\$})$$

其中，S_t和 $F_{t,t+1}$分别代表即期汇率和远期汇率(\$/SF)，i^{SF}是以瑞士法郎为面值的货币工具的名义利率(或收益)，$i^{\$}$是在相类似的美元工具的名义收益。

如果它们恰好拥有相同的收益率，即如果 CIA 的结果为零值无风险利润，则利率平价(IRP)成立，即：

$$(1+i^{\$})=\left[\frac{(1+i^{SF})F_{t,t+1}}{S_t}\right]$$

或者等价地，

$$\frac{(1+i^{\$})}{(1+i^{SF})}=\frac{F_{t,t+1}}{S_t}$$

如果这一公式的两边表现出差异(即期和远期汇率之间的差异百分比为远期升水)，则远期汇率升水和相对利率差之间的关系为：

$$\frac{F_{t,t+1}-S_t}{S_t}=f^{SF}=\frac{i^{\$}-i^{SF}}{i^{\$}+i^{SF}}$$

如果这些值不相等(从而市场不在均衡状态)，则存在一种无风险获利的可能性。那些试图利用这种套利机会的主体会进行 CIA 套利，直至 CIA 无法取得正的收益率。市场将会在这种驱动力的作用下恢复至均衡状态。

费雪效应

费雪效应指的是，所有的名义利率都可被分解为一个隐含的实际利率(收益率)和一个预期的通货膨胀率：

$$i^{\$}=[(1+r^{\$})(1+\pi^{\$})]-1$$

其中，$r^{\$}$ 表示美元资产的实际收益率，$\pi^{\$}$ 为相应的预期通货膨胀率。此时，可以识别出名义利率的各个构成部分：

$$i^{\$}=r^{\$}+\pi^{\$}+r^{\$}\pi^{\$}$$

与 PPP 中的情况一样，这一方程也有一种广泛接受的近似形式。由于交叉乘积项 $r^{\$}\pi^{\$}$ 通常都很小，因此可以忽略，即有：

$$i^{\$}=r^{\$}+\pi^{\$}$$

国际费雪效应

国际费雪效应是国内利率的这种关系在国际货币市场上的延伸。如果资本都试图通过抛补利息套利(CIA)的方式取得从现行的利率差中形成的更高的国际投资收益率,则货币间的实际收益率会相等(即:$r^{\$}=r^{SF}$):

$$\frac{S_{t+1}-S_t}{S_t}=\frac{(1+i^{\$})-(1+i^{SF})}{(1+i^{SF})}=\frac{i^{\$}-i^{SF}}{(1+i^{SF})}$$

如果名义利率被分解为实际利率和预期通货膨胀两个部分,则即期汇率变动的百分比为:

$$\frac{S_{t+1}-S_t}{S_t}=\frac{(r^{\$}+\pi^{\$}+r^{\$}\pi^{\$})-(r^{SF}+\pi^{SF}+r^{SF}\pi^{SF})}{1+r^{SF}+\pi^{SF}+r^{SF}\pi^{SF}}$$

国际费雪效应具有几个额外的含义,如果下列条件满足的话:(1) 资本市场可以自由进出;(2) 资本市场具有可作为替代途径的投资机会;(3) 市场主体对这些机会具有完全的、对等的信息。

给定这些条件,国际套利者就能够利用这些的潜在无风险获利机会,直至市场间的实际收益率相等($r^{\$}=r^{SF}$)。因此,即期汇率的预期变化率就可简化成预期通货膨胀率之差:

$$\frac{S_{t+1}-S_t}{S_t}=\frac{\pi^{\$}+r^{\$}\pi^{\$}-\pi^{SF}-r^{SF}\pi^{SF}}{1+r^{SF}+\pi^{SF}+r^{SF}\pi^{SF}}$$

如果再将近似形式结合进来考虑(通过消除分母及剔除 r 和 π 的交叉项),则即期汇率的变化为:

$$\frac{S_{t+1}-S_t}{S_t}=\pi^{\$}-\pi^{SF}$$

请注意,国际费雪效应的近似形式与前面讨论的购买力平价之间的相似性(方程形式相同)。二者之间唯一可能存在的差异是事后与事前,或者说是预期通货膨胀率之间的关系。

第5章　汇率决定与预测

5.1　汇率决定示意图

汇率决定是一个复杂的过程。第3章解释了一个国家的国际收支如何对其汇率水平产生重要的影响,以及如何发生相反方向的作用,这具体取决于该国的汇率制度。第4章分析了国际平价条件,这些条件将汇率与通货膨胀和利率结合起来,并为全球金融市场和国际金融活动的管理提供了一个理论框架。本章将对汇率决定的讨论扩展到汇率决定中另一个主要的思想流派:**资产市场方法**(asset market approach)。

图表5.1对汇率的许多决定因素提供了一个概览。首先,这张示意图包括三个主要的思想流派(平价条件、国际收支方法和资产市场方法);其次,这三个思想流派又包

图表5.1　　汇率的决定因素

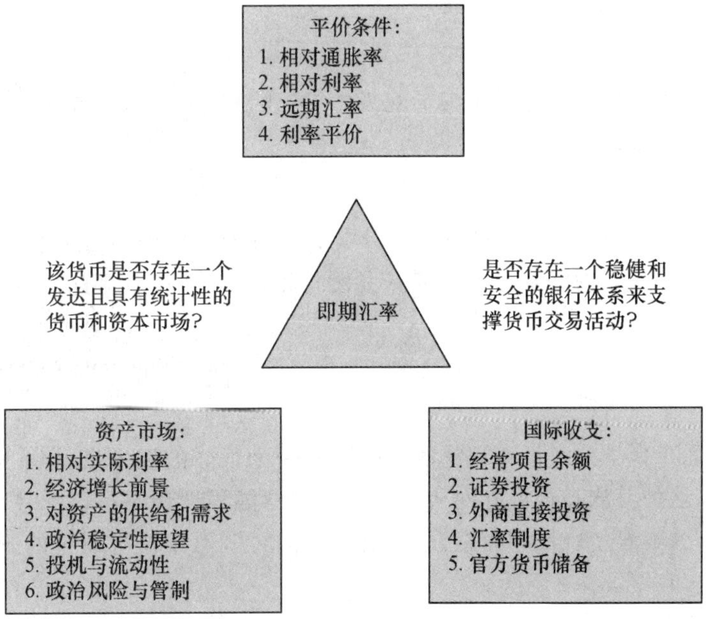

含各自的驱动因素。初看之下,有点令人望而生畏,但记住这一点很重要:它们不是竞争性理论,而是互补性理论。如果没有对这些不同方法结合所产生的深度和广度,我们就会丧失理解全球货币市场复杂性的能力。

除了要对这些基本理论具有必要的理解之外,同等重要的是,要对国际政治经济、社会和经济基础设施以及随机的政治、经济或社会事件如何影响汇率市场具有必要的应用性知识。以下是几个例子:

- 基础设施缺陷是20世纪90年代新兴市场汇率崩溃的主要原因之一。另一方面,基础设施上的优势也有助于解释为什么尽管美国有着经常账户国际收支逆差的记录,而美元仍能继续保持强势,至少在2001年9月11日恐怖分子袭击美国之前是如此。
- 投机对新兴市场危机起了巨大的作用,这些危机在本章后面将有论述。投机的一些特征是热钱从货币、证券、房地产和商品市场流入和流出。由日本超低借款利率和美国高企的实际利率联袂形成的无抛补利息套利在20世纪90年代的大多数年份里都是一个问题。借入日元并投资于安全的美国政府证券,期望汇率保持不变,是流行的做法。
- 跨境的外商直接投资和国际证券投资流入了新兴市场,但在这些国家的危机中却抽身而逃。
- 外国政治风险近年来已经大幅度下降,因为资本市场彼此分割的程度越来越轻且越来越具有流动性。更多的国家采用了民主形式的政府。然而,近期的恐怖主义抬头可能正在改变人们对政治风险的看法。

最后要注意的是,即期汇率的大多数决定因素也可能反过来受到即期汇率变动的影响。换句话说,它们不仅是相互联系的,而且是相互决定的。

5.2 汇率决定:理论线索[①]

> 在国际经济学家不同的观点下,可能隐藏的是对汇率购买力平价理论某个变形的执著的信念。
>
> ——Paul Krugman, 1976

> 对汇率存在三种基本的看法。第一种看法将汇率看做货币的相对价格(货币方法);第二种将其看做商品的相对价格(购买力平价方法);第三种则是看做债券的相对价格。
>
> ——Rudiger Dornbusch, "Exchange Rate Economics: Where Do We Stand?" *Brookings Papers on Economic Activity* 1, 1980, pp. 143—194.

多恩布什教授对汇率理论的三分法是一个很好的切入点,但在我们不甚成熟的意见看来,这种看法在很多方面所表现出来的稳健程度还不足以抓住理论和方法的多重性。因此,本着传统性和完整性的精神,我们对多恩布什所划分的三大类进行了修正,

① 本节取材于很多不同的来源,包括 Michael R. Rosenberg, *Currency Forecasting: A Guide to Fundamental and Technical Models of Exchange Rate Determination*, Chicago: Irwin Professional Publishing, 1996。

在以下的讨论中还加入了另外几种主要的思想流派。下一节中，我们将对许多各不相同但又相互联系的汇率决定理论以及它们在商业预测中的相对有用程度提供了一个简要的概括。

5.2.1　购买力平价方法

所有汇率决定理论中最广为接受的理论——购买力平价理论(PPP)——认为，长期的均衡汇率是由国内价格与国外价格的相对比率决定的，第 4 章对此已作了论述。

- PPP 既是最古老的，也是最广为接受的汇率理论。
- 大多数汇率决定理论的框架中都内在地包含有 PPP 的思想。
- 然而，PPP 的计算和预测可能会面临不同国家结构上的差异和估计过程中大量数据问题的挑战。

5.2.2　国际收支(流量)方法

在购买力平价之后，汇率决定中使用最为频繁的理论方法可能就是国际收支方法了。该方法涉及外汇市场中各种货币的供给和需求。这些汇率流量反映了第 3 章所述及的一国国际收支平衡表中所记录的经常账户和金融账户交易情况。

- 基本的国际收支方法认为，当从经常账户交易中所产生的外汇净流入(流出)与金融账户交易中产生的外汇净流出(流入)相匹配时，就得到均衡汇率。
- 由于国际收支交易是国际经济活动中受到关注和报道最为广泛的内容之一，国际收支方法继续具有广泛的吸引力。
- 对国际收支方法的批评意见源于该理论强调货币和资本的流量，而不是货币和金融资产的存量。
- 在该理论中，货币或金融资产的相对存量在汇率决定中完全无关。这一缺陷将在下文的货币与资产市场方法中进行讨论。
- 令人奇怪的是，国际收支方法在今天的学术界已经很大程度上被抛弃了，而从业大众——市场参与者，包括货币交易者自己——仍然依赖于这一理论的不同变形来服务于他们的决策。

5.2.3　货币方法

最简单形式的**货币方法**(monetary approach)认为，汇率是由各国货币存量的供给和需求，以及货币存量的未来预期水平和增长率所决定。其他金融资产，如债券(后文将有论述)，则被认为与汇率决定无关，因为国内和国外的债券被看做完美的替代品。这种方法仅与货币存量有关。

- 货币供给和需求的变化是通货膨胀的最主要决定因素。而相对通货膨胀率的变化又会通过一个假定的购买力平价效应而改变汇率。
- 货币方法还假定价格在短期和长期内都是有弹性的，从而其传递机制的影响是即时性的。

• 在汇率决定的货币模型中,实际经济活动的重要性被降至仅有通过改变货币需求才会影响到汇率。

• 货币方法忽略了几个该领域的专家普遍认为对汇率决定较为重要的因素,包括:(1) PPP 在短期和中期失灵的现象;(2) 货币需求在不同的时间段内缺乏相对稳定性;(3) 经济活动水平与货币供给表面看起来是相互依赖,而不是相互独立的。其结果是,我们不再继续坚持货币方法。

5.2.4 资产市场方法(债券相对价格)

资产市场方法(asset market approach),有时也被称为**债券相对价格**(relative price of bonds)或者**投资组合余额方法**(portfolio balance approach)。该方法认为,汇率是由多种类型的金融资产的供给和需求所决定的。

• 金融资产的供给和需求发生移动会改变汇率。

• 货币政策和财政政策的变动会改变金融资产的预期收益及相对风险,而这些因素又会改变汇率。

• 20 世纪 80 年代宏观经济理论的许多进展都集中于,货币和财政政策变动会如何改变那些驱动汇率变动的金融资产存量的收益和风险的相对认知。广为引用的蒙代尔-弗莱明的著作即属于这一类。

• **货币替代**(currency substitution)理论奉行的是与资产组合余额和再调整框架相同的基本假设。货币替代是指个人和商业投资者改变他们投资组合中货币持有构成的能力。

不幸的是,在过去 50 年所有著名的作品和研究中,预期短期至长期内汇率值的能力——用下面引文中的话来说——是"令人遗憾"。尽管学术界和从业者们一致都认为,在长期内,如购买力或外部余额这样的基本原理会决定货币币值,但还没有哪一种基本理论证明它在中短期是有用的。

> ……汇率的宏观经济决定的问题还处于一个令人遗憾的状态……结果表明,像这一类基于货币供给、实际收入、利率、通货膨胀率和金融账户余额等标准基本面的模型中,还没有一个模型在解释或预测汇率变动方面取得了绝对的成功,至少在短期和中期情况下是如此。
>
> ——Jeffrey A. Frankel and Andrew K. Rose, "A Survey of Empirical Research on Nominal Exchange Rates", *NBER Working Paper* no. 4865, 1994.

5.2.5 技术分析

基本理论预测能力的不足导致了**技术分析**(technical analysis)的发展和流行。技术分析所立足的信念是,对过去价格行为的研究为未来价格变动提供了洞察力。

• 技术分析的主要特征是,假定汇率(或者是任何其他市场驱动的价格)遵循一定的趋势。这些趋势可以被分析和识别出来,并为未来中短期的价格变动提供洞察力。

• 技术分析的大多数理论都对公平价值与市场价值进行了区分。公平价值是指价格最终会达到的长期真实价值,而市场价值则受到大量市场参与者的认知、信念变化和行为的影响。

5.3 预测的资产市场方法

资产市场方法(asset market approach)假设外国人是否愿意以货币形式持有要求权,取决于一系列投资上的考虑或驱动因素。如图表5.1所示,这些驱动因素包括以下内容:

1. 相对实际利率是投资者投资于外国债券和短期货币市场工具时的一个主要的考虑因素。

2. 经济增长和赢利能力的前景是以证券投资和国外直接投资的形式进行跨境股权投资的一个重要的决定因素。

3. 资本市场流动性对外国机构投资者来说尤其重要。跨境投资者不仅对资产购买的难易程度感兴趣,还关心是否能将这些资产快速地以公平的市场价值出售。

4. 一国的经济和社会基础设施是该国渡过非预期的外部冲击,以及在快速变化的世界经济环境中取得成功的能力的一个重要指标。

5. 政治上的安全性对国外证券和直接投资者来说,都是非常重要的。对政治安全性的展望通常会反映在该国证券投资以及评估该国外商直接投资时的政治风险溢价中。

6. 公司治理实践的可信度对跨境证券投资者来说很重要。一家公司不良的公司治理会降低外国投资者的影响力,并最终导致公司丧失对股东财富目标的追求。

7. **传染**(contagion)被定义为一国的危机对其邻国和其他具有类似特征的国家(至少在跨境投资者眼中是如此)的扩散行为。传染可能会导致一个"无辜的"国家发生资本外逃,并导致其货币贬值。

8. 投机既可能导致外汇危机,也可能会使现有的危机程度加深。在本章后面的部分,我们将通过三个例子来观察这种效应。

金融实务专栏5.1 通过一个近期的例子显示了传染是如何破坏一个本来很健康的经济和货币体系的。

金融实务专栏5.1

GLOBAL FINANCE IN PRACTICE

乌拉圭被传染了

乌拉圭被称为拉丁美洲的瑞士:身处一个经常处于混乱状态的地区却具有极强的金融稳定性。然而,今天,我们给出的却是一个被危机越过拉布拉塔河而传染的案例——它成了自己的邻国阿根廷的牺牲品。

乌拉圭海滩温暖的海水以及它慷慨的税收和银行保密法使它长期成为危机时期阿根廷有钱人的天堂。吸引外国投资者的是该国信用状态处于投资级——除墨西哥之外享有这种级别的唯一的拉美国家。因此,乌拉圭资产成为许多拉丁美洲投资组合的锚。

但这种吸引人的纪录保持却在2002年1月阿根廷货币贬值并违约时走到了尽头。阿根廷严格的资本管制迫使该国国民大量运用他们在乌拉圭的储蓄,使这些存款自那时起减少了80%。当年6月份,乌拉圭允许其比索浮动,币值立即下跌45%。恐慌的投资者将该国的银行推到了崩溃的边缘,趁火打劫的现象不断发生。在银行挤兑事件发生后,中央银行于6月29日宣布银行休假四天,这还是70年来头一回。国会立即通过立法将22亿美元的定期美元存款兑换为政府债券。

作为对该国政府积极行动立场的回应,美国向乌拉圭发放了15亿美元的直接过桥贷款,直到IMF批准它们自己的援助计划。尽管IMF的援助应该会阻止存款外流,但没有人可以保证能维持多久,而国家政府基准债券的交易仍然处于违约级别。

虽然一些国际性银行在乌拉圭有小量的风险暴露——2002年3月该数字为77亿美元,而在阿根廷有500亿美元——该国快速的财产转移却预示了该地区经济前景的暗淡。拉美地区仅剩的两个亮点,即智利和墨西哥,仍然没有受到南部地区危机的太大影响。但这一强健经济体濒临崩溃的事实表明,没有一个国家能够完全具备对混乱的免疫能力。

资料来源:James C. Cooper, Kathleen Madigan, and Joshua Goodman, "Uruguay: A Bright Latin Beacon is Snuffed Out", *Business Week*, August 26, 2002, p. 30.

5.3.1 高度发达国家的资产市场方法

外国投资者愿意持有高度发达国家的证券,以及在这些国家进行直接投资,这主要是基于其相对实际利率以及对经济增长和赢利前景的展望。图表5.1中所描述的、前文也已详细论述的所有其他因素都假设得到了满足。

例如,1981—1985年,尽管美国经常账户逆差在增长,但美元仍保持强劲。这种强势部分地是因为美国相对较高的实际利率。然而,另一个因素是外资大量流入美国股票和房地产市场,这是基于对美国长期经济增长和赢利前景的良好预测。

1990—2000年,同样的循环又在美国得到重复。尽管美国经常账户余额持续恶化,但由于股票和房地产价格上升、低通货膨胀率、高实际利率,以及一个看起来好像永无止境的未来经济前景的"非理性繁荣"所导致的外资流入,美元在名义和实际意义上都保持坚挺。

在2001年9月11日恐怖分子袭击美国后,这一轮泡沫破灭了。恐怖袭击及其余波对美国长期增长和赢利前景以及对美国自身的一个新的政治风险产生了一个负面的评价。这种负面影响由于预期赢利的下降而导致的美国股票市场加速下跌而得到了强化。来自一系列几家大型公司治理失灵的披露对经济产生了进一步的打击。这些失灵现象包括会计上的虚报利润、内幕交易,以及企业对自己管理层的自助贷款,如第1章所述。

对美国经济信心的丧失导致外资从美国证券市场大规模撤离。如国际收支法和资产市场法所预测的那样,美元贬值了。事实上,在2002年1月中旬至7月中旬这段时间,仅相对于欧元,美元名义汇率就贬值了18%。由于伊拉克战争和紧随其后的恐怖主义和非稳定性,进一步的贬值仍在发生。

如同其他高度发达国家发生的一样,美国的遭遇说明了,为什么有些预测者相信经济前景比经常账户对汇率的影响更大。一位学者用一个有趣的典故概括了这种看法:

> 许多经济学家拒绝这样的看法,即汇率的短期行为决定于流量市场。汇率是在有效的金融市场上交易的资产价格。事实上,汇率是两种货币的相对价格,因此,它是由人们持有每种货币的意愿所决定的。像其他资产价格一样,汇率是由人们对未来的预期决定的,而不是由当前的贸易流量所决定。
>
> 与其他资产价格的比照可以说明这种方法。让我们考虑在波尔多股票交易所上市交易的一家酿酒公司的股票价格。晚春季节的一场霜冻导致歉收,在数量和质量上均如此。在收获之后,葡萄酒最终被销售了,而收入则比前一年下降了很多。在最后一笔销售额发生的当天,其股票价格没有任何理由受到该笔流量的影响。首先,低销售收入已经在酿酒公司股票价格中得到反映有好几个月;其次,股票价格除了受到当前状况的影响,还受到未来前景的影响。股票价格是基于对未来赢利的预期,股票价格变化的主要原因在于对这些预期的修正。
>
> 一个类似的推理可应用于汇率:在他们已经预期到的程度上,当期的国际交易流量对于汇率应该没有太大的影响。只有对未来经济前景的消息才会影响汇率。由于经济预期具有波动性,并受到许多变量的影响,特别是受到政治性质有关变量的影响,汇率的短期行为也就具有波动性。②

预测的资产市场方法亦可应用于新兴市场。然而,在这种情况下,又有几个额外的变量对汇率的决定产生作用。如前文所描述的那样,这些变量是资产市场缺乏流动性、经济与社会基础设施太弱、政治不稳定、公司治理、传染效应以及投机。这些变量将在后文关于危机的章节中得到论述。

5.4 非均衡:新兴市场的汇率

尽管关于汇率决定的三种思潮(平价条件、国际收支方法和资产方法)使对汇率的理解看起来很直观,但事实很少真是如此。大型的、具有流动性的资本和货币兑换市场与迄今为止讨论的许多原理一样在中长期起着相对重要的作用。然而,规模小且缺乏流动性的市场经常验证着一些看起来与理论相矛盾的行为。问题不是在于理论方面,

② Bruno H. Solnik, *International Investments*, 3rd edition, Reading, MA: Addison Wesley 1996, p. 58. Reprinted with permission of Pearson Education, Inc.

而是在于理论背后假设条件的相关性。对新兴市场危机的分析解释了一些似乎存在的矛盾。

在经历了几年的全球经济相对安宁的状况之后,20 世纪 90 年代后半期,一系列货币危机袭击了所有的新兴市场。1994 年 12 月墨西哥比索的贬值只是一个先兆。1997 年 7 月的亚洲危机、1998 年 8 月俄罗斯卢布的崩溃以及 2002 年阿根廷比索的暴跌为我们提供了一个新兴市场崩溃的图景,这其中各国都有自己的复杂原因和未知的前景。这些危机也暴露了货币和证券市场越来越严重的资本外逃和短期国际投资问题。下面我们使用各国的危机案例来集中分析其成因和后果的特定维度。

- **亚洲危机**。尽管这并不是某种单一货币、经济或制度的崩溃,但整个远东地区政府、社会和经济相交织的复杂结构为我们提供了一个理解商业、政府和社会关联脆弱性的背景。
- **俄罗斯危机**。作为叶利钦总统政权成功的基础和信号,卢布失去其相对稳定性对叶利钦领导的俄罗斯政府是致命的一击,并导致了普京的崛起。俄罗斯借款人发现 1998 年以后,自己在全球资本市场上已属于不受欢迎的人。
- **阿根廷危机**。1991 年,阿根廷采纳了货币局结构。阿根廷比索与美元按照 1:1 的比例挂钩。结果,由于捍卫其固定汇率的需要而采取的紧缩政策使阿根廷经济陷入萧条。自 1998 年开始,并在随后四年中持续的情况是,紧缩政策和萧条导致政治动荡和资本外逃日趋严重,甚至最终导致了货币局制度本身的消亡。

5.5 案例解析:亚洲危机

亚洲货币危机根源于该地区经济基本面的变化:许多亚洲国家正从净出口国转变为净进口国。最早自 1990 年泰国开始,远东地区快速扩张的经济中进口开始超过出口,从而要求大量的净资本流入来支撑它们的货币。只要资本还在继续流入——包括建造工厂、水坝项目、基础设施开发,甚至是房地产投机的资金——则该地区的钉住汇率制度仍然可以维持。然而,当投资性资本流入停止时,危机就不可避免地发生了。

此次危机的最直接可见的根源在于 1996 年和 1997 年初泰国的过度资本流入。由于有快速的经济增长和利润上升为背景,泰国的企业、银行和财务公司都有渠道获得国际市场上的资本,并发现美元的离岸债务很便宜。泰国银行继续进行国际筹资,并将信贷范围扩展到泰国经济所能够支撑的各种国内投资和企业中去。当泰国市场的资本流入比率创下历史纪录时,金融项目流入的资金进入种种类型的投资,包括制造业、房地产,甚至股票市场交易保证金借贷。当投资泡沫扩张时,有些市场参与者就对该经济体对日益增长的债务的偿还能力产生怀疑。泰铢其后就受到了攻击。

5.5.1 货币崩溃

泰国政府和中央银行对外汇市场进行了直接(用尽了其硬通货储备)和间接(通过提高利率来试图阻止持续的资本流出)的干预。泰国投资市场陷入停顿,这导致大量的货币损失和银行破产。1997 年 7 月 2 日,泰国中央银行最终被迫允许泰铢浮动(在这个例子中,或者可以说是崩溃)。在几个小时内,泰铢相对美元下跌 17%,相对日元下跌也超过 12%。到 11 月,泰铢已从 25 泰铢兑 1 美元下跌至 40 泰铢兑 1 美元,下跌幅度大约为 38%。其后,国际投机家和慈善家乔治·索罗斯成为许多批评者的攻击对象,特别是马来西亚总理马哈蒂尔·穆罕默德博士。由于索罗斯的基金和其他的对冲基金所进行的大量投机行为,这些批评家们认为索罗斯是危机的罪魁祸首。然而,索罗斯很可能只是一个消息的传递者。

几天之内,**龙舌兰效应**的亚洲版本就出现了:几个亚洲的邻国也受到货币交易者和资本市场的投机攻击,这些国家有些具有与泰国相类似的特征,有些则没有这些特征。(“龙舌兰效应”是被称为**传染**的金融恐慌的一种形式,这一术语被用来描述 1994 年 12 月墨西哥比索危机是如何快速传播到其他拉美国家的货币和股权市场上。)继 7 月泰铢贬值以后,菲律宾比索、马来西亚林吉特和印度尼西亚卢比在随后的几个月中也相继下跌(见图表 5.2 和 5.3)。

图表 5.2 亚洲的经济与货币:1997 年 7 月—11 月

	1996 年经常账户(10 亿美元)	对外国银行的负债(10 亿美元)	汇率		
			7 月(每美元)	11 月(每美元)	变动百分比
弱式经济体					
印度尼西亚(印尼盾)	-9.0	29.7	2 400	3 600	-33.3%
韩国(韩元)	-23.1	36.5	900	1 100	-18.2%
马来西亚(林吉特)	-8.0	27.0	2.5	3.5	-28.6%
菲律宾(比索)	-3.0	2.8	27	34	-20.6%
泰国(泰铢)	-14.7	48.0	25	40	-37.5%
强式经济体					
中国内地(元)	47.2	56.0	8.4	8.4	+0.0%
中国香港(港元)	0.0	28.8	7.75	7.73	+0.0%
新加坡(新加坡元)	14.3	55.3	1.43	1.60	-10.6%
中国台湾(台币元)	11.0	17.6	27.8	32.7	-15.0%

资料来源:International Monetary Fund, *International Financial Statistics*, October - November 1997.

图表 5.3 日汇率比较:相对美元

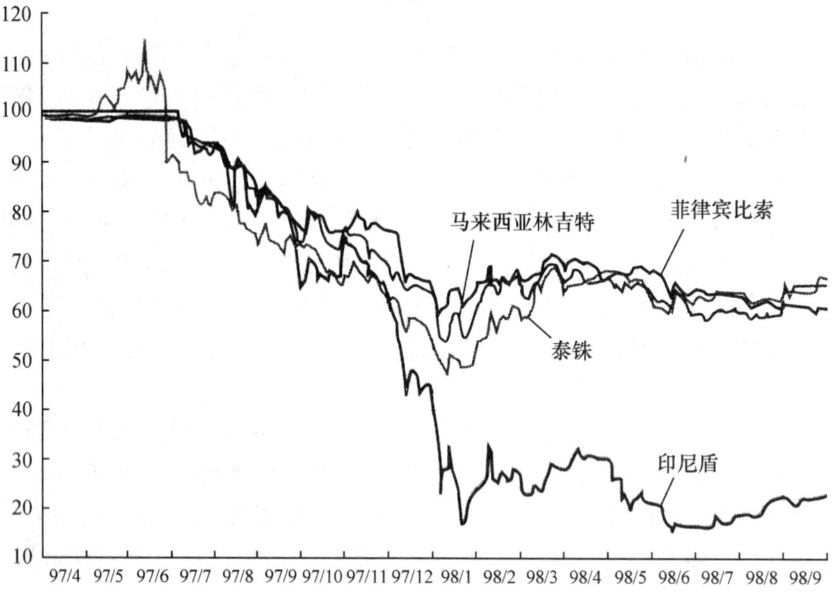

资料来源:Pacific Exchange Rate Service, http://fx.sauder.ubc.ca© 1999 by Prof. Werner Antweiler, Sauder School of Business, University of British Columbia, Vancouver, BC, Canada. Time period shown in diagram: April 1, 1997 - Sep. 30, 1998.

1997 年 10 月末,中国台湾突然意外地以一个 15% 的竞争性贬值打破了市场的平衡。台湾的贬值看起来好像只是延续了危机的惯性。尽管港币逃过了这一劫(中央银行花费了大量外汇储备),但韩元就没有这么幸运了。1997 年 11 月,历史上一直很稳定的韩元从每 900 韩元兑 1 美元下跌至 1 100 韩元兑 1 美元。除了港币之外,唯一没有下跌的货币就是中国内地流通的人民币,它是未实现自由兑换的货币。尽管人民币没有贬值,市场上却存在着大量的猜测,认为中国政府很快就会因为兑换的原因而主动贬值(然而事实证明,中国政府并没有这样做)。

5.5.2 复杂的成因

除了传统的国际收支困难之外,亚洲经济危机——因为它不仅仅是货币的崩溃——还有许多根源。每个国家的具体原因并不一样,但背后仍然存在一些可以比较的相似性:公司社会主义、公司治理,以及银行稳定性与管理问题。

公司社会主义。尽管西方市场长期以来已经熟知自由市场的波动性,二战后的亚洲国家却仅知道稳定性。由于政府和政治对商业界的影响,甚至是在企业破产事件中的影响,人们相信政府不会允许企业破产、工人失业或银行关闭。在问题未达到 1997 年所经历的规模,以及企业债务未超过政府帮助企业摆脱困境的能力之前,那些都是真的。一些几十年间一直持续且未受到过挑战的惯例,如终生雇佣制等,一下子就不能再维持下去了。这一结果是市场残酷性的一个惨痛教训。

公司治理。许多在远东环境中运作的地方性企业都要到被家族所控制,要么被与政府方或国家实体有关联的团体所控制，对这一点很少存在质疑。这种趋势被称为**裙带主义**(cronyism)。裙带主义意味着相对公司管理层的主要动力来说，小股东和债权人的利益通常最多也是居于第二位的。当管理层不关注"底线"时，底线就进一步降低了。

银行流动性与管理。在过去的二十年中，银行部门失去了一些优势。在全球范围内，银行监管结构和市场几乎毫无例外地被放松管制。然而，在商业运作中，银行所起的中心作用在很大程度上被忽略和低估了。当亚洲的企业崩溃时，政府的保险箱被掏空了，银行自己所作的投机性投资行为只能惨遭失败。没有银行的支持，企业运作的垂直链条就断掉了。企业们无法得到必要的营运资本来为生产进行融资，并销售产品或提供服务。银行流动性的这种枢纽作用是 IMF 救济行动的主要关注点。

亚洲经济危机具有全球性的影响。它以货币危机作为起点，快速演变成一次全球性萧条。亚洲经济所受到的巨大破坏至今仍然在很大程度上未得到西方人士的充分理解。在米尔肯学院 1998 年举办的一次会议上，一位演讲者提到，世界对印度尼西亚经济问题的高度关注是令人费解的，因为"印度尼西亚的整个国内生产总值大概仅相当于北卡罗莱纳的规模"。然而，接下来的演讲者指出，根据他最近一次核对过的数据，"北卡罗莱纳并没有 2.2 亿人口"。这一地区经济增长放慢迅速导致世界对很多产品(特别是商品)的需求出现大幅度下降。世界石油、金属和农产品市场都在需求下降的同时经历了严重的价格下跌。这些价格的下跌立即对其他新兴经济体的赢利和增长前景的下滑产生了显著的影响。1998 年俄罗斯的问题就是这些下滑的一个反映。

5.6 案例解析：1998 年俄罗斯危机

1998 年 8 月出现的危机是俄罗斯总体经济形势长期持续恶化的一个集中反映。在 1995 年至 1998 年间，俄罗斯借款者——包括政府和非政府的——曾经进入国际资本市场筹集大额资本。这些债务的还本付息很快就变成一个严重问题，因为美元债务需要它们赚取美元来还本付息。俄罗斯经常账户拥有一个健康的、令人吃惊的、每年 150 亿至 200 亿美元的顺差。然而，这些顺差并没有自动进入国内投资和外债的还本付息。当硬通货盈余流出的速度与流入的速度一样快时，资本外逃加速了。最终，在 1998 年春，俄罗斯的出口收入都开始下降。俄罗斯出口主要是以商品贸易为基础的，而 1997 年夏天和秋天暴发的亚洲经济危机使全球商品价格处于下跌趋势中。

俄罗斯货币卢布实行的是一种管理浮动制度。这意味着俄罗斯中央银行允许卢布在一个区间内进行交易。例如，在 1998 年 8 月 17 日前的那几周，波动区间是在 5.750 卢布兑 1 美元至 6.350 卢布兑 1 美元之间。在 1996 年、1997 年及 1998 年上半年，汇率波动区间一直在持续地进行调整。从理论上说，中央银行允许汇率及相关的波动区间每月以 1.5% 的速度进行变动。这等于是中央银行自动地宣布它每天愿意买卖卢布的官方汇率，它总是在官方规定的区间内。当卢布汇率处于区间极限的压力下时，中央银行就通过使用国家的外汇和黄金储备买卖卢布——通常是买卢布——来干预市场。20

世纪90年代卢布的稳定性被认为是叶利钦总统唯一看得见的成功。但尽管有1998年7月国际货币基金提供的43亿美元的贷款,在该年的8月,卢布仍然处于风雨飘摇之中。

5.6.1 八月风暴

1998年8月7日星期五,俄罗斯中央银行宣布其硬通货储备在7月的最后一周下降了8亿美元,降至7月31日184亿美元的水平。总理克里杨科说,俄罗斯将额外发行30亿美元的外债来帮助偿还其日益上升的债务,这比原来计划的规模整整增加了10亿美元。然而,卢布仍继续在Rub 6.24/$至Rub 6.26/$的狭窄区间内进行交易。

8月10日,星期一,因为投资者担心中国货币(人民币)贬值,俄罗斯股票下跌超过5%。人民币是1997年和1998年两年中唯一没有贬值的主要亚洲货币。贬值将帮助中国出口打击俄罗斯出口销售额。整个这一年,全世界的分析师都认为,国际市场在等着看俄罗斯政府是否会按照它向IMF承诺的那样加税。俄罗斯石油公司被政府公开警告必须上缴以往拖欠的税收。(1998年,俄国税收大概每月略高于10亿美元,小于纽约市的规模。)在那一周的星期三之前,因为政府连续第三周取消了政府债务的拍卖,俄罗斯的融资选择空间进一步缩小了。在国际市场上,俄罗斯发行在外的2001年到期的欧洲债券价格已连续六天下跌了,其收益率(隐含的借款成本)上升了350个基点,升至23.6%。卢布贬值至Rub 6.30/$。

8月13日,星期四。这一天,政府高级官员举行了一系列的新闻发布会,承诺政府将采取措施稳定市场,并向老百姓保证一切尽在掌握之中。

> 如果我们认为贬值是不可避免的,我们就不会采取我们现在所采用的措施。
>
> ——扎多尔诺夫,财政部长

扎多尔诺夫继续解释说,预计俄罗斯9月份将能从IMF得到另外43亿美元。分析师们相信,在本年度的余下时间里,俄罗斯有234亿美元到期需要偿付的内债,以及45亿美元的到期外债。尽管有财政部长扎多尔诺夫的讲话,莫斯科和圣彼得堡的股票和债券价格还是直线下滑。关于银行体系可能会崩溃的传闻传播开了。

8月14日,星期五,高级政府官员的记者招待会和承诺性申明还在继续。政府表示,恐慌是心理性的,而不是财政性的。他们还重复说,如过去几天中所发生的那样,政府有钱来满足本年度的所有债务。"一个稳定的卢布是经济摆脱通货膨胀的锚,"叶利钦总统行政办公室副主任列夫谢茨说,如果失去一个稳定的卢布,那"将会使我们的船再一次摇晃起来。其结果是众所周知的——令人反胃"。

整个星期五,俄罗斯中央银行仍一直在以Rub 6.30/$的价格进行卢布交易,但在莫斯科的许多非官方交易所,汇率则是Rub 7.00/$甚至更高。在古老的城市诺夫哥罗德,叶利钦总统说:

> 不会贬值——这是毋庸置疑的。(贬值)将预示着一场灾难,一切都将崩溃。与之相反,一切都将如它应该的那样。

"它应该的那样"后来被事实证明是贬值。8月17日星期一,水闸打开了。当天晚些时候，俄罗斯中央银行宣布允许卢布下跌34%，从Rub 6.30/$ 跌至约 Rub 9.50/$。有430亿美元的国内短期债务被推迟偿付，以便帮助政府渡过现金危机。作为对国际市场的最后一击，政府宣布对所有外债的偿付——包括俄国的银行和所有私人借款者所欠的债务——都推迟90天，以避免银行的崩溃。

8月18日，星期二，卢布继续下跌，很快就超过了Rub 9.50/$ 的极限值。从莫斯科到符拉迪沃斯托克的报道都显示，交易的报价已处于Rub 10.00/$ 至 Rub 12.00/$ 之间。国际商界也在争论俄罗斯债务清偿的推迟是不是事实上的违约。

货币贬值一直持续到随后的一周(见图表5.4)。8月27日，星期四，临时总理切尔诺梅尔金前往乌克兰去会见正在那里访问的IMF主席迈克尔·康德苏。自从卢布仅仅是前一天即从Rub 10.0/$ 跌至Rub 13.0/$ 后，随时都可以感觉到一种紧迫感。在相关的问题上，为了应对在卢布贬值管理问题上外界对其的批评，俄罗斯中央银行披露，在前面六周时间内，它已花费了88亿美元来捍卫卢布的价值。8月28日，星期五，在交易10分钟后，由于卢布在继续下跌，莫斯科外汇市场被关闭。

图表5.4　日汇率：俄罗斯卢布/美元

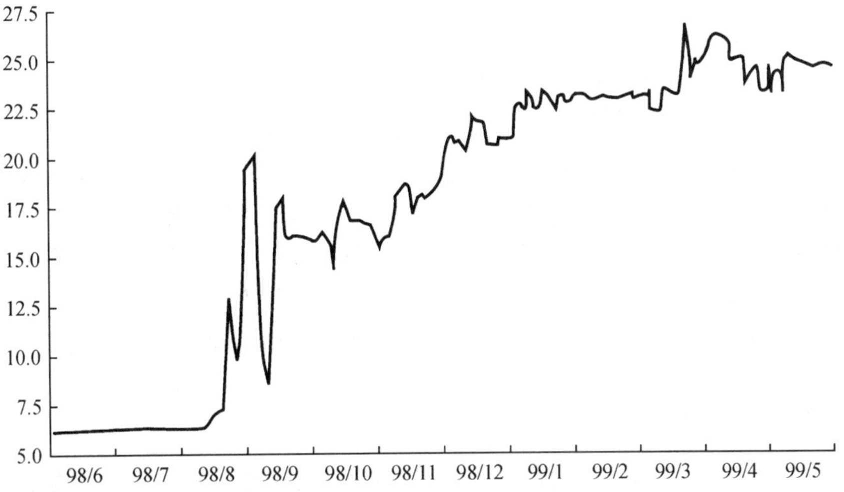

资料来源：Pacific Exchange Rate Service, http://fx.sauder.ubc.ca © 1999 by Prof. Werner Antweiler, Sauder School of Business, University of British Columbia, Vancouver, BC, Canada.

5.6.2　余波

很难说清楚一场危机是何时开始或何时结束的。但对俄罗斯人民和俄罗斯经济来说，经济条件的恶化仍在继续。如图表5.4所示，卢布在整个1998年后期都在持续下跌。在12月初，关于俄罗斯政府在印制钞票来清偿早就过期的政府雇员和养老金领取者负债的传闻更是在伤口上撒了一把盐。最终，低迷的卢布于1999年1月和2月才得以稳定下来，此时汇率大约为Rub 25.0/$。

1999年春季和初夏，俄罗斯政府进行了一系列的内外努力，以在不使国家进一步陷入困境的前提下,设法清偿自己发行在外的主权债务和私人债务。由俄罗斯政府发行的国内债券,即卢布债券,现已处于违约状态,偿还期无法确定。为了生存,最主要的任务是清偿美元债务,其中俄罗斯发行在外的欧洲债券又处于这一清单的最上端。还没有任何一个主权国家借款人在自己发行的欧洲债券上进行债务重组或违约。

可能更值得忧虑的是危机对俄罗斯社会所产生的影响。对很多人来说,卢布的崩溃和俄罗斯失去进入国际资本市场的能力将会使人们对自由市场经济的好处产生怀疑,而这正是西式民主的拥护者们所极力倡导的。

5.7 案例解析:2002 年阿根廷危机

> 现在,大多数阿根廷人都在批评腐败的政客和害人的洋鬼子。但很少有人审视自己的主流社会概念,如 viveza criolla(一种为那些个性狡猾、侥幸取胜的人喝彩的文化怪癖)。在大量的逃税现象背后的原因只有一个:每三个阿根廷人中就有一个是这样做的——而且许多人都以此为荣。
>
> ——Anthony Faiola, "Once-Haughty Nations's Swagger Loses Its Currency", *The Washington Post*, March 13, 2002.

阿根廷经济的起落历史上都是与阿根廷比索的健康与否联系在一起的。南美洲最南方的国家——很多时候它们更多地将自己看做欧洲的而不是拉美的——在 20 世纪 80 年代被恶性通货膨胀、国际债务和经济崩溃缠身。到 1991 年初,阿根廷人民就已经受够了。20 世纪 90 年代前期的经济改革是阿根廷人民的共同目标。他们对快速修复不感兴趣,而希望有一个持久的变化和稳定的未来。他们几乎就快要得到这些了。

5.7.1 货币局

1991 年,阿根廷比索被按 1:1 的汇率与美元固定下来。该项政策是对传统的货币币值确定方法的彻底背离。阿根廷采用的是**货币局**(current board),一种限制经济中货币增长——而不是仅仅承诺限制增长——的制度结构。在货币局制度下,一国的中央银行只有通过增加对硬通货储备的持有才可能增加银行体系中的货币供给。通过取消政府提高货币供给量增加速度的权力,阿根廷相信,这从源头上消除了破坏其生活水准的通货膨胀的根源。

这一理念是简单漂亮的,在很多方面甚至是过分简单的:将该国货币供给的增长率限制在本国吸收美元净流入的增长率上,而美元净流入源自贸易增长和总体顺差。这一处方既体现了审慎和保守的金融管理原则,也是一个消除政治家们(选举产生的和非选举产生的)实施判断(无论是好的还是坏的)的权力的决定。它是一个自动的、坚定不移的规则。从一开始,它就显示出其严格性的成本和收益。

图表 5.5 显示了衡量一国宏观经济表现的三大传统指标:国内生产总值(GDP)实

际增长率、通货膨胀率及失业率。但图表 5.5 也显示了货币局结构捉襟见肘的一面。尽管恶性通货膨胀确实是一个问题，而治疗方案却是一个限制性的货币政策，它会减缓未来几年的经济增长。经济增长放缓的首要的、最先发生的成本是失业。从 1991 年的近十年来的低失业率 6.3% 开始，失业率在 1994 年上升至两位数，然后就停留在这种水平上。实际 GDP 增长率在 20 世纪 90 年代初也处于 10% 以上的繁荣水平，但在 1998 年末即陷入萧条。GDP 增长在 1999 年和 2000 年陷入萎缩（分别为 -3.5% 和 -0.4%）。对 2001 年的初步估计显示，GDP 在进一步恶化：全年增长率为 -3%。

图表 5.5　　阿根廷的经济绩效，1991—2000 年

	1991	1992	1993	1994	1995	1996	1997	1998	1999	2000
实际 GDP 增长（%）	10.5	9.6	5.8	5.8	-2.8	5.5	8.2	3.9	-3.5	-0.4
失业率（%）	6.3	7.2	9.1	11.7	15.9	16.3	14.2	14.1	15.5	15.0
通货膨胀率（%）	172.0	24.6	10.6	4.3	3.3	0.2	0.5	0.9	-1.2	-0.9

资料来源：International Monetary Fund, Political Risk Services, Argentina Economic Development Agency.

作为政府对货币局框架下比索固定汇率的持续承诺的一部分，阿根廷的银行允许存款人以任何形式持有他们的货币——比索或美元。这种方法的目的在于对银行和政治体制提供一个以市场为基础的约束机制，并显示政府维持比索对美元币值平价的毫不动摇的决心。尽管许多人都认为这是一个建立信心的上优政策，但它最终却变成了阿根廷银行体系的灾难。

5.7.2　2001 年的经济危机

1998 年的衰退并没有结束。三年半以后，阿根廷仍处于衰退之中。到 2001 年，危机状况暴露了阿根廷经济中存在的三个非常重要的问题：(1) 阿根廷比索币值被高估；(2) 货币局制度消除了宏观经济政策的货币政策选择权；(3) 阿根廷政府预算赤字——以及寅吃卯粮的行为——已经失去控制。

阿根廷比索。比索确实已经被稳定下来了，但通货膨胀并没有被消除，而在全球市场评估一种货币币值时非常重要的其他因素——经济增长、公司赢利能力等——并不见得总是正面的。比索的币值不能随市场力量而变动，这导致许多人越来越相信它被高估了，且高估的缺口随着时间的推移而上升。

阿根廷北面的大邻国巴西在 20 世纪 80 年代和 20 世纪 90 年代初期也曾遭受超通货膨胀和国际债务等许多经济问题。1994 年 7 月，巴西引入了**雷亚尔计划**（Real Plan）来对此作出反应。[③] 雷亚尔计划正常运行了一段时间，但由于雷亚尔的官方价值与市场对其真实价值的估值之间的缺口日益扩大，最终于 1999 年 1 月走向崩溃。

到目前为止，巴西是阿根廷最大的贸易伙伴。然而，伴随着巴西雷亚尔的崩溃，巴

③　当时，巴西引入了一种新货币叫雷亚尔（reais）。然而，雷亚尔的货币并不与美元固定，而是以一个可预测的、事先承诺的日贬值率来钉住美元。这就允许雷亚尔随着巴西仍然高企的通货膨胀率和低增长率而相应地走弱，但其币值随时间的变化则受到了控制。

西消费者再也买不起阿根廷出口的产品了。简单地说,你需要用太多的雷亚尔才能买到1比索。事实上,阿根廷的出口已成为南美所有国家的最贵的产品,因为其他国家的货币在过去的十年中都相对美元存在边际意义上的贬值。但阿根廷比索没有。

货币局与货币政策。阿根廷越来越严重的经济增长不景气需要扩张性的经济政策,全国内外的许多政策制定者都这样认为。但货币局的基本前提就是,对金融体系的货币供给的扩张不能超过和快于经济体获取美元储备的能力。这一规则使货币政策无法作为制定宏观经济政策的途径,只能通过财政政策刺激经济。

政府预算赤字。然而,政府支出并未减缓。在失业率越来越高时,贫困和社会不稳定性增加,在阿根廷内政的中心布宜诺斯艾利斯和外围各省的政府都面临着日益扩张的支出要求,用来弥合经济和社会缺口。政府支出在继续增加,但税收却没有。更低的收入导致更低的所得税。

阿根廷随后转向在国际市场上为政府的赤字支出融资。如图表5.6所示,全国外债总规模在1997年和1998年开始大幅度上升。仅在2000年和2001年,由于获得IMF提供的几笔资本注入,才阻止了全国的外债总规模继续攀升。然而,这十年结束时,外债总规模事实上已翻了一番,而经济的赢利能力却没有同步提高。

图表5.6　阿根廷的债务和主要余额指标,1991—2000年

	1991	1992	1993	1994	1995	1996	1997	1998	1999	2000
外债(10亿美元)	65.4	71.9	60.3	69.6	68.2	105.2	123.2	139.0	149.0	123.7
经常账户(10亿美元)	-0.65	-5.49	-8.03	-11.22	-5.30	-6.94	-12.43	-14.55	-11.95	-8.90
预算余额(10亿美元)	-1.01	-0.07	-1.58	-1.88	-1.42	-5.24	-4.35	-4.15	-8.13	-6.86

资料来源:International Monetary Fund, Political Risk Services, Argentina Economic Development Agency.

在图表5.6中还可以看到,阿根廷在将经常账户转为顺差上的努力失败了。尽管这一失败并不令人感到意外,但相对其主要南美邻国,由于其货币被高估,只有通过实现贸易顺差,阿根廷才有可能赚得额外的美元储备,并允许其放松货币政策约束。

最终,政府预算赤字还在继续增加。持续的萧条需要联邦政府和地方政府大量的财政支出。政府支出越来越依赖国际资本来融资。国际投资者们开始怀疑阿根廷有没有偿还这些债务的能力。

5.7.3 社会反响

当经济情况继续恶化时,银行遭受了日益严重的挤兑。担心比索会贬值的储户排成长队来提取自己的存款,包括阿根廷比索现金余额和美元现金余额。比索被兑换成美元,这再一次对货币崩溃火上浇油。由于担心日益严重的财务困境会导致银行崩溃,政府于2001年12月1日关闭了银行,以努力避免现金和资本逃出阿根廷。消费者每周取款不能超过250美元,并被要求使用借记卡和信用卡进行购物和日常交易。

2001 年 12 月，布宜诺斯艾利斯街道上的骚乱加大了快速进行变革的需求。在 2002 年新年到来之际，两周内的第二任总统费南多（Fernando de la Rua）又被迫下台。他的继任者是一位庇隆主义者阿道夫（Adolfo Rodriguez Saa）总统，但他也仅在做了整整一个星期的总统后就被迫下台。然而，阿道夫总统却留下了他的遗产。在他担任阿根廷总统的一周内，阿道夫总统宣布了历史上最大的一笔主权债违约。阿根廷宣布，它将不能履行其 1 550 亿美元主权（政府）债务的到期利息偿付义务。

两周多以后，阿道夫被第五任总统杜哈德（Eduardo Duhalde）继任。作为 1999 年的总统候选人和布宜诺斯艾利斯省的参议员，杜哈德受命于危难之际。他随即被授予拯救阿根廷经济体系的紧急权力。

5.7.4　贬值

2002 年 1 月 6 日，星期日，作为杜哈德总统上任后的第一个行动，他将比索从 Ps 1.00/$ 贬值至 Ps 1.40/$ 。人们希望比索贬值能够安抚人们紧张的神经。

但经济困境还在持续。贬值两个星期后，银行仍然没有开门营业。布宜诺斯艾利斯之外的大多数州政府基本上都已不名一文了，而且没有融资资源，只能开始印制自己的钞票——*script*，一种省级政府发行的期票。省级政府已经没有多少选择——阿根廷经济已经接近完全崩溃，因为人民和企业已经无法弄到钱来完成自己生存所需的日常商业交易。

但期票只能部分地解决问题。因为这些票据是省级政府而不是联邦政府发行的期票，人民和企业不愿意接受其他省份发行的票据。商店的货架上是空的，尽管消费者能够购买已摆在货架上的商品，但商家却无法为区域性、全国性或国际性的供应商提供可接受的支付手段。人们被套牢在自己的省份内，因为他们所拥有的钱在外部世界不能用于交换商品、服务、旅行或其他任何东西。

2002 年 2 月 3 日，阿根廷政府宣布比索实行浮动制。政府不再试图固定或管理其币值确定在任一特定水平，而是允许市场去发现或制订汇率。比索的币值然后开始了一个逐步的贬值过程。④

随着时间的推移，国家面临着社会、政治和经济崩溃等一个接一个的问题。银行和银行家日益成为人们愤怒的目标。当银行破产时，企业和它们一起破产。在 2 月和 3 月，一系列越来越多的对非法交易和金融欺诈的调查充斥着布宜诺斯艾利斯的新闻头条。2002 年 2 月和 3 月，由于 IMF 要求阿根廷加大对膨胀的政府财政赤字和银行管理不当进行财政改革的力度，IMF 和阿根廷进行了一系列持久的谈判。IMF 本身也越来越成为阿根廷人民不满的目标。

2002 年 3 月 24 日和 25 日，由于大量的卖压，比索再一次受到冲击。在一个长期被认为是南美最富有、最发达的国家中，人们越来越反对所有的政治家、所有的银行和金融服务的提供者，而且在很多情况下这种反对和不满是相互的。比索崩溃之路已显示

④　当一种处于固定汇率制度下的货币被官方宣布相对于某一基准货币币值下降时，被称为主动贬值（devaluation）。当一种在外汇市场上自由浮动的货币的币值向下变动时，被称为币值下跌（depreciation）。（在译文中，我们通常未作严格区分，大多数时候都通译作“贬值”。其具体含义请读者根据上下文来理解。——译者注）

在图表 5.7 中。2002 年春天,对阿根廷来说,真是一个多事之秋。

图表 5.7 日汇率:阿根廷比索/美元

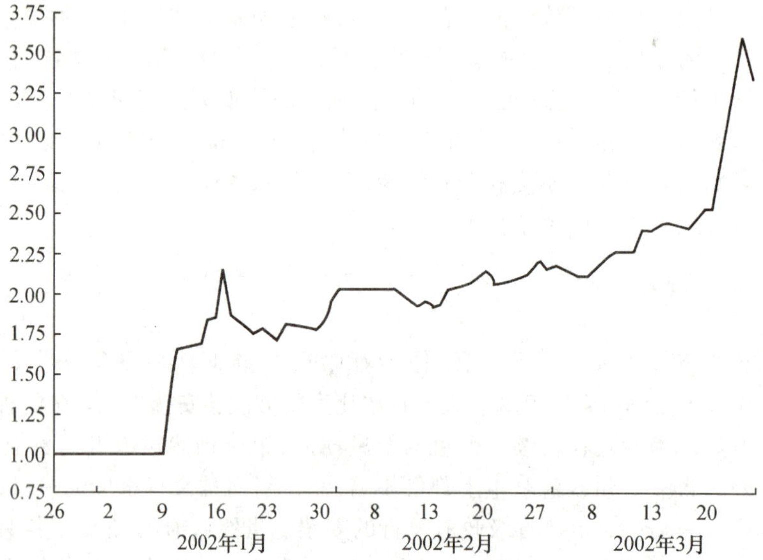

资料来源:ⓒ2002 by Prof. Werner Antweiler, University of British Columbia, Vancouver BC, Canada. Time period shown in diagram: Dec. 26, 2001 – Mar. 26, 2002.

哈佛教授和美国总统经济顾问委员会成员马丁·费尔德斯坦概括了从阿根廷的故事中得到的惨痛教训。

> 事实上,阿根廷人至少也像 IMF 官员那样理解他们正在进行的冒险行动。他们所冒的是一种经过计算的、有可能产生好的结果的风险。然而,IMF 官员的确曾鼓励阿根廷继续保留固定汇率和货币局。尽管 IMF 和几乎所有的外部经济学家都相信,浮动汇率比"固定但可调整的"汇率制度更为可取,因为在后一种制度中,政府会识别它必须偶尔进行贬值的时机,但 IMF(以及一些外部经济学家)相信,实行完全固定汇率的货币局制度(在国际金融术语中称为"硬汇率钉住")是一个经济体中长期可行的政策。阿根廷的经验证明,那是错误的。⑤

图表 5.8 概括了阿根廷危机前后的许多政治和经济事件。

图表 5.8 阿根廷危机中主要事件的时间表

1999 年 12 月 10 日	费南多总统就职,继承了持续的衰退和扩散的金融危机。下台总统 Menem 的政策因为使社会环境和腐败文化恶化而受到广泛的批评。
2000 年 5 月 29 日	阿根廷政府宣布削减政府预算 9.38 亿美元,以满足平衡预算的财政目标。
2000 年 12 月 18 日	阿根廷宣布其金融债务市值高达 400 亿美元,这引发了国际社会对该国国际债务违约的忧虑。

⑤ Martin Feldstein, "Argentina's Fall", *Foreign Affairs*, (March/April 2002) vol 81, Issue 2, pp. 8—14.

（续表）

2001 年 3 月 20 日	引入货币局制度(1991)的总设计师 Domingo Cavallo 重返政府为重振经济增加援手。他后来宣布了一系列的将拯救 20% 产业的放松管制措施。
2001 年 7 月 18 日	公众抗议风起云涌，起因在于政府为使阿根廷满足获得额外贷款所需要的 IMF 条件，宣布将预算和公共援助项目削减 15 亿美元。
2001 年 8 月 21 日	IMF 同意增加 80 亿美元的金融援助，以支持阿根廷在大量资本外逃后的空竭的货币储备。
2001 年 12 月 1 日	政府关闭银行。
2001 年 12 月 5 日	由于对阿根廷 2002 年的政府预算内容存在着许多不同意见，IMF 拒绝提供 12.6 亿美元分期偿还的贷款。
2001 年 12 月 19 日	由于成千上万失业工人在布宜诺斯艾利斯进行暴乱，要求提供食品及总统辞职，政府宣布进入戒严状态。
2001 年 12 月 20 日	费南多总统及其政府倒台。布宜诺斯艾利斯的暴乱升级。
2001 年 12 月 29 日	庇隆主义总统阿道夫仅上任了一周，然后也被迫下台。阿道夫总统宣布了历史上规模最大的主权债务违约：阿根廷将不再为自己价值 1 550 亿美元的主权公共债务进行利息偿付。
2002 年 1 月 1 日	爱德华多·杜哈德两周后成为阿根廷的第五任总统。他随即被授予处理越来越严重的政治和经济危机的紧急权力。
2002 年 1 月 6 日	在杜哈德就任总统后的第一个法案中，他将比索从 Ps 1.00/$ 贬值至 Ps 1.40/$。
2002 年 2 月 1 日	在与联邦政府进行了为期几周的交涉之后，阿根廷最高法院宣布长达两个月的银行关闭是不符合宪法的，敦促政府在 2 月 4 日（星期一）重新开放银行。
2002 年 2 月 3 日	星期天，政府宣布对阿根廷经济调整的方向进行修正。比索将立即可自由浮动，这结束了一个月的官方双轨制汇率体系。银行在星期一和星期二将会关闭。所有以美元形式持有的银行准备金都将以不同的汇率兑换成比索。政府继续凌驾于最高法院之上，这为国家的宪政危机埋下了隐患。
2002 年 3 月 26 日	比索浮动至 Ps 3.50/$。

5.8 实践中的预测

除了图表 5.1 中列举的三种主要预测方法之外，从事预测的业内人员还使用**技术分析**(technical analysis)。

5.8.1 技术分析

技术分析师传统上被称为图表分析师。他们主要集中于根据价格和交易量数据来确定过去的趋势，并预期这些趋势在未来还将持续。技术分析中唯一最为重要的元素是，未来汇率是以当前的汇率为基础的。与股票价格汇率一样，汇率运动可以被分为三个周期时段：(1) 日常波动，它看起来是随机的；(2) 短期波动，从几天到几个月不等；(3) 长期运动，它是以长期向上和向下的趋势为特征的。最近的研究表明，浮动汇率下货币波动中长期“波浪”有可能存在。由于这一原因,长期技术分析颇为流行。

预测的时间区间越长,预测很可能就越不准确。由于长期预测必须依赖于汇率决定的经济基本面,来自企业的许多预测需求所设定的时间区间都是长期和中期的,不需要太多的理论方法就可以进行。时间序列技术不能推出任何理论或因果关系,而只是简单地从近期的过去值去预测未来值。预测者们可以自由地对基本分析和技术分析进行组合,这大概是因为预测像是玩马蹄铁:拣最靠近的数字! **金融实务专栏 5.2** 提供了最近的一个实验,对技术预测与基本面预测进行了对比。

金融实务专栏5.2

GLOBAL FINANCE IN PRACTICE

技术面还是基本面交易策略

伦敦经济学院的经济学家们对技术分析做了一个实验,并得到了有趣的结果。学生们被分为两组:一组学生有来自专业图表预测服务的货币交易策略指导,而另一组则没有。两组学生交易员所得到的总收益率差不多相同,但使用技术分析的组所得到的收益标准差则小得多。看起来好像是使用技术分析策略的学生避免了不利的交易策略,而那些使用纯基本面的学生则没有。技术分析跟踪了趋势,而基本分析则没有。

资料来源:Riccardo Curcio and Charles A. E. Goodhart, “When Support/Resistance Levels Are Broken, Can Profits Be Made? Evidence from the Foreign Exchange Market”, *London School of Economic Discussion Paper*, No. 142, July 1992.

5.8.2 预测服务

市场上存在着许多的外汇预测服务,其中很多都是由银行和独立的咨询商提供的。此外,一些跨国公司也拥有它们自己内部的预测能力。预测可以基于精心设计的计量经济模型、图表和趋势的技术分析、直觉,以及对情绪的某种度量来进行。

任何一种预测服务是否值那笔钱,部分地取决于预测的动机和所需要的预测精度。例如,长期预测有可能是导源于一家公司要在日本进行直接投资的意图,或者可能是需要筹集以日元为面值的长期资金。或者,一个证券投资管理者可能考虑在长期内分散投资于日本证券。预测的时间跨度越长,预测就越不精确,而且不那么关键和重要。预测者通常是使用年度数据来展示像日本通货膨胀、经济增长和国际收支那样的经济基本面的长期趋势。

短期预测通常可能是受到三个月之类的时间周期内应收、应付或红利一类的收益进行套期保值的动机驱使的。在这种情况下,长期经济基本面的影响可能不如市场技术因素、政府干预、新闻以及交易商和投资者的短期冲动的影响来得重要。预测的精确度非常重要,因为许多汇率波动都是相对较小的,尽管每日的波动性可能很高。

预测服务通常要为长期预测而进行基本的经济分析，而有些服务商会在同样的基本模型基础上进行他们的短期预测。其他人则将他们的短期预测基于技术分析，如同在证券分析中所做的那样。他们试图将汇率变动与各种其他变量联系起来，而不管这种相关性背后有没有相应的经济原理作为支撑。这些预测是否有用并能获利，取决于你是否相信外汇市场是有效的。市场越有效，汇率就越有可能是“随机游走”，即过去的价格行为不能为未来提供任何线索。外汇市场越无效，则预测者就越有可能很幸运地捕捉到某种关键性的关系，至少在短期内如此。然而，如果这种关系是持续的，则其他人马上也会发现它，而市场则就会相对这一条信息而变得有效起来。

图表 5.9 概括了各种不同的预测区间、方法和作者对所偏好的方法的看法。然而，这些意见随时可能会变，恕不另行通知！（记住，如果作者能够很有规则地预测汇率的变化，我们肯定就不会写书了。）

图表 5.9　　实践中的汇率预测

预测期限	汇率制度	推荐预测方法
短期	固定汇率	1. 假定维持固定汇率 2. 固定汇率压力指标 3. 资本管制；黑市汇率 4. 政府维持固定汇率的指标 5. 官方外汇储备变动
	浮动汇率	1. 体现趋势的技术方法 2. 远期汇率作为预测工具 　(1) <30 天：假定服从随机游走 　(2) 30—90 天：远期汇率 3. 90—360 天：结合趋势和基本分析法 4. 考虑通货膨胀的基本分析法 5. 与汇率目标有关的政府态度和协议 6. 与其他国家的合作协议
长期	固定汇率	1. 基本分析法 2. BOP 管理 3. 控制国内通货膨胀的能力 4. 使用硬通货储备进行干预的能力 5. 实现贸易盈余的能力
	浮动汇率	1. 关注通胀基本面和 PPP 2. 一般经济健康指标，如经济增长和稳定 3. 长期趋势的技术分析法；体现长期技术“波浪”可能性的新研究成果

5.8.3　预测中的套算汇率一致性

国际财务管理者们必须经常预测他们本国货币相对于企业运作的一系列国家的汇率，这不仅是为了决定是否进行套期保值或者是否作出一项投资，也是为使用本国货币准备在多国范围内进行营运预算准备的不可或缺的部分。这些营运预算是用来判断国外子公司管理者绩效的工具。检查隐含在单一预测中的套算汇率的合理性,可用来对原始预测的合理性进行检查。

为便于说明,假设美国母公司总部办公室预测一年后日元对美元的汇率为 ¥105/$,而英镑汇率为 $1.85/£。这就形成了一个隐含的一年期即期汇率为 ¥194.25/£。然而,日本和英国的财务经理都有很好的理由预测一年后即期汇率为 ¥190.00/£。

显然,两个外国子公司经理(预测 ¥190.00/£)和总部办公室(隐含地预测 ¥194.25/£)不可能同时是正确的。协调这种相互冲突的预测的时间是现在,而不是在一年后日本和英国的经理宣称他们的相对预算的业务比美国总部所度量的更好之时。此外,检查隐含套算汇率的合理性是改进预测过程精确性的一个练习过程。

5.8.4 预测:应该考虑什么

显然,由于理论和实践的多样性,预测未来的汇率看起来是一件令人生畏的工作。下面是对我们的思想和经验的一个综合:

- 从过去数十年中理论和经验研究的结果看,汇率好像遵从我们在前面的章节中所概括的这些基本原理和理论。基本面在长期确实起作用。因此,一种货币的币值确实存在**基本均衡路径**(fundamental equilibrium path)一类的东西。
- 在短期内,好像如随机事件、制度摩擦和技术因素等都可能导致货币币值显著地偏离它们的长期基本路径。这种行为有时被称为**噪音**(noise)。因此,显而易见的是,我们可能会预测对基本路径的偏离不仅会发生,而且是以一定的规则和在相对较长的时间内发生。

图表 5.10 显示了预测思想的这种综合。货币的长期均衡路径——尽管是采用回溯的方法才能够更好地定义它——在短期内并不总是显而易见的。汇率本身可能会以某种循环或波浪的形式偏离其长期路径。

图表 5.10 区分短期噪音与长期趋势

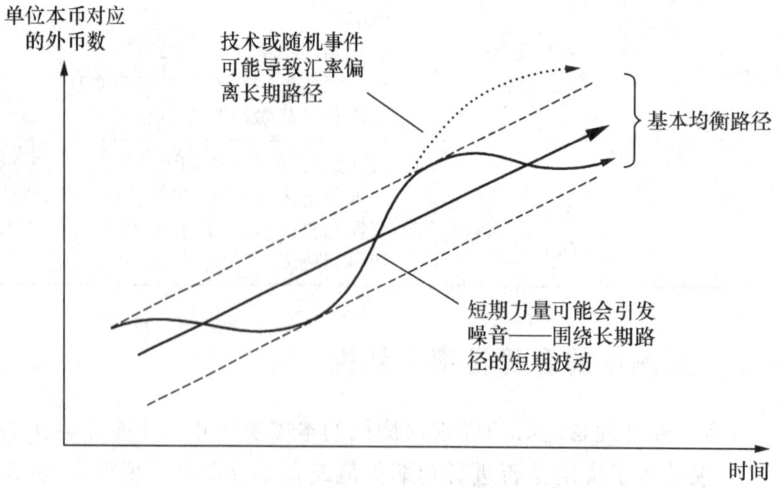

如果市场参与者在总体的长期路径上能达成共识,并拥有**稳定化预期**(stabilizing expectations),则货币的价值会周期性地回复到其长期路径。然而,重要的是,当货币币值升至长期路径之上时,大多数市场参与者会认为它被高估了,并以卖出该货币的方式作为回应,这将导致其价格下跌。类似地,当货币价值跌至其长期路径之下时,市场参与者将通过买入该货币而驱使其价值上升。这就是**稳定化预期**的含义:作为对货币偏离其长期路径的回应,市场参与者必须持续通过买卖来使货币币值回复到长期路径。

如果由于某种原因,市场变得不稳定了,如图表5.10中虚线所示的偏离路径那样,则汇率可能会较长时间地显著偏离长期路径。这些非稳定化波动的原因,如基础设施(例如银行体系)过弱,以及一些反映经济行为的政治或社会事件,通常都是投机行为和无效市场的结果。**金融实务专栏5.3**展示了在进行短期汇率运动时经常会组合采用的一些观点。

金融实务专栏5.3

GLOBAL FINANCE IN PRACTICE

货币趋势:2006年1月4日,星期三

英国哥伦比亚大学的Werner Antweiler教授在其太平洋区汇率服务网站上提供了加元对美元、德国马克、日元和英镑30天和60天的汇率趋势。他特别指出"这些趋势不是预测。它们并没有预测未来,而只是显示了当前的趋势,这些趋势随时可能会因为新信息的到来而中断"。

他在对60天趋势预测中所使用的方法描述如下:"在60天趋势图中,蓝色实线描述的是汇率的趋势部分,浅蓝色区域给出了95%的置信区间。趋势预测中使用了二次趋势模型和自回归模型,即所谓的分步自回归模型。趋势部分假定能抓住长期行为,而自回归部分假定能抓住短期行为。每个序列的模型中包含的自回归参数都是通过分步回归法来选取的,使得自回归参数仅包含那些统计上显著的滞后项。由于趋势和自回归参数是依次而不是同时计算的,因此,在理论上存在着对这种方法的反对意见。然而,趋势的获得在计算上是经济的,只要在SAS语言中用PROC TREND来实现。

30天趋势图是以在通道内汇率运动的"游程"为基础的。这实质上是一种直观的趋势分析技术。通道的构建以尽可能长且尽可能窄为原则。长度与宽度之间的替代关系通过趋势分析者定义的一个得分函数来确定。计算过程可通过作者用SAS语言所开发的代码用PROC IML来实现。

太平洋汇率服务公司位于加拿大温哥华。警告：在汇率趋势或预测是精确的、有用的，与任何经济理论相一致的、可靠的，或与任何一种适用标准相一致，或者它们会满足任何一种应用所提出的要求方面，我没有作出任何保证、表示或暗示。在从事任何可能会形成人身伤害或财产损失的货币交易时，这些预测不应该被作为决策依据。如果你以这种方式来使用这些预测，你自己须承担风险。我对所有从使用这些预测所产生的直接或间接后果免除责任。

资料来源：http://fx.sauder.ubc.ca/trends.html. 访问时间：2006年1月4日。

5.8.5 汇率动态学：理解市场运动

尽管围绕汇率决定的几种理论是清晰而合理的，但在日常波动的意义上，似乎货币市场对理论并不感兴趣——他们根本就不读这些书！困难之处在于理解在哪一时间点上有哪个基本面因素在驱动市场。

对汇率动态学的这种相对混淆是一个被称为**超调**（overshooting）的现象。如图表5.11所示，假设美元和欧元当前的即期汇率为S_0。美联储宣布实行扩张的货币政策，削减美元利率。如果欧元利率保持不变，则外汇市场在利率差的基础上所预期的新即期汇率为S_1。汇率的这种即时变动是市场对新闻作出反应的典型模式，这些新闻包括可观察到的特殊的经济和政治事件。因此，美元对欧元价值的即时变动就是基于利息差的。

图表 5.11　**汇率动态:超调**

如果美联储宣布货币政策变动,即扩大货币供应增长,则它可能导致汇率的“超调”。

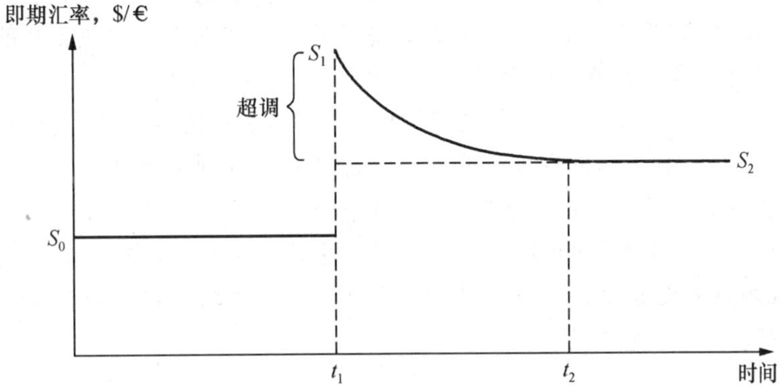

美联储在时间 t_1 宣布进行货币扩张。这一消息会立即导致美元利率下降。外汇市场会马上通过使美元从 S_0 贬值至 S_1 来对这种低美元利率作出反应。新的汇率是以**利息差**为基础的。然而,在未来的数天或数周内,将货币政策行为的基本价格效应对经济发挥作用时,**购买力平价**将会成立,市场将会(在时间 t_2 之前)朝美元长期估值的方向变动,该值为 S_2,它显示的是一个相对 S_0 更弱的美元,但比 S_1 的初始点要强。

然而,随着时间的推移,货币政策变动的价格影响开始在经济中发挥作用。在中长期内,当价格变化发生时,购买力平价的力量将驱使市场动态变化,即期汇率也将从 S_1 移动至 S_2。尽管 S_1 和 S_2 都是市场决定的汇率,它们却反映了不同的理论原理。结果,美元初始较低的价值 S_1 通常被解释为对长期均衡值 S_2 的**超调**。

这当然仅是一种可能的事件和市场反映的序列。货币市场受到每天甚至每一小时的新的消息的影响,这使得预测短期内的汇率变动非常困难。如此处所示,在更长的时间内,市场通常会回归到汇率决定的基本面上。

小案例

摩根大通预测的精确性⑥

Veselina (Vesi) Dinova 在 Teknekron(美国)的主管要她评估一下她公司主要的金融服务提供商摩根大通(JPMorgan Chase, JPMC)对汇率所作预测的精确性。Vesi 将精力集中于公司业务运作所涉及的三种主要货币:美元、欧元和日元。Teknekron 在其大多数货币顾问服务方面几年来一直依赖 JPMC,JPMC 提供的预测经常在公司的销售和采购决策中得到应用——包括定价。然而,近几年来欧元相对美元的升值提升了公司

⑥ 本案例研究中所采用的汇率数据,包括实际值和预测值,都是取自每季度一期的《经济学家》(*The Economist*)纸制版。如《经济学家》所指明的,汇率预测数据的来源是摩根大通银行。

对这些预测准确性的关注。评估这些预测的精确性就是现在 Vesi 面临的任务。

Vesi 首先关注的是美元对欧元的即期汇率,她以 90 天为间隔,将 2002—2005 年 JPMC 提供的预测和实际即期汇率制成图表。如图表 A 所示,结果是令人振奋的。尽管 JPMC 在 2002 年 5 月和 11 月都成功地吻合了实际即期汇率,但预测误差和变动方向的规模好像都在随时间而增加。

最令 Vesi 感到担忧的是,在 2004 年的大部分时间,JPMC 都出现了方向性的错误。2004 年 2 月,他们预测即期汇率将从目前 \$1.27/€的汇率变动至 \$1.32/€,但实际上,美元在随后的三个月中却出现了显著的升值,最终收盘于 \$1.19/€。这实际上是一个巨大的差距。尽管 Teknekron 在外汇定价中使用了实际即期汇率和预测汇率的加权平均(在本例中是欧元),但方向性的错误使公司得到的是一个比实际值弱得多的美元平均汇率。买方被激怒了。

图表 A　　**月平均汇率:欧元/美元**

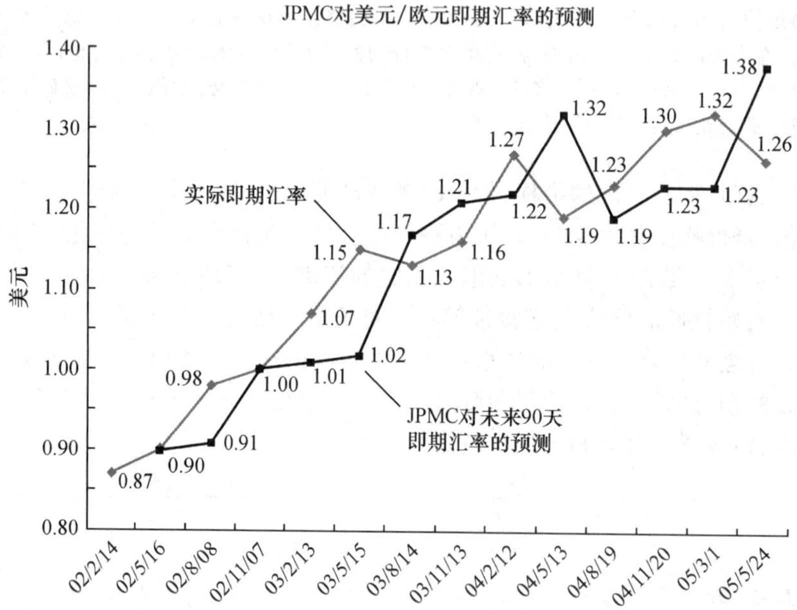

虽然 Teknekron 的大部分销售集中于北美和欧洲(因此采用欧元定价),但其原材料来源则仅限于美国和日本。Teknekron 的日本供应商对日元发票金额提供 3% 的折扣,这是 Teknekron 一直很愿意接受(折扣)和提供(日元支付)的。但这种方式要求 Vesi 的公司很好地管理和控制好其商品销售成本——包括日元成本。

Vesi 现在转向 JPMC 对日元的预测精度问题。图表 B 为这一分析提供了一个概览。又一次出现了类似的问题:尽管美元相对日元持续下跌,但预测的准确性——至少在图上肉眼看来——不那么乐观。最近的一年季度汇率已收于 ¥108/\$,而预测值却在追随之前的趋势,定位在 ¥96/\$。

图表 B 月平均汇率：日元/美元

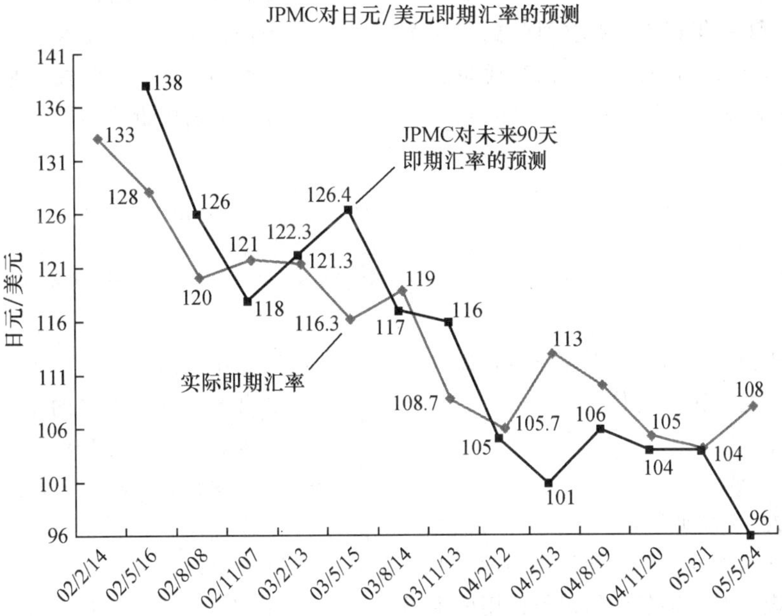

案例思考题

1. 你会如何对这些预测的统计精确度作实际的评价？如果 Vesi 使用当前的即期汇率作为对未来即期汇率的预测(90 天后)，情况会更好吗？

2. 预测未来显然是一件令人灰心的挑战。如果综合考虑各种因素，你认为 JPMC 做得如何？

3. 如果你是 Vesi，你会对 JPMC 即期汇率预测的相对准确性作何评论？

小结

◎ 预测的资产方法认为，外国人是否愿意以货币形式持有其要求权，部分取决于相对实际利率，部分取决于一国经济增长和赢利前景。

◎ 作 年以上的长期预测要求回归到汇率基本面的基本分析，如 BOP、相对通货膨胀率、相对利率，以及购买力平价的长期性质等。

◎ 技术分析师（图表分析师）集中于分析价格和成交量数据，以确定过去的趋势，并预期其未来还将继续。

◎ 汇率预测在实践中往往是汇率基本分析和技术分析的混合运用。

◎ 亚洲货币危机从其来源及其对汇率决定的影响来说主要是国际收支危机。经济金融基础的薄弱、公司治理问题及投机也是促其发生的因素。

◎ 1998 年的俄罗斯卢布危机是投机压力的一个复杂组合，它可由汇率决定的资产方法作出最为合理的解释。

◎ 2002 年的阿根廷危机可能是国际平价条件非均衡（通胀率差异）和国际收支非均

衡(经常账户逆差和金融账户外流的结合)相结合的产物。

◎ 长期预测(一年以上)要求回归到汇率基本面的基本分析,如 BOP、相对通货膨胀率、相对利率,以及购买力平价的长期性质等。

◎ 技术分析师(图表分析师)集中于分析价格和成交量数据,以确定过去的趋势,并预期其未来还将继续。

◎ 汇率预测在实践是往往是汇率基本分析和技术分析的混合运用。

思考题

1. **不同期限预测**。对下列汇率进行短期和长期预测的主要区别是什么?
   a. 固定汇率。
   b. 浮动汇率。
2. **汇率动态**。"超调"这一术语是什么意思?它是什么因素导致的?如何得到矫正?
3. **基本均衡**。对一种货币的币值使用的术语"基本均衡路径"指的是什么?"噪音"又是指什么?
4. **预测的资产市场方法**。解释资产市场方法如何用于预测未来的即期汇率。预测中的资产市场方法和 BOP 方法有何不同?
5. **技术分析**。解释技术分析如何用于预测未来的即期汇率。预测中使用的技术分析法和 BOP 方法及资产市场方法的区别是什么?
6. **预测服务**。市场上存在着多种汇率预测服务。Carleton 公司的首席财务官 Caitlin Kelly 正在考虑是否要以每年 2 万美元的价格订购其中的一种服务。这一价格包括对预测服务的电脑化计量汇率预测模型的在线进入权限。在作出是否需要订购这种服务时,Caitlin Kelly 应该考虑哪些因素?
7. **预测中的套算汇率一致性**。解释跨国公司使用的"套算汇率一致性"是什么意思。跨国公司在实践中如何对套算汇率一致性进行检查?
8. **基础设施不足**。基础设施不足是 1997 年发生在泰国的新兴市场危机的成因之一。给出基础设施不足的定义,并解释它如何能影响到一国的汇率。
9. **基础设施强势**。解释为什么强有力的基础设施有助于抵消美国经常账户中的巨额 BOP 逆差。
10. **投机**。1997—2002 年的新兴市场危机由于投机猖獗而恶化。投机者们是导致这种危机的因素,还是仅仅是对市场走弱信号的一种反应?一国政府应如何管理外汇投机?
11. **外商直接投资**。新兴市场中外商直接投资进出的波动加大了汇率的波动性。描述在过去 10 年中发生的一个具体历史案例来说明这一现象。
12. **1997 年泰国危机**。1997 年泰国危机的主要成因是什么?从中可以吸取什么教训?泰国最终采取了什么措施来促进经济的正常化?
13. **1998 年俄罗斯危机**。1998 年俄罗斯危机的主要成因是什么?从中可以吸取什么教训?俄罗斯最终采取了什么措施来促进经济的正常化?
14. **2001—2002 年阿根廷危机**。2001—2002 年阿根廷危机的主要成因是什么?从中可以吸取什么教训?阿根廷最终采取了什么措施来促进经济的正常化?

练习题

1. **巴西雷亚尔**。巴西雷亚尔(R\$)1999 年 1 月 11 日(星期一)的币值是 R\$1.21/\$。1999 年 1 月 15 日(星期五),其币值跌至 R\$1.43/\$。其币值变动百分比是多少?
2. **土耳其里拉**。土耳其里拉(TL)在 2001 年 2 月的一场严重的政治和经济危机中被政府官方宣布贬值。土耳其政府于 2001 年 2 月 21 日宣布里拉贬值 20%。2 月 20 日的即期汇率为 TL 68 000/\$。
   a. 在贬值 20% 后,其汇率是多少?
   b. 三天内里拉急速跌至 TL 100 000/\$。与贬值前的汇率相比,这一变动的百分比是多少?
3. **墨西哥比索**。墨西哥比索(Ps)1994 年 12 月 20 日的交易汇率是 Ps 3.30/\$。第二天,墨西哥政府将其贬值至 Ps 5.50/\$。此次贬值的百分比是多少?
4. **俄罗斯卢布**。俄罗斯卢布(R)1998 年 8 月 7 日的交易汇率为 R 6.25/\$。至 1998 年 9 月 10 日,其币值已跌至 R 20.00/\$。其币值变动的百分比是多少?
5. **泰铢**。泰铢(Bt)于 1997 年 7 月 2 日被泰国政府从 Bt 25/\$ 贬值至 Bt 29/\$。此次泰铢贬值的百分比是多少?
6. **厄瓜多尔苏克雷**。厄瓜多尔苏克雷(S)在整个 1999 年遭遇了恶性通货膨胀的压力。其币值从 S 5000/\$ 贬至 S 25000/\$。请问其币值变动的百分比是多少?
7. **阿根廷比索预测**。如下页图中所示,阿根廷比索在 2002 年 1 月初的几天内从 Ps 1.00/\$ 的固定汇率贬至 Ps 2.00/\$。经历一个较短的高波动阶段后,比索的币值好像平静下来,稳定在 Ps 2.00/\$ 至 Ps 2.50/\$ 的区间内。如果你正在对阿根廷比索的未来走势进行预测,你会如何使用图中的信息(在宣布贬值后的几周,比索币值可自由浮动)来预测其未来币值?

下面的经济金融指标取自 2005 年 7 月 9 日的《经济学家》(见附表)。使用这些指标回答问题 8 至问题 17。

8. **当前的即期汇率**。当前,下列货币间的即期套算汇率是多少?
   a. 日元/美元
   b. 日元/澳元
   c. 澳元/美元
9. **购买力平价预测**。假设消费价格的预期变化是最好的预期通货膨胀度量指标,使用购买力平价理论预测一年后的即期汇率。
   a. 日元/美元
   b. 日元/澳元
   c. 澳元/美元
10. **国际费雪效应预测**。使用国际费雪效应,依据最近的两年期政府债券利率是应用国际费雪效应最适用利率这一事实,预测一年后的即期汇率。
    a. 日元/美元
    b. 日元/澳元
    c. 澳元/美元
11. **隐含实际利率**。使用最近的两年期政府债券利率和消费价格的预期变动来预测下列货币的实际利率:
    a. 澳元
    b. 日元
    c. 美元

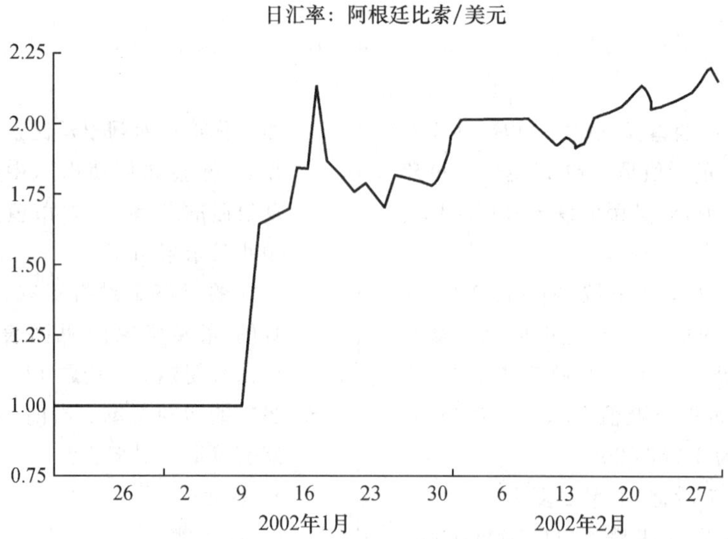

资料来源：© 2002 by Prof. Werner Antweiler, University of British Columbia, Vancouver BC, Canada. 图中的时期为2000年7月1日—2002年1月27日。

泛太平洋金字塔预测：澳大利亚、日本和美国

国家	国内生产总值				工业产值	零售额	失业率
	最近季度	季度*	2005年预测	2006年预测	最近季度	最新	最新
澳大利亚	1.9%	2.8%	2.4%	3.1%	1.2%	1.8%	5.0%
日本	1.3%	4.9%	1.6%	1.8%	0.9%	3.6%	4.4%
美国	3.7%	3.8%	3.5%	3.2%	2.7%	4.3%	5.1%

国家	消费者价格			生产者价格		工资与利润	
	一年前	最新	2005年预测	最新	一年前	最新	一年前
澳大利亚	2.0%	2.4%	2.7%	6.0%	-1.1%	4.5%	5.0%
日本	-0.5%	0.2%	-0.1%	1.8%	0.9%	-0.2%	2.2%
美国	3.1%	2.8%	2.9%	3.5%	4.7%	2.6%	2.0%

国家	货币供应量增长（狭义）	利率（每年，百分比）					
		3月期货币市场		2年期政府债券	10年期政府债券		公司债券
		最新	一年前		最新	一年前	
澳大利亚	5.4%	5.65%	5.48%	5.14%	5.13%	5.80%	6.20%
日本	4.0%	0.20%	0.20%	0.80%	1.24%	1.77%	1.32%
美国	2.7%	3.51%	1.49%	3.76%	4.07%	4.47%	5.05%

国家	贸易差额	经常账户			贸易加权汇率（1990=100）		每英镑对应货币
	过去12个月（10亿美元）	过去12个月（10亿美元）	05年预测（占GDP%）	06年预测（占GDP%）	7月6日	一年前	7月6日
澳大利亚	-18.1	-$42.4	-5.8%	-5.5%	116.2	110.7	2.37
日本	125.3	$170.9	3.6%	3.5%	86.4	87.8	197
美国	-709.7	-$717.0	-6.3%	-6.2%	87.1	86.2	1.76

资料来源：数据取自《经济学家》2005年7月9日。除非特别注明，百分比均指一年来的百分比变动。2005年和2006年的值是指相应的估计或预测值。

12. **用实际利率进行预测**。用第 11 题中对实际利率的预测值，来预测下列货币一年后的即期汇率：
    a. 日元/美元
    b. 日元/澳元
    c. 澳元/美元
13. **作为预测的远期汇率**。运用表中所列的三月期货币市场利率，计算下列汇率所对应的三月期远期汇率：
    a. 日元/美元
    b. 日元/澳元
    c. 澳元/美元
14. **实际经济活动和痛苦指数**。对国民经济健康程度的一个普遍使用的度量指标有时被称为**痛苦指数**（misery index），即国家通货膨胀率和失业率之和。使用前面计算的套算汇率（见第 8 题），计算国家的痛苦指数，并用它作为对预测的一个相对度量，就像用通货膨胀率差异或利率差异来进行预测的方式一样。
    a. 日元/美元
    b. 日元/澳元
    c. 澳元/美元
15. **国际收支方法**。使用前面给出的贸易和经常账户信息，预测下列即期汇率对应的一年后即期汇率变动的方向：
    a. 日元/美元
    b. 日元/澳元
    c. 澳元/美元

    除了经济和金融数据之外，现在还请查看 A 和 B 两幅图，考虑一下这三种货币币值在近年中的表现如何。
16. **经常账户和即期汇率**。给定你在第 8 题中对即期汇率变动方向所作出的结论，这种方向性的看法与前面对日元/美元和澳元/美元所计算的即期汇率所表现的近期趋势还相吻合吗？
17. **汇率趋势与边界**。使用 1999 年 1 月至 2005 年 7 月间即期汇率图，确定你对相应汇率的变动趋势、平均值及上下边界的估计。

    除了经济和金融数据，还请考虑这些汇率近年来的市场表现情况，见下图。

月平均汇率：日元/美元

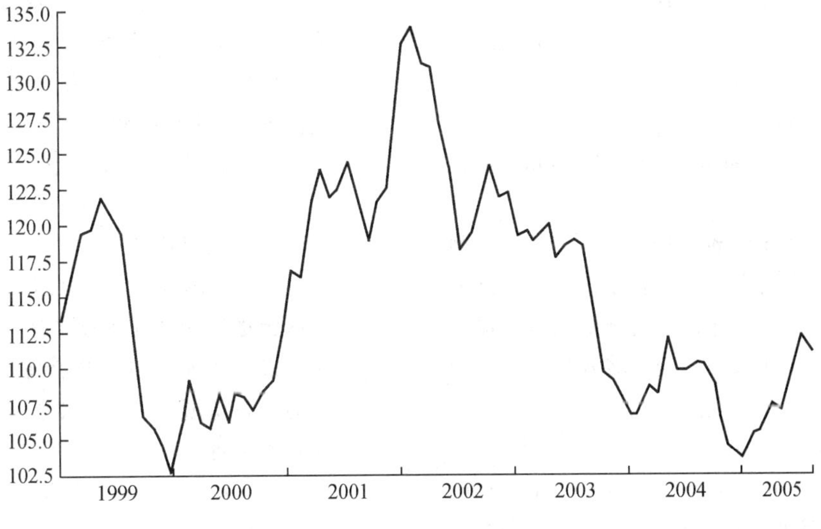

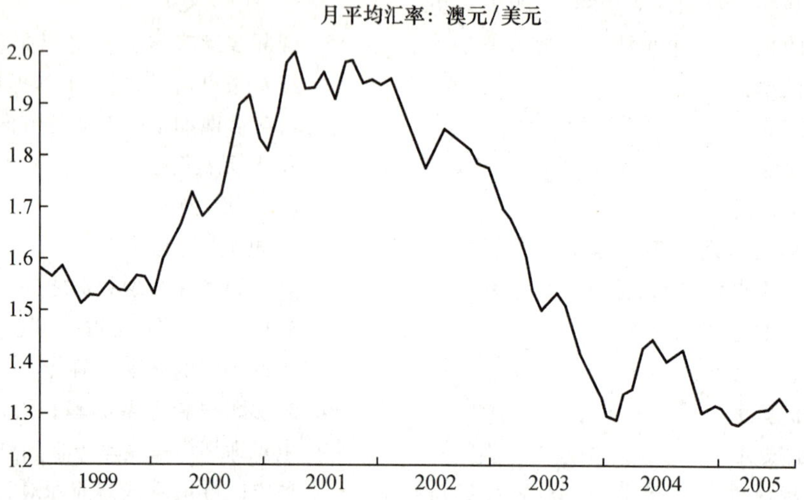

资料来源：© 2005 by Prof. Werner Antweiler, University of British Columbia, Vancouver BC, Canada. 图中所示的时期为 1999 年 1 月 1 日—2005 年 8 月 12 日。

网上练习

1. **近期的经济与金融数据**。用下面的网址获得本章中论述的各种预测方法所需要的最新经济金融数据。

   《经济学家》

   http://www.economist.com

   《金融时报》

   http://www.ft.com

   EconEdLink

   http://www.econedlink.org/datalinks/index.cfm

2. **OzForex 每周评论**。OzForex 外汇服务网站对影响当前市场的主要政治经济因素和事件提供了每周评论。阅读他们对全球三个主要货币在未来一周内将发生事件的预测：美元、日元和欧元。

   OzForex

   http://ozforex.com.au/marketwatch.htm

3. **汇率、利率和全球市场**。有时，市场数据的规模是巨大的。使用下面所列的 Bloomberg 市场页面来组织你的思考并处理你的全球数据。

4. **斯洛伐克国民银行和斯洛伐克克朗**。斯洛伐克国民银行几年来一直都发布了部分货币与斯洛伐克克朗之间的即期和远期汇率。使用下面的网站，找出近两年中的即期汇率、三月期远期汇率和六月期远期汇率。将这些数据制成图形后，看看远期汇率是否预测了即期汇率的未来变动方向？

   斯洛伐克国民银行

   http://www.nbs.sk/KL/INDEXA.HTM

5. **加拿大银行和加元远期市场**。使用下面的网站来寻找加元相对巴哈马元和巴西雷亚尔的最新即期汇率和远期汇率报价。

   加拿大银行

   http://www.bankofcanada.ca/en/index.html

文献选读

Levich, Richard, *International Financial Markets: Prices and Policies*, 2nd edition, Boston: Irwin McGraw-Hill, 2001.

Krugman, Paul R., and Maurice Obstfeld, *International Economics: Theory and Policy*, 6th edition, New York: Harper Collins, 2002.

第三篇 外汇市场和衍生品

第6章　外汇市场

第7章　外汇衍生品

第6章描述了外汇市场的地理范围、功能、市场参与者以及市场规模。最后,我们还详细解释了汇率的报价方式、套算汇率的计算,以及跨国套利是如何发生的。

第7章介绍了外汇衍生品。本章首先介绍了外汇期货,并将其与远期合约进行对比。随后,本章介绍了外汇看涨和看跌期权以及期权的交易市场。接下来我们介绍了期权的报价以及如何用它们来套利。本章的最后分析了期权的定价问题。

第6章 外汇市场

外汇市场提供了一种物理和制度结构，通过这种结构一国的货币可以兑换成另一种货币，不同货币之间的汇率也得以确定，外汇交易在物理意义上得以完成。外汇是指外国的货币，即银行的外币存款余额、银行券、支票和汇票。外汇交易指的是买方和卖方签订的一项协议，该协议规定买方和卖方按照一个指定的比率将某一特定数量的货币兑换成另一种货币。

本章描述了外汇市场的以下特征：

- 地理范围
- 三个主要的功能
- 市场参与者
- 巨大的日交易量
- 交易的类型，包括即期交易、远期交易和掉期交易
- 汇率的标价方式、报价方式，以及汇率的变化方式

6.1 外汇市场的地理范围

外汇市场已经遍布全球，而其中的汇价变动和外汇交易则无时无刻不在发生。世界主要的外汇交易于清晨从悉尼和东京开始，然后向西来到了中国香港和新加坡，再来到了巴林，然后转到法兰克福、苏黎世和伦敦等欧洲的主要外汇交易市场，继而越过大西洋来到了纽约，再往西到芝加哥，最后在旧金山和洛杉矶结束。为了能够在24小时内随时服务于一些重要的商业客户，许多国际性的大银行在主要的外汇交易中心都开设有外汇交易室。全球的外汇交易实际上已成为一个全天24小时不间断的过程。如图表6.1所示，随着伦敦、纽约和东京这几个主要外汇交易中心的开市和闭市，外汇交易量也在全球范围内潮涨潮落。

图表 6.1 外汇市场交易活动变量:每小时平均电子交易

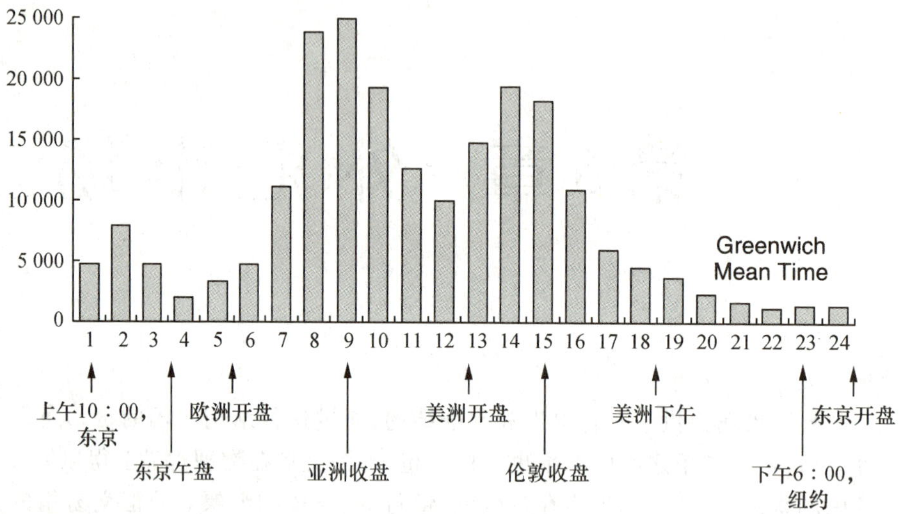

资料来源:Federal Reserve Bank of New York,"The Foreign Exchange Market in the United States," 2001, http://www.ny.frb.org.

在一些国家的外汇交易中,有一部分是在一个官方的交易平台上通过公开竞标的方式完成的。收盘价被作为当天的官方价格或"固定价格"公布出来,而一些商业和投资交易就是基于这样一种官方价格进行的。那些处于外汇管制国家的企业必须将出口所获得的外汇以每日固定的汇价出售给中央银行。

参与外汇交易的银行被高度密集的电信网络连接了起来。职业的交易商和经纪人从电脑的显示屏上获得了外汇的报价,同时,他们还通过电话、电脑、传真和电报进行交流。许多非银行商业企业的外汇交易部也使用电脑网络与市场保持联系并且寻找最好的报价。路透、德励财经和彭博资讯是汇率信息和交易系统的主导供应商。一项最新的发展是在电脑的报价系统中引进"自动撮合配对"机制。许多交易商认为通过电脑执行的交易会在不久的将来代替那些传统的交易系统。

6.2 外汇市场的功能

外汇市场实际上是一种机制,通过这种机制,市场参与者可以在国家间转移购买力,在国际贸易中获得或提供信贷,以及最小化其汇率变动风险暴露。

- 由于国际贸易和资本交易的各个交易方所在国通常都使用不同的货币,这使得购买力的转移成为一种必需。交易中的每一方都想使用本国的货币进行交易,但贸易或资本交易只能用一种货币结算,因此,必然有一方会使用外国货币。
- 由于货物在国家间的转移需要一定的时间,因而在运输的过程中需要获得融资。外汇市场就为此提供了一种融资渠道。在对国际贸易活动进行融资的时候,可以使用一些专门的工具,例如银行承兑汇票和信用证,这些内容将会在第 20 章中详细阐述。

- 外汇市场还可以提供转移外汇风险的对冲工具，把风险转移给愿意承担此风险的人。这些工具将在第8章中详细解释。

6.3 市场的参与者

外汇市场包括两个层次：银行间市场（或叫批发市场）和客户市场（或叫零售市场）。银行间市场的单笔交易往往可以达到数百万美元（或同样价值的外币）之多。相比之下，银行与其客户之间的合同上的数额通常要小很多。

在这两个层次中有四大类参与者参与交易：银行和非银行的外汇交易商、进行商业或投资交易的个人和企业、投机者和套利者，以及中央银行和财政部。

6.3.1 银行和非银行的外汇交易商

银行和一些非银行外汇交易商往往同时参与银行间市场和客户市场的交易。它们的利润来自于以一个**出价**买进外汇的同时，又以一个略高的**要价**（也称为**售价**）卖出外汇。交易商在全球范围内的竞争不但缩小了外汇买卖价差，同时也使得外汇市场变得更加有效率。在这个意义上，它同证券市场是一致的。

那些在大型国际性银行的外汇交易部门中交易的交易商常常扮演**做市商**（market makers）的角色。这样的交易商随时都愿意买进或卖出他们参与做市的货币，因此他们总是对那些货币保持一定的存货头寸。为了将存货量保持在银行政策规定的范围内，他们不但在自己的交易中心和其他银行进行交易，同时还在世界上其他交易中心进行交易。由于许多银行的外汇部门是一个营利性部门，而且每个交易员的报酬都是和交易利润挂钩的，因此对交易限制就显得非常重要。

对于商业银行和投资银行而言，货币交易是非常有利可图的。在美国，许多主要的从事货币交易的银行每年净收入的10%到20%都来自于货币交易。同时，对于银行的交易员而言，货币交易的回报也是很丰厚的，他们的奖金收入就是基于他们自己的交易活动给银行带来的利润。

中小型银行也有可能参与银行间市场的业务，但它们不是以做市商的身份参与进来的。与做市商要保持大量的存货头寸不同的是，它们只是从大银行买卖外汇来抵消它们与客户之间的零售交易头寸。当然，就算是做市商银行也不会在每种货币上都做市，当在相对不太重要的币种上满足了客户的需求时，它们就在那些与客户密切相关的币种上为自己的账户进行自营交易并从而成为市场的参与者。**金融实务专栏6.1**描述了一个典型外汇交易商的一天。

金融实务专栏6.1

GLOBAL FINANCE IN PRACTICE

外汇交易员的一天

外汇交易员们是如何准备他们一天的工作的呢？在欧洲，外汇交易于每天早晨的八点开始，但交易员的工作至少要提前一个小时开始。每天早晨，首席交易员们就会给他们的团队制定交易指导方针。在对随后几个月的市场进行估计的基础上，他们将重新评估这些策略。同样，他们还将基于以下一些因素来决定当天的策略：

- 纽约和远东地区在过去几个小时内的交易活动。因为时差，处在纽约的银行将比欧洲的银行连续多交易几个小时；此时，远东的工作日已经结束，而欧洲的工作日才刚刚开始。
- 新的经济和政治形势的变化。利率、经济指标以及货币供应量的变化都会影响到汇率，这些都是经济理论中决定汇率变化的因素。军事冲突、社会动乱、政府的垮台等政治事件也同样能够影响到外汇市场，有时甚至能够决定市场的表现。
- 银行自有的外汇头寸。

每日清晨，做市商使用电子信息系统来捕捉过去一晚发生的可能会影响汇率的各种事件。交易商能够利用表格、市场波动的图表和汇率电子显示屏来研究纽约和远东地区最新的汇率变化情况。一旦完成了准备工作，交易商们将开始全球范围内的外汇交易（从上午八点到下午五点）。

每一天的开始，最重要的市场参与者之间都会进行一系列的电话联系，而电话联系的目的在于试探出这些交易者的意图。直到不久前，经纪人还在外汇市场和货币市场中扮演着交易中间人的角色。但是现在，电子经纪交易系统（EBS）已经在很大程度上替代了经纪人的作用。传统的经纪商通常在运作中制定最小金额，例如五百万美元，而 EBS 则允许跨度从一百万美元到九亿九千九百万美元之间进行弹性交易。此外，EBS 不仅仅作美元交易，像欧元对瑞士法郎、欧元对日元，以及欧元和英镑之间都可以通过 EBS 交易。这意味着汇率的连续性有了实质性的提升，大量的小额交易以往都是在银行内部协商完成，而现在则在汇率的形成过程中扮演了重要的角色。这个系统的另一个优势是汇率总是可以在电子屏幕上得到。

资料来源：*Foreign Exchange and Money Transactions*, UBS Investment Bank, Spring 2004.

6.3.2 进行商业和投资交易的个人和企业

进口商和出口商、跨国证券投资者、跨国企业、旅游者等都会利用外汇市场来使他们的商业和投资交易更加便利。外汇市场对于他们而言是必须的，尽管如此，相对于他们的商业或投资目的而言，外汇市场又是次要的。他们中的一些还使用外汇市场来对冲汇率风险。

6.3.3 投机者和套利者

投机者和套利者从市场本身的交易中寻求利润。他们为了自身的利益进行交易，并没有需要或义务来对客户服务或确保一个连续的市场。那些交易商除了从外汇的买卖价差中获得利润外，还可能从汇率的变动当中获利，而投机者的利润则全部来自于汇率的变动。套利者则试图从不同市场中瞬时出现的汇率差异来获得利润。

很大一部分的投机和套利都是由银行雇用的交易员完成的，这些交易员代表着其雇主银行的利益。因此，银行同时扮演着外汇交易商和投机者、套利者的角色。（然而，银行很少承认自己投机；它们说自己只是"持有积极的头寸"！）就如**金融实务专栏 6.2** 描绘的那样，这里同样有很多欺诈性的外汇交易商和基金。

金融实务专栏6.2

GLOBAL FINANCE IN PRACTICE

小心外汇交易的骗局

是否曾经有人劝你进行外汇合约交易（也被简称为 **Forex**）？如果有的话，你需要知道如何识破外汇交易的骗局。美国商品期货交易委员会（CFTC）是监管美国商品期货和期权市场的政府机构，它们警告投资者小心当今金融市场上的种种欺诈行为，包括那些所谓的**外汇交易**。

作为一部联邦法律，2000 年的商品期货交易现代法案规定，对于各种非法向公众提供或销售外汇期货和期权合约的公司，商品期货交易委员会拥有司法权和管理权对其进行调查并采取法律程序将其关闭。此外，商品期货交易委员会还有权对在该机构注册的公司及其子公司中发生的外汇欺诈案件进行调查和起诉。

近些年，商品期货交易委员会发现金融投资机会的数量有了大幅增长，其复杂性也有了大幅提高，这其中包括外汇交易骗局的急剧增加。尽管大量的外汇交易都是合法的，但欺诈性的外汇交易仍以各种形式存在。

欺诈的警告信号

如果一家声称作外汇交易的公司联系你并要你注入资金进行交易，那么此时你应当保持谨慎。在将资金汇给任何作外汇交易的公司之前，你应当认真考虑以下警告。

1. 远离那些听起来过于美妙的机会。
2. 躲开那些预期或保证能够获得很高利润的公司。
3. 远离那些承诺几乎没有金融风险或无风险的公司。
4. 不要使用保证金交易，除非你明白它意味着什么。
5. 查询那些宣称在"银行间市场"进行交易的公司。

6. 对用网络、邮件等方式支付或转移现金的行为要特别小心谨慎。
7. 外汇欺诈的目标往往是少数民族。
8. 确保得到公司以往的表现记录。
9. 不要和那些不告诉你他们背景的人进行交易。

资料来源：Public warning issued by the U. S. Commodities and Futures Trading Corporation, http://www.cftc.gov/opa/enf98/opaforexa15.htm, March 8, 2002.

6.3.4 中央银行和财政部

中央银行和财政部在市场中获得或使用自己国家的外汇储备，这同时也将影响其货币的汇率。他们可能会在市场上进行买卖以支持货币汇率，这样做的原因可能是国家需要采取某种政策，也可能是某种联合浮动协议的承诺，例如在欧元推出之前，欧洲货币体系（EMS）的中央银行之间签订的汇率协议。因此，这种在市场上买卖的目的并不像通常那样是为了获得收益，而是通过影响本国货币的汇价来使本国国民获得利益。在许多情况下，主动承担外汇交易损失就是最好地完成了工作。作为主动承担损失的交易者，央行和财政部在动机和行为方面与其他的市场交易者都有所不同。

6.3.5 银行间市场的通信

飞速发展的电信技术很快就改变了银行间市场的通信方式。在这里几乎不再有面对面的交易（除了那些极少数仍然使用交易大厅的国家）。当今大部分的外汇交易都是用电话执行的。然而，电子交易可能会在不久的将来取代电话交易。图表 6.2 展示了使用电子交易的外汇交易者数量的迅速增长。

图表 6.2 外汇电子交易客户占比

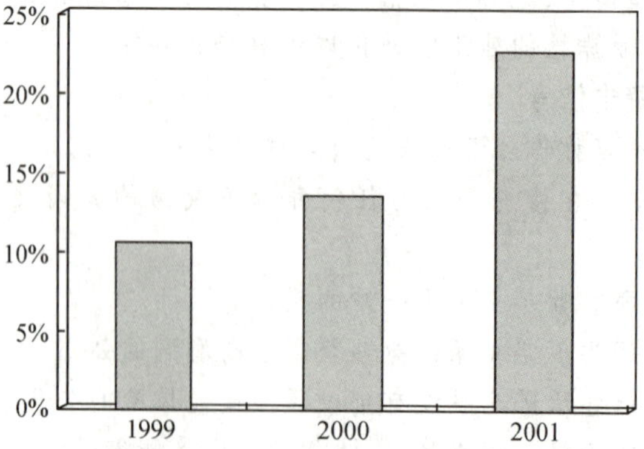

资料来源："Electronic Trading Shows Gains Among Fx Users", Greenwich Associates, 2002.

6.3.6　持续联系结算和欺诈

2002 年 9 月,持续联系结算(CLS)系统被引进使用。在外汇交易中,如果交易的一方向不能向另一方支付,CLS 系统将消除这些损失。CLS 系统在七种主要货币上和实时全额结算系统(RTGS)连接了起来。人们期待最终能够在一天之内完成结算而不像现在那样需要两天的时间。

CLS 系统能够消除外汇市场中的违约行为。**金融实务专栏 6.2** 中提出了其他的一些方法来预防违约。在美国,2000 年的《商品期货现代法案》规定,由美国商品期货交易委员会(CFTC)来监管外汇交易中的违约行为。

6.4　银行间市场的交易

外汇交易有**即期交易**(spot)、**远期交易**(forward)或**掉期交易**(swap)等多种形式。广义的外汇市场还包括了外汇期权和期货(将在第 7 章中介绍)。一笔即期交易需要立即交割外汇;一笔远期交易需要通过“直接”外汇交易或通过“期货”合约,在未来的某一个时间进行交割;掉期交易则是同时将一种外汇换成另一种外汇的交易。

6.4.1　即期交易

银行间市场的一笔即期交易指的是一家银行向另一家银行直接购买外汇的行为,交割时间通常在成交日之后的第二个交易日。加拿大元和美元之间的结算则在成交日之后的第一个交易日内进行。

结算日又被称为**交割日**(value date)。在交割日,全世界大部分的美元交易都是通过位于纽约市的电子化的清算所同业支付系统(CHIPS)来完成清算,该系统提供一家银行对另一家银行债务净额的计算以及当天下午六点之前对纽约联邦储备银行的支付。

一笔典型的银行间市场的即期交易:一家美国银行在星期一签订一份协议,协议规定其要将 1 000 万英镑转入一家伦敦银行的账户。如果即期汇率是 \$1.8420/£ ,那么这家美国的银行就将在星期三支付£ 10 000 000 给伦敦的银行;与此同时,伦敦的银行将支付 \$18 420 000 给美国的银行。银行与其商业客户之间的一笔即期交易则无须为了结算而等待两天的时间。

6.4.2　直接远期交易

一笔**直接远期交易**(outright forward transaction, 通常仅仅把它称为**远期**)需要在未来的某个交割日将一定数量的某种货币转换成一定数量的另一种货币。交易时所用的汇率在签订协议的时候就已经确定,但支付和交割在到期日才会要求实施。远期汇率一般以一个月、二个月、三个月、六个月和十二个月的期限报价。在实际中,合同还可以有其他的期限,有时甚至超过一年。支付时间是在交易完成后与交易日恰好相隔偶数月的随后一个交易日。因此,一笔3月18日签订的两个月期远期交易合约的交割日就是5月20日,但如果5月20日是周末或者节假日的话,那么交割日就将是之后的下一个交易日。

注意我们通常说的“买进远期”或“卖出远期”所指的是同样的交易。一笔六个月后交换美元和欧元的合约既可以说是一笔用美元买进欧元的远期合约,也可以说是一笔卖出美元以换得欧元的远期合约。

6.4.3 掉期交易

银行间市场的掉期交易就是同时买入和卖出一定数量的具有不同交割日的两笔外汇合约。掉期交易中买入和卖出交易的对手是同一个交易者。例如一种常见的掉期交易就是**即期对远期的掉期**(spot against forward swap),交易商在即期市场上向一家银行购买一种货币,同时在远期市场上将相同数量的同种货币再卖回给该银行。由于这些买卖是与一个交易对手作为一笔交易完成的,因此交易商就不会招致任何无法预计的外汇风险。2004年4月间,外汇市场上57%的交易都是掉期交易和直接远期交易。

远期对远期的掉期。一种更为复杂的掉期交易是**远期对远期的掉期**(forward-forward swap)。一家交易商卖出2 000万英镑对美元的远期合约,合约的期限假设是两个月,汇率是$1.8420/£。同时他又购买2 000万英镑的远期合约,合约的期限为三个月,汇率是$1.8400/£。两笔交易中买价与卖价之间的差额与两种货币利息率之间的差额是等价的,这就是利率平价。因此掉期可以被视为在完全担保的基础上借入另外一种货币的技术。

无本金交割远期外汇(NDFs)。无本金交割远期外汇(nondeliverable forward),或NDF,是20世纪90年代早期产生的,现在已成为大型外汇衍生品提供商所提供的一种较为普遍的衍生产品。NDFs与传统远期合约具有相同的特征和凭证上的要求,而二者的不同之处在于NDFs仅用美元进行结算,而进行远期买卖的外汇本金无须交割。美元交割的特征反映了NDFs是一种离岸合约,因此就不在其母国政府的监管范围之内。例如,墨西哥的投资者在纽约进行NDFs投资就不受墨西哥政府的监管。NDFs首先是被用于新兴市场的货币——那些货币市场流动性不够强的国家的货币或欧洲货币利率。NDFs的定价反映了基本的利率差异,同时因为以美元结算,银行要收取额外的手续费。NDFs在国际上进行交易的标准由国际互换和衍生产品协会(ISDA)规定。

6.5 市场的规模

国际清算银行(BIS)和世界各国的央行合作,每三年进行一次货币交易活动的调查。最近的调查是在2004年4月,调查结果显示:传统外汇市场的日交易量高达1.9

万亿美元。外汇交易量自从 2001 年 4 月以来出现了巨大的增长,国际清算银行的数据见图表 6.3。

图表 6.3　**全球外汇市场交易量,1989—2004 年(四月份日平均数,10 亿美元)**

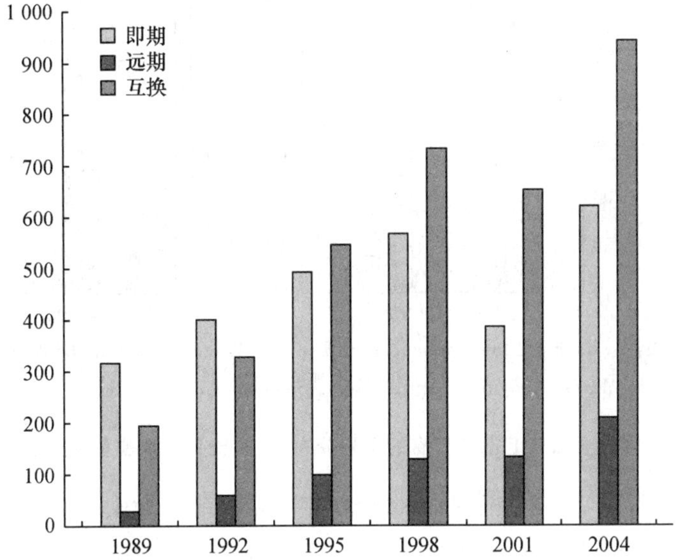

资料来源: Bank for International Settlements, "Triennial Central Bank Survey of Foreign Exchange and Derivatives Market Activity in April 2004", September 2004, p.9.

图表 6.3 中的全球外汇交易量被划分到三大类货币工具中:即期交易、远期交易和掉期交易。1998 年到 2001 年的调查结果显示其中两种交易的交易量有所下降,而在 2001 年到 2004 年间,调查显示这三种类型的货币交易都有所上升。

图表 6.4 显示了 2004 年 4 月世界上最主要的国家外汇交易市场在全球外汇交易中所占的比重(注意虽然数据的收集和报告是以国家为单位进行的,但是在很大程度上,"美国"应该被称为"纽约",因为大部分的外汇交易都是在每个国家的主要城市发生的)。在传统的外汇市场活动中,英国(伦敦)仍旧是世界最主要的外汇市场,市场每天的成交量平均高达 7 500 亿美元。排在英国之后的依次是美国(纽约)、日本(东京)、新加坡和德国(法兰克福)。事实上,世界上超过半数的外汇交易都发生在以上五个国家。日本和新加坡每个国家的外汇交易量都超过了除英国外的其他任何欧洲国家,中国香港(在图中没有显示)是全球第六大外汇交易市场。

图表 6.5 总结了国际清算银行在 2004 年 4 月所作的调查,调查结果是用币种表示而不是像传统交易行为那样用国别来表示。因为每笔外汇交易都包含两种货币,因此数据在逻辑上不能被拆分成单一的货币。这使得全球报告的交易总量是实际交易量的两倍,并且每种货币的总交易量都是实际的 200%。2004 年 4 月的全球交易量是用美元、欧元和日元这三种货币来表示的。这三种货币通常被称为"三大货币",之后是英镑、瑞士法郎。

图表 6.4　外汇市场交易的地理分布:1989—2004(四月份日平均数,10亿美元)

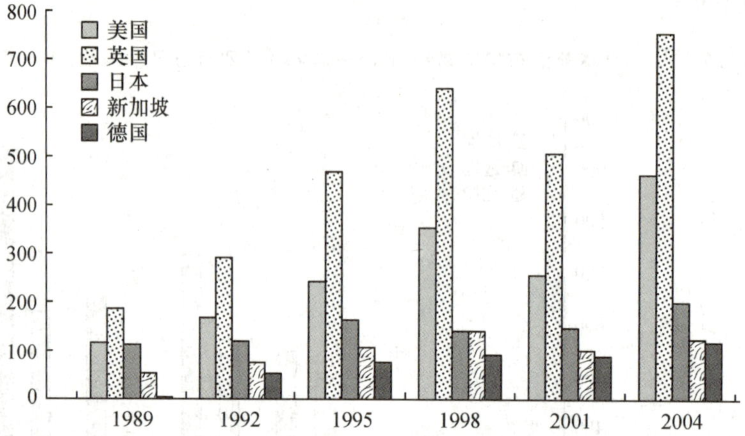

资料来源:Bank for International Settlements, "Triennial Central Bank Survey of Foreign Exchange and Derivatives Market Activity in April 2004", September 2004, p. 13.

图表 6.5　全球外汇市场交易的币种分布(四月份日平均交易量所占百分比)

因为所有外汇交易都涉及两种货币，百分比加总为200%

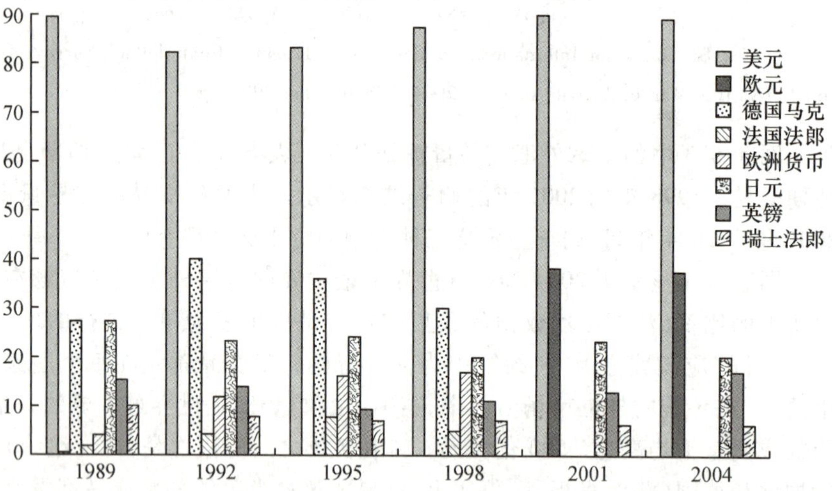

资料来源:Bank for International Settlements, "Triennial Central Bank Survey of Foreign Exchange and Derivatives Market Activity in April 2004", September 2004, p. 11.

6.6　汇率与报价

汇率(foreign exchange rate)就是用一种货币表示的另一种货币的价格。**外汇报价**(foreign exchange quotation)就是交易者在某一汇率下买卖意愿的表达方式。

在零售市场中(包括机场边的报刊亭和外汇兑换点),外汇的报价通常是给出单位外币的本币价格,并可以用多种货币形式表示。然而,这并不是全球通用的惯例。我们将在下一部分讲到,专业的银行间市场都有标准的报价系统。

6.6.1 银行间报价

回想图表6.5,我们可以看到大部分的外汇交易都是通过美元来完成的。职业的交易商和经纪人可能会使用以下两种方法中的一种来进行外汇报价:(1) 一单位美元的外汇价格;(2) 一单位外汇的美元价格。全世界大部分的外汇都是用购买一美元所需外汇的数量来表示的。例如,美元和瑞士法郎之间的汇率通常表示为:

SF 1.600/ $, 读作“1 美元 1.6000 瑞士法郎”

这种报价方法被称为**欧式报价**(European terms),是以 1 美元的外汇价格来表示的。另一种方法被称为**美式报价**(American terms),上述汇率用美式报价可表示为:

$0.6250/SF, 读成“1 瑞士法郎 0.6250 美元”

在美式报价中,汇率通常表示成一单位外汇的美元价格。请注意欧式报价和美式报价的汇率之间是互为倒数的:

$$\frac{1}{\text{SF } 1.600/\ \$} = \$0.6250/\text{SF}$$

尽管有一些例外(其中还包括两种重要货币的报价),但世界上大部分的银行间报价都使用欧式报价。这样,在世界范围内,瑞士法郎和美元之间常见的报价方式是 SF 1.6000/ $;这种方式同样被称为“瑞士报价”。尽管欧式报价在亚洲和欧洲的货币对美元的报价中通常是一个通用名称,以 ¥118.32/ $方式的日元报价还是被称为“日式报价”。欧式报价在 1978 年被作为大部分(并非全部)货币的汇率表示方式,以便于通过电信方式进行全球贸易。

如上所述,在欧式报价的使用中还存在着一些例外,其中两个最重要的例外是欧元和英镑的报价。欧元于 1999 年 1 月首次进行交易,它和英镑通常都使用美式报价;也就是以单位欧元的美元价格或单位英镑的美元价格来报价的。除此之外,澳大利亚元和新西兰元也都通常使用美式报价。由于历史原因,英镑是用单位英镑的外汇价格来报价的。几个世纪以来,每英镑都等于 20 先令,每一先令等于 12 便士。而这种非十进制换算货币的乘除运算是很困难的。在伦敦——这个当时无可争议的世界金融中心,外汇报价的习惯发展成了以单位英镑的外汇价格来报价。甚至在 1971 年英镑改为十进制后,这种报价方式依然没有改变。

大部分的外汇期货和期权交易都使用美式报价,在向旅游者出售外汇以及个人汇款的零售市场中也是采用美式报价法。外汇交易商都使用绰号来称呼主要的货币。**电缆**代表着美元和英镑之间的汇率,这个绰号来源于以前美元和英镑之间的交易是通过跨大西洋的电报电缆完成的。加拿大元被称为 **loonie**,这是加拿大一元硬币上水鸟的名字。**巴黎**意味着法国法郎,**鹬鸵**代表新西兰元,**澳洲**代表了澳元,**Swissie** 代表瑞士法郎,而 **sing dollar** 代表新加坡元。

在有关外汇的交谈中,货币的数量必须是精确的,这样才能避免酿成大错。不幸的是,“billion”这个词在英国英语和美国英语中所代表的含义是不同的。在英国,“one billion”是 1 后面跟 12 个 0,即 1 000 000 000 000 或 1 万亿。在美国和法国,计数系统是三位成组而不是四位成组,“one billion”就是 1 000 000 000 或 10 亿。在英国,“trillion”是 1 000 万亿,而在美国和法国,“trillion”是 1 万亿,它等同于一个英国的“billion”。[①] 为了避免这种混淆,外汇交易者使用 **yard** 这个词来表示美国的一个“billion”。

6.6.2 直接报价和间接报价

外汇的报价有时被描述为**直接报价**和**间接报价**。在这一对定义中,被讨论货币的母国是很关键的。

直接报价法是一单位外币的本币价格,而间接标价法是一单位本币的外币价格。报价的形式取决于报价主体认为哪个国家是母国。

在瑞士,外汇报价 SF 1.6000/ $是直接报价——它是一单位外币(美元)的本币(瑞士法郎)价格。但同样的报价在美国使用时就成了间接报价——它现在变成一单位本币(美元)的外币(瑞士法郎)价格。这个报价的倒数, $0.6250/SF,在美国是直接报价而在瑞士则是间接报价。

在上面的例子中,美元对瑞士法郎的直接报价 $0.6250/SF 可以被看成“瑞士法郎的外部价值”——也就是一单位瑞士法郎在瑞士国外的价值。瑞士法郎的内部价值是 SF 1.6000/ $——购买一美元所需要的瑞士法郎的数量。

6.6.3 出价和要价

银行间市场的报价一般同时会给出**出价**和**要价**(也称**售价**)。出价是交易商愿意以一种货币购买另一种货币的价格(也就是汇率)。要价是交易商愿意卖出某种货币的价格(也就是汇率)。交易商在一个价格上出价(买)并在另一个稍高的价格上要价(卖),则他们获得的利润就来源于买价和卖价之间的价格差。

对一种货币出价的同时又是对另一种货币的要价,这使得外汇市场中的出价和要价有些复杂。某交易商在寻求以瑞士法郎购买美元的同时,也是出售瑞士法郎以换得美元。假设一家银行给出一份日元的报价,如图表 6.6 的上半部分所示。第一行中的即期报价表明银行的外汇交易商希望在 118.27 日元/美元的价位上购买美元(也就是卖出日元),希望在 118.37 日元/美元的价位上卖出美元(也就是买进日元)。

然而,如图表 6.6 所示,只有即期汇率才采用**完全报价法**(包括所有小数位数的完整价格)来表示。但是交易员在电话中进行谈话或者将报价输入显示屏的时候,总是试图采用缩写的形式。第一行对即期汇率的出价可能会给出完全报价的形式,即“118.27”。然而,在第二行,仅仅是给出与出价不同的数字部分。因此,对日元的即期出价和要价在显示屏上可能只显示为“118.27—37”。

① *The Shorter Oxford English Dictionary on Historical Principles*, third edition, Volumes Ⅰ and Ⅱ, Oxford: Clarendon Press, 1973.

图表 6.6 对欧元和日元的即期和远期报价

	期限	欧元:即期 & 远期($/€)			元:即期 & 远期(¥/$)		
		中间汇率	出价	要价	中间汇率	出价	要价
货币汇率	即期	1.0899	1.0897	1.0901	118.32	118.27	118.37
	一周	1.0903	3	4	118.23	-10	-9
	一个月	1.0917	17	19	117.82	-51	-50
	两个月	1.0934	35	36	117.38	-95	-93
	三个月	1.0953	53	54	116.91	-143	-140
	四个月	1.0973	72	76	116.40	-195	-190
	五个月	1.0992	90	95	115.94	-240	-237
	六个月	1.1012	112	113	115.45	-288	-287
	九个月	1.1075	175	177	114.00	-435	-429
	一年	1.1143	242	245	112.50	-584	-581
互换汇率	两年	1.1401	481	522	106.93	-1 150	-1 129
	三年	1.1679	750	810	101.09	-1 748	-1 698
	四年	1.1899	960	1 039	96.82	-2 185	-2 115
	五年	1.2102	1 129	1 276	92.91	-2 592	-2 490

6.6.4 以点数进行远期报价

在图表 6.6 中,最上面一行每种货币的即期报价采取的都是完全报价形式:即期的出价是 ¥118.27/$,即期的要价是 ¥118.37/$。然而,远期汇率通常是以**点数**的形式来报价,这也被称为**现金汇率**(cash rate)或**掉期汇率**(swap rate),具体依到期日而定。点就是报价的最后一位数,其惯例是要指明在小数点右边的位数。美元的货币价格通常是用四位小数来表示。因此大部分货币的一个点等于 0.0001。一些货币,例如图表 6.6 中的日元,其报价只有两位小数。然而以点数表示的远期报价并不是以这种方式表示的外汇报价。相反,它是通过远期汇率和即期汇率的差来报价的。因此即期汇率本身绝不能用点数的形式报出。

图表 6.6 中对于日元的三个月点数报价是:出价 -143,要价 -140。第一个数字(-143)指的是偏离即期出价的点数,而第二个数字(-140)则是偏离即期要价的点数。给定完全报价:出价是 118.27,要价是 118.37,则完全报价的三个月远期汇率可以这样计算:

	出价	要价
完全报价的即期汇率	¥118.27	¥118.37
加上点数(三个月)	-1.43	1.40
完全报价的远期汇率	¥116.84	¥116.97

图表 6.6 中两年及两年以上期限的远期出价和要价被称为**掉期汇率**(swap rates)。就如前文提到的那样,银行间市场中的许多远期外汇交易都包含了同时买入一个到期日而卖出另一个到期日(反向的交易)的交易。"掉期"就是在一段时间内借入某种货币,并在同样的时间段内放弃使用另一种货币。换句话说,这是对一种货币的短期借款

和对等价的另一种货币的短期贷款。如果交易双方愿意的话，他们能够以每种货币的现行利率向对方收取利息。而持有较高利率货币的一方能够很容易地向另一方支付净利息差额。掉期汇率是用点数的形式而不是利率的形式来表达净利率差的。

6.6.5 以百分比的形式对远期报价

远期报价也可以对即期汇率偏离程度的年百分比来表示。这个报价方法便于对远期市场的升贴水与利率差进行比较。然而，升贴水的百分比取决于哪种货币是本币。假设有如下报价，其中美元是本币：

	外币/本币	本币/外币
即期汇率	¥105.65/$	$0.009465215/¥
三个月的远期汇率	¥105.04/$	$0.009520183/¥

以外币表示的报价（间接报价）。当使用的是单位本币的外币价格时，每年升贴水百分比（$f^{¥}$）的计算公式是：

$$f^{¥}=\frac{\text{即期汇率}-\text{远期汇率}}{\text{远期汇率}}\times\frac{360}{n}\times 100$$

将日元/美元的即期和远期汇率以及远期的天数（90）代入公式中：

$$f^{¥}=\frac{105.65-105.04}{105.04}\times\frac{360}{90}\times 100=+2.32\%/\text{年}$$

符号是正号，表明日元对美元的远期汇率每年升水 2.32%。

以本币表示的报价（直接报价）。当使用的是单位外币的本币价格之时，每年升贴水百分比（$f^{¥}$）的计算公式是：

$$f^{¥}=\frac{\text{远期汇率}-\text{即期汇率}}{\text{即期汇率}}\times\frac{360}{n}\times 100$$

n 代表着合约中的天数。（n 可能是月份数，这样的话分子就要变成 12。）将美元/日元的即期和远期汇率以及远期的天数（90）代入公式中：

$$f^{¥}=\frac{0.009520183-0.009465215}{0.009465215}\times\frac{360}{90}\times 100=+2.32\%/\text{年}$$

符号是正号，表明日元对美元的远期汇率每年升水 2.32%。

6.6.6 外汇市场信息

对于所有的市场参与者而言，了解“实时”价格和新闻事件是非常重要的。德励财经、路透社彭博资讯是主要的商业信息提供商。这些商业机构为它们的客户提供基于计算机的屏幕信息服务。

汇率的信息也在世界主要的报纸上刊出。**《华尔街日报》**和**《金融时报》**是世界上两家主要的经济类英语报纸，它们的报价方式显示在图表 6.7 中。尽管这些都是对英镑同一天的报价，但由于时差以及报价所调查的是不同的银行，因此这些报价并不完全相同。

图表6.7 金融刊物上美元/英镑的汇率报价

《华尔街日报》

	单位外币的美元价格		单位美元的外币价格	
	星期四	星期三	星期四	星期三
U.K.(镑)	1.8410	1.8343	0.5432	0.5452
一个月的远期	1.8360	1.8289	0.5447	0.5468
三个月的远期	1.8259	1.8187	0.5477	0.5498
六个月的远期	1.8120	1.8048	0.5519	0.5541

资料来源："Exchange Rates", *Wall Street Journal*, Friday, June 4, 2004(2004年6月3日星期四报价) p. B5。

《金融时报》

	收盘中间汇率	日变化
U.K.(0.5429)(£)	1.8418	-0.0015
一个月	1.8368	-0.0011
三个月	1.8268	-0.0008
一年	1.7885	-0.0007

资料来源："Currencies, Bond & interest Rates", *Financial Times*, June 4, 2004(2004年6月3日报价), p.25。

《华尔街日报》在"单位外币的美元价格"的标题下给出美式报价,在"单位美元的外币价格"的标题下给出欧式报价。表中即期汇率,一个月、三个月和六个月期远期汇率的报价是合约最后两个交易日的报价,并且采用的是完全形式的报价。报价的汇率是中间汇率,即要价和出价的平均值。银行之间交易的报价数量是100万美元或更多,由路透社和其他机构在美国东部标准时间的下午四点进行报价。《华尔街日报》还声称零售交易中一美元只能兑换更少的外币。

《金融时报》也刊出了最新的收盘中间汇率以及和前一个交易日收盘价之间的绝对变化。一个月、三个月和一年的远期汇率都用直接报价的方式进行报价,即单位英镑可兑换的美元数。"U.K."边上圆括号中的汇率是当前的即期汇率,即单位美元可兑换的英镑数。

6.6.7 套算汇率

许多货币之间的交易都不活跃,所以它们之间的汇率就取决于各自与第三种广泛交易货币之间的汇率。例如,一个墨西哥进口商需要用日元来支付他在东京购买的货物。墨西哥比索(Ps)和日元(¥)都有对美元的报价。假设报价如下:

日元	¥110.73/$
墨西哥比索	Ps 11.4456/$

墨西哥进口商能够用11.4456单位的墨西哥比索来购买1美元,并且用1美元购买110.73单位的日元。那么套算汇率就是:

$$\frac{日元/美元}{墨西哥比索/美元} = \frac{¥110.73/\$}{Ps\ 11.4456/\$} = ¥9.6745/Ps$$

套算汇率同样能够通过上式的倒数计算出来：

$$\frac{墨西哥比索/美元}{日元/美元} = \frac{Ps\ 11.4456/\$}{¥\ 110.73/\$} = Ps\ 0.1034/¥$$

套算汇率通常以矩阵的形式出现在金融刊物上，如图表6.8所示。这个矩阵显示了购买一单位横线(行)上的货币所需要的每一种货币(列)的数量，这些是来自于《华尔街日报》的报价。

图表6.8 主要货币的套算汇率

	美元	欧元	英镑	瑞士法郎	比索	日元	加元
加拿大	1.3618	1.6646	2.5071	1.0889	0.11898	0.01230	—
日本	110.73	135.34	203.85	88.539	9.674	—	81.309
墨西哥	11.4456	13.9899	21.071	9.1519	—	0.10336	8.4045
瑞士	1.2506	1.5286	2.3024	—	0.10927	0.01129	0.9183
英国	0.54320	0.6639	—	0.4343	0.04746	0.00491	0.39886
欧洲	0.81810	—	1.5062	0.65418	0.07148	0.00739	0.60075
美国	—	1.2223	1.8410	0.79960	0.08737	0.00903	0.73430

资料来源：Reuters, as quoted in "Key Currency Cross Rates", *Wall Street Journal*, Friday June 4, 2004. 这些数据为2004年6月3日(星期四)的最新纽约交易数据。

6.6.8 跨市套利

可以使用套算汇率来检验是否存在跨市套利机会。假设有以下汇率报价：

花旗银行的单位欧元对美元的报价：	\$1.2223/€
巴克莱银行的单位英镑对美元的报价：	\$1.8410/£
德累斯顿银行的单位英镑对欧元的报价：	€ 1.5100/£

花旗银行和巴克莱银行之间的套算汇率为：

$$\frac{\$1.8410/£}{\$1.2223/€} = €\ 1.5062/£$$

套算汇率并不等于德累斯顿银行的报价：€ 1.5100/£，所以在三个市场之间进行套利的机会就出现了。图表6.9A显示了所谓的**三角套利**(triangular arbitrage)的步骤。

拥有100万美元的市场交易者能够以即期汇率将美元卖给巴克莱银行，获得\$1 000 000 ÷ \$1.8410/£ = £ 543 183。同时他将这些英镑卖给德累斯顿银行，获得£ 543 183 × € 1.5100/£ = € 820.206，该交易者然后又立即将这些欧元卖给花旗银行以获得美元：€ 820.206 × \$1.2223/€ = \$1 002 538。这一过程的无风险利润是\$2 538。这样的三角套利会一直持续直到均衡汇率重新建立为止；也就是说，直到计算出来的套算汇率等于实际的报价减去微小的交易成本为止。

图表 6.9A　　三角套利

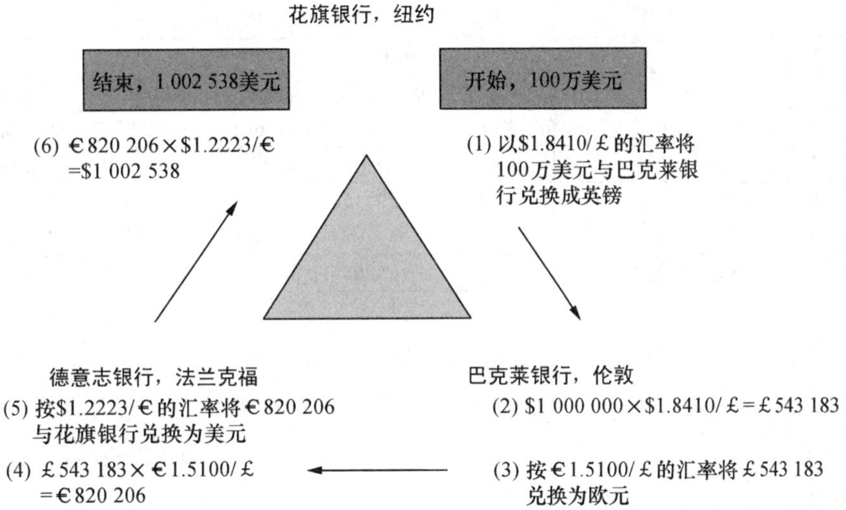

图表 6.9B 给出了图表 6.9A 中三角套利的敏感性分析和均衡汇率(没有收益或损失)。注意当德累斯顿银行的报价小于巴克莱/花旗银行的套算汇率时,通过反向操作,图表 6.9A 中进行三角套利的现金流就能化损失为赢利。因此当中间报价和套算汇率不一致时,总能产生利润。

图表 6.9B 是我们在本教材中第一次使用电子表格。除了在传统的金融和会计领域中使用外,电子表格现在已成为所有经济管理领域中普遍使用的工具。本书中的一些表格将使用电子表格的形式。这样做的目的一方面在于展示一些重要的内容,另一方面是让读者理解这些内容是如何构建或计算的。我们假设读者已经熟悉了这些电子表格的基本操作(计算部分相对于表格的目的而言是次要的)。

应当注意两个重要的方面:(1) 只有在参与者能够很快地获得报价并立即执行套利的时候,这种套利才是可行的。因此,除了极少数的情况外,这种套利一般只由外汇交易商来操作。公众想参与是非常困难的。(2) 银行交易员在执行这样的套利时,除了他们银行的信用保证之外,并不需要任何初始资金,因为当这些交易达成后,在两天后进行正常结算之前就已经通过电子手段冲销了。

6.6.9　度量即期汇率的变化

假设瑞士法郎的报价原来为 SF 1.6351/$(即 $0.61158/SF),现在忽然升值为 SF 1.5000/$(即 $0.66667/SF)。那么瑞士法郎的美元价值增长了多少个百分点?美国人持有的瑞士法郎应收账款账户或应付账款账户分别又变化了多少个百分点?当远期报价是百分比的形式时,母国货币就成了关键因素。

以本币表示的报价(直接报价)。当使用单位外币的本币价格报价时,外币价格变动百分比的计算公式是:

图表 6.9B 三角套利

	A	B	C	D	E	F	G
1	图表 6.9B 三角套利						
2	银行	报价		兑换方向	$1 000 000	敏感性分析	
3	巴克莱银行	$/£	1.4443	$ to £	£ 692 377	德累斯顿报价	损益
4	德累斯顿银行	$/£	1.6200	£ to $	$1 121 651		
5	花旗银行	$/€	0.9045	€ to $	$1 014 533	1.5800	– $10 517
6		套算汇率		美元赢利 =	$14 533	1.5900	– $4 255
7	德累斯顿/花旗银行	$/£	1.5968			1.6000	$2 008
8						1.6100	$8 270
9						1.6200	$14 533

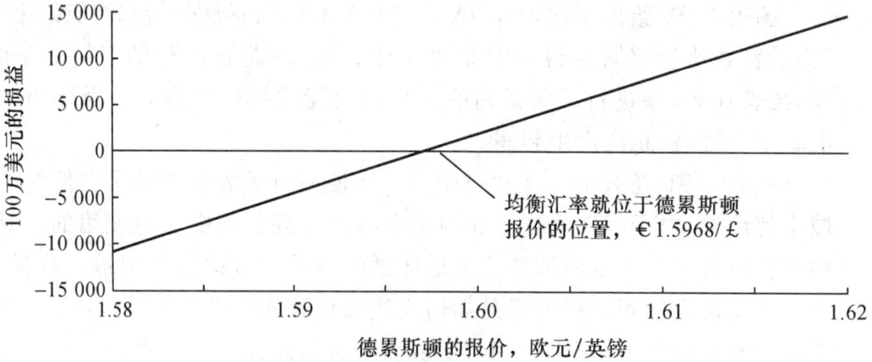

	主要单元格输入
30	E3：= E2/E3
31	E4：= E3 * C4
32	E5：= E4 * C5
33	E6：= E5-E2

$$\%\Delta = \frac{\text{期末汇率} - \text{期初汇率}}{\text{期初汇率}} \times 100$$

$$= \frac{\$0.66667/SF - \$0.61158/SF}{\$0.61158/SF} \times 100$$

$$= +9.008\%$$

在这个例子中,瑞士法郎在期末升水 9.008%。瑞士法郎应收账款的持有者多收到了 9.0008% 的美元,而那些欠了瑞士法郎的人则必须多支付 9.008% 的美元来购买所需的瑞士法郎。

以外币表示的报价(间接报价)。当使用单位本币的外币价格报价时,外币价格变动百分比的计算公式就变为:

$$\%\Delta = \frac{\text{期初汇率} - \text{期末汇率}}{\text{期末汇率}} \times 100$$

$$= \frac{\text{SF }1.6351/\$ - \text{SF }1.5000/\$}{\text{SF }1.5000/\$} \times 100$$

$$= +9.008\%$$

两种计算方法都得出瑞士法郎相对于美元的价值上涨了 9.008%。

对于这种计算需要作最后一点澄清。许多学生在演示这两个计算时发现两个结果非常接近,但在数值上仍有区别。如果第二个计算(反之亦然)是按以下方式进行的,也就是使用精确的倒数报价,那么价格的变动将完全一样,即都为 +9.008%。

$$\%\Delta = \frac{\text{期初汇率} - \text{期末汇率}}{\text{期末汇率}} \times 100$$

$$= \frac{\dfrac{1}{\$0.61158/\text{SF}} - \dfrac{1}{\$0.66667/\text{SF}}}{\dfrac{1}{\$0.66667/\text{SF}}} \times 100$$

$$= +9.008\%$$

小案例

委内瑞拉博利瓦黑市[②]

> 传言由于 1992 年那场反政府的政变,委内瑞拉总统查韦斯(Hugo Chavez)在监狱中度过了一年半的时间,期间,他非常喜欢读书。但在监狱中的课程安排似乎很糟糕,因为他在经济方面的表现如此糟糕,而在搞阴谋诡计方面却如此出色。
>
> ——"Money Fun in the Venezuela of Hugo Cháves", *The Economist*, February 13, 2004.

2004 年 3 月 10 日傍晚,圣地亚哥打开他在委内瑞拉首都加拉加斯办公室的窗户,广场上的声音就立刻向他袭来——汽车的喇叭声、抗议者敲打锅盆的声音、街头小贩兜

② Copyright © 2004 Thunderbird, the Garvin School of International Management. 版权所有。本案例由 Nina Camera、Thanh Nguyen 和 Jay Ward 在 Michael H. Moffett 的指导下完成,其目的仅是供课堂讨论,并不代表其管理是否有效。为了保护隐私,案例中的主人公均使用化名。

售货物的叫卖声。自从胡戈·查韦斯总统在2002年颁布了新的经济政策以来,这样的景象和声音就开始成为加拉加斯城生活的一个特征。圣地亚哥叹了一口气,他非常怀念过去加拉加斯的简单生活。

圣地亚哥曾经红火的药物销售生意现在已经面临困境。由于在2003年实行了资本管制,美元已经很难再进入。因此他被迫使用各种各样的方法——那些成本更高而且并不总是合法的方法来获取美元。这导致他的利润下降了50%。由于委内瑞拉过度地增发货币,导致了该国的货币——博利瓦在最近又一次贬值。由于汇率变动而导致的成本上升使得他的利润立即缩减了。现在已经没有人再愿意出售美元给他。虽然他的顾客迫不及待地需要补给,但是他却不知道去哪里找3 000美元的硬通货来支付他最近的订单。

政治混乱

胡戈·查韦斯在1998年被选举为委内瑞拉总统,这使得局势变得极度混乱。在一系列的罢免、辞职、政变和复职后,这些政治混乱最终将它们的成本转嫁到了委内瑞拉的经济上,尤其是货币上。反查韦斯的政变在2001年取得了短暂的成功,但胡戈·查韦斯随即又复职了,并巩固了他孤立主义者的经济和金融政策。

2001年1月21日,博利瓦的收盘价创下了历史新低——Bs 1 891.50/ $。第二天,总统查韦斯对美元实施了为期两周的禁售。几乎与此同时,一个交易委内瑞拉博利瓦和外国货币(主要是美元)的非官方市场,或称黑市,迅速地成长起来。当所有的投资者都在想方设法逃离委内瑞拉市场或只想获得所需要的硬通货来继续做生意(和圣地亚哥的情况一样)时,不断增加的资本外逃导致了博利瓦的黑市价格在数周内下降到了Bs 2 500/ $。当市场崩溃、汇率下跌时,委内瑞拉的年通货膨胀率也超过了30%。

资本管制和CADIVI

为了顶住博利瓦的下跌压力,委内瑞拉政府在2003年2月5号宣称通过了《**2003年外汇管制法令**》。

法案规定将采取以下行动:

1. 设定法定的出价(bid)为Bs 1 596/ $,法定的售价(offer)为Bs 1 600/ $。
2. 建立外汇管理委员会(CADIVI)来控制外汇的销售。
3. 实施严格的价格控制来阻止因博利瓦贬值和进口萎缩而引发的通货膨胀,而进口的萎缩正是由汇率控制引起的。

CADIVI不但是委内瑞拉居民合法获得外汇的途径,同时也是居民们获得外汇的最廉价的途径。为了得到CADIVI的授权以获得外汇,申请者需要填写一系列的表格。申请者需要证明他在之前的三年内都支付了税款,必须提供资产所有权和公司财产租赁协议的证明,还必须准备其当前社会保障的支付文件。

如果要获得购买外汇的授权,还存在着一个不言自明的非正式要求:CADIVI的授权只会给予查韦斯的支持者。2003年8月,一个反查韦斯的请愿活动得到了广泛的响应,并征集了100万人的签名。虽然政府裁定请愿是非法的,但是政府将签名的名单制作成了一个包含姓名和社会保障号的数据库,CADIVI将使用这个数据库来查核申请人的身份以决定是否给予当事人硬通货。总统查韦斯说:“1美元也不能给那些反对者(“激进分子”或“支持政变的人”);博利瓦只属于人民。”③

圣地亚哥的另一种选择

圣地亚哥几乎不可能通过CADIVI来获得美元以支付其进口。这是因为他曾经在要求总统查韦斯下台的请愿书上签了名,这使得他的名字被作为反查韦斯者进入了CAVIDI的数据库,现在他已经不能获得将博利瓦换成美元的许可。

有一笔交易因得不到美元而搁浅,原因是圣地亚哥需要向美国的药品供应商支付3万美元,接着圣地亚哥会将这些货物卖给一个销售这些药物的委内瑞拉大客户。然而,为了完成这笔交易,圣地亚哥将不得不寻求其他的渠道来获得美元,而这已经不是第一次了。由于实施了资本管制,圣地亚哥每个星期都必须去寻找美元。除了通过CADIVI这条官方渠道外,圣地亚哥还能在**灰市**或**黑市**中获得美元。

灰市:CANTV的股份

2003年5月,即实施外汇管制后的第三个月,一个机会展现在了委内瑞拉人面前——这个机会能够使得加拉加斯证券交易所的投资者避免过紧的外汇限制。该规定允许投资者购买在加拉加斯证券交易所上市的电信企业CANTV的股票后,可以将其转换成在纽约证券交易所交易的美国预托证券(ADRs),该证券是以美元计价的。利用这个漏洞,投资者就能规避政府设置的外汇管制。

CANTV ADRs在纽约证券交易所交易,它的发行人纽约银行是美国发行和管理ADRs业务的领导者。在外汇管制法案通过后,纽约银行在二月份暂停了CANTV ADRs的交易,并希望知道在委内瑞拉外汇管制之下进行交易的合法性。5月26日,当获知在新法案下可以合法交易后,银行又恢复了CANTV股票的交易。CANTV的股票价格和交易量也在随后的几周内出现了大幅飙升。④

CANTV的股票价格迅速成为计算暗含的灰市汇率价格的首选方式。例如,CANTV的股票在2004年2月6日的加拉加斯交易所里以每股7945博利瓦的价格收盘。同一天,CANTV ADRs在纽约以每股18.84美元的价格收盘。每股纽约的ADRs相当于加拉加斯7股CANTV的股票。其中暗含的灰市汇率就可以用以下公式计算得出:

$$\text{暗含的灰市汇率} = \frac{7 \times \text{Bs } 7\,945/\text{share}}{\$18.84/\text{ADR}} = \text{Bs } 2\,954/\$$$

而同一天的官方汇价为Bs 1 598/$。这意味着博利瓦对美元的灰市汇率比委内瑞

③ "Venezuela Girds for Exchange Controls", *Wall Street Journal* (Eastern edition), February 5, 2003, p. A14.

④ 事实上,由于被用做一种汇率机制,CANTV的股票价格在2002—2004年间持续上涨。CANTV美国认股权证(ADRs)被委内瑞拉的个人和机构用做一种获取美元的手段,被认为是“并不非法的”。

拉政府宣布的官方价格要低46%。

图表A描绘了2002年1月至2004年3月这段时期的官方汇率和灰市汇率(使用CANTV的股票价格计算得出)。官方汇率和灰市汇率的背离是从2003年2月开始,那时正好开始实行资本管制。⑤

图表A 委内瑞拉官方及灰市汇率:博利瓦/美元(2002年1月—2004年3月)

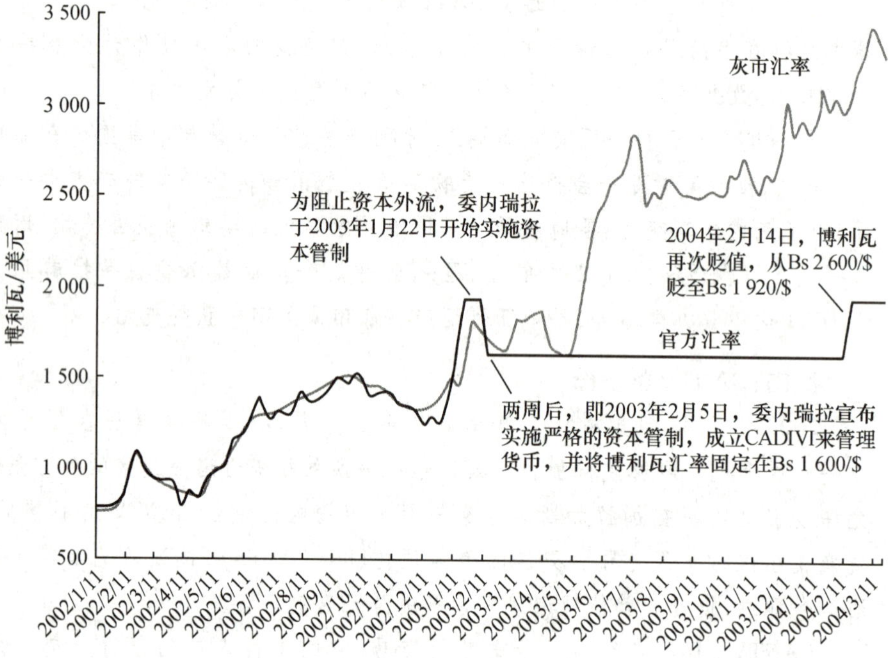

注:所有价格均为周五收市价。

黑市

委内瑞拉人获得硬通货的第三种途径是通过迅速扩张的黑市。如同全世界其他地方的黑市一样,委内瑞拉的黑市也必然是一个看不见的非法市场。然而,使用委内瑞拉的股票经纪人或银行家的服务是非常复杂的,这些股票经纪人或银行家通常都同时持有海外的美元账户。在黑市中对经纪人的选择是一个至关重要的问题;当交易无法完成时,不会有法律来保障当事人的权利。

如果圣地亚哥希望在黑市中购买美元,他就需要向其经纪人在委内瑞拉的账户中存入博利瓦。黑市的汇率将在存入博利瓦的当天确定,该汇率在灰市汇率基础上的波动通常不会超过20%,而灰市的汇率正是通过CANTV的股票价格算得的。圣地亚哥将会得到协议中标明的美元数量,这些美元将被存入国外银行的某个美元账户中。每笔交易平均要花两个交易日的时间来结清。非官方的黑市汇率为Bs 3 300/$。

⑤ 摩根斯坦利资本国际公司(MSCI)于2003年11月26日宣布,将委内瑞拉博利瓦的标准即期汇率转换为按委内瑞拉电信公司CANTV股票在本地市场的博利瓦价格与其ADR的美元标价之间的关系计算的名义汇率。

2004年春天

2004年年初,总统查韦斯要求委内瑞拉的中央银行从委内瑞拉210亿美元的外汇储备中拨给他几十亿美元。查韦斯宣称这些钱是人民的,他想将其中的一部分投资到农业建设当中去。中央银行拒绝了这一要求。这次受阻并没有阻碍查韦斯继续寻找资金,他在2004年2月9日宣布货币将再一次贬值。博利瓦将贬值17%,官方汇价将从1美元兑换1600博利瓦下降到1美元兑换1920博利瓦(参见图表A)。由于委内瑞拉出口的石油都是用美元来计价的,因此博利瓦的贬值意味着出口石油的价值仅仅因为货币的贬值而增长了17%。

查韦斯政府宣称这次货币贬值是必要的,财政部长Tobias Nobriega认为"因为委内瑞拉出口的不平衡和国际收支平衡的压力,因此博利瓦的汇价无法固定,而必须是浮动的"。然而分析师指出委内瑞拉政府实际上已经完全控制了它的国际收支状况:石油是主要的出口物资,政府通过控制获得硬通货的官方途径来控制进口,同时中央银行的外汇储备已经高达210亿美元。

> 不知查韦斯先生是否明白是什么使得委内瑞拉人民以美元计价的储蓄和收入在三年内下降了一半。也许这位政治学专业的学生相信博利瓦贬值得越多,人民就会变得越富有。不过作为一个不可避免的事实,连查韦斯都承认贬值是在为他的玻利瓦尔的"任务"埋单,也就是可能恢复查韦斯的声望并持续足够长的时间使他不被罢免的政府计划。
>
> ——"Money Fun in the Venezuela of Hugo Cháves", the *Wall Street Journal* (Eastern edition), February 13, 2004, p. A13.

时间不多了

圣地亚哥在3月10日的下午收到了来自CAVIDI的通知:他最近申请的美元已经被批准了,并将在Bs 1920/$的官方汇价上买到10000美元。圣地亚哥将他的好运归功于他给CAVIDI的内部人士每美元额外的500博利瓦,这使他的要求能够迅速得到满足。圣地亚哥带着微笑说"查韦斯的人同样要赚钱"。来自街角的噪音似乎要与太阳一起下沉了。现在是圣地亚哥作出一些决定的时候了。Bonita绝对不在他的选择之中,但圣地亚哥如果想要继续他的生意,那么他就必须在某种价位上获得美元。

案例思考题

1. 为什么像委内瑞拉这样的国家要实行资本管制?
2. 在委内瑞拉的事例当中,灰市和黑市有什么差别?
3. 作一个有关圣地亚哥选择的金融分析并提出一个解决问题的方案。

小结

◎ 外汇市场的三个功能是转移购买力、提供信贷和最小化外汇风险。

◎ 外汇市场由两个层次构成：银行间市场和客户市场。这两个层次的市场交易者包括银行和非银行的外汇交易商、个人交易者和进行商业及投资交易的公司、投机者和套利者、中央银行和财政部。

◎ 在地理上，外汇交易市场是一个遍及全球的市场，在交易日内，外汇的交易和价格的变动每时每刻都在发生。

◎ 汇率就是用一种货币表示的另一种货币的价格。外汇报价就是交易者在某一汇率下买卖意愿的表达方式。

◎ 外汇市场上的交易要么是即期交易，即在交易成交的两天后进行交割；要么是远期或掉期交易，即要在未来的某个时刻进行交割。

◎ 欧式报价是一单位的美元值多少外汇，美式报价是一单位的外汇值多少美元。

◎ 报价可以分为直接报价和间接报价。直接报价法是一单位外汇的本国货币价格，而间接报价法是一单位本国货币的外国货币价格。

◎ 直接报价和间接报价并不是美式报价和欧式报价的同义词，因为根据计算主体的不同，本币会发生变化，而欧洲报价则永远都是一单位美元的外汇价格。

◎ 套算汇率是根据两种汇率与第三方汇率的共同关系而计算出来的汇率。当套算汇率不同于两种货币之间的直接汇率时，就可能存在跨市套利。

思考题

1. **定义**。定义以下术语：
   a. 外汇市场
   b. 外汇交易
   c. 外汇
2. **外汇市场的功能**。外汇市场的三个主要功能是什么？
3. **市场参与者**。各类外汇市场上交易者买卖外汇的意图是什么？
4. **交易**。定义以下外汇交易的类型：
   a. 即期交易
   b. 直接远期交易
   c. 远期对远期的掉期
5. **外汇市场的特征**。关于 2004 年的外汇交易量：
   a. 列出 2004 年即期交易、远期交易和掉期交易规模的相对大小。
   b. 列出外汇交易量最大的五个市场。
   c. 列出外汇交易中三种最重要的货币。
6. **汇率报价**。对以下每一种报价给出定义和实例：
   a. 出价
   b. 要价
7. **倒数**。将下面的间接报价转化成直接报价，将直接报价转化成间接报价：
   a. 欧洲：€ 0.8540/ $(间接报价)
   b. 俄罗斯：Rub 28.82/ $(间接报价)
   c. 加拿大：$0.87/C $(直接报价)
   d. 丹麦：$0.1582/DKr(直接报价)
8. **外汇市场的地理范围**
   a. 什么是外汇市场的地理位置？
   b. 两个主要的外汇交易系统是什么？
   c. 为了从事交易活动，外汇市场是如何彼此联系的？

9. **美式报价和欧式报价**。对于银行间市场的报价，美式报价和欧式报价有什么不同之处？

10. **直接报价和间接报价**。
   a. 假设美国是母国，对美元和墨西哥比索之间的直接报价给出定义并举出实例。
   b. 假设中国是母国，对日元和人民币之间的间接报价给出定义并举出实例。

练习题

1. **亚洲金融危机**。亚洲金融危机开始于 1997 年 7 月，并通过东亚的货币市场对经济造成了破坏性的影响。以下哪种货币在 7 月到 11 月这段时期贬值最多？在危机的前五个月，哪个国家（地区）看起来没有受到太多的影响，也就是金融危机对该国（地区）货币的影响最小？

国家（地区）	货币	1997 年 7 月（每美元）	1997 年 11 月（每美元）
中国内地	人民币元	8.4	8.4
中国香港	港元	7.75	7.73
印度尼西亚	卢比	2 400	3 600
韩国	韩元	900	1 100
马来西亚	马元	2.5	3.5
菲律宾	菲律宾比索	27	34
新加坡	新加坡元	1.43	1.60
中国台湾	台币	27.8	32.7
泰国	泰铢	25	40

2. **彭博资讯的套算汇率**。根据下面的彭博资讯套算汇率表来回答以下问题。如果你还不熟悉所有这些由三个字母构成的货币代码，请参考本书最后的表格。

货币	USD	EUR	JPY	GPB	CHF	CAD	AUD	HKD
HKD	7.7734	9.2639	0.0693	13.6644	5.9618	6.2881	5.7597	
AUD	1.3496	1.6084	0.012	2.3724	1.0351	1.0917		0.1736
CAD	1.2362	1.4732	0.011	2.1731	0.9481		0.916	0.159
CHF	1.3038	1.5539	0.0116	2.292		1.0547	0.9661	0.1677
GBP	0.5689	0.678	0.0051		0.4363	0.4602	0.4215	0.0732
JPY	112.195	133.7084		197.222	86.049	90.758	83.1309	14.4333
EUR	0.8391		0.0075	1.475	0.6436	0.6788	0.6217	0.1079
USD		1.1918	0.0089	1.7578	0.767	0.8089	0.741	0.1286

a. 一单位美元可兑换的日元?

b. 一单位日元可兑换的美元?

c. 一单位欧元可兑换的美元?

d. 一单位美元可兑换的欧元?

e. 一单位欧元可兑换的日元?

f. 一单位日元可兑换的欧元?

g. 一单位美元可兑换的加元?

h. 一单位加元可兑换的美元?

i. 一单位美元可兑换的澳元?

j. 一单位澳元可兑换的美元?

k. 一单位美元可兑换的英镑?

l. 一单位英镑可兑换的美元?

m. 一单位瑞士法郎可兑换的美元?

n. 一单位美元可兑换的瑞士法郎?

3. **美元/欧元的远期升水**。使用下表美元/欧元(US \$/€)即期汇率和远期汇率的出价和要价来回答以下问题。

时期	出价汇率	要价汇率
即期	1.19040	1.19140
一个月	1.19294	1.19560
两个月	1.19450	1.19294
三个月	1.20006	1.19450
六个月	1.21153	1.20006
十二个月	1.21153	1.21153
二十四个月	1.23358	1.23358

a. 计算每个期限的中间汇率。

b. 计算所有期限每年的远期升水。

c. 哪个期限具有最小的远期升水? 哪个期限具有最大的远期升水?

4. **苏黎世交易**。如果你收到下面瑞士法郎对美元的即期、一个月远期、三个月远期和六个月远期的报价。

1.2575 对 1.2585, 10 对 15,
14 对 22, 22 对 30

a. 计算出价和要价的完全报价,以及每一个出价和要价之间的价差点数。

b. 从即期报价到六个月的报价,差价发生了怎样的变化? 为什么会发生这种情况?

5. **旅行:从哥本哈根到圣彼得堡**。在愉快的毕业旅行中,你离开丹麦的哥本哈根,前往俄罗斯的圣彼得堡。丹麦货币是丹麦克朗(虽然丹麦是欧盟的成员国,但它并没有参与欧元体系,仅仅是对欧元保持有管理的汇率)。当你离开哥本哈根时,你的钱包里还有1万丹麦克朗。如果想把它们全部换成俄罗斯的卢布,你将获得如下报价:

DKr 8.5515/ \$ R 29.070/ \$

a. 丹麦克朗/俄罗斯卢布的套算汇率是多少?

b. 你手中剩余的丹麦克朗能够换回多少卢布?

6. **澳元的远期升水**。使用2005年7月5日美元/澳元(US \$/A \$)的即期和远期报价,回答以下问题:

a. 计算出价和要价的中间汇率(平均汇率)。

b. 使用问题a中算得的中间汇率来计算所有期限的远期升水。

c. 哪个期限具有最小的远期升水? 哪个期限具有最大的远期升水?

期限	出价汇率	要价汇率
即期	0.74140	0.74190
一个月	0.73983	0.74055
两个月	0.73871	0.73924
三个月	0.73752	0.73805
六个月	0.73412	0.73924
十二个月	0.72870	0.73050
二十四个月	0.71900	0.71999

7. **瑞士法郎的无风险利润**。你可以获得以下汇率(也就是你可以在该汇率上进行买入或卖出):

Mt. Fuji 银行	¥120.00/ \$
Mt. Rushmore 银行	SF 1.6000/ \$

Mt. Blanc 银行 ¥80.00/SF

假如你有1 000万瑞士法郎的初始资金。你是否能够通过一个三角套利来获得利润？如果可以的话，写出步骤并计算用瑞士法郎表示的利润。

8. **跨越大西洋的套利**。一位在纽约拥有经营业务的公司财务经理同时给中区的花旗银行（纽约）和伦敦的巴克莱银行打电话。两家银行同时给出了以下的欧元报价：

纽约花旗银行	伦敦巴克莱银行
$1.1840 - 60/€	$1.1830 - 50/€

使用100万美元或等价的欧元说明该公司如何利用这两个汇率的报价来进行跨地域套利。

9. **维多利亚出口公司**。维多利亚出口公司是一个加拿大出口商，它将收到六份一万欧元的付款，收款时间从现在一直到未来的十二个月。公司因为要同时保持加元和美元的现金余额，所以它需要在每个收款期末选择将欧元换成何种货币。请问哪种货币在远期市场上能够提供更好的汇率？

期限	C$/euro	US$/euro
即期	1.4811	1.1914
一个月	1.4816	1.1926
两个月	1.4823	1.1941
三个月	1.4830	1.1956
六个月	1.4860	1.2013
十二个月	1.4932	1.2130

10. **《华尔街日报》的报价和升水**。使用图表6.7列出的《华尔街日报》的报价来回答以下问题：
    a. 计算两种报价形式下（单位外币的美元价格和单位美元的外币价格）的远期升水或贴水。
    b. 为什么两种报价形式下的远期升水或贴水并不一致？如果你使用了正确的升水计算公式，升水的幅度难道不应该相同吗？

11. **《金融时报》的报价**。使用图表6.7中英镑的即期和远期报价，说明《金融时报》是如何计算以下期限的远期升水的：
    a. 一个月的远期汇率
    b. 三个月的远期汇率
    c. 一年的远期汇率

12. **委内瑞拉的博利瓦（A）**。2002年2月，委内瑞拉政府宣布该国货币博利瓦（Bs）正式浮动。数周后，货币的价值从浮动前的Bs 778/$变成了Bs 1 025/$。
    a. 这是一次主动贬值还是一次市场贬值？
    b. 货币的价值变动了多少个百分点？

13. **委内瑞拉的博利瓦（B）**。委内瑞拉的政治和经济危机在2002年末到2003年初加剧了。2003年1月1日，博利瓦以Bs 1 400/$的汇价交易。到2月1日的时候，它的价值跌到了Bs 1950/$。许多货币分析师和预测者都预言2003年初夏的时候，博利瓦的价值会比2月1日时再下跌40%。
    a. 到2003年1月，博利瓦的价值变动了多少个百分点？
    b. 如果关于货币价值的预测是正确的，到2003年1月的时候，博利瓦对美元的汇价将变成多少？

14. **间接报价**。即期汇率是€ 0.8264/$，三个月的远期汇率是€ 0.8230/$，计算这种情况下美元的远期升水（美元是本币）。

15. **对美元的直接报价**。如果即期汇率是$1.8200/£，而六个月的远期汇率是$1.8000/£，计算美元的远期贴水（美元是本币）。

16. **墨西哥比索和欧元之间的套算汇率**。根据以下两个即期汇率，计算墨西哥比索

（Ps）和欧元（€）之间的套算汇率：Ps 11.43/\$，0.8404/\$。

17. **跨市套利**。假如有以下的报价，请计算花旗银行的交易员如何用100万美元在银行间市场进行套利：

花旗银行对单位英镑可兑换美元的报价：\$1.84/£

国民西敏寺银行对单位英镑可兑换的欧元的报价：€ 1.46/£

德意志银行对单位欧元可兑换美元的报价：\$1.18/€

网上练习

1. **远期报价**。OzForex外汇服务商在线对大量的货币提供了具有代表性的远期汇率。使用以下的网页搜寻各种货币的远期汇率报价。（注意列在报价屏上的伦敦、纽约和悉尼时间。）

OzForex

http://www.Ozforex.com.au/fxoptions/optiondynamics.htm

2. **Oanda.com 的货币服务**。Oanda.com公司的网页拥有大量与货币相关的数据和服务。使用以下的网址来获得一些服务，包括交易游戏。

交易游戏

http://fxgame.oanda.com

FX 历史

http://www.oanda.com/convert/fxhistory

货币地图

http://www.oanda.com/products/fxmap/fxmap.shtml

3. **新兴市场的货币**。虽然像美元、日元这样的主要货币总是占据重要的位置，但世界上仍然存在着像国家数目一样众多的货币数目。许多货币都在容量极小而且高度管制的市场上交易，这使得它们的可兑换性受到了质疑。找到这些货币的报价有时是一件很困难的事情。看看你能找到多少非洲国家的货币报价。

Emerging markets

http://emgmkts.com

4. **汇率指数**。JP摩根计算并且提供许多世界主要货币相对于一篮子其他主要货币的价值指数。如同国际货币基金组织公布的指数一样，这些指数为货币的相对价值提供了更加基础和通用的指标。查看以下最近更新的网址。

JP Morgan currency indices

http://jpmorgan.com/MarketDataInd/Forex/CurrIndex.html

5. **太平洋汇率服务**。太平洋汇率服务的网站由英属哥伦比亚大学的教授Werner Antweiler领衔，这个网站拥有丰富的关于汇率和货币统计资料的信息。使用这个服务就能测定货币最近是否经历了明显的贬值，例如阿根廷比索、委内瑞拉博利瓦、土耳其里拉和埃及磅。

Pacific Exchange Rate Service

Http://pacific.commerce.ubc.ca/xr/

文献选读

Bank for International Settlements, "Central Bank Survey of Foreign Exchange and Derivatives Market Activity in April 2004", October 2004.（该项调查每三年进行一次。）

Glassman, Debra, "Exchange Rate Risk and Transactions Costs: Evidence from Bid-Ask Spreads", *Journal of International Money and Finance*, Vol. 6, No. 4, Dec. 1987, pp. 479—491.

Zaheer, Srilata, "Circadian Rhythms: The Effects of Global Market Integration on the Currency Trading Industry", *Journal of International Business Studies*, Vol. 26, No. 4, fourth quarter 1995, pp. 699—728.

第7章 外汇衍生品

7.1 金融衍生品

在21世纪,跨国企业的财务管理都需要考虑金融衍生品的使用。衍生品名字的由来是因为它们的内在价值源于股票或货币等标的资产,在当今的经济生活中金融衍生品是一种强有力的工具,它有两个截然不同的管理目标:投机和套期保值。当跨国企业的财务经理以预期获利为目的而购买金融衍生品并持有这些头寸时,叫做投机;而如果是用这些工具来降低与公司现金流日常管理相关的风险,就叫套期保值。然而,在有效地使用这些金融工具之前,财务经理必须大体上懂得这些产品的结构和定价。我们将在这一章中介绍两种常见的外汇衍生品:外汇期权和外汇期货。我们将重点介绍它们的估值基础以及为了投机目的而对它们的使用。第8章将介绍如何利用外汇衍生品来对冲商业贸易中的风险。第14章将介绍利率互换的定价和使用情况,这也是当今被企业使用最广泛的金融衍生品。

7.2 衍生品的好处

公司使用衍生品是为了获得以下某个或某些好处:①

1. 允许公司获得在不使用衍生品时无法获得,或者需要付出更高的成本才能得到的收益。

2. 对冲某些风险,这些风险无法通过衍生品之外的工具对冲。

3. 使得衍生品的标的资产市场更加有效率。

4. 减少股票收益的波动。

5. 最小化赢利的波动。

---

① 改编自 Rene M. Stulz, "Financial Derivatives", *The Miken Institute Review*, Third Quarter, 2005, pp. 20—31。

6. 减少税收。

7. 激励管理层(代理理论效应)。

在作深入探讨之前,我们还是谨慎地甚至略微保守地多说一句。在一个小心谨慎且能干的财务经理手中,金融衍生品是一种强有力的工具。但当这些工具被滥用的时候,它们又会成为破坏性的工具。在 20 世纪 90 年代,财务经理操作金融衍生品失控的事例在市场上比比皆是,这对他们的公司造成了严重的损失,有时甚至是直接破产。一方面,如果使用得当、控制合理,金融衍生品将帮助公司管理层改善公司财务状况。但另一方面,可能会像本章末尾的案例中所描绘的那样,魔鬼交易员——尼克·里森进行的一个未加控制的投机导致了巴林兄弟银行的倒闭。我们将从相对简单的外汇衍生品——外汇期货开始介绍。

7.3 外汇期货

外汇期货合约(foreign currency futures contract)是远期合约的一种替代品,这种合约要求在固定的时间、地点和价格交割标准数量的外汇。它和商品期货(猪、牛、木材等)、生息存款期货和黄金期货类似。

大多数世界货币中心都建立了外汇期货市场。在美国,最重要的外汇期货市场是芝加哥国际货币市场(IMM),它是芝加哥商业交易所的一部分。

7.3.1 合约的规格

合约规格由期货品种所在的交易所规定。例如,在芝加哥的国际货币市场,合约的主要特征必须按以下的方式标准化:

合约的大小。也叫名义本金;每种货币的交易都必须是特定货币单位的整数倍。

汇率的报价方式。外汇期货使用的是"美式报价";也就是说,报价是一单位的外币能兑换的美元数,这也被称为直接报价。

到期日。合约在 1 月、3 月、4 月、6 月、7 月、9 月、10 月或 12 月的第三个星期三到期。

最后交易日。合约可以一直交易到到期日之前的第二个交易日。因此,除非是节假日,否则最后交易日就是到期日之前的那个星期一。

保证金和维持保证金。合约的购买者必须存入一定金额的初始保证金,这个要求相当于需要一个履约保证金,保证金也可以是银行开出的信用证、国库券或现金。除此之外,交易者还需要缴纳维持保证金。合约的价值按结算价逐日结算,并且每天合约价值的变化引起的当日盈亏都要在当天用现金进行支付。**逐日盯市**(marked to market)意味着合约的价值要用每天的收盘价进行计算,相应的支付数目被称为**变动保证金**(variation margin)。

结算。大约只有 5% 的外汇期货合约是通过买家和卖家之间的外汇实物交割来结算的。大多数时候,买家和卖家通过购买相反头寸的方式,在交货日期之前就对冲了初始头寸。也就是说,如果一方购买了一份期货合约,那么他将通过卖出一份同一交割日的期货合约来对冲他的头寸。一次完整的买/卖或卖/买被称为一次“轧平交易”。

佣金。客户向他们的经纪人交付一笔佣金以完成往返交易,并且只提供单一报价。这不同于银行间市场,在银行间市场中,交易商同时报出一个买价和卖价而且不收取佣金。

将清算所作为交易对手。所有的合约都是客户和清算所之间的协议,而不是两个客户之间的协议。客户不需要担心合约的对手方会违约。清算所由交易所的所有成员共同拥有并提供担保。

7.3.2 外汇期货的使用

为了说明如何使用外汇期货对汇率的波动进行投机,我们将考察在芝加哥商业交易所(CME)交易的墨西哥比索期货。图表7.1列示了《华尔街日报》给出的墨西哥比索(Ps)的期货报价。每一份合约的名义本金是500 000“新墨西哥比索”,并且以单位墨西哥比索可兑换的美元报价。

图表7.1 墨西哥比索期货,美元/比索(CME)

Maturity	Open	High	Low	Settle	Change	High	Low	Open Interest
Mar	0.10953	0.10988	0.10930	0.10958	…	0.11000	0.09770	34 481
June	0.10790	0.10795	0.10778	0.10773	…	0.10800	0.09730	3 405
Sept	0.10615	0.10615	0.10610	0.10573	…	0.10615	0.09930	1 481

所有合约的名义本金都是500 000新墨西哥比索。“Open”指的是当天的开盘价;“High”指的是当天的最高价;“Low”表示当天的最低价;“Settle”是当天的收盘价;“Change”表示当天的收盘价与前一天收盘价相比发生的改变;“Change”右边的“High”和“Low”表示这些合约(用它们的到期日来定义)在它们的交易历史中的最高价和最低价;“Open Interest”表示未平仓合约的数量。

资料来源:*The Wall Street Journal*, February 22, 2002, p. C13.

任何希望在墨西哥比索兑美元的汇价变动中进行投机的投资者都可以采取以下的某个策略。记住期货合约的原理:如果投机者买入了一份期货合约,他就必须在未来的某个时间以特定的价格购买那种货币;而如果投机者卖出了一份期货合约,他就必须在未来的某个时间以特定的价格出售那种货币。

空头头寸。Amber McClain是一个为国际货币交易商工作的投机者,如果她认为墨西哥比索将在3月份相对于美元贬值,她就会卖出一份3月份的期货合约,从而持有一个**空头头寸**(short position)。通过卖出一份3月份的合约,Amber锁定了500 000墨西哥比索的卖出价格。如果比索的价格在到期日如她预期的那样下降了,Amber就拥有一份以高于比索现价的价格卖出比索的合约。由此,她获得了利润。

使用图表7.1中墨西哥比索期货的报价,Amber以收盘价卖出了一份500 000比索的3月份期货合约,收盘价也就是结算价格,为\$0.10958/Ps。她的头寸在到期日,即3月份期货合约期满之时的价值就是:

到期日的价值(空头头寸) = -名义本金×(现货价格-期货价格)

注意,空头头寸是作为一笔负的名义本金来进行计算的。如果到期时的即期汇率是 \$0.09500/Ps,那么她的头寸在结算时的价值就是:

价值 = - Ps 500 000 × (\$0.09500/Ps - \$0.10958/Ps) = \$7 290

Amber 的预期被证明是正确的:墨西哥比索相对于美元贬值了。我们可以说"Amber 以 \$0.09500 的价格买进比索并以 \$0.10958 的价格卖出比索"。

以上结论的前提是 Amber 正确地预期墨西哥比索兑美元汇率的变动。在这个例子当中,她认为在3月期货合约到期的时候,比索的价值将下降。

多头头寸。如果 Amber McClain 预期比索相对美元的价值会在近期上升,那么她就会通过购买3月份墨西哥比索期货来持有一个多头头寸(long position)。购买一份3月份期货合约意味着 Amber 锁定了期货到期日的墨西哥比索的买入价格。Amber 的期货合约在到期日将会有如下价值:

到期日的价值(多头头寸) = 名义本金×(现货价格-期货价格)

再一次使用图表7.1中墨西哥比索期货的三月份结算价格:\$0.10958/Ps,如果到期日的即期汇率是 \$0.1100/Ps,那么 Amber 就猜对了。这时她的头寸在结算时的价值就是:

价值 = Ps 500 000 × (\$0.11000/Ps - \$0.10958/Ps) = \$210

在这种情况下,Amber 在一份期货合约上获利 \$210。我们可以说"Amber 在 \$0.10958/Ps 的价位上买进,在 \$0.11000/Ps 的价位上卖出"。

但是如果 Amber 关于墨西哥比索期货价值的预期是错误的,那会发生什么呢?例如,如果墨西哥政府宣称墨西哥的通货膨胀率忽然大幅上升,并且比索的价值在3月到期日下跌到 \$0.08000/Ps,Amber 的期货合约在清算时的价值为:

价值 = Ps 500 000 × (\$0.08000/Ps - \$0.10958/Ps) = -(\$14 790)

在这种情况下,Amber McClain 遭遇了巨额投机损失。这就是货币投机者的生活!

很显然,期货合约可以通过组合形成各种更加复杂的头寸。然而,当我们将合约进行组合时,组合的价值是相当直观的,且具有可加的性质。

7.3.3 外汇期货合约和外汇远期合约

外汇期货合约在许多重要的方面都与远期合约有所不同,如图表7.2所示。个人投资者会发现期货合约在投机的时候更加有用,这是因为他们通常很难获得远期合约。而在商业活动中,期货合约却通常被认为没有效率而且十分麻烦,这是因为期货头寸在合约的期限内需要按结算价逐日结算。尽管这并不要求企业每天都要进行现金收付,但与企业一般情况下需要的收付次数相比,它确实会导致其金融服务提供商发出更频繁的保证金追缴通知。

图表 7.2 外汇期货和外汇远期的比较

特征	外汇期货	外汇远期
合约的规模	每种货币都是标准化的合约	想要的任意规模
到期日	固定的到期期限,最长期限通常是一年	一般都长达一年,有时则更长
地点	发生在有组织的交易所内	通过电信设备,在客户和银行,以及银行和银行之间展开
定价	在交易大厅里公开叫价	价格由买卖报价决定
保证金	初始保证金按结算价逐日结算	没有明确需要保证金,但合格的银行关系是必需的
清算	很少实际交割,清算通常通过购买对冲头寸来实现	虽然购买对冲头寸是可行的,但通常需要交割
佣金	单笔的佣金包括了买和卖的费用("双向交易")	没有明确的佣金;银行通过买卖价差来获得佣金
交易时间	通常只在交易时间里进行交易,但有时也是 24 小时交易	用电话或互联网通过银行的全球网络进行全天 24 小时的协商
交易对手	由于拍卖市场的制度安排,交易双方都是未知的	交易双方在设置远期规格之时是直接联系的
流动性	具有流动性但销售量和销售额都相对较小	具有流动性而且销量比期货合约要大

7.4 外汇期权

外汇期权(foreign currency option)是一份合约,这份合约赋予期权购买者在一段特定的时期内(到期日之前)以固定的价格购买或出售一定数量外汇的权利,却没有要求相应的义务。在这个定义中,最重要的部分是"却没有要求相应的义务";这意味着期权所有者拥有的是一份有价值的选择权。

在许多方面,购买一份期权就像购买了一张音乐会的门票。购票者有权参加这场音乐会,但并不是必须参加。音乐会门票购买者的最大风险也就是购买门票的支出。同样地,期权购买者的最大损失也只是购买期权而支付的费用。如果门票的购买者在音乐会当天之前决定不去参加,门票就能出售给其他想参加音乐会的人。

- 期权有两种基本类型:**看涨期权**(call options)和**看跌期权**(put options)。看涨期权是购买外汇的选择权,而看跌期权是出售外汇的选择权。
- 期权的购买者被称为**持有方**,而期权的出售者被称为**卖方**或**开立方**。

每一份期权都包括三种不同的价格要素:(1) **履约价格**或**执行价格**,是指购买(看涨期权)或出售(看跌期权) 外汇的汇率;(2) **期权费**,也就是期权本身的成本、价格或价值;(3) 市场上的实际即期汇率。

- **美式期权**(American options)给予购买者在期权的生效日至终止日或到期日之间的任何时候来执行期权的权利。**欧式期权**(European options)则只能在期权到期之时执行它,而不能在到期之前执行。然而,美式期权和欧式期权的定价几乎是相同的,这是因为期权的持有方通常会在到期之前就出售期权。在期权执行时所包含的“内在价值”之上还会存在一部分“时间价值”(本章随后会对此作出解释)。

- **期权费**(premium)或期权的价格就是期权的成本,通常是期权的买方提前支付给卖方。在场外交易市场中(期权由银行提供),期权费是以交易数额百分比的形式报价的。场内交易期权的期权费是按照每单位外币所对应的本币数量来报价的。
- 当期权的执行价格等于标的货币的即期汇率时,我们称这类期权为**平值期权**(at-the money, ATM)。如果立即执行一份期权可以获得收益(不计算期权费),就称这种期权为**实值期权**(in-the-money, ITM)。如果立即执行一份期权不能获得收益(同样不计算期权费)就称这种期权为**虚值期权**(out-of-the-money, OTM)。

7.4.1 外汇期权市场

在过去的三十年里,外汇期权被大量用于套期保值和投机,并且已成为一项重要的外汇交易活动。在美国,很多银行和其他的资本市场都提供灵活的外汇期权,其单笔交易额为一百万美元或更多。银行市场,或叫场外交易市场,顾名思义,在主要的交易币种上都会为客户提供量身定做的期权,期权的期限可以是长达一年的任何时段,在一些情况下甚至可高达两三年。

1982年12月,费城股票交易所引进了标准化的外汇期权合约。芝加哥商业交易所和其他的美国交易所以及海外的一些交易所都紧随其后。交易合约尤其吸引了那些不能进入场外市场的投机者和个人投资者。银行同样在交易所中进行交易,因为这是抵消其期权风险的方式之一,而这些期权来自于它们与客户或者其他银行之间的交易。

外汇期权交易的不断增长不仅反映了其他期权爆炸性的增长,同时还是期权定价模型改进的结果。自从大量的公司提供软件程序并且甚至在手持式计算器中嵌入了固定程序以来,原来由布莱克和斯科尔斯于1973年创建的期权定价模型已经被商业化了。现已存在一些可供期权的卖方和交易员使用的商业程序。

7.4.2 场外交易市场的期权

场外交易市场(OTC)的外汇期权通常由银行开出,货币类型有美元对英镑、瑞士法郎、日元、加元,还有最近推出的美元对欧元。

场外交易市场期权的主要优势在于它们是应公司的特定需求而设计的。金融机构希望买卖各种不同金额(名义本金)、执行价格和期限的期权。虽然早期场外交易市场的流动性相对较差,然而当市场发展到现有规模的时候,其流动性已经非常强。另一方面,购买者必须评估开出期权的银行的履约能力。交易对手风险是一种与交易对手相关联的金融风险,它已成为国际金融市场中越来越重要的问题,这也是跨国企业越来越多地使用诸如期权、掉期等金融类合约的结果。而外汇期权的使用者则更多的是个人和金融机构,而非商业企业。

如果有人想在场外市场购买期权,她通常会打电话给一家主要的货币中心银行的外汇期权柜台,明确说明货币的品种、期限、执行汇率,并询问买卖报价。银行通常会用几分钟到几个小时的时间来给期权定价,然后给客户回电话。

7.4.3 交易所中的期权

实物(标的)货币的期权在世界范围内许多有组织的交易所中交易,包括费城证券交易所和芝加哥商业交易所。

外汇期权通过清算所结算,因此买方并不直接和卖方进行交易。清算所是每个期权合约交易者的对手方,而且它担保合约的履行。清算所的职责由交易所的所有成员依次承担,这些成员包括很多银行。例如,在费城证券交易所里,清算所的服务由期权清算公司(OCC)提供。

7.4.4 外汇期权的报价和定价

图表 7.3 显示的是**《华尔街日报》**上瑞士法郎期权的一个典型报价。**《华尔街日报》**引用的是前一天在费城证券交易所收盘时的交易报价。与实际发生交易并在报纸上刊登的品种相比,市场提供的报价通常会有执行价格和到期日的更多种组合。美元期权的执行价格和期权费通常有两种报价方式:一种是以美元为报价货币的直接报价,另一种是以外币为报价货币的间接报价($/SF, $/¥…)。

图表 7.3 瑞士法郎期权的报价(U. S. cents/SF)

期权和标的货币	执行价格	看涨期权			看跌期权		
		8 月	9 月	12 月	8 月	9 月	12 月
58.51	56	—	—	2.76	0.04	0.22	1.16
58.51	56½	—	—	—	0.06	0.30	—
58.51	57	1.13	—	1.74	0.10	0.38	1.27
58.51	57½	0.75	—	—	0.17	0.55	—
58.51	58	0.71	1.05	1.28	0.27	0.89	1.81
58.51	**58½**	**0.50**	**—**	**—**	**0.50**	**0.99**	**—**
58.51	59	0.30	0.66	1.21	0.90	1.36	—
58.51	59½	0.15	0.40	—	2.32	—	—
58.51	60	—	0.31	—	2.32	2.62	3.30

注:每份期权 = 62 500 瑞士法郎。所列出的 8 月、9 月和 12 月是期权的到期期限。

图表 7.3 说明了构成外汇期权特征的三种不同价格。构成“8 月 58½看涨期权”(图表 7.3 中用粗体显示的行)特征的三种价格如下所示:

1. 即期汇率。在图表 7.3 中,“期权和标的货币”意味着瑞士法郎的即期美元价格在前一天的收盘价为 58.51 美分,或 $0.5851。

2. 执行价格。图表 7.3 列出的执行价格或履约价格意味着如果期权被执行,每单位的瑞士法郎可以得到的支付价格。瑞士法郎的 8 月 58½看涨期权的价格也就是 $0.5850/SF。图表 7.3 列出了九种不同的执行价格,价格在 $0.5600/SF 和 $0.6000/

SF之间变动，事实上，我们可以获得比所列数据更多的数据。

3. 期权费。期权费指的是期权的成本或价格。瑞士法郎8月58½看涨期权的价格是每瑞士法郎0.50美分，或\$0.00500/SF。当天没有9月和12月58½看涨期权的交易。期权费也可称为期权的市场价值，因此期权费、成本、价格和价值这些词在指代期权时是可以相互替代的。

8月58½看涨期权的期权费是每瑞士法郎0.50美分，在此例中，8月58½看跌期权的期权费同样是每瑞士法郎0.5美分。由于费城证券交易所的一份期权合约包含了62 500瑞士法郎，因此看涨期权（或在此例中的看跌期权）合约的总成本为SF 62 500 × \$0.0050/SF = \$312.50。

7.5 外汇投机

投机就是试图根据对未来价格的预测进行交易以图获利的行为。在外汇交易市场，投机者持有一个未平仓（未套保）外汇头寸（open position）并在汇率变动到他们所期望的位置时了结头寸。在下一部分，我们将分析在现货、远期和期权市场上进行投机的方式。理解这些现象是非常重要的，因为它对我们准确预测未来汇率的能力具有很重要的影响。然而，像金融实务专栏7.1所显示的那样，许多外汇投机者仍然犯这样的错误。

金融实务专栏7.1

GLOBAL FINANCE IN PRACTICE

爱尔兰联合银行的魔鬼外汇交易员

John Rusnak是爱尔兰联合银行巴尔的摩分部的一名外汇交易员，当他赔掉了银行6.91亿美元的事迹在2002年12月被曝光后，他成为"魔鬼交易员俱乐部"的最新会员。这一切似乎是因为Rusnak先生未能对冲掉一系列外汇期货合约头寸，而这些期货合约在日元下跌时就会出现亏损。为了获得期望的投机利润，外汇交易员通常在现货和期货市场上持有头寸。然而为了对他们的投机进行"抛补"（cover），他们往往会购买外汇期权合约来为他们犯错误上保险。当日元下跌之时，Rusnak没能对冲风险，这时银行遭受了损失。

Rusnak，37岁，每年的薪水是85 000美元加绩效奖金，在过去的五年里，每年的绩效奖金为100 000—150 000美元。不幸的是，这位魔鬼交易员让爱尔兰联合银行付出了巨大的代价，而他除了在进行如此糟糕的赌博后还能保住自己的工作外，自己并没有发财。当损失被曝光后，爱尔兰联合银行2001年的年收益减少到了4.2亿美元，不足之前预测值的一半。而早从1997年开始，美国的银行就被要求向美国证监会报告其财务结果。

> Rusnak 的损失之所以达到如此之巨，一方面是因为他伪造了文件，另一方面是因为银行自有的控制和审计程序的失败。早在 1997 年，Rusnak 代表银行持有的外汇投机头寸就遭受过连续的损失。Rusnak 不但没有承认和报告他的损失，反而伪造了一系列复杂的虚假文件，这使得他看起来似乎自始至终都对头寸进行了抛补。Rusnak 先生最终被解雇。

7.5.1 在现货市场进行投机

Hans Schmidt 是瑞士苏黎世的一名外汇投机商。他想根据他对未来外汇价格的预测来进行投机。Hans 可能会在现货、远期或期权市场上进行投机。为了解释这一点，假设瑞士法郎的当前报价如下：

即期汇率：	\$0.5851/SF
六个月的远期汇率：	\$0.5760/SF

Hans 拥有 \$100 000 的资金来进行投机，并且他相信瑞士法郎六个月后的即期汇率会达到 \$0.60000/SF。在现货市场上的投机仅仅需要投机者相信外汇会升值。Hans 应当采取以下的步骤：

1. 在 \$0.5851/SF 的即期汇率下，用 \$100 000 购买 SF 170 910.96。

2. 持有 SF 170 910.96，并且不要给自己设定卖出的期限。尽管期望瑞士法郎在六个月后上升至目标价位，但 Hans 无须受限于这个时间界限。

3. 当价格到达目标汇率价位时，在新的即期汇率 \$0.60000/SF 下卖出 SF 170 910.96，收到 SF 170 910.96 × \$0.60000/SF = \$102 546.57。

计算结果是 Hans 获得了 \$2 546.57 的利润，或在六个月内获得了 \$100 000 的 2.5%（即 5.0% 的年利率）。这个计算暂时忽略了瑞士法郎的利息收益和美元的机会成本。

潜在的最大收益是没有限制的，同时最大的损失为 \$100 000，也就是在第一步中购买的瑞士法郎的价值下降至零。尽管最初在现货市场上从事的是六个月的投机，然而 Hans 无须受到目标期限的束缚。他可能会按照自己的意愿提前或推迟卖出瑞士法郎。

7.5.2 在远期市场上进行投机

当投机者相信未来某个时间的即期价格将不同于今天的远期价格时，就可以在远期市场上从事投机活动。投机能否成功并不取决于即期汇率移动的方向，而是取决于未来的即期汇率和当前的远期汇率之间的相对位置。给定之前的数据和预测，Hans Schmidt 应当采取以下步骤：

1. 在 \$0.5760/SF 的远期报价下购买 SF 173 611.11 的六个月远期。注意这一步要求没有现金支出。

2. 六个月后履行这些远期合约，在 \$0.5760/SF 的汇率下，付出 \$100 000 的成本，收到 SF 173 611.11。

3. 立即在现货市场上以 Hans 预测的未来即期汇率 \$0.6000/SF 卖出 SF 173 611.11，收到 SF 173 611.11 × \$0.6000/SF = \$104 166.67。

这个过程产生了 \$4 166.67（\$104 166.67 - \$100 000.000）的利润。

\$4 166.67 的利润并不能和投资联系起来以计算投资的回报率，因为在这个过程当中，并没有美元资金的投入。在六个月整的时候，Hans 仅仅作了一次交叉收付，即支付 \$100 000 并得到 \$104 166.67 的收入，这样就获得了 \$4 166.67 的净收入。然而，一些金融机构可能会要求他存入抵押物作为保证金以确保他有能力完成这笔交易。

在这笔远期投机当中，最大的损失额为 \$100 000，这个数额是通过远期合约购买瑞士法郎所需要的金额。而这个损失只有当六个月后瑞士法郎的现货价值变为零的时候才会发生。而最大的收益是无限的，因为从远期市场上获得的这些瑞士法郎从理论上说可以兑换无限多的美元。

在远期市场上的投机时间并不能超出远期合约的到期日。然而，如果 Hans 想在到期日之前结束他的操作，他可以购买一份对冲合约。在前面的例子中，比如在四个月后，Hans 可以以当时的任何远期价格卖出 SF 173 611.11 的两个月远期合约。两个月后，他在按照到期的六个月合约买进瑞士法郎的同时，根据到期的两个月合约卖出瑞士法郎，然后将收益纳入囊中或支付损失。收益或损失的数额在 Hans 卖出两个月的远期合约之时就已经确定。

之前的例子只是众多类型远期投机中的一例，并且它忽略了所有的利息收入。在现货市场的投机中，投机者能够将本金投资到外国货币市场上以获得利息收入。在很多远期投机当中，持有现金以防范损失风险的投机者能够将这些资金投入到本国货币市场。因此相关的赢利性将受到利差的影响。

7.5.3　在期权市场上投机

在产生风险的模式方面，期权与其他所有类型的金融工具都有所不同。期权的所有者能够选择执行期权或让它到期作废。期权的所有者只有在执行期权是有利可图之时才会执行期权，这也意味着期权是实值期权。在看涨期权的例子当中，当标的货币的现货价格上涨时，持有者将有可能获得无限的利润；当价格下跌时，持有者可以放弃期权，而损失却不会超过为购买期权而支付的期权费。

7.5.4　看涨期权的购买者

Hans 是一个看涨期权的购买者，其头寸列在图表 7.4 中。假如他购买了之前提到的瑞士法郎 8 月看涨期权，期权的执行价格为 58½（\$0.5850/SF），期权费为 \$0.005/SF。纵轴表示的是到期日瑞士法郎的各种不同的即期价格下，期权购买者的赢利或损失。

图表 7.4 买入瑞士法郎看涨期权

	A	B	C	D	E	F	G
1	图表 7.4 买入瑞士法郎看涨期权						
2	看涨期权成本	$0.005					
3	执行价	$0.585					
4	瑞士法郎即期价格(美元)	$0.570	$0.580	$0.585	$0.590	$0.600	$0.610
5	买方回报(美分/瑞士法郎)	(0.500)	(0.500)	(0.500)	0.000	1.000	2.000
6–26							
27	主要单元格输入						
28	B5:=IF(B4 > $B$3,B4 - $B$3 - $B$2, $B$2) * 100, copy to C5:G5						

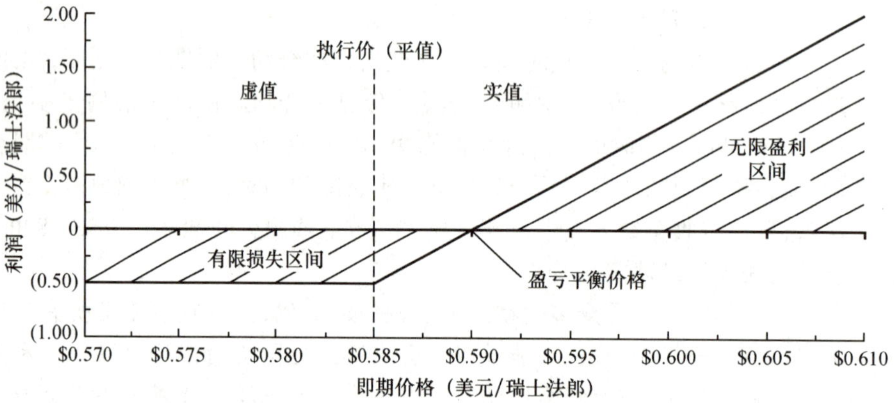

当即期汇率低于执行价格 58.5 时,Hans 将选择不执行期权。这个选择是显而易见的,因为例如在即期汇率为 58.0 时,他将选择在现货市场上以 $0.580 的价格购买瑞士法郎,而不是执行期权,即在 $0.585 的价位上购买瑞士法郎。如果即期汇率直到八月到期日时还低于 58.0,那么在到期之时,Hans 将不会执行他的期权。他的全部损失将仅限于为期权支付的费用,即购买的价格 $0.005/SF。在瑞士法郎任何更低的价格上,他的损失最多也只是最初的成本 $0.005/SF。

另一方面,当即期汇率上升到执行价格 58.5 之上时,Hans 将执行期权,仅按照执行价格购买瑞士法郎。例如,如果到期日的即期汇率是每瑞士法郎兑换 59.5 美分,他将执行他的看涨期权,以 $0.585 的价格购买瑞士法郎,而不是在现货市场上以 $0.595 的价格购买。他同时能够立即在现货市场上以 $0.595 的价格卖出瑞士法郎,将

\$0.010/SF 的毛利润收入囊中,或在扣除期权的初始成本 \$0.005/SF 后获得 \$0.005/SF 的净利润。如果即期汇率高于执行价格,达到了 \$0.595,并且期权的执行价格为 \$0.585,期权费为 \$0.005,则 Hans 的利润就是:

$$
\begin{aligned}
\text{利润} &= \text{即期汇率} - (\text{执行价格} + \text{费用})\\
&= \$0.595/SF - (\$0.585/SF + \$0.005/SF)\\
&= \$0.005/SF
\end{aligned}
$$

其实,Hans 将更可能通过在期权交易所中执行一份对冲合约来实现利润,而不是以交付货币的方式来实现利润。由于单位瑞士法郎的美元价格可能会上升至无限的水平(超过图表 7.4 的右上方),因而最大利润也同样是没有限制的。看涨期权的购买者也因此拥有一份颇有吸引力的收入组合:有限的损失和无限的潜在收益。

注意**盈亏平衡价格**为 \$0.590/SF,它指的是 Hans 在这个价格上执行期权,既不会获得收益也不会有损失。期权的费用成本 \$0.005 加上期权的执行成本 \$0.585,正好等于在现货市场上以 \$0.590 的价格出售瑞士法郎的所得。注意,他在盈亏平衡价格上仍将执行看涨期权。这是因为执行这个期权,他的毛利润至少可以弥补期权费。当现货价格高于执行价格却低于盈亏平衡价格时,通过执行期权并出售标的货币而赚取的毛利润只能部分(而非全部)地弥补费用成本。

7.5.5 看涨期权的卖方

图表 7.5 解释了上面例子中看涨期权卖方(出售者)的头寸。如果期权到期之时,标的货币的现货价格低于执行价格 58.5,那么期权的持有者就不会执行期权,此时持有者的损失就是卖方的收益。卖方的利润将是购买者所支付的所有期权费 \$0.005/SF。当现货价格高于执行价格 58.5 之时,期权的卖方就必须以 \$0.585/SF 的价格交付标的货币,尽管此时瑞士法郎的价值高于 \$0.585。如果卖方"赤裸"地卖出期权——也就是说卖方并不拥有该货币——此时卖方必须在现货市场上购入货币并承担损失。损失的数量是无限的并且会随着标的货币价格的上升而增加。再次重申,期权持有者的收益即期权卖方的损失,反之亦然。即使期权的卖方已经拥有了这些货币,他仍将承担机会损失,因为为了履行期权合约,他将以固定的价格交付这些货币,而如果这些货币在公开市场上进行出售将会获得更多的收益。

例如,如果看涨期权的执行价格是 \$0.585,费用是 \$0.005,即期汇率是 \$0.595/SF,那么期权卖方的利润(在此例中是损失)就是:

$$
\begin{aligned}
\text{利润(损失)} &- \text{费用} - (\text{即期汇率} - \text{执行价格})\\
&= \$0.005/SF - (\$0.595/SF - \$0.585/SF)\\
&= -\ \$0.005/SF
\end{aligned}
$$

图表 7.5 卖出瑞士法郎看涨期权

	A B		C	D	E	F
1	图表 7.5 卖出瑞士法郎看涨期权					
2	看涨期权成本	$0.005				
3	执行价	$0.585				
4	瑞士法郎即期价格(美元)	$0.570	$0.580	$0.585	$0.590	$0.600
5	买方回报(美分/瑞士法郎)	0.500	0.500	0.500	(0.000)	(1.000)

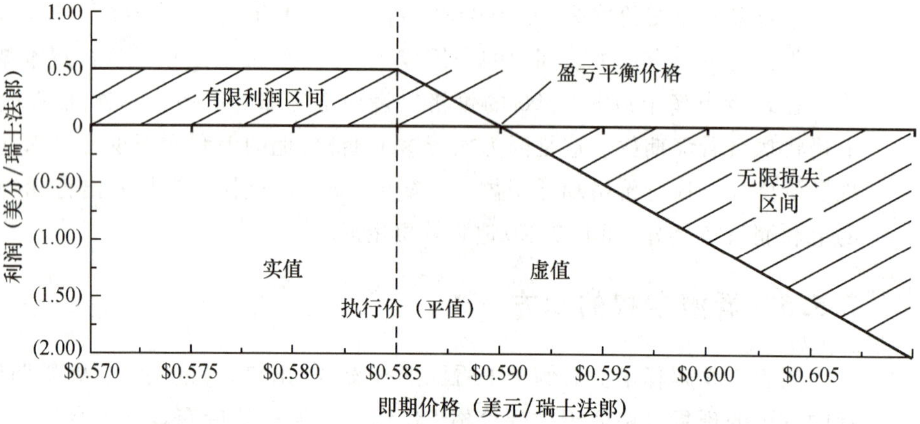

主要单元格输入

B5: =IF(B4 < = $B $3, $B $2, -(B4 - $B $3 - $B$2)) *100, copy to C5:G5

只有当期权的即期汇率高于或等于执行价格时,期权才会被执行。当即期汇率低于执行价格时,看涨期权将没有任何价值并且看涨期权的卖方将获得期权费收入。看涨期权的卖方所能获得的最大收益就是期权费。看涨期权的卖方拥有的是一份相对不那么吸引人的潜在收入组合——有限的潜在收益和无限的潜在损失——但可以通过一些对冲技术来限制这样的损失。

7.5.6　看跌期权的购买者

图表 7.6 列出了 Hans 作为一个看跌期权购买者的头寸。看跌期权的含义和我们前面解释的看涨期权相似。看跌期权的购买者希望在标的货币的市场价格下降时(而不是像前例的看涨期权那样在上升时),能够以执行价格出售标的货币。例如,如果瑞士法郎的即期价格下降至 \$0.575/SF,Hans 将交付瑞士法郎给期权的卖方,并以 \$0.585/SF 的价格收到美元。瑞士法郎此时能够在现货市场上以 \$0.575/SF 的价格购得,而期权的成本为 \$0.005/SF,所以他将获得 \$0.005/SF 的净收益。

图表 7.6　**买入瑞士法郎看跌期权**

	A	B	C	D	E	F	G
1	图表 7.6　买入瑞士法郎看跌期权						
2	看跌期权的价格	\$0.005					
3	执行价	\$0.585					
4	瑞士法郎即期价格(美元)	\$0.560	\$0.570	\$0.580	\$0.585	\$0.590	\$0.600
5	买方回报(美分/瑞士法郎)	2.000	1.000	0.000	(0.500)	(0.500)	(0.500)

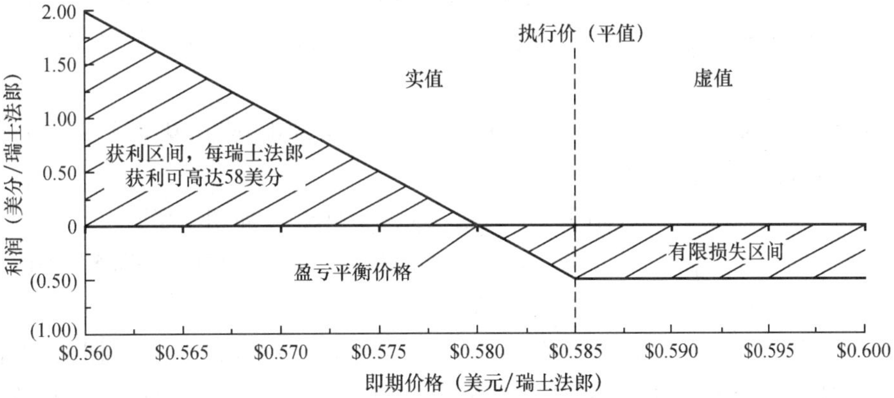

主要单元格输入

B5: =IF(B4 < = \$B \$3, \$B\$3 - \$B\$2 - B4, - \$B\$2) * 100, copy to C5:G5

很显然,当即期汇率低于执行价格,达到 \$0.575/SF,并且期权中的执行价格为 \$0.585/SF,期权费为 \$0.005/SF 时,看跌期权持有者的利润为:

$$\begin{aligned}\text{利润} &= \text{执行价格} - (\text{即期汇率} + \text{费用})\\ &= \$0.585/SF - (\$0.575/SF + \$0.005/SF)\\ &= \$0.005/SF\end{aligned}$$

看跌期权的盈亏平衡价格为执行价格减去费用,在此例中是 \$0.580/SF。当即期汇率进一步下跌并低于执行价格时,潜在的利润将持续增加,并且 Hans 的利润将是没有任何限制的(直到瑞士法郎的价格变为零时,最大的价差达到了 \$0.580/SF)。在任何高于执行价格 58.5 的汇率上,Hans 都不会执行期权,且损失仅为购买看跌期权而支付的期权费 \$0.005/SF。看跌期权的购买者拥有几乎无限的潜在利润和有限的潜在损失。如同看涨期权的购买者一样,看跌期权购买者的损失绝不会高于之前支付的期权费。

7.5.7 看跌期权的卖方

将看跌期权出售给 Hans 的卖方的头寸如图表 7.7 所示。注意看跌期权的购买者和卖方之间的利润/损失,以及执行价格和盈亏平衡价格的对称性。如果瑞士法郎的即期价格下降至低于 \$0.580/SF 的水平,Hans 将执行期权。当价格低于盈亏平衡价格时,卖方的损失将大于因沽出期权而得到的费用(\$0.005/SF)。当价格处于 \$0.580/SF 和 \$0.585/SF 之间时,卖方将损失收到的期权费的一部分,而非全部。如果即期价格高于 \$0.585/SF,Hans 将不会执行期权,此时期权的卖方将获得全部的期权费 \$0.005/SF。

当执行价格为 \$0.585、费用为 \$0.005、即期汇率为 \$0.575 时,看跌期权卖方所获得的利润(损失)为:

$$\begin{aligned}\text{利润(损失)} &= \text{费用} - (\text{执行价格} - \text{即期汇率})\\ &= \$0.005/SF - (\$0.585/SF - \$0.575/SF)\\ &= \$0.005/SF\end{aligned}$$

只有在即期汇率低于或等于执行价格时期权才会被执行,而当即期汇率高于执行价格时,期权将成为虚值期权且卖方将获得期权费用(\$0.005/SF)。看跌期权的卖方和看涨期权的卖方拥有同样的收入组合:有限的潜在利润和无限的潜在损失。

图表 7.7　　**卖出瑞士法郎看跌期权**

	A	B	C	D	E	F	G
1	图表 7.7　卖出瑞士法郎看跌期权						
2	看跌期权的价格	$0.005					
3	执行价	$0.585					
4	瑞士法郎即期价格(美元)	$0.560	$0.570	$0.580	$0.585	$0.590	$0.600
5	买方回报(美分/瑞士法郎)	(2.000)	(1.000)	0.000	0.500	0.500	0.500

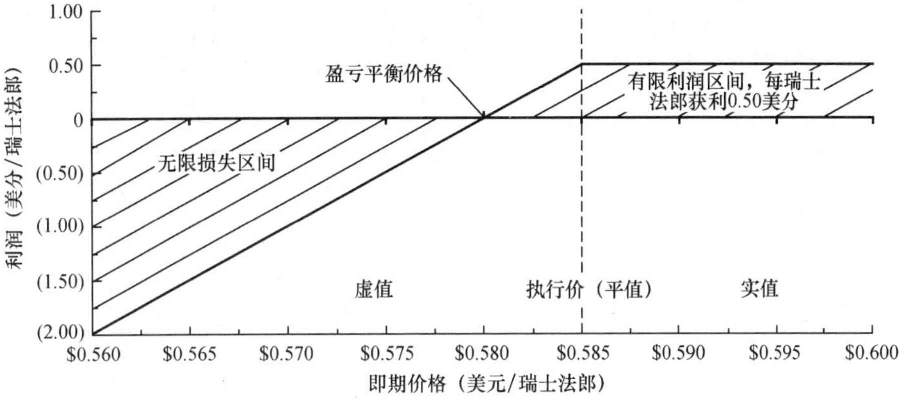

27	主要单元格输入				
28	B5: =IF(B4 < = $B$3, - $B$3 + $B$2 + B4, $B$2) * 100, copy to C5:G5				

7.6　期权的定价和估值

图表 7.8 说明了英镑欧式看涨期权的赢利/亏损状况。看涨期权允许持有者在 $1.70/£ 的执行价格下购买英镑。它的期限为 90 天。该看涨期权的价值由以下两部分构成：

总价值(期权费) = 内在价值 + 时间价值

图表 7.8 执行价为 $1.70/£ 的英镑看涨期权分析

	A	B	C	D
1	图表 7.8 执行价为 $1.70/£ 的英镑看涨期权分析			
2	输入数据			
3	当前即期汇率($/£)			$1.70
4	执行价($/£)			$1.70
5	到期天数			90
6	与到期日匹配的远期汇率(90 天)($/£)			$1.70
7	美元利率(%/年)			8.0%
8	英镑利率(%/年)			8.0%
9	即期价格日波动标准差(%/年)			10.0%
10	即期汇率对内在价值、时间价值及总价值的影响			
11		内在价值	时间价值	总价值
12	即期汇率($/£)	(U.S. cents/£)	(U.S. cents/£)	(U.S. cents/£)
13	1.65	0.00	1.37	1.37
14	1.66	0.00	1.67	1.67
15	1.67	0.00	2.01	2.01
16	1.68	0.00	2.39	2.39
17	1.69	0.00	2.82	2.82
18	1.70	0.00	3.30	3.30
19	1.71	1.00	2.82	3.82
20	1.72	2.00	2.39	4.39
21	1.73	3.00	2.01	5.01
22	1.74	4.00	1.67	5.67

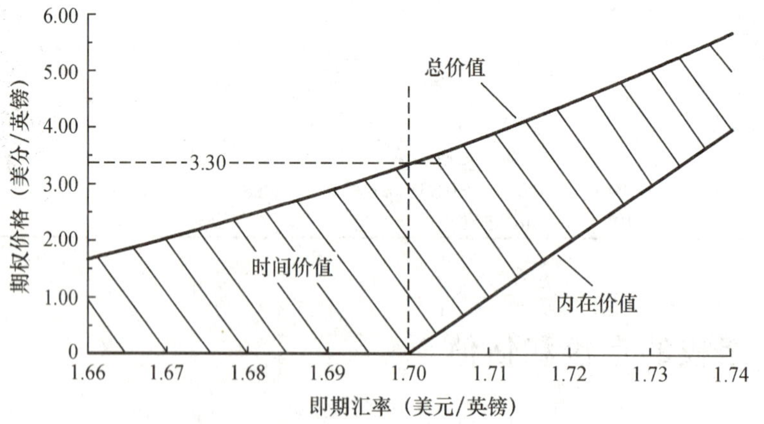

23		
24		
25		
26		
27		
28		
29		
30		
31		
32		
33		
34		
35		
36		
37		
38		
39		
40		
41		
42	主要单元格输入	
43	B12: = IF(A12 < $D$3,0,A12 - DB) * 100, copy to B13:B21	
44	C12:用期权定价软件计算	
45	D12: = B12 + C12,copy to D13:D21	

任何外汇期权的定价都包含六个要素。例如,这个英镑欧式看涨期权在即期汇率为 \$1.70/£ 时,期权费为 \$0.033/£ (每英镑 3.3 美分)。我们在以下的假设条件下计算期权费:

1. 当前的即期汇率: \$1.70/£
2. 到期的时间:90 天
3. 具有相同期限(90 天)的远期汇率: \$1.70/£
4. 美元的利率:每年 8.00%
5. 英镑的利率:每年 8.00%
6. 波动率,每日即期价格变动的标准差:每年 10.00%

内在价值(intrinsic value)指的是当期权被立即执行时能获得的收益。图表 7.8 中的粗线显示,在即期汇率达到执行价格之前,内在价值都为零,直到即期汇率上升至执行价格之后内在价值才会呈线性上升(即期汇率增长 1 美分,内在价值也增长 1 美分)。当期权成为虚值期权时,内在价值将会是零——也就是说,在执行价格高于市场价格时执行期权不能获得任何收益。当即期汇率高于执行价格之时,内在价值就是正值,因为如果期权被执行,它的价值至少等于其内在价值。在到期日,期权的价值等于它的内在价值(剩余时间为零意味着时间价值也为零)。

- 当即期汇率为 \$1.74/£ 时,期权为实值期权且内在价值为 \$1.74 - \$1.70/£ ,或每磅四美分。
- 当即期汇率为 \$1.70/£ 时,期权为平值期权且内在价值为 \$1.70 - \$1.70/£ ,或每英镑零美分。
- 当即期汇率为 \$1.66/£ 时,期权为虚值期权且没有内在价值。这部分用图表 7.8 中水平粗线表示。在这个汇率上只有傻瓜才会执行看涨期权,而不是在现货市场上以更便宜的价格购买英镑。

期权的**时间价值**(time value)之所以存在,是因为从现在到期权的到期日之间,标的货币的价格和即期汇率有可能不断地变化从而使得期权的内在价值上升。时间价值是用图表 7.8 中期权的总价值和内在价值之间的区域来表示的。

图表 7.9 将图表 7.8 中描绘的看涨期权的总价值分成了内在价值和时间价值。例如,在即期汇率为 \$1.72/£ 时,期权的总价值由每英镑 2 美分的内在价值和每英镑 2.39 美分的时间价值构成,那么期权的总价值就是每英镑 4.39 美分。

图表 7.9 在各种不同的即期汇率下,90 天英镑看涨期权的内在价值、时间价值和总价值

执行价格: \$1.70/£									
即期(\$/£)	1.66	1.67	1.68	1.69	1.70	1.71	1.72	1.73	1.74
内在价值	0.00	0.00	0.00	0.00	0.00	1.00	2.00	3.00	4.00
时间价值	1.67	2.01	2.39	2.82	3.30	2.82	2.39	2.01	1.67
总价值	1.67	2.01	2.39	2.82	3.30	3.82	4.39	5.01	5.67

注意:无论即期价格在哪个方向上偏离执行价格 \$1.70/£ ,时间价值部分都是相同的,即具有对称性。例如,在即期汇率为 \$1.68/£ (低于执行价格两美分)和 \$1.72/£ (高

于执行价格两美分)时,时间价值都是2.39美分。这个结果表明了定价的基本原则,即期权定价是建立在围绕远期汇率的各种可能结果的期望分布之基础上。在此例中,远期汇率和执行价格一样,为\$1.70/£ 。

投资者在今天可能会购买虚值期权(即内在价值为零),这是因为即期汇率有可能在到期日之前的变动足够大,使得期权成为实值期权。因此,期权的价格总是高于它的内在价值,这是因为内在价值有可能在到期日之前上升。

7.7 货币期权价格的敏感度

若想有效地使用货币期权,不管是为了投机还是为了风险管理(该相关知识将在接下来的章节中介绍),个体交易员都需要知道期权的价值——期权费——是如何随着其众多构成要素的变化而变动的。接下来将分析这六个基本的敏感性因素:

1. 远期汇率改变的影响
2. 即期汇率改变的影响
3. 到期期限的影响
4. 波动率改变的影响
5. 利差改变的影响
6. 其他的期权执行价格的影响

7.7.1 远期汇率的敏感度

虽然很少被注意,但标准的外币期权是围绕着远期汇率来定价的,这是因为期权费的计算中包含了货币的即期汇率和国内外各自货币的利率。[②] 不考虑具体的执行汇率,远期汇率是决定期权价值的核心因素。期权定价公式计算了一个以远期汇率为中心的主观概率分布。该方法并不意味着市场预期的远期汇率等于未来的即期汇率。这仅仅是期权套利定价结构的一个结论。

远期汇率同时也为管理头寸的交易员提供了有用的信息。当市场为外币期权定价时,在判断外币价值相对于本币的变动方向方面,市场不会有任何乐观或悲观的情绪。如果交易员对未来即期汇率的走向有着具体的预期,这些预期就会起作用。交易员不会对市场进行赌博。在接下来的章节里,我们将解释作为远期汇率理论基础的货币间利差的改变是如何改变期权价值的。

---

② 回想一下远期的计算方法,对于所要求的任意期限,远期都是根据即期汇率和两个相关的货币利率计算得出的。例如,之前提到的90天英镑看涨期权的远期汇率是这样计算的:

$$F_{90} = \$1.70/£ \times \left[\frac{1 + 0.08\left(\frac{90}{360}\right)}{1 + 0.08\left(\frac{90}{360}\right)} \right] = \$1.70/£$$

7.7.2 即期汇率的敏感度(delta)

如图表7.8所示,即期汇率围绕执行价格有一个变动范围,期权费在整个变动范围内都超出了期权的内在价值。只要期权还没有到期,它就会有时间价值。这个特征是解释在实际中为何美式期权几乎不会在到期日之前执行的主要原因之一,尽管它可以在到期日之前的任何一天(含到期日)执行。如果期权持有者想要将期权的价值变现,那么期权通常会被出售而不是被执行,这样剩余的所有时间价值都会转让给期权的持有者。如果货币的即期汇率落在期权执行价格的某一边,并且导致期权持有者在到期日会执行期权,那么该期权就会拥有内在价值。图表7.8中的看涨期权在即期汇率大于\$1.70/£时是一个实值期权,在即期汇率为\$1.70/£时是一个平值期权,在即期汇率小于\$1.70/£时是一个虚值期权。

当即期汇率为\$1.70/£时,英镑看涨期权的市场价值和内在价值之间的垂直距离最大。当即期汇率为\$1.70/£时,即期汇率等于执行价格(平值期权),此时3.30美分/£的费用全部由时间价值构成。事实上,任何虚值期权的价值都全部由时间价值构成。期权的执行价格使得期权处于虚值状态的程度越深,期权的价值或期权费就越低。这是因为市场相信这种期权在到期日之前移动到可执行范围内的概率明显要小于平值期权。如果即期汇率下降至\$1.68/£,期权费将降至2.39美分/£——这仍然全部是时间价值。如果即期汇率上升至高于执行汇率的\$1.72/£时,期权费将上升至4.39美分/£。此时,期权费代表着2.00美分(\$1.72/£ - \$1.70/£)的内在价值加上2.39美分的时间价值。请注意执行价格左右两侧的时间价值费用(2.39美分)的对称性。

通过将期权费用分别分解成内在价值和时间价值,我们可以看到围绕着执行汇率的期权价值的对称性。图表7.10解释了各种货币即期汇率的变动是如何改变期权内在价值和时间价值的,这些即期汇率在执行汇率\$1.70/£的±\$0.05范围内变动。

图表7.10 **看涨期权期权费分解:内在价值和时间价值**

执行汇率(\$/£)	即期汇率(\$/£)	期权类型	看涨期权的费用(美分/£)	= 内在价值(美分/£)	+ 时间价值(美分/£)	Delta(0到1)
1.70	1.75	实值期权	6.37	5.00	1.37	0.71
1.70	1.70	平值期权	3.30	0.00	3.30	0.50
1.70	1.65	虚值期权	1.37	0.00	1.37	0.28

由于即期汇率的一个微小改变而导致的期权费用的波动被称为**delta**。例如,当即期汇率由\$1.70/£变为\$1.71/£时,执行汇率为\$1.70/£的看涨期权的delta就是期权费的变动除以即期汇率的变动:

$$\text{delta}=\frac{\Delta\text{期权费}}{\Delta\text{即期汇率}}=\frac{\$0.038/£-\$0.033/£}{\$1.71/£-\$1.70/£}=0.5$$

如果一个期权的delta是已知的,那么很容易就能够知道当即期汇率改变时期权价值如何变化。如果即期汇率变动一美分(\$0.01/£),给定delta值为0.5,期权的费用将改变 0.5 × \$0.01，或 \$0.005。如果初始期权费为 \$0.033/£，并且即期汇率增加一美分（从 \$1.70/£ 变到 \$1.71/£），新的期权费将会是 \$0.033 + \$0.005 = \$0.038/£。对于看涨期权，delta 在 +1 和 0 之间变化，对于看跌期权，delta 在 -1 到 0 之间变化。

期权交易者用期权的 delta 给期权分类，而不是将期权分为实值期权、平值期权和虚值期权。当期权向着实值状态移动时，就像图表 7.10 所显示的那样，delta 就会朝着 1.0 的方向上升（在此例中为 0.71）。当期权朝着虚值状态移动时，delta 会朝着 0 的方向下降。请注意图表 7.10 中虚值期权的 delta 仅为 0.28。[③]

拇指法则：delta 越高（delta 为 0.7，或 0.8 甚至更高时被认为是高），期权到期时为实值期权的概率就越大。

7.7.3 到期时间：价值及其衰退（theta）

期权的价值会随着到期时间的增长而增加。由到期时间的微小变化导致的期权费的预期变化被称为 theta。Theta 是利用期权费的变化与时间的变化之比来计算的。如果执行价格为 \$1.70/£ 的看涨期权在最初 90 天期限的基础上过了一天，那么该看涨期权的 Theta 就等于两个期权费之差，即 3.30 美分/£ 与 3.28 美分/£ 之差（假设即期汇率为 \$1.70/£）：

$$\text{theta} = \frac{\Delta\text{期权费}}{\Delta\text{时间}} = \frac{3.30\text{美分}/£ - 3.28\text{美分}/£}{90 - 89} = 0.02$$

Theta 和时间之间并不是线性关系，而是和时间的平方根呈一种线性关系。图表 7.11 说明了对于上述执行汇率为 \$1.70/£ 的英镑看涨期权的时间价值是如何衰退的。图表中平值期权的执行汇率为 \$1.70/£，而虚值期权和实值期权的即期汇率分别为 \$1.75/£ 和 \$1.65/£。当期权快到期时，它的期权费以一个递增的速度衰退。事实上，期权费在到期前的最后 30 天里就失去了它的主要部分，当然这还要取决于各个期权的不同情况。

通过三个月期和一个月期平值期权的价值比，我们可以看出期权费和时间之间的指数关系。平值看涨期权的这种价值比并不是三比一（假设期权费的其他所有构成要素不变），而是：

$$\frac{\text{三个月的期权费}}{\text{一个月的期权费}} = \frac{\sqrt{3}}{\sqrt{1}} = \frac{1.73}{1.00} = 1.73$$

三个月期权的价格仅仅是一个月期权价格的 1.73 倍，而不是 3 倍。

期权价值在到期之前最后的时日里迅速衰退，前面我们计算了执行价格为 \$1.70/£ 的看涨期权的 Theta，现在我们将计算当剩余期限从 15 天变成 14 天时该期权的 Theta。

$$\text{theta} = \frac{\Delta\text{期权费}}{\Delta\text{时间}} = \frac{1.37\text{美分}/£ - 1.32\text{美分}/£}{15 - 14} = 0.05$$

③ 由即期汇率的细微改变而导致期权 delta 值的预期变化被称为 gamma。它通常被用来测量某期权 delta 值的稳定性。Gamma 也被用于更加复杂的对冲策略的构造当中，这些对冲策略重点关注 delta 值（delta 中性策略）。

此时到期日减少一天,期权费用减少了 0.05 美分/£ ,而当到期日还有 90 天时,费用仅减少了 0.02 美分/£ 。

图表 7.11 同样说明了前面强调的即期汇率和期权费用之间的关系。在期权的整个期限中,从逻辑上说,虚值看涨期权的期权费总是要小于平值期权的期权费,但由于后者的期权费的初始值较小,因而它随时间衰退的速度也较慢。相对于平值期权,实值期权的价值更大,它的价值随着到期日的临近将朝着内在价值的方向(5 美分/£)下跌。然而平值期权在到期前的最后时间里下跌得尤其迅速。随着期权到期时间不断朝着到期日靠近,期权的时间价值也不断下降(假设其他要素都不变)。起初在图表 7.8 中给出的看涨期权总价值线随着到期日的临近朝着执行价格 $1.70 的方向急速下跌就说明了这一情形。

图表 7.11　**Theta:期权时间价值的衰减**

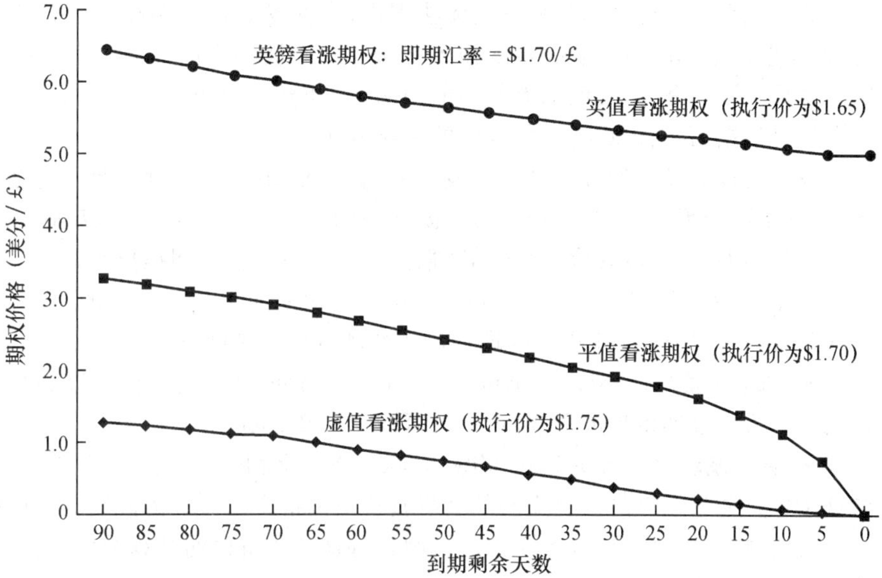

时间价值的衰减对于交易员而言意义极为重大。如果交易员购买还有一个月或两个月就要到期的期权,他将发现期权的价值会迅速衰减。如果交易员随即出售期权,期权的市场价值将比购买时大幅缩水。

与此同时,交易员如果购买期限较长的期权,那么他将为此支付更多,但对于较长期限的期权来说,费用并不是按期限成比例增加的。一份六个月期期权的期权费是一份一个月期期权的近 2.45 倍,而十二个月期期权的期权费仅比一个月期期权贵 3.46 倍。这个信息意味着两份三个月期的期权并不等于一份六个月期的期权。

拇指法则:由于交易员能够在不遭受很大的时间价值衰减的情况下改变期权的头寸,他通常会发现距到期日时间较长的期权会有更高的价值。

7.7.4　波动率的敏感度(lambda)

在金融领域里,几乎没有什么词汇比**波动率**这个词用得更多、更广泛了。期权的波动率被定义为标的外汇汇率每天变动百分比的标准差。波动率会对期权的价值产生重要影响,这是因为汇率要么进入期权可执行的区域,要么移出期权可执行的区域。如果汇率的波动率增加,那么期权被执行的概率也将增大,期权费也将因此而上涨。

波动率是以年百分比的形式报出。例如,期权可能会有每年 12.6% 的波动。这样,每天百分比变动如下:

$$\text{每日波动} = \frac{12.6\%}{\sqrt{365}} = \frac{12.6\%}{19.105} = 0.66\%$$

对于我们的执行价格为 \$1.70/£ 的看涨期权来说,每年波动率增长 1%——例如,从 10.0% 增长到 11.0%——将使期权费从 \$0.033/£ 增长到 \$0.036/£ 。期权费的边际变化等于期权费的变化除以波动率的变化,被称为 **lambda**:

$$\text{lambda} = \frac{\Delta\text{期权费}}{\Delta\text{波动性}} = \frac{\$0.036/£ - \$0.033/£}{0.11 - 0.10} = 0.30$$

关于波动率的首要问题就是它无法观测;当交易员使用期权定价公式为期权定价时,波动率是唯一的由主观决定的输入变量。对于波动率的计算方法不一。存在的问题主要是预测问题;历史波动率并不能用来精确地预测汇率运动的未来波动率,但除了使用历史数据,我们很难再找到其他的预测方法。

我们可以通过三种方式来考察波动率:**历史波动率**,该波动率是从近期的数据中得到的;**未来波动率**,该波动率是在历史波动率的基础上调整得到,以反映对期权未来存续期内的预期;**隐含波动率**,该波动率根据期权的市场价格倒推出来。

- **历史波动率**(historic volatility)。历史波动率通常是用之前的 10 天、30 天或 90 天内的每日、6 小时或 12 小时的即期汇率变动百分比来度量的。
- **未来波动率**(forward-looking volatility)。另外,期权交易员可以调整近期的历史波动率以反映预期市场波动或事件,既可向上调整,也可向下调整。
- **隐含波动率**(implied volatility)。隐含波动率相当于已经得到了考试的答案;隐含波动率是通过期权的市场交易的期权费价值倒推得出。因为波动率是期权价格中唯一不可观测到的因素,所以当所有其他因素都被纳入价格的计算中之后,隐含在期权价格中的波动率就可以作为波动率的值了。

如果期权交易员认为未来的一段较短时期相对于不久前的过去不会有什么变化,那么历史波动率将等于未来波动率。然而,如果预期未来一段时期内市场会经历更大或更小的波动,那么在给期权定价的过程中就必须对历史波动率作出调整。

图表 7.12 有选择地列出了 2005 年 7 月 29 日一些货币组合的隐含波动率。这些波动率都是根据**中间汇率**(mid rates)计算得出的,中间汇率是指期权合约所报的出价和要价的平均值。图表 7.12 清楚地说明了不同币种期权的隐含波动率的变化,并且波动率和期限(到期时间)之间的关系并不会仅朝着一个方向变动。例如,第一个汇率报价,即美元对欧元的套算汇率,一周到期的期权的隐含波动率为 9.3%,三个月到期*的期权的隐含波动率下降到 8.7%,三年到期的期权隐含波动率又上升到 9.3%。然而,美元对加元的套算汇率则是在一个方向上变动,即从一周 8.9% 的波动率依次降至

* 原文为 three-year maturity,疑误。——译者注

7.9%的三年期波动率。

图表 7.12 **外汇期权的汇率隐含波动率,2005 年 7 月 29 日**

货币	货币期权的到期日								
	符号	1周	1个月	2个月	3个月	6个月	12个月	2年	3年
欧洲欧元	EUR	9.3	8.5	8.7	8.7	8.9	9.1	9.2	9.3
日元	JPY	8.9	8.1	8.1	8.1	8.1	8.1	8.2	8.2
瑞士法郎	CHF	9.5	8.8	9.0	9.1	9.4	9.7	9.8	9.9
英国英镑	GBP	8.8	8.0	8.1	8.0	8.0	0.1	8.2	8.3
加元	CAD	8.9	8.2	8.2	8.1	8.1	8.1	8.0	7.9
澳元	AUD	9.1	8.9	9.2	9.4	9.6	9.8	9.8	9.8
英镑/欧元	GBPEUR	5.7	5.8	5.9	5.9	6.0	6.0	6.1	6.1
欧元/日元	EURJPY	7.8	7.7	7.9	7.9	8.0	8.1	8.7	8.2

资料来源:http://ny.frb.org/markets/foeignex.html.

注:纽约联邦储备银行调查的范围是,纽约时间上午 11 点的平值期权的隐含波动率和中间汇率。每份合约价值为 100 万美元,并拥有一流的交易对手。

因为波动率是期权卖方需要唯一判定的因素,所以它们在期权定价上扮演了至关重要的角色。尽管所有的货币组合都能为期权卖方的预期提供历史信息,但最后真正天才的期权卖方是那些拥有直觉和眼光为未来有效定价的人。

就像所有的期货市场一样,期权的波动率也会对动荡的经济和政治事件(或谣言)作出立即的、负面的反应。对平值期权波动率的质疑同样会导致对期权价格的质疑。大部分的货币期权交易员都会将他们的工作集中在预测货币波动率的短期变动上,这是因为短期变动最能导致价格的变动。例如,在海湾战争前的几个月里、在 1992 年 9 月欧洲货币体系陷入危机之时、在 1997 年亚洲金融危机爆发以后、在 2001 年 9 月美国受到恐怖袭击之后的数天里,期权的波动率都有显著上升。在上述几个例子中,像 SF/$这样的主要跨币种组合的期权波动率在很长一段时间里上升了近 20%。这导致期权费成本也上升了相应的数额。

拇指法则:认为波动率在近期会显著下跌的交易员现在应该卖出(沽出)期权,并希望在波动率下降从而导致期权费用下降时,再立即购回这些期权以获得短期利润。

7.7.5 利差改变的敏感度(rho 和 phi)

在本章开始的时候,我们指出货币期权的价格和价值取决于远期汇率。而正如第 4 章所讨论的那样,远期汇率的基础是利率平价理论。任何一种货币利率的变化都会改变远期汇率,后者又将改变期权费或期权的价值。国内利率(本币)的微小变化导致的期权费的预期变化被称为 **rho**。国外利率(外币)的微小变化导致的期权费的预期变化被称为 **phi**。

继续我们的数值例子,美元利率从 8% 增加到 9% 会使英镑平值看涨期权的期权费从 \$0.033/£ 增加到 \$0.035/£ 。则 rho 的数值就为 +0.2:

$$\text{rho} = \frac{\Delta \text{期权费}}{\Delta \text{美元利率}} = \frac{\$0.035/£ - \$0.033/£}{9.0\% - 8.0\%} = 0.2$$

类似地，外币利率——在本例中为英镑利率——增加 1%，导致期权费从 \$0.033/£ 减少为 \$0.033/£ 。则看涨期权期权费的 phi 就为 -0.2：

$$\text{phi} = \frac{\Delta\text{期权费}}{\Delta\text{外币利率}} = \frac{\$0.031/£ - \$0.033/£}{9.0\% - 8.0\%} = -0.2$$

例如，在整个 20 世纪 90 年代，美元（本币）利率远远低于英镑（外币）利率。这意味着英镑被持续地相对美元以贴水的远期价格卖出。如果利差持续扩大（也许是源于美元利率的下降，也许是源于外币利率的上升，或者源于两者的共同作用），那么英镑将以一个更高的贴水出售。远期贴水的增长幅度与远期汇率的下降幅度相同（以每单位外币可兑换的美元来表示）。期权费的情况说明了当利差增加时，期权费也必须增加（假设即期汇率没有发生变化）。

图表 7.13 说明了英镑欧式看涨期权的期权费是如何随着利差的变化而变化的。如果我们使用先前看涨期权定价时所用的假设，英镑利率相对于美元利率在增加，$i_{US\$} - i_{£}$ 从左到右的变动会导致看涨期权价格的下降。

图表 7.13 利差与看涨期权价格

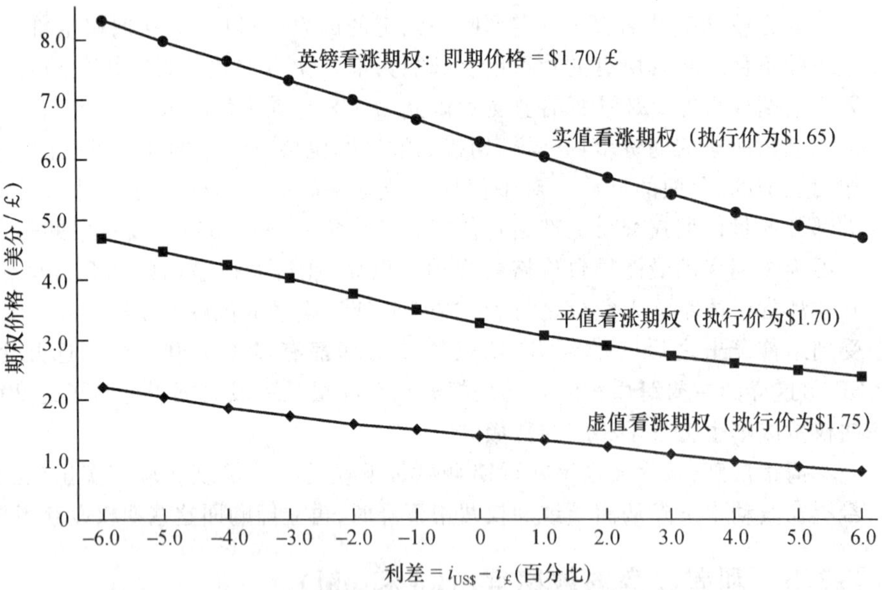

对于期权交易员而言，对利率差的预测能够在很大程度上帮助他们评估期权价值的变动方向。例如，当外国利率高于本国利率时，外汇的远期将以折扣价出售。这将导致看涨期权费用下降（同时看跌期权费用上升）。

拇指法则：交易员应在国内利率上升之前购买外汇看涨期权。这样的购买时机将使交易员能够在期权价格上升之前购买期权。

7.7.6 不同执行价格和期权费用

第六个同时也是最后一个要素是执行价格的选择，这对期权的估价是非常重要的（但是，谢天谢地，没有希腊名称）。虽然我们作敏感性分析时采用的都是 \$1.70/£ 的执行价格(远期的平价执行汇率),但是那些在场外交易市场购买期权的公司可能会选择自己需要的执行汇率。然而问题在于如何去选择。

图表 7.14 说明了购买不同执行汇率的看涨期权所需要的费用,这些不同的汇率高于或低于远期的平价执行汇率 \$1.70/£ 。执行价格为 \$1.70/£ 的看涨期权的期权费是 3.3 美分/£ 。当现在的即期汇率为 \$1.70/£ ,而看涨期权的执行价格小于 \$1.70/£ 时,期权是有利可图的或称期权是实值期权。例如,执行汇率为 \$1.65/£ 的看涨期权拥有一个 \$0.05/£ (\$1.70/£ - \$1.65/£)的内在价值,这是期权费中必须包含的价值。执行价格为 \$1.65/£ 的看涨期权的费用是 6.3 美分/£ ,这比基准水平要高。

图表 7.14 不同执行价格的期权费

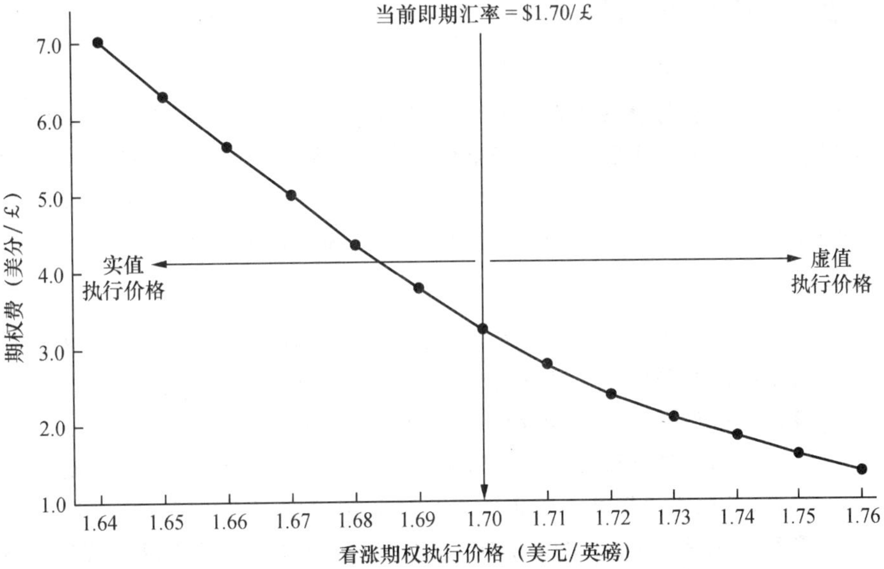

图表 7.15 期权费的构成要素小结

希腊字母	定义	解释
Delta(Δ)	即期汇率的微小变化引起的期权费的预期变化	Delta 越大,期权变成实值期权的可能性越大
Theta(θ)	到期时间的微小变化引起的期权费的预期变化	直到临近到期日的最后 30 天或以内,期权费的变化才相对敏感
Lambda(λ)	波动率的微小变化引起的期权费的预期变化	波动率增加,期权费也增加
Rho(ρ)	国内利率的微小变化引起的期权费的预期变化	国内利率的提高会增加看涨期权的期权费
Phi(φ)	国外利率的微小变化引起的期权费的预期变化	国外利率的提高会减少看涨期权的期权费

类似地,当英镑看涨期权的执行价格高于 \$1.70/£ 而即期汇率为 \$1.70/£ 时,期权将变得很便宜。此时期权没有内在价值。例如,执行价格为 \$1.75/£ 的英镑看涨期权的期权费仅为 1.50 美分/£,这是因为期权处于虚值状态的程度还很深。此时期权仅有时间价值,其内在价值为零。

图表 7.15 简要总结了期权费的各构成要素及其影响(前面已经讨论过)。在金融理论中,期权费是最复杂的概念之一,即使将期权定价应用于汇率也不会使它变得更简单。在管理货币期权头寸时,个人只能寄希望于用大量的时间和努力来获得"第二感觉"。

7.8 实践中的审慎原则

正如**金融实务专栏 7.2** 中说明的那样,由金融衍生品引发的公司财务灾难一直是全球商业活动的一个隐患。就像下面的案例一样,现代社会出现了如此之多的问题,但这并不是技术的错,问题出在人类错误地使用了这些技术。我们用以下文字来结束关于金融衍生品的讨论,这些文字摘自于 Peter Bernstein 发表在《哈佛商业评论》上的一篇文章:

> 相对其他理论的发展而言,风险的数量化在现代阶段和其他阶段的区分中更为重要。在科学取代迷信成为对抗各种风险的堡垒之前,构成我们时代特征的速度、力量、运动,以及瞬时的交流是不可思议的。
>
> 我们相信自己能够对政治家的权力影响,20 世纪 80 年代发生的并购浪潮的概率,在股票市场过去的 2 年、20 年或 50 年的回报率上,或在类似效用和风险厌恶的主观因素上,给出稳定而可靠的预测,这都是人类傲慢的表现。如果我们仅仅将研究限制在可量化的变量上,却不考虑那些不可量化的变量,我们同样是愚蠢的。混淆概率和时间以及认为低概率的事件就不会立即发生都是不理性的。然而,这样的混淆绝不是偶尔发生。如果我们将这样的不连续定义为一种异常而非常态,那么这将是非常天真的;我们所不知道的只有概率分布的形状和时间,而不包括它们发生的必然性。
>
> 最后,就风险管理的科学而言,即使在将老风险控制住的情况下,它还会带来新的风险。我们在风险管理上的信念鼓励我们承担风险而不是躲避风险。在大多数时候,这样做都是有益的。但我们也应当警惕系统中风险总量的增多。研究表明,安全带的使用会鼓励驾驶者在开车时更加冒险,使用安全带虽然减少了任意一起事故导致的受伤程度,但同时也使事故发生的总量变得更多了。

金融实务专栏7.2

GLOBAL FINANCE IN PRACTICE

一些由衍生品和管理不善导致的灾难

日期	公司	事故的描述
1991	联合里昂公司(英国)	由于货币期权投机损失了1.65亿英镑。
1993	昭和壳牌石油(日本)	远期合约上的损失从1989年到1993年连续滚动,确认的累计损失已超过15亿日元。
1993	德国金属公司(德国)	一个有缺陷的石油期货对冲策略直接导致了这家企业的倒闭。
1994	智利国家铜业公司(智利)	智利国家铜业公司——Codelco的一名铜期货交易员进行的投机性期货交易,造成的损失接近1994年智利国内生产总值的0.5%。
1994	鹿岛石油(日本)	由于日元远期投机失败而造成数亿日元的亏损。
1994	宝洁(美国) 吉布森贺卡(美国) 空气化工产品(美国) 达玛拉(印度尼西亚)	在与美国信孚银行签订的杠杆互换协议中,每家公司都损失了数百万美元。
1995	巴林兄弟(英国)	这家伦敦最古老的投资银行由于新加坡分部的尼克·里森先生造成的期货交易损失而倒闭。(详情请参见"小案例")
2002	联合爱尔兰银行(美国/英国)	联合爱尔兰银行在巴尔的摩分部的一名魔鬼交易员造成的损失超过了6.91亿美元。

小案例

魔鬼交易员尼克·里森[④]

尼克·里森(Nicholas Leeson)这名魔鬼交易员将受人尊敬的巴林兄弟(BB&Co)银行的价值从大约5亿美元变成了1.6亿美元。里森在未经授权的情况下交易日经225股指期货和日本国债期货,而巴林银行的管理层、新加坡国际金融交易所、大阪证券交易所和其他英国及新加坡的监管部门都未能及时发现这个潜在的金融灾难。巴林银行破产案为人们组织和监管衍生品交易的风险和职责提供了教训。

巴林兄弟银行的历史

巴林兄弟银行在伦敦有着悠久的历史,早在18世纪巴林银行就在全球范围内开展

④ 摘自"Baring Brothers & Co, Technical Note on Rogue Trader Nicholas Leeson", by Professor Mark Griffiths, Thunderbird Case Series. A06-99-0021。

业务了。18世纪晚期,弗朗西斯·巴林爵士把巴林银行逐渐变成了一家商业化运作的全能银行。在巴林爵士的任职期间,银行开展了多项业务:承销债券、接收存款以及商品交易。

在欧洲拿破仑战争之后,巴林兄弟银行的声誉达到了顶峰。银行由于主持了法国战后赔款的融资而备受赞誉。1812年,巴林银行被法国的黎塞留公爵称为"欧洲第六大强权",位列英国、法国、俄罗斯、奥地利和普鲁士之后。此外,巴林兄弟银行还为美国购买路易斯安那州融资,为加拿大的铁路建设融资,并为美国许多其他工程提供了融资。在这些工程中,有一项是在1890年承销布宜诺斯艾利斯给排水公司两百万英镑股票的发行。虽然这些发行的股票没有销售出去,但巴林兄弟已经将钱打了过去,这导致巴林银行陷入了破产的边缘,此时英格兰银行组织国际财团拯救了它。[5] 从此以后,巴林兄弟银行成为巴林兄弟公司。

尽管有着悠久的跨国交易历史,但银行并没有随着它所服务的市场规模的增大而成长。直到1995年,巴林兄弟公司仍然是一家小型的、由家族控制的银行。在世界银行排名中仅列第474位。

1984年,巴林兄弟公司进入了证券市场,当时它们收购了henderson crothwaite公司(一家英国的股票经纪公司)的远东部门。这个新的机构被称为巴林证券有限责任公司(BSL)。一位名叫Christopher Heath的日本金融产品投机专家负责保持对巴林证券公司的独立控制,这种情形一直持续到1993年。

在连续八年赢利的年份里,巴林的每一个职员都开始习惯巨额奖金,其中很大一部分来自于巴林证券公司的利润。1989年,在巴林公司6 500万英镑的全部利润中,巴林证券公司贡献了其中的5 000万英镑。不幸的是,1992年发生的损失导致Heath被迫于1993年3月辞职。

尼克·里森

当尼克·里森的交易迫使巴林兄弟公司破产时,这时离他28岁的生日还差两天。里森在他的桌上留了一张便条,上面写着"抱歉",随后就和他的妻子匆匆逃往吉隆坡。

尼克·里森出生在英格兰的沃特福德,该市位于伦敦的外围。他的父亲是一位泥水匠,母亲是一名护士。他在家里的四个孩子中是最大的。里森并没有上大学,高中毕业后直接去了伦敦工作。在1989年加盟巴林证券伦敦部之前,里森曾在一家英国银行Coutts & Co工作,之后他去了摩根斯坦利。

尼克·里森被巴林银行伦敦部(BSLL)雇用的时候,年仅22岁。当时BSLL正好需要找人来完成在日本的清算交易,由于在摩根斯坦利有过清算日本期货期权的经验,里森成了一个很好的人选。他工作努力,很少与人交往,而且被认为是一个好学并希望使他人满意的人。随后他加入了一个受命整顿雅加达内勤部门问题的四人团队。

1992年,里森被任命为新成立的巴林期货新加坡分部(BFS)的内勤部门负责人,这个分部将用来交易期货和期权。尽管他的职责包括内勤部门的会计和控制工作,以及执行客户的指令,然而他的具体职责还是有些模糊。这就是里森进行未经授权交易

⑤ Stephen Fay, *The Collapse of Barings*, New York: W. W. Norton Co. Inc., 1997, p.10.

活动的开端。里森主动参加并通过了期货交易的考试，从而获得了新加坡国际金融交易所(SIMEX)的交易资格。如果只是为了完成工作职责，里森并不需要这个资格，但他要想亲自实施交易则确实需要这个资格。按照巴林银行为其规定的工作职责，里森只需从客户手中获得交易指令然后将其传达给执行交易的交易员。

1992年，里森建立了一个"错误账户"88888(中国人认为8是一个吉祥的数字)，SIMEX的调查显示，里森随后立即用它来掩盖未经授权的交易活动。⑥ 当BSLL了解到代码为99002的合法的错误账户时，88888账户并没有在任何从新加坡发至伦敦的文件或报告中显示。SIMEX知道88888账户，但却以为它是一个客户的账户，而不是一个错误账户。由于里森不能向SIMEX隐藏88888账户的存在，因而他必须以不同的方式向各个机构报告这个账户。同时他已无法向BSLL解释账户的交易量和余额了(但里森能向他们隐瞒)。

衍生品

自从20世纪70年代早期以来，公司越来越多地用衍生品来管理他们的风险敞口。当公司购买一份衍生品后，只有部分标的资产的价值暴露于风险之中，此时公司仍然有机会在价格朝着有利的方向变动时获得收益。衍生品能够带来潜在的巨额收益，这一点导致它们被用做投机工具，而与此同时，它们也能带来潜在的巨额损失，这取决于所持有的头寸情况。

尼克·里森交易日经225指数的期货和期权。里森买进日经225期货，卖空日本国债期货，同时卖空日经指数的看涨和看跌期权。他赌日经指数会上升，但结果是他错了，并因此赔了13.9亿美元。1995年1月至2月间，由于在期货头寸上遭受了如此巨大的损失，里森将不得不持有大阪和新加坡股票交易市场上近四分之一的未平仓合约。不幸的是，由于管理层放松了对里森的管理，允许他同时控制前台和后台的操作，这使公司无法察觉他投资的水平。⑦

里森通过卖空日经指数的期权抵消了持有日经指数期货多头头寸所带来的损失。也就是说，当里森购买期货合约时，他被要求支付现金——SIMEX合约价值15%的保证金，并且当合约的损失积累时，他还需要按照期货合约的逐日盯市制度追加保证金。尽管如此，当他卖空期权时，他能以期权费的形式收到现金。对里森来说，日经指数的期权费有两个用途：(1) 用来隐瞒期货带来的损失，否则这些损失会出现在BFS的财务报表当中；(2) 用来支付期货合约的追缴保证金。里森之所以能够这样操作，还得益于当时日本期货市场的特点。在日本，对于所有的客户，保证金都是在净额的基础上公布出来。因此，如果有许多客户卖空指数期货，公司就能够在不公布保证金的情况下持有多头头寸。除此之外，每日的清算是单方向的。也就是说，输家必须每日补齐他们的损失而赢家却不允许取走他们的收益。因此这其中就存在着用客户收益来掩盖公司损失的可能性。促使里森能如此操作的另一个原因是，交易所无须分离客户资金和自营

---

⑥ Fay, *Collapse*, p.94.

⑦ Hans R. Stoll, "Lost Barings: A Tale in Three Parts Concluding with a lesson", *The Journal of Derivatives*, Fall 1995, Vol.3, No.1.

资金。因此,人们不可能分辨公司头寸和客户头寸。

日经225指数在20世纪80年代的晚期经历了持续的上涨,在1989年已接近40 000点。到1994年中期,里森相信由于日经指数与1989年的高峰相比已下跌了一半,而且当时利率很低,因此指数有可能在不远的将来恢复到以往的高点。他确信指数不会低于19 000点,基于这样的信念,他用巴林的资金建立起了巨大的风险头寸。如果利率上升,他的日经指数头寸将遭受损失,而他所持有的日本国债期货合约却将获得成功。

里森的期权头寸建立在他认为波动率会很低的信念上。事实上,在崩盘之前,里森已经交易了足够多的合约以保证波动率处于很低的水平。渐渐地,他必须沽出大量的期权以获得所需要的期权费。当期权费越来越难以满足期货要求的追加保证金时,里森就从伦敦申请资金。截至1995年2月23日,BSLL已经划拨了近6亿美元的资金给BFS。

BSLL在几乎不知情的情况下满足了里森的资金需求,并认为这些资金的一部分被贷给了客户,就如BFS的资产负债表所描绘的那样。

损失

里森于1992年7月开始交易期货,在那个月的月末,他已经买卖了2 051份日经期货,并立即遭受了近64 000美元的损失。[8] 在这一年年末,他在账户88888上的损失已超过了320万美元。这个数字在1993年中期的时候变得稍好一点,损失的数额仅为4万美元。不幸的是,里森在数字变为正数之前并不打算停止交易。到1993年年末,损失已接近3 000万美元。这时,里森通过卖出期权获得了大约3 500万美元的期权费来抵消期货的损失,同时也避免了伦敦和监管者的怀疑。在这段时期里,里森一直都在报告赢利,他也因此被当成了超级明星。

到1994年底,日经指数已正好跌破20 000点,里森的损失已接近3.3亿美元。同时,巴林的执行官预测BFS能够在1994年获得2 000万美元左右的利润。

里森在1995年最初几个月的活动就像其他自以为是的投机者一样。1995年1月13日,日经指数到达19 331点,此时巴林持有3 024份日经指数期货合约的多头头寸。但在1995年1月17日,一场7.2级的地震摧毁了日本的神户市。日经指数在1月20日已跌破了18 840点,在这个点位上,里森将他的合约数量翻了一倍,达到了7 135份。[9] 当日经指数在1995年2月23日跌至18 000点时,这个过程仍在继续,此时里森的风险敞口已超过55 399份没有经过抛补的日经指数期货。[10] 同时,利率并没有如里森所期望的那样上升,这使得他在日本国债期货上又遭受了损失。

直到1995年2月24日这个星期五,巴林和全世界都发现由里森招致的损失已高达11亿美元[11],这个金额超过银行自有资本的两倍。银行不可避免地走向了破产。当

---

⑧ Fay, *Collapse*, p.97.

⑨ *Time*, "On Going Broke," p.44.

⑩ Fay, *Collapse*, p.275.

⑪ "Report of the Board of Banking Supervision Inquiry into the Circumstances of the Collapse of Barings", Bank of England, July 18, 1995 p.2.

新加坡和大阪在周一开市时,交易所宣布巴林在它的保证金上违约了。

整个周末,英格兰银行都在伦敦主持会议,试图组成一个国际财团来拯救巴林银行。巴克莱银行被假定承担牵头银行的角色并承诺在三个月内筹资9亿美元。但不幸的是,没有人知道巴林银行可能还会有多少新增风险,也没人知道还有多少损失尚未被发现,这个努力也最终宣告失败。1995年2月27日,巴林银行的头寸仅仅在这个星期一就新增了3.7亿美元的损失,从而使得总损失达到13.9亿美元。[12] 巴林银行最终破产了。图表A展示了一个详细的时间表。

图表A　主要事件:尼克·里森和巴林兄弟

1989年	尼克·里森被雇用为交易办公室的办事员,负责清算账户。随后里森被调往新加坡,在那里负责巴林期货新加坡部(BFS)的后勤部门工作并为客户执行交易。
1992年6月	里森获得了在新加坡国际金融交易所为BFS交易的资格。 但他并没有得到巴林银行的授权,在客户的要求之外进行交易。
1992年7月	里森建立了错误账户88888,用它来进行未经授权的交易。
1992年10月	在88888上的损失已达到450万英镑。
1993年6月	在88888上的损失达到了一个低点:3.4万英镑。
1993年10月	里森获得可以为巴林交易的授权,并可以自主决定交易的时间和价位。 88888账户上的损失达到了2439万英镑。
1994年3月	第一波士顿向一名客户赔偿4000万美元,起因在于银行使用该客户的账户进行未经授权的衍生品交易,最终招致了巨额的损失。
1994年4月	Joseph Jett被他的雇主Kidder Peabody揭发,声称Jett虚报了3.5亿美元的利润。 宝洁(P&G)也加入了衍生品受害者的队伍。它在利率互换上损失了1.57亿美元。信孚银行是这场纠纷的核心。宝洁拒绝付款,并声称受到了信孚银行的误导。
1994年10月	Eastman Kodak在互换和期权上损失了2.2亿美元。
1994年8月	对BFS进行了内部审计。里森同时控制前台和后台活动的做法受到了批评,重点审计了来自伦敦的资金。
1994年12月31日	里森在账户88888中的损失已超过2.08亿美元。巴林的执行官预测从BFS获得的利润将在2000万到3600万美元之间。
1995年1月11日	SIMEX向BFS的账户88888追缴1亿美元的保证金,并告知里森以期待其答复。
1995年1月17日	日本神户遭受了一场毁灭性的地震。这场破坏的损失预计超过了1000亿美元。这场灾难使日经指数遭受重创,巴林的期货头寸的价值也因此急剧下跌。
1995年1月20日	里森将其日经指数的合约数目翻番至7135份,希望命运能够得到扭转。
1995年1月25日	日经指数跌破18000点。里森在1月27日再次将他的合约数目翻倍,达到了17000份。
1995年2月17日	里森将合约的数目增至20076份。
1995年2月23日	损失达到了11亿美元,超过了巴林自有资本的两倍。银行走向破产而里森也逃离了新加坡,此时距他28岁的生日仅剩两天。

[12] Martin Mayer, *The Bankers: The Next Generation* (New York: Truman Talley Books/Plume, 1997), p.335.

案例思考题

1. 尼克·里森在衍生品交易中获利的策略是什么？
2. 是什么导致了其策略的失败？
3. 为什么在合法账户(99002)已经存在的情况下，里森还要建立虚假的错误账户(88888)？
4. 巴林和它的审计者为何没有发现里森用来进行未经授权交易的错误账户？
5. 新加坡、日本和英国的监管部门为何没有发现错误账户的真实用途？
6. 巴林银行为何愿意将大量的资金调拨给巴林期货新加坡分部？
7. 英格兰银行试图拯救巴林银行的活动为何会失败？
8. 试对监管的改革提出建议，以避免类似于巴林银行破产的期货灾难。

小结

◎ 外汇期货合约是一种外汇交易的协议，该协议要求在固定的时间、地点和价格交割标准数量的外汇。

◎ 外汇期货合约实际上是标准化了的远期合约。

◎ 和远期合约不同的是，期货合约是在有组织的交易所里进行交易的，而不是银行和客户私下里进行的交易。期货交易同样需要缴纳保证金并且通常通过购买一份相冲销头寸来进行结清。

◎ 期货在合约的规模、到期日、交易的地点、定价、所需要的抵押品/保证金、清算的方法、佣金、交易的时间、交易对手和流动性上都不同于远期合约。

◎ 财务经理通常会选择外汇远期而不是期货，这是因为远期的操作和头寸的维持更加简单。金融投机者通常会选择外汇期货而不是远期，这是因为期货市场的流动性更好。

◎ 外汇期权是一种金融合约，这种合约赋予了期权购买者在到期日或到期日之前以固定的价格购买（看涨期权）或出售（看跌期权）一定数量外汇的权利，却没有要求相应的义务。

◎ 当标的货币的价格上升（对于看涨期权）或下降（对于看跌期权）时，期权就会获得收益，外汇期权也因此被用做投机工具。当标的货币朝着不合意的方向变动时，期权持有者的最大损失将仅限于期权费。

◎ 期权费的存在使得期权的卖方（出售者）能将外汇期权作为投机工具。只要期权——无论是看跌期权还是看涨期权——在到期时是虚值期权（没有价值），期权的卖方就能赚取并保留全部期权费。

◎ 投机就是根据对未来价格的预期进行交易而获得利润。在外汇交易市场上，一个持有外汇头寸的投机在汇率发生变动后被抛补；如果汇率的变动方向正如投机者所预想的那样，就会产生利润。

◎ 外汇期权的估值，即期权费的决定，是当前的即期汇率、特定的执行价格、远期汇率（它决定于当前的即期汇率和利率差）、货币的波动率和到期时间的一个复杂的组合。

◎ 期权的总价值是它的内在价值和时间价值之和。内在价值决定于在任何时候，期权的执行价格和当前的即期汇率之间的关系；而时间价值估计了到期日之前内在价值会如何随时间变化。

思考题

1. **期权和期货**。解释外汇“期权”和“期货”之间的差异，并解释它们在什么时候使用最恰当。
2. **期货的交易地点**。查阅《华尔街日报》并找到美国外汇期货合约交易的地点。
3. **期货术语**。解释在国际商业活动中，以下合约条款的含义以及其可能具有的重要性：
   a. 合约的特定规模
   b. 表示汇率的标准方法
   c. 标准的到期日
   d. 保证金和维持保证金
   e. 交易对手
4. **一次期货交易**。某份报纸刊登了前一天交易的美元对欧元货币期货的价格：

月份	12 月
开盘价：	0.9124
收盘价：	0.9136
价格变化：	+0.0027
最高价：	0.9147
最低价：	0.9098
估计的成交量：	29 763
未平仓合约：	111 360
合约规模：	€ 125 000

   以上术语代表什么意思？
5. **看跌和看涨**。英镑看涨期权和看跌期权之间的基本差别是什么？
6. **看涨合约的组成要素**。假设你了解到英镑美式看涨期权的执行价格为 1.460，并于下一个三月到期，现在的报价是 3.67。如果你是一个潜在的购买者，这意味着什么？
7. **期权的成本**。对于上题中的期权，如果你决定在到期时不执行期权，你为期权支付的期权费会发生什么变化？如果到期执行，期权费又会发生什么变化？
8. **购买一份欧式期权**。如果第 6 题中的期权是一份欧式期权，那么该期权与第 6 题中的期权之间有什么差别？
9. **卖出期权**。在卖出期权的时候，来自期权费的收益是固定的，而潜在损失在标的价格走向“错误的”方向时却可能变得非常大，那么为什么还有人愿意卖出期权？
10. **期权的估值**。期权的价值是它的“内在价值”和“时间价值”之和。解释这些术语的含义。

练习题

1. **比索期货**。Amber McClain 是我们在本章的前面遇到过的投机家，他现在卖出八份 500 000 比索的 6 月期货合约，收盘价报于图表 7.1 中。
   a. 如果收盘时即期汇率是 $0.12000/Ps，他的头寸在到期日的价值是多少？
   b. 如果收盘时即期汇率是 $0.09800/Ps，他的头寸在到期日的价值是多少？
   c. 如果收盘时即期汇率是 $0.11000/Ps，他的头寸在到期日的价值是多少？
2. **英镑期货**。Michael Polin 是纽约一家投资公司的外汇交易员，他使用以下英镑期货的报价来对英镑价值进行投机。
   a. 如果 Michael 购买五份 5 月英镑期货，到期日的即期汇率为 $1.3980/£，他的头寸价值为多少？
   b. 如果 Michael 卖出十二份 3 月英镑期货，到期日的即期汇率为 $1.4560/£，他的头寸价值为多少？

c. 如果 Michael 购买三份 3 月英镑期货，到期日的即期汇率为 \$1.4560/£，他的头寸价值为多少？

d. 如果 Michael 卖出十二份 5 月英镑期货，到期日的即期汇率为 \$1.3980/£，他的头寸价值为多少？

英镑期货，US\$/£（CME）					合约 = 62 500 英镑			
到期日	开盘价	最高价	最低价	收盘价	价格变动	最高价	最低价	未平仓合约
3 月	1.4246	1.4268	1.4214	1.4228	0.0032	1.4700	1.3810	25.605
5 月	1.4164	1.4188	1.4146	1.4162	0.0030	1.4550	1.3910	809

摘自 *Wall Street Journal*, Friday, February 22, 2002, p. C13. 所有报价均为 2002 年 2 月 21 日的收盘价格。所有合约标的均为 62 500 英镑。

3. **Hans Schmidt，欧元投机者**。Hans 又一次对外汇的变动进行投机。他有 100 万美元的本金，在投机结束的时候，他必须用美元来表示全部的利润。欧元的即期汇率为 \$1.3358/€，30 天的远期汇率为 \$1.3350/€。

   a. 如果 Hans 相信欧元相对于美元的价值会持续上升，因此他预期 30 天后的即期汇率是 \$1.3600/€，他应当怎么做？

   b. 如果 Hans 相信欧元相对于美元的价值会贬值，因此他预期 30 天后的即期汇率是 \$1.2800/€，他应当怎么做？

4. **Hans Schmidt，瑞士法郎投机者**。与本章前面的情形类似，Hans 相信瑞士法郎将在随后的三个月里对美元贬值。他有 10 万美元用来投资。当前的汇率是 \$0.5820/SF，三个月的远期汇率是 \$0.5640/SF，而且他预期三个月后的即期汇率达到 \$0.6250/SF。

   a. 如果采用纯粹的即期市场投机策略，计算 Hans 的预期利润。

   b. 如果 Hans 购买或出售三个月的远期，计算他的预期利润。

5. **Katya 和日元**。Katya Berezovsky 在俄罗斯陶丽亚 Sumara Workers 银行的外汇交易部工作。她预期美元将相对于日元大幅升值，并根据这个预期建立了投机头寸。当前的即期汇率是 ¥120.00/\$。她必须在以下 90 天的日元期权中作出选择：

期权	执行价格	期权费
日元看跌期权	¥125/\$	\$0.00003/¥
日元看涨期权	¥125/\$	\$0.00046/¥

   a. Katya 应该购买日元的看涨期权还是看跌期权？

   b. 根据你对问题 a 的回答，请问 Katya 的盈亏平衡价格是多少？

   c. 根据你对问题 a 的回答，请问，如果 90 天后的即期汇率为 ¥140/\$，Katya 的毛利润和净利润（包括期权费）分别是多少？

6. **Samuel 的赌博**。Samuel Samosir 在印度尼西亚雅加达的 Peregrine 投资公司工作。他将他的时间和精力都放在了美元/新加坡元（\$/S\$）的套算汇率上。当前的即期汇率是 \$0.6000/S\$。在大量的研究之后，他得出了新加坡元会在随后的 90 天里相对美元升水的结论，可能会升至大约 \$0.7000/S\$。他可以从以下的新加坡元期权中进行选择：

期权	执行价格	期权费
新加坡元看跌期权	\$0.6500/S\$	\$0.00003/S\$
新加坡元看涨期权	\$0.6500/S\$	\$0.00046/S\$

   a. Samuel 应该购买新加坡元的看涨期权还是看跌期权？

b. 根据你对问题 a 的回答，请问 Samuel 的盈亏平衡价格是多少？

c. 根据你对问题 a 的回答，请问如果 90 天后的即期汇率为 \$0.7000/S\$，Samuel 的毛利润和净利润（包括期权费）分别是多少？

d. 根据你对问题 a 的回答，请问如果 90 天后的即期汇率为 \$0.8000/S\$，Samuel 的毛利润和净利润（包括期权费）分别是多少？

7. **利润有多少——看涨期权？** 如果卖出一份欧元看涨期权，执行价格为 \$1.25/€，期权费为 \$0.38/€，期限为三个月，合约价值为 € 100 000。当欧元以下列汇率交易时，计算此时执行期权的盈亏：

a. \$1.10/€

b. \$1.15/€

c. \$1.20/€

d. \$1.25/€

e. \$1.30/€

f. \$1.35/€

g. \$1.40/€

8. **利润有多少——看跌期权？** 如果卖出一份日元看跌期权，执行价格为 \$0.008000/¥（¥125.00/\$），费用为 \$0.008/¥，到期期限为六个月。合约价值为 ¥12 500 000。当日元以下列汇率交易时，计算此时执行期权的盈亏：

a. ¥110/\$

b. ¥115/\$

c. ¥120/\$

d. ¥125/\$

e. ¥130/\$

f. ¥135/\$

g. ¥140/\$

9. **下跌的加元**。Giri Patel 为多伦多的 CIBC 货币基金工作。Giri 是一个反向投资者——与大部分预测者的预测相反，他相信加元（C\$）在未来的 90 天里相对于美元将升水。当前的即期汇率为 \$0.6750/C\$。Giri 可以在以下加元期权中选择：

期权	执行价格	期权费
加元看跌期权	\$0.7000	\$0.0003/C\$
加元看涨期权	\$0.7000	\$0.0247/C\$

a. Giri 应该购买加元的看涨期权还是看跌期权？

b. 根据你对问题 a 的回答，请问 Giri 的盈亏平衡价格是多少？

c. 根据你对问题 a 的回答，请问如果 90 天后的即期汇率为 \$0.7600/C\$，Giri 的毛利润和净利润（包括期权费）分别是多少？

d. 根据你对问题 a 的回答，请问如果 90 天后的即期汇率为 \$0.8250/C\$，Giri 的毛利润和净利润（包括期权费）分别是多少？

10. **Braveheart 英镑看跌期权**。Andy Furstow 在伦敦一家叫 Braveheart 的货币基金从事投机工作。Braveheart 的客户都是富有的私人投资者，他们每人都至少有 25 万英镑的本金并希望在汇率的变动中进行投机。投资者希望每年的回报超过 25%。虽然办公室是在伦敦，但所有的账户和预期收益都是用美元计价的。Andy Furstow 相信英镑在随后的 30 天到 60 天里会显著下滑——可能会跌至 \$1.3200/£。当前的即期汇率为 \$1.4260/£。Andy 希望购买一个英镑的看跌期权，这将会产生投资者期望的 25% 的回报。在这种情况下，你将推荐他购买以下哪一款看跌期权（见下面的数据图表）？证明你的选择是执行价格、到期日和预支期权费的最优组合。

执行价格	到期日	费用	执行价格	到期日	费用
\$1.36/£	30 天	\$0.00081/£	\$1.36/£	60 天	\$0.00333/£
\$1.34/£	30 天	\$0.00021/£	\$1.34/£	60 天	\$0.00150/£
\$1.32/£	30 天	\$0.00004/£	\$1.32/£	60 天	\$0.00060/£

欧元外汇期权定价

	美国公司希望购买或出售欧元(外币)		欧洲公司希望购买或出售美元(外币)	
	变量	价值	变量	价值
即期汇率(国内/国外)	S_0	\$1.2674	S_0	€ 0.7890
执行价格(国内/国外)	X	\$1.2500	X	€ 0.8000
国内利率(% p.a.)	r_d	1.453%	r_d	2.187%
国外利率(% p.a.)	r_f	2.187%	r_f	1.453%
时间(年,365 天)	T	1.000	T	1.000
等价天数		365.000		365.000
波动率(% p.a.)	s	12.000%	s	12.000%
看涨期权的费用(单位外币)	c	\$0.0632	c	€ 0.0349
看跌期权的费用(单位外币)(欧式定价)	p	\$0.0552	p	€ 0.0399
看涨期权费用(%)	c	4.99%	c	4.42%
看跌期权费用(%)	p	4.36%	p	5.06%

可以在本书的网站下载一个名叫“FX Option Pricing”的 Excel 练习册。这个练习册为以下五种货币组合的外汇期权定价构建了四张电子表格:美元/欧元、美元/日元、欧元/日元、美元/英镑,以及欧元/英镑。从练习册中选择合适的电子表格来回答以下问题。

11. **美元/欧元**。这张表显示执行价格为 \$1.25/€的一年期看涨期权将花费购买者 \$0.0632/€,或 4.99% 的期权费。当即期汇率为 \$1.2674/€时,假定波动率为 12.000%。如果即期汇率下降至 \$1.2480/€,而波动率减少到 10.500%,那么同一份看涨期权的成本应为多少?

12. **美元/日元**。对于日本的 Nakagama 公司来说,购买的可卖出 750 000 美元的期权,用本国货币表示的期权费是多少?假设 Excel 练习册中给出的是初始价值。

13. **欧元/日元**。由于一笔对日本半导体公司的出口,Legrand 公司(法国)会在 90 天后收到 1 040 万日元。购买一份能在 € 0.0072/¥的汇率上卖出这些日元的期权的总成本是多少?

14. **美元/英镑**。假如 Excel 练习册中的美元/英镑套算汇率的初始数值不变,一份英镑看涨期权的到期日从 90 天增加至 180 天,此时该期权的价值是多少?当到期期限翻番时,期权价值增加的百分比是多少?

15. **欧元/英镑**。对于用欧元购买英镑的看涨期权而言,当欧元的利率从 Excel 练习册上的初始值变到 4.000% 时,该期权的期权费将变为多少?

网上练习

1. **货币的波动率**。在外汇期权定价中，唯一不可观测的变量就是波动率，此时波动率的数值是到期前每日即期汇率的期望标准差。使用纽约联邦储备银行的网站来获取当前的外汇波动率。

   纽约联邦储备银行

   http://ny.frb.org/pihome/statistics/vrate.shtml

2. **外汇期权交易所和外汇期货交易所**。外汇期权和期货在遍布全球的众多交易所（bolsas、bourses 等）中进行交易。通过以下交易所的网址列表，确定哪种货币是以期货或期权的形式在交易所中交易的。

   伦敦股票交易所

   http://www.stockex.co.uk/aim/

   东京股票交易所

   http://www.tse.or.jp/eindex.html

   巴黎交易所

   http://www.bourse-de-paris.fr/bourse/sbf/homesbf-gb.htlm

   波哥达交易所

   http://www.bolsabogota.com.co

   新加坡交易所

   http://www.simex.com.sg

   或对于一个更广阔的全球市场范围：

   投资者地图

   http://investormap.com/global.html

文献选读

Giddy, Ian H., and Gunter Dufey, "Uses and Abuses of Currency Options," *Journal of Applied Corporate Finance*, Vol. 8, No. 3, Fall 1995, pp. 49—57.

Huckins, Nancy White and Anoop Rai, "Market Risk for Foreign Currency Options: Basle's Simplified Model," *Financial Management*, Vol. 28, No. 1, Spring 1999, pp. 99—109.

Melino, Angelo, and Stuart M. Turnbull, "Misspecification and the Pricing and Hedging of Long Term Currency Option." *Journal of International Money and Finance*, Vol. 14, No. 3, June 1995, pp. 373—393.

Stulz, Rene M., "Financial Derivatives," *The Milken Institute Review*, Third Quarter, 2005, pp. 20—31.

附录

外汇期权定价理论

此处介绍的欧式外汇期权模型来源于 Black 和 Scholes（1972），Cox 和 Ross（1976），Cox、Ross 和 Rubinstein（1979），Garman 和 Kohlhagen（1983），以及 Bodurtha 和 Courtadon（1987）的工作。尽管我们不解释以下期权定价模型的理论来源，但由 Black 和 Scholes 推导出的初始模型是基于一个无风险套利组合的，该组合由证券、资产或货币的多头头寸，以及一份欧式看涨期权构成。对模型期望回报的计算结果得出了**期权费**。

对欧式看涨期权定价的基本理论模型是：

$$C = e^{-r_f T} SN(d_1) - E_e^{-r_d T} N(d_2)$$

其中：

C = 欧式看涨期权的期权费

e = 连续时间贴现

S = 即期汇率（\$/外币）

E = 执行汇率

T = 到期时间

N = 累积正态分布函数

r_f = 国外利率

r_d = 国内利率

σ = 资产价格的标准差（波动率）

ln = 自然对数

两个密度分布函数，d_1 和 d_2 的定义为：

$$d_1 = \frac{\ln\left(\frac{S}{E}\right) + \left(r_d - r_f + \frac{\sigma^2}{2}\right)T}{\sigma\sqrt{T}}$$

以及

$$d_2 = d_1 - \sigma\sqrt{T}$$

做一些适当的调整，我们可以将欧式看涨期权的期权费用远期汇率的形式表达为：

$$C = e^{-r_f T} FN(d_1) - e^{-r_d T} EN(d_2)$$

其中，即期汇率和国外利率都已经用远期汇率 F 来代替，同时第一项和第二项都通过连续时间 e 来进行贴现。稍作简化，我们发现期权费就是两个累积正态密度函数之差的现值：

$$C = [FN(d_1) - EN(d_2)]e^{-r_d T}$$

现在两个密度函数可以定义为：

$$d_1 = \frac{\ln\left(\frac{F}{E}\right) + \left(\frac{\sigma^2}{2}\right)T}{\sigma\sqrt{T}}$$

以及

$$d_2 = d_1 - \sigma\sqrt{T}$$

求解方程得出 d_1 和 d_2 的值，我们就能决定欧式看涨期权的期权费了。类似地，我们也可以推出欧式看跌期权的期权费 p：

$$p = [F(N(d_1) - 1) - E(N(d_2) - 1)]e^{-r_d T}$$

欧式看涨期权：数值的例子

事实上，计算期权费用并不像前面方程所示的那样复杂。假设基本的汇率和利率如下，期权费的计算就会相对简单。

$$\text{即期汇率} = \$1.7000/£$$

90 天的远期 = \$1.7000/£

执行汇率 = \$1.7000/£

美元利率 = 8.00%(每年)

英镑利率 = 8.00%(每年)

时间(天数) = 90

标准差(波动率) = 10.00%

e(无限贴现) = 2.71828

首先计算出两个密度函数的数值：

$$d_1 = \frac{\ln\left(\frac{F}{E}\right) + \left(\frac{\sigma^2}{2}\right)T}{\sigma\sqrt{T}} = \frac{\ln\left(\frac{1.7000}{1.7000}\right) + \left(\frac{0.1000^2}{2}\right)\frac{90}{365}}{0.1000\sqrt{\frac{90}{365}}} = 0.025$$

以及

$$d_2 = 0.025 - 0.1000\sqrt{\frac{90}{365}} = -0.025$$

然后在累积正态概率表中找到 d_1和 d_2的数值：

$$N(d_1) = N(0.025) = 0.51; \quad N(d_2) = N(-0.025) = 0.49$$

执行汇率为“远期平价”的欧式看涨期权的期权费为：

$$C = [(1.7000)(0.51) - (1.7000)(0.49)]2.71828^{-0.08(90/365)} = \$0.033/£$$

这就是看涨期权的期权费、价格、价值或成本。

累积正态概率表

从单位正态分布中抽取的值小于常数 d 的概率是：

$$\text{Prob}(\tilde{z} < d) = \int_{-\infty}^{d} \frac{1}{\sqrt{2\pi}} e^{-Z^2/2} dz = N(d)$$

图表 7A.1 **d 的范围：$-2.49 \leq d \leq 0.00$**

d	−0.00	−0.01	−0.02	−0.03	−0.04	−0.05	−0.06	−0.07	−0.08	−0.09
−2.40	0.00820	0.00798	0.00776	0.00755	0.00734	0.00714	0.00695	0.00676	0.00657	0.00639
−2.30	0.01072	0.01044	0.01017	0.00990	0.00964	0.00939	0.00914	0.00889	0.00866	0.00842
−2.20	0.01390	0.01355	0.01321	0.01287	0.01255	0.01222	0.01191	0.01160	0.01130	0.01101
−2.10	0.01786	0.01743	0.01700	0.01659	0.01618	0.01578	0.01539	0.01500	0.01463	0.01426
−2.00	0.02275	0.02222	0.02169	0.02118	0.02068	0.02018	0.01970	0.01923	0.01876	0.01831
−1.90	0.02872	0.02807	0.02743	0.02680	0.02619	0.02559	0.02500	0.02442	0.02385	0.02330
−1.80	0.03593	0.03515	0.03438	0.03362	0.03288	0.03216	0.03144	0.03074	0.03005	0.02938
−1.70	0.04457	0.04363	0.04272	0.04182	0.04093	0.04006	0.03920	0.03836	0.03754	0.03673
−1.60	0.05480	0.05370	0.05262	0.05155	0.05050	0.04947	0.04846	0.04746	0.04648	0.04551
−1.50	0.06681	0.06552	0.06426	0.06301	0.06178	0.06057	0.05938	0.05821	0.05705	0.05592

（续表）

d	-0.00	-0.01	-0.02	-0.03	-0.04	-0.05	-0.06	-0.07	-0.08	-0.09
-1.40	0.08076	0.07927	0.07780	0.07636	0.07493	0.07353	0.07215	0.07078	0.06944	0.06811
-1.30	0.09680	0.09510	0.09342	0.09176	0.09012	0.08851	0.08691	0.08534	0.08379	0.08226
-1.20	0.11507	0.11314	0.11123	0.10935	0.10749	0.10565	0.10383	0.10204	0.10027	0.09853
-1.10	0.13567	0.13350	0.13136	0.12924	0.12714	0.12507	0.12302	0.12100	0.11900	0.11702
-1.00	0.15866	0.15625	0.15386	0.15150	0.14917	0.14686	0.14457	0.14231	0.14007	0.13786
-0.90	0.18406	0.18141	0.17879	0.17619	0.17361	0.17106	0.16853	0.16602	0.16354	0.16109
-0.80	0.21186	0.20897	0.20611	0.20327	0.20045	0.19766	0.19489	0.19215	0.18943	0.18673
-0.70	0.24196	0.23885	0.23576	0.23270	0.22965	0.22663	0.22363	0.22065	0.21770	0.21476
-0.60	0.27425	0.27093	0.26763	0.26435	0.26109	0.25785	0.25463	0.25143	0.24825	0.24510
-0.50	0.30854	0.30503	0.30153	0.29806	0.29460	0.29116	0.28774	0.28434	0.28096	0.27760
-0.40	0.34458	0.34090	0.33724	0.33360	0.32997	0.32636	0.32276	0.31918	0.31561	0.31207
-0.30	0.38209	0.37828	0.37448	0.37070	0.36693	0.36317	0.35942	0.35569	0.35197	0.34827
-0.20	0.42074	0.41683	0.41294	0.40905	0.40517	0.40129	0.39743	0.39358	0.38974	0.38591
-0.10	0.46017	0.45620	0.45224	0.44828	0.44433	0.44038	0.43644	0.43251	0.42858	0.42465
0.00	0.50000	0.49601	0.49202	0.48803	0.48405	0.48006	0.47608	0.47210	0.46812	0.46614
0.00	0.50000	0.50399	0.50798	0.51197	0.51195	0.51994	0.52392	0.52790	0.53188	0.53586
0.01	0.53983	0.54380	0.54776	0.55172	0.55567	0.55962	0.56365	0.56749	0.57142	0.57535
0.20	0.57926	0.58317	0.58706	0.59095	0.59483	0.59871	0.60257	0.60642	0.61026	0.61409
0.30	0.61791	0.62172	0.62552	0.62930	0.63307	0.63683	0.64058	0.64431	0.64803	0.65173
0.40	0.65542	0.65910	0.66276	0.66640	0.67003	0.67364	0.67724	0.68082	0.68439	0.68793
0.50	0.69146	0.69497	0.69847	0.70194	0.70540	0.70884	0.71226	0.71556	0.71904	0.72240
0.60	0.72575	0.72907	0.73237	0.73565	0.73891	0.74215	0.74537	0.74857	0.75175	0.75490
0.70	0.75804	0.76115	0.76424	0.76730	0.77035	0.77337	0.77637	0.77935	0.78230	0.78524
0.80	0.78814	0.79103	0.79389	0.79673	0.79955	0.80234	0.80511	0.80785	0.81057	0.81327
0.90	0.81594	0.81859	0.82121	0.82381	0.82639	0.82894	0.83147	0.83398	0.83646	0.83891
1.00	0.84134	0.84375	0.84614	0.84850	0.85083	0.85314	0.85543	0.85769	0.85993	0.86214
1.10	0.86433	0.86650	0.86864	0.87076	0.87286	0.87493	0.87698	0.87900	0.88100	0.88298
1.20	0.88493	0.88686	0.88877	0.89065	0.89251	0.89435	0.89617	0.89796	0.89973	0.90147
1.30	0.90320	0.90490	0.90658	0.90824	0.90988	0.91149	0.91309	0.91466	0.91621	0.91774
1.40	0.91924	0.92073	0.92220	0.92364	0.92507	0.92647	0.92785	0.92922	0.93056	0.93189
1.50	0.93319	0.93448	0.93574	0.93669	0.93882	0.93943	0.94062	0.94197	0.94295	0.94408
1.60	0.94520	0.94630	0.94738	0.94845	0.94950	0.95053	0.95154	0.95254	0.95352	0.95449
1.70	0.95543	0.95637	0.95728	0.95818	0.95907	0.95994	0.96080	0.96164	0.96264	0.96327
1.80	0.96407	0.96485	0.96562	0.96637	0.96712	0.96784	0.96856	0.96926	0.96995	0.97062
1.90	0.97128	0.97193	0.97257	0.97320	0.97381	0.97441	0.97500	0.97558	0.397615	0.97670
2.00	0.97725	0.97778	0.97831	0.97882	0.97932	0.97982	0.98030	0.98077	0.98124	0.98169
2.10	0.98214	0.98257	0.98300	0.98341	0.98382	0.98422	0.98461	0.98500	0.98537	0.98574
2.20	0.98610	0.98645	0.98679	0.98713	0.98745	0.98778	0.98809	0.98840	0.98870	0.98899
2.30	0.98928	0.98956	0.98983	0.99010	0.99036	0.99061	0.99086	0.99111	0.99134	0.99158
2.40	0.99180	0.99202	0.99224	0.99245	0.99266	0.99286	0.99305	0.99324	0.99343	0.99361

资料来源：Hans R. Stoll and Robert E. Whaley, *Futures and Options*, Southwestern Publishing, 1993, pp. 242—243. Reprinted with permission.

第四篇 外汇风险

第 8 章　交易风险

第 9 章　经营风险

第 10 章　折算风险

外汇风险是对由汇率变动引起的公司赢利能力、现金流和市场价值未来变化可能性的一种度量。跨国企业财务经理的主要职责之一就是管理这些货币风险暴露。

第 8 章定义了四种不同类型的外汇风险,即交易风险、经营风险、折算风险和税收风险。随后本章分析了公司是否应该对冲这些风险。本章的余下部分具体考察了交易风险。这种风险暴露度量的是在汇率发生变动之前,公司发行的金融债务市值的变动程度,而不是等到未来某一时间进行到期清算时其债务市值的变动程度。典型的暴露是应收账款和应付账款的暴露,包括它们的当前风险、未结订单风险和报价风险。我们使用 Dayton 的案例来说明一家公司是如何对冲交易风险的。本章最后给出了风险管理在实际中应用的测试题。

第 9 章考察了一家公司是如何衡量并管理其经营风险的。经营风险衡量的是一家公司因未来经营现金流的改变而导致的公司现值的变化,未来现金流的改变则是由意想不到的汇率变动引起。汇率的变化将影响到公司未来的销量、价格和成本,进而导致公司现值的改变。我们用 Calton 公司的案例来说明在不同情况下公司的净现值是如何变化的。接下来我们阐释了一家公司是如何通过诸如多元化经营和多元化融资来源等策略来管理经营风险的。最后,本章介绍了实际中用于管理经营风险的六个主动型技术。这些技术是:匹配货币现金流;风险共担协议;背对背贷款;货币互换;提前与延期支付;以及再开票中心。

第 10 章分析了一家公司应该如何衡量和管理它的折算风险。折算风险是指公司所有者权益和合并利润中可能产生的会计方面的变动,它的产生是因为公司需要将外国子公司按外币计价的财务报表折算成单一货币,以提供面向全球的联合财务报告。这一章首先介绍了当前常用的转换方法,然后通过 Carlton Europe 的案例说明了每种方法的使用。再接下来我们比较了 Carlton 的折算风险和经营风险。最后我们分析了如何使用资产负债表来对冲折算风险。

第8章 交易风险

外汇风险是对由汇率变动引起的公司赢利能力、净现金流和市场价值未来变化可能性的一种度量。财务经理的一项重要任务就是衡量并管理外汇风险，以最大化公司的赢利能力、净现金流和市场价值。

8.1 外汇风险的类型

汇率的改变会对公司造成怎样的影响？这个影响可以用以下几种方式来衡量。图表8.1显示了三种主要的外汇风险：交易风险、经营风险和折算风险。尽管金融理论告诉我们现金流比会计更加重要，然而与货币相关的损益对公司的赢利以及现金流具有重要的影响，而赢利是市场对公司形成看法和估值的基本要素。

图表8.1 交易风险、经营风险和折算风险概念比较

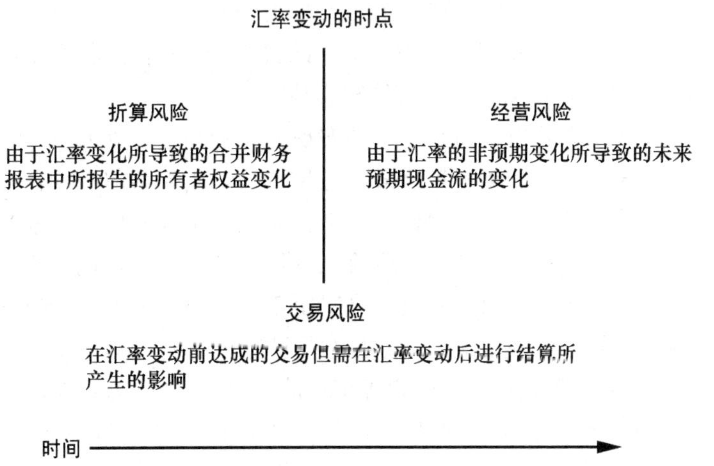

8.1.1 交易风险

交易风险(transaction exposure)度量的是在汇率发生变动之前,公司发行的金融债务市值的变动程度,而不是等到未来某一时间进行到期清算时其债务市值的变动程度。

8.1.2 经营风险

经营风险(operating exposure)也被称为**经济风险**、**竞争风险**或**战略风险**,它衡量的是因未来经营现金流的改变所导致的公司现值的变化,而公司未来现金流的改变是由意想不到的汇率变化引起的。公司现值的改变取决于汇率变化对公司未来销量、价格和成本的影响。

交易风险和经营风险之所以存在是因为未来现金流不可预期的变化。这两者的差异在于,交易风险涉及的是已经签约的事项所产生的未来现金流;而经营风险考虑的则是由于汇率变化改变公司国际竞争力所导致的预期(尚未签约)未来现金流,由汇率变动所导致的国际竞争力的变化可能会改变这些预期的现金流。本章的目的就是分析如何衡量和管理交易风险。

8.1.3 折算风险

折算风险(translation exposure)也被称为**会计风险**,它来源于所有者权益的会计改变,这是因为为了准备全球范围内统一的财务报表,公司必须将海外部门那些用外币表示的财务报表"转换"成单一货币表示。

8.1.4 税收风险

外汇风险对税收的影响在各个国家可能会不同。通常而言,只有已经实现的外汇损失可以用来抵免所得税。同样,只有已经实现的外汇收益才会被计入应税收入。"已经实现了"意味着损益中包含了现金流。

源于交易风险的损失通常在它们实现的年份里会减少应税收入,而源于经营风险的损失则在未来的许多年里都会减少应税收入。正如第 10 章所解释的那样,折算风险引起的损失并不是现金损失因而不可抵免税收。采取一些措施来最小化某种风险——例如购买远期合约——会产生应税收入或损失。而采取其他一些具有同样效果的措施则并不会涉及所得税。因为税收风险决定于各个分支机构所处的国家,所以跨国公司需要规划它的外汇管理政策,以最小化世界范围内的税后损失以及最大化税后收益。然而,由于许多跨国公司集中管理外汇风险,其损益通常与损益的来源国不相匹配。

然而,正如**金融实务专栏 8.1** 所描述的那样,外汇风险并不总是导致损失。事实上,它们有时也会给公司带来收益——这些收益并不是公司的实际经营或核心竞争力的结果,而是来源于好运以及与汇率变动和货币波动相关的时间因素。

金融实务专栏8.1

GLOBAL FINANCE IN PRACTICE

亚马逊对利润的追求:外汇损益的作用

Jeff Bezos 是亚马逊(Amazon. com)的 CEO,他承诺亚马逊将在 2001 年的某个时候开始赢利。虽然大部分的分析家和投资人都不相信他,但是 Jeff 证明了他们都是错误的。2001 年第四季度,亚马逊的经营利润达到了 5 900 万美元,净收入达到了 500 万美元。Jeff 的确兑现了他的承诺。

但是摆在所有投资人面前的首要问题就是赢利的质量。尽管赢利质量中有大量的技术成分,然而其中一个基本的问题就是报告的收入是否具有可持续性。这些赢利是来自于日常经营,还是来自于对历史资产的出售、投资收益,或者其他不具有持续性的交易?在亚马逊的这个案例中,它的季度利润有一个特点:500 万美元的净收入至少部分来自于一次性外汇损益的结果。

8.2 为何要对冲风险

跨国企业拥有大量的现金流,这些现金流对汇率变动、利率变动以及商品价格变动都很敏感。这三种金融价格风险是正在发展的**金融风险管理领域**的研究主题。在这一章,我们将只关注单个公司未来现金流对汇率变动的敏感度。

8.2.1 套期保值的定义

许多公司都试图通过套期保值来管理它们的外汇风险。**套期保值**(hedging)就是持有一个头寸,获得一笔现金流、资产或一份合约(包括远期合约),它们未来的价值会上升(下降)以抵消现有头寸价值的下降(上升)。因此,套期保值避免了现有资产的所有者的损失。然而,套期保值同时也消除了由被对冲资产价值的上升所带来的收益。然而问题依旧存在:公司能从套期保值中获得什么?

按照金融理论,公司的价值就是未来全部现金流的净现值。然而这些现金流都只是预期的,这个事实强调未来的一切事情都是不确定的。如果汇率的变化改变了这些现金流的货币价值,那么对外汇风险进行套期保值的公司将减少预期现金流的波动。因此,**货币风险**(currency risk)可以大致定义为由意外的汇率变化所导致的预期现金流的变动。

图表 8.2 说明了某公司预期净现金流的概率分布。现金流被套期保值后,它在均值附近分布得更加集中。外汇套期保值降低了风险。然而,风险降低并不意味着公司价值或回报的增加。只有在套期保值使分布的均值向右移动时,图表 8.2 所描绘的公司价值才会增加。事实上,如果套期保值并不是“免费的”,也就是说公司必须耗费资源来进行套期保值,那么只有当均值向右移动的距离足以补偿支付的费用时,套期保值

才能增加企业的价值。

图表 8.2 套期保值对公司预期现金流的影响

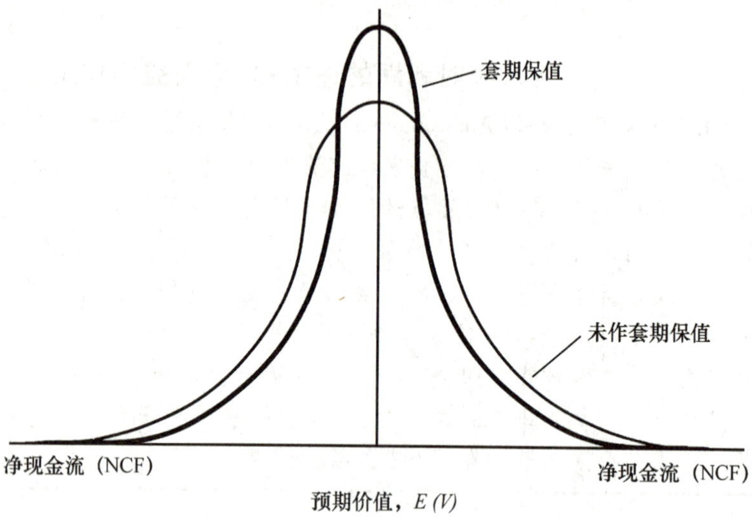

套期保值降低了预期现金流围绕其分布均值波动的幅度。这种分布方差的下降是一种风险下降。

8.2.2 不作套期保值的理由

因此关键的问题是:对于风险管理而言,现金流波动性的降低是一个充分的理由吗？这个问题在跨国财务管理中引起了持续的争论。外汇套期保值的反对者通常持有以下论点：

- 与公司的管理层相比,股东能更好地分散外汇风险。如果股东不想承担任何公司的外汇风险,那么他们能够通过分散其投资组合来管理外汇风险,从而满足他们的个体偏好和风险容忍度。
- 正如前文所述,外汇风险管理并不能增加公司预期的现金流。外汇风险管理通常会消耗公司的一些资源从而减少现金流。对市值的影响包括了降低现金流(这会降低公司价值)和降低方差(这会增加公司价值)。
- 管理层频繁采用的套期保值活动是花股东的钱来使管理层受益。代理理论认为,相对股东而言,管理层通常更厌恶风险。如果公司的目标是最大化股东财富,那么套期保值活动可能并不符合股东的最大利益。
- 管理层不能看透这个市场。如果市场在同等条件下处于均衡状态,套期保值的期望净现值为零。
- 管理层降低波动性的动机有时是来自于会计方面的原因。比起为避免外汇损失而花费的现金成本,管理层可能相信反映在财务报表上的、与上述成本差不多甚至更少的外汇损失都会使他们遭受更猛烈的批评。外汇损失将作为突出的独立项目或作为脚注出现在损益表中,而即使更高的套期保值成本也只会隐藏于经营费用或利息费用之中。

● 有效市场理论认为投资者能够看穿“会计面纱”，并因此已将外汇影响计入了公司的市场价值。

8.2.3　套期保值的理由

套期保值的拥护者举出了以下的论据：

● 降低未来现金流的风险提高了公司的规划能力。如果公司能够更加精确地预测现金流，它就能够实施原本不会考虑的投资或活动。

● 未来现金流风险的减少降低了公司现金流低于最低现金流需求的可能性。为了能够持续经营，一家公司必须产生足够的现金流来支付债务。最低现金流点通常被称为**金融灾难点**，它处于期望现金流分布的左侧。套期保值降低了公司未来现金流落到这个水平的可能性。

● 与单个股东相比，管理层在了解公司的真实外汇风险方面具有比较优势。不管公司向公众披露的程度有多高，管理层在了解公司运营的真实风险和内在回报的广度和深度方面总是更有优势。

● 因为结构和制度方面总是不完美的，以及未预期到的外部冲击（如石油危机或战争），所以市场通常处于一种非均衡的状态。与股东相比，在识别非均衡状态以及通过选择性套期保值来利用一次性机会提高公司价值的方面，管理层处于更有利的位置。**选择性套期保值**是指对巨大的、非常规的、独特的风险进行套期保值，或当管理层对汇率的方向有明确的预期时，间或使用的套期保值。

8.3　衡量交易风险

交易风险衡量的是现有的用外币计价的金融合约在清算过程中带来的损益，交易风险来自于以下几个方面：

1. 用信用方法购买或出售用外币标价的商品或服务。
2. 用外币偿还的借入或贷出资金。
3. 成为未履行的外汇远期合约中的一方。
4. 获得了用外币表示的资产或欠下了用外币表示的债务。

产生交易风险的一个最常见的例子是一家公司拥有用外币标价的应收账款或应付账款。图表8.3说明了这种风险是如何产生的。总的交易风险包括**报价风险**（quotation exposure）、**未结订单风险**（backlog exposure）和**清款风险**（billing exposure）。交易风险首先产生于卖家用外币向潜在的买家报价之时（t_1）。报价既可以是口头上的，比如用电话进行报价；也可以采用手写的出价或打印的价格单形式。随着订单的下达（t_2），报价时（t_1）产生的潜在风险转化成了真实风险，由于产品还没有发货，所以此时的风险被称为未结订单风险。未结订单风险一直持续到产品发货的时候（t_3），此时出现了清款风险。清款风险一直持续到卖家收到货款为止（t_4）。

图表 8.3 交易风险的存续期

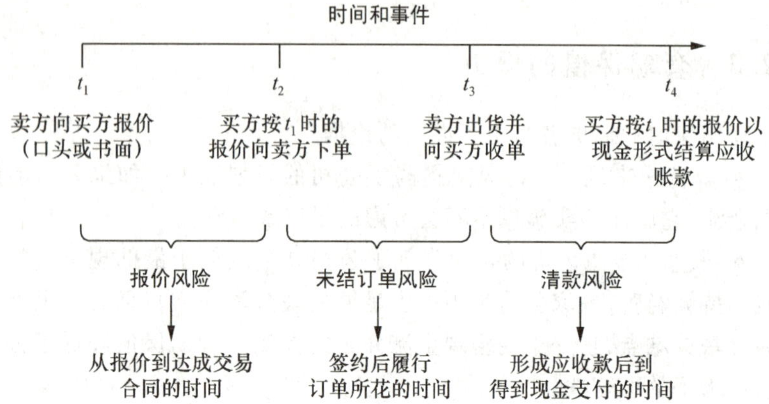

8.3.1 赊销贸易中的购买或销售

假设一家美国公司以赊销的形式向一个比利时购买者出售 180 万欧元的商品，货款将在 60 天后支付。当前的汇率是 \$1.1200/€，而且美国销售商希望将收到的欧元换成€1 800 000 × \$1.1200/€ = \$2 016 000。

交易风险之所以存在，是因为美国卖家收到的货款可能不等于 \$2 016 000。例如，如果收到货款时，欧元贬值至 \$1.0800/€，美国卖家就只能收到€1 800 000 × \$1.0800/€ = \$1 994 000，比预期值低了 \$72 000。但如果欧元升值至 \$1.1500/€，卖家将收到€1 800 000 × \$1.1500/€ = \$2 070 000，比预期值高了 \$54 000。因此风险带来的不是损失的机会就是收益的机会。

美国的卖家也可以通过向比利时买家开出美元支票的形式来避免交易风险。当然，如果美国公司试图仅用美元进行销售，它可能不会首先获得订单。为了避免交易风险而影响销售反而会影响公司的利润。即使比利时的买家同意支付美元，交易风险仍然没有消除。这些风险被转移给了比利时买家，它们的应付美元账户在 60 天后的欧元成本是未知的。

8.3.2 借入和贷出

交易风险的第二个例子来源于借入或贷出用外币表示的资金。例如，1994 年 12 月中旬，百事可乐最大的国外装瓶商 Grupo Embotellador de Mexico（Gemex）拥有 2.64 亿美元的债务。当时墨西哥新比索是在 Ps 3.45/\$的汇率水平上进行交易的，这是从 1993 年 1 月 1 日起新比索诞生以来实施的钉住汇率，并且一直保持在很窄的范围内波动。1994 年 12 月 22 日，由于墨西哥的政治与经济事件，比索被允许自由浮动，同时汇率在一天之内下跌至 Ps 4.65/\$。在接下来一月份的大部分时间里，比索在 Ps 5.50/\$ 附近交易。

	用美元表示的债务	用比索表示的债务（汇率为 Ps 3.45/ $）	用比索表示的债务（汇率为 Ps 5.50/ $）
Gemex 用美元计价的债务	$364 000 000	Ps 918 800 000	Ps 1 452 000 000

需要用来偿付美元债务的比索增加了 Ps 541 200 000（Ps 1 452 000 000 － Ps 918 800 000），或 59%。比索的贬值导致了 Gemex 需要额外 US $98 400 000 的等价比索清偿债务。此时交易风险增加了债务。

8.3.3　交易风险产生的其他原因

当一家公司购买一份远期合约时，它是在主动创造交易风险。这个风险通常是为了套期保值一项已存在的交易风险。例如，一家美国公司可能想对冲一份现有合约的外汇风险，该合约要求其需要在 90 天后购买 1 亿日元来支付从日本的进口。对冲这笔支付风险的一条途径是，马上在远期市场上购买 90 天后交割的 1 亿日元。如果采取这种方式，那么任何日元相对美元的价值变动都是没有影响的。如果日元升值，一份未套期保值的应付账款将花费更多的美元，导致交易损失。然而远期合约已经锁定了购买 1 亿日元所需的美元数额。因此应付账户上的潜在交易损失（或利润）已经被远期合约上的交易利润（或损失）抵消。

请注意外汇现金余额并不产生交易风险，即使是在母国货币的价值随着汇率的改变而立刻发生变化的情况下也依然如此。没有法律要求必须将现金从一个国家转移到另一个国家。如果确实存在这样的要求，那么它在账户上就显示为应付项（如已宣布发放的红利）或应收项，然后被可记为交易风险。尽管如此，现金余额的外汇价值在汇率改变时的确会发生变化。这种变化将反映在合并现金流量表和合并资产负债表中，第 10 章将对此进行讨论。

8.3.4　合约套期保值

可以使用**合约套期保值**、**经营套期保值**和**金融套期保值**的方式管理外汇交易风险。主要的合约套期保值在远期市场、货币市场、期货市场以及期权市场上进行。经营套期保值和金融套期保值则使用风险分担协议、提前和延期支付、掉期以及其他将在后面章节中讨论的策略。

自然套期保值这个词指的是对冲来自于业务活动中产生的经营性现金流。**金融套期保值**指的是抵消债务（如借款）或某种金融衍生品，比如利率互换。应当像财务中区分经营现金流和财务现金流那样区分不同的套期保值方式。

下面的例子将说明如何使用合约套期保值技术来防范交易风险。

8.4　Dayton 制造公司的交易风险

Dayton 制造公司是美国一家燃气轮机设备的本土制造商，Scout Finch 是 Dayton 的首席财务官。Scout Finch 刚完成了一项协议——出售价值为 100 万英镑的轮机发电机给一家英国的公司 Crown。相对于 Dayton 现有的经营规模而言,这笔销售已相当巨大。Dayton 当前也没有其他的外国客户,因而这笔销售的外汇风险受到了格外的重视。这笔在三月完成的销售将在三个月后,即六月份收到货款。为了分析公司面临的外汇风险,Scout Finch 收集了以下的金融和市场信息:

- 即期汇率: \$1.7640/£
- 三个月的远期汇率: \$1.7540/£(对英镑每年贴水为每年 2.26%)
- Dayton 的资本成本:12.0%
- 英国三个月的借款利率:10.0%(或每季度 2.5%)
- 英国三个月的投资回报率:8.0%(或每季度 2.0%)
- 美国三个月的借款利率:8.0%(或每季度 2.0%)
- 美国三个月的投资回报率:6.0%(或每季度 1.5%)
- 场外(银行)交易市场 100 万英镑的六月看跌期权;执行价格为 \$1.75(接近平价);费用是 1.5%
- 场外(银行)交易市场 100 万英镑的六月看跌期权;执行价格为 \$1.71(价外);费用是 1.0%
- Dayton 的外汇咨询商预测三个月后的即期汇率将达到 \$1.76/£

如同许多制造类企业一样,Dayton 的利润率相对较低。如果英镑相对于美元升值,Scout 和 Dayton 公司都会非常高兴,因此它们关注的是英镑相对美元贬值的可能。当 Scout 对这份合约作预算时,她确定最低可接受的利润率对应的销售价格为 170 万美元。因此,**预算汇率**,也就是最低可接受的单位英镑兑换美元的汇率,就为 \$1.70/£。任何低于预算率的汇率都将导致 Dayton 在交易中蒙受损失。

Dayton 可以选择四种方法来管理外汇风险:

1. 不采取套期保值措施。
2. 在远期市场上套期保值。
3. 在货币市场上套期保值。
4. 在期权市场上套期保值。

8.4.1 未对冲的头寸

Scout Finch 可能决定接受交易风险。如果她相信外汇咨询商,那么她预计在三个月后能收到£1 000 000 × \$1.76 = \$1 760 000。然而,这些数额是处于风险中的。如果英镑下跌,比如说跌至 \$1.65/£,那么她将只能收到 \$1 650 000。然而外汇风险并不是单向的;如果交易头寸没有对冲并且英镑的走强甚至超过了咨询商预测的程度,那么 Dayton 将收到比 \$1 760 000 更多的资金。

一个未套期保值的方法的本质如下所示:

8.4.2 远期市场套期保值

一份**远期套期保值**（forward hedge）包括一份远期（或期货）合约和一笔用来履行合约的资金。远期合约是在交易风险产生的时候引进的。在 Dayton 的例子中是在三月份，此时对 Crown 的销售被记为应收账款。履行合约的资金要到六月份才能得到，也就是 Crown 支付给 Dayton £1 000 000 货款。如果用来履行远期合约的资金在商业运作中已经筹齐或者已有着落，则该笔套期保值被认为是“抛补的”、“完美的”或“彻底的”，因为没有别的外汇风险存在。手头的资金或即将收到的资金与将要支付的资金正好匹配。

在一些情况下，用来履行远期合约的资金并非立即可得或者并非在以后可以收到的，而是必须在未来某一时期的现货市场上购买。这样的套期保值是“开放的”或“未抛补的”。这样的套期保值包含了相当大的风险，因为为了履行远期合约，套期保值者必须按照不确定的未来即期汇率购买外汇。在随后的时期里购买这笔资金的行为被称为**抛补的**（covered）。有一句古老的金融谚语非常恰当地形容了无保障的远期义务：

> 那些卖出了不属于他自己东西的人，必须再把卖出的东西买回来，否则就得进监狱！①

如果 Dayton 希望能在远期市场上对冲它的交易风险，它就得在今天按照 \$1.7540/£ 的三个月远期汇率报价卖出价值£1 000 000 的远期合约。通过这笔“抛补交易”，公司不再有任何外汇风险。三个月后，公司将从英国买家那里收到£1 000 000，再将这笔资金转送给银行用来履行远期合约，并收到 \$1 754 000。因为远期市场的报价与公司预期的三个月后汇率不同，所以确定的数目比在未抛补头寸情况下预期的 \$1 760 000 少了 \$6 000。然而，Dayton 的损益表将记录 \$10 000 的外汇损失（记账金额为 \$1 764 000，结账金额为 \$1 754 000）。

一个远期套期保值的实质如下所示：

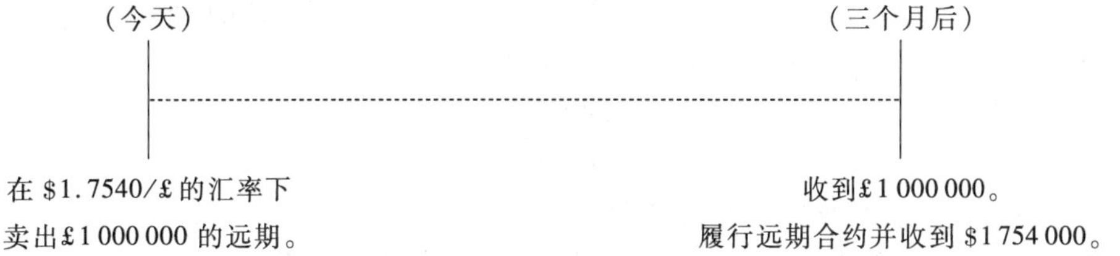

---

① 本引文出自 Daniel Drew, in Bouck White, *The Book of Daniel Drew*, New York: George H. Doran Company, 1910, p. 180.

如果 Scout Finch 预测未来的汇率与远期报价相同——即每英镑 \$17 540——那么无论公司是否进行套期保值，它预期收到的美元都是一样的。尽管如此，相比套期保值时实现的美元收入，未套期保值时实现的美元收入可能会发生相当大的变化。即使相信远期汇率是对未来即期汇率的无偏估计，也并不能排除使用远期套期保值来消除未来即期汇率的不可预期的变化。

8.4.3 货币市场套期保值

和远期市场套期保值一样，一份**货币市场套期保值**(money market hedge)也包含了一份合约和一笔履行合约所需的资金。在这种情况下，合约是一份借款协议。寻求货币市场套期保值的公司会借入一种货币，然后再将这种货币兑换成另一种货币。用来履行合约的资金——即用来归还借款的资金——可能从经营活动中产生，如果是这样，则这种货币市场套期保值就是有保障的。此外，用来归还借款的资金也可以在借款到期时从外汇即期市场购买，在这种情况下，货币市场套期保值是**未抛补的**(uncovered)或者说是**开放的**(open)。

一份货币市场套期保值可以保障一笔交易或重复的交易，例如 Dayton 的£1 000 000 应收账款。套期保值重复的交易也被称为**匹配**(match)。它要求公司根据币种和到期日来搭配预期的外汇现金流入和流出。例如，如果在很长的一段时间内，Dayton 对其英国客户拥有大量以英镑计价的销售，那么它将有可预测的英镑现金流入。正确的货币市场套期保值技术应该借入英镑，而借入的数量和期限应该与预期的英镑现金流的规模和期限相匹配。接下来，如果外汇贬值或升值，英镑现金流入将大致被归还英镑借款本息所带来的英镑现金流出所抵消。

货币市场套期保值的结构类似于远期套期保值。不同之处在于货币市场套期保值的成本由不同的货币之间的利率差决定，而远期套期保值的成本则是远期汇率报价的函数。在有效的市场中，利率平价应当确保这些成本基本相同，但并不是所有的市场都是一直有效的。此外，私人公司在两个独立的市场上借款所面对的利率差异可能不同于这两个相同市场间无风险国债利率的差异或欧洲货币利率的差异，而只有后者才是与利率平价相关的。

为了在货币市场上套期保值，Scout Finch 将立即在伦敦借入英镑，然后迅速将这些借来的英镑兑换成美元，并在三个月后用销售发动机的货款来偿还英镑借款。她应当借多少钱呢？她借入的本金应当使得货款刚好足以偿还借款的本金和利息。借款的利率是每年 10%，或三个月 2.5%。因此公司现在的借款数量是：

$$\frac{£\ 1\,000\,000}{1+0.025}=£\ 975\,610$$

Scout Finch 现在应当借入£975 610，三个月后用应收账款账户中的销售收入来偿还这笔本金外加£24 390 的利息。Dayton 将在当前 \$1.7640/£ 的即期汇率下，将£975 610 的借款兑换成美元，立即收到 \$1 720 976。

如果 Dayton 选择货币市场的套期保值，这实际上是在创造英镑负债，即英镑借款，用来抵消应收账款账户中的英镑资产。货币市场的套期保值就是根据资产和负债的计价货币将资产和负债进行匹配。使用简单的 T 型账户来解释 Dayton 的资产负债表，我们可以看到英镑借款抵消英镑应收账款：

资产		负债和净值	
应收账款	£1 000 000	银行借款(本金)	£975 610
		应计利息	+24 390
	£1 000 000		£1 000 000

这笔借款扮演的是对英镑应收账款的**资产负债表套期保值**(balance sheet hedge)的角色，在这里是货币市场套期保值。

为了比较远期套期保值和货币市场套期保值，我们必须分析在接下来的三个月里，Dayton 是如何使用这笔借款的。记住借款是在今天收到的而远期合约的款项要在三个月后才能收到。为了比较，我们必须计算在三个月后的终值或远期合约款项的现值。(为了教学的目的，我们将使用终值，但正确地使用现值也会得出同样的比较结果。)

由于远期合约款项和借款款项都相对确定，因此我们可以明确地作出选择，即选择能够带来较多美元收益的一方。相应地，最终的结果将依赖于假想的借款投资收益率。

对于这笔借款在未来三个月的假定投资收益率，至少存在着三种合理的选择。第一，如果 Dayton 的现金非常充裕，那么这笔款项可以投资于美国的货币市场产品，预计将获得 6% 的年收益率。第二，Scout Finch 可能会仅仅使用英镑贷款所得来替换等值的美元贷款，这些美元贷款本来是 Dayton 公司应该以每年 8% 的利率来取得的。第三，她可能将这笔借款投资到公司的日常经营，在这种情况下每年 12% 的资本成本会是一个合适的收益率。如果借款分别按照这三种投资方式进行投资，则三个月后这笔借款的终值将为：

今天收到的金额	投资的方式	收益率	三个月后的全部价值
$1 720 976	国库券	6%/年或 1.5%/季	$1 746 791
$1 720 976	债务	8%/年或 2.0%/季	$1 755 396
$1 720 976	资本	12%/年或 3.0%/季	$1 772 605

由于三个月后从远期套期保值获得的款项仅为 $1 754 000，因此如果 Scout 将借款换成美元贷款(8%)或将其投入到日常经营中(12%)，那么货币市场套期保值将比远期套期保值更具优势。如果 Dayton 仅仅以 6% 的年利率将英镑借款投入到美元货币市场产品中，那么远期市场套期保值将是更好的选择。

假设对 Dayton 来说，远期套期保值和货币市场套期保值是无差异的，我们来计算盈亏平衡投资收益率。假设 r 是未知的三个月投资收益率，用小数来表示，这个收益率将使来自远期套期保值和来自货币市场套期保值的款项相等。这样我们有：

$$(\text{借款数额})(1+\text{收益率}) = (\text{远期款项})$$

$$\$1\,720\,976(1+r) = \$1\,754\,000$$

$$r = 0.0192$$

我们将三个月(90 天)的投资收益率转化成等价的百分比年收益率,假设一财年以 360 天计,则可以得到:

$$0.0192 \times 360/90 \times 100 = 7.68\%$$

换言之,如果 Scout Finch 能够将借款以高于 7.68% 的年收益率进行投资,那么她应当选择货币市场套期保值;如果她仅能在低于 7.68% 的水平上进行投资,那么她将选择远期套期保值。

货币市场套期保值的实质如下所示:

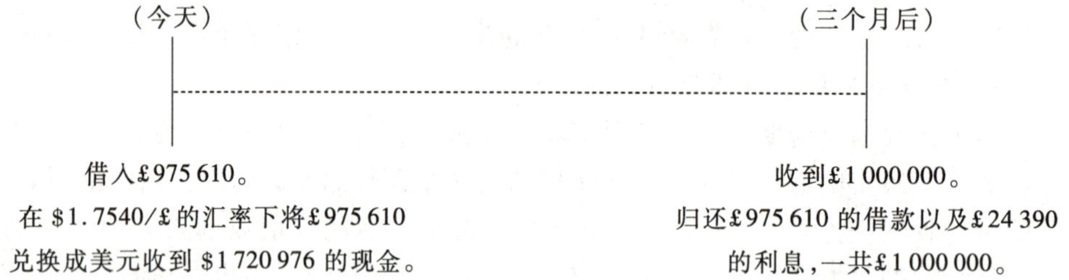

8.4.4 期权市场套期保值

Scout Finch 能够通过购买一份看跌期权的方式来规避£1 000 000 的风险。这项套期保值技术使得她能够对英镑升值的可能性进行投机,同时又将英镑下跌的风险限制在了一个已知的金额。给定两个之前的报价,Scout Finch 能够从 Dayton 的银行购买三个月期的看跌期权,期权的标的资产为£1 000 000,期权可以是(1) 执行价格为 $1.75/£(期权费成本为 1.50%)的平值期权(ATM),或(2) 执行价格为 $1.71/£(期权费成本为 1.00%)的虚值期权(OTM)。第一个期权的执行价格为 $1.75,这个执行价格可以被认为是接近远期平价的,该期权的成本为:[②]

期权的规模 × 费用 × 即期汇率 = 期权的成本

£ 1 000 000 × 0.015 × $1.7 640 = $26 460

因为我们使用终值来比较各种套期保值方法,所以有必要把期权费折算成三个月后的终值。这时我们需要再选择一个投资收益率。我们将使用每年 12%,即每季度 3% 的资本成本。因此看跌期权的期权费到六月份时将为 $26 460(1.03) = $27 254。这相当于 $0.0 273/£($27 254 ÷ £1 000 000)。

当六月份收到£1 000 000 时,美元的价值由六月份的即期汇率决定。与未套期保值时的情况一样,因英镑升值带来的潜在收益是没有限制的。在任何高于 $1.75/£ 的汇率上,Dayton 在到期日都不会执行期权,而是按即期汇率将英镑兑换成美元。例如,如果汇率达到了预期的 $1.76/£,Dayton 就会将£1 000 000 在即期市场中兑换成 $1 760 000。获得的净收入为 $1 760 000 减去期权费 $27 254,即 $1 732 746。

与未套期保值时相比,期权限制了英镑贬值的风险。如果英镑跌至 $1.75/£ 以下,

② 回忆一下第 7 章,外汇期权是在远期汇率的基础上进行定价的。拥有和远期汇率相同执行价格的期权被称为远期平价的。

Scout Finch 将执行她的期权，按 \$1.75/£ 的汇率卖出£1 000 000，获得 \$1 750 000 的毛收入，但由于要减去 \$27 254 的期权成本，所以净收入为 \$1 722 746。虽然汇率下跌导致的结果比进行远期套期保值或货币市场套期保值时汇率下跌所导致的结果更加糟糕，但这种方法不会限制英镑升值带来的收益。因此，期权策略是否优于远期或货币市场套期保值取决于管理层的风险厌恶程度。

期权市场套期保值的实质如下所示：

（今天）　　　　　　　　　　　　　　　　　　（三个月后）

购买者有权在 \$1.75/£
卖出英镑的看跌期权。
购买看跌期权的期权费为 \$26 460。

收到£1 000 000。
要么执行看跌期权，将£1 000 000
兑换成 \$1 750 000；要么在当前的即期
汇率高于 \$1.75/£时，以即期汇率卖出£1 000 000。

我们可以针对英镑计算出一个交易区间，该区间定义了与其他策略相比时期权的盈亏平衡点，这一区间的上限是通过与远期汇率的比较确定的。为了抵偿 \$0.0273/£ 的期权成本，英镑汇率必须升值到高于远期汇率 \$1.7540。英镑的盈亏平衡上限价格一定是 \$1.7540 + \$0.0273 = \$1.7813。如果英镑升值超过了 \$1.7813，那么期权策略下的收益将大于远期套期保值下的收益。如果英镑价格低于 \$1.7813，远期套期保值将更优。

与未套期保值策略作比较时，我们能够确定范围的下限。如果即期价格低于 \$1.75/£，Scout Finch 将执行看跌期权并以 \$1.75/£的价格卖出所得的英镑货款。每英镑的净收入为 \$1.75/£减去 \$0.0273 的期权费，即 \$1.7221/£。如果即期汇率低于 \$1.7221/£，执行期权得到的净收入将大于在即期市场上出售未套期保值的英镑所得到的净收入。当即期汇率高于 \$1.7221/£时，从未套期保值的方法策略中得到的收益将更大。

通过同样的运算，我们能够得到第二个执行价格为 \$1.71/£的期权的成本和盈亏平衡点。因为这个期权是虚值期权，所以它的费用成本更小。该看跌期权的成本 = £1 000 000 ×0.010 × \$1.7640 = \$17 640。该成本在三个月后的终值为 \$17 640 ×1.03 = \$18 169.20（\$0.018169/£）。相对于远期汇率的平衡汇率为 \$1.7540 + \$0.0182 = \$1.7722/£。对两个场外期权的比较结果如下所示：

看跌期权执行价格	平值期权 \$1.75/£	虚值期权 \$1.71/£
期权成本（终值）	\$27 254	\$18 169
执行期权所能获得的收入	\$1 750 000	\$1 710 000
最低净收入	\$1 722 746	\$1 691 831
最高净收入	无限	无限
盈亏平衡即期汇率（上限）	\$1.7813/£	\$1.7722/£
盈亏平衡即期汇率（下限）	\$1.7221/£	\$1.6918/£

8.4.5 各种方法的比较

Scout Finch 和 Dayton 可采用的四种方法如图表 8.4 所示。远期套期保值在三个月后产生了确定的 $1 754 000。以每年 7.68% 的收益率对借款进行投资时，远期套期保值和货币市场套期保值没有差别。在任何更高的投资收益率上，比如以 12% 的资本成本为收益率作投资，则货币市场套期保值都将是一个更好的选择；但在任何更低的收益率上，远期套期保值会是更好的选择。

图表 8.4 **Dayton 的几种套期保值策略比较**

目标：从销售中获得尽可能多的美元	
未套期保值的方法	**结果**
等待三个月然后在即期市场上出售£1 000 000	三个月后收到： 1. 没有限制的最大值 2. $1 760 000 的预期值 3. 最小值零
远期市场套期保值	**结果**
立即出售£1 000 000 的美元远期	三个月后确定地收到 $1 720 976
货币市场套期保值	**结果**
1. 在英国以 10% 的利率借入£975 610 2. 按即期汇率将其兑换成 $1 720 976 3. 在美国进行为期三个月的投资	立即收到 $1 720 976。三个月后的价值取决于在美国的投资： 1. 在盈亏平衡收益率 7.68% 上，收到 $1 754 000 2. 在 12% 的资本成本上，预期能收到 $1 772 605
期权市场套期保值	**结果**
购买三个月期的看跌期权，标的资产为£1 000 000，执行价格为 $1.75/£，费用成本为 $27 254(三个月后)	三个月后收到： 1. 没有限制的最大值减去 $27 254 2. 期望值 $1 760 000 减去 $27 254，或 $1 732 746 3. 最小值 $1 750 000 减去 $27 254，或 $1 722 746

如果 Scout Finch 不采取套期保值，她可以"预期"三个月后可以获得 $1 760 000。然而，这个数额是处于风险之中的，而且有可能变大或变小。如果远期汇率被认为是最有可能的未来即期汇率，那么从未对冲头寸中得到的预期收入将等于从远期套期保值中得到的确定收入。在这种情况下，相对于未套期保值策略，套期保值的优势就在于它减少了不确定性。

两个看跌期权提供了特别的选择。如果汇率上升，那么除了最初的成本外，这两个期权都几乎拥有和未套期保值策略相同的赢利空间。然而，如果汇率下降，则看跌期权将限制了下跌的风险，对于执行价格为 $1.75/£ 的看跌期权而言，Dayton 可以收到 $1 722 746 的净收入；对于执行价格为 $1.71/£ 的看跌期权而言，Dayton 可以收到 $1 691 831 的净收入。

外汇期权除了此处说明的用途外，还有许多其他的套期保值用途。当建筑公司或者一些出口商必须提交一个固定的外汇报价，而该报价是否成功则需要在以后才能知晓，在这种情况下，看跌期权就是非常有用的。一份看跌期权既可以在报价阶段对冲外汇风险,也可以在报价成功的情况下,用来对冲整个时期的潜在风险。如果报价没有被接受,则损失将仅限于期权的成本。相比而言,如果利用远期合约来对冲风险,并且出价被拒绝的话,则远期合约一定是反向的,否则最终就有可能实现一个未知的损益。在这种情况下,出价者持有的是一份未抛补的远期合约。

8.5 策略选择和结果

接下来的部分比较了 Dayton 可以使用的各种套期保值方法。就像所有试图对冲交易风险的公司一样,Dayton 必须在汇率发生变动之前决定使用哪个策略。图表 8.5 提供了在三个月后汇率可能的变动范围内,Dayton 可以使用的每一种潜在策略的评估。

图表 8.5 不同对冲方法下 Dayton 的现金流估值

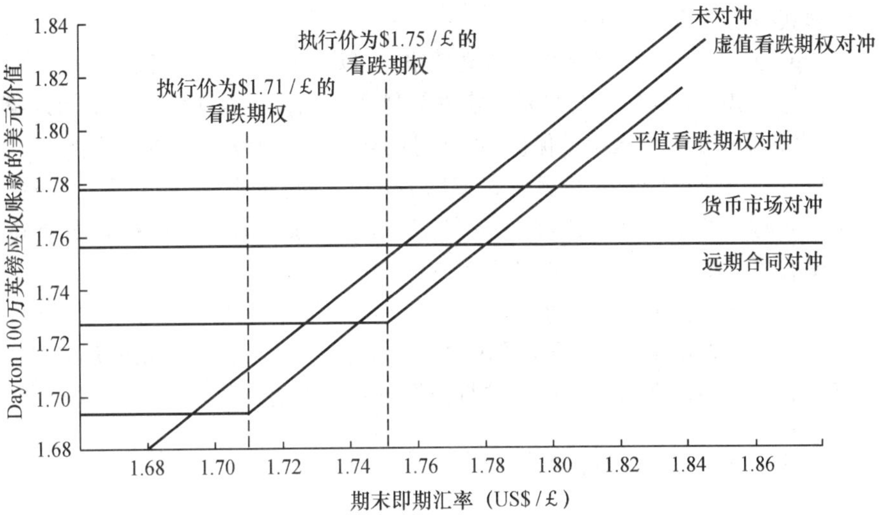

Scout Finch 如何在这些套期保值策略中作出选择呢?她的选择必须基于两条标准:(1) Dayton 的**风险容忍度**(risk tolerance),这在公司政策中进行了描述;(2) Scout 自己的**观点**,即在接下来的三个月里汇率变动方向(以及变动幅度)的预期。

Dayton 的风险容忍度取决于对待交易风险的管理哲学和现金管理活动(treasury activities)具体目标的组合。许多公司相信外汇风险仅仅是国际商业活动的一部分,并因此基于未套期保值进行分析。然而另外一些公司将外汇风险看成是不可接受的,并且要么基于完全的远期合约套期保值进行分析,要么简单地使用远期合约来对冲所有的交易风险而不考虑其他套期保值方法的价值。这些公司的现金中心是被当做公司的成本或服务中心来操作的。另一方面,如果公司把现金当做利润中心来操作,那么公司就愿意承担更多的风险。

如果管理层愿意考虑所有的方法,那么公司关于汇率可能发生变化的观点将有助于作出套期保值的选择。正如图表 8.5 所示,如果预期汇率下跌至 \$1.76/£以下,那么货币市场套期保值无疑是一个较好的选择。因为可以获得有保障的 $1 772 605，货币市场套期保值成了最为有利的选择。如果汇率上升至 $1.76/£ 以上，套期保值的选择将变得更加复杂。我们来考虑以下几点：

• 如果预期即期汇率移至 $1.77/£ 的右边，则未套期保值的方法总是能够提供最大的应收美元金额。

• 如果 Scout Finch 担心她的预测可能是错误的，那么不套期保值的决定并不能确保 Dayton 能实现其 $1.70/£ 的预算汇率。这对于公司来说是一个不能承受的结果。扰乱国际货币市场的重大政治或经济事件意外发生的可能性总是存在。

• 如果预期即期汇率会移动到 $1.77/£ 的右边，但移动得又不远——例如，移动至 $1.78/£——不套期保值可能获得的利益并不值得冒不套期保值的风险。此时货币市场套期保值仍然是较好的选择。

• 如果预期即期汇率移动到 $1.76/£ 的右边很远的地方，如 $1.84/£，则看跌期权的策略使得 Dayton 能够获得汇率上涨带来的收益，如果执行看跌期权，Dayton 也能立即获得最低金额的美元。

• 如果预期即期汇率向右移动得很远，以至于两个看跌期权 Dayton 都会考虑，那么究竟选择哪一个就是一个需要权衡的问题了。执行价为 $1.71/£ 的看跌期权显然更便宜，但只能提供很低水平的保护（可获得的最低金额为 $1 691 831，执行价为 $1.75/£ 的期权可确保获得的最低金额为 $1 722 746）。少付少得，多付多得。在这个案例当中，Dayton 的决策被简化了，因为在支付期权费后，该虚值看跌期权并不能确保 Dayton 达到预想的汇率 $1.70/£（或 $1 700 000 的最低净款项）。

最终选择何种套期保值方式（如果 Scout Finch 确信英镑汇率会升值的话）还要结合下面三个因素来考虑：公司的风险容忍度、公司关于汇率预期的观点以及这种观点的可信度。在利用合约套期保值进行交易风险管理的时候，确实需要管理者的判断。

8.5.1 应付账款的管理

迄今为止所讨论的 Dayton 制造公司的案例都是假设公司拥有外币表示的应收账款。需要公司在未来某时期支付外汇的应付账款的管理与之相似但在形式上并不一致。

如果 Dayton 有 90 天后付款的应付账款£1 000 000，则套期保值的选择将如下所示：

1. **不套期保值**。Dayton 可以等待 90 天，然后将美元兑换成英镑并完成支付。如果 Dayton 预期 90 天后的即期汇率是 $1.7600/£，那么预期支付就将达到 $1 760 000。然而，这个数额是不确定的，90 天后的即期汇率可能与期望的大不相同。

2. **远期市场套期保值**。Dayton 可以购买£1 000 000 的远期合约，把汇率锁定在 $1.7540/£，这样全部的美元成本为 $1 754 000。这个金额比未套期保值时的预期成本少了 $6 000，因此与第一种方法相比，该方法更可取。

3. **货币市场套期保值**。相对于应收账款而言，应付账款的货币市场套期保值有着显著的不同。在此例中，为了实施货币市场套期保值，Dayton 需要在现货市场上将美元兑换成英镑，再将英镑存入 90 天的英镑生息账户。用英镑表示的本金和利息将在 90

天后用来归还£1 000 000 的应付账款。

为了确保 90 天后的本金和利息等于£1 000 000 的欠款，Dayton 以 8% 的英镑投资利率对£1 000 000 进行为期 90 天的贴现，从而可以得出今天所需要的英镑：

$$\frac{£\ 1\,000\,000}{\left[1+\left(0.08\times\frac{90}{360}\right)\right]} = £\ 980\,392.16$$

在当前的即期汇率 \$1.7640/£下兑换 £980 392.16，需要 \$1 729 411.77：

$$£\ 980\,392.16\times \$1.7640/£ = \$1\,729\,411.77$$

最后，为了将货币市场套期保值的结果同其他套期保值方式进行比较，今天 \$1 729 411.77 的成本必须持有 90 天直到有其他套期保值选择的日期。如果当前持有美元的成本是 12%，即 Dayton 的加权平均成本，那么货币市场套期保值的总成本将为 \$1 781 294.12。

$$\$1\,729\,411.77\times\left[1+\left(0.12\times\frac{90}{360}\right)\right] = \$1\,781\,294.12$$

这项成本比远期套期保值的成本更高，因此不具有吸引力。

4. **期权套期保值**。Dayton 可以购买 £1 000 000 的看涨期权来保障£1 000 000 的应付账款。一份执行价格为 \$1.75/£的 6 月英镑看涨期权的成本为 1.5%（期权费），即：

$$£\ 1\,000\,000\times 0.015\times \$1.7640/£ = \$26\,460$$

不管看涨期权是否会被执行，期权费都要事先支付。这项成本在 90 天后的价值将升至 \$27 254（以 12% 的加权平均成本推算，这与应收账款中的情形是一样的）。

如果 90 天后的即期汇率小于 \$1.75/£，那么期权在到期时就不会被执行，同时持有者会在即期市场上购买应付的£1 000 000。如果期权没有被执行，那么从理论上来讲，使用看涨期权套期保值的总成本将小于其他方法的成本（未套期保值的情况除外，因为套期保值者仍然支付了期权费，而这部分费用是损失了的）。

如果 90 天后的即期汇率超过了 \$1.75/£，那么看涨期权将被执行，这种情况下的总成本如下所示：

执行看涨期权（£1 000 000 ¥ \$1.75/£）	\$1 750 000
看涨期权费用（往后推 90 天）	+27 254
看涨期权套期保值的全部最大费用	\$1 777 254

图表 8.6 概括了 Dayton 用来管理£1 000 000 应付账款的四种套期保值方法。远期套期保值和货币市场套期保值的成本是确定的。看涨期权套期保值的成本被作为最大值来计算，同时未套期保值的成本是高度不确定的。

图表 8.6　　应付账款不同对冲方法下的估值

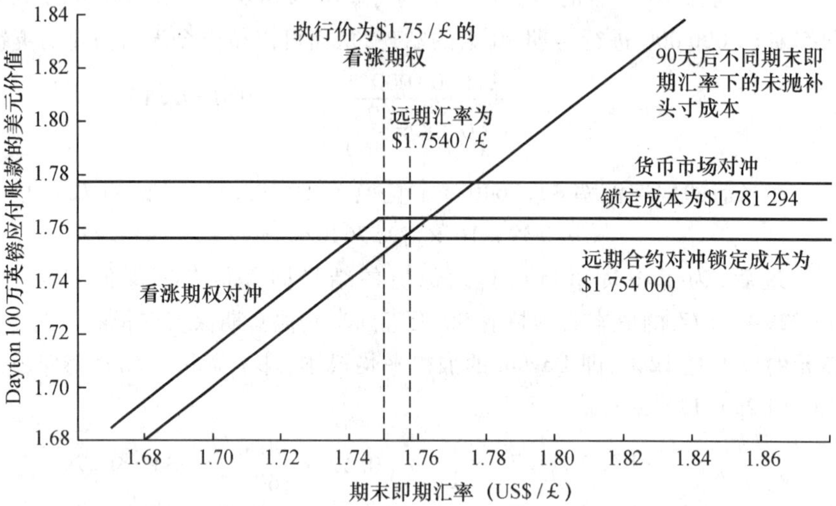

对于 Dayton 的应收账款而言，最终选择哪个套期保值方式决定于 Scout Finch 关于汇率预期的置信度以及她承受风险的意愿。远期套期保值未将应付账款变成一个确定的支付数量提供了最低的成本。如果美元相对于英镑升值，也就是期末即期汇率小于 \$1.75/£，那么看涨期权将是成本最低的套期保值方式。然而，假如预期的即期汇率为 \$1.76/£，那么远期合约似乎是更好的选择。

8.6 风险管理实践

有多少家公司，就有多少种不同的风险管理方式。近些年来，来自美国、英国、芬兰、澳大利亚和德国的很多关于公司风险管理实践的调查报告显示，在风险管理上不存在一种公认的最佳方法。（一份近期关于外汇套期保值实践的报告见第 10 章后的附录 10B。）接下来我们试图吸收这些报告的基本结论，并将这些结论与我们在企业中的个人经验结合起来。

8.6.1 何种目标

大部分私营企业的财务部门（treasury function）都负责交易风险的管理，它们通常被认为是一个成本中心，而且并不期望能为企业增加利润（这个说法和“并不期望能增加企业的价值”并不是一回事）。在管理公司的资金时，外汇风险的管理者被认为只在保守的方向上犯错误。

8.6.2 何种风险

在被以外币应付账款和应收账款的形式记入账簿之前，外汇风险就已经存在了。

然而，许多公司并不允许把对冲报价风险或未结订单风险作为一种政策。理由很明确：在交易出现在公司的账户上之前，风险发生的概率被认为小于 100%。保守的套期保值政策要求只能对已经存在的风险实施合约套期保值。

尽管如此，越来越多的公司不仅对未结订单风险采取积极的套期保值措施，同时还有选择地对冲报价风险和预期风险。**预期风险**（anticipated exposure）是指目前的交易没有交易双方签订的合约或协议作保证，而只是在历史趋势和商业关系的基础上作预期。虽然从表面上看，这种交易对公司似乎是一种过度投机的行为，而事实可能是，对未来的预期外币应付和应收账款进行套期保值是保护公司未来经营收入最保守的方法，它能使公司免受预期外汇率变动的影响。近些年，预期套期保值计划尤其是它们适用的会计准则已引起大量争议并成为争论的焦点。

8.6.3 用哪种合约套期保值

正如可能会预想到的那样，交易风险管理计划通常沿着“期权线”来划分：使用期权的计划和不使用期权的计划。那些不使用外汇期权的公司几乎都依赖于远期合约和货币市场套期保值。事实上，一些有着大量交易风险的公司并不对冲它们的风险。

比例套期保值。许多跨国公司都制定了严格的交易风险管理政策以实施比例套期保值。这些政策往往要求一定比例的现存交易风险（例如，50%、60% 或 70%）用远期合约来套期保值。风险敞口到期期限越长，所要求的抛补比例越小。而剩余的风险部分就会根据公司的风险容忍度、公司对汇率变动的观点以及这种观点的置信度进行有选择的套期保值。

持续使用选择性的套期保值计划实质上是在外汇市场进行投机，尽管很少有公司承认这一点。公司或财务经理是否能够始终如一地预测汇率变动的方向仍然是重要的理论问题。正如一位消息灵通的观察者所说的：“我们有可能偶尔在街上捡到钱，但我不会指望靠它来谋生。”③

远期汇率点数。除了要求最低的远期抛补比例外，许多公司还在远期汇率会“向他们支付点数”时要求完全的远期抛补。**远期汇率点数**（points on the forwards rate）就是远期汇率的升水或贴水。

例如，使用与 Dayton 案例中相同的情形和财务假设，远期汇率 \$1.7540/£ 将是美元（每年 6.80%）和英镑（每年 9.12%）在 90 天欧洲货币利率上共同作用的结果：

$$\text{远期汇率}_{90} = \$1.7640/£ \times \left[\frac{1+\left(0.0680\times\frac{90}{360}\right)}{1+\left(0.0912\times\frac{90}{360}\right)}\right] = \$1.7540/£$$

因为英镑利率高于美元利率，所以英镑将在未来贴水。一家购买远期合约在未来出售英镑的公司将**支付点数**。

如果美元利率（每年 6.80%）高于英镑利率（每年 6.00%），则英镑将在未来升水。

---

③ Professor Gunter Dufey, University of Michigan, undated.

$$远期汇率_{90} = \$1.7640/£ \times \left[\frac{1+\left(0.0680 \times \frac{90}{360}\right)}{1+\left(0.0600 \times \frac{90}{360}\right)}\right] = \$1.7675/£$$

Dayton 可以利用远期合约中 \$1.7675/£ 的汇率锁定未来 90 天后的汇率，即使 Dayton 在今天收到英镑，相比今天的汇率，这个汇率也较好。

许多公司要求在赚取远期点数（就如此例所示）时采用完全的远期抛补。这个汇率不仅有利于公司，它同样使得公司能够获取可以满足其预算汇率的美元有效汇率，以及选择独立于公司汇率观点的套期保值选择。虽然有利的远期汇率仅仅是利差所带来的结果，但许多公司将其视为无风险利润。

购买外汇期权。 在实践中，公司能够被进一步区分为购买外汇期权（购买看跌期权或购买看涨期权）的公司和同时买入和卖出外汇期权的公司。那些使用外汇期权的公司通常有更大的风险容忍度。这只是一般情况，在很多情况下那些极度保守且极度厌恶风险的公司可能会用远期对冲所有现存的风险，然后再用期权套期保值各种未结订单风险和预期风险。跨国公司所使用的外汇期权最初都是在场外进行交易的，并且采用的是欧式报价法。

有一定清算风险的套期保值者可能会发现，购买到期日比风险敞口期限更长的抛补性期权最符合他们的利益。这种做法至少可以使得套期保值者在风险现金流并没有如预想的那样发生时，通过再次卖出该期权收回一部分的期权费。这样的话，套期保值者就必须确定更长的期限和清算风险抛补所带来的额外利益是否值得付出额外的费用。

卖出外汇期权。 因为期权的卖出者只能获得有限的收益而面临着无限的潜在损失，所以卖出期权的风险是很大的。通过卖出期权，公司通常可以为购买第二份期权融资。例如，持有英镑多头头寸，Dayton 公司可能会卖出一份虚值英镑看涨期权以部分抵消购买同样金额的平值看跌期权的费用。这些所谓的**复杂期权**（complex options）在业界甚至获得了广泛的使用。使用得最频繁的复杂期权是**波动远期**、**分享式远期**、**可变式远期**和**均价期权**。本章结尾的附录 8A 对这些期权进行了分析。

如果套期保值者将卖出期权作为其风险管理计划的一部分，那么卖出相对短期的期权将使套期保值者受益，因为期限较短的期权价格会随着时间迅速衰减。这种做法使得卖出者能够从卖出期权中获得期权费，在大多数情况下，时间价值的衰减将导致期权的价值在出售后也急剧下跌，使得套期保值者能够支付期权的回购。

小案例

西安杨森制药有限公司（中国）和欧元

2003 年 12 月，西安杨森制药有限公司（XJP）的财务总监 Paul Young 准备和公司的首席执行官 Christian Velmer 会面,讨论2004年的商业计划。XJP 是强生公司(J&J)在中国的合资企业。XJP 是强生公司最大的独立经营子公司之一,并被寄予厚望——在2003年获得10.06亿人民币($121 600 000)的预期利润。XJP 的首席执行官已经宣布公司在2004年的赢利目标是12.05亿人民币,这比2003年增长了近20%。虽然 XJP 在近年来表现优异——尽管存在着诸多的挑战,其中还包括了2003年的 SARS,但公司仍然保持平均20%的年赢利增长——此时要完成公司的目标却比较困难。XJP 的许多直接和间接费用都大幅上涨,其中包括外汇损失。

Christian Velmer 担任 XJP 的首席执行官仅仅六个月时间,而且 Paul Young 知道 Velmer 可能接收公司在赢利方面下达的指示。Velmer 别无选择。XJP 的赢利对强生公司而言至关重要,随着大量传统市场的萎缩,公司增长的任务更多地要靠像 XJP 这样的子公司来承担。公司的管理团队同样知道如果子公司没有完成它的赢利目标,除了影响到管理层的表现评价和职位稳固,子公司的新产品发展地位同样会受到威胁。没有新的产品,XJP 将失去它在中国市场老大的位置。

中国的 XJP

XJP 生产并销售处方药和非处方(OTC)药,它是在中国经营的最大的国外制药商,而且自1985年就开始在中国经营。公司的生产大体上可以均分为处方药业务和非处方药业务。2003年是非常繁忙的一年,这一年公司成功地经受住了两次不同的削价,引进了三种新的处方药,还在超过1 200次的投标销售中,获得了98%的成功率。④

在中国,药品市场主要是一个以医院为基础的市场,超过80%的药品是通过政府开办的医院最终销售到消费者手中。其余20%的市场份额被药店、集体或个体小诊所以及越来越多的小型私人医院瓜分。中国的制药市场在过去的十年里保持着年均12.5%的增长,并有望在未来的一段时间里继续保持这样的增长速度。随着广泛的医疗保险和医疗改革,很大一部分城市居民不断增加的收入和购买力已向西药打开了大门。问题在于改革将保险赔偿引向了通用药品,并对价格施加了越来越多的压力。现在,医院都是通过投标市场定期购买药品,在这个市场中,XJP 发现它的利润率越来越低了。

成本和外汇压力

XJP 的产品线覆盖了广泛的药物产品,它们中的大部分都是由 XJP 的母公司研发的。近些年来,公司通过强生欧洲获得了大量第三方药物的许可。在历史上,XJP 的全部原材料和成品都是从强生欧洲进口。2003年,公司开始在中国本土采购,但购买量仍然没有超过全部购买量的5%。XJP 核心业务的定价和发票的开出仍然由欧洲决定,这意味着定价和发票都是用欧元来表示。Paul 最近也觉得相对其他的公司内部采购而言,强加在 XJP 身上的转移价格风险太高了。

XJP 通过强生欧洲的比利时财务中心购买原材料和成品。所有的支付都是用欧

④ 投标销售是由许多中国医院购买的周期性的拍卖。这种销售类似于降价拍卖,这种拍卖首先规定每次降价的幅度,然后累计降价直到有人购买。最后一次报出的价格就是这笔拍卖的价格。

元，因此产生了外汇风险和内部费用。公司的政策要求XJP要对至少80%的预期外汇风险进行套期保值，但套期保值不能超过100%。可以用来对冲外汇风险的方法很少。在对每个季度法定支付额进行净值计算后，XJP会随后从它在上海的外汇银行那里购买远期合约（买进欧元，卖出人民币）。中国的法律限定只能出于商业目的而购买远期合约（不能出于投资目的购买远期合约）。

人民币对美元的汇价固定在Rmb 8.27/\$。2003年欧元对美元的大幅升值直接转化成人民币对欧元的贬值。最近，Paul Young的银行顾问预测欧元在2004年即便不能走得更强也能保持强势不改。对2004年上半年汇率的一致预测是\$1.30/€，或Rmb 10.75/€的套算汇率。当Paul Young看到图表A时，他所考虑的内容已"超出了表格范围"。

图表A

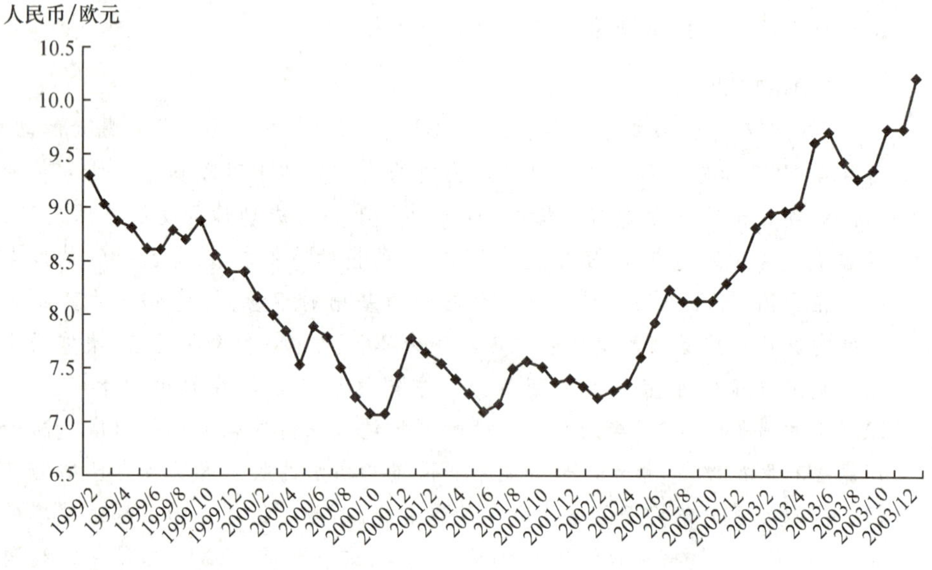

套期保值的成本已经极大地影响了XJP在2003年的财务结果。XJP是（于2002年12月）在预期平均汇率为Rmb 8.60/€的基础上作的2003年财务预算。但欧元的升值使2003年的90天远期汇率平均达到了Rmb 9.22/\$，这导致了7 500万元人民币（见图表B）的外汇损失（预算即期汇率和远期汇率之间的差异）。在全部的7 500万元人民币中，6 000万元人民币将在2003年提取，还有1 500万元人民币来自于存货，这些存货是要在2004年销售的。幸运的是，如Paul Young的财务报表（见图表B）所示，中国的子公司在住房公积金调整和存货估价调整上获得了7 000万元人民币的（额外）收益。这些收益显著降低了外汇损失的负效应，但2004年可能就不会这么幸运了。

图表 B 西安杨森制药有限公司(中国)

假设销量和成本的增长		20%
人民币(RMB)	**2003 年实际情况**	**2004 年的预算**
总销量	3 353 600 000	4 024 320 000
产品的毛成本	(1 040 600 000)	(1 422 960 000)
毛利润	2 313 000 000	2 601 360 000
销售费用、市场费用和管理费用	(1 263 000 000)	(1 515 600 000)
净营业利润	1 050 000 000	1 085 760 000
额外收益(损失)	70 000 000	—
外汇收益(损失)	(60 000 000)	(75 020 000)
净利润	1 060 000 000	1 010 740 000
进口工作表		
预期进口金额(欧元)	€121 000 000	€145 200 000
预算即期汇率(欧元/人民币)	8.60	9.80
预期进口金额(人民币)	1 040 600 000	1 422 960 000
实际的平均远期汇率(欧元/人民币)	9.22	10.05
进口套期保值的真实成本(人民币)	1 115 620 000	1 524 600 000
套期保值的成本(人民币)	(75 020 000)	(101 640 000)
套期保值的成本,截止到当年(人民币)	(60 000 000)	(80 000 000)
套期保值的成本,存货(人民币)	(15 020 000)	(21 640 000)

注意:为了保密,我们虚构了财务数据。2004 年的预算假定收入和销量具有同样的增长率。假定 2004 年的外汇收益(损失)中有 80% 来自于当前年收益(损失),其余来自以往的存货成本。

当美元于 12 月收盘于 \$1.30/€(Rmb 10.07/€)时,90 天的远期汇率同样也上涨了。Paul Young 知道他将使用的 2004 年预算汇率(预测当年的平均即期汇率)大约在 Rmb 9.8/€ 和 Rmb 10.0/€之间。但是给定他必须在 2003 年支付的远期升水,套期保值后的有效汇率可能在 2004 年上升至 Rmb 10.50/€。Paul 看着这些数字——尤其是他对 2004 年的赢利估计——他想知道怎样才能达到公司 12.05 亿元人民币的赢利目标。

案例思考题

1. 外汇的收益或损失对 XJP 表现的影响有多么显著?在构建和管理外汇风险方面,你持何观点?

2. 强生在全球大约有 200 个国外分支机构。它总是追求一种高度分散的组织结构,在这样的组织结构中,每一个单位都要对其在损益表中的表现负责。在 XJP 所处的环境中,这一点是如何体现的?

3. 真实的即期汇率、预算即期汇率、远期汇率以及美国母公司对中国分支机构财务结果的预期,它们之间有什么联系?

4. 如果你是 Paul Young,你会怎么做?

小案例

汉莎航空集团购买波音 737

1985 年 1 月,德国国家航空公司汉莎航空集团以主席 Heinz Ruhnau 的名义和波音公司(美国)签署了一项协议,购买 20 架波音 737 喷气式客机。波音同意在一年后,即 1986 年 1 月,按汉莎的要求交付这 20 架飞机。汉莎将在交付当天支付 5 亿美元。1985 年 1 月的即期汇率为 DM 3.2/ $,那么预计的支出将达到 16 亿德国马克。

问题

Heinz Ruhnau 非常担心汉莎在交易中承担的外汇风险。美元相对德国马克已经稳定地升值了数年。虽然许多外汇顾问和分析师一再指出他们认为美元被高估了,但美元仍然在不断地升值。Herr Ruhnau 同意那些相信美元在不久后会下跌的分析师的观点。然而,Ruhnau 也知道,如果不采取套期保值的话,交易的规模意味着汉莎必须承担过于巨大的风险。当前 360 天的远期汇率和即期汇率相同,为 DM 3.2/ $,这是欧洲美元和欧洲德国马克利率相同的结果。

但 Ruhnau 在犹豫到底是采取用远期合约锁定所有支付金额这种最保守的策略,还是跟随他的直觉去赌美元将在接下来的一年里贬值。如果美元真的如他所料下跌了,他就可以在完成交易的过程中为汉莎节省数百万德国马克。虽然 Ruhnau 不参与外汇的日常管理,但交易的规模和重要性要求他作出最后的决定。

决策

Herr Ruhnau 决定采取折中方案。他将对一半的风险进行抛补,即用远期合约在 DM 3.2/ $的汇率上对 2.5 亿美元进行抛补,同时对剩余的一半不进行抛补。这个方法将使他能够显著地降低外汇风险,同时如果美元在下一年正如他所料的那样贬值了,他仍能从中受益。

结果

最后,Ruhnau 的预期被证明是正确的。在接下来的一年里美元下跌了——在 1986 年 1 月之时已跌至 DM 2.3/ $。(虽然大部分的外汇分析家都预测美元将下跌,但仍然对下跌的速度和幅度感到震惊。)汉莎支付给波音公司的款项总计为 13.75 亿德国马克。

用远期合约进行套期保值的一半为:

$250 000 000 × DM 3.2/ $ = DM 800 000 000

剩余没有进行套期保值的一半为:

$250 000 000 × DM 2.3/ $ = DM 575 000 000

总计: DM 1 375 000 000

这个结果(图表 A)的问题在于他用远期合约抛补的一半风险比未抛补的风险多

出了 DM 225 000 000 的成本。结果，Ruhnau 因为他对汉莎外汇风险的处理而受到了严厉的批评。Ruhnau 被指责用汉莎的钱来进行鲁莽的投机，被视为投机的是远期合约，而不是剩余未抛补的美元。德国的运输部长（管理国家航线的政府当局）要求 Herr Ruhnau 解释他的行为。Herr Ruhnau 的合同到期了需要重新续约，但关于雇佣合同的讨论被推迟了，他最终只得到了一份短期的合同。当人们用"后见之明"来评价其表现时，投机的概念就有了完全不同的含义。

图表 A 汉莎和德国马克/美元汇率：1982—1986 年

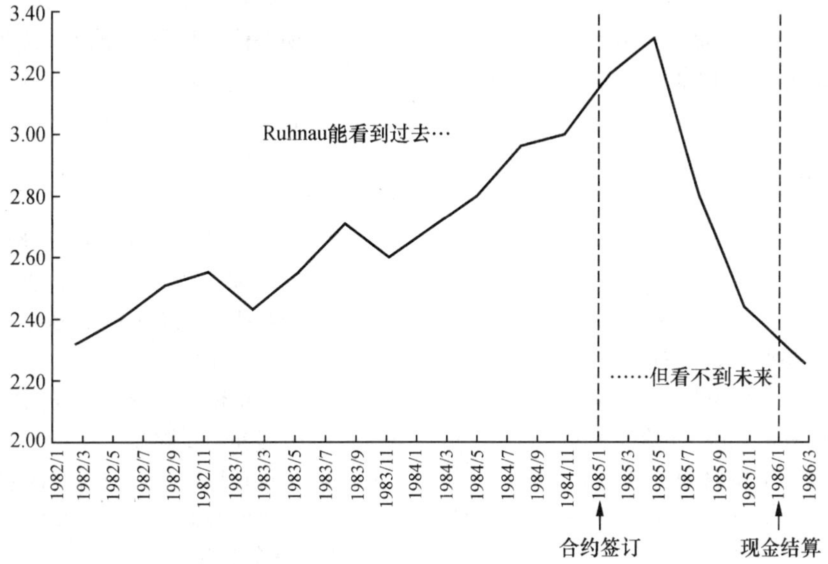

案例思考题

1. 你认为 Heinz Ruhnau 的套期保值策略是否有意义？
2. 通过对冲一半的风险，他在何种程度上限制了交易风险的上下限？
3. 你同意关于 Ruhnau 在进行投机的指责吗？
4. 用"后见之明"来判断交易风险管理的有效性是否公平？

小结

◎ 跨国公司会面临三种货币风险：(1) 交易风险；(2) 经营风险；(3) 会计（转换）风险。

◎ 交易风险度量了源于外币金融合约结算过程中的收益或损失。交易风险来自于：(1) 购买或出售用外币表示的信用商品或服务；(2) 借入或贷出资金，但需要用外币来偿还；(3) 成为一份未履行的远期外汇合约的一方；(4) 取得用外币计价的资产或负债。

◎ 在公司是否应该对冲外汇风险这个问题上存在着相当大的理论争议。理论上,套期保值减少了公司现金流的波动性,但它并没有增加公司的现金流。事实上,套期保值的成本可能会降低公司的现金流。

◎ 可以使用合约技术和一定的经营策略来管理交易风险。合约套期保值技术包括远期套期保值、期货套期保值、货币市场套期保值和期权套期保值。

◎ 选用哪种合约进行套期保值取决于单个公司的外汇风险容忍度以及在交易风险的存在时期内,对汇率可能变动的预期。

◎ 通常而言,如果预期汇率将朝着对公司有利的方向变动,则较好的合约套期保值是那些允许汇率向上变动(保持未套期保值或使用外汇期权),但却能阻止它受极端不利的汇率变动影响的合约。

◎ 通常而言,如果预期汇率会朝着对公司不利的方向变动,那么较好的合约套期保值是能够锁住汇率的合约,比如远期合约套期保值和货币市场套期保值。

思考题

1. **定义。**
   a. 给"汇率风险"下个定义。
   b. 定义四种外汇风险。
2. **套期保值和外汇风险。**
   a. 给"套期保值"下个定义。
   b. 给"外汇风险"下个定义。
3. **反对外汇风险管理的论点。**
   反对公司实施积极的外汇风险管理计划的六个论点是什么?
4. **支持外汇风险管理的论点。**
   支持公司实施积极的外汇风险管理计划的四个论点是什么?
5. **交易风险。**交易风险主要来自于哪四种类型的交易?
6. **交易风险的寿命。**在往来账户上卖出商品产生的风险暴露寿命进行绘图。在图中,定义并指出报价风险、未结订单风险和清款风险。
7. **借款风险。**给出一个因为外币借款而引起交易风险的例子。
8. **现金余额。**解释为何外汇现金余额并不会引起外汇风险?
9. **合约套期保值。**用来对冲交易风险的四种主要的合约工具是什么?
10. **决策原则。**财务主管最终必须在各种可选择的策略中进行选择以管理交易风险。解释必须使用的两条主要的决策原则。
11. **比例套期保值。**许多跨国公司制定了部分套期保值交易风险的风险管理政策。解释如何应用比例套期保值并给出具体例子。

练习题

1. **Siam 水泥。**Siam 水泥是一家位于曼谷的水泥生产商,它在 1997 年的亚洲金融危机中遭受了巨大的损失。公司在 20 世纪 90 年代中期采取了非常激进的增长策略,借入了大量的外债(主要是美元)。当泰铢(B)在 1997 年 7 月从其 B 25.0/ $的钉住汇率上贬值时,Siam 未清偿的美元债务利息支出就超过了 9 亿美元(当时美元债务的平均利率为 8.40%)。假设 Siam 在 1997 年 6 月以 8.40% 的利率借入 5 000 万美元的债务,并将于一年后偿还,一年后的即期汇率稳定在 B 42.0/ $,这笔交易中发生的外汇损失是多少?
2. **斯坦利华公司。**斯坦利华公司是联合利华在印度的分公司，它的化妆品生产线的很大一部分都是从一家日本公司那里获得的。印度营运资本的稀缺导致了印度进口商的付款期限通常需要180天甚至更长。斯坦利华希望对冲850万日元的应付账款。虽然用印度卢比（Rs）不能获得期权，但仍然可以获得对日元的远期汇率。此外，在印度有一种惯常的做法，就是像斯坦利华这样的公司可以跟外汇代理人合作，后者可以帮助公司锁定当前的即期汇率，而公司要向代理人支付4.85%的费用比率。使用以下的汇率和利率，提供一种套期保值策略。

即期汇率，日元/美元	¥120.60/$
180天的卢比投资利率	8.000%
即期汇率，卢比/美元	Rs 47.75/$
180天的日元投资利率	1.500%
180天的远期汇率，日元/卢比	¥2.4000/Rs
斯坦利华资本成本	12%
180天后的预期即期汇率	¥2.6000/Rs

3. **华纳（Warner）印度尼西亚**。华纳是美国的跨国制药企业，它现在正在为一笔出售给印尼经销商的用于减少胆固醇的药物估价。这笔交易的金额可能达到16.5亿印尼卢比（Rp），在即期汇率Rp 9 450/$下可以转化为近$175 000。虽然按公司的标准这不是一笔大买卖，但公司的政策要求销售都必须获得一个最低的毛利润；在本例中，销售的现金结算达到了$168 000。当前90天的远期汇率为Rp 9 950/$。虽然这个汇率似乎没有吸引力，但在最终找到卢比的远期报价之前，华纳必须和许多家银行接触。然而，外汇预测者在这一刻达成了共识，认为卢比在当前一段时间会保持相对稳定，在未来的90天至120天内可能下跌至Rp 9 400。分析预期的销售并推荐一种套期保值方法。

4. **巴西航空工业公司**。巴西航空工业公司是全球两个区域性喷气飞机的主要制造商之一（另一家是加拿大的庞巴迪公司）。区域性喷气机比传统的由空客和波音制造的民航飞机要小，平均只能容纳50到100人。巴西航空工业公司和美国一家区域性的航空公司达成了协议，将在一年内生产并交付四架飞机，价值8 000万美元。虽然巴西航空工业公司将收到美元，但它的生产投入中同样存在外汇风险——此后一年内，它必须支付2 000万美元给外国供货商（但在整个一年中供货商都会提供生产部件）。当前巴西雷亚尔（R$）的即期汇率为R$2.420/$，但在过去的一年里相对美元保持着稳定的升值，就在几个月前，汇率还处于R$3.200/$的“顶峰”。远期合约不但难以获得并且价格昂贵。花旗银行巴西分行并没有给巴西航空工业公司提供明确的远期汇率报价，但已经声明可能根据利率为4.00%的欧洲美元利率和利率为14.00%的巴西政府存款票据来给远期定价。对巴西航空工业公司的外汇风险提出建议。

5. **Mattel玩具公司**。Mattel玩具公司是一家美国公司，它的销售大约有三分之二以美元计价（亚洲和美洲），还有三分之一是用欧元计价（欧洲）。9月，Mattel装运了大批玩具（主要是芭比娃娃和火热车轮）发给安特为普的一个大经销商。按照欧洲玩具产业的标准付款期限，公司将在90天后获得3 000万欧元的应收账款。Mattel公司的财务团队收集了以下的外汇和市场报价。公司的外汇顾问相信欧元汇率在90天后大约为$1.1800/€。Mattel的管理层在外汇风险管理活动中并不使用外汇期权。请问，Mattel使用哪个套期保值方法可能更好？

即期汇率	$1.1800/€
90天的欧洲美元利率	4.000%
瑞士信贷集团的90天远期报价	$1.2170/€
90天的欧元利率	4.400%
巴克莱银行的90天远期报价	$1.2210/€
90天的美元借款利率	5.000%

Mattel 的资本成本	9.600%
90 天的欧元借款利率	5.5000%

6. **South Face.** South Face 有限责任公司是加拿大的一家雨衣生产商,它并没有对它的交易风险进行选择性套期保值。事实的情况是,如果交易日期是确定的,那么所有外汇现金流都必须使用下列强制性的远期合约抛补算法:

	根据到期日确定的风险抛补要求		
如果 Northern 是:	**0—90 天**	**91—180 天**	**>180 天**
支付远期点数	75%	60%	50%
收到远期点数	100%	90%	50%

South Face 希望在接下来的一年里收到以丹麦克朗计价的货款。

DKr 3 000 000 在 90 天后到期;DKr 2 000 000 在 180 天后到期;DKr 1 000 000 在 1 年后到期。使用以下的即期和远期汇率,回答为了满足公司政策的要求,公司需要多少张远期合约?

即期汇率	DKr 4.70/C $
三个月的远期汇率	DKr 4.71/C $
六个月的远期汇率	DKr 4.72/C $
一年的远期汇率	DKr 4.74/C $

7. **Farah Jeans**。位于田纳西州圣安东尼奥的 Farah Jeans 在危地马拉城附近建立了一家新的装配工厂。最后一笔 Q 8 400 000 的建设款将在六个月后到期支付(Q 是危地马拉**格查尔**的符号)。Farah 使用的加权平均资本成本为 20%。当前的汇率和利率报价如下:

当前的即期汇率	Q 7.0000/ $
六个月的远期汇率	Q 7.1000/ $
危地马拉六个月的利率	每年 14.00%
美元六个月的利率	每年 6.00%

Farah 的财务主管担心危地马拉的经济状况,他想知道 Farah 是否应该对冲它的外汇风险,主管自己的预期如下所示:

最高的预期汇率达到了 Q 8.0000/ $,这是非常明显的贬值。

预期汇率	
最高	Q 8.000/ $
预期的	Q 7.300/ $
最低	Q 6.400/ $

Farah 可以用哪些方式来支付建设款?你将选择哪种方式?为什么?

8. **泛美旅游**。泛美旅游是一家位于夏威夷火奴鲁鲁的完全私有的旅游公司,这家公司已经签署了一项取得台北旅游公司 50% 股份的协议;台北旅游公司是一家位于中国台湾的私人所有的旅游中介,专门服务来自美国和加拿大的游客。并购价格为 700 万台币(T $7 000 000),在三个月后以现金的方式支付。

Susan Takaga 是泛美旅游的所有者,她相信台币在接下来的三个月里要么保持稳定,要么会轻微下跌。在当前 T $35/ $ 的即期汇率下,所需现金的数额仅仅是 $200 000,但这个相对不太多的金额却需要 Susan Takaga 个人去借入。中国台湾非居民的存款利率是由台湾当局监管,当前的利率为每年 1.5%。她在夏威夷银行的信用额度为 $200 000,当前的借款利率为每年 8%。她并不相信她能计算出可靠的加权平均资本成本,因为她没有发行在外的股票,她的竞争者也都是私人拥有的公司,所以他们不需要披露其财务状况。因为收购将用光她的全部信用额度,所以她想知道是否应该对冲这笔交易风险。来自夏威夷银行的报价如下:

即期汇率	T $33.40/ $
三个月的远期汇率	T $32.40/ $
三个月的美元借款利率	每年 6.50%
三个月的台币存款利率	每年 1.50%
三个月的看涨期权	不能获得

分析每一种方法的成本和风险，然后对 Susan Takaga 应该做出的选择哪提出建议。

9. **西雅图科技公司**。Josh Miller 是西雅图一家中等规模医疗器械生产商的首席财务官。这家公司每年销量 4 000 万美元，增长迅速，并且营运资本的融资是公司日常关注的问题。最近，一个重要的日本客户 Yokasa 联系了 Josh，并提出了一套新的付款建议。Yokasa 每个月订购了 ¥12 500 000 的产品并用日元进行支付。西雅图当前的延期支付期限是 30 天，用现金支付或提前支付都不会获得任何折扣。Yokasa 建议如果提供购买价格 4.5% 的折扣，他将用日元现金进行支付。Josh Miller 从他的银行收集了当前即期汇率和远期汇率的如下报价，并估计了 Yokasa 的资本成本。

即期汇率	¥111.40/$
Yokasa 的加权平均成本	8.850%
30 天的远期汇率	¥111.00/$
西雅图科技公司的加权平均成本	9.200%
90 天的远期汇率	¥110.40/$
180 天的远期汇率	¥109.20/$

a. 西雅图科技公司对冲应收日元的成本是多少？

b. 在下列情况中，西雅图科技公司能够收到多少美元？(1) 提供折扣；(2) 没有折扣但用远期合约来进行完全的套期保值。

c. 如果 Josh 用现值的方式来比较问题 b 的结果，哪种方式将是更好的选择？

10. **Chronos 时间碎片公司**。波士顿的 Chronos 时间碎片公司向很多国家出口手表，销售是以当地的货币计价，出售给经营手表的商店和经销商。Chronos 对它保守的财务制度感到很自豪。每笔交易中至少 70% 的风险是被套期保值的，套期保值大部分是在远期市场，但偶尔也使用期权。Chronos 的外汇政策是：如果突然贬值或贬值即将发生，那么可以将 70% 的套期保值增加至 120%。

Chronos 已经将货物运送给了其主要的北美经销商，并为它的购买者开出了 90 天 €1 560 000 的发票。即期汇率是 \$1.2224/€；90 天的远期汇率为 \$1.2270/€。Chronos 的财务主管 Manny Hernandez 在预测汇率变动上有着非常好的记录。他此时相信欧元相对于美元将在未来的 90 天至 120 天里贬值，可能会达到 \$1.16/€ 左右。

a. 在 Manny Hernandez 的预测是正确的（情况 1：\$1.16/€）或错误的（情况 2：\$1.26/€）情况下，评价 Chronos 所采用的套期保值方法。你的建议是什么？

b. 对一笔交易风险对冲 120% 意味着什么？

c. 对于一家公司而言，什么是最保守的交易风险管理政策？Chronos 是如何比较的？

11. **Micca 金属公司**。Micca 金属公司是一家位于密歇根底特律的原材料和金属公司。这家公司专门从事稀有金属和原材料业务，这些稀有金属和原材料被用于许多产业的颜料生产，包括化妆品、器具以及金属组装设备。Micca 刚刚从摩洛哥购买了一批磷酸盐，并将在六个月后支付 600 万迪拉姆。Micca 的资本成本是 8.600%。以下是在市场上可以获得的报价：

	美国	摩洛哥
六个月的借款利率	6.00% p.a.	8.00% p.a.
六个月的投资利率	5.00% p.a.	7.00% p.a.
即期汇率	\$1.00 = 10.00 迪拉姆	
六个月的远期汇率	\$1.00 = 10.40 迪拉姆	

我们可以以 2% 的期权费率在 Al-Maghrub

银行获得600万迪拉姆的六个月看涨期权，期权的执行价格为1美元10.00迪拉姆。还可以以3%的期权费率获得600万迪拉姆的六个月看跌期权，期权的执行价格为1美元10.00迪拉姆。比较Micca能够用来对冲外汇交易风险的各种方法。你的建议是什么？

12. **Pixel的财务指标。**Leo Srivastava是Pixel制造公司的财务主管，Pixel制造公司是美国一家提供存货管理电脑系统的厂商。Pixel的系统不但成本低廉，而且有为客户量身定做的硬件和软件。

Pixel已经完成了对英国公司Grand Metropolitan的销售，并将收到£1 000 000的货款。以下的汇率是在出口销售时可获得的汇率。假设每个月都是30天。

日期	即期汇率($/£)	远期汇率($/£)	描述
1月1日	1.7850	$F_{210}=1.7771$	Pixel(U.S)对Grand Met(U.K)的报价
3月1日	1.7465	$F_{180}=1.7381$	签署£1 000 000的销售合约
6月1日	1.7689	$F_{90}=1.7602$	向Grand Met发出产品
8月1日	1.7840	$F_{30}=1.7811$	Grand Met收到产品
9月1日	1.7290	—	Grand Met支付£1 000 000

a. Pixel的损益表将反映账面销售和潜在的外汇收益(损失)。假设Leo决定不对冲交易风险。这笔销售的账面价值是多少？销售的外汇收益(损失)是多少？

b. 现在假设Leo决定用远期合约对冲风险。财务报表将反映出进行套期保值时不同的数值。销售的账面价值是多少？如果用远期合约套期保值，销售的外汇收益(损失)是多少？

13. **Scout Finch和Dayton(A)。**Dayton是本章讨论的美国公司，它与Regency(英国)达成了第二笔出售电信设备的协议。£3 000 000的总支出将在90天后到期支付。Scout Finch知道Dayton可以在英国以每年仅14%的利率借入英镑(因为英国银行有信用方面的顾虑)。给出以下的汇率和利率，哪种交易风险套期保值方法最符合Dayton的利益？

即期汇率	$1.7620/£
预期90天后的即期汇率	$1.7850/£
90天远期汇率	$1.7550/£
90天的美元存款利率	每年6.00%
90天的美元借款利率	每年8.00%
90天的英镑存款利率	每年8.00%
90天的英镑借款利率	每年14.0%
Dayton的加权平均成本	每年12.0%

Scout同时也收集了两种特定期权的数据：

	执行汇率	费用
英镑90天的看跌期权	$1.75/£	1.5%
英镑90天的看涨期权	$1.71/£	1.0%

14. **Scout Finch和Dayton(B)。**一年后，Scout Finch仍然在Dayton工作。Dayton的生意非常红火，并且除了继续向英国销售产品外，业务还扩展到了德国和日本。所有的出口都用购买者的当地货币来开发票。Scout Finch在这段时期将记录以下的销售情况。

国内的销售	$7 300 000(45天的信用期限)
出口销售	€2 340 000；£1 780 000；¥125 000 000(所有的出口期限都是90天)

其他的损益表项目如下所示：

所销售产品的成本	65%的销售额
一般管理费用	9%的销售额
折旧费	每期$248 750

美国公司税	税前赢利的 40%
发行在外的股份	1 000 000

Scout Finch 收集了以下即期汇率(销售额将按这些汇率入账)、90 天的远期汇率,以及 Dayton 的外汇顾问对三种外汇汇率 90 天后的预测:

即期汇率	90 天的远期汇率	FX 顾问的预测
$1.5900/£	$1.5875/£	$1.5600/£
$1.0560/£	$1.0250/£	$1.0660/£
¥122.43/ $	¥120.85/ $	¥126.00/ $

为 Dayton 创建一个预计的损益表,并回答以下问题:

a. 如果 Scout Finch 对所有的头寸都不采取抛补措施,而且最终清算时的即期汇率正好就是外汇顾问预测的,那么这段时期的外汇收益(损失)是多少?最终的净收入和每股赢利(EPS)是多少?

b. 如果她用远期合约对所有的头寸进行抛补,而且最终清算时的即期汇率正好就是外汇顾问所预测的,那么这段时期的外汇收益(损失)是多少?最终的净收入和每股赢利(EPS)是多少?

c. 如果她使用行业内的习惯做法,即如果能够赚取远期汇率点数的话,就利用远期合约对 100% 的头寸进行抛补;而如果要支付远期外汇点数的话,就对一半的头寸进行抛补,那么这段时期的外汇收益(损失)是多少?最终的净收入和每股赢利(EPS)是多少?假设最终用于结算的即期汇率为:$1.0480/€,$1.6000/£,¥122.50/ $。

15. **Dawg-Grip 公司**。佐治亚的 Dawg-Grip 公司不久前购买了韩国的一家生产塑料螺帽和汽车螺栓的公司。购买价格是 70.3 亿韩元。已经支付了 10 亿韩元,剩余的 60.3 亿韩元将在六个月后到期支付。当前的即期汇率是 Won 1 200/ $,并且 6 个月远期汇率是 Won 1 260/ $。其他的数据为:

6 个月的韩国利率	16% p. a.
6 个月的美国利率	4% p. a.
执行价格为 Won 1 200/ $ 时,韩元六个月的看涨期权	3.0% 的费率
执行价格为 Won 1 200/ $ 时,韩元六个月的看跌期权	2.4% 的费率

Dawg-Grip 能够在给定的利率水平上投资,或以高出这些利率 2% 的利率借入资金款项。Dawg-Grip 的加权平均资本成本是 25%。比较 Dawg-Grip 能够用来处理外汇风险的各种方法。你推荐哪种方法?为什么?

16. **Aqua-Pure**。Aqua-Pure 是美国的一家生产、销售并安装水净化装置的公司。4 月 20 日,公司向日本长崎卖出了一套系统,安装在长崎著名的哥拉巴公园里。销售金额为 ¥20 000 000,并于三个月后到期。在销售当天,《金融时报》公布了日元的中间汇率如下:

即期汇率	¥118.255/ $ (中间汇率的收盘价)
1 个月的远期汇率	¥117.760/ $, 5.04% p. a. 的费用
3 个月的远期汇率	¥116.830/ $, 4.88% p. a. 的费用
1 年的远期汇率	¥112.450/ $, 5.16% p. a. 的费用

货币利率(%p.a.)	美国	日本	利差
1个月	4.8750%	0.09375%	4.78125%
3个月	4.9375%	0.09375%	4.84375%
12个月	5.1875%	0.31250%	4.87500%

注:报价的时间差异使得利率差与日元的远期贴水有少许不同。例如,即期汇率¥118.255/$是一个汇率中间价。4月20日,伦敦的日元即期汇率为¥118.30/$至¥117.550/$。

其他信息:Aqua-Pure的日本竞争对手能够在日本的银行以高于日本货币利率2个百分点的利率借款。Aqua-Pure的加权平均资本成本为16%,公司希望能够保障应收的美元价值。

九州岛银行的三个月期权:

¥20 000 000的看涨期权的执行价格为¥118.00/$,期权费率为1%

¥20 000 000的看跌期权的执行价格为¥118.00/$,期权费率为3%

a. 各种套期保值方法的成本和收益分别是多少?你推荐使用哪种方法?为什么?

b. 在比较远期市场的方法和货币市场的方法时,盈亏平衡点的再投资收益率是多少?

17. **Redwall Pump公司**。3月1日,Redwall Pump公司向荷兰的Vollendam Dike公司出售一批泵,售价为€4 000 000,其中在6月1日应付€2 000 000,在9月1日应付€2 000 000。Redwall用$4 320 000的售价除以$1.0800/€的当前即期汇率,从而在2月1日得到了€4 000 000的报价。当3月1日收到订单并入账时,欧元已升至$1.1000/€,所以销售实际上价值€4 000 000 × $1.1000/€ = $4 400 000。Redwall已经从汇率变动中获得$80 000。然而Redwall的财务总监现在想知道公司是否应该采用套期保值来应对最近欧元的反转趋势。有可行的四个方法:

1. 在远期市场上套期保值。三个月的远期汇率报价为$1.1060/€,六个月的远期报价为$1.1130/€。
2. 在货币市场上套期保值。Redwall能够从美国银行的法兰克福分行以8%的年利率借入欧元。
3. 在外汇期权市场上套期保值。六月看跌期权的执行价格为$1.1000/€,期权费率为2%,九月看跌期权的执行价格为$1.1000/€,期权费率为1.2%。六月看涨期权的执行价格为$1.000/€,期权费率为3%,九月看涨期权的执行价格为$1.1000/€,期权费率为2.6%。
4. 什么也不做。Redwall可以一直等到6月和9月收到货款,希望欧元的强劲势头能够延续,并在现货市场上卖出欧元以换得美元。

Redwall估计公司的权益资本成本为每年12%。作为一个小公司,Redwall不能获得长期贷款资金。美国国库券的当前收益率为每年3.6%。Redwall应该怎么做?

泰克公司

以下五个问题是基于泰克公司(Tektronic, Inc.)可能会面临的交易风险,这些情形是假定的却又很典型。泰克是一家位于俄勒冈州比佛敦市的跨国公司。公司在2004年5月31日,也就是这个财年年底的销售额为10亿美元。它的主要产品有科学测量仪、诸如协议分析和模拟训练装置之类的仪器、网络监控系统、传输和电缆测试产品,以及各种示波器。这些对外销售的一部分直接从泰克的制造和研究工厂出口,一部分从泰克在国外负责销售和分配的子公司出口,还有一部分是通过合资企业销售,比如在日本(索尼)和中国。泰克同样也进口配件和其他原材料,这些将用于比佛敦市的生产。泰克主要的竞争对手是安捷伦（以前的 Hewlett Packard 的测量仪器业务）和西门子（一家非常大的德国企业集团）。

18. **泰克——意大利的应收账款。**［网站的电子表格］泰克希望能够对€4 000 000 的应收账款进行套期保值，这笔应收账款来自对 Olivetti（意大利）的销售。货款在三个月后到期收回。泰克的意大利分部并不能在当地借入资金，从而不能在货币市场上套期保值。花期银行给泰克提供以下的报价：

即期汇率	\$1.2000/€
三个月的远期汇率	\$1.2180/€
三个月的欧元利率	每年 4.200%
执行价格为 \$1.0800/€ 的欧元三个月看跌期权	3.40%
泰克的加权平均资本成本	9.80%

a. 每种方法的成本是多少？
b. 每种方法的风险是多少？
c. 如果希望“安全的操作”，泰克应当选择哪种方法？
d. 如果泰克希望承担合理的风险并认为在未来的三个月里，欧元将相对于美元升值，那么泰克应当选择哪种方法？

19. **泰克——日本的应收账款。**泰克已经从它在日本的合资企业索尼-泰克进口了零部件，并将在六个月后支付¥8 000 000。花期银行为泰克提供了以下的报价。

即期汇率	¥108.20/\$
六个月的远期汇率	¥106.20/\$
六个月的日元存款利率	每年 4.000%
六个月的美元利率	
执行价格为¥108/\$的日元六个月看涨期权	2.5%
泰克的加权平均资本成本	9.80%

a. 每种方法的成本是多少？
b. 每种方法的风险是多少？
c. 如果泰克希望承担合理的风险并认为在未来的六个月里，日元将相对于美元贬值，那么泰克应当选择哪种方法？

20. **泰克——英国电信的竞价。**泰克为英国曼彻斯特的英国电信公司提供并安装网络监控系统，出价为£1 500 000。这个报价 30 天内有效，到时将宣布投标的获胜方。其他的出价者预计还有安捷伦、西门子，以及至少两家英国公司。如果泰克赢得投标，它将有 60 天的时间来建造并安装系统。

在 90 天的时间里，£1 500 000 将被记为未结订单。在交付并测试完系统后，英国电信将在 30 天后支付全部货款。在这个月里，泰克将£1 500 000 记为应收账款。巴克莱银行（UK）为泰克提供了以下报价：

即期汇率	\$1.8418/£
一个月的远期汇率	\$1.8368/£
四个月的远期汇率	\$1.8268/£
一个月的英镑投资利率	每年 4.000%
一个月的英镑借款利率	每年 6.500%
四个月的英镑投资利率	每年 4.125%
四个月的英镑借款利率	每年 6.500%
一个月的英镑看跌期权（执行价格为 \$1.85/£）	\$0.006/£的费率
四个月的英镑看跌期权（执行价格为 \$1.85/£）	\$0.012/£的费率
泰克的加权平均资本成本	9.80%

泰克应当怎么做才能对冲这笔出价的风险？

21. **泰克——瑞典价格表。**泰克通过以外币表示的价格表提供示波器和其他现货产品。价格仅在三个月内有效。下面是一个用瑞典克朗表示的瑞典价格表的例子。实际上，顾客在固定的美元/克朗汇率下，可获得无成本的看涨期权。在三个月期限中，泰克基于价格表预计将出售 SKr 5 000 000—SKr 10 000 000 的产品。因为瑞典克朗/美元的汇率可能会在任意的三个月期限中改变，所以泰克想对冲这笔交易风险（泰克的瑞典子公司并不相信在接下来的几个月里瑞典克朗将相对于美元升值）。北欧投资银行集团（瑞典）为泰克提供了以下报价：

即期汇率	SKr 7.4793/ $
三个月的远期汇率	SKr 7.4937/ $
三个月的克朗利率	每年 4.780%
三个月的克朗借款利率	每年 6.50%
三个月的美元利率	每年 4.00%
执行价格为 SKr 7.50/ $ 的三个月克朗看跌期权	2.5%
泰克的加权平均资本成本	9.80%

a. 要对 SKr 5 000 000 套期保值，则每种套期保值方式的成本各是多少？

b. 每种套期保值方式的风险是多少？如果希望“安全的操作”，泰克应当对冲多少克朗？

c. 如果泰克希望承担合理的风险并认为在未来的三个月里，瑞典克朗将相对于美元升值，那么泰克应当选择哪种方法？

22. **泰克——瑞士应付股息**。泰克的欧洲分公司被一家控股公司泰克-瑞士所拥有。因此，这家分公司就要向瑞士的控股公司支付股息，而瑞士的控股公司再支付股息给泰克-比佛敦。泰克已经宣称三个月后瑞士公司将支付500万瑞士法郎的应付股息给泰克-比佛敦。如果泰克-比佛敦想对冲这笔支付的交易风险，并且它能够从瑞士银行有限公司获得以下报价：

即期汇率	SFr 1.2462/ $
预计三个月后的即期汇率	SFr 1.2200/ $
三个月的远期汇率	SFr 1.2429/ $
三个月的瑞士法郎利率	每年 3.75%
三个月的美元利率	每年 4.00%
执行价格为 SFr 1.25/ $ 的三个月瑞士法郎看跌期权	$0.015/SFr
泰克的加权平均资本成本	9.80%

对应付股息套期保值的每种方法的成本各是多少？每种方法的风险是多少？泰克应当选择哪种方法？如果泰克选择了你建议的方法，请解释泰克的选择动机。

网上练习

1. **外汇波动**。你想给你的期权定价，但是你必须知道欧元、英镑和日元当前的波动率。使用以下的网址，收集即期汇率和波动率的数据，在你的期权定价分析中为你的远期平值看跌期权定价。

纽约联邦储备银行

http://www.ny.frb.org/statistics

RatesFX.com

http://www.ratesfx.com

2. **套期保值的目标**。所有的跨国公司都会在其年度报告中陈述其外汇风险管理活动的目标。从以下的公司开始，收集公司对“为何套期保值”所进行的讨论，并对它们做一个比较。

雀巢

http://www.nestle.com

迪斯尼

http://www.disney.com

诺基亚

http://www.nokia.com

英国石油公司

http://www.bp.com

文献选读

Bodnar, Gordon M.,"1998 Wharton Survey of Financial Risk Management by U. S. Non-Financial Firms", **Financial Management**, Vol. 24, No. 4, Winter 1998, pp. 70—91.

Briys, Eric, and Francois de Varenne, "Optimal Hedging and the Partial Loss Offset", **European Financial Management**, Vol. 4, No. 3, November 1998, pp. 321—334.

Smith, Clifford W., Jr., Charles W. Smithson, and D. Sykes Wilford, "Financial Engineering: Why Hedge?" in **The Handbook of Financial Engineering**, Clifford W. Smith, Jr., and Charles W. Smithson, eds., New York: Harper Business, 1990, pp. 126—138.

Stulz, Rene M., "Rethinking Risk Management," **Journal of Applied Corporate Finance**, Vol. 9, No. 3, Fall 1996, pp. 8—24.

附录

复杂期权

Dayton 制造公司是一家美国公司，拥有一笔价值为£1 000 000 的多头头寸——这是一笔 90 天后到期的应收账款。图表 8A.1 总结了本附录所使用的假设、风险暴露和传统的期权选择。公司相信汇率将在未来 90 天朝着对公司有利的方向移动(英镑将相对美元升值)。尽管有**方向性看法**(directional view)或**货币预期**(currency expectation)，公司仍然希望在英镑贬值时，对英镑下跌的风险进行抛补。

图表 8A.1　　**Dayton 制造公司的问题与看跌期权套期保值**

即期汇率	$1.4790/£			
90 天远期汇率	$1.4700/£	看跌期权	执行价	价格
90 天欧元-美元利率	3.250%	远期平值看跌期权	$1.4700/£	$0.0318/£
90 天欧元-英镑利率	5.720%	虚值看跌期权	$1.4400/£	$0.0188/£
90 天美元/英镑波动率	11.000%			

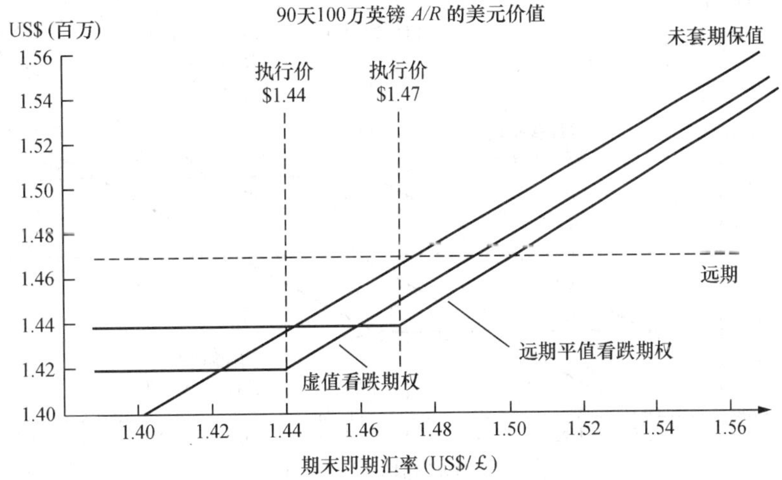

对公司风险管理最关键的区域是两个相反的三角形，它们是由未抛补头寸曲线和远期汇率曲线组合而成。公司希望能留下右上方三角形内的所有区域，最小化具有潜在风险的左下方三角形。如果公司相信英镑会升值，那么看跌期权的"曲折形状"正好是公司所希望的。

公司可以考虑许多不同执行价格的看跌期权，这决定于公司希望接受的最低保护金额——自保的程度。图表 8A.1 说明了两种不同的看跌期权：执行价格为 \$1.4700/£ 的平值看跌期权和执行价格为 \$1.4400/£ 的虚值看跌期权。因为外汇期权是根据远期汇率（见第 7 章），而不是即期汇率来定价的，因此一个看涨期权或看跌期权是实值期权、平值期权还是虚值期权将取决于与之期限相同的远期汇率。虽然远期虚值看跌期权以最低的成本提供了保护，但保护的水平同样也是最低的。

合成远期合约

当远期汇率为 \$1.4700/£ 时，90 天后远期合约将产生 \$1 470 000 的现金流。公司的第二种方法是使用期权构建**合成远期**（synthetic forward）。合成远期需要公司组合三种不同的工具：

1. 英镑多头头寸（£1 000 000 的 *A/R*）。
2. 购买一份执行价格为 \$1.4700/£ 的英镑看跌期权，支付 \$0.0318/£ 的费用。
3. 出售一份执行价格为 \$1.4700/£ 的英镑看涨期权，赚取 \$0.0318/£ 的费用。

购买看跌期权需要支付费用，而出售看涨期权能够赚取费用。如果两份期权的执行价格都等于远期汇率（远期平值期权），那么两份期权的费用应当相同且净费用支出为零。

图表 8A.2 给出了未抛补的头寸、基本的远期汇率对冲以及构建合成远期的看涨看跌期权的图形。当汇率处于 \$1.4700/£ 左边和 \$1.4700/£ 右边两种情况时，通过画图就得到了组合头寸的收益，合成头寸的收益如下：

图表 8A.2 外汇多头头寸合成远期的构建

工具	执行价	价格	名义本金
买看跌期权	\$1.4700/£	\$0.0318/£	\$1 000 000
卖看涨期权	\$1.4700/£	\$0.0318/£	\$1 000 000

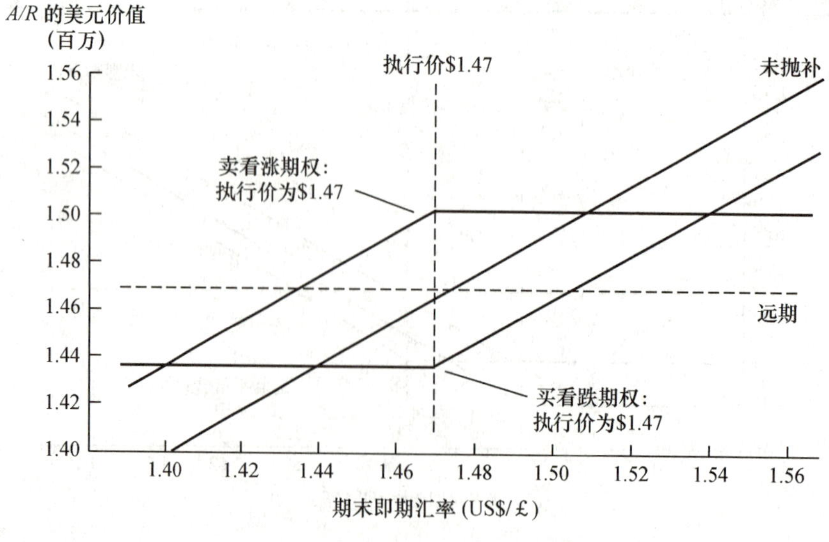

当汇率处于 \$1.4700/£左边时：

1. 公司将在 90 天后收到£1 000 000。

2. 公司出售的英镑看涨期权在到期时将为虚值期权。

3. 公司将执行英镑看跌期权，在 \$1.4700/£的汇率上出售获得的英镑。

当汇率低于 \$1.4700/£时，美国公司将从应收账款中获得 \$1 470 000。当汇率处于 \$1.4700 /£的右边时：

1. 公司将在 90 天后收到£1 000 000。

2. 公司购买的英镑看跌期权在到期时将为虚值期权。

3. 公司在看涨期权的购买者执行看涨期权之时，转手收到的£1 000 000。公司从期权购买者那里以 \$1.4700/£获得美元。

因此在所有的汇率都高于或低于 \$1.4700/£时，美国公司都将获得 \$1 470 000。即期权头寸的组合等价于一份远期合约。如果一家公司拥有相反的头寸，即 90 天后£1 000 000 的应付账款，公司同样能够使用期权构建一份合成远期。①

但是公司为什么构造相对复杂的头寸，而仅仅是为了创造一份简单的远期合约？这个答案可以通过观察赚取和支付的期权费来得到。我们已经假设期权的执行价格正好等于远期平值汇率，这使得赚取和支出的期权费恰好相等。但情况并不总是这样。如果期权的执行价格（记住对于两个期权而言它们都必须是相同的）并不等于远期平值汇率，那么两者的费用将稍微不同。净费用头寸最终要么是净费用收入，要么是净费用支出。如果净费用头寸为正，这些金额将加入到应收款项，从而收到更多的美元。②

第二代外汇风险管理产品

第二代风险管理产品由本书中经常用到的两个基本衍生品构成：远期和期权。我们再将其细分成两组：(1) **零费用期权产品**（zero-premium option product），它主要围绕着远期汇率定价；(2) **奇异期权产品**（exotic option product），它主要用于可选择的定价策略。尽管下面所列衍生品都被风险管理公司当成金融产品来销售，但我们将会把每一种产品都看成是从普通金融工具中所建立的头寸，或称为 LEGO；而它们在传统的货币风险管理中被称为远期和期权。作为一个整体，它们都被称为**复杂期权**（complex options）。

零费用期权产品

在公司眼里，风险管理中使用期权的首要“问题”是最开始的费用支付。虽然支付的费用只是全部对冲收益的一部分，但仍有许多公司认为购买衍生品的支出过高。相比而言，消除了外汇风险的远期合约不需要公司从口袋里掏钱（也不需要对外汇变动进行预测）。

零费用期权产品（或金融工程衍生的组合）被设计成在对冲之初不需要支出费用。产品包括广泛应用的**范围远期**（range forward）和**参与远期**（participating forward）。这些产品都：(1) 在远期汇率的基础上进行定价；(2) 被构建为最开始不需要支付费用；(3) 允许对冲者

---

① 一家需要在未来支付£1 000 000 的美国公司以下列方式构建一份合成远期：(1) 公司将在 90 天后支付£1 000 000；(2) 在 \$1.4700/£的执行价格下购买一份英镑看涨期权；(3) 在 \$1.4700/£的执行价格下出售一份英镑看跌期权。

② 还有一个可能性是公司发现在获得头寸之时，赚取的看涨期权费用稍稍超出了支出的看跌期权费用。这个结果意味着期权市场暂时地处于非均衡状态（平价）。给出期权定价所需要的判断和外汇及外汇期权市场内在的分散结构，这种情形是非常可能发生的。

利用对外汇变动方向的预期。这意味着所有的以下产品都可用于美元将对英镑贬值的预期中。如果对冲者不持有这种观点,那么他们现在应当停下(购买一份远期或什么也不做)!

比率价差

在介绍使用最广泛的第二代期权产品之前,最好先来演示一项获得零费用期权组合的更古老的方法:这种方法将留给对冲者大量未抛补风险。

美国的公司以 \$0.0318/£的成本(总成本为 \$31 800)购买执行价为 \$1.4700/£的看跌期权(远期平值),建立起了最基本的保护。期权费用是实质性的花费,而公司的风险管理部门对这笔开销却没有预算支出。这家公司强烈地感觉到美元将相对于英镑贬值,决定通过出售虚值看涨期权为购买看跌期权融资。公司重新审查了市场情况并考虑了大量的虚值看涨期权:执行价格为 \$1.5200/£, \$1.5400/£,甚至更高的期权。

公司决定卖出执行价为 \$1.5400/£的看涨期权以获得 \$0.0089/£的费用,来为购买看跌期权融资。然而,由于虚值看涨期权的费用远远小于远期平值看跌期权的费用,所以卖出的看涨期权的规模必须更大。公司通过解出简单的费用等式来决定看涨期权的数量:

看跌期权的费用成本 = 赚取的看涨期权费用

代入看跌期权和看涨期权的费用得到:

$$\$0.0318/£ \times £1\,000\,000 = \$0.0089/£ \times \text{英镑看涨期权}$$

看涨期权的数量因而写成:

$$\$31\,800 \div \$0.0089/£ = £3\,573\,034$$

这种策略被称为**比率价差**(ratio spread)的理由是看涨期权的数量除以看跌期权的数量得到的比率大于1(£3 573 034 ÷ £1 000 000 的比率或比率为 3.57)。

有一种比率套利被称为**日历价差**(calendar spread)。日历价差在购买 90 天看跌期权的同时,出售一份期限更长的虚值看涨期权,例如,120 天或 180 天。卖出更长期限的看涨期权使公司赚取了一个更高的费用,从而只需要一个更小的"比率"。大量使用这种策略的公司已经学会了这种方式。然而,如果对冲者的预期被证明是错误的,并且即期汇率超出了所卖出看涨期权的执行价格,那么这家公司将面临外汇交割,而它并没有那么多的外汇。在本例中,如果即期汇率超过了 \$1.5400/£,那么公司必须抛补£2 573 034 的头寸。

范围远期

范围远期在市场上被冠以许多名称,包括**领子**(collar)、**弹性远期**(flexible forward)、**一买一卖期权组合**(cylinder option)、**期权栅栏**(option fence)或就叫**栅栏**(fence)、**最小化最大损失**(mini-max),或**零成本通道**(zero-cost tunnel)。范围远期是通过以下步骤构建的:

1. 购买一份执行汇率低于远期汇率的看跌期权,对多头外汇风险敞口进行全额抛补(100% 的抛补)。

2. 出售一份执行汇率高于远期汇率的看涨期权,对多头外汇风险敞口进行全额抛补(100% 的抛补)。

对冲者选择范围或价差的一个方向,通常是向下的方向(看跌执行汇率),这就规定了一个执行汇率,也就是看涨期权的出售价格。所选择看涨期权的执行汇率与远期汇率之间的差距必须等于看跌期权执行汇率与远期汇率之间的差距。如果对冲者相信外汇极可能会朝着有利于公司的方向变动，而且变动的幅度很大，那么看跌期权的汇率下限可能会设置得相对较低，以便上限汇率会更高或者说离远期汇率更远一点，并且仍然可以享受零净期权费。向下设定多大幅度的保护对于公司而言是一个难以决定的问题。通常，公司的财务官会决定在怎样的最低汇率下公司能够恢复潜在现金流风险所要求的最低利润率，这有时被称为**预算汇率**(budget rate)。

图表 8A.3 解释了一份波动远期的最终结果，这份范围远期是这样构建的：在 \$1.4500/£ 的执行价格下购买一份看跌期权，并支付 \$0.0226/£ 的费用；同时以 \$1.4900/£ 的执行价格出售一份看涨期权，赚取 \$0.0231/£ 的费用。对冲者通过购买看跌期权构成了下限，通过出售看涨期权构成了上限，公司应收账款价值就在该范围内作为未抛补头寸波动。

图表 8A.3 范围远期：100 万英镑多头头寸的套期保值

工具	执行价	期权价	名义本金
买入看跌期权	\$1.4500/£	\$0.0226/£	£1 000 000
卖出看涨期权	\$1.4900/£	\$0.0231/£	£1 000 000

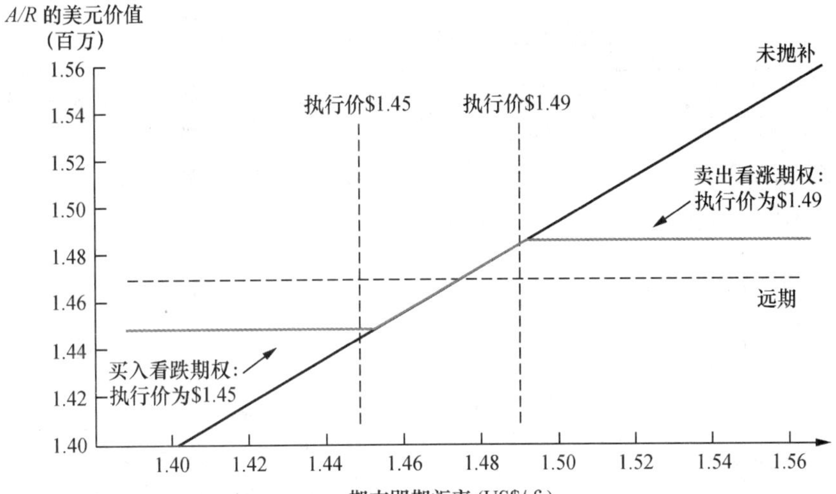

在基本的范围远期的基础上存在着大量的变异产品。如果两个期权的执行价格相同，那么它就是一份**合成远期**。如果选择的两个执行价格都等于实际的远期汇率，那么合成远期就成了实际的远期合约。合成远期的净费用接近于零。虽然在此例中，看跌和看涨期权的费用并不完全相等，但它们是如此接近以至于净费用几乎等于零：

$$\text{净费用} = (\$0.0226/£ - \$0.0231/£) \times £1\,000\,000 = -\$500$$

给定看跌期权的费用为 \$22 600，那么很容易就可以看到组合头寸的好处。如果期权执行汇率的选择独立于追求前端净费用为零的目的（仍然包括了远期汇率），那么这种期权就被称为领子期权或圆柱期权。

参与远期

参与远期也被称为**零成本比率期权**(zero-cost ratio option)和**远期参与协议**(forward participation agreement)，它是一个期权的组合，这个组合允许套期保值者能分享潜在的汇率上升的好处，同时又提供基于期权的对汇率下降风险的保护，而且该组合的净费用为零。参与远期由以下两个步骤构建：

1. 购买一份执行价格低于远期汇率的看跌期权，对多头外汇敞口进行全额抛补(100%的抛补)。

2. 出售一份执行价格等于看跌期权执行价格的看涨期权，只对总外汇敞口的一部分进行抛补(小于100%的抛补)。

与范围远期相似，参与远期的购买者将首先选择看跌期权的执行汇率。因为看涨期权的执行汇率等同于看跌期权，所以剩下的事情就是决定**参与比率**(participation rate)了，也就是被当做看涨期权出售的敞口的比率。

图表8A.4说明了有关本章问题的参与远期的构建。公司首先选择看跌期权的保护水平，在本例中是\$1.4500/£，费用为\$0.0226/£。用同样的执行汇率\$1.4500/£卖出看涨期权能够为公司赚取\$0.0425/£。看涨期权的费用远高于看跌期权的费用，因为看涨期权已经是实值期权了。只有在需要为购买看跌期权筹措资金时，公司才会出售看涨期权。看跌期权的全部费用为：

图表8A.4 **参与远期：100万英镑多头头寸的套期保值**

工具	执行价	期权价	名义本金
买入看跌期权	\$1.4500/£	\$0.0226/£	£1 000 000
卖出看涨期权	\$1.4500/£	\$0.0425/£	£531 765

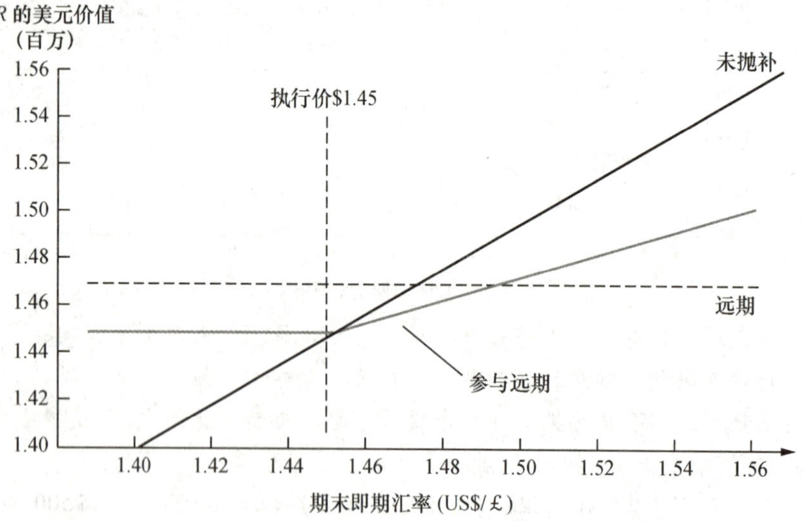

看跌期权的全部费用 = \$0.0226/£ × £1 000 000 = \$22 600

这个费用被用来决定的看涨期权的规模，而该看涨期权的规模将恰好抵消看跌期权的购买：

\$22 600 = \$0.0425/£ × 看涨期权的本金

由此我们可以得到看涨期权的本金为：

$$看涨期权的本金 = \$22\,600 \div \$0.0425/£ = £531\,765$$

因此，公司必须在执行汇率 \$1.4500/£ 下卖出£531 765 的看涨期权来购买看跌期权。期权本金的不匹配给予参与远期独特的形状。[3] 期权费用的比率和期权本金的比率一样都被称为**抛补百分比**(percent cover)。

$$抛补百分比 = \frac{\$0.0226/£}{\$0.0425/£} = \frac{£\,531\,765}{£\,1\,000\,000} = 0.5318 \approx 53.18\%$$

参与比率是没有被看涨期权抛补的剩余敞口的百分比。例如，如果抛补百分比是53.18%，参与比率将会是1－抛补百分比，即46.82%。这意味着对于所有有利的汇率变动(高于\$1.4500/£)，对冲者将“参与”或享受46.82%的差异。然而，正如所有的期权对冲一样，风险下限受到了看跌期权执行汇率的限制。

购买者的预期与范围远期相似，只是外汇汇率升值的幅度更大了。要使参与远期的结果比范围远期更好，就必须让汇率在有利的方向上比范围远期移动得更远。

奇异期权

第二部分的工具提供了另一些定价、时间选择或执行头寸有变化的产品。所有这些都通过一定方式改变了期权基础定价模型的估值原则，所以得名奇异。因此这些产品很难(但通常可以)再由公司风险管理者独立再重组。它们的定价方式通常很复杂，并且通常由大型国际银行的风险管理部门设计并出售。

许多奇异期权都是欧式期权，它们的价值随着期限内现汇汇率变动的方向和路径而变化(它们的价值实际上是路径依赖的)。我们将简单地讨论它们中的一些产品：**敲出期权**(chooser option)、**平均汇率期权**(average rate option)、**复合期权**(compound option)和**选择期权**(knock-out option)。下面只是一些关于越来越复杂，甚至怪异的以期权为基础的工具的例子。不过，就像挑战恶魔节目中对观众的警告一样：“别在家中尝试这个。”

敲出期权。通常也被称为**下降敲出期权(DAOO)**、**障碍期权**、**作废期权**或**激励期权/非激励期权**，以区别于其他的已有期权。这种期权和常规期权相似，提供了一个对价格下行风险的保护，但当标的资产价格超出特定障碍即敲出水平时，该期权作废，所以获利区间有限。因为敲出水平在上升区间内，所以只有当利率向套期保值者希望的方向变动时，该期权才有可能自动废止。由于该期权可能不会提供整个到期区间内的风险抛补，所以该期权的价格相对也比较小。

障碍期权的价格对障碍水平的设定反应十分敏感。障碍水平和远期汇率距离越远，这个障碍水平被超过、期权自动废止的可能性就越小。所以，敲出期权的出售者风险暴露的时间就越长，该期权价格也必须上升以对该期权出售者进行补偿。标准看跌期权，虽然价格更高，但在到期日前不会废止。由于可能提前作废而丧失对风险的保护，敲出期权的更低的费用最终可能成了一项附加成本。

平均汇率期权。这种期权是最新的第二代(有可能是第三代)货币衍生品。它们通常被划分为“路径依赖”的货币期权，因为它们的价值依赖于未来特定时期内的平均汇率。它们分

[3] 注意，如果两种期权拥有相同的执行价格和本金，结果将会是一个正费用的合成远期。正的费用来自于一个使看涨期权处于价内而看跌期权处于价外的执行汇率。一个真正的净值为零的合成远期将使用与远期汇率相同的执行汇率。

为两类：平均汇率期权和平均执行价格期权。

1. **平均汇率期权(ARO)**，也叫**亚式期权**，提前设定期权的执行汇率，如果期间内的平均即期汇率(由设定的抽样观察得到)低于以前设定的期权执行汇率，期满日该期权才会被执行。

2. **平均执行价格期权(ASO)**，设定期权执行价格为期权生命期内的平均现汇汇率，如果执行价格高于期末现汇汇率，执行期权。

平均汇率期权的一个变种叫**回望期权**(lookback option)，包括有执行价和无执行价两种。有执行价的回望期权是一种欧式期权，其预设的执行汇率在到期的时候根据期权生命周期内所达到的最高或最低汇率来确定。无执行价的回望期权也是一种欧式期权，其中看涨期权以有效期内的最低汇率作为期满日执行汇率，而看跌期权以有效期内最高汇率作为期满日执行汇率，然后以执行汇率和期满日现汇汇率为基础决定是否执行期权。

各种不同类型的平均汇率货币期权由银行类机构出售，每一种的支付结构都不同。由于路径依赖期权的复杂性，在使用这些工具时必须小心。就像在所有市场中一样，货物出门概不退换，购买者自理。

复合期权。复合期权是能在未来的某一个时期出售或购买一份期权的期权。它同样被称为期权的期权，一份看涨复合期权给予购买者在未来的某一个时期购买某种特定期权的权利；看跌复合期权给予了购买者在未来的某一个时期出售某种期权的权利。标的期权——第一份期权就是在标的期权的基础上卖出的——是用费用、执行价格、金额和到期日完全定义的。由于第一个期权是期权的期权，所以费用实际上很少。

具有讽刺意味的是，“第三代”货币风险管理产品着眼于或有货币风险，而这种风险在几年前被认为只要使用简单的看涨和看跌期权就可以了。例如，公司对一份合约进行投标，这将导致以外汇现金流表示的实质性的风险敞口，现金流可能为正也可能为负，并能够用比标准期权更小的初始费用来抵消投标风险。然而，我们必须记住如果权利被执行了，第一笔费用换得的是支付(收到)第二笔费用的权利。如果购买了复合期权，对冲者必须小心且清楚在某个时点上有怎样的现金流与费用。

复合期权有两个不同的日期。前者被称为最近的日期或第一个日期，它是复合期权的购买者必须决定是否执行权利来购买或出售标的期权的日期。后者被称为最后的日期或第二个日期，它是标的期权的到期日。因为这种时间阶段的序列特征，允许在将来公司可以用复合期权管理期限不同的、高度或有的外汇风险，而又不用花费很高的期权费。

选择者期权。这种方法至少是到目前为止最具有灵活性的期权。**选择者期权**允许购买者锁定期权的执行价格、金额和到期日，并在随后的日期(“可选择日期”)里选择使用看涨期权还是看跌期权。这样的对冲工具主要应用于未来风险敞口最终是净多头头寸还是净空头头寸未知的情况。

传统的远期对冲形成了两种资产的组合，即把即期敞口和远期抛补结合了起来。这种包含两种资产的组合价值是由在即期汇率为 S_t 时的外汇金额 X_t(敞口)加上远期汇率为 F_t 时的远期对冲金额 H_t 得来的，所有的时间点都为 t 时刻。

$$\text{价值}_t = [(X_t - H_t) \times S_t] + [H_t \times F_t]$$

例如，如果 Dayton 制造公司用一份远期合约对它£1 000 000 的应收账款进行全额对冲，

时间 $t=90$(离清算还有 90 天),假设即期汇率 S_t 为 \$1.7640/£,90 天的远期汇率 F_t 为 \$1.7540/£,这两个资产的组合将是:

$$V_t = [(£1\,000\,000 - £1\,000\,000) \times \$1.7640/£] + [£1\,000\,000 \times \$1.7540/£]$$
$$= \$1\,754\,000$$

注意,当存在着一个完全的远期抛补,$X_t = H_t$ 时,不存在未抛补的风险敞口。在 90 天的即期汇率下,两个资产组合终值的方差为零。它的价值是确定的。同样我们注意到如果即期汇率正好等于远期汇率(在这里他们并不相等),整个头寸将被称为**完美对冲**。

然而,如果 Dayton 决定有选择性地对冲风险,覆盖的敞口少于 100%,此时 $X_t > H_t$,两个资产的组合价值将随着即期汇率的变化而改变。价值要么增加要么减少。在本例中,Dayton 需要采用一个方法来决定对冲风险 X_t 的比率 β。现在两种资产的组合可以被写成:

$$价值 = [(X_t - \beta X_t) \times S_t] + [\beta X_t \times F_t]$$

这里介绍的 **delta 策略**使用了远期合约作为对冲工具,但这个策略是通过复制一份买入期权对冲来执行的。在直觉上,对冲者使用远期合约来模仿期权对冲后的行为。当汇率朝着有利于对冲者的方向变动时,远期合约抛补就会减少;如果汇率朝着不利于对冲者的方向变动,远期抛补就会增加。

策略的名称来自于复制期权中 delta 的使用(来自于布莱克-斯科尔斯期权定价),以确定在任何特定时点所抛补的金额。外汇期权的 delta 是期权价值即期权费由于标的即期汇率的变化而变化的比例。delta 同样可以作为一项资产有效性的测量,它给出了衍生品被执行的概率。例如,如果一份远期合约的 delta 是 1.00,这意味着远期合约被执行的概率为 100%。如果执行价格为远期平值看涨期权的 delta 是 0.50,那么执行价格为远期平值看跌期权的 delta 是 -0.50。

在一份包含敞口头寸和远期合约的资产组合中,敞口头寸被远期合约抛补的部分被称为**对冲比率**(hedge ratio),或 **beta**(β_t)。

$$\beta_t = H_t / X_t = t \text{ 时刻的对冲比率}$$

对于一个 **delta 对冲策略**而言,对冲比率(β_t)被 delta(δ_t)所代替,这来自于能够用来对冲头寸的复制期权。此时,期权的 delta 在即期汇率和时间因变量上同时替代了 beta。

$$V_t = [(X_t - \delta_t X_t) \times S_t] + [\delta_t X_t \times F_t]$$

一旦建立起以 beta 为基础的对冲比率,标的即期汇率相对细微的改变将会对全部头寸的价值产生相对较小的影响。当标的即期汇率随着时间变化时,对冲比率需要更新,同时对冲的头寸将重归平衡。

与诸如 100% 的远期抛补、货币市场对冲、购买期权等传统的静态对冲策略相反的是,delta 对冲策略是一种动态策略,它需要在对冲期间连续地监控并周期性地使之重新平衡。也就是说,公司有可能在确定的汇率条件下,比传统的静态远期策略获得更好的结果,甚至汇率在敞口存在期间朝着不利于公司的方向变动时也是如此。

第9章 经营风险

本章我们继续拓展第8章中的交易风险概念，并加入关于时间以及创造跨国企业价值的未来大规模现金流的讨论。**经营风险**（operating exposure）也被称为**经济风险**（economic exposure）、**竞争风险**（competitive exposure），有时甚至被称为**战略风险**（strategic exposure），它衡量由非预期汇率改变引起公司未来经营性现金流的变化对公司现值的影响。经营风险分析就是评估汇率的改变对公司随后几个月到几年的经营以及竞争力的影响。这样做的目的在于确定当面临非预期的汇率变动时，公司该采取怎样的策略或经营手段以稳定公司的价值。

经营风险和交易风险都与未来的现金流息息相关。它们的差别在于管理层所考虑的是哪种现金流；以及当汇率改变时，现金流为什么发生变化。

9.1 经营风险的特性

衡量一家公司的经营风险需要预测并分析公司未来个体交易的风险，以及公司全部竞争者和潜在竞争者所带来的风险。下面我们利用一个简单的例子来阐明这一点。

像柯达（美国）这样的跨国公司在任何时候都面临着大量的交易风险。柯达在美国、日本和欧洲销售，因而拥有持续性的外汇应收（应付）账款。在已签订合约中产生的销售收入和费用是传统的**交易风险**。如果销售在很大程度上是基于柯达的经营历史和市场份额，而不具有法律的保障，则构成了**预期交易风险**（anticipated transaction exposure）（在计算外汇收益和损失时，会经常用到这个术语）。

如果从长远的角度分析，公司由于汇率变动会引起怎样的外汇风险？汇率改变给柯达带来的更长期限的风险是什么？未来汇率变化不仅会改变公司外汇现金流的本币价值（在此例中为美元），同时也会改变所产生的外汇现金流的金额。柯达的任何未来现金流的改变都依赖于公司在不同市场上的竞争力状况。而柯达的国际竞争力将受到主要竞争对手富士（日本）和Agfa（德国）经营风险的影响。当汇率变动难以预测时，更长期限的分析就成了经营风险分析的目标。

从一个更广泛的角度来看，经营风险并不仅仅是公司未来现金流对汇率非预期变动的敏感度，还包括对其他关键宏观经济变量的敏感度。这些因素被称为**宏观经**

济的不确定性(macroeconomic uncertainty)。第4章介绍了汇率、利率和通货膨胀率之间的平价关系。然而,这些变量经常处于一种不均衡的状态。因此,利率和通货膨胀率的非预期变动也将影响公司未来的现金流,但二者产生的影响是不同的。**金融实务专栏9.1**解释了宏观经济的不确定性。

金融实务专栏9.1

GLOBAL FINANCE IN PRACTICE

沃尔沃汽车公司

沃尔沃汽车公司是沃尔沃集团(瑞典)的子公司,而该公司的例子说明了各种宏观经济变量对一家跨国公司的影响,这些变量包括汇率、利率和价格等**宏观经济不确定性因素**。沃尔沃的大部分汽车都在瑞典生产,而大部分零部件都是从德国进口,产品则主要销往美国。沃尔沃汽车的高管人员和大部分的金融分析师都相信瑞典克朗在20世纪90年代将相对美元贬值,同时对德国马克升值,这些将使沃尔沃汽车公司受益。我们对沃尔沃的现金流作了统计上的分析,得到了这些现金流对相关宏观经济变量的敏感度。有三个变量解释了现金流的大部分非预期变动。这三个变量是:

1. 瑞典克朗/德国马克的汇率。克朗的贬值将增加沃尔沃汽车公司的现金流。
2. 瑞典克朗的短期利率。利率的减少会使得汽车的需求增加,从而增加沃尔沃汽车公司的现金流。
3. 德国生产商的价格。这些价格的上涨将增加沃尔沃汽车公司的现金流。

这些结果反映了一个事实,即:沃尔沃汽车的主要竞争者是声名显赫的德国汽车制造商宝马、梅赛德斯和奥迪。因此对沃尔沃汽车长期经营风险的衡量将依赖于它的竞争对手在宏观经济变量发生非预期变化时的敏感度,这些变量包括汇率、利率和通货膨胀率。(自这项研究开始以来,沃尔沃汽车已经被福特收购而且德国马克也被欧元所取代。)

资料来源:Lars Oxelheim, and Class Wihlborg, "Measuring Macroeconomic Exposure:The Case of Volvo Cars", *European Financial Management*, 1995, Vol. 1, No. 3, pp. 211—263. This analysis was written before the introduction of the euro.

9.1.1 经营性现金流和融资性现金流

跨国企业的现金流可以被划分成**经营性现金流**(operating cash flow)和**融资性现金流**(financing cash flow)。经营性现金流来自于公司之间(没有关联的公司之间)和公司内部(同一家公司的子公司之间)的应收应付账款、租金和设备的租赁支付、使用技术和知识产权所需支付的版税和许可证费用,以及提供服务所需的各种管理费。

融资性现金流是对公司内部和外部贷款(本金和利息)以及股东权益(新的股权投资和红利)的支付。这些现金流中的每一笔都可能在不同的时段,以不同的金额、不同的币种及不同的概率发生。我们在图表9.1中总结了各种可能的公司内部现金流。

图表 9.1 母公司和子公司间的融资性和经营性现金流

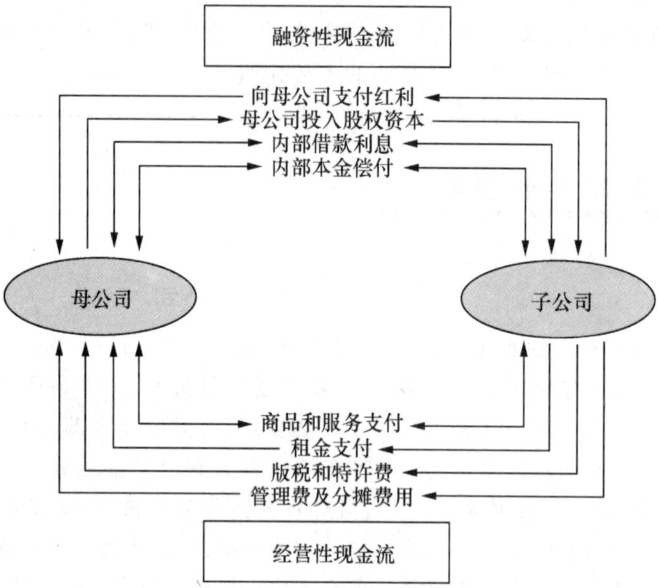

9.1.2 预期的和非预期的现金流变化

对于长期健康发展的经济而言,经营风险比交易风险或转换风险重要得多。然而,经营风险的评估不可避免地会带有主观色彩,因为它是对未来任意时段现金流变化的估计。因此它并不由会计过程产生,而是来源于经营分析。经营风险的规划完全是管理层方面的责任,这是因为它依赖于财务、营销、采购、技术和产品等策略之间的相互影响。

经营风险的定义中并不包括汇率的预期变动,这是因为管理者和投资者在评估经营结果和市场价值时已经考虑了这些信息。从管理层的角度来看,预算后的财务报表已经反映了汇率预期变化所产生的影响。例如,在均衡状态下,远期汇率将被当做未来即期汇率的无偏估计。在这样的情况下,管理者应当在确定预算时使用远期汇率,而不是假设即期汇率保持不变。

还有另外一个例子:用来偿还摊销债务的预期现金流应当已经反映了国际费雪效应。预期的本金和利息偿付规模应当是预期汇率的函数而不是即期汇率的函数。

从投资者的角度来看,如果外汇市场是有效的,那么有关汇率变化的预期信息应当是广为人知了,并已经反映在公司的市场价值中。只有当汇率非预期地改变或处在一个非有效的外汇市场中,才能改变公司的市场价值。

9.2 经营风险影响的度量

根据影响时间区段的长短,汇率的非预期变化可以从四个层次上影响公司的预期现金流。

9.2.1　短期

第一个层次是对一年期经营预算预期现金流的影响。收益或损失取决于预期现金流的货币种类。对于已有的义务而言,货币种类是不能改变的;比如交易风险中已经确定的货币,或者是在隐含义务中确定的货币,例如有购买或销售协议。除了明确的和隐含的义务外,销售价格或再谈判成本在短期内是很难改变的。因此实际的现金流将不同于预算中期望的现金流。然而,随着时间的推移,价格和成本可以改变以反映汇率变化所带来新的竞争环境。

9.2.2　中期:均衡的情况

第二个层次是对预期中期现金流的影响,比如两年至五年的预算;同时我们还假设汇率、通货膨胀率和利率之间保持一种平价关系。在均衡的情况下,公司应该能够根据时间的变化,调整价格和成本以保持现金流的预期水平。在这种情况下,预期现金流的币种不如现金流来源国那么重要。国家的货币政策、财政政策和收支平衡政策决定了均衡的状态是否会继续存在,以及是否允许公司调整价格和成本。

如果均衡状态能够持续存在,并且公司能够自由调整它的价格和成本以维持其预期的竞争力,那么公司的经营风险就可能为零。在这种情况下,由于汇率变动是可以预测的,因此公司的预期现金流将能够实现,则公司的市场价值保持不变。然而,同样有可能在均衡状态存在的情况下,公司不愿意或没有能力调整其经营以适应新的竞争环境。此时,公司将承担经营风险,因为可以实现的现金流与预期的现金流不同。这种情况的结果是公司的市场价值也会发生改变。

9.2.3　中期:非均衡的情况

第三个层次是假设不均衡状态存在时,对预期中期现金流的影响。在这种情形下,公司可能无力调整价格和成本以反映由汇率变化引起的新的竞争环境。公司实际产生的现金流将不同于预期的现金流。公司的市场价值也可能由于意想不到的情况而发生改变。

9.2.4　长期

第四个层次是对预期的长期现金流的影响,这里的长期指的是五年以上的时间。在长期,公司现存和潜在的竞争对手将在非均衡状态下对汇率变动作出反应,而这些反应又将影响公司的现金流。实际上,从长期来看,只要外汇市场没有持续处于均衡状态,那么所有面临国际竞争的企业(不论其是国内企业还是跨国企业),都将暴露在外汇经营风险之中。

9.3 经营风险案例分析:Carlton 公司

为了阐明经营风险的影响,我们使用 Carlton 公司作为例子。Carlton 公司是一家假想的美国跨国企业,其总部、研究机构和生产线都位于加利福尼亚州的帕洛阿尔托。它主要为世界范围内的电信企业生产相关设备。Carlton 在德国的慕尼黑(Carlton 德国),巴西的圣保罗(Carlton 巴西)拥有全资的生产、销售和服务子公司。

图表 9.2 描述了当欧元的价值出现未预期的变化时,Carlton 公司面临的两难选择,因为欧元是德国子公司经营活动的常用货币。Carlton 公司所报告的赢利(赢利和每股赢利——EPS——需要向华尔街报告)中很大一部分来自欧洲分部。如果欧元价值非预期地下跌,Carlton 在德国的收入将如何变化(用欧元表示价格和成交额)?竞争者将会如何对此作出反应?接下来的部分,我们解释了在短期和中期可能发生的各种结果。

图表 9.2 **Carlton 集团与 Carlton 德国子公司**

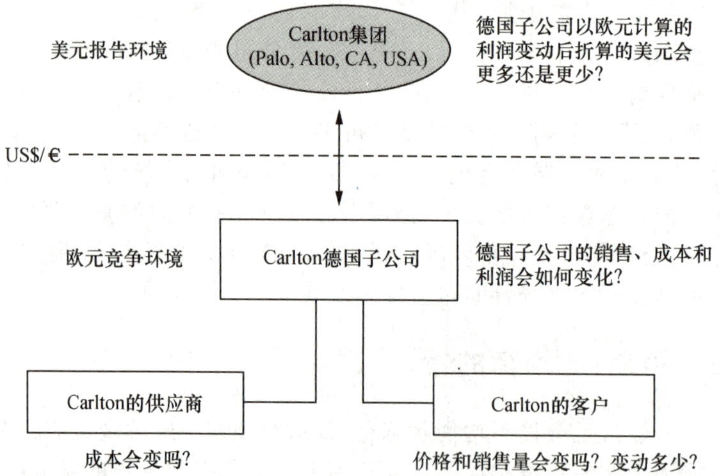

欧元的非预期贬值既改变了子公司的竞争力,也改变了与母公司合并后的财务结果。

9.3.1 基准情形

Carlton 德国子公司利用欧洲的原材料和劳动力在德国生产。半数产品在欧洲以欧元标价销售,另外一半出口到非欧洲国家。所有的销售都用欧元入账,并且应收账款相当于全年销售额的四分之一。换句话说,平均的货款回收期限是 90 天。存货等于每年直接成本的 25%。Carlton 德国子公司能够在不显著改变每单位直接成本或管理费用的情况下,扩大或收缩产量。工厂和设备的年折旧额为€600 000,德国的公司所得税是 34%。

图表 9.3 显示了 2005 年 12 月 31 日的资产负债表和各种可能发生的情况。我们假设在 2006 年 1 月 1 日,此时商业活动尚未正式开始,欧元价值非预期下跌 16.67%,即从 \$1.2000/€跌至 \$1.0000/€。如果欧元没有贬值,那么 Carlton 德国子公司预期在 2006 的表现将如图表 9.3 下面的部分所示,从经营中产生 \$2 074 320 的现金流。

图表 9.3 Carlton 德国子公司

	A	B	C	D	E	F	G	H
1								
2								
3		**图表 9.3 Carlton 德国子公司**						
4		资产负债表,2005 年 12 月 31 日						
5		资产		负债及净值				
6		现金	€ 1 600 000	应付账款		€ 800 00		
7		应收账款	3 200 000	短期银行贷款		1 600 000		
8		存货	2 400 000	长期债务		1 600 000		
9		厂房设备净值	4 800 000	普通股		1 800 000		
10				留存收益		6 200 000		
11		总资产	€ 12 000 000	总负债及净值		€ 12 000 000		
12								
13		假设		基准情形	例一	例二	例三	
14		汇率,$/€		1.2000	1.0000	1.0000	1.0000	
15		销售量(单位)		1 000 000	1 000 000	2 000 000	1 000 000	
16		单位销售价格		€ 12.80	€ 12.80	€ 12.80	€ 15.36	
17		单位直接成本		€ 9.60	€ 9.60	€ 9.60	€ 9.60	
18		应收账款(占销售额百分比)		25.00%				
19		存货(占直接成本百分比)		25.00%				
20		资本成本(年贴现率)		20.00%				
21		所得税率		34.00%				
22								
23		全年现金流量(调整前)						
24		销售收入		€ 12 800 000	€ 12 800 800	€ 25 600 000	€ 15 360 000	
25		商品销售直接成本		9 600 000	9 600 000	19 200 000	9 600 000	
26		现金营运支出(混合)		890 000	890 000	890 000	890 000	
27		折旧	600 000	600 000	600 000	600 000		
28		税前收益	€ 1 710 000	€ 1 710 000	€ 4 910 000	€ 4 270 000		
29		所得税支出	581 400	581 400	1 669 400	1 451 800		
30		税后利润	€ 1 128 600	€ 1 128 600	€ 3 240 600	€ 2 818 200		
31		加回折旧	600 000	600 000	600 000	600 000		
32		营运现金流(欧元)		€ 1 728 600	€ 1 728 600	€ 3 840 600	€ 3 418 200	
33		营运现金流(美元)		$2 074 320	$1 728 600	$3 840 600	$3 418 200	
34								
35		2006—2010 年因条件变化产生的营运资本调整						
36		应收账款		€ 3 200 000	€ 3 200 000	€ 6 400 000	€ 3 840 000	
37		存货		2 400 000	2 400 000	4 800 000	2 400 000	
38		加总		€ 5 600 000	€ 5 600 000	€ 11 200 000	€ 6 240 000	
39		与 2003 年基准条件相比的变化值		€ —	€ —	€ 5 600 000	€ 640 000	
40								
41			年份	年末现金流				
42			1(2006)	$2 074 320	$1 728 600	$(1 759 400)	$2 778 200	
43			2(2007)	2 074 320	1 728 600	3 840 600	3 418 200	
44			3(2008)	2 074 320	1 728 600	3 840 600	3 418 200	
45			4(2009)	2 074 320	1 728 600	3 840 600	3 418 200	
45			5(2010)	2 074 320	1 728 600	9 440 600	4 058 200	
47								
48		年末现金流现值						
49				$6 203 487	$5 169 572	$9 069 593	$9 946 379	
50								

（续表）

	A	B	C	D	E	F	G	H
51			年份	年末现金流相对基准条件的变化值				
52			1(2006)	na	$(345 720)	$(3 833 720)	$703 880	
53			2(2007)	na	(345 720)	1 766 280	1 343 880	
54			3(2008)	na	(345 720)	1 766 280	1 343 880	
55			4(2009)	na	(345 720)	1 766 280	1 343 880	
56			5(2010)	na	(345 720)	7 366 280	1 983 880	
57								
58				年末现金流增量现值				
59				na	$(1 033 914)	$2 866 106	$3 742 892	
60								
61								
62								
63								
64								
65								
66								
67								
68								
69								
70								
71								
72								
73								
74								
75								

主要单元格输入

C11: = SUM(C6:C10), copy to F11	D33: = D32 * D14, copy to D33:F33
D18: = C7/D24, copy to D19	D36: = $D18 * D24, copy to E36:G37
D24: = D$15 * D16, copy to E24:G25	D38: = SUM(D36:D37), copy to E38:G38
D26:Enter as data value, copy to E26:G	D39: = D38 − $) $38, copy to E39:G39
D27:Enter as data value, copy to E27:G	D42: = D33 − D39, copy to E42:G42
D28: = D24 − SUM(D25:D27), copy to E28:G28	D43: = D$33, copy to E43:G45
D29: = $D$21 * $28, copy to E29:G29	D46: = D33 + D39, copy to E46:G46
D30: = D28 − D29, copy to E30:G30	D49: = NPV($D$20, D42:D46), copy to E49:G49
D31: = D27, copy to E31:G31	E52: = E42 − $D42, copy to F52:G56
D32: = D30 + D31, copy to E32:G32	E59:NPV($D$20, E52:E56), copy to F59:G59

经营风险取决于非预期的汇率变化是否会导致销量、销售价格或经营成本的非预期变化。伴随着欧元的贬值，Carlton 德国子公司可能会选择维持国内的欧元售价不变，也可能试图提高国内的售价，因为此时在欧洲由于进口的竞争价格也更高了。公司可能会选择保持用外币、欧元或同时用外币和欧元报价保持出口价格不变。采取的策略主要取决于管理层对价格需求弹性的看法。从成本的角度看，Carlton 德国子公司将会提高售价，原因可能是进口的原材料或零部件更加昂贵，或者可能是因为德国国内的总体价格已经上升了而且雇员也要求更高的薪酬来抵消国内的通货膨胀。

欧元贬值对需求产生的影响也可能部分决定 Carlton 德国子公司的国内销售收入和成本。随着欧元的贬值使得德国商品的价格在开始时变得更加有竞争力，从而刺激了欧洲进口部门对商品的购买以及德国商品的出口，因此德国的国民收入也应该增加。这个预测假设欧元贬值对价格的有利影响不会立即被更高的通货膨胀所抵消。这样的话，Carlton 德国子公司可能会因为价格效应和收入效应在国内销售更多的商品，而且由于价格效应可能在国际上会销售得更多。

为了说明各种贬值后的情形对 Carlton 德国子公司的经营风险的影响，考虑以下三种简单的情形：

例一：贬值；没有任何变量发生变化。

例二：销量增加；其他变量保持不变。

例三：售价上升；其他变量保持不变。

为了计算每种情形下的现值变化,我们将设定五年的期限,计算美元/欧元的汇率变化引起的现金流变化。

9.3.2 例一:贬值;没有任何变量发生变化

假设在最初的五年里,销量、售价或经营成本都没有发生任何改变。在随后的年份里,用欧元表示的利润将等同于预期的水平,从经营活动中获得的现金流为€1 728 600,正如图表9.3所示。在新的汇率\$1.0000/€下,2006年这笔款项用美元表示将为€1 728 600 × \$1.0000/€ = \$1 728 600。图表9.3显示,在接下来的五年里(2006—2010),每年年末现金流量与基准情形的差额将达到\$345 720。

图表9.3计算了这一系列损失的美元现金流折现值为\$1 033 914。

9.3.3 例二:销量增加;其他变量保持不变

我们假设贬值后,由于现在德国制造的电讯零部件与其他进口设备相比变得更加有竞争力了,所以它在欧洲的销量翻倍了。此外,由于德国制造的零部件相对于那些货币没有贬值的国家所生产的零部件更加便宜,这使得公司出口量也翻倍了。由于Carlton德国子公司在德国的经营成本并没有发生任何改变,并且公司看到了增加销售市场份额的机会,这使得用欧元表示的售价得以保持不变。

图表9.3显示第一年(2006年)的预期现金流为\$3 840 600。然而,由于销量翻番需要对应收账款和存货进行额外的投资,因此这个金额不是实际获得的。虽然这些额外投资的一部分可以通过增加应付账款来融资,但我们假设增加的运营资本是通过经营活动中产生的现金流来融资的。

2006年末,应收账款将等于每年销售额的四分之一,即€6 400 000。这部分金额两倍于2005年末的应收账款€3 200 000,增加的€3 200 000必须通过可得的现金来进行融资。年末的存货为每年直接成本的四分之一,即€4 800 000,相对年初的水平增加了€2 400 000。应收账款和存货一共增加了€5 600 000。在五年期的最后一年(2010)末,公司可以重新获得这些增加的现金流出,这是因为任何在当前资产上的投资最终都将转化成现金。

假设交易量、价格或成本都没有进一步变化,则未来五年的现金流入将如图表9.3所示。在本例中,贬值将使得第一年的现金流大幅下滑,从没有贬值时预期的\$2 074 320下降至-\$1 759 400。尽管如此,余下四年的现金流因为贬值带来的经营效应而有显著的增加。随着时间的推移,Carlton德国子公司为其所有者产生了更多的现金。长期来看,贬值带来了经营收益,而不是经营损失。

在第二种情形下,Carlton公司在贬值之后变得更好了,其中的原因在于销售量翻倍了,而与单位美元等价的销售价格却仅仅下降了16.67%——也就是欧元贬值的百分比。换句话说,公司产品的价格需求弹性大于1。

9.3.4 例三:售价上升;其他变量保持不变

假设以欧元表示的售价从每单位€12.80上升至每单位€15.36,这样就保持了同样的美元等价价格(这种改变抵消了欧元贬值的效果)。我们进一步假定在价格上升的情况下,销售量仍然保持不变;也就是说,客户希望支付同样的美元等价价格并且本地的成本不会发生变化。

由于钉住国际价格水平的销售价格上升了,因此欧元贬值后,Carlton德国子公司的经营情况比以往更好了。然而,销售量却并没有下降。新的应收账款水平将达到新的销售额€15 360 000的四分之一,即€3 840 000,在基准情形的水平上增加了€640 000。由于每年的直接成本并没有改变,因此存货投资为€2 400 000,这些金额等于基准情形中的金额。

每年预期的美元现金流超过了在没有贬值情况下预测的$2 074 320。运营资本的增加导致2006年的净现金流仅为$2 778 200,但从那以后每年的现金流为$3 418 200,而在第五年还额外获得了$640 000的经营资本。

经营杠杠是现金流量提升的关键因素。如果成本以欧元表示并且在贬值后并不增加,那么贬值引起的售价上升将带来更高的利润。

9.3.5 其他的可能性

如果销售收入中有部分是用其他外币表示的话,那么情况将有所不同。Carlton德国子公司可能会保持以这些外汇表示的售价不变,而这实际上是提高了欧元的等价价格。另外,它还可能保持欧元的等价价格不变,通过降低外汇售价以增加销售量。当然,它同样可能选择上述两个极端之间的策略。策略的选择取决于出口商的需求价格弹性以及海外与国内销量的比例,不同的策略可能会使总的销售收入上升或下降。

如果部分或全部的原材料或零部件都需要进口并以硬通货来进行支付,那么欧元的经营成本在欧元贬值后将上升。另一种可能性是当地(并非进口)的欧元成本在贬值后将上升。

9.3.6 损失的度量

图表9.3总结了三种情况的预期年末现金流的改变,并且将它们与预期没有贬值发生时的现金流(基准情形)进行了对比。然后以Carlton假定的加权平均资本成本率为20%对这些变化进行贴现,以获得经营风险收益(损失)的现值。

在例一中,欧元贬值后没有发生任何的改变,Carlton经营损失的现值为($1 033 914)。在例二中,贬值后的价格没有发生任何变化,但销售量翻倍了,Carlton经营收益的现值为$2 866 106。在例三中,欧元的售价增加了,但销售量却没有发生任何的变化,由贬值带来的经营收益的现值为$3 742 892。贬值后,可能会出现无限多种销量、价格和成本的组合方式,这些组合可能会在贬值后立即生效或一段时间后才发生变化。

9.4 经营风险的战略管理

运营和交易风险管理的目标是预测并影响由于未预期到的汇率变化所导致的公司未来现金流的变化，而不仅仅是希望获得最佳结果。为了满足这个目标，管理层将多元化公司的经营与融资基础。管理层同样能够改变公司的经营与融资政策。

对于管理层而言，在这个战略水平上管理经营风险的关键，是要认识到平价状态下的非均衡状态，并且以最合适的方式来作出反应。如果公司在国际上广泛分散它的经营和融资项目，这个任务就能够最好地被完成。多元化经营意味着分散销售、工厂的位置和原材料的来源。多元化融资意味着在多个资本市场上以多种货币来筹集资金。

多元化策略允许公司作出积极的或消极的反应，这取决于管理层的风险偏好，以及外汇、资本和产品市场上发生非均衡状态时出现的机会。这样的策略并不要求管理层预测非均衡状态何时出现，但需要在它出现时能够识别它。这要求管理层考虑他们的竞争者在面临经营风险时是如何处理的。这种知识能够得知哪家公司在非均衡的状态时得到了收益或损失。

9.4.1 多元化经营

如果公司在国际上进行多元化操作，管理层必须提前安排，使得能够在非均衡状态发生时能够确认它并同时对它采取竞争性的反应。考虑购买力平价暂时处于非均衡状态的情况。虽然非均衡状态不能够被提前预测，但一旦这种不均衡状态发生了，管理层就能够立即发现征兆。例如，公司可能会注意到位于不同国家工厂的可比成本的变化。公司同样能够注意到边际利润的变化或地区之间销量的对比，这取决于需求的价格和收入弹性以及竞争者的反应。

当意识到世界范围内竞争环境的暂时性变动时，管理层就可以改变经营战略。管理层可能会在获取原材料、零部件或成品方面作出边际调整。如果还有闲置的生产能力，那么就能够在一个国家增加产量而在另一个国家减少产量，加强了出口市场上的营销作用。在出口市场里，市场的作用被加强了，公司的产品由于非均衡状态而在出口市场上的价格优势变得更加明显。

即使是管理层在汇率变化时不积极地改变其正常的经营，公司也会经历一些有益的组合效应。由于在非均衡状况下汇率的变动会在一些市场增加公司的竞争力而在另一些市场削弱公司的竞争力，所以公司的产品、资源和销售的国际多元化可能会减少现金流的变化。在这种情况下，经营风险将被中和。**金融实务专栏 9.2** 展示了 Goodyear 通过定期改变经营战略来应对墨西哥比索的贬值。

金融实务专栏9.2

GLOBAL FINANCE IN PRACTICE

固特异轮胎橡胶公司对墨西哥比索贬值作出的反应

1994年12月20日，固特异墨西哥的管理者在他的汽车广播里听到了墨西哥比索已经大幅下跌的消息，他立即会见了他的经理以评估公司遭受的损失。几天后，他指出国内对他们轮胎的需求将下跌百分之二十，即每天3 000个轮胎。他的选择是：解雇员工或立即找到新的出口市场，这些必须在他的货仓爆满之前完成。

位于俄亥俄亚克朗市的固特异轮胎橡胶公司总部的人员加入了他的团队，他们不但找到了足够的出口经销商来填补国内市场每天3 500个轮胎销量的下滑，而且找到了位于墨西哥城以北15英里地域可以多销售1 600个轮胎，创造了公司的最高销量纪录。一个进口原料且出口多种轮胎的贸易站在1992年用船运走了其一半的产品，大部分的产品被运往美国，还有一部分被运往南美和欧洲。这家公司迅速地从一家净进口商转变成了一家净出口商。

相对于进行国际多元化经营的跨国企业，一家纯粹的国内企业可能会完全受到外汇经营风险的影响，即使在它没有外汇现金流的情况下也同样如此。例如，它可能会在国内市场上经历着与在货币被低估的国家生产的进口商品的激烈竞争。

一家纯粹的国内厂商在应对国际非均衡状况时没有选择的权利，这一点与跨国企业有所不同。事实上，一家纯粹的国内厂商很难意识到非均衡状态的存在，这是因为从它自己的内部资源中得不到可比较的数据。当能够从公开的资源中获得外部数据时，再作出反应往往就太迟了。即使国内的厂商已经意识到了非均衡的状况，它也不能迅速地将产品和销售转移到以前从未涉足的国外市场。

9.4.2 多元化融资

如果一家公司多元化其融资渠道，它就能够利用国际费雪效应暂时性偏差的优势。如果利率的差异并不等于汇率的预期变化，那么将存在一个降低公司资金成本的机会。然而，要想转换融资渠道，该公司必须已经在国际投资领域中享有盛名，并与银行有着紧密的联系。我们再一次指出，融资渠道仅限于一个资本市场的国内公司并没有选择的权利。

就如我们将在第11章中所指出的那样，不考虑货币的种类，融资渠道的多元化能够降低公司的资金成本并增加它融资的能力，并且可以使位于分割资本市场中的公司规避政府对资本市场的管制以及一些其他限制。对于新兴市场的公司而言，这一点尤其重要。

虽然我们推荐多元化作为外汇风险管理的策略，但这样的策略对其他的风险也有着同样的作用。尤其是我们假定国内经济周期与国际经济周期并不是完全相关时，这种策略能够减少由于国内经济周期产生的未来现金流的波动性。通过多样化分散诸如实行限制性的资本市场政策或政府在资本市场借款竞争此类的风险，不但能够增加融资的便利性，而且还能降低融资成本。并且多元化还能够分散政治风险，诸如征用、战争、资金冻结或使利润减少的法律变动等。这一系列来自国际多元化的优势甚至能够扩展到更多的领域，例如，分散落后技术所带来的风险和在资本资产定价模型的框架下减少组合风险——只不过现在我们提前讨论了多元化战略这一主题，它还会在本书后面的章节中出现。

9.5　经营风险的积极管理

经营风险和交易风险能够部分地通过采用一些抵消预期外汇风险的经营或融资策略来进行管理。通常所采用的六个主动性策略是：

1. 匹配货币现金流
2. 风险共担协议
3. 背对背贷款或平行贷款
4. 货币互换
5. 提前和延期支付
6. 再开票中心

9.5.1　匹配货币现金流

一种抵消某一特定货币预期的长期风险的方式是获得该种货币的债务。图表 9.4 描绘了一家向加拿大出口的美国企业所面临的风险。为了在加拿大市场进行有效地竞争，公司对所有的出口销售采用加拿大元来计价。这个政策导致了该企业不断地收到加拿大元。如果出口销售是一种连续的供给关系，那么持有加拿大元的头寸是相对可预测且连续的。这个连续不断的交易风险自然可以用远期合约或其他的合约来进行对冲，就如我们在前面章节中所讨论的那样。

但是如果公司能够为其不断流入的加拿大元找到一个持续的用途（即现金流出）会怎么样？如果公司在加拿大元市场上获得了它的部分债务资本，那么它就能够使用这部分相对可预测的加拿大元现金流来偿还加拿大元债务的本金和利息支付，并使得现金流能相互匹配。美国公司已经通过创造融资性现金流出来对冲经营性现金流入，而且它并不需要用诸如远期合约等金融工具来积极地管理风险。这种对冲的形式有时被称为**匹配**（matched），当风险现金流相对连续且可预测时，对冲就能有效地消除外汇风险。

图表 9.4 匹配:作为金融避险手段的债务融资

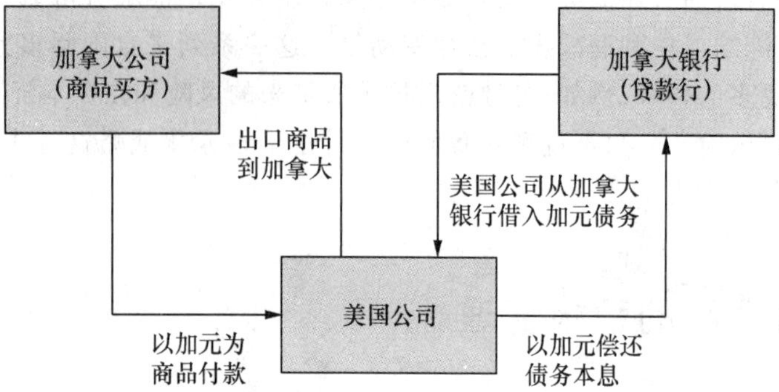

风险暴露:向加拿大出口商创造了一种加元流入的货币风险。

避险:以加元债务作为一种金融避险手段,因为它需要偿还本息,从而形成加元流出。

潜在的匹配策略几乎是连续的。第二种方案是美国公司在加拿大寻求原材料或零部件的潜在供应商,以替代美国供货商或其他外国供货商。公司不但拥有经营性的加拿大元现金流入和应收账款,而且拥有经营性的加拿大元现金流出和应付账款。如果现金流入和流出在规模和时间上大体上相同,那么这种策略将是自然对冲。“自然”指的是公司以经营为基础的活动。

第三种可选择的方案通常被称为**外汇转换**(currency switching),即支付加拿大元给外国的供货商。例如,如果美国公司从墨西哥进口零部件,而墨西哥公司的国际现金流正好短缺加拿大元,所以它们欢迎用加拿大元来进行支付。

9.5.2 货币条款:风险共担

有长期买卖关系的两个公司对长期现金流风险的管理可以选择的一种安排就是**风险共担**(risk sharing)。风险共担是一种合约安排,按照合约,买卖双方同意“共享”或分摊货币波动对它们的支付活动造成的影响。如果两家公司都对基于产品质量和供给可靠性的长期关系感兴趣,而不是基于对货币市场上产生的奇特想法,那么分享货币风险管理负担的合作协议可能是适宜的。

如果福特的北美公司每月从马自达(日本)进口汽车组件,年复一年,汇率的重大波动将使得一方受益而另一方受损。福特是马自达的主要股东,但它还不能控制马自达的经营。因此,风险共担协议在此时非常适用,两家公司之间的交易既是公司间交易同时也是公司内部交易。风险共担协议使这种合作关系变得更加稳固。一种能够让福特和马自达都接受的潜在的解决方式就是,双方达成协议,只要发票日的即期汇率,比方说在 ¥115/ $和 ¥125/ $之间,福特所有的购买在当期汇率下都用日元进行支付。如果支付日的汇率介于两个数值之间,那么福特将愿意接受这个存在的交易风险(因为它用外汇进行支付)。然而,如果汇率在支付日时跳出了这个区间,福特和马自达将平摊汇差带来的损失。

例如,福特在三月拥有 ¥25 000 000 的应付账款。如果发票日的即期汇率为 ¥110/ $,

那么日元将相对于美元升值，这将导致福特购买汽车部件的成本随即上升。由于汇率下跌到合约的范围之外，马自达将同意接受一笔日元支付，这笔支付来自于￥5/＄(也就是￥115－￥110)的汇差。福特支付的款项将为：

$$\left[\frac{¥25\,000\,000}{¥115.00/\$-\left(\frac{¥5.00/\$}{2}\right)}\right]=\frac{¥25\,000\,000}{¥112.50/\$}=\$222\,222.22$$

福特用日元表示的全部支付将使用￥112.50/＄的汇率来计算，从而为福特节省了＄5 050.51。在即期汇率为￥110/＄时，福特在三月的成本为＄227 272.73。福特和马自达之间的风险共担协议允许福特只支付＄222 222.22，比没有风险共担时节省了＄5 050.51的成本(这里的"节省"指的是增量成本的减少，并不是真实成本的减少)。当汇率波动超过指定的波段时，双方都产生了成本和收益。注意如果当汇率移至￥130/＄时，那么这种波动很容易让马自达处于获益的状态。

风险共担协议可以减轻汇率非预期的波动对合约双方的影响，当然，如果一种货币相对另一种持续升值，那么就要重新制定新的风险共担协议了，但这个协议的最终目标还是为了减轻这种对双方长期业务关系的货币压力。类似的风险共担协议已经应用了近五十年。而这在 20 世纪 60 年代还是少见的，因为此时的汇率在布雷顿森林体系下还相对比较稳定。但当 70 年代浮动汇率兴起时，有长期跨国客户供应商关系的公司又开始用这种老办法来维持他们长期互惠的贸易关系了。

9.5.3　背对背贷款

背对背贷款(back-to-back loan)也被称为**平行贷款**(parallel loan)或**信用互换**(credit swap)，这种贷款发生在当不同国家的两个企业在某一特定的时间里安排借入对方国家的货币的时候。在协议到期之时，它们再归还所借的货币。背对背贷款仍然发生在外汇市场之外，尽管在决定互换金额时，即期报价被用来作为决定互换金额数目的参考。这样的互换创造了被保护的对冲以弥补外汇损失，因为每一家公司都会在自己的账户上借入所需要偿还的货币。背对背贷款也同样适用于对任意一个国家的资本输出或输入存在实际或预期法律限制的情况。

图表 9.5 解释了一笔典型背对背贷款的结构。一家英国的母公司想给它的荷兰子公司注入资金，而一家荷兰的母公司想向它的英国子公司投入资金。为了完全地避开外汇市场，英国的母公司借英镑给荷兰的子公司，与此同时，荷兰的母公司借欧元给英国的子公司。这两笔贷款在当前汇率下的价值相等且拥有相同的到期日。在到期日之时，这两笔贷款将分别偿还给最初的借款者，这一次同样不需要通过外汇市场。这两笔贷款都不含有任何的外汇风险，而且它们不需要任何管理投资外汇的政府机构的批准。

图表 9.5 使用背对背贷款对冲货币风险

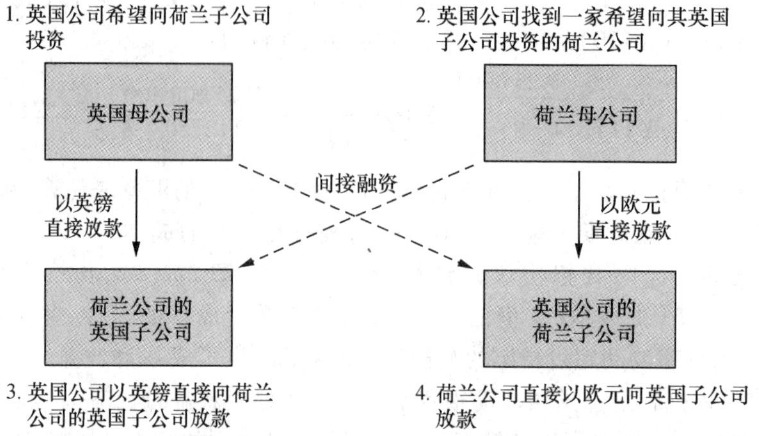

背对背贷款提供了一种母公司和子公司之间跨境融资的方法，它们无须承担直接的货币风险暴露。

背对背贷款并不需要母公司的担保，这是因为每笔贷款在另一笔贷款违约的情形下，都有相应抵消的权利。一个进一步的协议能够在两国即期汇率发生改变时仍然保持本金的平价。例如，如果英镑在 30 天里下跌超过了 6%，英国的母公司就必须提供更多的英镑给荷兰的子公司，使得两笔贷款的本金等价。一个类似的条款将在欧元贬值的情况下保护英镑。尽管这种平价条款可能会导致协议期间所借出本币数量的改变，但这并不会增加外汇风险，因为在到期日之时，所有的贷款都会用相同的货币来偿还。

在推广背对背贷款的使用时有两个基本的阻碍。首先是一家公司很难为所需要的货币、金额和时间找到一个合适伙伴，这也被称为**对手方**（counterparty）。其次，当一方在指定日期未能及时地归还资金时，风险仍然存在——尽管这些风险已经被最小化了，这是因为每一方在实际上都已对贷款进行了 100% 的担保，虽然是以不同货币进行的担保。这些劣势导致了货币互换的迅速发展和广泛使用。

9.5.4 货币互换

货币互换（currency swap）与背对背贷款类似，不同之处在于它并不出现在公司的资产负债表中。就如我们在第 6 章所介绍的那样，互换被广泛地用于双方之间的外汇协议，按照协议，将以给定数目的一种货币交换另一种货币，一段时期以后，再将交换的货币换回来。在特定的案例中，我们应当注意分清楚所采用的是哪种互换。

在一笔货币互换中，一家公司和一家做互换业务的交易商或银行同意在一段特定的时期内交换等价金额的两种不同货币。货币互换的到期期限最长可长达十年。如果一个国家的资金相对于另一个国家更加昂贵，那么就需要一笔费用来支付利率差异。做互换业务的交易商或银行在制定互换协议时扮演了中间人的角色。

一笔典型的货币互换首先需要两家公司在市场中借入资金，借入货币的类型是它们各自最熟悉的。例如，通常一家日本公司会按基本准则在本国的市场上借入日元。然而，如果日本公司出口货物到美国并赚取美元，那么它将希望构建一笔**对应的现金流对冲**，这将使日本公司能够用赚取的美元来支付美元债务。然而，如果日本公司不是太熟悉美国的金融市场，那么它可能并不准备获得美元债务。

借入美元的一种方式是参与**跨币种互换**（cross-currency swap）（请参照图表 9.6）。日本公司能够将它的日元债务与其他公司的美元债务进行交换。这种互换能够让日本公司"支付美元"并且"收到日元"。这时日本公司能够在没有借入美元的情形下获得美元债务。同时，一家美国公司能够以相反的方向进入跨币种互换市场——"支付日元"并"收到美元"。互换交易商此时扮演了中间人的角色。

图表 9.6　**使用跨币种互换对冲货币风险**

日本公司和美国公司都希望进行跨币种互换，以便使用外币现金流入来偿还债务本息。

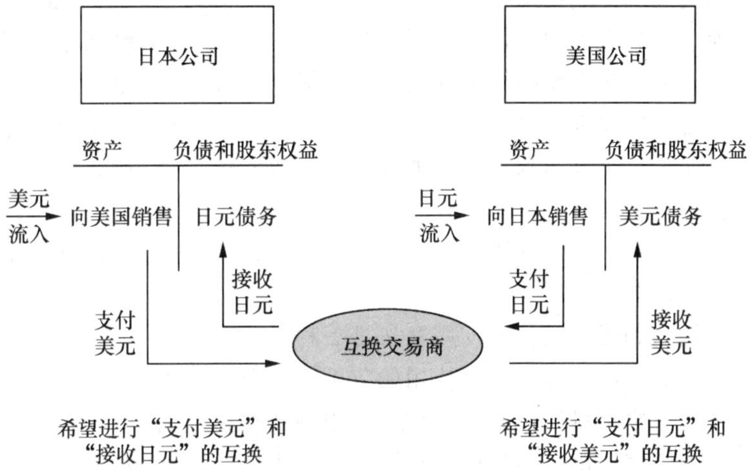

互换交易商以匿名的方式安排了大部分的互换，这意味着发起公司并不知道谁是互换交易的另一方——即对手方。公司往往将交易商或银行看成是对手方。因为互换市场是由世界上主要货币中心的银行控制，所以对手风险是可以被接受的。由于互换交易商的工作就是安排互换，因此交易商通常能够安排所期望互换的货币、金额和时间。

美国的会计师将货币互换看成是外汇交易而不是债务，并且在随后某个时期将互换看成一份远期合约。远期合约能够与资产相配套，但它们会进入公司的脚注而不是资产负债表项目。这样做的结果是转换风险和经营风险都被规避了，并且不会在资产负债表中创造新的长期应收账款和长期债务。我们能够制定与背对背贷款中相似的维持本金不变的条款，来防范汇率改变对长期货币互换中暗含的担保所带来的风险。如果汇率的改变超过了某一特定的数量——比如说 10%——就必须为贬值货币提供一笔额外的资金。

在 20 世纪 80 年代早期，货币互换在世界范围内推广后，已经成长为世界上最大的金融衍生品市场之一。第 14 章提供了对这个理论的详细解释以及在利率风险管理下对货币互换的应用。

9.5.5 提前和延期支付:重新安排资金转移时间

公司能够通过提前或延期外汇款项支付的时间来降低经营和交易风险。**提前**就是提前支付款项。一家持有"软通货"和"硬通货"计价债务的公司希望尽快用软通货来支付硬通货的债务。这样做的目的是为了在软通货贬值之前偿还债务。**延期**就是延期支付款项。一家持有硬通货和软通货计价债务的公司将延期偿还债务,希望能够减少所需的硬通货。如果可能的话,公司将同样提前和延期收取它们的应收账款,在提前收取软通货应收账款的同时,延期收取硬通货应收账款。

在关联的公司(公司内部)或相互独立的公司(公司之间)都能提前和延期支付,假定一家公司支付最终会被决定,那么提前和延期支付会导致公司的现金流和支付头寸发生改变,同时对另一家公司会产生相反的影响。

公司内部的提前和延期支付。关联公司之间的提前和延期支付相对更具可行性,这是因为它们拥有集团公司的共同目标。进一步地,一个跨国企业子公司之间的许多周期性支付为许多类型的提前和延期支付提供了机会。因为提前和延期支付的机会取决于支付自身的要求,所以在一个统一框架下进行经营的公司能够更加轻易地满足这些要求。如果每个公司都是一个独立的自负盈亏的实体,那么将不存在提前和延期支付的动机。当融资性现金流与外国子公司相关时,提前或延期支付的另外一个动机可能是为了流动性而重新配置资金。例如,一家被允许向母公司延期支付的子公司实质上是向母公司"借款"。

由于提前和延期支付的使用显然是一种最小化外汇风险并转移融资负担的技术,所以许多政府限制了这种技术使用的范围。当公司能够说明一个充分的理由时,政府限定的期限也常常可以协商。因此一些限制要服从于特例。例如,过去意大利对经合组织中其他国家进出口的延期支付没有任何限制。然而,对非经合组织国家则设置了180天的出口延期限制以及五年的进口延期限制。

公司之间的提前和延期支付。独立公司之间的提前和延期支付需要一家公司强行对时间进行选择,这将损害另一家公司的利益。例如,Carlton德国子公司可能希望提前收取用雷亚尔支付的巴西应收账款,因为它预计雷亚尔的价值将相对欧元下跌。但巴西客户为何要提前支付它们的应付账款?能用雷亚尔进行赊购是促使它们从Carlton德国子公司购买产品的部分原因。让巴西人提前支付应付账款的唯一方式是让德国的授信者提供折扣,这些折扣等于雷亚尔的远期贴现,或在均衡的情况下,巴西和德国的利息在提前支付这段时间里的利息差异。在均衡的情况下,"折扣"将消除Carlton德国子公司提前收取"软"通货的利益。

9.5.6 再开票中心

再开票中心(reinvoicing center)是一个独立的公司分支机构,它在母公司或同一地域的相关子公司与某一地域的所有国外分支机构之间担当"中间人"的角色。制造商向同一公司的分销商出售货物必须通过再开票中心,即先出售产品给再开票中心,再开票中心再将产品出售给同一家公司的分销商。所有权要流经再开票中心,但货物是直接从制造工厂——在本例中是 Carlton 有限公司——发送至国外的子公司,Carlton 巴西子公司。因此再开票中心仅仅处理文件,而没有存货。

如图表 9.7 所描绘的那样,Carlton 在美国的制造公司用美元给公司的再开票中心开出发票,再开票中心位于帕洛阿尔托的公司总部。然而,货物实际上直接被运往 Carlton 巴西子公司。再开票中心再以巴西雷亚尔将货物出售给 Carlton 巴西子公司。结果是所有的经营性子公司都只以本国的货币进行交易,并将所有的交易风险都集中于再开票中心。

图表 9.7　　**再开票中心的运用**

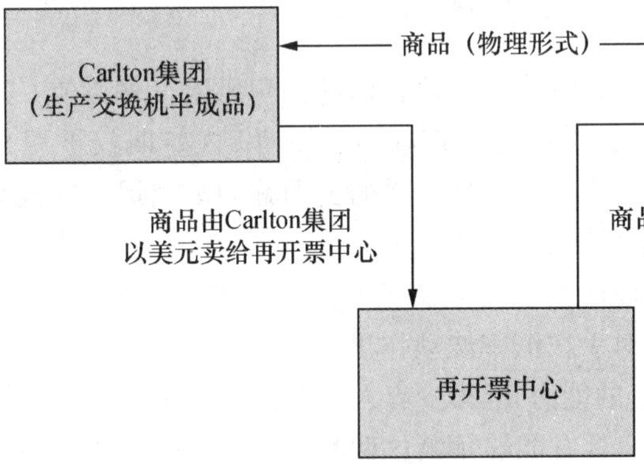

1. Carlton 集团直接将商品发运至巴西公司。
2. Carlton 集团以美元计价的发票传至再开票中心。
3. 再开票中心拥有这些商品的法定产权。
4. 再开票中心以巴西雷亚尔为 Carlton 巴西公司开票,从而将两个经营单位的货币风险都转移至再开票中心。

为了避免通过价格进行利润转移的控告,大部分的再开票中心都以成本加上很低的服务费用的价格将货物再次出售。再次销售的价格通常等于制造商的价格乘以购买者预期支付时的远期汇率,当然其他的组合也是可能存在的。这些费用覆盖了再开票中心的成本,但不会从经营性子公司转移利润。

再开票中心可以创造三种基本利益:

1. 管理外汇风险。中心的成立允许将公司间的全部外汇交易风险集中于同一个地方。再开票中心的工作人员拥有专门的技能,他们在任何时刻都能选择最好的对冲技术;同时由于他们处理的是大量交易,所以他们可能从银行获得更有竞争力的外汇报价。

2. 为未来的交易担保汇率。通过对未来的交易提供担保汇率,再开票中心能够提前确定公司当地的外汇成本。这个过程使得分销商能够向公司的非关联顾客公平出价,并保护其免受订单不足带来的存货风险;存货风险由于销售尚未被记录而不会体现在公司的账户里。销售商则能够专注于它们的市场营销活动,而且对于它们的业绩评估也不会受到汇率的影响。

3. 管理子公司内部的现金流。中心能够管理子公司内部的现金流,包括提前和延期支付。在再开票中心里,所有的子公司都以它们当地的货币设立了公司的内部账户。再开票中心仅仅需要对冲剩余的外汇风险。

再开票中心主要的弊端来自于成本与收益的对比。公司必须另外创建一个子公司,而且必须保持一个独立的账户。最初的设立成本可能比较高,因为已存在的订单程序必须进行重新调整。中心对税收状况、所有子公司的关税以及每个国家当地银行的外汇交易金额都有影响。建立再开票中心有可能引起税收部门的注意,可以肯定的是,再开票中心不会是避税的天堂。它最终会导致由税收和法律咨询引起的各种专业成本,以及经营管理该中心的人力成本。

9.5.7 合约方式:对冲不能对冲的风险

一些跨国企业试图用合约策略来对冲它们的经营风险。像默克(美国)和柯达(美国)这样的公司已经持有了长期的外汇期权对冲头寸,这些期权被用来对冲不利的汇率波动所带来的赢利损失。这种被许多这样的公司称为**战略风险**或**竞争性风险**的对冲方法,似乎对传统理论提出了挑战。

公司对冲"不能对冲"风险的能力取决于它的预测能力:(1) 对公司未来现金流的预测能力;(2) 对公司竞争对手在汇率波动作出反应的预测能力。尽管许多公司的管理层相信他们预测公司现金流的能力,但很少有人觉得自己能准确地预测竞争对手的反应。

默克的管理层觉得他们具有能够预测这两种不确定性的能力。由于制药业的产品是相对集中的,因而公司拥有相对可预测的长期收入。作为一家美国的出口商,它的产品在市场上的销售水平相对可预测,而且价格也经常被政府所管制,因此默克能够准确预测未来五到十年的长期净现金流。默克有相对集中的经营结构。它的研发和生产成本都高度集中。默克的管理层觉得如果市场出现长期不能预测的汇率波动的话,那么除了合约对冲外,没有别的方法能够对冲风险。默克购买了场外(OTC)的外币对美元的长期看跌期权,这被用来保障汇率波动带来的潜在损失。在默克的例子中,由于制药产业具有集中化的特性,默克要预测竞争对手对汇率波动作出的反应就没有那么必要了。

柯达是另一家在过去采用合约来对冲经营风险的跨国企业。柯达的管理层相信它的市场在很大程度上是价格引导的,而且知道它的主要竞争对手富士的生产成本主要是以日元计价的。如果美元在中期到长期不断升值,那么柯达在美国和国外的市场份额将下滑。柯达的领导者相信柯达的损失将是竞争对手的收益。柯达因此购买了外币的长期看跌期权,如果美元出现非预期的升值,这将对长期赢利起到保障作用。

期权头寸的数量依赖于所需要保护的性质。例如,如果柯达只想对汇率引起的净赢利损失进行保障,那么期权头寸将比试图保障全部销售收入的头寸小得多。给定此类型的长期看跌期权头寸相关费用,保护赢利将比保护销售收入更有益。

关于用合约来对冲经营风险的实际有效性依然是一个典型的问题。事实上,即使在因担心汇率波动而购买看跌期权头寸后,公司仍然在竞争中处于劣势。因为购买如此大规模看跌期权头寸的费用就不能用于潜在的多元化经营了,然而就长期而言,多元化经营能够更加有效地维持公司的全球市场份额和国际竞争力。

小案例

保时捷的风险[①]

BMW宣称在哪里生产汽车的决策是以市场需求为导向的，而不是因为外汇。但通过在美国和英国生产汽车，它仍然为自己创造了自然对冲。通过在这些市场产生的成本，公司大大地减少了外汇转换问题。而竞争对手保时捷在德国生产它的大部分汽车，所以它的成本大部分是以欧元计价。而它的收入中很大一块来自于在美国销售的运动型汽车。缺乏宝马的自然对冲，保时捷使用金融对冲来减少外汇波动的短期影响。

"Grappling with the Strong Euro", *The Economist*, June 5, 2003, p. 53

2004年1月，保时捷这家大名鼎鼎的运动型汽车制造商希望对它的汇率政策进行重新评估。保时捷的管理层总是对股票市场的观点漠不关心，但公司的外汇对冲策略已经受到了严厉的批评。虽然外汇对冲的结果是正的，但许多专家认为保时捷仅仅是"走了好运"。分析师对保时捷的情况越来越焦虑，认为公司实际上在对汇率波动进行投机，而这并不符合股东的最大利益。分析师估计有超过40%的赢利来自于外汇对冲。保时捷的董事长兼首席执行官，Wendelin Wiedeking博士现在希望修改公司的风险管理策略。

外汇风险

即使我们在美国只卖了很少的汽车，甚至没有卖出一辆汽车，我们仍然可以获利……因为我们廉价地买进美元，而现在却高价将其售出。我们的对冲非常棒；我们正在计算的价格水平显著地低于当前的价格水平，今天我就知道我们将在2006年赚取美元。我现在非常放松。

Dr. Wiedeking in Capital, 2nd quarter, 2003

保时捷有非常严重的美元风险（而且这些风险在不断增加），但在同业中，它的自然对冲水平是最低的。保时捷的赢利中有43%来自于2003/04E的对冲合约，在同业中是最高的。

Porsche, Citigroup Smith Barney, September 24, 2003, p. 5

在欧洲的汽车制造商中、宝马、梅赛德思、保时捷和大众都很明显地受到汇率波动的影响（主要是美元/欧元）。如图表A所示，保时捷的汽车生产地域和销售地域是最不匹配的。全球销售中的42%发生在北美自由贸易区市场，另外有11%发生在英国市场。在超过全球销量50%的市场中，保时捷没有制造或装配成本。

---

① This mini-case is abstracted with permission by authors from Porsche Exposed, by Michael H. Moffet and BarbaraS. Petitt, Thunderbird Case A06-04-0004.

图表 A 2002 年部分欧洲汽车商在英国和北美自由贸易区的销量和产量占全球的百分比

汽车制造商	英国		北美自由贸易区	
	销量	产量	销量	产量
宝马	11%	15%	26%	11%
菲亚特	6%	0%	0%	0%
梅赛德思	9%	0%	19%	7%
标致	12%	6%	0%	0%
保时捷	11%	0%	42%	0%
雷诺	9%	0%	1%	1%
大众	7%	0%	13%	7%

资料来源：公司报告及作者的估计。

然而，所有的欧洲汽车制造商都了解并关注公司的外汇风险。宝马和梅赛德思都已在近期宣布增加被分析师称为**自然对冲**（匹配美元收入和美元成本）的数量。宝马计划让它在南卡罗来那州 Sprtanburg 县制造工厂的产能翻倍。梅赛德思也同样宣布计划扩张位于亚拉巴马州制造工厂的产能，而与此同时，它的麦格纳斯太尔工厂是在缩减产能的。大众（VW）对冲美元风险的策略有些不同。VW 相信如果它增加在巴西的经营成本，那么它就需要特别地管理美元风险。在这种追求下，VW 宣布它将在巴西制造全部的宝莱汽车和 Fox 小型车，这大约占据了 VW 全部产量的 4%。

保时捷的风险非常清晰——它是一个世界性的品牌，但成本货币却是单一的。这家公司只在两个国家——德国和芬兰生产汽车（Boxster 是在芬兰维美德的特许协议下进行生产的）。这两个国家的货币都是欧元。保时捷相信它的发动机和制造质量是品牌的核心，而且领导者不希望将生产移出欧洲。

这意味着保时捷在欧元区以外的销售实质上都是出口销售，这将导致外汇风险非常地显著，可能给销售和利润带来极大的风险。保时捷在 2002—2003 年销售所得货币估计如下：欧元（€）45%，美元（$）40%，英镑（£）10%，日元（¥）3%，瑞士法郎（Sfr）2%。[②]由于在最后的汽车销售中缺乏本地销售，这使得汇率的敏感性上升。

如同欧洲的其他同行一样，保时捷在近年来也遭遇了美元价值的奇特变动。公司对美元风险的厌恶来自于 1992 年和 1993 年所遭受的损失，当时全球经济的衰退和美元的疲软导致了保时捷的销量在一年内下降了 38%。亏损所带来的记忆是持久的。从那时起，伴随着新的领导层和新的经济金融形势，保时捷启动了公司的外汇管理计划，一方面它将资金管理权集中了起来，另一方面它对冲了外汇风险。

保时捷的管理层采取了非常激进的外汇对冲策略，这项计划开始于 2001 年，当时欧元对美元处于历史的低位。北美的销量占全部销量的 40%，而且这个百分比预计将随着 Cayenne 销量的增长而得到进一步的提高，公司已经购买了一系列的美元看跌期权。这些期权将使得保时捷能够在未来以固定的汇率将北美销售所产生的美元兑换成

② 保时捷的美元收入在近年增长迅速。2003/2004 年拥有 18.36 亿美元的收入（汽车、金融和发动机服务加起来的收入），而 2001—2002 年收入为 16 亿美元，2002—2003 年收入为 17.5 亿美元。虽然收入每年都在变化，但由于公司同样有一些本地的费用（用美元表示），所以净美元风险大致在总收入的 70% 至 72% 之间。

欧元。作为中期策略,公司在 2002 年和 2003 年年初不断地购买看跌期权,以至于对 2006 年的汽车销售收入进行了 100% 的对冲。

为了采用这种策略,保时捷创造了看跌期权的三年滚动组合。对冲三年以外的美元风险需要公司不仅预测销量和随后出现的三年以外的风险,还需要持续持有相当于三年总风险净额的名义本金的期权。这种规模和到期日的期权组合成本(期权费用)并不是小数目。

保时捷预期美元的价值将下跌(同时欧元的价值将上升)。它因此购买执行价格为 $0.90/€ 的看跌期权,在随后的年份里,执行价格上升至 $1.00/€ 。只有时间能够辨别所选择看跌期权的执行价格能否提供显著的利润和保护。通过在欧元的历史低点锁定看跌期权的执行价格,保时捷获得了一定的保护以应对越来越坚挺的欧元——这是保时捷预期的,也是它所恐惧的。从对冲策略中获得的收益在 2002—2003 年得以实现,并且预计在随后几年里这种收益将越来越多。如图表 B 所示,对冲活动对公司基本收益(息税前利润)的影响并不总是这么成功。

图表 B **保时捷留存利润对息税前利润的影响**

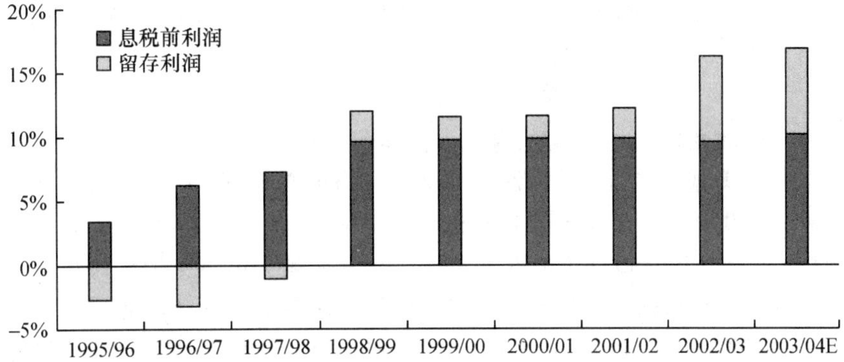

资料来源:CreditSuisse/First Boston, December 13/2003, pp.47,70. 2003/04 为估计值。

但现在越来越多的观点认为保时捷所采用的衍生品对冲策略并非最佳解决方案。他们希望能够认真地考虑美元债务融资和汇率转移策略。

美元债务。保时捷几乎不持有任何债务。长期债务在 2002—2003 年第一次超过了资产的 5%,而这些债务在很大程度上仅仅是暂时的。公司经营性现金流足以支付近年的资本费用和扩张,对投资活动进行内部融资,并能让现金账户不断地增长。实际上,现金和现金等价物在近年的大多数财政年度的末尾时达到了 17 亿欧元。

相比其他的汽车制造商,保时捷关于债务上的观点相当过激。保时捷的 CFO, Holger Harter 曾说过这样一句话:"当你不需要银行的时候银行会出现在你面前;而当你需要银行的时候,你却无法找到他们。"③

反对债务的哲学与保时捷在现金流和现金账户上的观点保持一致。Harter 认为:

③ Janel Kersnar, "Hot Wheels", CFO Europe.com, November 2002.

"我们需要最优化产生的全部现金流,这样我们才能对自己的增长进行融资,而且我们相信即使在未来发生任何超出我们控制的事情,我们也将能够活下来。这一点才是最关键的。"虽然像保时捷这样财务状况非常健康的公司能够轻易地获得长期美元债务,但当前的管理层非常讨厌负债。

汇率转移。汇率转移就是将部分或全部汇率改变的影响转嫁给最终的消费者,但保时捷的各个产品是不同的。"911"系列在很大程度上被认为不具有价格弹性,因此能够在提高以当地货币(主要是美元)表示的价格的同时保持销量不变。像 Boxster 这种在价格密集的市场中进行竞争的产品可能就不是这样。虽然 Cayenne 以很高的价格水平初次登台,但保时捷迅速地介绍这款低动力、低价格的产品,因为害怕高端市场不再增长。这三种汽车都有非常吸引人的息税前利润——甚至超过了世界上几乎所有其他的汽车制造商。这个组合也许能够消化一些由北美货币引起的价格压力,但不足以消化预期欧元对美元的变化。显然,如果欧元持续升值,保时捷将不能消化所有的价格变动——在北美的利润将必然下降。

"911"卡雷拉 4S Cabriolet 是"911"系列的最新款跑车,它有 320 马力,3.6 升排量的六缸发动机,最高时速可达 280 公里/小时,从静止到加速 100 公里/小时只需 5.3 秒。它的价格为 €85 900,这还没有包括增值税或关税。同时,保时捷计划给新款 Cabriolet 的价格为 \$93 200(2003 年 7 月):

$$价格^{\$} = 价格^{€} \times 即期汇率^{\$/€}$$

我们对该等式进行变形,再代入具体的价格:

$$即期汇率^{\$/€} = 价格^{\$}/价格^{€} = \$93\,200/€85\,900 = \$1.0850/€$$

相比从前在公开市场上能够获得的美元,这时的美元相当地坚挺,2003 年 7 月的平均汇率为 \$1.0850/€(大约 4.5%)。如果新款 Cabriolet 的利润接近 911 Targa,这种车当前的平均息税前利润为 10.1%,如果不将汇率的波动转嫁到美元价格上,利润将迅速被抵消。预计到 2004 年 7 月,欧元将上升至 \$1.25/€ 到 \$1.35/€ 之间,Wiedeking 和他的团队相信即使是"911"的价格也不能上涨得那么快。

事实上,保时捷当前的理念是不在价格上竞争,而在质量和数量上竞争。保时捷并不希望让价格清空市场。当前可能制定的计划包括停产和转移生产。CEO Wiedeking 公开表示有了芬兰维美德的生产协议作保障,保时捷能够通过一个电话在五小时内关闭 Boxster 的生产线。就长期而言,保时捷在考虑从芬兰维美德将大部分 Boxster 的产量转移至保时捷自有的 Stuttgart 工厂,并在"911"的销量下滑之时,将"911"的生产线转移至 Boxster。这些举措能够让保时捷在产品需求发生变化时还能够维持它的经营性利润。

Wiedeking 和 Harter 没有关注分析家们的观点或分析,但是许多分析家现在将保时捷的财务结果分成潜在的市盈率和实际的市盈率。例如,一个投资银行最近分析了保时捷的展望市盈率,把它分为 18 倍的潜在市盈率和 14 倍的实际市盈率,而不是用总的市盈率来评估公司。Wiedeking 和 Harter 又需要坐下来好好讨论一下他们当前的策略了。

案例思考题

1. 你认为保时捷的管理层是否恰当地考虑了股东权益?保时捷的股权结构将使

公共股东受益还是会损害他们的利益？

2. 就你看来，保时捷现有的外汇对冲策略是否能够保护它，使它能够避免不利的汇率波动？这个策略在长期和短期都同样有效吗？你能评价公司能够使用的其他对冲策略并对这些策略进行比较吗？

3. 你是否认为保时捷当前的对冲策略反映了管理层的特殊偏好以及考虑股东价值创造的所有权关系？你是否相信保时捷能够持续地预测未来欧元的波动？

小案例

丰田的欧洲经营风险

2002年1月，欧洲丰田汽车（TMEM）遇到了一个难题。说得更具体点，是TMEM的新董事长Toyoda Shuhei先生遇到了一个难题。他正在前往丰田汽车公司（日本）的办公室去解释在欧洲制造和销售汽车的连续损失。丰田汽车公司的首席执行官，Hiroshi Okuda先生希望能够从Toyoda Shuhei先生那里得到一些如何减少并最终消除损失的建议。形势非常危急，因为TMEM是唯一亏损的丰田子公司。

丰田和汽车制造

丰田汽车公司是日本最大的汽车制造商，如果按销售的汽车数量排名，它是世界第三大汽车制造商（550万辆，或每六秒生产一辆汽车），但在欧洲大陆的销量只能排第八。当边际利润被压缩、规模经济与范围经济被追捧、全球销量递减时，全球的汽车制造业和许多产业一样，近年来也经历了不断的合并。

丰田也同样如此。它已经不断地使它在各个地域的生产变得更加合理并增加了北美本地生产的数量。2001年，丰田在北美销售的汽车中有超过60%是在当地生产的。但丰田在欧洲的销售没有在任何一点上接近这个水平。大部分在欧洲销售的丰田汽车和卡车都仍然是在日本制造。2001年，在欧洲销售的汽车中仅有24%是在欧洲制造的（包括英国），剩余的都是从日本进口而来（详见图表A）。

欧洲丰田汽车在2000年卖出了634 000辆汽车。欧洲对于丰田而言是第二大外国市场，仅次于北美。TMEM希望欧洲的销量能够显著增长，并且计划到2005年前将欧洲的生产和销售扩大至800 000辆。但在2001年财政年度中，报告的经营损失高达98.97亿日元（在￥120/＄的汇率下相当于8 250美元）。TMEM在英国有三个装配工厂，在土耳其和葡萄牙分别有一个工厂。2000年11月，丰田汽车欧洲公开宣布，由于欧元贬值，公司在未来的两年里将不会产生利润。丰田在近期推出了针对欧洲市场的新车型，Yaris，这款车被证明是非常成功的。Yaris是一款1 000 cc排量的超小型交通工具，它在2000年销售了180 000辆。虽然Yaris是专门为欧洲市场制造的，但决策在日本工厂开始生产之前就已作出了。

图表 A 丰田汽车的欧洲货币营运结构

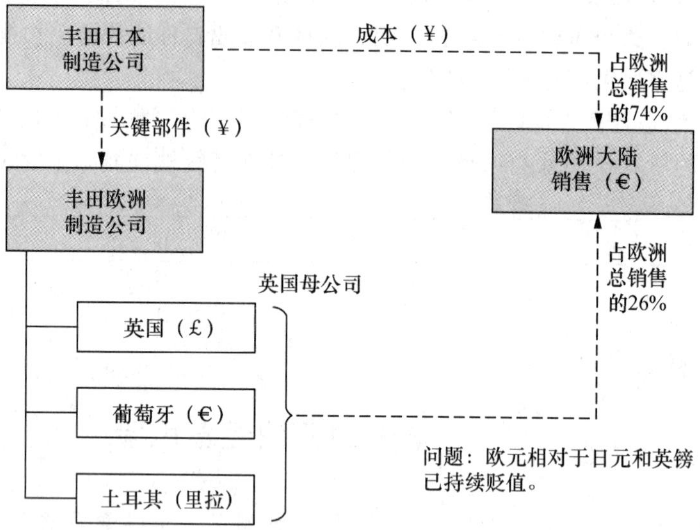

外汇风险

TMEM 所遭受的连续经营损失很大程度上来源于欧元价值的不断下跌。整个 1999 年和 2000 年的上半年，日元都在相对欧元升值（见图表 B）。虽然欧元在 2000 年的后半段有所回升，但仍然相对疲软。

图表 B 日汇率：日元/欧元，1999—2001 年

如图表 A 所示，大部分在欧洲大陆市场上销售汽车的成本是以日元计。当日元相对于欧元升值时，用欧元衡量的成本显著上升。如果丰田希望在欧洲市场上保持它的

价格优势,它就必须消化大部分的汇率变动,这使得汽车成品和运往欧洲制造中心的零部件的利润减少甚至为负。决定在日本生产 Yaris 更是使这个问题雪上加霜。

管理层的回应

丰田的管理层自然不会坐以待毙。2001 年,他们在法国的 Valenciennes 启动了一些生产线。尽管 Valenciennes 的产量在 2002 年 1 月还只在全部欧洲销量中占据一个相对较小的比例,但丰田计划持续扩张它的产能,预计到 2004 年占据欧洲销量的 25%。Yaris 的生产线也计划在 2002 年移至 Valenciennes。然而,装配能力是一个持续存在的问题,这意味着许多昂贵的高附加值的汽车仍然在日本或英国生产。

Shuhei 在 Okuda 先生的授权下,开始在当地采购以满足在英国的生产经营。TEME 希望减少从日本丰田进口关键零部件的数量,这样可以减少英国子公司的外汇风险。但正如图表 C 所示,即使是这些问题都解决了,由于欧元相对于英镑贬值,有效性仍将大大地降低。

图表 C 日汇率:英镑/欧元

案例思考题

1. 你认为丰田为何等待这么久的时间才将大部分在欧洲销售的生产线移往欧洲?

2. 如果英国将加入欧洲货币体系,这个问题就能够被解决吗? 你认为英国加入欧洲货币体系的可能性有多大?

3. 如果你是 Shuhei 先生,你将如何对你的问题和解决方式进行归类? 什么是短期的问题和长期的问题?

4. 你推荐丰田欧洲采用什么方式来解决持续经营损失的问题?

小结

◎ **外汇风险**衡量的是汇率波动对公司潜在的赢利能力、净现金流和市场价值的影响。三种主要类型的外汇风险是经营风险、交易风险和折算风险。

◎ **经营风险**衡量的是由未来经营性现金流变化所引起的公司现值的变化，而未来经营性现金流的变化是由非预期的汇率变化所导致的。

◎ 管理经营风险的策略强调构建公司经营的结构时要创造相匹配的外汇现金流，这种策略被称为**自然对冲**。

◎ 经营风险管理的目标是为了预测并影响汇率的非预期波动对公司未来现金流的作用，而不是被迫对这样的变化作出消极的反应。如果一家公司能够多元化它的经营和融资，那么这个任务就能够最好地被完成。

◎ 主动积极的政策包括匹配外汇现金流、外汇风险共担条款、背对背贷款结构、跨币种互换协议、提前和延期支付以及再开票中心。

◎ 各种合约（如期权和远期）也有时被应用于对冲经营风险，但这可能是非常昂贵且无效的。

思考题

1. **定义**。定义以下术语：
   a. 经营风险
   b. 经济风险
   c. 竞争风险
2. **经营风险和交易风险**。解释经营风险和交易风险的不同。
3. **汇率的非预期波动**。
   a. 为什么经营风险主要来自于汇率的非预期波动，而不是预期的汇率波动？
   b. 解释用来分析汇率非预期波动的期限结构。
4. **宏观经济的不确定性**。解释宏观经济的不确定性是如何扩展经营风险分析范围的。
5. **策略性的回应**。经营风险和交易风险管理的目标都是为了预测并影响汇率的非预期波动对公司未来现金流的作用。管理层能够采用怎样的策略性方法来管理这些风险？
6. **管理经营风险**。对于管理层而言，从战略层面上管理经营风险的关键是确认平价条件下的非均衡状态并以最合适的方式作出反应，怎样才能最好地完成这个任务？
7. **多元化经营**。
   a. 跨国企业如何进行多元化经营？
   b. 跨国企业如何进行多元化融资？
8. **主动管理经营风险**。经营风险和交易风险能够部分地通过采用经营或融资政策来进行管理，这些政策能够抵消预期的外汇风险。最常用的四个主动管理政策是什么？
9. **匹配外汇风险**。
   a. 解释如何匹配外汇现金流才能抵消经营风险。
   b. 给出一个匹配外汇现金流的实例。
10. **风险共担**。在建立了长期供应关系的公司之间管理经营风险的各种方法就是风险共担。解释风险共担是如何运作的。
11. **背对背贷款**。解释背对背贷款是如何对冲外汇经营风险的。
12. **货币互换**。解释货币互换是如何对冲外汇经营风险的。货币互换有哪些会计优势?

13. **提前和延期支付**。许多理财专家批评跨国企业使用提前和延期支付,因为他们宣称在考虑当地的货币上需要一个直观的观点。你如何回应这种批评?

14. **再开票中心**。一些跨国企业用来管理经营风险最精心的措施可能就是设立再开票中心。解释建立这种中心的各种目的。

15. **合约对冲**。柯达是一家采用合约来对冲经营风险的跨国企业。
    a. 它如何完成这项任务?
    b. 为了证明它们经营风险的合约对冲是正确的,需要作出哪些假设?
    c. 这种合约对冲的有效性如何,你是怎么认为的?说明你的理由。

练习题

1. **Carlton 德国子公司:例四**。Carlton 德国子公司(图表 9.3)决定在欧洲不改变每单位 12.80 欧元的国内售价,但将它的出口价格(用欧元表示)从每单位 €12.80 提升至每单位 €15.36。由于没有购买者察觉价格发生了变化,所以在两个市场中的交易量都保持不变。
    a. 这对现金流会产生什么影响?
    b. 这对所需运营资本会产生什么影响?
    c. 这对用现值法测量经营风险有什么影响?

2. **Carlton 德国子公司:例五**。由于当地的通货膨胀和进口原材料和零部件的成本上升,Carlton 德国子公司(图表 9.3)发现由于国内成本上升的幅度等同于欧元价值下降的幅度。所有的现金成本都上升了(+20%),现金成本包括了直接成本和固定现金经营成本。然而,折旧并没有上升。由于成本的增加,Carlton 德国子公司将它的欧元售价从每单位 €12.80 提升至每单位 €15.36。
    a. 这对现金流有什么影响?
    b. 这对所需运营资本会产生什么影响?
    c. 这对用现值法测量经营风险有什么影响?

3. **Newport Lifts(A)**。Newport Lifts(美国)向许多中国的造船厂出口重型起重机。当前每年销售一百万台,每台用人民币表示的售价相当于 $24 000。人民币的交易价格为 Yuan 8.20/$,但香港顾问机构预测人民币的价值在保持至少十年未变后,将在下周下跌至 Yuan 9.20/$。
    得到所给的预测后,Newport Lifts 面临着即将发生的贬值,他们必须作出定价的决策:它可能:(1) 保持人民币的价格不变并出售这些人民币以获得较少的美元,此时,用人民币表示的销量不会发生变化;或(2) 保持美元价格不变,提高人民币的售价以抵消贬值,此时销量将下跌 10%。直接成本是美国销售价格的 75%。
    a. 每种定价策略的短期(一年)影响是什么?
    b. 你推荐哪种策略?

4. **Newport Lifts(B)**。假设情形与 Newport Lifts(A)一致。另外,金融管理层相信如果他保持人民币售价不变,销量将在未来的八年里每年增长 12%。美元成本保持不变。十年后,Newport Lifts 的专利权将到期,同时它也不能再向中国出口。在人民币贬值至 Yuan 9.20/$后,预期将不会有进一步的贬值。
    如果 Newport Lifts 提高人民币售价以保持它的美元价格不变,销量将在未来的八年中每年仅增加 1%,起始销量为 90 万台。美元的成本将不会发生改变而且八年后,Newport 将停止向中国出口。Newport 的资本加权平均成本为10%。考虑到上述因素,Newport 应采取何种定价策略?并解释。

5. **Hawaiian Macadamia Nuts**。Hawaiian Macadamia Nuts 是一家位于夏威夷希洛的公司,它向全世界出口 Macadamia 坚果。日本市场是它最大的出口市场,平均每年向日本出口并用日元表示的销量为¥1 200 000 000。在当前汇率为¥125/$时,出口金额相当于$9 600 000。销量相对均衡地分配在一年当中。在 Hawaiian Macadamia Nuts 的资产负债表中出现的是¥250 000 000 的应收账款。每个客户的授信期限是付款到期前的60天。每个月收到的现金通常为¥100 000 000。Hawaiian Macadamia Nuts 有可能对冲它收到的日元,但它拥有太多的顾客和交易以至于难以卖出每笔远期的应收账款。它并不想使用期权,因为它们太昂贵了。因此,公司决定通过借入日元来进行"匹配"对冲。

   a. Hawaiian Macadamia Nuts 应当借入多少日元?

   b. 日元贷款的支付期限是多长?

6. **Pucini 的风险共担**。Pucini Leather 位于美国,它从 Boselli Leather Goods 进口皮衣,Boselli Leather Goods 是一家位于阿根廷布宜诺斯艾丽斯的可靠的长期供货商。支付使用阿根廷比索。当比索在2002年1月失去它与美元的平价关系后,它的价值在2002年10月迅速下跌至 Ps 4.0/$。比索的价值被认为会出现进一步的下跌。因为 Pucini 和 Boselli 都想继续他们的长期合作关系,所以他们达成了一项风险共担协议。如果出票时的即期汇率介于 Ps 3.5/$ 与 Ps 4.5/$ 之间,Pucini 将用即期汇率来进行支付。如果汇率跌出了这个区域,他们将与 Boselli 均分这些差异。风险共担协议将持续六个月,六个月后将重新设定汇率区间。Pucini 按合约从 Boselli 进口 Ps 8 000 000 的皮衣,在接下来的六个月里按即期汇率 Ps 4.0/$ 换算,这相当于 $2 000 000。

   a. 如果即期汇率迅速变至 Ps 6.0/$,Pucini 进口的六个月美元成本是多少?

   b. 在汇率为 Ps 6.0/$ 时,Boselli 向 Pucini 出口的销售额用比索表示为多少?

7. **Morris 公司**。Morris 公司是一家英格兰的运动型汽车制造商,它的汽车很大一部分销往了新西兰,并以英镑计。分销商在新西兰销售运动型汽车,并收取新西兰美元(NZ$)。新西兰分销商不能承担全部的外汇风险,而且除非 Morris 共同承担部分外汇风险,否则分销商将不再销售 Morris 的汽车。Morris 同意某一年的销售将在新西兰美元和英镑之间的基准汇率的基础上进行定价,基准汇率是年初的中间汇率。当真实汇率在基准汇率上下5%进行波动时,将用英镑来进行支付。也就是说,新西兰分销商承担全部的外汇风险。然而,如果即期汇率在发货时跌出了正负5%的范围,Morris 将与分销商共同承担(比如,50/50)真实的即期汇率和基准汇率之间的差异。在当前,基准汇率为 $1.6400/£。

   a. 汇率处于哪种区间时,新西兰的进口商必须以当前的即期汇率来支付?

   b. 如果 Morris 在即期汇率为 NZ$1.7000/£ 时运送10辆汽车给新西兰的分销商,每辆汽车的价格为£12 000,分销商用新西兰元表示的价格为多少? Morris 将收到多少英镑?这个金额与 Morris 的预期销售收入——每辆车£12 000 是否一样?

   c. 如果 Morris 在即期汇率为 NZ$1.6500/£ 时运送10辆汽车给新西兰的分销商,分销商将支付多少新西兰元? Morris 将收到多少英镑?

   d. 这种风险共担协议是否会将外汇风险从交易的一方转移到另一方?

e. 这种风险共担协议为什么能使 Morris 和新西兰的分销商得到好处?

8. **Dzell Printers 公司(A)**。Dzell Printers 公司(美国)出口电脑打印机到巴西;雷亚尔(R\$)对美元汇率为 R\$3.40/\$。现在每年出口 50 000 台打印机到巴西,用雷亚尔结算,价格相当于 200 美元。有谣言宣称巴西政府将在两周内将雷亚尔贬值至 R\$4.00/\$。雷亚尔的汇率被预期保持十年不变,这个贬值是否会发生?
如果接受给出的预测,Dzell 将面临在贬值之前必须作出的价格决策:Dzell 要么(1)保持雷亚尔的价格不变并将它们出售以获得较少的美元,此时,巴西的销量不会发生变化,或(2)保持美元价格不变,在巴西提高雷亚尔的售价以抵消贬值,此时销量将下跌 20%。在美国的直接成本是美国销售价格的 60%。每种定价策略在短期(一年)意味着什么?你推荐哪种方法?

9. **Dzell Printers 公司(B)**。假设情形与 Dzell Printers 公司(A)一致。Dzell 同样相信如果它保持巴西雷亚尔的价格不变,并作为一项永久性的政策,销量在未来六年里将保持每年 10% 的增长。美元的成本将不会发生改变。在六年结束的时候,Dzell 的专利将到期并不再向巴西出口。在雷亚尔贬值至 R\$4.00/\$后,预期将不会出现进一步的贬值。如果 Dzell 提高雷亚尔的价格以保持它的美元价格不变,销量在未来六年里每年仅能增长 4%,并从更低的 40 000 台开始。再次,美元成本将不会发生改变,在六年结束的时候,Dzell 将停止向巴西出口。Dzell 的资本加权平均成本为 12%。给出这些考虑,你推荐 Dzell 采用哪种定价策略?给出理由。

10. **Harley-Davidson 的风险共担**。据报道,Harley-Davidson(美国)和它的外国子公司及独立的国外分销商签订了风险共担协议。因为这些外国单位通常在当地的市场进行销售并赚取当地的货币,通过允许他们以当地的货币支付来自 Harley 的商品,Harley 就能够缓解他们的外汇风险问题。假设美元和澳元之间的即期汇率在 1 月 1 日为 A \$1.3052/US \$。假设 Harley 使用这些汇率作为基础来设定它的**中心汇率**或基本汇率,此时汇率为 A \$1.3000/US \$。在订单日期,即期汇率处于中心汇率的正负 2.5% 之内,Harley 就会同意在这个汇率水平上给所有与澳大利亚分销商签订的合约定价。如果即期汇率跌出了这个范围,但仍然在中心汇率的 ±5% 之内,那么 Harley 就会与分销商"共享"新的即期汇率和中间汇率之间的差异。
   a. 中性和风险共担区域边界的具体汇率是多少?
   b. 如果 Harley(美国)以每台 \$8 500 的价格运送一船摩托车到澳大利亚,订单日的汇率为 A \$1.3442/US \$,澳元的价格为多少?
   c. 如果 Harley(美国)运送同样的摩托车到澳大利亚,订单日的汇率为 A \$1.2940/US \$,外国分销商的澳元价格为多少?

网上练习

1. **经营风险:最近的例子**。使用以下重要的期刊作为起点,寻找一家有实质经营风险问题公司的当前案例。为了帮助你的搜寻,你可以关注那些主要在最近有外汇危机的国家进行经营的企业,这些危机要么来源于贬值,要么来源于本币升值。

《金融时报》

http://www.ft.com

《经济学家》

http://www.economist.com

《华尔街日报》

http://www.wsj.com

2. **企业资料查询系统。**为了更加细致地分析单个公司的经营风险,我们需要得到比通常的年报更加详细的信息。选择一家在国际上进行经营的公司——例如,可口可乐或百事可乐——并且在证券交易委员会的企业资料查询系统中寻找有关它们国际经营活动的更详细的财务报告。

Search SEC EDGAR Archives

http://www.sec.gov/cgi-bin/srch-edgar

文献选读

Capel, Jeanette, "A Real Options Approach to Economic Exposure Management", *Journal of international Financial Management and Accounting*, Vol. 8, No. 2, 1997, pp. 87—113.

Harris, Trevor S., Nahun D. Melumad, and Toshi Shibano, "An Argument Against Hedging by Matching the Currency of Cost and Revenues", *Journal of Applied Corporate Finance*, Fall 1996, Vol. 9, No. 3, pp. 90—97.

Luehrman, Timothy A., "The Exchange Rate Exposure of a Global Competitor", *Journal of International Business Studies*, 1990, Vol. 21, No. 2, pp. 225—242.

Miller, Kent D. and Jeffrey J. Reuer, "Firm Strategy and Economic Exposure to Foreign Exchange Rate Movements", *Journal of International Business Studies*, Vol. 29, No. 3, Third Quarter 1998, pp. 493—514.

第10章 折算风险

本章主要分析了在跨国公司中出现的财务问题。首先我们将对**折算风险**作一个概述,其中包括国外子公司的折算风险是如何表现的以及**功能货币**(functional currency)的意义。随后本章介绍了折算的两种主要方法:**现行汇率法**和**时态法**。这一章对美国的折算流程和国际折算中的一些实际操作作了详细的介绍。接下来的一节我们将以Carlton德国子公司作为折算的例子,对其折算风险与经营风险作了对比。然后,我们介绍了当今跨国公司用来管理折算风险的一些技术,这其中包括资产负债表对冲。本章的最后一部分讨论了跨国公司在评估其国外子公司的业绩时会出现的问题。特别地,我们以Carlton巴西子公司为例分析了外汇汇率对国外子公司经营状况是如何发生影响的。

10.1 折算的概述

折算风险(translation exposure)又叫**会计风险**(accounting exposure),其产生的原因是在编制公司的合并财务报表时,国外子公司的财务报表(以外国货币表示)必须要以母公司报告用的货币进行折算后重新编制。比如,美国公司的国外子公司必须将以欧元、日元等当地货币表示的财务报表用美元进行折算,只有这样才能把外币表示的价值加入到母公司的以美元表示的资产负债表和损益表中去。这种会计转换过程就叫做**折算**。折算风险指的就是一种由于自上次折算后汇率的变动所引起的,母公司净值或报告的净收入增加或减少的潜在风险。

尽管折算的主要目的是编制合并财务报表,而用于折算的报表还是会被管理层用来评估其外国子公司的经营情况。虽然这种评估可能会使用以各子公司当地货币表示的财务报表,但将所有子公司的报表用一种货币重新编制却方便了管理层对各子公司的比较。

单从理论上来说,折算是很简单的。用外国货币表示的财务报表必须以母公司所用的货币进行折算后重新编制,以达到合并财务报表的目的。如果对每张报表(损益表和资产负债表)中每个账户进行折算时都使用同一种汇率,那么折算后得到的新报表中就不会产生不平衡的情况。但如果每张报表中的不同账户是以不同的汇率来进行折算的,则折算后就会产生不平衡的情况。

为什么在进行折算时不同的账户要用不同的汇率呢？原因在于，很多国家的折算准则通常都是在比较历史价值和现行市场价值后的结果。历史汇率可以用于某些权益账户、固定资产以及库存项目。而现行汇率可以用于流动资产、流动债务、收入及费用账户。所以我们的问题是，如何想办法来处理账户间的不平衡？由于使用不同汇率所引起的账户不平衡将被记入当期收入或权益账户中。

折算方法依国家和具体账户的不同而不同。第一个方面的不同在于子公司对母公司的依赖程度，第二个方面的不同在于子公司经营中主要使用的是何种货币。

10.1.1 子公司的特性

很多国家现在都根据国外子公司的营运情况确定其特定的折算方法。比如，一个国外子公司可以被划为**国外相关子公司**或**独立国外子公司**。**国外相关子公司**是指作为其母公司海外业务拓展来经营的公司，它的现金流和主要经营业务与母公司都有很高的相关性。**独立国外子公司**是指独立于母公司并在国外经济环境中运作的公司。它们之间的差异对于采用何种折算方法来说是很重要的。从原则上来说，一个国外子公司往往根据形成其经济生存能力基础的货币合理地度量其价值。

隶属于同一家母公司的两个国外子公司往往具有不同的特点。例如，一家美国制造商在美国生产半成品，而后运送到其在西班牙的子公司完成产品的制造、组装，最后在欧盟销售，像这样的一家公司就有可能把西班牙的子公司作为一家国外相关子公司。

上述美国公司经营使用的支配货币有可能是美元。然而，同样是这家美国公司，它还很有可能在委内瑞拉拥有从事农业方面销售业务的子公司，而该子公司与美国母公司（或美元）却几乎没有什么现金流和业务方面的联系。这家委内瑞拉的子公司可能会用委内瑞拉货币博利瓦购买几乎所有的原材料以及支付所有的经营费用，并且独立地在委内瑞拉销售所有产品。由于委内瑞拉子公司的经营与其母公司是独立的，并且其功能货币又是委内瑞拉货币博利瓦，所以它可归划为独立国外子公司。

10.1.2 功能货币

国外子公司的**功能货币**是指子公司开展经营活动、产生现金流的主要经济环境中的货币。换句话说，就是这个子公司日常经营中所用的主货币。需要重点注意的是，国外子公司所处的地理位置与其功能货币可能并不相同。一家美国公司的新加坡子公司的功能货币可能是美元（国外相关子公司）、新加坡元（国外独立子公司）；或第三种货币，比如英镑（也是国外独立子公司）。

在美国，一般不把一个国外子公司划分为国外相关子公司或国外独立子公司，而是使用一种平行方法，这种方法要求确定子公司的功能货币。**第 52 号财务会计标准**，通常被称为 FAS #52，描述了现行美国折算的操作条例。该标准由财务会计标准委员会（FASB）于 1981 年 12 月颁布，并立即取代了 1975 年生效的 FAS #8。FASB 为美国企业规定了可行的会计条例。

管理者必须评估每个国外子公司的性质和目标，来决定其以何币种作为其功能货币。图表 10.1 列出了 FASB 用来决定国外子公司功能货币的一些指标。如果一个美国公司的国外子公司决定以美元作为其功能货币，那么它实质上只是其母公司业务的一个扩展（相当于绝大多数国家使用的国外相关子公司的设置）。然而，如果这个国外子公司的功能货币不是美元，那么这个子公司就会被看做是一个与其母公司分离的独立企业（相当于国外独立企业的设置）。

图表 10.1　　决定功能货币的一些经济指标

根据财务会计标准委员会（FASB），下列经济指标将被用来确定国外子公司的功能货币。

a. 现金流指标

（1）国外货币——与国外子公司资产和债务相关的现金流主要是用国外货币表示的，因而不会影响其母公司的现金流。

（2）母公司使用的货币——与国外子公司资产和债务相关的现金流直接影响其母公司短期的现金流，并且能很容易为其母公司提供汇款。

b. 销售价格指标

（1）国外货币——从短期来看，国外子公司产品的销售价格不受汇率变动的影响，而更大程度上由当地的竞争或当地政府的规章制度决定。

（2）母公司使用的货币——从短期来说，国外子公司产品的销售价格主要受到汇率的影响。例如，销售价格更多地由国际竞争或国际价格决定。

c. 销售市场指标

（1）国外货币——国外子公司的产品有一个活跃的本地销售市场，尽管公司可能也有相当多的出口。

（2）母公司使用的货币——销售市场主要在母公司所在国，或销售合同主要是以母公司使用的货币计价。

d. 费用指标

（1）国外货币——尽管可能会有一些从其他国家的进口，但国外子公司生产产品或提供服务所需的人力、原材料和其他一些成本主要是本地的成本。

（2）母公司使用的货币——从长期来说，国外子公司生产或提供服务的人力、原材料和其他一些成本，而这些成本主要来自母公司所在国。

e. 财务指标

（1）国外货币——主要借贷外币资金，国外子公司经营产生的资金足以应对公司当前的运作和偿还可以预见的债务。

（2）母公司使用的货币——资金主要是来自于母公司或其他的美元债务；或者，在没有母公司额外资金援助的情况下，国外子公司经营产生的资金不足以应付公司当前的运作和偿还可预见的债务。如果通过国外子公司扩张其业务所产生的资金预计能够满足附加的融资的话，那么母公司为了扩展业务而对国外子公司的额外资金注入就不能算作一个因素了。

f. 公司内部交易和安排指标

（1）外国货币——子公司间的交易数额很少，国外子公司和母公司之间在经营业务方面的联系也不多。但是不管怎样，国外子公司的经营可能会依赖于母公司的一些竞争优势，比如专利权和商标。

（2）母公司使用的货币——子公司之间交易的数额非常大，国外子公司和母公司之间的联系也很密切。此外，如果国外子公司是为了掌控投资、债务和无形资产等而设立的手段或空壳公司的话，那么母公司使用的货币通常会成为功能货币，这样的话那些资产就可以很轻易地进入母公司或附属公司的账簿了。

资料来源：Reprinted with permission of the FASB.

10.1.3 折算方法

两种广泛应用于国外子公司财务报表的基本折算方法是:**现行汇率法和时态法**。不管采用哪一种折算方法,都要以指定的汇率重新折算资产负债表和损益表,还要记录其中的不平衡部分(一般来说,不平衡会反映在资产负债表中的权益账户或当期的收入账户上)。这个做法的重要性在于,损益表中的不平衡部分在收入中进行调整会影响到公司当期的报告收入,而直接转到资产负债表的不平衡部分则不会产生这种影响。

10.1.4 现行汇率法

现行汇率法(current rate method)是当今世界上最常用的一种方法。采用这种方法进行折算时,所有财务报表中的账户除了少数几个外都采用"现行"汇率作为折算的依据。这些项目包括:

- **资产和负债**。所有的资产和负债都是在现行汇率下折算的。现行汇率是指在资产负债表编制当天的有效汇率。
- **损益表的项目**。包括折旧费和销售成本在内的所有项目都可以采用收入、费用、收益以及亏损发生当日的实际汇率进行折算,也可以采用这段时期内的一个适当的加权平均汇率进行折算。
- **分配项目**。红利是以支付日的有效汇率进行折算的。
- **权益项目**。普通股和实收资本账户都是以历史汇率进行折算的。年终的留存收益等于年初的留存收益加上当年的收入或减去当年的亏损。

由折算调整引起的赢利和亏损都不包括在合并净收入的计算之内,而是另外在一个独立的企业权益储备账户(在合并资产负债表中)中单独列示,该权益账户被称为**累计折算调整(CTA)**。这个权益储备金账户有很多种名字。例如,在西班牙,CTA 被称作 diferencias de conversio。如果一个国外子公司后来被出售了或者遭到清算,那么在出售或清算时,过去年份在 CTA 账户中累计的折算盈亏就作为总盈亏的一个部分。这个总盈亏会在拍卖或清算时作为净收入或净亏损值的一部分。这些将是本章最后小案例"LaJolla 的工程服务"的主题。

现行汇率法最大的优势是,折算的赢利或亏损不会记入损益表中,而是直接转到一个权益账户。这样也就消除了由于外汇折算盈亏引起的报告赢利的波动。现行汇率法的第二个优势是,每张资产负债表中的所有账户都采用统一汇率,因此在折算的过程中不会扭曲财务比率的值,如流动比率和资产负债率。现行汇率法最大的缺陷在于它违背了资产负债历史成本计价法的会计原则。例如,以美元购买的并且随后以外币历史成本记入子公司财务报表的国外资产,现在就要按照一个不同的汇率换算到以美元表示。因此,这些资产在合并报表中的美元成本就不是其历史成本了。

10.1.5 时态法

如果采用**时态法**(temporal method),那么特定资产和债务折算时使用的汇率就是这些项目发生时的汇率。时态法假定很多具体的资产项目，比如存货、净厂房设备都会定期地调整以反映其市场价值。如果这些项目的价值没有重新调整，而是以历史成本来表示，那么时态法就成为**货币式**或**非货币式**折算，这种折算方式现在在很多国家依然被使用着。这些会计项目包括：

- **货币性资产**（主要是指现金、可市场化的证券、应收账款以及长期应收账款）和**货币性债务**（主要是指流通负债和长期债务）以现行汇率进行折算。
- **非货币性资产和债务**（主要是库存和固定资产）以历史汇率进行折算。
- **损益表项目**以相应时期的平均汇率进行折算，而有一些项目要作特殊处理，比如折旧费和销售成本都是与非货币性资产或负债直接相关的，这些项目以它们的历史汇率进行折算。
- **分配项目**：红利是以红利支付日的有效汇率进行折算。
- **权益账户**：普通股和实收资本账户都是根据历史汇率进行折算的。年终留存收益等于年初留存收益加上或减去这一年的年收入项或亏损项，加上或减去外汇折算的收益或损失，对此我们将在下面给予解释。

采用时态法，由于折算时产生的盈亏将直接记入合并财务报表中，而不会转移到企业权益储备账户中；因此由折算过程引起的盈亏将导致合并财务报表中收益的变化。

时态法最大的优势在于，国外的非货币性资产在母公司合并财务报表中是以其历史价值来计算的。在大多数国家，这种方法与母公司国内资产的资产计价会计处理法是一致的。然而，在实际中，如果某些国外账目以某种汇率进行折算，而其他的账户以不同的汇率进行折算，那么最终会导致折算后资产负债表中账户间的不平衡。因此，就需要一个“附加项”来消除所谓的**虚制的借方和贷方的余额**。然而这种“附加项”的使用将产生盈亏的真实性问题。未实现的外汇盈亏包含在了季度每股赢利（EPS）的计算中，因此增加了报表收益的波动。

10.1.6　美国的折算流程

如上所述，美国是通过区别功能货币而不是区别各个子公司的特点来确定折算方法的。然而，不管怎样，结果都是相同的。图表 10.2 解释了在当前美国普遍接受的会计准则（GAAP）下进行的美国公司折算流程。

- 如果一家美国公司国外子公司的财务报表是以美元表示，那么就不需要折算了。
- 如果一家美国公司国外子公司的财务报表是以当地的货币表示，且当地货币是其功能货币，那么它们将以现行汇率法进行折算。
- 如果一个美国公司国外子公司的财务报表是以当地的货币表示，而美元是其功能货币，那么它们将以时态法进行折算。（术语的用法可能会带来误解；在美国会计和折算实践中，现行汇率法被称为“折算”，而时态法被称为“重新度量”。）
- 如果一个美国公司国外子公司的财务报表是以当地的货币表示，而当地货币和美元都不是其功能货币，则其财务报表必须首先以时态法重新折算成功能货币，然后以现行汇率法折算为美元计价报表。

图表 10.2 美国折算实务流程图

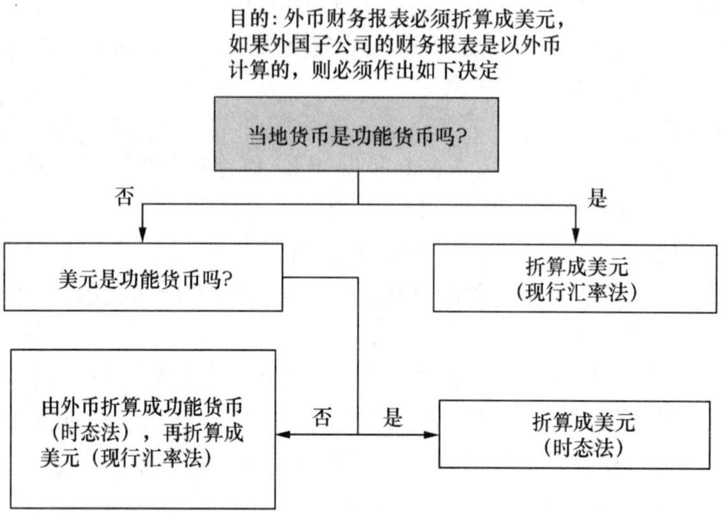

10.1.7 恶性通货膨胀国家

FAS #52 为一家美国国外子公司的报表折算提供了一个特殊条款，该子公司所处的国家连续三年累计通货膨胀率接近甚至超过 100%。这些子公司的财务报表必须以时态法折算成报表货币。

这么做的理论原则是解决"资产流失"的问题。如果使用现行汇率的话，对于重置成本折旧额将被低估，从而利润将会高估，而厂房和设备的账面价值最终会在资产负债表中接近于 0，因为表示其价值的报表货币的价值将减少。以时态法折算的用报表货币表示的厂房、设备和折旧费将比以现行汇率（已经贬值了）进行折算得出更高的价值。采用这种方法可以减少对损益表和资产负债表的扭曲。事实上，FAS #52 声明，处在恶性通货膨胀国家的子公司的功能货币须为报表货币（美国的子公司则为美元）。

恶性通货膨胀在商业活动的实践中曾有过先例：

> 当一个国家不幸成为恶性通货膨胀国家时，它通常不考虑何种会计准则，而在实际交易中使用美元或其他硬通货作为其真正的功能货币。例如，1982 年，大多数以色列零售商将它们的商品以美元，而不是谢克尔币(shekel)来标价。当面临三位数的通货膨胀时，它们不可以三天两头地改变商品价格。于是美元成为会计做账的计价单位。此外，当一个以色列人持有美元而谢克尔币贬值时，那么它持有的美元是不会贬值的，然而如果他持有的是谢克尔币，并且谢克尔币贬值了，那么他的购买力就会下降。美元成了价值的储蓄所。与恶性通货膨胀经济中的商业活动实践保持一致，FASB 颁布了下面的会计原则：当通货膨胀严重时，本国货币将成为功能货币，反之则功能货币为当地货币。会计原则只是简单地根据已被广为

接受的商业实践而制定的。[①]

总之,美国折算实践要求母公司首先规定国外子公司的功能货币,然后才能决定子公司的财务报表将以现行汇率法进行折算还是以时态法进行折算。最后强调一点:应根据子公司经营的现实经济环境来选择功能货币,而不是根据处理程序偏好来相机作出决策,同时它也不是可主动选择的结果。因为很多美国跨国公司拥有无数的国外子公司,有的以美元作为功能货币,有的以外国货币作为功能货币;外国货币的盈亏可能会进入到合并收入账户和/或公司的权益储备账户中。

10.1.8 国际折算实践

如图表 10.3 列出了世界上大多数的工业化国家——和新近成立的国际会计标准委员会(IASC)一样——也采用相同的基本折算流程:

图表 10.3 一些国家折算方式的比较

国家	国外相关子公司	国外独立子公司
美国	财务报表以时态法进行折算,折算调整金额记入当期净收入。	现行汇率法。折算调整在股东权益中作为一个独立的组成部分记录。
国际用法	时态法。除了长期货币项目在其项目期间内的折算调整可能会被延期或分期偿付,折算调整通常记入当前的净收入。	现行汇率法。折算调整在股东权益中作为一个独立的组成部分记录。
澳大利亚	时态法。折算调整记入当前的净收入。	现行汇率法。折算调整在股东权益中作为一个独立的组成部分记录。
加拿大	时态法。折算调整记入当前的净收入。	现行汇率法。折算调整在股东权益中作为一个独立的组成部分记录。
法国	时态法。折算调整记入当前的净收入。	现行汇率法。折算调整在股东权益中作为一个独立的组成部分记录。
德国	时态法或现行汇率法皆可。如使用时态法,折算调整就记入当前的净收入;如使用现行汇率法,折算调整则作为一个独立的组成部分。	同国外相关子公司。
日本	时态法。与国外子公司相关的调整被当做一项资产或负债单独报告;与公司分部或分支相关的调整记入当前的净收入。	同国外相关子公司。
荷兰	时态法。折算调整记入当前的净收入。如果权益使用当前价值会计法的话则使用现行汇率法。	现行汇率法。折算调整在股东权益中作为一个独立的组成部分记录。
英国	时态法。折算调整记入当前的净收入。	现行汇率法。折算调整在股东权益中作为一个独立的组成部分记录。

资料来源:*Survey of International Accounting Practices*, Arthur Andersen & Co., Coopers & Lybrand, Deloitte & Touche, Ernst & Young, KPMG Peat Marwick, and Price Waterhouse, 1991.

① Russell A. Taussig, "Impact of FAS 52 on the Translation of Foreign Financial Statements of Companies in Highly Inflationary Economies", *Journal of Accounting, and Finance*, Winter 1983, pp. 145—146.

- 确定国外子公司是**国外相关子公司**,还是**国外独立子公司**。
- **国外相关子公司**主要使用**时态法**来进行折算(或者会有一些细微的变动)。
- **国外独立子公司**主要使用**现行汇率法**来折算,也称为**最终汇率法**。

10.2 折算实例:Carlton 德国子公司

我们继续讨论第 9 章中 Carlton 的例子,在这里我们关注的是它在欧洲的子公司。我们仍将以时态法来阐释折算,以便展示折算盈亏的随意性。会计方法的选择是决定外币报表折算盈亏大小的主要因素。下面的例子仅以资产负债表的折算为例。至于损益表折算中更为复杂的程序将在国际会计部分予以描述。

Carlton 德国子公司的功能货币是欧元,其母公司的报表货币是美元。假设情况如下:

1. Carlton 德国子公司得到厂房、设备和长期债务以及发行普通股时的汇率为 \$1.2760/€。初始投资所使用的历史德国马克汇率必须折算成“欧元历史汇率”,事实上就是回溯欧元对德国马克的汇率。

2. 最近一个季度内购买或生产存货时的平均汇率为 \$1.2180/€。2005 年 12 月 31 日,周一,公司休业时的即期汇率是 \$1.2000/€。

3. 新年假日之后,也就是 2006 年 1 月 2 日公司开门营业时,欧元对美元的价值下降了 16.67%,至 \$1.0000/€。

在这个例子中,我们看到了欧元在一夜之间走强 10%,达到了 \$1.3200/€。

10.2.1 现行汇率法

图表 10.4 的上半部分说明了使用现行汇率法而导致的折算损失。欧元贬值前资产负债表中的资产和负债以当前汇率 \$1.2000/€进行折算。股本以历史汇率 \$1.2760/€ 进行折算,留存收益则以复合的汇率折算,该复合汇率相当于将前一年的增长值添加到留存收益中,再将它以当年实行的汇率进行折算。

留存收益和累计折算调整(CTA)账户的总额必须能够平衡负债和资产负债表中资产方的净资产部分。作为一个假想的例子,我们假设这两者之和等于 2005 年 12 月 31 日资产负债中使用的两部分之和。这种假设不会影响 CTA 账目增长的最终度量,因为在本例中,留存收益的数量是任意给定的。

如图表 10.4 上半部分所示,“刚贬值前”美元折算造成了前期 136 800 美元的累计折算损失。这部分余额是前些年在将欧元报表折算为美元表示时的累计收入或亏损,而且在 CTA 账户中都被单独列出来了。1998 年或更早的报表一直是用德国马克来记录的,在 1999 年 1 月 1 日引入欧元以后开始折算成欧元了。

图表 10.4 Carlton 德国子公司：欧元贬值后的折算损失

	A	B	C	D	E	F	G	H	I	J	K	L
1												
2		图表 10.4 Carlton 德国子公司：欧元贬值后的折算损失										
3												
4					2005 年 12 月 31 日				2006 年 1 月 2 日			
5			欧元计价		$/€		贬值前		$/€		贬值后	
6		现行汇率法										
7		现金	€ 1 600 000		1.2000		$1 920 000		1.0000		$1 600 000	
8		应收账款	3 200 000		1.2000		3 840 000		1.0000		$3 200 000	
9		存货	2 400 000		1.2000		2 880 000		1.0000		$2 400 000	
10		厂房设备净值	4 800 000		1.2000		5 760 000		1.0000		$4 800 000	
11			€ 12 000 000				$14 400 000				$12 000 000	
12												
13		应付账款	€ 800 000		1.2000		$960 000		1.0000		$800 000	
14		短期银行贷款	1 600 000		1.2000		1 920 000		1.0000		1 600 000	
15		长期债务	1 600 000		1.2000		1 920 000		1.0000		1 600 000	
16		普通股	1 800 000		1.2760		2 296 800		1.2760		2 296 800	
17		留存收益	6 200 000		(a)		7 440 000		1.2000	(b)	7 440 000	
18		折算调整(CTA)	…		…		(136 800)		…		(1 736 800)	
19			€ 12 000 000				$14 400 000				$12 000 000	
20		时态法										
21		现金	€ 1 600 000		1.2000		$1 920 000		1.0000		$1 600 000	
22		应收账款	3 200 000		1.2000		3.840 000		1.0000		3 200 000	
23		存贷	2 400 000		1.2180		2 923 200		1.2180		2 923 200	
24		厂房设备净值	4 800 000		1.2760		6 124 800		1.2760		6 124 800	
25			€ 12 000 000				$14 808 000				$13 848 000	
26												
27		应付账款	€ 800 000		1.2000		$960 000		1.0000		$800 000	
28		短期银行贷款	1 600 000		1.2000		1 920 000		1.0000		1 600 000	
29		长期债务	1 600 000		1.2000		1 920 000		1.0000		1 600 000	
30		普通股	1 800 000		1.2760		2 296 800		1.2760		2 296 800	
31		留存收益	6 200 000		(a)		7 711 200		(b)		7 711 200	
32		折算调整(CTA)	…		…		…		(c)		(160 000)	
33			€ 12 000 000				$14 808 000				$13 848 000	
34												
35												
36												
37												
38												
39		主要计算值的单元格输入(其他值均直接输入数据)										
40		G7: = $C7 * E7, copy to G8:G10, K7:K10, G13:G16, K13:K17, G21:G24, K21:K24, G27:G30, and to K27:K30										
41		C11:SUM(C7:C10), copy to G11 and K11							K31: = G31			
42		C19: = SUM(C13:C18), copy to G19 and K19							C33: = SUM(C27:C32), copy to G33 and K33			
43		C25: = SUM(C21:C24), copy to G25 and K25										
44												
45												
46												
47												
48												

欧元贬值 16.67% 之后,Carlton 公司以新汇率 $1.0000/€对资产和负债进行折算。包括留存收益在内的权益账户,仍以贬值前的汇率进行折算,结果累计折算亏损增加至 $1 736 800。这个账户(从累计损失 $136 800 到新的累计损失 $1 736 800)中新增的 $160 000 就是以现行汇率法测算后得到的折算亏损。

这种折算损失是**净敞口资产**的减少,亦即用母公司报表货币度量的权益值的减少。**敞口资产**(exposed assets)是其值随功能货币的贬值而下降,随功能货币的升值而上升的资产。本文的"净"敞口资产指的是敞口资产减去敞口负债。如果敞口资产大于敞口负债,净敞口资产就是正的(也就是"多头");如果敞口资产小于敞口负债,它们就为负(也就是"空头")。

如图表 10.4,我们可以通过比较前后的资产负债表来衡量折算风险。一个简单的方法是用贬值的百分比乘"净敞口资产"来计算折算风险。我们对图表 10.5 的左栏用现行汇率法来进行计算,欧元 16.67% 的贬值率意味着 $9 600 000 的净敞口资产损失值的 16.67%,即 $1 600 000 的折算损失。

反之,假设欧元升值。到该年年底,如果欧元从 $1.2000/€开始升值(至 $1.3200/€),升值率达到 10%,那么这一影响显示在了图表 10.5 的 B 部分,开始时的净敞口资产与 A 部分中的相同。在现行汇率法下,美国母公司将会有 960 000 美元的折算收益。

10.2.2 时态法

相同账户的折算在时态法下展示了折算收益或损失的随意性。这在图表 10.4 中的下半部分得以说明。资产负债表中的货币性资产和货币性负债在欧元贬值前以现行汇率折算,而其他资产和权益账户则以历史汇率折算。对于 Carlton 德国子公司,存货的历史汇率不同于净厂房和设备的历史汇率,因为存货是在更近的时间里获得的。

在时态法下,折算损失不会在单独的权益账户中累计,而是直接记入每个季度的损益表中。因此在欧元贬值前,折算后的美元资产负债表中的留存收益,就是以前所有年份以各年历史有效汇率折算得到的留存收益加上相应年份折算盈亏的累计结果。在图表 10.4 中,在贬值前的美元资产负债表中没有出现折算损失,这是因为所有损失都已记入了留存收益。

16.67% 的贬值造成了 $160 000 的直接折算损失。在本例中为了突出这一点,我们把这部分金额单独作为一个项目列在了图表 10.4 中。在时态法下,$160 000 的折算损失将记入损益表中,这将减少会计报告的净收入和留存收益。末期的留存收益事实上为 $7 711 200 减去 $160 000,即 $7 551 200。使用时态法的其他国家并不一定需要将收益或损失直接记入损益表。

如果把折算损失看做是由敞口账户的价值改变所引起的,如图表 10.5 的右栏所示,那么时态法下的损失将为净敞口资产 $960 000 的 16.67%,即 $160 000。如果欧元升值 10%,美国母公司的折算收益将达到 $96 000,如图表 10.5 右列的底部所示。

图表 10.5 **Carlton 德国子公司:欧元贬值和升值的计算损失比较**

	A	B	C	D	E
1					
2					
3		**图表 10.5 Carlton 德国子公司:欧元贬值和升值的计算损失比较**			
4					
5			现行汇率法	时态法	
6					
7		A. 欧元从 \$1.2/€ 贬值至 \$1.0/€ (-16.67%)			
8		**风险敞口资产**			
9		现金	\$1 920 000	\$1 920 000	
10		应收账款	3 840 000	3 840 000	
11		存货	2 880 000		
12		厂房设备净值	5 760 000		
13		总敞口资产(“A”)	\$14 400 000	\$5 760 000	
14		**风险敞口负债**			
15		应付账款	\$960 000	\$960 000	
16		短期银行贷款	1 920 000	1 920 000	
17		长期债务	1 920 000	1 920 000	
18		总敞口负债(“L”)	\$4 800 000	\$4 800 000	
19		**欧元贬值的损益**			
20		净敞口(A - L)	\$9 600 000	\$960 000	
21		乘以:贬值幅度	-16.67%	-16.67%	
22		折算损益	\$(1 600 000)	\$(160 000)	
23		B. 欧元从 \$1.20/€ 升值至 \$1.32/€ (+10%)			
24		**欧元升值的损益**			
25		净敞口(A - L)	\$9 600 000	\$960 000	
26		乘以:升值幅度	10.00%	10.00%	
27		折算损益	\$960 000	\$96 000	
28					
29					
30		主要单元格输入			
31		C9: ='Exhibit 10.4'! G7, copy to C10:C12			
32		C13: =SUM(C9:C12), copy to D13			
33		D9: ='Exhibit 10.4'! G21, copy to D10			
34		C15: ='Exhibit 10.4'! G13, copy to C16:C17			
35		C18: =SUM(C15:C17), copy to D18			
36		D15: ='Exhibit 10.4'! G27, copy to D16:D17			
37		D20: =C\$13 - C\$18, copy to D20 and to C25:D25			
38		C21: =(1.000 - 1.2000)/1.2000, copy to D21			
39		C22: =C20 * C21, copy to D22 and to C27:D27			
40		C26: =(1.3200 - 1.2000)/1.2000, copy to D26			
41					

10.2.3 管理的意义

在图表10.4与图表10.5中,利用现行汇率法得到的折算损失或收益将更大,这是因为企业的存货、净厂房设备及现金资产也是暴露在汇率风险中的。净敞口资产的数额越大,从折算中得到的损失和收益同样也就越大。

这个事实中蕴含的管理方面的意义是很重要的。在这种情况下,如果管理层预期外币即将贬值,那么他就可以通过减少净敞口资产来最小化折算敞口;反之,如果管理层预期外币即将升值,他就可以增加净敞口资产进而从中获益。

依据当时的会计方法,为了减少或增加净敞口资产,管理层可能会选择不同的资产和负债。这样的话,有关投资和融资方面"真实的"决策可能会受到公司所采用的会计方法的影响,而事实上会计报告的方法对经营和融资决策的影响应该是中性的。

10.2.4 折算风险和经营风险的比较

图表10.6比较了外币贬值后折算损失或收益与经营损失或收益(在第9章的表9.3中说明了)。从表中可以很明显地看出经营风险和折算风险不仅在程度上可以有很大的差别,在方向上也会差别甚大。如果管理者仅仅关注折算损失,就如Carlton德国子公司中的情形,那么他可能就会因为相应的外汇损失发生的可能性而放弃在德国开展经营。这样的管理者可能害怕丢掉与报告利润挂钩的奖金,或者可能会因为在德国投资并且在发回母公司总部的损益表中报告了严重的折算损失而丢掉工作。

图表10.6　对Carlton德国子公司,当欧元从$1.2000/€贬值至$1.0000/€时,折算风险和经营风险的比较

风险	金额	收益或损失
折算风险(图表10.4和图表10.5)		
现行汇率法	($1 600 000)	折算损失
时态法	($160 000)	折算损失
经营风险(用现值的方式来表示,图表9.5)		
案例1:欧元贬值	($1 033 914)	经营损失
案例2:销量翻倍	$2 866 106	经营收益
案例3:销售价格提高	$3 742 892	经营收益

在相同的情形下,经营风险提供了一个完全不同的角度。如图表10.6所示,外币贬值后,表中给出的三个例子中有两个在经营方面都获得了很好的结果,因此德国和欧洲变成了吸引力更大(而不是更小)的投资地。这个例子表明,我们应该把主

要的注意力放在汇率变动后经营结果的变动上，随后再关注公司的会计表现，这是非常重要的。

在**金融实务专栏 10.1** 中，我们将以一个例子介绍在对国外子公司的估值中，经营风险、交易风险以及折算风险是如何纠缠在一起的。

金融实务专栏10.1

GLOBAL FINANCE IN PRACTICE

子公司估值

在国际金融管理中，跨国公司的一个子公司对整个跨国公司的价值贡献问题是被争论得越来越多的一个话题。当对总公司的收益有着非常显著的贡献时，大多数跨国公司都会以单个子公司或区域的形式报告国外经营业务对母公司的收益贡献。

由于汇率变动而导致的子公司价值的变化可以分解成子公司特定收入和资产的变化：

$$\Delta \text{子公司的价值} = \Delta \text{资产价值} + \Delta \text{收入}$$

子公司的收入。一旦用母公司所在国的货币重新计量，则子公司的收益就可以直接并入整个公司的总收入了。汇率的波动会导致子公司收入价值的波动。如果单个子公司的收益在总公司的收入中占有相对显著的比重或有着实质的影响，那么整个跨国公司的报告收入（以及每股收益 EPS）就可能会由于折算而产生实质性的改变。

子公司的资产。用母公司的报表货币重新计量的子公司的资产是本章关于折算风险的重点。以报表货币计量的子公司资产价值的变化将被记入总收入或权益中。

- 如果国外子公司被指定为“美元效应的”，那么用母国货币进行重新计量将带来交易风险，这部分风险损益将被记入总收入中。
- 如果外国子公司被指定为“当地货币效应的”，那么折算会带来折算调整并在总的权益中作为折算调整予以报告。这并不改变报告中当前时期内总的净收入。

10.3 折算风险管理

最小化折算风险的主要技术为**资产负债表对冲**（balance sheet hedge）。有些公司在远期市场上尝试对冲折算风险。这种行为事实上是在远期市场上的投机手段，希望在远期市场中得到的现金收入能够抵消折算带来的非现金损失。这种方法的成功取决于对未来汇率变化的精确预测，正因为这种对冲在可能的未来时点，汇率变动范围将不一定有效。此外，这种对冲方式还增加税收负担，因为从外汇远期市场上对冲（尤其是投机）得到的利润是要纳税的，而折算损失并不能减少应税收入。

10.3.1 资产负债表对冲的定义

资产负债表对冲要求公司合并资产负债表中外币敞口资产和负债的金额要相等。如果对每种外币都能满足这个要求，那么公司的净折算敞口就为零。这是因为汇率的变化将会导致外币敞口资产价值和外币敞口负债价值朝着相反的方向以同样的数量发生变化。如果公司使用时态法进行折算，那么这种净敞口头寸为零就被称为**货币平衡**（monetary balance）。这种完全的货币平衡状况在现行汇率法下是不可能达到的，这是因为这种状况要求总资产需要有相等数量的负债与之匹配，但是资产负债表中的权益部分还是必须用历史汇率进行折算。

资产负债表对冲法的成本取决于相对的借款成本。如果经过外汇风险调整后的外币借款成本比母公司货币的借款成本高，那么资产负债表对冲就相对较高，反之亦然。然而，正常的经营也要考虑具体的资产负债表账户的大小和计价货币。因此，资产负债表对冲是通过改变报表中账户的货币金额，来寻求一定程度的外汇风险保护，当然这可能要以一定的利息费用或牺牲部分经营效率为代价。

10.3.2 资产负债表对冲说明

为了说明资产负债表对冲，我们再次回到前面有关 Carlton 德国子公司及其母公司 Carlton 集团的折算风险的例子。图表 10.4 的有关数据在图表 10.7 中用另外一种形式表现出来。

Carlton 德国子公司预期欧元将从年初的价格贬值 16.67%，达到 \$1/€的新汇率。若使用现行汇率法折算，则预期的损失为敞口价值 \$9 600 000 的 16.67%，即 \$1 600 000。若使用时态法折算，则预期的损失也为敞口价值 \$9 600 000 的 16.67%，即 \$1 600 000。

为了作一个资产负债表对冲，Carlton 集团有如下选择：(1) 减少敞口欧元资产，但不同时减少敞口欧元负债；(2) 增加欧元负债而不同时增加欧元资产。为达到这个目标，一个办法是把手头持有的欧元兑换成美元。如果 Carlton 德国子公司没有大量的欧元现金余额，那么它可以借入欧元，再把所借到的欧元兑换成美元。其他的子公司可以借入欧元并将其兑换成美元。对冲的本质也就是要求母公司或其任意的子公司去创造欧元负债并把这些收入兑换成美元。

图表 10.7 Carlton 德国子公司资产负债表风险敞口

图表 10.7 Carlton 德国子公司资产负债表风险敞口

	资产负债表账户	现行汇率法风险敞口	时态法风险敞口
资产			
现金	€ 1 600 000	€ 1 600 000	€ 1 600 000
应收账款	3 200 000	3 200 000	3 200 000
存货	2 400 000	2 400 000	
厂房设备净值	4 800 000	4 800 000	
总资产	€ 12 000 000	€ 12 000 000	€ 4 800 000
风险敞口资产		€ 12 000 000	€ 4 800 000
负债及资本			
应付账款	€ 800 000	€ 800 000	€ 800 000
短期银行贷款	1 600 000	1 600 000	1 600 000
长期债务	1 600 000	1 600 000	1 600 000
普通股	1 800 000		
留存收益	6 200 000		
总负债及净值	€ 12 000 000		
负债风险敞口		€ 4 000 000	€ 4 000 000
净敞口资产(欧元计价)		€ 8 000 000 000	€ 800 000
乘以:汇率,$/€		1.2000	1.2000
净敞口资产(美元计价)		$960 000	$9 600 000.0
乘以:贬值幅度		×0.1667%	×0.1667%
预期折算损益		$(1 600 000)	$(160 000)

主要单元格输入

C6: = 'Exhibit 10.4'! C7, copy to C7:C9
D6: = 'Exhibit 10.4'! K7, copy to D7:D9
E6: = 'Exhibit 10.4'K21, copy to E7
C10: = SUM(C6:C9), copy to D10:E10
D11: = D10
E11 = E10
C13: = 'Exhibit 10.4'! C13, copy to C14:C17
D13 = 'Exhibit 10.4'! K13, copy to D14:D15
E13: = 'Exhibit 10.4'! K27, copy to E14:E15
C18: = SUM(C13:C17)
D19: = SUM(D13:D17), copy to E19
D20: = D10 - D19, copy to E20
D22: = D20 * D21, copy to E22
D23: = (1.0000 - 1.2000)/1.2000, copy to E23
D24:D22 * D24, copy to E24

现行汇率法。在现行汇率法下，Carlton 德国子公司应该借入 8 000 000 欧元。其最初的影响是在 Carlton 德国子公司的资产负债表中产生了一个敞口资产（现金）和一个敞口负债（应付票据），但对净敞口资产不会立即产生影响。接下来的一步可以采取两种形式：(1) Carlton 德国子公司可以把所得的欧元换成美元，并持有这些美元；或者(2) Carlton 德国子公司还可以把借入的欧元，可能是以欧元红利或支付公司内部债务的形式转给母公司 Carlton 集团。Carlton 集团随后可以把这些欧元兑成美元。当然，在有些国家，当地的货币当局可能不允许资金自由兑换。

还有另一个可能的方法就是 Carlton 集团或者是 Carlton 德国子公司的兄弟公司来借这些欧元，这样就把整个欧元负债移出 Carlton 德国子公司的资产负债表。尽管如此，第二步仍然是要消除欧元敞口；欧元的借入方必须把欧元换成美元或其他非风险资产。任何此类的欧元借款都应该与其他的欧元借款相协调，以避免当一个子公司借入欧元来降低折算敞口时，另一个子公司正在支付欧元负债这种情况的发生。（注意，欧元资金可以简单地通过延付欧元负债来"借入"；我们的目标是增加欧元负债，而不是字面上的"借"的意思。）

时态法。如果折算采用的是时态法，我们只需要借入 80 万欧元中的一小部分。就像以前一样，Carlton 德国子公司可以用贷款的收益来获取美元。然而，Carlton 德国子公司还可以用这些借款在欧洲购买存货和固定资产。在时态法下，这些资产并不当做敞口资产，即在欧元贬值时，这些资产的美元价值并不降低。

10.3.3 什么时候采取资产负债表对冲是合理的

如果子公司使用当地的货币作为其功能货币，那么在下列情况下就可以采用资产负债表对冲：

- 外国子公司即将被清算，因而 CTA 账户的价值就将实现。
- 公司拥有债务契约或银行协议，其中规定公司的债务/权益比率将保持在一个特定的范围内。
- 对管理层业绩的评估是基于损益表和资产负债表的，而这些报表会受到折算损失或收益的影响。
- 国外子公司是在一个恶性通货膨胀的经营环境中经营。

如果国外子公司使用母国货币作为其功能货币，那么所有的交易收入/损失都要记入损益表中。为了减少波动而对冲合并收入对投资商和债券评级机构来说可能都是很重要的。**金融实务专栏 10.2** 描述了对外国子公司收入的会计结果进行对冲的争论。

金融实务专栏10.2

GLOBAL FINANCE IN PRACTICE

对冲欧元风险

对折算风险的管理或对冲已经变得越来越重要,一个具体例子是对合并会计报表赢利的保护。近些年来,很多主要的跨国公司都发现它们可以通过对冲来保护报告的国外美元收入的价值。

比如,2000 年,许多主要的美国跨国公司对一直处于颓势的欧元感到担心。考虑到它们以欧元计量的在欧洲地区的利润占了很重要的比重,欧元相对于美元的持续下跌意味着其潜在报告收益也在持续贬值。其中一些公司,比如可口可乐,对冲了其欧元收入的美元价值,并且因此在总收益中没有受到实质性的损失。然而,其他一些公司,比如 Goodyear 和 Caterpillar,由于没有对欧元的贬值进行对冲而在总收入中遭受了两位数百分比的损失。

欧元的贬值对美国跨国公司收入的影响

公司	2000 年第三季度营运收入(百万美元)	由于欧元贬值的损失(%)
Goodyear	$68	30%
Caterpillar	$294	12%
麦当劳	$910	5%
金佰利	$667	2.5%

资料来源:"Business Won't Hedge the Euro Away", *Business Week*, December 4, 2000.

虽然很多公司都承认有能力阻止其总收入在一个季度或连续几个季度里免遭外币贬值的负面影响,然而在让公司耗费资源并利用远期和掉期来对冲会计结果方面还存在着很大的争议。

10.3.4 最小化交易风险与最小化折算风险之间的选择

管理层发现同时抵消交易风险和折算风险几乎是不可能的事情。某一种风险的降低通常会改变其他风险的数量。比如,抵消折算风险最简单的手段就是要求母公司及其所有子公司对所有敞口资产和负债都用母公司的报表货币表示。对美国公司及其子公司来说,所有的资产和负债都以美元表示。这样的公司就不再具有折算风险了,但每个子公司都将面临交易风险。

为了便于说明,假设一家美国母公司指示其在日本的子公司向自己签发一批以美元计值的出口。则日本子公司账簿中的应收账款就是以日元表示的与美元等值的金额,并且日元利润在货物出售时就已经入账了。如果在母公司向其在日本的子公司支付美元之前日元升值了 5%,母公司仍然只需支付合同中的美元数额。而其日本的子公司却收到了比预期少 5% 的日元利润,同样账簿上的日元利润也少了 5%。因此该日本子公司在其美元应收账款账户上遭受了5%的外汇损失。当子公司的损益表合并到母公司损益表中的时候,减少的日元利润最终被折算成了较少的美元利润。最终,跨国公司报表合并后会表现出在美元上的外汇损失。

同样,当公司在努力消除交易风险的同时,也可能会增加其折算风险。消除交易风险最简单的方式是要求母公司及其所有子公司将暴露在交易风险中的账户都用其当地的货币表示。这样的话,所有子公司都将避免交易收入或损失。然而每个子公司都将持有以本币表示的资产或负债的多头或空头,从而创造出净折算风险。母公司的合并财务报表中将会出现以每种子公司本地货币表示的折算风险。

一般而言,如果公司想要降低这两种类型的风险,那么它通常应该首先降低交易风险。接下来它需要重新计算折算风险(可能已经改变了),并确定是否能够在不产生更大交易风险的情况下降低任何剩余的折算风险。税收则使得寻求对交易风险或折算风险的保护的决策变得更加复杂了。交易风险带来的损失一般被当做"已经实现的"损失,因此可以从税前收入中扣除。然而,折算风险带来损失只是"账面"损失,不涉及任何现金流,因此不能从税前收入中扣除。对于保护性技术中是否需要进行现金支付并因此减少净现金流,以避免非现金损失,仍具有很大的争议。

10.4 绩效评估

跨国公司必须能够设立明确的财务目标,监督所有的子公司朝着这些目标努力,并且评估最终结果。公司必须能够在一个统一的基础上度量每个子公司的经营表现,同时必须赋予子公司的管理者以明确的目标,而这些目标的完成情况就是评价这些管理者的基础。内部评估和控制的标准应该是为了公司特定的目标而设计的,并且不能是一些报告或声明(这些报告或声名最初是为了财务会计或本地的报告和税收目的而设计准备的)的副产品。

评估不仅是由内部管理者为了规划和控制的目的实施的,而且还要有局外人参与进行。外部评估是以对公司正式财务报表分析为中心的。把公司的财务报表与其竞争对手的相比较,就可以帮助管理者评估其自身的表现,或者找到公司的政策与其他公司的政策的不同之处。银行家或者评级机构利用财务报表来评定申请人信用方面的相对强弱。证券分析师、资产组合管理人与投资者利用这些报表信息来帮助在这些竞争的证券中作出选择。政府官员会为了各种监管方面的目的而利用这些信息。

10.4.1 跨国企业的财务目标

正如在第1章中所介绍的,跨国公司必须在下面的三个经营财务目标中找到平衡:

1. 税后总收入的最大化
2. 公司有效全球税负的最小化
3. 公司收入、现金流和可得资金三者中的正确定位

以上三个目标经常不一致,这在本书中通篇可见,对某一目标的追求可能会导致另

一目标差强人意的结果。管理层必须始终为了跨国公司的利益而作出合理权衡的决策。这些权衡不仅在以上列出的三个目标之间,而且还要经常牵涉到哪些目标是现在就需要追求的,而哪些又是要在未来寻求的。

再来考虑美国的 Carlton 集团的例子。管理层有着明确的目标,即最大化股东财富,这个目标在公司总部那里就是收入和每股收益增长的最大化。在第 22 章,我们将描述跨国公司的管理层可能用来重置利润的各种手段,而这些手段是为了最大化公司收入和最小化全球税负。但是从定义上来看,重置利润的意思就是为了整个公司的利益而减少某个单位的利润——从逻辑上来说也可能是为了另外一个单位的利益而采取这种做法。跨国企业如何设计并维持一套业绩管理系统以区分这些个别单位的"牺牲"对整个跨国公司整体利益的影响呢?

10.4.2 本土控制与跨国控制

国外子公司的管理者必须能够根据可完成的目标来有效地开展经营活动。高水平的管理者应该根据一定的标准来评定他们的个人成功,这样的评定标准不仅要在数量评价指标方面清晰明确,而且在考虑国外经营环境中无法量化的经营因素时也必须公平。进一步地,这些评价管理者的标准必须与公司的目标相融合,这样的话管理者的行为就可以提升公司的长期利益。然而,这些目标的设置说起来容易做起来难。

在把国内的赢利性衡量标准应用到国外子公司的时候,所有公司都会对这些标准作出扩展和修正。此外,有些公司设立国外子公司的目的与通常的公司赢利目标根本就没有关系。这些特别的目的包括保证原料的供应、在特定的市场中保持公司的存在以及遵从政府的监管等等。尽管这些目标从长期来看仍然是以利润为重心,但是短期内的经营评定却毫无意义。

内部评估体系有四个目的,根据其重要性排序,它们是:

1. **保证足够的赢利性**。显然,这是跨国企业的主要经营方向;利润是股东财富创造的第一动机。与公司基本的赢利性目标相比,其他所有目标都只能排在后面了。

2. **出现问题的时候拥有一个早期预警系统**。尽管直观上看起来这一观点挺吸引人,但在实践中该目标很难实现;因为不能实现目标结果,可能是由于国际化经营或针对不现实的原始目标所特有的正当且不可重现的问题而产生的。

3. **拥有分配资源的基础**。当国外子公司对新资金的需求超过了母公司可以获得的资金量时,这个目标就凸显出来了。在为公司的整体目标服务时,高管人员需要一个公平公正的方式来分配有限的资源。

4. **评价每个管理者**。除了利润贡献的标准之外,公司通常还有其他的标准来评价管理者,比如他们在组织机构发展和扩张产品生产线方面的成功等。

10.4.3 国际绩效评估的复杂性

对国外子公司的内部财务评价既独特又复杂。使用一种外汇折算方式来试图度量用本币计量的财务结果,与使用其他折算方法相比,往往会对经营的成功度或者与预定目标的吻合度提供一个不同的度量结果。即便内部控制系统独立于诸如 FAS #52 这样的会计准则,然而还是有证据显示大多数公司都是从财务报告中使用的折算体系开始的。当公司的目标是要建立一套有效的控制体系时,这样的起始点可能并不合适,然而这种做法的确能够降低整个独立报告流程的成本。

任何控制体系的结果都只能通过对各种不同的国内经济环境下的业绩表现的扭曲程度来进行判断。因为许多对外直接投资的目的都在于提升其与世界经济体系的战略互动,因此就不能对此类投资作出独立的评价。

通常不包含在子公司正式评价体系中的成本包括母公司对子公司贷款担保的隐含成本,或者为了服务国外子公司而在本国持有的安全存货。世界范围内评价系统的好处包括母公司或相关子公司额外出口的利润、版税和管理费用,使母公司在其他国家保持在科技发展前沿,抢先占领市场,扩大规模经济以及抢夺竞争对手的利润。

牺牲某个子公司的利益去换取整个系统的利益将会扭曲整个国际评估体系。比如,处于低利率国家的子公司可能会为处于高利率国家的子公司融资。这种做法虽然对整个体系有利,但是借款子公司将负担超额的利息费用,而得到融资的子公司将不用支付借款利息。资金的重置有时候需要在相关的子公司之间因为税收、外汇或流动性的原因人为转移价格支付。管理层必须设计出一种公平且持续的调整基本报告的方法,来反映这种为了其他子公司的利益而作出的"自我牺牲"的行为。

其他一些可能导致不同国家子公司的报告无法比较的变量包括,国家对资金汇款强加的障碍、不同的通胀率、通过留存收益融资得到的法定准备金水平的不同要求、要求与员工共享利润的习惯、国家间在公司主要经营目标方面的不同标准,以及劳动道德规范和/或劳动力方面的不同。大体上讲,这些变量在本国子公司间的差别并不明显,但是试图把国内的控制系统扩展到国外的公司就必须考虑所得到的财务数据的重要性了。

本章附录 B(2004 年风险管理调查)在一个年度调研的基础上阐述了美国跨国公司风险管理的结构和目标。此外该附录还说明了何种外汇风险是最重要的,以及可以用何种工具来对冲。

10.4.4 汇率与业绩评估

汇率变动对国外子公司业绩表现评价的影响是跨国公司管理层面对的最大困境之一。本章描述了把国外子公司以外币表示的财务报表折算成以母公司本国货币表示的过程。然而正是由于这种折算,财务表现的评价有可能并不能反映出国外子公司的赢利能力或总体的经营情况。如图表 10.8 所示,考虑 Carlton 巴西子公司连续两年的损益表。按照子公司本地的水平来看——用巴西货币雷亚尔表示的——所有的财务指标,其收益增长(+14%)、息税折旧摊销前利润增长(EBITDA)(+15%)以及收入增长(+38%)都很理想。该子公司的毛利率一直保持在 42%,销售回报率从 5% 上升到 6%,而所有这些都是在极度混乱的经济环境中取得的。

图表 10.8　**Carlton 巴西子公司的损益项目**　（单位：千巴西雷亚尔）

收入项目	第 1 年	第 2 年	变动率
销售额	358 640	410 500	14%
减　商品销售成本	(208 600)	(238 400)	14%
经营毛利润	150 040	172 100	15%
毛利率	42%	42%	
减　一般管理费用	(38 600)	(44 380)	
EBITDA(息税折旧摊销前利润)	111 440	127 720	15%
减　折旧和摊销	(58 000)	(58 000)	
EBIT(息税前利润)	53 440	69 720	30%
减　利息	(28 000)	(34 500)	
税前利润	25 440	35 220	38%
减　30%巴西所得税	(7 632)	(10 566)	
净收益	17 808	24 654	38%
销售回报率	5%	6%	
汇率(R$/$)	2.17	3.30	-34%
净收益(US$)	$8 206	7 741	-9%

但是，从美国母公司的角度来看，由于巴西货币高达 34% 的贬值幅度，该子公司以美元表示的经营收入实际上比去年下降了 9%。此类子公司业绩表现的评价包括三个不同的角度：

1. **管理评估**。如果子公司是以本地货币作为其功能货币，那么本地管理层业绩评估的分量就应该用当地货币表示。销售增长率、成本控制、利润的维持都取决于本地管理者的努力和付出的程度。然而，如果明显的运营成本和融资成本直接源于母公司，不管是正面还是负面的，业绩评价体系都将不得不对这些影响财务表现的公司驱动的决策作出调整。

2. **子公司评估**。从母公司的角度来看，子公司评估本身就需要着眼于子公司在其本地市场的竞争力。总利润的维持、销售增长率以及市场份额与具有相似利润和市场份额的竞争对手相比，就可以提供在本地水平上公司竞争能力的度量。

3. **战略评估**。母公司的高管需要站在母公司的角度才能看出子公司在该跨国公司战略组合中所处的地位。然而这种方法实施起来通常是极为困难的，它要求管理层在短期赢利能力（在这里是以美元表示）和长期股东财富创造（在子公司本身的商业活动中以巴西货币雷亚尔表示）之间作出权衡。不考虑当地货币的表现，以美元表示的收益就会形成向华尔街报告的合并利润。如果跨国公司的主要竞争对手没有类似的巴西货币敞口（例如，它们有不同的经营风险），那么 Carlton 的表现就会逊于其竞争对手。股东，或者可能是债权人，都会要求公司对其不良的表现提供解释。战略的和财务的高管将不得不决定是否要将子公司清算、维持或者可能是扩张，而这种决定都将取决于他们对巴西雷亚尔与美元未来表现的预期。

这三种不同水平上的业绩评估不可避免地会缠绕在一起。站在当地子公司管理者、公司高管和股东的不同角度，可以很容易地发现，在跨国公司内部对国外子公司的业绩评价是多么困难。随着子公司在越来越多新兴市场中的成长,以及相应货币波动性的增加,问题将变得越来越复杂。

然而,撇开复杂性不说,一个业绩评价体系好坏,最终要看它是否能够帮助公司创造股东价值。如果不能的话,那么股东的期望就不能得到满足,而且股价在市场上也将不会有好的表现。

小案例

LaJolla 的工程服务

Meaghan O'Connor 接手了一大堆工程设备部门的问题,这些问题比她原来所预期的还要多。[②] 自从 2004 年 3 月成为这个部门的 CFO 之后,Meaghan 便发现 LaJolla 工程设备部门的拉美分支机构是最近发生的损失以及不断加剧的收入危机的根源。而这些损失和收入危机是由货币折算引起的,这个问题不同寻常。

拉美分支机构

LaJolla 是一个在电力系统设计及建设领域享有盛名的跨国工程服务公司。虽然大部分 LaJolla 的业务通常被认为是"服务",并且也因此使用及拥有极少的实物资产,然而在其工程设备部门情况却不是这样的。这个特别的经营单位拥有及负责运营高成本的专业化重型设备,这些设备是特定电力传送及分配系统建设过程中需要使用的。用 Meaghan 自己的话来说,她是在一家咨询顾问公司里负责管理"巨型计算机"。

LaJolla 最近的工程项目活动主要集中在以下四个国家:阿根廷、牙买加、委内瑞拉和墨西哥。不幸的是,在过去的几年里,这些国家的货币价值却历经磨难——特别是对美元。LaJolla 在这些国家的每一个分支机构都是以当地货币为功能货币的。每个分支机构均从当地的服务合同中获得大部分的收入,并且很多经营费用也是以当地货币计量的。但是每一单位都在一些专业化的设备——即所谓的"巨型计算机"上进行了投资,而每年当 LaJolla 制定合并财务报表时,这些投资导致了净敞口资产。这些折算收益和损失(大部分损失发生在近些年,如阿根廷比索、牙买加元、委内瑞拉博利瓦以及墨西哥比索对美元走弱)已经聚集在公司合并报表中的累计折算调整项目中了。但是最近,问题变得更现实了。

通常来说,对于 LaJolla 和 Meaghan 而言,除了 2003 年秋天发生在阿根廷的一个小的文件归档错误外,这些折算损失本不该是一个很大的管理问题。与近些年许多其他在阿根廷经营的跨国公司一样,在阿根廷经历了严重的危机并进入萧条期之后,LaJolla 放弃了在阿根廷从事任何实际业务的承诺。实际上,它在 2003 年的夏天就已经关闭了那里的业务。然而,公司在布宜诺斯艾利斯的法律顾问犯了个小错误。法律顾问没有采取暂停当前的经营业务和封存现存资产的做法,而是准备文件并声称 LaJolla 在进行

② 这是一家真实公司的例子。为了保密,我们改变了公司的名字和所属的国家。

企业清算。尽管二者看起来仅有微小的差别,但是按照美国会计准则以及 FAS52 货币折算准则的要求,LaJolla 将不得不在其当前的收益水平上实现累计的折算损失,而这些来自阿根廷业务上的损失已经增长了多年。同时这一损失是实实在在的:在 2003 年第四季度达到 700 万美元。LaJolla 的管理层自然高兴不起来。

LaJolla 2004

经历了最近在阿根廷的事情之后,LaJolla 在世界范围内对其多种业务部门的所有折算收益与损失进行了仔细的检查。此外,尽管美元本身对欧元贬值严重,而最近许多拉美国家的货币对美元的趋弱走势,公司在拉美的经营业务成了焦点。虽然牙买加、委内瑞拉以及墨西哥都各自面临许多问题和挑战,但是他们都将折算调整的威胁带给了 LaJolla。

牙买加。公司从最开始就非常关注牙买加的业务及合同。[3] 公司最初同意接受以牙买加元计价的所有收入(将当地货币指定为功能货币),但是在 2003 年牙买加元的下跌之后(图表 A),公司重新进行了协商并作了风险共担方面的安排。这项安排重新界定两公司之间的关系,LaJolla 将继续接受当地货币的付款,但自 2003 年第四季度开始,两家公司将分担的汇率变化带来的结果。不管怎样,牙买加元的持续下跌已经给 LaJolla 在牙买加的分支机构了带来了不少的折算损失。

图表 A 月平均汇率:牙买加元/美元

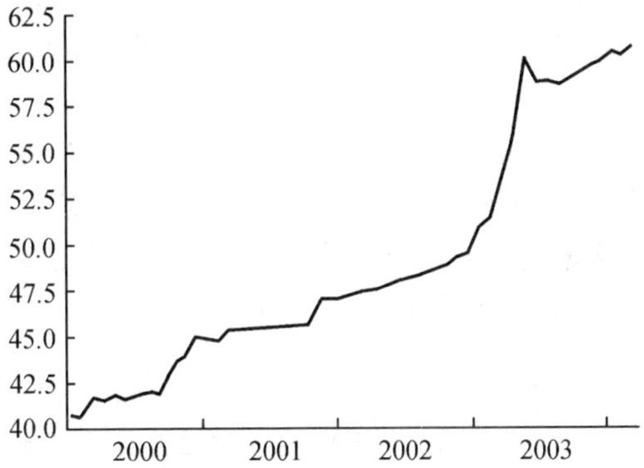

资料来源:ⓒ 2004 by Prof. Werner Antweiler, University of British Columbia, Vancouver BC, Canada.

墨西哥。尽管墨西哥比索的汇价已经稳定了很多年,但是很明显,在 2002 年和 2003 年它开始了对美元的贬值(图表 B)。当 Meaghan 深入研究墨西哥的形势时,她对这种形势感到很沮丧。LaJolla 只是在 2000 年的早些时候开始在墨西哥开展其分支机构的经营,但是从墨西哥上报的折算损失却飞速增长并超过了她原来的预期。当意识到从墨西哥办公室发来的财务情况报告看上去像"详细描绘"每季度的折算损失一样时,Meaghan 也变得很激动。当她开始发问时——一开始是通过电话,后来则是亲自询

③ 所有的汇率图都由太平洋汇率服务免费提供(http://fx.sauder.ubc.ca),这是一个为学术研究和教学提供服务的机构;ⓒ 2004 by Prof. Werner Antweiler, University of British Columbia, Vancouver BC, Canada. 每个图的时间区间都是 2000 年 1 月 1 日—2004 年 3 月 9 日。

问——当地财务主管便停止谈话（她是通过译音器发问的）并声称他们完全不明白她的问题。Meaghan 不是初涉国际金融的新手，她知道墨西哥财务报表的确经常使用政府出版的与货币有关的资产价值指数来调整外币计价账户，以保证其一致性。她担心这种指数调整是否正是折算损失快速增长的原因。

图表 B

月平均汇率：墨西哥比索/美元

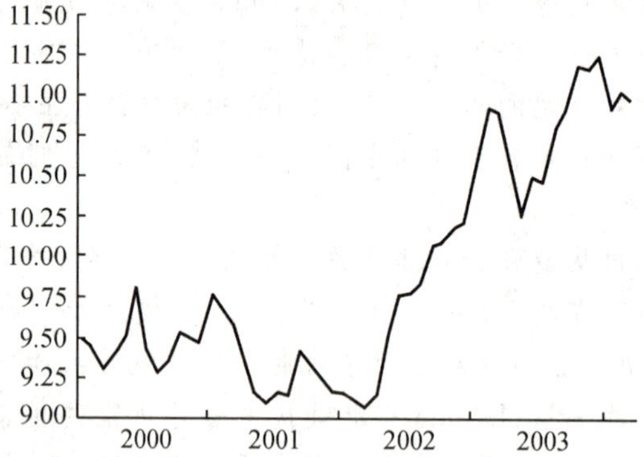

资料来源：© 2004 by Prof. Werner Antweiler, University of British Columbia, Vancouver BC, Canada.

委内瑞拉。委内瑞拉国内关于 Hugo Chave 总统任期的持续政治危机已经使得委内瑞拉的博利瓦付出了代价（见图表 C）。LaJolla 不但在其委内瑞拉分部的经营中遭受了美元损失，而且作为唯一一家向政府机构提供服务的公司，它也将继续忍受政府严重的延期付款行为。普通票据的结算现在需要超过 180 天的时间，而博利瓦的下跌加剧了这一损失。折算损失再次因子公司的功能货币是当地货币而越来越多。LaJolla 在委内瑞拉的负责人向她传真了一份建议书，其中包括将委内瑞拉子公司记账使用的货币改成美元，以及建议考虑为了会计和合并报表的目的，把该子公司进行离岸经营（意味离开委内瑞拉）。该主管建议在开曼群岛或者荷兰大小安第列斯群岛进行，这些都是离岸经营的好地方。

图表 C

月平均汇率：委内瑞拉博利瓦/美元

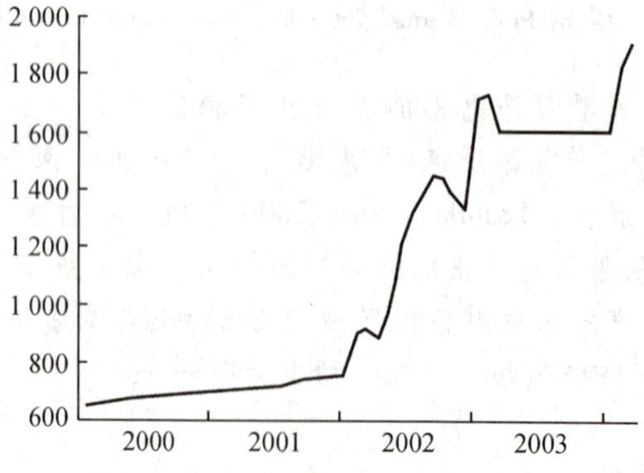

资料来源：© 2004 by Prof. Werner Antweiler, University of British Columbia, Vancouver BC, Canada.

总的说来，Meaghan开始觉得当初她接受升迁为这个部门CFO的决定是个大错误。她转而遥望太平洋并开始认真考虑还有哪些办法可以用来管理这些风险，以及还有什么她应该马上做的事情——如果有的话。

案例思考题

1. 许多人都将折算损失看成是一种纯粹的会计现象，你认为Meaghan O'Connor应该花费时间和资源来尝试管理折算损失吗？

2. 你如何分析每一个国家对于LaJolla所造成的威胁？每个国家的问题中的什么特点是与货币问题相关的？

3. 你建议Meaghan应采取什么措施？

小结

◎ 将国外子公司的用外币表示的财务报表折算成用母公司报表货币表示从而帮助母公司编制合并财务报表，在这种折算过程中就会产生折算风险。折算敞口就是折算过程中产生损失或收益的可能。

◎ 国外子公司的功能货币是指子公司开展经营活动、产生现金流的主要经济环境中的货币。换句话说，就是这个子公司日常经营中所用的主要货币。

◎ 当今大多数国家所使用的两种折算程序是现行汇率法和时态法。

◎ 货币折算的技术方面包括何时在损益表中确认收益或者损失、功能货币和报表货币之间的差别以及如何对待处于恶性通胀国家的子公司。

◎ 折算收益和损失与运营收益和损失有很大的不同，不仅是在数量上而且也会体现在方向上。在决定先处理何种风险之前，管理者需要明确二者谁更重要。

◎ 管理折算风险的主要技术是使用资产负债对冲。这一技术要求有等额的敞口外币资产及负债。

◎ 即使管理层选择采取主动对冲折算风险的策略，那也基本不可能同时抵消交易风险和折算风险。如果必须要进行选择的话，那么大多数经理都会防止经营损失而不是防止折算损失，因为经营损失是实现了的现金损失。

◎ 在评价国外子公司的经营表现时，所有公司都会在扩展或修正国内的赢利性标准之后再将其应用到国外子公司的评价上。

◎ 汇率变动对国外子公司业绩表现评价的影响是跨国公司管理层面对的最大困境之一。

思考题

1. **定义**。定义如下术语：
   a. 折算风险
   b. 会计风险
   c. 国外相关子公司
   d. 独立运作的国外子公司
   e. 功能货币

2. **功能货币的决定因素**。描述用于确定国外子公司采用何种功能货币的经济指标。

3. **现行汇率法**。在现行汇率法下，明确折算下列项目必须使用的汇率：
   a. 资产与负债
   b. 损益表项目
   c. 分配项目
   d. 权益项目
4. **时态法**。在时态法下，明确折算下列项目必须使用的汇率：
   a. 货币性资产与负债
   b. 非货币性资产与负债
   c. 损益表项目
   d. 分配项目
   e. 权益项目
5. **收益与损失**。
   a. 在每一种折算方法下，在总的净收入的计算中收益和损失是如何说明的？
   b. 以a问题中的方式说明收益和损失有哪些优势和不足。
6. **恶性通货膨胀**。根据FAS #52，在折算那些位于恶性通胀国家子公司的财务报表时，跨国公司是如何解决"资产的流失"这一问题的？注意"恶性通货膨胀"的定义。
7. **资产负债表对冲**。
   a. 解释"资产负债表对冲"的含义。
   b. 在折算国外子公司的资产负债表时，"货币平衡"是什么意思？
   c. 资产负债表对冲成本的决定因素？
8. **资产负债表对冲的理由**。在什么情况下采取资产负债表对冲是合理的？
9. **折算风险与交易风险**。跨国企业如何同时最小化其折算风险和交易风险？
10. **Carlton和强势美元**。如果预期美元对欧元升值，这一变化是如何影响Carlton公司报告的合并资产负债表和损益表的？
11. **Carlton和弱势美元**。如果预期美元对欧元贬值，这一变化是如何影响Carlton公司报告的合并资产负债表和损益表的？
12. **折算风险与经营风险**。在应对经营风险的收益或者损失以及折算风险的收益与损失时，Carlton公司的反应有何不同？
13. **Carlton巴西子公司的经营表现评价**。相对于去年而言，Carlton巴西子公司在第二年以美元计量的财务表现更加糟糕。作为Carlton巴西子公司的主管，你如何向公司的管理层解释折算的结果与未来经营中的经营风险可能带来的收益之间的差别？

练习题

Siam玩具有限公司。Siam玩具有限公司是美国的一家玩具制造商在泰国的子公司。Siam公司生产用于玩具汽车制造的注射模型成型设备。公司的销售主要集中在美国和欧洲。Siam公司在3月31日的资产负债表以千泰铢为单位，列示如下：

Siam玩具有限公司资产负债表，3月31日 （单位：千泰铢）

资产		负债与净值	
现金	B24 000	应付账款	B18 000
应收账款	36 000	银行贷款	60 000
存货	48 000	普通股	18 000
工厂及设备	60 000	未分配利润	72 000
	B168 000		B168 000

利用如下汇率将 Siam 玩具有限公司的资产负债表折算成美元计价：

B40.00/ $	4 月 1 日的汇率，在贬值 25% 后。
B30.00/ $	3 月 31 日的汇率，在贬值 25% 之前。所有的存货的价值均以此汇率进行折算。
B20.00/ $	工厂、设备以及普通股均以该历史汇率折算计价。

1. **Siam 玩具有限公司(A)**。利用 Siam 玩具公司的数据，假设泰铢在 3 月 31 日至 4 月 1 日间从 B30/ $ 贬值至 B40/ $，并假设这两天资产负债表的项目没有发生任何变化，分别用现行汇率法和时态法计算折算所产生的收益或者损失。用敞口账户价值的变化来解释折算收益或者损失。
2. **Siam 玩具有限公司(B)**。利用 Siam 玩具公司提供的原始数据，假设泰铢在 3 月 31 日至 4 月 1 日从 B30/ $ 升值到 B25/ $，并假设这两天资产负债表的项目没有发生任何变化，分别用现行汇率法和时态法计算折算所产生的收益与损失。用敞口账户价值的变化来解释折算收益或者损失。

Montevideo Products, S. A. 是一家美国制造公司在乌拉圭的子公司。该公司 1 月 1 日的资产负债表列示如下。1 月 1 日美元对乌拉圭比索($U)的汇价是 $U20/ $。

Montevideo Products 的资产负债表，1 月 1 日 （单位：千乌拉圭比索）

资产		负债和净值	
现金	$U60 000	流动负债	$U30 000
应收账款	120 000	长期负债	90 000
存货	120 000	资本股票	300 000
工厂及设备	240 000	未分配利润	120 000
	$U540 000		$U540 000

3. **Montevideo Products(A)**。使用现行汇率法，确定 1 月 1 日母公司面临的折算风险中，Montevideo S. A. 公司贡献了多少。
4. **Montevideo Products(B)**。如果汇率在 12 月 31 日是 $U22/ $，那么在母公司的折算损失中，计算 Montevideo 公司的贡献大小。假设所有的比索账户。
5. **Montevideo Products(C)**。如果汇率在 12 月 31 日是 $U12/ $，那么请使用现行汇率法，计算 Montevideo 公司对其母公司的折算收益或者损失中贡献的大小。假设所有的比索账户自年初起没有发生变化。
6. **Egyptian Ingot 有限公司**。Egyptian Ingot 有限公司是泛地中海铝业公司在埃及的子公司，泛地中海铝业公司是英国一家用铝铸造汽车发动机缸体的跨国公司。泛地中海铝业母公司的报表货币是英镑。Egyptian Ingot 有限公司 12 月 31 日的资产负债表列示如下。在报表制作当天，埃及镑和英镑的汇价是£E5.50/UK£。
   a. 运用现行汇率法，计算泛地中海公司在 12 月 31 日的折算风险中，Egyptian Ingot 有限公司贡献了多少？
   b. 如果汇率在下一个季度末为£E6.00/UK£，计算泛地中海公司的折算损失。假设下一个季度末的资产负债表账户与最开始的完全相同。

Egyptian Ingot 有限公司的资产负债表,12 月 31 日 （单位:千埃及镑）

资产		负债与净值	
现金	£E1 650 000	应付款	£E24 750 000
应收账款	33 000 000	长期负债	49 500 000
存货	49 500 000	投入的资本	90 750 000
工厂及设备	66 000 000		
	£E165 000 000		£E165 000 000

7. **Carlton 德国子公司(A)**。利用本章中关于 Carlton 德国子公司的资料,假设 2006 年 1 月 2 日,汇率从图表 10.4 中的 \$1.2000/€ 跌至 \$0.9000/€而不是 \$1.0000/€,运用现行汇率法和新汇率重新计算 2006 年 1 月 2 日 Carlton 德国子公司所折算的资产负债表。
   a. 折算损失或者收益是多少?
   b. 这些损失或收益应该出现在财务报告中的哪一部分?
8. **Carlton 德国子公司(B)**。利用本章中关于 Carlton 德国子公司的资料,2006 年 1 月 2 日的汇率假设与 Carlton 德国子公司(A)中的假设一样,从图表 10.4 中的 \$1.2000/€ 跌至 \$0.9000/€而不是 \$1.0000/€,运用时态法和新汇率重新计算 2006 年 1 月 2 日 Carlton 德国子公司所折算的资产负债表。
   a. 折算损失或者收益是多少?
   b. 这些损失或收益应该出现在财务报告中的哪一部分?
   c. 为何在时态法下的折算收益或者损失与现行汇率法下的收益或者损失不同?
9. **Carlton 德国子公司(C)**。利用本章中关于 Carlton 德国子公司的资料,假设 2006 年 1 月 2 日,汇率从图表 10.4 中的 \$1.2000/€ 升至 \$1.500/€,运用现行汇率法和新汇率重新计算 2006 年 1 月 2 日 Carlton 德国子公司所转换的资产负债表。
   a. 折算损失或者收益是多少?
   b. 这些损失或收益应该出现在财务报告中的哪一部分?
10. **Carlton 德国子公司(D)**。利用本章中关于 Carlton 德国子公司的资料,2006 年 1 月 2 日的汇率假设与 Carlton 德国子公司(C)中的假设一样,从图表 10.4 中的 \$1.2000/€ 升至 \$1.500/€,运用时态法和新汇率重新计算 2006 年 1 月 2 日 Carlton 德国子公司所折算的资产负债表。
    a. 折算损失或者收益是多少?
    b. 这些损失或收益应该出现在财务报告中的哪一部分?

网上练习

1. **折算方法变化:**FASB。财务会计标准委员会为美国公司财务结果的报告方式公布了标准业务准则。然而,它通常在全世界新做法和新问题的发展中充当领路人。当今的一大问题就是估值和公司金融衍生工具及衍生工具协议的报告。利用 FASB 的主页、各大会计师事务所及世界范围内的其他利益团体的网页,查阅当前所推荐使用准则以及当前对这些标准的反应情况。

   FASB

   http://raw.rutgers.edu/raw/fasb/

   Treasury Management Association

   http://www.tma.org
2. **雀巢公司的财务报告以及汇率**。在雀巢公司的网页上,查找它公布的当前财务结果的报告,包括什么是公司报告所采用的主要货币以及在最近一段时间内使用的用于国际财务结果折算的平均汇率。

Nestle: the World Food Company

http://www.nestle.com/press/current/

文献选读

Ball, Ray, "Making Accounting International: Why, How, and How Far Will It Go?" *Journal of Applied Corporate Finance*, Vol. 8, No. 3, Fall 1995, pp. 19—29.

Houston, Carol Olson, "Translation Exposure Hedging Post SFAS No. 52," *Journal of International Financial Management and Accounting*, Vol. 2, Nos. 2 and 3, Summer and Autumn 1990, pp. 145—170.

Ruland, Robert G., and Timothy S. Dounpnik, "Foreign Currency Translation and the Behavior of Exchange Rates," *Journal of International Business Studies*, Fall 1988, pp. 461—476.

附录 A

外汇会计基础

虽然我们不是想在此提供一本会计学知识的书，然而知晓一些应用于某一国际业务(包括外汇汇率)的基本会计操作还是很重要的。在实践中，公司对外汇敞口的评估会受到其对以外币计价的交易的会计处理方式的影响。

外汇计价交易的会计决算

在 Dayton 生产商的案例中，在设备以船运方式到达英国买家手里的当天，Dayton 将该笔交易以当天的即期汇率($1.7640/£)记录在其账簿的应收款账户下，其金额为：

£1 000 000 × $1.7640/£ = $1 764 000

这笔交易如此记录的意义为公司预期会获得 $1 764 000 的收入(与会计实务一致)。图表 A.1 是合并出口及国内销售所获收益的损益表。如果 Dayton 承担这样的交易风险而不对交易的风险作对冲，那么该笔交易账面收入的与最终所获收入之间的差异将以外汇收益(损失)的形式进入 Dayton 公司的财务情况报告中。例如，如果 Dayton 公司的外汇主管的预测正确即 90 日后的汇率是 $1.7600/£，那么应收款到期时将以该汇率结算，由此将引致外汇损失：

应收款账户以 $1.7640/£ 记录	$1 764 000
应收款账户以 $1.7600/£ 结算	$1 760 000
外汇收益(损失)	($4 000)

如果外汇主管是错的并且 90 天后的即期汇率朝着有利于 Dayton 公司的方向运动，达到 $1.7800/£，那么该交易将实际得到 $1 780 000，这样公司将在财务报告中记录 $16 000($1 780 000 − $1 764 000 = $16 000)的外汇收益。

图表 10A.1 Dayton 公司的损益表和外汇收益(损失)

出口销售当日的即期汇率($/£)	1.7640	1.7640	1.7640
90日远期汇率($/£)	1.7540	1.7540	1.7540
期末实际的即期汇率($/£)	1.7600	1.7800	1.7600
90日应收款账户数额(£)	1 000 000	1 000 000	1 000 000
收入情况(美元$)	**未对冲:外汇主管是正确的**	**未对冲:外汇主管是错误的**	**远期对冲:以远期汇率结算**
国内销售	5 246 000	5 246 000	5 246 000
出口销售	1 764 000	1 764 000	1 764 000
减:货物销售成本	(3 340 000)	(3 340 000)	(3 340 000)
总利润	3 670 000	3 670 000	3 670 000
减:一般管理费用	(565 000)	(565 000)	(565 000)
减:折旧	(248 750)	(248 750)	(248 750)
外汇收益(损失)	(4 000)	(16 000)	(10 000)
息税前收益(EBIT)	2 852 250	2 872 250	2 846 450
减:利息费用	(646 000)	(646 000)	(646 000)
息后税前收益	2 206 000	2 226 250	2 200 250
减:公司税@40%	(882 500)	(890 500)	(880 100)
净收入	1 323 750	1 335 750	1 320 250
发行在外的股份	1 000 000	1 000 000	1 000 000
每股收益(EPS)	$1.32	$1.34	$1.32

因为所有的外币计价交易必须以销售或购买当日的即期汇率而非结算日的汇率作账,所以外汇的收益或损失对公司而言都是不可避免的。唯一可以规避外币计价交易中外汇损失的方法就是在销售当日获得现金货款。所获现金可迅速地折算成国内货币,而无须进行应收款的或者所获外汇收益(损失)的账面记录。在现存的美国及国际会计准则委员会的GAAP(美国通用会计准则)下,由外汇汇率造成的收益和损失都要在收益或者损失发生的当期在公司损益表中进行报告。[④] 这种损失或收益对于公司而言是真实发生的,并且代表了净收入以及每股收益的潜在变化,而净收入和每股收益往往正是公司想要进行控制和管理的部分。

用于对冲远期合约的会计结算

假设 Dayton 公司决定以购买一份远期合约(卖出英镑远期)的方式来对冲这笔交易的风险,即 Dayton 有义务在远期合约在到期时将以锁定的汇率($1.7540/£)向合约出售英镑。[⑤] 如果结算日的即期汇率如 Dayton 公司的外汇主管所预测的那样达到 $1.7600/£,那么在到期日 Dayton 关于该笔交易的损益将会是:

④ 国际会计标准委员会(IASC)是一家于1973年成立的机构,它是由主要工业国家的顶级专业会计团队所组成,目的是为了建立并推广使用全球会计准则,同时提供一个能够协调各国显著差异的论坛。

⑤ 远期合约是一种表外负债,这意味着它是公司的合约承诺,而不会导致某个表内项目发生变化。然而,公司在法律上必须为它们承担义务,这通常在公司年报的脚注中体现。FAS #133 现在要求更细致地披露金融合约,比如远期合约。

应收款

应收款账户以 \$1.7640/£记录	\$1 764 000		
应收款账户以 \$1.7600/£结算	\$1 760 000		
外汇收益(损失)	(\$4 000)		
远期合约			
远期合约收益(损失)	(\$6 000)	=	(\$1 754 000 – \$1 760 000)
外汇收益(损失)共计	(\$10 000)		

外币计价的应收账款仍然以 \$4 000 的损失进行结算,即对于应收款的账面估值没有发生任何变化。然而,远期合约的购买和结算导致了额外 \$6 000 的货币损失——由远期汇率和结算日即期汇率的差值所导致。

从应收款和远期合约对冲(也常称为对冲头寸的两条腿)的结算中所获得的款项为 \$1 754 000。公司收到的美元数额为按照远期合约所定的汇率计算所得。\$10 000 的总损失是锁定的,这意味着不管即期汇率在 90 天后如何变化,实物贸易的外汇收益(损失)以及远期合约收益(损失)将总是负的 \$10 000。例如,如果 90 天后的即期汇率是 \$1.7800/£,那么在应收款上的外汇收益将会是 \$16 000,同时远期合约的损失将会是 \$26 000(\$1 754 000 – \$1 780 000),两者合并后总的收益(损失)仍为(\$10 000)。尽管单个的收益(损失)随同最后的即期汇率一起变化,但是净头寸在开始时已被锁定(这就是为什么需要对冲的头寸要与开始时的头寸相一致)。

损益表上的外汇收益(损失)

如前所示,以外币计价的交易是以销售执行当日的即期汇率记录在资产负债表中的。如果或者当交易在未来以不同的即期汇率进行结算,那么结算时所用到的汇率和记录时所用到的汇率的差异会导致该笔交易产生外汇的收益(损失)。如果公司管理层以及独立的审计师认为公司当期的外汇损失(损失)很大并且应该被关注,那么在当期公司损益表中就会出现一个独立的反应外汇收益(损失)的额度账目。如果这些收益(损失)并不为管理层所关注,那么按惯例,这些收益(损失)就会被纳入到其他费用中,不会单独列示。

因为两国利率的差异会导致两国货币间即期汇率和远期汇率的差异,所以在使用远期合约时产生的收益(损失)可能会列入远期利息支出的范畴。通常,只有当仍有尚未结算的外币计价交易的公司在编制年终财务报表时,这种支出才会对公司产生重要的影响。

附录 B

2004 年风险管理调查

美国全球市场集团银行进行了一次年度调查,调查的目标是在美国注册的公司的风险管理活动及实践。90% 的被调查公司营业规模小于 200 亿美元,并且 80% 的公司是可公开交易的。该调查的结果提供了理解美国跨国公司进行风险管理活动的独特的视角。

图表 10B.1 描述的是该调查部分结果。在被调查的公司中,大约四分之三公司的海外分

支机构都以当地货币作为其功能性货币。而且,这一比例对于公共和私人企业而言都成立。相似地,超过90%的公共及私人企业将它们的风险管理机构的决策权集中了起来。出乎意料的是,绝大多数公司都将会计报表中利润-收益而非现金流作为风险管理的首要关注目标。然而,让人疑惑的是,私人持股公司在风险管理活动中认为收益的重要程度(31%)明显低于该指标在公众持股公司心中的重要程度(46%)。

图表 10B.1　　美国跨国公司的风险管理结构及目标

	全部	公共企业	私人企业
海外机构的功能性货币			
当地货币	72%	71%	74%
美元	28%	29%	26%
风险管理结构			
集中型	91%	93%	86%
分散型	9%	7%	14%
首要风险管理驱动因子			
收入	43%	46%	31%
现金流	18%	18%	20%
收入和现金流	32%	28%	46%
其他因子	6%	7%	3%
风险管理目标			
减少外汇收益(损失)	48%	52%	31%
最小化预算偏差	37%	36%	40%
最小化预算超支	29%	28%	34%
最小化对冲成本	23%	21%	29%
预算的美元价值最优	20%	17%	29%
其他	10%	10%	11%
会计信息对于对冲决策的重要程度			
非常重要	43%	50%	18%
重要	46%	45%	53%
不重要	10%	5%	29%

资料来源:"The 2004 FX Risk Management Survey", Ramon Espinosa, *Monograph 204*, Global Markets Group, Bank of America, May 2004.

外汇风险管理的目标在公共和私人公司之间存在着显著的不同。超过一半(52%)的公众公司,其风险管理的目标是减少外汇的收益/损失,而只有31%的私人公司有此想法。其他风险管理目标——最小化预算离差、预算超支以及大体上的对冲成本——很重要并且在公众公司和私人公司之间没有差异。无疑,公共公司认为会计情况比对冲决策更重要(50%),而只有相当少的私人持股公司认为会计情况更重要(18%)。

在被调查的公司中,超过75%的公司至少每月评价一次它们的货币风险暴露。只有11%的公司每周对它们的货币风险暴露进行评估。公司评估其未来风险的时间跨度也在加长,12%的公司关注3个月后的风险状况,11%的公司关注6个月后的风险,50%的公司关注一年后的风险,6%的公司关注两年后的风险,8%的公司关注多于两年后的风险情况。

图表 10B.2 说明了风险调查的详细结果，例如，美国公司面临哪些货币敞口类型以及采用哪些工具和策略来应对这些敞口：

图表 10B.2　　在美注册公司外汇风险管理实践调查：风险与工具（百分比）

交易风险	对冲风险的公司	平均对冲比率	远期	购买期权	领子期权	复合期权	其他
资产负债表风险	71	—	88	3	4	1	4
预先计划的交易							
0—3 个月	76	74	78	11	6	3	1
3—6 个月	66	67	74	13	7	4	2
6—12 个月	58	59	70	16	9	4	0
12—18 个月	31	46	72	18	9	1	1
>18 个月	16	53	80	9	5	0	5

	对冲风险的公司	平均对冲比率	单纯远期	单纯期权	只有期权和远期	其他
或有风险	10	53	13	44	25	19

转换风险	对冲风险的公司	平均对冲比率	远期	外币互换/债务互换	其他
对海外机构的净投资	19	—	42	54	4

	对冲风险的公司	平均对冲比率	远期	购买期权	复合期权及其他
海外所获收入	29	68	65	24	34

经济风险	对冲风险的公司	远期	购买期权	期权组合
经济风险	19	67	10	23

资料来源："The 2004 FX Risk Management Survey", Ramon Espinosa, *Monograph 204*, Global Markets Group, Bank of America, May 2004.

- **交易风险**。71% 的公司对冲了在其资产负债表上的所有敞口。相应地，76% 的公司针对大概 3 个月之后的交易对冲掉了所预测大约 74% 的交易暴露本金。对可预见的未来 12 个月的交易进行对冲的公司比率（和对冲的平均覆盖比率）稳定地保持在 50% 以上，但对 12 个月之后的风险进行对冲的公司在所有公司中所占比率和对冲覆盖率却急剧下降。尽管期权在更长期限的预测交易中的应用日益增长，但远期合约仍是使用更为普遍的衍生工具。
- **折算风险**。调查报告将转换风险分解为两个基本的类别：对国外机构的净投资和国外收入。粗略地统计，1/5 的被调查公司对其国外机构的净投资进行了主动的对冲，同时 29% 的公司对冲了其从国外机构所获的会计收入。调查还显示，这些风险越来越多地被由远期、互换、买入期权、复合期权所组成的分散化组合所对冲。
- **经济风险**。令人惊奇的是，19% 的公司对冲了它们的经济风险。而且，所用的对冲工具中 67% 是远期合约——远超出了通常的预期。

第五篇 公司的全球化融资

第五篇论述了一家公司如何利用国际资本市场来最小化其资本成本以及获得最广泛的资金来源。为了在国内外市场的竞争中立于不败之地,公司必须能够在全球范围内融资,为此,公司也必将承担一定的成本。

通过 Carlton 公司加权平均资本成本计算和雀巢公司资本成本计算的例子,第 11 章首先回顾了如何计算一家公司的资本成本。接着我们论述了跨国证券投资者如何影响一家公司的国际融资能力。然后,我们将论述资本可得性和资本成本之间的关系,这种关系可通过市场流动性效应和市场分割来体现。并且详细介绍了一个丹麦跨国公司(Novo 公司)的案例,虽然公司所处的国内资本市场的流动性很差并且存在市场分割,但是 Novo 公司还是从国际资本市场获得了资金并实现了自己资本成本的国际化。第 11 章的最后对跨国公司与国内公司的资本成本进行了比较。

第 12 章讨论了公司如何在国际资本市场中进行股权融资。为了进入世界上流动性最强的资本市场,公司的管理者首先应该制定一个好的策略。而进入这种资本市场的目的应该是增加股票的流动性,进而降低公司的加权平均资本成本。公司的股票在一个或者多个境外资本市场上市是其发展过程中一个重要的里程碑,而另一个更重要的里程碑则是能将本公司的部分股票出售给国外的投资者。我们分析了一家公司在境外上市和出售股票时所遇到的阻碍。在第 12 章的最后,我们对一些可用来在境外股票市场中进行股权融资的金融工具进行了简单的介绍。

第 13 章描述了一家欲实现资本成本最小化的公司应该如何保持一个合适的财务结构，这种财务结构要以一种股东和债权人都可以接受的方式来平衡公司的资本和负债。跨国公司尤其要考虑如下几个问题，即如何进入国际资本市场、怎样通过国际组合投资来降低风险、如何降低由以外币融资所带来的外汇风险以及如何满足跨国证券投资者的要求。跨国公司还必须考虑如何对其国外分支机构进行融资以及如何构建海外分支机构的资本结构。我们还介绍了跨国公司进入国际债务市场时所用到的各种债务性融资工具，如辛迪加银行贷款、欧洲票据和国际债券等。

第 14 章分析了所有公司的经理——不管是跨国公司还是国内公司——如何来控制利率风险。资产负债表的资产和负债项目都会受到利率风险的影响。在负债方，利率风险表现为由浮动利率贷款所带来的信用风险和重新定价风险。我们介绍了管理利率风险的三种工具，即远期利率协议、利率期货和利率互换。在 Carlton 公司的例子中我们展示了通过互换将固定利率现金流转换成浮动利率现金流的过程；当然，相反的方向进行转换的过程是一样的；接着我们还介绍了 Carlton 公司如何将以美元标价的固定利率现金流转换成以瑞士法郎标价的浮动利率现金流。最后，我们以一个案例——一个三方、背对背的跨币种互换的例子来结束本章。

第 15 章介绍了跨国公司和国际证券投资者如何通过国际市场来分散风险。因为跨国公司要通过吸引国际证券投资者从而达到实现降低资本成本和获得广泛的融资渠道的目的，所以通过国际分散化来降低风险对于双方都十分重要。由于国际组合投资理论具有一个非常成熟的理论和实证基础，我们也将以该理论作为基础来理解分散化投资的优点。我们的分析建立在国内组合投资理论的基础上，因而我们需要在组合中加入持有以外币标价的证券所带来的外汇风险。

第 11 章　国际资本成本及资本可得性

公司如何进入全球资本市场以实现最大限度地利用全球资本和最小化资本成本的目的？

全球资本市场作为一个整体为公司提供了很多除本国资本市场之外的，并且成本更低的融资渠道。有了这些资金的支持，公司可以进行更多的长期项目投资进而更好地实现自身发展的目的。如果一家公司所在国的资本市场的流动性很差或者该市场与全球市场是分割的，那么公司可通过设计和执行一个合适的策略来使其从国际资本市场上获得更多低成本的资金。图表 11.1 列出了资本成本与资本可得性之间关系的概况。公司特征、公司所发行证券的市场流动性以及市场分割对公司资本定价的影响是本章的主要内容。

图表 11.1　　**资本成本和资本可得性的决策维度**

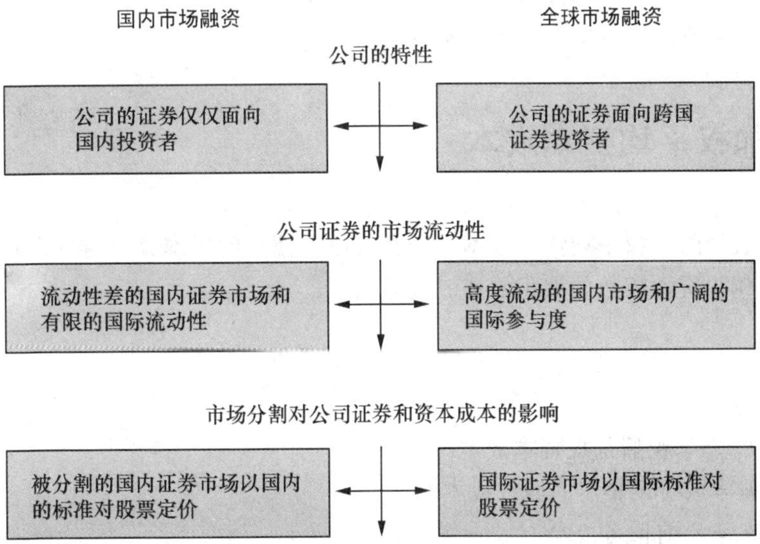

如果一家公司必须在一个流通性非常差的国内证券市场上对其长期权益和债务进

行融资，则它所获得的资本量将很少并且成本很高，这就会降低公司在国内外市场上同外国公司竞争的能力。这类公司包括一些小公司和新兴市场国家的公司，前者因为本身规模太小不能进入证券市场融资，后者则是因为本国资本市场欠发达。很多家族企业也被归于此类，因为它们不愿选择证券市场作为其长期资本的融资渠道。

工业化国家一般设有专门针对小公司的流动性很强的资本市场，从而可以满足其国内小公司的融资需求。这些公司的资本成本较低，资金可得性也会优于那些资本市场不发达国家的公司。然而，如果可以有效地利用高流动性的全球资本市场，新兴国家的公司也将增强其在融资方面的竞争力。

如果所在国的资本市场是分割的，那么为满足其长期债务和股权融资的需求，公司必须运用某些策略来摆脱对该市场的依赖。当一国资本市场中证券的必要收益率异于其他证券市场中具有同样期望风险与回报的证券的必要收益率时，我们称这个资本市场是分割的。资本市场被分割的原因有过度监管、明显的政治风险、可预期的外汇风险、市场不透明、严重的信息不对称、任人唯亲、内幕交易及市场很多其他方面的不完善。

被以上这些情况所困扰的公司必须寻找策略来绕过国内受限的资本市场从国际市场来进行长期资本融资。本章首先介绍了当国际证券投资者能对公司的债务和权益证券进行投资时如何计算公司的加权资金成本。我们以 Carlton 公司为例。

本章的第二部分分析了公司如何吸引国外证券投资者投资其证券。这取决于很多因素，包括公司的特征、跨国投资的受限程度、增强市场流动性的策略的运用和公司证券的全球定价，以及公司所在国的资本市场是否分割。

本章第三部分着重介绍了资金可得性和资本成本之间的关系。这种关系的妥善处理要求公司增强其证券的市场流动性，摆脱对本国受限的资本市场的依赖。如果公司能很好地贯彻这些策略，那么它就可以降低其加权平均资金成本并提高资本可得性。

本章第四部分则分析了与在国内资本市场中融资的竞争者相比，跨国公司从全球市场中融资是否真的降低了资本成本。

11.1 加权平均资本成本

公司的加权平均资本成本等于其权益和债务的成本分别与各自在公司最优长期财务结构中所占权数的乘积之和。具体如下：

$$k_{\text{WACC}} = k_e \frac{E}{v} + k_d(1-t)\frac{D}{V}$$

其中：

k_{WACC} = 税后加权资本成本

k_e = 风险调整后的股权成本

k_d = 税前债务成本

E = 公司权益的市场价值

D = 公司债务的市场价值

V = 公司证券的总市值($D+E$)

11.1.1　权益资本成本

我们用资本资产定价模型中的一个公式来计算公司的权益资本成本:

$$k_e = k_{rf} + \beta_j(k_m - k_{rf})$$

其中:

k_e = 股票的期望收益率

k_{rf} = 无风险债券的利率(如国库券)

β_j = 公司的系统风险系数

k_m = 股票市场组合的期望收益率

系统风险是公司股票期望收益率的总方差与市场指数期望收益率的总方差的比值和两者之间的相关度的函数。正式的表述为:

$$\beta_j = \frac{\rho_{jm}\sigma_j}{\sigma_m}$$

其中:

β_j(beta) = 证券 j 的市场风险的度量

ρ (rho) = 证券 j 与市场组合的相关系数

σ_j(sigma) = 公司 j 预期收益率的标准差

σ_m(sigma) = 市场组合收益率的标准差

如果公司收益的波动率小于市场收益的波动率,则 Beta 值小于 1.0;如果公司收益的波动率与市场的波动率一致,则 Beta 值等于 1.0;而如果公司收益的波动率强于市场收益的波动率(这意味着公司股票的风险大),则 Beta 值大于 1.0。

CAPM 模型假设对某个证券来说,获得期望的必要收益率是保证投资者继续投资的条件,如果股权收益低于期望收益,个人投资者将会卖出他们持有的证券。

11.1.2　债务成本

公司债务成本的计算通常要求对未来几年的利率、对公司预期使用各种不同种类的债务所占总债务的比例,以及公司所得税率进行估计。然后把各部分债务的利息成本按它们在债务结构中所占的比例进行加权平均,即得到税前债务成本 k_d。再对 k_d 进行所得税的调整即 k_d(1 - 税率),就可得到税后的加权平均债务成本。

当公司的一个新项目与已有项目处于相同的风险级别时,原项目的加权平均资金成本就可视为新项目的风险调整的折现率。当然,如果新项目的财务风险或经营风险不同于原有项目,就要采用一个专门针对此项目的折现率。

11.1.3 Carlton 公司的加权平均资本成本

Carlton 公司的财务总监 Caitlin Kelly 计算得到公司的加权平均资本成本为 12.28%，如图表 11.2 所示。

图表 11.2 **Carlton 公司加权平均资本成本的计算**

与权益资本成本（k_e）有关的变量：

$k_{rf}=5.000\%$　k_{rf}代表了用美国国库券估计得到的无风险利率。

$k_m=15.000\%$　k_m代表了进行分散化投资的国际证券投资者的市场组合的预期收益率。40%强的 Carlton 公司的股票由外国证券投资者持有。同时，持有 Carlton 公司股票的美国投资者通常也是国际证券投资者。

$\beta=1.2$　β代表了 Carlton 股票的系统风险。该系统风险通过 Carlton 股票的收益与市场收益的相关度（ρ）、Carlton 股票收益的标准差（σ_c）和市场收益的标准差（σ_m）计算得到。

股权成本为：

$$k_e=k_{rf}+\beta(k_m-k_{rf})=5.000\%+1.2\times(15.000\%-5.000\%)=17.000\%$$

与债务成本（k_d）有关的变量：

$k_d=8.000\%$　k_d代表的是税前债务成本。它通过公司所发行的未到期的债券和未偿银行贷款的利率计算得到。

$t=35\%$　t代表的是美国的公司所得税率。

税后债务成本为：

$$k_d(1-t)=8.000\times(1-0.35)=8.000\times0.65=5.200\%$$

财务结构：

$E/V=60\%$　E/V是权益比率，也即 Carlton 公司总资产（$E+D$）中股票所占的百分比。

$D/V=40\%$　D/V是债务比率，也即 Carlton 公司总资产（$E+D$）中债务（债券和银行贷款）所占的百分比。

$V=100\%$　V是 Carlton 公司的总市值（$E+D$）。

加权平均资本成本为：

$$K_{\text{WACC}}=k_e\frac{E}{v}+k_d(1-t)\frac{D}{V}=17.00\%\times0.60+5.20\times0.40=12.28\%$$

Kelly 认为公司的资金成本已经达到全球化融资的水平。Carlton 公司主要在全球范围内经营电信设备，这是一个竞争很激烈的领域，其主要竞争对手有美国、英国、加拿大、芬兰、瑞典、德国、日本和荷兰的公司。这些竞争对手的股票在全球主要的股票市场挂牌交易，因而国际证券投资者可以自由地交易它们的股票。而 Carlton 公司的股票在纳斯达克（NASDAQ）上市。对于 Carlton 公司来说，能否吸引国际证券投资者投资并持有它的股票是它能否确保最优的资本成本和融资能力的关键。

11.1.4 雀巢：国际 CAPM 的应用

理论上，运用国际投资组合的 CAPM 来估计一家公司的权益资本成本与运用普通意义上的 CAPM 的方法有所不同，这主要表现为对市场的定义和公司股票的 Beta 系数的计算不同。雀巢公司的例子描述了这种全球化的投资组合对资金成本可能产生的影响。

雀巢公司是一家诞生于瑞士的生产和销售甜食的跨国公司。雀巢的例子很好地向我们表明了跨国投资者对全球化的资本成本的认识相对于国内投资者有何不同。[①]

假设一个瑞士国内的潜在投资者,他会认为无风险利率是3.3%(瑞士政府债券收益率,以瑞士法郎计价)、瑞士市场组合的收益率是10.2%(金融时报瑞士指数,以瑞士法郎计价)以及雀巢公司的$\beta_{\text{Nestlé}}$是0.885.这个投资者会预期雀巢公司股票在下一年的收益率是9.4065%。

$$k^{\text{Nestlé}} = k_{rf} + \beta_{\text{Nestlé}}(k_m - k_{rf}) = 3.3 + 0.885 \times (10.2 - 3.3) = 9.4065\%$$

这种传统的国内的CAPM的方法有一个弱点,即它假设瑞士市场上的投资者(很可能是雀巢的投资者)仅仅持有瑞士国内的资产组合——一个纯粹的国内证券组合。如果上述投资者分散地持有国际化的组合,则上式中的k_m和$k^{\text{Nestlé}}$的计算都会不同。

而一个瑞士的投资者很可能会持有分散化的国际投资组合而并非只是国内的组合。随着各国资本市场监管的放松和国际资本市场的融合,瑞士投资者的投资组合的期望收益将会更多地由国际市场组合的收益而非纯粹的瑞士国内的市场组合的收益所体现。

我们采用Stulz's(1995)的方法将分散化的国际投资组合称作全球组合而不是世界组合。两者之间的区别是很重要的,因为世界组合是世界上所有证券的一个指数。然而,尽管资本市场的监管放松和全球的市场融合的趋势不可遏制,但是仍有一些国家的资本市场是分割的。我们可以把国际证券投资者实际可以投资的组合称为**全球组合**(global portfolio)。

在雀巢的例子中,全球证券指数(global portfolio index)例如以瑞士法郎表示的金融时报指数(FAT-Swiss)表明市场收益率为13.7%(这个收益率不同于瑞士国内指数的收益率10.2%)。除此之外,以FTA-Swiss为基础的系统风险Beta也要小得多:0.585(不同于原来计算的0.885)。一个进行国际分散化投资的瑞士投资者在雀巢股票上的预期收益率为:

$$k^{\text{Nestlé}} = k_{rf} + \beta_{\text{Nestlé}}(k_m - k_{rf}) = 3.3 + (13.7 - 3.3) \times 0.585 = 9.384\%$$

这两种方法计算的一期收益率的差别很微小。图表11.3给出了两种计算方法的对比。从中可以看出,在给定市场平均收益率和公司的Beta值的变化的情况下,两种方法的最后计算结果很容易就相差上百个基点。同时,投资组合的合理构建以及投资者对投资风险和机会成本的正确认识,对于确定公司权益资本的国际资本成本也非常重要。

① René Stulz, "The Cost of Capital in Internationally Integrated Markets: The Case of Nestlé", *European Financial Management*, Vol. 1, March 1995, pp. 11—12.

图表 11.3　　以全球资本市场为基础计算雀巢公司的权益资本成本

国内投资组合	全球化的投资组合
$k_{rf}=3.3\%$（瑞士债券指数收益）	$k_{rf}=3.3\%$（瑞士债券指数收益）
$k_m=10.2\%$（以瑞士法郎表示的瑞士市场组合收益率）	$k_m=13.7\%$（以瑞士法郎表示的金融时报全球证券指数）
$\beta_{\text{Nestlé}}=0.885\%$（瑞士市场中雀巢的系统风险）	$\beta_{\text{Nestlé}}=0.885\%$（以 FTA-Swiss 为基础的系统风险）
$k^{\text{Nestlé}}=k_{rf}+\beta_{\text{Nestlé}}(k_m-k_{rf})$	
雀巢股票的预期收益率：$k_e^{\text{Nestlé}}=9.4065\%$	雀巢股票的预期收益率：$k_e^{\text{Nestlé}}=9.3840\%$

资料来源：所有的数据均来源于 René Stulz，“The Cost of Capital in Internationally Integrated Markets：The Case of Nestlé”，*European Finacial Management*，March 1995，Vol. 1，pp. 11—22。

11.1.5　计算股权风险溢价

在实务中，如何计算一家公司的股权风险溢价还存在着争论。虽然 CAPM 模型作为一种计算公司权益资本成本的方法被广泛接受并应用于实务中，但是在具体计算时，对某些变量采用哪种数值却仍未有统一的标准，尤其是在计算股权风险溢价的应用中。**股权风险溢价**（equity risk premium）是指投资者期望的市场年平均回报率与无风险利率之差，即(k_m-k_{rf})。

股权风险溢价的历史。金融界一致认为股权成本的计算要有前瞻性，即公式中各变量的值应该是这些变量在未来一段时间的期望值。在通常情况下，实务工作者会把这些变量的历史值作为预测其将来值的基础。现在的争论是从对过去所发生事情的争论开始的。

图表 11.4 展示了一项于 2001 年结束并于 2003 年更新的关于股权风险溢价的研究项目的结果。这项研究计算出了 16 个发达国家在 1900—2002 年的股权风险溢价。这项研究的部分数据如该图表所示，在这段时间内各国的股权风险溢价差别很大。最高的是意大利（10.3%），德国和日本分别以 9.4% 和 9.3% 次之；丹麦的股权溢价的算术平均值最低，仅为 3.8%；美国和英国的算术平均值分别为 7.2% 和 5.9%。这 16 个国家股权风险溢价的算术平均值为 6.9%。按照这项研究的作者的定义，世界股权风险溢价的算术平均值为 5.7%。

在应用中，关于算术回报和几何回报的选择问题的争论较少。算术平均回报率是对每年资本升值和红利分配的百分比的简单平均。商科的学生对这种方法都非常熟悉。而几何平均回报率则是一种特殊的计算方法，这种方法只考虑了一段时间内期初和期末时刻的两个价格。几何平均回报率计算的是从期初到期末的年平均复利增长率，但它忽略了其间变动的具体路径。图表 11.5 提供的例子表明，对一个相当短的时期内股票价格的变动而言，两种计算方法的差异有多大。

图表 11.4 世界主要国家的股权风险溢价,1900—2002 年

	相对于国库券			相对于长期国债		
	几何平均数	算术平均数	标准差	几何平均数	算术平均数	标准差
澳大利亚	6.8	8.3	17.2	6.0	7.6	19.0
比利时	2.2	4.4	23.1	2.1	3.9	20.2
加拿大	4.2	5.5	16.8	4.0	5.5	18.2
丹麦	2.2	3.8	19.6	1.5	2.7	16.0
法国	6.4	8.9	24.0	3.6	5.8	22.1
德国	3.9	9.4	35.5	5.7	9.0	28.8
爱尔兰	3.6	5.5	20.4	3.2	4.8	18.5
意大利	6.3	10.3	32.5	4.1	7.6	30.2
日本	6.1	9.3	28.0	5.4	9.5	33.3
新西兰	4.3	6.4	22.6	3.8	5.9	21.9
南非	5.9	7.9	22.2	5.2	6.8	19.4
西班牙	2.8	4.9	21.5	1.9	3.8	20.3
瑞典	5.2	7.5	22.2	4.8	7.2	2.5
瑞士	3.2	4.8	18.8	1.4	2.9	17.5
英国	4.2	5.9	20.1	3.8	5.1	17.0
美国	5.3	7.2	19.8	4.4	6.4	20.3
平均	4.5	6.9	22.8	3.8	5.9	21.6
世界	4.4	5.7	16.5	3.8	4.9	15.0

资料来源:Elroy Dimson, Paul Marsh, and Mike Stauntou, "Global Evidence on the Equity Premium", *Journal of Applied Couporate Finance*, 2003, Vol. 15, No. 4, p. 31。股权风险溢价用(1+股票回报率)与(1+无风险利率)的比值减去1来度量。表中的数据得自各国103年的年度统计数据,因为德国在1922—1923年发生了恶性通货膨胀,所以政府债券的收益率为-100%。表中的"平均"栏是对16个国家的数据的简单加权平均,而"世界"栏则针对的是世界指数。

图表 11.5 算术和几何回报率的对比:一个样本估计

年	1	2	3	4	5	均值
股票价格	10	12	10	12	14	
算术的变动		+20.00%	-16.67%	+20.00%	16.67%	+10.00%
几何的变动		+8.78%	+8.78%	+8.78%	+8.78%	+8.78%

算术变化通过公式$[P_2/P_1-1]$进行逐年计算。这个序列的简单平均值即是"均值"。几何的变化的计算仅仅用到了样本的初始值和结束值即10和14,所用的公式为$[(14/10)^{1/4}-1]$。计算几何变化时假定的是重复进行再投资,而算术平均只假设时点到时点的投资。

不同于几何平均回报率,算术平均回报率则反映了年与年之间的价格波动。基于这种原因,大多数的业内人员都偏好于采用算术平均回报率,因为它更好地体现了国际证券市场上波动的特征。注意,大多数情况下几何平均回报率都要更小。

对美国的展望。实践中对风险溢价估值的争论非常激烈,这从各种不同的数据源为美国风险溢价提供的不同估计值的现象中可见一斑。从图表11.6可见,如果假设公司的Beta值为1.0(其市场风险估计值与市场本身的风险相同),运用不同的风险溢价计算所得股权成本的最低值为9.000%,而最高值则达12.8%。请注意,在这里作者用

的是几何回报率而不是算术回报率。

图表 11.6 一个虚拟公司的股权成本的不同估计（假设 $\beta=1, k_{rf}=4\%$）

来源	风险溢价	股权成本	差值
Ibbotson	8.800%	12.800%	3.800%
金融教科书	8.500%	12.500%	3.500%
投资者调查	7.100%	11.100%	2.100%
Dimson, et al.	5.000%	9.000%	Baseline

资料来源：股权风险溢价引用自"Stockmarket Valuations: Great Expectations", *The Economist*, January 31, 2002。

准确地预测股权成本对于一家公司来说到底有多重要？公司每年都要根据自己的资本情况来决定应该进行何种投资。如果公司以自身资本成本为基础对于其现金流进行贴现的话，当公司不能准确地估计其股权资本成本进而准确地估计其总的资金成本时，它就不能准确地估计潜在的投资的净现值。

11.2 对国外证券的需求：国际证券投资者的作用

在过去的三十年中，对股票市场监管的逐渐放松不仅使国内市场参与者间的竞争更加激烈，而且也吸引来了很多国外的竞争者。在这种背景下，国际证券投资和股票的境外上市已经变得司空见惯。

是什么促使证券投资者购买并持有外国证券？要回答这个问题需要对国内投资组合理论和该理论如何被拓展到了国际的投资组合中有很好的理解。具体来说，它要求理解投资组合降低风险、组合回报率和外汇风险的原理。我们会在第 15 章详细讨论这些原理。

国内和国际的证券投资经理都是资产配置者。他们的目的是使投资组合在既定风险的情况下收益最大或在收益既定的情况下风险最小。国际证券投资经理们可以从更大的资产集合里选择和构建他们的组合，而囿于国内有限的证券市场的国内证券投资经理们则无此优势。其结果是国际分散化组合通常具有更高的预期收益率，同时也几乎总是具有更低的风险水平，因为各个国家的证券市场并非完全相关。

依据投资组合经理的目标不同，证券资产配置可通过许多不同的角度去实现。例如，投资组合可根据证券的类型进行分散投资；投资组合可完全由股票或债券组成，也可是两者的混合；还可以根据不同的产业或市值规模（小市值、中等市值和大市值的股票组合）来进行分散。

基于我们的目的，我们将根据国家、地理区域、发展阶段或这些因素的组合来对大多数的投资组合都进行分散化配置。根据国家进行分散化投资的一个例子是韩国基金（Korea Funds）。在当时，外国投资者只能通过一种方式持有韩国的证券，现在这种限制已经大为放松。很多的亚洲基金（Asian Funds）都是根据地域来分散它们的投资。20 世纪 90 年代后半期日本和韩国经济泡沫破裂之前，亚洲基金的表现一直非常出色。

由新兴市场证券构成的投资组合是基于市场发展阶段来进行分散化配置的例子,它们由来自不同国家、不同地域和不同发展阶段的证券组成。

11.2.1　资本成本和资本可得性之间的联系

在计算 Carlton 公司的加权平均资本成本时我们假设了公司总能以同样的成本筹集到权益和债务资本,哪怕是在资本预算要扩张的时候亦是如此。这个假设是合理的,因为 Carlton 公司可以很容易地通过 NASDAQ 来向国际资本市场上的证券投资者筹资。但是针对处于流动性不足或分割的资本市场的公司、国内小公司以及任何资本市场上的家族企业而言,这都是一个糟糕的假设。我们将会讨论市场分割和流动性如何影响一家公司的资本成本。在此之前,我们先看一家丹麦公司的例子。我们将说明这家丹麦公司(Novo Industri A/S)如何克服本国市场流动性不足和市场分割的劣势。

11.2.2　增强市场流动性

对市场流动性的定义虽然还没有定论,但是我们可以通过观察一家公司发行新股对市场价格的影响程度,以及证券价格的变化所导致多大规模的订单流来度量它。**金融实务专栏 11.1** 以美国为背景对市场流动性的定义进行了详细的阐述。

金融实务专栏11.1

GLOBAL FINANCE IN PRACTICE

市场流动性

流动性的概念非常模糊。纽约股票交易所(NYSE)宣称它的做市商提供了最好的流动性,而分散化的交易对于每个人都是有害的。但是 Archipelage 交易所、Istinet 和 Island 这些电子交易市场也声称它们具备良好的流动性。这些争辩是令人费解的。但问题在于在一些情况下可增加市场流动性的措施,却可能在另外的情况下降低流动性。我们可以从以下几个方面来认识这个问题。

什么是流动性? 流动性指的是在不影响证券价格的情况下快速地买入或卖出资产的能力。如果一项资产可以一个很好的价格快速地兑现,我们就称它具有很强的流动性。

股票的流动性是什么? 根据市场所处的情况不同,流动性有两种表现形式。在一个正常市场(a calm market)中,当投资者在买卖股票时,流动性可降低股票朝对投资者不利的方向变动的幅度。而在市场处于危机时,如市场中出现了影响较大的不利消息,流动性会起到防止交易完全停止的作用。如果出现市场没有人愿意买入的情况,流动性提供者通过充当买方的角色来救市,否则市场上就会出现"空跌"现象。

首先解释正常市场的流动性。对于小投资者而言,流动性被称为窄幅价差。股票市场的中间商通过低买高卖获利。由于竞争降低了买卖价差,所以相对于中间商来说,客户从交易中获利更多。很多时候大额投资者要从价格的短期波动中获利,所以他们也希望可以在短期内迅速执行订单,因而他们关心的是市场深度(market depth)。如果一个市场可以实现在短期内买入大量股票而不会导致市场短缺进而导致股价大幅上升,或卖出大量股票而不导致对市场造成冲击进而导致股价大幅下跌,这样的市场就是有深度的。

当交易分散于多个正常市场时,流动性会消失吗?你可能认为答案是肯定的。但是 Notre Dame 大学 Mendoza 商学院的 Roger D. Huang 教授所作的研究表明,当存在电子交易系统(ECNS)与 NASDAQ 的做市商竞争时,NASDAQ 中的最高买价和最低卖价之间的差额缩小了。他在上一年的《金融学杂志》(*Journal of Finance*)上发表了自己的研究结果,他认为在 ECNS 中交易的股票定价最优。他相信通过将订单在多个交易场所进行分拆来高效率地进行大批量股票的买卖仍然是可能的。

谁需要 NYSE 和 NASDAQ 的做市商?在正常市场中,它们可能并不重要。但当市场出现大的波动时,它们会发挥很大的作用。遇到市场价格下跌的情况,NYSE 的做市商有义务用自有资金来买入证券从而平稳价格波动和稳定市场。虽然 NASNAQ 的做市商没有如此苛刻的义务,但他们也要保证在任何时候都对各自所负责交易的证券提供相应的买单和卖单。

做市商是怎样影响市场的?我们将做市商看做美联储履行最后贷款人职责的杠杆。1987 年,美联储担心 10 月的股市大跌会引起一轮大规模的破产风暴,从而对整个经济造成损害。芝加哥大学商学院的 Douglas W. Diamond 教授说,为了使股票市场继续运转进而摆脱这场危机,联储要求大银行向暂时失去偿付能力的做市商贷款以使他们可以继续从事交易。同时,它也承诺银行可以无限制地获得联储的贷款。

难道联储不可以通过电子交易网络(ECNS)做同样的事吗?不能,因为 ECNS 并不通过自己的账户进行交易,而仅仅是将买卖双方配对。一旦发生市场危机,联储不知道向谁提供贷款来挽救市场。

应该采取什么措施?如果一个人以提高市场流动性为目的重新构建股票市场,那么他必须重视当出现市场危机时如何保持市场的流动性的问题。这意味着要保留某些市场规则以使做市商能够获利,例如,最优交易规则(the trade-through rule)要求如果 NYSE 的专业股票商提供了最优价格时,则订单须流向 NYSE。如果不能使做市商获利,那么当再次发生股市危机时,他们将会袖手旁观。

资料来源:Peter Coy,"The Ups and Downs of Market Liquidity and the Different Ways Both Specialists and Electronic Exchanges Affect It", *Business Week*, Nov. 3, 2003, p. 104.

考察国内市场时,存在一个隐含的假设,即一家公司任何时候的资本可得性是由国内证券市场上的供给和需求所决定的。公司在扩充资本预算时总是应该以其最优的财务结构来同比例地增加各种资本。然而,如果以绝对数来度量其预算扩张,则其边际资本成本最终会上升。换言之,因为资本的供给在短期内是有限的,公司在短期内可获得的资金量也必将有限,哪怕获得这些有限的资本仍能使它保持最优的财务结构。当然,由于市场有流动性,在长期中可能不存在这种限制。

对跨国公司而言,跨国公司能够通过在欧洲市场(欧洲货币、欧洲债券和欧洲股票市场)上筹集资金、在国外发行证券,以及通过国外分支机构进入当地资本市场的方式来提高市场流动性。相对于公司被限制在资本市场所可能达到的融资量,上述活动逻辑上应该能在短期内提高跨国公司的融资能力。当然,我们假设所有这些活动的进行都是建立在公司保持其最优财务结构的基础上的。

11.2.3　市场分割

如果所有的资本市场是完全一体化的,则在经过外汇风险和政治风险调整后,各国市场应该具有相同的收益率。这一定义适用于股票和债券市场,尽管现实中通常发生的情况是一个市场比另一个市场的一体化程度更高。

如前所述,市场分割是金融市场不完善的一种表现,而市场不完善则主要由政府约束、制度惯例和投资者认知所导致。具体而言,最主要的市场不完善表现在:

- 国内投资者和外国投资者间的信息不对称
- 市场缺乏透明度
- 交易成本太高
- 外汇风险
- 政治风险
- 公司治理方式的不同
- 监管性的壁垒

市场不完善并不一定意味着市场是无效的。一国的证券市场仅从国内来看是有效,但从国际角度看却是被分割的。在理论上,所谓的市场有效是指证券价格已经反映了所有可得的相关信息,并且对任何新信息都迅速作出了调整。所以,各证券的价格反映了其内在价值,任何偏离该价值的价格波动都遵循围绕内在价值的随机游走过程。市场有效性假设假定市场上的交易成本非常低,并且有众多的市场参与者以及这些参与者都有足够强大的资金实力来影响证券价格。有关市场有效性的实证检验的结果表明,大多数主要国家的证券市场都是有效的。

如果一个证券市场是有效的,则它可以基于市场参与者可得的信息对在该市场交易的所有证券进行正确的定价。虽然这样,但若该市场与国际市场是分割的,外国投资者就不能参与其中,则该市场中证券的价格就只是基于国内的标准,而非基于国际市场的标准而定的。

在本章剩下的部分以及下一章中,我们将以跨国公司(MNE)来代表那些可以到全球资本市场上融资的公司。这类公司包括真正的跨国公司(不管它们位于发达国家还是新兴市场国家);还包括那些虽不是跨国公司但是规模巨大并可在国际资本市场筹集资金的公司,同样不管它们位于哪类国家。我们将用国内公司(domestic firm,DF)来定义那些不能进行全球化融资的公司。

资本可得性取决于公司是否能增强其债务和权益证券的流动性,以及是否基于国际而非国内标准对其证券进行定价。在实际中,这意味着公司必须设计一项策略来吸引国际证券投资者,从而克服国内资本市场流动性差和市场分割所带来的弊端。

11.2.4 市场流动性和市场分割的影响

资本市场的流动性强弱和分割程度对公司的边际资本成本进而对加权平均资本成本有着重要影响。边际资本成本是指公司每增加一单位货币资本所增加的加权平均成本。图表 11.7 体现了一家公司从国内市场融资转向国际市场融资时,其边际资本成本的变化过程。

图表 11.7 市场流动性、分割和边际资本成本

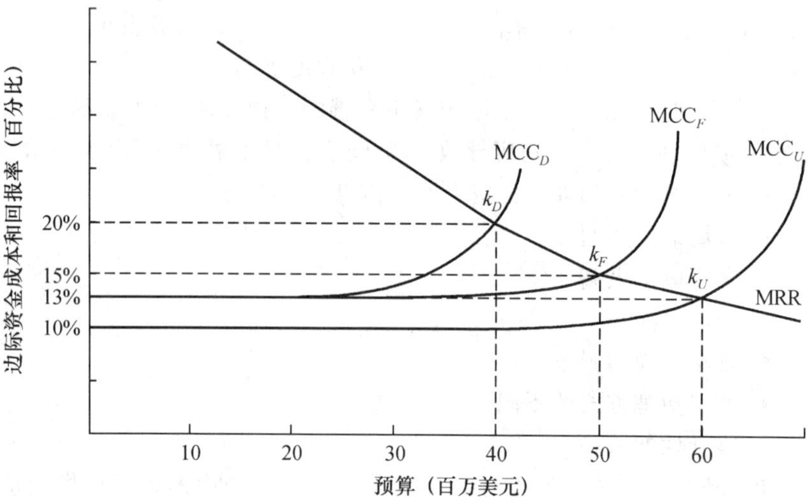

如图表 11.7 所示,对于跨国公司来说,不同的预算水平会带来不同的边际资本回报,我们用曲线 MRR 来表示。曲线 MRR 的形状是由潜在投资项目的净现值或内部收益率的排序决定的。资本的供给者和使用者的回报率用纵轴表示。曲线 MCC_D 表示当公司只能在国内筹资时,不同资本预算水平下(横轴)的边际资本成本(纵轴)。注意,公司在增加资本预算规模的同时会维持原有债务结构,以使其财务风险不变。公司国内筹资的最优预算规模是 4 000 万美元,该预算下的国内边际资本成本(K_D)即边际资本成本 MCC_D,与资本边际收益 MRR 相等,均等于 20%。

如果公司在国内资本市场外还有其他筹资渠道,则它的边际资本成本曲线将右移,变为曲线 MCC_F。当国内资本市场的资金由于其他的借款者或股票发行者的资金需求过多而变得紧张或这个市场不能满足一个跨国公司的短期资金需求时,公司则可选择在国外资本市场筹集长期资金。如图表 11.7 所示,通过在国际资本市场融资,公司可

在资本预算规模增加 1 000 万美元的同时使国际边际资本成本降至 15%。这意味着，在边际资本成本 15% 的水平上只能从国内筹集约 3 000 万美元资金，而另外的 2 000 万美元要从国际资本市场上筹集。

如果公司所在国的资本市场同时具有流动性差和被分割的特点，则曲线 MCC_U 代表了当它可在别国股票市场筹资时的边际资本成本线。此时，由于国际资本市场上的资本供给更充裕，同时公司的证券也会得到基于国际标准的定价，它的最优资本预算会上升至 6 000 万美元，边际资本成本也将降至 13%。

很多对市场分割进行检验的模型都有一个困境，即如何从现实中抽象出可以进行验证的模型。我们认为一个切合实际的检验应该是，关注某只证券，观察当该证券原来仅在国内市场上被交易，然后被外国投资者“发现”进而在国际市场交易时其价格所发生的变化。如果不存在市场分割，套利行为会使该证券在两个市场上的价格相等。但是当该证券的价格发生了与两个市场上其他证券的价格变动不相关的显著变化时，我们就认为该证券的国内市场存在市场分割。

在学术研究中，事件研究被称为因果经验主义(causal empiricism)，因为没有现存的理论或模型来解释正在发生的事情。然而，就像科学家们通过观察未被控制的环境从而得出某些结论一样，我们也可以从事件研究中提炼出一些信息。另外，事件研究保持了真实世界的原貌，因而它可能对市场一体化的障碍和克服这些障碍的方法有很好的描述。

不幸的是，已经发表的事件研究表明很少有公司可以逃避市场分割。实际上，所谓的“逃避”是指在国外的股票市场(如纽约和伦敦市场)上挂牌交易，或在国外的资本市场上出售其证券。我们将通过丹麦 Novo 公司的例子来详细分析这个问题。[②]

11.3　案例分析：Novo 公司

Novo 公司(Novo Industri A/S)是一家丹麦的跨国公司，该公司主要生产工业用酶和药品(主要是胰岛素)。由于丹麦国内的证券市场流动较性差并且与其他资本市场间存在分割，Novo 公司的管理层于 1997 年决定“国际化”它的资本结构和资金来源。与它的竞争对手如 Eli Lilly(美国)、Miles Laboratories(德国贝尔公司在美国的分支机构)和 Gist Brocades(荷兰)相比，丹麦国内资金的有限性以及较高的股权成本使得 Novo 公司承担了较高的资本成本。

除了较高的资本成本这一原因外，Novo 公司预计的增长机会也促使它最终决定在国际资本市场寻找在本国筹集不到的资金。因为 Novo 公司在其专业领域处于技术领先地位，其厂房设备和研发中所计划的资本投资不能推迟到有足够的现金流时才进行。否则，竞争对手将会先于它抢占新的市场。

② 有关 Novo 公司的案例分析材料系根据以下文献精简而来：Arthur Stonehill and Kåre B. Dullum, *Internationalizing the Cost of Capital in Theory and Practice: The Novo Experience and National Policy Implications* (Copenhagen: Nyt Nordisk Forlag Arnold Busck, 1982; and New York: Wiley, 1982)。经授权影印。

即使可以在国内资本市场发行股票筹集所需资金，但这对于Novo公司来说成本太高。例如，Novo公司的财务风险和经营风险大致与其竞争对手相当，且其竞争对手的市盈率超过了10倍，但Novo公司股票的市盈率却一般维持在5倍左右。如果仅与丹麦国内具有相同财务风险和经营风险的公司进行对比，则5倍的市盈率是合理的，但与其竞争对手相比却不然。

如果丹麦证券市场与全球证券市场实现了一体化，大量的外国投资者会蜂拥而至购买Novo公司的股票，因为该股票明显被低估。在这种情况下，Novo公司的股票会得到国际资本市场背景下的重新定价，其资本成本也会相应降低。然而令人匪夷所思的是，丹麦政府并没有制定限制外国投资者购买丹麦证券的法律。因此，很可能是由于投资者认知这一因素导致了这一时期丹麦股票市场的市场分割。

丹麦股票市场至少具有六种导致其与国际证券市场分割的特征：(1) 国内投资者和国外投资者不对称的信息集；(2) 税收；(3) 其他可行的投资组合；(4) 金融风险；(5) 外汇风险；(6) 政治风险。

11.3.1 信息不对称

丹麦制度方面的特性导致国内投资者和国外投资者不熟悉对方市场的权益证券。最重要的信息壁垒是，丹麦禁止其国内的投资者持有外国私营部门的证券。所以丹麦的投资者就没有动力去了解外国证券市场的发展，更可不能将外国证券市场的信息用于对本国证券的估值。由此，基于国内的信息集，丹麦证券市场上证券的定价是正确的，即市场是有效的；但是如果基于国外和国内信息集之和，证券就没有被正确地定价。另外，由于该管制导致没有国内投资者投资外国证券，外国的证券公司就不会在丹麦设立分支机构，因为它们的产品没有市场。显而易见，这又导致了外国的证券公司对丹麦市场的分析能力大大下降。

第二个重要的信息壁垒是跟踪丹麦股票的丹麦证券分析师非常缺乏。当时，仅有一份用丹麦语出版的专业证券分析报告。一些丹麦的机构投资者也会进行内部分析，但研究结果不对公众开放。几乎没有外国证券公司跟踪丹麦的证券市场，因为丹麦的证券市场规模太小(小国歧视)，而且这些分析报告没有市场。

其他的信息壁垒还包括语言和会计制度的不同。显然，丹麦的财务信息通常是根据丹麦的会计准则编制，并用丹麦语出版。虽然有一些公司如Novo公司等也用英语公布其信息，但是大多数情况下都不是根据英美的会计准则编制的，这使得国际投资者不能理解这些报告。

11.3.2 税收

丹麦特殊的税制结构抑制了个人投资者在股票市场的投资。在1981年的税制改革之前，持有期超过两年的股票所产生的资本利得所适用的税率是50%，而对于持有两年以下即基于“投机目的”而持有的股票所产生的收益，则用个人所得税的相应税率征税，而个人所得税的最高边际税率高达75%。相反，债券的资本利得却是免税的。

债券到期还本时的所得被视为资本利得并享受免税待遇，这致使债券以很高的折价比率发行。在这种情况下，投资者更愿意持有债券而非股票。因此，股票市场的流动性大为降低，而股票市场只有通过提高回报率来吸引投资者。

11.3.3　投资组合可行集

因为禁止持有外国的证券，丹麦的投资者只能在极其有限的国内证券中选择和构建投资组合。丹麦机构投资者的投资组合由国内的股票、政府债券和抵押贷款债券组成。由于丹麦股票市场上各只股票价格的波动存在高度的相关性，从而提高了丹麦的投资组合的系统风险。另外，丹麦政府债券经过通货膨胀调整后的收益率相对较高。税收政策和政府债券的高收益率最终导致了国内股票的收益率水平高于国际市场上股票的收益率水平。

从投资组合的角度来看，国际证券投资者可以将丹麦的股票纳入到其组合之内以达到分散投资的目的，因为如果该市场的价格波动与其他市场的价格波动相关度不高，则组合的系统风险就会降低。而且，税务协定规定了适用于外国投资者所得分红和资本利得的税率上限为 15%。由于进行了国际分散化投资，因而在其他条件一样的情况下，外国投资者所要求的报酬率必然低于国内投资者。但实际上其他条件并不相同，因为外国投资者承担了更多的财务风险、外汇风险和政治风险。

11.3.4　财务风险、外汇风险和政治风险

丹麦公司的财务杠杆水平按英美的标准来看是相对较高的，而按照斯堪的纳维亚、日本、意大利与德国的标准则是正常的。而且大多数短期债务是浮动利率的。外国投资者对丹麦公司财务风险的评估因其所在国的标准不同而各异。在 1978 年 Novo 公司进入欧洲债券市场的时候，英国投资银行 Morgan Grenfell 就建议其保持 50% 而不是传统丹麦公司的 65% 到 70% 的负债比率（负债/总资本）。

外国投资者在投资丹麦的证券市场时还会遇到外汇风险。当然这并非完全是一个坏的因素，因为投资者本国货币汇率的波动、丹麦克朗在未来的走势以及外汇头寸对公司经营风险的影响都是不确定的。在与外国投资者和银行签订合约的时候，Novo 公司的管理层不认为外汇风险是影响其股价的因素，因为公司所经营的市场已实现了国际分散化，事实上 Novo 公司 90% 的销售额来源于国外。

从政治风险的角度考虑，虽然丹麦是一个政局稳定的西方民主国家，但其仍然有给国外投资者带来周期性风险的可能。具体来说，投资者认为丹麦的国家债务已过高，即使这种情况还没有在丹麦的欧洲货币辛迪加贷款的风险溢价上反映出来。

11.3.5　通往全球化之路

1997 年，Novo 公司的管理层希望能够克服丹麦国内证券市场流动性差和市场分割带来的缺陷，但是要实现这个目标必须跨越很多障碍。我们有必要对其中某些障碍进行描述，因为它们代表了其他处于分割市场并希望国际化其资本来源的公司所面临的障碍。

提高信息透明度。 Novo 公司是由 Pedersen 兄弟俩于 1920 年创建的家族企业，直到 1974 年才向公众发行了股票，该股票是在 Copenhagen 股票交易所发行的"B"股。而"A"股则由 Novo 基金会持有，而且"A"股的数量已经足够用以维持投票控制权。在国际资本市场上，Novo 公司很少为人所知，为了摆脱这一困境，公司决定同时用丹麦语和英语加大其财务和技术的公开度。

1978 年，Morgan Grenfell 公司为 Novo 公司组织了一次辛迪加形式的可转换欧洲债券的发行，发行额度为 2 000 万美元。这次欧洲可转换债券的成功发行增加了 Novo 公司的信息透明度。同时，为了加大公司融资策略的转变力度和提高知名度，Novo 公司的股票在伦敦股票交易所挂牌交易。这两项措施在很大程度解决了 Novo 公司的信息壁垒问题。当然，也使其获得了大量在国内市场筹集不到的合意期限的长期资本。

欧洲债券的发行也带来了一些负面效应。可转换债券的发行实际上稀释了原有的股权，因而 Novo 公司的股东对该措施持反应消极。实际上，这导致了 Novo 公司资本成本的上升。1979 年，Novo 公司的股价从 300 丹麦克朗狂跌至 220 克朗左右。

生物技术的繁荣。 1979 年，一个偶然的事件使得生物技术引起了美国投资界的兴趣，这直接导致了与此项技术有关的几家创业期的公司（如 Genentech 公司和 Cetus 公司）发行的股票被过量申购。因为上文中提到的信息透明度的问题，丹麦国内的投资者并不了解这种情况而是继续以 5 倍的市盈率对 Novo 公司的股票估值。与其竞争者高达 10 倍还有新公司达到 30 倍甚至更高倍数的市盈率相比，这是相当低的。

为了显示自己是一个具有正规记录的生物技术公司，Novo 公司于 1980 年 4 月 30 日在纽约举行了一场讨论会。会后不久，一些精明的美国投资者便开始在伦敦证交所购买 Novo 公司的股票和可转债，而丹麦的证券持有者却没有意识到这种国外需求的出现背后的原因。所以，虽有来自英美投资者的强烈购买需求的推动，Novo 公司股价的上涨仍很缓慢，直到夏季的中期才涨回 300 丹麦克朗。在此后的几个月里，外国投资者蜂拥而至，到 1980 年底，Novo 公司股价已涨至 600 克朗。而且国外投资者的持股比例由接近于零陡升至 30%，其市盈率也上升到了与国际竞争对手同等的水平（16 倍左右），而不再处于丹麦市场水平。至此，Novo 公司终于成功地实现了其资本成本的国际化。其他的丹麦证券却仍囿于一个分割的资本市场中。如图表 11.8 所示，丹麦股市价格的整体波动并不与 Novo 公司股价波动一致，同样也不能用英美股市的整体波动来解释。

在美国的导向性股票发行。 1981 年上半年，在 Goldman Sachs 的指导和 Morgan Grenfell 与 Copenhagen 的帮助下，Novo 公司向美国证券交易管理委员会（SEC）递交了在美国发行股票和最终在 NYSE 挂牌交易的计划书。在这项行动中遭遇的困难具有普遍性，它们是与财务报表的准备相关的——其财务报表必须符合美国的会计准则并且达到 SEC 所要求的更高的信息披露水平。但不管基于信息披露的角度还是从会计的角度，分行业报告都是一个问题，因为这种格式的会计数据在公司内部根本不存在。结果表明，只要投入较高的时间和金钱成本，美国的这些投资障碍是能被扫除的。

图表 11.8 Novo 公司 B 股价格与股价指数的对比

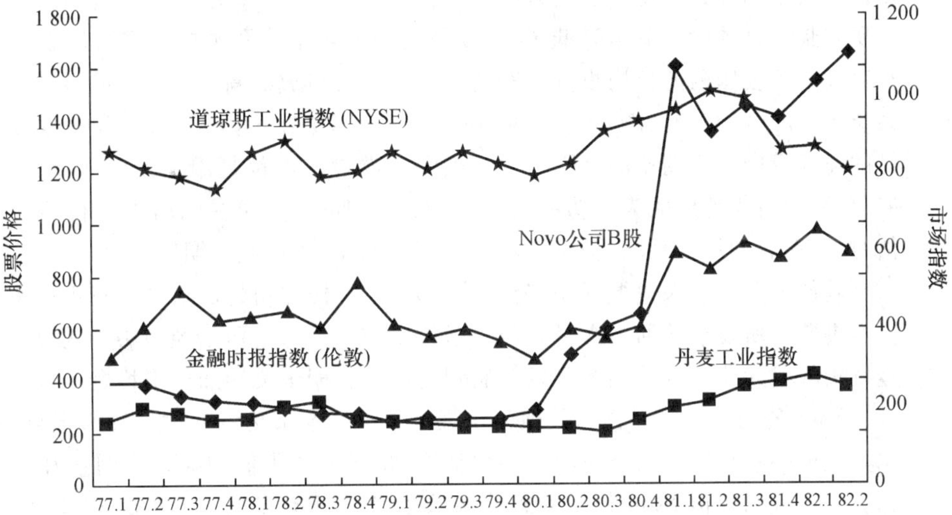

资料来源:Arthur I. Stonehill and Kåre B. Dullum, *Internationalizing the Cost of Capital: The Novo Experience and National Policy Implications*, London: John Wiley, 1982, p. 73. Reprinted with permission.

而更大的壁垒来自于丹麦国内的机构和政府监管。后者在丹麦并不存在,所以公司可以市值发行股票,因为丹麦公司的股票通常以面值发行且具优先认股权。由于国外投资者的持续追捧,Novo 公司的股价被急剧拉升以至于在丹麦国内无人认为其股价是合理的。实际上,1981 年 7 月即在其股票于美国上市之前, Novo 公司的股价提升到了 1 500 丹麦克朗,随后回调至 1 400 克朗。此时,外国投资者的持股比例已占 Novo 公司发行在外的总股数的 50% 。

股票市场的反映。1981 年 5 月 29 日,Novo 公司宣布将在美国发行总额为 6 100 万美元的股票。丹麦国内外投资者对该公告的不同反应方式是市场分割的重要表现之一。在发布公告后的第二个交易日,Copenhagen 交易所的 Novo 公司股票下跌了 156 个点,下跌幅度相当于其市值的 10% 。而当股票在 NYSE 正式挂牌交易后,股价即回升到原有水平。Copenhagen 交易所的股价下跌现象是市场流动性差的典型表现。新股的发行致使 Novo 公司流通在外的股票数量增加了 8% ,投资者担心这会稀释原有股东权益。他们认为 Novo 公司投资新项目所得回报率会降低未来的每股收益。他们同样担心一旦生物技术热降温,美国市场的 Novo 公司股票会回流至 Copenhagen 市场。

美国股市对该公告作出了作为一个高流动性的和一体化的市场所应作出的反应。美国投资者认为此次发行将引发对该股票更大的需求,因为辛迪加承销团的努力使得 Novo 公司为更多的美国投资者所知了。另外,此次发行的营销主要是针对是美国的机构投资者。这类投资者在 Novo 公司美国投资者中的比例较低,因为他们要确保所投资股票的流动性,使得他们能在想清仓时以不降低股价的方式成功地退出市场。新股发行导致的股权的广泛分布,以及在 SEC 进行了注册和在 NYSE 挂牌交易,都促进了流动性的增强和资本成本的国际化。

对 Novo 公司加权平均资本成本的影响。 在 1981 年及以后的时间里,Novo 公司的股价都被纽约证券交易所、伦敦证券交易所和 Copenhagen 证券交易所的国际证券投资者所控制。这种股权分布降低了 Novo 公司的加权平均资本成本和边际资本成本。同时原来由丹麦国内的机构投资者和公司创始人所造成的高的系统风险也大为降低。在系统风险降低的同时,Novo 公司的负债比率也降至在美国、英国和其他重要市场上交易的证券投资者所期望的水平。因为国际证券投资者都是用美元对 Novo 公司进行估值,美元理所当然地成为其功能货币。理论上,Novo 公司在国内外进行项目的投资评估时,修正后的加权平均资本成本将成为其新的参考最低预期回报率。

其他的公司如果遵循 Novo 公司的策略,也可使公司的加权平均资本成本达到国际证券投资者所要求的回报水平。位于新兴市场国家的公司已经经历了其贸易和营运资金融资的美元化。这种趋势可以扩展到它们的长期融资和加权平均资本成本中。

Novo 公司也许可以作为其他公司规避本国资本市场流动性差和市场分割的榜样。尤其是很多新型国家的公司经常会面临同 Novo 公司类似的缺乏透明度和知名度的问题。它们可以效仿 Novo 公司的策略来吸引外国证券投资者。但是这些公司要注意:Novo 公司有很优秀的历史经营业绩,并且它在全球的胰岛素和工业用酶领域占有重要的地位。这两点是它持续吸引丹麦及国际投资者的主要原因。其他公司也要有这样优良的经营记录才能吸引外国投资者。

11.3.6 证券市场的全球化

20 世纪 80 年代,很多欧洲的公司效仿了 Novo 公司的方法。它们在多家主要的外国交易所(如伦敦和纽约证券交易所)进行交叉上市,并在主要的证券市场发行其股权和债务。大多数情况下,它们成功地降低了自己的 WACC 并增加了资本可得性。

在 20 世纪的后 20 年,在作为主要工业化国家的合作体的经济合作与发展组织(OECD)的压力之下,跨国证券投资的国内管制逐渐得到了放松。由于欧盟致力于建立一个单一的无壁垒的欧洲市场,欧洲证券市场的自由化进程加快了。在苏联解体后,如前东方集团国家所做的那样,新兴国家市场也紧跟其后。这些国家市场经常会存在一种驱动力,这种驱动力来自于引进外国资本来为大规模的私有化进行融资的需求。

现在,单个国家证券市场的流动性仍是有限的,但整体市场分割的情况已大为削弱。很多观察家认为,不管结果好坏,我们实际上已经实现了证券市场的全球化。好的方面是这能让更多的公司成为跨国公司——在国际资本市场筹资从而国际化其资本成本。坏的方面是各国证券市场的相关度增加,国际分散的投资组合所带来的好处会降低。证券市场的全球化还会导致市场波动和投机行为的增加,1995—2001 年的新兴市场危机和 2002 年高科技市场的崩溃便是例证。

公司治理和资本成本。 国际投资者会愿意为一个公司治理结构良好的股票支付溢价吗?最近的一项关于挪威和瑞典的公司的研究估量了公司董事会的外国成员(英美成员)的存在对公司价值的影响。他们的调查结果如下:

> 通过对总部位于挪威和瑞典的公司的调查,该研究在对多种与公司治理相关

的因素及公司所特有的因素进行控制后发现，董事会中有外部英美董事会成员存在的公司的价值明显更高。我们认为这些公司的有卓越表现正反映了它们通过引进英美的公司治理结构成功地冲破了本国资本市场分割的限制。这些举措表明，这些公司愿意使自己拥有更好的治理结构并且提高自己在金融市场的声誉。③

11.3.7　战略联盟

战略联盟是由一些想在商业活动中进行合作从而获得协同效应的公司组成。它们可能进行合作研发并共同承担研发成本或进行互补的市场活动，从而获取规模经济、范围经济效应和其他商业利益。但还有一种协同效应常被忽略，即一家财务状况较好的公司通过提供有吸引力的定价的股权或债务融资来帮助一家财务状况差的公司降低其资金成本。**金融实务专栏 11.2** 就展示了 Bang & Olufsen 公司和 Philips 公司战略联盟间的这种协同效应。

金融实务专栏11.2

GLOBAL FINANCE IN PRACTICE

Bang & Olufsen 公司和 Philips N. V. 公司

通过金融协作来降低一个公司的资本成本的典型案例是荷兰的 Philips N. V. 公司和丹麦的 Bang & Olufsen(B&O)公司组成的跨国战略联盟。Philips 公司是世界上最大的跨国公司之一，它占据着欧洲家用电器市场的头把交椅。而 B&O 是 Philips 的一个小规模竞争对手，它在高端视听设备的专业市场上占有一席之地。

Philips 想继续维持其作为 B&O 主要配件供应商的地位。而且 Philips 希望能在高端家用电器市场上与 B&O 合作，因为 B&O 在该市场上以产品质量优良著称。Philips 担心 B&O 可能会迫于财务压力而选择一家日本的竞争者作为其合作伙伴。这是 Philips 不愿意看到的。事实上，B&O 一直支持 Philips 对欧盟进行政治游说，以使为数不多的欧洲家用电器公司比强大的日本竞争者更具竞争力。

B&O 的动机

B&O 同 Philips 进行合作的目的是尽快更新技术并把这些技术应用到其产品中。同时它希望从 Philips 得到对配件及时交货，并提供大量采购折扣的保证，以及在 Philips 愿意接受的条件下利用其庞大的供应网络。此外，它还希望 Philips 对其进行股权投资，以改变自己糟糕的财务状况。虽然 B&O 经营有道，但近年来公司的利润微薄；并且投资者认为其股票风险很高，这使得在国内外增发股票成功的可能性很小，而且它已用尽了借款的额度。

③ Lars Oxelheim and Trond Randøy, "The impact of foreign board membership on firm value," *Journal of Banking and Finance*, Vol. 27, No. 12, 2003, p. 2569.

战略联盟

双方结成战略联盟,并承诺通过商业方式满足对方的需求。Philips 同意投资 3.42 亿丹麦克朗(约 5 000 万美元)来增加 B&O 主要营运分支机构的股权。作为回报,Philips 得到了扩张的分支机构 25% 的股权。

自 1990 年 5 月 3 日公司向外公布其与 Philips 的战略同盟关系,B&O 公司在 Copenhagen 股票交易所挂牌交易的股票"B&O 控股"(B&O Holding)两天内飙升了 35%。直到海湾战争爆发,其股价才短暂回落。战后,股价得以恢复,并且其期望的协同效应亦得以实现。B&O 最终以双方在合作开始时预先协定的价格回购了 Philips 所持有的股票。

通过实际情况的分析我们意识到,比起证券投资者,一个工业买家更有可能愿意为其带来协同效应的公司支付更高的价格。因为证券投资者并没有享受这些协同效应。证券投资者一般只以常规风险和收益的权衡为基础来为股票定价,却不能预见非预期的结盟关系给公司所带来的协同效应的价值。虽然这个例子是跨国联盟,但其结论也适用于纯国内的联盟。

在第 12 章,我们将介绍公司是如何成功地进入全球证券市场,以及它们所用的战略和金融工具。

11.4 跨国公司与国内公司资本成本的比较

相对于国内公司,跨国公司的加权平均资本成本较高还是较低?这取决于各公司的边际资本成本、债务的相对税后成本、最优债务比例和股权的相对成本。

11.4.1 资本可得性

如本章前文所述,跨国公司或其他一些能吸引国际证券投资者的大型公司的国际化资本可得性使其比大多数国内公司有更低的股权和债务成本。另外,国际资本可得性还使得跨国公司能维持其理想的负债比率,即使需要另外筹集大量的资金。换言之,跨国公司可以在一个相当大的资本预算范围内保持其边际资本成本不变。而国内公司则不行,它们仅能依赖于内源筹资或向商业银行申请中短期贷款。

11.4.2 跨国公司的财务结构、系统风险和资本成本

因为跨国公司的现金流是跨国分散化的,所以理论上,与国内竞争者相比,跨国公司能承担一个更高比例的债务。如果一家公司现金流的稳定性增强,则在其产品市场、资本市场和外汇市场处于不同条件时,公司支付固定费用的可能性会提高。

类似于证券投资者通过国际化分散其持有的证券来降低其收益波动的方法,跨国公司也可通过国际化分散其现金流来实现现金流波动性的某种降低。关于这个结论的

论据是一样的，即国家间的收入并不是完全相关的。例如，2000 年，日本经济不景气，而美国经济则经历着快速增长。因此，我们对现金流或赢利基础的期望收益在日本会降低，而在美国却会升高。一家同时在日本和美国有业务的跨国公司，即使其在日本的分公司只产生微弱的净现金流入，它仍可以用美国分公司的现金流来偿付负债义务。

尽管这一假说在理论上很漂亮，但实证研究却得出了相反的结论。[④] 虽然对现金流进行国际分散化能给跨国公司带来诸多好处，但它所面临的破产风险却与国内公司相差无几。跨国公司面临着更高的代理成本、政治风险、外汇风险和信息不对称。这些都是引起跨国公司负债比率较低，甚至会提高其长期债务成本的因素。而国内公司则会更多地依赖于中短期债务，从而处于收益率曲线的低成本一端。

更令人惊奇的是，一项研究发现跨国公司的系统风险要高于其国内对手公司的系统风险。[⑤] 此现象发生的原因与造成跨国公司负债比率较低的原因相同。该研究认为，由国际化引起的现金流收入的标准差的增加值，超过了由现金流分散化所带来的相关性降低的效应。

如本章前部所述，系统风险 β_j 被定义为：

$$\beta_j = \frac{\rho_{jm}\sigma_j}{\sigma_m}$$

其中 ρ_{jm} 是证券 j 与市场的相关系数；σ_j 是公司 j 收益的标准差；σ_m 是市场收益的标准差。如果由国际分散化所带来的相关系数 ρ_{jm} 的降低幅度大于由上述风险因素所导致的跨国公司标准差 σ_j 的增加，则跨国公司的系统风险会增加。这个结论与跨国公司用较高的最低预期回报率对国外项目的预期现金流进行折现的现实情况是一致的。本质上，它们要接受自己认为比国内风险更大的项目，从而有可能使其承担的系统风险上移。为了保持其市场价值，跨国公司至少要获取一个超过比它们在国内所能获得的更高的收益率。

最新的研究表明，新兴市场国家跨国公司的国际化实际上使其可承担一个更高的负债比率并降低其系统风险。[⑥] 这是因为这些公司是在国外更加稳定的经济环境中进行投资的，这会降低其运营、财务、外汇和政治风险，并且风险降低所带来的好处超过了国际化所导致的代理成本的增加，因而比起美国的跨国公司来，这些公司有较高的杠杆和较低的系统风险。

---

④ Kwang Chul Lee and Chuck C. Y. Kwok, "Multimational Corporations vs. Domestic Corporations: International Environmental Factors and Determinants of Capital Structure", *Journal of International Business Studies*, Summer 1988, pp. 195—217.

⑤ Reeb, David M., Chuck C. Y. Kwok, and H. Young Baek, "Systematic Risk of the Multinatinal Corporation", *Journal of International Business Studies*, Second Quarter 1998, pp. 263—279.

⑥ Kwok, Chuck C. Y., and David M. Reeb, "Internationalization and Firm Risk: An Upstream Downstream Hypothesis", *Journal of International Business Studies*, Vol. 31, Issue 4, 2000, pp. 611—630.

11.5　揭开谜底:跨国公司的加权平均资本成本真的比国内公司的要低吗

一方面,如前所述,因为其能够全球化其资本成本和资本可得性,跨国公司的边际资本成本(MCC)要低于国内公司。另一方面,实证分析表明,由于代理成本、外汇风险、政治风险、信息不对称和其他在国外运营所带来的不确定性,实际上跨国公司的加权平均资本成本(WACC)高于国内同类公司。

要搞清这个问题,关键是要理解资本成本、资本可得性和项目机会集之间的关系。如果项目机会集增加,公司则需增加资本预算直至其处于边际资本成本递增的阶段。这时的最优资本预算仍是在资金边际成本等于项目机会集的边际收益的那一点上。然而,该情况下加权平均资金成本要高于较低的最优资本预算时的加权平均资金成本。

为了说明这种联系,图表11.9给出了不同的最优资本预算下的边际资本成本。我们假设在跨国公司(MNE)和其国内对手公司(DC)各自的项目机会集的基础上,存在两个不同的需求清单。

图表 11.9　　跨国公司与国内公司资本成本的比较

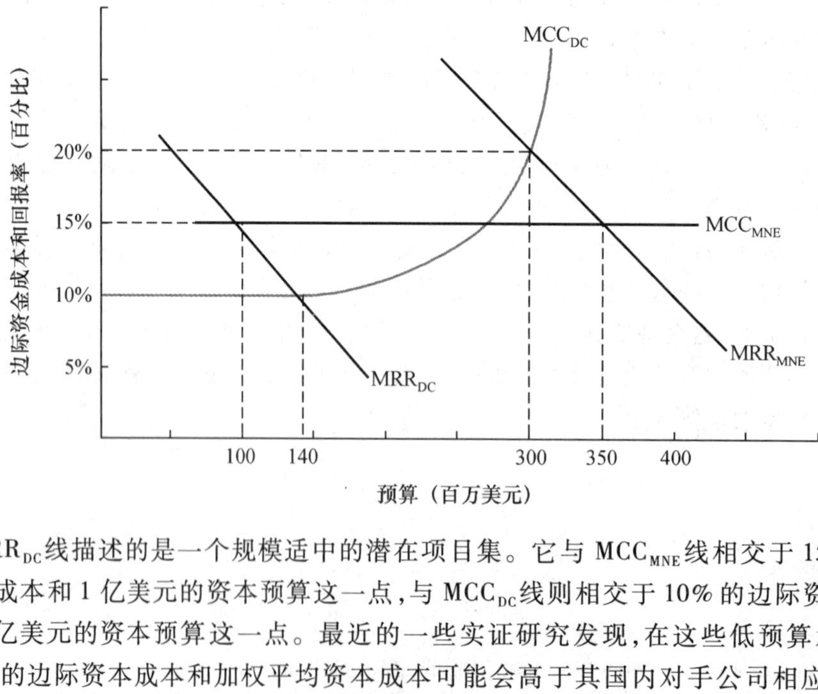

MRR_{DC}线描述的是一个规模适中的潜在项目集。它与MCC_{MNE}线相交于15%的边际资本成本和1亿美元的资本预算这一点,与MCC_{DC}线则相交于10%的边际资本成本和1.4亿美元的资本预算这一点。最近的一些实证研究发现,在这些低预算水平下,MCC_{MNE}的边际资本成本和加权平均资本成本可能会高于其国内对手公司相应的成本(MCC_{DC})。

MRR_{MNE}线描述了跨国公司和其国内对手公司同时面临的一个规模较大的潜在项目集。它与MCC_{MNE}线相交于15%的边际资本成本和3.5亿美元的资本预算这一点,

与 MCC_{DC} 线则相交于 20% 的边际资本成本和 3 亿美元的资本预算这一点。正如本章先前预测的那样，在这些较高的预算水平上，MCC_{MNE} 的 MCC 和 WACC 要低于国内对手公司。

为将该结论推广至一般情况，我们必须了解在何种条件下，国内公司愿意采用最优资本预算，即使它会提升公司的边际资本成本。跨国公司有时也会采用一个使其边际资本成本上升的最优资本预算。

实证研究表明，成熟的大型国内公司和跨国公司都不愿意承担最优资本预算和较高的 MCC 及其伴随的较高的代理成本和破产风险。事实上，大多数成熟的公司都表现出了某种程度的公司财富最大化行为。它们表现出了某种程度的风险厌恶，不愿以发行新股的方式筹资，而宁可将资本预算规模限制在可从自由现金流融资的范围内。它们为自己的经营制定了一个所谓的"社会等级"，这个等级决定了资金来源的优先级和顺序。这种情况的发生激励了股东更加严密地监督管理层的行为。他们将管理层的奖金同公司股票的表现联系起来（这是一种期权）或者作出其他的合约安排，这种种措施都是包含在代理成本中的。

总之，如果跨国公司和国内公司都将其资本预算限制在不提高其边际成本的水平内，那么实证研究所认为的跨国公司有更高的 WACC 的观点就是正确的。而如果国内公司有很高的增长速度，以至于即便提升其边际资本成本，它也要选择接受更高的资本预算，那么跨国公司的 WACC 就较低。图表 11.10 总结了这些结论。

图表 11.10 与国内公司相比，跨国公司的 WACC 更高还是更低？

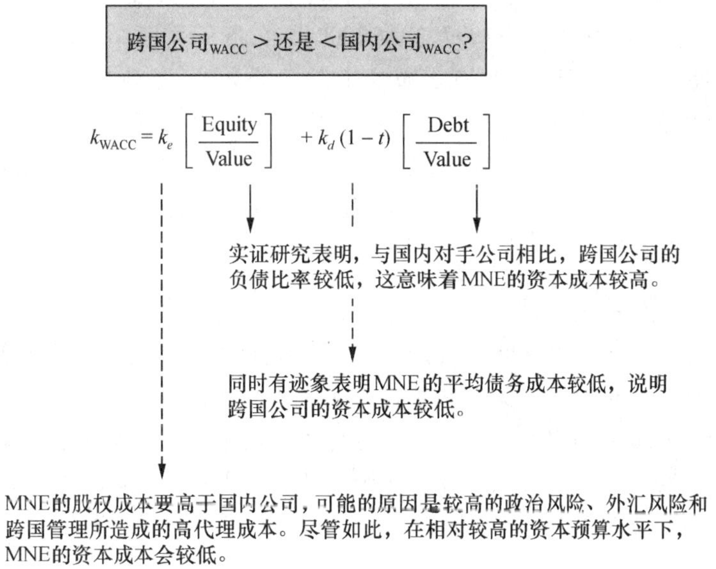

小案例

巴西的 Petrobrás 公司和资本成本⑦

> Petrobrás 公司在深海技术方面表现突出……但它最近在资本成本领域的表现则差强人意。我们相信从长期来看，如果 Petrobrás 公司要在未来的水下石油勘探领域中成为具有实力的竞争者，那么它定要通过国际化扩张，确保其在金三角地区的席位以及降低资本成本来实现这个目标。
>
> 资本成本可以立即得到降低。如果 Petrobrás 收购北美独立企业中的一家——我们估计这类企业的平均 WACC 在 6% 到 8% 之间——它可以在并购的这家企业筹集债务，从而在短期内降低其 WACC。Petrobrás 甚至可以解除部分原有债务，转而通过这家新并购的企业发行新的债务。我们已经看到过去有其他精明的拉丁企业（如 Cemex 经由它在西班牙的分支机构 Valenciana）通过这种方式获得成功。
>
> "Foreign Expansion Makes Sense at the Right Price", Morgan Stanley Equity Research, January 18, 2002, p.4.

Petrobrás 是由巴西政府在 1954 年作为国家石油公司建立的，该公司同时经营石油和天然气。1997 年，巴西政府在国内进行了几项大规模的私有化改革，其中包括 Petrobrás。该公司分别于 1997 年和 2000 年在圣保罗（São Paulo）和纽约证券交易所（交易代码为"NYSE：PBR"）上市交易。尽管如此，巴西政府仍是控股股东，它拥有 33% 的总资本并持有 55 只有表决权的股票。作为巴西的国家石油公司，它的职能是降低巴西对国外石油进口的依存度。但另一方面，这种职能定位使其不能进行国际分散化。因此很多批评职责公司的经营仅囿于巴西国内导致了它的资本成本的提高，降低了竞争力。

对分散化的需求

虽然 Petrobrás 是 2002 年巴西最大的公司和南美最大的上市石油公司，但是它并没有进行国际化经营。国际投资者非常清楚 Petrobrás 公司内部缺乏国际分散化，因此他们赋予 Petrobrás 与其他巴西公司一样的国家风险因素与溢价。如图表 A 所示，这造成 Petrobrás 2002 年的资本成本比其他所有的公司高出了 6%。股权战略家和市场都认为这是一个明显的竞争不利条件。

---

⑦ 该案例由 Michael H. Moffett 教授制作，仅用于课堂讨论，而非对实际管理进行任何引导。

图表 A　**Petrobrás 的资本成本与其他公司的资本成本的比较**

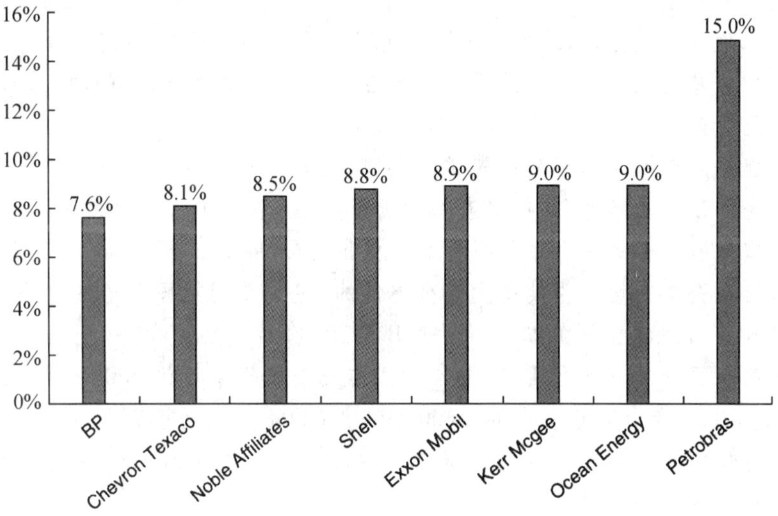

资料来源：MorganStanley Research, January 18, 2002, p. 5.

Petrobrás 通过几个重要的交易开始了其全球化战略的进程。2001 年 12 月，Petrobrás 与阿根廷的 Repsol-YPF 公司决定进行一项价值 5 亿美元的营运资产置换。在这项置换中，Petrobrás 得到了 Eg3 S. A. 连锁加油站 99% 的权益。而 Repsol-YPF 则获得了一家炼油厂 30% 的份额、一个海上油田 10% 的份额以及向巴西 230 个加油站转售石油的权利。这项协议还包括一项防范货币风险的 8 年期担保。

2002 年 10 月，Petrobrás 收购了阿根廷的 Perez Companc（Pecom）公司。Pecom 在 2002 年 1 月阿根廷的金融危机时陷入了困境。虽然它有相当数量的国际储备和很强的生产能力，但是阿根廷比索的大幅贬值、大量的美元债务组合以及阿根廷政府对其直接持有或杠杆投资于硬货币的限制使其不易逃过此劫。Pecom 于是尽快寻找合作者来改善其财务结构。Petrobrás 公司抓住了这一机会。Pecom 的股权原来分为两部分，公司创始人家族持有 58.6%，剩下的 41.4% 则是公众股。Petrobrás 通过完整购买创始人持有的那 58.6% 的股票，获得了整个公司的控制权。

在此后的三年中，Petrobrás 致力于调整其债务结构（包括原来由 Pecom 承担的债务）以及对自身的增长进行投资。但其调整进程缓慢，且 2005 年又发生了对增发股票来提高公司的权益资本的事件的新一轮讨论。[⑧] 即使如此，以什么成本发行和公司的资本成本到底是多少等这些核心问题并没有定论。

资本成本和国家风险

图表 A 列出了 2002 年世界上许多主要的石油和天然气公司的资本成本，其中包

⑧　截至 2005 年，公司的财务战略已表现出很明显的分散化趋势。公司总资金来源（非债务，在该项目中，一旦公司开始运作，这些资金就不可撤回）状况比较平衡和稳定：债券，40 亿美元；BNDES（在一个巴西经济发展部门的支持下发行的债券），30 亿美元；项目融资，50 亿美元；其他，40 亿美元。

括了 Petrobrás 公司。这种比较只能在所有资本成本都以同种货币计价的基础上进行，在这个案例中，该货币是美元。长期以来，全球石油和天然气市场都被认为是"以美元计价"，而在这些市场运营的任何公司——不管其实际在哪国经营——也被认定是以美元作为其功能货币。一旦这些公司在美国的股票市场如 NYSE 上市，则其资本成本的美元化就更为理所当然了。

但是对于一家巴西公司来说，如何用美元来计算其资本成本呢？巴西在一段长时期里经历了多次高通胀、经济波动和货币贬值(取决于法定制度)。反映全球市场对巴西国家风险评估的一个主要指标是主权价差(sovereign spread)。所谓主权价差是指巴西政府在全球市场上为其美元资金支付的，超过美国用国库券筹集美元资金时所支付的那部分额外收益与成本。如图表 B 所示，在过去的十年中，巴西的主权价差一直处于较高水平并且波动剧烈。[9] 这个价差有时会低至最近的 400 个基点(4.0%)，或高达出现在 2002 年金融危机中的 2 400 个基点(24%)，当时巴西雷亚尔先贬值随后自由浮动。这仅仅是巴西政府的债务成本。主权价差在像 Petrobrás 一样的巴西公司的债务成本中如何得到体现？

图表 B　　巴西主权价差(1997 年 12 月—2005 年 8 月)

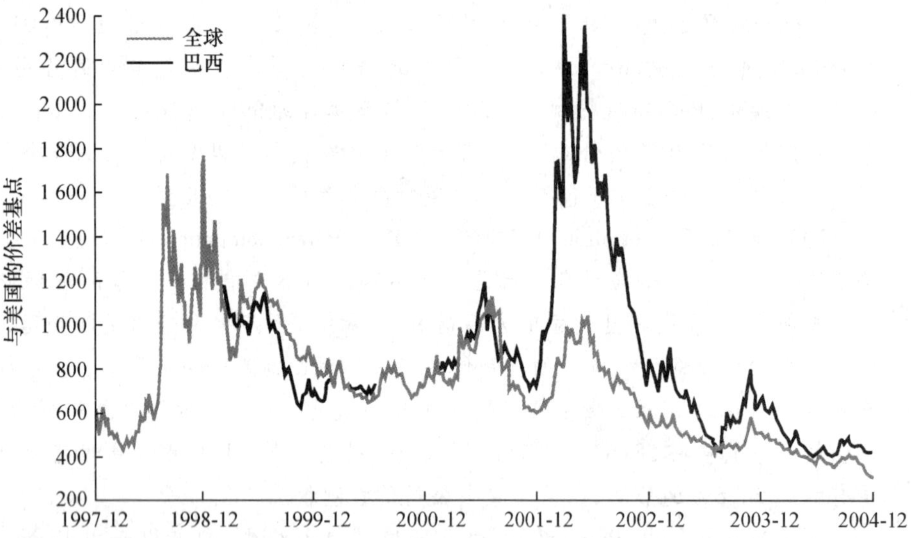

资料来源：JPMorgan's EMBI + Spread, as quoted by Latin Focus, http://www.latin-focus.com/latinfocus/countries/brazilbisprd.htm, August 2005.

一种用来估计其债务成本的 $k_d^\$$ 的方法是累加，即将其视为经私人公司信用价差(credit spread)调整后巴西政府的美元债务成本。

$$k_d^\$ = \text{美国国库券利率} + \text{巴西主权价差} + \text{Petrobrás 公司信用价差}$$

⑨ 图表 B 中国家风险的度量是由 JPMorgan 在它的新兴市场债券指数与(EMNI +)指数中计算得到。这是实际操作中应用最广泛的对国家风险的度量。

$$k_d^{\$} = 4.000\% + 4.000\% + 1.000\% = 9.000\%$$

如果我们用 2005 年 8 月的 10 年期美国国债利率来代表美国国库券的无风险利率，该利率为 4%。则由图表 B 可知，此时巴西的主权价差为 400 个基点或 4%。即使当时 Petrobrás 的信用价差仅为 1%，它的总债务成本也高达 9%，这远高于大多数主要石油公司的债务成本。在 2005 年底，石油公司的平均债务成本仅为 5%。

Petrobrás 股本成本同样也受到经由国家风险调整的无风险利率的影响。我们用 CAPM 模型的一个简单形式来估计其以美元计算的权益资本成本 $k_e^{\$}$。

$$\begin{aligned} k_e^{\$} &= \text{无风险利率} + (\beta_{\text{Petrobrás}} \times \text{风险溢价}) \\ &= 8\,000\% + (1.10 + 5.500\%) \\ &= 14.05\% \end{aligned}$$

上述计算过程假设无风险利率与计算债务成本时所用无风险利率相等，基于 NYSE 计算得出 $\beta_{\text{Petrobrás}}$ 为 1.1，市场风险溢价为 5.500%。即使如此用保守的假设进行计算（很多人可能会认为 $\beta_{\text{Petrobrás}}$ 应该更高或稍低，而风险溢价则应为 6% 或更高），Petrobrás 的权益资本成本已高达 14%。

最后我们可以计算公司的加权平均资本成本，WACC：

$$\text{WACC} = (\text{债务} / \text{资本}) \times k_d^{\$} \times (1 - \text{税率}) + (\text{股权} / \text{资本}) \times k_e^{\$}$$

假设 Petrobrás 的长期目标财务结构为三分之一的债务和三分之二的股权，同时假设公司有效税率为 28%（扣除税项宽减、税收附加及巴西对石油和天然气的激励措施），则可以估计出公司的 WACC 略高于 11.5%：

$$\begin{aligned} \text{WACC} &= (0.333 \times 9.000\% \times 0.72) + (0.667 \times 14.050\%) \\ &= 11.529\% \end{aligned}$$

在实现了跨国分散经营和资本成本国际化后，为何 Petrobrás 的资本成本仍远高于其国际对手？不仅公司相对于其他的主要全球性对手而言具有较高的 WACC，而且与用来评估许多潜在投资和并购项目中所使用的基本贴现率相比，这一资本成本很高。

很多关注 Petrobrás 的投资银行都注意到，其股价与巴西的摩根新兴市场债券指数（EMBI +）主权价差表现出很高的相关性（如图表 B 所示），几年来相关度一直在 0.84 左右徘徊。同样，其股价也一直与巴西雷亚尔对美元的汇率反向相关；在 2000 到 2004 年间该相关度平均为 -0.88。最后，到底是将 Petrobrás 看做一家石油公司还是一家巴西的公司这一问题在一定程度上还处于争论之中：

> 从历史交易记录来看，Petrobrás 股票的表现与巴西的股票市场和巴西的信用价差高度相关。这意味着在对该公司作投资决策时，对广泛巴西市场的走向的判断是十分重要的。如果历史趋势会延续，那么对巴西风险洞察力的提高会刺激 Petrobrás 股价的表现。
>
> "Petrobrás：A Diamond in the Rough", JP Morgan Latin American Equity Research, June 18, 2004, pp. 26—27.

案例思考题

1. 你认为 Petrobrás 公司的资本成本如此之高的原因是什么？是否有更好的，或其他的方法来计算其加权平均资本成本？

2. 使用主权价差的方法是否补偿了货币风险？

3. 最后一段中引用的“在对该公司作投资决策时，对广泛巴西市场的走向的判断是十分重要的”，表明潜在的投资者会认为巴西在其投资决策中具有相对较强的吸引力。这种考虑是如何体现在对 Petrobrás 的资本成本计算上的？

4. 资本成本是否真是与像 Petrobrás 一样的公司的竞争力和战略有关的因素？公司的资本成本真的会影响其竞争力吗？

小案例附录

图表 1　巴西雷亚尔/美元即期汇率，1998—2005 年

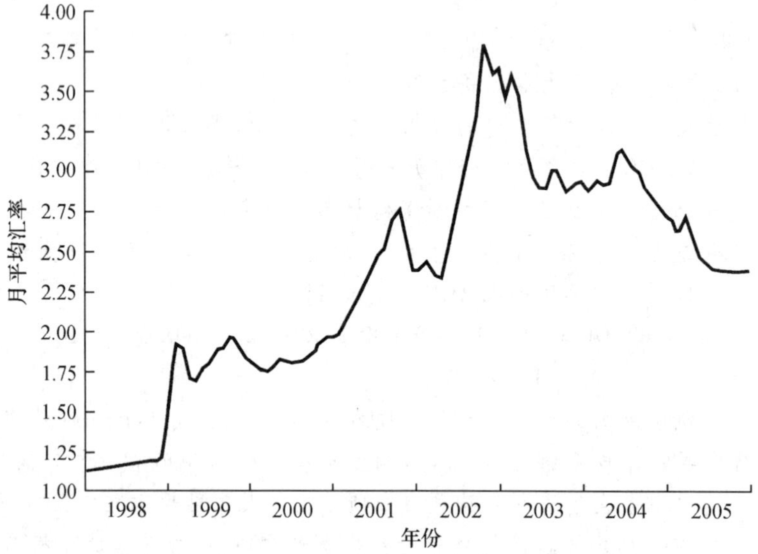

资料来源：© 2005 by Prof. Werner Antweiler, University of British Columbia, Vancouver BC, Canada. 图中所示的时间范围为 1998 年 1 月 1 日—2005 年 9 月 1 日。

小结

◎ 进入全球资本市场可使一家公司降低其资本成本。一家公司可以通过增强其股票的市场流动性和规避本国资本市场分割来进入国际资本市场。

◎ 资本成本和资本的可得性与市场流动性和市场分割程度直接联系在一起。能进入具有高流动性和低分割水平的市场的公司可以有更低的资本成本和筹集到更多新资金的能力。

◎ 一家公司可以通过在欧洲市场上举债、在独立国家资本市场上以欧洲股票的形式发售证券或通过国外分支机构进入当地的资本市场等方式来增强其市场流动性。市场流动性的增加可以使公司的边际资本成本线"向右变得更平坦"。这种变化使公司能以同样低的边际资本成本筹集更多的资金，进而能投资于更多的资本项目。关键在于吸引国际证券投资者。

◎ 如果一国资本市场中的证券的要求回报率与在其他国家资本市场上交易的，具有相同收益和风险的证券的要求回报率不同，则这个资本市场是分割的。资本市场分割是由政府限制和投资者认知所造成的市场不完善。最重要的市场不完善在于：(1) 信息不对称；(2) 交易成本；(3) 外汇风险；(4) 公司治理结构差异；(5) 政治风险；(6) 监管壁垒。

◎ 市场分割会导致资本成本的提高和资本可获得性的降低。

◎ 如果一家公司处于分割的资本市场，则它可以通过从国外筹集债务或股权来克服该市场的障碍。这样可以使公司降低其边际资本成本、增强其股票的市场流动性以及实现更大规模的资本预算。Novo公司的经历为那些位于流动性差且部分分割的新兴和小规模市场的公司提供了一个模板。

◎ 跨国公司的资本成本是否比其国内对手公司更低，取决于它们的最优财务结构、系统风险、资本可得性和最优资本预算水平。

思考题

1. **资本成本和资本可得性**。全球一体化可使很多公司通过新渠道以更低的成本从国外市场筹集资金。体现这种低资本成本和高资本可得性的战略表现在哪些方面？
2. **好处**。实现更低的资本成本和拥有更高的资本可得性的好处是什么？
3. **定义**。定义下面的术语：
   a. 系统风险
   b. 非系统风险
   c. Beta(在资本资产定价模型中)
4. **股票风险溢价**。
   a. 什么是股票的风险溢价？
   b. 用算术回报与用几何回报所计算的股票风险溢价有何不同？
   c. 在图表11.4中，为什么算术平均风险溢价高于几何平均风险溢价？
5. **证券投资者**。国内和国际的投资组合经理都是资产配置者。
   a. 组合管理的目标是什么？
   b. 与那些资产配置仅限于国内范围的投资经理相比，国际证券投资经理主要的优势是什么？
6. **资产配置**。依据投资的目标不同，经理们可以用不同的方式对投资组合进行资产配置。请列出各种配置投资组合的方式。
7. **市场流动性**。
   a. 请给出市场流动性的定义。
   b. 一个流动性差的资本市场会给参与该市场的公司带来什么不利影响？
   c. 如果一家公司只能在其国内资本市场上筹资，那么随着它筹资规模的扩大，其边际资本成本会发生什么变化？
   d. 如果一家公司可在国外筹资，则其边际资本成本会随其筹资规模的扩大发生什么变化？
8. **市场分割**。
   a. 请给出市场分割的定义。
   b. 请指出导致市场分割的六个主要原因。
   c. 一个被分割的资本市场会给参与该市场的公司带来什么不利影响？

9. **市场流动性和市场分割的影响。**市场流动性和市场分割会给一家公司的资本成本造成什么影响？

10. **Novo 公司(A)。**为什么 Novo 公司认为它的资本成本相对于其竞争对手过高？为什么相对较高的资本成本会给 Novo 公司的竞争带来不利影响？

11. **Novo 公司(B)。**Novo 公司认为丹麦的股票市场与国际股票市场分割。丹麦股票市场本身的六个特征是造成分割的原因，请对这六个特征进行解释。

12. **Novo 公司(C)。**
    a. Novo 公司通过什么策略来实现其资本成本的国际化？
    b. 哪些现象证明 Novo 公司的策略成功了？

13. **新兴市场。**位于低流动性和分割的新兴市场的公司也可以仿效 Novo 公司来采用主动型策略以实现其资金成本的国际化。请指出能成功运用这一策略的前提条件。

14. **跨国公司与国内公司资本成本的比较。**理论上，因为其现金流是国际分散化的，跨国公司比国内公司更易于支撑一个较高的负债比例。但实证研究却得出相反的结论，他们甚至认为跨国公司的 beta 会更高。
    a. 依照这些实证研究，为什么说跨国公司的债务比率会更低？
    b. 依照这些实证研究，为什么说跨国公司的 beta 会更高？

15. **谜题。**在什么条件下跨国公司的债务比率和 beta 相对于国内公司会更高？什么条件下又会出现相反的情况呢？请解释并用图表列出这些条件。

16. **新兴市场的跨国公司。**为什么新兴市场的跨国公司在国外发行并挂牌交易其股票除能增强市场流动性和克服国内市场分割的弊端外，还可降低其资本成本？

练习题

1. **休斯敦石油公司(Houston Oil Company)。**休斯敦石油公司的债务成本是7%，无风险利率为3%。市场组合的期望收益为8%。扣除补贴因素之后，休斯敦石油公司的有效税率为25%。它的最优资本结构为60%的债务和40%的股权。
    a. 如果休斯敦石油公司的 beta 值为 1.1，它的加权平均资本成本是多少？
    b. 如果由于全球能源部门持续的利润前景，休斯敦石油公司的 beta 值显著降低为 0.8，此时其加权平均资本成本为多少？

2. **Carlton 公司的资本成本。**图表 11.2 给出了 Carlton 公司加权平均资本成本的计算。假设财务状况恶化，请根据现行数据重新计算：
    a. Carlton 公司的股权成本。
    b. Carlton 公司的债务成本。
    c. Carlton 公司的加权平均资本成本。

$k_{rf}=4.000\%$	$k_m=9.000\%$	$\beta=1.3$
$k_d=7\%$	$T=30\%$	$E/V=50\%$
$D/V=50\%$	$V=100\%$	

3. **阳光天然气管道公司(Sunshine Pipelines, Inc.)。**阳光天然气管道公司(以下简称阳光公司)是美国的一家大型天然气管道公司。公司决定筹集 1.2 亿美元进行财务扩张。公司的目标资本结构为50%的债务和50%的股权。公司的联邦和州合并所得税率为40%。

阳光公司发现其可在美国国内的资本市场用以下利率融资。公司的债务和股权必须按2 000 万美元的倍数发售。这些成本数据显示的是当公司以一半债务、一半股权获得融资时，债务和股权各自的成本。

	国内股权成本	国内债务成本
新筹资本在4 000万美元以下	12%	8%
新筹资本在4 100万到8 000万美元之间	18%	12%
新筹资本超过8 000万美元	22%	16%

一家伦敦银行建议阳光公司用下表中的成本在欧洲筹集美元，筹资额仍为2 000万美元的倍数并维持50/50的财务结构：

	国内股权成本	国内债务成本
新筹资本在4 000万美元以下	14%	6%
新筹资本在4 100万到8 000万美元之间	16%	10%
新筹资本超过8 000万美元	24%	18%

成本的每个增量都会受到总筹资额的影响。也就是说，如果阳光公司首先从欧洲市场以6%的成本借款2 000万美元，并另外筹集2 000万美元股权与其进行匹配，那么超过这一金额以上的额外债务在美国市场上的成本为12%，在欧洲市场上的成本为10%。这种关系在股权融资的情形下也成立。

a. 如果阳光公司同时在债务市场和股票市场各筹集2 000万美元，请计算每新增4 000万美元的新资本的最低平均资本成本。

b. 如果阳光公司仅计划扩张6 000万美元，则应该怎样对这次扩张进行融资？其加权平均资本成本是多少？

4. **Tata公司的资本成本。** Tata公司是位于印度班加罗尔的一家大型的、成功的专业货物公司。该公司还未进入北美市场，但是它正考虑通过一家全资子公司在美国建立生产和销售设施。当Tata计划在一家美国股票交易所上市其美国子公司时，它为估计子公司上市后公司在未来几年里的资本成本，已经向两家不同的投资银行顾问——高盛和纽约银行进行了咨询。请根据两个不同顾问所给出的假设，来计算Tata美国公司的预期债务成本、股权成本和WACC。

Tata公司的资本成本

资本成本的构成	符号	高盛	纽约银行
无风险利率	k_f	3.0%	3.0%
股票市场平均回报率	k_m	9.0%	12.0%
债务成本估计值，single-A	k_d	7.5%	7.8%
Tata与市场的相关系数估计	ρ_{jm}	0.90	0.85
Tata公司收益标准差的估计	σ_j	24.0%	30.0%
市场收益标准差的估计	σ_m	18.0%	22.0%
建议的债务资本比例	D/V	35%	40%
建议的权益资本比例	E/V	65%	60%
美国有效税率的估值	t	35%	35%

5. **国家股权风险溢价。** 请根据图表11.4中所列出的一个世纪的股票市场数据，回答下列问题。

a. 哪个国家几何平均数与算术平均数间的差值最大？

b. 如果一家瑞士公司想用这些数据来计算它的股权成本，假设无风险收益率为2.0%，证券的beta值为1.4，请分别使用几何平均数和算术平均数作为股权风险溢价来估计其股权成本。

6. **Cargill 公司的资本成本**。Cargill 公司被公认为是世界上最大的私有公司。该公司的总部在明尼阿波利斯,它在过去 5 年间年平均销售额达 500 亿美元。虽然该公司没有公开交易其股票,但为了在新的投资提议上作出理性决策,准确地计算加权平均资本成本显得非常重要。

	公司 A	公司 B	Cargill 公司
公司销售额	45 亿美元	260 亿美元	500 亿美元
公司的 Beta 值	0.86	0.78	??
信用评级	AA	A	AA
加权平均债务成本	6.885%	7.125%	6.820%
负债比率(债务/总资本)	34%	41%	28%
销售	12%	26%	45%

假设无风险利率为 2.5%,有效税率为 40%,市场的风险溢价为 5.5%。首先估计公司 A 和公司 B 的加权平均资本成本,然后对 Cargill 公司的 WACC 做一个合适的估计。

7. **碑林酒吧(The Tombs)**。周末你和朋友到本地的碑林酒吧参加每周一次的有关国际金融的讨论。本期的主题是权益资本成本究竟是否可比债券成本更低。一个会员从本书的第 5 章摘抄了一些巴西宏观经济数据(如下表),各成员便根据这些数据展开了分析。

Larry 首先发言:"预期的和实际发生的是不同的。你可以说股票投资者预期的收益是多少,但是他们实际所获得收益经常低于预期甚至为负,所以权益的实际成本要低于债务。"

Mohammed 从 Mo 旁边走了出来,打断了 Larry:"但是你忽略了很重要的一点。资本成本是投资者要求的对其投资所承担风险的一种补偿。如果在到期时候,正如你所提到的情况那样,这种补偿没有实现,投资者就会撤出资本。"

Curly 是一位理论家。他说:"这并不是实证结果,它与风险调整收益的基本概念有关。股权投资者知道,只有在债务人的权益得到满足后其回报才能得以实现,因此相对于债务人来说他总是承担更高的风险。如资本资产定价模型所述,股权投资者的收益等于无风险工具的收益之上加上一个风险调整因子。"

这时 Larry 和 Mohammed 只是紧盯着 Curly,然后迟疑并沉默,各要了一杯啤酒。根据下表中的巴西经济数据,对他们的讨论作出评论。

巴西经济的数据	1995	1996	1997	1998	1999
通货膨胀率	23.2%	10.0%	4.8%	-1.0%	10.5%
银行贷款利率	53.1%	27.1%	24.7%	29.2%	30.7%
汇率(reais/$)	0.972	1.039	1.117	1.207	1.700
股票市场指数	16.0%	28.0%	30.2%	-33.5%	151.9%

Sushmita-Chen 公司和 WACC 之谜。请根据下面关于 Sushmita-Chen 公司的数据来回答第 8—10 题。Sushmita-Chen 是美国的一家集团公司。该公司内部正对进行跨国分散化经营会对其资本结构和资本成本造成的影响进行激烈的讨论。该公司计划在实现跨国分散化经营之后降低其合并债务。

Sushmita-Chen(S-C)	符号	分散化经营之前	分散化经营之后
债务资本比	D/V	38%	32%
权益资本比	E/V	62%	68%
公司适用税率	t	35%	35%
S-C 与市场的收益的相关系数	$\$_{jm}$	0.88	0.76
S-C 收益的标准差	σ_j	28.0%	26.0%
市场收益的标准差	σ_m	18%	18%
市场风险溢价	$k_m - k_{rf}$	5.50%	5.50%
公司债务成本	k_d	7.20%	7.00%
无风险利率	k_{rf}	3.00%	3.00%

8. **Sushmita-Chen 公司的权益资本成本。** Sushmita-Chen 公司的高级管理层正在就国际分散化经营给权益资本成本造成的影响进行激烈的争论。尽管争论的双方都认为分散化经营将使降低公司的收益与相关市场的收益的相关性,但公司的财务顾问却相信,因为公司的国际化经营,市场在评估公司股票收益时会将原来 CAPM 模型中的风险溢价提高 3.0%。请用原有的和调整的两种风险溢价计算国际分散化经营前后的公司的权益资本成本并对上述争论作出评论。

9. **Sushmita-Chen 公司的 WACC。** 请分别计算 Sushmita-Chen 公司国际分散化经营前后的 WACC。

   a. 分散化经营后债务成本的降低是否最终使公司的 WACC 降低？你如何评判分散化经营对公司资本成本的影响？

   b. 请采用第 8 题中调整后的风险溢价计算公司的 WACC。

10. **Sushmita-Chen 公司的 WACC 和有效税率。** 跨国公司通常更有能力在实现跨国经营后通过调整有效降低其有效税率。如果 Sushmita-Chen 公司也可以使其合并有效税率从 35% 降到 32%,请计算它的 WACC。

不同的观点: 公司的 WACC。如小案例所述,Petrobrás 是一家在 NYSE 上市的巴西石油公司。许多投资银行都在关注 Petrobrás,并且它们对于如何计算 Petrobrás 的 WACC 存在分歧。请据此完成第 11—16 题。

11. **JPMorgan。** JP 摩根公司的拉美证券研究部在 2004 年 6 月 18 日的报告中公布了其对巴西的 Petrobrás 和俄罗斯的 Lukiol 公司的 WACC 的计算过程。请对该计算中所采用的方法和假设作出评价。其中两家公司的税率都为 28%。

	Petrobrás	Lukiol
无风险利率	4.8%	4.8%
国家风险	7.0%	3.0%
权益风险溢价	4.5%	5.7%
股票的市场成本	16.3%	13.5
调整后的 Beta	0.87	1.04
债务成本	8.4%	6.8%
债务资本比	0.333	0.475
WACC	14,7%	12.3%

12. **UNIBANCO 银行(UBB)。** UBB 在它 2004 年 8 月 12 日的报告中公布的 Petrobrás 的 WACC 为 13.2%(以巴西 reais 为基础计算)。请对该计算中所采用的方法和假设作出评价。

无风险利率	4.5%
公司 Beta 值	0.99
市场的风险溢价	6.0%
国家风险溢价	5.5%
权益资本成本(US\$)	15.9%
汇率	2.0%
债务成本(R\$)	18.3%
债务成本(税后)	5.7 %
税率	34%
负债/总资产	40%
WACC(R\$)	13.2%

13. **Citigroup SmithBarney 公司（美元）**。Citigroup 在它的报告中一般对 Petrobrás 公司采用基于美元的贴现现金流定价(DCF)方法。Citigroup 用 Petrobrás 的加权平均资本成本作为 DCF 分析中需要使用的贴现率。请对下列关于 Petrobrás 公司 WACC 2003 年实际值(2003A)和 2004 年估计值(2004E)所采用的方法和假设作出评价。

报告日期:2005 年 7 月 28 日

	2003A	2004E
无风险利率	9.4%	9.4%
调整后的 Beta	1.07	1.09
风险溢价	5.5%	5.5%
权益资本成本	15.2%	15.3%
债务成本	8.4 %	8.4%
税率	28.5%	27.1%
负债比率	32.7%	32.4%
WACC	12.2%	12.3%

报告日期:2005 年 3 月 8 日

	2003A	2004E
无风险利率	9.0%	9.0%
调整后的 Beta	1.08	1.10
风险溢价	5.5%	5.5%
权益资本成本	14.9%	15.0%
债务成本	9.0 %	9.0%
税率	28.5%	27.1%
负债比率	33.4%	33.3%
WACC	12.1%	12.3%

14. **Citigroup SmithBarney 公司（雷亚尔）**。在一份日期为 2003 年 6 月 17 日的报告中，Citigroup SmithBarney 以巴西雷亚尔(R$)为计价货币计算了 Petrobrás 公司的 WACC。请评价资本成本计算中所使用的方法和假设。

无风险利率(巴西 C-Bond)*	9.9%
Petrobrás 调整后的 Beta	1.40
市场风险溢价	5.5%
权益资本成本	17.6%
债务成本	10.0 %
公司税率	34.0%
长期债务比率	50.6%
WACC(R$)	12.0%

15. **BBVA 投资银行**。在 2004 年 12 月 20 日对 Petrobrás 公司的报告中，BBVA 使用了一个相当新的方法来处理国家风险和货币风险。请评价这个资本成本计算中所使用的方法和假设。

	2003	2004
美国 10 年期无风险利率(US$)	4.1%	4.4%
国家风险溢价(US$)	6.0%	4.0%
Petrobrás 溢价	-1.0%	-1.0%
巴西的无风险利率(US$)	9.1%	7.4%
市场风险溢价(US$)	6.0%	6.0%
Petrobrás 的 Beta 值	0.80	0.80
权益资本成本(US$)	13.9%	12.2%
10 年(2004—2015)货币贬值	2.50%	2.50%
权益资本成本(R$)	16.75%	14.44%
税后债务成本(R$,税率为 35%)	5.5%	5.5%
长期股权比率	69%	72%
长期债务比率	31%	28%
WACC(R$)	13.3%	12.0%

16. **Petrobrás 的 WACC 之比较**。小案例中对 Petrobrás 的资本成本的不同估计看起来存在较大差异，但事实真是如此吗？将你对前面五个问题的答案分别置入用美元和雷亚尔记账的资本成本的计算中。以 2004 年的估计值作为比较基准。

* C-bond 指巴西基准布拉迪债券。——译者注

网上练习

1. **通过共同基金进行国际分散投资。**现在，所有主要的共同基金公司都发行了多种跨国分散化投资的共同基金。但不同种类的共同基金跨国分散的程度大不相同。请通过查阅下面所列出的网址或其他的渠道来：(a) 区分国际基金 (international funds)、全球基金(global funds)、世界基金(worldwide funds)和海外基金(overseas funds)；(b) 指出相对于那些只在国内投资的共同基金，国际基金表现如何(以美元收益衡量)。

   Fidelity
   http://www.fidelity.com/funds
   T. Rowe Price
   http://www.trowerprice.com
   Merrill Lynch
   http://www.ml.com
   Scudder
   http://www.scudder.com
   Kemper
   http://www.kemper.com

2. **拉美资本市场研究中心。**尽管在 1994 年 12 月的墨西哥比索危机和 1999 年 1 月的巴西雷亚尔危机后，拉美主要的资本市场经历了萎靡，但其中的部分市场仍处在全球估值最为不足的市场之列。假设你有 100 万美元用于投资，并且你的资金只能投资于一个拉丁美洲或南美洲的国家，你会选择哪个国家？请找一些近期市场运行数据作为证据来支撑你的选择。

   拉丁美洲资本市场研究中心
   http://www.netrus.net/users/gmorles

3. **Novo 公司。**Novo Industri A/S 公司在 1989 年与 Nordisk Gentofte 公司合并。Nordisk Gentofte 原来是 Novo 在欧洲市场的主要竞争对手。二者合并后公司更名为 Novo Nordisk，该公司成为全球胰岛素的主要制造商，其竞争对手仍是美国的 Eli Lilly 公司。

   Nove Nordisk
   http://www.novonordisk.com
   Eli Lilly and Company
   http://www.lily.com
   BigCharts
   http://www.bigcharts.com

4. **资本成本计算器。**芝加哥 Ibbotson 研究公司致力于为各个市场中的企业提供资本成本的量化估计，是该领域中最优秀的企业之一。请根据下面所给出 Ibbotson 的网址(尤其是其资本成本中心)对该公司在跨国资本成本的计算中所采用的主要理论方法及数值估计提供一个概括性介绍。

   Ibbotson 研究公司
   http://www.ibbotson.com

文献选读

Booth, L., V. Aivazian., Knut A. Demirgüc, and V. Maksimovic, "Capital Structures in Developing Countries", *Journal of Finance*, No. 56, 2001, pp. 87—130.

Brounen, Dirk, Abe de Jong, and Kees Koedjik, "Corporate Finance in Eruope: Confronting Theory with Practice", *Financial Management*, Vol. 33, No. 4, Winter 2004, pp. 71—101.

Damodaran, Aswath, "Country Risk and Company Exposure: Theory and Practice", *Journal of Ap-*

plied Finance, Vol. 13, No. 2, Fall/Winter 2003, pp. 63—76.

Dimson, Elroy, Paul Marsh, and Mike Staunton, "Global Evidence on the Equity Risk Premium", *Journal of Applied Corporate Finance*, Vol. 15, No. 4, 2003, pp. 27—38.

Dimson, Elroy, Paul Marsh, and Mike Staunton, *Triumph of Optimists: 101 Years of Global Investment Returns*, Princeton N. J., Princeton University Press, 2002, chapters 12 and 13.

Domowitz, Ian, Jack Glen, and Ananth Madhavan, "Market Segmentation and Stock Prices: Evidence from an Emerging Market", *Journal of Finance*, Vol. 52, No. 3, June,2003, pp. 1059—1085.

Godfrey, Stephen and Ramon Espinosa, "A Practical Approach to Calculating Costs of Equity for Investments in Emerging Markets", *Journal of Applied Corporate Finance*, Vol. 9, No. 3, 1996, pp. 80—86.

Kwok, Chuck C. Y., and David M. Reeb, "Internationalization and Firm Risk: An Upstream Downstream Hypothesis", *Journal of International Business Studies*, Vol. 31, Issue 4, 2000, pp. 611—630.

Reeb, David M., Chuck C. Y. Kwok, and H. Young Baek, "Systematic Risk of the Multinational Corporation", *Journal of International Business Studies*, Second Quarter 1998, pp. 263—279.

Sabal, Jaime, "The Discount Rate in Emerging Market: A Guide", *Journal of Applied Corporate Finance*, Vol. 16, No. 2—3, Spring/Summer 2004, pp. 155—166.

Stulz, René M., "Globalization, Corporate Finance, and the Cost of Capital", *Journal of Applied Corporate Finance*, Fall 1996, pp. 8—25.

Stulz, René M., "Does the Cost of Capital Differ Across Countries? An Agency Perspective", *European Financial Management*, Vol. 2, 1996, pp. 11—22.

第 12 章　全球股权融资

第 11 章中分析了为什么公司进入国际资本市场将降低其边际资本成本,并通过增加自身股票的市场流动性和克服市场分割来增强资本的可得性。要实现这一远大目标,公司需要运用一些策略来吸引国际组合投资者,这意味着要在进入全球市场的路径中进行识别和选择。这通常也需要对公司进行重组,提高其信息披露的质量和水平,使其会计报告标准对潜在投资者更透明。第 11 章中的 Novo 公司案例说明了公司实现国际化融资所要经历的步骤和要克服的困难。

本章讨论的重点是那些位于流动性差和被分割的资本市场中的公司。这些公司有必要进入国际资本市场以使其资本成本国际化和增强资本的可得性。这些公司的所在国通常是新兴市场国家或小型工业化国家。美国和英国的资本市场流动性很强且没有市场分割,这两个国家的公司可以很自由地进入本国市场。虽然它们也可以在国外的市场上融资,但由此带来的益处远不及新兴市场化国家的公司。事实上,这些公司到国外市场上融资的目的通常是进行大的并购活动,而并非为了普通的项目融资。

本章从讨论如何设计全球性股权融资和债务融资的策略开始。接下来介绍了存托凭证,因为它是促进证券跨境交易最重要的手段。然后本章对在国外交叉上市和股权发售进行了详细讨论(债务的跨国发售将在下章讨论)。本章的结尾对不同的股权融资手段进行了分析。

12.1　全球性股权融资策略的设计

设计一个融资策略要求管理层在公司的长期财务目标上达成一致,并选择合适的途径来实现这个目标。如图表 12.1 所示,公司有多种途径来实现其资本成本和资本来源的国际化。

图表 12.1 国际化成本和资本可得性的替代途径

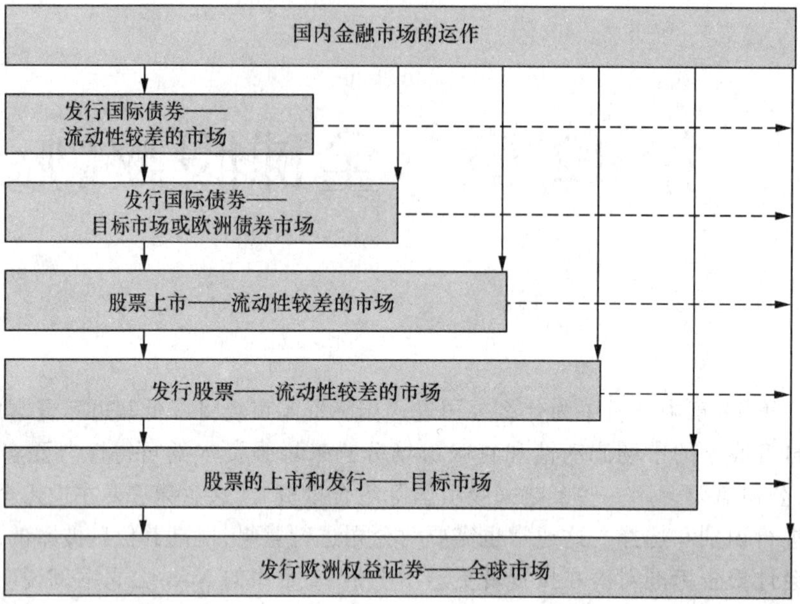

资料来源:Oxelheim, Stonehill, Randøy, Vikkula, Dullum, and Modén, *Corporate Strategies to Internationalise the Cost of Capital*, Copenhagen:Copenhagen Business School Press, 1998, p. 119.

通常,公司会有一家投资银行作为其官方的财务顾问并且在决定采用哪种途径之前向其咨询。投资银行与潜在的外国投资者有密切的联系,了解投资者最近的需求。投资银行还会帮助公司了解跨国发行必须满足的各种体制要求和可能存在的障碍。它们的服务包括对公司交叉上市的可行性、必要性以及时间和地点的选择提供建议。如果确定要发行股票,投资银行会准备必需的招股说明书,帮助确定发行价格和维持股票发行后的市场状态,以防止股价跌至发行价以下。

12.1.1 替代途径

如图表 12.1 所示,大多数公司首先在国内筹集初始资金,然后它们会有跳过所有的中间环节直接到达最后一步的冲动,即直接在全球市场上发行欧洲权益证券。此时,一个优秀的投资银行就会用实际案例来说服公司,因为大多数原来只在国内市场上筹资的公司并不具备吸引外国投资者的知名度。在第 11 章关于 Novo 公司的案例中,虽然 Novo 公司有很好的增长前景和赢利模式,并且它是全球胰岛素和工业用酶市场的主要供应商,但投资银行的建议是,首先发行可转换欧洲债券,并同时在伦敦交叉上市股票(和债券)。

图表 12.1 表明,大多数想在国际市场上融资的公司首先应该发行国际债券。公司发行国际债券,可以先在一个流动性相对较差的外国市场,随后可进入一个目标市场或欧洲债券市场;第二步可以在一个流动性相对较差的市场上进行股票的交叉上市和发行股票以吸引国际投资者的注意;第三步就可以在高流动性的外国股票交易所,如伦敦

股票交易所、纽约股票交易所和纳斯达克等进行股票的交叉上市；最后一步就是直接在具有流动性的目标市场发行股票或在全球股票市场发行欧洲权益证券。

12.1.2　存托凭证

存托凭证（depositary receipts，又称为 Depositary shares）是由银行发行的一种代表一定数量股票所有权的转让凭证，这些标的股票通过信托的方式由一家外国托管银行进行托管。**全球存托凭证**（global depositary receipts，GDRs）是指在美国之外的市场上进行交易的凭证。**美国存托凭证**（American depositary receipts，ADRs）是指在美国市场上进行交易并且以美元作为计价货币的存托凭证。在美国市场上，ADRs 的交易、登记和转让程序同普通股票一样。由于 ADRs 代表了一定股数的标的外国股份，即使直接转换为美元的外国股票未达到市场常规价格水平，这种数量关系也会允 ADRs 在美国市场上拥有一个常规价格（每份的价格通常在 25 到 50 美元之间）。图表 12.2 展示了 ADR 的发行和交易结构。

图表 12.2　**美国存托凭证（ADRs）运作机制**

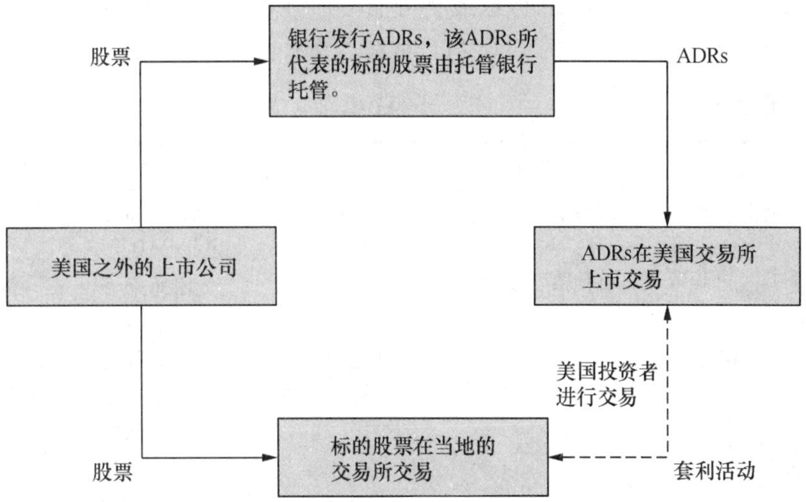

ADRs 可以转换成其所代表的外国股票，反之亦然，所以套利将使得外国标的股票的市场价格和 ADRs 中的股票价格保持一致（除去交易成本）。例如，一个市场上股票的买方增多会使得该股票价格上涨，这会导致投资者在另一个市场上进行套利，即使投资者对该股票并不看涨。

ADRs 给美国投资者带来了很多技术上的优势。外国公司派发的股息首先经由托管银行发给 ADRs 的发行银行，发行银行再将这笔资金兑换成美元并配发给 ADRs 的持有人。ADRs 采取实名制，而非以不记名形式存在，而且 ADRs 所有权的转让是很便利的，其手续符合美国的法律与程序。如果 ADRs 的持有人死亡，这项财产的处置无须经过外国法律系统的允许。ADRs 的交易费用要低于直接到外国市场上买卖标的股票的费用，在美国的结算也更为快捷。税款的扣除由发行银行直接代办，因此不需投资者费心。

ADRs 分为有**保荐的**（sponsored）和**无保荐的**（unsponsored）两种形式。如果一家外国公司想让其股票在美国市场交易，它可向美国证券交易委员会（SEC）和某家美国银行申请注册和发行 ADRs。发行有保荐的 ADRs 所产生的全部费用由外国公司承担。如果外国公司并没有在美国交易其股票的意图，但美国投资者看好该公司的股票，则美国的证券公司可发行无保荐的 ADRs。尽管这种 ADRs 是无保荐的，SEC 仍要求所有新的 ADR 项目须得到目标公司的许可。

图表 12.3 总结了 ADRs 的特征。根据使用的会计准则、SEC 的注册要求、到期时间和发行成本的不同，可以将 ADRs 的分为三个级别。级别 I（“场外交易”或“pink sheets”）最容易满足。这种 ADRs 可以促进那些没有在 SEC 注册但已由美国投资者持有的外国股票的交易。它的发行成本最低，对公司流动性的影响也最小。级别 II 的 ADRs 适用于那些想让其股票在 NYSE、AMEX 和 NASDAQ 上市交易的外国公司，这些公司必须达到 SEC 的所有要求，并且要调整其会计标准以符合美国的会计制度，而这会使发行成本增加很多。级别 III 则适用于那些要在美国市场上发售新股的公司，此类情况也要求公司满足 SEC 的所有注册要求，并提供一份详细的招股说明书。发行级别 III 中，ADRs 的成本最高，但也最有可能增加公司股票流动性和摆脱本国市场分割的弊端的途径。图中所示的 144a 项目将在本章后面的部分讨论。

图表 12.3 **ADRs 的特征**

	级别 I	级别 II	级别 III	144a
主要的交易所	场外交易	NYSE、AMEX 或 NASDAQ	NYSE、AMEX 或 NASDAQ	PORTAL
会计标准	母国会计标准	美国通用会计准则	美国通用会计准则	母国会计标准
SEC 注册标准	免注册	完全注册	完全注册	免注册
股票发行	只针对现有股票（公开发行）	只针对现有股票（公开发行）	发行新股（公开发行）	发行新股（公开发行）
到期期限	10 周	10 周	14 周	16 周
成本	2.5 万美元	20—70 万美元	50—200 万美元	25—50 万美元

按《1934 年交易法》的规定，如果在美国交易的外国股票的持有者达到或超过 500 人，并且其中的美国居民等于或超过 300 人时，发行这些证券的公司必须按季度发布公告。这些公告必须按《美国通用会计准则》中的 20-F 形式公布。级别 I 和 144a 的 DRs 则可享受 12g3-2(b) 豁免权的待遇，只需向 SEC 提交外国公司在其本国市场上发布的公告。私募 DRs 也享受 12g3-2(b) 豁免权，它们在《SEC 法》144a 条规定的合格机构交易者中交易。144a 条款提供了针对《1933 年证券法案》中的注册约束的安全豁免。

资料来源：*Global Offerings of Depositary Receipts*, *A Transaction Guide*, The Bank of New York, 1995, reprinted in Darius P. Miller, “The Market Reaction to International Cross-Listings: Evidence from Depositary Receipts”, *Journal of Finance Economics*, 51, 1999, pp. 103—123.

12.1.3　全球注册股票

除具有普通股票的功能外，全球注册股票（Global Registered Shares，GRSs）还具有可在全球范围的交易所内以多种货币进行交易的优点。ADRs 仅能在美国以美元进行交易，但理论上，GRSs 可在全球 24 小时交易，一个交易所收盘，而同时另一个交易所却在开盘。GRSs 实行电子化交易，从而消除了 ADRs 等股票形式所必需的特殊载体或托管程序。

GRSs 并不是最新的金融创新。事实上，它近似于近十年来在美国进行的加拿大公司证券的跨境交易所使用的交易结构。七十多家加拿大公司在 NYSE 挂牌交易，这些公司的股票同时作为普通股在加拿大和美国的市场上进行交易。

在 NYSE，每笔交易中每份 ADRs 的交易费用为 3 到 5 美分。相比之下，GRSs 不管每笔交易的数量，其交易费用固定为每笔 5 美元。因此，对于那些希望自己的股票在大型机构投资者中进行广泛交易的外国公司来说，GRSs 可以降低其成本。美国存托信用公司和德国 Deutsche Börse 结算公司之间的双向电子联接可以促进股票以各自的货币进行高效的竞价、交易和结算，如图表 12.4。

图表 12.4　　**全球注册股票（GRS）**

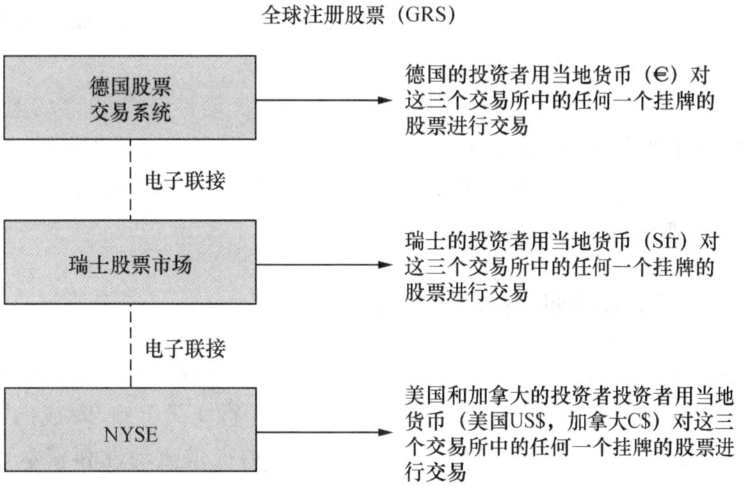

2001 年 10 月，德国 Deutsche 银行选择通过 GRSs 在 NYSE 上市。很多评论家认为通过 GRSs 上市将会使 Deutsche 股票的交易量萎缩。这种对交易量萎缩的预期是源于 1998 年 DaimlerChrysler 公司发行 GRSs 的经历。我们将在本章最后的小案例中讨论 DaimlerChrysler 公司的发行经历。

12.2　国外股权上市及发行

根据图表 12.1 中列出的途径，一家公司必须选择一个或多个股票市场来交叉上市和发行新股。选择哪个市场则取决于公司的具体动机和目标市场是否愿意接受该公

司。通过在国外的股票交易所交叉上市,公司想要实现如下目标中的一个或多个:

- 增强现存股票的流动性,并为在国外发行新股创造一个流动性较好的二级市场。
- 提升股价,修正由本国资本市场较差的流动性和市场分割引起的错误的股票定价。
- 提高公司在客户、供应商、授信者和目标市场所在国政府中的知名度和政治可信度。
- 为在目标市场并购其他公司所需的股票建立二级市场。
- 为用来向国外分公司本土管理层和员工支付薪酬的股票创造二级市场。

12.2.1 提高流动性

通常,即使股票没有在投资者所在国的市场上市或不以投资者偏好的货币进行交易,投资者仍会通过正规的经纪人来购买这些股票。而在投资者所在国交叉上市则可以鼓励投资者继续持有和交易这些股票,从而增强了二级市场的流动性。一般通过ADRs来实现这个目标。

如果母国的资本市场狭小并且流动性较差,则公司就会选择到国外市场筹集新的股权。然而,如果选择在国外的股票交易所上市,股票的国外承购者会要求公司保证股票发行后的市场流动性。

本章一开始就建议公司先使其股票在一个流动性较差的市场上交叉上市,接着就在该市场上发行新股(见图表12.1)。但是从最大限度地增强股票流动性的角度来说,公司最好是选择在一个流动性较强的市场上交叉上市和发行新股,并最终实现在全球市场进行股权融资的目标。

12.2.2 市场的规模和流动性

图表12.5为选定的股票交易所在2002年底的规模和市场流动性的统计表。为了使公司的流动性最大化,在流动性最好的市场进行交叉上市和/或出售股权是一个很好的选择。图表12.5中"股票交易值"一栏是市场提供流动性和资本可得性的总体能力的一个指标。

- NYSE、NASDAQ和LSE显然是流动性最强的市场。
- 在NYSE、NASDAQ和LSE上市的外国公司最多,分别为472家、381家和382家。

在全球交易所中,在NYSE上市的外国公司数量最多(472家),而且这些公司的单独交易量比其在本国的交易量要大得多。例如,Telefonos de Mexico(墨西哥电话公司)是20世纪90年代中期在NYSE交易最活跃的股票。但是在LSE上市的外国公司的总交易量高于在NYSE上市的外国公司的总交易量(没有在图中显示)。

图表 12.5 部分交易所的规模特征和市场流动性:2002 年底

交易所	类别*	本国公司的数量	外国公司的数量	股票交易值（单位:百万美元）
NYSE	TSV	1 894	472	10 311 156
NASDAQ	REV	3 268	281	7 254 594
LSE	REV	1 892	382	4 001 340
Euronext	REV	1 114	na	1 988 359
Tokyo	TSV	2 119	34	1 562 244
Deutsche Börse(Ger)	TSV	715	219	1 212 302
Spain	TSV	986	29	653 229
Italy	REV	288	7	634 635
Swiss Exchange	REV	258	140	599 749
Taiwan	TSV	638	3	633 632
Korea	TSV	679	0	596 632

"na"表示数据不可得。

资料来源:Would Federation of Exchanges:Statistics, http://www.world-exchanges.org.

*"类别"表示的是交易所计算交易量的方法。交易系统观(Trading System View,TSV)表示只计算通过交易所交易系统或在场内进行的交易。环境监管观(Regulated Environment Review,REV)所计算的交易量则涵盖所有的交易,这种计算方法并不区分场内交易和场外交易,也没有筛选出国内市场中所报告的进入国外市场的交易。

Deutsche Börse(德国)和 Euronext(阿姆斯特丹、布鲁塞尔和巴黎的合并市场)可为国内股票提供相当的流动性,但交易外国股票的流动性则低很多。另一方面,对位于欧洲特别是那些采用欧元的公司而言,Deutsche Börse 和 Euronext 是非常适合的目标市场;它们同时也是那些已在 NYSE、NASDAQ 和 LSE 交叉上市的公司的候补交叉上市场所。

东京证券交易所正处于困境中。它的交易量仅排名第五。它作为外国公司寻求流动性的场所是完全失败的,与 1996 年的 67 家相比,2002 年在其交叉上市的外国公司仅为 34 家。

12.2.3 纽约证券交易所(NYSE)与伦敦股票交易所(LSE)的对比

如果将 NYSE 和 LSE 进行比较,我们会注意到大多数交易活跃的股票的流动性是一样的,但 NYSE 为那些交易最不活跃的股票提供了更具流动性的市场。NYSE 衡量股票交易成本的价差更小,LSE 的价差几乎等于 NASDAQ 的价差。另一方面,在 LSE 上市的成本和信息披露要求没有 NYSE 严格。在公平性方面,NYSE 更胜一筹,因为 NYSE 的订单是按时间顺序执行的,而在 LSE 则要在经销商之间逐家进行买卖。NYSE 专业交易商的危机管理在实践中一直比其他所有交易所(包括 LSE)都有效。尽管 NYSE 有更有利的流动性特性,但在 NYSE 上市的外国公司数量却与 LSE 的大致相同。毫无疑问,上市的难易程度和成本、较低的必要信息披露水平和较低的公告要求频度,使得 LSE 成为难以在这些方面克服障碍的公司的选择。但是,对于愿意投入足够成本的公司而言,在 NYSE 上市能为其股票带来比在其他交易所上市的更大的流动性。

虽然图表12.5给出了总体市场流动性,但其他特性也会影响单只股票的流动性,包括做市行为、交易成本、公平性和市场危机管理。一端是NYSE,规定专业股票交易商要负责确保一个具有流动性、低成本、公平和有序的市场;而另一端则是LSE,其做市商(正式的称谓是股票经纪人)自动使一部分股票(而非全部的股票)有活跃的市场。哪种市场体系更优越现在还无定论。目前,NYSE的公司治理问题已遭到了批评,改革也正在进行中。

12.3 交叉上市和股权发行对股价的影响

12.3.1 交叉上市

仅通过在外国股票交易所的交叉上市能否对股价产生有利影响?这取决于市场的分割程度。如果公司所在国的资本市场是分割的,且外国市场对公司或其产业的估值比本国市场的更高,则公司在理论上能得益于在该外国市场的交叉上市。这就是Novo公司1981年在NYSE上市时经历的情况(见第11章)。然而,现在大多数资本市场与全球市场的融合程度越来越深。即使是新兴市场,其市场的分割程度相对于几年前也大为降低。

早在1969年到1982年期间,当时市场的分割程度比现在更大,一项研究发现在NYSE、AMEX或NASDA上市的外国公司有一个正的股价效应。① 随后的一项研究发现,在1982年至1992年期间通过ADR形式在NYSE和AMEX交叉上市其股票的外国公司的股价都有所增长。② 研究者推断,在美国交叉上市降低了不同国家间市场分割的总体效应,提升了股票的价值。

一项由35个国家的181家公司组成的最新综合研究调查了这些公司于1985—1995年间在美国的第一个ADR项目。③ 研究者衡量了公司在美国交叉上市的公告对其股价的影响,发现在公告日附近的时间里有显著的正超额收益。这些收益在随后的期间里会继续保持。正如人们所预期的,位于对现金流法定障碍较少的新兴市场中的公司,其超额收益要高于位于发达市场中的公司。而位于对现金流有严格限制的新兴市场中的公司,其超额收益要低于位于其他市场的公司。这是因为位于对现金流有严格限制的市场中的公司有可感知的流动受限。

最后,最近的一项研究对此作出如下推论:

> 1997年底,在美国交叉上市其股票的外国公司的托宾 q 比率比那些未进行交叉上市的位于同一国家的公司的 q 比率超出了16.5%。这种估值的差异在统计

---

① Gordon J. Alexander, Cheol S. Eun, and S. Janakiramanan, "International Listings and Stock Returns: Some Empirical Evidence", *Journal of Financial and Quantitative Analysis* Vol. 23, No. 2, June 1988, pp. 135—151.

② Anant K. Sundaram, and Dennis E. Logue, "Valuation Effects of Foreign Company Listings on U. S. Exchanges", *Journal of International Business Studies*, Vol. 27, No. 1 Firster Quarter 1996, pp. 67—68.

③ Darius P. Miller, "The Market Reaction to International Cross-Listings: Evidence from Depositary Receipts", *Journal of Financial Economics*, Vol. 51, 1999, pp. 102—123.

> 上是显著的，对那些在美国主要交易所上市的公司来说，即使控制了一些代表公司和国家特性的变量，这种差异也达到了 37% 。我们认为在美国上市降低了公司控股股东谋取不正当利益的可能性，从而增加了公司把握增长机会的能力。我们发现对于那些选择在美国交叉上市的，特别是来自于投资者权利薄弱的国家的公司，公司的增长机会会被赋予更高的价值。④

这项研究中托宾 q 值的定义如下："分子为总资产的账面价值减去股权的账面价值，再加上股权的市场价值，分母为公司总资产的账面价值。"⑤

12.3.2　股权发行

众所周知，在新的股权发行的同时进行交叉上市所带来的合并效应比仅进行交叉上市对股价更有利。这是因为新发行创造了一个立即扩大的股东基础。承销商在发行前所做的营销工作可以提高公司的知名度，同时他们在发行后支撑股价不低于首次上市价格，降低了投资者的风险。

对 181 家在美国交叉上市的公司的研究中包括 30 家发起新股权发行的公司（第 III 类 ADRs）。研究者发现这 30 家公司在统计上存在显著的超额受益，并且该收益要高于仅进行交叉上市的公司（第 I 类和第 II 类 ADRs）。另外，智利公司有最高的超额收益（8.23%）。智利市场有着影响外国投资者的最高限制水平。众所周知，在美国进行的国内新发行对股价有负效应。在美国市场上出售外国 ADRs 时，一定会发生些什么。

即使是美国公司也会通过在国外发行股权获益颇多。最近一项针对在国外发行股权的美国公司的研究认为，由全球股票发行带来的品牌辨识度和可得性的提升会提高投资者对公司的认知度以及在主要市场和二级市场中的参与程度。⑥ 此外，发行全球股份的能力能通过减少公司内部人和投资者之间存在的信息不对称来验证公司的品质。研究的另一项结论是，当国内对公司股票的需求不高时，美国公司可以抓住契机转而进行全球上市。最后，这项研究发现美国公司宣布全球股票上市所引起的市场消极反应要显著小于它们将发行限制在国内市场的预期反应，幅度约为 1% 。

12.3.3　增加知名度和政治接受度

跨国公司在其有大量实际业务的市场上市。其商业目标是提升公司形象、宣传公司的商标和产品，获得更好的当地知名度以及熟悉当地的金融团体，以在当地筹集营运资金。

政治目标可能包括迎合当地股东对跨国公司国外合资的需求。母公司股份的当地

---

④ Craig Doidge, G. Andrew Karolyi, and René M. Stulz, "Why Are Foreign Firms Listed in the U. S. Worth More?" *Journal of Financial Economics*, Vol. 71, 2004, p. 205.

⑤ Ibid. ,p. 216.

⑥ Wu, Congsheng and Chuck C. Y. Kwok, "Why Do U. S. Firms Choose Global Equity Offerings?" *Financial Management*, Vol. 31, Iss. 2, Summer 2002, pp. 47—45.

股东可能提供一个公开公司活动,以及关于这些活动怎样支持东道国发展的论坛。这个目标是日本公司最重要的一个目标。日本国内市场既有低成本资本,又有很高的可得性。因此日本公司不用努力去提高股票价格、股票的流动性和资本的可得性。

12.3.4 增加股票互换在收购中的可行性

采用通过收购来实现增长的策略的公司通常会寻求创造性的方式来为这些收购融资而不是支付现金。如果并购方公司的股票有一个流动性好的二级市场,提供它们的股票作为部分支付会相当具有吸引力。在那样的情况下,如果目标股东不想要股票互换,则他们可以很容易将获得的股票转换成现金。而且,股票互换是一项免税交易,因此颇具吸引力。

12.3.5 向管理层和雇员支付薪酬

如果一家跨国公司希望向当地管理层和员工提供股票期权和股份购买薪酬计划,则在所在国上市会提升这些计划的认知价值。它会降低当地受益人的交易和外汇成本。

12.4 在国外交叉上市和出售股权的障碍

虽然公司可能决定在国外交叉上市和/或出售股权,但是这个过程中会存在一些障碍。其中最严重的障碍是公司未来必须承担一些义务,即完全透明地披露公司营运结果和资产负债表,还有持续投资者关系项目。

12.4.1 信息披露和投资者关系的义务

进行交叉上市的决定必须要考虑到其隐含的完全信息披露和持续投资者关系项目的义务。对于位于英美资本市场的公司来说,到国外上市并不是一个障碍。例如,SEC对在美国上市的信息披露规则是如此严厉和昂贵,以至于其他任何市场的规则与之相比都是一件容易完成的事情。反之,非美国公司在到美国交叉上市之前则必须认真考虑。不仅有惊人的信息披露要求,美国的监管机构和投资者还要求有持续及时的季度信息。因此,外国必须为其美国股东提供一个昂贵的持续投资者关系项目,包括经常性的“路演”(road shows)和耗时的高层管理体验活动。《萨班斯-奥克斯利法案》使得信息披露的潜在惩罚和个人责任更为严格。

12.4.2 信息披露是把双刃剑

美国学派认为,世界范围内要求对营运结果和资产负债表进行更完整、更透明和更标准化的财务公开的趋势,对降低股权资本成本有一个合意的效应。正如2002年我们观察的那样,不完全、不精确和透明度低的信息披露加剧了美国股票市场低迷状态,因为投资者转向更为安全的证券,如美国国库券。这个行动提高了所有公司的股权资本成本。其他学派则认为美国要求的信息披露水平是一个沉重、昂贵的负担。这种要求赶走了许多潜在的上市公司,从而缩减了美国投资者在合理的成本下可选择的证券的范围。

一项关于203只国际交易股票的研究表明,必需的公司财务披露水平与公司选择上市的市场之间存在统计上显著的相关关系。[⑦] 必需的披露水平越高,公司在该市场上市的可能性越小。虽然有上述情况,但对那些不考虑信息披露和成本的障碍,一定要上市的公司来说,回报可能是为在美国的大型工厂或收购行动获得需要的额外股权资金。Daimler Benz在美国筹集股权之前,在NYSE上市的过程中经历了痛苦的时期,其筹资的目的是为新的汽车工厂融资,以及随后的与Chrysler集团进行合并。

12.5 在全球市场上募集股权的替代工具

在全球市场上募集股权的替代工具包括以下几种:

- 在目标市场上向投资者出售定向公开股票发行
- 在多个市场上向投资者出售欧洲股票公开发行,同时包含国内和国外市场
- SEC 114A 条例下的私募
- 向私募股权基金出售股票
- 作为战略联盟的一部分向一家外国公司出售股票

12.5.1 定向公开股票发行

定向公开股票发行(directed public share issue)是指针对单个国家的投资者的股票发行,并且由该国的投资机构全部或部分地承销。该发行可能以,也可能不以目标市场的货币计价;发行的股票可以在,也可以不在目标市场的股票交易所交叉上市。

1981年Novo公司6 100万美元的美国股票发行是一个定向股票发行的成功例子,这次发行成功地提高了其股票的流动性,并降低了Novo公司的资本成本。该公司又于1983年在美国以每份53美元的价格成功发行了总额为1亿美元的ADRs,而相比之下,两年前的价格为每份36美元。

定向股票发行可能是由在目标外国市场上为收购和主要资本投资进行融资的需求推动的。对于位于狭小的资本市场并且过大而不适于这个市场的公司来说,它是公司股权的一个特别重要的来源。一次国外股票发行加上交叉上市,可以增强这类公司股票的流动性并为公司提供用股票来为收购支付的方式。

Nysomed公司是挪威一家小规模但备受尊重的制药公司,它是在上述动机下进行定向股票发行结合交叉上市的例子。该公司的增长策略是,通过收购其他拥有相关的技术、人员和市场的有前途的公司,来利用其在制药领域对一定市场和技术的尖端知

---

⑦ Shahrokh M. Saudagaran and Gary C. Biddle, "Foreign Listing Location: A Study of MNEs and Stock Exchanges in Eight Countries", *Journal of International Business Studies*, Vol. 26, No. 2, Second Quarter 1995, pp. 319—341.

识。欧洲和美国有很多目标公司,收购是以部分现金、部分股票的形式支付的。Nysomed 所在的本国资本市场太小,以至于不能以现金来投资这项收购,也不能提供一个具有足够流动性的市场来最小化它的边际资本成本。

Nysomed 通过在国外两次成功地定向股票发售来回应这个挑战。1989 年 7 月,Nysomed 在 LSE 交叉上市(以 SEAQ 国际报价)并从外国投资者那里筹集了相当于 1 亿美元的股权。然后在 1992 年 7 月,Nysomed 在 NYSE 交叉上市并通过对美国投资者定向发行股票筹集了 7 500 万美元。最终,Nysomed 与英国 Amersham 公司合并,并将总部迁至英国。

12.5.2 欧洲股票公开发行

全世界资本市场的逐步整合和国际证券投资的增加催生了非常活跃的欧洲股票市场。现在,一家公司可以在多个外国股票市场承销和发行股票,有时可以同时在国内市场发行。创造欧洲股票市场的金融机构同时也是之前构建欧洲票据和欧洲债券(会在 13 章详细讨论)市场结构的机构。"欧洲"并不意味着发行者或投资者位于欧洲,也不表示所发行的股票以欧元出售。它代表了一类证券,即那些在世界任何地方都可发行和出售的国际证券。

最大和最壮观的发行是与政府所有制企业的私有化浪潮协力进行的。1984 年 12 月,英国撒切尔政府对英国通信公司(British Telecom)进行私有化时开创了这种发行的先例。这次发行的规模如此大以至于除了出售给国内投资者外,还必须出售部分给外国投资者。一部分是指股票的分配,通常是针对承销商,即他们应在其指派的地理市场上出售股票给投资者。这样做的目的是既可以筹集资金,又可以保证股票发行后在全球范围内的流动性。不幸的是,在英国通信公司的案例里,回顾起来,这次发行的价格被低估了。大部分国外股票,特别那些在美国的股票流回了伦敦,为美国的承销者和投资者带来了很好的收益。尽管如此,仍有其他一些大型英国私有化发行效仿了英国通信公司,特别是 1988 年的英国钢铁公司(British Steel)。

欧洲股票私有化发行在国际证券投资者中已经非常流行,因为大多数进行私有化的公司都是规模巨大、信用级别很高并且是半国有化的、赢利能力非常强的垄断企业。其他国家纷纷效仿成功的英国私有化模式。最大规模的欧洲股票发行是德国通信公司的股票发行。该公司 1996 年 12 月通过 133 亿美元的初次公开发行进行了私有化。

即使是新兴资本市场的国有企业也在外国部分的帮助下实施私有化:

- Telefonos de Mexico,一家规模庞大的墨西哥电话公司。在 1991 年完成了 20 亿美元的欧洲股票发行。同很多其他的外国机构投资者和个人投资者一样,美国西南贝尔公司成为其持有 10% 股份的股东。现在 Telefonos de Mexico 公司在 NYSE 中具有很强的流动性。

- 由位于流动性差的市场的公司进行的最大规模的欧洲股票发行之一,是 1993 年阿根廷的国有石油公司——YPF Sociedad Anonima 公司出售的 30.4 亿美元的股票。其股票的 75% 在阿根廷以外的地方出售,仅在美国出售的股票就占到了 46% 。此次发行是新兴市场国家在欧洲市场上最大规模的发行之一。承销此次发行的辛迪加代表了世界主要投资银行。

很多私有化公司在私有化之后表现很好。一项关于私有化的综合研究认为，私有化的公司在没有减少就业保障的情况下，其业绩表现出很大的提高。所研究的公司在1961 年到 1990 年间通过公开股票发行进行了完全或部分的私有化。在私有化之后，公司的实际销售量增加、资本投资水平提升、效率提高并且扩大了就业。至于财务表现方面，它们的赢利能力提高了，债务水平降低了，红利支付增加了。[⑧]

12.5.3　SEC 144A 规则下的私募

作为股权和债务的来源，私募市场是具有很长历史的一种定向发行。**私募**（private equity）是指向少部分合格的机构买家（qualified institutional buyer，QIB）发售证券。传统的此类投资者是保险公司和投资公司。因为这些证券没有进行公开交易的登记，所以投资者通常采用“购买并持有”的方针。如果是债务，则条款通常在协商的基础上进行设计。现在私募市场在大多数国家都存在。

如图表 12.3 所示，SEC 在 1990 年 4 月过了 114A 规则。该规则允许合格的机构买家进行私募证券的交易，其持有时期不受限制，也不必在 SEC 进行登记。

合格的机构买家是指以 1 亿美元为基准（即投资额只能为 1 亿美元的倍数），拥有或投资非关联方证券的一个实体（银行或储蓄贷款机构不包括在内）。银行和储蓄贷款机构必须满足这项检验，但也必须达到不低于 2 500 万美元的净值。SEC 估计约有 4 000 家 QIB 存在，主要有投资顾问公司、投资公司、保险公司、养老基金和慈善机构。

同时，SEC 修改了 S 条例，允许外国发行者通过一个不用在 SEC 登记的 SEC 144A 规则下的发行进入美国私募市场。全国证券交易商协会（National Association of Securities Dealers，NASD）建立了一个名为 PORTAL 的自动交易系统，以支持主要发行的分配，并为那些未经注册的私募提供一个具有流动性的二级市场。

因为 SEC 的注册制度已经被视为希望在美国市场上融资的外国公司面临的主要壁垒，SEC 114A 规则的诞生无论是对股权还是债务证券的外国发行者都颇具吸引力。Atlas Copco 公司，瑞典的一家跨国工程公司，是第一家受益于 SEC 114A 规则的外国公司。作为它在 1990 年 2.14 亿美元欧洲股票发行的一部分，Atlas Copco 通过一个 ADR 股权私募在美国筹集了 0.49 亿美元。从此，外国发行者一年通过私募股权可在美国筹集数十亿美元的资金。尽管如此，没有证据可以表明这样的私募会对流动性或股价产生有利影响。[⑨]

12.5.4　私募股权基金

许多位于新兴市场的成熟的家族企业即使采用本章所建议的策略，也不太可能有

⑧ William L. Megginson, Robert C. Nash, and Mathias Ian Randenborgh, “The Financial and Operating Performance of Newly Privatized Firms: An International Empirical Analysis”, *Journal of Finance*, June 1994, pp. 403—452.

⑨ Boubakri Narjess and Jean Claude Cosset, “The Financial and Operating Perfornance of Newly Privatized Firms: Evidence from Developing Countries”, *The Journal of Finance*, Vol. 53, No. 3, June 1998, pp. 1081—1110. 相对较新的研究（Miller, 1999）中得出了类似的结论。

全球化成本和资本可得性的资格。尽管它们可能持续赢利和增长,但它们的规模太小,在外国投资者中的知名度太低,管理缺乏深度,不能为国际化战略的前端成本融资。对于这些公司而言,私募股权基金可能是一个解决的方法。

私募股权基金通常是在流动性最强的资本市场,特别是美国市场中筹集资金的机构投资者或富有的个人投资者的有限合伙。他们会将私募股权基金投资于位于新兴市场的成熟的家族企业。投资的目的在于帮助这些企业进行调整和现代化改革以应对愈加激烈的竞争和快速发展的新技术。有时私募股权基金还为那些需要与外国的跨国公司、合伙人或战略联盟建立关系的家族公司融资。它们也投资于国有企业的私有化。

私募股权基金不同于传统的风险投资基金,后者通常主要在高度发达国家运作。风险投资基金一般投资于新创立的高新技术企业,投资的目标是通过在同样高流动性的资本市场上进行这些企业的首次公开上市(IPO)以获利退出。在新兴市场上很少有可用的风险资本,其部分原因是风险投资基金很难从流动性不强的市场以 IPO 退出。私募股权基金也面临着同样的问题,但此类基金有更长的时间范围,它们投资于已经成熟的和赢利性强的公司,并对那些通过改善管理和与其他公司合并而成长的公司感兴趣。

Exxel Group 是一家成功的私募股权基金范例。它的创始人兼 CEO Juan Navarro 已经被称为"阿根廷的杠杆收购之王"。1991—2002 年间,该基金向阿根廷的 74 家公司投资了 48 亿美元。与公司确定的使命相适应,公司继续对所有的收购进行全面业务控制以落实自己优秀的管理、行业和市场知识,从而创造股东价值。然而,正如**金融实务专栏 12.1** 所述,即使是 Exxel Group 这样具有创新性的公司也不能避免经济危机带来的破坏,如 2001—2002 年阿根廷遭受的经济危机。

金融实务专栏12.1

GLOBAL FINANCE IN PRACTICE

阿根廷的私募股权与阿根廷危机

以前,私募股权投资者很容易通过公开股票市场将其持有的拉丁美洲股权兑现。但是去年(2001 年),没有一家拉丁美洲公司进行了 IPO,也只有少数几家公司进行了二次上市。Exxel Group 成功地为其持有的阿根廷 Supermercados Norte 连锁超市股权找到了一个国际买家。4 月,Exxel Group 为了偿还其 6.18 亿美元贷款的利息,将其剩下的 Supermercados Norte 的 49% 的股权以 2.63 亿美元的价格出售给法国的超市公司 Carrefour。去年出售一家阿根廷公司对 Exxel Group 来说是显著的功绩。Exxel 的转让投资以其创新的结构赢得了当年《拉丁金融》的私募股权交易。

资料来源:根据"Cash out to Carrefour"(*Latin Finance*, February 2002)修改。

12.5.5　战略联盟

战略联盟通常是由想从一个或多个以下的联合中取得协同效应的公司形成的。它们可能分担技术研发的成本或从事互补的行销活动；它们可能获得规模或范围效应或多种其他商业优势。但是一种协同作用有时会被忽视，即一家财务良好的公司通过提供有吸引力的债务或股权融资的价格来帮助一家财务状况较差的公司降低其资本成本的可能性。第 11 章中 Bang & Olufsen 公司和 Philips 公司间的战略联盟就是这种情况。

小案例

Deutshe 银行全球注册股票

随着金融市场的全球化、跨国公司在全球多个市场经营的增加和跨国并购的盛行，对能在全世界投资者间交易的单个类别证券的需求越来越强烈。为了应对不断变化的环境，几家非美国的公司已经或正在考虑在美国发行 NYSE 全球股票，作为对美国存托凭证(ADRs)的替代。

"NYSE Global Shares Growing a New Class of Security", http://www.nyse.com

从 1927 年开始，外国公司就通过发行美国存托凭证(ADRs)在 NYSE 为其股票上市。外国公司发现 ADR 是一个对投资公司非常友好的系统，外国公司可以通过它们接触纽约股权资本市场的投资者。但在 2001 年 10 月，德国的 Deutshe 银行(DB)选择通过全球注册股票(GRSs)在 NYSE 上市。很多评论家认为此举将会导致 DB 股票的交易量萎缩。很多国际分析人士都对 Deutshe 银行为何选择 GRSs 而非 ADRs 上市存有疑问。

Deutshe 银行在向另一个 GRSs 发行者，德国 Celanese AG 公司提供服务的过程中，可能学到了 GRSs 的诀窍。Celanese AG 公司已经于 1999 年 10 月在纽约上市了 GRSs，允许其股东同时在法兰克福和纽约交易股票。Celanese 使用单个全球股票注册系统(global share registry)来提供一个每天更新所有会计报表和股票所有权数据的数据库。该系统由 Deutshe 银行在法兰克福的子公司 Registrar Services 进行维护，包含了由 Mellon Investor Services 维护的北美交易注册系统和 Deutshe 银行维护的德国注册系统。

Celanese 全球股票在法兰克福股票交易所交易，以欧元报价和结算。其 GRSs 与 ADRs 一样在纽约上市，以美元进行报价和结算，允许投资者以本国货币的形式拥有外国公司的股票。

DailmerChrysler 公司的经历

1998 年 11 月，德国 DaimlerChrysler AG 公司震惊了全球股票市场，成为第一家选择用 GRSs 而非 ADRs 在 NYSE 上市的公司(在与 Chrysler 公司合并之前,Daimler 公司已经通过 ADRs 在 NYSE 获得了一个相对不错的交易流动性)。但对 GRSs 上市的赞誉是短暂的,因为随后一年的证据表明,合并 DaimlerChrysler 的股票(在 NYSE 的交易代码为 DCX)的交易活跃度远比预期要差。2000 年初出版的由俄亥俄州立大学的 Andrew Karolyi 进行的一项研究表明,Daimler 公司股票的交易量中只有 5% 是通过在 NYSE 上市的 GRSs 实现的。[⑩]

虽然很难解释影响 DaimlerChrysler 公司股票交易的所有因素,但是人们认为其选择 GRSs 而非 ADRs 在 NYSE 上市是一个主要因素。另一个主要因素则是当指数重新调整时,新合并的公司会从 S&P 500 指数中剔除。

2001 年在 NYSE 上市的 10 家欧洲公司中,只有 Deutshe 银行选择了 GRSs。另外 7 家公司(包括 Siemens、BADR 和 Novartis)声称曾慎重考虑过是否选择 GRSs 上市,但最终因为 ADRs 的发行成本远低于 GRSs,且前者在美国市场的流动性更强而选择了 ADRs。尽管 GRSs 上市特有的前端成本(up-front cost)很少,但传统德国公司的大多数股票是以不记名形式发行的。在能发行 GRSs 之前,公司需要通过与纽约的电子联接为交易的股票进行登记。作为其发行 GRSs 的准备工作,Deutshe 银行于 1999 年在法兰克福发行了注册股票。

图表 A **DailmerChrysler 公司的 GRS 经历**

Daimler 与 Chrysler 合并前的日均交易额:		
Daimler Benz	法兰克福	7.77 亿美元
Chrysler Corporation	纽约	1 亿美元
合并并作为 DCX 联合上市后的日均交易额:		
DaimlerChrysler	法兰克福	10 亿美元
DaimlerChrysler GRSs		
1998 年 12 月	纽约	2 亿美元
1999 年 2 月	纽约	1 亿美元

案例思考题

1. 你认为 ADRs 和 GRSs 存在实质性的差别吗?为什么?

2. 在许多其他公司不选择 GRSs 上市的情况下,Deutshe 银行为何要选择 GRSs 上市?

3. 你认为 Deutshe 银行从 DaimlerChrysler 公司发行 GRSs 的经历中得到了什么启示?

⑩ G. Andrew Karolyi, *DaimlerChrysler AG*, *The First Truly Global Share*, Fisher College of Business, Ohio State University, Working paper, May 2002.

小结

◎ 设计一个融资策略要求管理层对公司的长期财务目标达成一致。

◎ 公司必须从多种可选途径中进行选择以实现融资目标，包括选择交叉上市的地点和发行新股的方式与地点等。需要考虑的因素如下：

◎ 通过存托凭证来增加现有股票的流动性。

◎ 通过克服流动性差和分割的本国资本市场带来的错误定价，提升其股价。

◎ 支持在国外市场出售的新股发行。

◎ 为收购所需的股票建立二级市场。

◎ 提高公司在客户、供应商、授信者和东道国政府中的知名度和政治可信度。

◎ 为用于补偿国外分公司的当地管理层和员工的股票创造二级市场。

◎ 如果公司要支持新股发行或为股权互换建立一个市场，则目标市场应该同时也是上市的市场。

◎ 如果跨国公司要提升在商业和政治上的知名度或对当地管理层或员工支付薪酬，则公司应在其有大量业务的市场进行上市和发行股票。

◎ 如果公司要提高其股票的流动性，主要的流动性好的市场包括纽约、伦敦、东京、法兰克福和 Euronext。

◎ 增加的完全披露信息的义务。

◎ 持续投资者关系项目。

◎ 公司可以通过多种方式向外国投资者出售股票，以降低其资本成本，增加流动性。

◎ 在某个外国股票市场上向投资者进行定向股票发行。

◎ 同时在多个股票市场上(包括国内市场和国外市场)对外国投资者出售欧洲股票发行。

◎ 作为战略联盟的一部分，向外国公司出售股票。

思考题

1. **设计全球股权融资的策略。**图表 12.1 列出了公司全球化成本和资本可得性的可选途径。请按时间顺序指出 Novo 公司(第 11 章)实现国际化成本和资本可得性时采取的具体步骤。
2. **存托凭证。**请定义下列术语：
   a. 美国存托凭证(ADRs)
   b. 全球注册股票(GRSs)
   c. 有保荐的存托凭证
   d. 无保荐的存托凭证
3. **ADRs。**区分在美国市场上交易的三种不同级别的 ADRs。
4. **国外股票上市和发行。**为什么一家公司要在一个流动性强的股票交易所交叉上市和出售股票？请列出五个原因。
5. **国外交叉上市。**美国公司在国外交叉上市的主要原因是什么？
6. **实施全球股权融资的策略。**请根据图表 12.5 所示的各股票交易所的特点，按时间顺序为位于下列国家或地区的跨国公司的全球股权融资设计策略。
   a. 墨西哥
   b. 葡萄牙
   c. 中国香港地区
   d. 智利
7. **交叉上市的障碍。**交叉上市的主要障碍是什么？
8. **可选工具。**请列出可用于在全球市场进行股权融资的五种工具。
9. **定向公开股票发行。**

a. 请给出“定向公开股票发行”的定义。

b. 为什么 1981 年 Novo 公司选择采用定向公开股票发行的方式在美国筹集 6 100 万美元的资金？

10. **欧洲股票公开发行。**请给出“欧洲股票公开发行”的定义。

11. **在 SEC 114A 规则下的私募。**

a. 什么是 SEC 114A 规则？

b. 一家外国公司为何选择在 SEC 114A 规则下在美国出售其股票？

12. **私募股权基金。**

a. 何谓“私募股权基金”？

b. 该种基金与传统的风险投资基金有何不同？

c. 私募股权基金如何筹集自己的资本？与当地银行和投资基金相比，这种方式能给其带来什么竞争优势？

13. **战略联盟。**

a. 公司为什么要结成国际战略联盟？

b. 为什么一个国际战略联盟可以降低一家公司的资本成本？

练习题

在第 11 章中，我们描述了 Novo 公司在 1980 年 4 月至 1981 年 7 月间如何使其股票上涨七倍。它的策略是吸引国际证券投资者，并在伦敦和纽约同时出售股票和上市。以下的第 1—6 题是让你决定在伦敦和纽约发行新股后，理论上为什么 Novo 公司股价的大幅上涨应该会降低其资本成本。

在 1980 年 4 月之前，Novo 公司的股价是按丹麦国内股票市场的标准决定的，几乎所有的股东都来自于丹麦且大部分为机构投资者。此时 Novo 公司的股价在 Dkr 200 左右徘徊，且市盈率只有 5 倍，是丹麦股市典型的水平。1980 年 4 月之后，Novo 公司的股价越来越取决于国际证券投资者，尤其是英美投资者的标准。到该公司在美国发行 6 100 万美元的新股并在 NYSE 上市时，它的股价和市盈率已分别上涨至 Dkr 1 400 和 16 倍，是英美股票市场的典型的水平。

第 1 题至第 6 题是与 Novo 公司有关的问题。第 7 题至第 10 题与一家假设的韩国集团公司（HangSung）有关，该公司也通过在国外发行股票使其国内资本成本国际化。

1. **1980 年 4 月前 Novo 公司的股权成本。**根据下列假设的数据计算 Novo 公司的股权成本。

丹麦的 $k_{rf}=10\%$	丹麦有意识地设置了高的无风险利率，以维持其汇率。
Novo 公司的 $\beta=1.0$	丹麦股票市场并不能区分增长型股票和其他工业股票，因而它们的股价是一起变动的。
丹麦的 $k_m=18.0\%$	丹麦的法律限制造成丹麦投资者缺乏国际分散化以及很高的实际利率导致股票较高的必要收益率。

2. **1980 年 4 月前 Novo 公司的 WACC。**根据下列假设的数据回答问题。

$k_d=12.0\%$	Novo 公司的债务成本
$k_e=18.0\%$	Novo 公司的股权成本
$E/V=30\%$	Novo 公司的股权资本比率
$D/V=70\%$	Novo 公司的债务资本比率
$V=100\%$	Novo 公司证券的总市值，$D+E$
$t=40\%$	Novo 公司的有效税率

a. 请计算 Novo 公司的加权平均资本成本 WACC。

b. 这个资本成本会对其资本预算产生什么样的影响？

3. **1981 年 4 月后 Novo 公司的股权成本。** 根据下列假设的数据计算 Novo 公司的股权成本。

国际的 $k_{rf}=8.0\%$

国际的 $\beta_{Novo}=0.8\%$

国际的 $k_m=12.0\%$

1981 年 4 月后，国际证券投资者主导了 Novo 公司股票的交易活动。大部分交易量是在 NYSE 上执行的。因此我们采用的是国际标准而不是丹麦标准。

4. **1981 年 7 月后 Novo 公司的 WACC。** 根据下列假设的数据回答问题。

$k_d=10.0\%$	负债比率降低后 Novo 公司的新债务成本
$k_e=11.2\%$	Novo 公司的股权成本
$E/V=50\%$	Novo 公司的股权资本比率，国际投资者要求降低原来 70% 的负债比率。
$D/V=50\%$	Novo 公司的新债务资本比率
$V=100\%$	Novo 公司证券的总市值，$D+E$
$t=40\%$	Novo 公司的有效税率

a. 请计算 Novo 公司的加权平均资本成本。

b. 这个资本成本会对其资本预算产生什么样的影响？

5. **2006 年 Novo 公司的股权成本。** 根据下列假设的数据回答问题。

国际的 $k_{rf}=4.0\%$	世界经济增长的放缓导致了无风险利率的下降
国际的 $\beta_{Novo}=0.8$	
国际的 $k_m=8.0\%$	过去的三年世界股票均表现不佳，降低了期望收益率。

请计算 Novo 公司的股权成本。

6. **2006 年初时 Novo 公司的 WACC。** 根据下列假设的数据回答问题。

$k_d=6.0\%$	总体利率的降低下 Novo 公司的新债务成本
$k_e=7.2\%$	Novo 公司的股权成本
$E/V=50\%$	Novo 公司的股权资本比率
$D/V=50\%$	Novo 公司的债务资本比率
$V=100\%$	Novo 公司证券的总市值，$D+E$
$t=40\%$	Novo 公司的有效税率

a. 请计算 Novo 公司的 WACC。

b. 这个资本成本会对其资本预算产生什么样的影响？

新兴市场集团： HangSung 集团公司。根据所给的数据回答第 7—10 题。

7. **在国外发行股票之前的 HangSung 公司。** 假设以下是在国外发行股票之前的 HangSung 公司的数据，请据此计算 HangSung 公司的股权成本。

韩国的 $k_{rf}=10.0\%$

HangSung 公司的 $\beta=1.0$

韩国的 $k_m=14.0\%$

8. **在国外发行股票之前 HangSung 公司的 WACC。** 假设下列是在国外发行股票之前的 HangSung 公司的有关数据，请据此计算 HangSung 公司的 WACC。

$k_d=12.0\%$	HangSung 公司的债务成本
$k_e=14.0\%$	HangSung 公司的股权成本
$E/V=20\%$	HangSung 公司的股权资本比率，按国际标准，韩国集团有相对高的负债比率和相对低的股权比率。
$D/V=80\%$	HangSung 公司的债务资本比率
$V=100\%$	HangSung 公司证券的总市值，$D+E$
$t=30\%$	HangSung 公司的有效税率

9. **2006 年在国外发行股票后的 HangSung 公司。** 假设下列是在国外发行股票之后的 HangSung 公司的有关数据，请据此计算

HangSung公司的股权成本。

国际的 $k_{rf}=4.0\%$

国际的 $\beta_{HangSung}=0.7$

国际的 $k_m=8.0\%$

10. **2006年在国外发行股票后的HangSung公司**。假设下列是在国外发行股票之后的HangSung公司的有关数据：

$k_d=6.0\%$	HangSung公司的新债务成本降低是因为总体利率的降低，以及其自身很高的债务比率的降低
$k_e=6.8\%$	HangSung公司的股权成本
$E/V=40\%$	HangSung公司的股权资本比率
$D/V=60\%$	HangSung公司的债务资本比率
$V=100\%$	HangSung公司证券的总市值，$D+E$
$t=30\%$	HangSung公司的有效税率

a. 请计算HangSung公司2006年的WACC。

b. 这个资本成本会对其资本预算产生什么样的影响？

网上练习

1. **美国存托凭证**。美国存托凭证（ADRs）在美国股票交易所交易的所有股票中占了10%。随着越来越多的外国公司在美国市场上市，理解推动ADRs价值的主要力量的需求也与日俱增。以Deutsche Morgan Grengell对ADRs的交易步骤和现有ADRs交易活动的详细介绍为起点：

   a. 为你所在公司的高级管理层递交一份简报，鼓励他们考虑通过ADRs对公司的流动资产组合进行国际化分散。

   b. 鉴别ADR项目水平（级别I、级别II、级别III和114A）是否对你认为公司应考虑的那种证券有意义？

   Deutsche Morgan Grengell

   http://www.adr-dmg.com/ adr-dmg /welcome.html

   Bank of New York

   http://www.bankofny.com

   JP Morgan's ADR Center

   http://adr.com

   Stock City

   http://www.stockcity.com

2. **ADRs的机构股东**。通过JP摩根ADRs中心的站点来寻找在纽约交易的主要ADRs的最大个人所有者。在你的搜寻中包括Nokia、Telefonos de Mexico、Toyota、Siemens和Philips：

   JP Morgan's ADR Center

   http://adr.com

3. **资本成本计算器**。芝加哥的Ibbotson协会是市场上资本成本量化估计的主要提供者之一。请利用以下网站——具体说是资本成本中心——概括一下它们估计跨境资本成本的主要理论方法和数字结果：

   Ibbotson Associates

   http://www.ibbotson.com

文献选读

Boutchkova, Maria K. and William L. Megginson, "Privatation and the Rise of Global Capital Markets", *Financial Management*, Vol. 29, Iss. 4, Winter 2000, pp. 31—76.

Foerster, Stephen R. and G. Andrew Karolyi, "The Effects of Market Segmentation and Investor Recognition on Asset Prices: Evidence From Foreign Stock Listing in the Unite States", *The Journal of Finance*, Vol. 54, No. 3, June 1999, pp. 981—1013.

Leeds, Roger and Julie Sunderland, "Private Equity Investing in Emerging Markets", *Journal of Applied Corporate Finance*, Vol. 15, No. 2, Fall 2003, pp. 111—119.

Miller, Darius P., "The Market Reaction to International Cross-Listings: Evidence from Depositary Receipts", *Journal of Financial Economics*, 51, 1999, pp. 103—123.

Randøy, Trond, Lars Oxelheim, and Arthur Stonehill, "Corporate Financial Strategies for Global Competitiveness", *European Management Journal*, Vol. 19, No. 6, December 2001, pp. 659—669.

Saudagaran, Shahrokh M. and Gary C. Biddle, "Foreign Listing Location: A Study of MNEs and Stock Exchanges in Eight Countries", *Journal of International Business Studies*, Vol. 26, No. 2, Second Quarter 1995, pp. 319—341.

Sundaran, Anant K. and Dennis E. Logue, "Valuation Effects of Foreign Company Listings on U. S. Exchanges", *Journal of International Business Studies*, Vol. 27, No. 1, First Quarter 1996, pp. 67—88.

Wei, Zuobao, Oscar Varela, Juliet D'souza, M. Kabir Hassan, "The Financial and Operating Performance of China's Newly Privatized Firms", *Financial Management*, Vol. 32, No. 2, Summer 2003, pp. 107—126.

Wu, Congsheng and Chuck C. Y. Kwok, "Why Do U. S. Firms Choose Global Equity Offerings?" *Financial Management*, Vol. 31, Iss. 2, Summer 2002, pp. 47—65.

第 13 章　财务结构和国际债务

为了分析跨国公司,我们必须对适用于国内的最优财务结构理论进行相当大的修改。本章开头简要回顾了最优财务结构理论。接着我们分析了跨国公司实现其最优财务结构的过程的复杂性,并着重论述了跨国公司的国外子公司在实现最优财务结构时遇到的特有的困难。接着本章介绍了跨国公司用来实现最优财务结构时可选的债务工具,并具体分析了跨国公司的国外子公司如何融资。本章的结尾讨论了跨国公司如何运用项目融资结构为大型独有的国际项目融资。

13.1　最优财务结构

历经多年的争论,大多数财务理论工作者终于就企业是否存在最优财务结构以及若存在则该如何决定的问题上达成了一致。所谓的传统学派与 Modigliani-Miller 学派的辩论最终以相互妥协告终。在考虑税收和破产成本的情况下,公司的最优财务结构是由既定经营风险下使公司资本成本最小的特定的股权债务组合决定的。如果一个新项目的经营风险与原有项目不同,则债务和股权的最优组合也应进行调整以权衡经营风险和财务风险。

从图表 13.1 可以看出资本成本如何随债务规模的变化而变化。随着负债比率(即总负债与公司总资产市值的比值)的提高,公司总资本成本(k_{WACC})降低;因为这提高了成本相对股权成本(k_e)较低的债务[$k_d(1-t)$]在总资产中的比例。债务的低成本来自于$(1-t)$表示的利息的抵税作用。

股权成本的随之递增在某种程度上抵消了负债增加所带来的好处,因为投资者认为其财务风险增加了。不过在财务风险增大到使投资者和公司管理层认为公司无力偿还的程度之前,公司总的税后加权资本成本(k_{WACC})仍会随负债比率的增加而降低。增加的财务风险会使新增的股权和债务的成本急剧上升,进而增加加权资本成本。由此形成的 U 形资本成本曲线中的低点(如图表 13.1 中的 14%)决定了可最小化其资本成本的债务比率区间。

图表 13.1 资本成本和财务结构

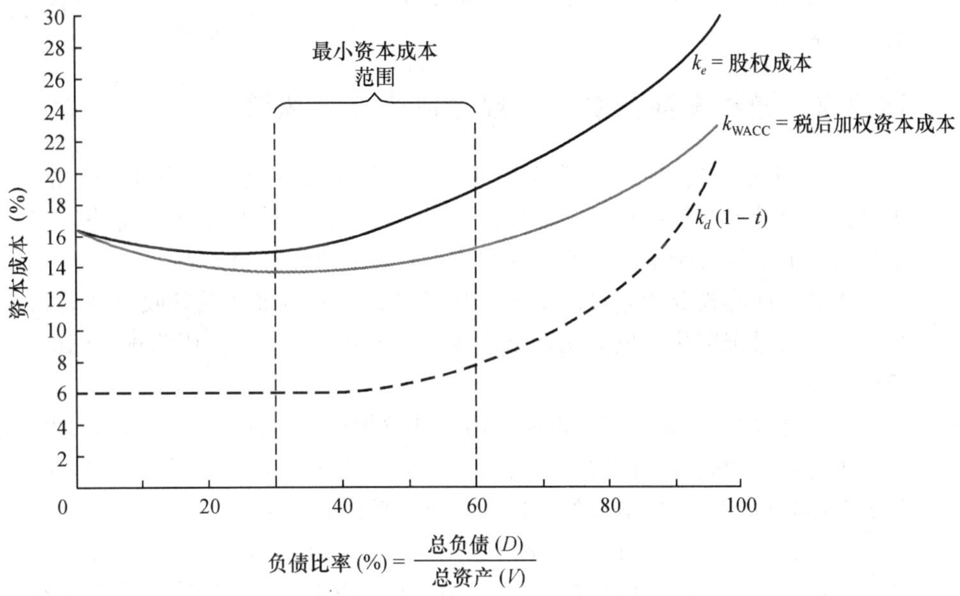

绝大多数理论家认为低点上应该是一个相对较为平坦的区域,即图表 13.1 中所示的 30% 到 60% 的负债比率区间的区域。在该区域内,资本成本的差异很小。理论家们认为,至少在美国,这个平滑区域的范围以及公司负债比率在其中的具体位置由以下因素决定:(1) 公司所在的行业;(2) 公司销售和营业收入的波动性;(3) 公司资产的担保价值。

13.2 最优财务结构和跨国公司

国内公司的最优财务结构理论中的四个变量必须要进行修正才能适用于跨国公司。这些变量按出现的顺序依次是:(1) 资本可得性;(2) 现金流分散程度;(3) 外汇风险;(4) 国际证券投资者的预期。

13.2.1 资本可得性

如第 11 章所述,国际资本市场使得跨国公司有能力去获得比绝大多数国内公司更低的股权和债务成本,以及在即便它要筹集更多的资金情况下维持理想的负债比率。也就是说,在一个相当大的资本预算范围内,跨国公司的边际资本成本可保持不变。而大多数小型的国内公司则做不到,因为它们不能从国家的股权市场和债务市场中筹集资金,而只能依赖于公司内部融资或中短期的商业银行贷款。

如果跨国公司所在国的资本市场流动性很差,则它所处的情况类似于小型国内公司,除非它国际化其资本成本和资本可得性。它们也必须依赖于公司内部融资或银行贷款,如果为了实现增长要筹集大额的资金,则它们所借的资金量会超过使得公司保持最小加权资本成本所需的资金量。这就是说,公司的边际资本成本在较高的预算水平上是递增的。

13.2.2 通过国际分散化其现金流来降低风险

如第 11 章所述,理论上,因为其现金流是国际分散化的,跨国公司比国内公司更易于支撑一个较高的负债比例。如果公司现金流的稳定性增强,则它在其产品市场、资本市场和外汇市场处于不同条件时支付固定费用的可能性会提高。

类似于证券投资者通过国际化分散其持有的证券来降低其收益波动的方法,跨国公司也可通过国际化分散其现金流来降低现金流的波动性。因为国家间的收入并不是完全相关的。

相反,国内公司却不能获得通过国际分散化其现金流所带来的好处,而只能完全依赖于国内经营的收入。国内公司的财务风险可能比跨国公司更高,因为其国内现金流的波动不能被世界其他地方的正的现金流所抵消。

然而,正如第 11 章所述,分散理念为一系列的实证结果所挑战,如:美国跨国公司的负债比率水平要低于国内同类公司;由于政治风险、外汇风险和信息不对称的存在,跨国公司的债务代理成本更高。

13.2.3 外汇风险和债务成本

当公司筹集以外币计价的债务时,其有效成本等于以本币还本付息时的税后债务成本,包含以外币还本付息的名义成本与汇兑损益。

例如,假设一家美国公司以 5% 的利率借入一笔一年期债务,其本金为 1 500 000 瑞士法郎。在这一年中,瑞士法郎(Sfr)从 Sfr 1.5000/ \$升值到 Sfr 1.4400/ \$。则该债务的美元成本($k_d^{\$}$)是多少?本金的美元价值用当时的即期汇率(Sfr 1.5000/ \$)计算:

$$\frac{\text{Sfr } 1\,500\,000}{\text{Sfr } 1.5000/\ \$} = \$1\,000\,000$$

期末,美国公司要偿还本金 Sfr 1 500 000 及 5% 的利息,总计 1 575 000 瑞士法郎。这项支付则应该以期末的即期汇率(Sfr 1.4400/ \$)来换算成美元:

$$\frac{\text{Sfr } 1\,500\,000 \times 1.05}{\text{Sfr } 1.4400/\ \$} = \$1\,093\,750$$

这项贷款的实际美元成本为 9.375%,而非名义利率 5%:

$$\frac{\$1\,000\,000}{\$1\,093\,750} = 1.09375$$

美元成本高于预期值的原因是瑞士法郎的升值。

债务的本币总成本实质就是债务成本和外币价值的变动比率相结合的产物。从上例可知,美国公司法郎借款的总成本($k_d^{\$}$)计算如下:用法郎借款利率与 1 之和,即($k_d^{\text{Sfr}}$ +1),乘以瑞士法郎升值的百分比(s)与 1 之和,即($s+1$),再用此乘积减去 1。

$$k_d^{\$} = [(k_d^{\text{Sfr}} + 1) \times (1 + s)] - 1$$

其中，$k_d^{\$}=5.00\%$，$s=4.1667$。当美元为母国货币时，瑞士法郎相对于美元的升值百分比 s 的计算过程如下：

$$\frac{S_1-S_2}{S_1}\times 100\% = \frac{\text{Sfr }1.5000/\$ - \text{Sfr }1.4400/\$}{\text{Sfr }1.4400/\$}\times 100\% = +4.1667$$

综合名义利率和瑞士法郎的升值率，该项借款的总成本为：

$$k_d^{\$} = [(1+0.0500)\times(1+0.041667)]-1 = 0.09375 \approx 9.375\%$$

百分比表示的总成本为 9.375%，而非简单的外币利率 5%。假设美国的所得税率为 34%，则这项以瑞士法郎计价的债务的税后成本为：

$$k_d^{\$} = (1-t)\times 0.09375 = 9.375\% \times 0.66 = 6.1875\%$$

该公司会将该以美元表示的成本增加值（+4.1667%）作为外汇交易损失报告，从而在纳税时予以扣除。

借款中的事后诸葛亮。跨国公司已经发现借入以外国货币计价的长期债券会给交易损益造成相当大的敞口。图表 13.2 比较了一组 1989—1990 年由多个国家的公司所发行的以外国货币计价的债券样本，具体见第（1）列和第（2）列。第（3）列为公司在债券发行时以本币表示的预期成本。第（4）列表明 10 年后，即 1999 年 6 月 1 日，公司的实际成本与预期成本不同（仍以本国货币表示）。第（5）列为实际成本与预期成本之间的差值，它是由汇率变动所造成的。请注意，外汇风险对样本公司的影响可能是正面的（差值为负），也可能是负面的（差值为正）。特别需要注意的是，土耳其的货币贬值给其以本国货币计算的资金成本带来了损失惨重的影响：+73.86%！

图表 13.2 以外国货币计价的债券借款成本（百分比）

发行人	(1) 国家	(2) 发行日期	(3) 发行时的资金成本(%)	(4) 99/06/01 的资金成本(%)	(5) 成本差值(%)
德意志银行金融部	德国	5/24/89	9.59	7.24	-2.35
奥地利共和国	奥地利	7/10/89	8.46	6.73	-1.73
丹麦 Danske 银行	丹麦	2/16/89	9.93	8.46	-1.47
法国电力公司	法国	4/18/89	9.50	8.22	-1.28
日本财务公司	日本	4/4/89	9.63	8.70	-0.93
英国电信融资公司	英国	7/13/89	8.46	8.33	-0.13
加拿大铝业公司	加拿大	7/20/89	9.89	11.38	+1.49
芬兰出口信用公司	芬兰	2/1/89	9.68	12.16	+2.48
意大利商业银行	意大利	3/10/89	9.37	12.07	+2.70
马来西亚政府	马来西亚	9/19/90	10.29	13.10	+2.81
泰国	泰国	8/1/89	8.70	11.87	+3.17
土耳其共和国	土耳其	8/30/89	10.25	84.11	+73.86

资料来源：Steven M. Dawson, based on calculation methods in "Eurobond Currency Selection: Hindsight", Financial Executive, November 1993, p.73. "发行时的资金成本"是给定息票、新发行价格和到期时间的预期本币成本。"99/06/01 的资金成本"是给定每次利息或本金支付时的美国银行转移汇率的本国货币成本。对于 1999 年 6 月 1 日之后的支付，假定按 6 月 1 日的汇率进行。

13.2.4 国际证券投资者的预期

最后两章强调了,获得全球化成本和资本可得性的关键是吸引并留住国际证券投资者。这些投资者是基于过去 30 年里发展起来的全球标准,对一家公司的负债比率和总体财务结构作出预期的。大部分国际证券投资者处于流动性最强且无分割的资本市场,如美国和英国,因此他们的预期趋向于支配和超越单一国家的标准。因此,不考虑其他因素,如果一家公司想在全球市场上筹集资本,它必须采用接近于英美标准的全球标准。60% 的负债比率是可以接受的,但任何高于 60% 的负债比率都很难得到国际证券投资者的认可。

13.3 外国子公司的财务结构

如果我们接受以下理论,即既定商业风险和资本预算水平下的资本成本最小化是一个应该从合并跨国公司的角度实施的目标,那么每个子公司的财务结构仅与其对总体目标的影响程度有关。换句话说,一家单独的子公司并没有真正的独立资本成本。因此,其财务结构不应该以最小化其资本成本为目标。

不同国家的公司财务结构标准有很大差别,而位于同一国家的公司则存在聚类的倾向。这个观点是一项从 1969 年至今,调查该问题的长期实证研究的结论。这些国际研究中的大多数认为,国家特有的环境变量是负债比率的主要决定因素。这些变量包括:历史发展、税收、公司治理、银行的影响、健康的公司债券市场的存在、对风险的态度、政府监管、资本可得性和代理成本。

很多其他制度上的差别也会影响国家资本市场的负债比率。但那些要吸引国际证券投资者的公司必须注意这些投资者所预期的负债比率标准。因为很多国际证券投资者受英美市场中的负债比率的影响,这样就形成了一个全球标准统一的趋势。依赖于吸引国际证券投资者的跨国公司和其他一些大型公司已经开始采用类似的负债比率标准,即使国内公司仍采用国内的标准。**金融实务专栏 13.1** 介绍了一种最新的把股权注入子公司的方法:**股票分拆上市**(equity carve-out)。

13.3.1 子公司的财务结构及所在地的标准

在最小化其全球合并资本成本的约束下,跨国公司在决定其子公司理想的负债比率时,是否应该考虑不同国家的负债比率标准?出于定义的目的,这里考虑的债务只是来自跨国公司之外的借款。它会包括当地货币债务、外国货币债务和欧洲货币贷款。这样定义的理由是,无论是东道国还是投资公司都将母公司贷款视为类似于股权的投资。母公司贷款与其他债务相比通常是次级的,不会像外部债务那样造成无力偿付危机。而且,股权或债务投资的选择经常是任意的,取决于东道国与母公司之间的谈判。

金融实务专栏13.1

GLOBAL FINANCE IN PRACTICE

股票分拆上市

出售子公司的少量股权(一般为 20% 或更少)被称为股票分拆上市。股票分拆上市的目的是在不丧失对子公司控制权的前提下为子公司的运营筹集股权资本。一般认为,股票分拆上市的优点在于可以在不丧失控制权的条件下提升公司股价和增加公司股权资本的规模。然而,最近的研究显示,事实并非如此。

McKinsey 最近所作的一项关于 1990—2001 年间 200 个主要的股票分拆上市公司的研究发现,仅有 10% 的股票分拆上市使其母公司的股价上涨超过 12%。更糟糕的是,对于那些 IPO 不超过两年的公司,股票分拆上市甚至还损害了其股东价值。然而也有例外:当股票分拆上市的长期目标是建立一个独立的公司,也即公司分立,进行股票分拆上市的公司的业绩会优于 S&P 500 中的公司。

该研究还发现,从长期来看,母公司对进行股票分拆上市的公司的控制权呈逐渐降低的趋势。对于进行股票分拆上市后其股票依然公开上市交易的公司,仍被母公司以拥有其股权达到或超过 50% 的形式拥有的公司为 8%;母公司拥有的股权低于 50% 股权的子公司有 8%;31% 的公司母公司拥有的股权低于 25%;30% 的公司则完全被第三方收购或兼并。

进行股票分拆上市的公司在五年后的所有权情况

被并购	39%
母公司回购	11%
退市	3%
独立公司(公众持股超过 75%)	31%
仍由母公司控制	16%
总计	100%

虽然有很多原因导致了子公司在股票分拆上市后表现不佳而无力维持股东价值,但主要原因似乎是子公司日益增加的独立性与其和与母公司潜在的竞争性冲突之间的矛盾(双方经常会在市场上竞价)。

资料来源:Andri Annema, William C. Fallon, Marc H. Goedhart, "When Carve-outs Make Sense", *The McKinsey Quarterly*, Number 2, 2002; Patricia Anslinger, Sheila Bonini, and Michael Patsalos-Fox, "Doing the Spin-out", *The McKinsey Quarterly*, Number 1, 2000, pp. 98—105. 该研究的范围覆盖了 1990 年 1 月至 2001 年间在 1998 年 1 月 1 日之前发布公告的 204 次股票分拆上市,这些公司的总价值超过了 5 000 万美元。

本土化的主要优点。国外子公司遵循当地借款原则来构建财务结构的好处主要来自如下几个方面：

- 子公司采用本土化标准的财务结构会减少来自东道国的批评与非议，因为较高的负债比率（以东道国标准来衡量）会被指控没有给东道国的风险资本贡献一个适当的份额。而另一个极端则是，采用本土化的财务结构还会提升那些因为债务过少而对当地货币政策不敏感的子公司的形象。
- 采用本土化的财务结构，有利于管理层以同行业的本地竞争者为参照评估股权投资的收益。在一个由通货膨胀引起的高利率的经济体内，支付的惩罚利率会提醒管理层在评估投资效益时考虑价格水平的变化。
- 在一个由于国内资本缺乏或实物资源充分利用（充分就业）导致高利率的经济体内，由于借入当地资本而造成的惩罚利率的支付会提醒管理层，如果资产的收益低于当地资本的价格——即负的财务杠杆——他们就可能错误地配置了国内的稀缺实际资源，如土地和劳动力。这也许与公司管理层的决策无关，但东道国政府在作出与公司有关的决策时会考虑到这一点。

本土化的主要缺点。财务结构本土化的主要缺点是：

- 跨国公司期望利用其更好的资本可得性和分散风险的能力来克服本地国家市场的不完善性，从而获得比当地公司更多的竞争优势。跨国公司为何要舍弃上述优越的竞争条件，而主动受限于东道国由不完善的国内资本市场、历史沿革以及制度约束，这些原本不约束国外公司的不良条件所决定的财务标准呢？
- 如果跨国公司的每家国外子公司都本土化其财务结构，那么合并的资产负债表所反映的财务结构则可能不符合其中任何一个国家的标准。其负债比率可能只是其所有分公司负债比率的简单加权平均。这种情形会增加整个公司的财务风险，从而提高母公司的资本成本，除非以下两种情况发生：
  - 跨国公司的合并负债比率完全不在图表13.1所示的负债比率范围内。该可接受的自由选择的比率范围处于资本成本曲线的平滑区域。
  - 跨国公司无法以同样的利率用其他外国或本国子公司的低债务来对冲外国子公司的高债务。如果国际费雪效应有效，跨国公司可以在经外汇风险调整之后相等的税后成本下进行债务的替换。另一方面，如果市场的不完善消除了这种重新配置债务的可能性，则当跨国公司的子公司本土化其财务结构时，其债务成本进而其资本成本会增加。
- 国外子公司的负债比率并不是最重要的，因为子公司的债权人会将母公司总的合并现金流视为还款来源。一般情况下，母公司会为子公司的债务提供担保。即使这种担保是非正式的，它仍会发生作用，因为几乎没有母公司愿意其子公司为一项贷款违约。如果这种情况真的发生，由此而带来的影响会直接导致母公司的财务声誉受损，进而会提高其资本成本。

折中方案。我们认为，采取折中的策略是可行的。根据财务理论，跨国公司和国内公司都应在既定的商业风险和资本预算的水平下争取最小化其加权资本成本。但是，如果外国子公司能使其加权资本成本与从任一其他地方筹集资本经由汇率风险调整后成本相同的话，那么本土化子公司的财务结构将不会带来成本上的额外损失，同时还可享受本土化的上述优点。

13.3.2 为国外子公司融资

除了为国外子公司选择一个合理的财务结构，跨国公司的财务经理还需要在可选资金来源中选择子公司融资的方式。对国外子公司来说，可行的资金来源有两种，即跨国公司内部资金和跨国公司外部资金。

理想情况下，从资金来源中选择的融资方式应该最小化经外汇风险调整后的外部资金成本。公司应选择内部资金来源来最小化世界范围的成本和政治风险。同时，公司应该确保其外国子公司的管理动机是最小化公司的全球合并资本成本，而不是最小化子公司的资本成本。毋庸置疑，实现这个目标的难度非常大，而且结果往往是顾此失彼。

内部融资。图表 13.3 概括了外国子公司的内部融资来源。一般而言，虽然母公司必须提供股权，但它的量通常保持在法定的或运作的最低水平以降低投入资本的风险。股权投资既可以采用现金形式，又可以采用实物形式（如机器、设备、存货或其他类似的物品）。

图表 13.3 外国子公司的内部融资

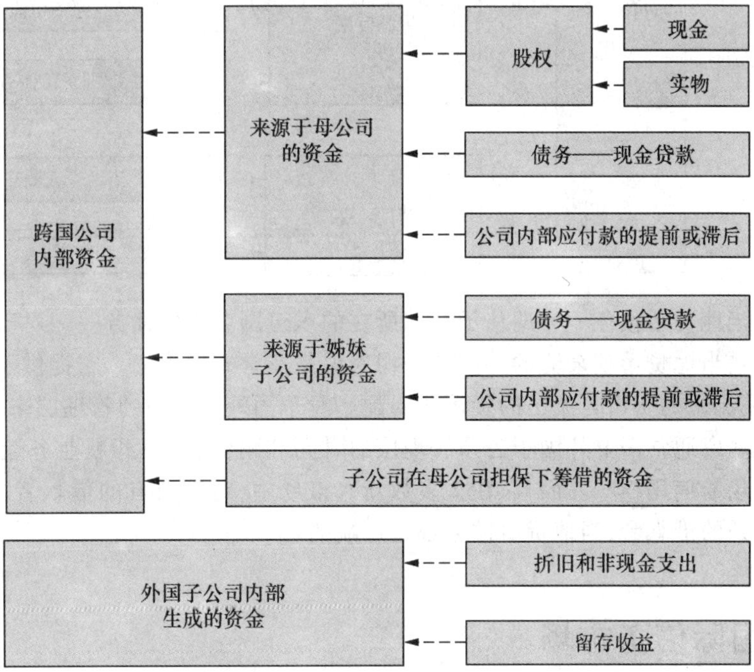

债务是子公司融资更可取的方式，但在子公司运营的早期阶段，其对东道国当地债务的筹集是受限制的。在没有证明其运作能力和债务偿还能力的相关历史记录的情况下，国外子公司必须从其母公司或姊妹子公司那里获得债务（最初），并在母公司担保

的情况下从无关联的第三方获得债务(在公司开始运营后)。

一旦国外子公司具备了相当的运作能力和融资能力,它在内部生成资金的能力将成为其未来增长的关键。对那些在高度分割的市场中——如国际投资者和银行团体认为具有风险的新兴市场国家——运作的子公司来说,从内部来源生成自有资金的能力就显得尤为重要。这些来源包括留存收益、折旧和其他非现金开支。(非现金开支是一个可扣除项目,如折旧,但这项"开支"是从未离开公司的现金流。)

外部融资。图表 13.4 概括了从跨国公司外部为外国子公司融资的来源。这些来源首先被分为三类:来自母国的债务、来自母国之外的国家的债务,以及来源于东道国的股权。从母国的非关联第三方筹集的债务反映了债权人对母公司的熟悉和信任,虽然母公司没有为债务的偿还提供明确的担保。

图表 13.4　　国外子公司的外部融资

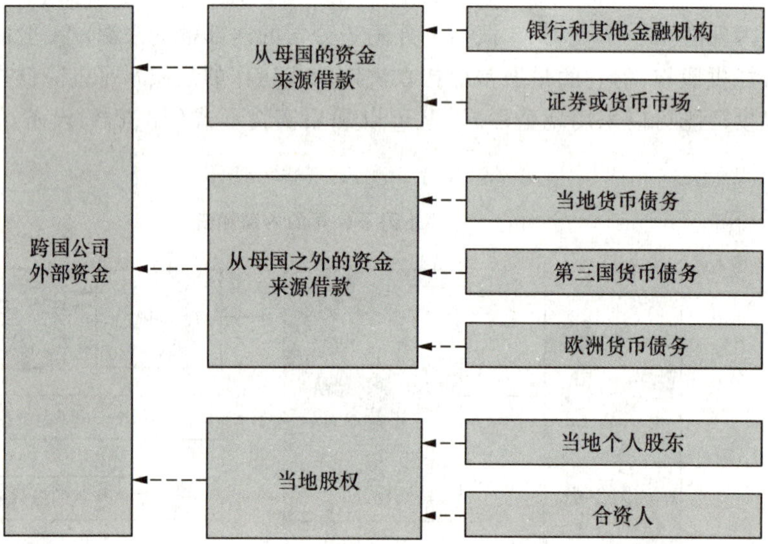

当地货币债务——即从子公司所在的东道国获得的债务——对于因为商业活动而有大量当地货币现金流的外国子公司来说是非常有价值的。它提供了一个外汇套期保值,使流入的货币与流出的货币相匹配。对于国外子公司的管理层来说,获得当地货币债务融资通常需要外国子公司管理层的时间和耐性,以便开展业务运作并发展一套当地市场的信用档案。而且,在大多数新兴市场中,对于所有的借款者,不管是国内的还是国外的借款者,当地货币债务都是短缺的。

13.4　国际债务市场

国际债务市场为借款人提供各种不同期限、不同偿还结构和不同计价货币的债务。国际债务市场和其中的各种债务工具在资金来源、定价结构、到期时间及与其他金融工具的联系或附属关系都有所不同。图表 13.5 简要列出了接下来要介绍的三类基本的债务市场以及现今在其中发行和交易的主要信贷工具。国际债务市场的三大资金来源是：国际银行贷款和银团贷款、欧洲票据市场和国际债券市场。

图表 13.5　国际债务市场和工具

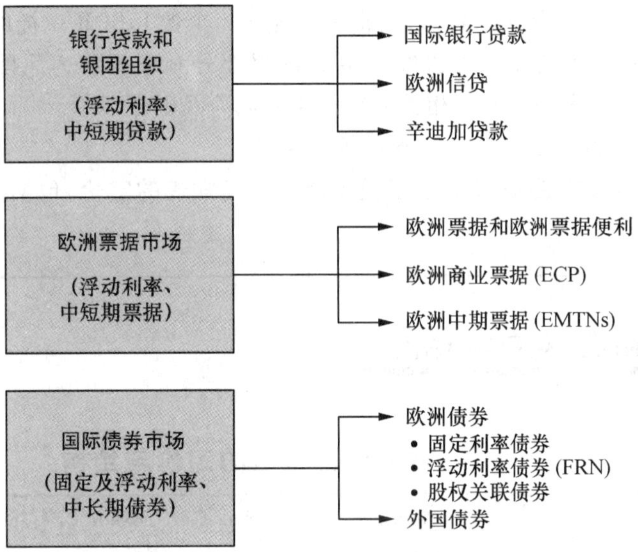

通常情况下，跨国公司需要不同期限、不同偿还结构和不同币种的债务，因此除了将其本国资本市场作为主要融资场所外，跨国公司还经常利用上述三大市场进行债务融资。接下来将介绍这些市场和工具的基本特征，并分别说明其在满足跨国公司的融资需求方面比较而言的相对优缺点。

13.4.1　银行和银团贷款

国际银行贷款(international bank loans)。国际银行贷款是欧洲货币市场上一种传统的融资方式。欧洲美元银行贷款又可被称为“欧洲美元贷款”(Eurodollar credits)或简称为“欧洲贷款”。后一种说法的范畴更为宽泛，因为它包括欧洲货币市场上的非美元贷款。吸引存贷双方进入欧洲货币市场的最主要原因是该市场极小的存贷利差。存款和贷款利率差异通常低于 1%。

欧洲贷款(Eurocredits)。欧洲贷款是指向跨国公司、主权政府、国际机构和银行发行的一种银行贷款，它是以欧洲货币为面值，并由贷款面值所属国之外的国家银行发放的。长期以来，欧洲美元贷款的基准利率与伦敦银行间借款利率(London Interbank Offered Rate，LIBOR)挂钩，后者是指伦敦银行同业市场上银行之间借贷所用的利率。欧洲美元贷款为中短期贷款，按常规会进行六个月或六个月以内的交易。大多数的欧洲美元贷款期限固定且没有提前偿付的规定。

银团贷款(syndicated credits)。银团贷款能将大额度贷款的风险在许多银行间进行分散。银团贷款之所以重要，是因为大多跨国公司所需的贷款额往往超过了单家银行的授信额度。该种贷款是由代表借款人的牵头银行来安排的。在贷款协议最终确定之前，牵头银行为该项贷款寻找一组参与银行，每个参与银行提供总贷款额的一部分。而牵头的管理银行与客户商定贷款浮动利率的基准及其浮动的空间，以及贷款期限和牵头行组织该项贷款的费用结构。银团贷款分期支付的费用由两部分组成：

1. 贷款的实际利息费用，通常表述为在一个像 LIBOR 一样的浮动利率基准上的差价基点。借款人所支付的超过 LIBOR 的那部分利率被称为**风险溢价**（risk premium），反映了与借款人还款能力相关的综合商业风险及财务风险。

2. 为未用尽的信用额度支付的承诺费。

金融实务专栏 13.2 展示了银团贷款市场常规的定价，包括了利息支出、承诺费和投资银行费用。

金融实务专栏13.2

GLOBAL FINANCE IN PRACTICE

欧洲银团贷款的定价与结构

借款者：	Irish Aerospace, GPA Airbus, GPA Fokker, GPA Jetprop, GPA Rolls
额度：	12.5 亿美元，循环贷款/担保/信用证
贷款条件：	8 年，利率为 LIBOR 加 93.75 个基点。对于 GPA Airbus 直接提取款项另加收 7/8% 的利息。
组织者：	Citicorp Investment Bank
牵头行和参与银行：	Citibank、Chase Investment Bank、Toronto-Dominion Bank、Citibank (Channel Islands) for Japanese leasing companies、Credit Suisse、Societe Generale (伦敦)、Amsterdam-Rotterdam Bank、Bank of Nova Scotia、Bank of Tokyo International、Daiwa Bank、IBJ、Irish Intercontinental。

在一项典型的此类银团贷款中，通常要缴纳占贷款本金 1.5% 的前端费用。该费用在三组参与者间分配：(1) 牵头银行（银行组织），这些银行组织贷款及其参与者；(2) 管理银行和承贷银行，该银行在银团贷款中提供帮助；(3) 参与银行，这些银行真正提供贷款。

如果 1.5% 的费用在三组参与者间平均分配，扣除这些费用后的实际贷款本金为：

$$\$1\,250\,000\,000 - \sqrt{[(0.005 + 0.005 + 0.005) \times \$1\,250\,000\,000]}$$
$$= \$1\,231\,250\,000$$

在这 8 年中在偿还本金前的贷款的佣金成本为 LIBOR +93.75 个基点;假设期初 LIBOR 为 9.00%(其中每半年按即期 LIBOR 重新调整一次 LIBOR),则前半年支付的利息为:

$$\left[\frac{0.900+0.009375}{2}\right]\times \$1\,250\,000\,000=\$62\,109\,375$$

则贷款的有效年利率为:

$$\left[\frac{\$62\,109\,375}{\$1\,231\,250\,000}\right]\times 2\times 100\%=10.09\%$$

在 LIBOR 为 9.000% 时,Irish Aerospace 所筹借的这项银团贷款的成本为 10.09%。

13.4.2 欧洲票据市场

欧洲票据市场是欧洲货币市场的中短期债务工具的统称。虽然差异化的融资工具种类繁多,但都被分配给两类机构:包销机构和非包销机构,进行销售。包销机构对多种欧洲票据进行售卖,而非包销机构则分销欧洲商业票据(ECP)和欧洲中期票据(EMTN)。

欧洲票据便利(Euronote facilities)。国际货币市场发展的一个重要里程碑是利于短期、可转让本票——欧洲票据(Euronote)的发行和销售的融资安排的出现。欧洲票据的发行机构主要可分为:循环承销便利 (RUFs)、票据发行便利(NIFs)和短期票据发行便利(SNIFs)。这些机构一般由国际投资银行和商业银行建立。欧洲票据是一种比银团贷款成本更低的短期融资方式,因为它直接向投资者公开发行;而且,它本身标准化证券的形式和承销的发行方式很容易创造一个流动性良好的二级市场。提供承销和发行服务的银行会获得数目不菲的佣金。

欧洲商业票据(Euro-commercial paper,ECP)。类似于世界上所有国内市场发行的商业票据,欧洲商业票据也是一种由公司或银行发行的短期债务工具。该票据的期限通常为 1 个月,3 个月或 6 个月,且该票据一般以折价的形式发行,但偶尔也会附有息票。尽管市场允许任意主要币种的欧洲商业票据的发行,但是超过 90% 的未到期商业票据都以美元标价。

欧洲中期票据(Euro medium-term notes,EMTN)。欧洲中期票据是世界债务市场中一种主要的新进入品种。EMTN 的出现弥补了欧洲商业票据和长期的、缺乏弹性的国际债券之间的到期期限缺口。虽然很多票据最初是包销的,但现在大多数 EMTN 不进行包销。

EMTN 市场初期的快速发展是直接跟随美国国内市场同样的基本工具而来的,此时,美国证券交易委员会(SEC)制定 415 规则(Rule #415),允许公司为其债务发行进行**储架注册**(shelf registrations)。这意味着一旦获得注册,公司就可以连续发行商业票据而无须对每次新增发行都进行注册。这使得公司能通过比普通债券更便宜、更灵活的发行工具来出售短期票据和中期票据。

EMTN的基本特征与债券类似,包括本金、期限与具有可比性的息票结构和利率。EMTN典型的期限可以在最短9个月到最长10年范围内变动。息票通常是每半年支付一次,息票率可参照类似的债券发行。EMTN还有三个独有的特征:第一,EMTN是一个允许在一段时间内连续发行的工具,与一次性售完的债券发行是不同的。第二,因为EMTN是连续发售的,为了使债务偿付(息票的赎回)便于管理,不考虑发行日期,息票按固定日期进行支付。第三,EMTN以相对低的面额发行,一般在200万美元到500万美元之间,该面额远低于国际债券市场的最小面额限制,这使得中期债务的获得更具有弹性。

13.4.3 国际债券市场

国际债券市场上,灵活的投资银行家绕开了国内资本市场的常规监督和规章控制设计出了很多创新金融工具。事实上,国际债券市场在提供资金的数量和成本方面都成了国际银行贷款市场的主要竞争对手。所有的国际债券都可归为两大类:欧洲债券和外国债券。两者的区别在于借款人是本国居民还是外国居民,以及发行债券所用货币是当地货币还是外国货币。

欧洲债券(Eurobonds)。欧洲债券指由银行和其他证券经营机构组成跨国银团进行承销,并且只在债券所使用的标价货币的发行国之外的国家发售。例如,一家美国公司在欧洲或日本发售(不向美国投资者发售)以美元为面值货币的债券即为欧洲债券。

欧洲债券主要由跨国公司、大型国内公司、主权国家政府、政府企业和国际组织发行。欧洲债券一般同时在多个国家的资本市场上发行,但不在债券标价货币的发行国的资本市场上或面向该国的居民发行。几乎所有的欧洲债券都是无记名且可赎回的,以偿债基金形式偿还。

为欧洲债券提供新发行的银团可能由多个国家的承销商组成,如欧洲的银行、美国银行的国外子公司、离岸金融中心的银行、投资银行和商业银行,以及非银行的证券经营机构。

- **固定利率债券**(straight fixed-rate issue)。直接按固定利率发行的欧洲债券的结构与大多数国内债券类似,即息票固定、期末一次性偿还本金。这种欧洲债券一般一年而不是半年付息一次,这是因为债券是无记名的,按年支付对持有者来说更方便。
- **浮动利率债券**(floating-rate note,FRN)。FRN是20世纪80年代初期红极一时的新融资工具。FRN通常按浮动利率计息,半年付息一次。其利率通常是LIBOR加上固定基点。类似于其他的浮动利率计息工具,这种利率结构可使投资者将金融投资的利率风险更多地转移给债务人。这种债务工具在20世纪80年代初期以利率高且波动剧烈的特征在全球市场被普遍使用。很多FRN的期限固定,但1985年之后发行的一些FRN则为永久性的。这种无限期债券无须偿还本金,因而提供了类似于权益融资的作用。
- **股权关联债券**(equity-related issue)。国际债券市场重要的新增工具是股权关联债券。这种债券在价格和支付特征上类似于直接固定利率债券,但可在其到期之前按某一特定股票价格(或以每一份债券转换成多少股票)将其转换成股票。由于这种债券附带了未来可转换股票的权利,它的息票也相应地低于其他债券。

外国债券(foreign bonds)。外国债券由成员来自于单一国家的银团承销,使用该国货币标价并主要在该国境内发售,但其发行人来自于其他国家。例如,一家瑞典公司发行美元债券,如果由美国的投资银行在美国发售,则该债券为外国债券。很多外国债券都被冠以绰号:在美国发行的外国债券被称为“扬基债券”(Yankee bonds),在日本发行的外国债券被称为“武士债券”(Samurai bonds),在英国发行的外国债券被称为“猛犬债券”(Bulldogs)。

13.4.4 欧洲债券市场的特性

虽然欧洲债券市场和欧洲美元市场几乎是在同时发展起来的,但它们因不同的原因而存在,而且两者均可独立于对方而存在。欧洲债券市场的存在可归因于几个特有的因素,其中有些因素最近发生了改变;目前仍然重要的三个因素是零管制干涉、较宽松的信息披露习惯和优惠的税收待遇。

零管制干涉。一国政府会对以该国货币标价且在该国境内发行的债券实施严格的监管。相对而言,政府一般对其境内以外币标价且发售给外币持有者的债券的监管却没有如此严格。实际上,欧洲债券的发售已经超出了任何单一国家的监管范围。

较宽松的信息披露习惯。相对于美国市场上 SEC 对相关公司的要求而言,欧洲债券市场上的信息披露要求则要宽松得多。美国公司发现发行欧洲债券的注册成本要低于在国内发行债券,且发售过程耗时更短。美国之外的公司更愿意发行以美元标价的欧洲债券,因为它们不愿意忍受在 SEC 的登记所需的高成本和严格的信息披露要求。SEC 已放松了对某些私募发行的信息披露限制(如 144A 规则),从而增加了美国国内债券和股市对筹资者的吸引力。

优惠的税收待遇。欧洲债券的持有人可享受匿名的和更具弹性的税收。欧洲债券的利息收入通常不属于应税收入。正如人们所推测的那样,此种收入一般不报向税务机关。欧洲债券通常以无记名的方式发行,这意味着持有人的国籍和姓名都不会在债券存根簿上显示。在获取利息时,债券持有人从债券上剪下息票,并将其交至某个以支付代理人身份列入发行债券列表中的金融机构,获得利息支付。欧洲投资者习惯了无记名债券提供的隐私保护,因而不愿意购买在获息时需提供姓名的记名债券。当然,无记名债券也经常用来避税。

13.4.5 欧洲债券评级和其他国际债券

欧洲债券的投资者不单纯依赖于债权评级或详细的金融分析报告来进行投资。债券发行者良好的信誉和承销者较强的承销能力作为影响决策的主要因素,能给债券发售带来理想的效果。因此,由规模大且信誉卓著的跨国公司、国有企业和主权国家政府所发行的债券的利率更低。相对于那些处于同一档次但产品受众不广的公司,因为生产诸如生活消费品等类型的产品而为大众所熟知的公司在发行欧洲债券方面更具优势。

评级机构如穆迪(Moody's)和标准普尔(Standard&Poor's,S&P)有选择地对一些国际债券进行评级并收取一定的费用。穆迪对国际债券的评级与对美国国内债券发行者评级时使用的信誉级别类似。穆迪评级的标准是发行者按照债券的原始条款筹集必要的货币来偿还债券的能力。该评级排除了对汇率风险的评估。图表 13.6 列出了穆迪在 1999 年 8 月公布的对特定国家的主权评级背景下的外国货币评级。

穆迪应发行者的要求对其进行评级。基于最基本的财务报表和从发行者手中得到的其他材料,穆迪先作一个初步的评级并通知债券发行者,后者可以对其提出异议。穆迪确定最终评级结果时,债券发行者可以要求其不公布该评级结果。因此,由于评级可能较低的发行者一般不愿意将评级结果公布,绝大多数公布了的结果都处于最高信用级别。

图表 13.6　　穆迪公司对特定国家或地区的主权外币债务的评级上限(1999 年 8 月)

国家和地区	债券和票据		银行存款		国家和地区	债券和票据		银行存款	
	长期	短期	长期	短期		长期	短期	长期	短期
阿根廷	Ba3	P-1	Aaa	P-1	立陶宛	Ba1	NP	Ba2	NP
澳大利亚	Aa2	P-1	Aa2	P-1	卢森堡	WR	WR	WR	WR
巴西	B2	NP	Caa1	NP	马来西亚	Baa3	NP	Baa1	NP
保加利亚	B2	NP	B3	NP	墨西哥	Ba2 *	NP	B1 *	NP
加拿大	Aa2	P-1	Aa2	P-1	新西兰	Aa2	P-1	Aa2	p-1
开曼群岛	Aa3	P-1	Aa3	P-1	挪威	Aaa	P-1	Aaa	P-1
智利	Baa1	P-2	Baa1	P-2	阿曼	Baa2	P-2	Baa2	P-2
中国内地	A3	P-2	Baa2	P-3	巴基斯坦	Caa1	NP	Ca	NP
哥伦比亚	Baa3	—	Ba1	NP	秘鲁	Ba3	NP	B1	NP
克罗埃西亚	Baa3	P-3	Ba1	NP	菲律宾	Ba1	NP	Ba2	NP
捷克	Baa1	P-2	Baa1	P-2	波兰	Baa3	—	Ba1	NP
丹麦	Aa1	P-1	Aa1	P-1	罗马尼亚	B3	NP	Caa1	NP
欧元区	Aaa	P-1	Aaa	P-1	俄罗斯	B3	NP	Ca	NP
希腊	A2	P-2	A2	P-2	新加坡	Aa1	P-1	Aa1	P-1
中国香港地区	A3	P-1	A3	P-1	斯洛伐克	Ba1	NP	Ba2	NP
匈牙利	Baa1	P-2	Baa1	P-2	斯洛文尼亚	A3	P-2	A3	P-2
冰岛	Aa3	P-1	Aa3	P-1	南非	Baa3	—	Ba1	NP
印度	Ba2	NP	Ba3	NP	瑞典	Aa2	P-1	Aa2	P-1
印度尼西亚	B3	NP	Ca	NP	瑞士	Aaa	P-1	Aaa	P-1
以色列	A3	P-2	A3	P-2	中国台湾地区	Aa3	P-1	Aa3	P-1
日本	Aa1	P-1	Aa1	P-1	泰国	Ba1	NP	B1	NP
哈萨克斯坦	B1	NP	B2	NP	美国	Aaa	P-1	Aaa	P-1
韩国	Baa3	NP	Baa2	NP	乌拉圭	Baa3	P-3	Baa3	P-3
科威特	Baa3	P-2	Baa1	P-2	英国	Aaa	P-1	Aaa	P-1
					委内瑞拉	B2	NP	Caa1	NP

资料来源:穆迪公司 http://www.moodys.com/repldata/ratings/ratsov.htm.

* 级别有提升的可能。* * 级别有降低的可能性。

对 12 个欧盟成员国采用统一评级。长期债券的级别由高至低分为三级:Aaa、Aa 和 A 为最高级别(投资级);Baa、Ba 和 B 为中等级别(投机级);Caa、Ca 和 C 为最低级别。在每个具体的级别中还用到数字来对级别内作更细致的区别,按级别由高到低排列为:1、2 和 3。短期评级的级别由高到低分别为:P-1、P-2、P-3 和 NP(not prime,即不在 prime 级别之列)。

穆迪通过对政府体系、社会环境和一国国际关系这三方面的分析来评估政治风险；通过债务负担、国际流动性、国际收支弹性、经济结构、增长表现、经济管理和经济前景来评估经济风险。穆迪还对政府支持的单位所发行的债券进行评级，评级过程分为两步：首先单独对其自身信用情况作出评估，然后再加入政府的因素即看政府的支持是否增强或削弱了借款人的财务实力。信用评级对投资者和借款者都很重要。一家跨国公司的信用等级决定了其资本成本的高低。

图表 13.7 总结了 2001 年底全球债券市场的结构和规模。这些数据提供了各种债券工具在全球具体由谁使用的情况。有趣的是，综合政府与公司的融资规模，美国在全球债券市场中所占的比例达到了一半——精确地说，是 51.8%。美国在外国债券市场和欧洲债券市场上也占绝对比重，分别为 59.5% 和 61.7%。虽然英国所占的比重相对美国较小，但它仍在国外债券市场（占 17.7%）和欧洲债券市场（占 10.6%）中占有重要地位，这得益于它是许多全球组织的总部所在地以及它拥有的全球金融中心——伦敦。

图表 13.7　**2001 年全球债券市场的规模和结构（以名义价值计算）**　（单位：百万美元）

国家	未到期债券总市值	占全球总市值比重	政府*		公司		外国债券		欧洲债券	
			总值	比重	总值	比重	总值	比重	总值	比重
美国	17 090.9	51.8%	8 588.8	48.2%	5 174.9	53.2%	486.8	59.5%	2 840.4	61.7%
欧元区	6 466.9	19.6%	3 127.1	17.6%	2 690.0	27.6%	—	0.0%	649.8	14.1%
日本	5 305.2	16.1%	3 938.7	22.1%	854.6	8.8%	61.0	7.5%	450.9	9.8%
英国	1 081.6	3.3%	390.9	2.2%	55.6	0.6%	145.1	17.7%	490.0	10.6%
加拿大	514.4	1.6%	356.0	2.0%	111.0	1.1%	0.4	0.0%	47.1	1.0%
瑞士	261.6	0.8%	49.6	0.3%	82.1	0.8%	110.4	13.5%	19.5	0.4%
丹麦	252.3	0.8%	67.9	0.4%	175.5	1.8%	—	0.0%	8.9	0.2%
澳大利亚	182.7	0.6%	57.2	0.3%	86.2	0.9%	9.9	1.2%	29.4	0.6%
瑞士	128.6	0.4%	60.2	0.3%	60.7	0.6%	3.9	0.5%	3.8	0.1%
挪威	47.7	0.1%	20.5	0.1%	22.2	0.2%	0.5	0.1%	4.6	0.1%
新西兰	16.6	0.1%	10.7	0.1%	—	0.0%	—	0.0%	5.9	0.1%
小计	$31 348.5	95.1%	$16 667.6	93.6%	$9 312,8	95.7%	$818.0	100.0%	$4 550.3	98.8%
新兴市场										
亚洲	1 000.7	3.0%	538.8	3.0%	419.0	4.3%	na		42.9	0.2%
拉丁美洲	391.6	1.2%	389.1	2.2%	na		na		2.5	0.0%
东欧，中东和非洲	231.3	0.7%	220.1	1.2%	na		na		11.2	0.1%
总计	$32 972.1	100.0%	$17 815.6	100.0%	$9 731.8	100.0%	$818.0	100.0%	$4 606.9	100.0%
总量百分比		100.0%		54.0%		29.5%		2.5%		14.0%

资料来源："Size and Structure of the World Bond Market, 2002," Merrill Lynch, Global Fixed Income Research Team, April 2002, p.4. 图中所有的数据的时间维度均为日历年度，一切数据均由政府机构提供。欧洲债券的数据来源于国际清算银行，欧盟的数据来源于欧洲中央银行。政府部分包括中央政府、准政府和代理机构。

13.5 项目融资

当今国际融资的最热门的主题之一是**项目融资**(project finance)。**项目融资**是对规模大、周期长和风险较高的长期资本项目所作的融资安排。这只是一个总体的定义,因为该定义下的项目融资又可分为多种不同的形式和结构。

项目融资并不是新事物,其案例可以追溯到几个世纪以前,包括许多著名的早期国际商业,如荷兰东印度公司(Dutch East India Co.)和英国东印度公司(British East India Company)。这些企业进口商以一次次的航海贸易活动作为融资标的,每次航海活动的融资类似于风险资本。当货主返回并在港区将来自亚洲市场的货物出售给地中海沿岸和欧洲的商人之后,投资者将获得偿付。如果整个贸易过程顺利,则这次航行的个人投资者将得到全额支付。

现在,项目融资被跨国公司大量运用于中国、印度以及其他新兴市场国家的大型基础设施项目的发展上。虽然每个单一项目有其独具的特征,但大多数的项目都是高度杠杆交易,债务占到总融资额的60%以上。项目融资中股权融资比例较小的原因有两个:其一,投资项目的简单规模排除了单个投资者或一个私人投资者的集合对其进行融资的可能性;其二,很多项目中包含了传统上应由政府进行融资的内容,如发电厂、修筑大坝、建设公路,以及能源的勘探、加工和销售等。

虽然这样,但债务水平给现金流带来了债务偿还的巨大负担,因此项目融资通常需要额外有几种降低风险水平的手段。参与这些投资的贷款人必须确信他们能得到偿付,银行家本质上并不是企业家,他们并不享有项目融资的企业家收益。

项目融资的成功不可或缺的四个基本性质是:

1. **项目与投资者分离**。项目是按一个单一法律实体创建的,与其个人投资者的法律和财务责任分离。这不仅保护了股权投资者的资产,而且为授信者评估单一项目的相关风险提供了一个控制平台。项目现金流具有满足所有债务偿还的能力,这本身就可保证债务偿还将由项目本身自动地从本项目中进行分配(而不是由跨国公司的管理层决定)。

2. **长期、资本密集的单一项目**。单个项目不仅必须与其所有者的财务资源相分离,并让所有者占有较大比例,而且其业务范围也必须在建设、运作和规模(产能)上也必须是出众的。项目的规模应该在初期确定,在项目的生命周期内也很少会更改(如果有的话)。

3. **来自第三方的可预期现金流**。一个油田或一家发电厂生产的是同质的商业产品,只要第三方作出付款提货的承诺,那么它们就能得到可预期的现金流。通过制定有基于通货膨胀调整价格的条款的长期供应合同,生产中的非财务成本可以得到控制。长期合同中现金流的可预期性在很大程度上消除了项目的大部分商业风险,使得财务结构既能进行高比率债务融资又能在财务困难时确保安全。

项目收益流的可预期性是获得项目融资的必要条件。为了确保项目能产生足够的现金流,典型合约包括以下一些条款:项目产出的数量和质量;一个定价公式,以增强弥补运营成本和债务偿还支出的足够利润的可预期性;对允许合约有较大变动的情形作出清晰阐述,如不可抗力或不利的商业情况。

4. **有限生命的有限项目**。即使是长期投资,对项目来说,有一个所有债务和股权都能得到偿付的确定终点是十分重要的。因为项目是一项现金流直接用于资本结构偿付的独立投资,并不再为增长或其他可选投资进行再投资。所有的投资者需要确保能在一个有限的时间内获得项目的收益。这里没有任何资本增值,而只有现金流。

项目融资的例子包括过去三十年里进行的最大单一投资,如英国石油公司对其在北海和跨阿拉斯的输油管道项目的利息进行融资。跨阿拉斯加输油管道是 Standard Oil of Ohio、Atlantic Richfield、Exxon、British Petroleum、Mobil Oil、Philips Petroleum、Union Oil 和 Amerada Hess 间的一项合资。这些项目的成本都在 10 亿美元以上,没有任何一家公司愿意或能够单独为其资本支出融资。然而通过合资安排,可以对资本所承担的过高风险进行管理。

小案例

Tirstrup BioMechanics(丹麦):筹借美元债务

一个金融家的目标是为足量的收入提供保障;用判断和平等的理念去实施它,经济地使用它;当他有义务和必要去使用信贷时,永远能通过清晰正直地对待他的收入、精确的计算和可靠的资金来源来夯实信贷基础。

Edmnd Burke(1729—1797)

虽然还是八月,Julie Harbjerg 已顶着秋季的第一丝寒意疾走在 Copenhagen 市的 Stroget 街上。Stroget 是一条古老的人行道,从城市礼堂一直延伸到这座老城的中心。Julie 极力保持头脑清醒,以使自己对上周与各银行家讨论的各种融资计划作出客观的评价。Julie 是丹麦 Tirstrup BioMechanics 公司的(国际)助理财务员,她要对公司国际投资的融资计划进行初步评估。

2003 年,Tirstrup 公司的产品涵盖了所有种类的电子医疗器械,生产线产品包括了心脏节律器、起搏系统和植入式去纤颤器。公司的一个主要目标是降低对心脏系列产品的依赖程度。2003 年,虽然公司 24 亿美元的总资产有 85% 在国内,但公司估测的 21 亿美元(Kr 6.6044/ $)的销售收入中有 60% 来源于国外。

Tirstrup 公司正考虑在美国进行一次 4.1 亿美元的收购,而 Julie 的任务是设计一个合理的财务计划。Tirstrup 公司现有大约 0.3 亿美元的现金,而且被收购方同意接受 0.75 亿美元的支票,但须以 7.5% 的年利率在 5 年内偿还。Julie 的上司 Kunt Wicksell 是 Tirstrup 公司的财务总监,他认为此次收购融资的偿还期限至少延迟为七年。上次短期利率的上调使得 Tirstrup 公司焦头烂额,所以财务总监以增加固定利率债务的比率为目标是可理解的。Julie 被告知,此次计划不考虑股权融资。

回到办公室,Julie 琢磨着曾考虑过的三种美元融资方式,并复核了她对公司总成本(all-in-cost,AIC)的计算(见图表 A)。

图表 A　各种可供选择的债务融资方式的总成本

	私募发行	美元欧洲债券	扬基债券	欧元欧洲债券	丹麦克朗
本金(百万美元)	$200.00	$100.000	$100.000	€ 100.000	Kr 650.000
期限(年)	10	12	7	7	7
年固定利率	6.500%	5.600%	5.750%	4.800%	4.650%
手续费(占本金的比率)	0.875%	2.000%	1.500%	2.000%	1.500%
年	**现金流**	**现金流**	**现金流**	**现金流**	**现金流**
0	$198.250	$98.000	$98.500	98.000	Kr 640.250
1	($11.000)	($5.600)	($5.7500)	-4.800	(Kr 30.225)
2	($11.000)	($5.600)	($5.7500)	-4.800	(Kr 30.225)
3	($11.000)	($5.600)	($5.7500)	-4.800	(Kr 30.225)
4	($11.000)	($5.600)	($5.7500)	-4.800	(Kr 30.225)
5	($11.000)	($5.600)	($5.7500)	-4.800	(Kr 30.225)
6	($11.000)	($5.600)	($5.7500)	-4.800	(Kr 30.225)
7	($11.000)	($5.60)	($105.7500)	-104.800	(Kr 680.225)
8	($11.000)	($5.600)			
9	($11.000)	($5.600)			
10	($11.000)	($5.600)			
11	($211.000)	($5.600)			
12		($105.600)			
总成本(AIC)	5.617%	5.836%	6.019%	5.147%	4.908%

注:总成本用与这次发行相关的整个现金流的内部收益率(IRR)度量,现金流包括扣除费用后的收益和对本利的总偿付。

- **欧洲美元债券**。为在美国进行的收购而融资,最显而易见的方式是发行以美元为标价货币的欧洲债券。投资银行认为 Tirstrup 公司在欧洲的知名度较高,可以以年固定利率 5.6% 的成本发行 1 亿美元的欧洲债券(期限为 12 年)。费率为本金的 2%。
- **在美国进行私募融资**。个别银行建议 Tirstrup 公司通过美国的某家投资机构在美国进行私募融资。斯堪的纳维亚的 Nordea 银行认为它在纽约的做市商能以此种方式发行多达 2 亿美元的 Tirstrup 公司票据。该项融资的直接成本为 5.3% 的年利率,略高于在美国进行公开发行的成本(即发行扬基债券)。但手续费却明显低于后者,仅为本金的 7/8%。
- **扬基债券**。显然,Tirstrup 公司也可在美国发行债券。但问题在于它在美国经营业务,因而知名度也较低。投资银行估计其在美国发行七年期债券的成本为 5.75%,另加 1.5% 的前端费用。

除了发行美元标价的债券,Tirstrup 公司还考虑了发行非美元标价的债券:以欧元为标价货币和以丹麦克朗为标价货币的债券。

- **以欧元标价的欧洲债券**。德国的 Dresdner 银行建议发行总额为 1 亿欧元的欧元标价的欧洲债券,按当日汇率($1.1160/)换算成美元为 112 美元。若如经济学家所预测的,欧元随后升值了,则换算成美元的数额会更多。欧洲债券的年利率为 4.80%,

加上 2% 的手续费后，Tirstrup 公司七年期欧洲债券的融资总成本约为 5.0%。

- **丹麦克朗债券**。Tirstrup 公司的基本账户银行——Copenhagen 银行确保可为其筹集 6.5 亿丹麦克朗的资金（以当日即期汇率 Kr 6.6044/$计算，折合约 0.984 亿美元）。债券期限估计为 7 年，银行确告手续费"可低至 1.5%"。

Julie 开始整理思维，并且编制了一张电子数据表。她希望设计一个既能满足公司需求又能降低风险及成本的融资计划。她制作了一个融资矩阵，这种形式能在考虑了费用和差价后把所有因素集中到融资总成本（AIC）中，从而可以更清楚地考虑融资的总成本。图表 A 总结了 Julie 的计算。

案例思考题

1. 债务融资包含许多要素，如币种、期限，利率（固定或浮动）等。你认为哪种要素应该是 Tirstrup 公司在此次融资中所应考虑的首要因素？

2. 债务面值货币是取决于母国货币还是负责偿还债务本息的经营单位的货币？

3. 图表 A 是 Julie 对她所考虑的几种选择所作的分析。如果你是 Julie，请根据图表 A 作出你的融资计划。

小案例

Tenaga Nasional Berhad（TNB）的外币债务

> 我们要使债务组合现金流更流畅。现在，债务由五种货币组成；我们可能需要将其降为两到三种。币种的选择是显而易见的，但我们不得不优先研究它。
>
> ——Tenaga 公司的总裁兼 CEO，Datuk Che Khalib Mohanad Noh

Tenaga Nasional Berhad（TNB）公司是马来西亚最大的公用事业公司。截至 2004 年，TNB 公司的总资产超过 160 亿美元，并服务于约 600 万客户。TNB 公司的主要业务是电力的生产、运输和销售。从 20 世纪 90 年代中期开始，随着马来西亚的经济增长，TNB 也兴建了一些大型的项目来快速扩张其生产和服务。这些项目的运营期限为 20—30 年，但国内资金的使用期限一般仅有 4—5 年。因此，类似于大多数其他新兴市场中的同类公司，TNB 公司进入国际资本市场来寻求其所需的资金。

TNB 公司筹借外币债务的经历和其他很多亚洲国家公司的经历相似。在 1997 年的亚洲金融危机之前，TNB 公司在筹借外币债务如美元债务时，几乎不考虑货币风险，因为马来西亚林吉特（ringgit）兑美元长期以来都是固定汇率的（林吉特以 RM 2.50/$钉住美元）。当危机来袭时，公司为偿付外币债务承受了几乎灾难性的汇兑损失。危机之后的一年，市场恢复平静，由总理马哈蒂尔·穆罕默德领导的马来西亚政府决定重新使用固定汇率（这次的汇率为 RM 3.80/$），并且实行严格的货币管制以维持马来西亚林吉特的价值。于是在这样的情况下，TNB 公司又开始在国际市场上筹资了。

TNB 公司的债务筹资策略

TNB 公司支出庞大的增长计划使其不得不通过债务来为其大部分的扩张计划融资。公司的管理层设计了一个特征如下的组合债务策略:

- 50% 的本币债务(马来西亚林吉特,RM),50% 的外币债务。
- 75% 的固定利率债务和 25% 的浮动利率。
- 积极运用货币互换和利率互换。
- 结合以上条件追求公司总债务需求的加权资本成本最小化的目标。

2004 年底,TNB 公司的总债为 325 亿林吉特,其中接近一半为外币债务。TNB 长久以来为降低债务成本所作出的努力颇有成效。平均债务成本已经从 1997 年的 7% 降到了 2003 年的 4.92%。但 2004 年的情况看来却有些复杂(见图表 A),几个主要货币市场利率的上升导致公司债务的平均成本上升至 5.31%。

图表 A **TNB 的加权债务成本**

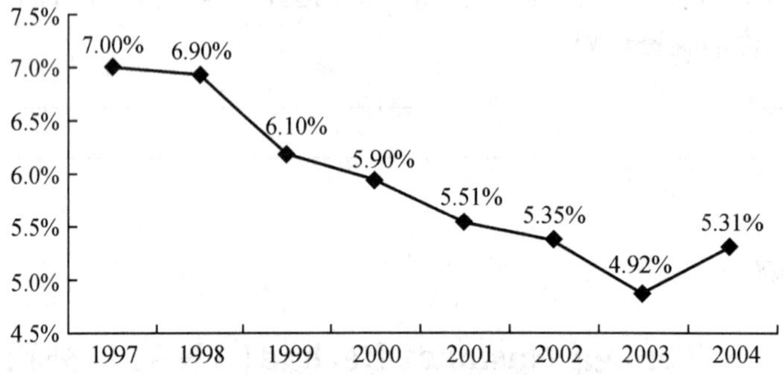

资料来源:Tenaga Nasional Berhad, Analysts Reports, 2003—2004.

TNB 公司组合债务策略的关键是选择利率较低的货币借款。在保持本币债务与外币债务 50/50 的理想比例的前提下,公司要尽全力降低借款利率。如图表 B 所示,TNB 公司的策略为大举借入美元(最近几年美元利率为 6%)和日元(对公司贷款的利率为 2%),因为这两种货币在 2000—2003 年间处在历史上较低利率水平的时期。

图表 B **TNB 公司债务的货币结构**

债务:百万	2001	2002	2003	2004
马来西亚林吉特	12 036	12 310	14 506	16 620
美元	2 600	2 532	2 770	2 429
日元(单位:10 亿)	111	105	120	211
英镑	200	230	228	211
债务:百分比				
马来西亚林吉特	46.0%	48.0%	49.4%	51.2%
美元	25.0%	24.0%	34.0%	28.4%
日元(单位:10 亿)	23.0%	21.0%	10.3%	14.1%
英镑	4.0%	5.0%	4.4%	4.4%
欧元	2.0%	2.0%	1.9%	1.9%
总债务	100%	100%	100%	100%

资料来源:Tenaga Nasional Berhad.

汇兑损失

多年来,TNB 公司内部对多币种债务策略给公司带来的副作用:货币引发的收入波动存在异议。由汇率变化导致的交易风险和与长期债务相关的折算风险导致了 TNB 公司收入的大幅波动。

图表 C 是 TNB 公司的合并损益表。币种的转换和交易损益带来的影响是显著的。2002 到 2003 年间,汇兑收益基本对冲掉了交易损失。2004 年的情况却在恶化,公司的交易损失和汇兑损失都达到 2 亿林吉特。虽然马来西亚采用的是钉住美元的汇率,但是美元相对英镑和日元的剧烈波动仍给公司带来了损失。2004 年的情况是公司董事会不得不重新考虑公司的融资策略。超过 5 亿林吉特的损失的扣除,使得公司的净赢利从 7.8% 的销售净利润下降到 4.6%。

图表 C **TNB 公司 2002—2004 年的合并损益** (单位:百万林吉特)

	2002	销售比率	2003	销售比率	2004	销售比率
收入	15 375.1	100%	16 547.8	100%	17 712.1	100%
营业费用	(13 108.7)	-85.3%	(13 794.2)	-83.8%	(14 723.0)	-83.1%
其他营业收入	271.0	1.8%	269.7	1.6%	336.5	1.9%
营业利润	2 537.4	16.5%	2 933.3	17.8%	3 325.6	18.8%
外汇						
汇兑损益	39.8	0.3%	12.0	0.1%	(209.9)	-1.2%
汇兑损益	(95.4)	-0.6%	(28.6)	-0.2%	(361.9)	-2.0%
关联公司收益分成	142.9	0.9%	31.8	0.2%	79.8	0.5%
调整融资成本前的利润	2 624.7	17.1%	2 948.5	17.9%	2 833.6	16.0%
融资成本	(1 127.2)	-7.3%	(1 300.0)	-7.9%	(1 350.5)	-7.6%
税前利润	1 497.5	9.7%	1 648.5	10.0%	1 483.1	8.4%
税额	(90.9)	-0.6%	(586.6)	-3.6%	(699.0)	-3.8%
净利润	1 406.6	9.1%	1 061.9	6.5%	814.1	4.6%

资料来源:Tenaga Nasional Berhad,未审计的季度结果,2002—2004。营业费用中包含了折旧费用。外币债务的汇兑损益在“外汇”栏目下,实际利率成本包含在“融资成本”栏目里。

重新考虑 TNB 公司的债务筹资策略

2005 年 1 月,TNB 公司换了新的管理层,且新任管理层将公司债务融资策略问题作为首要事件之一提上了议事日程。目前的目标包括削减债务中日元债务和英镑债务,代之以美元债务或马来西亚林吉特债务,后两者的利率较高。虽然比起几年前,林吉特的市场已经具有更大的流动性且有了更长的融资期限,但相对于美元和日元市场它仍显得狭小和薄弱。

一个简单的解决方法就是通过融资或利率互换(支付一个固定利率,收取一个浮动利率)来消除所有的浮动利率债务。最后,随着 2004 年末 2005 年初美元对欧元和日元的汇率到达一个新的低点,林吉特汇率很可能会重新定价。新的管理层对国际货币市场的波动及其可能给公司带来的影响表现出了极大的关注和担忧。

案例思考题

1. 在 TNB 公司的总债务中，暴露于汇率风险下的比例有多大？

2. 你认为下列两个目标中哪个优先级更高？（1）TNB 公司债务组合的总加权成本；（2）与外币债务相关的汇率风险的降低。

3. 马来西亚林吉特的价值调整在短期内和长期内分别会对 TNB 公司债务组合造成什么影响？

4. 你认为 TNB 公司应该采取什么措施？

小结

◎ 国内公司的最优财务结构理论中的四个变量必须进行修正才能适用于跨国公司。这些变量按出现次序依次是：（1）资本可得性；（2）现金流分散程度；（3）外汇风险；（4）国际证券投资者的预期。

◎ 在一个相当大的资本预算范围内，跨国公司的边际资本成本可保持不变。而大多数小型的国内公司则做不到，因为它们不能从国际资本市场筹集资金。

◎ 类似于证券投资者通过国际化分散其持有的证券来降低其收益波动的方法，跨国公司也可通过国际化分散其现金流来实现现金流波动性的降低。

◎ 当公司筹集以外币计价的债务时，其有效成本等于以本币还本付息时的税后债务成本，包含以外币还本付息的名义成本与汇兑损益。

◎ 不考虑其他因素，如果一家公司想在全球市场上筹集资本，它必须采用接近于英美标准的全球标准。60%的负债比率是可以接受的，但任何高于60%的负债比率都很难得到国际证券投资者的认可。

◎ 在决定国外子公司的财务结构时，可在最小化全球资本成本和财务结构本土化这两个目标间进行折中。根据财务理论，跨国公司和国内公司都应在既定的商业风险和资本预算的水平下争取最小化其加权资本成本。

◎ 国外子公司的负债比率并不是最重要的，因为子公司的债权人会将母公司总的合并现金流视为还款来源。一般情况下，母公司会为子公司的债务提供担保。

◎ 国际债务市场为借款人提供各种不同期限、不同偿还结构和不同计价货币的债务。国际债务市场和其中的各种债务工具在资金来源、定价结构、到期时间及与其他金融工具的联系或附属关系都有所不同。

◎ 国际债务市场的三大资金来源是:国际银行贷款和银团贷款、欧洲票据市场和国际债券市场。

◎ 欧洲债券市场发展的最初并且现在仍极为重要的三个原因是:零管制干涉、较宽松的信息披露惯例和优惠的税收待遇。

◎ 项目融资被大量运用到新兴市场国家的大型基础设施项目的发展上。虽然每一个项目的特征不尽相同,但大多数的项目都采用高度融资模式,其中债务融资占到总融资额的 60% 以上。项目融资中股权融资比例较小的原因有两个:一是投资项目的规模排除了单个投资者或一个私人投资者的集合对其进行融资的可能性;二是很多项目中包含了传统上应由政府进行融资的主题,如发电厂、修筑大坝、建设公路,以及能源的勘探、加工和销售等。

思考题

1. **目的**。请简述寻找最优财务结构的目的是什么。
2. **变化的债务比例**。随着一家公司的债务比例从零上升到很大的数值(如 60%),其债务成本、股权成本和总加权资本成本会有何变化?
3. **资本可得性**。资本可得性如何影响跨国公司的最优资本结构理论?
4. **分散化的现金流**。如果一家跨国公司可分别从几个国家以多种货币获得现金流入以分散化其现金流入,你认为这会增加还是降低公司的加权资本成本?
5. **借款的事后成本**。如图表 13.2 所示,Deutsche 银行债务的最初年名义利率是 9.59%,但在 10 年之后,实际的成本却只有 7.24%。相反,泰国所借债务的名义成本是 8.70%,但最终的实际成本却达到 11.87%。是什么造成了该例中这种两个国家的实际债务成本朝相反的方向变化?如想在实际情况中获利(如 Deutsche 银行)而非遭受损失(如泰国),公司的管理层需要采取什么措施?
6. **本地准则**。跨国公司的国外子公司应该遵循东道国的资本结构还是遵循母国的资本结构?请对此问题展开讨论。
7. **阿根廷**。2002 年 1 月,阿根廷政府放弃了钉住美元的货币体系,并且将比索贬值,汇率由 1.4000/ $ 调至 1.0000/ $。这项举措造成了阿根廷国内大量负有美元债务的企业破产。假设一家美国或欧洲公司在阿根廷设有子公司,且母公司没有对子公司的债务承担正式的担保责任。如果阿根廷在 2002 年 1 月之前的四到五年间的政治和经济管理状况导致这些子公司有破产危机,财务状况良好的母公司应该采取救助措施吗?
8. **内部融资**。对于一个国外子公司来说,内部融资和外部融资有何不同?请分别列出三种可供国外子公司使用的内部融资和外部融资的方式。
9. **欧洲美元**。下列货币中哪些是欧洲美元,哪些不是?(你可能要回到第 2 章复习相关的内容)。
   a. 一家德国公司在伦敦巴克莱银行的美元存款。
   b. Chase 曼哈顿银行驻伦敦办事处持有的属于一家德国公司的美元存款。
   c. 位于东京的 Sumitomo 银行持有的属于德国公司的美元存款。
   d. 位于纽约的花旗银行持有的属于德国

公司的美元存款。

e. Deutsche 银行纽约分行持有的属于德国公司的美元存款。

f. 位于新加坡的海外银行公司持有的美国居民的美元存款。

g. Deutsche 银行纽约分行持有的属于美国居民的美元存款。

h. 位于巴黎的 Paribas 银行持有的欧元存款。

i. 位于纽约的花旗银行持有的欧元存款。

j. 位于巴黎的 Paribas 银行持有的澳元存款。

10. **欧洲美元存款。**美元一般应存放在一家位于美国境内的银行，但为何所有人（不管是个人还是公司）都更愿意将其美元存放在位于美国境外的银行？

11. **请定义下列术语。**

a. LIBOR

b. 欧洲 LIBOR（Euro-LIBOR）

c. 欧洲贷款（Eurocredits）

d. 银团银行贷款（Syndicated bank credits）

12. **国际债务工具。**银行贷款一直是政府和公司筹集短期贷款的常用方法。相对于银行贷款，下列融资方式的优势是什么？

a. 银团贷款

b. 欧洲票据

c. 欧洲商业票据

d. 欧洲中期票据

e. 国际债券

13. **欧洲债券与国际债券。**欧洲债券和国际债券有何不同？两种国际债券存在的原因是什么？

14. **分离。**在项目融资中，为什么要保证项目是一个独立的法律实体，并且要与项目的股权所有者相分离？

15. **单一项目。**在项目融资中，何谓“长期的、资本密集的单一项目”？

16. **可预测性。**未来现金流的可预测性对吸引贷款方参与项目融资至关重要。财务杠杆是怎样增加高杠杆项目的风险的？项目的投资方如何降低未来现金流的波动性？

17. **无限生命周期。**为什么具有无限生命周期和庞大增长性的项目不能吸引寻求项目投资的贷款人，而具备这些特征的公司却对投资者有很强的吸引力？

18. **现值最大化。**项目融资中的股权投资者要寻求投资现值最大化吗？如果不是，他们会以其他方式获得补偿吗？

练习题

1. **Winslow Manufacturing 公司。**Winslow Manufacturing 公司是一家美国的跨国公司，其合并报表中的资本财务结构如下：

利率为 6.00%、期限为 25 年的以美元标价的债券	\$10 000 000
利率为 4.00%、期限为 5 年的以美元标价的欧洲票据	\$4 000 000
利率为 5.00%、期限为 5 年的以欧元标价的债券	€ 6 000 000
利率为 2.00%、期限为 20 年的以日元标价的债券	¥750 000 000
普通股	\$35 000 000
留存收益	\$15 000 000

Winslow 的财务人员估计公司的权益成本为 20%。现在的汇率如下：

欧元	\$1.24/€
英镑	\$1.86/€
日元	¥109/\$

在税收抵扣后的全球所得税率为 30%。请计算 Winslow 公司的加权平均资本成

本，并指出你在计算时暗含的假设。

2. **Pacific Group 公司(美国)**。总部位于堪萨斯州休斯敦的私人股权公司 Pacific Group 借入了一笔 3 000 000 英镑的一年期借款，利率为 9%。在这一年中，英镑从 \$1.86/€贬值到 \$1.75/€。请计算这项债务以美元标价时的实际成本。

3. **Hartford Associates 公司(美国)**。Hartford Associates 是美国的一家投资合伙企业。该公司在汇率为 \$1.22/€时，借入了€ 80 000 000 欧元。全部本金要在三年内偿还，年利率为 6%，以欧元支付。预计在以后三年中，相对于美元，欧元会以每年 3% 的速度贬值。请计算该项贷款的有效成本。

4. **Quatrefoil Construction 公司**。Quatrefoil Construction 由美国的母公司和分别在马来西亚和墨西哥的两家全资子公司(Q-马来西亚和 Q-墨西哥)组成。下面有选择地列出了母公司和子公司未合并的会计报表中的一些项目。

Q-马来西亚(单位:林吉特)

长期债务	RM 11 400 000
股东权益	RM 15 200 000

Q-墨西哥(单位:墨西哥比索)

长期债务	Ps 20 000 000
股东权益	Ps 60 000 000

Quatrefoil Construction 公司
(未合并的报表部分项目)

对子公司的投资:	
对 Q-马来西亚的投资	\$4 000 000
对 Q-墨西哥的投资	\$6 000 000
母公司长期债务	\$12 000 000
普通股	5 000 000
留存收益	20 000 000

当期汇率

马来西亚	RM 3.80/ \$
墨西哥	Ps 10/ \$

在 Quatrefoil Construction 公司的合并资产负债表中，债务和股权的比例各为多少?

5. **Group Bimbo de Mexico 公司**。Group Bimbo 虽然是一家墨西哥公司，却用美元来估算所有经营成果，包括财务成本。该公司需要筹借期限为四年，金额为 1 亿美元的或其他等额的外币债务，且利息在每年年底支付。可供选择的融资途径如下:
   a. 发行年利率为 3% 的日元债券。当期汇率为¥106/ \$，且日元相对于美元预期每年以 2% 的比率升值。
   b. 发行年利率为 7% 的欧元债券。当期汇率为 \$1.1960/€，且相对于美元，欧元预期每年以 2% 的比率升值。
   c. 发行年利率为 5% 的美元债券。

   你认为 Group Bimbo 应该采用哪种融资方式? 为什么?

6. **Zermatte 航空公司(瑞士)**。Zermatte 航空公司有一条从瑞士日内瓦到美国达拉斯的航线，在扣除燃料和机场费用之后，该公司每年可获得机票收入 1 200 万美元。这些钱现存放在纽约 Mid-Manhattan 银行，存款的年利率为 5%。但是伦敦的 Docklands 银行提供的欧洲美元存款利率为 5.5%，因此，Zermatte 航空公司决定将存款从纽约转移到伦敦。
   a. 请分别写出反映这笔款项转移的 Zermatte 航空公司、Mid-Manhattan 银行和 Docklands 银行账簿上的日记账分录(借方和贷方)。
   b. 美国的银行的存款账户发生了多大变化?
   c. 如果 Docklands 银行将这笔存款投资于美国政府的长期国债，这时会发生什么?

7. **Gas du Ancy 公司**。Gas du Ancy 是一家欧洲的天然气公司。该公司通过银团欧洲贷款的方式筹借了期限为六年、贷款利率为 LIBOR 加 80 个基点的贷款，贷款额为 6.5

亿美元。其中每六个月要重新调整一次LIBOR。这笔资金由8家投资银行组织的银团提供,投资银行将预收占贷款本金1.2%的费用。如果贷款后第一年前六个月LIBOR为8%,后六个月的LIBOR为7%,则该项贷款在第一年的有效成本为多少?

8. **River Thames保险公司**。River Thames保险公司打算出售价值为100万美元,期限为60天,以6%的年利率折价发行的欧洲商业票据。River Thames保险公司的直接收益将是多少?

9. **Sicilian Capital, S. A公司**。Sicilian Capital公司计划通过欧洲中期票据进行筹资。拟发行欧洲中期票据的特征如下:
   a. 息票率:8.00%;每半年付息一次且付息日为:6月30日和12月31日。
   b. 发行日:2003年2月28日
   c. 到期日:2005年8月31日

   每售出一份1 000美元的票据,Sicilian Capital公司将收到多少美元?

10. **云南航空公司**。云南航空公司位于中国昆明。该公司需要融资500万美元作为其运营资本。它有两种可供选择的融资途径:
    a. 在伦敦欧洲美元市场上以年利率9%筹借$5 000 000。
    b. 在香港筹借HK$39 000 000,年利率7.00%,并将港币以当期汇率HK$7.8/US$兑换成美元。

    当汇率是多少时,上述两种筹资方式对云南航空公司来说无差异?

网上练习

1. **政府信用评级标准**。要评估与世界债务市场上众多筹资者有关的信用风险和其他所有相关风险,我们需要有一个进行国际风险评定的结构化方法。标准普尔公司和穆迪公司的网页上有信用评级的详细标准。请查阅这些网页,并根据其评级来区分各种风险(如本币风险、违约风险、外币风险和资金转移风险等):

   Standard & Poor's

   http://www.ratings.com

   Moody's

   http://www.moodys.com

2. **布拉迪债券和新兴市场**。新兴市场国家接连遭受国际金融危机的打击,如墨西哥比索危机(1994)、泰铢危机(1997)、俄罗斯卢比危机(1998)和巴西雷亚尔危机(1999)等。通过查阅下面列出的网页上的资料,分析为什么当全球其他国家或地区发生危机时,上述国家市场也会面临极大的压力。

   Brady Network

   http://www.brady.net.com

   Emerging Markets

   http://www.emdb.com

文献选读

Bancel Frank and Usha R. Mittoo, "Cross-Country Determinants of Capital Structure Choice: A survey of European Firms", *Financial Management*, Vol. 33, No.4, Winter 2004, pp.103—132.

Barclay, Michael and Clifford Smith, "The Capital Structure Puzzle: The Evidence Revisited", *Journal of Applied Corporate Finance*, Vol. 17, No. 1, Winter 2005, pp. 8—17.

Claes, A., Marc J. K. DeCeuster, and R. Polfliet, "Anatomy of the Eurobond Market", *European Fi-*

nancial Management, Vol. 8, No. 3, 2002.

Doukas, J. and C. Pantzalis, "Geographic Diversification and Agency Costs of Debt of Multinational Firms", *Journal of Corporate Finance*, No. 9, 2003, pp. 59—92.

Graham, John, and Campbell Harvey, "How Do CFOs Make Capital Budgeting and Capital Structure Decisions?" *Journal of Applied Corporate Finance*, Vol. 15, No. 1, Spring 2002, pp. 8—22.

Hill, Claire A., "Securitization: A Financing for Emerging Market Firms", *Journal of Applied Corporate Finance*, Vol. 11, No. 3, Fall 1998, pp. 55—65.

Johnson, Greg and Thomas Funkhouser, "Yankee Bonds and Cross-Border Private Placements", *Journal of Applied Corporate Finance*, Vol. 10, No. 3, Fall 1999, pp. 34—45.

Kim, Yong Cheol and René M. Stulz, "The Eurobond Market and Corporate Financial Policy: A Test of the Clientele Hypothesis", *Journal of Financial Economics*, No. 22, 1988, pp. 189—205.

Lee, Kwang Chul and Chuck C. Y. Kwok, "Multinational Corporations vs. Domestic Corporations: International Environmental Factors and Determinants of Capital Structure", *Journal of International Business Studies*, *Summer* 1998, pp. 195—217.

Mehrotra, Vikas, Wayne Mikkelson, and Megan Partch, "Do Managers Have Capital Structure Targets? Evidence from Corporate Spinoffs", *Journal of Applied Corporate Finance*, Vol. 17, No. 1, Winter 2005, pp. 18—25.

Myers, Stewart, "Still Searching for the Optimal Capital Structure", *Journal of Applied Corporate Finance*, Vol. 15, No. 1, Summer 2003, pp. 4—14.

Raghuram, Rajan and Luigi Zingales, "Debt, Folklore, and Cross-Country Differences in Financial Structure", *Journal of Applied Corporate Finance*, Vol. 10, No. 4, Winter 1998, pp. 102—107.

Wald, John K., "How Firm Characteristics Affect Capital Structure: An International Comparison", *Journal of Financial Research*, Vol. xxii, No. 2, summer 1999, pp. 161—187.

第 14 章 利率互换与货币互换

金融风险——包括汇率风险、利率风险和商品价格风险——的管理,已成为国际金融管理中一个迅速发展的领域。这三种金融价格都会使公司的现金流存在风险。与几年前对汇率风险的关注一样,现在人们已经越来越重视对利率风险的识别、度量和管理。

本章的开始定义了利率风险,接着介绍了对利率风险中信用风险和重新定价风险的管理。然后我们介绍了 Carlton 公司的理论浮动利率贷款,以及如何用远期利率协议、利率期货和利率互换对其进行管理。随后阐述了 Carlton 公司如何通过互换工具来固定其利率。在对货币互换进行解释后,我们介绍了 Carlton 公司如何通过互换将美元浮动利率贷款转换成瑞士法郎固定利率贷款,以及 Carlton 公司如何解除互换协议。接下来我们分析了交易对手风险。最后以一个三方、背对背的跨币种互换的案例解析来结束本章。

14.1 利率风险的定义

所有的公司——无论是国内公司还是跨国公司,大公司还是小公司,杠杆公司还是非杠杆公司——都不同程度地受到利率风险的影响。虽然在理论和实务中存在多种形式的利率风险,但本书的重点在于讨论非金融性公司的金融管理,因此我们的分析仅限于与跨国公司有关的利率风险。银行等金融性公司的利率风险不在本书的讨论范围内。

非金融性公司的最主要的利率风险来源于债务方面。跨国公司的债务结构中包含了期限项、利率结构项(如固定利率和浮动利率)和币种项等多个层次。利率因币种而不同。每种货币都有自己的利率收益曲线和信用价差。因此,跨国公司应特别重视利率风险的多币种特性。如图表 14.1 所示,不同国家和不同货币的利率计算也存在差异。

图表 14.1 国际利率计算

依据计算期所用的具体天数和对每年包含天数定义的不同(为了实现一些金融性目的所作的规定),国际利率的计算可能不同。下例是一项关于本金为 1 000 万美元、年利率为 5.500%,且精确借款期限为 28 天的债务利息的计算。从此例中我们可看出,不同方法是如何导致月偿付额的差异的。

本金 1 000 万美元,年利率 5.500%				
计算标准	计算期所用天数	一年包含的天数	所用天数	利息支付
国际标准	实际天数	360	28	$42 777.78
英国标准	实际天数	365	28	$42 191.78
瑞士标准(欧洲债券)	假设每月 30 天	360	30	$45 833.33

资料来源:"Hedging Instruments for Foreign Exchange, Money Market, and Precious Metals", Union Bank of Switzerland, 1994, pp. 41—42.

跨国公司利率风险的次要风险源是其持有的利率敏感性证券。负债出现在公司资产负债表的右方,而公司持有的市场化证券组合出现在资产负债表的左方。市场化证券代表了公司的潜在收益或利息收入。日益增加的竞争压力促使财务经理同时加强对资产负债表两方的管理力度。

无论是在资产负债表的左方还是右方,利率计算中的基准利率都应得到足够的重视。基准利率,如美元 LIBOR,是在标准报价、贷款协议和金融衍生工具估价中所采用的利率。伦敦银行间拆借利率(LIBOR)是至今为止使用最为广泛的利率。它由伦敦银行家协会(London Bankers Association,BBA)制定。BBA 在伦敦时间每天上午十一点选择 16 家跨国经营银行,当天的美元 LIBOR 就是这些银行间美元拆借利率的均值。同样地,BBA 会在同一时间点通过样本银行,用类似的方法计算日元 LIBOR、欧元 LIBOR 和其他货币的 LIBOR。

银行间拆借利率市场并不仅仅局限在伦敦。大多数主要国内金融中心都为当地贷款协议设定了它们自己的银行间拆借利率,仅作不完全列举,有 PIBOR(巴黎银行间拆借利率,Paris Interbank Offered Rate),MIBOR(马德里银行间拆借利率,Madrid Interbank Offered Rate),SIBOR(新加坡银行间拆借利率,Singapore Interbank Offered Rate)和 FIBOR(法兰克福银行间拆借利率,Frankfurt Interbank Offered Rate)等。图表 14.2 描述了 LIBOR 和其他短期利率、存款利率间的紧密关系。

14.2 利率风险管理

14.2.1 管理困境

在对利率进行管理之前,所有的财务人员必须先解决一个基本的管理困境:风险和收益之间的权衡。传统的观点将财务部门视为服务中心(成本中心),它的行为不会对可预期的收益造成风险。财务中心也很少被当做利润中心来管理或评估。因此,在

图表 14.2 美元利率(2005 年 6 月)

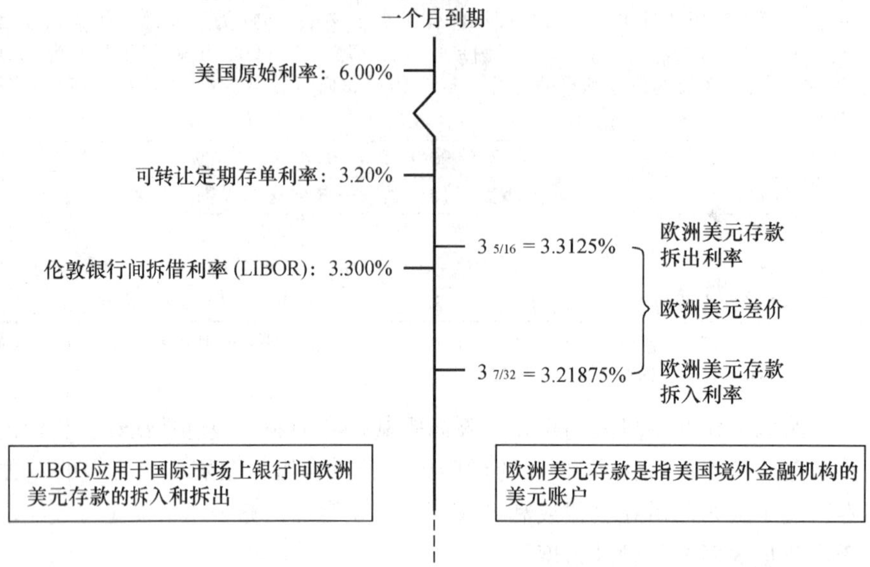

资料来源:*The Financial Times*, Tuesday June 22,2005, p.23.

注:美国联邦基金利率为 3.00%。

实践中,财务部门进行管理的行为原则一般是保守为主,降低成本或获得利润为辅。尽管如此,历史上仍不乏财务人员为获取赢利而违规操作的例子;而且非常不幸的是,大多数违规操作的结果是给公司带来损失。我们在第 7 章列出了个别因使用衍生工具而损失惨重的公司。如图表 14.3 所示,众多的衍生品灾难以及金融衍生品的广泛使用促使越来越多的公司重视其政策陈述(policy statement)的合理构建。

图表 14.3 财务政策陈述

20 世纪 90 年代主要的几起衍生品灾难引起公司对其财务管理政策陈述的合理构建和实施的重视。政策陈述经常被其制定者和实施者误解。关于政策陈述的基本原则应该被明确:

- **政策是规则而非目标。**政策的目的在于限制或规范管理行为,而非设置优先权或目标。例如,"你不能开立未抛补期权"是一项政策,而"公司的管理在任何时候都应该寻求资本成本最小化"却是一个目标。
- **政策的目的在于限制规范管理层的主观决策。**虽然这似乎表示出对管理层的不信任,但实际上,政策使管理层在不利条件下更容易作出决策。
- **政策的目的在于建立一套共同遵守的操作规则。**虽然许多政策对财务人员特定的资质来说可能显得过于苛刻,但是政策却确立了公司必需的且不因人而异的道德责任。人员的变动通常会使经理处于一种陌生或不适的环境中,这很容易导致他判断失误。合理的政策构建会为管理层的学习曲线提供一个建设性和前瞻性的基准。

汇率和利率风险管理的重点都在于对现存和预期的公司现金流风险的管理。类似于外汇风险管理,在对未来利率的变化的预期——包括方向和波动性尚未明确之前,公司不能对利率风险实施有效的管理和对冲策略。庆幸的是,从历史情况来看,相对于汇率,利率的变化显得更平稳且波动性更小。财务管理者经常会发现,在保守的方面犯点错误是有帮助的,会增加现金流的可预测性。最后,与汇率风险管理一样,利率风险管理也存在公司股东如何选择管理方法的问题,即股东是愿意对利率风险进行对冲,还是选择通过持有其他证券的方式来分散利率风险。

一旦公司对未来利率的水平和变化形成了预期,它就必须采取合适的措施,包括特定技术和工具的选择。

14.2.2 信用风险和重新定价风险

在对最普遍的利率定价风险管理进行描述之前,我们有必要先区分信用风险和重新定价风险。**信用风险**(credit risk),有时称为**展期风险**(roll-over risk),是指在重新授信时,贷款者调整借款者信用度的可能性。这种调整可能导致费率的变化、利率的变化、信用额度的变化,甚至拒绝借款。**重新定价风险**(repricing risk)是指当一个金融合约的利率变动时,支付(收取)的利率发生变化的风险。

假设一家公司计划筹集一笔期限为三年,总额为 100 万美元的债务,考虑如下三种融资策略:

- 策略 1:以固定利率筹借三年期 100 万美元债务。
- 策略 2:以浮动利率筹借三年期 100 万美元债务;利率为 LIBOR +2%,且利率按年调整。
- 策略 3:以固定利率筹借一年期 100 万美元债务,年末偿还;接下来两年以同样的方式融资。

成本是选择债务策略的主要标准,但却不是唯一的标准。对于策略 1,它保证了公司以已知的利率得到了三年所需的资金。该种策略将公司偿付债务所需的现金流的可预期性最大化了。但它在一定程度上也使公司丧失了在未来利率下降时承担较低的融资成本的可能性。同时它也消除了借款期间利率上涨的风险,避免了借款成本的增加。

策略 2 给公司提供了策略 1 所缺乏的弹性(重新定价风险)。通过该策略,公司也筹集了三年内所需的资金,消除了信用风险,但引入了重新定价风险。如果 LIBOR 在第二年或第三年发生剧烈波动,则这些波动会完全被转移到债务人身上。浮动利率中的溢价会保持不变(因为溢价反映的是借款人被敲定的三年期信用等级)。此策略中获得弹性付出了一定代价:利率既可能下降,也可能上升。

策略 3 具有更大的弹性和风险。首先,公司将在收益曲线的短期阶段进行借款。如果收益曲线的斜率为正,类似于多数工业市场中的情况,则策略 3 的基准利率应该更低。但收益曲线短期阶段的波动性也会更大。与较长期间的利率相比,它对短期消息的反应更明显。策略 3 使借款者面临信用重估时其信用等级发生巨大变化的风险,这种变化可能是信用等级的提高也可能是降低。我们注意到信用评级是在公司在经济条件恶化时也能偿还其债务的前提下进行的,因此具有较好信用度的公司(投资级别的公司)可以把策略 3 列为相应的选择,而对于那些信用度较差的公司(投机级别的公司)来说则不是个好选择。策略 3 不适合那些财务状况较差的公司。

虽然上例对公司筹资决策复杂性的描述不甚全面,但可从中看出信用风险和重新定价风险两者错综复杂的关系。利率风险是一个非常复杂的概念,而且利率风险的度量对其管理至关重要。下面,我们将介绍给公司带来利率风险的最常见的债务形式:浮动利率贷款。

14.2.3 Carlton 公司的浮动利率贷款

浮动利率贷款是一个在世界范围内广泛使用的公司的债务来源,同时也是最大且最为常见的利率风险来源。图表 14.4 列出了 Carlton 公司一项 3 年期浮动利率贷款的成本和现金流。这项 1 000 万美元的贷款将采用按年付息和期末一次性偿付本金的方式还款。

- 贷款的价格为美元 LIBOR + 1.500%(注意,贷款的成本即利率,经常被称为价格)。LIBOR 基准在每年按约定的日期进行调整(如在付息日前两天调整)。贷款利息中的 LIBOR 部分是浮动的,但其 1.5% 的价差是利息支付中的固定部分,在整个贷款周期内都是固定的。

在贷款发生时,也即在时刻 0,贷款人会收取 1.500% 的前端费用,这项费用导致这项贷款的净收入减少了 1 500 万美元。虽然贷款协议中标明的贷款本金为 1 000 万美元,且 Carlton 公司在期末要对其进行全额偿还,但公司实际的净收入只有 985 万美元。

- Carlton 公司只有对贷款进行完全偿还后才能知道贷款的实际利息成本。Caitlin Kelly,Carlton 公司的 CFO,可能会对贷款期限内 LIBOR 的走势作出预测,但直到所有的支付完成后,她才会知道确切的 LIBOR 值。这种不确定性不仅是一项利率风险,它还是一项与利息支付相关的实际现金流风险(一项固定利率贷款有利率风险——在这里表现为机会成本——不会给实际现金流带来风险)。包括与利息支付相关的实际现金流风险。固定利率贷款也有利率风险(在本例中为机会成本),但该风险不会导致现金流的不确定性。

图表 14.4 还列出了 LIBOR 不同的变动情况下的贷款总成本(AIC)。总成本是通过计算整个支付现金流的内部收益率 IRR 来发现的。基线分析假设 LIBOR 在整个贷款期限内保持 5.000% 的水平。包括前端费用的 AIC 为 7.072%(不考虑前端费用的净成本则为 6.500%)。虽然这样,如果 LIBOR 在未来的 3 年内以每年 25 个基点(即 0.25%)的幅度稳定上涨,则贷款的 AIC 会增至 7.565%。如果 LIBOR 同样以每年 25 个基点的幅度下降,则 AIC 会降至 6.578%。我们必须记住,贷款价格中只有 LIBOR 部分会制造现金流风险。

如果在获得贷款后,Carlton 公司决定管理与贷款安排相关的利率风险,它可选择多种管理方法:

- **再融资**(refinancing)。Carlton 公司可重新同贷款人谈判,对整个协议进行重新构造和融资。这种选择不总是可行的,并且成本高昂。
- **远期利率协议**(forward rate agreements,FRAs)。Carlton 公司可通过 FRAs 来锁定未来的利率,与用远期合约锁定汇率的做法是一样的。
- **利率期货**(interest rate futures)。虽然公司很少用外汇期货来管理外汇风险,但是利率期货已经被广泛接受。Carlton 公司可以通过利率期货锁定未来的利率支付。

图表 14.4 **Carlton 公司偿还一项浮动利率贷款时的现金流和成本**

与一项三年期 $10 000 000 的浮动利率贷款相关的预期利率和现金流。Carlton 公司预先支付了占本金 1.5% 的前端费用(这减少了收入)。

贷款利率	第 0 年	第 1 年	第 2 年	第 3 年
LIBOR(浮动)	5.000%	5.000%	5.000%	5.000%
价差(固定)		1.500%	1.500%	1.500%
支付的总利率		6.500%	6.500%	6.500%
贷款的利息现金流				
LIBOR(浮动)		($500 000)	($500 000)	($500 000)
价差(固定)		(150 000)	(150 000)	(150 000)
总利息		($650 000)	($650 000)	($650 000)
贷款收入(偿还)	$9 850 000			($10 000 000)
总贷款现金流	$9 850 000	($650 000)	($650 000)	($10 650 000)
总贷款现金流的 IRR	7.072%		(总成本 AIC)	

对 LIBOR 的敏感度	LIBOR (第 0 年)	LIBOR (第 1 年)	LIBOR (第 2 年)	LIBOR (第 3 年)	AIC*
上面的基线案例	5.000%	5.000%	5.000%	5.000%	7.072%
LIBOR 每年上升 25 个基点		5.250%	5.500%	5.750%	7.565%
LIBOR 每年下降 15 个基点		4.750%	4.500%	4.250%	6.578%

* Carlton 公司的有效资金成本(税前),即总成本(AIC)是通过与贷款有关的总现金流的内部收益率(IRR)发现的。原始贷款协议的 AIC(不包括前端费用)为 6.500%。

- **利率互换**(interest rate swaps)。Carlton 公司可与一家银行或互换交易商签订互换合约,它可通过协议的方式交换现金流,使对浮动利率贷款的利息支付变为固定支付。

14.2.4 远期利率协议

远期利率协议(forward rate agreement,FRA)是一项购买或出售基于名义本金的利率支付的银行间交易合约。这些合约是以现金进行结算的。一份 FRA 的购买者获得了在未来某一日期开始将利率锁定在其想要的水平上的权利。合约具体规定,如果利率上升至协议利率以上的水平,则 FRA 的卖方要向买方支付一个基于一定数量的货币(名义本金)的利息支出增加值。若利率降至协议利率以下,买方将会向卖方支付利息支出的差值。可用的到期期限一般为 1 个月、3 个月、6 个月、9 个月和 12 个月,与传统的远期货币合约类似。

例如,Carlton 公司希望锁定第一次利息支付(将在第一年年末进行),因此它购买一份 FRA 将总利息支付锁定在 6.5%。如果 LIBOR 在第一年年末超过 5%,则 Carlton 公司会从 FRA 卖方获得一个现金收益,从而将利息降至 5%。同样地,如果 LIBOR 在第一年降至 5% 以下(这不是 Caitlin Kelly 所预期的情况),Carlton 公司将会向 FRA 的卖方支付一笔现金,从而将其 LIBOR 支付提升至 5%,总贷款利率提升至 6.500%。

与远期外汇合约类似,FRA 在单一敞口上是非常有用。它们是公司的合约义务,没有弹性来获得有利的变动,比如早前描述的 LIBOR 下降。如果公司计划在未来某个日期投资证券但担心在投资日期前利率会下降,它们会使用 FRAs。由于受到期限和货币种类的限制,FRA 在最大的工业化经济及其货币之外并没有得到广泛的应用。

14.2.5 利率期货

不同于外汇期货,**利率期货**(interest rate futures)被财务经理和非金融性公司的财务人员相对广泛地运用。它们的流行是由于利率期货市场相对较高的流动性、运用的简易性,以及大多数公司相当标准化的利率风险。两个运用最为广泛的期货合约是在芝加哥商品交易所(Chicago Mercantile Exchange, CME)交易的欧洲美元期货和在芝加哥交易所(Chicago Board of Trade, CBOT)交易的美国国债期货。有趣的是,20 世纪 90 年代后期,交易量位列第三的期货合约是在巴西 Bolsa de Mercadoriasy Futuros 交易的美元/巴西雷亚尔货币期货。

我们以三个月期的欧洲美元期货合约为例来阐述如何运用期货合约来管理利率风险。图表 14.5 列出了两年内到期的欧洲美元期货(实际上,它们在期货市场已经交易了十年)。

图表 14.5 欧洲美元期货价格

到期日	开盘价	最高价	最低价	结算价	收益率	未平仓合约
2002 年 6 月	94.99	95.01	94.98	95.01	4.99	455 763
2002 年 9 月	94.87	94.97	94.87	94.96	5.04	535 932
2002 年 12 月	94.60	94.70	94.60	94.68	5.32	367 036
2003 年 3 月	94.67	94.77	94.66	94.76	5.24	299 993
2003 年 6 月	94.55	94.68	94.54	94.63	5.37	208 949
2003 年 9 月	94.43	94.54	94.43	94.53	5.47	168 961
2003 年 12 月	94.27	94.38	94.27	94.36	5.64	130 824

注:由《华尔街日报》提供。只列出常规的到期月份。所有合约的价值为 100 万美元;报价使用百分点。未平仓合约是在外流通的合约数量。

期货合约的收益是通过结算价即当天的收盘价来计算的。例如,一个财务经理要考查图表 14.5 中以 2003 年 3 月合约报价的欧洲美元期货,他会得到前一天的结算价为 94.76 以及年收益率为 5.24%:

$$收益 = (100.00 - 94.76) = 5.24\%$$

由于每份欧洲美元期货合约的期限为 3 个月(一个季度),名义本金为 100 万美元,因而一个基点的实际价值是 \$2 500(0.01 × \$1 000 000 × 90/360)。

如果 Kelly 要对 2003 年 3 月的浮动利息支付进行对冲,她需要卖出一份期货或做空。之所以说“做空”是因为她卖出了她并没有的东西(类似于卖空股票)。假设如 Kelly 所担心的,利率在 3 月之前上升,则期货价格将下跌, Kelly 进而可以平仓赢利。这个利润将大致对冲与其债务上升的利息支付相关的损失。如果她的预期是错的,利率在到期日之前实际上下降了,导致期货价格上涨,Kelly 将会遭受损失,这些损失会抵减低于预期的浮动利率支付所带来的节约。因此,通过卖出 2003 年 3 月到期的期货合约,它可以将利率锁定在 5.24%。

显然,很多情况下,交易利率期货的目的是投机。对利率期货进行投机交易并非我们讨论的重点,但从上例仍可看出,投机商可根据自己对未来利率走势的估计并通过利率期货交易以获得赢利。

如前所述,非金融性公司最常见的利率敞口是债务利息。但这样的敞口并不是唯一的利率风险,随着越来越多的公司积极地管理它们的整体资产负债表,对资产负债表左方的利息收入的审查也越来越仔细。如果财务经理期望通过生息证券获得更高的利息,他们可以通过发现利率期货市场的二次利用来锁定未来的利息收入。图表 14.6 为这两类基本的利率敞口和管理利率期货策略提供了一览表。

图表 14.6 普通风险的利率期货策略

风险或仓位	期货交易	利率	交易结果
在未来支付利息	卖出期货(空头交易)	如果利率上升	期货价格下跌,空方赢利
		如果利率下降	期货价格上涨,空方亏损
在未来收获利息	买入期货(多头交易)	如果利率上升	期货价格下跌,多方亏损
		如果利率下降	期货价格上涨,多方赢利

14.2.6 利率互换

互换(swap)是交换一系列现金流的合约安排。这些现金流通常是与债务相关的利息支付,如前面所述的浮动利率贷款。

- 如果一方通过互换合约将其固定利率利息支付与另一方的浮动利率利息支付实现交换,则称该合约为**利率互换**(interest rate swap)。
- 如果互换合约双方交换的是不同币种的债务支付,如瑞士法郎债务的利率支付与美元债务的利率支付的互换,则称该合约为**货币互换**(currency swap)。
- 一个互换合约可同时具有利率互换和货币互换性质。

任何形式的互换都将改变公司的现金流,例如,将公司现有浮动利率债务的利息支付的现金流,转换成固定利率的现金流支付。互换本身并非资本来源,但它可改变公司的偿付现金流。所谓的**普通型互换**(plain vanilla swap)是指将固定利率支付责任转换浮动利率支付责任的互换合约。该种合约构成了世界上最大的单种金融衍生品市场。

合约双方进行互换的动机不尽相同。例如,下面是一个比较普遍的情况。一个具有良好信用等级的公司有一笔浮动利率贷款。在公司对货币市场进行观察作出预测后,它预期未来利率会上涨。为了保护公司免遭贷款成本上升的损失,公司的财务人员会签一份**支付固定利率/收入浮动利率**(pay fixed/receive floating)的互换合约。这意味着公司将在合约签订后,将按约定的条款向对方支付固定利率的现金流,同时收到对方支付的浮动利率的现金流。公司所收到的浮动利率现金流将被用来偿付原来的浮动利率贷款,由此,公司在现金净流量上,只需进行固定利率支付。通过衍生工具,公司可以自动地将浮动利率债务转换为固定利率债务,亦无须承担重新安排现有债务的成本和繁杂的程序。

同样,预期未来利率下降的公司亦可将其固定利率债务转为浮动利率债务。在这种情况下,可签订一份**支付浮动利率/收入固定利率**(pay floating /receive fixed)的互换合约来减少利率下降带来的损失。图表 14.7 总结了利率支付方式不同的公司进行的互换交易策略。

图表 14.7 利率互换交易策略

敞口状态	预期	利率互换交易策略
固定利率债务	利率上涨	不签订合约
	利率下降	签订支付浮动利率/收入固定利率的合约
浮动利率债务	利率上涨	签订支付固定利率/收入浮动利率的合约
	利率下降	不签订合约

利率互换的现金流是应用于一定量资金(理论本金)的利率。因此,它又被称为**息票互换**(coupon swaps)。进行利率互换的公司会设定理论本金以使互换产生的现金流能满足利率管理的需求。

利率互换是公司和互换交易商之间的一种合约性责任,且这种责任完全独立于公司的利率敞口。即,公司可以以其认为的任何合适的原因为由,以大于、等于或小于公司总利率敞口的**理论本金**(notational principal)来签订互换合约。例如,如果一家公司的账上有多种浮动利率贷款,如果它愿意则可通过利率互换合约仅对这些债务中的 70% 进行风险规避。是否使用互换合约,以及使用何种合约完全取决于公司管理层的偏好。我们同样应该注意到,互换市场弥补了市场有效性的真空区域。如果所有公司不受利率结构和标价货币种类的影响,可以平等地自由进入资本市场,则互换市场很可能不复存在。由于存在比较优势,现在互换市场不但存在而且异常活跃,使得所有的参与者都从中受益,在某种程度上成为公认的"免费的午餐"。

14.2.7 比较优势

不同信用条件的公司在资本市场上的待遇存在差异。例如 Unilever 公司(英国)和 Xerox 公司(美国)都要在市场上筹集 5 年期的 3 000 万美元的债务。Unilever 公司的信用等级为 AAA 级(最高级别),因而可以较低的成本筹集到浮动利率和固定利率债务。Unilever 公司已有固定利率债务,故要增加浮动利率债务及其在债务组合中的比例。而 Xerox 公司的信用等级为 BBB(为"投资级"债务中的最低等级),且其更愿意筹集固定利率资金。Xerox 公司可以筹集到浮动利率和固定利率债务资金,但固定利率债务的成本非常高。如图表 14.8 所示,两家公司可通过花旗银行进行互换交易,即双方在各自具有比较优势的市场借债,然后交换所借债务的支付责任。

图表 14.8 比较优势和构建互换合约

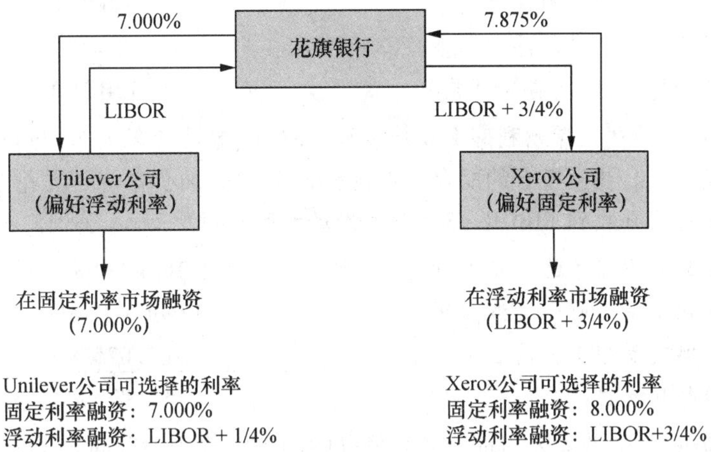

14.2.8 利率互换的执行

每家公司首先在各自具有比较优势的市场借债。如图表 14.8 所示，Unilever 公司筹借固定利率债务的成本比 Xerox 公司低 1.000%（7.000% Vs 8.000%），而筹借浮动利率债务的成本只比 Xerox 公司低 1/2%（1/4% Vs 3/4%）。这意味着 Unilever 公司在固定利率市场上具有比较优势，故 Xerox 公司则应采用浮动利率方式筹借债务。

1. Unilever 公司以每年 7.000% 的固定利率筹借资金，并与花旗银行签订一份支付浮动利率/收入固定利率的利率互换合约。花旗银行同意在互换合约的存续期内（五年）按每年 7% 的固定利率向 Unilever 公司支付现金流。

2. 同样，Unilever 公司每年按 LIBOR 的浮动利率向花旗银行支付现金流。这样，正如其所愿，Unilever 公司所筹借的固定利率债务已变成一笔浮动利率债务，且与花旗银行协定的利率比直接在市场上筹集浮动利率贷款的成本更低。

3. Xerox 公司以 LIBOR +3/4% 的浮动利率筹借资金，并与花旗银行签订一份利率互换合约。花旗银行要在互换合约的存续期内（五年）每年按浮动利率 LIBOR +3/4% 向 Xerox 公司支付现金流。

4. Xerox 公司每年按 7.875% 的固定利率向花旗银行支付现金流。这样，Xerox 公司将所筹借的浮动利率债务变成一笔以低于直接融资成本的利率借入的固定利率债务。

14.2.9 利率互换的优点

Unilever 公司按 7% 的固定利率筹借资金。现签订一份互换合约，Unilever 公司须向花旗银行按 LIBOR +0% 的浮动利率支付利息，且花旗银行按 7% 的固定利率向其支付利息。则 Unilever 公司合并利息支付如下：

固定利率债务的利息支付	(7.000%)	
互换交易中收到固定利率	+7.000%	收到固定
互换交易中支付浮动利率	(LIBOR)	支付浮动
净利息支付(债务+互换)	(LIBOR)	

Xerox 公司以浮动利率 LIBOR+3/4% 的成本筹借资金,并与花旗银行签订一份利率互换合约。在互换合约的存续期内(五年),Xerox 公司每年向花旗银行支付 7.875% 的固定利率并收到 LIBOR+3/4% 的浮动利率支付。Xerox 公司总的利息支付如下:

浮动利率债务的利息支付	(LIBOR+3/4%)	
互换交易中收到的浮动利率	+LIBOR+3/4%	收到浮动
互换交易中支付的固定利率	(7.875%)	支付固定
净利息支付(债务+互换)	(7.875%)	

通过互换,两家公司都以各自偏好的利率结构和比其自筹方式更低的成本筹集了资金。

	Unilever(英国)	Xerox(美国)
直接在市场上筹资	LIBOR+1/4%	8.000%
通过互换合约筹资	LIBOR+0%	7.875%
成本节约额	+1/4%	+0.125%

这种交换在何种情况下发生?每个借款者以各自具有比较优势的方式筹集资金,然后通过相互交换利息支付的现金流来分享合作带来的收益,即实现各自偏好的利率结构并降低债务成本。尽管如此,陷阱仍会存在。如金融实务专栏 14.1 描述的那样,即使非常专业的金融机构也有可能在较复杂的利率互换交易中因误解而忽略潜藏在其中的风险。**金融实务专栏 14.1** 讲述了 Proter & Gamble 公司和信孚银行之间失败的互换合约,就是一个例证。

金融实务专栏14.1

GLOBAL FINANCE IN PRACTICE

买主须自行当心,Proter & Gamble 公司的互换

Proter & Gamble(美国)是一家大规模且成熟的跨国公司,其经营范围覆盖全球一百多个国家。1993 年,Proter & Gamble 公司与信孚银行(Bankers Trust)之间的一些利率互换协议到期,并希望有新的合约。信孚银行了解 Proter & Gamble 公司对风险的偏好程度,因而向其推荐并出售了一系列的**专用互换协议**(proprietary swap agreement)。

然而,Proter & Gamble 公司并不明白该合约如何应用。事实表明,所有权互换对利率的上升高度敏感。美国国债利率每增加 1%,Proter & Gamble 公司每年按约定本金对信孚银行的现金流支付就增加 17%。

1993 年,当互换协议到期时,Proter & Gamble 公司总共损失了 1.63 亿美元(税前)。导致这项损失的直接原因是美国国债利率在 1993 年春季上升了 2%。在某种程度上,购买金融衍生品与购买其他商品一样:"买主须自行当心"仍旧适用。

14.3　Carlton 公司:换成固定利率

Carlton 公司现有的浮动利率贷款让 Caitlin Kelly 很头痛,因为她认为从最近发生的事情可以判断,未来三年内的利率特别是浮动 LIBOR 利率将会上涨。因为贷款协议相对是较新的(Carlton 公司还处于该项贷款的第一年,尚未支付过利息),此时进行再融资成本太高。Caitlin 认为签订一份支付固定利率/收入浮动利率的利率互换合约是固定未来利率的好办法。在同几家主要银行接洽后,Caitlin 得到的报价是以 5.750% 的固定利率对 LIBOR。如果 Carlton 公司签订了这份名义本金为 1 000 万美元的互换协议,在未来的三年内,它每年将收到 LIBOR 并支付 5.750% 的利息。Carlton 公司财务人员计算了关于贷款和互换的合并利息支付,图表 14.9 简要列出了这一计算结果。

图表 14.9　**Carlton 公司支付固定利率/收入浮动利率的利率互换合约**

贷款利率	利率变化	第 1 年	第 2 年	第 3 年
LIBOR(浮动)	升或降	-5.000%	-5.000%	-5.000%
价差(固定)	不变	-1.500%	-1.500%	-1.500%
总利息支付		-6.500%	-6.500%	-6.500%
互换利率				
支付固定利率	不变	-5.750%	-5.750%	-5.750%
收到 LIBOR	升或降	+5.000%	+5.000%	+5.000%
合并贷款和互换支付				
贷款中的 LIBOR	支付	-5.000%	-5.000%	-5.000%
价差(固定)	支付	-1.500%	-1.500%	-1.500%
互换中支付的固定利率	支付	-5.750%	-5.750%	-5.750%
互换中收到的浮动 LIBOR	收到	+5.000%	+5.000%	+5.000%
签订互换后的净利息支付	净支付	-7.250%	-7.250%	-7.250%

注:在签署利率互换协议的当天,未来三年的 LIBOR 是未知的。但是,基于互换交易者的预期,浮动利率现金流和固定利率现金流的现值在协议签署日是相等的。

利率互换协议是对原有贷款合约的补充而非替代。Carlton 公司仍须偿还浮动利率贷款。注意,利率互换协议仅适用于利息支付,而不包括本金偿还。公司关注的总债务的那部分风险——LIBOR(基准利率),将被从与其互换的银行收到的 LIBOR 所抵消。互换协议使得Carlton公司只需偿付的原贷款利息中1.500%的固定溢价和向互换银行支付的固定利率5.750%。如图表14.9所示,这两部分合起来构成了原债务总的7.250%的固定利率。

签订利率互换协议后,Carlton公司的1 000万美元贷款转换成了固定利率贷款,但这是否能使公司受益?如果Carlton公司现在在市场上筹借同样金额和期限的固定利率贷款的利率高于7.250%,则答案是肯定的。假设公司的目标是在未来三年内锁定贷款利率,则它应该签订利率互换协议。

14.3.1 货币互换

因为所有的互换利率都是由每种主要货币的收益率曲线所推导而来,既然在同一种货币中可以进行固定利率与浮动利率的互换,公司当然也可以进行跨币种的互换。图表14.10列出了一些欧元、瑞士法郎、美元和日元典型的互换利率。制定这些利率的基准是各货币发行国政府证券的收益率和各市场上"投资级"借款人的信用风险溢价。

图表14.10 利率和货币互换的报价

年份	欧元		瑞士法郎		美元		日元	
	买价	卖价	买价	卖价	买价	卖价	买价	卖价
1	2.99	3.02	1.43	1.47	5.24	5.26	0.23	0.26
2	3.08	3.12	1.68	1.76	5.43	5.46	0.36	0.39
3	3.24	3.28	1.93	2.01	5.56	5.59	0.56	0.59
4	3.44	3.48	2.15	2.23	5.65	5.68	0.82	0.85
5	3.63	3.67	2.35	2.43	5.73	5.76	1.09	1.12
6	3.83	3.87	2.54	2.62	5.80	5.83	1.33	1.36
7	4.01	4.05	2.73	2.81	5.86	5.89	1.55	1.58
8	4.18	4.22	2.91	2.99	5.92	5.95	1.75	1.78
9	4.32	4.36	3.08	3.16	5.96	5.99	1.90	1.93
10	4.42	4.46	3.22	3.30	6.01	6.04	2.04	2.07
12	4.58	4.62	3.45	3.55	6.10	6.13	2.28	2.32
15	4.78	4.82	3.71	3.81	6.20	6.23	2.51	2.56
20	5.00	5.04	3.96	4.06	9.29	6.32	2.71	2.76
25	5.13	5.17	4.07	4.17	6.29	6.32	2.77	2.82
30	5.19	5.23	4.16	4.26	6.28	6.31	2.82	2.88
LIBOR	3.0313	3.0938	1.3125	1.4375	4.9375	5.0625	0.1250	0.2188

注:上图由*Financial Times*公布。买卖价差截止于伦敦收盘时间。美元互换的浮动利率为三个月期LIBOR;日元、欧元和瑞士法郎互换的浮动利率为六个月期LIBOR。

注意,图表14.10所示的互换利率并非根据信用等级来排列或分类的。这是因为互换市场本身与单个借款者的信用风险无关。如前所述的Carlton公司案例,该公司浮动利率贷款的利率为LIBOR与风险溢价1.500%(风险溢价代表了单个借款者的信用风险溢价)之和,通过利率互换只能对冲掉总利率中的 LIBOR 部分;而固定的信用风险溢价则仍由 Carlton 公司单独承担。例如,信用等级较低的公司的贷款利率可能为 LIBOR 与 3% 或 4% 之和,而世界最大的且财务状况良好的跨国公司的实际借款利率可能仅为 LIBOR - 0.40%。互换市场并不区分具体参与者的信用等级,所有的互换协议只在某一货币的 LIBOR 和一定固定利率间进行转换。

通常,货币互换的动机是将自己不想要的货币现金流转换成一种理想的货币现金流。想要的货币很可能是公司未来运营收入的标价货币。公司运营收入或正常的现金流入主要来源于一种或几种货币,而公司却经常筹集不以这些货币标价的债务。原因与成本有关,即在特定条件下筹集某种货币的资本成本会更低。在筹集这些资金后,公司可以通过货币互换将收到的不想要的货币现金流转换成一种理想的货币现金流。

货币互换市场对跨国公司和政府机构来说尤为重要。一家跨国公司如果不愿持有 10 年期固定利率为 6.40% 的美元现金流,可通过货币互换将其转换为固定利率为 4.46% 的欧元现金流、固定利率为 3.30% 的瑞士法郎现金流或固定利率为 2.07% 的日元现金流。不但可以将一种货币的固定利率现金流转换成其他货币的固定利率现金流,亦可按照图表 14.10 所列利率将一种货币的固定利率现金流转化成另一种货币的浮动利率现金流。

在货币互换市场中还可使用创新的融资方法。**金融实务专栏 14.2** 描述了如何通过货币互换市场为学生外汇兑换和厄瓜多尔的经济发展融资。在此之前实施过类似的计划来为全球范围的多个环境保护项目融资。

金融实务专栏 14.2

GLOBAL FINANCE IN PRACTICE

厄瓜多尔的"以债务促发展"计划

20 世纪 90 年代初,一些国家实施了一项特别的计划,该计划通过运用跨币种互换不仅降低了这些国家的外汇风险,而且促进了国内一些发展项目的执行。在前十年的时间里,这些国家借了大量的美元债务,现在正努力寻找减轻债务的方法。

厄瓜多尔在 1990 年实施了一项"以债务促发展"(debt-for-development)计划。该计划允许非营利机构如大学将所持有的美元转换成以本国货币标价的债券——厄瓜多尔苏克雷债券(Ecuador sucre bonds)。大学可将债券出售并将获得的资金用于建设学生的学习项目,但并不允许将这些资金在外汇市场上兑换成美元或其他货币,因为这会导致加大苏克雷贬值的压力(而这是厄瓜多尔政府不愿意看到的)。

这项互换并非全无风险。例如,哈佛大学从位于纽约的银行购买厄瓜多尔政府发行的以美元标价的债券,每 $1 面值的债券的购买价为 $0.2(可折价购买的原因是存在厄瓜多尔政府无力偿还债务的可能，且发生这种可能性的预期会增加）。这笔交易使哈佛大学的资金量扩大了5倍(1/0.2)。哈佛大学会要求位于基多市的厄瓜多尔政府偿付美元债券，厄瓜多尔政府为哈佛大学将这笔美元债券兑换成相应数额的苏克雷债券。然后，哈佛大学立即在市场上将苏克雷债券出售并获得资金。这笔苏克雷的资金量远大于哈佛大学直接用等额美元兑换苏克雷所得的资金量。

其他国家也实施了类似的计划。哥斯达黎加政府实施了"以债务促环境"(debt-for-environment)的计划。该计划允许政府所欠的外币债务转换成本币，但参与人由此所获得资金只能用于哥斯达黎加境内的环境工程。智利实施了一系列的债转股(debt-for-equity)计划。在该计划中，债权人(全球一些大的银行)将智利政府所欠的不能偿还的债务转换成智利政府所拥有的公司的股权。

14.4　Carlton 公司：美元浮动利率贷款与瑞士法郎固定利率贷款的互换

我们以 Carlton 公司为例来说明如何运用货币互换。在将1 000万美元的浮动利率贷款互换为固定利率贷款后，Carlton 公司认为用瑞士法郎来支付这笔贷款利息更有利。因为 Carlton 公司最近与瑞士的客户签订了一份未来三年内的销售合同，约定货款用瑞士法郎支付。这意味着 Carlton 在未来三年内的正常现金流是瑞士法郎，因而有必要对其债务支付进行货币互换以使之与公司正常的现金流匹配。

Carlton 公司现在签订了一份货币互换合约。按合约规定，Carlton 将在未来的三年内按固定利率2.1%（利率要价）支付瑞士法郎利息并按固定利率5.56%（利率出价）收到美元利息。

如图表14.11所示，Carlton 公司签订的货币互换与之前所述的普通香草互换之间存在两点重要的区别：

图表 14.11　**Carlton 公司的货币互换：支付瑞士法郎并收到美元**

构成互换的成分	0年	1年	2年	3年
按此固定利率收到美元：		5.56%	5.56%	5.56%
美元的理论本金：	$10 000 000			
收到的现金流：		$556 000	$556 000	$10 556 000
汇率：	Sfr 1.5000/$			
按此固定利率支付瑞士法郎：		2.01%	2.01%	2.01%
瑞士法郎的理论本金：	Sfr 15 000 000			
支付的现金流：		Sfr 301 500	Sfr 301 500	Sfr 15 301 500

注：计算收到美元所用的固定利率(5.56%)是图表14.10中三年期的利率出价。计算支付瑞士法郎所用的固定利率为图表14.10中三年期的利率要价。一旦 Carlton 公司决定了美元的理论本金为 $10 000 000，则互换的瑞士法郎理论本金也随之决定（反之亦然）。在期初，互换双方的现值相等。

1. 签署货币互换合约当天的汇率决定了目标货币理论本金的数额。所谓目标货币是指 Carlton 公司所偏好的货币,在本例中为瑞士法郎。原来 $10 000 000 的理论本金按当天汇率换算为 Sfr 15 000 000 的目标货币理论本金。这个数额的本金会被用来计算 Carlton 公司每年的支付责任(2.01 × Sfr 15 000 000 = Sfr 301 500)。

2. 理论本金是货币互换合约的一部分。而在利率互换中,计算合约双方支付现金流的是同样数额的美元本金。因而,没有必要在利率互换合约中对本金进行说明。而在货币互换的情况下,合约双方的理论本金并非同一货币,且两种货币间汇率会在互换的存续期内发生变化,因而理论本金必须作为合约的一部分包含在互换合约中。

在互换期初,互换双方的净现值相等。Carlton 公司有责任在未来支付三次瑞士法郎,同时它将收到三次美元支付,支付的金额由互换合约设定。财务会计实践要求 Carlton 公司在互换合约开始执行后,根据当时的利率和汇率来跟踪和估计互换合约价值的变化,对互换合约逐日盯市。如果互换合约签订后,瑞士法郎对美元升值,而且 Carlton 公司支付瑞士法郎,则它须在其会计报表上报告这笔由互换造成的损失(同时,互换交易商的会计报表上则报告赢利)。同时,如果瑞士法郎的市场利率上升,且互换合约规定的 Carlton 公司的支付责任为固定利率 2.01%,则互换合约价值的利率部分将会获得赢利。简而言之,互换的赢利和损失,至少在账面上会贯穿互换合约的整个存续期。

这里描述的货币互换为非分期互换。所谓**非分期互换**(nonamortizing swap)是指本金在期末一次性支付,而非在互换的存续期内分期支付。互换交易商更愿意按自己偏好的互换合约形式与客户交易。为了表达的简洁,本章的例子使用的都是非分期互换。

Carlton 公司:退出互换合约

与所有的初始贷款协议一样,互换合约的一方可能会想在互换到期前提前终止合约。例如,假设 Carlton 公司与瑞士客户的销售合同提前终止,则它不再需要货币互换合约来为其未来现金流进行保护。Carlton 公司可以同互换交易商终止合约或退出(unwinding)互换合约。

如果要退出互换合约,则应按现行利率对 Carlton 公司剩余的应支付现金流进行贴现,然后将以目标货币(瑞士法郎)标价的现值按现行汇率换算成公司的母国货币(此例中为美元)。如果按照互换合约协议,Carlton 公司还需要支付两笔现金流,分别为 Sfr 301 500(利息)和 Sfr 15 301 500(利息加本金),且当期瑞士法郎两年期固定利率为 2.000%,则它支付瑞士法郎的现值为:

$$PV(Sfr) = \frac{Sfr\ 301\ 500}{(1.020)^1} + \frac{Sfr\ 15\ 301\ 500}{(1.020)^2} = Sfr\ 15\ 002\ 912$$

同时,Carlton 公司还要收到两笔美元支付的现金流,按现期的美元两年期固定利率 5.500% 进行贴现:

$$PV(\$) = \frac{\$55\ 600}{(1.055)^1} + \frac{\$10\ 556\ 000}{(1.055)^2} = \$10\ 011\ 078$$

如果 Carlton 公司现在退出互换合约,则其现金流入的现值(互换协议下收到的支付)为

\$10 011 078，现金流出的现值（互换协议下的支付）为 Sfr 15 002 912。如果现在的即期汇率为 Sfr 1.4605/\$，则 Carlton 公司解除该互换的净现金流为：

$$\text{净现金流} = \$10\,011\,078 - \frac{\text{Sfr }15\,002\,912}{\text{Sfr }1.4650/\$} = \$229\,818$$

Carlton 公司解除货币互换合约的代价是 \$229 818 的现金流出。造成 Carlton 公司损失的主要原因是瑞士法郎的升值（利率几乎保持不变）。在整个过程中，Carlton 公司采用互换的目的是对冲风险而非进行金融投资并获利。

14.5 交易对手风险

交易对手风险（counterparty risk）包括任何一家公司所承担的潜在风险，该风险是指金融合约的另外一方无力履行合约所规定的责任的可能性。已经发生的几起重大的互换合约违约事件引起了利率互换和货币互换市场上对对手风险的关注。在发展迅速的利率和货币衍生工具市场，特别是在其全球市场监管较松的情况下，违约的发生率非常低。

规避对手风险是促使交易者使用交易所交易金融衍生工具而非进行场外交易的主要原因。在大多数情况下，交易所如费城股票交易所（货币期权）和芝加哥商品交易所（欧洲美元期货）本身就是所有交易的交易对手。交易所的这种设置使得投资者不必担心交易对手的信用风险，进而可以快速地在交易所中买入或卖出证券。通常，交易所会向所有的交易收取数额不高的费用，并用这些费用构建一个用来保护交易所内所有参与者的保险基金。场外交易的参与者却直接承担了交易对手的信用风险，因为合约是一家买方公司和一家卖方金融机构之间直接进行交易。当前，在全球金融中心从事金融衍生工具的出售或经纪业务的一般是规模最大和信誉最好的金融机构。但这并不意味着公司可以在不关注实际金融风险的情况下，与这些机构签订连续的合约。

一家公司即使购买了一份利率互换协议，它仍负有对原始债务还本付息的最终责任。例如，一家负有美元债务的公司即使签订了货币互换合约并将美元现金流转换成欧元现金流，它仍对该美元债务负有法定偿付责任，也即原始的债务仍由公司负责偿还。假设互换合约的另一方没有按约定支付现金流，则公司仍要承担对其法定债务的偿还。但是，一旦对方违约，根据对等责任，公司也可停止向对方支付欧元。这种做法在某种程度上会降低互换违约风险带来的损失。

利率或货币互换的真实敞口并非全部的理论本金，而是双方未偿责任市场价值的差额（重置成本）。此差额类似于退出互换合约时所计算的合约价值变化，通常占理论本金的 2% 或 3%。

14.6　案例解析:三方背对背跨币种互换

某些市场会对公司的债务融资提出特殊的要求。作为补偿,公司在该市场进行债务融资的成本也会较其他市场更低。因此,越来越多的公司偿还债务所用的货币会与其主要的运营货币不一致。为了解决这一问题,很多公司在开始时就发行附带货币互换协议的债务。图表 14.12 描述了一家芬兰出口代理商、加拿大安大略省和一家跨国发展银行之间附带互换结构的三方借款案例。

图表 14.12　三方背对背跨币种互换

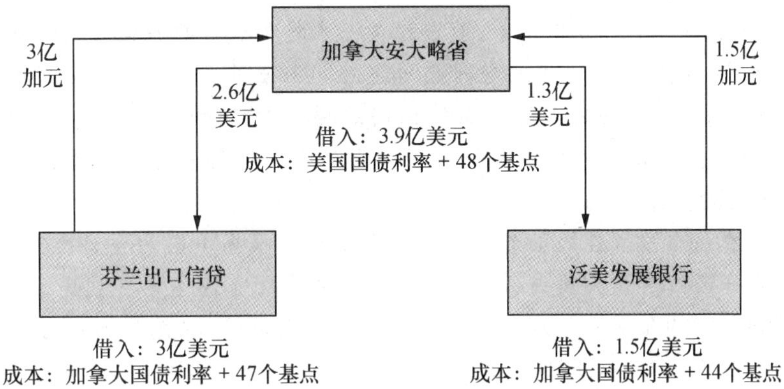

芬兰出口信贷代理商、加拿大安大略省和泛美发展银行都能以自己具有相对优势的方式融资,但三方所筹得的资金并非各自偏好的货币。因而,三方希望进行合作以解决货币错配的问题。高盛(Goldman Sachs)投资银行在此次合作中充当了配对者的角色,它综合三方的需求并为三方进行借款利率和互换利率的谈判提供帮助:

- 芬兰出口信贷(Finnish Export Credit,FEC)可在欧洲市场上以较低的成本筹集加拿大元。但现在它需要用美元而非加拿大元偿还一笔债务。
- 加拿大安大略省(Province of Ontario)需要筹集加拿大元,但当地的市场规模较小,如果继续在当地筹资,筹资成本会上升。因而,安大略省考虑从美元市场以更优惠的成本借款。
- 类似于 FEC,泛美发展银行(Inter-American Development Bank, IDAB)需要偿还美元贷款。但其美元债务的比例已太高,而且其在加拿大元市场上筹资的成本会更低。

每个借款者首先决定各自所需资金的数额和期限,进而采用货币互换进行合作。在高盛投资银行的协调下,三方对各自所负偿还责任的定价进行谈判。在发行债务的同时,三方将所筹集的资金和所承担的债务偿付互换成各自所偏好的货币。每一方都可在自身具有优势的市场上筹资(筹资成本更低),并且将所筹资金互换成偏好的货币。这样,每一方的总成本都将低于各自直接以偏好货币筹资的成本。

小案例

麦当劳公司的英镑敞口

麦当劳公司在一百多个国家进行投资。它认为对外国分子公司的股权投资是一种风险，因而要根据具体的国家、货币和市场进行对冲。

英国子公司的敞口

麦当劳母公司所持有的英国子公司的权益和该子公司的日常运营状况给母公司造成了三种不同的英镑敞口：

- 子公司拥有股权资本，而该权益资本是母公司的一项以英镑标价的资产。
- 除股权投资外，麦当劳母公司还对其子公司提供了为期四年的1.5亿英镑公司内部贷款，该贷款的成本为5.30%的固定利率。
- 子公司每年将总销售额的一个固定比例以英镑上交给母公司。这三个敞口使麦当劳面临了很大的风险。

另有一个技术性的细节使情况更为复杂。根据美国的会计准则和税务法律，当母公司向子公司发放公司内部贷款时，母公司必须确认这笔贷款是否是永久性投资（将一笔四年期的贷款看做永久性投资似乎很不合逻辑，但是母公司可将贷款不断展期甚至永不收回）。根据FAS #52规则，如果这笔贷款没有被确认为永久投资，则由汇率变化所导致的与该贷款有关的损益将直接反映在母公司的损益表上。而如果被确认为永久性投资，则由汇率变动带来的损失只会反映在公司合并报表的CTA（cumulative translation adjustment）项目上。麦当劳公司选择了确认该笔贷款为永久性投资。另外，英国子公司的运营货币为本土货币——英镑。

Anka Gopi是麦当劳公司金融市场/财务部门的经理，同时她也是麦当劳公司股票的持有者。因此，她需要重新审视公司对英镑敞口所采取的对冲措施。公司的措施是签署一份美元与英镑的互换合约。根据互换合约，麦当劳公司支付英镑并收到美元，合约的期限为7年。类似于其他的货币互换合约，麦当劳公司要按期支付利息并在7年后，合约到期时支付理论本金。麦当劳将理论本金的支付作为对持有的英国子公司权益资本的对冲。

根据FAS #52的规定，公司可以选择接受由外币贷款所带来的利息并将利息直接反映在公司的损益表（P&L）中。过去，麦当劳一直按此方法操作，并且从中获益良多。

美国于1998年6月制定了FAS #133规则，该规则被称为衍生工具和对冲交易的会计准则（Accounting for Derivative Instruments and Hedging Activities）。该规则的实施期限为1999年6月之后所有财务年度里的所有财务季度（对绝大多数公司而言，实施日期是2000年1月1日）。新规则规定的标准过于复杂，而且对美国跨国公司的影响过于巨大，以至于金融会计标准委员会不得不将该规则的实施期限推迟到2001年。

Anka Gopi希望能考虑FAS #133对麦当劳公司对冲策略的潜在影响。按照

FAS #133 的要求,公司要时时计算互换合约(包括理论本金)的市场价值,并将合约的市场价值反映在**其他综合收入**(other comprehensive income,OCI)项目上。然而,OCI 是美国 GAAP 要求下的一种收入形式,一般体现在财务报表的脚注中,而不在每股收益的计算范围内。尽管公司一直以来将互换的利息支付反映在收入当中,但从未将互换本金的现值反映在 OCI 上。由此,Anka Gopi 认为会给 OCI 带来非常大的风险。

Anka Gopi 也希望对当前的策略重新进行考虑。首先,她列出了现行策略的收益和损失,并将该策略与其他可能的策略进行比较,以判断现在是否有补救措施。

案例思考题

1. 英国的子公司给麦当劳带来了很大的英镑敞口。货币互换如何有效地对冲此敞口带来的风险?

2. 麦当劳在其英国子公司有长期的股权投资。货币互换如何对冲此敞口带来的风险?

3. Anka Gopi 和麦当劳公司有必要为 OCI 担忧吗?

小结

◎ 非金融性公司的利率风险主要来源于债务。跨国公司的债务组合中包含了不同期限、不同利率结构(固定利率和浮动利率)和不同货币的债务。

◎ 世界利率越来越强的波动性以及全球范围内对短期浮动利率债务运用的增加,导致了很多公司对利率风险采取了主动的管理策略。

◎ 非金融性跨国公司的利率风险主要来源于短期借款和投资以及长期债务融资。

◎ 利率风险管理中所用到的技术和工具与货币风险管理的技术和工具类似:在借贷实践中经尝试证明为正确的方法。

◎ 利率风险管理的主要技术和工具包括:远期利率协议(FRAs)、利率期货和利率互换。

◎ 如果公司受市场限制,不能以其偏好的货币或以最优的利率结构筹集资金,造成筹资成本过高或风险太大,则公司可以通过利率互换市场或货币互换市场以较低的成本实现融资目标。也即公司可通过利率互换和货币互换来更有效地管理利率风险和货币风险。

◎ 货币互换不但可使公司改变现金流的标价货币,亦可使公司债务的利率结构在浮动利率和固定利率间实现转换。

思考题

1. **三位一体风险**。请定义并解释跨国公司面临的主要三种金融风险。
2. **参照利率**。什么是“参照利率”？如何运用参照利率来设定贷款的实际利率？
3. **风险和收益**。有些财务部门的职能被设置为公司的服务中心(成本中心)，而有些则被设置为赢利中心。这两种设置有何区别？每种设置方式对公司意味着什么？
4. **预测种类**。请解释具体预测和方向性预测有何不同。
5. **政策陈述**。请解释目标陈述和政策陈述之间的差别。
6. **信用风险和重新定价风险**。请从借款人的角度解释信用风险和重新定价风险，并列出借款人为降低上述两种风险所采取的步骤。
7. **远期利率协议**。假设一家公司筹借了一笔浮动利率贷款，它如何通过远期利率协议来降低利率风险？
8. **欧洲美元期货**。报纸上列出一份给定的6月份到期欧洲美元期货的结算价为93.55，则它的年收益是多少？
9. **利率互换的违约**。Smith公司与Jones公司签署了一份利率互换合约。按合约规定，Smith公司按固定利率向Jones公司支付利息，Jones公司则按浮动利率向Smith公司支付利息。现在Smith公司破产，因而无法向继续向Jones公司支付现金流。如何衡量该事件给Jones公司造成的损失？
10. **货币互换**。为什么一家负有支付英镑利息的责任的公司要将支付责任互换为美元支付？
11. **交易对手风险**。互换的交易所交易是如何消除交易对手无法履行合约责任的风险的？

练习题

1. **Andina, S.A.公司**。Andina, S.A.是一家智利的公司。该公司要筹借一笔期限为八周，数额为$8 000 000的贷款。来自纽约、英国和瑞典的潜在贷款人分别根据国际利息计算标准、英国利息计算标准和瑞士欧洲债券利息计算标准(按天计算的惯例)给出贷款的报价。三者的报价都为年利率4.00%。该公司应选择哪家银行的贷款？
2. **Adelaide公司**。澳大利亚的Adelaide公司要在欧洲美元市场上筹借$30 000 000的资金，借款期限为2年。经过调查，有三种可供选择的筹资方式：
   a. 以5%的固定利率筹借$30 000 000。
   b. 以LIBOR + 1.5%的浮动利率筹借$30 000 000，其中LIBOR的当期值为3.5%，且每半年对LIBOR调整一次
   c. 以4.5%的固定利率借入一年期债务，本金为$30 000 000。一年后再重新协商借入一年期借款。

   比较三种借款方式并给出你的建议。
3. **Raid Gauloises公司**。Raid Gauloises公司是一家成长迅速的法国公司，该公司主要生产运动商品和户外冒险设备。公司决定在欧洲欧元市场上以浮动利率筹集四年期金额为€ 20 000 000的债务。公司必须在下述两家银行中选择一家。

   巴黎银行给出的利率为欧元LIBOR +2.00%，且在期初收取占本金1.8%的前端费用。Sorbonne银行对同样的本金和期限，给予较高溢价的利率为欧元LIBOR

+2.5%,但不收取前端费用。且两家银行均按年调整 LIBOR。

即期欧元 LIBOR 为 4.00%。Raid Gaulois-es 公司预测每年 LIBOR 会上升 0.5 个百分点。而 Sorbonne 银行则预测 LIBOR 每年会上涨 0.25 个百分点。Raid Gauloises 公司的资本成本为 11%。你认为 Raid Gauloises 公司应该选择哪家银行的贷款?

4. **Felini 汽车公司**。意大利的 Felini 汽车公司筹借了一笔 €5 000 000 的四年期浮动利率贷款。该公司现在担心未来的利率会上升。虽然在借款之初它认为利率的走势是下降的,但现在的一些指标表明经济正面临渐增的通胀压力。分析家指出欧洲央行将会放缓货币增长速度,提高利率。

   Felini 公司预采取措施来对冲欧元 LIBOR 利率上升的风险。它决定与一家保险公司签订一份远期利率协议。按协议规定,每年末,如果 LIBOR 的下降导致了贷款利率 LIBOR +2.5% 低于由期初的 LIBOR 决定的贷款利率(6.5%),则 Felini 公司向保险公司支付两个利率间的差值。相反,如果年末 LIBOR 的上升导致贷款利率高于期初的利率,则保险公司向 Felini 公司支付两个利率间差值的 70%。

   购买这份远期利率协议要在期初花费 $100 000。现在如果 LIBOR 上升,Felini 公司的融资成本是多少?如果 LIBOR 下降呢?如果 Felini 公司的加权资本成本为 12%,你认为 Felini 应该签订这份远期利率协议吗?

5. **John Jones 公司**。John Jones 公司要在三个月后支付一笔按浮动利率计算的利息。他决定通过购买利率期货合约来锁定利率。假设三个月后到期的利率期货的当期结算价为 93.07,也即年收益率为 6.93%。如果三个月后的浮动利率为 6.00% 或 8.00%,John Jones 在哪种情况下会赢利?哪种情况下会亏损?

6. **Canon Candy 公司**。Mary Martin 是 Canon Candy 公司的财务人员。她认为未来利率会上升,因而欲通过利率互换将公司的浮动利率贷款的利息支付转换成固定利率支付。现在,公司要偿付期限为 2 年本金为 $5 000 000 的浮动利率贷款,年利率为 LIBOR + 2%,且每半年付息一次。即期年 LIBOR 为 4%。公司刚进行过一次利息支付,所以下次支付将在半年后发生。

   Martin 发现,她可通过互换将公司当前的浮动利率支付转换成年固定利率 7.00% 的支付。(Canon Candy 公司的加权资本成本为 12%,也即半年期的资本成本为 6%,每半年计复利一次。)

   a. 如果从明天开始,LIBOR 每半年增长 50 个基点,则 Canon Candy 公司通过互换可使成本下降或上升多少?

   b. 如果从明天开始,LIBOR 每半年下降 25 个基点,则 Canon Candy 公司通过互换可使成本下降或上升多少?

7. **Xavier 公司和 Zulu 公司**。Xavier 制造公司和 Zulu 公司都在寻找成本最低的融资方式。Xavier 公司偏好浮动利率借款的弹性,而 Zulu 公司则希望获得固定利率贷款的安全性。Xavier 公司的信用状况更好。它们面临如下的利率结构,由于有较高的信用等级,Xavier 公司在两种类型借款中的借款成本都较低。

	Xavier 公司	Zulu 公司
信用等级	AAA	BBB
借款的固定利率成本	8%	12%
借款的浮动利率成本	LIBOR +1%	LIBOR +2%

   Xavier 公司想得到浮动利率的借款,所以它可以 LIBOR + 1% 的利率借款。尽管如此,它可以固定利率 8% 借款,并换回浮动利率借款。Zulu 公司想得到固定利率,所以它可以固定利率 12% 进行借款,尽管如此,它也可以 LIBOR + 2% 的浮动利率

借款,并且换回固定利率借款,它们应该怎样做?

8. **Carlton 公司的跨币种互换:瑞士法郎换美元。**在本章,Carlton 公司签订了一份三年期跨货币利率互换,付出瑞士法郎收到美元。然而,Carlton 决定在 1 年后解除互换协议,因此在 1 年后解除互换时还需承担两年的结算成本。重新计算解除协议的成本:

两年期瑞士法郎利率	每年 5.20%
两年期美元利率	每年 2.20%
当期汇率	Sfr 1.5560/ $

9. **Carlton 公司的跨币种互换:**日元换欧元。利用同样的互换率表(图表 14.10),假设 Carlton 公司签订了一份付出日元换回欧元的互换合约,合约的名义本金为 €5 000 000,签订互换时的即期汇率为 ¥104/ €。
   a. 计算互换协议持续期间欧元和瑞士法郎的所有本金和利息支付。
   b. 假设在签订合约 1 年后,Carlton 决定要解除该互换合约并用欧元结算。假设现在日元的 2 年期固定利率为 0.8%,欧元的 2 年期固定利率为 3.1%,即期汇率现在为 ¥114/ €,那么该互换协议当前的净现值是多少?谁应该向谁支付以及支付多少?

10. **Delphi 公司**。Delphi 公司是一家美国汽车零部件供应商,该公司是 2000 年从通用公司分离出来的。公司每年的销售超过了 260 亿美元,为了寻求一个更具分散化的销售基础,公司已经将其市场大大拓展到传统汽车制造商的业务范围之外。作为普通分散化追求的一部分,公司还想要多样化其债务组合的货币种类。假设 Delphi 公司签订了一份价值 0.5 亿美元的 7 年期跨货币利率互换来达到多样化其货币种类的目的——支付欧元并获得美元。利用表 14.10 中的数据并假设即期汇率为 \$1.16/ €。
   a. 计算互换持续期内两种货币的所有本金和利息支付。
   b. 假设三年后 Delphi 公司决定解除该互换协议,如果四年期的欧元固定汇率现在上升到了 5.35%,四年期的美元固定利率下降到了 4.40%,并且当前的即期汇率为 \$1.02/ €,那么该互换协议的净现值是多少?谁应该向谁支付以及支付多少?

网上练习

1. **当前的利率和收益率曲线**。利用纽约联邦储备银行的网页得到近期所有期限的美元债务利率。利率的历史数据同样可以得到。画出三个月到十年间不同期限的美国固定期限收益每周和每月是如何变动的。

   Federal Reserve Bank of New York

   http://www.ny.frb.org

   Board of Governors of the Federal Reserve

   http://www.bog.frb.fed.us/releases/h15/current

2. **国际互换和衍生品协会(ISDA)**。ISDA 是试图对利率和货币互换的标准化使用并跟踪市场规模的主要国际组织。利用 ISDA 的网址,找出哪种利率衍生品发展得最快。

   International Swaps & Derivatives

   http://www.isda.org

3. **新兴市场和债务**。拉丁美洲、东欧、非洲和亚洲的新兴市场是许多公司现在的业务拓展地,并且因而产生了新的债务需求。利用下面的网页学习许多新兴国家的金融工具和市场,包括最近的 Brady 债券报价,该债券是世界新兴市场中交易最广泛的债务工具。

Emerging Markets Companion

http://www.emgmkts.com

J. P. Morgan & Company, Inc.

http://www.jpmorgan.com

文献选读

Brown, Keith C., and Donald J. Smith, "Default Risk and Innovations in the Design of Interest Rate Swaps", *Financial Management*, Vol. 22, No. 2, Summer 1993, pp. 94—105.

Ho, T. S., Richard C. Stapleton, and Marti G. Subrahmanyam, "The Risk of a Currency Swap: A Multivariate Binomial Methodology", *European Financial Management*, Vol. 4, No. 1, March 1998, pp. 9—28.

Smith, Clifford W., Jr., Charles W. Smithson, and Lee MacDonald Wakeman, "The Market for Interest Rate Swaps", *Financial Management*, Winter 1988, pp. 34—44.

Solnik, Bruno, "Swap Pricing and Default Risk: A Note", *Journal of International Financial Management and Accounting*, Vol. 2, No. 1, Spring 1990, pp. 79—91.

Wall, Larry D., and John J. Pringle, "Alternative Explanations of Interest Rate Swaps: A Theoretical and Empirical Analysis", *Financial Management*, Summer 1989, pp. 59—73.

附录

利率风险管理高级专题

本章附录是对本章正文所介绍的利率风险管理基础知识的深入探讨。附录主要介绍基于期权工具和技术的管理方法。利率期权按交易的市场可分为两种,即交易所交易的期权和银行间交易的期权(场外交易)。实际上,在交易所交易的利率期权是利率期货期权。场外交易的利率期权有上限期权、下限期权和领子期权组合。

利率上限期权和下限期权

利率上限期权(interest rate cap)是用来固定短期利率支付上限的期权。如果市场利率上升至超过协定利率上限的水平时,期权的买方执行期权并获得以名义本金与实际市场利率与期权协定利率上限的差值相乘所得的现金支付。如其他所有期权一样,上限期权的买方将在期初向卖方支付期权费以获得选择权。通常,和期权的执行利率一样,期权费也会以百分比/年的形式报出。与帽子利率期权相反,当参考利率下降到下限期权的执行利率之下时,**利率下限期权**(interest rate floor)的买方执行期权并获得补偿性支付(现金结算)。

图表 14A.1 列出了美元三个月 LIBOR 和德国马克六个月 LIBOR 的上限期权和下限期权的报价。图中所列期权的期限为 2 年、3 年和 5 年,还列出了其中两个较短期限的两个可供选择的利率。其中 5 年期的期权只列出了单一执行利率。每种期权都列出了买入价和卖出价,投资者可以按此价格买入和卖出期权。

图表 14A.1 上限期权和下限期权的报价

到期日	3个月 LIBOR 的美元上限期权利率		3个月 LIBOR 的美元下限期权利率	
	上限期权利率	买价—卖价	下限期权利率	买价—卖价
2年	5.00%	42—46	4.00%	42—47
	6.00%	15—19	5.00%	149—154
3年	6.00%	69—79	4.00%	54—62
	7.00%	35—42	5.00%	190—200
5年	7.00%	147—165	5.00%	245—261
到期日	6个月 LIBOR 的德国马克上限期权利率		6个月 LIBOR 的德国马克下限期权利率	
	上限期权利率	买价—卖价	下限期权利率	买价—卖价
2年	6.00%	35—40	5.50%	57—63
	6.50%	19—24	6.00%	101—107
3年	6.00%	93—99	5.50%	89—96
	6.50%	60—65	6.00%	156—161
5年	6.75%	172—185	5.50%	122—145

资料来源:*International Financing Review*, Issue 990, July 31, 1993, p.83. 买卖差价是用基点表示的。例如“42—46”指的是每年本金的0.42%—0.46%。

期限和结构

上限期权和下限期权的具体设定没有理论上的限制。尽管一到五年期利率期权的交易量有所萎缩,但对于主要货币的十年期以内的上限期权而言,场外市场仍具有很强的流动性。有一个补充条件对于交易者对上限期权期限的理解是十分重要的。不仅期权的总期限很重要,而且更应受到重视的是利率重设的期限。例如,一份普通的利率上限期权是期限为两年的三个月期 LIBOR 期权。这意味着该期权的存续期限是两年,且在期权的存续期中,共存在7个三个月 LIBOR 的利率重设日期或称利率基准设定日。当然,利率在期权生效的前三个月不会重设。利率上限期权主要分为两种:

1. **利率担保期权**(Interest rate guarantee, IRG)。这种期权只为买家提供一个期间内的保护。只有当一个主要的变动利率发生再融资或再投资时才给借款者提供保护。

2. **利率上限期权**。该期权在一个较长的时间内(如两到五年内)保护投资者免于利率重设所带来的损失。而利率重设的期限——如三个月期 LIBOR 或六个月期 LIBOR——被称为上限期权的路程(*tenor*)。这种保护是离散的,即只保护投资者不受利率重设日当天的利率的影响,而不对任何重设日之外的市场利率超过执行利率的日期提供保护。

上述两种期权中,利率上限期权的应用更为广泛,因而我们以此类期权为例来简要介绍利率期权。

上限期权的估价

我们以场外市场的期权为例。一份银行和公司之间签订的期权合约的主要条款如下:

1. 期限:3 年
2. 执行利率:6.00%
3. 参照利率:三个月期美元 LIBOR
4. 总的重设期:12 期(每年有四次利率重设,三年则有 12 次)
5. 名义本金: $10 000 000
6. 期权价格:79 个基点(0.79%)
7. 固定借款利率:7.00%

这份期权是季节性利率重设,期限为 3 年。期权的执行利率为 6%。计算利息支付的本金为 $10 000 000。在期初需支付的期权费为 79 个基点。公司可以以每年 7% 的固定利率借款。

这份上限期权的利息支付可分为三个不同的部分。(1) 实际的三个月期的利息支付;(2) 在参照利率上升至期权执行利率之上的条件下,买方得到的支付额;(3) 每年的期权费。为了更清楚地说明上限期权如何发生作用,我们假设重设日的 LIBOR(实际上,重设日利率以现金流支付日的前两天的利率确定)上升至 6.5%,超过了执行利率 6.0%。

1. **利息支付。**不管期权是否执行,期权的买方都有责任进行正常的利息支付。则公司有一项期限为 3 个月(实际 90 天)、本金为 $10 000 000 的以 LIBOR 计息的利息支付:

$$\$10\,000\,000 \times 0.0650 \times \frac{90}{360} = \$162\,500$$

2. **收到的上限期权现金流。**如果利率重设日的市场 LIBOR 上升至期权执行利率之上,则期权的买方就会执行期权,并从期权卖方中获得现金支付。支付金额为两个利率之间的差额:

$$\$10\,000\,000 \times \left[(0.0650 - 0.0600) \times \frac{90}{360}\right] = \$12\,500$$

3. **分期支付的期权溢价。**得到期权保护的成本是在期初支付的期权费。0.79% 的期权费在期初支付,该项支出覆盖了整个期权存续的期限。所以,要计算期权综合的利息支付就必须计算分摊到每期的期权费。公司可得到年利率为 7% 的固定利率借款,因而可用 7% 的利率来计算分摊到每期的期权费。

期权总的重设期限为 12 期。我们可通过抵押贷款分期偿还的公式来计算分摊到每期的期权费。公式中所用的年折现率为 7%(或季度折现率 1.75%):

$$\text{每季度的期权费}\frac{0.7900\%}{\left[\frac{1}{0.0175} - \frac{1}{0.0175 \times (1.0175)^{12}}\right]} = 0.07356\%$$

也即每年的期权费为 0.2942%。[①]

① 这是计算固定利率贷款等额分期付款的公式。原公式为:

$$\text{每期偿还额} = \frac{\text{现值}}{\frac{1}{r} - \frac{1}{r \times (1+r)^t}}$$

其中,现值代表当期的贷款额;t 代表总的偿还期限;r 代表每期的利率。此公式计算出的每期偿还额同时包括了利息支付和本金偿还。

由以上的计算可得出，上限期权利息支付的总成本 AIC 为年利率 6.2942%，或每三个月的最高支付为 $157 356：

上限期权价值的组成部分	每年的利率	每三个月的现金支付
利息导致的现金流出	6.5000%	$162 500
上限期权的现金流入	6.0000%—6.5000%	-12 500
期权费的现金流出	0.2942%	+7 356
总成本或 AIC	6.2942%	$157 356

通过上限期权，公司限制了利息支付的上限。如果下个重设日的三个月期 LIBOR 低于执行利率(6%)，则公司实际成本为 LIBOR 与季度化的期权费(0.2942%)之和。不管是否执行期权，期权费都必须在期初支付。

如果期权被执行，则期权的这种保护类似于将浮动利率支付转换为固定利率支付的互换合约。然而与互换不同的是，如果市场利率维持在执行利率之下，则期权的买方只需维持常规利息支付，而不受互换中约定利率的制约。

为了更清楚地说明期权买方购买上限期权和利率担保期权的动机，我们需要在期权设定初时预测由未来一段时间的 LIBOR 决定的利息支付。图表 14A.2 比较了在对三个月期 LIBOR 的不同预期下，无抛补的债务利息支付和受上限期权保护的债务利息支付。从图中可看出，虽然上限期权的期权费使得利息支付稍高于 6%，但当 3 个月期 LIBOR 上升很快时，受期权保护的利息支付远低于无抛补的利息支付。在 LIBOR 低于 6% 时，则期权费的存在增加了原无抛补债务的总成本。

如果公司将其固定利率(6%)借款转换为浮动利率(LIBOR)的，而非利用期权来对冲利率风险，则不管三个月期 LIBOR 高于还是低于 6%，公司的利息支付都固定在 6% 的水平上。利率上限期权为期权买方提供了防止利率上升的保险，同时又保留了获取市场利率不上升所带来的收益的可能性。类似于第 8 章所介绍的用货币期权进行外汇风险管理的例子，公司只有在预期不需要执行期权时，才会购买上限期权。如果公司对利率在利率重设日会超过 6% 的情况有强烈预期，则一份支付固定利率(6%)、收到浮动利率(LIBOR)的互换合约会是更好的选择。

利率下限期权

利率上限期权实际上是对利率的看涨期权，同理，**利率下限期权**则是对利率的看跌期权。利率下限期权可确保期权买方在一个确定的投资期限或一系列的期限中有一个最低的投资收益。

例如，公司在三个月后会收到一笔现金流入，并打算将这笔现金流用于投资。显然，公司希望获得一个尽可能高的投资回报率。下限期权可以确保公司获得最低有效投资收益率(名义本金投资的回报率)。如果在公司进行投资的日期，实际市场利率低于期权执行利率，则期权的持有方收到的金额为两个利率的差额的现金支付。

图表 14A.2 利率上限期权概览

	A	B	C	D	E	F	G	H	I
1									
2		**图表 14A.2 利率上限期权概览**							
3									
4		**输入数据**			**利率上限期权的年成本**				
5		名义本金，$	$10 000 000		季度溢价			0.0736%	
6		到期日，年	3		年度溢价，%/年			0.2942%	
7		每年支付额	4		上限期权的利率，%/年			6.000%	
8		固定借款利率，%/年	7.00%		总成本，%/年			6.2942%	
9		执行利率，%/年	6.00%						
10		溢价，基点	79						
11									
12		**利率上限期权概览**							
13			重置日期的 3 个月 LIBOR 利率，%/年						
14			5.00%	5.50%	6.000%	6.294%	7.00%	8.00%	
15		未抛补的利率支付，%/年	5.00%	5.50%	**6.00%**	**6.294%**	**7.00%**	**8.00%**	
16		利率支付上限的计算							
17		正常的季度利息支付	$125 000	$137 500	$150 000	$157 356	$175 000	$200 000	
18		收到上限期权的现金流	$0	$0	$0	$7 356	$25 000	$50 000	
19		期权溢价支付流出，$	$7 356	$7 356	$7 356	$7 356	$7 356	$7 356	
20		季度现金净流出(总成本)	$132 356	$144 856	$157 356	$157 356	$157 356	$157 356	
21		利息支付上限，%/年	**5.294%**	**5.794%**	**6.294%**	**6.294%**	**6.294%**	**6.294%**	
22–46									

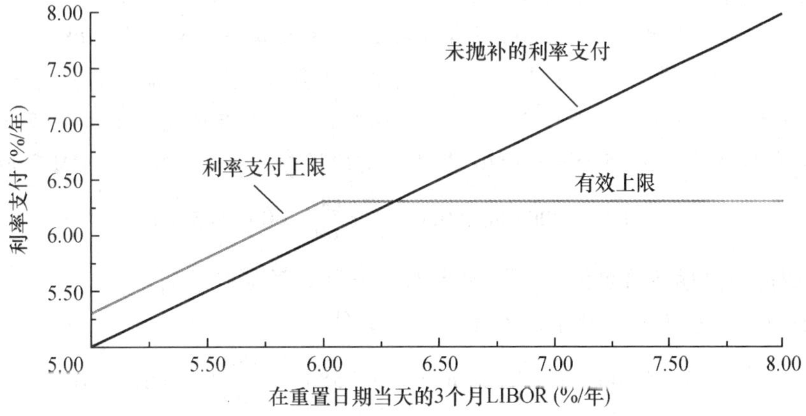

（续表）

	A	B	C	D	E	F	G	H	I
47									
48									
49		**主要单元格输入** H5：=(C10/10 000)/(1/(C8/C7) - 1/(C8/C7 * (1 + C8/C7)^(C6 * C7))) H6：=C7 * H5 H7：=C9 H8：=H6 + H7 C17 = $C$5 * C14/ $C$7,copy to D17:H17 C18:IF(C14 > $C$9, $C$5 * (C14 - $C$9)/ $C$7,0),copy to D18:H18 C19：= $C$5 * $H$5, copy to D19:H19 C20：=C17 - C18 + C19, copy to D20:H20 C21：= $C$7 * C20/ $C$5, copy to D21:H21							
50									
51									
52									
53									
54									
55									
56									
57									
58									
59									

利率下限期权的估值

利率下限期权的定价和估值与利率上限期权类似。一家德国公司（马克仍在流通时）购买了一份两年期的如图表14A.1中所示的执行利率为6%的下限期权。该期权的主要条款如下：

1. 期限：2年
2. 执行利率：6.00%
3. 参照利率：六个月期德国马克（DM）LIBOR
4. 总重设期：4期（2年，每年两次）
5. 名义本金：DM 50 000 000
6. 期权价格：107个基点（1.07%）
7. 固定投资利率：6.50%

公司预期利率（投资回报率的计算与此利率有关）不会下降到6%以下，但仍希望对其下跌的可能作出防范。假设六个月后，六个月期DM LIBOR果真下降到了5.80%（低于期权的执行利率6.00%），因而公司会执行期权。类似于利率上限期权，下限期权的定价也可分为三部分：

1. **利息支付**。不管利率下限期权是否被执行，期权买方都将以市场利率进行投资。因此买方公司将收到六个月期DM LIBOR，即5.8%的回报，其名义本金为DM 5 000 000：

$$\text{DM } 5\,000\,000 \times 0.0580 \times \frac{180}{360} = \text{DM } 145\,000$$

2. **收到的下限期权现金流**。因为参照利率下降到了期权执行利率之下，期权会被执行。期权买方将收到金额为两个利率的差值的现金支付：

$$\text{DM } 5\,000\,000 \times \left[(0.0600 - 0.0580) \times \frac{180}{360}\right] = \text{DM } 5\,000$$

3. **分期支付的期权溢价**。不管到期是否执行期权，期权买方都要支付期权费。单笔1.07%的前端总支出可分摊成两年期的、每六个月一次的期权费支付。期权费分摊所用到的折现率为公司在期权合约生效的期初投资可以实现的固定利率，在本例中为6.50%。则期权的溢价为：

$$六个月的期权费=\frac{1.07\%}{\left[\frac{1}{0.0325}-\frac{1}{0.0325\times(1.0325)^4}\right]}=0.2896\%$$

每六个月的所分摊期权费为 0.2896%，也即每年为 0.5792%。

由以上计算结果得出，下限期权保护下的投资的总收益为年利率 5.421%，或在两年期名义本金为 DM 5 000 000 的情况下，每六个月的最低收益为 DM 135 520：

下限期权价值的组成部分	每年的利率	每三个月的现金支付
投资现金流入	5.800%	DM 14 500
执行期权的现金流入	6.0000 − 5.8000%	5 000
期权费现金流出	0.579%	−14 480
总收益或 AIY	5.421%	DM 135 520

图表 14A.3 列出了每半年重置利率时不同参考利率下的利率下限期权的价值。从图中可看出，即使公司为其现金流再投资购买了期权保护，在半年后的利率重设日，当参照利率（六个月期 DM LIBOR）低于 6%，由于要支付期权费，公司获得的实际有效投资收益率会低于 6%（5.421%/年）。类似于上限期权，如果公司预期利率快速下跌，以至于超越了下限期权的保护范围，购买一份支付浮动利率、收到固定利率的互换合约对公司而言是更好的选择。

图表 14A.3 利率下限期权概览

	A	B	C	D	E	F	G	H	I
1									
2				图表 14A.3 利率下限期权概览					
3									
4		输入数据			利率下限期权的年成本				
5		名义本金，DM	$5 000 000		季度溢价			0.2896%	
6		到期日，年	2		年度溢价，%/年			0.5792%	
7		每年支付额	2		下限期权的利率			6.0000%	
8		固定借款利率，%/年	6.50%		总成本，%/年			5.4208%	
9		执行利率，%/年	6.000%						
10		溢价，基点	107						
11									
12		利率下限期权概览							
13			重置日期的 6 个月 DM LIBOR 利率，%/年						
14			4.00%	5.00%	5.421%	6.00%	7.00%	8.00%	
15		**未抛补的利率收入，%/年**	**4.00%**	**5.00%**	**5.421%**	**6.00%**	**7.00%**	**8.00%**	
16		利率支付下限的计算							
17		正常的季度利息支付，DM	100 000	125 000	135 521	150 000	175 000	200 000	
18		收到下限期权的现金流，DM	50 000	25 000	14 479	0	0	0	
19		期权溢价支付流出，DM	14 479	14 479	14 479	14 479	14 479	14 479	
20		季度现金净流出(总成本)	135 521	135 521	135 521	135 521	160 521	185 521	
21		**利率支付下限，%/年**	**5.421%**	**5.421%**	**5.421%**	**5.421%**	**6.421%**	**7.421%**	
22									

（续表）

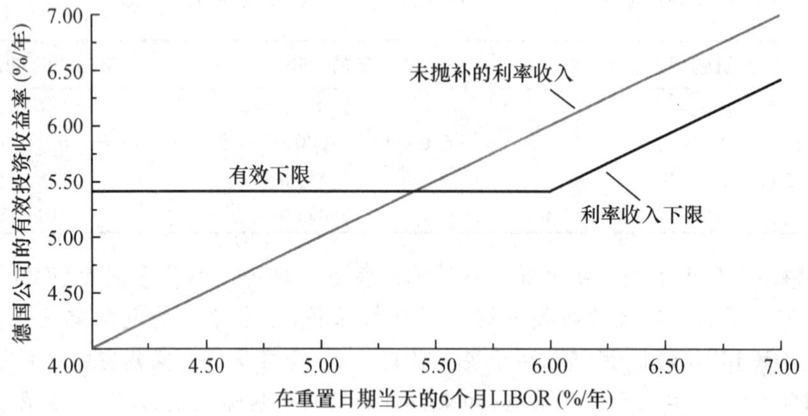

主要单元格输入

```
H5: =(C10/10000)/(1/(C8/C7)-1/(C8/C7*(1+C8/C7)^(C6*C7)))
H6:C7*H5
H7: =C9
H8: =H7-H6
C17 = $C$5*C14/$C$7,copy to D17:H17
C18:IF(C14<$C$9,$C$5*($C$9-C14)/$C$7,0),copy to D18:H18
C19: = $C$5* $H$5, copy to D19:H19
C20: =C17+C18-C19, copy to D20:H20
C21: = $C$7*C20/$C$5, copy to D21:H21
```

利率领子期权组合

利率领子期权组合（interest rate collar）是指同时购买（出售）一份上限期权和出售（购买）一份下限期权的组合策略。通过构建领子期权组合，公司可通过出售一份期权所获得的期权费来部分或全部弥补购买另一份期权的支出。如果出售和购买期权的期权费相等，则该策略又称为**零成本领子组合**（zero cost collar）。

利率领子期权组合保留了获得利率下跌带来的收益的可能性，同时也降低了为购买上限期权所要支付的前端期权费。在零成本领子的情况下，该期权费可部分或全部通过出售具有合适的执行利率的下限期权来抵消。例如，我们可以通过图表 14A.1 来构建领子组合，即以 0.46% 的价格购买一份上限期权以防止三个月美元 LIBOR 超过 5%，同时以 0.42% 的价格出售一份防止三个月期美元 LIBOR 低于 4% 的下限期权。虽然不完全为零，该组合的成本已经非常小了（0.46% −0.42% =0.04%）。我们用图表 14A.4 来说明这例组合。

图表 14A.4 利率领子期权概览

图表 14A.4 利率领子期权概览

输入数据			上限和下限期权的年成本	
名义本金，$	$10 000 000		上限期权的季度溢价	0.0604%
到期日，年	2		年度溢价率，%/年	0.2418%
每年支付额	4		上限期权执行率，%/年	5.5000%
固定借款利率，%/年	4.50%		上限期权的总成本，%/年	5.7418%
上限期权执行利率，%	5.50%		下限期权的半年溢价，%/年	0.0552%
上限期权率，%/年	5.00%		年度溢价率，%/年	0.2208%
上限期权溢价，基点	46		下限期权执行利率，%/年	3.5000%
下限期权执行利率，%	3.50%		下限期权的总成本，%/年	3.2792%
下限期权率，%/年	4.00%			
下限期权溢价，基点	42.00%			

利率领子期权概览							
	3 个月后重新设置利率，%/年						
	0.00%	1.00%	3.500%	5.00%	5.50%	6.00%	8.00%
未抛补的利率支付	**0.00%**	**1.00%**	**3.50%**	**5.00%**	**5.50%**	**6.00%**	**8.00%**
上限期权利率支付的计算							
正常的季度利息支付	$0	$25 000	$87 500	$125 000	$137 500	$150 000	$200 000
收到上限期权现金支付	$0	$0	$0	$0	$0	$12 500	$62 500
上限期权溢价支付现金	$6 045	$6 045	$6 045	$6 045	$6 045	$6 045	$6 045
净季度现金流出(总成本)	$6 045	$31 045	$93 545	$131 045	$143 545	$143 545	$143 545
上限期权利率支付	**0.242%**	**1.242%**	**3.742%**	**5.242%**	**5.742%**	**5.742%**	**5.742%**
下限期权利率支付的计算							
正常的季度利息收入	$0	$25 000	$87 500	$125 000	$137 500	$150 000	$200 000
收到下限期权现金支付	$87 500	$62 500	$0	$0	$0	$0	$0
下限期权溢价支付现金	$5 519	$5 519	$5 519	$5 519	$5 519	$5 519	$5 519
季度现金净流出(总成本)	$81 981	$81 981	$81 981	$119 481	$131 981	$144 481	$194 481
下限期权利率支付	**3.279%**	**3.279%**	**3.279%**	**4.779%**	**5.279%**	**5.779%**	**7.779%**

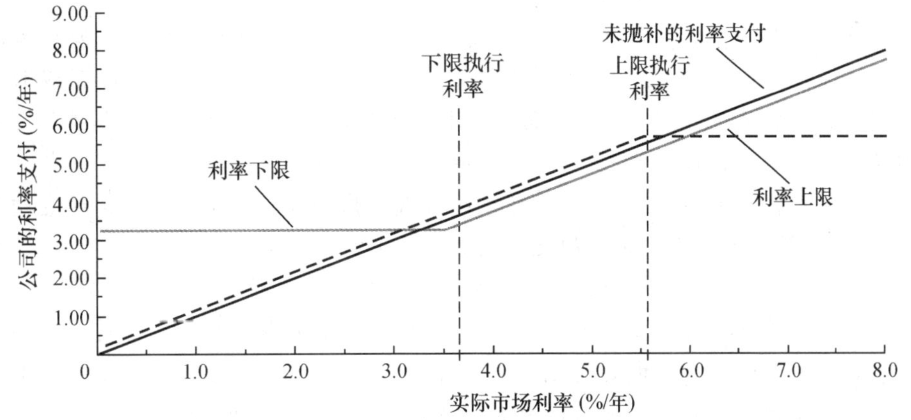

（续表）

	A	B	C	D	E	F	G	H	I	J
57										
58										
59		**主要单元格输入** H5: =($C$11/10000)/(1/($C$8/ $C$7) - 1/($C$8/ $C$7 * (1 + $C$8/ $C$7)^								
60		($C$6 * $C$7)))								
61		H6: = C7:H5								
62		H7: = C9								
63		H8: = H6 + H7								
64		H9: =($C$14/10000)/(1/ $C$8/ $C$7) - 1/($C$8/ $C$7 * (1 + $C$8/ $C$7)^ ($C$6 * $C$7)))								
65		H10: = C7 * H9								
66		H11: = C12								
67		H12: = H11 - H10								
68		C21: = $C$5 * C$18/ $C$7, copy to D21:I21 and C27:I27								
69		C22: = IF(C18 > $C$9, $C$5 * (C18 - $C$9)/ $C$7,0), copy to D22:I22 C23: = $C$5 * $H$5, copy to D23:I23								
70		C24: = C21 - C22 + C23, copy to D24:I24								
71		C25 = C24 * $C$7/ $C$5, copy to D25:I25 and D31:I31								
72		C28: = IF(C18 < $C$13, $C$5 * ($C$12 - C18)/ $C$7,0), copy to D28:I18								
73		C29: = $C$5 * $H$9, copy to D29:I29 C30: = C27 + C28 - C29, copy to D30:I30								
74										
75										

零成本领子组合通过放弃利率下降时获得收益的可能性，以零成本消除了利率上升所带来的损失。需要牢记的是，虽然领子组合具有零初始成本的特点，但当利率下降至下限期权的执行利率之下时，组合的卖方仍会要求买方支付按期权条款计算的金额。正因为公司有被要求支付的风险，就像一个互换合约一样，这种交易的任何一方相对于另一方都存在风险敞口。如果领子组合为零成本且零宽度，则该组合实际上等同于一份互换合约。外汇领子期权组合的构造原理也是如此，即同时买入一份做空货币的看涨期权和卖出一份做空货币的看跌期权（一种卖空外汇的综合远期合约）。

互换期权

一份期权的互换——**互换期权**（swaption），赋予了期权买方在约定的日期，按事先约定的名义本金和利率购买一份互换合约的权利而非义务。公司的财务人员通常会购买**支付方互换期权**（payer's swaption）。这种期权赋予该财务人员进行支付固定利率/收到浮动利率的互换的权利。如果利率上升至互换期权的执行利率水平之上，公司财务人员会执行该期权。如利率维持在较低水平，则公司会放任期权到期而从低利率中获益。

互换期权的执行有两种结算方式，即通过**互换结算**（swap-settled）或通过现金结算。结算时，公司将收到反映互换内在价值的支付金额。现金结算的情况消除了互换合约中所存在的交易对手风险。期权买方所承担的最大损失仅为期初时所支付的期权费。

越来越多的跨国公司开始出售互换期权。例如，一家英国公司向银行出售的一份互换期权——又被称为**接收方互换期权**（a receiver's option），在一个可接受的固定利率上执行。该期权赋予买方银行从公司那得到固定利率支付的权利。当利率下降至执行利率水平之下时，银行会执行期权。

小结

- 基于期权的工具和技术常用于进行利率风险管理。
- 一份**利率上限期权**是用来固定短期利率支付上限的期权。
- 一份**利率下限期权**可确保期权买方在一个确定的投资期限或一系列的期限中有一个最低的投资收益(基于投资的理论本金算出)。
- **利率领子期权组合**是指同时购买(出售)一份上限期权和出售(购买)一份下限期权的组合策略。
- 一份期权的互换——**互换期权**,赋予了期权买方在约定的日期,按事先约定的名义本金和利率购买一份互换合约的权利而非义务。

第 15 章　国际组合理论与分散化

本章探讨了如何应用组合理论来降低跨国公司持有的资产组合的风险，以及通常发生在跨国多样化经营活动中的风险。在本章的第 1 节，我们将组合理论从国内拓展到国际经济环境中。然后，我们介绍了如何通过国际分散化来降低组合的风险，包括了跨国公司的证券组合和一般的经营活动组合。本章第 2 节则详细论述了国际组合理论及其应用，并介绍了目前对国际分散化组合中风险和收益均衡的实证研究结果。本章最后的两部分则探讨了国际分散化对跨国公司资本成本的影响。

15.1　国际分散化和风险

组合国际分散化的影响可分为两部分：持有国际性证券可能会带来风险下降的好处，以及增加潜在的外汇风险。

15.1.1　降低组合风险

我们首先介绍组合风险。组合风险是用组合收益率的方差与市场收益率的方差之比率来衡量的。该比值即为组合的 **beta** 值。如图表 15.1 所示，如果增加组合中的证券种类，组合的风险起初会很快降低，然后将以非对称的方式趋近于市场的系统性风险。一个充分分散的国内投资组合的 beta 值将等于 1。

图表 15.1 列出了美国经济中组合风险的下降过程。从图中可看出，一个充分分散化的美国投资组合的风险仅为单个股票风险的 27%。这种关系表明，单个股票风险的 73% 可在一个充分分散化的美国投资组合中得到分散。尽管组合分散化投资可在很大程度上降低风险，但我们不可能消除所有的风险，因为证券收益率受到一些共同因素的影响。我们将这些共同因素概括为**市场**。

图表 15.1 通过分散化降低组合风险

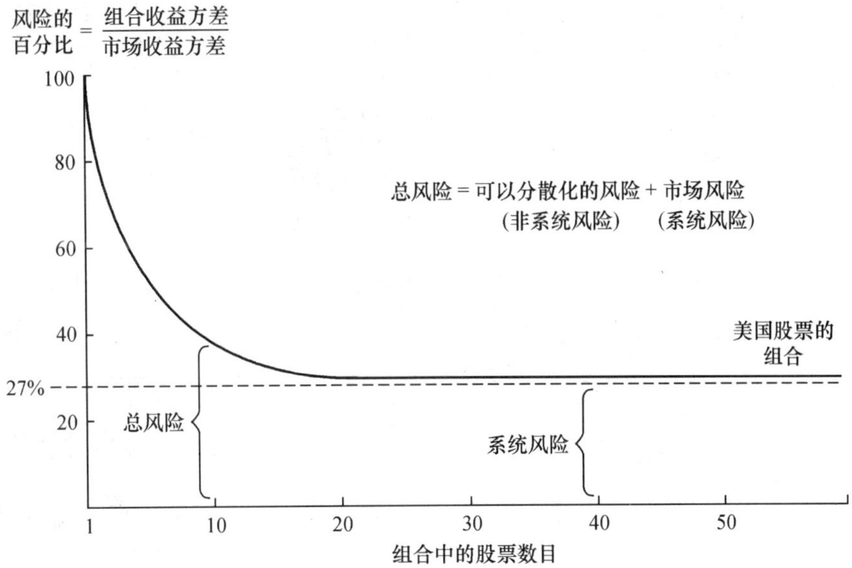

当组合被分散化时，组合收益的方差相对于市场收益的方差（beta）减少到系统风险——市场本身的风险——的水平上。

任何组合的总风险都由系统风险（市场）和非系统风险（单个证券）组成。增加组合中证券的种类在降低非系统性风险的同时，保持系统性风险不变。

图表 15.2 表明了同时国内分散化和国际分散化而出现的超额收益。图中较低的曲线代表增加了外国证券的投资组合。该曲线总体的形状与美国国内投资组合曲线相似，但是它有更低的组合 beta 值。这意味着国际投资组合的市场风险低于国内投资组合的市场风险。这种情况产生的原因是外国证券收益与全球 beta 而不是与美国证券收益紧密相关。我们将在本章第三部分对全球 beta 进行详细论述。

15.1.2 外汇风险

一个组合的外汇风险可以通过国际分散化来降低，无论是证券组合还是跨国公司经营活动的组合。国际分散化组合的构建与传统国内组合的构建既有区别又有联系。在理论上，两种组合投资者的目的都是通过组合不完全相关的资产来降低总风险。此外，通过在组合中加入本国市场之外的资产，这些资产过去是不能够被平均到组合的收益与风险中的，投资者可以充分利用一个更大的潜在投资集合。

图表 15.2 通过国际分散化降低组合风险

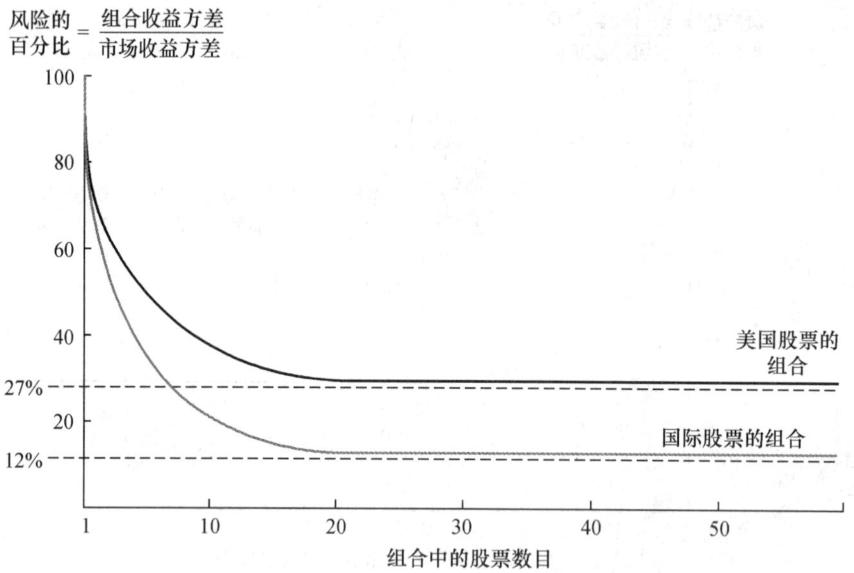

当对组合进行国际化分散时，组合的 beta——不能被分散的系统风险水平——降低了。

当投资者持有本国市场以外的资产或证券时，投资者也可能持有了一项以外币标价的资产，此时，国际投资组合的构建就不同了。当然也有例外，如很多美国投资者通常会购买并持有欧洲美元债券（只准在二级市场购买，在初次发行时购买是非法的），这不会给美国投资者带来外汇风险，因为这些证券是以他们本国的货币标价的。所以，投资者实际上持有了两种另外的资产——标价货币和用标价货币购买的资产——在原则上是一种，对期望收益与风险来说是两种。

日本股票的例子。用一个数值化的例子可以说明与国际组合分散化和汇率风险相关的困难。假设一个美国投资者在 2002 年 1 月 1 日用 US $1 000 000 投资于一只在东京股票交易所交易（Tokyo Stock Exchange，TSE）的股票。2002 年 1 月 1 日的即期汇率为 ¥130.00/ $，即 $1 000 000 可兑换 ¥13 000 000。投资者在东京股票交易所用 ¥13 000 000 购买了 6 500 股每股价格为 ¥20 000 的股票，投资期为一年。

一年后，投资者以市场价出售 6 500 股股票，此时股票价格为每股 ¥25 000，每股价格上涨了 ¥5 000，当股价为 ¥25 000 时，6 500 股产生的收入为 ¥162 500 000。

2003 年 1 月的即期汇率为 ¥125.00/ $，投资者按此汇率将日元兑换成他的母国货币美元。因此这项投资的总收益为：

$$\frac{\text{US } \$1\,300\,000 - \text{US } \$1\,000\,000}{\text{US } \$1\,000\,000} = 3\,000\%$$

事实上，以美元计算的投资总收益为日元收益（该收益为正）和在东京股票交易所上市的股票收益（该收益为正）的综合。这个收益可以分别用货币价值的变化率（r^{shares}）和股票价值的变化率（$r^{¥/\$}$）来表示：

$$R^{\$} = [(1 + r^{¥/\$})(1 + r^{¥}_{\text{shares}})] - 1$$

本例中，从美国投资者的角度来看，日元升值 4.00%（从 ¥130/ $ 到 ¥125/ $）。

同时在东京股票交易所交易的这些股票的价格上涨了 25.00%。由此,以美元计算的总投资收益为:

$$R^{\$}=[(1+4.00\%)(1+25.00\%)]-1=0.3000 \text{ 或 } 30\%$$

显然,当加入了货币风险时,国际分散化的风险较国内投资的风险更为复杂。然而,我们必须看到,给定组合的结构和分散化的可能性,货币风险也会改变证券在不同国家和不同货币之间的相关关系,而国内组合则不存在该问题。**金融实务专栏 15.1** 详细介绍了关于外汇风险的争论。

金融实务专栏15.1

GLOBAL FINANCE IN PRACTICE

基金经理应该对冲货币风险吗

2000 年欧元贬值对国际分散化投资组合的影响引发了基金经理们关于是否应该对冲组合中货币风险的争论。2000 年欧元贬值达 19.6%,使很多国际投资组合的收益受损。

组合投资经理评价投资业绩时使用最广泛的国际股票指数是摩根斯丹利国际资本欧洲、澳大利亚和远东(EAFE)指数。EAFE 指数在 2000 年下跌了 14.17%。但如果将货币的波动从该指数中剔除(即有效对冲掉货币风险),则下跌幅度仅为 4.38%。

例如,Artisan 基金在理论上不对货币风险对冲。它认为货币风险只占其全球分散化投资组合中总风险的一小部分。然而,该基金受到 2000 年欧元贬值的严重影响,其投资者也因此遭受了损失。反对对冲货币风险的基金经理则进行了争辩,他们认为世界主要货币确实存在剧烈的波动,经常是在接下来的时间里快速地向相反方向移动。

其他基金,如 Janus Worldwide,通过远期和期权交易对其投资组合中的货币风险进行了对冲。这些基金的经理相信,通过消除投资组合中的货币风险可使他们专注于股票投资的决策,而股票投资是基金经理的传统优势。例如,2000 年,Tweedy, Browne 公司的全球基金上涨了 12.4%,这个业绩超越了其他 95% 的向美国投资者发售的类似的全球基金。据基金经理透露,货币风险的对冲使基金业绩提升了 10 个百分点。

还有一些基金则进行选择性的对冲,基金经理和货币分析人员会对他们认为当期风险最大的货币进行对冲。毕竟,是否对冲取决于个人的偏好。与基金经理是否应该对交易风险进行对冲类似,是否应该对货币风险进行对冲的争论还将继续。

总之:

- 国际分散化所带来的益处导致了投资者对外国证券的需求(即通常所称的买方)。
- 如果在投资者的组合中增加一只外国证券可以在既定的风险下增加组合的收益,或在既定的收益水平下降低风险,则这只证券就增加了组合的价值。

• 一个增加组合价值的证券会引起投资者的需求。如果证券的潜在供给是有限的，需求的增加会提高股票的价格。这意味着降低了证券发行者的资本成本。卖方，即证券的发行者，就可以更低的资本成本筹资了。

15.2　国内投资组合的国际化

我们首先来回顾国内投资组合理论的基本原理，以便更好地理解由国际分散化带来的增值变化。然后，我们介绍投资组合国际分散化如何改变投资者可选组合的集合。

15.2.1　最优国内组合

古典投资组合理论假定典型的投资者是风险厌恶的。该假定意味着投资者会接受一些风险，但不会接受不必要的风险。所以，典型投资者就是寻求一个单位期望组合风险下期望组合收益最大的组合。

国内投资者会从国内市场中选择证券构建投资组合。如图表 15.3 所示，由国内证券组成的无数个投资组合集构成了**国内投资组合机会集**(domestic portfolio opportunity set)。形成国内投资组合机会集最左边界的投资组合集被称为**有效边界**(efficient frontier)。该边界代表了最优的证券投资组合，因为在每个期望的组合收益水平下，这些组合的期望风险最小。在这些所有可能的组合中，拥有最小风险的组合是**国内最小风险组合**(minimum risk domestic portfolio, MR_{DP})。

图表 15.3　　**最优国内组合的构建**

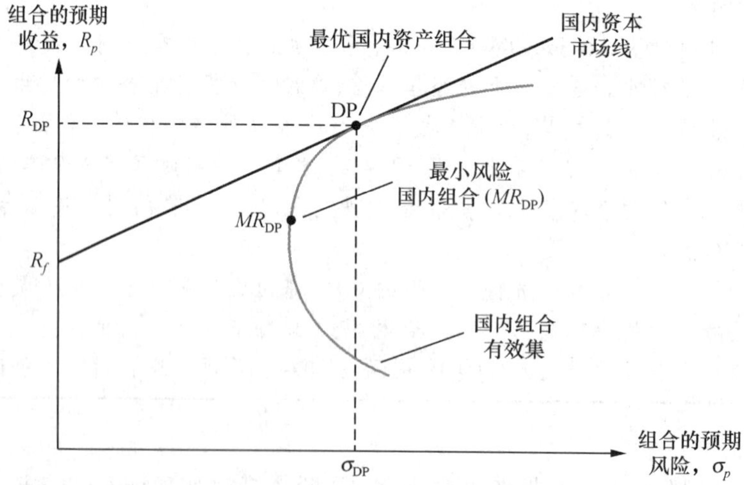

投资者可能会选择国内组合有效集内的资产组合。国内最优组合是 DP 代表的组合，此时资本市场线与组合有效集相切。图中 MR_{DP} 标示的为国内最小风险组合。

个体投资者将会寻找由无风险资产和有效边界上的一个国内组合所构成的**最优国**

内组合(optimal domestic portfolio,DP)。投资者从收益率为 R_f 的无风险资产(预期风险为零)开始,沿资本市场线移动一直到达组合 DP。之所以称该组合为最优国内组合,是因为它是以最陡的斜率移向风险区域——最大化期望组合收益对期望风险的斜率——同时依然能与国内投资组合机会集相切。这条线被称为资本市场线,并且,组合理论假定可以以无风险利率进行借贷的投资者能沿着资本市场线移向任意一点。

值得注意的是,最优国内投资组合并非最小风险组合(MR_{DP})。因为无风险资产和 MR_{DP} 的连线的斜率低于资本市场线,并且投资者不会收到如 DP 那样多的单位期望风险下的期望收益。

15.2.2　国际分散化

图表 15.4 揭示了允许投资者从国际分散化的潜在组合集中选择时产生的影响。**国际分散化投资机会集**(internationally diversified portfolio opportunity set)在国内投资组合机会集的左边,在国际分散化投资组合机会集有效边界上任何一点,投资者都可以找到一个每种期望收益水平下更低期望风险的组合。

图表 15.4　　**国际分散化组合机会集**

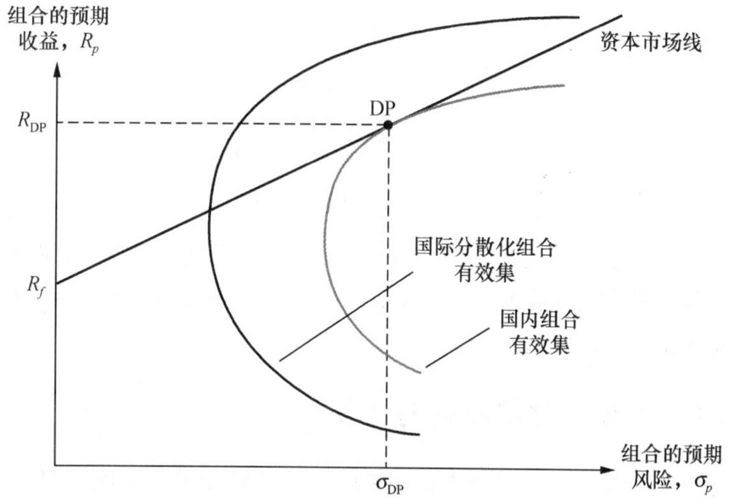

在投资者可行的总机会集中加入国际分散化组合会使总组合机会集左移,为每个水平的期望组合收益提供了期望风险更低的投资组合。

准确弄清"为什么与相同的国内投资组合相比,国际分散化投资组合集有更低的风险"是很重要的。这种收益产生于在原有证券组合中加入了新的证券或组合,而这些证券或组合与国内机会集中的证券和组合并非完全相关。

例如,Sony 公司的股票在东京股票交易所上市。Sony 股票价格由公司的经营业绩和公司经营所处的市场情况决定。只要这两个因素中至少有一个因素与美国投资者可以投资的证券和市场不存在完全正相关,那么投资者就会发现图表 15.4 中所示的机会集移动的现象。

15.2.3 最优国际组合

与前面一样，投资者也可选择一个由无风险资产和国际分散化投资组合机会集有效边界上的一个组合所决定的最优组合。**最优国际组合**（optimal international portfolio, IP）仍旧位于从无风险资产出发的（国际分散化的）资本市场线上，且该组合是资本市场线与国际分散化投资组合机会集的切点。我们将用图表 15.5 来说明。

图表 15.5 国际组合分散化的回报

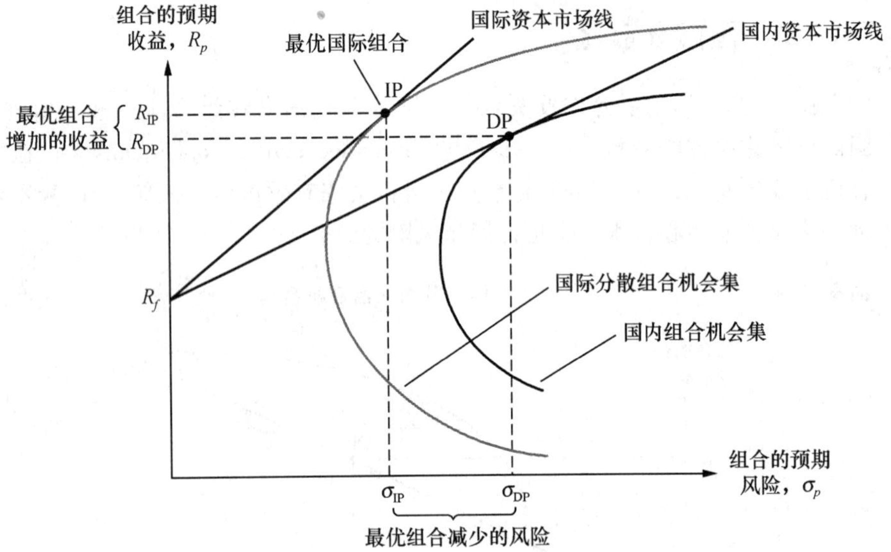

国际分散化的好处是显而易见的，投资者的最优国际组合 IP 比最优国内组合 DP 具有更高的期望组合收益（$R_{IP} > R_{DP}$）和更低的期望组合风险（$\sigma_{IP} < \sigma_{DP}$）。因此，最优国际组合优于最优国内组合。

15.2.4 组合风险和收益的计算

投资者可以通过在组合中增加风险资产来降低投资风险。只要资产收益不存在完全正相关，投资者就能降低风险，因为资产收益的部分波动可以相互抵消。

两资产模型。假设 Carlton 公司的财务经理 Caitlin Kelly 考虑将公司的市场化证券投资于两种风险资产：美国股票市场指数和德国股票市场指数。我们用期望收益（最近一段时间收益的平均值）和期望风险（最近一段时间收益的标准差）来表现两种指数的特征：

	期望收益		期望风险(σ)
美国股票指数(US)	14%		15%
德国股票指数(GER)	18%		20%
相关系数($\rho_{US\text{-}GER}$)		0.34	

如果两种资产的投资比重分别为 w_{US} 和 w_{GER}，且 $w_{US}+w_{GER}=1$。通常用组合期望收益的标准差来度量组合的风险(σ_P)，用如下等式表示：

$$\sigma_P = \sqrt{w_{US}^2\sigma_{US}^2 + w_{GER}^2\sigma_{GER}^2 + 2w_{US}w_{GER}\rho_{US,GER}\sigma_{US}\sigma_{GER}}$$

其中，σ_{US}^2 和 σ_{GER}^2 分别代表美国和德国风险资产的期望收益的方差。希腊字母 $\rho_{US\text{-}GER}$ (rho)为两个市场在一段时期收益间的相关系数。

我们现在把具体的数值代入式中：美国的标准差为 15%，德国的标准差为 20%，相关系数是 0.34。假设 Caitlin Kelly 最初希望对美国和德国的投资比例分别为 40% 和 60%。则组合的期望风险为：

$$\sigma_P = \sqrt{(0.40)^2(0.15)^2 + (0.60)^2(0.20)^2 + 2(0.40)(0.60)(0.34)(0.15)(0.20)}$$

简化后为：

$$\sigma_p = \sqrt{0.0036 + 0.0144 + 0.0049} = 0.151 \approx 15.1\%$$

注意，组合的风险并非各资产风险的加权平均。只要相关系数($\rho_{US\text{-}GER}$)小于 1，资产收益波动就会互相抵消一部分，从而降低了风险。相关系数越低，风险分散的机会就越大。

我们用下列等式来计算组合的期望收益：

$$E(R_P) = w_{US}E(R_{US}) + w_{GER}E(R_{GER})$$

其中，$E(R_P)$、$E(R_{US})$ 和 $E(R_{GER})$ 分别表示投资组合的期望收益、美国股票指数的期望收益和德国股票指数的期望收益。给定美国的期望收益为 14%，德国的为 18%，我们可计算出组合的期望收益为：

$$E(R_P) = (0.4)(0.14) + (0.6)(0.18) = 0.164 \approx 16.4\%$$

改变权重。在最终决定合意的组合之前，Caitlin Kelly 还想计算改变两种股票指数资产的权重会给组合收益和风险带来的影响。给定权重的变动额为 0.5，Caitlin Kelly 在典型的组合风险-收益图中绘出了各种组合的图形。图表 15.6 显示了这种结果。

这些由两种资产以不同权重构成的可能组合给了 Caitlin Kelly 一些有趣的选择。这些组合中的两个极端，即具有最大期望收益的组合和具有最小风险的组合，具有完全不同的权重结构。正如我们在最初的资产期望中所预计的：具有最大期望收益的组合由 100% 的德国股票指数资产构成；最小期望风险的组合，期望风险大约为 15.2%，则由约 70% 的美国证券和 30% 的德国证券组成。

图表 15.6 不同资产权重下的资产组合图示

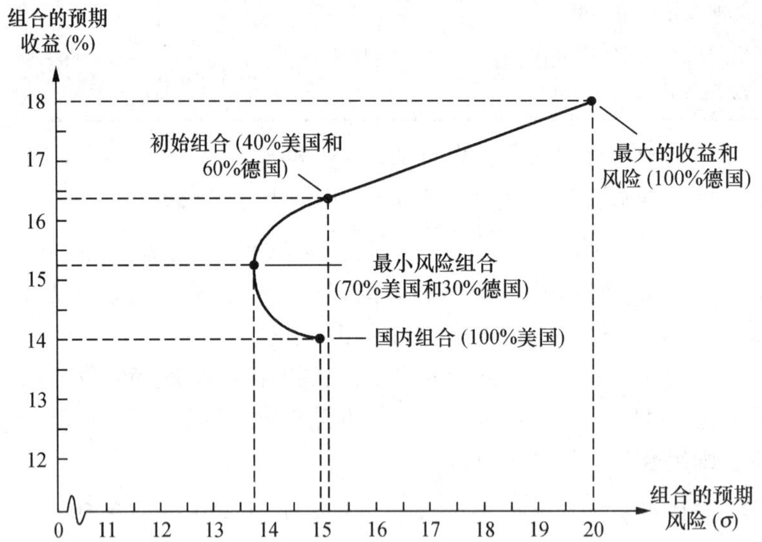

多资产模型。我们可以将以上的等式一般化为包含多种资产的组合。组合的风险为:

$$\sigma_p = \sqrt{\sum_{i=1}^{N} w_i^2 \sigma_j^2 + \sum_{i=1}^{N-1} \sum_{j=i+1}^{N} w_i w_j \rho_{ij} \sigma_i \sigma_j}$$

组合的期望收益为:

$$E(R_P) = \sum_{i=1}^{N} w_i E(R_i)$$

其中,N 为组合中的资产的总数量。

如果投资者可以持有外国资产,我们就能极大地扩充可行的投资集。投资者可在既定风险水平上获得更高的收益,或在同样收益水平上获得更低的风险。

15.3 国家市场和资产表现

正如前一部分所述,资产组合一般由付息的无风险资产和风险资产组成。图表 15.7 按资产种类——票据、债券和股票——列出了主要国家的市场在整个 20 世纪(1900—2000 年)的表现。风险和收益都是以真实数据为基础。

从图表 15.7 可以看出,至少在 1900 年至 2000 年间,投资于权益资产的风险得到了极大的收益回报。美国股票的平均收益率经通货膨胀调整后为 8.7%,债券的平均收益率仅为 2.1%,国库券的平均收益率为 1.0%。美国市场的情况并非特例,事实上,澳大利亚、德国、日本、南非和瑞典的股票市场在 20 世纪都显示出了较高的平均收益率。有意思的是,图中所列 16 个国家的所有股票市场的平均收益率都为正,最低的是比利时,为 4.5%,最高的是瑞典,为 9.9%。

图表 15.7　　全球三个主要资产类别的真实收益和风险,1900—2000 年

国家	股票(%)		债券(%)		票据(%)	
	均值	标准差	均值	标准差	均值	标准差
澳大利亚	9.0	17.7	1.9	13.0	0.6	5.6
比利时	4.8	22.8	0.3	12.1	0.0	8.2
加拿大	7.7	16.8	2.4	10.6	1.8	5.1
丹麦	6.2	20.1	3.3	12.5	3.0	6.4
法国	6.3	23.1	0.1	14.4	-2.6	11.4
德国	8.8	32.3	0.3	15.9	0.1	10.6
爱尔兰	7.0	22.2	2.4	13.3	1.4	6.0
意大利	6.8	29.4	-0.8	14.4	-2.9	12.0
日本	9.3	30.3	1.3	20.9	-0.3	14.5
荷兰	7.7	21.0	1.5	9.4	0.8	5.2
南非	9.1	22.8	1.9	10.6	1.0	6.4
西班牙	5.8	22.0	1.9	12.0	0.6	6.1
瑞典	9.9	22.8	3.1	12.7	2.2	6.8
瑞士	6.9	20.4	3.1	8.0	1.2	6.2
英国	7.6	20.0	2.3	14.5	1.2	6.6
美国	8.7	20.2	2.1	10.0	1.0	4.7

资料来源:Elroy Dimson, Paul Marsh, and Mike Staunton, *Triumph of the Optimists: 101 Years of Global Investment Returns*, Princeton: Princeton University Press, 2002, p.65. 其中"均值"代表算术平均数,"标准差"代表平均收益的波动。德国债券和票据的统计不包括 1922—1923 年的数据,瑞士股票的数据起始于 1911 年。

但正如**金融实务专栏 15.2** 中所述,证券的长期平均表现很容易产生一些误导。因为它们有一种平滑收益的趋势,但在危机时期,则足以使一个投资者破产。

金融实务专栏15.2

GLOBAL FINANCE IN PRACTICE

20 世纪的股票市场危机

过去一个世纪,最大的几次股票市场危机都主要与战争和恐怖主义以及它们带来的经济灾难有关。

国家	事件	股票市场的损失(以真实收益计算,%)
美国	恐怖袭击,2001 年 9 月 11 日	-14%
美国	1987 年 10 月股票市场大跌	-13%
美国	熊市,2000 年到 2001 年	-37%
美国	1929 年的华尔街危机	-60%
英国	熊市,1973 年到 1974 年	-71%
德国	第二次世界大战,1945 到 1948 年	-91%
日本	第二次世界大战,1944 到 1947 年	-97%

资料来源:Elroy Dimson, Paul Marsh, and Mike Staunton, *Triumph of the Optimists: 101 Years of Global Investment Returns*, Princeton: Princeton University Press, 2002, p.58.

然而，全球分散化的真正好处，来源于世界上不同股票市场之间并不是完全正相关的这个事实。因为各国的工业结构和各国在经济周期中所处的阶段均不同，我们预计不同国家投资之间的相关度比同一国家投资间的相关度要小。

图表 15.8 列出了 1900—2000 年间全球各股票市场的相关系数。表中左下方相关系数的计算期为整个 1900—2000 年，右上方系数的计算期为 1996 至 2000 年。表中任一计算期内，16 个国家市场收益间相对较低的相关系数意味着巨大的潜在国际分散化。为了方便比较，收益都被转换成了同一货币（此例中是美元），且经过了通货膨胀的调整。

图表 15.8　　全球股票市场间的相关系数：1900—2000 年

右上方：以 1996 至 2000 年间 60 个月真实美元受益为基础的相关性，其中爱尔兰和南非的数据来源于 FTSE，其余数据来源于 MSCI。
左下方：以 1900—2000 年间 101 年的真实美元收益为基础的相关性。

	World	U.S.	UK	Swi	Swe	Spa	Saf	Neth	Jap	Ita	Ire	Ger	Fra	Den	Can	Bel	Aus
World		0.93	0.77	0.59	0.62	0.67	0.54	0.73	0.68	0.52	0.69	0.69	0.73	0.57	0.82	0.54	0.69
U.S.	0.85		0.67	0.44	0.46	0.53	0.46	0.57	0.49	0.40	0.66	0.56	0.56	0.46	0.78	0.45	0.57
UK	0.70	0.55		0.58	0.44	0.63	0.31	0.71	0.42	0.39	0.73	0.58	0.59	0.57	0.57	0.59	0.56
Swi	0.68	0.50	0.62		0.39	0.60	0.19	0.72	0.36	0.45	0.57	0.53	0.64	0.58	0.35	0.63	0.37
Swe	-0.62	0.44	0.42	0.54		0.63	0.38	0.63	0.34	0.49	0.27	0.76	0.76	0.44	0.61	0.29	0.44
Spa	0.41	0.25	0.25	0.36	0.37		0.35	0.63	0.32	0.64	0.50	0.64	0.75	0.56	0.51	0.55	0.54
Saf	0.55	0.43	0.49	0.39	0.34	0.26		0.30	0.44	0.24	0.31	0.42	0.37	0.25	0.62	0.10	0.66
Neth	0.57	0.39	0.42	0.51	0.43	0.28	0.29		0.39	0.59	0.63	0.74	0.77	0.64	0.55	0.70	0.46
Jap	0.45	0.21	0.33	0.29	0.39	0.40	0.31	0.25		0.18	0.33	0.25	0.36	0.24	0.50	0.17	0.59
Ita	0.54	0.37	0.43	0.52	0.39*	0.41	0.41	0.32	0.34		0.33	0.55	0.71	0.50	0.40	0.51	0.38
Ire	0.58	0.38	0.73	0.70	0.42	0.35	0.42	0.46	0.29	0.43		0.42	0.45	0.49	0.54	0.57	0.50
Ger	0.30	0.12	-0.01	0.22	0.09	-0.03	0.05	0.27	0.06	0.016	0.03		0.83	0.61	0.57	0.59	0.46
Fra	0.62	0.36	0.45	0.54	0.44	0.47	0.38	0.48	0.25	0.52	0.53	0.19		0.63	0.60	0.66	0.48
Den	0.57	0.38	0.40	0.51	0.56	0.34	0.31	0.50	0.46	0.38	0.55	0.22	0.45		0.55	0.54	0.30
Can	0.80	0.80	0.55	0.48	0.53	0.27	0.54	0.34	0.30	0.37	0.41	0.13	0.35	0.46		0.30	0.65
Bel	0.58	0.38	0.40	0.57	0.43	0.40	0.29	0.60	0.25	0.47	0.49	0.26	0.68	0.42	0.35		0.30
Aus	0.66	0.47	0.66	0.51	0.50	0.28	0.56	0.41	0.28	0.43	0.62	0.04	0.47	0.42	0.62	0.35	

注：表中字母为国家的简写。美国（U.S.）；英国（UK）；瑞士（Swi）；瑞典（Swe）；西班牙（Spa）；南非（Saf）；荷兰（Neth）；日本（Jap）；意大利（Ita）；爱尔兰（Ire）；德国（Ger）；法国（Fra）；丹麦（Den）；加拿大（Can）；比利时（Bel）；澳大利亚（Aus）。

资料来源：Elroy Dimson, Paul Marsh, and Mike Staunton, *Triumph of the Optimists: 101 Years of Global Investment Returns*, Princeton: Princeton University Press, 2002, p.115.

这项研究的作者指出，相关系数似乎与地理位置和空间距离存在逻辑关系。整个 20 世纪里，相邻或相近的国家之间的相关系数更大。例如，在图中左下方所列的数据中，美国与加拿大之间的相关系数(0.80)和爱尔兰与英国之间的相关系数(0.73)最大。

图表 15.8 右上方所列的 1996—2000 年的各国家股票市场间的相关系数普遍大于它们在整个世纪的相关系数。整个世纪的平均相关系数仅为 0.36，而 1996—2000 年间的平均相关系数却为 0.5。尽管只是在最近的一段时间区间内，并且全球股票市场的表现受到了几个工业化市场不寻常的 IT 泡沫的影响，但这足以证明市场表现整体化程度的提高。①

① Elroy Dimson, Paul Marsh, and Mike Staunton, *Triumph of the Optimists: 101 Years of Global Investment Returns*, Princeton: Princeton University Press, 2002, pp.115—116.

这项研究的作者还进行了其他的多元回归分析，该分析将 20 世纪分为前后两半，但并没有发现两个时间区间存在明显的关系。他们还进一步认为，并不能用前半个世纪的年数据来预测 1950—2000 年的相关性。[②]

15.3.1　风险调整后的市场表现：夏普测度和特雷纳测度

尽管前面的两个图表描述了国家市场和主要资产类别的长期历史表现，但并没有完全反映怎样综合考虑收益和风险。图表 15.9 列出了 1977—1996 年 18 个主要股票市场的月度收益的总结统计数据。除了用平均收益和标准差（衡量风险）等传统指标衡量各市场的表现外，我们还给出了测量单个市场对全球组合 beta 值的风险调整后收益的两个指标：夏普测度和特雷纳测度。

图表 15.9　**1977—1996 年 18 个主要股票市场的月度收益统计数据**

（所有的收益都转换成美元并包含所有支付的红利）

	平均收益（%）	标准差（%）	Beta（β_i）	夏普测度（SHP_i）	特雷纳测度（TRN_i）
澳大利亚	1.00	7.44	1.02	0.078	0.0057
奥地利	0.77	6.52	0.54	0.055	0.0066
比利时	1.19	5.53	0.86	0.141	0.0091
加拿大	0.82	5.34	0.93	0.076	0.0044
丹麦	0.99	6.25	0.68	0.092	0.0085
法国	1.18	6.76	1.08	0.113	0.0071
德国	0.97	6.17	0.84	0.089	0.0065
中国香港	1.50	9.61	1.09	0.113	0.0100
意大利	0.96	7.57	0.89	0.071	0.0061
日本	1.08	6.66	1.21	0.099	0.0055
荷兰	1.39	4.93	0.89	0.197	0.0109
挪威	1.00	7.94	1.02	0.073	0.0057
新加坡	1.09	7.50	1.01	0.090	0.0057
西班牙	0.83	6.81	0.94	0.060	0.0044
瑞典	1.37	6.67	0.97	0.143	0.0099
瑞士	1.10	5.39	0.86	0.127	0.0080
英国	1.35	5.79	1.06	0.162	0.0089
美国	1.01	4.16	0.82	0.143	0.0072
平均	1.09	6.51	0.93	0.107	0.0073

资料来源：计算表中数据所用到的股市数据来自摩根斯坦利的 *Capital International Perspectives*。

投资者应该采用每单位风险所对应的收益来考察收益而不是将它们分开来考虑

② Elroy Dimson, Paul Marsh, and Mike Staunton, *Triumph of the Optimists: 101 Years of Global Investment Returns*, Princeton: Princeton University Press, 2002, p. 116.

(如仅仅考虑平均风险和收益)。如图表 15.9 所示,中国香港市场具有最高的月度平均收益率(1.50),但同时也具有最高的风险(9.61%)。

在评价组合表现时综合考虑收益和风险,我们在图表 15.9 中介绍了两种度量方式:夏普测度(SHP)和特雷纳测度(TRN)。夏普测度计算的是组合每单位风险所带来的平均收益超过无风险收益的部分:

$$夏普测度 = SHP_i = \frac{\bar{R}_i - R_f}{\sigma_i}$$

其中,代表组合 i 在一特定时期内的平均收益,R_f 代表平均的无风险收益,σ_i 代表组合的风险。特雷纳测度的计算方法非常类似,但它不是用组合总收益的标准差测量风险,而是用组合的 beta 值 β_i,即组合对国际市场组合的系统性风险来度量的:

$$特雷纳测度 = TRN_i = \frac{\bar{R}_i - R_f}{\beta_i}$$

尽管夏普测度和特雷纳测度的计算相似,但是两者间存在重大的差别。如果一个组合被充分分散化(即没有任何的非系统风险),则两种测度结果会给出相同的等级,因为组合的总风险等于系统风险。如果组合没有被充分分散化,它在特雷纳测度中可能会出现一个高等级而在夏普测度中出现一个低等级。造成这种差别的原因在于组合的分散化水平较低。因此,这两种测度方法提供了互补而有区别的信息。

中国香港的例子。如图表 15.9 所示,中国香港的平均收益率为 1.5%。假设这段期间的年平均无风险收益率为 5%(或月无风险收益率为 0.42%),则夏普测度的结果为:

$$SHP_{HKG} = \frac{\bar{R}_i - R_f}{\sigma_i} = \frac{0.015 - 0.0042}{0.0961} = 0.113$$

在 1977 到 1996 年间,香港股市的投资者每承担一个单位的风险(按百分比计),市场给予其 0.113% 的月度超额收益回报。

类似地,特雷纳测度的结果为:

$$TRN_{HKG} = \frac{\bar{R}_i - R_f}{\beta_i} = \frac{0.015 - 0.0042}{1.09} = 0.0100$$

香港市场的特雷纳测度排名第二,但其夏普测度却排名第八。从全球的角度来看,这意味着香港的市场组合并没有充分分散化。相反,级别最高是荷兰市场,其夏普测度和特雷纳测度分别为 0.197 和 0.0109。

这是否意味着投资于荷兰市场的美国投资者会得到最好的回报?如果投资者只能选择一个市场进行投资,投资于荷兰市场显然比只投资于美国市场更好。此时,美国市场的夏普测度仅为 0.143。然而,如果投资者愿意把这些市场构成一个组合,那么这个组合会得到更好的回报。因为这些市场的收益并非完全正相关,所以在这些市场间进行分散化投资可以进一步降低风险。

15.3.2 市场在加速一体化吗

人们通常认为,随着全球资本市场的趋势越来越一体化,分散化投资的优势也会被削弱。为了检验这一问题，我们将 1977—1996 年的样本数据分为两部分，即 1977—1986 年和 1987—1996 年。1986 年，欧洲一体化进程正式开始。大多数的欧洲国家在此时取消了对证券市场的管制，或至少开始取消对跨国资本自由流动的限制。

图表 15.10 列出了选定的股票市场与美国股票市场在每个子时间区间的相关系数。只有丹麦与美国在第二期的相关系数低于第一个时期。美国与加拿大的相关系数从已经很高的 0.66 上升到了第二期的 0.77。同样，美国与新加坡和英国的相关系数分别上升到了 0.66 和 0.67。

图表 15.10　两个时期中选定的股票市场间相关系数的比较(美元收益)

与美国的相关系数	1977—1986	1987—1996	变化量
加拿大	0.66	0.77	+0.11
丹麦	0.26	0.18	-0.08
法国	0.37	0.55	+0.18
德国	0.24	0.42	+0.18
中国香港	0.13	0.61	+0.48
日本	0.16	0.26	+0.10
新加坡	0.31	0.66	+0.35
瑞士	0.38	0.47	+0.09
英国	0.40	0.67	+0.27

资料来源：计算相关系数的基本数据来源于摩根斯坦利的 *Capital International Perspectives*。

图中的总体趋势是相关系数在随着时间增长。对"市场是在加速一体化吗"的答案是肯定的。尽管资本市场一体化已经减少了国际组合分散化的一些好处，然而市场间的相关系数仍远小于 1.0。市场仍然存在着大量的通过国际分散投资来降低风险的机会。

小案例

策略性货币对冲③

对拥有国际资产的基金来说，策略性货币对冲(Strategic Currency Hedging)政策是一种重要的风险控制手段。消极的货币敞口可以看做是一种没有风险溢价补偿的风险来源。货币风险对冲消除了一部分属于预期风险源但不构成预期收益的成分。不对资产进行对冲也许是正确的决策，但是这种资产不应该作为默认的头寸。决策应该在对货币对冲的成本和收益进行系统性分析的基础上作出。假设给定的条件是货币增加了风险，在长期内预期超额收益为 0，并且套期保值的成本相

③ 小案例为虚构的。案例中所用的观点和概念来自于 Andrew Dales and Richard Meese, "Currency Management: Strategies to Add Alpha and Reduce Risk", *Investment Insights*, Barclays Global Investment, Vol.6, No.7, October 2003。

对较低,那么国际投资者的头寸没有100%默认进行套期保值,而是按行业标准仅作0%的套期保值,这种现象是令人费解的。

"Currency Management: Strategies to Add Alpha and Reduce Risk", Andrew Dales and Richard Meese, *Investment Insights*, Barclays Global Investment, Volume 6, Issue 7, October 2003, p.2.

Sean O'Connor进入了他在Zenex证券公司管理培训项目中的第二个分析流程。在过去的三个月中,他被分配到国际股权部,而现在他得到的任务是评论与国际化分散组合的积极货币管理有关的理论和证据。

Sean正在评述一篇论文,该论文认为至少有三条支持积极货币管理的基本依据。第一,与纽约股票市场这样的权益市场不同,许多每天在全球货币市场上交易的参与者交易的目的不是赢利。公司套期保值者为了套期保值的目的而交易;中央银行交易为了达到各种宏观目标而交易。第二,不同于其他已经达到现代有效市场标准的金融市场,至今还未形成通行的对货币进行定价的许多其他的金融市场都要满足现代金融效率的标准;而与它们不同的是,对于货币来说还没有一个真正公认的合适的估价模型。这意味着货币价值在很长的时期内偏离其正确定价的可能性就很大了。

最后,令人欣慰的情况是,最近的几项研究都表明积极的货币管理者的确会给他们的组合表现带来价值。图表A报告了最近一项研究的结果,该研究对19位积极的货币管理者跟踪了七年。如表中所示,即使是在75%的分位点,积极的货币管理者在七年中也有四年的平均收益表现为正。

图表A　　Russell/Mellon对19个积极管理者的调查(截至2003年6月30日)

积极管理的以百分比表示的年收益率							
百分点	第1年	第2年	第3年	第4年	第5年	第6年	第7年
25个	3.14	3.13	1.64	1.14	0.94	0.95	1.25
50个	1.01	0.77	1.04	0.40	0.44	0.63	0.83
75个	-0.07	0.22	0.36	-0.1	-0.04	0.31	0.36
均值	1.05	0.98	0.80	0.46	0.35	0.63	1.07

资料来源:Russell/Mellon Analytical Services, LLC, as quoted by Barclays.

Sean对各项研究的回顾再次印证了积极的货币管理的一个简单而又极其重要的要素:货币的策略必须与债券或股票策略的任何组合分开考虑。在不同国家的不同时候,这些市场是在不同的驱动因素的基础上运行的。图表B同样确认了这一点,因为在我们选择的股票市场集合中,股票和货币组合配对的可分离的收益和风险是显著不同的。同时,同样重要的一点是对冲的和未对冲的组合的夏普比率大体上是相同的。所以,在最后,对冲所有货币风险的地毯式政策看起来并不会改变风险-收益之间的替代关系。

图表 B　一些选定的股票和货币的超额收益、年度风险和夏普比率,1978 年 1 月至 2003 年 2 月

资产	国家	平均超额收益(%)	年度风险(%)	夏普比率
股票	澳大利亚	4.22	19.30	0.22
	加拿大	3.33	17.70	0.19
	日本	2.34	18.60	0.13
	英国	3.73	17.00	0.22
	美国	5.85	15.70	0.37
远期货币	澳元/美元	0.62	9.99	0.06
	加拿大元/美元	0.34	4.81	0.07
	日元/美元	0.74	12.70	0.06
	英镑/美元	(1.15)	11.10	(0.10)
没有对货币风险进行对冲的国际股票	澳大利亚	4.44	15.60	0.28
	加拿大	4.07	13.90	0.29
	日本	5.62	17.90	0.31
	英国	2.70	16.50	0.16
	美国	3.23	17.00	0.19
对货币风险进行对冲的国际股票	澳大利亚	3.30	14.10	0.23
	加拿大	3.37	14.00	0.23
	日本	4.17	14.40	0.29
	英国	3.62	14.00	0.26
	美国	2.98	14.80	0.20

资料来源:改编自 Barclays, op. cit. p.7。

案例思考题

1. 根据图表 A,在所研究的时期内,通过积极的货币管理,有很多的组合管理者能够持续增加国际组合的价值吗?

2. 根据图表 B,平均来看,投资于澳大利亚的组合的国际投资者能够通过完全对冲或非对冲的组合来获得更高的收益吗?

3. 如果你是 Sean,你能从这项特别的研究中得出什么结论?

小结

◎ 任何组合的总风险都由系统风险(市场风险)和非系统风险(单个证券的风险)构成。在组合中增加的证券数量可以降低非系统风险。

◎ 国际分散化组合拥有较低的组合 beta 值:该组合的市场风险低于国内组合的市场风险。这种情况发生的原因在于:国外股票收益不是与美国股票收益紧密相关,而是与全球的 beta 密切关联。

◎ 投资者构建国际分散化组合的目的是努力把不完全相关的资产合并成一个组合,并降低组合的总风险。此外,通过购买母国市场之外的资产,投资者现在已经获得了一个更大的潜在投资空间。

◎ 国际化组合构建的不同还在于当投资者在母国市场之外取得资产或证券时，他可能还同时获得了外币资产。

◎ 投资者实际上还额外获取了两项资产——外币以及随后利用外币购买的资产——在原则上是一种资产，但是在期望回报和风险方面是两种。

◎ 不论是证券组合还是跨国公司的一般业务组合，一项组合的外汇风险可以通过国际分散化来降低。

◎ 单个投资者将会寻找最优国内组合（DP），该组合是由无风险资产和建立在有效边界之上的国内证券组合构成。投资者开始于回报率为 R_f 的无风险资产（预期风险为零），随后沿着资本市场线向外移动一直达到组合 DP 为止。

◎ 之所以被称为最优国内组合，是因为它是以最陡的斜率移向风险区域——最大化期望组合收益对期望风险的斜率——同时依然能与国内投资组合机会集相切。

◎ 最优国际组合，即 IP，仍旧位于从无风险资产出发的（国际分散化的）资本市场线上，且该组合是资本市场线与国际分散化投资组合机会集的切点。

◎ 与纯粹的国内最优组合相比，投资者的最优组合 IP 同时拥有较高的预期组合回报（$R_{IP} > R_{DP}$）和较低的预期组合风险（$\sigma_{IP} < \sigma_{DP}$）。最优国际组合优于最优国内组合。

◎ 通过国际分散化来降低风险是可能的，因为世界上不同股票市场的收益并不完全正相关。

◎ Dimson 等人最近的一项研究表明，在 1900 年至 2000 年间，投资于股票资产的风险得到了丰厚的回报。美国的股票带来了经过通胀调整后的 8.7% 的平均回报，而债券的平均回报为 2.1%，国库券的仅为 1.0%。美国市场并不是一个例外，实际上，事实上，澳大利亚、德国、日本、南非和瑞典的股票市场在该世纪都表现出了较高的平均回报。

◎ 因为不同国家有着不同的产业结构，并且不同的经济并非精确地遵循同样的经济周期，因此我们在不同国家投资回报的相关度要小于在特定国家投资回报的相关度。

◎ 在 1977—1996 年这 20 年间，世界上主要的 18 个股票市场回报间的相对较低的相关系数表明了国际分散化的巨大潜力。

◎ 从总体上看，各市场间的相关性随时间而增加了。然而，1987—1996 年 153 个相关系数中的 91 个（59%）以及总体均值（0.46）仍然小于 0.5。“市场在加速一体化吗”这个问题的答案是肯定的。

◎ 尽管资本市场一体化已经减少了国际组合分散化的一些好处，然而市场间的相关系数仍远小于 1.0。市场仍然存在着大量的通过国际分散投资来降低风险的机会。

思考题

1. **分散化的好处**。组合分散化是如何改变其预期回报和预期风险的？原则上，这对国际分散化组合有什么不同吗？

2. **风险的降低**。分散化的组合中有哪些类型的风险？在组合被分散化之后，哪种类型的风险依然保持不变？

3. **风险的度量**。根据组合理论，组合的风险是如何准确度量的？

4. **市场风险**。如果所有国家的市场都有市场风险，那么这些市场风险都相同吗？

5. **货币风险**。与国际分散化有关的货币风险是组合管理者非常关心的问题。货币风险可能对组合的收益带来好处吗？

6. **最优国内组合**。请用文字（不用图表）详细说明最优国内组合是如何构建的。

7. **最小风险组合**。如果组合分散化的主要好处是降低风险，那么选择拥有最低预期风险的组合对投资者来说总是更好的吗？

8. **国际风险**。当被问及为何不在国际上分散其组合时，许多组合管理者的回答都是"收益不足以抵偿其风险"。利用国际分散化理论，你将如何评价这种说法？

9. **相关系数**。不论是在国内还是国际上，组合构建的好处都源于资产和市场间缺乏相关性。不断增长的商业全球化预计将改变这种相关性。你相信它们会改变吗？为什么？

10. **相对风险和收益**。从概念上看，夏普测度和特雷纳测度对风险的定义有何不同？你认为在国际分散化组合中，哪一种是更加有用的度量方式？

11. **国际股票和货币**。作为公司资产配置部门的一名新人，你不断地发现自己会被同部门的成员提问。今天早晨的话题是国际分散化。一位分析师对你问了下面的问题：

　　证券价格由多种因素驱动，但很明显公司的赢利水平是最主要的驱动之一。而公司的赢利——平均上看——是遵循经济周期的。正如你在学校中所学到的，汇率反映了该货币背后经济发展前景的市场评价。所以如果证券价格随着经济周期而上升，那么货币也应该随着经济周期而升值，然而为什么我们在全球范围内会看到证券价格和货币汇率并不一起上升和下降？

请回答该问题。

12. **跨国公司是全球投资吗？**在全球范围内进行业务和资产配置的公司是真正的跨国公司。在很多方面它们业务构成的国际化达到了与不相关证券所作的高度国际分散化投资组合同等的水平。为什么投资者不是简单投资于他们本地交易所上市的跨国公司，而要介入在外国交易所上市证券的复杂买卖？

13. **ADRs 与直接持有**。在构建投资组合的时候，你知道你想要把 Cementos de Mexico 公司（墨西哥）包括进来，但是你不能决定你是想以在 NYSE 市场上交易的 ADRs 的形式持有还是直接在墨西哥城 Bolsa 交易所购买。
   a. 就货币风险方面，两种方式有什么不同？
   b. 列出 ADRs 和直接购买的优缺点。
   c. 如果你在一家没有国际业务或国际分散化资产的公司中作为资产投资者，你会推荐哪种方式？

练习题

1. **在 DAX 交易所中投资**。Giri Iyer 是纽约 Tristar 共同基金公司欧洲分析师和策略师。Giri 最近正在评估 Pacific Weitz 公司股票的近期表现，Pacific Weitz 是一家在德国法兰克福 DAX 交易所公开上市交易的特殊化学药品公司。Tristar 使用的基线投资额是 \$100 000。Giri 收集了以下报价：

元素	1月1日 买入	12月31日 卖出	分红
股票价格	€ 135.00	€ 157.00	€ 15.00
汇率	\$1.0660/€	\$1.1250/€	—

   a. 以本地欧元计价的证券收益为多少？
   b. 以美元计价的证券收益为多少？
   c. 对于一个本地投资者和一个美国投资者来说，这是一个好的投资吗？

2. **组合风险和收益：Boeing 和 Unilever**。一

个投资者正在评估一份由下面两种证券组成的双资产组合：

证券	期望收益（%）	标准差（%）
Boeing（美国）	18.6	22.8
Unilever（英国）	16.0	24.0

a. 如果两种证券的相关系数为+0.6，那么两种证券比重相同的组合的预期风险和收益是多少？

b. 如果两种证券的相关系数为+0.6，那么由70% Boeing和30% Unilever组成的投资组合的预期风险和收益是多少？

c. 如果两种证券的相关系数为+0.6，那么拥有最优资产比重的组合的预期风险和收益是多少？确定最小化组合风险的两种资产的权重。

3. **夏普测度和特雷纳测度。**假设三个波罗的海共和国的市场的美元收益（月平均收益）如下：计算各国市场表现的夏普测度和特雷纳测度。

国家	平均收益	标准差	无风险利率	Beta
爱沙尼亚	1.12%	16.00%	0.42%	1.65
拉脱维亚	0.75%	22.80%	0.42%	1.53
立陶宛	1.60%	13.50%	0.42%	1.20

4. **英国人和美国股票基金。**一个投资者正在评估一份由下面两种证券组成的两资产组合：

证券	期望收益（%）	标准差（%）
英国人股票	12.5	26.4
美国股票	10.8	22.5

a. 如果两种股票基金之间的相关系数为+0.72，那么对于下面三个组合权重，组合的预期风险和收益各是多少？

组合A：　英国人（75%）美国（25%）

组合B：　英国人（50%）美国（50%）

组合C：　英国人（25%）美国（75%）

b. 哪种组合更好？是以什么为基础作出的选择？

Eastbridge Technology 公司（伦敦股票交易所）。Eastbridge Technology是一家信息技术服务供应商。公司当前主要在欧洲市场经营，因此它在北美的股票交易所都不太活跃或没有交易。公司最近几年的股价和股利分配情况如下：

	2000/6/30	2001/6/30	2002/6/30	2003/6/30
股价（£）	37.40	42.88	40.15	44.60
股利（£）	1.50	1.60	1.70	1.80
即期汇率（$/£）	1.4650	1.4260	1.4896	1.5546

5. **Eastbridge Technology 公司：英国的英镑投资者。**利用前面的数据，对于一个在表中所示的整个期限内都持有Eastbridge股票的英国英镑投资者，计算Eastbridge股票的年平均资本溢价率以及平均的总回报（包括股利）。

6. **Eastbridge Technology 公司：美国的美元投资者（A）。**利用前面的数据，对于一个在表中所示的整个期限内都持有Eastbridge股票的美国美元投资者，计算年平均总收益（包括股利）。假设投资额为10万美元。

7. **Eastbridge Technology 公司：美国的美元投资者（B）。**对于一个在表中所示的整个期限内都持有Eastbridge股票的美国美元投资者，利用前面的数据——但是假设2000年6月的最初汇率为1.4650美元/英镑，并且接下来在整个期限内，英镑对美元以每年3%的比例持续升值——计算年平均总收益（包括股利）。

8. **巴西投资者的分散化投资。**巴西经济在2001—2002年间震荡剧烈，巴西雷亚尔（R$）从1999年（雷亚尔开始浮动的时候）以来就持续贬值。投资者希望通过国际分散化投资——主要是投资于美元——

来避免受到本国经济和货币的负面影响。2002 年 4 月，一个大的私人投资者投资了 50 万雷亚尔购买标准普尔 500 指数，该指数是在美国股票市场上交易（AMSE：SPY）。开始和结束时的指数价格以及雷亚尔和美元之间的汇率如下所示：

	2002/4/10	2003/4/10
SPY 的价格（US$）	112.60	87.50
汇率（R$/$）	2.27	3.22

a. 对于一个美国投资者来说，这一年指数基金的回报是多少？

b. 在一年的持有期内，巴西投资者的回报是多少？如果巴西投资者还在巴西本地投资了一个保证获得 12% 收益率的生息账户，那么这样的投资会比美国分散化策略更好吗？

9. **俄罗斯-美国股票组合（A）**。一个投资者正在评估由美国股权基金和俄罗斯股权基金组成的两资产组合。未来一年的预期收益、风险和相关系数如下：

证券	预期收益（%）	预期风险（%）
美国股票基金	10.50	18.60
欧洲股票基金	16.80	36.00

假设未来一年两种资产的预期相关系数为 0.52。那么什么样的资产比重（使用 5% 的增量，如 95/5，90/10）将带来预期风险和预期收益的最佳匹配？

10. **俄罗斯-美国股票组合（B）**。与上题同样的条件，但是假设你已经把预期的相关系数从 1.52 降低到 0.38 了。那么什么样的资产比重（使用 5% 的增量，如 95/5，90/10）将带来预期风险和预期收益的最佳匹配？

网上练习

1. **通过共同基金进行国际分散化**。现在，所有主要的基金公司都提供多种国际分散化投资的共同基金。然而，在基金间进行的国际组合的程度却差异很大。利用下面的网址和其他你感兴趣的网址。

a. 两两区分国际基金、全球基金、世界基金和海外基金；

b. 相对于提供纯粹国内组合的共同基金，明确这些国际基金的表现如何（以美元表示）。

Fidelity

http://www.fidelity.com/funds

T. Rowe Price

http://www.towerprice.com

Merrill Lynch

http://www.ml.com

Scudder

http://www.scudder.com

Kemper

http://www.kemper.com

2. **拉丁美洲资本市场研究中心**。由于大部分拉丁美洲市场的市值在 1994 年 12 月墨西哥比索危机之后都遭受了显著的下降，这些市场中有许多可能仍然是世界上被低估最严重的市场。如果你被赋予了一项任务，在拉丁美洲的一个股票市场投资 100 万美元，那么你会选择哪个市场？寻找最近的市场表现数据来支持你的选择。

拉丁美洲资本市场研究中心

http://www.netrus.net/gmorles

文献选读

Denis, David J., Diane K. Denis, and Keven Yost, "Global Diversification, Industrial Diversification, and Firm Value", *The Journal of Finance*, Vol. VII, No. 5, October 2002, pp. 1951—1979.

Dimson, Elroy, Paul Marsh, and Mike Staunton, *Triumph of the Optimists: 101 Years of Global Investment Returns*, Princeton: Princeton University Press, 2002, chapter 8 and 15.

Edwards, Franklin R. and Steve Gaon, "Hedge Funds: What Do We Know?" *Journal of Applied Corporate Finance*, Vol. 15, No. 4, Fall 2003, pp. 58—71.

Errunza, Vihang, Ked Hogan, and Mao-Wei Hung, "Can the Gains from International Diversification Be Achieved Without Trading Abroad", *Journal of Finance*, 1999, pp. 2075—2107.

Eun, Cheol, and Bruce Resnick, "Exchange Rate Uncertainty, Forward Contracts, and International Portfolio Selection", *Journal of Finance*, 43, 1988, pp. 197—215.

Fama, Eugene and Kenneth R. French, "Value Versus Growth: The International Evidence", *The Journal of Finance*, Vol. 53, No. 6, December 1998, pp. 1975—1999.

Guffin, John M. and G. Andrew Karolyi, "Another Look at the Role of the Industrial Structure of Markets for International Diversification Strategies", *Journal of Financial Economics*, Vol. 50, No. 3, December 1998, pp. 351—373.

Kim, E. Han and Vijay Singal, "Are Open Markets Good for Foreign Investors and Emerging Nations?" *Journal of Applied Corporate Finance*, Vol. 10, No. 3, Fall 1997, pp. 18—33.

Larsen, Glen Jr., and Bruce Resnick, "The Optimal Construction of Internationally Diversified Equity Portfolios Hedged Against Exchange Rate Uncertainty", *European Financial Management*, 6, 2000, pp. 479—514.

Lins, Karl V. and Henri Serves, "Is Corporate Diversification Beneficial in Emerging Markets?", *Financial Management*, Vol. 31, Iss. 2, Summer 2002, pp. 5—31.

Smith, Roy C. and Ingo Walter, "Risks and Rewards in Emerging Market Investments", *Journal of Applied Corporate Finance*, Vol. 10, No. 3, Fall 1997, pp. 8—17.

第六篇 对外投资决策

本篇主要针对企业如何作出跨国投资的决策，如何度量潜在东道国的政治风险，如何利用资本预算评估投资项目以及如何实施跨国并购的问题进行论述。

我们将本篇的内容分为四章来论述。第 16 章着重分析了企业对外直接投资的理论和策略。你将学习到作为国际贸易理论基础的比较优势理论。然而，市场的不完善却使跨国公司的存在具备了合理性。通过学习这一章，你将会了解为什么企业会成为跨国公司、它们将如何选择投资地以及如何选择对外介入的模式。

第 17 章主要论述跨国公司如何在对外投资中对政治风险作出调整。我们将把风险划分为三类：(1) 公司特有风险；(2) 国家特有风险；(3) 全球特有风险。公司特有风险指由公司的目标和东道国的目标不一致给公司造成的风险。国家特有风险则由于东道国的某些政策所引起，因为这些政策会减弱公司的资金自由进出东道国的能力。另外，国家特有风险亦可产生于文化和制度的差异。全球风险则多来源于恐怖主义行为，当前反全球化运动、对环境的关注、贫困和计算机攻击都会引起全球风险。

第 18 章主要突出强调了在对国外的项目采用资本预算进行分析时，应该考虑到的国外情况的复杂性。在对一个国外项目进行分析时，你有必要同时从项目本身的角度和其母公司的视角进行分析。我们通过一个说明性案例（《墨西哥水泥公司（Cemex）进入印度尼西亚》）来介绍应该如何评估一个国外投资项目，以及如何通过敏感性分析识别各种政治和外汇风险。在这一章的最后，我们还简要介绍了一个新兴且重要的领域——实物期权分析。

第19章论述了跨国并购的相关知识。其中，我们将对并购采用的估值技术和并购的过程管理进行详细分析。并且，我们对在收购过程中产生的公司治理和股东权利问题作了简单的剖析。最后，我们将利用一个说明性案例(《中国青岛啤酒有限公司》)来演示价值评估的过程。

第16章 对外直接投资的理论与策略

本章主要论述了公司如何对是否要进行、在何处进行以及怎样进行对外直接投资(FDI)决策的问题。

国际化的进程始于国际贸易。因而,本章首先回顾国际贸易的理论基础——比较优势理论。在了解了国际贸易的局限之后,我们才可能更深刻地理解企业跨出国界进而在国外生产或进行特许经营,即参与**对外直接投资**的原因。

本章的第二部分将简要介绍跨国公司产生和存在具有合理性的原因——市场的不完全性。首先我们解释了促使一个公司成为跨国公司的各种因素。接着我们将介绍公司如何利用其核心比较优势来设定其对外投资的策略。之后,我们将论述OLI范式如何为对外直接投资提供理论基础的问题。我们分析了一个公司通过各种国外参与方式选择正确的投资地的过程。本章的最后是一个关于某公司如何获取其产品全球特许经营的小案例。

16.1 比较优势理论

在贸易自由、完全竞争、没有不确定性、无信息成本和无政府干涉的模型世界中,比较优势理论为国际贸易提供了一个进行解释和辩护的理论基础。该理论包括以下几个特征:

- A国出口商向与其没有关系的B国进口商出售商品和劳务。
- 给定A国的生产要素禀赋,即土地、劳动、资本和技术等,A国公司专业化生产那些其能够相对更有效率生产的产品。同样给定B国的生产要素禀赋,B国公司也采取相同的做法。这样,A国和B国将实现最大化的联合产出。
- 由于生产要素不能自由地从A国运送到B国,那么专业化生产的好处就通过国际贸易来实现。
- 超额生产的产品的分配方式决定于**贸易条件**,即实物产品的数量以何种比率交易。每个国家分享到的份额由两个国家各自的完全竞争市场中的供求决定。尽管双方得到的好处可能不相等,但一般情况下,A 国和 B 国的经济状况都不会恶化。

16.1.1 比较优势的一个例子

我们用一个例子说明基于比较优势的自由贸易的好处。假设泰国在生产运动鞋和音响设备方面都比巴西更加有效率。利用一个生产单位(土地、劳动、资本和技术的结合),泰国可以生产 12 箱鞋子或者 6 箱音响设备。而巴西在这两种产品上的生产效率都相对较低,利用同一单位的投入,只能生产 10 箱鞋子或者 2 箱音响设备。双方各自的生产能力如下:

	每个生产单位的生产能力	
	运动鞋的箱数	**音响设备的箱数**
泰国(1 000 生产单位)	12/单位	6/单位
巴西(1 000 生产单位)	10/单位	2/单位

在生产鞋子和音响设备方面,泰国具有**绝对优势**。相对于巴西来说,泰国音响设备的生产(6/2)比鞋子(12/10)的生产具有更大的**比较优势**。只要这些比率不相等,比较优势就会存在。

假设没有贸易发生,每个国家在鞋子和音响设备上分配其生产单位。每个国家都选择分配 300 个生产单位在鞋子上,700 个生产单位在音响设备上,这样就得到了图表 16.1 上半部分生产和消费的结果。

图表 16.1 比较优势理论的一个数值例子:巴西和泰国

无贸易时的生产		
	鞋子产量	**音响产量**
泰国的生产和消费	300 × 12 = 3 600 ctrs	700 × 6 = 4 200 ctrs
巴西的生产和消费	300 × 10 = 3 000	700 × 2 = 1 400
世界总生产和消费	6 600 ctrs	5 600 ctrs
完全专业化的生产		
	鞋子产量	**音响产量**
泰国只生产音响设备		1 000 × 6 = 6 000 ctrs
巴西只生产鞋子	1 000 × 10 = 10 000 ctrs	
世界总生产和消费	10 000 ctrs	6 000 ctrs

现在假设完全专业化生产。泰国只生产音响设备,巴西只生产鞋子。这样,就总产量而言,两国将生产出更多的鞋子和音响设备,如图表 16.1 下半部分所示。

很明显整个世界的经济状况将会更好,因为现在有 10 000 箱的鞋子而不只是 6 000 箱,有 6 000 箱的音响设备而不只是 5 600 箱。但此时生产的分布却变得不合理,因为泰国人只能光脚打拍子附和他们的音乐,而巴西人则穿着酷鞋在狂欢节跳舞,却没有音乐伴奏。

相互贸易可以解决这种产品分配失衡的问题。假设初始泰国和巴西之间的贸易以两箱鞋子对一箱音响设备的比率进行。这种两箱鞋子对一箱音响设备的交换比率是泰国国内的价格，即在生产这两种产品并且不进行国际贸易时，泰国国内两种产品的贸易比率。进一步假设泰国将向巴西出口 1 800 箱音响设备并且从巴西进口 3 600 箱鞋子。这种情况下的贸易过程如图表 16.2 所示。

图表 16.2　以泰国国内的价格进行贸易

对于出口的每一箱音响设备，泰国要从巴西进口两箱鞋子	鞋子产量 加/减贸易量	音响产量 加/减贸易量
泰国生产 6 000 箱音响设备且出口 1 800 箱	0 + 3 600 = 3 600 ctrs	6 000 - 1 800 = 4 200 ctrs
巴西生产 10 000 箱鞋子且出口 3 600 箱	10 000 - 3 600 = 6 400	0 + 1 800 = 1 800
世界总生产和消费	10 000 ctrs	6 000 ctrs

在这种交换价格下，专业化生产所多生产的产品都流入巴西，它将消费 6 400 箱的鞋子（而不是无贸易时的 3 000 箱）和 1 800 箱的音响设备（而不是无贸易时的 1 400 箱）。泰国的消费量，3 600 箱鞋子和 4 200 箱音响，刚好就是它在无贸易时候的消费量。在贸易后，泰国的总的消费量没有发生变化！

现在假设以巴西国内价格进行贸易，即五箱鞋子对一箱音响设备。如图表 16.3 所示。在巴西的价格下，所有的多生产出的产品都流向了泰国，此时泰国消费 7 000 箱鞋子（而不是无贸易时的 3 600 箱）和 4 600 箱音响设备（而不是无贸易时的 4 200 箱）。而巴西的消费量，3 000 箱鞋子和 1 400 箱音响设备，则和无贸易时一样。在该价格下，巴西从贸易中一无所获，但也没有受到任何损失！

图表 16.3　以巴西国内的价格进行贸易

对于出口的每一箱音响设备，泰国要从巴西进口五箱鞋子	鞋子产量 加/减贸易量	音响产量 加/减贸易量
泰国生产 6 000 箱音响设备且出口 1 400 箱	0 + 7 000 = 7 000 ctrs	6 000 - 1 400 = 4 600 ctrs
巴西生产 10 000 箱鞋子且出口 7 000 箱	10 000 - 7 000 = 3 000	0 + 1 400 = 1 400
世界总生产和消费	10 000 ctrs	6 000 ctrs

现在假设贸易以泰国国内价格（2∶1）和巴西国内价格（5∶1）之间的某个价格进行。假设通过自由议价得到了 4∶1 的价格，如图表 16.4 所示。

图表 16.4　以自由议价得到的价格进行贸易

对于出口的每一箱音响设备，泰国要从巴西进口四箱鞋子	鞋子产量 加/减贸易量	音响产量 加/减贸易量
泰国生产 6 000 箱音响设备且出口 1 600 箱	0 + 6 400 = 6 400 ctrs	6 000 - 1 600 = 4 400 ctrs
巴西生产 10 000 箱鞋子且出口 7 000 箱	10 000 - 6 400 = 3 600	0 + 1 600 = 1 600
世界总生产和消费	10 000 ctrs	6 000 ctrs

如果采用任意一个在边界价格 2∶1 和 5∶1 之间的价格，两国都将从专业化生产和

贸易中获得好处。在4∶1的价格水平下,泰国比在没有贸易时多消费了2 800箱鞋子和200箱音响设备。巴西比在没有贸易时多消费了600箱鞋子和200箱音响设备。通过专业化的生产,鞋子和音响设备总的联合产量增加了,而这种更大规模的产出在两国的分配只由交换的比率来决定。

16.1.2 比较优势的局限

19世纪的国际贸易可能非常接近比较优势模型所描述的状态,而当今世界的状况则不然,原因如下:

- 世界各国似乎并非仅专业化生产那些利用本国特有的生产要素可以进行最有效率生产的产品。相反,政府因为各种经济和政治原因而干预比较优势下的生产模式,诸如为了达到完全就业、经济发展、国防相关工业的自足生产,以及对农业部门生活方式的保护等目的。政府干预的手段通常为采取关税、配额,以及其他非关税的限制。
- 现在,至少有两种生产要素——资本和技术——可直接而轻易地进行跨国流动,而非只能间接地通过交易商品和劳务来达到流动的目的。这种直接的流动可能发生在跨国公司的子公司和附属公司之间,也可能发生在通过贷款、特许经营和管理合同相联系的独立的公司之间,我们将在随后具体进行讨论。
- 当今,生产要素的规模和种类已远远超过简单模型所涵盖的范围。影响公司在世界范围内选取投资地点的因素还包括当地的管理技术、为了解决合约纠纷而构建和可以依赖的法律结构、研发能力、可获得的工人的教育水平、能源、名牌产品的消费者需求、矿物和原材料的可得性、资本的获取、税收差异、各种基础设施(道路、港口、通讯设施)和其他可能的要素。
- 虽然贸易条件最终决定于供求,但是这些条件的制定过程却与传统理论中的形象化描述有所不同,因为这些条件部分地由寡头垄断市场上的行政定价所决定。
- 随着时间的流逝,原来的一些欠发达国家利用其潜在的发展机会成功地变成了发达国家,比较优势转移也在这个过程中发生了转移。例如,在过去的150年中,生产棉纺织品的比较优势已经从英国顺次转移到了美国、日本、中国香港、中国台湾和中国内地。
- 古典的比较优势模型并没有真正地解决其他的一些问题,比如不确定性和信息成本的影响,差异化的产品在不完全竞争市场上的作用以及规模经济等。

诚然,现实世界和古典贸易模型之间有很大的距离,但比较优势的基本原理却仍旧正确。假如利益公平分配问题的解决方式能够使得消费者、生产者和政治领导人都满意,那么世界与真正的国际专业化生产状态靠得越近,世界总的生产和消费增长得就越多。可是就像完全竞争市场是微观经济理论中的的一种极端的情形一样,完全的专业化也仍然是一个不现实的极端情形。

16.1.3 供应链外包:当今的比较优势

在解释为什么对于某些国家而言,出口那些跨国公司和国内公司全球供应链的中某个阶段所需的商品和劳务是其最优的选择时,比较优势仍然是一个有用的理论。虽然 21 世纪的比较优势更多的是基于由电信和因特网提供的服务,以及由此带来的跨国便利;但不可否认,一国的比较优势依然是由其劳动力技能、资本的获得和技术三者的结合所创造。

当今有很多供应链外包的地方存在。图表 16.5 展示了以贸易为基础的比较优势在当今世界的地理位置概况。为了证明这些国家应该在图表所示的经济活动中专业化生产,你需要知道在那些进口劳务的国家中,在本国开展提供同样劳务的经济活动与本国将这些资源应用的其他经济活动相比而言极为"昂贵"。注意,我们指的是费用方面的相对优势而不是绝对优势。

图表 16.5　**发挥比较优势的全球外包**

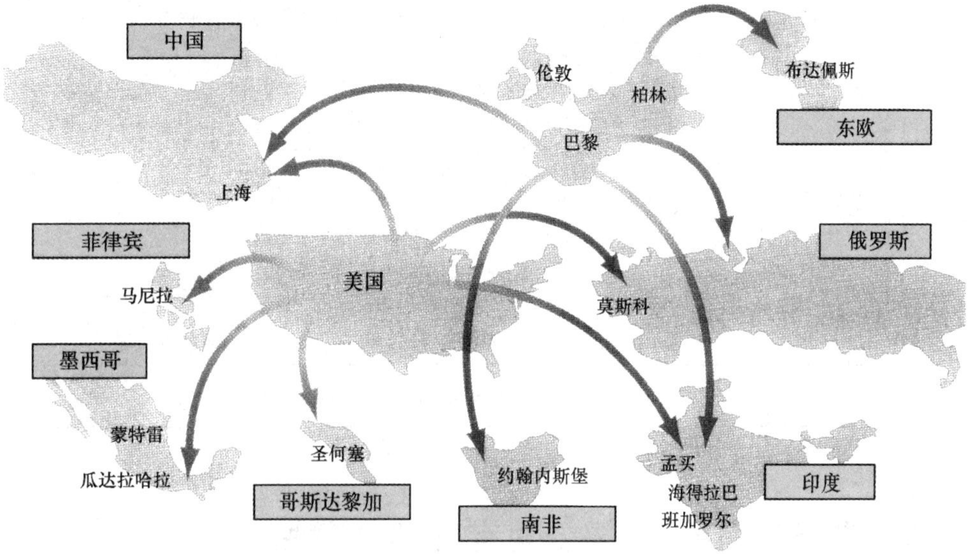

许多位于主要工业化国家的跨国公司正在将其人力职能外包给传统新兴市场国家的服务提供商。

举例来说,印度已经形成了高效率且低成本的软件产业。该产业不仅制造客户软件,还提供客户支持的服务和其他的信息技术服务。印度软件业是由跨国公司的子公司和一些独立的公司组成。

如果你有一台电脑并且拨打客户支持中心的电话寻求帮助,那么你极有可能接通印度的客户中心。而接电话的将是一个知识广博的印度软件工程师或程序员,他将带你走出困境。印度拥有大量受到良好教育、说英文的技术专家,但他们所得的报酬只占美国同行所得的薪水和管理费用的一小部分。当今国际电信网络的过剩生产能力和低成本进一步增强了印度当地的比较优势。

正如**金融实务专栏 16.1** 所示,全球外包的规模非常之大,已经触及全球的每一个角落。不管是马尼拉的金融后台办公室还是匈牙利的信息技术工程师,当今的通信方法可把经营活动带给劳动力,而不是把劳动力迁移至经营活动所在地。

金融实务专栏16.1
GLOBAL FINANCE IN PRACTICE

全球外包例子:人力资源的比较优势

国家	活动
中国	化学、机械和石油工程方面的劳务;对 GE 之类的公司来说是经济和产品发展中心。
哥斯达黎加	众多工业市场上西班牙语系消费者的客服中心;Accenture 咨询公司拥有 IT 支持和后勤业务客服中心。
东欧	美国和 IT 服务提供商在匈牙利、波兰和捷克等国经营的客户和业务支持的客服中心,同时还经营旨在为欧洲的德语系 IT 客户提供服务的罗马尼亚和保加利亚客户中心。
印度	软件工程与支持;所有类型的电脑和通信服务的客服中心;医学分析和咨询服务;诸如塔塔(Tata)、印孚瑟斯(Infosys)和惠普罗(Wipro)等印度公司已经是 IT 设计、执行和支持等领域的全球领导者了。
墨西哥	汽车工程和电子部门服务。
菲律宾	金融和会计服务;建筑服务;电话销售和形象艺术。
俄罗斯	软件和工程服务;波音(Boing)、英特尔(Intel)、摩托罗拉(Motorola)和北电网络(Nortel)等公司的研发中心。
南非	整个欧洲法、英、德语系消费者的电话和使用者支持服务。

资料来源:摘自"Is Your Job Next?",*Business Week*, February 3, 2003。

16.2 市场不完善:跨国公司存在的合理性

跨国公司尽可能最大化地利用各国产品市场、生产要素市场和金融资产市场中的不完善性。对跨国公司来说,产品市场的不完善变成了市场机会。大的国际企业比它们的当地竞争者更有能力发掘诸如规模经济、管理和技术技能、产品差异化和财务实力等方面的竞争性因素。事实上,跨国公司在国际寡头竞争的市场上能够得到最好的成长,而在这样的市场上,上述的竞争要素尤为重要。另外,跨国公司一旦在国外设立了实体,则通过内部信息网络,它们就可更好地识别和抓住市场机会。

16.2.1 为什么要成为跨国企业

战略性的动机促使企业作出投资国外的决策并且成为跨国公司。这些动机总结为如下五大类:

1. **寻求销售市场**。市场寻求者在外国生产的目的或者是满足本地需求,或者是出口到母国以外的市场。为了本地消费而在欧洲开展生产的美国汽车公司就是寻求市场的动机的一个例子。

2. **寻求原材料**。原材料寻求者在所有能发现原材料的地方进行原材料采掘,或者为了出口,或者为了深加工以及在原材料的发现国——东道国销售。从事与石油、采矿、种植园和林业有关的公司就属于这一类。

3. **寻求更高的生产效率**。生产效率寻求者在那些一种或多种生产要素相对于其生产力来说被定价过低的国家或地区开展生产。例如,很多国际大公司在中国台湾地区、马来西亚和墨西哥进行劳动密集型的电子元件的生产来已达到降低其成本的目的。

4. **寻求知识**。寻求者为了获得技术或管理经验而在国外经营。例如,德国、荷兰和日本的企业就是为了技术的需要而收购了美国本土的电子公司。

5. **寻求政治安全**。政治安全寻求者在那些被认为政府不太可能征用或干涉私人企业的国家收购或建立新的业务。

这五种战略型的动机并不是相互排斥的。例如,在巴西寻求木质纤维的木材生产公司会发现庞大的巴西市场也是它们产品销售市场的一部分。

在以垄断竞争为特征的全球性的行业中,基于前述每一个战略动机所作出的投资都可以归为主动性投资和防御性投资两大类。**主动性投资**旨在增强企业自身的增长和赢利能力。而**防御性投资**则旨在削弱该企业竞争对手的增长和赢利能力。试图在其竞争对手立足之前抢先占有市场,或者试图通过夺取原材料来源来阻止竞争者的进入就是防御性投资的例子。

16.3 保持和转移竞争优势

在决定是否进行跨国投资时,管理者首先必须确定企业是否拥有可持续的竞争优势使其能够在母国市场上进行有效的竞争。该竞争优势必须是企业特有的、可转移的并且足够强大,从而可弥补企业在国外经营的潜在劣势(外汇风险、政治风险和新增代理成本)。

基于对那些成功进行了跨国投资的企业的考察,我们可总结出跨国公司拥有的几个竞争优势:(1) 企业自身的大规模带来的规模经济和范围经济效应;(2) 管理技能和营销技能;(3) 先进的技术,这源于这些企业对研究的高度重视;(4) 财务实力;(5) 差异化的产品;有时也包括(6) 在母国市场的竞争力。

16.3.1 规模经济和范围经济

在生产、营销、融资、研发、运输和购买中都可能产生规模经济和范围经济。在上述的各个领域,较大的规模都具有显著的竞争优势,不论这种规模是源于国际还是国内的经营业务。生产方面的经济来自于大规模自动化机械设备的使用或者在世界范围内进行合理的专业化生产的能力。例如,一些汽车生产商,诸如福特(Ford),在一国生产发动机,在另一国生产传动装置,在第三国生产车身并且还在别的地方进行组装,福特通过这种生产优化了其汽车制造,而这些生产地的选取通常都是由比较优势决定的。

当企业规模足够大从而可以利用最有效率的广告媒体来创造世界性的品牌标识,以及可以建立世界范围内的配送、仓储和服务系统时,营销方面的经济就产生了。融资方面的经济来源于对所有的融资工具和资金来源的可利用性,比如欧洲货币市场、欧洲权益证券市场和欧洲债券市场等。由于对建立实验室和科研队伍存在最小规模的门槛限制,因此内部研发计划就只有大规模公司能承担了。运输方面的经济会使那些利用车载或船运运输货物的企业获益。采购方面的经济则表现在产品的数量折扣和控制市场的能力。

16.3.2 管理技能和营销技能

管理技能包括在人力和技术两个方面管理大规模产业组织的技能。同时它还包括现代分析技术的知识及其在公司职能部门中的应用。管理技能可以通过总结自身先前参与国外市场的经验来提高。大多数的实证研究发现跨国企业在国外投建生产设备之前都会先向该国市场出口产品。同样,它们通过进口、授权经营或 FDI 的方式,也可取得从事利用外国原材料和人力资本等经营活动的一些经验。通过这种方式,跨国公司可以在一定程度上弥补由于东道国企业拥有更多本地知识而给跨国公司造成的劣势。

16.3.3 先进的技术

先进的技术包括科学技术和工程技术两方面。除跨国公司外,那些在发达工业国家的非跨国企业也会有这样的优势,例如,它们可以不断获得该国军事和太空项目中产生的科技溢出。实证研究表明,作为跨国公司的特征之一,技术对它们而言是非常重要的。

16.3.4 融资实力

如第 11 章所述,公司财务实力表现为,其可在全球范围内以较低的成本获得充足的资金。财务实力是一个关键的竞争性成本变量,它使得跨国公司能够为 FDI 和其他跨国经济活动融资。处于流动性好且非细分的资本市场中的跨国公司通常能够幸运地享有这种优势。尽管如此,那些处于小的工业国或者新兴市场国家的跨国公司也可以采取主动的策略来寻求跨国证券投资者和企业投资者。

中小企业通常缺乏吸引国外投资者(亦可能是国内的)的特质。它们的规模太小或者没有足够的吸引力,因而不能以从全球范围融资所应有的资本成本来融资。这就限制了它们为 FDI 融资的能力,而且,较高的边际资本成本使其被迫放弃一些能够带来可观的必要收益率的国外投资项目。

16.3.5 差异化的产品

通过生产和销售差异化的产品,企业可建立其特有的优势。这种差异化的产品源自研究创新或花费了巨额营销费用而获得的品牌标识。进一步地,这种研究和营销过程会持续稳定地产生出新的差异化产品流。对于竞争对手来说,复制这种产品非常困难且代价高昂;如果它们真的复制成功,那么也将面临推出产品的时间滞后问题。公司在本国形成差异化的产品优势后,可能会作出进行全球营销的决策。这种决策与公司最大化由所花费的高昂的研究和营销费用所带来的收益的意愿也是一致的。

16.3.6 母国市场的竞争程度

显然,一些企业的母国的国内市场竞争程度较低,另一些企业的母国的国内市场竞争程度则非常之高,相对而言,后者会由于这种竞争程度较高的国内市场而变得更有竞争实力。这种现象被称为"国家优势的钻石"现象,它由四个部分组成,如图表 16.6 所示。[①]

图表 16.6 国家竞争优势的决定因素:波特钻石体系

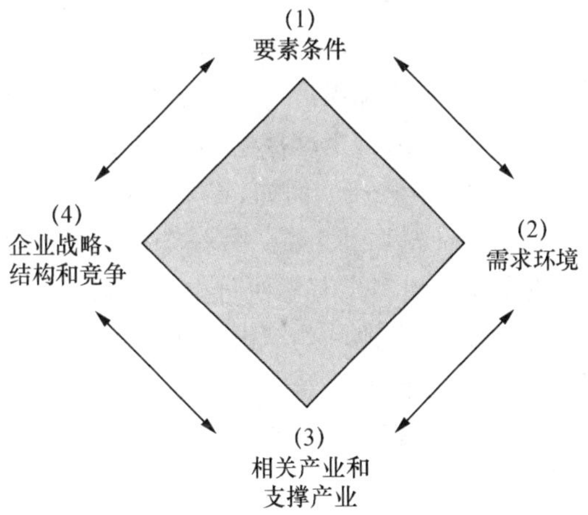

资料来源:Adapted and reprinted by permission of Harvard Business Review. From Michael Porter, *The Competitive Advantage of Nations* March-April 1990. Copyright © 1990 by Harvard Business School Publishing Corporation. All Rights Reserved.

企业能否在行业内的竞争中取胜,部分地依赖于它是否有拥有获取适合其所属行业的生产要素的能力(土地、劳动、资本和技术等)。在那些天然拥有这些要素或者能够生产出这些要素的国家中就可能产生出许多既能在国内市场又能在国外市场中具有竞争力的企业。例如,国内市场中高素质的劳动力可以为高科技行业中的企业创造出竞争优势。

① Michael Porter, *The Competitive Advantage of Nations*, London: Macmillan Press, 1990.

在国内市场中面对老练且要求苛刻的客户的公司能够提升它们的营销技巧、生产技术和质量控制技术。日本就是这样一种市场。

如果一个行业拥有大量的相关产业和供应商,那么处于其中的企业将更加有竞争力,原因在于这些相关的产业和供应商为该行业的发展提供了强有力的支持。例如,位于旧金山海湾中的电子企业具备完美的区位优势,因为这些企业不仅被有效率的和富有创造力的供应商包围,而且靠近拥有尖端知识的教育机构。

一个竞争激烈的国内市场会迫使企业针对特定的行业和国家环境调整它们的运营和控制策略。日本企业就具备了组织和实施其著名的适时存货控制系统的能力。其中的一个要点是使用大量的转包商和供应商,并且这些转包商和供应商被鼓励在离最终的装配车间很近的地方提供服务。

某些国家的市场不大或者不具有竞争力,但这些国家的跨国公司却通过其海外分支机构建立了利基市场(niche market)。寡头产业中的全球竞争代替了国内竞争。举例来说,大量位于斯堪的纳维亚半岛、瑞士和荷兰的跨国公司就属于这一类。这些公司包括:诺和诺德(Novo Nordisk)(丹麦)、海德鲁(Norsk Hydro)(挪威)、诺基亚(Nokia)(芬兰)、爱立信(Ericsson)(瑞典)、阿斯特拉(Astra)(瑞典)、ABB(瑞典/瑞士)、罗氏(Roche Holding)(瑞士)、皇家壳牌石油(Royal Dutch Shell)(荷兰)、联合利华(Unilever)(荷兰)和飞利浦(Philips)(荷兰)。

在国内市场竞争程度较低的新兴市场国家中也有许多抱有雄心的跨国公司。其中的一些是在自然资源领域的传统出口商,如在石油、农业和矿产领域,但是它们都正在向跨国公司转型。这些公司进行全球探索的第一步通常是在国外销售子公司、与其他公司合资或结成战略联盟等形式。例如,巴西石油公司(Petrobrás)(巴西)、雷普索尔(YPF)(阿根廷)和Cemex(墨西哥)等。另一个公司类别则是那些最近在电信行业中被私有化的公司,该类公司的例子有墨西哥电话公司(Telefonos de Mexico)和巴西电信公司(Telebras)。另外,还有其他一些跨国公司最开始是电子产品的生产商,但是后来过渡到在国外进行生产。这样的例子有三星电子(Samsung Electronics)(韩国)和宏基电脑(Acer Computer)(中国台湾)。

16.4 OLI 范式与国际化

为什么很多跨国公司选择FDI而非别的模式如特许经营、合资、战略联盟、管理合同和出口等形式来进军国外市场? OLI范式试图为解释这一问题提供一个总体的框架。②

OLI 范式(OLI Paradigm)指出,一个企业首先要在其母国市场上有某种竞争优势——即"O",或者说**所有者特有**(owner-specific)的优势——如果企业想成功进行对

② Peter J. Buckley and Mark Casson, *The Future of the Multinational Enterprise*, London: McMillan, 1976; and John H. Dunning, "Trade Location of Economic Activity and the MNE: A Search for an Eclectic Approach", in *The International Allocation of Economic Activity*, Bertil Ohlin, Per-Ove Hesselborn, and Per Magnus Wijkman, eds., New York: Holmes and Meier, 1977, pp. 395—418.

外直接投资，那么这种竞争优势就要能够被转移到国外。第二，该企业必须被国外市场的某些特征所吸引——即“L”，或者说**本地特有**(location-specific)的优势——这些特征要能够使得企业在该市场上发挥自己的竞争优势。第三，该企业将企图通过控制其所在产业的整个价值链来保持其竞争力——即“I”，或者说**国际化**(internalization)。这种企图将引导公司进行对外直接投资，而不是特许经营或外包。

16.4.1　定义

OLI 中的“O”代表所有者特有的优势。如前所述，一个企业必须在其本国市场上拥有竞争优势。这些竞争优势必须是公司特有的、不容易被复制的并且是以一种可以被转移到国外子公司的形式存在。例如，规模经济和财务实力就不是企业特有的，因为它们也可以被其他许多企业获得。某些技术也可以被购买、特许使用或者被复制。有时，竞争者会对公司所有的差异化产品进行少许的改变进而生产出同类的仿制品，同时辅以强大的营销手段和较低的定价与公司展开竞争；这样，公司产品差异化的优势就很可能会失去。

OLI 中的“L”代表本地特有的优势。这些优势性的因素是典型的市场不完善或真正的比较优势，也正是这些因素吸引了跨国公司在某个特定的地区进行 FDI。这些因素可能包括低成本但富有生产力的劳动、唯一的原材料来源地、巨大的国内市场、为了对抗其他竞争者而采取的防御性投资策略，或者成绩卓越的技术中心等。

OLI 中的“I”代表国际化。根据 OLI 理论，保持企业特有竞争优势的关键因素是对私人信息的占有和对人力资本的控制。利用这些因素，企业可以通过专业研究得到新的信息。毋庸置疑，这种特征的描述可能最适合大规模的研究型公司。

在决定国际化战略成败的因素中，交易成本的最小化是一个关键因素。对 FDI 所有权的完全控制就减少了代理成本，而这种代理成本产生于信息不对称、缺乏信任以及对外国合作者、供应商和金融机构进行监督的需要。自融资消除了管理其国外子公司特定债务合约的需要，而这种债务合约可能是由于本地融资或者合资而形成的。如果一个跨国企业拥有很低的全球资本成本和较高的资本可得性，那么它何必把这种优势与那些可能有较高资本成本的合资伙伴、分销商、特许经营商和当地银行分享呢？

16.4.2　财务策略

如图表 16.7 所示，在对 FDI 进行解释时，财务策略是直接与 OLI 范式相关的。主动型的财务策略可以被跨国公司的管理者预先掌控。这些策略包括那些可以获得较低的全球化的资本成本和更强的资本可得性的必要的策略，这些内容已在第五篇详细进行了论述。其他主动的财务策略包含：针对融资补贴和(或者)税收减免以增加自由现金流而进行磋商，通过 FDI 减少融资代理成本以及经营与交易的风险等。

图表 16.7 财务特有因素和 OLI 范式:“×”表示 FDI 和财务特有策略之间存在联系

	所有权优势	本地优势	国际化优势
主动型的财务策略			
1. 获得和保持全球化的资本成本和资本可得性			
• 全球范围富有竞争力的资本来源	×	×	
• 在战略意义上筹备跨国上市	×		
• 提供会计信息及信息披露的透明度	×		
• 在商业和财务方面与银行保持良好的关系	×		
• 保持有竞争力的信用评级	×	×	×
2. 为了增加自由现金流而针对融资补贴和/或税收减免进行磋商	×	×	
3. 通过 FDI 减少融资代理成本			×
4. 通过 FDI 降低经营和交易风险	×		
反应型的财务策略			
1. 发掘被低估或高估的汇率		×	
2. 发掘被低估或高估的股票价格		×	
3. 对阻碍资本自由运动的资本控制作出反应		×	
4. 最小化税收		×	×

资料来源:Reprinted from Lars Oxelheim, Arthur Stonehill and Trond Randøy, “On the Treatment of Finance Specific Factors Within the OLI Paradigm,” *International Business Review*, Vol. 10, pages 381—398, © 2001, with permission from Elsevier Science.

图表 16.7 说明反应型的财务策略依赖于对市场不完善的发现。例如,跨国公司可以去发掘存在定价偏差的汇率和股票。该策略还需要跨国公司对能够最小化其全球税收的机会和阻碍资本自由运动的资本控制作出反应。

16.5 决定在何处投资

在何处进行跨国投资的决策会受到各种行为因素的影响。第一次作出在何处进行跨国投资的决策与在何处进行跨国再投资的决策有所不同。企业会从其为数不多的先前的对外投资中学习,而学习到的知识将影响到接下来的投资。

理论上,企业首先应该确定其竞争优势,然后在世界范围内寻找不完善的市场和具有比较优势的国家,而且这种比较优势必须足够大以至于在该国投资产生的风险调整后的回报能够高于企业的最低预期资本收益率。

然而在实践中,如同企业行为理论描述的那样,公司会遵循一系列的寻找模式。人类理性受到人们收集和整理信息能力的限制,而这种能力是基于所有事实作出完全理性决策所必需的。这种对现实的观察为两种相关的 FDI 行为理论提供了支撑:行为主义方法和国际网络理论。下面我们将对这两种理论进行解释。

16.5.1 FDI 的行为主义方法

瑞典学派的经济学家是用**行为主义方法**(behavioral approach)分析 FDI 决策的代表。③ 该学派不仅相当成功地解释了跨国投资的初始决策问题,而且还解释了随着时间的推移,公司在别处再投资和改变其国际介入结构的后续决策问题。基于瑞典某些跨国公司的国际化过程,这些经济学家观察到这些公司的管理者倾向于首先在那些与他们的心理环境条件差异不大的国家进行投资。**紧密的心理距离**(close psychic distance)用来定义那些文化、法律和制度环境都与瑞典类似的国家,比如挪威、丹麦、芬兰、德国和英国。为了最小化由不确定的国外环境带来的风险,初始投资在规模上都是很适度的。当瑞典企业从它们的初始投资中学到了经验以后,它们渐渐变得愿意在国家的心理距离和投资规模两方面承担更大的风险。

16.5.2 国际网络理论

随着瑞典跨国公司的成长和成熟,它们介入国际市场的方式也变得更加成熟。当今每个跨国公司都被认为处于一个国际的网络中,而母公司本身和其每个海外子公司都是网络中的一个结点。集中(层级的)控制型的结构已被为分散(分权式的)控制型的结构所代替。不仅在子公司之间,在子公司和其母公司之间也会为了争夺资源而展开竞争,这又会影响到公司的各种策略和再投资决策的制定。许多这样的跨国公司已经与竞争性的内部网络或外部网络结成了政治联盟。每个子公司(还有其母公司)都嵌入了东道国的供应商和消费者的网络之中。同时它也是其所在行业的全球网络的成员之一。最后,每个子公司也是其母公司名义控制之下的组织网络的成员之一。更加复杂的是母公司本身可能已经发展成为真正的**跨国境企业**(transnational firm),即母公司被不同国家的投资者联合拥有。④

ABB 公司(Asea Brown Boveri)就是瑞典和瑞士公司联合的一个例子,它经历了国际化革命性进程的全过程,最终成为一家跨国境企业。ABB 公司由瑞典的 ASEA 公司和瑞士的 Brown Boveri 公司在 1991 年合并形成。之前两家公司都已经是电工技术和工程产业的国际领导者。ABB 公司拥有上百家国外子公司,这些子公司都在一个权力非常分散的基础上进行管理。ABB 庞大的组织结构和跨国所有权增强了各子公司进行本地经营的主动性、快速的反应能力和进行分散化 FDI 决策的动力。虽然母公司的任务依然是制定公司总的战略方针,但是国外子公司在所有的决策过程中都发挥了重要的作用。这样,因为子公司本身是当地产业网络和全球产业网络的成员,所以这两个网络对它们的经营决策会产生很大影响。

---

③ John Johansen, and F. Wiedersheim-paul, "The Internationalization of the Firm: Four Swedish Cases Studies", *Journal of Management Studies*, Vol. 12, No. 3, 1975; and John Johansen and Jan Erik Vahlne, "The Internationalization of the Firm: A Model of Knowledge Development and Increasing Foreign Market Commitments", *Journal of International Business Studies*, Vol. 8, No. 1, 1977.

④ Mats Forsgren, *Managing the Internationalization Process: The Swedish Case*, London: Routledge, 1989.

16.6 如何对外投资:对外投资的模式

全球化的进程包括一系列的决策,如在哪里生产、由谁来占有和控制知识产权,以及由谁来拥有实际的生产设备等。图表 16.8 是一个解释 FDI 顺序的图示。

图表 16.8 FDI 的顺序:对外参与和对外投资

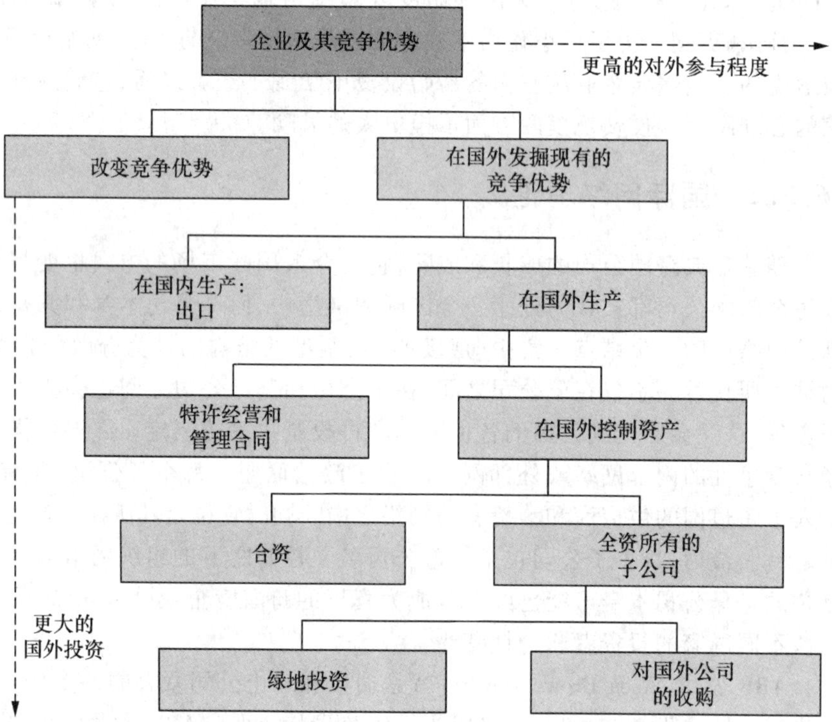

资料来源:Adapted from Gunter Dufey and R. Mirus,"Foreign Direct Investment: Theory and Strategic Considerations", unpublished, University of Michigan, 1985. Reprinted with permission from the authors. All Rights Reserved.

16.6.1 出口 vs 到国外生产

把企业的经济活动限制在出口的范围内有几个优势。出口不会存在 FDI、合资、战略联盟和特许经营等方式所面临的特别的风险。其中政治风险是最低限度的风险。同时出口还可以避免产生代理成本,诸如监督和评价国外单位所耗费的成本等。相对于向全球市场扩张的其他模式,出口的前期投资量也小得多,但不可否认,出口的汇率风险依然存在。

大量的出口(和进口)在跨国公司与其国外子公司以及附属公司之间进行,这种模式同其他介入国外市场的模式相比进一步降低了出口的风险。例如,**金融实务专栏**

16.2 介绍了美国的跨国公司与其子公司及附属公司之间的进出口情况。

金融实务专栏16.2
GLOBAL FINANCE IN PRACTICE

肥水不流外人田:美国及美国所有的国外附属公司的进出口额

(单位:百万美元)

	公司内部贸易	跨公司贸易	总额
所有国家			
出口	145.5	24.5	170.0
进口	123.9	19.4	143.3
差额	21.6	5.1	26.7
高收入国家			
出口	129.0	20.8	149.9
进口	54.0	15.1	129.1
差额	35.0	5.7	40.7
中等收入国家			
出口	28.9	5.4	34.3
进口	31.5	1.9	33.4
差额	-2.6	3.5	0.8
低收入国家			
出口	1.6	0.2	1.8
进口	1.8	0.4	2.2
差额	-0.2	-0.2	-0.4

资料来源:Edward M. Graham. Institute for International Economics, as cited in "Globalisation and Its Critics: A Survey of Globalisation", *The Economist*, September 29, 2001, p. 9. http://www.economist.com.

采用出口模式进行对外投资同样也有劣势。公司采用出口的方式无法像采用对外直接投资那样有效地对其研发成果进行吸收和利用。另外,公司还面临着被模仿者和全球竞争者排挤出市场的风险,因为这些模仿者和全球竞争者在国外生产和分销方面可能有更低的成本。随着这些公司逐步占领市场,它们可能变得非常强大,甚至可以向公司的母国出口产品。采取阻止这种侵略性行为的措施,例如,在竞争者开始进入之前就抢先占有国外市场常常是防御型 FDI 的动机。

16.6.2　特许经营和管理合同 vs 控制国外资产

对于想在国外市场攫取利润的企业来说,**特许经营**(licensing)是一种流行的介入国外市场的模式,而且这种模式无须投入大规模的资金。在这种模式下,由于国外的生产商完全由东道国所有,因而投资的政治风险最小。近年来,许多东道国都要求跨国公司以“非紧密的方式”(或称“非绑定方式”)而非仅仅通过 FDI 的形式出售各种服务。这些国家希望本地企业通过管理合同购买到与产品和要素市场相关的管理技能和知识,以及通过特许经营合约购买到技术。

特许经营的主要劣势在于许可证费用可能会低于 FDI 的利润,尽管其边际投资回报可能较高。其他的劣势还包括:

- 失去对产品品质控制的可能
- 在第三国市场中形成潜在竞争者
- 本地特许经营者可能获得技术进步并借此进入原公司的母国市场
- 可能会失去随后利用 FDI 进入东道国市场的机会
- 技术被盗的风险
- 高昂的代理成本

跨国公司并不利用国外的独立公司进行特许经营。相反,大多数的特许经营安排都是利用跨国公司自己拥有的国外子公司或合资进行的。许可证费用是在经营单位之间分摊研发成本的一种方式。同时,对某些东道国来说,它也是一种比红利更加能够接受的汇回利润的形式。

管理合同没有很高的国外投资或资金风险,却能从国外获得现金流,单从这点来看,**管理合同**(management contracts)与特许经营是相似的。管理合同可能降低了政治风险,因为管理人员的调回是很容易的。国际工程咨询公司通常在管理合同的基础上开展其国外业务。

与 FDI 相比,特许经营和管理合同是否具有成本效益取决于东道国为这种非紧密式的服务支付的价格的高低。如果价格足够高,则许多公司会更加钟情于用非紧密式服务输出的形式来利用市场的不完善,从降低政治风险、汇率风险和经营风险的角度来看则尤为如此。然而由于我们观察到的跨国公司一直以来都更倾向于使用 FDI,我们只能假定非紧密式服务的销售价格仍然太低。

为什么非紧密式服务的售价如此之低?答案首先可能在于当服务被绑定于 FDI 中的时候产生的协同效应。精巧的管理方式常常是对多种机构支持要素的巧妙组合,而这些要素却难以被有效地转移至国外。技术是一个连续的过程,但是特许经营却常常只能获得这个过程中某个时点上的技术。然而最重要的一点是规模经济不能分批小量地被出售或者转移。由规模经济的定义可知,它们只有在大规模的经营中才能发挥作用。在很小的市场中从事规模较大的经营往往很难达到在大的市场中开展这种经营时所能达到的规模经济。

尽管有很多障碍,一些跨国公司已经成功地出售了非紧密式的服务。其中的一个例子是对欧佩克国家出售管理技巧和技术。在该例中,欧佩克国家既有意愿也有能力向跨国公司支付足够高的接近 FDI(紧密式的服务)回报的价格。在扣除支付的价格后,欧佩克国家从非紧密式劳务中得到的好处就会有所降低。

16.6.3 合资 vs 全资子公司

在这里,**合资**(joint venture)被定义为国外商业实体的所有权被东道国和母公司共同拥有。被母公司部分所有的国外经营单位称为**国外附属公司**(foreign affiliate)。被母公司以 50% 或者更多比例所有(即拥有控制权)的国外经营单位就被称为**国外子公司**(foreign subsidiary)。

当且仅当跨国公司在东道国发现合适的合作伙伴时,跨国公司和东道国合作者之间的合资才是一种可行的策略。与一个合适的当地合作者进行合作的明显优势如下:

1. 当地的合作者了解当地的风俗习惯和制度环境。相反,如果依靠一家新设的全资子公司(见下一节),跨国公司可能需要用许多年的时间才能掌握这些知识。

2. 本地合作者在高层和中层的管理中都能够进行有效的管理。

3. 如果东道国要求外国公司与本地公司或投资者分享所有权,那么相对于合资,100% 的国外所有权就不是一个现实的选择了。

4. 本地合作者在当地的关系和声誉增强了跨国公司进入东道国资本市场的能力。

5. 本地合作者可能拥有适合当地环境或者可以在全球范围内使用的技术。

6. 如果跨国公司的投资是为了服务东道国本地市场的话,那么企业公众形象的部分本土化可能会提高企业产品的销售。

尽管拥有以上明显的优势,然而合资并不像全资国外子公司的形式那么普遍,因为跨国公司害怕当地合作者干涉某些关键的决策领域。总体上说,从当地合资方的角度来看最优的选择,对跨国公司来说可能就是次优的了。进行合资的重要的潜在矛盾和困难有:

1. 如果选择了错误的合作者,那么政治风险不是降低而是提高了。试想在印度尼西亚的苏哈托或伊拉克的萨达姆·侯赛因被推翻之前与他们的家族或者同盟进行合作的情形。本地的合作者必须非常有信誉和道德,否则合资会使投资风险增加。

2. 在现金红利的分配问题,或者在未分配利润和寻找新的资金来源两者之间选择以进行新的融资的问题上,本地和国外合作伙伴之间的观点可能存在分歧。

3. 在与关联公司进行产品或元件的贸易时,合资双方在贸易的转移定价方面可能存在利益冲突。

4. 另一个问题是对融资的控制。跨国公司绝不会用在一国筹集的低廉的或可利用的资金为另一国的合资经营融资。

5. 如果企业在世界范围合理化其生产的操作会对当地合作者产生不利影响,那么公司的这种合理化生产的能力将会受到危害。

6. 本地经营状况的财务披露对于本地的流通股份来说可能是必需的;而如果企业完全被国外的母公司所有,这种披露就不是必需的了。在制定战略时,相对于无须披露的竞争者,对财务的披露对合资者而言是一种劣势。

股权的估值是很困难的。本地合作者该为每一股支付多少价格呢?像中国这样土地国有的国家,已投入的技术和土地的价值又该是多少呢?显然,合资双方拥有相近的资本机会成本和预期报酬率,或者对合适的经营溢价、外汇和政治风险有相近的理解都几乎是不可能的。合资双方都将其出资额视为各自投资组合的一部分,但双方的出资额对各自组合收益和方差的贡献度却可能存在较大差别。

16.6.4 绿地投资 vs 收购

绿地投资(greenfield investment)是指重新开始建立生产设备和其他设施,即在“绿地”的基础上白手起家。相反地,**跨国收购**(cross-border acquisition)则指购买已经存在的国外的企业或设备。本书第19章将对跨国兼并和收购进行讨论,同时我们也将在这一章对绿地投资和收购的优缺点进行对比。

16.6.5 战略联盟

对不同的观察者而言,**战略联盟**(strategic alliance)有着不同的含义。一种战略联盟的形式是两家公司互相交换其部分所有权。如果一家公司的主要目的是将其部分股票转交给另一个平稳且友好的企业,那么这种战略联盟就可能是一种接管性的防御措施;而如果单单实施这种策略,那么这种类型的战略联盟仅仅是一种组合投资的形式而已。

在一种更加全面的战略联盟中,除了交换股票,合作双方还会建立一个分离的合资项目来发展和生产它们的产品或服务。在汽车、电子、电信和航天行业中有很多这种联盟的例子。这种形式特别适合高科技产业,因为这些产业必须及时更新技术并且其研发费用非常高昂。

第三级别的合作可能包括联合营销和服务的协议,在这种协议安排下,在特定的市场中合作双方都是对方的代表。有些观察者认为这种安排与流行于20世纪二三十年代的卡特尔相似。但由于卡特尔降低了竞争的程度,所以它被许多国家的法律和国际协议所禁止。

小案例

Benecol的全球授权经营协议

1996年11月,一家名为Raisio的公司向整个芬兰的超市推出了一种新产品——一种可以降低胆固醇的人造黄油,名为Benecol。该名源自拉丁文中的“祈祷”(bene)一词和“胆固醇”(cholesterol)中的三个字母(col)。这种人造黄油可以将正常消费者血液中的胆固醇含量降低14%—15%。对消费者来说,所要做的就是在吃饭的时候吃几克该黄油,每天大概三次。

虽然价格大约是多数同类的人造黄油的三倍,但是Raisio的产品仍然供不应求。全球对该产品的潜在需求非常巨大。本来在赫尔辛基股票市场上表现平平的Raisio股票在接下来的几个月里猛涨。

然而,问题在于Raisio起初只是一个地方性的工业化学和食品的生产商,且人造黄油是其唯一的零售产品。同时,在全球范围拓展销售渠道的不同阶段,还有可能存在大量潜在的竞争产品,这些产品由一些规模巨大且有实力的公司如诺华(Novartis)和联合利华(Unilever)所生产。Raisio 很快意识到如果要快速有效地利用 Benecol 在全球市场上获得利益,它需要一个全球的合作伙伴。

1997 年 3 月,在经历持久的谈判之后,Raisio 和美国强生(Johnson & Johnson)公司旗下的一家保健产品子公司——麦克奈尔消费品生产商(Mcneil Consumer Products)签署了一份全球特许经营协议。该协议赋予麦克奈尔独家配送和销售所有含有 Benecol 的产品的权利。这份特许经营协议有三个要点,如下所示:

全球特许经营:Raisio(芬兰)和麦克奈尔消费品生产商(美国)之间的协议

1. Raisio 将按协议价格提供植物脂(Benecol 的一种关键化学成分),麦克奈尔可利用该植物脂生产所有基于 Benecol 的产品。

2. Raisio 将得到对 Benecol 的特许使用费,该回报是按照除芬兰的市场之外所有市场中 Benecol 产品零售价的一定百分比计算出来的(具体的比例没有披露,不过据说为 5%)。

3. 从 1997 年到 1999 年,Raisio 将从麦克奈尔处得到一系列付款,付款总额大致为 6 000 万美元。

这份协议使得 Raisio 有责任确保向所有麦克奈尔产品对植物脂的需求提供足够的供给。除了一些常见的诸如持续的产品开发、测试和证明之类的义务之外,Raisio 在该协议下没有任何其他的责任。而麦克奈尔将对产品开发、生产、国内和国际销售的管理许可和全球营销负责。

案例思考题

1. 从融资的角度看,全球特许经营协议是如何在 Raisio 和麦克奈尔之间分配风险和收益的?

2. 假设产品获得了相对的成功,在该协议下,Raisio 的回报是如何在短期、中期和长期内增加的?

3. 对 Raisio 和麦克奈尔来说,在这种支付协议背后的可能动机是什么?假设按照协议,麦克奈尔将在以下情况下对 Raisio 进行支付:

a. Raisio 成功地完成了其对植物脂的生产能力的扩张。

b. 在克服管理方面的障碍或者达到明确的销售目标的同时,麦克奈尔成功地把 Benecol 产品推向了主要的市场。

小结

◎ 比较优势理论是基于一个国家在生产某产品时相对于另一国而言占有的某种相对(而不是绝对)优势,该种产品可能是土地、劳动或者资本密集型产品。

◎ 对跨国公司来说,某国产品市场、生产要素市场和金融资产市场的不完善都意味着市场机会的存在。

◎ 各种战略型的动机促成了对外投资的决策的作出,并且最终使得企业成为跨国公司。在这个过程中,企业会寻求新的市场、原材料来源、更具生产效率的区域、获取最新的知识,或者政治安全等等。

◎ 为了进行对外投资,企业必须在国内市场拥有持续的竞争优势。该优势必须很强并且容易转移以克服国外经营的劣势。

◎ 竞争优势源于大规模的规模经济、管理和营销的技能、先进的技术、财务实力、差异化的产品和本国市场上的竞争力。

◎ OLI 范式试图构建一个总体解释框架,该框架旨在解释为什么跨国公司选择 FDI 而不是通过诸如特许经营、合资、战略联盟、管理合同和对外出口等其他的模式来服务国外市场。

◎ 财务特有策略直接与 OLI 范式相联系,包括主动型的财务策略和反应型的财务策略。

◎ 在何处投资的决策受到经济因素和行为因素的影响,同样也受到企业自身发展阶段的影响。

◎ 在对 FDI 的顺序和随后再投资的决策过程中,心理距离起到了一定的作用。由于企业从早期投资活动中学到了一些经验,它们将会在国外更进一步地投资并且愿意承担更大的风险。

◎ 可以从国际网络的视角来认识国际化程度最高的企业。母公司及其每个国外子公司都是各个网络中的一员。这些网络是由全球某个行业内的关系、拥有供应商和客户的东道国内的关系和跨国公司内部的相互关系组成的。

◎ 对外出口避免了政治风险,但是外汇风险依旧存在。这种方式的前期投资最少,但是公司的市场有可能最终被模仿者和在国外生产和分销具有成本效率优势的全球竞争者夺走。

◎ 除了全资拥有国外子公司外,还存在着其他的对外国外介入模式。其中包括合资、战略联盟、特许经营、管理合同和传统的出口。

◎ 特许经营允许企业在没有大量前期投资的情况下从国外市场攫取利润。但这种方式的劣势也很明显,如有限的回报、丧失质量控制权的可能性和未来竞争者产生的潜在可能性等。

◎ 由于合资的成功主要依赖于合作伙伴选择的正确与否,加之在决策过程中合资双方之间可能存在的矛盾和纠纷,全资拥有国外资公司的模式就更加普遍。

思考题

1. **发展成为跨国企业。**当一个企业从纯粹的国内企业向跨国企业发展的时候,那么它必须考虑四种因素:(a) 它的竞争优势;(b) 如何选择生产地;(c) 对于国外经营采取的何种控制方式;(d) 对国外投资投入多少货币资本。请解释,如要成功地进行国外经营,这四种因素各自的重要程度。
2. **比较优势理论。**比较优势理论的核心是什么?
3. **市场不完善。**跨国公司会尽量利用各国产品、生产要素和金融资产市场上的不完善。大的跨国公司能够更好地发掘这些不完善之处。那么它们主要的竞争优势是什么?
4. **对外直接投资(FDI)的战略型动机。**
   a. 总结促使进行 FDI 的五个主要动机。
   b. 将下列跨国公司与其相应的 FDI 动机配对:
   通用汽车公司(General Motors)(美国)
   皇家壳牌石油(Royal Dutch Shell)(荷兰/英国)
   肯德基(Kentucky Fried Chicken)(美国)
   怡和集团(Jardine Matheson)(中国香港)
   苹果电脑(Apple Computer)(美国)
   日本电气株式会社(NEC)(日本)
5. **竞争优势。**在作出是否对外投资的决策时,管理者首先必须确定该公司是否拥有足以支撑其在国内市场上进行有效竞争的优势。这种竞争优势的必要特征是什么?

6. **规模经济和范围经济**。简要解释在生产、营销、财务、研发、交通和购买中,规模经济和范围经济是如何发展起来的。
7. **国内市场的竞争程度**。相对那些处在竞争程度较小的国内市场中的企业,身在竞争较为激烈的国内市场的企业可以获得更多的竞争优势。这种现象被波特称为“国家优势的钻石理论”现象。请解释“国家优势的钻石理论”的含义。
8. **OLI 范式**。OLI 范式试图构建一个总体的框架来解释为什么跨国公司选择 FDI 而不是通过别的方式来服务国外市场。
   a. 请解释 OLI 范式中“O”的含义。
   b. 请解释 OLI 范式中“L”的含义。
   c. 请解释 OLI 范式中“I”的含义。
9. **与 OLI 相关的财务策略**。财务策略直接与 OLI 范式相关。
   a. 请解释主动型的财务策略是如何与 OLI 相关联的。
   b. 请解释反应型的财务策略是如何与 OLI 相关联的。
10. **在何处投资**。在何处进行跨国投资的决策受到行为因素的影响。
    a. 用行为主义的方法解释 FDI。
    b. 用国际网络理论解释 FDI。
11. **出口 vs 在国外生产**。与在国外生产相比,进行出口的优势和劣势各是什么?
12. **特许经营和管理合同 vs 在国外生产**。与在国外生产相比,特许经营和管理合同的优势和劣势是什么?
13. **合资 vs 全资子公司**。与全资子公司相比,合资在开拓国外市场方面的优势和劣势是什么?
14. **绿地投资 vs 收购**。与在目标市场上收购一家当地的企业相比,绿地投资的优势和劣势是什么?
15. **跨国战略联盟**。对不同的观察者而言,“跨国战略联盟”有着不同的意义。请解释这些含义。

练习题

比较优势。第 1—5 题是关于一个比较优势所引致的贸易的例子。假设中国和法国各有 1 000 个生产单位。利用一个生产单位(土地、劳动、资本和技术的混合),中国可以生产出 10 箱玩具或者 7 箱酒。而法国只能生产 2 箱玩具或者 7 箱酒。这样的话,当生产玩具时,中国的一个生产单位的生产效率是法国的 5 倍,但是生产酒的效率相同。假设开始时没有贸易发生。中国分配 800 个生产单位生产玩具,200 个单位生产酒。法国分配 200 个生产单位生产玩具,800 个单位生产酒。

1. **生产和消费**。在没有贸易时,中国和法国的产量和消费量是多少?
2. **专业化**。假设实行完全专业化,中国只生产玩具,法国只生产酒,那么总产量会受到什么影响?
3. **以中国国内价格贸易**。中国的国内价格是 10 箱玩具对 7 箱酒。假设中国生产 10 000 箱玩具并且向法国出口 2 000 箱。同时假设法国生产 7 000 箱酒且向中国出口其中的 1 400 箱,在这种贸易价格下,总产量和消费量会发生什么变化?
4. **以法国国内价格贸易**。法国的国内价格是 2 箱玩具对 7 箱酒。假设中国生产 10 000 箱玩具并且向法国出口 400 箱。同时假设法国生产 7 000 箱酒且向中国出口 1 400 箱,在这种贸易价格下,总产量和消费量会发生什么变化?
5. **以协议达成的中间价贸易**。中法两国之间交易的价格计算如下:

	玩具		酒
中国国内价格	10	对	7
法国国内价格	2	对	7
协议中间价格	6	对	7

在这种情况下，总产量和消费量会发生什么变化？

网上练习

1. **国际资本流动：公共的和私人的。**一些主要的跨国机构（其中的一些为上市公司）试图跟踪全球资本投资的运动和数量规模。访问下列网站和其他你所能找到的网站，对下面的问题准备一份两页长的管理简报：(1) 工业化国家的资本是否都正在寻找在欠发达的市场和新兴市场上的投资机会？"欠发达的"市场和"新兴的"市场有什么重要的不同吗？

   世界银行（The World Bank）

   http://www.worldbank.org

   经济合作与发展组织（Organization for Economic Co-operation and Development

   http://www.oecd.org

   欧洲复兴与开发银行（European Bank for Reconstruction and Development）

   http://www.ebrd.org

2. **国际管理和策略咨询机构。**早在 20 世纪 90 年代，管理咨询业就已经成为为全球跨国公司设计和完善公司战略的主要来源。下面的公司网站提供了对该行业的一些富有洞察力的见解和针对专业咨询人士的招聘信息，同时还提供了一些有趣的行业特征，比如波士顿咨询集团（Boston Consulting Group）的在线交互式的案例学习。

   科尔尼公司（A. T. Kearney）

   http://www.atkearney.com

   贝恩公司（Bain & Company）

   http://www.bain.com

   博思艾伦咨询公司（Booz Allen Hamilton）

   http://www.bah.com

   波士顿咨询集团（The Boston Consulting Group）

   http://www.bcg.com

   麦肯锡咨询公司（McKinsey & Company）

   http://www.mckinsey.com

文献选读

Brouthers, K. D. and L. E. Brouthers, "Explaining the Natural Culture Difference Paradox", *Journal of International Business Studies*, No. 32, 2001, pp. 177—190.

Buckley, Peter J., "The Limits of Explanation: Testing the Internalization Theory of the Multinational Enterprise", *Journal of International Business Studies*, Summer 1988, pp. 181—193.

Buckley, Peter J., and Mark Casson, "An Economic Model of International Joint Venture Strategy", *Journal of International Business Studies*, Vol. 27, No. 5, Special Issue 1996, pp. 849—876.

Dunning, John H., "Location and the Multinational Enterprise: A Neglected Factor?" *Journal of International Business Studies*, Vol. 29, No. 1, First Quarter 1998, pp. 45—66.

Dunning, John H., "The Eclectic Paradigm of International Production: A Restatement and Some Possible Extensions", *Journal of International Business Studies*, Spring 1998, pp. 1—32.

Hezai, W. and P. Pauly, "Motivations for FDI and Domestic Capital Formation", *Journal of International Business Studies*, Vol. 34, No. 3, 2003, pp. 282—289.

Sethi, D., S. E. Gunslinger, L. E. Whelan, and D. M. Berg, "Trends in Foreign Direct Investment Flows: A Theoretical and Empirical Analysis", *Journal of International Business Studies*, Vol. 34, No. 4, 2003, pp. 315—326.

Wells, Louis T., Jr. "Multinationals and the Developing Countries", *Journal of International Business Studies*, Vol. 29, No. 1, First Quarter 2003, pp. 101—114.

第 17 章　政治风险的度量与管理

在本章的开始,我们在三个层面上对政治风险进行了划分:公司特有风险、国家特有风险和全球特有风险。接着,我们将介绍跨国公司如何通过预测每一层面风险的大小来评估政治风险。随后,我们将对与公司治理和目标冲突相关的公司特有风险进行详细论述。本章接着将介绍资金转移风险,该风险是两类国家特有风险之一;另一种国家特有风险为文化制度风险。本章的最后介绍了全球特有风险,这类风险包括恐怖主义以及其他由于世界范围的原因而非某个特定国家的原因造成的风险。

17.1　定义政治风险

为了使跨国公司更好地识别、度量和管理其政治风险,我们将这些风险进行了定义和分类。如图表 17.1 所示,跨国公司面临的政治风险分为公司特有风险、国家特有风险和全球特有风险。具体如下:

图表 17.1　　政治风险的分类

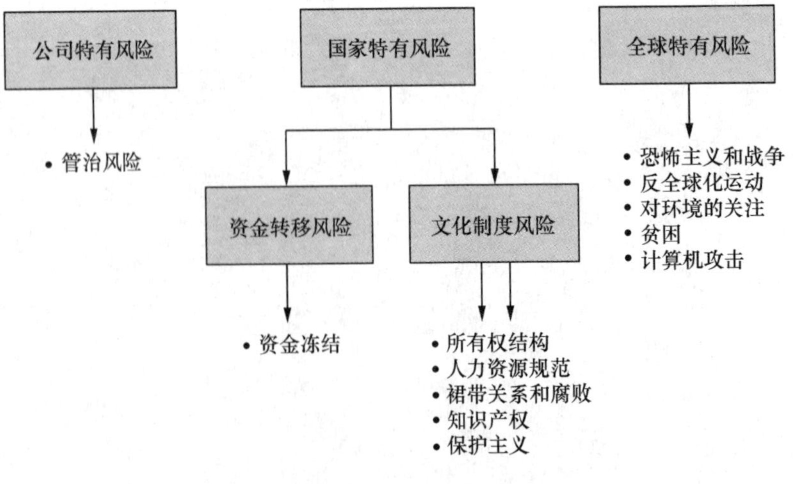

- **公司特有风险**，亦称**微观风险**，是指那些在投资项目或公司层面上影响跨国公司的政治风险。由跨国公司和东道国发生目标冲突所导致的**管治风险**是主要的公司特有的政治风险（跨国公司同样也面临着经营风险和外汇风险，这些风险在本书的其他部分有广泛的讨论）。
- **国家特有风险**，亦称**宏观风险**，是指那些源于国家层面并且在投资项目或公司层面上影响跨国公司的政治风险。国家层面的主要政治风险可分为两类，即**资金转移风险**和**文化制度风险**。转移风险主要涉及冻结资金的问题，此外，该种风险还与主权国家的信用风险有关（在本书的其他部分会涉及）。文化制度风险产生于所有权结构、人力资源规范、裙带关系及腐败、知识产权和保护主义。
- **全球特有风险**是指那些产生于全球范围内并且在投资项目或公司层面上影响跨国公司的政治风险。此类风险的例子有恐怖主义、反全球化运动、对环境的关注、贫困和计算机攻击。上述分类方法与传统的方法有着显著的不同，传统的方法是根据经济学、金融学、政治学、社会学和法学的标准将风险进行分类。而我们更加倾向于使用我们自己的分类系统，因为利用这种分类可以更容易地将特定的政治风险和现存的用来管理这些风险的策略联系起来。

17.2　评估政治风险

从企业的角度，跨国企业如何鉴别政府法规是否具有歧视对待的性质或具有财富剥夺的性质？我们通常从两个层面来解决和看待这个问题。

在宏观层面上，企业试图评估东道国的政治稳定性和对待国外投资者的态度。在微观层面上，企业会分析其特有的经济活动是否可能会与东道国现存法规所体现的目标产生冲突。但最困难的工作在于如何正确预测东道国目标优先权的变化和用于实施调整后的优先权的新法规的变化，以及这些变化可能对公司经营产生的影响。

17.2.1　预测公司特有风险（微观风险）

从跨国公司的角度来看，评估东道国的政治稳定性只是第一步，因为真正的目标是预测政治的变化对特定的公司经济活动的影响。的确，对于不同的外国企业，东道国政策法规的变化所随其造成的影响也可能有很大不同。难以想象肯德基连锁店会与福特制造厂面临着相同的风险。

对公司特有风险分析的需要引发了对"量身定做"的研究的需求——这些研究是由内部专业政治风险分析师进行的。据观察，即使是对任何国家已经存在的宏观政策风险，外部专业风险分析师也很少能够对这些风险的程度达成共识，这进一步增强了对这种分析的需求。

内部政治风险分析师将特定国家的宏观风险特征与其公司客户的特征联系起来。

显然,矿物提取公司、制造公司、跨国银行、私营保险营运商和全球连锁酒店受到政治风险约束的方式完全不同。即便是利用了最好的公司特有风险的分析,跨国公司也不能保证政治和经济环境不会变化。这就需要提前制定保护性的计划以使由无法预期的变化造成的损失风险降到最低。

17.2.2 预测国家特有风险(宏观风险)

宏观政治风险分析仍是一个新兴的研究领域。来自学术界、产业界和政府的政治学家为了维护跨国公司、政府对外政策的制定者和国防计划者的利益而研究国家风险。

国家特有风险研究一般包括对国家的历史稳定性分析、当前社会稳定程度的分析、经济稳定性指标和文化宗教活动趋势的分析。有关的数据常常通过以下途径收集,如外交途径、阅读当地的报纸、收听电台与电视播音和阅读外交出版物、向出色的专业咨询人员探求相关知识、联系那些近期在东道国有过经历的商业人士,以及组织现场调查等。

尽管有这么多令人兴奋的资料来源渠道,然而即便是在最好的情况下,商业企业、外交部和军方对国家特有风险的预测记录也是不稳定的。不论是在政治方面还是经济方面,分析人员在分析趋势的时候,都是在原有的趋势下预测未来趋势的发展方向,因而罕有能够预测到趋势发展方向发生巨大变化的预测家。

尽管预测国家特有风险困难重重,跨国公司仍然需作出各种努力以应对未知的风险。基于常规的标准,很多风险评级机构都提供了可不断更新的国家风险等级。图表17.2列出了一些国家的风险等级。

17.2.3 预测全球特有风险

与预测前两种类型的政治风险相比,预测全球特有风险显得更加困难。没有人预测到2001年9月11日美国世贸大厦和五角大楼遭受到的突然袭击。另一方面,此次袭击的后果——对全球恐怖主义的战争、提高了的美国本土安全防卫措施以及阿富汗部分恐怖分子网络受到部分的打击——却是可以预测的。不过,我们已经开始预测未来突发的恐怖袭击了。具有美国背景的跨国公司所面临的威胁不仅来自基地组织,还来自于其他不可预料的组织,这些组织可能会对跨国公司采取恐怖或暴力行动来达到各种各样的目的,诸如反全球化、环境保护,甚至政治混乱等。

由于对恐怖主义的预测有极大的需求,我们预期将会有大量类似于国家风险指数的新指数出现。所不同的是,这些新的指数将致力于针对恐怖威胁的不同类型、恐怖威胁所在地和遭受恐怖袭击的潜在目标进行评级。

图表 17.2　一些国家的国家风险等级

风险等级	印度尼西亚	芬兰	巴西	俄罗斯	墨西哥
货币单位	卢比	欧元	雷亚尔	卢布	比索
外汇制度安排	浮动	欧洲经济货币联盟	浮动	管理浮动	浮动
标准普尔评级	CCC +	AA	B +	SD	BB
穆迪评级	B3	Aaa	B2	B3	B2
费奇评级	B -	AAA	B	CCC	BB
经济学人智库:					
评级	D	B	D	D	C
得分	67	35	62	79	53
欧洲货币:					
评级	88	12	76	161	47
得分	36.4	90.9	41.7	20.9	55.2
机构投资者:					
评级	86	14	65	104	49
得分	27.9	82.2	37.4	20.0	46.0
趋势	负	正	负	负	正
国际国别风险指南:					
政治	42.0	90.0	66.0	54.0	69.0
金融	22.0	39.0	31.5	25.5	31.0
经济	18.0	45.5	33.0	18.5	35.0
梅尔肯研究院资本可得指数:					
得分	37.8		61.65	57.81	61.65
数量	56.6		52.38	71.15	52.38
风险度量	26.3		29.41	43.59	31.25
数量	0.0		36.36	31.03	34.76
海外私人投资公司	是	否	是	是	否

资料来源:由作者根据上述来源摘编。所有数值均为 1999 年 3 月数据。对于该表中使用的数据,这些机构都有定期更新的出版物可用。

17.3　公司特有风险

跨国公司面临的公司特有风险包括经营风险、外汇风险和管治风险。经营风险和外汇风险已经在第 8—10 章详细介绍了,因而这里我们将重点讨论管治风险。

17.3.1　管治方面的风险

正如第 1 章介绍的那样,**管治风险**(governance risk)指的是能否在一国法律环境和政治环境中对跨国公司的经营实施有效控制的风险。管治问题是一个在结构上和合并会计利润相似的问题,它必须针对单独的单位和子公司进行计算,也需要针对跨国公司这个整体进行计算。

对跨国公司来说,在子公司层面上,最重要的管治风险类型产生于东道国政府的真实目标和在东道国影响范围内经营的私人企业的目标之间的冲突。政府通常只对选民的选票敏感,而企业则对其所有者和其他的利益相关者的选票敏感。这些不同类别投票者的有效需求并不相同,而规则是由政府制定的。因此,政府会对私人企业的经营活动强加约束,并将这些约束作为正常的行政和法律职能的一部分。

从历史上看,跨国公司和东道国政府目标之间的冲突常常会因为如下的问题而产生,如企业对东道国经济发展的影响、被识别出的对国家主权的侵害、国外企业对要害产业的控制、与当地利益集团共享或不共享其所有权和控制权、对东道国支出平衡的影响、对东道国货币汇率的影响、对出口市场的控制、使用国外的管理人员和工人而不是国内的相关人员以及对国家资源的攫取等等。对这些冲突的态度常常被某些观点赋予了一些人为的色彩,如对自由企业与国家社会主义之间的看法、民族主义与国际主义的程度,或者是宗教在决定适当的经济和金融行为中的地位等。

进行目标冲突管理的最好方法是提前预测问题并为了促成相互理解而进行磋商。不同的文化对于先前合约进行评价的问题会应用不同的道德伦理,特别是当与一个先前的管理团队进行谈判的时候。然而,相对于无视双方在未来对目标产生分歧的可能性而言,对所有可能发生冲突的领域进行预先谈判就为双方成功的合作奠定了更好的基础。预先谈判的内容通常包括投资协议的谈、购买投资保险和担保以及在作出外投资决策之后设计将要用到的应对风险的策略。

17.3.2 投资协议的谈判

投资协议明确地规定了国外企业和东道国政府双方的权利和责任。以本国发展为目的的东道国政府会寻求合适的跨国公司;同样,跨国公司也会寻求理想的国外投资地。所有参与方都有各自不同的选择,所以谈判在所难免。

投资协议应该明确各方在与投资有关的金融和管理方面的权利和责任,其内容包括:

- 诸如红利、管理费、版税、专利费和贷款偿还等资金流汇回母国的基础
- 转移价格的制定基础
- 出口到第三国市场的权利
- 社会和经济公共项目的建设或资助义务,诸如学校、医院和养老系统等
- 课税的方式,包括税率、税收类型和决定税率的方式
- 对东道国资本市场的进入,特别是长期借款
- 与部分本地所有权(合资)相比,对独资所有的许可程度
- 可能的适用于东道国市场的价格控制方式(如果东道国允许)
- 对本地外包以及进口原材料与设备的要求
- 对使用外国管理和技术人员以及他们与其财产进入东道国的费用或进口责任的约定
- 如产生纠纷,对纠纷进行仲裁的状况

- 东道国对外资的估值以及资产购买方的状况(有些国家要求有计划地对外资进行强行赎买或收回)

17.3.3　投资保险和担保:OPIC

跨国公司有时可以通过投资保险和担保计划将政治风险转移给本国的公共机构。许多发达国家都用这种安排措施来保护它们在发展中国家的投资。

美国的投资保险和担保计划是由政府所拥有的海外私人投资公司(Overseas Private Investment Corporation,OPIC)来管理。OPIC 的目的是鼓励和促进美国私人资本和技术参与那些友好的欠发达国家和地区的经济和社会的发展,这种措施是对美国对欠发达国家的政府性资助的一种补充。为了更好地对跨国公司所面临的风险进行控制,OPIC 为四种政治风险提供保险。基于保险目的的不同,这四种风险也有其各自的定义,即:

- **不可兑换性**指的是投资者无法将利润、版税、费用或其他收入,以及原始资本投资兑换成美元的风险。
- **征用**指的是东道国采取了特别的措施,从而使得投资者或国外子公司在一年内不能对其财产的使用实施有效控制的风险。
- **战争、革命、暴乱和国内冲突风险**的保险主要覆盖由战争等暴力冲突导致的实物财产损坏的风险,在某些时候由于战争而导致国外子公司无法偿付贷款的情况也会被纳入承保范围。
- **业务收入**的保险提供了对经营收入损失的补偿,而这种损失是由直接导致国外公司财产损毁的政治暴力事件所引起的。

17.3.4　FDI 决策之后的经营策略

尽管投资协议规定了国外投资者和东道国各自的责任,然而环境是变化的,协议也通常会因为这种变化而得到修正。环境的变化可能在经济方面,或者可能是东道国政府的政治变化造成的结果。面对环境的变化,如果公司迅速地引用原协议的条款来保护自己,那么东道国很可能会对原始协议未包含的领域向公司施压,接着东道国政府可能会“根据本国的政治现实”重新对协议进行解释。为了自身的利益,大多数跨国公司在任何时候都会采取措施以适应东道国不断变化的优先权。

采取适应性措施的方法的精髓是预测东道国的优先权并且使得公司的经营活动能够给东道国带来持续的价值。该方法假设东道国会理性地采取行动来追求国家利益,并且该方法基于公司应该努力减少目标冲突的思想。对生产、后勤、营销、财务、组织和人事方面政策的仔细斟酌可以提升公司未来的谈判地位。

本地外包。东道国可能会要求国外公司在本地购买原材料和设备以最大化增加值并增加本地的就业。显然,外国企业努力适应东道国的目标会付出一些代价(如增加财务和经营风险),但这种适应减少了投资的政治风险。本地罢工或其他的混乱可能会导致投资项目的运行状况恶化,而且,诸如质量控制、由于缺乏规模经济引起的高成本和不可靠的交货计划表等问题也应得到重视,因为这些问题都会导致投资回报的下降。通常情况下,跨国公司降低政治风险都会付出增加财务和经营风险的代价。

设备的地址。生产选址的一个标准是所选地址可使其所面临的风险最小化。不同生产阶段的选址可采用不同的方法:资源导向型、灵活型或者是市场导向型。比如石油是在波斯湾、俄罗斯、委内瑞拉和印度尼西亚或者在靠近这些地区的地方被开采出来的。此类产品的生产地没有其他选择。而在另一方面,炼油厂地址的选择需要很灵活:炼油设备要能够很容易地转移到其他地方或其他国家。即便是在油田附近炼油可能会降低成本,然而石油公司还是尽可能在政治环境安全的国家建立炼油厂,如西欧或者小岛国(如新加坡或库拉索岛)。它们可能花费了较高的运输和炼油成本,但是换来的是较低的政治风险和融资风险。

运输控制。长期以来,强大的控制运输的能力是降低政治风险的重要手段。对跨国界的石油管道、油轮、矿砂船、冷藏船和铁路的控制能力会影响到国家和公司的谈判地位。

技术控制。对核心的技术和工艺流程的控制是降低政治风险的另一条可行的途径。如果东道国因缺少技术或者因跟不上技术的变化而无法开展生产,那么与外国公司签订的投资协议就不太可能被取消。如果外国公司可稳步提升自身技术实力,则其对技术的控制就能够最大化地发挥作用。

市场控制。对市场的控制是增强公司谈判地位的一种常用策略。20 世纪 70 年代欧佩克成员国提高了原油价格,而石油的销售市场却仍然被国际石油公司所控制,所以它们利用对市场的控制增强了其与欧佩克谈判时的地位,并在一定程度上抵制了原油价格的上涨。欧佩克对石油公司的需求限制了其成员国对市场的控制程度。近些年来,欧佩克成员国已经建立了一些自己的销售渠道,比如科威特在欧洲建立了大量的 Q8 连锁加油站。

在跨国公司和东道国之间的交易中,对制成品出口市场的控制也是影响其谈判地位的重要因素之一。在全球市场中经营时,跨国公司更加偏好自主选择的方式,这种自主选择是在考虑了生产成本、运输、关税壁垒、政治风险和竞争等因素之后作出的。而矛盾则在于可最大化跨国公司长期利润的销售模式极少能够同时最大化东道国的出口或附加值。一种观点认为,如果同样的工厂被东道国本地所有,并且没有被整合为全球系统的一部分,那么东道国就能够出口更多的产品。另一种观点则认为,自给自足的本国企业可能永远无法获得国外市场份额,因为它们缺乏生产方面的规模经济并且很难在国外进行销售。

品牌和商标控制。控制品牌和商标与控制技术可达到几乎相同的效果。这种控制赋予跨国公司一种垄断权,这种垄断对象或许有或许没有实际价值,但在消费者眼中却极可能代表了一定的价值。对本地企业来说,在世界名牌旗下销售商品是颇有价值的,因而这种合作方式在维持跨国公司投资地位的过程中也代表了一种重要的谈判品质。

薄弱的权益基础。国外子公司可利用很低的权益比例和很高的本地债务比例进行融资。如果债务是从本地银行借入的,那么东道国政府有损公司融资能力的行为同样也会危及本地贷款人。

多渠道的借款。如果企业必须利用国外的债务进行融资,那么它可从多个国家的银行借款而不是仅从母国银行借款。举例来说,如果债务是从东京、法兰克福、伦敦和纽约的银行借入的,那么在某种程度上,这些银行所属的国家会采取措施来维持借款子公司充足的财务实力,从而保护其既得经济利益。试想,如果一家美国的跨国公司同时还欠着其他国家的贷款,那么就算美国和东道国的关系恶化,也不太可能导致本地政府采取行动来对付该公司。

17.4 国家特有风险:资金转移风险

国家特有政治风险主要包括资金转移风险和文化制度风险。一国国内所有的本国公司和外国公司都会受到国家特有风险的影响。图表 17.3 对当前大多数的政治风险进行了分类,并且简要列出了位于某个东道国的企业所应采取的策略。

图表 17.3 国家特有风险的管理策略

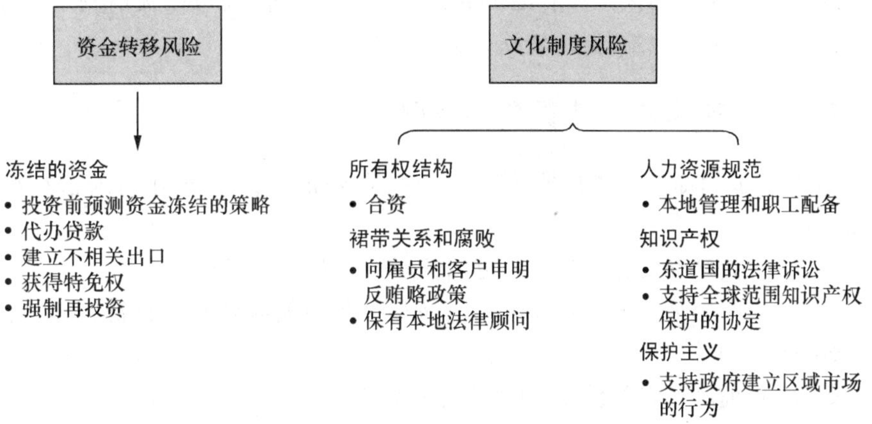

17.4.1 资金冻结

资金转移风险(transfer risk)指东道国对跨国公司自由汇出或汇入资金的能力的限制。当一国政府外汇短缺并且无法通过借款或吸引新的国外投资来获得额外资金的时候,它通常会限制外汇转出本国,这种限制被称为**资金冻结**(blocked funds)。理论上说,这并不是歧视外国公司,因为这种限制是针对所有公司的;但在实践中,由于所有权结构的原因,外国公司会有更多的风险。基于外汇短缺程度的不同,东道国政府可能仅仅对资金转出作出限制,例如,要求资金转出之前要申请批准等;这样东道国就可设置如何使用稀缺的外汇,例如,用外汇购买一些国内紧缺的必需品而非购买不必要的奢侈品等。在外汇短缺非常严重的情况下,政府可能不允许将本国货币兑换成其他货币,这样就完全地冻结了国外资金的转出。如果外汇短缺状况介于上述两种状况之间,资金冻结的政策通常是对红利、贷款分期偿付、版税和服务费用等资金转出规模和时间进行限制。

跨国公司分三个步骤来应对潜在的资金冻结风险：

1. 在投资之前，公司可以分析资金冻结对预期的投资回报、最优的本地财务结构以及母公司与子公司之间最佳关联的影响。

2. 在投资运营阶段，公司可通过各种对资金进行再配置的技巧来转移资金。

3. 不能转移的资金必须在当地再投资，这在某种意义上可以避免由于通胀或外汇贬值所带来的资金实际价值的减少。

17.4.2 预测资金冻结的投资前的策略

管理层可以在公司资本预算分析中考虑资金冻结问题。临时的资金冻结通常会减少拟投资项目的预期净现值和内部收益率。是否实施投资取决于该项投资的预期收益率是否超过同一风险类别的投资的必要收益率，即便在存在资金冻结时也是如此。投资前的分析还应考虑各种可能最小化资金冻结的影响的措施，主要的措施有：利用本地借款融资代替母公司权益融资、掉期协议以及其他的一些技巧，这些措施可以降低公司所承担的本地货币风险和对汇出资金的需求。另外，还可以提前决定外包以及与子公司的销售关联，以尽可能地转移被冻结的资金。

17.4.3 转移被冻结资金的策略

跨国公司如何才能将资金转移出存在外汇或汇款管制的国家？常用的六种策略为：

1. 寻找转移资金的其他渠道（将在第22章中分析）。

2. 对跨国公司内部各单位的商品和劳务的关联贸易中进行转移定价（将在第21章中分析）。

3. 提前和延迟的付款（在第8章已说明）。

4. 利用代办贷款。

5. 建立不相关出口。

6. 寻求资金汇出的特免权。

代办贷款（fronting loans）。代办贷款是母公司通过金融中介对子公司的贷款，这里的金融中介通常是大型国际银行。代办贷款不同于第9章讨论的平行贷款和背对背贷款。后两者都是在银行系统之外的商业单位之间相互提供的贷款形式。代办贷款有时候也称为**关联融资**。

在直接的公司内部贷款中，母公司或者姊妹公司直接向借款子公司发放贷款，借款公司在未来的某个日期偿还本金和利息。与此相对，在代办贷款中，贷款母公司或子公司在银行（如伦敦银行）存入一笔资金，然后由银行向东道国的借款子公司发放相同数量的贷款。从伦敦银行的角度来看，该贷款是无风险的，因为银行拥有100%的以其母公司存款账户形式存在的抵押。实际上，是银行替母公司承办了这项贷款，这也就是代办贷款名称的由来。借款公司向银行支付的利息通常比银行向母公司支付的利息略高，银行从中赚取利差作为其利润和弥补其由此带来的各种支出。

通常选择处在中立国或在贷款方和借款方所在国的法律管辖范围之外的银行来发放代办贷款。如果本国和东道国之间发生政治动乱，代办贷款的使用就可以提高贷款偿还的可能性。相对于子公司直接向其母公司偿还贷款而言，政府当局更有可能允许它向处于中立国的大型国际银行偿还贷款。阻碍公司偿还国际银行的贷款将损害该国的信用形象，而阻碍子公司对母公司的还款对该国对外形象的影响却很小，甚至可能带来一些国内政治方面的优势。

建立不相关出口。建立不相关出口是另一种有利于解决资金冻结的方法，并且这种方法对子公司和东道国都有好处。由于对外汇控制过紧的主要原因通常是东道国持续的不能获得硬通货的能力，而跨国公司在东道国建立不相关的新的出口可以帮助其缓解这一形势，同时也为资金的转出提供了可能的途径。

利用当前的生产能力就可以建立某些新的出口，而无须再进行很多的新增投资，当新产品的生产线与现有的经营相关时更是如此。其他种类的新的出口可能需要再投资或者新的资金投入，即便再投资的资金是那些已经被冻结了的资金的一部分，从机会成本的角度来看也不会有什么损失。

特免权。如果跨国公司所投资的项目属于对东道国经济发展非常重要的产业，那么它就有可能争取到转出部分原来会被冻结的资金的特免权了。相对于在东道国已经成熟的产业，对那些令东道国政府“向往”的产业如电信业、半导体制造、测量设备、药物或者其他高科技产业的投资，可能会受到偏爱。而这种偏爱的程度依赖于各缔约方即政府和厂商的谈判，如果任何一方对条款不满意，都可以自由地退出拟定的投资。

自我实现的预言。在寻求冻结资金的外逃途径，或者试图通过本章讨论的任何技巧以配置资金的时候，跨国公司可能使其政治风险增加并可能导致资金由部分冻结变为全部冻结。一旦公司的行动违反了东道国政治控制的意图，那么不管公司的行动合法与否，这种自我实现循环的可能性就会存在。在世界的舞台上，就像在本地出版社和电视台的编辑部一样，跨国公司及其子公司通常是潜在的替罪羊。

强制再投资。如果由于外汇管制，跨国公司不能将其资金换成外汇并转出东道国，则它显然要在东道国进行再投资，并且在可以接受的风险水平下最大化再投资的预期收益。

如果预期资金冻结只是暂时的，最明显的选择就是投资于当地的货币市场工具。不幸的是，在许多国家这些工具的数量都不够或者缺乏足够的流动性。有时，政府的国库券、银行存款和其他短期投资工具的收益相对于本地通胀率或很可能发生的汇率变化来说非常低。因而资金的真实价值常常会在资金冻结期间下降。

如果跨国公司常常不能进行短期或中期的证券组合投资，比如债券、银行定期存款，或直接向其他公司的贷款，则额外的生产设备就可能是唯一的投资途径了。东道国外汇控制的目的通常是为了增加这类投资，虽然外汇控制所导致的结果常常与吸引额外外国投资的意图南辕北辙。跨国公司进行这种强制直接再投资的例子有很多，例如，在秘鲁，一家航空公司曾经投资酒店和其他航线的设施；在土耳其，一家鱼罐头公司建立了生产包装用的罐头的生产厂；在阿根廷，一家跨国汽车公司通过收购一家变速器生产厂来进行垂直整合。

如果在生产性实物投资方面没有投资机会的话,那么公司可利用其资金简单地购置其他资产,以期在本地通胀下提升其价值。典型的购买对象可能是土地、办公楼或可出口到全球市场的商品。如果冻结资金的机会成本很低,甚至存货囤积都可视为一项较合理的投资。

17.5 国家特有风险:文化制度风险

投资于新兴市场时,由于文化和制度方面的差异,高度工业化国家的跨国公司可能会面临很高的风险。这些差异有:

- 所有权结构的差异
- 人力资源规范的差异
- 东道国的裙带关系和腐败
- 知识产权保护的差异
- 保护主义

17.5.1 所有权结构

历史上,很多国家都要求跨国公司与本地公司或居民分享其国外子公司的所有权。这种情况下,跨国公司只能采取合资的方式在国外进行投资。日本、墨西哥、中国、印度和韩国都曾要分享国外子公司超过半数的所有权。近些年,这些国家和大部分其他国家都已经废除或修改了这种要求。尽管如此,跨国公司几乎不能投资对于东道国的某些非常关键产业部门如国防、农业、银行业等,即使可以进行这种投资,跨国公司也只能拥有极少的所有权。可以看到,即便是美国也不会欢迎其关键的、与国防有关的公司(诸如波音航空公司)的所有权中含有国外成分。

控制外国合资企业的风险在第16章已经描述过了。与独资国外子公司、出口、特许经营、生产合同、战略联盟和其他进军国际市场的形式相比,合资企业的特殊的所有权结构形式会限制跨国公司的经营决策,因而降低了这种投资形式的吸引力。

17.5.2 人力资源规范

通常,东道国要求跨国公司雇用一定比例的本地居民,而不是雇用大量国外移居本国的员工。由于东道国的劳动法和工会合同的原因,解雇本地雇员通常是非常困难的。这样的话,在应对经济周期时,公司缩减规模的弹性就受到了限制,而这种限制会同时对东道国国内的跨国公司和本土公司发生作用,因而这种情况也属于国家特有风险。

文化差异同样约束了跨国公司的人员配备政策。例如,许多中东国家的本地员工和经理很难接受一个女性上司。最极端的歧视女性的例子发生在塔利班当政时的阿富汗。自从塔利班在2001年后期垮台后,一些女性已经被推荐到政府中担任重要的角色。据预测,阿富汗的私人部门也将会接受女性作为劳动者。

17.5.3 裙带关系和腐败

在很多重要的国外投资地,跨国公司必须要处理地方的裙带关系和腐败。苏哈托政府时期的印度尼西亚就曾因裙带关系和腐败而著名。在二战后,尼日利亚、肯尼亚、乌干达和许多其他的非洲国家摆脱了殖民政府的统治,但在此后相当长的时期内在这些国家存在着严重的裙带关系和腐败。中国和俄罗斯在近些年就对这些现象进行了声势浩大的打击活动。

贿赂不仅限于新兴市场。即便在高度工业化的国家这个问题也存在,其中包括美国和日本。事实上,美国还有一部专门的反贿赂法。促成这部法律设立的直接原因是洛克希德航空公司试图向日本首相行贿的事件,该法会对任何被查出向国外政府官员行贿的美国商业人员进行惩治。

TI 的廉洁指数(corruption perception index)。透明国际(Transparency International, TI)每月都会发布关于国际商业腐败的月度业务通讯。TI 所公布的 2002 年廉洁指数见图表 17.4。该指数是基于跨国公司和金融机构的员工察觉到的腐败水平所编制,因而它不是一个实际腐败的指数,而是一个印象指数。该指数根据对各国的清廉程度进行评分并排名,10 分对应着完全清廉的国家,而得 0 分国家的商业交易则完全被回扣、敲诈勒索、贿赂和类似的行为所主导。标准差度量了对该国家腐败程度的观点的发散度。

管理贿赂。跨国公司遇到了一个困境。如果本地竞争者采取行贿的策略,那么跨国公司也该使用这种方法吗?下面列出了一些可供选择的策略:

- 直接拒绝贿赂,否则对贿赂的需求就会快速扩张。
- 雇用本地顾问来降低本地官员、海关和其他商业伙伴对腐败的需求。
- 别指望许多新兴市场的司法体系,因为西方的合同法可能与本地的规则不同。
- 教育管理层和本地雇员,让他们知晓公司打算实行的贿赂政策。

17.5.4 知识产权

某些东道国的商业活动会无耻地侵犯跨国公司和个人的知识产权。**知识产权**对专利技术和受版权保护的创新材料提供了排他性的使用限制。独一无二的制成品、加工处理技术和处方药物都是专利技术的例子。而版权制品则一般包括软件程序、教育材料(教科书)和娱乐性产品(音乐、电影、艺术品)。

跨国公司和个人可以通过法律程序来保护他们的知识产权。然而在历史上,一些国家的法庭没有对任何的知识产权提供良好的保护,对国外跨国公司提供的保护就更少。而且,一些国家的法律程序不仅费用高昂而且会受到贿赂的影响。

近年来,大多数主要国家都已经认可了旨在保护知识产权的《与贸易有关的知识产权协议》(Trade-Related Aspects of Intellectual Property Rights, TRIPS)。作为加入世贸组织的必要条件之一,中国亦在 2001 年签署了该协议。但更重要的是,东道国政府是否有可以采取强大的官方措施来铲除对知识产权侵害的行为。由于受保护的正品与它的仿制品或通用版本之间存在的差异非常细微,这使事情更加复杂。

图表 17.4 **TI 的廉洁指数,2002 年**

国家或地区排名	国家或地区	2002 年 CPI 得分	标准差	国家或地区排名	国家或地区	2002 年 CPI 得分	标准差
1	芬兰	9.7	0.4	52	捷克共和国	3.7	0.8
2	丹麦	9.5	0.3		拉脱维亚	3.7	0.2
	新西兰	9.5	0.2		摩洛哥	3.7	1.8
4	冰岛	9.4	0.4		斯洛伐克	3.7	0.6
5	新加坡	9.3	0.2		斯里兰卡	3.7	0.4
	瑞典	9.3	0.2	57	哥伦比亚	3.6	0.7
7	加拿大	9.0	0.2		墨西哥	3.6	0.6
	卢森堡	9.0	0.5	59	中国内地	3.5	1.0
	荷兰	9.0	0.3		多米尼加共和国	3.5	0.4
10	英国	8.7	0.5		埃塞俄比亚	3.5	0.5
11	澳大利亚	8.6	1.0	62	埃及	3.4	1.3
12	挪威	8.5	0.9		萨尔瓦多	3.4	0.8
	瑞士	8.5	0.9	64	泰国	3.2	0.7
14	中国香港地区	8.2	0.8		土耳其	3.2	0.9
15	奥地利	7.8	0.5	66	塞内加尔	3.1	1.7
16	美国	7.7	0.8	67	巴拿马	3.0	0.8
17	智利	7.5	0.9	68	马拉维	2.9	0.9
18	德国	7.3	1.0		乌兹别克斯坦	2.9	1.0
	以色列	7.3	0.9	70	阿根廷	2.8	0.6
20	比利时	7.1	0.9	71	科特迪瓦	2.7	0.8
	日本	7.1	0.9		洪都拉斯	2.7	0.6
	西班牙	7.1	1.0		印度	2.7	0.4
23	爱尔兰	6.9	0.9		俄罗斯	2.7	1.0
24	博茨瓦纳	6.4	1.5		坦桑尼亚	2.7	0.7
25	法国	6.3	0.9		津巴布韦	2.7	0.5
	葡萄牙	6.3	1.0				
77	巴基斯坦	2.6	1.2				
27	斯洛文尼亚	6.0	1.4		菲律宾	2.6	0.6
28	纳米比亚	5.7	2.2		罗马尼亚	2.6	0.8
29	爱沙尼亚	5.6	0.6		赞比亚	2.6	0.5
	中国台湾地区	5.6	0.8				
81	阿尔巴尼亚	2.5	0.8				
31	意大利	5.2	1.1		危地马拉	2.5	0.6
32	乌拉圭	5.1	0.7		尼加拉瓜	2.5	0.7
33	匈牙利	4.9	0.5		委内瑞拉	2.5	0.5
	马来群岛	4.9	0.6	85	佐治亚	2.4	0.7
	特立尼达和多巴哥	4.9	1.5		乌克兰	2.4	0.7
36	白俄罗斯	4.8	1.3		越南	2.4	0.8
	立陶宛	4.8	1.9	88	哈萨克斯坦	2.3	1.1
	南非	4.8	0.5	89	玻利维亚	2.2	0.4
	突尼斯	4.8	0.8		喀麦隆	2.2	0.7
40	哥斯达黎加	4.5	0.9		厄瓜多尔	2.2	0.3
	约旦	4.5	0.7		海地	2.2	1.7
	毛里求斯	4.5	0.8	93	摩尔多瓦	2.1	0.6
	韩国	4.5	1.3		乌干达	2.1	0.3
44	希腊	4.2	0.7	95	阿塞拜疆	2.0	0.3
45	巴西	4.0	0.4	96	印度尼西亚	1.9	0.6
	保加利亚	4.0	0.9		肯尼亚	1.9	0.3
	牙买加	4.0	0.4	98	安哥拉	1.7	0.2
	秘鲁	4.0	0.6		马达加斯加	1.7	0.7
	波兰	4.0	1.1		巴拉圭	1.7	0.2
50	加纳	3.9	1.4	101	尼日利亚	1.6	0.6
51	克罗地亚	3.8	0.2	102	孟加拉国	1.2	0.7

资料来源:Transparency International, http://www.transparency.org/cpi/2002.en.html ⓒ 2002 transparency International. Reprinted with permission.

17.5.5　保护主义

保护主义(protectionism)是指国家政府努力保护某些特定产业的发展以使之免于国外企业带来的竞争。被保护的产业通常是与国防、农业相关的产业和幼稚产业。

国防。即便是美国这样口口声声支持开放市场的国家,也不欢迎一个外国企业购买洛克西德导弹公司或其他关键的国防供应商。在许多其他总是要保持其独立国防能力的国家,比如法国,也存在同样的态度。

农业。农业是另一个敏感的产业。没有哪个跨国公司会蠢到企图在日本购买农业类的资产,如与大米有关的业务,因为日本会尽全力维持其独立地为其国民提供粮食的能力。大多数国家都会为了其国民而保护"大地母亲"的产业——农业。

幼稚产业。传统保护论的观点认为要保护幼稚产业以免于国外竞争,直至它们已经足够强大到可以面对竞争。保护幼稚产业的观点通常会导致的后果是限制进口而不一定限制跨国公司。事实上,大多数东道国都鼓励跨国公司投资与国内尚不存在的产业。有时候,东道国还会向跨国公司在幼稚产业的投资提供有限年限的幼稚产业地位。这种地位会给跨国公司带来包括税收补贴、基础设施的建设、员工培训和其他帮助跨国公司启动生产的援助。东道国政府尤其会采取各种措施以吸引那些承诺向位于其他国家的国外子公司或者向与东道国不相关的第三方出口产品的跨国公司。

关税壁垒。实施贸易保护的传统方法是制定并实施各种关税和非关税的法规。在过去的数十年里,关税与贸易总协定(GATT)已经大大降低了关税的总水平。直至今天降低关税的努力在 WTO 的主导下仍在继续。尽管如此,许多非关税壁垒依然存在。

非关税壁垒。不同于关税壁垒,非关税壁垒所采取的限制进口的途径并非提升财务成本,而是对进口品制定一些健康、安全或卫生方面的标准,因而通常这种贸易壁垒很难识别。图表 17.5 列出了主要的非关税壁垒所应包括的主要类型。

图表 17.5　**主要非关税壁垒的类型**

1. 对贸易的特殊限制,如直接限制进口数量或建立一些进口手续以使得进口变得更加困难。
2. 海关和行政进入的程序,包括产品的估值和分类、文件准备或评估费的程序和标准不一致。
3. 以保护健康、安全和质量为名对进口强加过于严格的或歧视性的标准。
4. 政府参与贸易。
5. 对进口收费。
6. 其他非关税壁垒。

资料来源:Adapted from material in A. D. Cao, "Non-Tariff Barriers to U. S. Manufactured Exports", *Columbia Journal of World Business*, Summer 1980, pp. 93—102.

处理保护主义的策略。跨国公司克服东道国的保护主义的能力非常有限。但是跨国公司确实通过积极加入区域市场的努力来削减保护主义。区域市场最好的例子有欧盟(EU)、北美自由贸易区(North American Free Trade Association,NAFTA)、拉丁美洲自由贸易联盟(Latin American Free Trade Association,MERCOSUR)。区域市场的目标之一是消除内部交易的壁垒,如关税与非关税壁垒;此外,区域市场还致力于实现各种生产要素的自由流动。即使如此,区域市场外的交易壁垒仍旧存在。

欧盟正在努力建立一个拥有单一的内部市场的“欧洲合众国”，在这个内部市场中不存在贸易壁垒。尽管欧洲货币联盟和欧元几乎已经消除了各国间货币政策差异，但欧盟却没有完全实现其奋斗的目标。另外，欧盟仍旧容许各国在财政政策、法律体系和文化认同方面存在差异。无论如何，各国为形成区域经济一体化所作的任何努力对于在该经济体中拥有子公司的跨国公司而言都是有利的。

17.5.6 安然国际

在第1章中，安然公司是作为一个失败的公司治理的案例拿来介绍的。然而，安然公司的破产也有国家特有风险的原因。具体来说，一个显著的问题是它在新兴市场进行了过于激进的直接投资活动。我们在**金融实务专栏17.1**中说明了其中的一些问题。

金融实务专栏17.1

GLOBAL FINANCE IN PRACTICE

安然国际在印度的投资

先后在 John Wing 和 Rebecca Mark 的领导下，安然国际(Enron International)以极快的速度签订了很多新的电力和管道工程协议。但处于两人领导下的安然国际的区别在于，20世纪90年代中期在 Rebecca Mark 领导率领下的安然国际已经具备相当的规模和影响力，采用适用于交易型企业的盯市的会计方法所计算的这些项目的赢利在同类企业中已经名列前茅。然而，这次与印度新签署的项目几乎占用了安然未来几年所有的资金来源，并且许多项目将长期受困于现金流短缺。由于急于签约和完成交易，尽职调查不充分的现象普遍存在，过于激进的投标导致获利空间缩小，且对项目执行成本和复杂性的轻视主宰了这些交易。因此，交易是做成了，但最终完成所付出的费用高昂。

事实证明，安然发展部(Enron Development)所投资的项目常常是失败的。会计准则要求，那些已经没有进展的项目应该从当前赢利中注销。然而安然发展部每次都为这种注销的损失而奋斗。Rich Kinder 指示这些未确认的损失(安然内部称之为“雪球”)要控制在9000万美元以下，然而在1996年早期，这些损失已超过2亿美元。

安然在印度的投资项目 Dabhol 是安然这种失败的商业模式的一个缩影。1993年12月，在经历了大概18个月的谈判之后，安然发展与印度马哈拉施特拉的电力部门(MSEB)签订了一份长期电力销售合约。按照合约，安然将预计投入大约28亿美元建立一个20亿瓦特的天然气发电厂。马哈拉施特拉的能源部门同意将以美元购买该厂发电量的90%，这项购买将至少持续20年。然而这项投资从一开始就出现了问题，为了把资金筹集到位，Rebecca Mark 在谈判、法庭案件以及合约结构的修改方面花费了两年的时间和数百万美元。马哈拉施特拉的政府在几个月之中发生了变动，并由此导致了对该项目的反对意见。Mark 再一次陷入了长达几个月的谈判与再谈判的泥潭。最终,安然和 MSEB 在 1996 年 2 月 23 日签订了一项新的合约。1996 年 12 月,资金终于到位,项目建设也得到恢复。但是对项目的反对依然在延续,而且很明显,MSEB 将绝对不愿意购买该厂的电力或者根本没有能力购买(在项目生命周期内,预计 MSEB 的支付要超过 30 亿美元)。

Dabhol 项目失败了。一位华尔街分析师对该项目的评价是:“像印度这样每个人都讨厌同一家公司的国家,我还从没见过第二个。”项目的第一阶段只运营了很短一段时间。第二阶段(2003 年 12 月开始)到现在也只完成了 80%。现在,除了 Rebecca Mark,参与这项投资的所有人都认为 Dabhol 项目是失败的。颇具讽刺意味的是,Mark 因为在初始合约的签订和随后谈判上的“出色表现”竟获得了奖金。1996 年,安然国际的赢利占到了安然集团总赢利的 15%,并且预期在未来的几年还要保持两位数的增长率。Rebecca Mark 被任命为安然国际的 CEO,很多人都认为 Rebecca Mark 将成为安然集团的下一任 CEO,但是在 2000 年她离开了,而且以 7 950 万美元的总价格出售了其 140 万股安然的股票。

17.6　全球特有风险

近年来,跨国公司面临的全球特有风险日趋明显。图表 17.6 总结了一些全球特有风险以及管理这些风险的策略。近年来最突出的例子当然就是 2001 年 9 月 11 日恐怖分子对纽约世贸中心的袭击。许多跨国公司的主要业务都在世贸中心开展,因而在这次袭击中遭受了严重的人员损失。除了恐怖主义,其他全球特有风险还包括反全球化运动、对环境的关注、新兴市场的贫困和对计算机信息系统的攻击。

图表 17.6　**全球特有风险的管理策略**

恐怖主义和战争
- 支持政府反恐和反战的努力
- 危机规划
- 跨国供应链整合

反全球化
- 支持政府削减贸易壁垒的努力
- 认识到跨国公司是反全球化运动的目标

对环境的关注
- 表现出对环境问题的敏感性
- 支持政府控制污染的努力

贫困
- 提供稳定、收入相对较高的工作
- 建立最严格的职业安全标准

计算机攻击
- 因特网安全方面的努力(这是唯一有效的策略)
- 支持政府反计算机攻击的努力

跨国公司的多个主要目标:盈利性、可持续发展、社会责任

17.6.1 恐怖主义和战争

恐怖分子对世贸中心的袭击以及阿富汗、土耳其的战争几乎已经影响了全世界的每一个人，但除此之外，近些年还有许多其他的恐怖活动发生。跨国公司的国外子公司及其员工尤其暴露在恐怖活动之中。如前所述，国外子公司暴露在战争和种族冲突中的原因在于他们是各自国家的标志。

跨国公司没有什么办法来避开恐怖主义。套期保值、分散化、保险和其他类似的方法都不能解决这个问题。因此，跨国公司必须依靠政府来与恐怖主义斗争并保护其国外子公司（现在甚至要保护母公司了）。反过来，政府期望跨国公司能从资金、物资和言论上支持反恐立法和政府消灭恐怖分子的主动行动。

17.6.2 危机规划

在有害的环境中运营的跨国公司极易遭受损失。几乎每年都有一个或多个东道国发生某种形式的种族冲突，或者与外国发生战争或恐怖袭击。跨国公司往往被认为是压迫的标志，这是因为跨国公司代表着它的母国，而当这个国家是美国的时候尤其如此。

显然，跨国公司无力解决战争或种族冲突，但它们可以采取防御性的措施来降低损害的程度。不管在母公司还是子公司，危机规划都已成为主要的公司活动之一。**危机规划**（crisis planning）的目的在于教育管理者和其他员工如何应对各种暴力事件。例如，跨国公司的各个成员必须懂得彼此间如何保持交流，如何保护公司的财产，如何逃离发生危机的国家，如何保持不引人注意的形象并进行自我保护等等。

17.6.3 跨国供应链整合

提高生产效率的动机已经促使许多跨国公司采用了即时（Just-In-Time，JIT）的接近零存货的供应系统。该系统注重的是存货周转率（即存货在生产过程中的移动速度），要求存货只是在需要的时候才送达，而不是提前送达。利用这套系统，跨国公司不仅创造了持续增长的利润和现金流，而且降低了被困于生产循环中的资金额。然而，如果供应链跨越了国界的话，那么这种运转流畅的供应链系统就要受到政治风险的考验了。

供应链中断。考虑在9·11恐怖袭击之后如下公司的例子：戴尔电脑（Dell Computer）、福特发动机公司（Ford Motor Company）、奶品皇后（Dairy Queen）、苹果电脑（Apple Computer）、赫门曼·米勒（Herman Miller）和淑女装（The Limited）。恐怖袭击的直接后果就是停飞所有进出美国的航班。类似地，美国的陆上边境（墨西哥和加拿大）和海岸线同样被关闭，一些特别的地方连续几日不再开放。在9·11事件后的一段时间里，由于由加拿大提供的关键的汽车部件存货不足，福特发动机公司关闭了5个生产厂。奶品皇后公司则因为重要糖果成分供货的严重滞后，也临时关闭了很多商店。

戴尔电脑公司被认为是拥有最好的垂直整合供应链，它依靠墨西哥和加拿大的电脑部件以及组件供应商和生产商来满足其每天的组装和销售需求。一段时期以来，戴尔的供应系统要求其总存货的价值低于以成本价计算的三天的销售额。戴尔采用电子化的订单完成系统以整合其供应商，各供应商按这套销售指令的要求来供应电脑部件和组件。但随着陆路和空运的关闭，且由于戴尔的供应链依赖于将原本位于不同国家的商业单位和供应商整合为同属于一个毫无缝隙的政治体的能力，戴尔公司被拖入了近乎停滞的境地。

有了这些最近的教训，现在许多跨国公司都在评估，当出现跨国国境关闭或其他跨国的政治事件发生时，其供应链的风险暴露程度。尽管如此，这些公司仍不想放弃使用 JIT 的方法。据估计，在过去的十年里，JIT 方法给美国公司每年就节省了超过十亿美元的存货持有成本。现在，跨国公司不得不在使用 JIT 的好处和 9・11 事件之后供应链中断带来的成本及风险之间作出权衡。

为了不至于在未来遭受同样的厄运，制造商、零售商和供应商采取了一系列的策略，这些策略包括：

- **存货管理**。一些制造商和装配商配备了更多的缓冲存货以防止供应链和生产线的中断。与此同时，零售商也在考虑其补给的时间和频率。公司一般不会全面地进行存货堆积，而是集中于产品或服务的最重要的配件，以及那些仅能从国际来源中得到的部件。
- **外包**。制造商现在对其产品的关键投入原料的来源地有了更多的选择。虽然外包策略会因地点的不同而变化，但是公司正尝试与现有的供应商走得更近以最小化跨国风险并且减少因跨国运输中断而造成的潜在损失。
- **运输**。零售商和制造商不得不重新评估它们的跨国运输安排。例如，原先用客机运送货物的方式在未来可能会被禁止。采用何种运输模式会受到产品的价值、数量和重量的影响；基于此，尽管运输方式的采用是货物价值、容量和重量的一个函数，但很多公司正在重新评估，是否快速运输所带来的高成本能平衡来自劳工、恐怖主义或者未来破产冲击的航空阻断所带来的运输脆弱性。

金融实务专栏 17.2 说明了美国政府采取的许多安全政策对供应链管理效率产生的影响。

金融实务专栏17.2
GLOBAL FINANCE IN PRACTICE

国际供应链安全：时间就是金钱

许多新的和正在修正的国境安全法案及一些指导原则使得美国国境的进口流程变得缓慢。为了避免企业受到这些事件的影响，美国进口商的航运必须采用各种形式的新的安全举措，其中包括：

C-TPAT	海关商贸反恐计划(The Custom-Trade Partnership Against Terrorism)。这是美国海关实施的一个项目,旨在鼓励处于供应链中的公司自觉进行自我评估,并且通过对进口产品和运输的干预来加强安全措施,从而保护美国免于恐怖活动带来的风险。
CSI	集装箱安全倡议(Container Security Initiative)。这也是由美国海关实施的项目,该项目实施的重点在于联合某些国外港口以保证海运集装箱的安全。这些国外港口是通过集装箱向美国运输货物最多的港口。美国和国外港口的联手可以提早发现潜在的安全问题。
FAST	自由安全贸易(Free and Secure Trade)。这是美国和加拿大的联合计划。该计划旨在为那些合格的承运人和商品在北部边境设立专门的通道,以加快它们的结关速度。
CIP	货运人倡议计划(Carrier Initiative Program)。这是一个美国海关和货运人之间自发形成的计划,它旨在组织和打击通过空运、海运和陆运这些商业运输手段进行的毒品走私。
BASC	商业反走私联盟(Business Anti-Smuggling Coalition)。这是一个由商业界主导的倡议。该倡议旨在消除以犯罪手段对合法商业运输的侵蚀和通过打击以商业贸易形式进行的违禁品走私来协助 CIP 计划的实施。

资料来源:Adapted from "The New Era of International Supply Chain Security", *World Trade*, November 2002, pp. 56—57. Used with permission.

17.6.4 反全球化运动

在过去的十年里,由一些组织发起的抗议减少贸易壁垒和建立区域市场的活动一直就没有停息过,尤其是反对北美自由贸易协定(NAFTA)和欧盟的活动,而且其声势正日趋浩大。NAFTA 已经受到工会等组织的强力反对,因为这些组织的成员可能会因为墨西哥廉价劳动力的竞争而丢掉工作。对欧盟的反对主要集中于各国文化认同的消失、由于新成员加入而导致每个国家的控制权的稀释、布鲁塞尔庞大的官僚机构的权力过于集中,以及在 2002 年中期发生的独立的国家货币的消失——欧元成了 15 个成员国中 12 个国家使用的唯一货币。

2001 年 WTO 在西雅图召开年会期间发生了主要由反全球化运动导致的骚乱,之后反全球化运动变得更加引人注意。反全球化力量不是这些骚乱的唯一支持者,随后在 2001 年魁北克和布拉格的骚乱也证实了这一点。其他对全球化不满的组织(诸如环境保护论者,甚至无政府主义者等)也为了达到使各自的运动引人注意,加入到了反全球化运动中。

跨国公司无法直接应对反全球化的运动。的确,由于它们首先导致了这些问题的产生,所以受到了谴责。跨国公司必须再一次依靠政府和危机规划来管理这些风险。

17.6.5 对环境的关注

跨国公司被指责将环境问题出口到了其他国家,因为它们将因母国的污染控制而无法进行的项目转移到了对污染控制较弱的国家。另一个指责是跨国公司对全球变暖的影响,但所有国家的所有企业都应该面对这种指责。这个问题与特定产业使用的制造工艺和消费者对某些产品的需要相关,诸如耗油量大的大型汽车和运动车型。

环境问题的解决需要再一次依靠政府制定相关法律,以及实施污染控制标准。2001 年以来,旨在缓解全球变暖问题的《京都议定书》已经被大多数国家所批准实行,然而值得注意的是美国并没有接受该协议。尽管如此,美国已经承诺利用自己的策略来处理全球变暖问题。美国不能接受《京都议定书》的原因在于,该协议允许新兴国家适用相对宽松的环境标准,并且由此带来的经济负担都将落在大部分发达国家尤其是美国身上。

17.6.6　贫困

跨国公司常常在收入分配极端不均的国家设立子公司。在这些国家中,“收入光谱”的一端是有着良好教育、出身名门且富有生产力的社会精英阶层,另外一端却是生活在贫困线或贫困线以下的大量的社会底层人员,这些人缺乏教育、社会基础和经济基础以及政治力量等。

跨国公司聘用精英阶层来管理经营可能会加剧收入不等的状况。但在另一方面,跨国公司也在为一部分人创造相对稳定和高收入的工作,否则这些人就会失业甚至不得不生存在贫困线以下。尽管被指责为压榨员工血汗的机器,但是与当地竞争者相比,跨国公司的情况通常更好。例如,相对于当地竞争者,广受赞誉的跨国公司——耐克公司通常支付更高的薪水、提供更多额外的福利、保持更高的安全标准并且教育其员工以使得他们朝着升职的方向发展。诚然,耐克不可能完全解决一国的贫困问题,但是它至少能够改善一部分人的生活条件。

17.6.7　计算机攻击

因特网的快速发展给世界带来的巨大便利的同时也导致了一批新的商业诈骗者和奇想分子,这些人会通过网络进行破坏活动。计算机攻击所带来的风险已超出了国家的范围。由于跨国公司内部信息系统的可视性和复杂性,它们有可能遭受由计算机供给导致的损失。

直至目前,我们尚不知道存在一个唯一的与计算机攻击斗争的国际策略。在应对国内攻击和国外攻击时,跨国公司使用的是同样的策略。

17.6.8　管治、权力和未来

在 21 世纪的头几年,社会中重新兴起了对商业发展进行反思的思潮。最激烈的争论之一是关于可持续发展的思想,即现在经济的发展不应该危及后代达到和享有类似生存标准的能力。尽管可持续性发展的观点最初集中在对环境的关注上,但它现在已经包括了对一个类似问题的关注,这种关注“包含了人们为了一个公正而人性化的社会而奋斗的决心”。[①] 这些争论在经济发展领域内仍在继续，而商业界已经将这种争论集中到了公司的社会责任上。**金融实务专栏 17.3** 介绍了现实中公司的社会责任。而下面的小案例则描述星巴克咖啡在实际中是如何履行社会责任的。

金融实务专栏17.3
GLOBAL FINANCE IN PRACTICE

公司发展的可持续性

最近，丹麦诺和诺德医药集团（Novo Nordisk）和法国食品零售商家乐福（Carrefour）公布了它们最新的报告。该报告表明了公司所作出的可持续发展的承诺具有潜在广泛的实际影响。

诺和诺德（2001 年《三重底线报告》）确定了度量公司对环境、人和社会的影响的一系列指标。这些指标涵盖的领域包括动物保护、水和能源的利用效率以及对监管限制的遵守等。该报告强调了公司应注意的几个方面，如动员和教育员工；加强国际合作；明确年度目标并进行年度报告；在商业决策过程中平衡财务、环境、社会及健康的重要程度；以及发起与利益相关者之间的对话和合作。

在家乐福（2001 年《可持续性报告》），实际的影响包括了各个方面，从培育公平贸易，如去年在法国销售的 54 吨家乐福有机咖啡的例子（这些咖啡是以比市场价格高出 30% 的价格在墨西哥买入的），到减少公司冷藏部门的废气排放以及把从动物饲养中得到的转基因肉类清除出公司的产品线。

资料来源：Excerpted from Tim Dickson，“The Financial Case for Behaving Responsibly”，*Financial Times*，August 19，2002，p. 5. © 2002 The Financial Times. Reprinted with permission.

小案例

全球化和星巴克咖啡[②]

星巴克公司把社会责任定义为，公司的商业活动能够为我们经营活动的社区产生社会效益、环境效益和经济效益。说到底，这意味着要对我们的利益相关者负责。

对公司社会责任的认同越来越强。消费者对所喜欢品牌的要求已不止于该品

① Tim Dickson，“The Financial Case for Behaving Responsibly”，*Financial Times*，August 19，2002，p. 5. © 2002 The Financial Times. Reprinted with permission.

② 本案例由 Michael H. Moffet 和 Kannan Ramaswamy 两位教授改编自“Planet Starbucks（A）”，Thunderbird Case Series，A06-02-0000，2003。Copyright © 2003 Thunderbird—The Garvin School of International Management，All Rights Reserved.

牌下的“产品”。员工也选择为那些具有更丰富的价值的公司工作。股东现在更倾向于投资那些有着良好口碑的公司。简而言之,对社会负责不只是做正确的事,它还可以把一个公司与其同行区别开来。

Starbucks Coffee, *Corporate Social Responsibility Annual Report*, Fiscal 2001, p. 3

令星巴克感到有些惊奇的是,它自己竟是反全球化运动的早期目标。就像之前的麦当劳一样,星巴克也被认为是一个美国文化帝国主义者,它把相同的连锁店开到了所有国家。类似于麦当劳,星巴克发现其所拥有的独特的品牌和经历使得它无须遵从本地文化标准,它可以与传统的习惯并存,创建自己的市场并且成功地改变消费者的某些行为。

而与麦当劳不同的是,星巴克是咖啡的供应者,且咖啡是在全球市场上定价和销售的。咖啡来源于中南美洲成千上万的小种植商,他们中的很多人按照全球所有的收入和购买力标准都属于极度贫困的群体。20 世纪 90 年代,咖啡的价格直线下跌,星巴克和其他一些公司被指责在这段时间内以成本购买的不正当手段获得了利益。此外,这些公司受到指责的原因还有它们不愿意帮助改善咖啡种植商的经济条件。

采购

传统上,咖啡都是以市场定价的方式来进行购买和销售的,即以全球市场价格(所谓的 New York C)从批发商那里购买。由于星巴克只购买阿拉比卡咖啡豆的优等咖啡——绿咖啡,因此它通常要支付高于 New York C 的一个溢价。然而,New York C 价格和这种溢价都会随着市场环境而涨跌。大宗交易市场中传统的罗巴斯塔咖啡豆就是通过经纪人和买方进行交易的。

然而星巴克更加偏好通过直接定价方式购买。在这种定价下,价格是直接与中小农场主谈判得到的,这相当于砍掉了供应链中的一个环节,而这一环节通常由批发商占据(在中北美洲又被称为 coyote)。原则上,这种购买方式将大部分原属于批发商的利润直接付给了生产者,这可使小农场主获得更高的回报。除了定价结构,星巴克还努力打破传统的市场交易方式如现货市场的交易来实现购买。星巴克积极地通过长期合约购买更多的咖啡,而这些长期合约保证了跨多个农业年度的购买价格的稳定,从而降低了咖啡种植商的潜在风险。

咖啡价格

现在唯一的和最大的问题就只有咖啡价格本身了。如图表 A 所示,阿拉比卡咖啡的全球价格在过去的 20 年里波动极大。实际上,它的价格在 1994 年曾达到了 1.5 美元/磅(这是年平均值,以每天或每周为基础的平均值将会更高)。由于越来越多的咖啡生产进入市场进而导致了过量的供给,最近的几年里咖啡价格急转直下。这对咖啡消费者来说无疑是有利的,其中包括星巴克。然而对于生产者(他们中的大部分都只拥有很小的 7 公顷或者更少的土地)而言,现在他们得到的价格是大约 40 美分/磅,而平均生产成本为 77 美分/磅。尽管这不是星巴克的过错或责任(据估计,星巴克用了不到世界年咖啡产量的 1%),然而它却因向咖啡种植商支付低于生存工资的价格而受到指责。

图表 A **阿拉比卡咖啡豆价格,1981—2001**

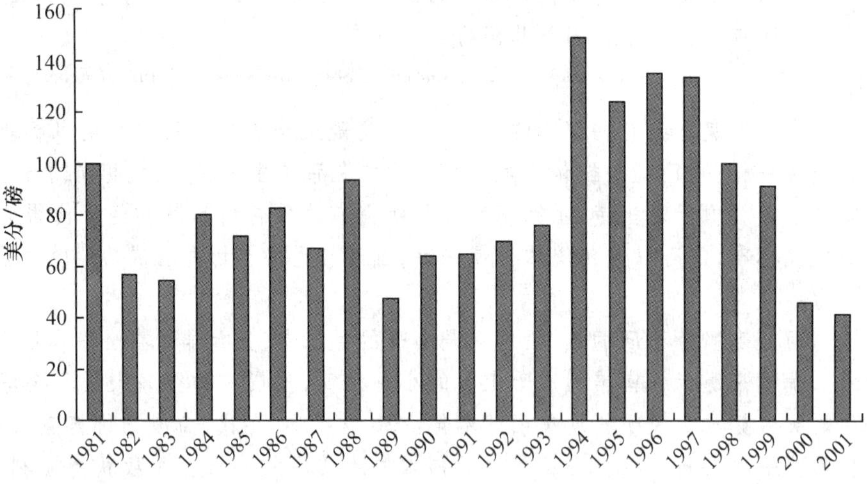

资料来源:International Coffee Organization (ICO), www. ico. org.

截至 2001 年,为了进行公司社会责任(corporate social resposibility,CSR)计划和保持其供应链中生产商经济的可持续发展,星巴克已经实施了很多计划。不求拥有自己的供应链,星巴克所实施的策略是由一个全新的商业采购模式、对咖啡种植商的直接支持和向希望支持 CSR 动议的消费者提供渠道的品牌所构成的复合体。图表 B 简单地列出了部分该计划的概略图。

图表 B **关注咖啡种植商的星巴克 CSR 计划**

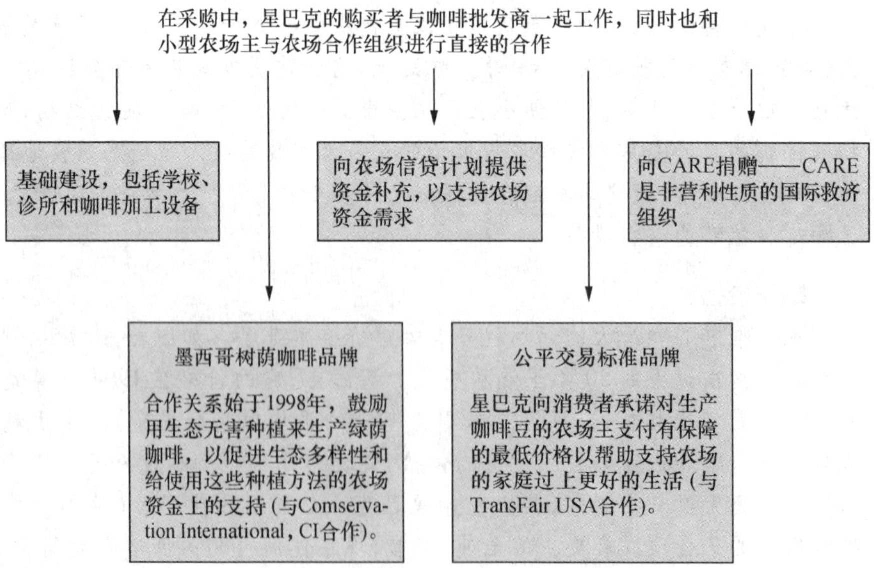

品牌渠道的发展

要求跨国公司进行可持续发展和承担社会责任的压力直接来自于消费者。星巴克尽力地提供直接的渠道以满足消费者的这些要求，例如，星巴克启动了名为“源头责任”(commitment-to-origin)的公司计划，该计划的目的是为咖啡生产国创造一个可持续增长的环境。在这个计划中，星巴克引进了墨西哥树荫咖啡(Shade Grown Mexico)和公平交易咖啡(Fair Trade Certified coffee)。

墨西哥树荫咖啡是于1998年与保护国际(Conservation International，CI，是一个非营利性的环境组织)的合作中引进的。星巴克从CI的咖啡保护计划(Conservation Coffee Program)中购买的咖啡是在种植国的树荫棚下种植的。这种种植方法具有很好的生态意义并且有助于支持生态多样化。墨西哥树荫咖啡的购买预计将从2000年的304 000磅增加到2002年的150万磅。[③] 墨西哥树荫咖啡已被有选择地引进星巴克在北美的连锁店，同时在starbucks.com上还有网上销售。

从2000年开始，星巴克与TransFair USA展开了合作，TransFair USA是美国的一个对所有公平交易咖啡提供独立认证的非营利组织。[④]

公平交易(The Fair Trade)阐释的是交易负担和交易利益的公平分配问题。公平交易运动认为，当消费者所支付的钞票大部分流向了零售商、经销商、批发商以及投机商而很少流向劳动者或农场主的时候，那么交易的双边利益分配就肯定出了问题，尤其是当那些提供产品的人所获得的收入甚至不能满足其生存需求的时候就更是如此。[⑤]

尽管星巴克在其北美的连锁店里销售公平交易咖啡，并且通过多种形式的小册子和促销活动(每月举办一次“咖啡的一天”的活动)来促进该咖啡的销售，但它仍因为未能更快地扩张这个计划而持续受到严厉的批评。2001年10月，星巴克扩大了它的购买承诺，同意在接下来的12到18个月内每月购买至少100万磅的符合要求的公平交易咖啡。

这两种产品的品牌计划使得那些想要支持可持续性发展的消费者可以通过购买咖啡来表达他们的心意。但是从其定义中可看出，已公平交易咖啡的成本较高，并且这种成本溢价已经反映在零售价格中了。[⑥] 相对于星巴克混合咖啡(原豆咖啡的销售)，公平交易咖啡和Shade Grown Mexico咖啡价格都要贵20%到25%。

星巴克一直在采取措施来支持社会的可持续发展，并且支持力度日益增大。其中，它支持像CARE(非营利性国际救济组织)这样的救济组织，同时还向全球各地的农场主和农场合作组织直接提供支持。[⑦] 例如，2001年，星巴克捐献了43 000美元用于危地马拉的诊所和学校建设以及东帝汶的诊所建设。该公司还以多种形式对很多咖啡原产

---

③ 星巴克对CI作出了逐年的承诺。2000年星巴克已经把这种合作关系延续了3年，并同意每年至少购买200 000磅的墨西哥树荫咖啡。星巴克同时强调墨西哥绿荫咖啡的种植商可以获得高出2001财务年度的本地咖啡价格60%的溢价。

④ TransFair USA与Equal Exchange合作。后者是一个公平交易组织，并且与中美洲和拉美的咖啡种植商一起促进对社会负责的商业活动。

⑤ John Kohls and Sandra L. Christensen, “The Business Responsibility for Wealth Distribution in a Globalized Political-Economy: Merging Moral Economics and Catholic Social Teaching”, *Journal of Business Ethics*, February 2002, p.12.

⑥ 星巴克报告说在2001年，购买者对无机绿色咖啡支付的价格为1.26美元/磅，对有机绿色咖啡支付的价格为1.41美元/磅，而当时New York C价格大概在0.50美元/磅附近徘徊。尽管生产成本在不同的国家和地区差异很大，咖啡种植商组织估计平均的生产成本为0.80美元/磅。

⑦ 星巴克在2001年向CARE提供了120 000美元，这样它的累积捐款已经超过180万美元了。星巴克与CARE之间的合作始于1991年。

国的咖啡加工设备的改进提供援助。

星巴克仍受到全球化运动的不断干扰。2001 年和 2002 年世界市场上直线下落的咖啡价格给星巴克带来了更多的压力,因为星巴克被迫提高向种植者支付的价格。星巴克主席 Howard Shultz 也日益成为邮件、传真和电子邮件运动的目标,这些运动都要求星巴克对增加种植商的收入采取更加积极的政策(见图表 C)。尽管星巴克已经积极地发起了很多旨在履行公司社会责任的行动,但很多人仍指责这些行动的目的更多在于标榜自己的形象,而非提高那些作为星巴克生存基础的咖啡种植商的生活水平。

图表 C **网络攻击:星巴克运动**

加入有机消费者协会(Organic Consumers Association)"反星巴克全球行动周",9 月 21 日—28 日

2001 年 10 月,星巴克作出了每月至少购买 100 万磅公平交易咖啡、每月都要冲泡公平交易咖啡的承诺。不要让星巴克止步于此——发一封免费的传真要求星巴克发起"每周冲泡一天的公平贸易咖啡"(Fair Trade coffee of the Day EVERY WEEK)活动。

咖啡行业已经陷入危机。咖啡价格自从 8 月以来一直低于 0.50 美元,且价格上涨的可能性很小。这意味着农场主将变得更加贫困,负担更多的债务,或失去更多的土地。与此同时像星巴克一样的咖啡公司并没有降低咖啡的售价,即便考虑到行业中的质量溢价,这些公司仍赚取了巨额的价差收益。

国际公平贸易标签组织(The Fair Trade Labeling Organizations International)最近发布的数据显示,2000 年在公平交易咖啡记录所(The Fair Trade Coffee Register)登记的希望出售的咖啡总产量是 16 500 万磅,而总的销量只有 3 000 万磅。这意味着还有 13 500 万磅的公平交易咖啡没有获得公平价格。

资料来源:© 2004 Global Exchange. Used with permission. http://www.globalexchange.org/economy/coffee/starbucks, accessed 10/6/2002.

小结

- ◎ 政治风险可以在三个层面上进行分类:公司特有风险、国家特有风险和全球特有风险。
- ◎ 公司特有风险也被称为微观风险,这种风险在投资项目层面或公司层面上影响跨国公司。
- ◎ 国家特有风险源于国家层面,也被称为宏观风险,同样也在投资项目层面或公司层面上影响跨国公司。
- ◎ 全球特有风险是来源于全球范围内的风险,也在投资项目层面或公司层面上影响跨国公司。
- ◎ 主要类型的管治风险产生于东道国政府的真实目标和在东道国影响范围内经营的私人企业的目标之间的冲突。
- ◎ 用来管理目标冲突的主要方法有针对投资协议而进行谈判,购买投资保险和担保,以及修改生产、后勤、营销、财务、组织和人事方面的操作策略。
- ◎ 主要的国家特有风险是资金转移风险(资金冻结)和文化制度风险。
- ◎ 可以通过至少五种策略来处理资金冻结问题:(1) 管理层在最初的资本预算分析中考虑资金冻结的风险;(2) 代办贷款;

(3) 建立不相关出口;(4) 获得特免权;(5) 强制再投资的计划。

◎ 文化制度风险源于东道国关于所有权结构、人力资源规范、裙带关系和腐败、知识产权和保护主义的政策。

◎ 管理文化制度风险要求跨国公司理解文化制度的差异、在东道国的法律范围内采取法律措施、支持全球范围的保护知识产权的协议以及支持政府建立区域经济一体化的努力。

◎ 当前,主要的全球特有风险是由恐怖主义和战争、反全球化运动、对环境的关注、贫困和计算机攻击造成的风险。

◎ 为了控制全球特有风险,跨国公司应该在依赖政府的同时采用危机规划的方法来保护其员工和财产。然而,跨国公司仍主要依赖于政府采取措施来保护其企业和公民不受全球特有风险的威胁。

思考题

1. **政治风险的定义**。跨国公司为了确定、度量和治理政治风险,需要将这些风险进行定义和分类。定义下面的政治风险:
   a. 公司特有风险
   b. 国家特有风险
   c. 资金转移风险
   d. 文化制度风险
   e. 全球特有风险
2. **国家风险评级**。图表 17.2 列出了一些国家的国家风险的评级。利用穆迪、标准普尔、欧洲货币评级服务机构的评级标准,为阿根廷作一个国家风险评级。
3. **管治风险**。
   a. 定义"管治风险"。
   b. 最重要的管治风险类型是什么?
4. **投资协议**。投资协议清楚地说明了国外公司及其东道国政府各自的权利和义务。投资协议主要应包含哪些金融政策?
5. **投资保险和担保(OPIC)**。
   a. 什么是 OPIC?
   b. OPIC 承保什么类型的政治风险?
6. **作出外投资决策后的运营策略**。下面的操作策略都被认为可以用来减少政治风险带来的损害。解释每一个策略以及每一个策略是如何减少损害的。
   a. 本地外包
   b. 设备的地址
   c. 对技术的控制
   d. 低权益比例的投资
   e. 多渠道借款
7. **国家特有风险**。定义下列术语:
   a. 资金转移风险
   b. 资金冻结
   c. 主权信用风险
8. **资金冻结**。解释跨国公司可以用来处理资金冻结的策略。
9. **文化制度风险**。列举除民族保护主义之外的主要文化制度风险类型并分别解释。
10. **处理文化制度风险的策略**。解释跨国公司可以用来控制你在第 9 题中确定的文化制度风险的策略(除了保护主义)。
11. **保护主义的定义**。
    a. 定义保护主义并指出一些有代表性的被保护的产业。
    b. 解释保护主义者关于"幼稚产业"的观点。
12. **对保护主义的处理**。
    a. 国家实施保护主义的传统方法是什么?
    b. 典型的非关税贸易壁垒是什么?
    c. 跨国公司如何克服东道国的保护主义?
13. **全球特有风险**。源于全球范围的政治风险的主要类型是什么?

14. **处理全球特有风险**。跨国公司可以用来治理你在第13题中确定的全球特有风险的主要策略是什么?
15. **美国反贿赂法**。这是一部禁止美国公司向外国(即便是在那些腐败盛行的国家)官员和商人行贿的法律。一些公司声称,与东道国企业和其他不受类似法律约束的国外企业相比,这一法律把它们置于一个劣势的地位。讨论美国反贿赂法的道德意义和实用性。
16. **公平贸易运动**。公平贸易运动与许多国家曾使用过的传统的收入再分配计划有什么不同?
17. **星巴克咖啡采购**。即便咖啡的质量或生产的可靠性方面没有什么明显的区别,星巴克也应该向其咖啡种植商支付高于市场的价格吗?
18. **公司的社会责任**。星巴克应对公司的社会责任的策略是什么?其策略与股东财富最大化是一致的吗?
19. **酷可乐公司**。酷可乐公司作为世界主要的可乐软饮料生产商之一,正在考虑在印度建立一个大型的瓶装可乐工厂。酷可乐预计在印度销售其一半的产品,另一半出口到东南亚国家。如果克什米尔冲突可以解决的话,巴基斯坦,甚至是阿富汗都可能变成重要的市场。
    a. 准备一份关于酷可乐和印度之间在所有潜在领域内的目标冲突的分析报告。
    b. 根据你对a问题的答案,准备一份印度酷可乐瓶装工厂的政治风险预测报告。考虑印度政治动荡或与巴基斯坦发生战争的可能性,以及外国所有的软饮料工厂是否会受到这种动荡局面的影响。利用当前的期刊和报纸来收集你的数据。
    c. 假设酷可乐公司决定在印度建造一个大型瓶装厂。请你给酷可乐公司推荐可以减少其政治风险的经营策略,其中包括营销、生产、财务和组织方面的策略。
    d. 为了防止印度的政治条件恶化,请为酷可乐准备一份危机规划。
20. **撤资:中国**。假设酷可乐公司在整个中国还有一个软饮料瓶装生产网络,但是美国和中国之间的政治紧张形势的升级致使酷可乐公司要撤出中国市场。那么当拟定一个能以最低的成本从中国撤出瓶装厂投资和销售系统的计划时,酷可乐应该考虑什么因素?

网上练习

1. **世界银行**。世界银行提供了一系列不断增加的信息和分析资源来帮助度量和管理跨国风险。风险管理支持集团(The Risk Management Support Group)拥有多种不断发展的政治风险度量工具。访问下面的网址,写一份关于世界银行提供的政治风险保险的管理简报,说明哪些内容可被这种保险承保,哪些是不可承保(答案在一页纸以内)。

   World Bank Risk Management

   http://www.worldbank.org/business/01risk_manage.html
2. **全球腐败报告**。透明国际(TI)被许多国家认为是当今世界主导的非政府反腐败组织。它最近发布了年度调查报告,用来分析最近的发展、明确当前的挑战以及向私人或组织提供可能的解决方法。该报告的一个重要部分就是行贿指数(Bribe Payers Index)。请访问TI的网站并浏览最新的行贿指数。

Transparency International

http://www.transparency.org/survey/index.html#bpi

3. **主权信用评级标准（Sovereign credit ratings criteria）。** 信用风险和所有其他在全球债务市场上与借款方相关的风险的评估都要求一个结构化的方法来进行对国际风险进行评价。利用标准普尔在其网站上给出的详细标准，区分各种不同的风险（如违约风险、本币风险、外币风险、资金转移风险等），这些风险是全球主要的主权评级的评估指标。利用任何一个主要的网络搜索引擎找到近期主权信用评级的排名和每个国家排名的变化。

4. **梅尔肯资本可得指数（Milken Capital Access Index）。** 梅尔肯研究院的资本获得指数（CAI）是最新的信息指数之一，它评价的是跨国公司和新兴市场国家进入世界资本市场融资的难易程度。根据 CAI，在最近两年内哪些国家在其获取资金的难易程度方面的退步最大？

Milken Institute

http://www.milkeninstitute.org

5. **海外私人投资公司。** 海外私人投资公司（OPIC）向在国外投资的美国公司提供了长期的政治风险保险和有限的项目融资帮助。利用这个组织的网站，回答下面的问题：
   a. 准确地指出 OPIC 承保何种类型的风险。
   b. 这种保险保护存在哪些融资限度和限制？
   c. 如何组织一个项目才能使其更容易得获得 OPIC 的承保？

Overseas Private Investment

Corp http://www.opic.gov

文献选读

Hervey, Michael G., "A Survey of Corporate Programs for Managing Terrorist Threats", *Journal of International Business Studies*, Third Quarter, 1993 pp. 465—478.

Lee, Suk Hun, "Relative Importance of Political Instability and Economic Variables on Perceived Country Creditworthiness", *Journal of International Business Studies*, Forth Quarter, 1993, pp. 801—812.

Lessard, Donald R., "Incorporating Country Risk in the Valuation of Offshore Projects", *Journal of Applied Corporate Finance*, Vol. 9, No. 3 Fall 1996, pp. 52—63.

第 18 章　跨国资本预算

本章详细描述了与跨国生产性实物资产投资有关的问题和原则，一般称之为**跨国资本预算**（multinational capital budgeting）。

尽管在特定国家实施投资的最初决策可能决定于对策略、行为和经济方面的综合考虑，然而在作出某一特定项目的投资决策以及所有的再投资决策时，都应该对其进行传统的财务分析。例如，一家美国公司如果进行跨国投资则可能获得更高的生产效率，但是工厂的类型、劳动和资本的投入比例、设备的种类、融资的方式和其他与项目有关的变量必须在传统的现金流财务框架中进行分析。公司还必须考虑拟投资的国外项目对公司合并净收益、处在其他国家的子公司的现金流和母公司的市场价值的影响。

类似于国内资本预算，跨国资本预算着重考虑与未来长期投资项目相关的现金流入与流出。跨国资本预算技术可用来分析传统的对外直接投资，例如，对在其他国家建设工厂或对日益增加的国际并购进行分析。

对外投资资本预算使用的理论框架与国内资本预算之间的区别不大但很重要。进行国外投资资本预算分析的基本步骤为：

1. 确定处于风险中的初始资本投入。
2. 估计投资项目在未来可产生的现金流，包括投资终值或残值的估计。
3. 确定对预期现金流进行折现时所使用的适当的折现率。
4. 利用传统的资本预算决策标准，诸如净现值（NPV）和内部收益率（IRR），来对潜在的项目进行优先级排名或者决定是否接受各潜在的投资项目。

本章首先介绍对跨国投资项目进行资本预算分析的复杂性。其次，我们将分别从投资项目本身和母公司两个视角来评估投资项目。随后，我们将利用虚构的墨西哥水泥公司在印尼投资的例子详细介绍进行跨国资本预算的过程。最后我们将简要介绍另外一种评估投资项目潜在收益的方法——实物期权分析。

18.1　跨国投资项目资本预算的复杂性

相比于国内投资项目，国外投资项目的资本预算更为复杂。这种复杂性源于如下几个因素：

- 必须区分母公司的现金流和投资项目的现金流，因为这两种类型的现金流代表着不同的价值。
- 母公司的现金流通常依赖于融资的形式。因此我们想在国内资本预算中那样将现金流从融资决策中清晰地分离出来。
- 国外子公司的新增投资所产生的额外现金流可能部分或全部都来自于其他子公司。因而，即使单从一个子公司的角度来看某个项目是有利可图的，但这对公司全球范围内的现金流却没有丝毫贡献。
- 由于各东道国不同的税收制度、对资金流动的不同法律和政治约束、不同的商业规范以及金融市场发挥作用的不同方式，母公司必须清晰地分辨出汇款资金。
- 从子公司得到的一系列非融资性支付可以为母公司产生现金流，包括许可证费用和对从母公司得到的进口的支付。
- 管理者必须对各国不同的通胀率作出预期，因为通胀率的变化会导致公司竞争地位的变化，进而导致未来某段时间现金流的变化。
- 管理者必须注意无法预测的汇率变化的可能性，因为这种变化可能直接影响到东道国现金流的价值，进而也会影响到国外子公司的竞争地位。
- 利用被分割的国内资本市场可以创造出财务受益的机会，也可以产生额外的财务成本。
- 东道国政府的资助性贷款使得公司的资本结构变得更为复杂，同时母公司也更难确定一个合适的用于折现的加权平均资金成本来。
- 管理者必须评估政治风险，因为政治事件的发生会显著降低预期现金流的可得性及其价值。
- 投资项目的终值更加难以估计，因为东道国、母公司或第三国以及私人部门或政府部门中潜在的购买者在购买该项目时可能对其价值评估存在很大的分歧。

因为在选择相互竞争的国内或国外的投资项目时，我们可使用相同的资本预算理论框架，所以使用一个统一的标准是十分必要的。由此，所有的国外资本预算的复杂因素都可通过对预期现金流或折现率的修正来进行量化。在实践中，许多公司很武断地进行这种修正，但轻易可得的信息、理论上的推断，或者仅仅是简单的常识都可用来减少决策的武断性，从而作出更加理性的选择。

18.2 估值：项目的角度 vs 母公司的角度

一种观点认为所有的国外投资项目都要从母公司的角度分析。因为母公司的现金流是很多活动的基础，比如股东红利支付、在世界其他地方的再投资、公司债务的偿还和其他对公司利益集团有影响的活动。尽管如此，因为由投资项目流往母公司或流往其他子公司的现金流大都是融资现金流而非经营现金流，所以这种对项目进行估值的观点通常有悖于资本预算分析中的一个重要观念，即融资现金流不该与经营现金流混为一谈。不可否认,通常这种差别并不重要,因为两种现金流几乎一样,但有些情况下两者之间却存在很大的差异。例如,永久被冻结而不能汇回的资金,或者被"强制再投资"的资金就不能够用来向股东发放红利或偿付母公司的债务。因此股东将不会觉得冻结的收入对公司价值有什么贡献,贷款人在计算利息保障倍数和其他偿债能力指标的时候也不会把这种收入计算在内。

单纯地将投资项目放在东道国国内进行评估是为了某些有用的目的,但是这种评估方法应该从属于从母公司角度所进行的评估。在评估一个国外投资项目时,如果将该项目与东道国国内的另一个与之竞争的项目相比的话,我们必须重点分析该项目的本地收益。如果东道国存在能够自由交易的国债市场,以及与投资项目周期相同期限的国债,则项目的收益至少应与这种国债的收益相同。东道国政府债券的收益率通常反映了本地的无风险收益率,这其中包括了预期通胀率的溢价。如果一个投资项目无法获得高于这种债券收益的回报,母公司就应购买东道国的债券而非投资于一个风险更大的项目,或者直接在其他地方投资以获得更高的回报。

只有在项目可获得相对于东道国的同类投资项目更高的风险调整收益时,跨国公司才应该投资。如果不能在国外项目中获得更高的回报,公司股东更应该选择购买东道国公司的股票,也就是让那些本地的公司实施该项目以获得更高的收益。抛开这些理论的讨论,过去35年的调查问卷显示,在实践中,跨国公司会持续地从母公司和项目两个角度评估跨国投资。

对于投资项目的收益,很多调查都更关注这种收益对公司最终财务目标即最大化每股合并净收益的贡献。只要国外的收入没有被冻结,这些收入就应与其他子公司和母公司的收入进行合并。如前所述,如果拥有外资公司50%或超过50%的所有权,美国公司就应将这些子公司的收入与母公司的收入合并。如果拥有子公司20%—49%的所有权,则该子公司就被称为**附属公司**,且母公司会按照其拥有比例合并附属公司的收入。如果拥有的子公司所有权的比例低于20%,则通常将其作为不可合并收益的投资来处理。一些成熟的跨国公司具有把握世界商业机会的长远眼光和能力,因而即使某个国外项目出现资金临时冻结的情况,它们也无须在财务预算中考虑清除该项目的收益。

如果公司由于资金被冻结而进行的再投资的收益率至少与母公司的必要收益率(调整了预期汇率变化后的收益率)持平,则临时的冻结可能对资本预算结果不会产生实际的影响;因为未来投资项目的现金流将会因为强制投资的收益而增加。由于大的跨国公司持有国内和国外的投资项目的组合,因此即使某些项目的资金被冻结,公司资金的流动性也不会受到大的损害,因为其他的资金来源可以用来支持计划的资金支出。更进一步,从更长远的角度来看,确实可以认为资金几乎不会被永远冻结。尽管如此,等待解除对资金的冻结将是非常令人沮丧的,因为即便是利用这些资金在东道国进行了再投资以尽可能地维持资金价值不变,资金在冻结期间的价值仍有可能会因为通胀或未预期到的汇率变化而下降。

总之,大多数公司似乎都会从母公司和项目两个角度来同时评估国外投资项目。从母公司的角度作出的评估结果更贴近资本预算中净现值的传统意义(即使这种方法可能会混淆融资现金流和经营现金流)。而项目角度的估值则更能影响到每股合并收益,而且所有的调查都表明这是公司管理者们主要关心的指标。为了说明跨国资本预算的复杂性,我们将分析一个虚构的墨西哥水泥公司在印度尼西亚进行的市场寻求型 FDI 的例子。

18.3　案例解析:墨西哥水泥公司进入印度尼西亚[①]

1998 年初,墨西哥水泥公司(Cemetos Mecicanos 或 Cemex)正考虑在印尼苏门答腊岛建造水泥生产设备。这个名为 Semen Indonesia(水泥在印度尼西亚语言里就是 semen)的投资项目是母公司全资所有的新设投资项目,它投产后的总生产能力为年产两千万吨(mmt/y)。以亚洲的生产标准来看,这种生产规模非常之大,但 Cemex 认为只有在这种生产规模下,其最新的水泥生产技术才可以得到最有效的利用。

有三个理由促使 Cemex 投资这个项目:(1) 公司想在东南亚建立一个属于自己的生产工厂,因为对公司而言,东南亚是一个相对较新的市场。(2) 未来长时期内亚洲增长的前景和基础建设的发展较好。(3) 由于印尼卢比(Rp)在 1997 年大幅贬值,所以公司乐观地预期印尼在未来会为了出口而支持生产。

Cemex 是世界第三大水泥生产商,它是一个总部设在新兴国家却在全球范围内为了市场份额和资本而竞争的跨国公司。类似于石油市场,国际水泥市场亦是一个以美元为计价单位的市场。基于此,另外也为了与在德国和瑞士的主要竞争对手作比较,Cemex 考虑用美元作为其功能货币。

Cemex 同时在墨西哥城和纽约(OTC:CMXSY)上市,因而它成功地利用债务和股权在墨西哥国外进行了美元融资。它的投资者在全球范围内增长,同时它在美国的股票流通量(以总交易的百分比计)也迅速增长。结果,其资本成本和资本可得性都实现了国际化,并且由美元投资者主导。因而,Semen Indonesia 项目将会以美元为单位同时从现金流和资本成本两个角度被估值。

18.3.1　总体框架

Cemex 在印尼投资的完整的跨国资本预算分析的示意图如图表 18.1 所示。整个分析的过程从图表的左上角开始,母公司投入美元资金,这部分资金顺时针流入印尼子公司的创建和经营过程,然后该子公司产生现金流,这些现金流最终以美元的形式通过多种渠道回到母公司。具体来说,第一步是以印尼卢比(Rp)为单位为 Semen Indonesia 编制一套预计财务报表。第二步是从两方面构建资本预算:项目的角度和母公司的角度。

① 墨西哥水泥公司是一家实实在在的公司;在这里,新设立投资项目是虚构的。

图表 18.1 **Semen Indonesia 投资项目资本预算的构建示意图**

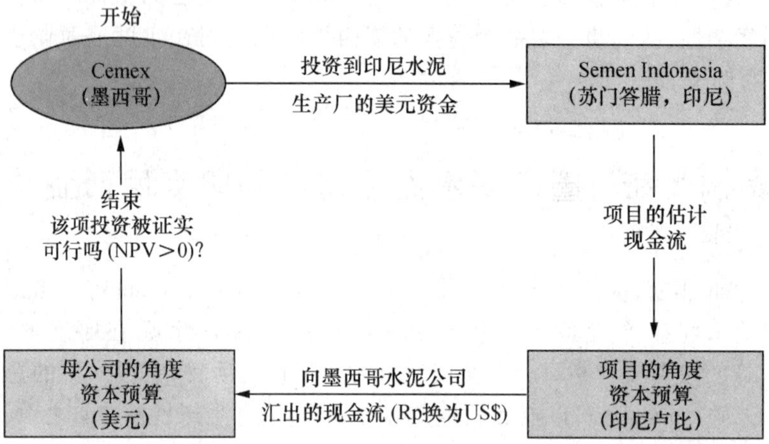

Semen Indonesia 将用一年来修建工厂，并且在第一年后就着手开展实际的经营。假设在项目生命周期内卢比对美元（Rp/US \$）汇率按购买力平价（PPP）来进行调整（这是 Cemex 分析国外投资时的一个标准的财务假设），而且接下来的分析也都是建立在这个假设之上。预计印尼和美国的通胀率分别为每年 30% 和 3%。

我们假设最初时点卢比对美元的汇率为 10 000 卢比对 1 美元（Rp 10 000/US \$），并且印尼和美国的通胀率在项目的生命周期内分别为每年 30% 和 3%，则预期的远期汇率可由购买力平价计算出来。例如，该项目第一年的预期汇率就为：

$$\text{即期汇率(第一年)} = \text{Rp } 10\,000/\text{US\$} \times \frac{1+0.30}{1+03} = \text{Rp } 12.621/\text{US\$}$$

18.3.2 财务假设

本节所列的财务报表都基于以下的一些假设：

资本投资。尽管在工业国家的任何地方生产水泥的成本大概都是 150 美元/吨（对已投产的生产能力来说），Cemex 认为其可以以大概 110 美元/吨的成本在苏门答腊岛建造最新型的水泥生产和装运能力（见图表 18.2）。假设生产能力为每年 2 000 万吨，第 0 年的平均汇率是 Rp 10 000/ \$，那么投资额将达到 22 万亿卢比（22 亿美元）。总投资额中包括了 17.6 万亿卢比的工厂和设备投资。假定使用直线折旧法折旧，那么每年的折旧额为 1.76 万亿卢比，折旧期为 10 年。相对较短的折旧时间安排是印尼税务当局吸引国外投资的政策之一。

融资。该项投资额的一半通过权益来融资，并且权益融资全部来自于 Cemex；另一半通过债务融资，其中 75% 的债务来自 Cemex，另外 25% 则来自印尼政府安排的银团贷款。Cemex 本身的美元加权平均资本成本（WACC）估计为 11.98%。Cemex 在印尼的投资项目本身的卢比加权平均资本成本估计为 33.257%。上述数据的计算过程将在随后讨论。

图表 18.2　Semen Indonesia 项目的投资和融资（除非注明，否则所有值都以 000s 为单位）

投资		融资	
汇率均值，Rb/ $	10 000	权益融资	Rb 11 000 000 000
生产能力的建造成本，$/ton	$110	债务	
投产后的生产能力	20 000	卢比债务	2 750 000 000
以美元计价的投资额	$2 200 000	美元债务（换算为 Rp）	8 250 000 000
以卢比计价的投资额	22 000 000 000	总计	Rb 22 000 000 000
工厂和设备，Rb	17 600 000 000		
年折旧额，Rb	1 760 000 000		
资本成本：Comex			
无风险利率	6.000%	Cemex 的 beta 值	1.5000
信贷风险溢价	2.000%	股权风险溢价	7.000%
债务成本	8.000%	股权成本	16.500%
税后债务成本	5.200%	权益比率	60%
债务比率	40%	加权平均资本成本	11.980%
资本成本：Semen Indonesia			
无风险利率	33.000%	印尼水泥的 beta 值	1.000
信贷风险溢价	2.000%	股权风险溢价	6.000%
卢比债务成本	35.000%	股权成本	40.000%
税后美元债务成本	5.200%	权益比率	50%
美元债务成本（等值卢比）	38.835%		
税后美元债务成本（卢比等价）	27.184%		
债务比率	50%	加权平均资本成本	33.257%

注：假设墨西哥和印尼的公司所得税率分别为 35% 和 30%。在整个期间内，假设美元和卢比的购买力平价保持不变，美元和印尼卢比的通胀率分别为 3% 和 30%，美元债务成本是以卢比计价。

图表 18.3 给出了清晰的债务结构，其中包括贷款偿付的安排。印尼政府安排的贷款期限是 8 年，年利率为 35%（以卢比为单位），并且分期偿还。这种贷款是印尼政府激励经济发展计划的一部分。利息的支出可以用来抵税。

尽管如此，大部分的债务还是由母公司 Cemex 提供。Cemex 所属的融资部门筹集资金后，将把资金再借给 Semen Indonesia。这部分贷款是以美元计价，期限为 5 年，年利率为 10%。印尼子公司将用自己经营所得的卢比收益转换成美元以偿还该项贷款，因而在编制预计报表时，预计损益表就包含了偿还美元债务的预期成本。如果卢比汇率符合购买力平价预测的话，则该笔美元贷款将有一个 38.835% 的卢比有效利率支付。我们通过确定全部用卢比偿还美元贷款时该项贷款的内部收益率得到了这个利率（见图表 18.3）。

收入。假定印尼现有的水泥市场不景气，所以所有的销售全部用于出口。生产能力为 2 000 万吨/年的设备预计只能在 40% 的生产水平上生产（产出 800 万吨）。国际市场中水泥的销售价格为 58 美元/吨（交货价）。保守起见，我们假设这个价格在很长时期内不会上升。

图表 18.3　Semen Indonesia 的债务偿还计划和外汇收入/损失

即期汇率(Rb/ $)	10 000	12 621	15 930	20 106	25 376	32 038
项目年份	**0**	**1**	**2**	**3**	**4**	**5**
年利率为 35%、期限为 8 年的印尼贷款(百万卢比)						
贷款本金	2 750 000					
利息支付		(962 500)	(928 921)	(883 590)	(822 393)	(739 777)
本金支付		(95 939)	(129 518)	(174 849)	(236 046)	(318 662)
总支付		(1 058 439)	(1 058 439)	(1 058 439)	(1 058 439)	(1 058 439)
年利率为 10%、期限为 5 年的 Cemex 贷款(百万美元)						
贷款本金	825					
利息支付		(82.5)	(69.0)	(54 1)	(37.8)	(19.8)
本金支付		(135.1)	(148.6)	(163.5)	(179.9)	(197.8)
总支付		(217.6)	(217.6)	(217.6)	(217.6)	(217.6)
按照预定的期初汇率和当期的即期汇率将 Cemex 贷款转换为卢比单位(百万卢比)						
预定的 Rp 10 000/ $						
利息支付		(825 000)	(689 867)	(541 221)	(377 710)	(197 848)
本金支付		(1 351 329)	(1 486 462)	(1 635 108)	(1 798 619)	(1 978 481)
总支付		(2 176 329)	(2 176 329)	(2 176 329)	(2 176 329)	(2 176 329)
实际汇率(以当期的即期汇率)						
利息支付		(1 041 262)	(1 098 949)	(1 088 160)	(958 480)	(633 669)
本金支付		(1 705 561)	(2 367 915)	(3 287 494)	(4 564 190)	(6 336 691)
总支付		(2 746 823)	(3 466 864)	(4 375 654)	(5 522 670)	(6 970 360)
Cemex 贷款的以卢比计价的现金流(百万卢比)						
总实际现金流	8 250 000	(2 746 823)	(3 466 864)	(4 375 654)	(5 552 670)	(6 970 360)
现金流的内部收益率	38.835%					
Cemex 贷款的外汇损失(百万卢比)						
利息的外汇损失		(216 262)	(409 082)	(546 940)	(580 770)	(435 821)
本金的外汇损失		(354 232)	(881 453)	(1 652 385)	(2 765 571)	(4 358 210)
债务的总外汇损失		(570 494)	(1 290 535)	(2 199 325)	(3 346 341)	(4 794 031)

注:Cemex 借给印尼子公司的贷款是以美元计价的。因此该贷款必须以美元而不是卢比偿还。在贷款协议签订的时候,时点汇率为 Rp 10 000/ $。这是一个用来计算"预定的"本金支付和利息支付(都是用卢比)的假设。然而根据购买力平价的计算,预期卢比会贬值。在偿付的时候,"实际"汇率的变化将增加外汇损失,因为偿债时需要更多的卢比来换取美元,在利息和本金方面都是这样。该笔债务本息中的外汇损失要在印尼项目的损益表中确认。

成本。1999 年水泥生产(劳动、材料、电力等)的现金成本估计为 115 000 卢比/吨,该成本每年大概以等于通胀率的速度增长,也就是每年 30% 的速度增长。第一年的其他生产成本为 20 000 卢比/吨,并且同样假设以年通胀率的速度上升。由于所有生产都用来出口,2.00 美元/吨的装载成本和 10.00 美元/吨的运送成本都应包括进来。注意到这些成本最初都以美元计价,所以为了编制 Semen Indonesia 的损益表,它们都必须转换成以卢比为单位的价格。这些成本最初之所以是用美元计价,是因为装船和运送成本都属于国际性的服务,而这些服务合约使用的货币单位都是美元。因此我们预期这些成本每年仅以与美元通胀率相等的速度(3%)增长。

图表 18.4 是 Semen Indonesia 的预计损益表。损益表是一个典型的针对商业活动的赢利能力的财务报表分析,对于国内或国际上任何一个企业都适用。**基线分析**(baseline analysis)假设生产能力第 1 年的利用率仅为 40%、第 2 年为 50%,随后的几年为 60%。公司的管理层认为这是必要的,因为现存的印尼国内水泥生产商现在的平均生产能力利用率仅有 40%。

图表 18.4　**Semen Indonesia 的预计损益表**　(单位:百万卢比)

汇率(Rb/$)	10 000	12 621	15 930	20 106	25 376	32 038
项目年份	**0**	**1**	**2**	**3**	**4**	**5**
销售量		8 000	10 000	12 000	12 000	12 000
销售价(美元)		58.00	58.00	58.00	58.00	58.00
销售价(卢比)		732 039	923 933	1 166 128	1 471 808	1 857 627
总收入		5 856 311	9 239 325	13 993 541	17 661 751	22 291 530
减 现付成本		(920 000)	(1 495 000)	(2 332 200)	(3 031 860)	(3 941 418)
减 其他生产成本		(160 000)	(260 000)	(405 600)	(527 280)	(685 464)
减 装载成本		(201 942)	(328 155)	(511 922)	(665 499)	(865 149)
减 运输成本		(1 009 709)	(1 640 777)	(2 559 612)	(3 327 495)	(4 325 744)
总生产成本		(2 291 650)	(3 723 932)	(5 809 334)	(7 552 134)	(9 817 774)
总利润		3 564 660	5 515 393	8 184 207	10 109 617	12 473 756
毛利		61%	60%	58%	57%	56%
减 许可证费用		(117 126)	(184 787)	(279 871)	(353 235)	(445 831)
减 一般行政费用		(468 505)	(831 539)	(1 399 354)	(1 942 792)	(2 674 984)
EBITDA		2 979 029	4 499 067	6 504 982	7 831 589	9 352 941
减 折扣和摊销额		(1 760 000)	(1 760 000)	(1 760 000)	(1 760 000)	(1 760 000)
EBIT		1 219 029	2 739 067	4 744 982	6 071 589	7 592 941
减 美元债务利息		(825 000)	(689 867)	(541 221)	(377 710)	(197 848)
债务的外汇损失		(570 494)	(1 290 535)	(2 199 325)	(3 346 341)	(4 794 031)
减 本地贷款利息		(962 500)	(928 921)	(883 590)	(822 393)	(739 777)
税前利润(EBT)		(1 138 965)	(170 256)	1 120 846	1 525 145	1 861 285
减 所得税		—	—	—	(395 631)	(558 386)
净收入		(1 138 965)	(170 256)	1 120 846	1 129 514	1 302 900
净收入(百万美元)		(90)	(11)	56	44	41
销售收益率		-19%	-2%	8%	6%	6%

注:EBITDA = 未扣除利息、税收、折旧和摊销时的收入;EBIT = 利息和税收前收入;EBT = 税前收入。当期损失所带来的税收抵扣可递延至下一年进行抵税。由于损失,第一年的经营是不分红的,然后在 2000—2003 年以 50% 的比例分红。所有的计算结果都是很精确的,但是由丁小数位数和近似的原因,所以与完全相加得到的结果有些许出入。前三年的税收支付是 0,第四年小于 30%,这是由于先前年份带来的税收减免造成的。

在拟进行的财务分析中,额外费用包括子公司按照销售的 2% 向母公司支付的许可证费用和印尼业务每年 8.0% 的一般管理费用(并且每年增长 1%)。外汇收入和损失与偿还母公司提供的美元债务相关,这部分数据来自图表 18.3。总之,按照上述假设,预期子公司的业务在第三年才能产生会计利润。

18.3.3 项目角度的资本预算

Semen Indonesia 生产项目从(投资)项目角度进行的资本预算如图表 18.5 所示。通过对 EBITDA(利息、税收、折旧和摊销前的收入)、重新计算的税收和净营运资本的变化(应收账款加上存货再减去应付账款后得到的净值,这三个账户都用来支持销售增长)的加总,我们得到了净现金流,或通常所称的**自由现金流**(FCF)。

图表 18.5 **Semen Indonesia 的资本预算:项目的角度** (单位:百万卢比)

汇率(Rb/ $)	10 000	12 621	15 930	20 106	25 376	32 038
项目年份	**0**	**1**	**2**	**3**	**4**	**5**
EBITDA		2 979 029	4 499 067	6 504 982	7 831 589	9 352 941
减 重新计算的税收		(893 709)	(1 349 720)	(1 951 495)	(2 344 077)	(2 805 882)
净营运现金流		2 085 320	3 149 347	4 553 487	5 487 512	6 547 059
减 NWC 的净增量		(240 670)	(139 028)	(436 049)	(289 776)	(626 314)
初始投资	(22 000 000)					
终值						19 686 451
自由现金流(FCF)	(22 000 000)	1 844 650	3 010 319	4 117 438	5 197 736	25 607 196
NPV@ 33.257%	(9 443 538)					
内部收益率(IRR)	15.4%					

注:NWC = 净营运资本;NPV = 净现值;折现率等于 Semen Indonesia 项目的 WACC(33.257%);IRR = 内部收益率,即使净现值等于 0 时的折现率。图表中的数值是很精确的并且在百万位四舍五入。

注意到在资本预算中使用的是 EBITDA,而不是 EBT。EBITDA 同时包括了折旧和利息支出。折旧和摊销都是公司的非现金支出,因此可增加正的现金流。由于资本预算得到的现金流将会以一个折现率折算为现值,而折现率包括了债务成本——利率,所以我们在计算中不会扣除两次利息。因此,在 EBITDA 的基础上我们没有减去利息,而是重新计算了税收。(这个问题表明了损益表和资本预算表的区别。在损益表中,由于项目前两年经营的利息支付和预期的外汇损失,所以不必支付税收;而基于 EBITDA 构建的资本预算则在这些融资和外汇损失支出之前计算税收,因而得出了正的税收支出。)

最初的 22 万亿卢比投资是获得这些收入的所有资本投入。尽管应收账款天数平均为 50—55 天,库存为 65—70 天,然而在印尼水泥行业中的应付账款和商业信用天数还是达到相对较长的 114 天。Semen Indonesia 预期随着销售的增长,再投资上还将增加大约 15 天的 DSO。至此,从项目角度进行的资本预算就只剩下终值(接下来讨论)和 33.257% 的折现率(公司的 WACC)了。

终值。项目终值(Terminal Value,TV)代表了 5 年之后水泥生产设备的延续价值,因为具体的财务预计分析的时间维度仅有 5 年。如同所有根据财务理论计算得到的资产价值一样,终值是该资产预期产生的所有未来自由现金流的现值。我们通过计算 Semen Indonesia 在第五年后产生的永久净营运现金流(NOCF)的限制来得到其终值。假设净营运现金流的增长率为 g,公司加权平均资金成本为 k_{WACC}。我们可得到终值:

$$\text{TV} = \frac{\text{NOCF}_5(1+g)}{k_{\text{WACC}}} = \frac{6\,547\,059(1+0)}{0.33257-0} = \text{Rp } 19\,686\,451$$

即 19.686 万亿卢比(19 686 450 933 000 卢比)。其中,g 等于零即净营运现金流在 5 年后不会增长的假设可能不现实,但是由于 Cemex 是对未来的现金流进行估计,这一谨慎性的假设亦无可非议。

从项目的角度进行的资本预算的结果得出了 9.4 万亿卢比的负净现值(NPV),并且相对于 33.257% 的资本成本,其内部收益率(IRR)仅为 15.4%。这些都是该投资项目将会给本地或印尼投资者带来的收益(以卢比为单位)。从这个角度来看,该投资项目是不能接受的。

18.3.4　将现金返回 Cemex

图表 18.6 列出了所有从印尼的投资项目流向 Cemex 的增量收益。如本节之前所述,国外投资者对投资项目的评估依赖于用其本币表示的实际流回的现金流。对 Cemex 来说,这意味着这项投资必须用该项目在生命周期内以美元为单位的税后现金流分析,而且分析所用的现金流必须用合适的资本成本进行折现。

我们分两个步骤进行**母公司角度的资本预算**。第一,我们分离出单个的现金流,并利用印尼政府强制征收的预扣所得税进行调整,再将调整后的现金流转换为美元。(国际转移支付的法定预扣税的税率是由双边税收协定设定的,但是单个公司可以和政府税收当局谈判以得到较低的税率。在 Semen Indonesia 的例子中,红利会被征收 15% 的预扣税,利息支付是 10%,许可证费用是 5%)墨西哥不再对汇回的收入征税,否则会出现双重征税的问题。(对于来自国外投资的汇回资金,美国政府会视情况而征税。这是一个比较复杂的计算,我们将在第 21 章予以介绍。)

第二步进入实际的母公司角度的资本预算,即把这些以美元计价的税后现金流和初始投资额合并分析,并从 Cemex 的角度来确定 Semen Indonesia 子公司的净现值(并以墨西哥的货币计价)。图表 18.6 所示列出了所有从拟投资项目流向母公司的增量赢利。母公司角度的资本预算的一个特点是只有 Cemex 自己投入到该项目的资金(19.25 亿美元)才被包括在初始投资中(11 亿美元的股权和 8.25 亿美元的贷款),并不包括由印尼政府组织的 27.5 亿卢比的贷款。

18.3.5　母公司角度的资本预算

编制母公司角度的资本预算所需的所有现金流都已估计出来,详细数据见图表 18.6。由 Semen Indonesia 在印尼的经营活动产生的税后现金流,如税后红利、税后许可证费用、税后债务偿还的支付以及终值现在都用美元表示。

图表 18.6 **Semen Indonesia 的汇款和资本预算：母公司的角度**

（单位：百万卢比；百万美元）

汇率(Rp/ $)	10 000	12 621	15 930	20 106	25 376	32 038
项目年份	**0**	**1**	**2**	**3**	**4**	**5**
红利汇款额						
红利支付(Rp)		—	—	560 423	555 757	651 450
减 代扣所得税				(84 063)	(83 364)	(97 717)
净红利汇款额(Rp)		—	—	476 360	472 393	553 732
净红利汇款额(US$)				23.7	18.6	17.3
许可证费用汇款额						
许可证费用汇款额(Rp)		117 126	184 787	279 871	353 235	445 831
减 预扣所得税		(5 856)	(9 239)	(13 994)	(17 662)	(22 292)
净许可证费用汇款额(Rp)*		111 270	175 547	265 877	335 573	423 539
净许可证费用汇款额(US$)		8.8	11.0	13.2	13.2	13.2
债务偿还汇款额						
承诺利息支付(Rp)		82.5	69.0	54.1	37.8	19.8
减 10%的代扣所得税		(8.25)	(6.90)	(5.41)	(3.78)	(1.98)
净利息汇款额(US$)		74.25	62.09	48.71	33.99	17.81
本金支付汇款额(US$)		135.1	148.6	163.5	179.9	197.8
资本预算：母公司的角度(百万美元)						
红利		—	—	23.7	18.6	17.3
许可证费用		8.8	11.0	13.2	13.2	13.2
贷款还本付息		209.4	210.7	212.2	213.9	215.7
总收入		218.2	221.8	249.1	245.7	246.2
初始投资	(1 925.0)					
终值			614.7			
自由现金流(FCF)	(1 925.0)	218.2	221.8	249.1	245.7	860.8
以 17.98% 折现的 NPV	(925.6)					
IRR	-1.84%					

注：计算 NPV 使用的是公司自定的折现率，WACC + 对外投资溢价，即 11.98% + 6.00% = 17.98%。

在得到流回母公司的现金流后，Cemex 必须用公司的资金成本对这些现金流进行折现。由于 Cemex 的功能货币为美元，因而它应用美元为单位来计算其资金成本。如第 11 章所述，加权平均资本成本公式为：

$$k_{\text{WACC}} = k_e \frac{E}{V} + k_d(1-t)\frac{D}{V}$$

其中：k_e = 风险调整后的股权成本

k_d = 税前债务成本

t = 边际税率

* 原文为“net dividend remitted”，疑误。——译者注

E = 公司股权的市场价值

D = 公司债务的市场价值

V = 公司证券的总市值($E+D$)

Cemex 的股权成本是利用资本资产定价模型(CAPM)计算出来的:

$$k_e = k_{rf} + (k_m - k_{rf})\beta_{\text{Cemex}} = 6.00\% + (13.00\% - 6.00)1.5 = 16.50\%$$

其中:k_e = 风险调整后的股权成本

k_{rf} = 无风险利率(美国中期国债收益率)

k_m = 美国股票市场预期收益率(大公司股票)

β_{Cemex} = Cemex 公司股票的市场风险

假设当前无风险利率为 6.00%,美国股票市场预期收益率为 13.00%,Cemex 的 Beta 值为 1.5。则经过计算我们得到 Cemex 股权投资的必要收益率——16.50%。

这项投资将采取母公司内部融资的方法进行融资,且所融资金的结构类似于整个 Cemex 公司的债务权益比:40% 的债务(D/V)和 60% 的权益(E/V)。Cemex 当前的债务成本为 8%,实际税率为 35%。至此,我们可计算 Cemex 的加权平均资金成本:

$$\begin{aligned} k_{\text{WACC}} &= k_e \frac{E}{V} + k_d(1-t)\frac{D}{V} \\ &= (16.5\%)(0.60) + (8.00\%)(1-0.35)(0.40) \\ &= 11.98\% \end{aligned}$$

Cemex 通常使用 11.98% 的加权平均资本成本对未来投资的现金流进行折现,进而对投资项目进行排序。

相对于在国内投资,在印尼的投资包含了更多的风险。如果 Cemex 实施的投资的相对风险程度与公司本身的风险相同,那么 11.98% 的折现率是合适的。然而 Cemex 通常要求新的国内投资项目要产生大约高于其资本成本 3% 的收益,对于国际投资项目则要求更高(6%)。因此,从 Semen Indonesia 返回到 Cemex 的现金流就要用 11.98% +6.00%,即 17.98% 的折现率进行折现。对该投资项目的基线分析得到了 -9.256 亿美元的净现值(内部收益率为 -1.84%),这意味着母公司不能接受该项目。

大多数公司都要求新的投资项目能够获得高于公司资本成本的收益。所以 Cemex 公司通常要求用高于其资金成本 3% 到 6% 的收益率来评估各个投资项目,进而确定真正能够给股东财富带来增值的潜在投资。净现值为 0 意味着投资是“可以接受的”,而正的净现值则真正意味着预期股东财富和公司价值增加的现值。如前所述,对于国外项目评估,我们必须用代理成本、外汇风险及外汇成本对公司的资本成本加以调整。

18.3.6　敏感性分析:项目角度的度量

公司在对投资项目进行评估时采用了很多“极有可能”的假设来预测项目的收益率。现在我们要对这些极有可能的结果进行敏感性分析。类似于对商业和财务风险的敏感性分析,同样的概率技术方法也可用来检验这些结果对政治风险和外汇风险的敏感性。相对于商业或财务风险的预测,许多决策者对预测政治事件和汇率变化发生的概率感到不安,因为他们对前者更加熟悉。因此常用的检验政治和外汇风险敏感性的方法是，在多个假设的情形中模拟净现值和收入的变化。

政治风险。如果印尼对支付给 Cemex 的红利或许可证费用强加控制的话会怎样？从 Cemex 的角度来看，冻结资金对收益率的影响取决于冻结何时发生、冻结的资金在印尼有什么样的再投资机会，以及冻结的资金何时解冻并最终回到 Cemex。我们可以模拟冻结资金的多个场景，然后再进行图表 18.6 中的现金流分析来估计冻结资金对 Cemex 收益率的影响。

如果印尼征用了 Semen Indonesia 的财产的话会怎样？征用对公司的影响取决于下面五个因素：

1. 征用发生的时间，这个时间用商业经营活动开始后的年数来表示。
2. 印尼政府对征用进行补偿的数额，以及这种支付发生的时间。
3. 所欠印尼贷款人的未偿贷款的数额；以及由于其母公司的担保，作为母公司的 Cemex 对这些贷款的连带偿还义务。
4. 征用的税收效应。
5. 公司是否放弃了未来的现金流。

一般，财产征用方最终都会对原财产所有者进行某种形式的补偿。这种补偿可以来源于和东道国政府进行摊派后所作的支付，也可来自母国政府对政治风险保险的偿付。达成支付标准需要谈判的时间，并且最终的补偿有时会在未来的很长一段时间内分期支付，因而补偿的现值常常严重低于名义价值。此外，大多数的补偿是按照征用期内公司的账面价值而非市场价值进行的。

由母公司担保的本地债务对任何补偿的资金通常都有第一索取权。如果 Cemex 向印尼贷款人担保了 Semen Indonesia 的债务，那么 Cemex 只有在这些贷款人的债务得到偿付之后才能获得补偿资金。实际上，清算协议也很可能作出这样的规定。另外，Cemex 可能会拒绝为 Semen Indonesia 的债务作担保。这种做法会在发生征用的时候保护自己，但是这种做法也很可能导致 Semen Indonesia 支付更高的债务利息，而这会降低子公司的赢利能力。

如果没有达成补偿协议，那么作为与 Cemex 独立的子公司，Semen Indonesia 可能会因无法偿还债务而违约。而且假如没有债务担保关系，Cemex 对 Semen Indonesia 所欠债务就没有偿还义务。但这种情况极为特殊，而且仅当子公司是本地借款时，这种情况才可能发生，如 Semen Indonesia。如果 Semen Indonesia 的贷款来自新加坡的银行，那么即便按照法律规定没有偿还义务，Cemex 也会把代 Semen Indonesia 偿付债务作为自己的义务。

征用的税收效应取决于资金损失发生的时间和数量，而这些都要由 Cemex 确认。这种损失通常是指未受到补偿的对印尼投资的账面价值。问题的关键是在账面上对损失进行税收减免目的的冲销。与在长时间的谈判中慢慢“流血致死”相比，迅速确定无补偿的征用并迅速地对损失进行冲销的处理方式会更加受到偏爱，后者在 20 世纪 60 年代初期的古巴曾经发生；因为法律和其他成本的持续发生以及税收减免的限制，“流血致死”可能会在数年里减少公司的收入，而后者则可以更早地利用税收减免。

外汇风险。在对项目进行评估时，Cemex 公司假设在购买力平价“率”上印尼卢比相对于美元会贬值(在基线分析中贬值速度大约每年 20.767%)。但如果卢比的贬值率更高会怎样？显然,这会导致流回 Cemex 的美元现金流减少,然而我们有必要利用经营风险分析来确定卢比的贬值是否会增强 Semen Indonesia 的竞争力。例如,因为 Semen Indonesia 对中国台湾的出口以美元计价,卢比对美元的走弱将使得这些出口销售产生更多的卢比收入。这一过程在一定程度上抵消了卢比走弱带给 Semen Indonesia 的损失,例如,从母公司进口以美元计价的商品时多支付的卢比。Semen Indonesia 同时拥有以外币计价的现金流入和流出,这就对其货币流动提供了部分的天然套期保值。

如果卢比相对于美元升值会怎样？这就需要进行同类型的经济风险分析。在这个特别的例子中,我们可能会推想,这会对印尼的本地销售额和 Semen Indonesia 支付给 Cemex 的红利和许可证费用的美元价值有正面的影响。尽管如此,还应注意到卢比的升值可能会使得 Semen Indonesia 在印尼面临更多的竞争,这些竞争对手是来自其他国家的拥有低成本结构的公司,而这可能会降低 Semen Indonesia 的销售量。

其他的项目敏感性变量。Cemex 的项目收益率也对另一些变量的变化具有敏感性,这些变量包括假设的终值、生产利用率、支付的许可证费用数额、初始项目成本大小、通过本地融资所获得的营运资本额以及印尼和墨西哥的税率等。其中的一些变量在 Cemex 的控制之中,所以 Cemex 可采取一系列的措施以提高 Semen Indonesia 项目的价值,从而有可能使得该项目的净现值大于零。

18.3.7　价值评估对各种风险的敏感性:母公司角度的度量

从母公司的角度进行分析,产生于“国外”项目所在地的附加风险至少可通过两种方式来度量:**调整折现率或调整现金流**。

调整折现率。第一种方法是把国外风险都纳入到对折现率的调整中,即为了反映更高的外汇风险、政治风险、代理成本、信息不对称以及国外业务中存在的其他不确定性,调整应用于国外项目的折现率。尽管如此,这种方法并不十分准确,因为它既没有把净现值按风险变化的比例进行调整,也无法对未来风险可能的变化作出反应。因而,把所有风险都纳入单一的折现率中可能会导致很多未来不确定性信息的丢失。

对于外汇风险,由于经营敞口的存在,汇率的变化会对未来的现金流产生潜在的影响。然而这种影响是双面的,即其既可能减少又可能增加公司的净现金流入,这取决于产品在何处销售以及生产该产品的投入品来自何处。假设东道国货币比预期贬值得更多,那么提高用于国外项目的折现率就忽略了东道国货币贬值可能对项目竞争地位产生的正面影响,即销售量增加所导致的母公司收入的增加还可能大于本地货币非预期的贬值所导致的母公司收入的减少。此外,这种提高折现率的方式还忽略了国外货币可能会升值的情况。总之,汇率风险是一把双刃剑。

调整现金流。在第二种方法中,我们把国外风险因素加入到对项目预期现金流的调整中去。国外投资项目的折现率只对总体的经营和财务风险才进行调整,这与国内项目的做法相同。而调整现金流则不然,因为现金流的调整需针对具体的经济环境来进行。在这里,我们介绍一种称为模拟评估的方法。该种方法是在假想的不同经济环境下对投资项目的发展进行评估,从而可估计出投资项目未来产生的流回母公司的现金流。

借用《枭巢喋血战》(*The Maltese Falcon*)中的台词,国外投资项目未来现金流的数量和发生时间是“梦幻般的事情”。由于对大多数投资项目的运营起作用的经济力量极为复杂,因此对于分析人员来说,意识到现金流预测的主观性极为重要。在实践中,分析人员具备谦虚谨慎的品质(而非过度自信)是非常有益的。

两种方法的缺点。在许多例子中,调整折现率和调整现金流都不是最优的选择。例如,政治的不确定性威胁到了整个投资,而不仅仅是每年的现金流。政治风险可能造成的潜在损失受到母公司未收回的投资终值的影响,而该终值的变化是由项目融资方式、政治风险保险以及所考虑的投资期限等因素决定的;进一步地,如果预期政治环境在近期内对公司不利,那么任何投资都可能是不可接受的。政治的不确定性通常表现为在较远的某个时期发生的不良事件,但这是当前不能预测的。由此,基于政治风险进行调整的折现率就会把早期的现金流折现得太多而远期的现金流折现不足。

投资者的反应。除了国外投资项目预期的政治风险和外汇风险,跨国公司也会担心由于投资者对国外项目风险的理解不同,投资于国外项目可能会提高公司总体的资本成本。如果公司在20世纪90年代在伊拉克、伊朗、俄罗斯或阿富汗有重要的投资,那么这种担心就是合乎道理的。然而,如果是在加拿大、西欧、澳大利亚、拉丁美洲和亚洲等工业国家中进行大量分散化跨国投资,那么这种观点没有说服力了,而事实上这些国家也都是大量跨国直接投资聚集的地方。它们都拥有用一致的标准对待所有跨国投资的美誉,而且实证研究也证明了在这些国家进行跨国投资可能不会提高资金成本。实际上,一些研究显示国外投资项目的必要收益率甚至可能低于国内项目。

跨国公司的实践。对过去35年中跨国公司的运营情况进行的调查表明,半数的跨国公司采用了调整折现率的方法,另一半则采用了调整现金流的方法。最近的一个调查显示,跨国公司现在更多地使用调整折现率来衡量未来的不确定性。同时,这份调查还显示,在对外投资的评估中使用多因素方法的公司也在增加,这种多因素的评估方法综合使用了折现率调整、现金流调整、实物期权分析以及定性标准来对投资项目进行评估。[②]

18.3.8 组合风险度量

如第15章所述,金融界已经对风险的两个定义作了区分:(1) 单个证券的风险(预期收益的标准差);(2) 作为组合一部分的单个证券的风险(Beta值)。旨在进入本地或区域市场而实施的跨国投资即**市场寻求性投资**会拥有或多或少地与本地市场收益相关的回报。在这种情况下,使用基于组合理论对投资前景进行的评估是合意的。如果实施跨国投资的目的是为了寻求资源或寻求生产,那么其收益就可能只与其母公司或世界其他地方的公司的收益相关,而与本地市场没有什么关系。如前所述,Cemex在印度尼西亚的Semen Indonesia投资既是要寻求市场又是要寻求生产(为了出口)。投资评

② Tom Keck, Eric Levengood, and Al Longfield, "Using Discounted Cash Flow Analysis in an International Setting: A Survey of Issues in Modeling the Cost of Capital", *Journal of Applied Corporate Finance*, Vol. 11, No. 3, Fall 1998, pp. 82—99.

估方法的选择对公司而言异常重要,而公司要单独作出的最重要的决策可能正是如何选择合适的评估方法。在两个不同的评估标准下,对项目进行评估的结果可能截然不同。

为了便于与本地东道国内部的其他项目作比较,我们应该忽略投资项目实际的融资能力或受母公司影响的债务融资能力,因为二者虽然对本地投资者而言存在差异,但对跨国所有者而言则是相同的。此外,项目的风险对当地投资者来说可能与国外的跨国业主所感知的有所不同,因为市场不完美给跨国公司提供了必须利用的机会。另外,当地的项目可能仅仅是跨国业主众多国际分散化组合中的一个;但如果由本地投资者持有,则是一个孤立的没有国际分散的项目。显然,因为分散化可以减少风险,跨国公司会比本地投资者要求更低的收益率。

由上所述,所使用的本地折现率只是一个假设的值,即假设该折现率为当独立的本地投资者拥有项目时可能要求的回报。因此,利用本地折现率折算本地现金流只是为作为独立的本地投资项目作出了粗略的价值度量而非精确的估价。

18.4 实物期权分析

用于 Semen Indonesia 估值的现金流折现(DCF)方法、资本预算和其他粗略的估值方法长期以来受到很多批评。对于那些生命周期长、现金流在很多年后产生或拥有比公司当前经济活动更高的风险水平的投资而言,传统的 DCF 财务分析并不适用。更加重要的是,当跨国公司对竞争性项目进行评估的时候,传统的现金流折现分析法一般都不能涵盖一项投资权利所提供的策略选择。传统估值方法的种种缺陷导致了实物期权分析的发展。实物期权分析就是期权理论在资本预算决策中的应用。

实物期权是考虑投资价值的另一种方法。就其本质而言,它是决策树分析方法和纯期权估值方法的一种交叉。对于那些在决策点(管理者就是在此根据项目目标作决策的)遵循不同价值路径的投资项目的分析,这种方法尤其有用。多种不同的价值路经所导致的多种可能价值是实物期权理论分析的基础:价值大范围的变动就是**波动**,而波动正是先前在第 7 章中描述的期权定价理论的基本元素。

实物期权估价同样允许我们分析很多管理决策。在实务中,这些管理决策对于资本投资项目非常重要。这些管理决策大致可分为:

1. 延期的选择
2. 抛弃的选择
3. 更改生产能力的选择
4. 投产或关闭(转换)的选择

实物期权分析以正面的观点看待未来的现金流,而 DCF 则负面的看待未来现金流(在折现的基础上)。在分析投资期限很长的潜在投资项目或者在未来的某个时间才开始营运的项目时,实物期权分析是一个特别有用的分析工具。实物期权分析把未来的各种信息收集在一起,并根据这些信息进行决策。一般来讲,管理层同时在主动的(主动搜寻)和被动的(观测市场环境)信息收集中学习,然后利用这些知识作出更好的决策。接下来的小案例就说明了实物期权分析的应用。

小案例

Carlton 公司进入中国市场——实物期权分析的应用

Carlton 公司现在正在评估进入中国市场的可能性。由其 CEO Charles Darwin 领导的高级管理小组根据之前的研究(研究代码名称为 Beagle)中得出结论认为:在三到五年内,这个市场可以决定在 Carlton 公司所处的电信业中谁是主角。由此,由 CFO Caitlin Kelly 领导的公司财务小组也在很多顾问分析研究的基础上进行了一个初步的财务分析。

然而,公司财务小组所作的价值分析的结果却不那么令人欣喜。如图表 A 所示,这次商业冒险的预期毛利估计只有 1 000 万美元。

图表 A Carlton 公司进入中国市场的分析

	值(百万)	概率	预期值(百万)
收入			
高	$130	0.50	$65.00
低	50	0.50	25.00
预期值			$90.00
成本			
高	$120	0.33	$40
中	80	0.33	26.67
低	40	0.33	12.33
预期值			$80
项目预期毛利 = 收入 - 成本 = $90 - $80 = $10			

- 预计收入的结果有两种——高收入(大约以 50% 的概率收入 1.3 亿美元)或低收入(以 50% 的概率收入 5 000 万美元)。因此利用预期值分析,收入估计是 9 000 万美元。
- 预计成本有三种结果,高成本(1.2 亿美元)、中等成本(8 000 万美元)和低成本(4 000 万美元),三种情况发生的概率都是 33.3%。由此,成本的预期值为 8 000 万美元。

然而,公司的市场发展部门要求花费 1 500 万美元用于前端研发(R&D),这项支出超过了 1 000 万美元的毛利,这使得初始财务分析中的 1 000 万美元的毛利润变得毫无吸引力。这笔资金的花费可能并不合理,因为这会使得该投资的预期总收益变为负 500 万美元:($15) - $10 = ($5)。公司财务部门就此得到结论:就当前的投资形式来看,这种投资是不能接受的。

面对公司财务小组的财务分析报告,Charles 显得非常沮丧。在对每个数值进行了一番激烈的辩论后,Charles 问到花费 1 500 万美元的市场研发有何作用,以及如果真的投入了这笔额外的资金,项目的预期赢利能力可以提高吗?

在进一步的分析之后,公司财务小组认为市场不会发生明显的变化,也就是各种市场情况发生的概率和预期收入值都不会发生明显变化。然而,在额外的研发支出之后,该小组认为他们对未来的营运成本肯定会有更好的预测。

Charles 向公司财务小组建议用其他的方法来评估这个项目:

> 如果把这 1 500 万美元的支付看做是购买了以这个项目为标的的一个看涨期权会怎样呢?我的意思是如果我们花费了这 1 500 万美元,那么我们就有能力明确与实施这项投资有关的实际成本了。即便是我们还不能真正知道收入是多少——我们仍然承担了商业风险——然而我们将可以更加明智的及时决定是否停止或继续实施该项目。

如图表 B 所示,在投资(或支付)了用于市场研发的 1 500 万美元之后,企业将会知道其处在三条成本路径中的哪一条——高、中或低。尽管预期收入仍然假设为 9 000 万美元,然而公司可以在决策点做出或停止或继续的明智选择。在 Charles 看来,这是更加合理的分析方式。

图表 B **Carlton 公司进入中国市场的期权分析**

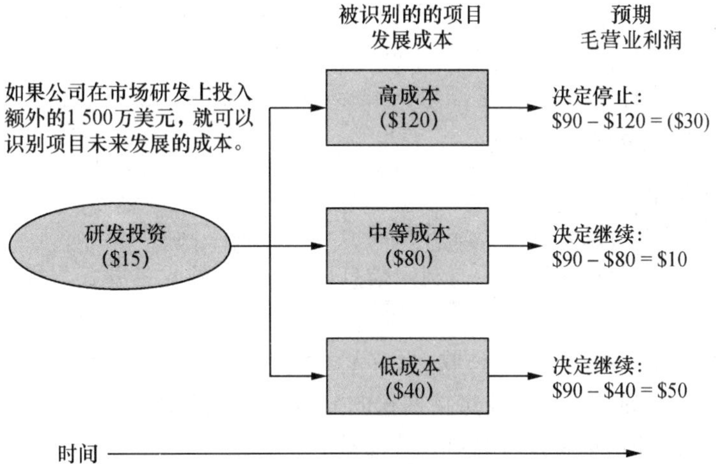

市场研发的投资等于购买了一份看涨期权。以上数值以百万为单位。

但是 Caitlin Kelly 和她的财务小组仍没有被说服。Caitlin 说:"但是之前我们还要花费 1 500 万美元并且仍然只能看到同样的预期结果。我不认为您的方法改变了什么。"

Charles 继续辩道:"这种方法改变了很多。支付了 1 500 万美元之后,我们就会知道——更加确定地知道——未来可能的结果是什么。如果是中等成本或低成本的路径,我们将继续下去并且最后获得 1 000 万美元或者 5 000 万美元的毛营业利润,毛营业利润的具体数值取决于具体的收入结果。如果是高成本路径,我们会在额外的经营成本发生之前立即停止所有的工作。据我算来,预期值至少为正的 2 000 万美元。"

$$预期值 = (\$15) + [(0.333 \times \$0) + (0.333 \times \$10) + (0.333 \times \$50)] = \$20$$

Caitlin终于明白了Charles的观点。看涨期权的购买,即1 500万美元的支付,将使Carlton公司避免作出导致损失的选择(预期结果为负3 000万美元的高成本路径),所以在对预期毛利润进行计算时,高成本路径的成本被视为0。按照Charles的观点,在得到更多的时间和信息后,看涨期权的购买确实允许Carlton公司实施这项投资。

最后,Charles和高级管理小组在争辩中获胜,并且通过了这个项目。(通常,公司高管们都会获得这样的结果。)

实物期权分析法的潜力

如同DCF和其他投资分析技术一样,实物期权分析只是一种工具。通常,两种分析技术是互补的。在对潜在投资进行分析时,管理者应该同时使用两种方法并且从两种方法中搜集有用的信息。

与我们举的例子不同,实物期权分析通常并不是一项简单的技术。为了正确地使用这种分析技术,分析师必须在技术上得心应手。如同源于金融理论的大多数方法一样,这种方法容易被滥用。经理们只有对实物期权分析所得出的结果有很好的理解,才能正确地利用这些结果所表达的信息。

实物期权分析已经被使用并且流行开来。正如Carlton公司的例子,它通常首先受到高管的垂青,这是因为高官们非常喜欢期权分析的两个特征。它的结构明确了项目的时间顺序,并且及时描述了在不同时点上的现金流入和流出。这种结构与高管们通常看待投资项目的方式更加趋于一致。另外,就其本质来说,实物期权分析看起来更注重管理者的价值;它赋予管理者一种能力,让他们可以获得新信息并在必须作决策的时点上作出成功的商业决策。

案例思考题

1. 实物期权分析与传统的预期值分析有何不同?

2. 实物期权分析是如何利用信息(这些信息的收集方式与折现现金流分析的方式不同)的?

3. 假设本案例中各种收入结果发生的概率为:高收入(25%)和低收入(75%)。用预期收益的分析方法和实物期权的分析方法重新对这项投资进行评估。采用哪种方法进行分析时,该项投资是可以接受的?

小结

◎ Cemex在印尼拟进行的新设投资是在传统的资本预算框架中分析的(基准的案例)。

◎ 在分析中引入了国外的复杂情况,包括汇率风险和政治风险。

◎ 母公司的现金流必须与投资项目的现金流区分开。这两种类型的现金流各自增加了以不同角度衡量的价值。

◎ 母公司的现金流通常取决于融资的形式。因而对跨国投资项目进行分析时,我们就无法像国内资本预算那样。

◎ 国外子公司新投资的项目产生的现金流可能全部或部分地从其他子公司处获得,

因而即使单从一个子公司的角度来看这个项目有很高的可行性，但该项目对公司在全球范围内的现金流却没有丝毫贡献。

◎ 由于各东道国不同的税收制度、对资金流动的法律和政治约束、不同的商业规范以及金融市场发挥作用的不同方式，母公司必须清晰地分辨出汇款资金。

◎ 从子公司流向母公司的现金流可能来自于一系列非融资性支付，这种支付包括许可证费和对从母公司得到的进口的支付。

◎ 管理者必须预见各个国家不同的通胀率，因为不同的通胀率可能会导致公司竞争地位的变化，从而导致未来某段时间现金流的变化。

◎ 跨国投资项目的资本预算分析应该对与投资相关的潜在汇率风险和/或政治风险作出调整。

◎ 很多的方法都可以用来进行风险调整，这些方法包括对所用的折现因子加上额外的风险溢价、降低预期现金流以及对预期的投资项目结果进行详细的敏感性和情境分析。

◎ 实物期权是评估投资价值的另一种方法，本质上，它是决策树分析方法和纯期权估值分析方法的一种交叉。

◎ 实物期权估值同样允许我们去评估延期的选择、放弃的选择、改变生产能力的选择以及投产或关闭一个项目的选择。

思考题

1. **资本预算分析的理论框架。**国外项目的资本预算和国内项目资本预算用的是同一个理论框架。那么国内项目资本预算分析的基本步骤是什么？
2. **国外的复杂性。**国外项目的资本预算比起国内项目来说要复杂得多。是什么因素导致了这种复杂性？
3. **项目角度的估值 vs 母公司角度的估值**
   a. 为什么要同时从项目和母公司两个角度来对国外项目进行评估？
   b. 在对投资项目作资本预算分析时，项目角度和母公司两个角度中哪一个得到的结论与传统意义的净现值更相近？
   c. 哪一个角度得到的结果与每股合并收益的意义更接近？
4. **现金流。**资本项目同时产生了经营现金流和融资性现金流。为什么国内资本预算更倾向于使用经营现金流而在国际项目的预算中则主要考虑融资性现金流？
5. **风险调整收益。**拟投资国外项目的预期内部收益率(IRR)应该与下面的哪个收益相比较？(a) 在母国的另一个拟投资项目的内部收益率；(b) 处于同一产业和/或同一风险等级的东道国本地公司获得的收益；(c) 以上两者都是。请作出正确的选择并且证明你的答案。
6. **被冻结现金流。**在评估跨国投资项目的时候，跨国公司该如何评估因为被东道国冻结而不能转移回母国的现金流？
7. **东道国的通货膨胀。**跨国公司应如何在投资提案的评估中考虑东道国的通胀这个因素？
8. **股权成本。**国外子公司没有独立的资本成本。然而，为了估计出东道国子公司所使用的折现率，分析师应该尝试计算一个假想的资金成本。作为这个过程的一部分，分析人员可以利用传统的方程：$k_e = k_{rf} + \beta(k_m - k_{rf})$来估计子公司的代理股权成本。定义方程中的每一个变量，并且解释采用一个代理的东道国公司来计算这些变量和与采用母公司相应的变量作为代理变量有何不同。
9. **角度。**在对投资项目进行分析时，项目角度的分析和母公司角度的分析中所使用的现金流有何不同?

10. **外汇风险**。如何将外汇风险敏感度置入外国项目的资本预算分析中?

11. **征用风险**。如何将征用风险敏感度置入外国项目的资本预算分析中?

12. **实物期权分析**。什么是实物期权分析?从哪个角度来说它是一个比传统资本预算分析更好的作出投资决策的方法?

练习题

1. **Sarasota 公司**。Sarasota 公司(美国)预计在未来的三年内会从一家与法国合资的公司收到现金红利。第一笔红利将在 2004 年 12 月 31 日支付,预期为 720 000 欧元。在接下来的两年里红利预计会以 10% 的比例增长。当前的汇率(2003 年 12 月 30 日)是 $1.25/€。Sarasota 的加权资金成本为 12%。
   a. 如果欧元每年对美元升值 4%,预期欧元红利流的现值是多少?
   b. 如果欧元每年对美元贬值 3%,预期欧元红利流的现值是多少?

2. **洪都拉斯 Trefica 公司**。Texas Pacific 公司是一家美国私人股权公司,它现在正努力确定应该以多少价格收购在洪都拉斯的 Trefica 器具制造公司。Texas Pacific 估计 Trefica 在下一年会产生 1 300 万伦皮拉(lempiras,Lp)的自由现金流,并且该现金流每年将持续以固定的 8.0% 的比率无限期地增长。

   然而,类似 Texas Pacific 的私人股权公司对长期拥有一家公司不感兴趣,并且打算在三年后以大约 10 倍于 Trefica 当年自由现金流的价格将其出售。当前的即期汇率是 Lp14.80/$,但是预计洪都拉斯的通胀率将保持在每年 16.0% 而美元的通胀率每年只有 2.0%。对于类似 Trefica 的投资,Texas Pacific 期望至少要赚取 20% 的年收益率。
   a. 如果洪都拉斯 lempiras 在未来三年的投资期内的汇率保持不变,那么 Trefica 的价值将是多少?
   b. 如果洪都拉斯伦皮拉的汇率在未来按照购买力平价发生变化,那么 Trefica 的价值将是多少?

3. **Baltimore Tile 公司**。Baltimore Tile 公司正在考虑在印度投资 5 000 万卢比建立全资所有的瓷砖生产厂以出口到欧洲市场。五年之后该子公司将以 1 亿卢比的价格出售给印度的投资者。利用在印度经营的预计损益表预测该子公司每年会产生 700 万卢比的现金流,计算如下:

年销售收入	Rs 30 000 000
减 现金营运支出	-17 000 000
减 折旧	-1 000 000
息税前收入	Rs 12 000 000
减 税率为 50% 的印度税收	-6 000 000
净收入	Rs 6 000 000
加回折旧	+1 000 000
每年的现金流	Rs 7 000 000

   初始投资将在 2002 年 12 月 31 日作出,现金流将在每个后续年份的 12 月 31 日发生,每年印度子公司 75% 的会计收入都要作为现金红利支付给 Baltimore Tile 公司。美国公司税率是 40%,印度的公司税率为 50%。由于印度的税率高于美国,每年支付给 Baltimore Tile 的公司红利在美国就不会再征多余的税了。对最终的销售行为不征收资本所得税。Baltimore Tile 公司对国内投资评估采用了 14% 的加权资金成本,但由于可观察到的更大的风险,对于印度的投资要增加 6 个百分点。Baltimore Tile 公司预计在未来六年中,每年 12 月 31 日的卢比/美元汇率将是:

年份	汇率	年份	汇率
2002	Rs 50.00/ $	2005	Rs 62.00/ $
2003	Rs 54.00/ $	2006	Rs 66.00/ $
2004	Rs 58.00/ $	2007	Rs 70.00/ $

这项投资的净现值和内部收益率分别是多少?

4. **Berkeley Device 公司**。Berkeley Device 是生产个人电脑设计部件的公司。直至现在,公司的生产仍外包给其他公司,但是由于质量控制的原因,Berkeley Device 决定在亚洲自己生产这些部件。公司作出分析并得到了仅有的两种选择:马来西亚的槟城和菲律宾的马尼拉。而且只有如下汇总的预期税后现金流是可以得到的。尽管大部分的经营现金流出将以马来西亚林吉特(ringgit)或菲律宾比索(pesos)计价,一部分额外的美元现金流出还是必要的,如下所示。

Berkeley(槟城)	2002	2003	2004	2005	2006	2007
净林吉特现金流	(26 000)	8 000	6 800	74 000	9 200	10 000
净美元现金流	—	(100)	(120)	(150)	(150)	—
Berkeley(马尼拉)	**2002**	**2003**	**2004**	**2005**	**2006**	**2007**
净比索现金流	(560 000)	190 000	180 000	200 000	210 000	200 000
净美元现金流出	—	(100)	(200)	(300)	(400)	—

马来西亚林吉特当前以 RM 3.80/ $的汇价交易,菲律宾比索现在以 Ps 50.00/ $的汇价交易。Berkeley 预计马来西亚林吉特对美元每年会升值 2%,而菲律宾比索对美元每年贬值 5.0%。如果 Berkeley Device 的加权平均资金成本是 14.0%,那么哪一个项目看起来更具吸引力?

5. **Superior Machine Oil 公司**。私人所有的 Superior Machine Oil 公司正考虑在捷克投资以获得更靠近其欧洲客户的精炼厂。初步的投资以捷克货币单位克朗(korunas)计价,投资额为 2.5 亿克朗且全部投资在固定资产上,按照当前汇率 K 32.50/ $计算就是 7 692 308 美元,固定资产在未来 10 年内以线性的方式进行折旧。另外,公司在未来还需要追加 1 亿克朗的投资作为营运资本。

出于资本预算的目的,假设在第三年末 Superior 将作为运营中的企业进行出售,其价格(税后)等于固定资产的净面值(不包括营运资本)。所有自由现金流都要尽快地汇回美国。在评估这项投资时,Superior 利用了如下的美元预测:

年末	需求单位	单位产品销售价格	汇率(Korunas/ $)	固定的现金营运费用	折旧
0		32.5			
1	700 000	$10.00	30.0	$1 000 000	$500 000
2	900 000	10.30	27.5	1 030 000	500 000
3	1 000 000	10.60	25.0	1 060 000	500 000

预期可变生产成本为销售额的 50%。在考虑的投资期内,不需要对美国子公司进行多余的资金投入。捷克对任何种类的任何资金汇回都没有限制。捷克的公司税率为 25% 而美国的税率为 40%。两国都对在另一国的征税允许税收抵免。Superior 用 18% 作为其加权平均资金成本，其目标是最大化投资现值。那么这项投资对 Superior 有吸引力吗？

6. **Tostadas de Baja, S. A. 公司**。Tostadas de Baja S. A. 坐落在墨西哥的 Baja 加利福尼亚州，它是一家生产冷冻墨西哥食品的公司，该食品在美国的加利福尼亚和亚利桑那州以北很受欢迎。为了更加接近其美国市场，该公司正在考虑将其生产经营转移一部分至加利福尼亚南部。加利福尼亚的经营将于 2003 年开始并且拥有以下特征：

a. 美国 2003 年的销售平均价格将达到每包 $5.00，并且该价格每年将增长 3.0%。

b. 2003 年的生产和销售将达到 100 万包。销售单位销售额在 2004 年之前以 10.0% 的年增长率增长，此后将保持稳定。

c. 2003 年的生产成本估计为每包 $4.00，并且将以每年 4.0% 的速度增长。

d. 一般管理费用每年为 $100 000，折旧支出估计每年为固定的 $80 000。

e. Tostadas de Baja 在该项目上确定了 16.0% 的加权平均资本成本。

f. Tostadas de Baja 将在 2005 年底为加利福尼亚的生产工厂确定一个税后价值，该价值等于用每年 20% 的折现率对无限期的红利流折现后得到的值，并且假设 2005 以后红利流与 2005 年所产生的红利流相等。采用如此之高的折现率的原因是公司考虑了在美国加利福尼亚州进行生产所面临的政治风险。

g. 所有的生产都是为了销售（产量等于销量），并且所有的销售都是先进销售。

h. 美国联邦政府和州的联合税率 30%，墨西哥的税率是 25%。

i. 各年的实际和预期的汇率为：

2002：Ps 8.00/$　2004：Ps 10.00/$

2003：Ps 9.00/$　2005：Ps 11.00/$

j. Tostadas de Baja 将以每期账面利润的 80% 作为年度现金红利向其母公司支付。

2002 年，Tostadas de Baja 对于这项投资可以承担的最高的美元成本是多少？

Santa Clara Electronics。利用下面的材料来回答问题 7 到问题 10。

加利福尼亚州的 Santa Clara Electronics 公司每年要在五年期的进口许可下向阿根廷出口 24 000 套低密度灯泡。在阿根廷，这种灯泡用阿根廷比索计价销售，每套的价格相当于 $60。在美国，每套灯泡的直接生产成本和运输费用之和是 $40。此类灯泡在阿根廷的市场很稳定，既没有增长也没有萎缩，并且 Santa Clara 占据了主要的市场份额。

阿根廷政府已经邀请 Santa Clara 开设一个生产厂，这样进口的灯泡就可以被本地生产的灯泡所取代。如果 Santa Clara 作了这项投资，则它将经营该厂五年然后将厂房和设备出售给阿根廷当地的投资者，售价为出售时的净账面价值加上所有净营运资金（净营运资金就是货币资产减去在本地所筹集的债务）。Santa Clara 被允许每年把所有净收入和折旧资金汇回美国。Santa Clara 通常用美元作为计价单位来评估所有的国外投资。

• **投资**。2003 年 Santa Clara 预期以美元计价的现金流出为：

厂房和设备	$1 000 000
净营运资金	1 000 000
总投资	$2 000 000

所有投资支出都将在 2003 年支付，并且所有营运现金流在 2004 年到 2008 年每年的年底发生。

• **折旧和投资的回收**。厂房和设备在未来的五年内将以直线折旧法进行折旧。第五年末，就像剩下的工厂净账面价值一样，

$1 000 000 的净营运资金可能也会被汇回美国。

• **灯泡的售价。**本地生产的灯泡将以阿根廷比索计价销售，每套的价格等价于 $60。

• **每套灯泡的营运费用。**材料购买的情况如下：

在阿根廷购买的材料（等价的美元）	每套 $20
从 Santa Clara 进口的材料	+每套 $10
总的可变成本	每套 $30

• **转让价格。**母公司销售的每套原材料的价格为 $10，其中的 $5 为在美国生产该原材料时发生的直接和间接成本，这就为 Santa Clara 创造了 $5 的税前利润。

• **税收。**阿根廷和美国（联邦政府和州/省）的公司所得税都是 40%。无论是在阿根廷或在美国，对阿根廷的子公司的销售不征收资本利得税。

• **折现率。**Santa Clara 利用 15% 的折现率来评估所有国内和国外的项目。

7. **Santa Clara Electronics：基线分析。**评价 Santa Clara Electronics（美国）在阿根廷的拟投资项目。Santa Clara 的管理者希望用美元为计价货币来进行基线分析（并且假设汇率在整个项目生命周期内保持不变）。请分别作出项目角度和母公司角度的资本预算分析，并且从你的分析中得出结论。

8. **Santa Clara Electronics：收入增长情景。**由于前面问题的分析，Santa Clara 想要探究一下如果销售量每年增长 4.0%，这会给公司投资行为带来的影响。阿根廷的通胀率预计每年为 5%，所以预计销售价格和原材料成本每年分别增加 7% 和 6% 是合理的。尽管阿根廷的原材料成本预期会上升，但是美国的原材料成本在五年内预期保持不变。同时从项目和母公司的角度评价这种情景。在这种收入增长的情况下，该项目可以接受吗？

9. **Santa Clara Electronics：收入增长和销售价格情景。**问题 8 所作的假设不变。Santa Clara 现在希望能够在五年之后以当年营业收入的若干倍为价格将阿根廷子公司出售。Santa Clara 认为第五年营业收入的 6 倍是对公司市场价值的保守估计。请分别从项目角度和母公司角度对该项目作出估值。

10. **Santa Clara Electronics：收入增长、销售价格以及货币风险情景。**Santa Clara 的一位新的分析人员——一个刚从商学院毕业的毕业生，认为用美元作为计价货币评估阿根廷项目的未来收入和现金流是一个基本的错误，并且认为应该首先评估项目未来收入和现金流的比索（Ps）价值然后再转换成以美元为计价单位的现金流。她相信正确的方法是利用 2003 年末的即期汇率 Ps 3.50/$（并且假设汇率会根据购买力平价的变化而变化）将未来以比索计价的现金流转换成美元。（她假设美国的年通胀率为 1%，阿根廷的年通胀率为 5%。）她还认为处于有风险的货币环境中的国际项目相对于风险较低的项目应该要求更高的预期收益，因此 Santa Clara 对阿根廷项目的估值应该使用阿根廷的风险调整后的折现率进行项目角度的资本预算分析以反映阿根廷的资本成本（她估计为 20%），以及用母公司的风险调整后的折现率（18%）进行母公司角度的资本预算。这些假设和变化将如何改变 Santa Clara 对阿根廷投资项目的评估？

网上练习

1. **资本项目和 EBRD。**欧洲复兴开发银行(EBRD)建立的目的是"在考虑加强民主、尊重人权、保护环境等因素下,帮助和支持东欧、中欧国家向市场经济转化,以调动上述国家中个人及企业的积极性,促使他们向民主政体和市场经济过渡"。利用 EBRD 的网站确定 EBRD 当前正实施和帮助的项目和公司。

   European Bank for Reconstruction and Development

   http://www.ebrd.com/

2. **新兴的市场:中国。**实施如同电力这样的跨国长期投资项目要求对东道国商业活动的特点有充分的理解。例如,这些特点包括进口/出口限制、劳工关系、供应商融资、税收规则、折旧安排、货币性质与政策限制以及短期和长期债务来源。当前,中国是世界范围内跨国公司投资和市场渗透策略的焦点。访问相关的网站(从下面列出的网站开始),建立一个关于在中国从事商业活动的数据库,并且及时更新其中的数据,如本章讨论的平均未收回的应收账款和货币可兑换性等。

   Ministry of Foreign Trade and Economic Cooperation, PRC

   http://www.chinamarket.com.cn/E

   China Investment Trust & Investment Corporation

   http://www.citic.com/english/index.asp

   China Net Investment Pages

   http://www.business-china.com/invest

文献选读

Amram, Martha, and Nalin Kulatilaka, "Strategy and Shareholder Value Creation: The Real Options Frontier", *Journal of Applied Corporate Finance*, Vol. 13, No. 2, Summer 2000, pp. 15—28.

Brealey, Richard A., Ian A. Cooper, and Michael A. Habib, "Using Project Finance to Fund Infrastructure Investments", *Journal of Applied Corporate Finance*, Vol. 9, No. 5, Fall 1996, pp. 25—38.

Brounen, Dirk, Abe de Jong, and Kees Koedjik, "Corporate Finance in Europe: Confronting Theory with Practice", *Financial Management*, Vol. 33, No. 4, Winter 2004, pp. 71—101.

Damodaran, Aswath, "The Promise of Real Options", *Journal of Applied Corporate Finance*, Vol. 13, No. 2, Summer 2000, pp. 29—43.

Dixit, Avinash K., and Robert S. Pindyck, "The Options Approach to Capital Investment", *Harvard Business Review*, May/June 1995, pp. 105—115.

Godfrey, Stephen, and Ramon Espinosa, "A Practical Approach to Calculating the Cost of Equity for Investments in Emerging Markets", *Journal of Applied Corporate Finance*, Vol. 9, No. 3, Fall 1996, pp. 80—89.

Hodder, James E., Antonio S. Mello, and Gordon Sick, "Valuing Real Options: Can Risk-Adjusted Discounting Be Made to Work?" *Journal of Applied Corporate Finance*, Vol. 14, No. 2, Summer 2001, pp. 90—101.

Keck, Tom, Eric Levengood, and Al Longfield "Using Discounted Cash Flow Analysis in an International Setting: A Survey of Issues in Modeling the Cost of Capital", *Journal of Applied Corporate Finance*, Vol. 11, No. 3, Fall 1998, pp. 82—99.

Luehrman, Timothy A. ,"What's It's Worth?: A General Manager's Guide to Valuation", *Harvard Business Review*, May 1997.

Luehrman, Timothy A., "Strategy as a Portfolio of Real Options", *Harvard Business Review*, September-October 1998, pp. 89—99.

附录

对外投资中的风险调整

在本章中,Cemex 在评估对外投资的时候在其国内资本成本 11.98% 的基础上加了 6% 的风险溢价,并武断地得到了 17.98% 的风险调整后的资本成本。随后,该调整后的资本成本被用来从母公司的角度计算 Semen Indonesia 投资项目的预期收益率。显然,可能存在一个更加准确的计算资本成本的方法,这种计算方法可以有选择地进行风险调整来评价多个不同的国际市场中的投资,尤其像印度尼西亚这样的新兴市场。

Semen Indonesia 项目面临的风险可以被分为双向风险(对称性风险)和单向风险。[①] 对称性风险包括操作风险、需求市场和价格风险以及宏观经济和宏观政治风险,这些风险都可能导致投资的实际现金流高于或低于大致预期的(最可能发生的)现金流。单向风险(那些只可能导致预期现金流减少的变量)包括征用、限制或禁止跨国支付、政治混乱或动乱。如果要在风险调整后的资本成本的基础上对在印尼的未来投资进行评估的话,那么对称风险和单面风险都必须纳入 Cemex 的加权平均资本成本中来。

Cemex 的风险调整后的资本成本

Cemex 需要同时调整其债务成本和权益成本以反映 Semen Indonesia 项目带来的额外风险。[②]

调整债务成本(必要收益)

对 Semen Indonesia 项目债务的风险溢价最简单和最直接的估计是印尼政府的美元借款的成本。印尼政府的风险溢价是它在欧洲债券市场上借入美元所要支付高于美国财政部所支付利息的那部分差额。因为两种情况下的债务偿付都要采用相同的货币——美元,所以债务成本的不同反映了印尼政府偿还美元债务的被识别到的更高的风险。这些利率价差被称为**主权价差**(sovereign spread)。[③] 如图表 18A.1 所示,我们列出了一些新兴市场国家(包括印尼)的主权价差和借入美元的成本。

---

① 这种方法源于:Stephen Godfrey and Ramon Espinosa, "A Practical Approach to Calculating Costs of Equity for Investments in Emerging Markets," *Journal of Applied Corporate Finance*, Vol. 9, No. 3, Fall 1996, pp. 80—89, and Donald R. Lessard, "Incorporating Country Risk in the Valuation of Offshore Projects," *Journal of Applied Corporate Finance*, Vol. 9, No. 3, Fall 1996, pp. 52—63。

② 有很多可供选择的国际项目和投资的资本成本计算方法。例如,见 ibbotson (http//:www.ibbotson.com) 或 Harvey (http//:www.duke.edu/_charvey/Country_risk)。

③ 这里用到的主权价差来自于 J. P. 摩根在 1996 年 8 月 30 日在外发行的刊物。奇怪的是,在新兴市场的国家主权价差可以轻易地得到,但是在主要的工业国家却不是那么容易得到。新兴市场的价差在布雷迪债券(Brady bond)发行时发布的价差中最容易得到(如每天的 *Financial Times*)。然而工业国家的政府极少发行美元标价的欧洲债券(当然不是布雷迪债券),仅凭经验就很难获取它们的主权价差。

图表 18A.1 选取的一些新兴市场国家的美元借款成本

国家	(1) 美国国债资金成本 (基点)	(2) 国家的主权价差 (基点)	(3) 国家的美元资金总成本 (基点)	 (百分比)
阿根廷	600	718	1 318	13.18
巴西	600	610	1 210	12.10
印尼	600	400	1 000	10.00
墨西哥	600	597	1 197	11.97
菲律宾	600	226	826	8.26
委内瑞拉	600	811	1411	14.11
美国	600	—	600	6.00

资料来源:Abstracted by authors from Lessard(1996),op. cit. Original data from J. P. Morgan and the International Finance Corporation's *Emerging Stock Markets Factbook*, 1996. 第(3)列 = 第(1)列 + 第(2)列。

根据图表 18A.1,印尼的主权价差为 400 个基点,即 4.00%。那么适用于拟进行的印尼项目的无风险利率就是:

$$k_{rf}^{\text{Indo}} = k_{rf}^{\text{US}} + (\text{印尼政治价差}) = 6.00\% + 4.00\% = 10.00\%$$

如果我们假设 Cemex 拟在印尼进行的投资的项目风险与 Cemex 的其他投资项目的风险相同,那么就可以把 Cemex 支付的高于美国国债无风险利率的信用价差加入到印尼的无风险利率之中,这样就得到了 Cemex 在印尼投资的风险调整后的债务成本:④

$$k_{d}^{\text{Indo}} = k_{rf}^{\text{Indo}} + (\text{信用价差}) = 10.00\% + 2.00\% = 12.00\%$$

尽管乍看起来这个成本过高了,但它确实反映了在欧洲债券市场上高评分级别的印尼公司借款人当前的债务成本。如前所述,其中这一成本也包括了与接入美元有关的风险(政治风险溢价)和与项目有关的风险(信用风险溢价)。

调整股权成本(必要收益)

调整股权的必要收益并不像在现有的公司债务成本上加上主权价差那么简单。运用资本资产定价模型作为理论的基础,我们需要确定由 Lessard 所称的离岸项目贝塔。在我们的例子中,离岸项目贝塔度量的是与公司在印尼(离岸的部分)投资水泥生产设备(项目的部分)相关的风险。

离岸项目贝塔。为了得出这个新的贝塔(这个贝塔太具体了,因而不能事先对其直接度量),因此我们需要利用贝塔的基本数学特征即贝塔值是可相乘的(一个贝塔可以和另一个贝塔相乘),来计算这个新的贝塔。假设与印尼市场(在印尼的水泥厂)相关的项目风险和该项目在美国市场(在美国的水泥厂)上代表的相对风险是一样的,那么我们把 Cemex 自身的贝塔和**印尼对美国的国家间贝塔**相乘得到的乘积就是离岸项目贝塔。

在实证中很难估计印尼对美国的国家间贝塔 β^{Indo},这是因为计算美国股票市场和印尼股票市场之间协方差的数据很有限。幸运的是,存在一个等价的计算贝塔的方法,即计算每个

④ 这个假设可能有些夸大了。Cemex 在美国高于美国国债的信用价差可能不是 Semen Indonesia 将要支付的高于美元无风险利率的信用价差的很好的代理变量。

单独市场的标准差，再把两个标准差相比得到一个比值——在本例中就是美国和印尼的市场，然后再用这个比率乘以两个市场的相关系数。在这里假设印尼股票市场与美国股票市场的相关系数为 0.26($\rho_{\text{Indo,USA}} = 0.26$)，然后再用市场标准差之间的比值乘以这个值($\sigma_{\text{Indo}} = 30.55$，$\sigma_{\text{USA}} = 10.08$)：[5]

$$\beta^{\text{Indo}} = \frac{\text{Cov}(k_{\text{Indo}}, k_{\text{USA}})}{\text{Var}(k_{\text{USA}})} = \rho_{\text{Indo,USA}} \frac{\sigma_{\text{Indo}}}{\sigma_{\text{USA}}} = [0.26]\frac{30.55}{10.08} = 0.7880$$

即印尼的国家贝塔值就是 0.7880。现在我们利用 Cemex 本身的贝塔值 β_{Cemex} 乘以这个国家间的贝塔，而 β_{Cemex} 的值就是在计算母公司股权成本时中使用的 1.5。那么现在计算 Cemex 在印尼的离岸项目贝塔值就为 1.182，计算如下：

$$\beta_{\text{Cemex}}^{\text{Offshore}} = \beta_{\text{Cemex}} \times \beta^{\text{Indo}} = 1.5(0.7880) = 1.182$$

股权风险溢价。CAPM 方法所需的最后一个要素是美国投资者在对印尼股权投资时要求的股权风险溢价，$\text{RPM}_{\text{US}}^{\text{Indo}}$。先前计算的离岸项目贝塔现在要与下面的风险溢价相乘：

$$\text{RPM}_{\text{US}}^{\text{Indo}} = k_m - k_{rf}^{\text{Indo}}$$

在实际计算中，我们要在两种方法中作出选择。第一种方法是从 13.0% 的美国股权收益中减去印尼 10.0% 的无风险利率(在前面计算得到的)，得到 3.0% 的 RPM。然而对于印尼市场来说，这么小的风险溢价确实令人费解。在另外一种方法中，我们可以利用美国市场的股权风险溢价即 7.0%(13.0% - 6.0% = 7.0%)，即 7.0% 的 RPM。而且我们假设当美国投资者对印尼市场进行股权投资并计算其必要受益的时候，他们会要求 7.0% 的 RPM。[6] 在这两种方法中，我们选择了后者。

风险调整后的资本成本。现在我们有了用于估计 Cemex 未来在印尼投资的风险调整后的股权成本的所有要素。

$$k_e^{\text{Indo}} = k_{rf}^{\text{Indo}} + \text{RPM}_{\text{US}}^{\text{Indo}} \beta_{\text{Cemex}}^{\text{Offshore}} = 10.0\% + (7.0\%)1.182 = 18.274\%$$

假设有效税率与母公司的相同，为 35%，那么适用于拟在印尼进行的离岸投资项目的加权平均资本成本计算如下：

$$k_{\text{WACC}}^{\text{Indo}} = (18.274\%)(0.60) + (12.000\%)(1 - 0.35)(0.4) = 14.084\%$$

令人惊讶的是，印尼项目的风险调整后的加权平均资本成本只比母公司本身的资本成本高 2.104%(14.084% - 11.980%)。这个量严重低于简单地在母公司的资本成本上加上 4.00% 的主权价差，但并非所有的情况都是如此。资本成本的调整并不是一个简单地在原有资本成本上加 3% 或 6% 的溢价的过程。因而股权成本是在收益的相对波动以及与母国资本市场相关度的基础上计算的，所以对母公司原有的 WACC 进行调整以得到适用于投资项目的 WACC 时，调整的方向和大小就是需要具体问题具体分析的经验性问题了。

Cemex 潜在投资项目组合的资本成本的调整

如果 Cemex 想要对跨多个新兴市场的项目进行评估时应该如何处理呢？如上文所述，

⑤　Godfrey 和 Espinosa(1996)认为，跨国公司通常对其投资者在国际上进行分散化投资的能力不感兴趣，因此在这种类型的分析中，不同国家市场间的相关系数就应该等于 1。依我们看来，这样会使得国际风险的度量方法丧失其理论基础，因为这将忽略不同国家的股票市场并不是完全相关的事实(例如，在这个例子中，美国与印尼之间的相关度就是 0.26，而不是 1)。

⑥　还应该注意到第一种方法实际上可能得到一个负的溢价(如巴西/美国)，而这将会更加棘手。

评估对拟投资的项目的步骤和 Semen Indonesia 项目一样。尽管在开始时较为烦琐，但是对 Cemex 或其他的跨国公司来说，利用这种方法评估大范围全球性的潜在投资仍是不错的选择。

图表 18A.2 列出了一小部分新兴市场国家的有关风险调整的数据，其中包括在 Cemex－印尼的例子中需要使用到的关于印尼的数据。图表 18A.2 中的数据大体上可以适用于任何一个美国跨国公司或以美元作为其基础的跨国公司。跨国公司只需要考虑其自身的资本成本以及一个合适的贝塔值，这个贝塔值与拟投资项目所涉及的行业特有贝塔值是相匹配的。（在大多数的应用中，跨国公司的母公司会简单地使用其本国市场的贝塔作为相关风险度量的代理变量。）

图表 18A.2　对一些新兴国家进行风险调整时所用到的变量

国家	(1) 主权价差 (基点)	(2) 市场波动 (%)	(3) 相对于美国市场的波动	(4) 与美国市场的相关度	(5) 对美国的国家间贝塔	(6) 对美国市场的离岸贝塔
阿根廷	718	61.63	6.11	0.32	1.9565	2.935
巴西	610	60.86	6.04	0.40	2.4151	3.623
印尼	400	30.55	3.03	0.26	0.7880	1.182
墨西哥	597	37.90	3.76	0.22	0.8272	1.241
菲律宾	226	34.16	3.39	0.22	0.7456	1.118
委内瑞拉	811	60.93	6.04	-0.03	-0.1813	-0.272
美国	—	10.08	1.00	1.00	1.0000	1.500

资料来源：第(1)、(2)、(4)列来自 Lessard(1996)。原始资料来源于 J. P. Morgan 和 International Finance Corporation 的 *Emerging Stock Markets Factbook*, 1996。相关度是基于 1995 年 12 月之前 50 个月数据的计算。第(3)列是由第(2)列中每个国家市场的波动性数据除以第(2)列中美国市场的波动性数据(10.08)所得。例如，阿根廷市场相对的波动 6.11 = 61.63 ÷ 10.08。

第(5)列 = 第(3)列 × 第(4)列。

第(6)列 = 第(5)列 × 美国市场的贝塔值 1.500。

图表 18A.3 总结了下一个步骤，即 Cemex 在评估图表中所列各国拟投资项目时，对调整后的股权成本的计算。与前面数值性例子中的计算一样，CAPM 方法使用相同的美国国债无风险利率，再加上每个国家的政治风险溢价。接下来，用美国股票市场风险溢价(7.000%)乘以对美国的离岸贝塔（见图表 18A.2），进而在所得的结果中加上国家特有的无风险美元债务成本。正如图表 18A.3 中说明的那样，这种计算方法得到的不同国家的调整后股权成本的估计相差很大，最高的是巴西(37.458%)，最低的是委内瑞拉(12.206%)。委内瑞拉如此低的调整后股权成本是由委内瑞拉股票市场和美国股票市场之间的负相关性所造成。

图表 18A.3 Cemex 在一些新兴市场国家的拟投资项目的风险调整后的股权成本

国家	(1) 美国国债的无风险利率(%)	(2) 主权价差(%)	(3) 风险调整后的无风险利率(%)	(4) 股权风险溢价(%)	(5) 离岸贝塔(%)	(6) 调整后的股权成本(%)
阿根廷	6.00	7.18	13.18	7.00	2.935	33.723
巴西	6.00	6.10	12.10	7.00	3.623	37.458
印尼	6.00	4.00	10.00	7.00	1.182	18.274
墨西哥	6.00	5.97	11.97	7.00	1.241	20.655
菲律宾	6.00	2.26	8.26	7.00	1.118	16.088
委内瑞拉	6.00	8.11	14.11	7.00	-0.272	12.206
美国	6.00	—	6.00	7.00	1.500	16.500

资料来源:第(1)、(2)列摘自图表 18A.1。

第(3)列 = 第(1)列 + 第(2)列

第(4)列是表 18A.2 中使用的美国股票市场的风险溢价。

第(5)列摘自图表 18A.2。

第(6)列 = 第(3)列 + [第(4)列 × 第(5)列]

最后,根据每个国家风险调整后的债务成本和股权成本,就可以计算每个新兴市场国家的加权平均资本成本了。图表 18A.4 给出了最后一步的结果。很明显,这种方法与国内的资本成本估计方法在本质上是一致的,同时它还得到了在国外投资项目上与传统的 WACC + 3%(或者是更大的 6%)差异很大的折现率(一般来说要低),而后一种方法正是过去许多跨国公司使用的拇指法则。

图表 18A.4 Cemex 在一些新兴市场国家的拟投资项目的风险调整后的资本成本

国家	(1) 调整后的债务成本(%)	(2) 调整后的股权成本(%)	(3) 调整后的资本成本(%)	(4) 高于以美国为计算基准的 WACC 的差(%)
阿根廷	15.180	33.723	24.181	12.201
巴西	14.100	37.458	26.141	14.161
印尼	12.000	18.274	14.084	2.104
墨西哥	13.970	20.655	16.025	4.045
菲律宾	10.260	16.088	12.321	0.341
委内瑞拉	16.110	12.206	11.512	-0.468
美国	8.000	16.500	11.980	—

资料来源:第(1)、(2)列摘自图表 18A.3。

第(3)列 = [0.40 × (1 - 0.35) × 第(1)列] + [0.60 × 第(2)列],其中 0.40 和 0.60 分别是加权平均资本成本中债务和股权所占的比例,假设税率为 35%。

第(4)列 = 调整后的资本成本 - 美国的资本成本。例如,阿根廷高于以美国为计算基准的 WACC 的差为 24.181 - 11.980 = 12.201。

图表 18A.4 所列出调整后的资本成本的确令人吃惊。除在一个国家外,Cemex 在所有国家的拟投资项目的资本成本都高于其母公司 11.98% 的成本。而实际上,在委内瑞拉的调整后的股权成本是低于美国的股权成本。这是由委内瑞拉的国家贝塔和其股票市场与美国股票市场间的负相关关系导致的。请注意,除了调整风险所需的数据外(如图表 18A.2),我们

计算委内瑞拉的资本成本所使用的是 Cemex 所投资的 Semen Indonesia 项目的数据;而且,只有在委内瑞拉所投资的项目与美元市场的相关性类似于 Semen Indonesia 项目与美元市场的相关性时,才可得到这个较低的资本成本。

国家贝塔方法的不足

国家贝塔方法有很多暗含的假设,而任何一个跨国公司在使用这种方法时都要考虑这些假设是否成立。首先,如前所述,如果对外投资的目的是获得原材料来源或自然资源,抑或是为了进一步在除东道国之外的其他国家市场上销售或运营,那么该投资的回报与东道国的市场、可以观测到的股权收益以及相关性的关系都较小。其次,贝塔值对财务杠杆的使用高度敏感。如果公司在东道国市场的财务杠杆水平与母公司的杠杆水平相比差异很大,那么所估计的贝塔值是有偏差的。最后,跨国公司是在特定的产业部门经营,而国家层面的汇总数据所表现出的收益和相关性对这些部门可能并不适用。

第 19 章 跨国并购与估值

尽管提高股东价值的问题存在着很多不同的层面，但最终它还是落实在成长性上。第 16 章描述了跨国公司在世界范围内寻求新的市场、资源、生产力优势和其他提升竞争能力和利润的要素的过程。而一条越来越流行的进行这种全球发展和扩张的途径就是**跨国并购**(cross-border M&A)。本章的主题就是跨国并购中目标公司的识别、估值和收购的过程。

本章的重点是介绍如何识别和完成一项跨国并购的交易。本章详细论述了收购所用到的估值技术和收购过程的管理。此外，我们还将介绍并购的相关理论。

跨国兼并、收购和战略联盟都面临着相似的挑战：它们必须基于目标公司在市场上的表现对其估值。这种估值的过程综合了策略、管理和财务方面的因素。从战略上看，收购方进行收购活动的目的是获得目标公司潜在的核心能力和竞争优势。一个公司的潜在价值体现为其未来的战略规划和被收购后预期经营效率的提升。

本章的第一部分更进一步详细地介绍了并购的思想以及跨国兼并收购的趋势。这种讨论着眼于跨国收购环境的特有因素。在第二部分中，我们将介绍收购的过程。第三部分则解释了跨国收购过程中产生的公司治理和股东权利问题。在第四部分中，我们利用一个案例解析——中国青岛啤酒有限公司——演示了价值评估的过程。最后我们介绍了业内使用的许多不同的估值方法以及它们的局限性。

19.1 跨国并购

20 世纪 80 年代和 90 年代发生了大量的国内和跨国的并购活动(M&A)。在这些活动中，跨国兼并显得尤为突出。1992 年欧盟内部市场的形成激发了许多此类投资，欧洲、日本和美国的企业在欧盟内部各施其能，以获得更强的市场地位。相对于欧洲，美国长期的增长前景和国内的政治安全则对跨国接管具有更大的吸引力，尤其是对来自英国和日本的公司而言；而英国和日本对跨国接管的吸引力则相对较弱。当今的趋势是历史趋势的一个逆转，因为美国在历史上相当长的一段时期内曾是净接管方而非被接管方。

20世纪90年代的后半段,在跨国公司之间发生了很多大型的兼并活动——如戴姆勒-克莱斯勒公司和埃克森-美孚公司——这些活动完全改变了兼并双方各自在全球市场的竞争环境。此外,许多新兴市场在20世纪90年代经历了私有化浪潮,而这为跨国公司进入曾经紧闭但拥有巨大潜力的市场并获得增长创造了机会。

19.1.1 驱动力:创造股东价值

跨国并购真正的动机是什么?答案很传统:创造股东价值。

图表19.1试图用一个简单的方法对全球扩张进行了概括。从股东的角度看来,上市跨国公司的生死在于其股票的价格。如果跨国公司股票的价格是公司收益和市场对这些收益的态度(即市盈率倍数等)这两个因素的组合,则管理层必须努力改善这两个因素。

图表19.1 创造股东价值意味着创造收益

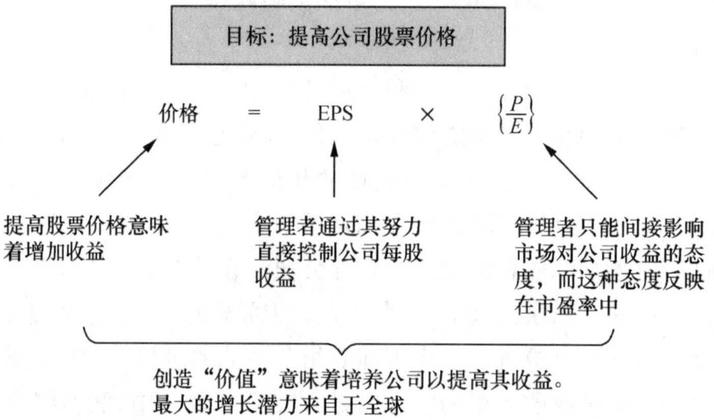

管理者的问题在于其并不能直接影响到市场对公司收益的态度。尽管管理者有责任提高市盈率,但这是一个困难、间接和长期的沟通与兑现承诺的过程。长期来看,市场——分析家、投资者和机构利益相关者等——会关注管理者履行在会议、广告、年度报告和股东大会上所作出的承诺的能力。而且,由市盈率反映的市场态度却极为不稳定(最突出的例子就是泡沫破裂之前许多网络公司的天价股票)。

管理者可以直接影响公司的收益,因为提高每股收益(EPS)在公司的直接控制范围之内。在当今许多发达国家的市场中,公司在传统行业中的赢利增长潜力已经非常有限;竞争是激烈的,公司要经受持续压力的考验才能赚取利润。显然,公司的高管不能忽视这些压力,他们必须连续不断地开展活动来提升公司的品牌价值、减少存货投资、提高顾客关注度和满意度、简化供应链和管理所有其他可提升公司全球商业价值的驱动因素。

与在传统的国内市场上为了市场份额和利润而艰苦奋斗相比,全球市场提供了更为广阔的增长空间,提供了更经济有利的机会。如第 16 章所述,跨国公司可以通过多种途径进入国际市场,其中包括新设投资和收购。

19.2 跨国并购的驱动力

除了谋求增长外,还有其他一些因素促使跨国公司进行跨国并购。如图表 19.2 所示,联合国贸易和发展会议(UNCTAD,原联合国跨国公司中心)对兼并与收购的动机作了较好的总结。

图表 19.2 跨国并购的驱动力

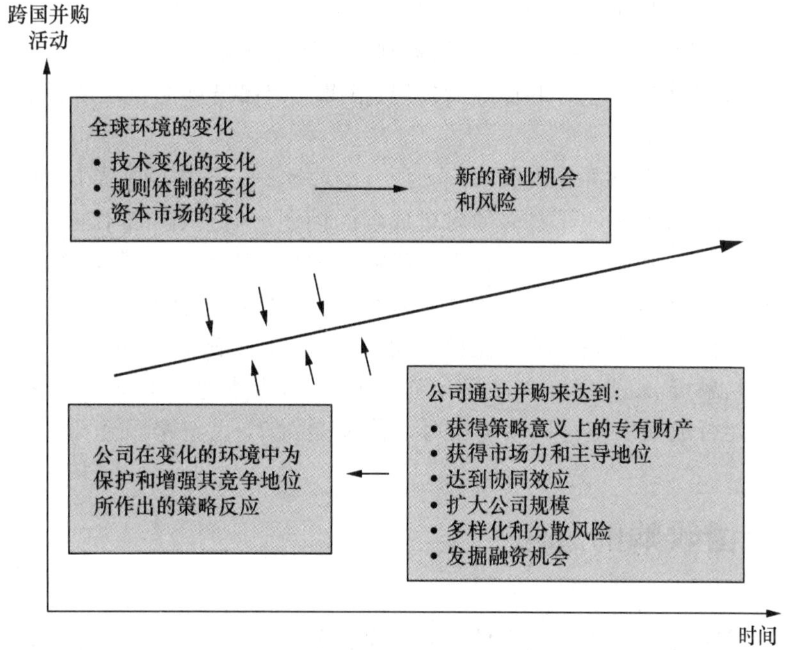

资料来源:UNCTAD, *World Development Report* 2000: *Cross-border Mergers and Acquisition and Development*, figure V.1, p.154.

进行并购的动力同时来源于宏观领域——全球范围的竞争环境——和微观领域——行业和公司层面上的提升公司价值的力量和行动。对跨国公司来说,导致全球竞争环境变化的主要动力——技术的变化、市场监管的变化和资本市场的变化,为跨国公司的发展创造了新的机会,而这种机会正是它们梦寐以求的。

全球市场类似一个竞技场,各个选手即市场的参与者在市场中展开激烈竞争。跨国公司因为多种原因而进行跨国收购兼并。如图表 19.2 所示,跨国公司的驱动力是它作出的捍卫和提高其全球竞争力的战略反应,具体的途径包括:

- 获取具有战略意义的专有资产

- 获取市场势力和市场的主导地位
- 在本地或全球的经营中以及在不同的行业间获得协同效应
- 扩大公司规模,进而在竞争和谈判中享有规模带来的好处
- 多样化和更充分地分散风险
- 利用它们自己拥有而别人渴求的金融机会

与新设投资相比,跨国收购具有很多显著的优势。首要的一点就是它更快。新设投资通常要求更长的时间来进行实物性的建设和组织开发。通过收购一家现存的公司,跨国公司就缩短了进入新市场赢得一席之地所需的时间。第二,收购也可能是获得竞争优势的一种更具成本-效益性的方法,其中这些优势包括技术、目标市场中的品牌价值以及后勤和分销优势;此外,进行收购的同时也减少了一个当地竞争对手。第三个优势是跨国收购所独有的,即跨国收购可以及时利用各种目标公司价值被低估的机会,而这种低估可能来自于国际经济、政治和外汇环境所导致的市场不完善。由于亚洲经济危机的影响,许多亚洲公司的财务健康受到了严重的影响,因而它们成为跨国收购的目标。而为了求得生存和更好的发展,很多公司都极度渴望从所谓的"白衣骑士"那里得到资金注入。

然而跨国收购并非没有缺陷。所有的收购——国内的或跨国的——都存在对目标公司估价过高或承担了过多的融资成本的问题。而且,融合不同的公司文化可能是具有伤害性的。收购完成后的管理过程通常的特征都是在管理功能上缩小规模以赢得规模经济和范围经济,另外,由于每个人都会努力保住自己的工作,所以这种并购后的管理可能会对公司产生非生产性的影响。从国际上看,更多的困难来自于东道国政府对定价、融资、就业保障和市场分割的干涉,以及普遍的国家主义和偏袒主义等。事实上,能否成功实施跨国收购本身可能就是对21世纪跨国公司的能力的一种检验。

19.3 跨国收购的过程

尽管收购有时在金融领域主要被视为估值的问题,但事实上它却是一个更加复杂和丰富的过程,因为它不是简单地确定支付多高价格的问题。如图表19.3所示,收购过程由前一部分讨论的策略性的动机所引发。在世界的任何地方进行公司收购的过程都可分为三个主要的步骤:(1) 目标的识别和估值;(2) 所有权转换交易的完成——投标;(3) 收购完成后过渡期的管理。

19.3.1 第一阶段:识别和估值

对潜在收购目标的识别要求收购公司有明确的公司策略和收购目的。

图表 19.3 跨国收购的过程

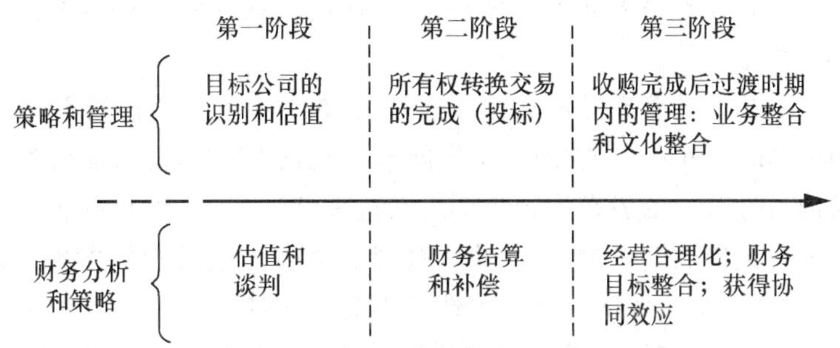

识别。在识别目标公司之前应首先识别目标市场。高度发达的市场为收购方提供了最广泛的目标公司的选择,这些公司各自都有相对明确的细分市场和公开披露的财务与经营数据。在这种情况下,投标出价是公开进行的,而目标公司的管理者则可能会公开劝导其股东拒绝收购。然而,如果足够多的股东接受了投标出价,那么收购公司就可能会获得足够的所有权或控制权从而变更管理层。在这个具有对抗性的过程中,是否能够采取与保护股东利益相一致的行动,这取决于目标公司的董事会。董事会可能会对公司管理层进行严格的监督以保证管理者的行为不是为了个人利益而是保护和创造股东价值。

估值。目标公司一旦被识别之后,对其估值的过程就开始了。在当今全球的商业活动中,有很多种估值技术被广泛使用,且每种技术都各具特点。除了基本的折现现金流(DCF)和乘数(收入和现金流)方法之外,还有很多行业特有的价值度量方法,这些方法都着重考虑在该行业中影响公司价值的最关键的因素。

例如,本章接下来要分析的中国青岛啤酒有限公司的例子就着眼于啤酒行业特有的估值方法。在这个行业中,"每吨酒产能所需的成本"就是一个常用的行业特有的估值方法。在评估的时候,使用的评估方法越多越好。利用不同估值方法对目标公司进行估值不仅可得到对目标公司所需支付价格的更完整的认识,而且也可确定所需支付的价格是否具有吸引力。

19.3.2 第二阶段:交易的结算

实际上,"结算"(settlement)这个词是有误导性的。如果收购目标被识别并被估值,那么得到目标公司管理者和所有者的同意、得到政府监管部门的批准以及最终补偿方式的确定等过程都将是耗时而且复杂的。

投标过程。历史上几次著名的收购中存在的关键问题就是得到目标公司的同意。在这里,关键的不同在于收购活动是否得到了目标公司管理层的支持。

尽管可能没有所谓的"典型的交易",很多收购还是在相对友好的过程中进行的。收购公司会与目标公司的管理者接触并努力使他们信服收购活动的商业逻辑。(获得他们的支持有时是很困难的,但是确保目标公司的管理者不会被取代的做法通常很有说服力!)如果目标公司的管理层支持收购活动,那么接下来他们就可能向公司股东建议接受收购公司的条件。在此阶段中,可能出现的问题是某些有影响力的股东可能会在原则上或者在价格方面拒绝收购,并且他们会认为管理层没有采取适当的措施来保护和创造股东价值。

当目标公司的管理者不支持收购时,收购的过程就会截然不同,这就是所谓的**恶意收购**(hostile takeover)。收购公司可能选择在没有目标公司支持的情况下进行收购并且直接向目标公司的股东进行收购。在这种情况下,尽管目标公司的管理层会公开建议公司股东拒绝收购者的报价,收购公司仍会公开进行投标报价。假设有足够多的股东接受了报价,那么收购公司就可能获得充分的所有权或控制权来变更管理层。在这个具有对抗性的过程中,是否能够采取与保护股东利益相一致的行动,这取决于目标公司的董事会。董事会可能需要对公司管理层进行严格的监督以保证管理者的行为不是为了个人利益而是保护和创造股东价值。

监管部门的批准。关于监管部门的批准,通用电气(U. S.)在 2001 年对的 Honeywell International 公司(近期 Honeywell U. S. 与 Allied-Signal U. S. 兼并的产物)的收购可以说是一个分水岭性质的事件。通用电气对 Honeywell 的收购曾得到了管理者、所有者和美国监管部门的同意。

最后一个阶段是获得欧盟反托拉斯监管部门的批准。Jack Welch 是一位极为出色的通用电气首席执行官及主席,他并没有料到这次兼并将要面临来自欧盟当局如此强烈的反对。欧盟提出了一系列的要求,例如,合并后公司的特定业务必须廉价出售以减少兼并带来的对该行业竞争程度的降低效应等。面对这些要求,Welch 只得收回为了获得监管批准而进行的申请,因为他认为对合并后的公司的业务进行廉价的出售将在很大程度上抵消收购给公司带来的价值增值。此次收购因此搁浅。但它对未来几年的跨国并购可能具有深远的影响,因为在像欧盟这样强的经济区域内,监管当局大力阻碍两个跨国公司的合并可能预示了监管强度和范围的某种重要变化。

补偿支付。跨国收购第二阶段的最后一步就是对目标公司股东的补偿支付。目标公司的股东会得到收购公司的股票或现金形式的支付。如果发生了股票交换,即按照收购方股票与目标公司股票的某种比率进行交换(比如,两股收购方的股票换三股目标公司的股票),则通常情况下鼓动所获得的支付是免税的,因为股东所有的股票仅仅是在免税的交易中被其他股票所替代了而已。

如果目标公司的股东得到现金支付,那么这种方式就像是股东在公开市场上卖出了其股票一样,并因此导致资本利得或损失(在收购的情况下,应该都是利得),并且需要缴税。出于税收分流的考虑,股东一般更加愿意接受股票交换,这样的话他们就可以选择税收是否发生以及何时发生。

决定补偿支付类型的因素有很多。现金的可得性、收购的规模、被收购方的友好程度以及收购双方对目标公司的相对估值都会影响到关于补偿支付类型的决定。在这个阶段,有时会出现一种最具破坏性的力量,即监管部门的拖延及这种拖延对收购双方公司股价的影响。如果监管部门的审批拖延太长的时间,股价下降的可能性就会上升并且会改变股票交换的吸引力。我们以**金融实务专栏 19.1** 来说明以股票交换方式进行跨国收购时会遭遇到的问题。

金融实务专栏 19.1

GLOBAL FINANCE IN PRACTICE

现金支付还是股票支付？

在跨国并购中同时影响支付数量和支付方式的一个因素就是跨国公司股权的“高度”。1999 年和 2000 年跨国并购增长的主要动力之一就是处于高位的股权价值。许多跨国公司发现更高的股权价格可能会导致金融媒体所称的“疯狂购物”现象，即由于收购方拥有更高的股价，它就可负担更多的兼并与收购。这种能力使得它们为潜在的目标公司报出更高的竞标价格，并利用其自身的股票进行支付。

但是情况在 2001 年有些不同。世界上多数主要的股票市场上跌落的股权价格使得收购价格比前几年更加高贵。目标公司的股东不再对股票支付的方式感兴趣，而是要求具有很高溢价的现金支付。（在 20 世纪 90 年代的后半期和 2000 年与 2001 年，平均的溢价在高于收购报价前股价的 48% 和 55% 之间。）

因为经济发展速度较慢，发展前景不被看好，甚至是银行部门也日益对 M&A 夸大的协同效应和总体利益的承诺非常不满。随着银行和其他可能的现金提供者对并购交易的审查日益严格，现金支付的贷款来源也变得更加稀少。为了支付而进行的融资变得困难，这使得跨国并购活动变得更加难以完成。

19.3.3 第三阶段：收购后的管理

尽管投资银行活动通常所关注的都是收购交易中的估值和投标过程，然而在决定收购成败方面，收购后的管理可能是三个阶段中最为关键的。收购方由于种种原因会向被收购方多支付或少支付，但如果不能对收购后的事务进行有效的管理，那么投资的所有汇报都会被浪费。收购后的管理是收购交易的动机必须得到实现的阶段。这些动机如对公司实施整体的更有效的管理、新的组合所产生的协同效应、以目标公司在被收购前不能实现的资本可得定和成本进行资金注入等。然而，最大的问题几乎总是公司文化的融合。

正如**金融实务专栏 19.2** 中对英国石油公司和美国 Amoco 公司痛苦的合并过程的描述一样。公司文化和人事方面的冲突给跨国并购带来了最大的风险，同时也可能带来最大的潜在回报。这种风险或回报并没有市盈率或股价溢价那样良好的度量性质，但股东却能深切地体会到由此带来的价值增加或减少。

金融实务专栏19.2

GLOBAL FINANCE IN PRACTICE

英国石油公司和美国 Amoco 公司的文化碰撞

Amoco 公司内部流行着这样一个笑话:BP Amoco 这个词用英式英语是怎么发音的? BP——Amoco 不发音。

伦敦——英国石油公司(British Petroleum, BP)和 Amoco 公司称此次兼并为对等兼并。但是有一天在 BP 的自助餐厅除了有咖啡和三明治外,Amoco 的主管还发现 BP 公司另有所谋。

去年秋天在一个由双方公司 20 位高层主管参加的会议上,Rodney Chase 作为后来 BP 的首席主管代表,揭开了兼并后公司的蓝图。兼并后的公司由 BP 的管理层领导,按照 BP 的经营结构运营,同时公司还要秉承 BP“执行,或者死亡”的公司文化。任何一个不同意该计划的人都要加入被开除的 10 000 人大军中。

在芝加哥谈判的时候,BP 的首席主管 Browne 和 Amoco 的首席主管 Lawrence Fuller 在公司的控制权问题上曾有很大的争执。由于 BP 的规模大,所以很明显它就成为收购方,但是 Fuller 想知道是否可以用双方最好的管理者来组成新的管理层。Browne 的态度则干脆而强硬:“对我们来说这个问题没有什么好谈的。”Browne 在一次最近的采访中说:“我们已经构建出了适合我们的公司结构和系统,而且我们渴望能把它们应用到更大的公司中去。”

的确,BP 的中心有一套不平常的管理结构和文化,并且公司的目标是把它们应用在其他公司中。这套系统从 1992 年的一次近乎毁灭性的危机中发展起来,当时的 CEO Robert Horton 在一次会议室“政变”中被解职,公司的红利因此减少了一半,单单一个季度的损失就高达 1 亿美元。随后的重组将公司变成了一个巨大的小企业家族。

而这种管理结构和文化与 Amoco 产生了剧烈的冲突。Amoco 有一套严格的统属关系和严重的内部官僚主义,就像一个古典的金字塔一样。公司的经理们常常花费数月的时间与内部企业进行合同谈判。Amoco 的高管们在芝加哥的办公场所位于 30 层,这个办公场所门窗紧闭、规划严格。而 BP 在伦敦的执行办公室处在 4 层,那里有着开放式的空间布置,有着透明的玻璃墙,高级执行官可以方便地与其他所有的办公室进行交流。

公司的备忘录开始用英式文书书写,这还引发了在 BP-Amoco 的时事通讯中对关于使用“organisation”和“labour”这两个单词的抱怨。Amoco 的一些主管已经丢掉了 BP 的行话。在会议中,BP 的经理们制定的是必须完成的“硬指标”,但 Amoco

谈论的则是偶尔才会实现的“远大抱负”。BP 倡导“对等群体”(peer group),而 Amoco 谈论的是“战略委员会”。

文化冲突在去年的 BP 总部自助餐厅会议中达到了顶点。尽管大多数管理者期望由 BP 主持合并后的公司,但是很少有人希望它对公司进行很强的控制。在一整天的会议当中,Amoco 的主管们对集中化的结构展开了争论,而他们的 BP 同僚却认为那没有用。Amoco 的一个主管说:“你们对我们的想法一点也不感兴趣。”另一个也说:“我们还没有准备好那么做。”Fuller 感到危机就要来临,于是他站了起来然后对其属下发出了最后的命令:“我们要采用 BP 的系统,就这么定了!”

19.4 公司治理和股东权利

> 说到接管报价(投标出价),我们指的是由不相关的第三方和/或其团队(竞标方)以获得目标公司(目标)足够的投票份额为目的而在未经同意的前提下提出的报价,以这种方式获得的份额加上之前持有的份额就赋予投标人对目标公司的实际控制权或法律上的控制权。
>
> International Bar Association for International Capital Markets Group, "Constraints on Cross Border Takeovers and Mergers", *International Business Lawyer*, 1991.

19.4.1 投标和股东权利

在股东权利方面的一个最具争议的问题是投标者集聚多少股票时,才应该向其他所有的股东进行投标报价。例如,一个投标者可能会通过长期在公开市场上逐步购买股票以缓慢地聚集目标公司的股票。理论上说,这种股票聚集的过程可以一直持续下去,直到投标人:(1) 在所有单个股东中,单独拥有最大的股票份额;(2) 主要的控制权;(3) 完全拥有所有股份。每个国家对于上市公司控制权的转让都有一套不同的法规和准则。这个公司控制权的交易市场在最近几年已经成为了激烈争论的话题。

对公司控制权交易市场的监管方法在不同的国家会有所不同。跨国接管的法规和准则通常包括以下 10 点:

1. 爬行标购。许多国家禁止爬行标购。爬行标购是在私下里或在公开市场上以较小的份额秘密购买股票,这是公开标价的开始。该项的目的是提高对接管投标的公开披露程度。

2. 强制性要约收购。很多国家要求当投标人拥有的所有权数量达到某个门槛的时候,必须向所有的股东发出对所有股票的公开要约收购。其目的在于保证所有股东都有机会按照标购价格向获得控制权的投标人出售其股份,从而避免了投标人只以获得公司控制权为目的而向有限的股东购买股票的情况。

3. 接管的时机。适用于接管投标的不同时间框架有广泛的时间范围。每一个投标报价、投标的撤回或投标修改必须在这个时间范围内公开进行。这一项就允许投标人和目标公司考虑所有可能的出价,并让与投标相关的信息传达到所有潜在的股东。

4. 撤回的权利。只要竞标是公开的,大多数国家都允许撤回已出售的证券。一些国家甚至规定,一个竞争性的投标会自动使得之前所有的接受承诺无效。该项的目的在于保护股东不要过早地以一个很低的价格出售自己的股票,因为通过等待下一个有竞争性的竞标者,可能会得到一个更高的价格。

5. 竞标期间的市场购买。一些国家允许竞标者在公开标购期间从公开市场上以公开披露的方式购买股票。然而很多国家则绝对禁止这种行为。即使公开披露这种购买。制定这种禁止规则的目的在于防止在标购出价期间竞标者或目标公司任何可能的对市场的操纵行为。

6. 竞标期间的市场出售。有些国家禁止竞标者在标购出价期间出售目标公司的股份。该项的设立是为了避免在标购期间竞标者或目标公司任何可能的对市场的操纵行为。

7. 对防御的限制。一些国家的法律限制了目标公司在公开标购出价期间对防御性策略的使用,因为很多防御性策略的实施并非代表了股东的最优利益。在许多国家,这种限制并没有以法律的形式写出,但是在目标公司管理层采取措施击退投标人之后,这种限制就通过股东法律诉讼和其他法庭规则提炼出来。

8. 价格一致性。公开标购期内,大多数国家要求标购方在公开标购过程中,必须向卖出股票的全体股东支付它给任意股东支付的最高价格。有些国家还要求向标购前已经将股票卖给标购人的股东支付这一价格。尽管这一做法原则上是为了保证交易价格的公平性,但实际上在很多允许两级标购以及所谓的前端—后端标购的国家,这是一个非常复杂的条款。

9. 按比例接受。当标购规模不是所有股票但又大于标购最大值的时候,大多数国家对此类接管都要求按比例接受。一些国家规定,一旦收购方持有的股票数达到强制要约收购的比例,那么就必须收购所有愿意出售的股票。

10. 目标公司的反应。许多国家要求目标公司的董事会在投标后的某段时间内表明对公开标购出价的态度。这种要求的目的在于向现有的股东披露目标公司对投标的意见和态度。正如**金融实务专栏 19.3** 所述,少数股东权利问题的复杂性和监管规则的持续变化在全球范围内仍在继续。

金融实务专栏19.3

GLOBAL FINANCE IN PRACTICE

Vodafone 公司对 Mannesmann 公司的恶意收购

一旦收购公司获得了目标公司的主要控制权,许多国家都要求剩下的少数股东出售其股票。这种规定意在防止少数的股东阻碍公司决策制定的过程,或者他们为了自己的利益而要求公司继续采取行动或支付费用。

少数股东滥用其权利的例子在 2000 年 Vodafone 对德国 Mannesmann 的收购中得以体现。截至 2001 年 8 月，Vodafone 已经获得了 Mannesmann 发行在外的 99.4% 的股份。由于一些共持有 7 000 股股票的少数股东拒绝出售股票，并且在德国法律下他们也没有被义务出售其股票，所以即使大多数股东已经决定出售股票，Vodafone 仍被迫为了少数股东的利益而继续在德国召开股东大会。根据德国公司治理法，在跨国并购中，小股东不会被要求出售其所持有的股票，而如果是国内收购，则同样的这些少数股东会被要求必须以公开标购的价格出售其股票。

很多人认为 Vodafone 对 Mannesmann 的收购是欧洲大陆并购历史上的分水岭事件。这项收购是近年来的第一个大规模跨国恶意收购。在 Vodafone 的收购事件之后，德国联邦政府启动了有关收购治理的法律以及在未来剔除少数股东的规定。

19.5 案例解析：对中国青岛啤酒有限公司可能的部分收购

2001 年 1 月，Anheuser Busch（AB）公司要对中国青岛啤酒有限公司——中国最大的啤酒生产商——的少数股东权益进行大笔收购。在 1993 年青岛啤酒开始部分私有化的时候，AB 公司就已经收购了其 5% 的股权（US $16.4 million）。现在，AB 公司认为青岛啤酒是一个更加有吸引力的投资。而需要解决的关键问题有：

- 在流动性差的中国股票市场上对青岛啤酒股价的估值
- 可供购买的股权占青岛啤酒总股权的比例
- 交易结算的条款
- 在进一步收购较大的股权份额后，AB 公司将管理技巧应用于青岛啤酒的前景
- 两种公司文化在未来的融合程度
- 未来合理化经营的潜力

19.5.1 挑战与机遇

青岛啤酒有限公司是中国最大的啤酒公司。作为当代第一家啤酒生产商，青岛啤酒起源于 1903 年由德国移民在中国青岛建立的青岛啤酒生产厂。但是在一个世纪的历史和发展过程中，青岛啤酒发生了很多的变化。2001 年 1 月青岛啤酒就在一个逐步开放的市场中成为公开上市的公司。它经营了 43 个啤酒酿造厂、2 个麦芽生产厂和 49 个销售公司，其业务覆盖了中国的 15 个省份。它被认为是中国消费产品出口的第一品牌，销售包括龙系列（Dragon）、凤凰系列（Phoenix）和优质型（Premium）等多种啤酒。青岛啤酒是中国最大的单种消费产品出口商，而且还在持续扩张，其产品已经出口到三十多个国家。青岛啤酒和其两大竞争对手——北京燕京啤酒和广州珠江啤酒——处于一个高度竞争的市场中。在中国，大概有 800 种不同的啤酒，整合是中国啤酒产业唯一的

生存方式。

青岛啤酒有限公司现在正受到中国国内外投资者的关注。青岛啤酒的价值定位日益明确:通过近期的收购它已经在市场上赢得了先机,这种收购将开始通过青岛啤酒的经营优势以合理化和现代化的方式增加其收入。看来青岛啤酒已经处在了收入强势增长的地位,也越来越被国外跨国公司视为潜在收购的目标。

19.5.2 中国啤酒业的整合

与美国的90升和德国的154升相比,中国每年人均啤酒消费只有9升。但是中国市场的绝对规模意味着巨大的潜在利润(或者引用分析家的话说"只是人数太多了")。2001年,中国已经成为继美国之后的第二大啤酒市场。青岛啤酒认为如果它不能够快速而积极地行动,则其将会失去扩大获得增长所需的市场份额的机会。

2001年早期,除了发现其本身背负着沉重的偿债压力(来自于收购融资的举债)之外,青岛啤酒还挣扎在狂热收购后的消化之中。当前另外两种趋势又在其债务负担上施压:(1) 整合造成了一系列的价格战,给营业毛利的产生增加了压力;(2) 大部分收购的啤酒厂都处在市场的末端,虽然有很大的发展潜力,但是在收购时却只有很低的甚至是负的利润。管理层认为公司的债务负担以及未来广阔的发展前景使得公司有必要也有能力扩大股权规模。

- 青岛啤酒的运营优势是广为人知的——它精通于啤酒的酿造和销售。整个20世纪90年代它都一直努力提高其运营效率,特别是在净营运资本的利用效率方面。但是这项任务由于大量收购那些规模小、技术水平低的小厂商而变得复杂起来。尽管日销售额已经翻倍,即从1998年的440万元上涨到2000年的940万元;然而总的净营运资本却下降了三分之二,从6.767亿元到2.015亿元。净营运资金销售比也从0.42下降到了2000年的0.06。
- 青岛啤酒从原有的业务和收购中获得了快速的销售增长。公司的毛利和营运毛利在最近几年都保持稳定,考虑到实施了如此多的收购,这样的业绩是非常优秀的。

总体上看,青岛啤酒很可能:(1) 正在快速发展;(2) 保持了稳定的毛利,就啤酒行业来说这是很健康的——尽管在过去的4年里进行了34项收购;(3) 承受着由进行收购和实施现代化经营所导致的更高的折旧和摊销费用;(4) 因而总体赢利能力呈现出逐渐下降的趋势。

19.5.3 现金流的度量

金融理论通常把价值定义为预期现金流的现值。为了估值的目的,我们把青岛啤酒的毛现金流和自由现金流分开,这样的话,青岛啤酒的现金流量表是一个好的分析起点。

现金流量表由三个部分组成:经营活动、投资活动和融资活动。图表19.4的上半部分说明了青岛啤酒的**经营活动**。经营活动开始于税前收入,然后用现金流减去税收支付(用现金支付的税收),加回折旧和摊销费用,最后加上净营运资本的变化量。

图表 19.4　**青岛啤酒有限公司:现金流的度量**　(单位:百万元人民币)

来自于现金流量表				
经营现金流计算	**首字母缩略名称**	**1998**	**1999**	**2000**
税前收入	EBT	63.2	72.9	113.3
减 公司所得税		(21.4)	(29.0)	(34.0)
加回 折旧和摊销		132.1	180.4	257.6
减 净营运资本增加额	Chg. NWC	(148.3)	475.7	134.8
营运现金流		25.6	700.0	471.7
估值现金流				
NOPAT 的计算	**首字母缩略名称**	**1998**	**1999**	**2000**
息税前收入	EBIT	111.3	127.9	207.3
减 税收(重新计算之后)	30%	(33.4)	(38.4)	(62.2)
税后净营运利润	NOPAT	77.9	89.5	145.1
经营现金流的计算				
税后净营业利润	NOPAT	77.9	89.5	145.1
加回 折旧和摊销		132.1	180.4	257.6
经营现金流	OCF	210.0	269.9	402.7
自由现金流的计算				
税后净营运利润	NOPAT	77.9	89.5	145.1
加回 折旧和摊销	D&A	132.1	180.4	257.6
减 净营运资本增加额	Chg. NWC	(148.3)	475.7	134.8
减 资本支出	Capex	(286.1)	(1 530.0)	(1 330.0)
自由现金流	FCF	(224.4)	(784.4)	(792.5)

折旧和摊销被定义为**非现金支出**。**现金支出**是企业购买劳动或原材料的支出,现金支出必须付给这些投入的提供者。折旧和摊销是会计支出(非现金)。**折旧**是从资本设备的投资中提取的,**摊销**则是从向其他公司(收购)支付的高于所购资产真实价值的部分中提取的。尽管为了税收的目的它们都可被减掉,但却没有实际的现金流出公司。因此折旧和摊销费用在实际现金流的计算中必须加回去。

净营运资本(net working capital,NWC)是公司投入到产品实际生产和销售中的净资金量。它的计算如下:

$$\text{NWC} = (\text{应收账款} + \text{存货}) - (\text{应付账款})$$

直观上看,这些都是公司资产负债表中与销售额同时变化的列项目。例如,为了扩大销售,青岛啤酒必须更多地购买啤酒花和大麦(应付账款)、酿造多种啤酒(存货),然后把啤酒出售给销售商(应收账款)。净营运资金通常是一个正数,因为对大部分企业来说,应收账款和存货都会超过应付账款(大约 99% 的情况都是这样)。

现金流估值。现金流量表中计算和记录的**经营现金流**(operating cash flows)并不是我们估值所需要的现金流的度量。图表 19.4 的下半部分说明了用于估值的**税后净营业利润**(net operating profit after tax,NOPAT)和**自由现金流**(free cash flows,FCF)的计算。净营业利润的计算如下:

NOPAT = EBIT - 税收

对于 2000 年的青岛啤酒来说，净营业利润为 207.3 - 62.2 = 145.1，即正的 1.451 亿元。图表 19.4 的下半部分给出了这部分的计算。净营业利润是公司基本业务赢利能力的现金流度量。但净营业利润并没有包含青岛啤酒为了持续保持和发展其业务而进行投资的两个领域。维持一项经济业务要求在净营运资金（NWC）和资本性支出（Capex）方面进行投资。**资本性支出**是指任何更换旧设备、取得新设备和技术或获得收购其他企业的任意新的投资；这项支出减少了可用的自由现金流。资本性支出会对净营业利润有抵消作用，这一过程产生了估值所用到的合适的现金流度量，即**自由现金流**（FCF）：

FCF = NOPAT + 折旧和摊销 + 净营运资金（NWC）的变化 - 资本性支出

尽管青岛啤酒的经营业务正在产生大量的正现金流，但同时进行的现代化和购并的战略也需要大量的资本性支出，因而青岛啤酒 2000 年的自由现金流为 -7.925 亿元。

19.5.4 青岛啤酒的现金流折现估值

在分析和分解了青岛啤酒当前的财务结果之后，我们再来看看把青岛啤酒的未来进行折现是怎样的结果。构建一个青岛啤酒的折现现金流估值需要包括三个关键的部分：(1) 预期未来的自由现金流；(2) 终值；(3) 风险调整后的折现率。

自由现金流预测。预测青岛啤酒未来的自由现金流就要求分别预测净营业利润、净营运资金和资本性支出。营业利润是青岛啤酒价值的源泉。给定近期的收购作为前提，预期这些收购只有在持续的技术和管理投入的情况下才能在销售额和赢利能力两方面得到增长和发展，因而预计净营业利润在 2001 年增长 25%，2002 年增长 20%，2003 年增长 15%，2004 和 2005 年增长 10%。图表 19.5 列出了净营业利润的预测和现金流折现估值。由于有快速增长的预期，现在预测在整个分析时期内，净营运资金将大概保持在销售额的 5.8%。

大多数公司在必要的重置投资或由创新带来的技术升级方面的规划能力都相对较差。由于青岛啤酒仅在 1999 年和 2000 年两年中就进行了 29 项收购，所以这两年的资本性支出就非常庞大。尽管从 2001 年开始青岛啤酒就没有新的收购计划，但是由于要帮助许多被收购的公司走向现代化所必需的资本投资，在未来几年里还要求大量的支出。估计整个 2005 年的资本性支出为总销售额的 2.5%。

折现率。用于青岛啤酒估值的折现率就是公司的加权平均资本成本。假设公司税率为 34%，债务的税前成本为每年 7.00%（这是青岛啤酒大多数近期债务的成本），税后债务成本估计为每年 4.62%。

图表 19.5 青岛啤酒有限公司的折现现金流估值 （单位：百万元人民币）

销售额预测	假设	2000 年的实际值	1 2001	2 2002	3 2003	4 2004	5 2005
销售额增长率假设			**25%**	**20%**	**15%**	**10%**	**10%**
销售额		3 448.3	4 310.4	5 172.5	5 948.3	6 543.1	7 197.5
折现现金流估值							
NOPAT	**4.2%**	145.1	181.0	217.2	249.8	274.8	302.3
折旧和摊销	**7.5%**	257.6	276.9	297.7	320.0	344.0	369.8
营业现金流		402.7	458.0	514.9	569.8	618.8	672.1
减 净营运资本增加额	**1.0%**	134.8	(43.1)	(51.7)	(59.5)	(65.4)	(72.0)
减 资本性支出	**2.5%**	(1 330.0)	(107.8)	(129.3)	(148.7)	(163.6)	(179.9)
自由现金流(FCF)		(792.5)	307.1	333.9	361.7	389.8	420.2
终值(和假设的增长率)	**1.0%**					4 715.6	
预期 FCF(用于折现)			307.1	333.9	361.7	389.8	5 135.8
现值因子(折现率)	**10.0%**		0.9091	0.8264	0.7513	0.6830	0.6209
折现后的 FCF			279.2	275.9	271.7	266.3	3 188.9
累计折现后的 FCF		4 282.0					
减 债务现值		(2 093.0)					
残余股权价值		2 189.0					
已发行的股票(百万)		900.0					
股权价值(元/股)		2.43					
即期汇率(人民币/港元)		1.0648					
股权价值(港元/股)		2.28					

注：折现现金流分析主要是基于销售额的预测。销售额增长率假设用来计算预期的销售额，而预期销售额则用于估计净营业利润（假设为销售额的 4.2%）、折旧和摊销（假设为销售额的 7.5%）、净营运资金附加（假设为销售额的 1.0%）以及资本性支出（假设为销售额的 2.5%）。自由现金流是以 10% 的加权平均资本成本折现。用于基线分析的终值假设自由现金流有 1% 的无限期增长率。

股权成本是利用资本资产定价模型计算出来的。我们利用香港股票市场作为为青岛啤酒估值的市场。香港股票市场的无风险利率为每年 7.800%，股权风险溢价为 6.100%，香港股票市场中青岛啤酒的 H 股股票贝塔值为 0.8：

$$\text{股权成本} = k_e^{\text{Tsingtao}} = k_{rf} + \beta(k_m - k_{rf}) = 7.800 + 0.80(13.900 - 7.800)$$
$$= 12.68\%$$

计算青岛啤酒的加权平均资本成本所需要的最后一个部分是债务和股权在目标资本结构中的比重。公司在最近几年已经提高了财务杠杆，但是管理层和分析人士认为长期来看，三分之一的债务和三分之二的股权资本结构是比较合适的。利用这个权重，青岛啤酒的加权平均资本成本（WACC）的计算如下：

$$\text{WACC} = \left(\frac{\text{股权}}{\text{总资产}} \times k_e\right) + \left(\frac{\text{债务}}{\text{总资产}} \times k_d \times (1 - \text{税率})\right)$$

代入 12.68% 的股权成本和 4.62% 的债务成本，得到税后的 WACC：

$$\text{WACC} = (0.667 \times 12.68\%) + (0.333 \times 4.62\%) = 10.00\%$$

我们用这个 WACC 来折现青岛啤酒的未来现金流，以此为青岛啤酒估值。

终值。在折现现金流估值中，终值是非常关键的，因为它必须要代表所有未来的现金流（2001—2005 年这段时期之后的年份发生的现金流）。假设折现率为 10.00%，自由现金流在未来以每年 1.00% 的增长率增长（谨慎起见），则利用固定红利增长模型计算分析中第五年的终值：

$$\text{终值} = \frac{FCF_{2005}(1+g)}{k_{wacc}-g} = \frac{420.2(1+0.0100)}{0.1000-0.0100} = \text{Rmb } 4\,715.6$$

图表 19.5 中 2005 年的折现现金流的计算就用到了这里结算的终值，它代表了 2005 年以后的年份发生的所有预期自由现金流。

DCF 估值。所有未来预期现金流的现值就是整个公司的价值。**公司价值**（enterprise value，EV）是公司债务价值和股权价值的现值之和。而青岛啤酒的股权价值是通过扣除未到期的贷方债务净值和所有少数股权得到的。所有股权价值除以发行在外的总股数就是每股的公允价值。青岛啤酒的基线折现现金流估值为 2.43 元/股（2.28 港元/股）。

19.5.5 收益和现金流的乘数估值方法

所有的商业活动，不论其规模大小、在国内经营还是跨国经营、生产商品还是提供劳务，其估值一直就是一门充满艺术的科学。而各种乘数在估值中的运用更是一个颇具艺术性的过程。在这种方法的运用中，作为目标公司的某个比率要与其竞争者或近期所收购的其他公司的某种可比的比率相比较。逻辑上与传统财务分析中的比率类似，乘数估计法只是将公司与其他可比的公司相比较的一种方法。一些广泛应用的乘数度量包括市盈率（股价/每股收益）、PS 比率（价格/销售额）、市净率（M/B）以及很多把公司价值（EV）与其收入或现金流相比的比率。每个比率都包括了市场决定的价值——价格，而价格或者明确地出现在分子中或者包含在总市值的计算中。然后，将价格与公司的某种财务指标相结合，形成收入（如 EPS）、现金流（如 FCF），或者市场资本额等形式。

市盈率（PE 比率）。市盈率是估值中使用最广泛的一个比率。简单地说，市盈率显示市场愿意为每一货币单位的赢利所支付金额的一个指标。但更重要的是，它也是市场对公司未来赢利安全性认知的一个指标。在这方面，可口可乐一直是跨国公司中表现较好的例子，它的市盈率一般在 35 到 42 之间；从股东的角度来看，如此高的市盈率是代表了他们对公司全球收入和收入增长的可持续性的态度。市场不会为过去和当前的收益支付价格。投资者今天购买股票是因为他对于未来（从现在起）预期的赢利持有一个乐观的立场。

由于青岛啤酒在香港股票市场上的交易最活跃，而且对全球投资者来说，香港证券交易所的流动性和开放程度都比上海证券交易所高，所以我们着重香港市场上青岛啤酒的市盈率的计算和对其市盈率进行的比较。2000 年 9 亿股发行在外的青岛啤酒股票的收益为 0.613 亿元（假设汇率为 Rmb1.0648/HK $，那么每股收益就为 0.068 元或 0.0640 港元）。2000 年香港市场上青岛啤酒股票的收盘价为 HK $2.20/股，则 2000 年香港市场青岛啤酒的收盘时的市盈率就是：

$$\text{PE ratio}_{\text{Hong Kong}}^{\text{Tsingtao}} = \frac{\text{目前的股价(HK\$)}}{\left[\frac{\text{2000 年的收益(HK\$)}}{\text{在外流通的股票}}\right]} = \frac{\text{HK \$2.20}}{\left[\frac{\text{HK \$57 569 497}}{900\,000\,000}\right]} = 34$$

相对于香港股票交易所 H 股 12 倍的平均市盈率，青岛啤酒 34 倍的市盈率已属非常之高(2.83:1)。

如前所述,市场不会为过去或当前的收益支付价格,因而我们也许应该基于未来的收入而非基于当前的收入来计算青岛啤酒的市盈率,并且将青岛啤酒的预期市盈率与基于预期收入计算出来的香港股票交易所的平均市盈率相比较。德意志银行证券部估计2001年青岛啤酒预期的市盈率为28.8,而其对香港H股的市场平均市盈率预期仅为8.2。两者的乘数为3.5:1,显然这是比以前更高的相对度量值。显然,不管青岛啤酒的市盈率的计算精确度如何,市场认为青岛啤酒的收入或者有相对较低的风险或者在不久的将来会明显提高。

市净率(M/B乘数)。在对公司进行估值时,市净率(*M/B*)的应用几乎和市盈率一样广泛。它对于每股所使用的资本相对于该资本的成本的市场认知提供了某种度量。公司的账面价值指的是记录在公司资产负债表中的普通股的价值加上留存收益(收益中用于再投资的累计资本)。如果*M/B*比率大于1,就意味着当前公司股权的估值超过了股东对公司的投资。就像市盈率一样,公司的*M/B*比率与其主要竞争对手进行比较,其大小反映了市场对公司的收入、管理以及总的策略性机会的质量的评价。

*M/B*比率同时注重分子和分母中的股权,而且是市场价值(分子)和历史会计价值(分母)的综合。它等于股价除以每股账面价值所得到的乘数。2000年青岛啤酒的*M/B*比率为:

$$M/B\text{ 比率}^{\text{Tsingtao}} = \frac{\text{目前的股价}}{\text{每股面价值}} = \frac{\text{HK }\$2.34/\text{股}}{\text{HK }\$2.35/\text{股}} = 0.9957 \approx 1$$

根据这个式子,可以认为青岛啤酒的股票正在以其资本的历史成本进行交易。在大多数典型的商业环境中,较低的一个*M/B*乘数都被理解为是公司可能被低估的信号,进而被认为是一个真正的投资机会。

其他乘数。考察另外两个比率或乘数可能会为青岛啤酒的估价提供额外的信息。德意志银行预测2001年青岛啤酒的股价与销售额乘数(每股价格除以预期的每股销售额)为0.56。而香港H股的该指标的预测为0.85。如果其他的公司真正具有可比性的话,那么这个乘数意味着青岛啤酒的股价被低估。

一个与股价/销售额乘数类型相似的比率——2001年青岛啤酒的预期公司价值(债务和股权的市场价值,EV)与基本业务收入(EBITDA)的比率为7.5,而香港H股的该比率预测为3.7。较高的比率意味着青岛啤酒的股票是被高估的。理解这些对价值的相对度量的困难在于确定青岛啤酒和其他在香港股票交易所以H股进行交易的公司的可比性。

19.5.6 估值方法的总结

图表19.6总结了我们所讨论的多种为青岛啤酒公司估值的方法。正如在国内公司和跨国公司的估值中通常遇到的问题,即不同方法得出的信息时常是冲突的。青岛啤酒的价值究竟是多少?就像每人的审美标准都不一样,价值的判断亦是见仁见智。

图表 19.6 青岛啤酒有限公司估值方法的总结（元/股和港元/股）

估值方法	股价	观察结果
当前股价	2.34 元	基线
折现现金流	平均值 = 2.43 元（大范围波动）	意味着青岛啤酒被低估
市盈率	34 对市场的为 12	青岛啤酒的潜力可能已经包含在价格中了
市净率	0.9957 或 1	青岛啤酒被低估
股价与销售额比率	0.56 对市场的 0.85	青岛啤酒被低估
公司价值与基本业务收入比率	7.5 对市场的 3.7	青岛啤酒被高估

小案例

（中国）哈尔滨啤酒集团的竞标大战

哈尔滨啤酒集团是中国东北地区啤酒行业的主导者，并且是中国第四大啤酒公司，在 2004 年占有全国 4% 的市场份额。哈尔滨啤酒在其所在城市哈尔滨占有 76% 的市场份额，在黑龙江地区占有 43% 的份额。哈尔滨啤酒在香港股票交易所公开上市交易。但没有人能够料到在 2004 年夏初来临的竞标大战。

众所周知的哈啤是在中国东北地区销售业绩最好的啤酒。黑龙江地区拥有全国最高的 36 升的人均啤酒消费量，是全国人均 18 升的两倍。然而这个市场现在已经成熟并且达到饱和。已经较高的人均消费量几乎没有了自然上升的空间。这种情况迫使哈尔滨啤酒或者依靠地区品牌生存，或者在其他地区发动积极的扩张来争取其在全国的地位。

哈尔滨啤酒集团一直都是由哈尔滨市政府控制，其余的股份由许多不同的股东持有。哈尔滨啤酒集团有限公司在 2002 年 6 月首次公开上市，最终有 41% 的股份在市场上公开流通。2003 年 6 月，南非啤酒企业 SABMiller 在一桩备受争议的投资中收购了哈尔滨啤酒 29% 的股票，从而将哈啤推上了舞台。SABMiller 的收购行为被啤酒管理部门认为是恶意收购。而 SABMiller 实际的收购是由 Gardwell 作出的。Gardwell 是一家金融投资公司，其 95% 的所有权被 SABMiller 拥有，5% 的所有权归哈尔滨啤酒的管理层拥有。在 SABMiller 参与哈啤后，随即发生的双方的利益冲突和自我交易的指控越来越多；最终，SABMiller 被迫接受了为期五年的意在阻止其进一步收购其余哈啤股份的协议。

2004 年 3 月 23 日，哈尔滨啤酒的管理层宣布他们已经达成了一个协议，即将以友好出售的方式把哈尔滨啤酒出售给 Global Conduit Holdings——但拒绝透露 Global Conduit Holdings 是代表谁的利益。五个星期后，即在 5 月 2 日，Anheuser-Busch 公司（以下简称 AB 公司）神秘而出人意料地宣布其将以 1.39 亿美元（以 HK$3.70/股的有效价格购买，这个价格高于当前的市场价格）的价格购买 Global Conduit 持有的 29% 的哈尔滨啤酒的股份。SABMiller 立即作出了反应,并在 5 月 5 日报出 HK $4.30/股的价格购买哈尔滨啤酒的股份(见图表 A)。在接下来的几个星期,AB 公司又收购了一些股份,将其总股份提高到 37.4%(包括哈尔滨啤酒管理小组持有的股票期权)。哈尔滨市市长宣布:对哈尔滨啤酒来说,"AB 公司是正确的战略合作伙伴"。[1]

图表 A　**对哈尔滨啤酒集团的竞价,2004 年**

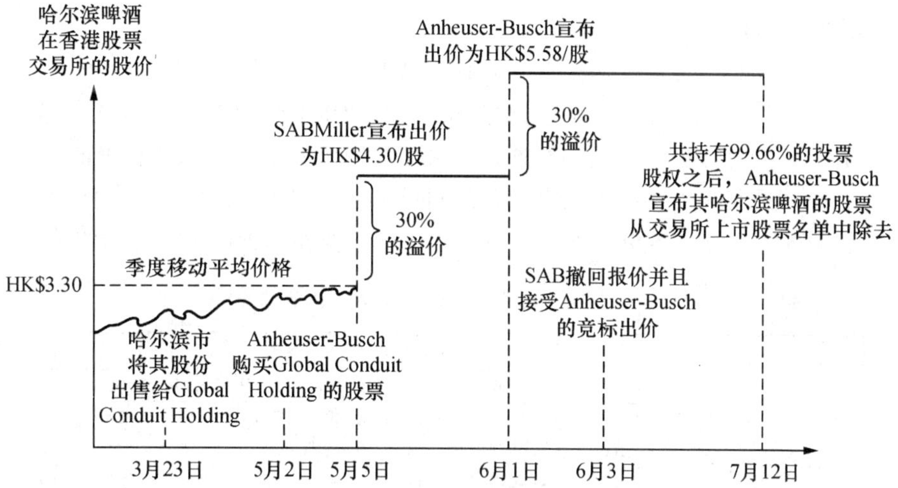

如果在"接管战"之前哈尔滨啤酒的股价被认为是充分估值了的话，那么"接管战"所导致的股价的激增——从HK$3.30到HK$5.58——将是难以理解的。

6 月 1 日,AB 公司宣布以 HK $5.58/股的价格向所有发行在外的股票发出强制公开要约收购。**强制要约收购**就是购买者向当前所有公开持有股票的投资者报出指定的价格并进行收购,这个要约是针对取得控制权的买方而成立的,在本案例中必须超过 50% 的投票股权资本。依照中国的法律,一旦 AB 公司控制了哈尔滨啤酒 90% 以上有投票权的股票,那么剩余的股票就需强制出售给 AB 公司。除此以外,香港股票交易所规定一旦有投票权的股票的自由流通量低于 25%,该公司就要被摘牌。AB 公司的要约收购价格(HK $5.58/股)比 SABMiller 的出价(HK $4.30/股)高出 30%,而哈尔滨啤酒在最近一个季度的股价大概是每股 HK $3.30。

6 月 2 日 SABMiller 宣布其正在撤回对哈尔滨啤酒的收购竞标。SABMiller 的 CEO Graham Mackay 说道:"我们依然会在中国啤酒市场上全力以赴,而且我们必须在每一个潜在收购目标特征的基础上对它进行评估。我们认为 AB 公司对哈尔滨啤酒的标购价格超出了公司的全部价值,即便是考虑了只有我们能够得到的显著的协同效应以后也是如此。"与此同时,哈尔滨啤酒的 CEO Peter Lo 明确地总结了管理层的态度:"SABMiller 的出价完全是未经同意的并且不受哈尔滨啤酒的管理层和员工欢迎。因此,我很高兴 AB 公司能够作为白衣骑士以反竞标的形式介入。"但是依旧存在的问题是:AB 公司究竟买到了什么?

---

① "Anheuser wins stake and PR battle in China," *Media*, June 18, 2004, p. 8.

……我们相信哈尔滨啤酒将以此次接管所出的价格被私有化。更重要的是，我们认为 AB 公司对哈啤的收购不会像 SABMiller 的收购那样产生很强的协同效应，AB 公司的胜利会给哈尔滨啤酒的经营带来不确定性。其原因是：我们预计哈尔滨啤酒（由 AB 公司控制）和中国华润啤酒（由 SABMiller 控制）——它们一起主导了中国东北市场——之间的竞争会日趋激烈。

"AB takes over, the end of the story", Nomura International, June 4, 2004

案例思考题

1. 对于收购一个成熟的企业来说，AB 公司支付的价格太高了吗？

2. 由于哈尔滨啤酒的主要竞争者被 SABMiller 所控制，那么在该地区新的竞争格局下，可能会产生价格战吗？这将对哈尔滨啤酒的价值产生什么影响？

3. 图表 B 是竞标大战之初花旗对哈尔滨啤酒的估值。相对于 AB 公司最终支付的 HK$5.58/股，分析一下花旗对哈尔滨啤酒所作的 HK$6.02/股的估值。

图表 B 花旗集团对哈尔滨啤酒的估值，2004 年 3 月 （单位：百万港元）

哈尔滨啤酒——DCF 估值											
	2004E	2005E	2006E	2007E	2008E	2009E	2010E	2011E	2012E	2013E	2014E
EBIT	237	345	448	566	709	881	1 086	1 328	1 610	1 986	2 308
现金税收	-86	-117	-149	-188	-235	-292	-360	-441	-534	-642	-766
NOPAT	150	228	300	378	474	589	726	887	1 076	1 293	1 542
折旧和摊销	139	150	160	202	253	314	387	473	574	690	823
维持性资本支出	-75	-100	-125	-158	-198	-246	-303	-370	-449	-540	-643
扩张性资本支出	-175	-150	-125	-158	-198	-246	-303	-370	-449	-540	-643
净营运资本的变化	43	57	70	88	111	137	169	207	251	302	360
自由现金流(FCF)	83	185	279	353	442	549	677	827	1 003	1 206	1 438
WACC	14	14	14	14	14	14	14	14	14	14	14
现值	83	163	216	240	264	288	312	336	358	378	396
固定增长	3										
终值	3 687										
DCF 公司价值	6 324										
减 债务净值	291										
股权价值	6 032										
每股 EV	6.02										

资料来源：Citigroup Smith Barney, "Harbin Brewery", March 19, 2004, p. 8.

小结

◎ 近年来，跨国并购的数量和价值规模都有了快速的增长，但是这种数量和规模的增长发生在发达国家而非发展中国家。

◎ 相对于在传统的国内市场上为了市场份额和利润而打拼，跨国公司可以在全球市场上预期更大的发展潜力。跨国公司可以通过很多途径进入国外市场，这其中包括新设投资和并购。

◎ 兼并与收购行为的动力同时来源于宏观领域——全球范围的竞争环境——和微

观领域——行业和公司层面上的提升公司价值的力量和行动。

◎ 导致全球竞争环境变化的主要动力——技术的变化、市场监管的变化和资本市场的变化,为跨国公司的发展创造了新的机会,而这种机会正是他们梦寐以求的。

◎ 在世界的任何地方进行公司收购的过程都可分为三个主要的步骤:(1) 目标的识别和估值;(2) 所有权转换交易的完成——投标;(3) 收购完成后过渡期的管理。

◎ 跨国兼并或收购的结算要求争得目标公司管理者、股东以及监管当局的支持与合作。

◎ 跨国兼并、收购和战略联盟都面临着相似的挑战:它们必须基于目标公司的项目在市场上的表现对目标公司估值。这种公司估值的过程结合了策略、管理和财务方面的元素。

◎ 在股东权利方面的一个最具争议的问题是:投标者集聚多少股票时,才应该向其他所有的股东发出投标报价。例如,一个投标者可能会通过长期在公开市场上逐步购买股票以缓慢地聚集目标公司的股票。理论上说,这种股票聚集的过程可以一直持续下去,直到投标人(1) 在所有单个股东中,单独拥有最大的股票份额;(2) 主要的控制权;(3) 完全拥有所有股份。

◎ 每个国家对于公开上市公司控制权的转让都有一套不同的法规和准则。这个公司控制权的交易市场在最近几年已经成为激烈争论的话题。

◎ 在当今全球的商业活动中,有很多种估值技术被广泛使用,而每一种技术都各具特点。除了基本的折现现金流(DCF)和乘数(收入和现金流)方法之外,还有很多行业特有的价值度量方法,这些方法都着重考虑在该行业中影响公司价值的最关键的因素。

◎ DCF 估值方法将企业的价值计算为所有未来自有现金流减去债权人和少数股东现金流的现值。

◎ 市盈率就是市场愿意为每一货币单位的赢利支付多少价格的指标。市盈率更重要的含义是它代表了市场识别到的公司未来赢利能力的安全性。

◎ 市净率(M/B)是公司估值的一种方法,它是对市场认为公司超过原始投资与后续留存收益之和的价值的一种度量。

思考题

1. **跨国的趋势**。根据最近跨国兼并与收购的趋势,你认为跨国公司正在向新兴市场大举进军吗?
2. **股东价值**。如果大多数投标人都向目标公司的所有者支付其“真实价值”,那么投标人如何通过收购为其自己的股东创造价值?
3. **管理者和股东价值**。为什么并购向管理者提供了比内部增长模式更大的创造股东价值的潜力?
4. **跨国驱动力**。列举并解释至少六种跨国并购的驱动力。
5. **收购的步骤**。跨国收购的三个步骤结合了所有的商业活动元素(财务、战略、会计、营销、管理、组织行为等),但是许多人认为财务仅仅与第一个步骤相关。列举论据来证明,在跨国收购的第二和第二步骤中,财务与其他的商业元素同样重要。
6. **股东权利**。为什么许多国家的政府为一个公司收购另一个公司的控制权和所有权设立了明确的法律和流程而不让市场自行运行?

7. **清算**。在决定用采用何种方式(现金或股份)进行收购时应该考虑哪些因素?
8. **公司分层**。为什么一些国家反对多层次的所有权控制结构?在存在和不存在这些阶层的情况下小股东受到的待遇有什么不同?
9. **自由现金流 vs 利润**。考虑下面的说法:学术界总是看重自由现金流的现值并把它看做是价值的定义,而公司似乎更看重"收入"或"利润"。
   a. 你认为哪种说法是正确的?
   b. 现金流与利润的根本区别是什么?
   c. 如何将对利润的度量(即损益表中的净收入)转换成对现金流的度量?
10. **折现现金流估值**。折现现金流(DCF)估值要求分析人员估计和分离某个项目或某种资产产生的预期自由现金流。分析人员进而必须将这些未来的现金流折算成现值。
   a. 折现所用到的现金流和折现率都是税前的值吗?如果不是,请指出应该采用哪种形式的现金流和折现率。
   b. 公司投资的折现率是怎么得到的?在计算折现率时,应该对此项投资所采用的融资方式作出什么样的假设?
   c. 对 DCF 方法的一个常见的批评是"它降低了未来的价值,因而对长期投资形成了偏见",构建论据以反驳这种说法。
11. **可比较的变量和市场乘数**。哪些估值的信息可以通过考察市场乘数如市盈率之类的指标获得,而不能用折现现金流分析得到?
12. **市值账面比率**。什么是市值账面比率?在公司估值中,这个指标为何被认为如此有用?
13. **青岛啤酒(A)**。向 AB 公司推荐应该使用的估值方法或估值方法的组合。
14. **青岛啤酒(B)**。AB 公司应该报出什么样的股价?在谈判中这是一个公开且最优的报价吗?
15. **青岛啤酒(C)**。如果对青岛啤酒少数股东所有的股票作了大笔收购,那么请确定 AB 公司可能面临的收购后的问题。

练习题

1. **Global.com 公司的市盈率估值**。一个新的全球手机公司,Global.com(美国)公司,是股价高位运行的电信股票之一,其股票大体上是以市盈率倍数为基础进行估值的。其他位于相似产业并同时在美国证券交易所交易的公司近期的市盈率评估是在

去年	今年	明年
EPS	EPS	EPS
$(1.20)	$0.75	$1.85

   35 到 40 之间。给定下面的收入估计,估计 Global.com 的价值将会是多少?

2. **竞标圣保罗地区的手机服务权**。一些全球电信公司组成的集团正要提交购买在中部圣保罗地区提供手机服务的权利的竞标出价。竞标出价以及竞标成功后的实际支付都必须用美元作单位,而不是巴西雷亚尔(R$)。该集团已经完成了如下现金流、汇率以及潜在折现率的预测。
   对潜在的投资进行 DCF 分析并且提出最终应提交的出价。

	第 0 年	第 1 年	第 2 年	第 3 年
现金流的估计(百万雷亚尔)				
最好的情况	(1 350)	550	2 000	3 800
一般的情况	(1 350)	550	1 600	3 200
最差的情况	(1 350)	550	1 000	1 500
预期汇率(R$/US$)				
最好的情况	1.70	1.70	1.70	1.70
一般的情况	1.70	1.80	1.90	2.00
最差的情况	1.70	2.00	2.20	2.50
折现率(R$)	32.0%			
折现率(US$)	18.0%			

拉丁美洲的私人股权——Soto 集团。(利用下面私人股权的说明来回答第 3—5 题。)私人股权的目光主要集中于购买私人所有的小公司,利用资本注入和专业管理的引进重组这些公司,然后在若干年之后再卖出它们(或出售给私人购买者或通过公开竞价出售)。这样的话这些小公司对于私人股权投资者的价值就在于它们的终值——若干年后它们被拿到公开市场上销售时的价值。

Soto 集团是墨西哥城的一家私人股权基金。该集团正在评估购买 Guga Avionics 公司(布宜诺斯艾利斯)的前景。Guga Avionics 这是一家飞机经营管理公司,其目前的业务遍及整个阿根廷和南部巴西。通过尽职调查的流程,Soto 集团已经获得了必需的财务报表、资产清单和经营评估。Soto 的估值人员同时基于先验基础(当前的结构和管理战略)和事后的基础(资本和管理技术注入后的预期价值)对潜在的目标进行估值。

与收购 Guga 有关的第二个主要的"猜想"是三年后它的价格是多少。Soto 集团有一个严格的内部条例,就是每个被收购的企业在收购交易完成或之后起必须被重组和再激励以为三年后的公开出售做准备。给定现在布宜诺斯艾利斯 Bolsa 的市场乘数,对 Guga Avionics 价值的一个乐观估计是 18 至 20 倍的当前现金流的价值。从 Guga Avionics 处获得的并且经过 Soto 的估值与市场专家调整后的数据资料如下表所示:

先验财务预测:Guga Avionics,布宜诺斯艾利斯,阿根廷

(单位:百万阿根廷比索)

	第 0 年	第 1 年	第 2 年	第 3 年
总收入	210	235	270	325
减 直接费用	(132)	(144)	(162)	(190)
毛利	78	91	108	135
毛利润	37%	39%	40%	41%
减 一般管理费用(G&A)	(16)	(17)	(18)	(19)
减 折旧	(24)	(24)	(24)	(24)
EBIT	38	50	66	92
减 利息	(28)	(30)	(30)	(28)
EBT	10	20	36	64
减 30%的税收	(3)	(6)	(11)	(19)
净利润	7	14	26	45
销售利润率	3%	6%	9%	14%

Soto 集团认为其在第一年和第二年可以减少 25% 的融资成本，在第三年则可使融资成本减少 25%。它还认为利用其自身的经营管理经验，可使直接费用在第一年、第二年和第三年分别分别减少 15%、20% 和 25%。而增加收入却是一个大问题，在过去的几年里，Guga 已经做了稳定地提升和扩大服务收入的工作。在当前的预测中，Soto 集团认为其每年能够在当前预测的基础上最多扩大 5% 的总收入。

3. **Guga Avionics 的估值(A)**。如果你是 Soto 集团估值小组的领导者，请利用这些数据指出先验的和事后的收入与现金流有的区别。
4. **Guga Avionics 的估值(B)**。第三年末的先验和事后销售额有什么不同？
5. **Soto 集团和 Guga Avionics**。如果 Guga 被收购，那么除了当前 Soto 的计划，你会提出什么建议来增加 Guga 未来的利润和现金流？

青岛啤酒公司。利用本章所列的关于青岛啤酒公司的表格分析数据来回答第 6 题到第 10 题。

6. **青岛啤酒(A)**。正如本章描述的，Anheuser-Busch(AB)公司对青岛啤酒的新战略和经营方向所代表的潜在价值很感兴趣。本章所作的基线分析在销售方面作了一些很激进的假设。AB 公司希望找出较慢的销售增长对公司折现现金流股权价值的影响，比如 2001—2005 年销售额的增长率为 15%。假设销售增长确实很慢，AB 公司想要确定下降的净营业利润对股票价值的综合影响，比如 3.6% 的销售增长而不是基线分析中假设的 4.2% 的销售增长。请作出这种分析。
7. **青岛啤酒(B)**。回到原来的一系列假设，AB 公司现在关注的是估值的资本性支出和折旧部分。近些年，青岛啤酒在啤酒酿造厂的升级和销售设施方面进行了大量的投入，并且希望其资本性支出在大体上可以结束。然而如果最近的许多收购要求较高的资本性支出水平，那么 AB 公司就要进行情景分析来关注这种情况发生的可能性。如果假设资本性支出为销售额的 3.5% 而不是基线分析中的 2.5%，则青岛啤酒的折现现金流价值会受到什么影响？在整个分析时期内，把假设的 8.5% 而不是 7.5%（基线分析）的折旧水平与新的资本性支出假设相结合时，分析结果会怎样？
8. **青岛啤酒(C)**。回到原来的假设：折现现金流分析的一个真正有争议的部分是终值的计算对股权价值的影响。AB 公司想要探究 DCF 估值对下面的情况的敏感性：
   a. 假设没有终值，那么每股 DCF 股权价值为多少？
   b. 假设终值增长率为 0，那么每股 DCF 股权价值为多少？终值占全部 DCF 价值的百分比是多少？
9. **青岛啤酒(D)**。AB 公司的一个分析师对青岛啤酒的前景非常不看好。最近几年，尽管公司在减少净营运资本需求方面确实有了很大的进展，但是很多这方面的工作在处理很多关于新收购的复杂问题之前就已经完成。该分析师争辩说，在未来的五年内每年平均销售额增长率最多达到 12%，而净营运资金将极有可能上升到销售额的 3%（基线分析假设为 1%）。这种情况对青岛啤酒的股权价值有什么影响？
10. **青岛啤酒(E)**。最终，分析人员要作出他们所认为的最好情形和最差情形的情景分析，假设基线分析是介于两者之间的情况（中间情形）。

	最好的情形	基线	最差的情形
销售增长	20.0%	可变的	10.0%
NOPAT 占销售额的比例	4.4%	4.2%	3.6%
折旧占销售额的比例	8.5%	7.5%	6.5%
NWC 占销售额的比例	0.8%	1.0%	3.0%
资本性支出占销售额的比例	1.5%	2.5%	3.5%
终值增长率	2.0%	1.0%	0.0%

估计青岛啤酒在最好和最差两种情形下的价值。

网上练习

1. **知识产权和估值**。20 世纪 90 年代后期，各种类型的知识产权为公司带来的价值迅速上升，超过了商品或服务的生产、销售所带来的传统价值。请利用下面的网站准备一份关于当前知识产权估值情况的管理简报。

   知识产权估值

   http://valuationcorp.com

2. **巴西 Brahma 公司的市值**。Brahma 公司是巴西最大的公开上市交易的公司之一。它同时在 Bovespa 和纽约股票市场（ADRs）上市交易。利用如下网站中的历史数据回答下面的问题。

   Hoovers

   http://www.hoovers.com

   Yahoo

   http://www.yahoo.com

   a. Brahma 的股价——同时用雷亚尔和美元的形式——对 1999 年 1 月的巴西雷亚尔贬值的反应如何？

   b. 在雷亚尔贬值后，对国外投资者来说，Brahma 之类的公司作为潜在被收购的目标公司的吸引力是上升了还是下降了？

文献选读

"Bank of America Roundtable on Evaluating and Financing Direct Investment", *Journal of Applied Corporate Finance*, Volume 9, No. 3, Fall 1996, pp. 64—79.

Brothers, K. D. and L. E. Brouthers, "Acquisition or Greenfield Startup? Institutional, Cultural, and Transaction Cost Influences", *Strategic Management Journal*, No. 21, 2000, pp. 89—98.

Bruner, Robert, "Where M&A Pays and Where It Strays: A Survey of the Research", *Journal of Applied Corporate Finance*, Volume 16, No. 4, Fall 2004, pp. 63—76.

Doukas, J. and N. G. Travlos, "The Effect of Corporate Nationalism on Shareholders' Wealth: Evidence From International Acquisitions", *Journal of Finance*, No. 43, 1988, pp. 1161—1175.

Lee, Tung-Jean and Richard E. Caves, "Uncertain Outcomes of Foreign Investment: Determinants of Profits After Large Acquisitions", *Journal of International Business Studies*, Volume 29, No. 3, Third Quarter 1998, pp. 563—582.

Luehrman, Timothy A., "What's It Worth?: A General Manager's Guide to Valuation", *Harvard Business Review*, May-June 1997, pp. 132—142.

Luehrman, Timothy A., "Strategy as a Portfolio of Real Options", *Harvard Business Review*, September-October 1998, pp. 89—99.

Reuer, Jeffrey J., Oded Shenkar and Robert Ragozzino, "Mitigating Risk in International Mergers and Acquisitions: The Role of Contingent Payouts", *Journal of International Business Studies*, Vol. 35, No. 1, January 2004, pp. 19—32.

Seth, A., K. P. Song, and E. Pettit, "Value Creation and Destruction in Cross-Border Acquisitions: An Empirical Analysis of Foreign Acquisitions of U. S. Firms", *Strategic Management Journal*, No. 23, 2002, pp. 921—940.

Tolmunen, Pasi and Sami Torstila, "Cross-Listings and M&A Activity: Transatlantic Evidence", *Financial Management*, Vol 34, No. 1, Spring 2005, pp. 123—142.

第七篇 跨国经营管理

第七篇分析了跨国公司全球业务管理的复杂性,这是一个需要财务经理给予足够关注的方面。对每日经营细节的日常关注程度决定了可以为股东增加多少价值,股东通过第6章讲到的外国直接投资支持了跨国公司的全球扩张。

第20章描述了传统进出口贸易融资的所有要素。你将学习到跨国公司或进/出口商是如何减少贸易中的无支付风险的。与此相关,我们将介绍所有为完成这项任务而必需的重要票据,尤其是信用证、汇票、银行承兑汇票和提单。这些票据不仅降低了无支付风险,并且为抵押商业银行提供的短期贸易融资提供了票据基础。我们记录了一个典型的贸易交易。我们还介绍了帮助出口融资的多种可得政府项目。在本章的最后我们分析了多种融资选择,包括银行承兑汇票、商业承兑汇票、保理、证券化、银行信贷额度、商业票据、福费廷和对销贸易。

第21章描述了全球税收环境。你会了解到税收道德以及当政府在考虑税法会如何影响跨国公司的商业决策时,税收中性对政府的重要性。你还将学习到国家间的税收条款是如何努力为相互竞争的跨国公司提供同一水平的竞争舞台的。此外,不同类型的税收,比如增值税,使得跨国公司最小化其全球税负的目标更复杂了。接下来,本章详细描述了美国是如何对其跨国公司的国外来源收入征税的。我们利用 Carlton 公司的例子说明了关联公司之间转移定价的结果。然后分析了 Carlton 公司应该如何管理其国外来源收入以最小化其全球税收。最后我们介绍了避税港子公司和离岸金融中心。

第 22 章分析了跨国公司在克服政治、汇率、税收和交易成本约束的同时是如何跨国转移资金的。你将明白拆分资金转移的重要性。**拆分**的意思是跨国公司应该使用多种渠道进行内部资金转移，比如许可证费用、版税和外国子公司管理费用，而不是仅仅依靠红利支付。接下来我们分析了跨国公司如何有效地管理其营运资本。我们用 Carlton 巴西子公司的例子来说明跨国公司的经营周期。你将了解跨国公司是如何最小化滞留在营运资本中的资金的。除了应收账款的管理，你还将学到如何管理存货和现金余额。为了最小化以现金形式存在的资金以及每次资金在银行系统转移时发生的交易成本，跨国公司选择通过国际净额支付体系来管理其现金余额。在本章的最后，我们展示了跨国公司是如何利用银行系统为短期营运资本需求融资的。你将学习到跨国公司是如何利用本公司的内部银行以及国际和本地东道国的银行所提供的商业银行服务的。

第 20 章　国际贸易融资

本章的主要目的是解释国际贸易(即进口和出口)是如何融资的。这些内容对仅做进出口的国内企业和那些与相关和不相关实体进行贸易的跨国公司都有直接的实际联系。

本章一开始阐释了现存的几种国际贸易关系类型。接下来我们解释了贸易困境的含义,即出口商都希望在出口前收到货款,而进口商则希望收到货物后付款。接下来的一节解释了当前国际贸易协议的好处。接着我们描述了一笔国际贸易的构成要素以及为贸易的完成和融资提供便利的各种文件。在此后一节里,我们将识别国际贸易中涉及的风险,即货币风险和交易无法完成的风险。接下来的一节描述了一些非常重要的贸易票据,如信用证、汇票和提单等。再接下来,我们对一笔典型的国际贸易中的文件进行了总结。之后,我们将介绍政府为出口融资而作出的一些举措,包括设立出口信用保险和政策性银行(如美国进出口银行)。接着,我们比较了各种不同的短期应收账款融资类型以及在更长时期的贸易中使用的福费廷技术和对销贸易。本章的最后通过小案例——“Crosswell 国际公司的宝贝超薄尿布”——说明了出口对管理、营销和融资三者整合程度的要求。

20.1　贸易关系

贸易融资与企业进行的传统价值链活动有很多共同特点。任何公司产品和服务的生产都需要相应的供应商为其提供相应的商品和服务作为投入品。公司的采购部必须确定每个潜在的供应商是否有能力生产出符合特定质量要求的产品、是否能够以及时可靠的方式生产和交付该产品,以及是否能够与他们一起为持续的竞争力而在生产过程和流程改进中共同努力。

对于理解进出口融资的方式来说,理解进出口商之间关系的本质是非常重要的。图表 20.1 大致描述了三种进出口贸易关系:无隶属关系的新贸易伙伴、无隶属关系的老贸易伙伴和隶属方。

图表 20.1 几种国际贸易关系

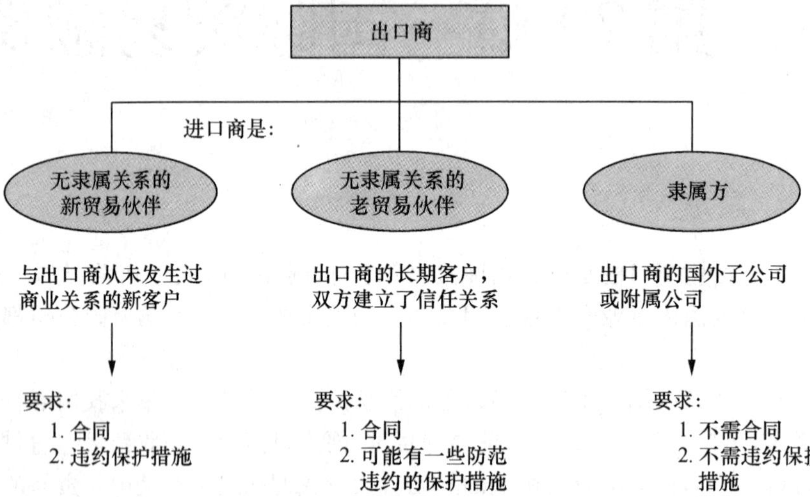

- 从未与出口商有过商业贸易往来的国外进口商可以被称为**无隶属关系的新贸易伙伴**。在这种情况下,双方必须订立一份详细的销售合同以概括这种商业协议中的特定责任和预期。为了应对进口商不能及时全额付款的可能,出口商还需要采取一些保护措施。
- 曾经与出口商有过成功商业贸易经历的国外进口商可被称为**无隶属关系的老贸易伙伴**。在这种情况下,交易双方可能也要订立一份详细的销售合同,但是合同中的具体条款和运输或配套服务的定义则完全没有前者那样严格。根据这种关系的密切程度不同,出口商也可能寻求第三方保护以保证交易的成功,或者直接在往来账户的基础上开展业务。
- 作为出口商子公司经营单位的国外进口商可被称为**隶属方**(有时也称为**公司内交易**)。因为在这种情况下交易的双方是同一家跨国公司的两个部分,所以大部分此类交易并不需签订合同,也无须采取其他预防对方违约的措施,然而也有例外。在复杂的国际商业环境中,交易时详细列明交易条件,以及防止对于交易完成的任何政治或国家层面的干扰,可能仍符合出口商的最佳利益。

20.2 贸易困境

国际贸易总是面临着一个基本的"困境"。假设一个出口商和一个进口商彼此都有交易意愿,但双方地理上的距离导致了在贸易中不可能实现一手交钱、一手交货。显然,进口商更愿意用图表 20.2 上方的贸易安排,而出口商则更偏好图表下方的安排。

图表 20.2　进出口贸易的机制

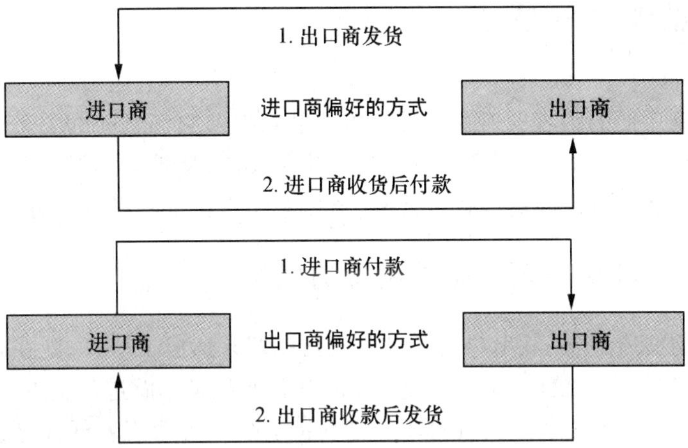

这种不愿相信外国陌生人的贸易困境，可以通过一个信誉很高的中介银行来解决。图表 20.3 简单描述了这种交易方式。在该图中，进口商获得了银行为其付款的承诺，同时他也知道出口商也信任这家银行。银行付款的承诺被称为**信用证**。

图表 20.3　作为进出口中介的银行

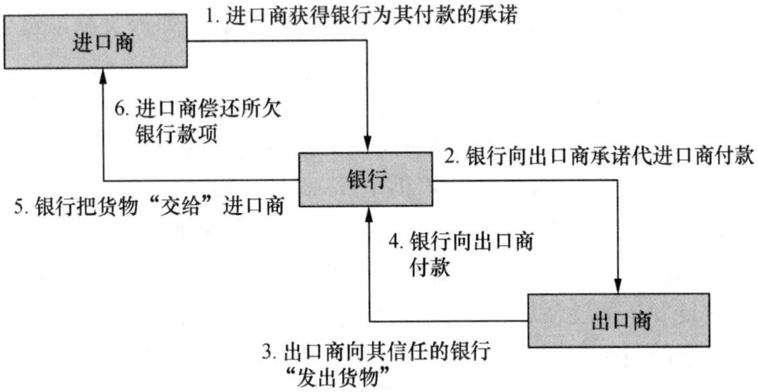

出口商向进口商所在国发出货物。这些货物的户头通过一张称为**指示提单**(order bill of loading)的文件转移给银行。接着，银行应出口商的要求支付货款。要求付款的票据被称为**即期汇票**(sight draft)。在支付了货款之后，银行就将提单交给银行所信任的进口商。在此时或之后，进口商再根据其与银行的约定向银行偿付货款。

跨国公司的财务经理们必须对这三种最基本的票据了如指掌。他们的公司经常会与无隶属关系的交易伙伴进行交易，而这个票据系统就为进口商提供了一种短期资本的来源，即使货物被运送至其姊妹公司，这笔资本仍可被提取。

20.3 票据体系的优点

本章后面的内容会对这三种最重要的票据及它们之间的关系进行介绍。由这三种票据构成的体系，经历了几个世纪的变化和发展，使得国际贸易双方都免受交易无法完成的风险和汇率风险的困扰。此外，该体系还提供了一种融资方式。

20.3.1 对交易无法完成风险的保护

如前文所述，一旦出口商和进口商已就贸易达成了协议，则在收到货款或至少在货款的支付有保证之前，都想保有货物的法定所有权。而进口商在收到货物或者至少在收到货物的所有权凭证之前都不愿意付款。每一方都想要保证对方能够完成自己的那部分交易。该体系精心构架的目的是为了确定任何时候如果一方违约，都将承受财务损失。信用证、即期汇票和提单就是这个体系的一部分。

20.3.2 抵御外汇风险

在国际贸易中，外汇风险来自于**交易敞口**(transaction exposure)。如果货款要求以出口商所在国的货币支付，则进口商将承受外汇风险；如果货款以进口商所在国货币支付，则出口商将承受外汇风险。

交易风险可以用第 8 章介绍的技术来对冲，但是为了对冲，暴露在风险中的一方必须明确一定数额货款的确切支付时间或大致时间范围。本章所述的三种票据中都明确规定了付款的数额和时间，从而提供了有效对冲的基础。

如果国际贸易是偶然发生的，货物运输不存在明确的协议，买卖双方之间也没有持久的关系，此时，交易无法完成的风险和外汇风险就是最重要的风险源。如果进出口关系具有重复发生的性质，就像制成品被每周或每月运送至位于另一国家的最终生产线或零售终端的情况那样，或者发生在其货币被认为处于强势的国家之间，则出口商可能就会在对信贷进行例行检查后利用往来账户向进口商收款。银行会在信用证所涉及的汇票处理系统之外提供信用信息和收账服务。

20.3.3 贸易融资

大多数国际贸易都存在时滞，在这段时滞的时间里，货物处于运输过程中而同时资金也被占用。一旦消除了交易未完成的风险和汇率风险，银行就愿意为运输中的货物融资。基于一些关键的票据，银行就可以为运输中的货物和待售货物融资，而无须使自己陷入商品质量问题或者运输的其他物理方面的问题。

20.3.4 国际贸易：事件发生的时间线和结构

为了理解国际贸易中涉及的风险，我们需要对贸易中事件的发生顺序有所了解。

图表 20.4 大体上描述了一笔出口贸易涉及的一系列事件。

图表 20.4　　贸易的时间顺序和结构

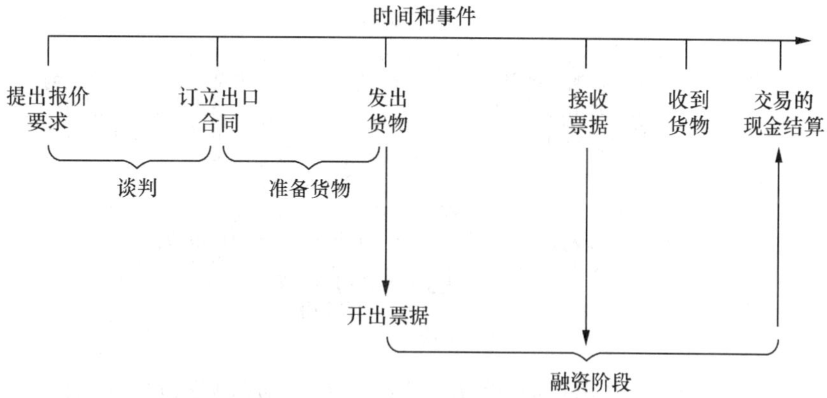

从财务管理的角度来看,国际贸易中最主要的两种风险是**货币风险**和**交易未完成的风险**。图表 20.4 展示了信用管理中的一个传统的商业问题:先是出口商报价,进而签订贸易合同,最后,基于对进口商的信任或银行在票据中的付款承诺,出口商会发出货物,进而失去对货物的实物控制权。在融资阶段初期,进口商的违约风险就出现了,如图表 20.4 所示。

在很多情况下,最开始对国外客户的信用分析任务与对国内客户的分析过程是类似的。如果出口商面临的是一个新客户,但该客户是一个大公司,并且在其国内有着优良的信誉,在这种情况下,出口商可能仅需要从银行获取一份关于此客户的信用报告即可。与此同时,出口商可能还要向那些与此客户有过商业往来的公司咨询一些信息。如果这些调查表明该客户(以及客户所在的国家)是完全可信的,那么像对待国内客户一样,出口商将在往来账户的基础上向该客户发货(加上一些必要的信贷约束)。在这种情况下,由于省去了一些烦琐的票据和银行费用,出口贸易的成本会降至最低。然而,在与新的或陌生的进口商建立起正常的交易关系之前,出口商还要面临着进口商拒付货款和交易失败的可能。通过使用由高信誉度的银行开立的信用证,拒付货款的风险能够得以消除。

20.4　重要的票据

下文描述了三种重要的票据:信用证、汇票和提单。

20.4.1　信用证

信用证(letter of credit, L/C)是银行应进口商(也称为申请者或买家)的要求而作出的付款承诺,银行会按信用证中的要求对出口商(信用证的受益人)付款。由于银行同意对票据而不是对货物付款,因此信用证降低了交易未完成的风险。图表 20.5 描述了三方之间的关系。

图表 20.5 **信用证(L/C)的相关各方**

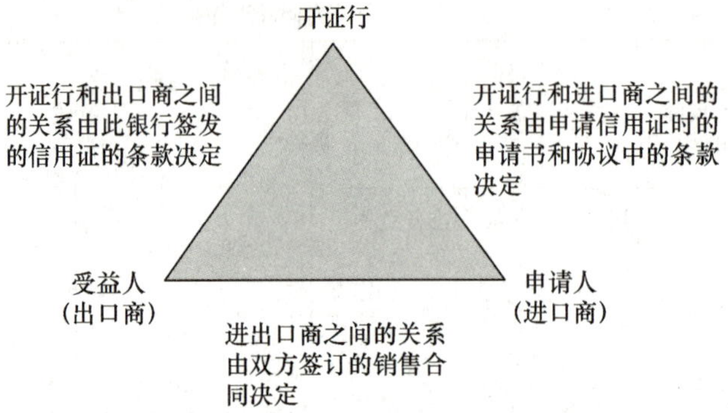

进口商(买方)和出口商(卖方)就一笔交易达成协议,然后进口商会向当地的银行申办信用证。进口商的银行会根据其对进口商的信用状况评估而开立信用证并扣押一份销售合同,或者也可能要求进口商事先提供现金存款或其他抵押品。同时,进口商银行还需要知道贸易的类型、涉及的货币金额以及使用信用证提款时所需要的文件。

如果对申请者的信用状况很满意,那么银行就会开出信用证。当运输的货物与信用证中的指示和条件相一致时,银行就必须保证对货物付款。

信用证实质上就是开证行对特定票据付款的保证,这些票据必须与根据信用证签发的汇票一起使用。然而信用证并不是潜在商业交易获得成功的保证。事实上,信用证的交易独立于任何的销售以及其他的合同,而这些销售与合同可能正是信用证的基础。真正的信用证交易必须包含下面与开证行有关的五个构成要素:

1. 开证行对其签发的信用证(L/C)必须收取一定的费用或得到其他正当的商业利益。

2. 银行签发的信用证必须有明确的有效期或确定的到期日。

3. 银行承担的付款责任必须有一个指定的最高限额。

4. 银行只有在见到特定的票据时才有义务付款,并且银行绝不参与决定有争议的事实或者法律问题。

5. 银行的客户对银行有无条件的偿付义务,偿付的条件与银行付款时的条件相同。

下面我们给出商业信用证的分类。

不可撤销信用证和可撤销信用证。不可撤销信用证要求签证银行必须承付依照信用证签发的汇票,并且未经所有的当事人,特别是受益人(出口商)同意的情况下,此类信用证既不可撤销也不可修改。相比之下,可撤销信用证在付款之前的任何时间都可撤销或修改;此类信用证仅是一种安排支付方式,而不是支付货款的保证。

保兑信用证和非保兑信用证。一家银行签发的信用证可以被另一家银行保兑,在这种情况下,保兑行必须承付根据信用证签发的汇票。而非保兑信用证则表示只有开证行才有见票付款的义务。相比之下,如果出口商对国外银行的偿付能力存有疑虑,那么它更愿意接受由国外银行签发并且由国内银行保兑的信用证。而出口商的疑虑产生的原因可能是由于不能确定国外银行的财务状况,或者国外的政治经济状况不甚稳定。信用证的主要内容如图表 20.6 所示。

图表 20.6 信用证的主要内容

东方银行

[开证行]

日期:2005 年 9 月 18 日

信用证编号:123456

东方银行向 Jones 公司[出口商]签发本金额为 500 000 美元的不可撤销信用证,根据编号为 123456 的信用证对东方银行开具的汇票见票 90 天后即可支付。

汇票必须和以下票据一起出示:

1. 商业发票一式三份
2. 装箱单
3. 清洁已装运指示提单
4. 保险单据,由进口商购买

在到期日,东方银行将向汇票持有者支付等同于汇票面额的款项。

授权签章

大多数的商业信用证都是具有"票据性质的",这意味着根据信用证签发的汇票必须和一些特定的票据一起使用。这些票据通常包括提示提单(在本章的后几节将会详细地论述)、商业发票以及下面三种中的一种或几种:领事发票、保险单据或保单、装箱单。

20.4.2 信用证的优缺点

信用证的主要优点是降低了风险——出口商是对银行的支付承诺销售,而不是对一个普通商业企业的支付承诺销售。同时,因为银行可能比进口商更加了解外汇市场的情况和外汇交易规则,对于获取外汇进行货款支付方面,出口商也处于一个更加安全的位置。如果在交易的过程中,进口国更改了外汇管理制度,那么该国政府可能允许国内银行继续承兑已签发的信用证,以免国内银行在国际上留下坏名声。当然,如果信用证被出口商所在国的银行保兑,那么出口商就可以避免任何形式的外汇冻结问题。

出口商可能还会发现由不可撤销信用证支持的货物订单有助于它在本国得到出口前的融资。如果出口商交货的信誉优良,则本地银行很可能会发放贷款,从而满足其生产出口货物和准备发货所需的资金。一旦货物按信用证条款的规定发出,出口商就会得到货款,进而偿付这笔出口前的贷款。

对于进口商而言,信用证的最大优点是只有在所有单据都到达当地的口岸或机场,并且信用证中开列的所有条件都得到满足时,他才需要付款。信用证的主要缺点在于,进口商要向开证银行缴纳一定的费用,同时信用证可能会降低进口商在开证行的贷款额度。事实上,如果出口商机械地向进口商索要信用证,那么对于出口商而言,信用证可能是一个竞争方面的劣势,特别是当进口商的信用记录很好并且进口国的政治经济状况很稳定时就更是如此了。

20.5 汇票

汇票(draft,有时也称为 bill of exchange,B/E)是在国际贸易中为了实现货款支付而普遍使用的一种票据,它是由出口商(卖方)签发的支付命令,要求进口商(买方)或其代理人在一个特定的时间支付一个确定的金额。因此汇票是出口商要求进口商支付货款的正式要求。

签发汇票的人或企业可被称为**制票人**(maker)、**出票人**(drawer)或**发起人**(originator),通常是出售并发出商品的出口商。汇票中指明的付款方称为**受票人**(drawee)。受票人需要**承付**(honor)汇票,即支付汇票上标明的款项。在商业贸易中,受票人或者是进口商(此时汇票就称为**商业票据**),或者是进口商的银行(此时汇票就称为**银行汇票**)。银行汇票通常是根据信用证中规定的条款签发的。汇票可以作为一种无记名票据签发,也可以指定付款的接收人。而该接收人,也称为**收款人**(payee),可能就是出票人自己也可以是指定的第三方,比如出票人的代理银行。

20.5.1 可转让票据

如果签发的汇票符合某些规定,那么它就成为**可转让票据**(negotiable instruments)了。对于货物的国际流动,这种可转让票据就成了一种便利的融资工具。汇票必须具备以下四个条件才能够成为可转让票据[见《统一商法典》,3104 章(1)]:

1. 它必须由制票人或出票人以书面形式签发。
2. 它必须包含一个无条件支付确定款项的承诺或命令。
3. 它必须是见票即付,或者在某个固定的或可以确定的未来日期支付。
4. 它必须应命令或持票人要求而支付。

一张汇票如果满足以上四个条件,并且有合法的背书,则收到该汇票的人就成了一个"正当持票人"。即使原始的出票人和受票人对汇票指示的原始贸易产生了很大的分歧,该汇票的当前持有人仍具有法定的优先索偿权。如果受票人拒绝承付该汇票,那么汇票的正当持票人就有权要求前一个背书人或制票人支付款项。正是由于持有可转让汇票的一方作为正当持票人的权利有了明晰的界定,各式各样的汇票才能被广泛接受,这其中还包括个人支票。

20.5.2 汇票的种类

汇票分为两种:即期汇票和定期汇票。**即期汇票**(sight draft)要求受票人见票即付款,而受票人在见票时或者马上付款或者当即表示拒付。**定期汇票**(time draft)又称为

远期汇票(usance draft),这种汇票允许受票人在见票后延迟一段时间才付款。定期汇票需要向受票人出示,而受票人在汇票上签字或签章以示承兑。一旦定期汇票得到了承兑,它就变成了承兑方(买方)付款的承诺。如果远期汇票是开给银行的并已由银行承兑,则该汇票就成了银行承兑汇票;而如果是开给商业企业并且被已被企业承兑,则该汇票就成了商业承兑汇票。

汇票的时限指的是汇票的**付款期限**(tenor)。为了具备可转让票据要求的条件,进而对正当持票人产生吸引力,汇票必须在一个固定的或可以确定的未来日期得到偿付。例如,“见票后 60 天付款”就是在一个固定的日期付款,这个时间在汇票承兑之时就已经明确确定了。但是,“货物运达日”付款的付款时间就无法确定是哪一天,因为货物运达的日期无法提前知道。事实上,甚至没有人可以保证货物可以运达目的地。

20.5.3　银行承兑汇票

汇票经银行承兑之后,就成了**银行承兑汇票**(banker's acceptance)。此时,这张汇票就变成了银行在汇票到期日付款的无条件承诺。实际上,银行承兑汇票等同于可转让银行存单(CD)。银行承兑汇票的持有人无须等到汇票到期日才能够获得流动性,他可以在货币市场上卖出此汇票,在货币市场上此类票据的交易很频繁。贴现时扣减的金额作为一种费用,完全取决于承兑银行或保兑银行的信用评级。使用银行承兑汇票融资的费用与使用其他短期融资工具时的费用之间的比较,会在本章的后面进行分析。

20.6　提单

国际贸易融资过程中使用的第三种重要的票据是提单。**提单**(bill of lading, B/L)由运送货物的公共承运人向出口商签发,它可以同时作为收据、合同和货物所有权单据。

作为收据,提单表明承运人已经收到了提单中标明的货物。由于承运人没有责任确保集装箱中的货物正是出口商所承诺出口的货物,因而提单上关于货物的描述通常是非常简单的。如果运费在货物起运之前已经支付,提单上通常被贴上“运费已付”或“运费已提前支付”这样的标签。如果货物以货到付款的方式运输——与国内贸易相比,这种方式在国际贸易中比较少见——则承运商在得到运费支付之前都保有货物的滞留权。

作为合同,提单表明承运人在收取运费的同时有运输货物的义务。公共承运人不能在提单中加入特别的条款来逃避因疏忽而造成的损失责任。提单上可以标明当遇到特殊情况致使货物不能运至目的港时承运人可以选择转运的港口,或注明可直接将货物运回至出口商,由此造成的费用由出口商承担。

作为货物所有权单据,在货物运送给进口商之前,提单是用来获取货款支付或者书面支付承诺的依据。此外,在货物运输之前或途中,以及在进口商最终付款之前,出口商可以利用提单作抵押向国内银行融资。

20.6.1 提单的特点

在货物交给承运人之后，出口商仍然保有货物的所有权，而提单意味着出口商可以得到货物付款。在收到货款支付之前，出口商都保有对货物的所有权；在收到货款时，出口商要对提单（通常是可转让的）进行空白背书或对付款方进行背书，而此付款者通常是银行。最常见的情况是，凭借已背书的提单和汇票，出口商可以提前从银行得到货款支付。出口方银行支付了汇票中标明的货款之后，就通过银行间清算渠道将这些单据移交给进口方银行。接下来，当货款支付后（即期汇票），或汇票承兑后（开给进口商的且标明 D/A 的定期汇票），或支付条款被完全认同后（根据信用证的规定对进口方银行开出的汇票），进口方银行就要把票据移交给进口商。

20.7 一个例子：典型国际贸易中的票据

国际贸易可以通过很多方式进行，这里将以一个假想的例子来介绍国际贸易中各种票据间的关系。假设出口商收到了加拿大买方的一份订单。对于出口商来说，这是一张要求配备提单的信用证进行融资的出口，其中出口商将通过一份由进口方银行承兑的汇票来收款。图表 20.7 对这种贸易进行了简要描述。

图表 20.7 典型国际贸易的步骤

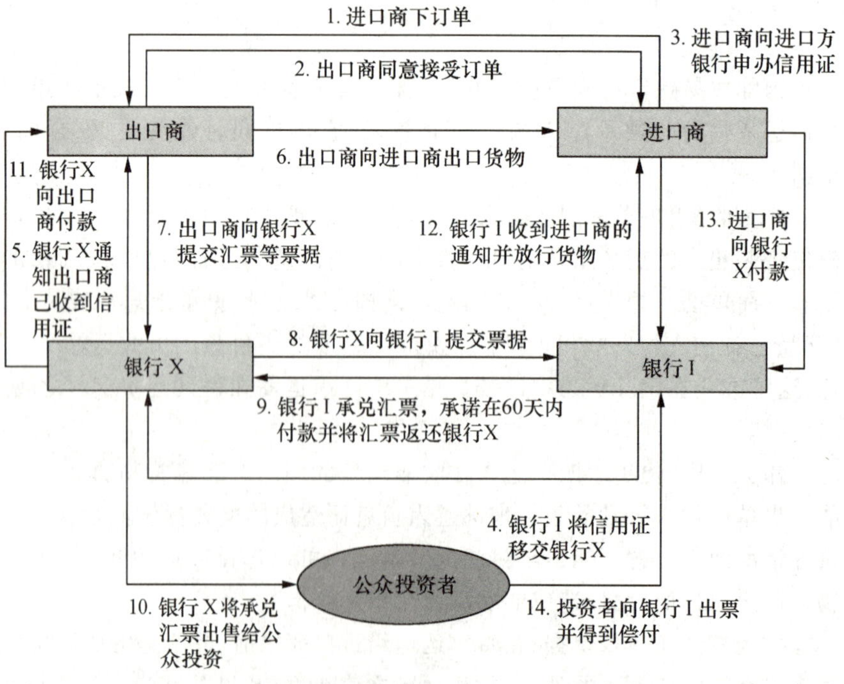

1. 进口商向出口商下订单,并且询问后者是否愿意通过信用证结算的方式向其出口货物。

2. 出口商同意使用信用证结算的方式出口,并确定出口货物的价格和数量等相关信息。

3. 进口商向北方银行(银行I——进口方银行)申请开立以出口商为受益人的信用证。

4. 北方银行开立以出口商为受益人的信用证并将信用证移交至南方银行(银行X——出口方银行)。

5. 南方银行建议出口商为了出口商自己的便利而开立信用证。南方银行可以选择是否对此信用证进行保兑。

6. 出口商向进口商发出货物。

7. 出口商准备一份远期汇票并出示给南方银行。此远期汇票是根据北方银行开立的信用证提交给北方银行的,同时还要附上其他必需的单据,包括提单。此时,出口商对此汇票进行空白背书(这时汇票成为不记名文书),从而使得货物的所有权转移至这些票据的持有人——南方银行。

8. 南方银行向北方银行出示汇票及相关的票据以求承兑。北方银行在汇票上盖章、签字以示承兑,这使得汇票成为银行承兑汇票,此时,北方银行就成了票据的所有者,并承诺在汇票到期日(如60天)付款。

9. 北方银行将已承兑的汇票送还给南方银行。或者,南方银行可能要求北方银行以一定的贴现率购买汇票。如果后一种情况发生,北方银行将向南方银行汇去面额减去贴现额的款项,而不是向其返还已承兑的汇票。

10. 收到银行承兑汇票之后,南方银行有几种处理方法。它可以在公开市场上将汇票以一定的折扣卖给组合投资者(这类投资者通常是拥有超额的现金,并希望将之用于短期投资的公司或金融机构)。或者,南方银行还可持有该汇票,把它当做自己投资组合的一部分。

11. 如果南方银行将银行承兑汇票折价出售给北方银行(在步骤9中提及的)或在进口国当地的货币市场上折价出售,那么随后南方银行会把这部分收益扣除折现额和手续费后转交给出口商。另一种可能是出口商持有此汇票60天直至到期,而后获得偿付。尽管如此,正常情况下,出口商更愿意马上得到折价后的汇票现金,而不愿持有汇票到期获得略多一些的现金额。

12. 北方银行通知进口商有关此次出口的单据已到。接着,进口商会签发一份通知或向银行作出在60天内支付货款的计划,进而北方银行就向进口商交付单据。在得到了相关单据之后,进口商就可以马上获得实实在在的货物了。

13. 60天后,北方银行得到进口商对已到期承兑汇票的货款偿付。

14. 在同一天也即在承兑后的第60天,到期汇票的持有者出示票据并得到汇票面额的偿付。汇票持有者可能直接向北方银行出票,就像图中所示的那样,或将汇票返售给南方银行,而南方银行再通过正常的银行渠道向北方银行要求偿付。

虽然这是一个涉及信用证的标准交易,但大多数的国际贸易却是非标准的。如金融实务专栏 20.1 所述，商业活动，尤其是国际商业活动，任何时候都需要管理层的弹性和创造力。本章结尾的小案例描述了一个真实商业环境中的国际贸易。此案例的结果是对国际贸易管理的经典挑战：为了达到公司的战略目标，你应该在何时以及以何种标准对典型的国际贸易程序进行变通？

金融实务专栏20.1

GLOBAL FINANCE IN PRACTICE

在线信用证

亚洲的贸易融资领域正迅速发生变化。由于电子设备和网络设备的大量应用，传统的贸易融资工具，如信用证，可能将在短时间内都被代替。更重要的是，为了适应电子商务经营模式对融资安排类型的要求，银行和企业都需要改变它们的商业习惯。JP 摩根电子商务贸易和供应链的副总裁和亚洲区主管 Tai Kah Chye 对这种变化进行了总结："电子商务技术将继续在贸易融资中独领风骚。虽然电子商务不能代替融资，但它却从根本上改变着过去一直沿用的贸易融资方式。"

尽管信用证是最传统的贸易融资工具，并且在国际贸易融资领域中仍发挥着作用，然而在一些亚洲国家或地区，它的使用率却正趋于下降。中国台湾 SinoPac 银行的高级副总裁和总经理 Wenyir Lu 强调："在台湾，信用证在所有贸易中的使用率已从三年前的 50% 到 60% 降至现在的 30% 以下。"在一些国家和地区，如新加坡以及中国的台湾和香港地区，信用证使用率下降的主要原因是信用证的处理时间太长：议付一份信用证（从货物装船到开证行出票的时间）可能要超过 20 天。

在这个市场中，电子和网上应用服务供应商多如牛毛。Bolero 就是其中的一个，该服务系统是由 SWIFT 和联合运输俱乐部（Through Transport Club）于 1999 年下半年合资成立的。通过对电子文件交换平台的标准化，Bolero 充当了有关贸易信息真实性的第三方证明人，这就使得贸易各方和银行可以放心地交换票据。这意味着整个信用证的处理过程都可以通过电子化来完成循环，从而更快、更安全。

资料来源：Adapted from "The LC Goes On-Line," *Asiamoney*, February 2001, pp. 72—76.

20.8　政府对出口融资的项目援助

大多数出口导向型工业国家的政府都设有特别的金融机构来为其出口商提供某种形式的信贷资助。与竞争性的私人融资领域相比，这些出口融资机构提供的融资条件更加优惠。因此，国内的纳税人为国外的买家提供较低融资成本补贴的目的是要创造就业和保持技术优势。最重要的制度通常有出口信用保险以及政府对出口融资的银行提供支持。

20.8.1 出口信用保险

相对于那些能够得到政府提供的更加优惠的信贷条件的竞争者,如果出口商坚持要求进口商使用现金或信用证的支付方式,那么它很可能失去自己的客户。出口信用保险通常可以提供更优惠的信贷条件。如果国外客户违约时,那么保险公司将赔付大部分的损失,这就向出口商或出口方银行提供了保障。由于出口信用保险的存在,商业银行就愿意提供中长期(5 至 7 年)的出口融资。进口商也更加希望出口商购买出口信用保险来为进口商的违约风险埋单。在这种情况下,进口商可以省去申办信用证的费用并且保持自己在银行的信贷额度。

各国通过不断延长信贷保险期限的方式来促进出口竞争的行为很可能会导致信贷战争和信用决策的失误。为了防止这种不健康的竞争的激化,1934 年很多贸易大国联合创建了 Berne 联盟(官方称为 the Union d'Assureurs des Credits Intermationaux),旨在就出口信用条件达成一种自愿性的国际谅解。Berne 联盟对很多出口商品都提供了最长期限信贷条件的参考建议,这些商品包括资本密集型商品(5 年)、非资本密集型商品(3 年)和耐用消费品(1 年)。

20.8.2 美国的出口信用保险

在美国,出口信用保险由国外信贷保险协会(FCIA)提供,这是由私人商业保险公司协会和美国进出口银行共同运营的非公司组织。

当美国的出口商因商业和政治风险而无法获得国外债务人的偿付时,FCIA 就可以向美国的出口商提供政策保护。由商业风险带来的损失是由于债务人无力偿付或延期偿付债务所导致的,由政治风险带来的损失则来自于买卖双方不能控制的政府行为。

20.8.3 进出口银行和出口融资

组建于 1934 年的美国进出口银行(Eximbank)是政府的另一个独立机构,组建该银行的目的在于刺激和促进美国的国际贸易。有意思的是,建立这家银行的初衷是为了促进美国向苏联出口。1945 年,美国进出口银行的职责被重新定位为提供融资援助、促进美国和其他国家、机构及民族之间的进出口贸易和商品交换。

通过各种贷款担保和保险项目,美国进出口银行极大地促进了美国的出口融资。对于美国的银行向国外借款人发放的中期(181 天至 5 年)和长期(5 年至 10 年)出口贷款,美国进出口银行都会提供偿还的担保。而美国进出口银行中长期直接贷款发放要基于对私人资金来源的预期。其实,美国进出口银行对国外借款者的贷款都用于购买美国的商品和服务。这样的话,贷款资金其实是付给了商品和劳务的美国供应商。而贷款的本金和利息还要支付给美国进出口银行。在这些直接的贷款中,美国进出口银行要求私人参与贷款的目的在于:(1) 确保美国进出口银行的贷款是对私人领域出口融资的补充和完善,而不是与之竞争;(2) 扩大贷款本金的来源;(3) 确保私人金融机构继续提供出口信贷。

此外,美国进出口银行的经营业务还包括:为租赁交易提供担保;为非美国客户在大型资本项目中由美国公司进行工程计划和可行性研究的准备所涉及的成本提供融资;为出口商、银行或在美国商品的融资渠道方面需要帮助的其他机构提供顾问服务。

20.9 贸易融资的其他选择

为了给国际贸易应收账款融资,公司会使用与国内应收账款融资相同的融资工具,以及那些只在国际贸易融资中能够获得的一些特有的融资工具。图表 20.8 列出了一些主要的融资工具以及这些工具在 2003 年 5 月 11 日大致的成本。本章的下一部分描述了一种更长时期的融资工具——福费廷。本节最后一部分则介绍了对销贸易的运用,即用各种不同的易货贸易来代替融资工具。

图表 20.8 国内和国际贸易短期应收账款的融资工具

融资工具	2003 年 5 月 11 日的成本或收益,三个月期
银行承兑汇票*	年化收益率 1.14%
商业承兑汇票*	年化收益率 1.17%
保理	可变利率,但成本远高于银行信贷额度的利率
证券化	可变利率,但成本与银行信贷额度相当
银行信贷额度(用出口信用保险覆盖的)	4.25% 加一定的基点(如果有信用保险抵补,基点会降低)
商业票据*	年化收益率 1.15%

* 带星号的这些工具与 3 个月期的可转让银行存单竞争,后者在 2003 年 5 月 11 日的收益率为 1.17%。

20.9.1 银行承兑汇票

如本章前面部分所述,银行承兑汇票可以同时用来对国内贸易和国际贸易的应收账款进行融资。如图表 20.8 所示,银行承兑汇票的收益率与其他货币市场工具特别是可转让银行存单相当。然而,开立和贴现银行承兑汇票的公司的全部成本也取决于接受该公司汇票的银行所收取的佣金。

在国际贸易中产生的银行承兑汇票的第一个所有者是出口商,该出口商是于银行在汇票上签上"承兑"二字以示承兑之后收到该汇票的。出口商可能会持有汇票直至到期并收取货款。例如,对于面额为 100 000 美元的三个月期银行承兑汇票,出口商可以获得的金额为票面金额减去银行每年 1.5% 的承兑佣金:

银行承兑汇票的面额	\$100 000	
减去三个月期的银行每年 1.5% 的承兑佣金	−375	(0.015 × 3/12 × \$100 000)
出口商在三个月后收到的金额为	\$99 625	

或者,为了立即获得资金,出口商可以将汇票折价——即一个减少了的价格——出售给其银行。在这种情况下,出口商所获得的资金额为汇票面额减去银行承兑手续费

和当前市场上银行承兑汇票的折现额。如果年折现率为表 20.8 中的 1.14%，则出口商将得到如下的金额：

银行承兑汇票的面额	\$100 000	
减去三个月期的银行每年 1.5% 的手续费	−375	(0.015 × 3/12 × \$100 000)
减去三个月期的年折现率 1.14% 折现额	−285	(0.0114 × 3/12 × \$100 000)
银行即刻可得到的资金额为	\$99 340	

所以，银行承兑汇票的年融资总成本为：

$$\frac{佣金+折现额}{总收入}\times\frac{360}{90}=\frac{\$375+\$285}{\$99\,340}\times\frac{360}{90}=0.0266 或 2.66\%$$

折现银行可以在其投资组合中持有该汇票，并获得 1.14% 的年折现率；或者将此汇票在银行承兑汇票市场上再次出售给其他的组合投资者。购买银行承兑汇票的投资者为国际贸易提供了融资资金。

20.9.2　商业承兑汇票

商业承兑汇票(trade acceptance)与银行承兑汇票类似，二者的不同在于前者的承兑者是商业企业而非银行，如通用汽车承兑公司(GMAC)。商业承兑汇票的成本取决于承兑公司的信用等级以及承兑公司所收取的手续费。像银行承兑汇票一样，商业承兑汇票以某个折现额折价出售给银行或其他投资者，出售时用到的折现率也要与其他货币市场工具的收益率竞争，如图表 20.8 所示。

20.9.3　保理

在有追索权或无追索权的基础上折价购买应收账款的专业公司被称为**保理公司**(factor)。**无追索权**(nonrecourse)意味着保理公司承担了他所购买的应收账款的信用、政治和外汇风险。**有追索权**(recourse)则意味着保理公司有权退还无法收回的应收账款。由于保理公司必须承担评估每笔应收账款资信的费用和风险，因而通常情况下，保理的成本是很高的。它高于按优惠利率加一定基点所进行的借款。

无追索权应收账款的保理成本在结构上类似于承兑汇票：保理公司一般要收取 1.5%—2.5% 的手续费和一定的利息，手续费是用来抛补应收账款无法收回的风险，而利息是在其原始所得中以贴现的形式扣除的。另一方面，出售无追索权应收账款的公司则无须支付对其客户进行信用评估的费用，此外它也无须在公司的资产负债表上记入为应收账款融资所借的债务，进一步地，此公司也规避了无追索权应收账款可能带来的政治风险和外汇风险。

20.9.4　证券化

作为银行承兑汇票融资和保理的补充，以贸易融资为目的的出口应收银账款**证券化**是非常有吸引力的。公司可以通过将出口应收账款出售给专门的法人实体从而实现应收账款的证券化，设立该实体的目的就是以单笔出口应收账款的集合为基础来创造可交易证券。这种技术的一个优点是它可以将应收账款从出口商的资产负债表中移除，这是因为这些应收账款是以无追索权的形式出售的。

通常情况下，应收账款是以折价的方式出售的，折扣的多少取决于以下四个因素：

1. 出口商的历史收账风险
2. 信贷保险的成本
3. 保证为投资者理想现金流的成本
4. 融资和服务费用的大小

如果存在大量已知历史信用记录和违约率的应收账款，那么证券化就更加划得来了。一个大的出口商可以建立自己的证券化实体。虽然初始的创建成本很高，然而一旦建立，该实体就可以持续地运营下去了。作为一种选择，较小的出口商则可以使用金融机构提供的公共证券化实体，进而省去高昂的创建成本。

20.9.5 出口信用保险覆盖下的银行信贷额度

公司的银行信贷额度可以为公司提供以应收账款为固定上限的融资，如应收账款的80%。出口信用额度融资将出口应收账款包含在内是合理的。然而国外客户信用信息的收集和评估是尤为困难的。如果出口商利用出口信用保险来覆盖其出口应收账款，那么这些应收账款的信用风险会大大降低。这种保险使得银行信贷额度能够包含更多的出口应收账款，同时新包含进来的额度的贷款利率也较低。当然，外汇风险就必须要用第8章介绍的交易风险技术来处理了。

通常情况下，使用银行信贷额度的成本是基准利率加上反映特定出口商信用风险的利率基点。一般情况下，100个基点就是1%。在美国，借款人还被要求在借款机构保留**补偿存款**(compensating deposit)余额。在欧洲和其他很多地方，借款是在**透支**(overdraft)的基础上发放的。**透支协议**(overdraft agreement)允许公司对其账户的最高透支额可达到其信贷额度的上限。银行仅对透支部分收取利率，这部分利率是基准利率加上一定的基点。如图表20.8所示，在每种情况下，利用信贷额度进行银行借款的成本都比承兑汇票融资的成本要高。

20.9.6 商业票据

公司可以发行商业票据——无担保的本票——以满足其短期融资需求，其中包括国内和国际的应收账款。然而，一般只有信誉卓著的大公司(有很高的信用等级)才有资格进入国内和欧洲商业票据市场。如图表20.8所示，商业票据的利率处于收益率曲线的底端，并且直接与银行可转让存单竞争。

20.10 福费廷：中长期融资

当出口商发觉利用往来账户的信用与进口公司和/或其政府交易的风险过大时，就可以使用**福费廷**(forfaiting)这项用来消除进口商无力偿付风险的专业技术。这项技术的名字来自法语 **à forfait**,意思是“丧失或放弃某项权利”。

20.10.1　福费廷的作用

福费廷技术的本质是对从国外进口商处取得的有银行担保的本票、汇票或类似票据的无追索权销售。通过向一个被称为**包买商**(forfaiter)的专业金融公司以票面价值的折扣价销售这些票据,出口商就可以在交易时获得现金。包买商会在实际的交易发生之前安排整个操作过程。虽然出口公司需要对交割货物的质量负责,但在交易时它会收到明确且无条件的现金支付。所有因政治和商业原因导致的进口商无法付款的风险都由担保银行承担。对那些相信客户付款能力的小出口商来说,福费廷技术是非常有用的,因为它缓解了公司的现金流问题。

前苏联时代,技术方面的专家都集中于德国和奥地利银行,他们曾利用福费廷技术为对东欧和苏联国家的资本品销售融资。英国、斯堪的纳维亚、意大利、西班牙和法国的出口商现在都采用这项技术,但是据说美国和加拿大的出口商使用福费廷的进程还很缓慢,这可能因为他们怀疑福费廷过于简单且缺少复杂的文件。[①] 然而,现在美国一些公司正专攻这项技术,美国的包买商协会(AFIA)已经拥有超过 20 名成员。通过福费廷融资的出口目的地有亚洲、东欧、中东和拉丁美洲。[②]

20.10.2　一个典型的福费廷交易

典型的福费廷交易包括五个步骤,如图表 20.9 所示。具体的操作步骤如下。

图表 20.9　**典型的福费廷贸易**

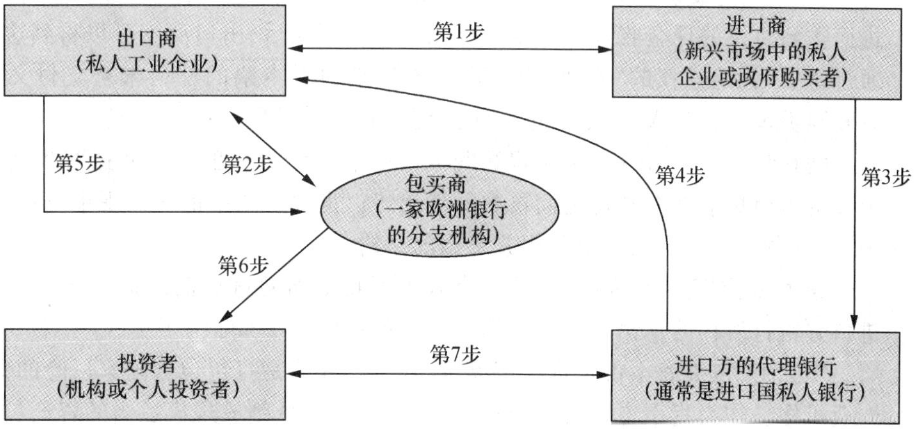

第 1 步:协议。进口商和出口商就一系列的进口达成协议,这些进口要在未来的一

---

① *User's Guild-Forfaiting: What Is It, Who Uses It and Why?* British-American Forfaiting Company, P. O. Box 16872, St. Louis, Missouri 63105. http://www.tradecompass.com.

② Association of Forfaiters in the Americas(AFIA), 2 Park Avenue, Suite 1522, New York, NY, 10016.

段时期内得到付款,一般为3到5年。尽管如此,长达10年或短至180天的期限都可通过福费廷技术融资。福费廷交易的最小规模通常是10万美元。进口商同意进行定期付款,而付款周期通常与货物交割或项目完成的进程相对应。

第2步:承诺。当出口商向包买商交付所需的本票或其他指定票据时,包买商即承诺以一个固定的折现率为贸易融资,也就是对出口商进行支付。协议的折现率是根据欧洲市场上的资金成本确定的,通常是在交易平均期限的LIBOR的基础上再加上高于LIBOR的风险溢价,以反映在交易中可观察的风险。这个风险溢价受到交易规模、交易期限、国家风险和担保机构品质的影响。例如,在5年期交易中,每半年付款一次(共付款10次),那么该交易中使用的折现率就应该以$2\frac{1}{4}$年的LIBOR为基础。交易的货款中通常包含了这个贴现率成本,因此融资成本最终还是由进口商承担。从承诺融资之日起到收到根据融资合同签发的实际贴现票据这段时间,包买商每年都要收取从0.5%到6.0%不等的附加承诺费用。通常情况下,这部分费用也要加到货物成本中并转嫁给进口商。

第3步:保付或担保。进口商通过发行一系列本票对购买的货物付款。这些本票通常是6个月期或12个月期的,这是与货物交割和公司投资项目完成的进程相对应的。这些本票首先被移交给对此本票背书(即担保)的进口方银行。在欧洲,这种无条件的担保指的是"保付"(aval),翻译成英语就是"支撑"(backing)。此时,在接下来所有该本票持有人的眼中,进口方银行就是第一债务人。银行的保付或担保是不可撤销的、无条件的、可分割的且可指定的。由于美国银行并不承担保付,因此美国的贸易就由备用信用证担保,备用信用证在功能上与保付类似,但是较为麻烦。例如,信用证通常只可转让一次。

第4步:票据的移交。已背书的本票现在就移交给出口商。

第5步:贴现。出口商背书这些"无追索权的"本票,并将它们折现出售给包买商,进而得到协议的现金收入。通常在单据提交的两天后,出口商就可以得到这部分收入。通过背书"无追索权的"本票,出口商就无须承担对本票的任何未来支付义务了,并同时收到折现现金收入,而不用担心任何更多的支付困难。

第6步:投资。此时,包买银行既可以把本票作为一项投资并持有到期,又可以在国际货币市场上背书并将它们再次贴现出售。世界上主要的再贴现市场位于伦敦和瑞士,以及主要交易与拉美企业相关票据的纽约。

第7步:到期。到期时,本票持有人为了收款而向进口商或进口方银行提交本票。进口方银行所作的承诺就是还票据以本来的价值。

实际上,包买商不仅是货币市场参与公司,并且是打包包含国家风险的金融交易的专业机构。作为货币市场公司,包买商将贴现票据分割成规模适当的资产包,然后将它们再次出售给拥有不同到期偏好的投资者。作为处理国家风险方面的专业机构,包买商会评估最终由进口商或进口方银行对票据进行支付的风险,并且促成一笔既能满足进口商又能满足出口商要求的交易。

福费廷技术的成功源于信赖商业银行的保付或担保这一信念。尽管商业银行是普遍的且相对较好的担保人,但在某些案例中由政府银行或政府金融部门作出的担保也是可以接受的。大型商业企业偶尔也能够在无银行担保的情况下举债。福费廷技术的另一方面是背书银行的保付被认为是“表外”债务。在评估商业银行的财务结构时,评估人一般并不考虑这项债务。

20.11 对销贸易

生产商在出口商品或服务的同时,作为补偿,它要接受其他商品或服务的进口,这种国际贸易安排被称为**对销贸易**(countertrade)。换言之就是出口的销售要附一份进口合同。对销贸易可能与初始的出口同时发生,此时不存在信贷问题,或者,对销贸易也可能在其后进行,此时融资就变得很重要了。

按照传统的看法,对销贸易会在存在严格外汇管制的国家之间发生,这时候对销贸易就是规避管制的一种手段;此外,对销贸易更有可能在信用状况较差的国家之间发生。然而一项研究却发现了相反的情况。③ 该研究的作者发现:(1) 禁止外商直接投资的国家更加倾向于从事对销贸易;(2) 国外投资者观察到的一国的政治风险水平越高(即政治环境的波动性),对销贸易程度越高;(3) 国家计划的程度越高,对销贸易水平越高。

图表 20.10 将对销贸易分为两个大的类别——无须使用货币的交易,显示在右下方;使用货币或信贷,但同时强加互惠承诺的交易,显示在左下方。

无须使用货币的交易包括:

- **简单易货贸易。**简单易货贸易是买卖双方直接进行物理意义上的货物交易。它是在单一合约下执行的一次性交易,交易中的合约指定了卖方需要交割和买方需要接受的货物。交易的双方同时在交易现场出现并且不需要任何货币。尽管如此,货币可能充当了一般等价物,买卖货物的价值就是通过货币建立的,而且每种货物的数量也是通过货币确定的。
- **清算安排。**在清算安排中,每一方都同意从对方那里购买特定价值(通常要相等)的货物和服务,同时要把交易的成本记入一个特别账户的借方。在交易期结束时,账户中任何的不平衡都可能通过运输额外的货物或通过硬通货清算。实际上,在简单易货贸易框架中加入清算安排就允许货物的交易存在时滞。因此信贷便利了最终的贸易匹配。
- **转口贸易。**转口贸易涉及双边账户余额的使用从一国转到另一国。例如,从加拿大到罗马尼亚的出口贸易是用存储在罗马尼亚清算账户中的余额来支付的。尽管这个清算账户中的货币是加拿大元或其他货币,然而该账户的余额只能用来从罗马尼亚购买货物。最初贸易中的加拿大出口商可能从罗马尼亚购买不相关的商品,或也可能把该清算账户的余额折价出售给转口贸易商,然后这些转口贸易商就从罗马尼亚购买货物并在其他地方销售。

---

③ Jean-Francois Hennart and Erin Anderson, “Countertrade and the Minimization of Transaction Costs; An Empirical Examination”, *Journal of Law, Economics, and Organization.* October 1993, pp. 290—313.

图表 20.10 对销贸易的分类

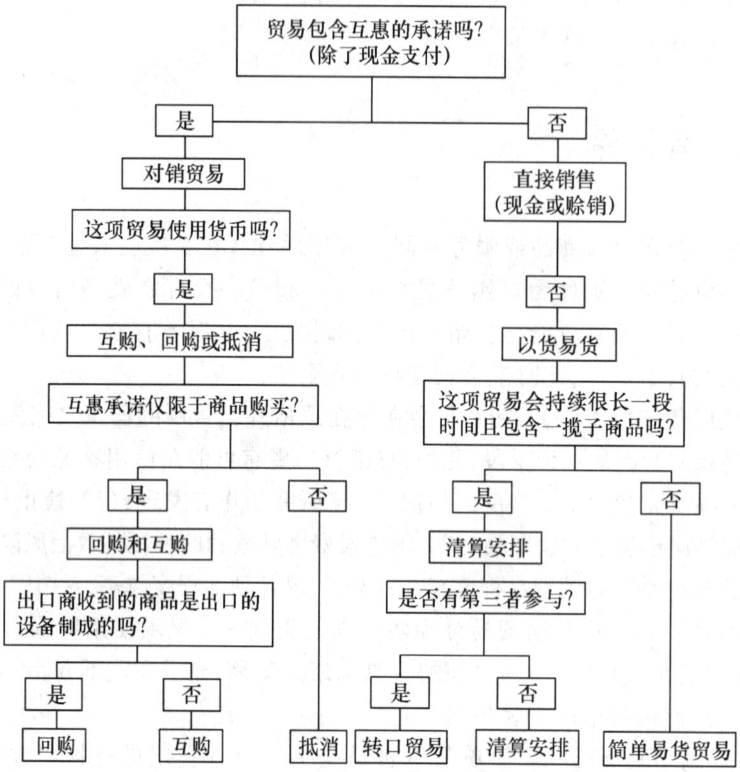

资料来源:Jean-Francois Hennart, "Some Empirical Dimensions of Countertrade", *Journal of International Business Studies*, Second Quarter 1990, p. 245. Reprinted with Permission.

三种需要使用货币或赊销,但同时需要强加互惠承诺的交易为:

- **回购或补偿协议。补偿协议**(compensation agreement),也称作**回购交易**(buy-back transaction),它是厂房设备的出口商签订的以出口设备的未来产品作为补偿的协议。实际上,补偿协议的性质使之成为直接投资的一种选择。收到的产品的价值通常超过初始的销售价值,这正好反映了货币的时间价值。
- **反购。反购**(counterpurchase)涉及原始的出口贸易,但是出口商收到的却是与其生产的产品毫无关系的货物。被广泛宣传的一个早期案例是 McDonnell Douglas 向 Yugoslavia 出口喷气飞机,而对出口的支付包括一部分现金和一部分火腿、酒、脱水蔬菜,甚至包括一些最终指定给洛杉矶的输电塔。McDonnell Douglas 有责任把收到的货物再次出售出去。
- **抵消。抵消**(offset)是指进口国家要求卖方以某种方式抵消贸易中的购买价格。进口商可能要求出口商在进口国本地外包一些生产,增加从进口国的进口,或向进口国转移技术。

20.11.1 对销贸易增长的原因

理论上,对销贸易是一种偏离自由多边贸易的运动。它是一种交易进程缓慢、成本高昂且错综复杂的交易组织方式,并且常常迫使公司开展新的经营活动去从事与原有专业技术相去甚远的交易。对销贸易的基本问题在于以某种易货方式购回货物的协议,意味着这些商品不能在公开市场上按照对销协议中锁定的高价出售。

尽管如此,还是有几点原因可以用于解释对销贸易。首先,从中央计划经济的视角看,通过保证未来的出口可以带来与最初进口成本大致相等的外汇,因此对销贸易减少了出口收入波动的风险。④ 中央计划经济从来就没有能力在国外营销本国的产品,这可能是因为营销在国内不是必需的。这些国家的生产计划都是由中央政府制定,并且其生产体系对突然变化的出口需求不能作出有效的反应。而对销贸易正是在某个时期内提供了一个有保证的市场,并且贸易是与规定生产配额的政府官员谈判,而不是与不控制资源的个体企业的经理们协商的。

第二,对销贸易出口避免了国内价格控制和由国际卡特尔联盟或商品协议设定的基准价格。在易货贸易中,商品的换手不需要使用价格。因此,所有的国内价格控制都不存在。商品可以以远低于本地售价的"价格"向国外"出售"。据报道,尼日利亚、伊朗、利比亚、印度尼西亚、伊拉克、卡塔尔和阿布扎比都曾利用易货交易以低于 OPEC 协议价格的价格出售石油。⑤

第三,由于在对销贸易中没有外汇产生,所以也没有外汇交给中央银行。然而实际上,利用对销贸易的出口支付最初进口的一方是可以赚取外汇的,这样它就可以保留这些外汇并支付进口。

第四,一些国家可以通过对销贸易出口低质量或设计糟糕的产品。这种商品通常以很低的折扣在国际市场上出售。在最初的销售中,这些交易是否包含折扣甚至是倾销取决于最初的销售是如何定价的。

调查研究显示,对销贸易在如下公司中的运用是最成功的:从事大宗且复杂产品出口的公司;被垂直整合的公司或有能力承受对销贸易回购的公司;与外汇定价不合理、实行外汇配给和进口限制的国家进行贸易的公司。那些在评估技术或出口营销方面缺乏经验的进口商同样可以获得很大的成功。⑥

---

④ Jean-Francois Hennart, "Some Empirical Dimensions of Countertrade," *Journal of International Business Studies*, Second Quarter 1990, p. 247.

⑤ Ibid., p. 249, quoting *Petroleum Economist*, May 1984.

⑥ Donald J. Lecraw, "The Management of Countertrade: Factors Influencing Success", *Journal of International Business Studies*, Spring 1989, p. 57.

小案例

Crosswell 国际公司的宝贝超薄尿布

Crosswell 国际公司是美国的一家护理产品的生产商和销售商，其产品包括婴儿尿布。巴西护理用品销售公司 Material Hospitalar 的总裁 Leonardo Sousa 已经与 Crosswell 国际公司进行了接触。Sousa 对销售 Crosswell 主要尿布产品——“宝贝”尿布——很感兴趣，但是双方需要对于产品的价格和支付条款等问题进行进一步的谈判。

向巴西出口

在初步的讨论之后，Crosswell 出口业务的经理 Geoff Mathieux 对出口的成本和定价进行了估计，以便与 Sousa 进一步讨论。Crosswell 需要知道产品到达消费者过程中整个供应和价值链中的所有成本和定价。假如 Crosswell 想要渗透这个缝隙市场的话，那么 Mathieux 相信巴西市场的消费价格对所有的合作方都公平且具有市场竞争力是很关键的。出口巴西的宝贝尿布的出口价格初步分解如图表 A 所示。

图表 A　出口巴西的宝贝尿布的出口价格分解图

宝贝超薄尿布是通过集装箱运输的，每个集装箱可装运 986 件尿布。虽然有一些成本和费用是以集装箱为单位计算的，但本表中价格和成本的计算是以件为单位计算的。

向巴西出口的成本	单位:件	计算过程
在迈阿密港的每件的 FAS 价格	$34.00	
运输、装卸和票据	4.32	每集装箱 $4 180/968 = $4.32
巴西港口(桑托斯)每件的 CFR 价格	$38.32	
出口保险	0.86	CIF 价格的 2.25%
巴西港口的 CIF 价格	$39.18	
巴西港口的 CIF 价格(以巴西货币雷亚尔计价)	R$97.95	2.50Reais/US$ $31.98
巴西的进口成本		
进口关税	1.96	CIF 价格的 2.00%
商船维修费	2.70	运费的 25.00%
港口储存费	1.27	CIF 价格的 1.30%
港口装卸费	0.01	每集装箱 R$12
额外的装卸费用	0.26	存储和处理费用的 20.00%
海关代理费	1.96	CIF 价格的 2.00%
进口许可证费	0.05	每集装箱 R$50
本地运输费	1.47	CIF 价格的 1.50%
分销商的总成本(以雷亚尔计价)	R$107.63	

（续表）

向巴西出口的成本	单位:件	计算过程
分销商的成本和价格		
存储费	1.47	CIF 价格的 1.50% 月数
存货融资费用	6.86	CIF 价格的 7.00% 月数
分销商利润	23.19	价格的 20.00% + 存储费用 + 融资费用
出售给零售商的价格	R$139.15	
零售商的成本和价格		
工业商品税(IPT)	20.87	买入价的 15.00%
商业流转税(MCS)	28.80	买入价的 18.00% + IPT
零售商的成本和价格加成	56.65	买入价的 30.00% + IPT + MCS
出售给消费者的价格	R$245.48	
尿布的最终零售价格	**每件尿布的价格**	**每片尿布的价格**
小包装	352	R$0.70
中包装	256	R$0.96
大包装	192	R$1.28

Crosswell 提议以每件 34 美元的价格以 FAS(船边交货)的形式在迈阿密港口出售给巴西的分销商,这意味着作为卖方的 Crosswell 同意承担货物运输至迈阿密港的所有费用。尿布的装船费用、实际的海运费用和相关的票据费用之和为每件 \$4.32。这一阶段的价格之和为 CFR 价格(成本加运费),即每件 \$38.32。最后,出口货物的保险费为每件 \$0.86,承保货物在运往目的港途中可能发生的损失。总的 CIF 价格(成本加运费和保险费)为每件 \$39.18,或者 R\$97.95(假设汇率为 R\$2.50/US\$)。每件 R\$97.95 的 CIF 成本就是在货物到达巴西时出口商向进口商收取的价格,计算过程如下:

$$\begin{aligned} \text{CIF} &= \text{FAS} + \text{运费} + \text{保险费} \\ &= (\$34.00 + \$4.32 + \$0.86) \times \text{R}\$2.50/\$ \\ &= \text{R}\$97.95 \end{aligned}$$

分销商从港口和海关取得货物的实际成本也必须以 Sousa 的实际成本的形式计算。表 A 中列出的各种税收和费用将超薄尿布的成本提升到每件 R\$107.63。此外,分销商还要支付货物的存储和库存费用,每件共计 R\$8.33,这使得每件成本提高至 R\$115.96。分销商会为其服务要求每件 R\$23.19(成本的 20%)的利润,这使得最终出售给零售商的价格上升为每件 R\$139.15。

最后,最终上架的每件 R\$245.48 的价格包含了零售商(超市或其他护理产品零售商)的费用、税收和价格加成。最终的零售价格估计使得 Crosswell 和 Material Hospitalar 能够对宝贝超薄尿布的价格在巴西市场的竞争力进行评估,并为两家公司的进一步谈判提供了基础。

Mathieux 向 Sousa 提供了这个出口报价、可能的代理协议框架(由 Sousa 在巴西市场代理 Crosswell 的产品线销售)以及付款和信贷条款。Crosswell 提供的付款和信贷条款是指 Sousa 或者提前用现金全额付款,或者利用不可撤销的保兑信用证加上 60 天的远期汇票付款。

此外,Crosswell 还要求 Sousa 提供财务报表、银行证明、国外商业证明、区域销售能力的描述和对超薄尿布的销售预测。Crosswell 提出的最后几项要求对评估 Material Hospitalar 的可依赖性、信用度以及是否具有成为其在巴西市场上代理商和长期合作伙伴方面是很重要的。接下来的讨论焦点在于寻找双方可接受的共同点以及努力提高宝贝超薄尿布在巴西市场上的竞争力。

Crosswell 的计划

Crosswell 向 Material Hospitalar 建议的销售,是在最初的运输中以每件 39.18 美元的 CIF 价格向巴西出口 10 集装箱(每箱 968 件)超薄尿布,货款以美元支付。销售的总发票金额为 379 262.40 美元。支付条款要求 Material Hospitalar 向一家美国银行申办保兑信用证。货款支付是基于一张 60 天的定期汇票,该汇票要附上其他的单据在货物运输的当天向银行出示以求承付。出口商和出口方银行都希望在货物发出后 60 天从进口商或进口方银行收到货款。

什么是 Crosswell 所期望的?

假设 Material Hospitalar 得到了由 Crosswell 在美国的银行保兑的信用证,则 Crosswell 国际公司将在贸易合同签订的 15 天后发货,如图表 B 所示。

图表 B **Crosswell 出口巴西的货款支付流程**

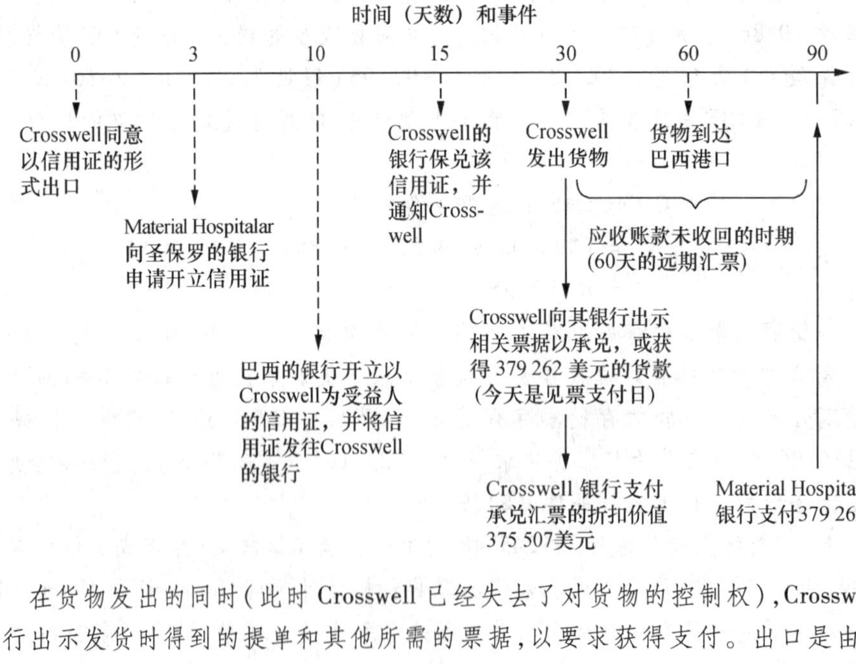

在货物发出的同时(此时 Crosswell 已经失去了对货物的控制权),Crosswell 会向其银行出示发货时得到的提单和其他所需的票据,以要求获得支付。出口是由保兑信用证担保的,在所有票据都已备齐的情况下,银行会向 Crosswell 提供两个选择:

1. 持有远期汇票到期(60 天)并获得全额货款支付(379 262.40 美元)。

2. 当天就得到货款的折现值。假设以美元计息的年利率为 6.00%(60 天的利率就为 1.00%),则折现后的金额为:

$$\frac{\$379\,262.40}{(1+0.01)}=\frac{\$379\,262.40}{1.01}=\$375\,507.33$$

因为发票中的金额是以美元计的，所以 Crosswell 无须担心货款货币价值的变化（货币风险）。另外，由于信用证是经出口方银行保兑的，所以它也不会面临未来 Material Hospitalar 无力偿还货款的风险。

什么是 Material Hospitalar 所期望的？

Material Hospitalar 将在 Crosswell 同意出口后的第 60 天或之前收到货物。接下来，它将通过其分销系统将货物运送至零售商。根据与买方（零售商）之间的支付条款，Material Hospitalar 将获得现金或货物的延期付款。由于 Material Hospitalar 是通过从巴西的银行获得的 60 天远期汇票和信用证购买货物的，\$379 262.40 的支付是在第 90 天才需要支付给巴西的银行（货物运输和远期汇票的承兑期限：30 天 +60 天 =90 天）。由于是一家巴西公司，而且还要用美元（外国货币）支付货款，所以 Material Hospitalar 就面临着很高的外汇风险。

贸易双方共同关心的问题

双方共同关心的问题是每件 R\$245.48 或每片（小包装）R\$0.70 的价格在巴西市场上可能太高了。公司在巴西优质尿布市场上的主要竞争对手是 Kendo do Brasil（日本）、Johnson & Johnson（美国）和 Procter & Gamble（美国），而它们的产品价格相对较低（如图表 C 所示）。这些竞争对手都是在巴西国内生产的，这样它们就免交了一系列进口税和关税，而这些税收都显著增加了 Crosswell 在巴西市场的到岸价格。

图表 C　巴西尿布市场上主要产品的价格（以雷亚尔计价）

公司（国家）	同样大小一片尿布的价格			
	品牌	小款	中款	大款
Kenko（日本）	Monica Plus	0.68	0.85	1.18
Procter & Gamble（美国）	Pampers Uni	0.65	0.80	1.08
Johnson & Johnson（美国）	Sempre Seca Plus	0.65	0.80	1.08
Crosswell（美国）	Precious	0.70	0.96	1.40

案例思考题

1. 在 Crosswell 渗透巴西市场的价值链中，产品定价、币种以及融资是如何相互联系的？你能否用图表 B 来作一个总结？

2. Sousa 在 Crosswell 价值链中的重要性如何？对于 Sousa 的履约能力，Crosswell 会有何担忧？

3. 如果 Crosswell 要渗透巴西市场，则一些降价措施是必要的。你有何建议？

小结

◎ 国际贸易双方的关系可分为三种:无隶属关系新交易伙伴、无隶属关系老交易伙伴和隶属方。

◎ 隶属方之间的国际贸易通常不需要合同安排或外部融资。无隶属关系交易伙伴之间的国际贸易则往往需要订立合同和某种形式的外部融资,如通过信用证获得的融资等。

◎ 多年来,国际贸易融资已经形成了固定的程序。基本的程序是依靠三种关键票据之间的相互关系:信用证、汇票和提单。

◎ 对任何类型的交易,三种关键票据——信用证、汇票和提单——中每一种的变形都提供了多种便利交易的方式。

◎ 在最简单的贸易中,所有的三种票据都要使用而且也需要融资,进口商需要向进口方银行申请开立并获得信用证。

◎ 在信用证中,银行用自己的信用代替了进口商的信用,并承诺收到提交的一定票据时付款。这时,出口商依靠的是银行的承诺而不是进口商的承诺。

◎ 出口商依照指示提单发货,将该提单附于用来指示进口方银行付款的汇票之上,并通过自己的银行向进口方银行出示这些票据和必需的其他票据。

◎ 如果所有的单据都已备齐,那么进口方银行或者对汇票支付(即期汇票)或者承兑汇票(远期汇票)。在后一种情况下,银行承诺在未来付款。在这一步骤中,进口方银行通过提单获得了货物的所有权,接着,在得到付款或未来支付的承诺后,银行会将提单交付进口商。

◎ 如果使用的是即期汇票,则出口商会立即得到货款支付。如果是远期汇票,则进口商就会得到由银行背书后且承兑后的汇票,也就是银行承兑汇票。出口商可以持有银行承兑汇票到期或者在货币市场上折价出售。

◎ 出口商进入国外市场的成本包括贸易融资的交易费用、各国征收的进出口税及关税,以及国外市场渗透的费用——包括销售费用、存货成本和运输费用。

◎ 出口信用保险向出口商或出口方银行提供了保证,当国外客户发生支付违约时,保险公司将支付损失的主要部分。

◎ 在美国,出口信用保险是由国外信用保险协会(FCIA)提供,FCIA 是由私人商业保险公司协会和美国进出口银行共同运营的非公司组织。

◎ 美国进出口银行(Eximbank)是政府的一个独立部门,它成立的目的是刺激和促进美国的国际贸易。

◎ 在国内贸易融资中使用的融资工具同样也可以在国际贸易融资中使用,对于国际贸易还有一些特别的融资工具。

◎ 生产商在出口商品或服务的同时,作为补偿,它要接受其他商品或服务的进口,这种国际贸易安排被称为对销贸易。

◎ 福费廷是为那些需要银行担保的具有较高风险的长期项目融资的技术。

思考题

1. **非隶属关系购买商。**相对于一个与出口商有着多年贸易往来的非隶属关系国外买方,出口商向非隶属关系国外买方(也就是新客户)出口时所使用的单据为什么可能会不同?

2. **隶属方购买商。**在与母公司或姊妹子公司的公司内部出口贸易中,出口商为什么会用到标准的国际贸易单据(信用证、汇票和提单)?

3. **关联方交易**。对于目前公司内部的交易大于非隶属关系的进出口商之间交易的现象,你有何解释?
4. **单据**。请解释信用证和汇票的区别。它们是如何联系起来的?
5. **风险**。国际贸易中货币风险和交易无法完成风险的主要区别是什么?在典型的国际贸易中这些风险是如何处理的?
6. **信用证**。明确信用证中的各方,并阐明他们各自的责任。
7. **保兑一张信用证**。为什么出口商会要求使用保兑信用证进行交易?
8. **硬盘出口贸易中的票据**。列举从马来西亚槟城到加州圣何塞的电脑硬盘出口贸易中的步骤,贸易使用见票付款的非保兑信用证进行。
9. **从波特兰到横滨的木材出口贸易中的票据**。从俄勒冈州的波特兰到日本横滨的木材出口贸易中包含了哪些步骤?利用付款期限为 120 天的保兑信用证进行。
10. **秘鲁 Inca 啤酒公司**。秘鲁利马的 Inca 啤酒公司收到了来自西班牙里坎塔的一份 10 000 箱啤酒的订单。根据马德里银行为里坎塔进口商开立的信用证中的条款,啤酒要出口至西班牙。信用证上标明了这笔运输的面值为 720 000 美元,这笔货款会在马德里银行承兑汇票之后 90 天支付,其中汇票是由 Inca 根据信用证中的条款开立的。

    三个月期银行承兑汇票的年贴现率为 8%。而 Inca 估计它的年加权平均资本成本为 20%。在贴现市场上出售银行承兑汇票的佣金为汇票票面价值的 1.2%。如果 Inca 持有汇票到期,则它会得到多少现金收入?你认为 Inca 应该持有汇票到期还是立刻将汇票在银行承兑汇票市场上出售?
11. **Swishing 鞋业公司**。位于北卡罗来纳州的 Swishing 鞋业公司收到了来自英国南安普敦 Footware 公司的一份 50 000 箱田径鞋的订单,货款要求用英镑支付。伦敦银行为南安普敦 Footware 公司开立了信用证。该信用证标明这笔运输的面值为 400 000 英镑,伦敦银行将在收到由 Swishing 鞋业公司根据信用证签发的汇票后 120 天付款。伦敦承兑汇票市场上 120 天银行承兑汇票的年贴现率为 12%,而 Swishing 鞋业公司估计它的年加权平均资本成本为 18%。出售银行承兑汇票的佣金为汇票票面价值的 2.0%。
    a. 相对于将银行承兑汇票立即贴现,Swishing 鞋业公司持有此汇票到期会有更多的收益吗?
    b. 这笔交易是否会给 Swishing 鞋业公司带来其他的风险?
12. **走出去**。假设英国对进口的鞋征收 10% 的税。上题中的 Swishing 鞋业公司发现它可以在爱尔兰直接建厂生产运动鞋再出口到英国,这样可以免交所有进口税。在决定是继续从北卡罗来纳州出口还是在爱尔兰生产时,Swishing 鞋业公司应该考虑哪些因素?
13. **政府提供的信贷**。许多国家都建立了专门的机构来规避出口的支付风险和/或提供出口信贷。这种计划把信用风险从私人银行转移给了该国纳税人,而正是这些政府创建和支持着这些机构。为什么这种安排对该国的公民是有利的?

练习题

1. **银行承兑汇票：威斯康星州的酿酒商（A）。** 威斯康星州的酿酒商向澳大利亚出口啤酒并以美元为单位向其客户开发票。悉尼批发进口商向威斯康星州的酿酒商购买了价值1 000 000美元的啤酒，并于6个月后付款。货款的支付通过使用悉尼渣打银行签发的银行承兑汇票完成，为此，渣打银行收取了每年1.75%的费用。威斯康星州酿酒商的年加权资金成本为10%。如果威斯康星州酿酒商持有该汇票到期，则它每年以百分比计的总成本为多少？
2. **银行承兑汇票：威斯康星州的酿酒商（B）。** 本题的背景与第1题相同，美洲银行要以6%的折现率购买威斯康星州酿酒商的银行承兑汇票。威斯康星州酿酒商每年为其1 000 000美元的澳大利亚应收账款融资所付出的以百分比计的年成本是多少？
3. **商业承兑汇票。** 丰田Culter公司从美国丰田汽车公司购买汽车，然后将其出售给美国的客户。绿色运输公司是丰田Culter公司的客户之一，它是一家从事汽车租赁业务的公司而且以批发价从丰田Culter公司购买汽车。对丰田Culter公司的最终支付是在6个月之后。绿色运输公司从丰田Culter公司购买了价值200 000美元的汽车，并首付现金40 000美元，其余款项在6个月后结清。为了刺激销售，剩余的款项并不收取利息。联合承兑公司以2%的费用率承兑了丰田Culter公司对绿色运输公司的应收账款，进而将此汇票以3%的折现率出售给Fargo银行。
   a. 在这项贸易中，丰田Culter公司以百分比计的年总成本是多少？
   b. 包含预付现金在内，丰田Culter公司的净现金收入是多少？
4. **商业承兑汇票：太阳微系统公司（A）。** 假设太阳微系统公司出售给意大利电信公司价值700 000欧元的网络服务器。货款支付三个月到期并且通过由意大利电信承兑公司承兑的商业承兑汇票来完成。承兑费用每年为汇票面额的1%。此汇票将以4%的贴现率出售。请问这项贸易融资中以欧元计的年百分比总成本是多少？
5. **外汇承兑汇票：太阳微系统公司（B）。** 对于第4题中描述的交易，太阳微系统公司更愿意收到美元而不是欧元。现在它正在考虑两种选择：(1) 立即出售商业承兑汇票得到欧元，并以\$1.00/€的即期汇率将欧元兑换成美元。(2) 持有汇票到期并得到全额支付，但是在开始时就以三个月远期汇率\$1.02/€出售一份欧元对美元远期，金额等于预期的欧元收入。
   a. 在第一个选择下，公司通过汇票折现交易可以立即收到的美元净收入是多少？
   b. 在第二个选择下，公司在三个月后收到的美元净收入是多少？
   c. 使得两种选择的美元净收入现值相等的持平投资率是多少？
   d. 太阳微系统公司应作出哪种选择？
6. **附带出口信用保险的银行信贷额度：好莱坞娱乐公司。** 好莱坞娱乐公司向香港联合传媒公司出售了价值100 000美元的一批电影和DVD，货款在6个月后支付。好莱坞娱乐公司有如下的方法对这笔应收账款融资：(1) 运用银行信贷额度，利率为每年5%的优惠利率加上150个基点。公司还需要在其账户上保留此项贷款票面金额的20%的补偿性余额，但对这部分补偿性余额是不收贷款利息的。(2) 运用银行信贷额度，但是以1%的费率购买出口信用保险。由于风险降低了，银行利率将减少到每年5%，不需要加任何点数。

a. 每种融资方法各自的年百分比总成本是多少?

b. 每种方法的优点和缺点是什么?

c. 你会推荐哪种方法?

7. **保理**。一家保理公司找到了好莱坞娱乐公司并提出购买问题 6 中香港联合传媒公司的进口应收账款,购买价格为 16% 的年折现率加上为无追索条款而收取的 2%。

a. 保理的年百分比总成本是多少?

b. 相对于第 6 题中的方法,保理的优点和缺点分别是什么?

8. **Kaduna 石油公司(尼日利亚)的福费廷**。尼日利亚 Kaduna 石油公司从位于得克萨斯州休斯敦的 Unicorn 钻机公司购买了价值 100 万美元的钻井设备。在未来的五年中,Kaduna 石油公司必须为这笔购买以每年 20 万美元的支付率支付,每笔支付的支付日是在当年的 3 月 1 日。

瑞士的一家包买商 Zurich 银行同意以一定的折现率分别购买这五份应收账款。基于期望的三年期 LIBOR 加上 200 个基点,Kaduna 石油公司需要支付的年折现率大致为 8%。此外,从承诺日到收到根据融资合约发行的实际折现票据为止,Zurich 银行每年还要向 Kaduna 石油公司收取额外 2% 的承诺费。每年 20 万美元的本票都将于下一年的 3 月 1 日到期。

Kaduna 石油公司发行的 20 万美元本票将由其银行 Lagos 城市银行以 1% 的费用背书,并由该银行交至 Unicorn 钻机公司。这时,Unicorn 钻机公司会对本票进行**无追索权**背书,然后将其折价出售给福费廷商 Zurich 银行并收到全额本金 20 万美元。Zurich 银行将在国际货币市场上将票据以无追索权的方式折价出售给投资者。在到期日,持有该票据的投资者为了收回款项而向 Lagos 城市银行出示这些票据。如果 Lagos 城市银行发生了支付违约,则投资者将根据票据从 Zurich 银行收回款项。

a. 为第一笔在 2004 年 3 月 1 日到期的 20 万美元票据的融资,Kaduna 石油公司的每年以百分比表示的总成本是多少?

b. 什么样的动机可能促使 Kaduna 石油公司采用这种成本相对较高的融资方式?

9. **信用证:安德森运动公司(A)**。安德森运动公司正在考虑向位于韩国汉城的金姆家族公司出价销售价值为 10 万美元的滑雪装备。货款将于 6 个月后支付。由于没有发现能证明金姆家族公司良好信用的信息,因此安德森运动公司想要对这笔交易的信用风险提供保护。现在公司正在考虑下面的融资解决方式。

金姆公司的银行代表金姆公司开立信用证,并同意承兑由安德森公司的 6 个月期 10 万美元汇票。承兑费用将花费金姆公司 500 美元,并将金姆公司可得的银行信贷额度减少了 10 万美元。银行承兑汇票将以 2% 的年贴现率在货币市场上出售。在这项银行承兑汇票融资中,安德森公司的每年以百分比表示的总成本是多少?

10. **附带出口信用保险的银行信贷额度:安德森运动公司(B)**。安德森公司也可以以 1.5% 的费用从 FCIF 那里购买出口信用保险。它从金姆公司那里按 6% 的年利率从其信贷额度中为这 100 000 美元应收账款融资,这项融资不要求任何补偿银行存款余额。

a. 安德森公司每年以百分比表示的融资成本是多少?

b. 金姆公司的成本是多少?

c. 与上一题中的信用证融资方式相比,这种融资选择的优点和缺点是什么?你建议采用哪种方式?

网上练习

1. **信用证服务。**全球的商业银行提供了很多服务来协助国际贸易融资。登录一些主要的跨国银行的网站(有几个已经在下面列出),确定它们能够提供何种类型的信用证服务和其他贸易融资服务。

   Bank of America

   http://www.bankamerica.com

   Citibank

   http://www.citibank.com

   Barclays

   http://www.Barclays.com

   Deutsche Bank

   http://www.deutschebank.com

   Union Bank of Switzerland

   http://www.ubs.com

2. **美国进出口银行。**美国进出口银行会向美国的出口商提供融资服务。就像大多数主要工业国家的贸易融资组织一样,美国进出口银行旨在为那些买方要求有吸引力的融资条款的出口产品的销售创造条件。利用美国进出口银行的网站,确定当前国家的限制、费用以及其他当前还适用的限制。(注:美国进出口银行的网站提供了丰富的国际商业活动和统计的链接。)

   Export-Import Bank of the United States

   http://www.exim.gov

文献选读

Dominguez, Luis V. and Carlos G. Sequeira, "Determinants of LDC Exporters' Performance: A Cross-National Study", *Journal of International Business Studies*, Vol. 24, No. 1, March 1993, pp. 19—40.

Hennart, Jean-Francois, "Some Empirical Dimensions of Countertrade", *Journal of International Business Studies*, Vol. 21, No. 2, June 1990, pp. 243—270.

Lecraw, Donald J., "The Management of Countertrade: Factors Influencing Success", *Journal of International Business Studies*, Vol. 20, No. 1, March 1989, pp. 41—59.

Pritami, Mahesh, Dilip Shome, and Vijay Singal, "Exchange Rate Exposure of Exporting and Importing Firms", *Journal of Applied Corporate Finance*, Vol. 17, No. 3, Summer 2005, pp. 87—94.

Venedikian, Harry M., and Gerald A. Warfield, *Export-Import Financing*, Fourth Edition, Wiley Books, 1996.

第 21 章　跨国税收管理

跨国经营业务的税收计划是国际商业活动中极其复杂而又至关重要的一个环节。为了有效地进行税收规划，跨国公司不仅必须明白本公司在世界范围内经营业务的复杂性，而且还要理解各个国家间不同的税收结构和税收解释。**跨国税收计划的主要目标就是使企业在世界范围内的税负达到最小**。然而企业的内部决策必须永远基于该企业所在行业的基本经济情况，而不是基于纯粹地为了减少税负而采取的回旋政策；如果对于这一点没有足够的认识，那么跨国税收计划的目标是无从谈起的。正如前几章所述，通过对对外投资决策、融资结构、资金成本的决定、外汇管理、营运资金管理和财务控制的影响，税收对公司净收入和现金流也会产生重要的影响。

本章的目的是提供全球范围内跨国公司税收方式的一个概况，同时还介绍了美国对其跨国公司全球收入的征税情况以及美国的跨国公司管理其全球税负的方式。对此我们用四个部分进行介绍。第一部分介绍了总体的国际税收环境。这包括跨国公司在全球范围内可能遇到的税收环境的简单概况和大多数国家间税收条款的基本知识。第二部分考察了转移定价。本章的第三部分描述了美国政府是如何对美国跨国公司在国外的收入征税的，同时重点分析了 Carlton 公司面临的税收管理困境。尽管在说明的过程中我们使用的是美国的税收情况，然而我们的目的却不是把本章或整本书变成以美国为中心。我们描述的大部分美国税收实践都与其他国家的情况很相似，只要对美国的情况作出一些修正就能适用于各个国家的整个税收体系了。最后一部分考察了避税港子公司和国际离岸金融中心的使用。

21.1　税收原则

接下来的内容解释了国际税收环境中最重要的几个方面及影响跨国公司的一些特征。然而，在解释实践中跨国税收的细节之前，我们需要介绍两个基本且重要的方面：**税收道德**和**税收中性**。

21.1.1 税收道德

跨国公司不仅面临国外税收的困境，而且还面临道德方面的问题。在许多国家，纳税人——不论是公司或个人——都不会自愿遵守税法。较小的国内公司及个人是主要的违反者。跨国公司必须决定是遵循向税收当局完全披露的惯例还是采用“入乡随俗”的态度。由于大多数国外子公司在东道国本地都很招眼，以及它们所处地位的政治敏感性，因此大多数跨国公司会选择遵守完全披露的惯例。然而一些公司认为，如果它们不像其本地竞争者那样避免同样程度的税收，那么它们的竞争地位就会受到损害。显然对于这个问题并没有明确的答案，因为商业道德部分是由文化传统和历史发展程度决定的。

对跨国公司违反本地税法的行为，一些国家会强加看似专断的惩罚性税收罚款。与本地纳税企业相比，对外国公司的应税财产估值有时候被认为是过高了。于是问题就变成了它们如何对惩罚性或歧视性的税收惩罚作出反应了。

21.1.2 税收中性

当政府决定征收某种税收时，它不仅必须考虑潜在的税收收入或者如何有效地征税，而且还要考虑要征收的税对私人经济行为的影响。例如，美国政府对国外收入税收的政策绝不会只有提高收入这一个目标，而是有多重目标。这些目标包括：

- 消除那些可能有利于（或不利于）美国在发达国家进行私人投资的税收激励
- 对美国在发展中国家进行的私人投资提供一种激励
- 通过消除人工避税港的优势以及鼓励资金转移回国的方式以改善美国的国际收支
- 增加税收收入

理想的税收应该不仅能够有效地提高税收收入，而且对经济行为产生的负面影响要尽可能地少。一些理论家认为理想的税收政策对私人决策的影响应该是完全中性的，并且在纳税人之间是完全公平的。然而，其他的理论学者却主张应该通过积极的税收激励政策来支持国家政策目标，如国际收支或在发展中国家的投资。大多数的税收体系都会在这两种观点之间进行折中。

对税收中性的一种看法就是要求跨国公司在母国经营业务中赚取的每一美元、欧元、英镑或日元利润所承担的税负等于同一公司在国外业务中所赚取的用任意货币计量的等值利润所承担的税负。该政策被称为**国内中性**（domestic neutrality）。对税收中性的第二种看法是要求公司的每个国外子公司承担的税负等于同一国的竞争对手的税负。该政策被称为**国外中性**（foreign neutrality）。跨国公司通常支持后一种解释，因为它更关注单个公司在单个国家市场中的竞争力。

税收公平（tax equity）的问题同样难以定义和度量。从理论上讲，公平的税收就是向所有处于相似境况和同样税收管辖范围内的纳税人征收同样多的总税收。对于国外的投资收入，美国财政部认为，因为美国是使用国籍原则来界定税收管辖范围的，所以美国拥有的国外子公司就与美国国内的子公司处在同样的税收管辖范围。因此,在国外业务中赚取的一美元就应该与在国内业务中赚取的一美元按相同的税率征税并且在同一时间征收。

21.1.3 国家税收环境

不论每个国家的税收当局有着怎样的基本税收目标,有一点是得到广泛认同的,即税收的确能够影响到跨国公司的经济决策。国家间的税收协定以及在税制结构、税率和税收惯例方面的不同都导致了在世界市场上竞争的跨国公司面对低税收水平的舞台。

图表 21.1 提供了日本、德国和美国的公司税率的概况。收入的分类(比如已分配利润相对于未分配利润)、税率的差异以及对在某些国家获得的收入的税率歧视都是跨国公司在税收计划中必须要考虑的重要因素。

图表 21.1 日本、德国和美国的公司税率比较

应税收入类别	日本	德国	美国
公司所得税税率			
分配给股东的利润	30.0%	30.5%	35.0%
未分配利润	30.0%	30.5%	35.0%
国外公司分支机构	30.0%	30.5%	35.0%
红利预扣税(证券组合)			
日本	—	20.0%	10.0%
德国	10.0%	—	5.0%
美国	10.0%	15.0%	—
红利预扣税(实质性控股)			
日本	—	15.0%	15.0%
德国	15.0%	—	15.0%
美国*	15.0%	5.0%	—
利息预扣税			
日本	—	10.0%	10.0%
德国	10.0%	—	0.0%
美国	10.0%	0% 到 25%	—
版税预扣税			
日本	—	10.0%	10.0%
德国	10.0%	—	0.0%
美国	10.0%	0.0%	—

* 在美国,“实质性控股”只适用于公司之间的红利支付。在德国和日本,“控股”适用于拥有超过公司 25% 的股份的股东。德国 30.5% 的公司税率是 25.0% 的基本税率加上 5.5% 的工会税收。

资料来源:Pricewaterhousecoopers, *Corporate Taxes 2003—2004*, *Worldwide Summaries*, 2004.

各个国家通常根据以下两种基本的做法之一来构建它们的税收体系:全球原则和属地原则。两种方法都试图决定哪一家公司——按法人组织形式来看是国外的或国内的,或哪一种收入——按收入来源分为国外的和国内的,是在东道国税收当局的税收范围之内的。

全球原则。全球原则(worldwide approach),也称作**居民方法**(residential approach)或**国家方法**(national approach),是对在东道国注册的公司赚取的收入征税,而不管收入是在何处获得的(在国内或国外)。因此,同时在国内和国外赚取收入的跨国公司将发现其国内收入和国外收入全部由其母国的税收当局征收。例如,像美国这样的国家会对在美国注册的公司赚取的收入征税,而不管收入是来源于国内还是国外。对于美国的这种情况,普通的国外收入只有被汇回母公司时才征税。然而所有的税收中都存在着很多不同的情况和例外。这种方法的主要问题是它不对外国公司在美国赚取的收入征税。于是像美国这样的国家就在它们的法律管辖范围内对国外的公司使用属地税收原则,这样就对国外公司在其境内赚取的所有收入征税了。

属地原则。属地原则(territorial approach),也称**税源方法**(source approach),这种方法关注的是公司在东道国法律管辖范围内赚取的收入,而不是公司的注册国。像德国这样遵循属地原则的国家就平等地对国外和国内的公司在本国赚取的收入征税,但是在原则上不对在本国之外获得的收入征税。如果本地公司在国外赚取了收入但是却没有在国外被征税,那么与全球原则一样,属地原则在覆盖面上也导致了很大的漏洞。在这种情况下,如果企业不在国外的税收管辖范围之内,那么本地税收当局就会把税收覆盖面拓展到此类公司的收入上。对收入的完全覆盖再一次需要两种税收方法的混合使用。

税款递延。如果完全按照字面意思去理解国际贸易中的全球原则的话,那么许多跨国公司将失去**税款递延**(tax-deferral)的权利。跨国公司的国外子公司向东道国支付公司所得税,但是许多国家会推迟对国外收入部分所得税的征收,直到这些收入汇回母公司。例如,对在海外注册的美国子公司的某些国外收入,其美国公司税收就被推迟到该收入被汇回美国母公司的时候才征收。然而在2004年10月,美国对税法作了修改,对返回美国的收入征收很低的5.25%的税率,以促使2003年之前的国外税收延迟收入汇回国内。这部分资金必须要在2005年年底之前汇回国内,而且要用来在美国创造工作岗位以提高其很低的就业率。根据美国财政部的年终税收指南(该指南将明确决定如何使用这些资金[①]),估计将有5 200亿资金回到国内。**金融实务专栏21.1**描述了近期资金汇回活动发生的变化。

---

① *Business Week*, August 1, 2005, p.34.

金融实务专栏21.1

GLOBAL FINANCE IN PRACTICE

利润回家了，但工作在哪里

如今，在谈及企业所得税的时候，如果企业是跨国公司，那一定是有好处的。美国公司很不情愿地对其国内收入缴纳税率高达35%的联邦税收。但是对于来自海外的收入，今年的税率只有5.25%，这要归功于2004年的《就业机会创造法案》。这项大选之年的法案旨在通过鼓励拥有国际业务的美国公司把它们寄存在低税率国家的利润带回国内以刺激美国经济。

很显然，这一年的税收机会已经打开了国外资金转移回国的闸门：据Lehman Brothers公司的美国股票首席战略分析师Henry "Chip" Dickson估计，在12月底之前，美国公司一共有5 200亿美元的资金正在汇回的路上。在这一批公司中，药品行业处于遥遥领先的地位。由Pfizer公司领头——单单是Pfizer自己就汇回了369亿美元的国外资金——制药公司和生物制药公司可以以一个很低的税率把1 205亿美元的资金放入各自在美国的保险箱。诸如IBM和惠普之类的高科技设备制造商紧随其后，它们的汇回收入估计为629亿美元。

但是如果对资金的涌入没有任何疑义的话，那么弄清楚这些资金都去了哪里就是另外一件事了。尽管这些资金的回流是由旨在创造工作的措施触发的，但是在这些汇回利润的使用方面，美国财政部制定的规则给这些公司留了很大空间，雇用工人、资本投资、研发、营销、收购、养老基金以及债务偿还都可以，并且公司还无须披露这些资金使用的细节。公司有三年的时间来决定如何分配使用这些资金。更进一步地，如果公司把国外的利润用于研发，那么它就可以把以前用于研发的资金挪走并用于其他方面。"根本无法追踪这些钱的去向。"美国银行的首席经济学家Mickey D. Levy指出。

一些公司已经开始展示它们是如何使用这笔新发现的财富了。6月，Pfizer花19亿美元购买了Vicuron药品公司，该公司是普鲁士生物科技公司的头牌。Pfizer还启用了50亿美元资金进行股票回购——尽管公司声称回购并不是利润转移回国的直接结果，因为按照财政部的规定，股票回购是不允许的。但是一位纽约制药商的发言人承认："很难说这些钱来自哪里又流向何处。"

尽管如此，有一件事还是很明确的：由《就业机会创造法案》带来的海外资金对于实际的就业并没有起到什么刺激作用。实际上，汇回利润最多的10家公司中有6家已经开始在美国裁员了。这其中就包括惠普。惠普在6月19日宣布它将在美国国内和国外裁员14 500人。Pfizer已经声明将在2008年之前关闭20家工厂以降低40亿美元的成本，但Pfizer并没有披露将有多少人会因此失去工作。

令人奇怪的是,利润的汇回还减少了公司的利润。其原因在于:即便是5.25%的税率也意味着与收入没有汇回国内时的预算相比,公司必须支付较高的税收。在上半年Pfizer已经拿出17亿美元的资金来支付国外利润的税收。与此同时,Merck & Co.(默沙东公司)已经声明,如果实施转移回国150亿美元的计划,那么它将不得不一次性支付10亿美元的税收。

返美利润

2005年汇回利润的估计 （单位:10亿美元）

Pfizer	$36.9
Merck	15.0
Hewlett-Packard	14.5
Johnson & Johnson	10.8
DuPont	10.0
Schering-Plough	9.4
Bristol-Myers Squibb	9.0
IBM	8.0
Eli Lilly	8.0
PepsiCo	7.5

数据来源:公司报告。

总体看来,如果美国公司一共汇回5 200亿美元的资金(Dickson认为可以达到这个数字),那么政府今年可以从所得税中多获取273亿美元的收入。但是明年海外收入的税率将重新回到35%。毕竟,没有无期限的假期。

资料来源:Michael Arndt, "Profits Head Homeward, But Where Are the Jobs?" *Business Week*, Aug, 1, 2005, p.34.

21.1.4 税收条款

双边税收条款网络中的很多条款都是根据经济合作与发展组织(OECD)提出的条款之后形成的,这些条款提供了减少重复征税的手段。税收条款通常详细说明了在一个国家获得的收入是否要被另一国的税收当局征税;以及如果要征税的话,如何征税。税收条款都是双边的,它需要两个签约国约定在两国之间何种收入适用何种税率。图表21.1中关于日本、德国和美国公司之间对红利、利息和版税征收的预扣税的详细说明,就是税收条款结构的典型例子。例如,德国对支付给日本投资者的版税征收10%的预扣税,而对支付给美国投资者的版税的预扣税率就为0%。

税收条款约定的个别双边税收管辖权对那些业务主要是向另一国出口的公司来说特别重要;而对那些通过"常设"的方式来开展业务的机构来说,则没有那么重要。制造业的经营就属于后一种情况。只从事出口的企业不会愿意其在世界范围内的其他收入被进口国征税。税收条款界定了什么是"常设"以及什么是基于税收目的的有限参与。

税收条款还降低了两个签约国之间的预扣税率，而对于条款的谈判本身就是两国开始和拓展商业关系的论坛。对于通过国外子公司经营、获得**主动收入**(active income)的跨国公司和以红利、利息及版税等形式简单获取**被动收入**(passive income)的单个组合投资者来说，这种税收条款的实践都是很重要的。

21.1.5　税收类型

直接对收入征收的税被称为**直接税**(direct tax)，根据其他一些可度量的企业经营状况特征而征收的税被称为**间接税**(indirect tax)。图表 21.2 说明了当今世界范围内很多国家或地区的公司所得税。

图表 21.2　　一些国家或地区的公司税率(应税收入的百分比)

国家或地区	税率	国家或地区	税率	国家或地区	税率
安提瓜和巴布达	40	加纳	32.5	巴拿马	30
阿根廷	25	希腊	35	巴布亚新几内亚	25
澳大利亚	30	危地马拉	31	巴拉圭	30
奥地利	34	圭亚那	45	秘鲁	27
阿塞拜疆	25	中国香港	16	菲律宾	32
巴哈马群岛	0	匈牙利	18	波兰	27
巴林	0	印度	36.75	葡萄牙	33
巴巴多斯岛	36	印尼	30	波多黎各	20
比利时	34	伊朗	25	卡塔尔	35
百慕大群岛	0	爱尔兰	12.5/25	罗马尼亚	25
玻利维亚	25	开曼群岛	18	俄罗斯联邦	24
博茨瓦纳	5/15	以色列	36	圣卢西亚	33.33
巴西	15	意大利	34	沙特阿拉伯	30
英属维京群岛	15/1	象牙海岸	35	新加坡	22
文莱	30	牙买加	33.3	斯洛伐克共和国	25
保加利亚	23.5	日本	30	斯洛文尼亚	25
柬埔寨	20	哈萨克斯坦	30	所罗门群岛	30
加拿大	33/38	肯尼亚	30	南非	30
开曼群岛	0	韩国	27	西班牙	35
海峡群岛，格恩西	20	拉脱维亚	15	斯里兰卡	30
海峡群岛，泽西岛	20	列支敦士登	15	斯威士兰	30
智利	17	立陶宛	15	瑞典	28
中国内地	30	卢森堡	22	瑞士	17—30
哥伦比亚	36.7	中国澳门	15	塔希提岛	35
刚果	40	马来群岛	28	中国台湾	25
哥斯达黎加	30	马耳他	35	坦桑尼亚	30
克罗地亚	20	毛里求斯	25	泰国	30
塞浦路斯	10	墨西哥	35	特立尼达和多巴哥	30
捷克共和国	31	摩洛哥	35	土耳其	30

（续表）

国家或地区	税率	国家或地区	税率	国家或地区	税率
丹麦	30	莫桑比克	32	乌克兰	30
多米尼加共和国	25	纳米比亚	35	英国	33
厄瓜多尔	25	荷兰	34.5	美国	35
埃及	40	荷属安的列斯群岛	34.5	乌拉圭	35
爱沙尼亚	35	新喀里多尼亚	30	乌兹别克斯坦	20
法罗群岛	20	新西兰	33	委内瑞拉	34
斐济	32	挪威	28	越南	25
芬兰	29	阿曼	30	赞比亚	35
法国	33.33	巴基斯坦	35p/45p	津巴布韦	30.9
德国	26.5				

注：博茨瓦纳制造业和非制造业的税率是不同的，分别是5%和15%；英属维京群岛对从国外获得的收入征收1%的税；加拿大向制造业和加工业征收33%的税，其他行业的税率是38%；智利对在本国经营获得而汇往国外的收入征收35%的预扣税；爱尔兰对贸易公司征收12.5%的税，对非贸易公司的税率为25%；巴基斯坦上市公司和非上市公司的税率不同，分别是35%和45%；瑞士的有效税率主要取决于公司所在的行政区域。表中列出的税率是代表性的税率，在每个国家，它们会随着行业和经济行为的不同而有差异。对于实际的税负计算，请查阅各国的原始数据。

资料来源：PricewaterhouseCoopers, *Corporate Taxes 2003—2004*, *Worldwide Summaries*, 2004.

所得税。许多政府把个人和公司所得税作为其主要的收入来源。现如今，公司所得税的征收已经很普遍了。一些国家对已分配收入和未分配收入按照不同的税率征税。公司所得税的税率是在一个相对较大的范围内变动，高到圭亚那的45%，低到中国香港的16%、英属维京群岛的15%、塞浦路斯的10%，在很多离岸避税港（本章的后面会讨论）的有效税率为0%。

预扣税。一国居民获得的被动收入（红利、利息以及版税等）若在第二个国家的税收管辖范围之内，那么这种收入通常都要向第二个国家缴纳预扣税。预扣税制度存在的原因其实很简单：政府认识到大多数国际投资者都不会向其所投资的国家缴纳税收，因此政府就希望保证能够得到最低限度的税收支付。正如“预扣”这个词的含义，这部分税收是公司从对投资者的支付中预先扣留的，然后这些被预扣的税收就被移交给政府当局了。预扣税是双边税收条款的主要内容，其税率大体是在0%到25%之间。

增值税。**增值税**（value-added tax, VAT）是一种至关重要的税种。增值税是一种国家销售税，它是在消费品生产或销售的每个阶段按照该阶段价值增值部分的一个比例征收的。大体上，工厂和设备之类的生产性产品不在增值税的征收范围之内。诸如药品和其他医疗支出、教育和宗教活动以及邮政服务之类的基本必需品通常免征增值税或税率较低。欧盟的所有成员国、西欧的大部分非欧盟成员国、许多拉美国家、加拿大及除此以外的少数国家都把增值税作为其获取收入的主要的间接税。图表21.3展示了一个增值税计算的数值性例子。

图表 21.3 木栅栏邮箱销售的增值税

本例说明了在木栅栏邮箱的生产和随后的销售中对其征收的增值税是如何计算的。假设增值税税率为 10%。

第一步：原木所有者以 0.20 美元的价格把树木的一部分（木栅栏邮箱的制作原料）出售给木材加工厂。在这个过程中，原木种植商就已经通过其种植树木的劳动得到了 0.20 美元的价值增值，在从木材加工厂那里收取 0.20 美元以后，该种植商就要拿出 0.02 美元作为增值税缴纳给政府。

第二步：木材加工厂把树木加工成栅栏邮箱，然后以 0.40 美元的单价售给木材批发商。木材加工厂通过其加工活动也得到了 0.20 美元（0.40 美元减去 0.20 美元）的价值增值。因此木材加工厂商也必须拿出 0.02 美元作为增值税缴纳给政府。在实践中，该加工商有可能以 0.40 美元的 10% 来计算其税负，即 0.04 美元，然后获得 0.02 美元的税收抵免，这 0.02 美元正是种植商已经缴纳的增值税部分。

第三步：木材批发商和零售商在它们的销售和分销过程中同样会在栅栏邮箱得到价值增值，它们分别被征收 0.01 美元和 0.03 美元的税，这样政府得到的税就是 0.08 美元，即最终售价的 10%。

生产阶段	售价	增值部分	以 10% 的税率计算的增值税	累计增值税
树木种植商	$0.20	$0.20	$0.02	$0.02
木材加工厂	$0.40	$0.20	$0.02	$0.04
木材批发商	$0.50	$0.10	$0.01	$0.05
木材零售商	$0.80	$0.30	$0.03	$0.08

其他的国家税收。还有很多其他的国家税收，这些税收在不同的国家有着不同的重要程度。**流转税**（turnover tax，在一些国家的股票市场上对证券的购买和销售征收的税）和**对未分配利润征收的税**（tax on undistributed profits）都在前面提到过。**财产税**（property tax）和**遗产税**（inheritance tax），或称**转让税**（transfer tax），是通过多种征税方式达到预定的社会收入和财富的再分配目标，同时增加财政收入。在公共服务方面有很多烦琐的收费，这些费用实际上是公共服务使用者缴纳的税收。有时候外汇买卖实际上是隐性税收，因为政府由此获得了财政收入而不仅仅是为了国际收支而调节进出口。

21.1.6 国外税收抵免

为了防止对同一收入的双重税收，大多数国家都对支付给东道国的所得税实行税收抵免。各个国家对国外税收抵免的计算和对征税金额的限制方式都会有不同。对于在红利、版税和其他汇回母公司的收入上支付给其他国家的预扣税，通常也可以获得国外税收抵免。增值税和其他销售税并不能够获得国外税收抵免，但是它们可以作为一项费用在税前收入中扣除。

税收抵免（tax credit）是对税收的直接扣除，这部分税收如果不能获得税收抵免的话就需要支付。它与**可扣除费用**（deductible expense）不同，后者是在征税之前用于扣减应税收入的一项费用。100 美元的税收抵免减少了整整 100 美元的应付税收，而 100 美元的可扣除费用把应税收入扣减了 100 美元，对应付税收的扣减额是 $100 \times t$ 美元，其中 t 是税率。在美元对美元基础上，税收抵免比可扣除费用更有价值。

如果对在国外支付的税收没有税收抵免，那么东道国政府和母国政府征收的连续税收将导致非常高的累计税率。为了说明这一点,假设全资跨国子公司在本地的税前收入为10 000美元,并且把所有税后收入都作为红利支付。东道国的税率为30%,母国的税率为35%。为简单起见,我们假设没有预扣税。在有税收抵免和没有税收抵免情况下的总税收如图表21.4所示。

图表21.4 国外税收抵免

	无国外税收抵免	有国外税收抵免
税前国外收入	$10 000	$10 000
减 国外30%的税收	-3 000	-3 000
作为红利支付给母公司的金额	$7 000	$7 000
减 母国35%的税收	-2 450	
减 增值税(税收抵免之后)	—	-500
税后利润	$4 550	$6 500
两个税收区域的总税收	$5 450	$3 500
总有效税率(总税收÷国外收入)	54.5%	35.0%

如果不允许进行税收抵免,那么相继征收30%的东道国税收以及对余下部分征收35%的母国税收将导致54.5%的有效税收,该累计税收将使得许多跨国公司在与国外的本地公司的竞争中失去竞争力。税收抵免的作用就是要限制对原始税前收入的总税收,使之不高于单个税收管辖区的最高税率。在图表21.4描述的例子中,允许国外税收抵免时35%的总有效税率就等于两国税率中较高的母国税率(如果是在母国获得的这些收入,也是这个汇率)。

21.2 转移定价

从跨国公司的附属公司转让给其子公司的商品、劳务和技术的定价称为**转移定价**(transfer pricing),转移定价是把资金转移出国外子公司的首要方法。这些成本直接记入子公司损益表中的商品销售成本。对跨国公司来说,转移定价的问题尤其敏感。即便是纯粹的国内公司也会发现在与相关单位之间的交易中确定最优的定价方法是很困难的。对跨国公司来说,管理层必须权衡相互冲突的各个方面,比如资金重置和所得税。

21.2.1 资金重置效应

想要把资金转移出某个特定国家的母公司,可以对出售到该国子公司的产品订立更高的价格,但是这个价格要在政府规章允许的范围之内。可以使用相反的操作来对国外子公司融资,即订立较低的转移价格。子公司对来自于母公司或姊妹子公司的进口支付就可以把资金转移出该子公司。资金可以通过较高的转移价格在商品出售国累积。转移定价还可能用来在姊妹子公司之间转移资金。在全球范围内进行配件的各种形式的外包允许供应商从公司家族内部转换到作为资金转移装置的功能上来。

21.2.2 所得税效应

在设置转移价格时主要考虑的一点就是**所得税效应**(income tax effect)。通过设置转移价格来最小化高所得税税率国家的应税收入和最大化低所得税税率国家的应税收入,这种做法可以影响到公司在全球的利润。为了减少处在高税收国家的子公司的应税利润,母公司可以设置高的转移价格来增加该子公司的成本从而减少其应税收入。**金融实务专栏 21.2** 说明了美国跨国公司的一些明显扭曲的转移价格。

金融实务专栏21.2
GLOBAL FINANCE IN PRACTICE

高报进口和低报出口

最近的研究对在美国经营的许多进出口商开具发票这种做法的合法性提出了质疑。对进口交易的检查主要是针对**高报进口**(over-invoicing)的问题,即使用高于产品和劳务实际价格的转移价格。高报进口是把资金转移出美国的一种方法。对出口交易的检查主要是针对**低报出口**(under-invoicing)的问题,即利用低于正常价格的出口价格把利润转移出美国。

这项研究检验了大约15 000种进口商品代码类别和8 000种出口商品代码来确定平均销售价格——进口和出口——最后决定隐含的价格。该研究首先计算了双边转移活动(在美国和近230个国家之间)中的中间价、较低的出口价格和较高的进口价格(均保留四位有效数字)。下面就是一个结果非常可疑的样本数据。

高报进口			低报出口		
项目名称	来源地	单价	项目名称	来源地	单价
向日葵种子	法国	$5 519/kg	卡车帽	墨西哥	$4.09/unit
牙刷	英国	$5 655/unit	涡轮发动机	罗马尼亚	$10 000/unit
弓锯片	德国	$5 485/unit	摄像机(SLRs)	墨西哥	$3.30/unit
刀片	印度	$461/unit	大豆	挪威	$1.58/ton
醋	加拿大	$5 430/ltr	ATM 机	萨尔瓦多	$35.93/unit
手电筒	日本	$5 000/unit	推土机	墨西哥	$527.94/unit
锯木屑	英国	$642	火箭发射器	玻利维亚	$40.00/unit
铁/钢梯	斯洛文尼亚	$15 852/unit	瓷器马桶	中国香港	$1.08/unit
喷墨打印机	哥伦比亚	$179 000/unit	可装配活动房屋	圣卢西亚	$0.82/unit
猪油	加拿大	$484/kg	视频投影机	马耳他	$28.71/unit
注射器	瑞士	$2 306/unit	公车子午胎	英国	$8.46/unit

资料来源:Simon Pak and John Zdanowicz, "U. S. Trade with the World: An Estimate of 2000 Lost U. S. Federal Income Tax Revenues Due to Over-Invoiced Imports and Under-Invoiced Exports", Florida International University, November 1, 2001, unpublished.

所得税效应在图表 21.5 中得到了说明。Carlton 德国子公司正在一个相对较高的税收环境中经营(德国公司所得税率为 45%)。而 Carlton 美国子公司正处在一个相对很低的税收环境中(美国公司所得税率为 35%),这就促使 Carlton 对在美国生产并出售给 Carlton 德国子公司的产品确定较高的转移价格。

图表 21.5 **对 Carlton 欧洲净收入的高转移价格和低转移价格效应** (单位:千美元)

低价政策	Carlton 美国子公司	Carlton 德国子公司	Carlton
销售额	$1 400	$2 000	$2 000
减 销售商品成本*	(1 000)	(1 400)	(1 000)
毛利	$400	$600	$1 000
减 运营费用	(100)	(100)	(200)
应税收入	$300	$500	$800
减 所得税	35% (105)	45% (225)	(330)
净收入	$195	$275	$470
高的价格加成政策			
销售额	$1 700	$2 000	$2 000
减 销售商品成本*	(1 000)	(1 700)	(1 000)
毛利	$700	$300	$1 000
减 运营费用	(100)	(100)	(200)
应税收入	$600	$200	$800
减 所得税	35% (210)	45% (90)	(300)
净收入	$390	$110	$500

* Carlton 美国子公司的销售价格即 Carlton 德国子公司商品的成本。

如果 Carlton 公司采取高的价格加成政策,以 170 万美元的公司内部价"出售"其产品,那么同样的 80 万美元税前合并收入就更多地留在了低税率的 Carlton 美国子公司,而较少地留在高税率的 Carlton 德国子公司。结果,总税收减少了 3 万美元,合并收入增加了 3 万美元,达到了 50 万美元——而总的销售额依然保持不变。

自然,Carlton 将更加偏好从美国销售至德国的高的价格加成政策。毋庸置疑,政府税收当局知道转移价格带来的潜在收入扭曲。有很多关于转移价格合理性的规定和案例,包括费用、版税以及商品价格组合。如果政府税收当局不接受转移价格,那么应税收入将注定比公司算得的结果更多,从而税收也将增加。

美国国内税收法典第 482 节就是界定转移价格设置的自由度的法律条款。该规则规定,为了防止逃税或更清楚地反映恰当的收入分配,美国国税局(IRS)可以重新分配总收入、税收扣减额、税收抵免或相关公司间的补贴。根据 IRS 的指导方针和其后的司法解释,举证责任就在于缴纳税收的公司能证明 IRS 在重新分配收入时是很武断的或是没有道理的。"有罪推定"的方法意味着跨国公司必须对转移价格背后的逻辑和成本保持很好的记录。根据 IRS 的指导方针,"正确的"价格要反映出**正常的交易价格**,即对不相关的具有可比性的消费者销售同样商品或劳务的价格。

21.2.3　确定转移价格的方法

IRS 规则提供了三种确定正常交易价格的方法：可比的非受控价格法、再销售价格法和成本加成法。这三种方法都被 OECD 的财税事务委员会推荐给其成员国使用。有时这三种方法可以结合使用。

可比的非受控价格法。可比的非受控价格被认为是正常交易定价的最佳证明。转移价格与跨国公司和不相关的客户之间或两个不相关公司之间的同一商品的真实销售价格相同。尽管这种市场决定的价格是非常完美的，但是在实践中由于产品品质、数量、销售时间以及产品商标的不同，致使这种方法很难应用。也许更重要的是以下事实：子公司之间的销售通常是经过特别设计的产品——美国福特生产的欧洲版式的发动机不太可能被卖给欧洲通用公司，甚至也不可能被后者使用。

再销售价格法。作为确定正常交易定价的次优方法，再销售价格法首先确定对独立购买者的最终销售价格，然后从中扣除分销子公司的适当的价格加成部分。允许扣除的价格加成部分要能够覆盖分销子公司的成本和利润。该价格也被用做公司间类似商品（不需完全相同）的转移价格。然而，适当价格加成部分的确定却不是那么简单，如果分销子公司通过后续加工或包装来提高商品的价值，那么这时的确定就更加困难了。

成本加成法。成本加成法通过在卖方的完全成本中加上适当的利润加成来确定正当的转移价格，其中**完全成本**（full cost）是会计中定义的直接成本加上管理费分摊。这种方法通常用于子公司间半成品的销售。完全成本中管理费用的分摊通常是很主观的事情，当涉及联合产品时尤其如此，所以对这种方法还需要再加考虑。

21.2.4　其他转移定价的考虑

在建立新市场的时候，许多税收当局都允许较低的转移价格。例如，某制造业子公司可能会削减对分销子公司的产品价格，以使后者获得市场渗透。尽管如此，价格的削减必须传递到消费者那里——所以这种方法不能为分销子公司积累更多的利润。另一种方法是同时与母国和东道国的税收当局商定预先定价安排（APA）。APA 的商定需要时间和费用，但是它确实能够预先保证公司的转移定价政策能够被接受。如果没有这种制度，企业可能会努力遵循转移价格的税收政策方针，而在整个的决策过程都严格遵守了税收规定之后，企业会发现自己仍处在高昂的税收环境中。

21.2.5　管理激励与评估

如果企业的利润中心很分散，那么各利润中心之间的转移定价就会带来管理表现评估的混乱。这个问题不是跨国公司独有的，它在国内商业界关于“集权与分权”的争论中也是一个备受关注的问题。然而在国内，公司层面的微调可以缓解当任何一个利润中心为了公司的产品而优化其利润时发生的价格扭曲。此外，在大多数国内情形中，公司也（为该国）准备一份单一的合并应税收益，因此从缴税的角度来看，相关公司之间的成本分配问题就不那么重要了。

在跨国公司的案例中,协调经常会受到很多因素的限制,这些因素包括耗时更长和效率更低的沟通管道、考虑影响国际定价的独有因素的需要和纳税的分离。在从另一国相关公司按照协议价格购买时,即便是怀着最美好的意愿,公司的管理层也可能发现很难搞清什么价格才是对整个公司最好的。然而,如果公司总部建立了转移价格和外包的选择,那么分散利润中心系统的一个主要的优势也就消失了:本地管理者失去了为自身利益而努力工作的激励。

为了说明这个问题,再看看图表 21.5,转移价格的提高带来了公司在世界范围内收入的增加:在 Carlton 德国子公司的收入仅下降 165 000 美元的同时(从 275 000 美元到 110 000 美元),Carlton 的收入增加了 195 000 美元(从 195 000 美元到 390 000 美元),总收入净增加 30 000 美元。那么德国子公司的管理者应该为其差强人意的表现而被剥夺奖金(甚至是工作)吗?奖金通常是由整个公司的方案决定,而这种方案又是部分基于单个子公司的赢利性,但是在这个例子中,Carlton 德国子公司为了整个公司更大的利益而牺牲了自己的赢利。这样看来,转移价格的任意改变可能会造成评价方面的问题。

特别地,把利润从处于高税区的 Carlton 德国子公司转移到处于低税区的 Carlton 美国子公司,对某一个公司或两个公司来说,这种做法改变了:

- 进口关税(只是对于进口商)以及利润水平。
- 外汇敞口的度量,比如由于现金和应收账款数量变化而导致的净敞口资产数量的变化。
- 流动性的衡量指标,比如现金比率、应收账款周转率和存货周转率。
- 经营效率,由总利润比销售额或总利润比总资产所得到的比率来衡量。
- 所得税支付。
- 赢利性,由净收入比销售额或净收入比资本所得到的比率来衡量。
- 股息支付率。由于净收入会发生变化,不变的红利支付意味着变动的红利支付率。另一方面,如果股息支付率保持不变,那么红利支付额会因为转移价格的变化而变化。
- 内含增长率,由留存收益比现有所有者权益所得到的比率来衡量。

21.2.6 对合资伙伴的影响

合资是转移定价中的一个特殊问题,因为从跨国公司总体的角度来看,通过最大化本地利润来服务本地股东的做法可能就是次优的了。通常情况下,这种利益冲突是不可调和的。的确,如果本地合资者的管理层向当地政府控诉跨国公司的转移定价政策,那么本地合资伙伴就可以被看做潜在的特洛伊木马了。

21.2.7 转移定价的弹性

尽管所有的政府都有兴趣监督跨国公司的转移定价,然而并不是所有的政府都会利用自己的权势来损害跨国公司的利益。特别地，相对于转移资金的其他方式，转移定价还有一些政治方面的优势。尽管进口国和出口国的政府都知道记录在案的转移价格，然而背后的成本数据却不能被进口国家所得。这样的话，对进口国来说，判断转移价格是否合理就不是那么容易了，尤其是对于一些非标准的物品，比如专业化的设备。

此外，即便获得了成本数据，一些有经验的政府可能也不会过问转移定价的漏洞。它们认定国外投资者一定能够按照投资者自己的标准把合理的利润转移回国，即便从本地来看这些利润是不合理的。未知的或未被证实的转移价格漏洞使得本地的批评家更难指责政府允许国外投资者攫取了本国的利润。在政府建立的潜在的和实际的约束之下，跨国公司就可能有机会获得了改变转移价格并使之远远偏离正常市场交易价格的机会。从另一方面来看，如果东道国政府对国外的投资很不满，那么过去的转移价格漏洞可能会被用来惩罚国外投资者。

21.3　美国对国外收入的征税

我们前面已经提到，对于美国跨国公司在全球经营的税收，美国采用的是**全球原则**，而对在美国境内经营的外国企业采用的是**属地原则**。本章的这一节就将着重说明美国的税收当局是如何对美国跨国公司的国外收入征税的。

21.3.1　美国国外税收抵免的计算

在美国，从美国公司的子公司处收到的红利都要全额按照美国的税率征税；但是在国外对其收入缴纳的直接税收给予税收抵免。国外税收的抵免数额主要取决于五个税收参数：

1. 国外公司所得税率
2. 美国公司所得税率
3. 国外对于非居民的公司红利预扣税率（由特定国家和美国之间可适用的双边税收条款规定）
4. 美国公司持有的国外公司的所有权的比例
5. 净收入被分配的比例，红利支付率

图表 21.6 中描述的五个例子都是关于获得了 10 000 美元税前收入的美国国外子公司的。美国的公司所得税率为 35%。例一到例四中的国外税率为 30%，例五中的国外税率为 40%。

图表 21.6 美国对国外收入的征税

	A	B	C	D	E	F
1	表 21.6 美国对国外收入的征税					
2	基线价值	例一	例二	例三	例四	例五
3	国外公司所得税率	30%	30%	30%	30%	40%
4	美国公司所得税率	35%	35%	35%	35%	35%
5	国外红利预扣税率	0%	10%	10%	10%	10%
6	美国公司对国外公司的所有权	100%	100%	100%	40%	40%
7	国外公司的红利支付率	100%	100%	50%	50%	50%
8	国外子公司税收计算					
9	国外子公司的应税收入	\$10 000	\$10 000	\$10 000	\$10 000	\$10 000
10	减 国外公司所得税	3 000	3 000	3 000	3 000	4 000
11	可分配净收入	\$7 000	\$7 000	\$7 000	\$7 000	\$6 000
12	留存收益	—	—	3 500	3 500	3 000
13	已分配收益	7 000	7 000	3 500	3 500	3 000
14	对美国母公司的收益分配	\$7 000	\$7 000	\$3 500	\$1 400	\$1 200
15	红利的预扣税	—	700	350	140	120
16	对美国母公司的净汇款额	\$7 000	\$6 300	\$3 150	\$1 260	\$1 080
17	国外收入的美国公司税计算					
18	收到的红利(预扣税前)	\$7 000	\$7 000	\$3 500	\$1 400	\$1 200
19	国外税收支付	3 000	3 000	1 500	600	800
20	全额国外红利	\$10 000	\$10 000	\$5 000	\$2 000	\$2 000
21	美国税负试算	3 500	3 500	1 750	700	700
22	减 国外税收抵免					
23	国外收入税收支付	\$3 000	\$3 000	\$1 500	\$600	\$800
24	国外预扣税支付	—	700	350	140	120
25	总计	\$3 000	\$3 700	\$1 850	\$740	\$920
26	额外的美国税负	500	—	—	—	—
27	超额国外税收抵免	—	200	100	40	220
28	从国外子公司得到的税收收入	\$6 500	\$6 300	\$3 150	\$1 260	\$1 080
29	税负度量					
30	汇回收入总的税收支付	\$3 500	\$3 700	\$1 850	\$740	\$920
31	国外收入的有效税率	35%	37%	37%	37%	46%

主要单元格输入

B 列的计算都可以复制到 C、D、E 和 F 列中。

B10: = B9 * B3	B21: = B20 * B4
B11: = B9 - B10	B23: = B19
B12: = B11 * (1 - B7)	B24: = B15
B13: = B11 * B7	B25: = SUM(B23:B24)
B14: = B13 * B6	B26: = IF(B21 > B25, B21 - B25, 0)
B15: = B14 * B5	B27: = IF(B21 < B25, B25 - B21, 0)
B16: = B14 - B15	B28: = B20 - B25 - B26
B18: = B14	B30: = B21 + B27
B19: = (B14/B11) * B10	B31: = B30/B20
B20: = SUM(B18:19)	

例一：将收入 100% 支付给母公司的国外子公司（没有预扣税）。假设国外子公司在缴纳当地税收之前赚取了 10 000 美元，它支付了 3 000 美元国外税收（30% 的国外税率），然后将所有的 7 000 美元净收入都汇给它的美国母公司（100% 的支付率）。由于没有预扣税，其美国母公司得到了全部的 7 000 美元汇款。

美国母公司就把国外子公司的**全部**税前国外收入——这是按照母公司在国外子公司中的所有权比例分配的（在这个例子中就是 100% 的所有权）——纳入到自己的应税收入中了。这被称为**毛利加总**（grossing-up）。

接下来母公司对毛利加总的国外收入试算其美国税收。假设美国税率为 35%，那么对 10 000 美元毛利加总收入的试算税收就为 3 500 美元。于是，美国母公司就有权按照美国税法减少这部分的美国税负，减少数额为已在国外对同一收入支付的**国外税收抵免限额**（deemed-paid foreign tax credit）。这种外税抵免限额的计算如下：

$$\text{外税抵免限额} = \frac{\text{收到的红利（包括预扣税）} \times \text{可抵免税额}}{\text{国外公司的税后净利润}}$$

可抵免税额（creditable tax）是外国公司在向有资格获得红利的美国公司支付了红利后对其国外收入缴纳的所得税。为了获得收取红利的资格，美国公司必须拥有对国外分销公司至少 10% 的投票权。

在例一中外税抵免限额的计算如下：

$$\text{外税抵免限额} = \frac{\$7\,000 \times \$3\,000}{\$7\,000} = \$3\,000$$

美国母公司还欠着一笔 500 美元的额外美国税收（3 500 美元的试算美国税收减去外税抵免限额 3 000 美元税收）。美国母公司得到的税后收入为 6 500 美元，对国外收入的总税率为 35%（总收入为 10 000 美元，而总税收为 3 500 美元）。注意到尽管国外税率相对较低（为 30%，而美国税率为 35%），但是美国公司最终还是承担了更高的有效税率。

例二：将收入 100% 支付给母公司的国外子公司（10% 的预扣税）。假设同一国外公司赚取了同样多的收入，但是现在支付给美国的所有红利都要支付 10% 的预扣税。其他所有的数据都与例一中的相同。尽管现在汇给美国母公司的实际净汇款减少了，是 6 300 美元而不是 7 000 美元，但是美国母公司还是按照毛利加总的 7 000 美元红利试算美国税收。

试算的美国税收还是 3 500 美元。然后该美国公司就可以从其美国税负中减去外税抵免限额（3 000 美元）以及全额预扣税（700 美元）。因为总的国外税收抵免 3 700 美元比试算的 3 500 美元美国税收高，所以美国母公司就没有额外的税收了。实际上，美国母公司享有 200（3 700 − 3 500）美元的**超额国外税收抵免**（excess foreign tax credit），这 200 美元超额的部分可以向前结转 2 年或向后结转 5 年。此时有效国外税率为 37%，这是因为相对于理论上在国内需要承担的税率来说，它承担了国外的更高的税率，包括预扣税。

例三：将收入的 50% 支付给母公司的国外子公司（10% 的预扣税）。在本例中，我们假设所有的税率都保持不变，但是国外子公司仅仅向母公司支付其净收入的 50%，而不是100%。那么所有的红利、预扣税、已偿付的税收、试算的美国税收、国外税收抵免、从国外子公司处获得的税后收入以及最终的总税收支付都要减半。总体有效税率还是37%,如果是处于美国境内而不是在美国境外,则公司理论上需支付的税收要更低一点。

例四:将收入的50%支付给母公司的国外子公司(10%的预扣税)。例四说明了如果美国母公司仅拥有子公司40%的所有权,则现金流将发生何种程度的变化。正如图表21.5说明的那样,40%的所有权在红利支付、预扣税的扣除、应付税收及税收抵免结果的中仅仅起到了"调整因子"的作用。由于支付了比国内更高的国外税收,美国母公司再次享受了超额国外税收抵免。对于减少了的国外子公司税后1400美元净收入的总有效税率为37%。

例五:将收入的50%支付给母公司的国外子公司(40%的国外公司税,10%的预扣税)。第五个,也即最后一个例子说明当国外的公司所得税高于美国国内时,美国母公司的税收负担是增加的。即便是计算了已偿付的国外税收抵免之后,40%的国外所得税和10%预扣税的综合影响将导致超额国外税收抵免增加,有效税率大幅上升至46%。很明显,如果将例五中的情况与那些公司税率高于美国的国家数目(见图表21.2)结合起来,总部在美国的跨国公司所承担的税负就是一个重要的竞争隐患。

21.3.2 超额国外税收抵免

如果总部位于美国的跨国公司从一个公司所得税(或所得税和预扣税之和)高于美国的其他国家接受收入,总体可抵免税收将会超过美国对该项国外收入的税额,其结果就会产生超额国外税收抵免。然而,所有的公司都希望在全球范围内管理其税收,以避免在国外收入来源上支付比国内收入更高的税收。然而合理的全球税收管理并非那么简单,它涉及三个不同的部分:(1) 国外税收抵免的限制;(2) 税收抵免的向后结转/向前结转;(3) 国外税收平均。

国外税收抵免的限制。在任何年份,纳税人可以使用的税收抵免数量的最高限度为这部分收入的美国税收额。国外税收抵免不能用来抵消国内收入的税收。在任何一年,可抵免的税收总额都要受限于下面公式计算的结果:

$$\text{可抵免税收限额} = \frac{\text{国外总应税收入}}{\text{总应税收入}} \times \text{总收入的美国税收}$$

该公式不仅要用到国外收入,而且还要用到公司国内收入的美国税收。

税收抵免的向后结转/向前结转。像国内税收抵免一样,超额国外税收抵免可以对类型相似的税收向后结转5年或向前结转2年。不幸的是,由于超额国外税收抵免源于税收的差异,然而税率的改变是很缓慢的,所以在某一年开始拥有超额国外税收抵免的公司可能会在往后数年经历同样的超额税收抵免。

税收平均。有利的一面是,在美国税法下,将从一种来源中获取的国外税收抵免与另一种税收来源中获取的国外应付税收进行抵消是可能的,假如它们都是来自同一类型的收入。这种做法被称为**税收平均**(tax averaging)。原则上,这意味着如果收入是来源于高税收的国家,即产生了超额国外税收抵免,那么这些税收抵免额就可以依次被用来弥补由低税收国家汇回收入而形成的税收抵免赤字。

税收平均的主要障碍是无法对不同类别或不同“篮子”的收入进行税收平均。美国税法明确说明了**一般性限制的收入篮子**(general limitation income basket),这其中包括了大部分美国公司从海外获得的收入,比如制造、服务和销售收入。美国税收法典还明确了八种其他类型的收入篮子,来自国外的收入可能会包含在这些篮子中。例如,美国公司就不能对低税收国家主动收入的税收抵免赤字和高税收国家被动收入的超额税收抵免进行平均。这种收入篮子的限制为跨国公司将某些类型的利润置于低税收国家提供的激励很小。尽管如此,许多国家并没有根据收入类型对国外税收抵免的使用加以限制,或者干脆就忽略所有的国外收入来源。

21.3.3 控股国外公司和 F 分部收入

1962 年,随着特别的 **F 分部收入**(subpart F income)的产生,直到国外收入汇到美国之后美国的股东才需要对该收入缴税,该规则也得到了修改。该规则的修订是防止利用运营公司和处在避税港的总公司之间的安排作为拖延缴纳美国税收的手段以及激励更多的国外收入转移回国。**控股国外公司**(controlled foreign corporation, CFC)指的是美国股东(包括母公司)拥有超过 50% 的联合投票权或总价值的国外公司。

即便是没有汇回国内,F 分部收入也要立即缴纳美国税收。如果不立即缴税,此类收入极易被转移到境外而免于当前的税收,这部分收入包括:(1) 国外公司获得的被动收入,比如红利、利息、租金、版税、净外汇收益、净商品收益和非生产性财产的销售收入;(2) 从美国风险的保险中获得的收入;(3) 金融服务收入;(4) 运输收入;(5) 与石油相关的所得;(6) 某些相关方的销售和服务所得。

21.3.4 分支机构与本地控股子公司

在组织形式方面,跨国公司通常可以把国外子公司组建成母公司的分支机构或者国外当地的公司。税收和非税收的结果都必须被考虑进来。其中非税收的因素包括法定负债的所在地、在东道国的公众形象、管理激励的考虑以及本地法律和政治方面的要求。

一个主要的税收考虑就是在创建之后的几年里,国外子公司是否会在亏损的情况下经营。如果是这样的话,那么为了税收的目的,开始时最好把分公司组建成分支经营机构以使得这些预期的损失被合并到母公司的损益表中。例如,美国和许多其他国家的税法都不允许为了税收的目的而将国外公司的收入合并到母公司中,即便是为了报告的目的而合并也不可以;但是却允许为了税收目的对国外分支机构的收入进行合并。

第二个税收考虑是支付了红利预扣税之后的净税负。跨国公司必须对全资国外子公司收入在本国税收中可能存在的税收递延好处,与收入被分配给母公司时支付国外公司所得税和预扣税的总税负进行权衡。国外分支机构的收入只需要负担母国的税收,因为该收入同时被合并到了母公司的收入中,从而免除了国外公司所得税或者预扣税。

21.3.5 国外销售公司

这些年来,美国已经在其税法中引入了针对国际经营业务的特别激励。为了从这些激励中获得好处,企业可能不得不组建独立的公司来从事有资格和没有资格的业务活动。最重要的美国特设公司是国外销售公司(FSC)。FSC是在1984年的税收改革法案中被引入的,它是为拥有出口业务活动的美国个人或美国公司提供税收豁免收入的工具。

FSC的"豁免的对外贸易收入"并不需要缴纳美国所得税。豁免的对外贸易收入指的是与美国国内贸易或经营活动没有有效关联的来自国外的收入。税收豁免的收入仅限于FSC对外贸易总收入的34%。

FSC的对外贸易总收入来自出口财产销售的毛收入、出口财产的租金、出口财产销售或出租的附带服务以及工程、建筑或管理服务的费用。FSC总的对外贸易收入豁免的部分取决于使用的定价规则。"出口财产"是由一个非FSC的美国实体制造、生产、种植或采掘的,并且在美国之外销售、出租的财产。

然而在1999年,世界贸易组织(WTO)裁定FSC是一种非法的补助,对成千上万的美国出口商来说它值数亿美元。尽管FSC不太可能被中断,但是在协助美国出口商方面,它们的角色也越来越受到争议。欧盟就威胁要在2004年或之后对其征收惩罚性关税。

21.3.6 附属地公司

在很大程度上在美国的附属地运营的商业活动就可以用一个单独的美国公司来运营,这种公司如果满足成为**附属地公司**(possessions corporation)的一些要求,那么其在美国国外获得的收入就不要缴纳美国的税收了,除非这部分收入是在美国境内收取的。尽管从技术上看是一个美国公司,但几乎在所有方面,附属地公司都像国外公司那样被对待。特别地,美国医药行业就充分利用了波多黎各的附属地公司。

要求。要获得附属地公司的资格,公司必须满足以下要求:

1. 该公司必须是美国国内的美国公司。
2. 至少80%的毛收入都要从美国的附属地产生。
3. 至少75%的毛收入都要在美国的附属地从主动的贸易或商业活动中产生。

毛收入扣除。满足以上要求的公司在美国国外赚取的收入是不计入美国的毛收入内的,除非这些收入是在美国收取的。这样的话,附属地公司最初就应该把收入安排在国外获得,尽管公司随后还可能要把这些收入从国外银行的账户转入公司在美国的银行账户中。

附属地公司的收入要缴纳美国税收,但对可归于在美国附属地的贸易或经营活动的国外收入以及合格的源自附属地的投资收入都允许得到美国税收的节税抵扣。而净结果就是不合格的收入还要缴纳美国税收,而附属地收入是税收豁免的。符合这种抵免要求的收入有以下两种:

- 可归于在美国附属地的贸易或经营活动的国外收入。

• 合格的源自附属地的投资收入,具体可定义为:(a) 来自于公司开展经营活动的附属地的收入;(b) 纳税人获得的收入,该收入可以归于从附属地的经营或投资活动中获取的资金。

当前,附属地公司在美国的其他投资是要缴税的。那些要缴纳美国税收但又不符合税收抵免要求的收入在缴纳了国外的税收之后是可以获得税收抵免的,除此之外附属地公司不能得到其他任何的国外税收抵免。对于附属地公司的美国母公司来说,对来自附属地子公司的收入分配征收的国外税收既不能抵免,也不能扣除。

不论是何时获取的,来自附属地公司的红利都有资格获得 100% 或 85% 的红利扣除。这样,由附属地公司汇回美国母公司的前几年的积累收入就只要缴纳很少的美国税收或者不用缴税。

21.3.7　美国税收:要点总结

图表 21.7 提供了美国跨国公司面对的主要税收问题的概况。

图表 21.7　美国跨国公司的美国税收

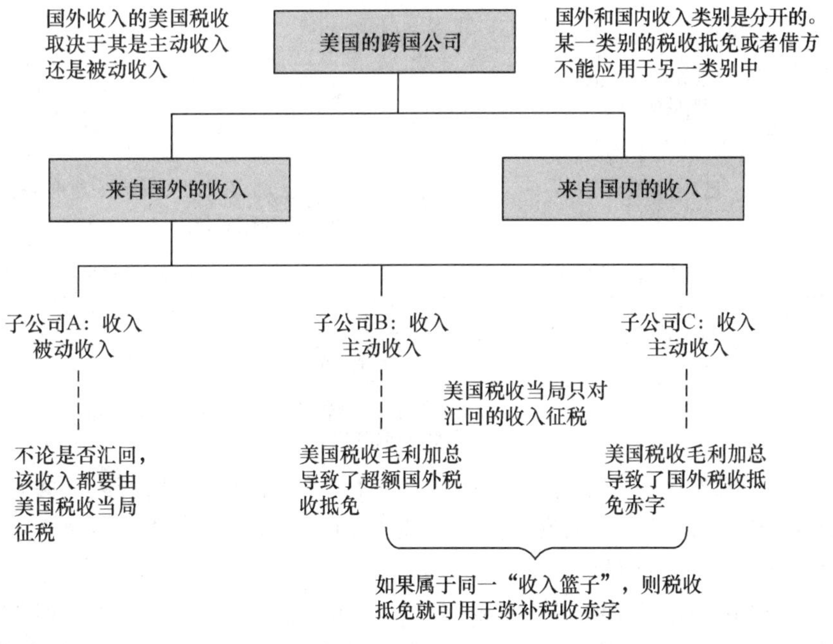

• 国内收入与国外收入是分离的。某一类别收入的税收抵免或赤字不能应用于另一类别的净头寸。

• 国外收入被分为主动和被动两种类别。主动收入只有在被汇回美国母公司的时候才由美国税收当局征税。被动收入在取得的时候就要征税,而不论是否被汇回美国母公司。

• 如果一个子公司主动收入的汇回导致了超额国外税收抵免,同时另一个子公司的汇回发生了国外税收抵免赤字,那么按照美国税法,如果这两种收入是属于同一个

"收入篮子",则税收抵免就可以用来弥补赤字了。

尽管跨国税收是很复杂的,但是对于任何一个跨国公司来说,全球税负管理都是其面临的最重要的财务管理任务之一。能够通过减少全球税收支出来有效地管理全球税负的跨国公司创造了股东价值。

21.3.8 Carlton 公司的税收管理

当 Carlton 德国子公司和 Carlton 巴西子公司把红利收入汇回美国的时候,Carlton 要面临的几个关键的税收管理问题,见图表 21.8 中的总结。

图表 21.8 **Carlton 对国外收入的税收管理**

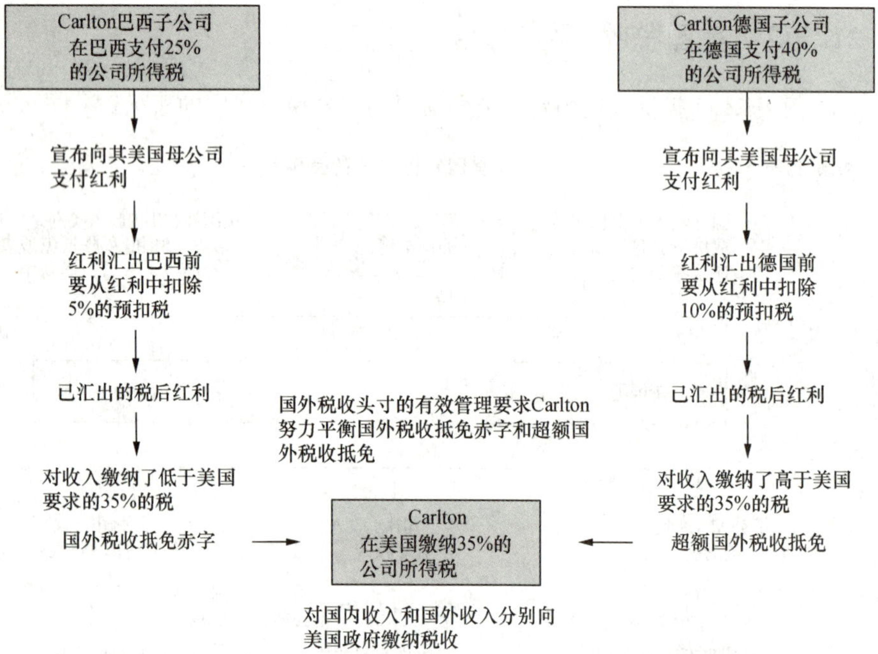

- 因为德国的公司所得税率(40%)高于美国(35%),所以汇回美国母公司的红利就产生了**超额**国外税收抵免。两国之间的任何可实施的红利预扣税都只能够增加超额国外税收抵免的数量。
- 因为巴西的公司所得税率(25%)低于美国(35%),所以汇回美国母公司的红利就产生了国外税收抵免**赤字**。如果对巴西汇往美国的红利征收预扣税,那么这将减少赤字,但却不能消除赤字。

Carlton 的管理者希望管理这两项红利汇款以使得税收抵免赤字与超额税收抵免相匹配。最直接的方法就是调整每个国外分公司分发的红利数量,使得在征收了所得税和预扣税之后,从 Carlton 德国子公司获得的超额国外税收抵免能与从 Carlton 巴西子公司产生的超额国外税收赤字精确匹配。另外还有很多其他的方法来管理 Carlton 的全球税负,它们被统称为**资金重置**(repositioning of funds),而对这些方法的详细解释将在下面的章节中进行。

21.4 避税港子公司和国际离岸金融中心

许多跨国公司都拥有作为公司资金避税港的国外子公司,而需要避税的这些资金通常是等待再投资或等待汇回的资金。避税港子公司也被直接地称为**国际离岸金融中心**(international offshore financial centers),它们产生的部分原因是某些母国允许国外收入的税收递延。避税港子公司通常是在具有以下条件的国家建立:

- 对国外的投资或当地公司赚取的销售收入征收很低的税,对支付给母公司的红利征收很低的红利预扣税。
- 稳定的货币,这使得外币资金与当地货币之间的转换变得很简单。可以通过允许和便利欧洲货币的使用来达到这个要求。
- 支持金融服务的设施,比如良好的通信系统、合格的职业化行政队伍以及声誉卓著的银行服务。
- 鼓励在该国境内设立外资金融和服务设施的稳定的政府。

图表 21.9 是一张世界主要离岸金融中心的地图。典型的避税港子公司都拥有与其相关的国外运营子公司的普通股。可能有若干个避税子公司散落在全球各处。避税港子公司的股权 100% 地由其母公司所有。包括红利和股权融资在内的所有资金转移都可能通过避税子公司进行。于是母国对国外收入的税收就可以继续拖延下去直到避税港子公司本身向母公司支付红利,而不是如通常情况下那样在子公司宣布要支付红利时就纳税。如果国外经营业务持续增长并且需要从避税港子公司获得新的内部融资,那么这种税收的缴纳还可以无限制地拖延下去。这样的话跨国公司就能够为国外经营业务运营一个公司资金池,并且无须在母国的税收机制下汇回国外的收入。

图表 21.9

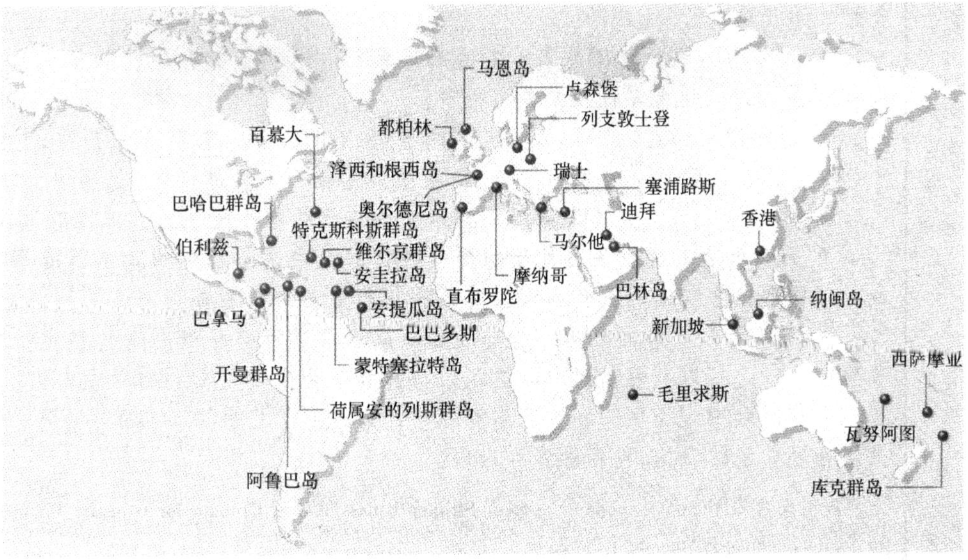

对于美国的跨国公司来说,通过国外子公司的操作而实现税收递延的特权起初并不是一个税收漏洞。相反,这是为了允许美国公司海外扩张,并且把它们放在与国外竞争者同等的地位(其国外竞争者同样享受着类似的税收递延和不同类型的出口补贴)而经由美国政府授权的。

不幸的是,一些美国公司把税收递延最初的意图曲解为税收规避。从相关子公司处购买或出售给相关子公司的商品和劳务的转移价格被人工非法操纵,把从交易中获得的所有收入都留在了避税港子公司。即使在物理上商品或服务从未进入避税港国家,通过将这些商品或服务的法定所有人转移至避税港子公司,即可完成这种操纵。这种策略没有给对避税港国家以外的出口子公司和进口子公司征税留下任何残留的征税基础。毫无疑问,出口国和进口国的税收当局都对这种缺乏应税收入的交易感到束手无策。

1962 年的《美国国内税收法案》的一个目的就是消除这些外国"空壳公司"的税收优势,而同时又不损害那些基于商业和经济动机而不是税收动机而设立的外国生产和销售子公司在税收递延上的权利。尽管税收动机已被消除,然而一些公司已经发现这些子公司作为国外经营业务的金融控制中心是大有用处的。**金融实务专栏 21.3** 提供了离岸金融中心从事的主要活动类别。

金融实务专栏21.3

GLOBAL FINANCE IN PRACTICE

离岸金融中心的业务

离岸金融中心向国外用户提供了外汇收入兑换方面的金融管理服务。这对客户来说有比较优势吗?确实有几个,这其中包括非常低的税率、最少的管理程序、保密性和谨慎性。这种环境在保护国际客户的收入和资产免于政治、财政和法律风险的同时,还使得它们能够最小化潜在的税负。离岸金融中心可以提供很多的手段,包括以下几种:

- 为公司和银行处理外汇业务的离岸银行。这些业务并不受制于资本、公司、资本利得、红利、利息等税收或外汇控制。
- 国际商业公司。国际商业公司通常是税收豁免的有限责任公司,它们是被用来经营商业活动或通过发行股份、债券或其他金融工具进行融资。
- 离岸保险公司。离岸保险公司建立的目的是最小化税收和风险管理。
- 资产管理和保护使得处于脆弱的银行系统中或不稳定的政治制度下的个人或公司能够保护其资产免受因国内货币和银行崩溃带来的损失。
- 税收计划。跨国公司可能会通过离岸中心进行交易以利用转移定价来最小化税收。个人可以利用离岸中心提供的信托和基金来使用有利的税收安排。

离岸金融中心提供的税收优惠和保密可以被用于多种法律目的,但是它们同样被用在了非法的目的,包括洗钱和避税。

资料来源:IMF, "Caribbean Centers: Stricter Rules Change Climate for Offshore Financial Centers", *IMF Survey*, August 5, 2002, p. 252.

小案例

Stanly Works 和公司倒置①

这个策略将在长期内增强公司的实力。公司收入的很大比例都是来自美国国外,并且我们有将近50%的员工却是在美国。此外,从全球市场上购买的原材料的比重也在日益增加。这种变化将带来更大的经营弹性,使得我们在管理国际现金流的时候处在了更加有利的位置,并且帮助我们处理好复杂的国际税收体系结构。结果,我们的竞争力将会得到增强,而这是我们成为名牌的三个支撑之一。百慕大的经营活动、监管和税收环境预期会为股东创造大量的价值。除了经营弹性之外,提升后的全球现金管理和竞争优势、新的公司结构将会增强我们进入国际资本市场的能力,这对组织的发展、未来的战略联盟和并购都是有利的。最后,增强的管理全球税负的能力可以把公司的全球有效税率从当前的32%减少到23%—25%。

Stanley Works, Form 14A, Securities and Exchange Commission, 8 February 2002

法院一次又一次地声明,为了保持尽量低的税收而进行的个人事务的安排是没有任何罪恶可言的。每个人都这么做了,不管是穷人还是富人;并且所有人的这种做法都是对的,因为没有人负有公共责任要支付比法律要求的更高的税收:税收是强行收取的,并不是自愿的贡献。以道德的名义要求支付更高的税收仅仅是伪善之言而已。

Judge Learned Hand, Commissioner v. Newman, 159 F.2d 848(CA-2, 1947)

2002年2月8日,Stanley Works(USA)宣布其要进行**公司倒置**(corporate inversion),而公司将要重组为百慕大的公司。因为这次重组要把公司从美国移到国外,所以这被称为**出境倒置**(outbound inversion)。当前 Stanley 是一家美国公司,总部在美国康涅狄格州的新不列颠,而 Stanley 要将所有的美国业务整合到一个全资子公司,其新的母公司就在百慕大——Stanley Tools 有限公司。但是事实上,公司的总部、所有的公司办公室和业务中心都将留在康涅狄格。原因很简单:通过改变国籍,Stanley 预期每年能够省下3 000万美元的公司所得税。在宣布的当天,Stanley 公司的价值就增加了1.99亿美元。

但是这项宣布遭到了来自员工、股东和本地、州、联邦政府部门的强烈反对。这种改变需要公司三分之二的股东同意才能通过。Stanley 公司在2002年5月艰难地进行了一次有争议的投票。由于交付给股东的公司公报非常混乱,公司又安排了第二次投票。2002年8月,在公司的公民责任以及税收减少和爱国主义的道德方面的公开争论

① 本案例源于 *Stanley Works and Corporate Inversion*, Thunderbird Case Series。Copyright © 2003 Thunderbird, The American Graduate School of International Management, prepared by Professors Dale Davision and Michael H. Moffett. Reprinted with permission.

中,Stanley 发现自己成了"避雷针"。许多监管者现在正指责 Stanley 公司是钻税收机制的空子。目前公司的高管小组正想要重新评估其倒置的决定。

公司倒置

公司倒置的所有意愿和目的都是为了减少税负。美国对美国跨国公司的全球收入都要征税。作为一个美国公司,Stanley 同时要对在美国赚取的所有收入(国内收入)和在国外赚取的以及汇回国内的收入或者是被认为要汇回美国母公司的收入(国外收入)缴税。对于像 Stanley 这样的公司,对国外收入所要缴纳的税收才是问题的关键。

其他国家,比如德国,就只对被认为是在本国国内赚取的收入征税,称之为属地税收。如果跨国公司的母公司处在像德国这样的国家,那么在母国的税收结构下,公司就能够得到较低的有效税率。像百慕大、开曼群岛和英属维京群岛这样的离岸避税港国家对于国外的收入是不征税的,对于在该国注册的跨国公司在其国内赚取的收入只征收极少的甚至可以忽略的税收。这对在这些国家注册的跨国公司来说是真正的避税天堂,尽管跨国公司在那些国家只有很少或者根本就没有经营上或组织上的实体。

公司倒置的历史

公司倒置并非是一个新的税收策略。首个重要的走向国外倒置的公司是 1983 年的 McDermott 公司。McDermott 用美国股东持有的股份交换了 McDermott International 的股份,后者是重组前 McDermott 在巴拿马的一个子公司。IRS 规定股份的交易是要纳税的,所以就对所有的美国股东在股份的销售中征收了资本利得税。这个意想不到的结果被认为是未来公司倒置的一个威慑,并且美国国会在此不久就遵循了新的法律,即 IRS 法典的 1248(i)部分,这部分的规定使得 IRS 可以更加容易地把一些倒置纳入征税的范围。

下一个大公司的倒置是由 Helen of Joy 公司在 1993 年实施的,这是处于田纳西的一家美容化妆品供应公司。这是第一次所谓的**纯倒置**(pure inversion),因为公司设立了一家全新的离岸公司作为总部(并非是把公司的股票出售给现有的公司或子公司)。管理层希望这个策略会被归为**改组**(reorganization),而不是需要纳税的销售。然而 IRS 再一次运用如下规则将这次交易界定为需要征税的事件:"如果在进行交换以后,美国转出人总体上拥有受让的外国公司 50% 以上的投票权。"尽管 McDermott 和 Helen of Joy 事件的税收规定都被认为是走向国外倒置的明显威慑,然而还是有越来越多的公司已经考虑了向离岸公司的改组,并且已经有一些公司完成了改组。时间一晃就到了 20 世纪 90 年代末期,像 Tyco 和 Ingersoll-Rand 这样的一批公司就为了减少税负而进入了离岸市场。

另外的一个考虑就是股票市场对公司倒置的反应。平均来看,走向国外倒置决定的宣布发出还是能够得到市场的奖赏的,对于这些公司的股票有一个 1.7% 的升值。[2] 股价的这种反应被认为是代表了现金流储蓄的现值,而这种现金流储蓄同时来自于对国外收入的税收减少和由倒置后业务重组引起对国内收入的(美国)税收减少。

---

② Mihir A. Desai and James R, Jr., "Expectations and Expatriations: Tracing the Causes and Consequence of Corporate Inversions", *NBER Working Paper 9057*, July 2002, http://www.nber.org/papers/w9057.

税收策略

像其他美国跨国公司一样，Stanley 感觉到美国公司所得税的负担日益加重。Stanley 美国收入的所得税是按照美国 35% 的税率征收的。这个税率在过去的 15 年内仅有 1% 上下的变动；与全球的公司税率相比，35% 的税率是在逐步增高的，因为 20 世纪 90 年代许多国家都持续而且大幅减少了公司税率。

Stanley 和其他跨国公司面临的问题是它们越来越多的收入都是在美国之外产生的，并且美国税收当局对汇回美国母公司的利润还要征税。如图表 A 所示，如果 Stanley 在欧洲的业务产生了利润，那么它首先就要向东道国政府支付本地税收，比如法国或德国，接下来其汇回美国母公司的收入还要被征收额外的税收。

图表 A　　**走向国外公司倒置之前 Stanley Works 的税负**

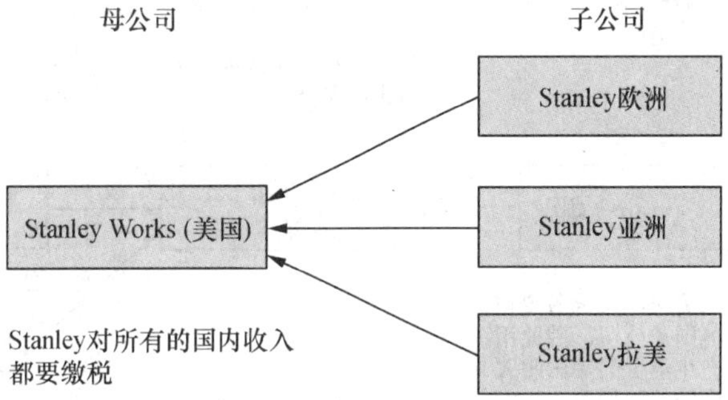

Stanley 按照如下的方式对国外收入缴税：

1. 对于国外子公司的主动收入，只有当这些收入汇回美国母公司时才征税。

2. 对于国外子公司（由美国母公司控股的国外公司）的被动收入，在公司获得收入的时候就要缴税，而不论收入是否汇回母公司。

尽管如此，根据美国国内税收法典第 951—964 节的 F 分部收入，对于国外子公司赚取的特定类型的收入都要缴纳美国税收，而不论这部分收入是否汇回美国。[3] 这部分特别的 F 分部收入指的是由美国母公司控股的国外公司产生的，并且主要是通过财产所有权赚取而不是通过主动的商品生产和劳务赚取的收入。在公司获得这部分收入的时候，美国税收当局就对其征税了，而不是等待它们汇回美国母公司的时候才征收。F 分部的规定被特别订立的目的是防止国外收入被永久地留在离岸避税港，比如百慕大，而这些地方是不征收公司所得税的。

为了消除双重征税（如在欧洲和美国同时缴纳税收）的可能或者至少减轻这种税收负担，美国税收法典中的确有很多特别的规定。许多支付给东道国政府的公司税都可以抵免潜在的美国税负。当国外的公司税率比美国的高时，这种做法就会特别有效，但是由于许多国家都把公司税率降到了美国的公司税率以下，现在汇回美国的利润反而还带来了额外的税收。

---

③　该法典特别针对的是由美国母公司控股的国外子公司，或称为 CFCs。CFC 被定义为 50% 以上具有投票权的股份直接或间接被美国股东所有的任何国外公司。这样的话，美国的跨国公司的大部分国外子公司都被纳入 CFC 的范围了。

走向国外的公司倒置的目标有(见图表 B):

- 首先,作为一个典型的离岸金融中心,百慕大对国外的收入不征税(事实上,百慕大就没有公司税)。Stanley 在全球产生的利润可以自由地在全球的商业经营(包括母公司)中再分配,而同时又不会在母公司所在的国家产生额外的税负(现在百慕大代替美国成为母公司所在国了)。
- 其次,Stanley 的美国经营业务现在可以作为美国子公司来经营了。这种安排将最有可能带来重组,那么美国子公司对百慕大的母公司就有越来越多的支付,比如版税、债务偿付和许可证费用,这些在美国都是法定可扣除的费用,但是对在百慕大的母公司来说就是收入了。最后的结果将是对 Stanley 在美国的业务经营所要缴纳的税收的净减少。

图表 B **走向国外公司倒置之后 Stanley Works 的税负**

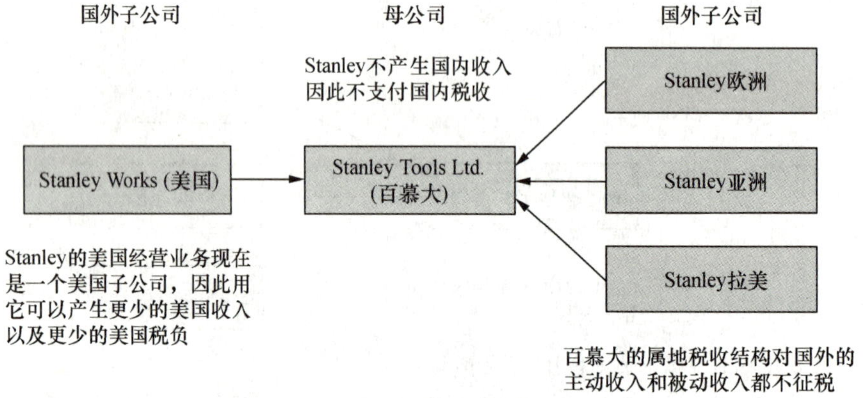

公司倒置第二个方面的好处常被称为**利润剥离**(earnings stripping)。它指的是对在美国境内的业务进行重组,以便将合法范围内可能的公司成本尽量转移到美国税率较高的环境中以便减少应税利润。

尽管如此,在可得的实际税收好处和不断增加的公共关系成本两方面还有大量的争论。每股收益的增加(EPS)被 Stanley 吹捧为整个组织有效税率的简单减少。例如,利用 2003 年的预算收入估计,Stanley 预计 2003 年要对 4.20 亿美元税前收入缴纳 1.34 亿美元税收,如图表 C 所示。这样假设的有效税率就为 32%。如果在百慕大重组的话,Stanley 估计有效税率要降至 24%,这就为 Stanley 和它的股东产生了 330 万美元的储蓄。

图表 C **公司倒置后 Stanley Works 的前景改变**

	2003 年的预期收入		
	公司倒置之前	公司倒置之后	储蓄
税前收入	$420	$420	
税负(32%/24%)	(134)	(101)	
税收收入	$286	$319	+$33
发行在外的股份(百万)	88.0	88.0	
每股收益(EPS)	$3.250	$3.625	+$0.375 或 11.5%

爱国主义和公司倒置

你愿意在现在的家园继续居住，但是邀请国内税务人员去百慕大漫步沙滩，因为你是那个可爱小岛的法定居民吗？你不能，但是工具制造者 Stanley Works 打算为了每年省 300 万美元而移居那里。那么如果我们的国家正在进行反恐战争而且为国防和国家安全要花费数十亿的资金该怎么办？那时我们的问题不也是那些避税者的问题吗？他们的问题是提高利润来使得他们股票的价格飙升。既然一个好的股票市场是有利于美国的，那么究竟爱国和避税哪个更重要些呢？

Allan Sloan, "The Tax-Free Bermuda Getaway", *Newsweek*, April 15, 2002

John Trani 的其他担心都与 Stanley 的形象有关。离岸重组的行动被许多人描述成没有爱国心的举动——在衰退阶段和 9·11 事件后的持续恐怖威胁的世界中不支持美国。除了在国会上对不断增多的公司倒置策略的运用越来越多的争论，Stanley 的员工及工会也发出了强烈的反对声。尽管 Stanley 没有做任何违法的事情，并且依照法律规定缴纳税收，但公司还是被描绘成了"穷尽其能"以避免未来的所得税税负的公司。

John Trani 和他的高管小组回到了会议室。时间正在慢慢耗尽。如果还想要继续致力于公司倒置的话，Stanley 就要重新组织股东的投票。问题依旧在于移居离岸市场的收益是否超过了成本。

案例思考题

1. 如果 Stanley 真的离岸重组了，你认为公司在美国国内和国外会怎样重组其业务？

2. 你相信美国政府应该允许像 Stanley 这样的公司为了支付更少的税负而在国外重组吗？

3. 如果你是 John Trani，你会选择继续致力于国外公司倒置还是选择放弃呢？

小结

◎ 跨国公司面临着税收道德的问题。

◎ 政府会努力达到税收中性的目标。

◎ 国家通常沿着两种基本方法之一来构建其税收系统的结构：全球原则和属地原则。

◎ 两种方法都是要决定哪一个公司——按法人组织来看国外的或国内的，哪一种收入——按来源分为国外的和国内的，是在东道国税收当局的税收范围之内的。

◎ 全球原则，也称作居民方法或国家方法，是对在东道国注册的公司赚取的收入征税，而不管收入是在何处获得的（国内或国外）。

◎ 属地原则，也称税源方法，它的征收对象是在东道国法律管辖范围内而不是在公司的注册国内赚取的收入。

◎ 许多国家都会推迟对国外收入的税收，直到该收入被汇回母公司。

◎ 双边税收条款网络中的很多条款都是根据经济合作与发展组织（OECD）提出的条款之后形成的，这些条款提供了减少重复征税的手段。

◎ 税收条款通常详细说明了在一个国家获得的收入是否要被另一国的税收当局征税，以及如果要征税的话，如何征税。税收条款都是双边的，它需要两个签约国约定在两国之间何种收入适用何种税率。

◎ 增值税是一种国家销售税，它是在消费品生产或销售的每个阶段按照该阶段价值增值部分的一个比例征收的。

◎ 在征税的时候美国是把国内收入和国外收入区别对待的。两种收入都是单独征税，并且一种收入的税收赤字或抵免不能应用于另外一种收入的赤字或抵免。

◎ 如果总部位于美国的跨国公司从一个公司所得税（或所得税和预扣税之和）高于美国的其他国家接受收入，总体可抵免税收将会超过美国对该项国外收入的税额，其结果就会产生超额国外税收抵免。

◎ 所有的公司都希望在全球范围内管理其税收，以避免在国外收入来源上支付比国内收入更多的税收。

◎ 如果可能的话，转移定价的计算应该在正常的交易价格的基础上进行。

◎ 所得税、资金定位、管理的评价和合资伙伴都会受到转移定价的影响。

◎ 许多跨国公司都拥有作为公司资金避税港的国外子公司，通常用于处理等待再投资或等待汇回的资金。由于避税港可能会被跨国公司和洗钱者滥用，因此很多国家的税收当局都在密切关注着它们。

◎ 美国的跨国公司可以利用附属地公司和国外销售公司来减少它们在世界范围内的税收。

◎ 对于税收的考虑有时决定了是把国外公司子公司组织成母公司的分支机构还是本地的注册子公司。

思考题

1. **税收道德。**
   a. “税收道德”的意思是什么？
   b. 你的公司在俄罗斯有一家子公司，在那里逃避税收是很平常的事情。说明一下你是否应该完全遵守俄罗斯税法或者像本地的竞争者一样违反法律。
2. **税收中性。**
   a. 给“税收中性”下个定义。
   b. 国内中性和国外中性的区别是什么？
   c. 在决定对国外收入的税收政策时，该国的目标应该是什么？
3. **全球原则和属地原则税收。**一国通常会依照两种基本的方法之一来构建其税收系统：全球方法和属地方法。解释这两种方法以及它们之间的区别。
4. **税收递延。**
   a. “税收递延”是什么意思？
   b. 对于国外收入为什么允许税收递延？
5. **税收条款。**
   a. 什么是双边税收条款？
   b. 双边税收条款的目的是什么？
   c. 大多数税收条款都涵盖了那些政策？
6. **税收类型。**直接对收入征收的税称为直接税，根据其他一些可度量的企业经营状况征收的税称为间接税。把下面的税收类型按照直接税、间接税或其他的类型的税收分类。
   a. 日本子公司对其经营所得缴纳的公司所得税
   b. 因石油提取以及将石油运往世界市场而向沙特阿拉伯支付的税
   c. 美国母公司收到的伦敦银行存款利息
   d. 美国母公司收到的对墨西哥子公司的贷款利息
   e. 美国母公司收到的对比利时的全资子公司的贷款本金支付

f. 在美国生产和销售香烟所支付的消费税
g. 对建在西雅图的公司总部支付的财产税
h. 对国际红十字会救济难民的直接捐款
i. 延期的所得税，表现为美国母公司合并所得税的扣除
j. 德国对支付给英国母公司的红利支付扣除的预扣税

7. **国外税收抵免**。什么是国外税收抵免？为什么对国外收入的税收给予税收抵免？
8. **税收平均**。税收平均是如何帮助或阻碍美国跨国公司管理其全球税负的？
9. **主动收入和被动收入**。主动收入和被动收入之间的区别是什么？
10. **增值税**。
    a. 什么是增值税？
    b. 增值税的优势和劣势分别是什么？
    c. 尽管已经提议了无数次要征收增值税，但是美国从来没有采纳过。增值税在其他国家是被广泛征收的一种税收，那么你认为美国为何对增值税这么反感？
11. **F分部收入**。直到来自国外的收入汇到美国之后(延迟纳税)，美国的股东才需要对该收入缴税的规则，在1962年因特别的F分部收入的产生而得到了修改。
    a. 为什么这项修订得到了采纳？
    b. F分部收入包括哪些内容？
    c. 应该在何时对F分部收入征税？
12. **转移定价的动机**。什么是转移价格？政府可以调控转移价格吗？在设置转移价格时母国跨国公司面临的困难和动机是什么？
13. **姊妹子公司**。在Able国的子公司Alpha面临着40%的所得税率。在Baker国的子公司Beta的所得税率仅为20%。现在每个子公司从另一个子公司那里进口一定量的商品和服务，每个子公司进出口的价值都相等。公司的管理层使用平衡公司内贸易的方法降低所有的成本，包括外汇交易成本(买卖价差)。每个子公司都是有利可图的，它们都可以以近乎相同的价格在国内购买所有的部件，该价格原本是支付给它们的国外子兄弟公司的。对你来说这种情况是最优的情况吗？
14. **正确定价**。《美国国内税收法案》的第482节明确了“正确的”转移价格的使用，而价格“正确”与否的举证责任由公司承担。决定适当的转移价格的指导方针是什么？
15. **分支机构的收入**。分支机构通常是跨国公司国外业务的组织结构，在业务经营的前几年分支机构预计要亏损很多钱。与全资子公司相比，跨国公司为什么更加偏好分支机构？
16. **国外销售公司(FSC)**。国外销售公司是什么性质的公司？为什么许多其他的国家认为根据世贸组织现在对国际贸易经营的规定，美国的国外销售公司是非法的？
17. **避税港子公司**。
    a. “避税港”的意思是什么？
    b. 如果要把一个国家当做避税港，那么这个国家需要具备什么条件？
    c. 说出5个避税港。
    d. 跨国公司使用避税港子公司的优势是什么？
    e. 受到非避税港国家税收当局反对的跨国公司应税收入扭曲的可能性是什么？
18. **税收条款**。大多数双边税收条款都涵盖的内容有哪些？这些条款是如何影响跨国公司的业务和结构的？
19. **被动收入**。为什么美国税收当局对在国外产生的被动收入征收的税收与主动收入的不同？

练习题

1. **国外收入的美国税收。**利用图表 21.6 中计算国外收入的美国税收方法，假设一个国外子公司的毛收入为 340 万美元，美国和国外的公司所得税率分别为 35% 和 28%，国外的预扣税率为 15%。
   a. 对于这项收入，总的税收（国内的和国外的税收之和）支付是多少？
   b. 对于这项收入，美国母公司支付的有效税率是多少？
   c. 如果国外的公司所得税是 45% 而且对于红利没有预扣税，那么总的税收支付和有效税率又是多少？
   d. 如果这项收入是美国公司的某个分支机构赚取的，那么总的税收支付和有效税率是多少？

2. **Discovery Bay Airline（香港）。**Discovery Bay Airline 是一家美国的航空公司，它在中国香港有一个全资子公司。该子公司刚刚为位于旧金山的母公司完成了一项长期计划报告。在报告中香港子公司估计了如下的预期收益和 2004—2007 年的支付率。

   对于此类收入，香港当前的公司税率为 16.5%。香港对汇回美国投资者的红利不征收预扣税（香港和美国之间双边税收条款的规定）。美国的公司所得税为 35%。母公司每年想要子公司汇回其净收入的 75% 作为红利。
   a. 计算 2004—2007 年可以被香港子公司用来分配的净收入。
   b. 预计每年汇回美国母公司的红利有多少？
   c. 为了美国税负的目的进行毛利加总之后，预计每年总的税后（所有香港和美国税收之后）红利有多少？
   d. 每年对国外收入的有效税率是多少？

Discovery Bay 香港子公司 （单位：百万美元）

	2004	2005	2006	2007
息税前收入（EBIT）	8 000	10 000	12 000	14 000
减　利息支出	(800)	(1 000)	(1 200)	(1 400)
税前收入（EBT）	7 200	9 000	10 800	12 600

3. **德国 Jurgen-Strut 公司。**Jurgen-Strut（JS）是一家生产电子燃料汽化器设备的德国公司，它主要为几家德国大型汽车公司供货，其中包括奔驰、宝马和欧宝。像当今德国的许多公司一样，JS 公司正在修订其财务政策，这是因为公司如果想在德国国内或国外上市，那么它就要提高财务的披露程度。JS 公司的主要问题在于德国公司所得税法典对于留存收益和分配给股东的收益适用的税率不同，前者是 45%，后者是 30%。

息税前收入（EBIT）	€580 000 000
减　利息支出	(96 500 000)
税前收入（EBT）	€483 500 000
减　公司所得税	______
净收入	€______
留存收益	______
分配收益	______

   a. 如果 JS 公司计划将净收入的 50% 进行分配，那么总的净收入和总的公司税收各是多少？
   b. 如果 JS 公司正要在 40% 和 60% 的支付率之间作出选择以确定支付给股东的

比例，那么哪一种比例对所有人都是最好的呢？管理层需要怎样才能说服股东相信这种选择呢？

Kowloon 刀片公司。利用下面公司案例回答第 4—6 题。全资子公司 Kowloon 刀片公司（香港）向其母公司 Cranfield Eversharp（英国）出口剃刀刀片。香港的税率为 16%，英国的税率为 30%。Kowloon 每箱货物的利润计算如下（所有的值都以英镑为单位）：

推定的价格	Kowloon 刀片公司	Cranfield Eversharp
直接成本	£10 000	£16 100
管理费用	4 000	1 000
总成本	£14 000	£17 100
合意的价格加成（15%）	2 100	2 565
转移价格（销售价格）	£16 100	£19 665

损益表（假设货物有 1 000 箱）

销售量	£16 100 000	£19 665 000
减　总成本	(14 000 000)	(17 100 000)
应税收入	£2 100 000	£2 565 000
减　税收	(16%) (336 000)	(30%) (769 500)
税后利润	£1 764 000	£1 795 500
合并利润	£355 950	

4. **Kowloon 刀片公司（A）**。Cranfield Eversharp 公司的管理层正在考虑在公司内部重置利润。如果 Kowloon 的市场价格加成上升到 20% 而 Cranfield 的下降到 10%，那么这种变化对 Kowloon 和 Cranfield 各自的利润以及两者的合并利润会产生什么影响？这种重置方式对合并税收支付有什么影响？

5. **Kowloon 刀片公司（B）**。上一题的分析结果对 Cranfield Eversharp 的管理层产生了激励，他们想继续把利润转往香港。然而他们面临着两个约束：第一，为了保持竞争力，每箱刀片在英国的最终销售价格必须为 2 000 英镑或者更低。第二，英国税收当局为 Cranfield Eversharp 设置了 17 800 英镑的最高转移价格（来自香港）。这样的话你认为 Cranfield Eversharp 应该设置多少的市场价格加成组合？这种转移方式对合并税后利润和总税收支付有什么影响？

6. **Kowloon 刀片公司（C）**。为了抓住所有潜在的税收重置机会，Cranfield Eversharp 想在问题 4 的背景中再把管理费用重新分配。如果管理费用可以在两个公司之间重新分配，不过总的费用仍然是每箱 5 000 英镑，在香港保持最低的每箱 1 750 英镑的管理费用，这种管理费用的重新分配对合并税后利润和总税收有什么影响？

7. **Gamboa 公司的税收平均**。Gamboa 公司是美国的一家相对较新的水果蔬菜专业零售商。该公司利用中美洲的水果蔬菜外包子公司和美国东南和东北地区的分销商进行垂直整合。Gamboa 公司的两个中美洲子公司分别位于巴西和斯里兰卡。

公司创始人的女儿 Emilia Gamboa 在不久的将来要接管公司的财务管理部门。像许多类似规模的公司一样，基于对时间和成本的考虑，Gamboa 公司在财务管理中并没有一个高度复杂的系统。尽管如此，刚刚完成 MBA 学业的 Emilia 现在正努力把一些美国税收实践的专业知识用到工作中来以节省 Gamboa 公司的资金。她首先关心的是对两个中美洲子公司的国外税负进行税收平均。

公司在斯里兰卡的业务的赢利能力比在巴西的稍微强一点,因为斯里兰卡是一个税收相对较低的国家。斯里兰卡的公司税税率是 30%,对向母公司支付的红利不征收预扣税。巴西的税率相对较高,为 40%,并且还要对向国外投资者的分红征收 10% 的预扣税。当前的美国公司税税率为 35%。

	巴西	斯里兰卡
税前收入	\$1 000 000	\$1 500 000
公司所得税税率	40%	30%
红利预扣税率	10%	0%

a. 如果 Emilia 假设每个子公司的红利支付率为 50%,那么对从巴西和斯里兰卡获得的国外收入的税收各是多少? 如果 Emilia 把两个子公司的税收抵免/税负平均,那么多余的美国税收将是多少?

b. 巴西子公司的红利支付率保持在 50% 不变,则为了最有效地管理总的国外税收,Emilia 应该把斯里兰卡子公司的红利支付率设为多少?

c. 对于国外收入,Emilia 能够达到的最低有效税率是多少?

8. **榛果(Hazelnut)公司**。Jerry Filbert 是美国榛果公司税收计划部门的副主席。已知所有有关公司经营的预期值都得到了正确的预测(现在是 2004 年 12 月 5 日),而 Jerry Filbert 现在正努力确定 2005 年榛果公司的实际税负将达到多少。榛果公司(美国)在西班牙的 Cadiz 有一家全资制造子公司。该西班牙子公司——Hazelnut Cadiz 在 2004 年的税前收入(EBT)为 4 千万欧元。这项收入有两种类型:巧克力榛果棒的生产和销售(占 80%);从其在瑞士的全资子公司那里获得的红利收入(占 20%)。今年的平均汇率为 \$1.2/€。西班牙和美国的公司所得税都是 35%。从西班牙到美国的红利支付要缴纳 15% 的预扣税。Filbert 先生最近被告知西班牙的子公司将会在年底把销售可得的净收入的 50% 作为红利支付。

a. 汇回美国的净红利额有多少(以美元计价)?

b. 与 Hazelnut Cadiz 2005 年与经营相关的美国税负是多少?

9. **Ballantyne 品牌服务公司(A)**。Ballantyne 是美国一家品牌发展和管理服务咨询公司。该公司从一家小的咨询公司起家,现在是被 Sara Ballantyne 私人所有的注册公司。目前公司的服务合同已经签到了未来好几年,公司对 2005—2007 年税前收入的估计如下表(注意公司 2004 年在澳大利亚已经有了一份大额合同)。出于税收筹划的目的,所有的收入都已转换成以美元为单位了。

假设	2005	2006	2007
应税美国国内收入	\$2 500 000	\$3 500 000	\$2 500 000
澳大利亚的税前收入	\$200 000	\$2 000 000	\$250 000

2005 年,美国和澳大利亚的公司所得税分别为 35% 和 36%。但是澳大利亚计划把 2006 年及以后各年的公司所得税下调至 32%。这种减税调整同样惠及对汇出澳大利亚的收入征收的红利预扣税,即由当前的 10% 减少至 0%,这种调整也是从 2006 年开始。Ballantyne 每年打算将在澳大利亚获取的收入的 75% 汇回美国母

公司。

a. 在 2005—2007 年的三年中，Ballantyne 预计每一年从澳大利亚子公司汇回的红利净额是多少？

b. 对澳大利亚到美国母公司的预期红利汇款，公司要支付多少额外的美国税款，或者会产生多少国外税收抵免额？

c. 假设超额的国外税收抵免额可以向后结转五年，那么每年对来自澳大利亚的国外收入所要支付的实际税款是多少？

d. 假设可以向后结转，那么 2007 年年末的累积超额国外税收抵免余额是多少？

e. 每年对 Ballantyne 国外收入的可抵免税款的限额是多少？

10. **Ballantyne 品牌服务公司（B）**。Ballantyne 品牌服务公司即第 9 题的公司，该公司刚刚接到其澳大利亚律师事务所的通知，称澳大利亚的税收修订工作不会像先前预期的那样进行了。在可以预见的未来，澳大利亚的公司税率将保持在 36%，对红利分配征收的 10% 的预扣税也将不会有任何减少。

a. 在未来的三年中，Ballantyne 现在预期每一年从澳大利亚子公司汇回的红利净额是多少？

b. 对澳大利亚到美国母公司的预期红利汇款，公司要支付多少额外的美国税款，或者会产生多少国外税收抵免额？

c. 假设超额的国外税收抵免额可以向后结转五年，那么每年对来自澳大利亚的国外收入所要支付的实际税款是多少？

d. 假设可以向后结转，那么 2007 年年末的累积超额国外税收抵免余额是多少？

网上练习

1. **政府税收当局**。税法一直处于变化之中，而跨国公司的税收计划和管理过程必须将各国税收领域的持续变化纳入自己的视野。利用下面的政府税务网站来说明与这些国家相关的具体问题。

香港的所有权发生的改变

http://www.info.gov.hk/eindex.hem

爱尔兰的国际财务服务中心

http://www.revenue.ie

捷克共和国的投资税收动机

http://www.czech.cz/index.php?section-2&menu-22

2. **国际商业税收实践**。很多主要的会计公司都为国际商业活动提供有关税收和会计实践的在线信息和咨询服务。利用下面的网址获得及时更新的有关税法变化或实践的信息。

安永

http://www.ey.com/tax/

德勤

http://www.dttus.com

毕马威

http://www.kpmg.com

普华永道

http://www.pwcglobal.com

文献选读

Devereux, P., C. Spengel, and L. Lammerson, "Corporate Taxes and Inefficiency in Europe", *National Tax Journal*, Proceedings of the 95th Annual Conference, 2003, pp. 226—235.

Isenbergh, Joseph, *International Taxation*, Foundation Press, New York, NY, 2000.

Lymer, Andrew, and John Hasseldine (editors), *The International Taxation System*, Kluwer Academic Publishers, 2002.

PricewaterhouseCoopers, *Corporate Taxes: A World-wide Summary*, New York: PricewaterhouseCoopers, 2005.

Scholes, Myron, S., Mark A. Wolfson, Merle M. Erickson, Edward L. Maydew, and Terrence J. Shevlin, *Taxes and Business Strategy: A Planning Approach*, third edition, Prentice Hall, 2004.

第 22 章　营运资本管理

跨国公司的**营运资本管理**(working capital management)要求公司在面临政治、外汇、税收和流动性约束的时候转移现金流以及管理当前的资产和负债。营运资本管理的最终目标是在减少营运资本中占压的资金的同时，为公司在全球的商业经营提供足够的资金和流动性。这样的目标组合能够提高资产和股权的回报，同时也可以提升效率比和其他业绩参数值。

本章第一节描述了 Carlton 公司的经营周期。第二节分析了 Carlton 公司资金转移决策。第三节考察了影响 Carlton 公司资金转移的约束条件。第四节明确了可供选择的资金转移渠道。第五节介绍了净营运资本的管理,包括应收账款、存货和现金的管理。第六节,也就是最后一节考察了如何为营运资本融资的问题,其中包括多种可得的银行服务类型。

22.1　Carlton 巴西子公司的经营周期

图表 22.1 说明了 Carlton 巴西子公司的经营和现金周转的周期。经营周期可被分解为五个阶段,每个阶段都涉及业务、会计和潜在的现金流影响。下面我们将具体说明经营周期的各个阶段。

22.1.1　报价阶段

在第 8 章介绍交易风险的时候,我们第一次提到了这个概念。报价阶段从价格报出的 t_0时一直延至客户下达买入订单的时点 t_1,如果客户要求以外币报价,如智利比索,Carlton 巴西子公司就会有一个潜在但不确定的外汇交易敞口。尽管像 Carlton 巴西子公司这样的公司会保留一份全面的报价表以及它们的时间段,然而报价本身并不会在公司任何传统的财务报表中列出。

图表 22.1 **Carlton 巴西子公司的经营周期和现金流周期**

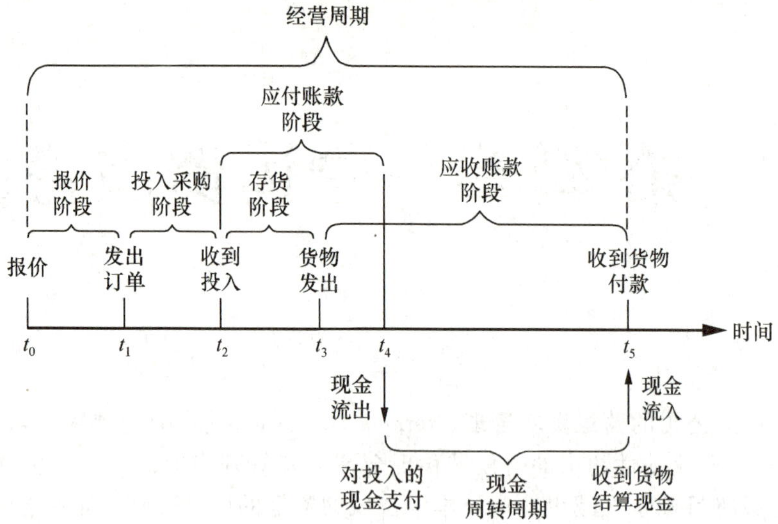

22.1.2 投入品采购阶段

一旦客户接受了一个报价,那么他就会在 t_1时刻下达订单。接着买方和卖方签订一份关于交割货物的合约,合约中包括了发货时间、发货条件、价格和融资条款等。此时,Carlton 巴西子公司就会订购用于生产这些物品但库存里没有的原材料投入品。对于各个交易来说,买方可能会要求缴纳保证金或预付定金。这将构成此订单的第一次现金流,对 Carlton 巴西子公司来说,这是流入也是此次交易现金周转周期的开始。

22.1.3 存货阶段

收到原材料投入品后,Carlton 巴西子公司就开始装配和制造产品。从 t_2到 t_3的存货到制造周期的时间跨度取决于产品的类型(现存的商品与为客户订制的商品)、Carlton 巴西子公司与其多个内外部供应商的供应链整合以及 Carlton 巴西子公司采取的生产技术。

22.1.4 应付账款阶段

当原材料投入品一到,Carlton 就将它们当做原材料和零部件存货记入 Carlton 巴西公司资产负债表的借方,与之相对应的就是在资产负债表贷方记入应付账款。如果对投入品开出的是外币发票,那么不论该发票是来自 Carlton 美国子公司、姊妹子公司还是外部供应商,它们都构成了 Carlton 巴西子公司的外汇交易风险。

注意图表 22.1 中的应付账款阶段与存货阶段都是在 t_2时刻开始,但应付账款阶段可能延至存货阶段终止后的 t_4。如果 Carlton 巴西子公司的供应商延长贸易信贷时间期限,Carlton 巴西子公司就能将存货付款推迟到延展期。当然,如果 Carlton 巴西子公司不接受贸易信贷,那么它可能在发货时就付款。在这种情况下,应付账款阶段将在存货阶段到制造阶段前终止，也就是在 t_3 时终止。不论 Carlton 巴西子公司选择在哪个时点结清应付账款，都将有现金流出。

22.1.5　应收账款阶段

当货物制造完毕并装船后，在损益表上，Carlton 巴西子公司就会把这笔交易记作一项销售，而在资产负债表上把这笔交易记作应收账款。如果交易中使用外币计价的发票，那么将使用 t_4 时刻的即期汇率计算销售的本币价值。现金结算日 t_5 时刻的汇率就用来计算因汇率变化时此次交易的收益或损失——这就产生了交易风险。

应收账款阶段的时间跨度取决于 Carlton 巴西子公司提供的信贷条款、买方作出的接受贸易信贷还是现金付款的选择，以及国家和行业特有的付款惯例。当使用现金结算时，Carlton 巴西子公司将最终在货物交割时收到货款。在 t_5 时，交易完成并且所有的会计分录——存货、应付账款、应收账款都已抵消。

22.2　Carlton 的资金转移决策

接下来我们描述 Carlton 公司的多元目标和资金转移所受的限制。图表 22.2 描绘了 Carlton 公司、它的全资子公司、每个公司适用的币种和税率，以及管理层当前对每个子公司增长前景的推断。Carlton 三个国外子公司分别给出了一系列独特信息：

- Carlton 德国子公司，三个子公司之中最古老的，在一个相对很高的税率环境中经营（与母国美国的税率相比较而言）。它在一个货币——欧元——相对稳定、资本管制较少且能够自由流出入的国家中经营。企业本身已经成熟，近期几乎没有显著的预期增长。
- Carlton 巴西子公司，是最近并购的产物，在一个低税率而币值有较高历史波动性的环境中经营。它仅受很少的一些短暂资本限制。Carlton 相信，如果它能为该企业注入新的资本和管理方法，则企业在短期到中期内将有一个良好的增长前景。
- Carlton 中国子公司，与一个原是中国政府部门的国内合作者组建的合资公司，正在一个税率相对较低和固定汇率的环境中经营（人民币相对于美元的汇率被限制在很窄的区间内变动）。它受到大量的资本管制。该企业被认为在长期内是最有潜力的。

在实践中，Carlton 总公司高管将首先确定每个子公司业务发展的战略目标，接着为每个子公司的资本、现金流和利润转移作出财务管理计划。作为这个过程的结果，Carlton 将试图追求如下一些子公司的转移目标：

- Carlton 德国子公司：将利润由德国转至美国，同时保持欧洲成熟市场在 Carlton 公司中的价值。
- Carlton 巴西子公司：转移或以某种方式管理处于巴西汇率风险下的资本，同时为未来中期的增长提供足额资本。
- Carlton 中国子公司：把一定量的资金转入或转出中国以保护资金免受冻结（转移风险），同时还要平衡合资方的需要。

图表 22.2 Carlton 的国外子公司

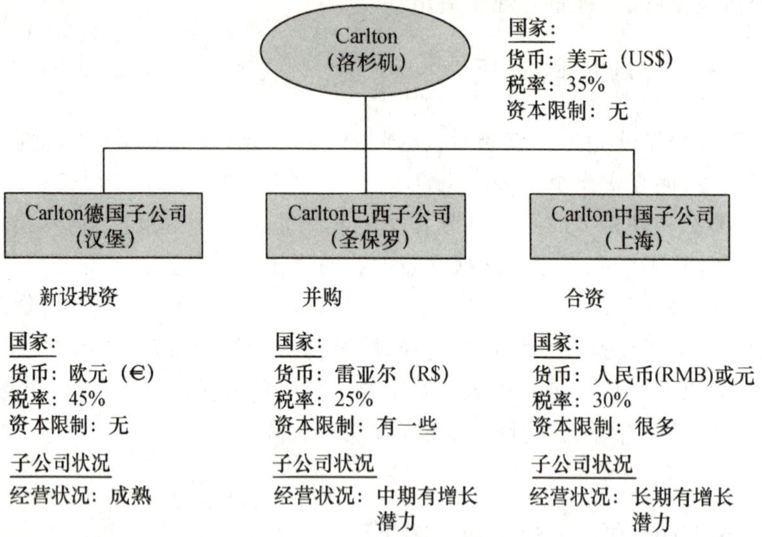

22.3 资金转移的约束条件

总体来说，资金在国内企业单位之间的流动是不受限制的，但在跨国商业活动中并非如此。一个在全球经营的公司面临着许多政治、税收、外汇和流动性等方面的因素，这些因素限制公司轻易且无成本地将资金从一国转移到另一国或从一种货币兑换为另一种货币的能力，而这也正是跨国公司的财务经理必须提前规划转移资金的原因。即使这些限制不存在，提前规划也是必要的，因为不可预知的未来的政治事件可能导致不可预期的约束。

22.3.1 政治约束

政治约束可以公开或非公开地阻碍资金的转移。当一国货币变得不可兑换，或者受制于政府限制资金以合理的汇率转换时，公开的资金冻结就会发生。非公开的冻结则发生在红利或其他形式的资金汇款严重受限、税收高昂，或由于官方的批准过程而被过度延迟时。

22.3.2 税收约束

税收约束的出现是因为不同国家政府有着复杂且可能相互矛盾的税收体系，而资金转移又必须要经过这些税收管辖区。公司自然不想资金在转移的过程中被其流经的管辖区内一群贪婪的收税人所蚕食。

22.3.3 交易成本

外汇交易成本产生于货币兑换过程。这些成本是商业银行和执行外汇交易的交易商的收入,以费用或买卖价差的形式出现。尽管这些成本一般只占兑换货币价值很小的比例,然而当兑换货币的数额巨大或转换频繁时,交易成本也就变得高昂起来。足够高的交易成本使得公司有理由作出规划,以避免不必要的来来回回的转移,比如当母公司因购买子公司的货物而向其付款时,适逢子公司向母公司汇出现金红利。显然,同时向两个方向转移外汇是公司资源的浪费,但如果公司内部双方没有很好地协调,这种事情就有可能发生了。

22.3.4 流动性需求

尽管在全球范围内处理资金具有整体性的优势,但每个当地公司的流动性也必须得到满足,且要与当地的银行保持良好的关系。最佳现金余额规模作为判断性决策来说是难以衡量的。无论怎样,公司对流动性的需求还是限制了用最优化方法来进行全球范围的现金转移。

22.4 资金分类转移的渠道

跨国公司通常按照特定的目的将资金转移拆分为分离的资金流。这样东道国更能感知到一部分**利润汇款**(remittance of profit)构成了对特定利益的主要购买,而特定利益获得了世界范围内的价值并使整个东道国受益。拆分使得跨国公司可以获得子公司的资金而同时又不会刺激东道国对大额红利流出的敏感性。例如,Carlton 公司可以利用图表 22.3 中的渠道把国外子公司的资金转移到母公司。

这些渠道可以分为在东道国的税前渠道和税后渠道。尽管税收目标并不总是公司内部单位之间资金运动的焦点,然而对于国外子公司的财务结构来说,它常常是一个关键的区分标准。任何税前项目资金流(费用)的增加将减少国外子公司的应税利润,而前提是东道国税收当局承认这种费用是合法的支出。对于一个试图以最具税收效率的方法汇回资金的母公司来说,如果想在国外子公司间分配其国外税收抵免/赤字,则税前和税后的区别就变得十分重要。

对汇款的逐项匹配(如知识产权的版税与专利、咨询费的匹配),对东道国和国外投资者来说都是公平的。这允许每一投资方都能独立地审视每项汇款的原因并判断其是否可被接受。若所有投资都可拆分,那么原先划分为留存利润的一部分就可以变成与某项特定获得利益相关的可减免税收的支出。拆分同时还有助于跨国公司管理费用以从跨国公司总部到国外子公司和事先确定的方案进行分配,即所谓的**共享服务**(shared services)。事先决定配置方案意味着东道国不太可能将一项汇款视为异常的并进而视之为不适当的。最后,拆分使得当地资本可以更容易地投入合资项目,因为给各所有者的总酬劳应与各方贡献值成比例,而不是仅与他们投资的货币资本数额成比例。

图表 22.3　母公司从子公司转移资金的可能渠道

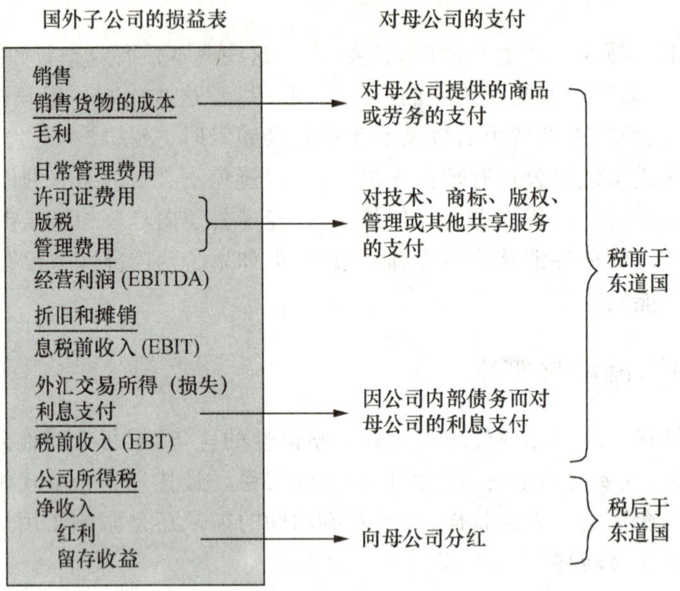

22.5　国际红利汇款

红利支付是公司将利润返还给所有者的经典方法，这里所指的所有者是单个股东或母公司。目前国际上的红利政策制定考虑了税收方面的因素、政治风险、外汇风险以及业务指导和技术的回报。

22.5.1　税收影响

红利支付的决策会受到东道国税法的影响。像德国这样的国家对留存收益和已分配利润以不同的税率征税。大多数国家对支付给母公司和投资者的红利都征收预扣税。同时，大多数（但不是全部）母国都对收到的国外红利征税，但是对支付了国外税收的收入给予税收抵免。这就是说，在汇回资金的方式中，红利仍然是最不具税收效率的，因为它是在税后分配的。这意味着对母公司来说，大量的红利国外税收抵免将频繁产生。国外子公司的版税和版权费是在税前汇出的。唯一适用的典型税收是预扣税，其税率大大低于公司所得税。

22.5.2　政治风险

由于政治风险的存在，母公司可能会要求国外子公司将在东道国产生的所有超过销售增长（营运资本需求）和计划资本扩张（资本性支出）的融资需求的资金汇回。然而，这样的政策却并不是全世界通用的。

为应对潜在的政府管制,跨国公司可以采取的一个策略是保持固定的派息率,以显示公司的既有政策是一贯执行的。这一步为红利汇款开了一个先河,并且消除了东道国政府认为红利分配是由管理层决策的想法(注意:即便是**"宣布红利支付"**这个术语也暗含了管理层决定的意思)。

22.5.3 外汇风险

如果跨国公司预期会有外汇损失,那么它就会通过红利汇款来加速资金转移。红利汇款通常只是一个更大策略的一部分,这个策略就是将资金从软币国移至硬币国,而且它还包括通过应收账款和应付账款加速内部支付。尽管如此,在正常时间之前加快红利支付的决策必须考虑到国与国之间的利率差异以及这一举措对与东道国之间关系的负面影响。

22.5.4 红利分配与现金流

红利是支付给所有者的现金,它相当于全部或一部分前期收入。子公司需要利用过去的收入和可得的现金来支付红利。有时候子公司有收入却无现金,这是因为收入是在销售时产生,而现金则在后期应收账款收回时才能收到(这就是会计利润和现金流的一个重要区别)。快速成长的子公司的利润通常都被滞留在日益增长的应收账款和存货(营运资本)中。因此,快速成长的外国子公司缺乏现金去支付相当于收入一定比例的红利。

相反的情况也可能发生,因当前销售下降或者相对于销售价格当前的支出增加而引起利润下降的时候,公司也可能从过去的应收账款收到现金。此类公司可能为了从一国移走大量现金而宣布支付红利,但是它却缺乏相应的收入来提取红利。不管是哪种原因,公司在决定现金红利政策之前必须算清收入和可得的现金。

22.5.5 合资因素

合资方或当地股东的存在也会影响红利政策。最优的国际资金配置不能凌驾于独立合资人或当地股东对红利的合法索取权之上。当地股东并不能从母公司整体上的成功经营中获得好处,而仅仅能从他们拥有股份的合资子公司那里获得好处。当收入降低时公司可能不愿减少红利;当利润增加时他们同样不愿增加红利,这是由于可能出现相反的情况,即今后收入减少时公司也要减少红利。为了避免与外部股东之间可能产生的利益冲突,许多跨国公司都坚持对子公司100%的控股权。

22.6 净营运资本

如果Carlton巴西子公司的业务持续扩张,那么为了满足以应收账款形式进行的不断增加的销售,公司还将持续增加存货和应付账款(*A/P*)。这三个因素组成了**净营运**

资本(net working capital, NWC)。这种组合是应付账款自发融资的“净”结果;应付账款为不断增加的存货和应付账款进行了部分融资。

$$\text{NWC} = (A/R + \text{Inventory}) - (A/P)$$

因为应收账款和存货都是资产负债表左侧流动资产的组成部分,所以它们的增加必须由资产负债表右侧某种形式的负债来融资。应付账款就是这种形式负债的一部分。图表 22.4 给出了 Carlton 巴西子公司的净营运资本。注意,我们并没有将现金和短期债务归为净营运资本的一部分。尽管它们分别是流动资产和流动负债的一部分,但它们是管理层决策的结果,而不是随公司经营状况自发改变的。关于现金和短期债务的决定因素我们将在本章的后面讨论。

图表 22.4 **Carlton 巴西子公司的净营运资本要求**

净营运资本(NWC)是企业持续销售所需要的净投资。

NWC 的各个部分随着公司购买投入、生产产品和销售成品而增加。

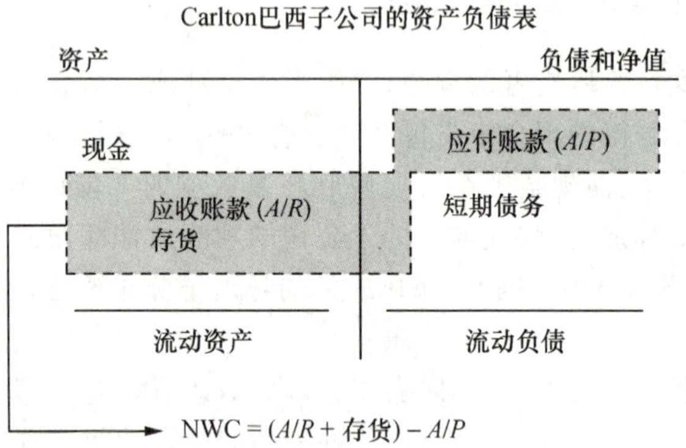

注意:NWC 不等于流动资产减去流动负债。

原则上,Carlton 试图最小化净营运资本余额。如果能够加速收回货款,那么应收账款就将减少。通过保持较低的在产品和产成品水平以及加速产品制造速度——即减少所谓的**生产周期时间**(cycle time),存货水平也会下降。而所有这些措施的实施都必须考虑到顾客需求。如果手头无存货或者赊销下降的话,那么销售也会减少。在资产负债表的另一侧,可通过延长应付账款的时间来降低净营运资本。但是,如果做得不够仔细,这些措施可能会损害公司与其主要供应商的关系,进而降低公司的可信度和供应链中的合作程度。

22.6.1 应付账款和短期债务

对任何一个子公司来说,图表 22.4 同时提出了一个关键的管理决策问题:如果供应商提供折扣,公司应该提早支付应付账款吗?另一种对净营运资本余额融资的方法是短期债务。

例如,从全球标准来看,巴西的付款期是很长的,通常可以延迟 60 天到 90 天付款。Parana Electronics 是 Carlton 巴西子公司的主要供应商之一。它向 Carlton 巴西子公司发出了一批电子元件并开出 R$180 000 的发票。Parana Electronics 提供的信贷条款是

(5/10,60)。这意味着 R$180 000 的应付账款必须在 60 天之内支付。另外,如果 Carlton 巴西子公司在最初的 10 天内付款,那么它将得到 5% 的折扣:

$$R\$180\,000 \times (1 - 0.05) = R\$171\,000$$

作为 Carlton 巴西子公司的财务经理,Caitlin Kelly 必须决定用哪一种更低的成本为净营运资本融资。由于巴西的通货膨胀率相对较高,以巴西雷亚尔计价的短期融资成本高达年 24%。

Parana Electronics 提供的折扣的成本是多少呢? 如果 Carlton 巴西子公司放弃 50 天(60 天减去 10 天)的融资期限,那么它支付的成本是 5%。假定按照一年 365 天来计算利率:

$$\frac{365\text{ 天}}{50\text{ 天}} = 7.30$$

为了计算供应商提供融资的年有效利息成本,我们必须将 50 天的 5% 的折扣复利 7.3 次,这样就得到了 Parana Electronics 提供的**持有成本**(cost of carry):

$$(1 + 0.05)^{7.3} = 1.428 \quad 或 \quad 每年\ 42.8\%$$

因此,Parana Electronics 为 Carlton 巴西子公司的融资收取了年 42.8% 的费用。另外,Carlton 巴西子公司也可以以每年 24% 的利率向圣保罗的当地银行借入雷亚尔,用这些资金提早支付 Parana Electronics 的应付账款并获得折扣。在本例中,后一种方法显然是最佳选择。

在供应商提供的融资和短期债务之间作出选择并不总是比较利息成本。在许多国家,国外跨国公司的子公司在获得本币贷款方面会受到限制。在其他情况下,子公司可能会以有竞争力的利率获得母公司提供的资金。在本章的最后一部分我们将讨论内部银行的问题。

22.6.2 营运资本天数

营运资本管理实践中使用的一个基本方法是在公司日销售额的基础上计算 NWC。如果用资产负债表中应收账款、存货和应付账款的值分别除以每年的日销售额(年销售额/365),那么我们就能利用 NWC 和销售额来概括公司的 NWC 了。图表 22.5 给出了《CFO 杂志》在 2001 年对美国和欧洲的技术硬件和设备行业部门的调查结果。

我们必须分析这些调查结果。首先,日销售额是对整个公司,而不是针对特定国家的子公司而言的。因此平均值反映出的营运资本结构在单个子公司之间的差别很大。其次,由于不知道各公司特定的业务和开展业务的国家,所以表中所列公司的管理层作出短期融资决策就有些困难了。

图表 22.5 选取的一些美国和欧洲技术硬件和设备企业的营运资本天数,2001 年

公司	国家	营运资本天数	应收账款天数	存货天数	应付账款天数
Intel Corporation	美国	48	47	21	20
Cisco System	美国	54	46	20	12
Dell Computer	美国	(2)	41	6	49
Texas Instruments	美国	34	65	32	63
Applied Materials	美国	41	82	52	93
Apple Computer	美国	2	48	2	48
Sun Microsystems	美国	58	67	12	21
Gateway Inc.	美国	0	25	8	33
平均	美国	29	53	19	42
ST Microelectronics	法国-意大利	58	65	52	59
Nokia	芬兰	66	72	31	37
Philips Electronics	挪威	71	59	51	39
GN Store Nord	荷兰	100	92	40	32
Spirent	英国	107	66	63	22
Getronics	挪威	51	80	20	49
Infinecon Tech	德国	75	57	69	51
平均	欧洲	75	70	47	41

资料来源:*CFO Magazine*, "2001 Working Capital Survey", July 2, 2001, and CFO Magazine, "2001 Working Capital Survey", July/August 2001. 营运资本天数 = 应收账款天数 + 存货天数 - 应付账款天数。

尽管存在一些问题,但美国公司和欧洲公司的平均值之间还是有一些明显的差异,单个公司之间亦然。美国样本公司 29 天的日平均营运资本还不到欧洲公司 75 天的一半。进一步观察,我们还发现美国公司存在一个把存货保持在极低水平的态度,平均只有 19 天的销售额。应收账款天数平均只有 53 天,这比欧洲公司平均 70 天少了将近 20 天。两组公司的应付账款是实际上是相似的。显然,在同样规模的销售水平下,比起相应的美国公司,欧洲技术硬件公司财务结构中的净营运资本水平明显较高。

在单个公司中,戴尔在所有公司中是当之无愧的最激进的营运资本管理者,应付账款水平超过了应收账款和存货之和,它声称净营运资本水平为负两天。即使取得了这样的成绩,戴尔 6 天的存货天数仍然是苹果电脑公司 2 天存货天数的三倍。

22.6.3 公司内部营运资本

在营运资本管理方面,跨国公司本身造成了一种挑战。许多跨国公司在几个特定的国家制造产品,然后将这些中间产品运往全球的其他地方完成生产并销售。不同单位之间的应付账款、应收账款和存货水平是公司内部和公司之间的一个组合。全球多变的业务实践在一些情况下给有关付款的条款——付款天数和折扣——造成了严重的错配。

例如,图表 22.6 说明了 Carlton 巴西子公司面临的营运资本管理的挑战。因为

Carlton 巴西子公司从 Carlton 美国子公司购买投入品，然后用当地其他的原材料投入来完成产品生产，并在当地销售，所以它就必须管理两批不同的应付账款。Carlton 美国子公司按照美国通常的付款条件——30 天向内部公司销售。而巴西当地的供应商使用的是类似于巴西的付款条件——60 天（在巴西的许多商业实践中，60 天仍然是很短的，在很多情况下这个期限都长达 180 天）。类似地，由于 Carlton 巴西子公司的客户是巴西人，他们都期望着相同的 60 天的付款条件。这样的话，Carlton 巴西子公司就受到了“挤压”：相对于对本地供应商的支付，它必须更迅速地向 Carlton 美国子公司偿还贷款，而且很长时间以后才能得到客户对其的现金支付。

图表 22.6　Carlton 的国际营运资本流动次序

来自本地市场销售的 Carlton 巴西子公司的现金流入。这些现金流同时用来支付公司内部的应付款（向 Carlton 美国子公司支付）和本地供应商的货款

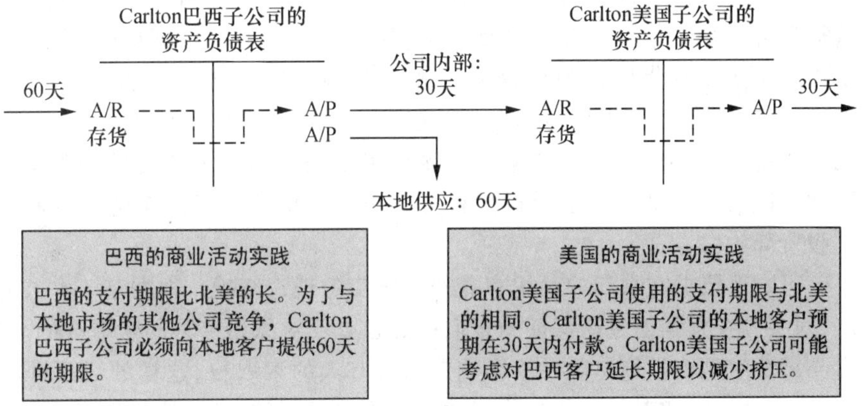

结果：Carlton 巴西子公司在现金流方面受到挤压。它在 60 天内收到现金流入但是要在 30 天内对 Carlton 美国子公司支付。

对 Carlton 来说，除了确定公司内部的付款安排从而使得国外子公司不至于承受过分的负担之外，发票的币种问题也是极为重要的。如果 Carlton 巴西子公司只在国内销售，那么它自然没有美元或其他硬通货的流入——它只收到巴西雷亚尔。可是如果 Carlton 美国子公司对投入品向 Carlton 巴西子公司开出美元发票，那么 Carlton 巴西子公司将经常缺少美元，并且将导致连续不断的货币管理成本。Carlton 美国子公司应该以巴西雷亚尔开出发票，并且集中管理外汇风险（也许可通过第 8 章讨论的再开票中心来管理）。

22.6.4　应收账款管理

一个公司的营运现金流入主要源于应收账款的回收。多国应收账款产生两种独立的交易类型：对相关子公司的销售和对独立的或不相关购买者的销售。

独立的客户。 对独立客户的应收账款的管理涉及两种类型的决策：交易以何种货币标价，以及期限是多少。国内销售几乎都是以本国货币标价。现在的问题是出口销售应该以出口商的货币、购买方的货币还是第三国的货币标价呢？答案通常由竞争或

贸易惯例决定,但若存在谈判的空间,卖方较喜欢以最强的货币(硬货币)标价和开发票,而见多识广的买方更倾向于用最弱的货币(软货币)付款。

付款期限。付款期限是另一个可以讨价还价的因素。对他们自己来说,以软币标价的应收账款应尽快收回,这样可以最小化从销售日到收款日这段时间内汇率波动带来的损失。销售中以硬币标价的应收账款可以延期收回。事实上,如果卖方预期本币马上会贬值,那么它就可能希望迟一点收回以硬币标价的应收账款,特别是当母国政府要求收到的外汇必须立即结算为本币时就更是如此了。如果法律允许,另一种可以替代的方法是卖方可在国外收款并将资金存放在国外而不是收回国内。

在一个通货膨胀的经济体内,对信贷的需求常常大于供给。然而,相对于国内的小企业,如本地的分销商、零售商或小的制造商,大公司(比如跨国公司或当地大公司)常更有机会获得当地有限的、收费低廉的贷款。

自偿性票据。常常是出于传统的原因,一些银行系统对自动清偿且可以贴现的票据有着特别的偏好。在许多欧洲国家,用销售产生的票据(可转让的应收账款)作抵押比用实物存货作抵押更容易从银行获得贷款。据说拿破仑有这样一种哲学观点:如果有明确销售货物的票据,并且好商品被卖给了好人,那么好的法国出售商就无须等待资金的收回了。票据中必须有买方的签名以及卖方和再贴现银行的背书。因此法国出口商通常可以通过出售可被银行再贴现的贸易承兑汇票来将净应收账款的投资降为零。

可贴现票据在欧洲的使用有着非常坚实的理论基础。根据基于拿破仑法典欧洲商法,对买方在票据上签名保证的索取权是独立于对原始交易的索取权的。例如,买方因商品质量问题而拒绝付款并不影响票据持有人的索取权,这样的话票据就非常容易转让。除此之外,相对于一般应收账款的回收,违约票据能通过快速司法程序以更快的速度收回。

其他条款。在许多国家,政府机构以提供出口信贷或优惠的银行出口信贷利率这样的应收账款融资方式为存货融资。当这种特别出口信贷的期限能够延长到与国外购买者的付款时间相匹配时,那么国外购买者实际上就能够通过出口方政府的有意撮合来为存货融资了。

在某些情况下,生产商向零售商发放的信贷期限可以延长至很长的时期,相当于形成了对零售商的"购买",为了在生产商和最终的客户之间建立起运营销售系统,这种"购买"是必要的。例如,在日本,120 天的客户付款期是很普遍的,而且除非向零售商提供足够多的融资援助,从而使后者有能力购买产品或能从产品的购买中获益,否则生产商的销售努力是不具有竞争性的。融资援助通常采取如下几种形式:直接购买零售商的资本存货、营运资本贷款、设备购买、补贴或贷款以及支付条款的考虑。这种生产商提供的融资是日本商业界常用的方式——这种方式还造成了该国国内普遍存在的竞争的缺乏。

22.6.5 存货管理

在一个通货膨胀且货币有贬值倾向的经济体内经营时,管理层有时会被迫修正常用的存货管理方法。在一些情况下,管理层可能将存货水平和再订购水平保持在远高于经济订货量模型所要求的最佳水平上。

在本币可能贬值的情况下,管理层必须决定是否建立贬值预期下的进口存货。在本币贬值后,以本币计价的进口存货成本将更加高昂。由此产生的一个缺陷是,由膨胀的存货水平引起的高持有成本和反映了贬值预期的高本币利率。另外一个不太明显的缺陷是,本币贬值之后当地政府可能会进行价格冻结。这种冻结阻止了进口存货在提高了的当前重置价格的基础上以一个溢价卖出。更糟糕的是,本币可能没有像预期的那样贬值,这样管理层将持有过量的存货水平。如果竞争对手也采用了相同的策略对进口存货进行投机,那么处理如此多的存货将是十分痛苦的事情。

22.6.6 自由贸易区和自由工业区

自由贸易区(free-trade zone)将传统的免税港的观念与减少或消除零售商或生产商所需缴纳的关税的法律结合起来。这些零售商或生产商对其业务活动进行重组,其目的是从该项技术中获取利益。在自由贸易区内开展业务的所得税也可以减少。过去最为典型的免税港是建在主要海港的船坞,储存在免税港的商品在被运往国内的其他地方之前都是免税的。相比较而言,现代的自由贸易区通常远离港口。例如,意大利 Olivetti 公司在美国宾夕法尼亚州的哈里斯堡就拥有这样一个贸易区。

自由贸易区有几个方面的功能。正如前文所提到的,这些贸易区可以作为商品卸货的地方,商品随后将在贸易区所在国国内销售。例如,洛杉矶港口就用来存放进口的丰田汽车。大量不同类型的车型在出售之前都可在此存放,售出的时刻正是汽车由自从贸易区“进口”到美国的时刻。这种安排的优势在于大量不同类型的汽车在销售点附近存放,这样可以提高发货速度,但是仅当商品从贸易区进入加州时要缴纳进口关税。

第二种类型的贸易区可以为在贸易区所在国销售商品提供组装场所。阿拉巴马的 Mercees 汽车组装生产线就是一个例子。汽车的各部件进口到自由贸易区内并在贸易区内完成组装。只有当组装完毕的汽车被转移出贸易区时公司才需要支付进口关税,而且这种关税比整车进口时的关税要低,这是因为部件的税收低于整车的税收。

第三种类型的贸易区是完整的制造中心,该贸易区制造的大部分产品都要再出口到其他国家。此类贸易区的两个例子是马来西亚的槟榔屿和马达加斯加,它们被官方定义为“自由工业区”。在槟榔屿,众多公司如戴尔、美国国家半导体公司、索尼、博世以及特灵空调都制造完整的产品。这些产品大部分都要再出口,在避开了马来西亚关税的同时,为马来西亚的工人和工程师们提供了工作岗位。在马来西亚销售的部分产品也仅仅对最初进口的元件征收关税。然而,许多公司允许相互之间购买产品,戴尔从英特尔那里购买芯片,从 Seagate 那里购买磁盘,两者都处在离戴尔工厂不足一公里的地方。

22.7 国际现金管理

国际现金管理(international cash management)是决定跨国公司持有的现金余额水平和简化现金跨国运动的一系列活动。通常情况下,这些活动都是由跨国公司的国际财务部门处理的。

22.7.1 持有现金的动机

单个子公司持有的现金水平独立于先前讨论的营运资本管理决策。公司持有的现金余额,包括市场化的证券,一部分是用于正常的日常现金开支,另一部分是用于预防非预期到的预算现金流的变化。这两个动机分别被称为**交易动机**(transaction motive)和**预防动机**(precautionary motive)。

经营性的现金开支有两个来源:(1)内部营运资本周转,(2)外部融资——传统上指短期借款。短期借款也可以是"负"的,即当超额的现金用以偿还未清偿短期贷款时。一般而言,跨国公司的单个子公司仅会保持最少的现金余额以满足交易目的。有效的现金管理旨在在不降低利润且不增加风险的条件下,降低系统内不必要的现金滞留,以提高所投资产的回报率。

22.7.2 国际现金结算及其过程

跨国业务增加了相关和不相关公司之间现金结算和付款的复杂性。随着时间的推移,技术和服务的发展简化并降低了跨国支付的成本。这里我们重点介绍四种技术:电汇、现金池、净额结算、电子资金转移。

22.7.3 电汇

尽管有多种计算机网络被用来提高国际交易和结算的效率,然而占据国际金融领域主流地位的只有两种:CHIPS 和 SWIFT。这两个系统的主要差别在于它们是否只用于通信,或者是还用于实际的资金转移和结算。

CHIPS。CHIPS,即银行间清算支付系统(the Clearing House Interbank Payment System),是连接全球主要银行的计算机网络。CHIPS 由它的会员银行拥有和运营,这使它成为世界上最大的私人运营的终端支付系统。CHIPS 是在 1970 年发展起来的,那时候的国际货币交易是由美元主导,而 CHIPS 持续主导美元交易资金的转移和支付已经超过 34 年了。

CHIPS 实际上是纽约清算所的子公司,而纽约清算所是最古老最大的银行交易支付处理器。纽约清算所始建于 1853 年,而建立的目的是提供一个中心场所——清算中心——纽约的所有银行都可以在此进行它们之间的结算,例如,处理许多私人和公司签发的个人支票。CHIPS 本身只是这种结算需求在计算机基础上进化的结果。由于银行仍然是跨国公司的主要金融服务提供者,全球范围的公司内部和公司之间的商业转移支付都是通过银行来完成,于是银行就转而使用 CHIPS 了。

SWIFT。SWIFT,即环球同业银行金融电信协会(the Society for Worldwide Interbank Financial Telecommunication)。SWIFT 也为全球电汇结算提供便利。CHIPS 实际上是清算了金融交易,而 SWIFT 则纯粹是一个通信系统。通过提供安全的、标准化的汇款流程,SWIFT 大大减少了国际现金转移的差错并且降低了相关的成本。

近些年,SWIFT 已经将它的信息服务从银行拓展到了经纪商和投资经理。在 20 世纪 90 年代中期,随着 SWIFT 将它的市场基础扩展至国库券、衍生品以及证券和贸易服务的支付领域,其服务范围得到了更大的拓展。现在它正处在网络产品和电子支付服务发展的前沿,并且把服务领域由银行拓展到经营企业间电子商务贸易的非银行部门。

22.7.4 现金池和集中托管

如果一项商业活动拥有众多分散运营的子公司,那么它就可以通过集中化的现金管理获得经营上的好处。从国际上看,这个过程要求每个子公司只要为自身交易持有最低额度的现金就可以了,而不需要对预防动机持有现金。但集中的现金池可以不遵守这一规则。子公司的所有超额资金都要汇入这个集中的现金池,并由一个专门部门将这些资金投资于外汇市场和货币市场工具以便更好地为公司提供服务。

集中托管至少给跨国公司带来下列四个好处:

1. 获得信息
2. 持有预防动机的现金余额
3. 降低利息成本
4. 将成本置于合意的金融中心

信息优势。集中托管的规模使得跨国公司在获得信息方面具有优势。而集中托管地应该设在世界的主要金融中心,这样为分析不同货币相对强弱的所需信息就可以轻易地获取。另外,有关投资于每种货币的风险和收益率的信息和执行指令所需的设施就可以获得,同时下达投资也必须到位。集中化信息优势的原因是,拥有大量现金且进行专业化运营的部门能从银行、经纪人以及其他金融机构获得更有优势的信息,同时在执行指令方面也能得到更好的服务。

预防性现金余额的优势。将所有预防动机现金余额都放在一个集中现金池中的次要原因是:集中化的总现金池可以在保持原有保护水平不产生损失的同时缩小持有资金的规模。例如,Carlton 美国在德国、巴西和中国都有子公司,假定每个子公司都保留自己的预防动机现金余额,余额水平等于预期的现金需求加上一个安全,这个安全准备金等于实际现金需求历史波动标准差的三倍。假定每个国家子公司的现金需求都服从正态分布且彼此独立。三倍标准差意味着实际现金需求可以得到满足的概率是 99.87%,而对每个子公司来说现金不够用的可能性仅有 0.13%。

图表 22.7 给出了单个子公司的现金需求以及总的预防动机现金余额。Carlton 公司的三个子公司持有的总预防动机现金余额之和为 4 600 万美元,其中期望现金需求

为2 800万美元,作为安全准备金而持有的闲置现金余额为1 800万美元(三个公司期望现金余额的三倍标准差之和)。

图表 22.7 分散现金托管与集中现金托管

分散的现金托管			
子公司	预期现金需求 (A)	单位标准差 (B)	足额保护的现金余额预算[a] (A+3B)
Carlton 德国	\$10 000 000	\$1 000 000	\$13 000 000
Carlton 巴西	6 000 000	2 000 000	12 000 000
Carlton 中国	12 000 000	3 000 000	21 000 000
总计	\$28 000 000	\$6 000 000	\$46 000 000
集中的现金托管			
子公司	预期现金需求 (A)	单位标准差 (B)	足额保护的现金余额预算 (A+3B)
Carlton 德国	\$10 000 000		
Carlton 巴西	6 000 000		
Carlton 中国	12 000 000		
总计	\$28 000 000	\$3 741 657[b]	\$39 224 972

a 足额保护的定义为预期现金余额加上三倍标准差,假设三个子公司的现金流是正态分布的。

b 集中托管的预期现金余额的标准差计算如下:

$$标准差 = \sqrt{(1\,000\,000)^2 + (2\,000\,000)^2 + (3\,000\,000)^2} = \$3\,741\,657$$

如果三个 Carlton 子公司持有的预防动机现金余额都集中托管在 Carlton 美国的单个账户上将会怎样呢? 由于概率分布是独立时,方差是可加的(见图表22.7的脚注b),所以现金需求将会由4 600万美元降低到39 224 972美元,计算过程如下:

$$\begin{aligned}集中托管的现金余额 &= 预期现金需求总额 + 总额的三倍标准差\\ &= \$28\,000\,000 + (3 \times \$3\,741\,657)\\ &= \$28\,000\,000 + \$11\,224\,972\\ &= \$39\,224\,972\end{aligned}$$

高于预期现金需求总额的三倍标准差的预算现金余额只需要11 224 972美元的潜在闲置现金,而之前的情况则需要1 800万美元。Carlton 在不降低安全性的情况下节省了6 755 028美元。

利率优势。集中化现金管理的第三个优势是:当一个子公司持有剩余资金或将剩余资金以较低的利率投资时,另一个子公司不必以较高的利率借入资金。集中现金池的经理知道哪里的借款利率最低以及将剩余资金投资于何方能够获得最高的回报。当需要额外现金时,集中现金池的经理就可以决定最佳的借款地。子公司的经理就能避免其付出的利率高于集中现金池经理提供的最低利率。如果公司在世界范围内有剩余资金,那么集中现金池的经理就能够评估不同市场的相对回报率、交易成本、汇率风险和税收效应。

所在地。集中现金池通常位于世界主要的货币中心,如伦敦、纽约、苏黎世、新加坡和东京。另外还包括列支敦士登、卢森堡、巴哈马和百慕大,尽管这些国家没有非常多样化的经济，然而它们却提供了作为公司财务中心的其他大多数先决条件：货币自由兑换、政治经济环境稳定、便利的国际通信和界定清晰的法律程序。另外，它们还是所谓的税收天堂。

对集中托管系统的需求意味着在设计和提供竞争性服务方面跨国银行比国内银行更有优势。尽管如此，如果所需的目标依然能够达到，国内银行也可以融入系统中，因为该系统运行的核心只是集中化的信息和决策。跨国公司可以把实际的资金存放在很多银行。

22.7.5　多边净额结算

多边净额结算(multilateral netting)被定义为通过相互抵消而取消一个实体与另一个相关实体之间的全部或部分债务的过程。在正常的业务流程中，当子公司之间发生了大量独立的外汇交易时，多边支付网络是很有用的。净额结算能降低结算成本，而这些成本在进行大量交叉即期交易时是非常高的。

多边净额结算是双边净额结算的一个扩展。假设 Carlton 巴西子公司欠 Carlton 中国子公司 500 万美元债务，而同时 Carlton 中国子公司又欠 Carlton 巴西子公司 300 万美元的债务。双边结算就只需要 Carlton 巴西子公司向 Carlton 中国子公司支付 200 万美元的债务余额，剩下的部分就可以通过抵消除去了。

多边净额结算系统只是简单双边净额结算的一个拓展版本。假设 Carlton 子公司之间的支付在每个月的月底结清，所以每个子公司月底的债务都反映了前一个月的累计交易。某个月的债务情况可能如图表 22.8 所示的那样。

图表 22.8　使用净额结算之前的多边矩阵(千美元)

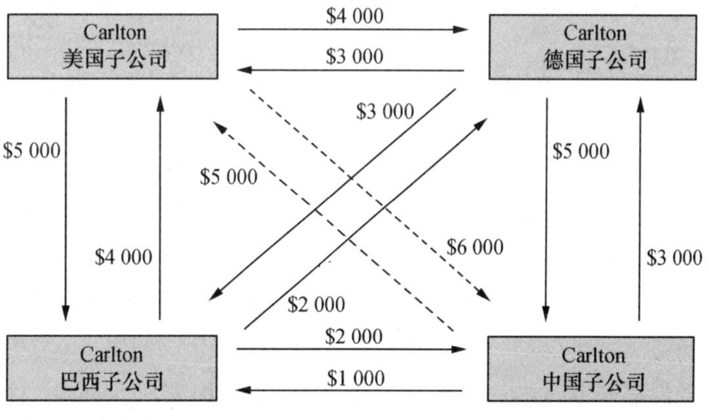

在使用净额结算之前，四个 Carlton 的姊妹公司之间有着数不清的内部偿付关系。
每次的偿付都会发生转移的费用。

没有净额结算时，Carlton 巴西子公司在月末将完成三个独立的付款，收到三笔独立的收款。如果不是累计到月末结算，而是每天或每周都要支付这些公司内部的债务，那么 Carlton 巴西子公司也会产生大量费用高昂的小额银行交易。图中显示了每天的余额都加总到月累计余额中。如图表中 22.8 所示。

为了降低银行交易成本，如外汇买卖价差和转让费用，诸如 Carlton 之类的跨国公司就建立了公司内部的多边净额结算中心。另外有些公司则通过与银行签订合约来管理其净额结算系统。假定某个月 Carlton 子公司之间的净债务如图表 22.9 所示。

图表 22.9 Carlton 子公司内部的净债务的计算 （单位:千美元）

付款子公司	收款子公司 美国	巴西	德国	中国	总收入	净收入(支付)
美国	—	$4 000	$3 000	$5 000	$12 000	($3 000)
巴西	$5 000	—	3 000	1 000	9 000	$1 000
德国	4 000	2 000	—	3 000	9 000	($2 000)
中国	6 000	2 000	5 000	—	13 000	$4 000
总支付	$15 000	$8 000	$11 000	$9 000	$43 000	—

观察可知,债务和期望收款之和为 4 300 万美元,这是因为一个子公司的债务就是另一个子公司的应收账款。如果外汇交易成本和转移费用是 0.5%,则结算的总成本将达到 205 000 美元。利用表 22.9 中净额结算矩阵,Carlton 美国子公司的净额结算中心可以发出三笔支付命令即可完成整个债务的结算。Carlton 美国子公司向中国子公司汇款 3 000 000 美元,Carlton 德国子公司分别向中国子公司和巴西子公司汇款 100 万美元。总的外汇转移金额降至 500 万美元,交易成本也降至 25 000 美元。如图表 22.10 所示。

图表 22.10 使用净额结算之后的多边矩阵(千美元)

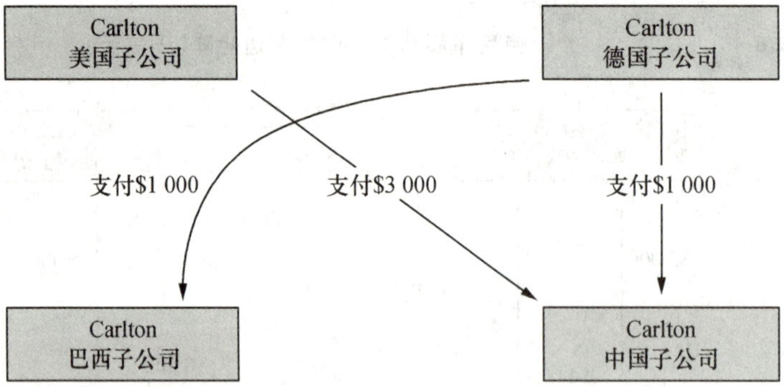

使用净额结算后,四个 Carlton 的姊妹公司之间只有三项净支付来解决所有的公司内部付款责任。

有些国家限制或禁止这种净额结算,还有些国家只允许在"总支付"的基础上进行净额结算。对于单个结算期,所有支付可以汇总成为单笔支付,所有收款也是一笔收到。然而支付和收款也可能不是净额结算,此时则必须经由当地的银行系统进行。

22.8 营运资本融资

在为营运资本需求融资时,跨国公司比国内公司拥有更多的银行资金来源选择。

跨国公司可以获得的银行资金来源包括由未汇回资金建立的内部银行、国际银行和子公司所在地的当地银行。本章的剩余部分将讲述内部银行和公司外部的商业银行部门。

22.8.1　内部银行

一些跨国公司常发现它们的资金来源和需求对它们经营所在地可得的金融服务来说太大或太复杂。解决这个问题的思路之一就是建立**内部银行**(in-house bank)。内部银行不是一个独立的公司,而是由现有财务部门运行的一个功能部门。作为一个独立实体,这个公司的中心财务部门在公平交易的基础上处理与公司的其他经营单位之间的交易。此外,内部银行还可能提供一些在许多国家都得不到的、成本较低的服务。除了传统的银行业务,内部银行也可能为公司的各单位提供有助于交易风险管理的服务。最后,由于业务是在内部进行,所以内部银行的决策就不包括信贷分析。

例如,Carlton 公司的内部银行可以为 Carlton 德国子公司和 Carlton 巴西子公司服务。在应收账款产生时,Carlton 巴西子公司就可以将所有应收账款出售给内部银行,从而降低了公司对国内营运资本的需求。额外的营运资本需求是由内部银行直接提供给 Carlton 巴西子公司的。由于内部银行是公司的一部分,它所收取的利率可能远低于 Carlton 巴西子公司自行借款的利率。内部银行的资金可能来自于 Carlton 德国子公司的超额现金余额存款。如果内部银行可以给 Carlton 欧洲子公司一个高于 Carlton 欧洲子公司在其他银行的存款利率,并且以一个低于 Carlton 巴西子公司在巴西能够得到的贷款利率给 Carlton 巴西子公司贷款,那么两个单位都将获益。假定贷款利率高于存款利率,内部银行的利润便是利差,但是这个利差一定小于商业银行的利差。

内部银行是如何以低于一般商业银行的利差经营的呢？第一,它的成本很低,因为它不用遵守施加于商业银行严格的资本金要求。第二,由于没有交易大厅、分支行网络、零售银行“店面”和其他商业银行用于提高竞争力所要提供的服务,内部银行也就无须承担巨额的日常开支成本(overhead cost)。第三,由于所有单位都在同一公司内部,内部银行无须评估与其交易的公司单位的信用状况。此外,内部银行还无须承担信贷损失。

除了提供融资便利,内部银行还可以提供更加有效的外汇风险管理。在 Carlton 巴西子公司的例子中,把用外币计价的应收账款出售给内部银行就是把外汇交易风险转移给了银行。内部银行能够更好地处理外汇风险。同时内部银行还拥有更大的国际现金流,这就使得 Carlton 美国子公司能更有效地使用净额结算和匹配货币,并从中获得好处。这就把公司的各个单位从交易风险的管理中解脱了出来,从而使得它们可以集中精力去处理其主要的业务活动。

22.8.2　商业银行部门

对于大部分的交易融资需求,跨国公司还是要依赖它们的商业银行的服务,比如信用证服务;除此之外,还有其提供各种咨询,如政府支持、国家风险的评估、国外公司和银行的介绍以及大体的融资可得性等。跨国公司是通过多种银行部门与银行接触,其中很多部门都可以提供专业化的服务。因此对于财务经理来说,了解银行各个部门都提供何种服务是非常重要的。跨国公司与这些银行接触的主要地点是代理行、代表处、分支行以及子银行。在美国,跨国公司还可以获得一个更加专业的银行服务设施:埃奇法公司。

代理行。世界上大多数的重要银行都会与国外的许多主要城市的当地银行保持代理银行关系。这种银行间双向的代理关系是通过传真、电报、信件以及相互存款关系来保持的。例如,一家美国银行在马来西亚的吉隆坡可能有一家代理行,那么反过来美国银行也是马来西亚银行的代理行。两家银行都在对方银行拥有一个当地货币的存款账户。

代理服务包括承兑汇票、保兑信用证以及提供信用信息。代理行的服务主要集中在由进出口贸易引起的国外资金的收付方面。然而,来访的商务人士可以通过母国银行的介绍面见当地的银行家。在代理行关系下,双方都不会在对方银行保有工作人员。双方的直接接触通常仅限于银行管理层之间的定期访问。

对于商人来说,拥有着大量国外代理行关系的本地银行的主要优势是可以通过各个国家的本地银行家处理该国的金融事务,这些银行家对本国的贸易习惯有着更深的了解。而劣势在于商人在母国银行的分支机构存款、借款、付款都比较麻烦。此外还有这样的可能性存在:在国外银行的客户和自己的长期客户之间,代理行可能会优先服务后者。

代表处。银行在国外设立代表处主要是为了帮助在该国家或在这个国家的邻国经营母国银行客户。另外代表处还可以带来地理位置上的便利。从代表处派人访问处在同一个区域的代理行就可以减少从母国银行指派银行家时产生的财务和实物成本。然而代表处不是银行分理处。它不能吸收存款、发放贷款、代表母国银行办理贷款业务、经营汇票、信用证或者欧洲货币业务。实际上,一个旅行者甚至不能凭母国银行开出的旅行支票在代表处取现。

如果母国银行最终决定在当地开一家银行分理处,那么前期代表处的经营通常可以带来有价值的关系基础和专业经验,以利于顺利转换为分理处。然而,在银行分理处成立之前并不一定要设立代表处,最终开设分理处并不能成为设立代表处的主要原因。

分支行。国外分支行是母国银行的合法运营部分且拥有母国银行的所有资源。分支行并没有自己的公司章程、董事会或者发行在外的股份。尽管出于管理和监督的目的,它会保留自己的账本,然而实际上它的资产负债都是母国银行的。然而,如果是美国的银行,分支行的存款既不受准备金要求的限制,也不要缴纳 FDIC(联邦存款保险公司)保险,除非这部分存款又重新贷给了美国的母国银行。

分支行受到两套银行规章的监管。作为母国银行的一部分,它们受到母国的监管。此外,它们还受到东道国的监管,东道国可以对它们的经营施加大量限制。

使用分支行的主要优势在于分支行可以以母国银行的名义和法律责任提供全套的银行服务。在分支行的存款也是其母国银行的法定债务。分支行对客户的服务是以客户关系的全球价值为基础的,而不是基于与当地部门的关系。法定贷款限制是母公司规模的函数而不是由分支行规模的决定。

从银行家的观点来看,国外分支行的利润必须立即在母国缴税,而亏损在国内则可抵免应税收入。如果一个新设立的银行机构在其建立后的几年预亏的话,那么把该机构以分支行的形式设立就可以带来税收方面的好处,即便银行的最终目的是要把它改制为一个独立的子银行也是如此。从组织的角度来看,相对于独立的法人子公司,国外分支行通常比独立的子银行更容易创立和配置人员。

分支行的主要劣势在于对银行本身而不是对客户而言。母国银行(不只是分支行)可能会因为分支行的贷款或其他活动而在当地被起诉。

子银行。子银行是经营一般银行业务的独立法人银行,它可以被国外母银行全部或部分所有。作为一个独立的公司,子银行必须遵守东道国的所有法律。它的贷款业务受限于自身股权资本,而不是母公司股权资本。这就限制了它为大的借款者服务的能力,此外,子银行对母国银行的负债也仅限于母国银行向子银行进行股权投资。

国外子银行通常被东道国的准客户视为当地银行,这样子银行通常能够吸引当地的存款。如果该银行在被国外母银行收购前是一家独立银行的话,那么这种可能性就更大了。另外,子银行管理者也可能是本地的,这就使得银行能更好地融入当地的业务圈。一个被国外母银行拥有的子银行比国外分支行能够更容易地融入其国内和国际业务中,后者对国外商业圈更加有吸引力,但在与本地企业发生业务关系时可能会遇到困难。

埃奇法公司。埃奇法公司是一些美国银行的子公司,设在美国,根据《联邦储备法》第25节的修订,可以从事国际银行和融资业务。这些子公司不仅能从事一般的国际银行业务,还可以为商业和工业融资,或者通过长期贷款和股权投资为国外工程项目融资。但这种股权的投资要受到美联储日常管理政策的制约。

埃奇法公司通常从事两类活动:(1) 直接国际银行业务,包括作为控股公司持有一家或多家国外子银行的股票;(2) 为与传统银行业务联系不那么紧密的发展活动融资。

小案例

Honeywell 和巴基斯坦国际航空公司

Honeywell 太空与航空电子设备集团(SAC)在1997年6月遭受重创。与巴基斯坦国际航空公司合作的驾驶舱更新计划已经谈判了七个月,上个周末对方却提出了一个新的要求——接受巴基斯坦卢比的付款。这与 Honeywell 的政策是不符的,但是如果不破例的话,价值23 700 000美元的交易就泡汤了。

巴基斯坦国际航空(PIA)

巴基斯坦国际航空公司(PIA)是巴基斯坦伊斯兰共和国的国家航空公司。PIA 成立于1954年,提供客运和货运服务。该公司57%的资产属于国有,剩下的43%由巴基斯坦国内私人投资者持有。PIA 的飞机正在老化。航空公司已有一项重要的现代化计划,但该计划被国际货币基金组织最近施加给巴基斯坦政府的开支限制扼杀了。随着飞机现代化计划的取消,PIA 如今不得不快速行动以保证符合美国联邦航空管理局(FAA)的安全规定。如果在 1998 年 6 月 30 日它还不能够符合 FAA 关于更安静的发动机和更新的航空电子设备的规定,那么 PIA 将被清扫出美国,而它在美国的业务是赢利颇丰的。PIA 首先将要翻新飞往美国的长途运输飞机设备,主要是波音 747 系列飞机。SAC 以自己对波音控制系统以及它最近为麦道飞机驾驶舱更新的丰富经验,认为它将是 PIA 的首选供应商。尽管如此,SAC 截至目前并没有承担过波音飞机驾驶舱更新的工作(没有哪个公司曾经做过这项工作),它把与 PIA 的此次合作视为建立新的竞争基础的机会。SAC 推测,PIA 以本币付款要挟,是为了向 SAC 和它的代理商 Makran 要求更多的让步。

Ibrahim Makran Pvt. 有限公司

在巴基斯坦这样的国家,使用代理商常被认为是必须的。代理商有助于两种企业文化间桥梁的建立并提供极其重要的信息,然而这些信息的提供是有成本的。Honeywell 的代理商 Makran 公司位于海得拉巴,该公司被认为是最值得信赖的且与巴基斯坦有良好关系的一家公司。Makran 的起源要追溯到 Sperry 航空和 Marine 集团,它们都是 Honeywell SAC 单位的前辈(Sperry 1986 年被并购)。Makran 也是巴基斯坦最大的进出口贸易商之一,并且是 100% 的家族控制和家族管理。

向代理商支付 10% 的佣金是航空电子设备业务领域的惯例,尽管佣金数量是可以商谈的。10% 的佣金是指最终销售额的 10%,并且是在所有的销售额付款都收到之后才支付。而正是代理商发现了这个商业机会并向 SAC 的营销部门提交了计划书。

当 PIA 与 Makran 联系有关其最终需求的事宜时,Makran 知道 SAC 希望用美元交易。因此 Makran 向本公司的财务部门询问了这种规模的交易中美元资金的可得性。财务部门确信他们有足够的美元资金向 SAC 付款,但是也警告这样做要收取 5% 的服务和货币风险费用。

Makran 向 SAC 提出建议说它可以多支付 5% 的费用来购买 SAC 的应收账款(除了 10% 的佣金外)。Makran 在洛杉矶的美国子公司可以对 SAC 开给 Makran 的发票提供一个 30 天的贷款。PIA 建议 Makran,如果 SAC 接受巴基斯坦卢比付款,那么交易就是用巴基斯坦当地适用的付款条款。这就意味着原则上有 180 天的付款期,而在实际中经常更长。代理商同样向 SAC 进言,巴基斯坦卢比将会再一次贬值。当被问及更多信息时,Makran 只回复说在与公司的主席 Ibrahim Makran 联系中。

巴基斯坦卢比

IMF 对巴基斯坦政府实施的严厉措施中一个关键内容便是巴基斯坦卢比在 1996 年 10 月 22 日对美元贬值 7.86%。大约六个月后,又有新的猜测认为下一轮贬值会很快到来,而贬值的目的是为了限制进口和帮助出口部门赚取急需的坚挺货币。欧盟将最近又一次的经济衰退归咎于巴基斯坦倾销棉花,并且已经对巴基斯坦的棉花征收反倾销税。这对巴基斯坦的出口部门是一个重大打击。目前巴基斯坦中央银行维持的汇率是 1 美元兑 40.4795 巴基斯坦卢比,而平行外汇市场汇率——**黑市汇率**——已经接近 1 美元兑 50 巴基斯坦卢比。目前还没有巴基斯坦卢比的远期市场。

Honeywell 的营运资本

Honeywell 的财务部门正试图降低净营运资本,并且已经决定要彻底检查现有的付款周期和全球内应收账款周转情况。公司财务部门的目标是在本财务年度将世界范围的 DSR 由 55 天降低到 45 天。本年绩效奖金(Honeywell 的年度绩效奖励系统)的目标就包括了净营运资本目标。公司组织内甚至有这样的考虑,即不管多么出色的销售增长,如果净营运资本的目标没有完成,便不能获得奖金。最近的 DSR 报告如下。

SCR 控制系统的地区平均应收账款天数

地区	实际值	目标值	金额
北美	44	40	$31.0 million
南美	129	70	$2.1 million
欧洲	55	45	$5.7 million
中东	93	60	$3.2 million
亚洲	75	55	$11.0 million
PIA	264	180	$0.7 million
波音公司	39	30	$41.0 million
麦道公司	35	30	$18.0 million
空中客车公司	70	45	$13.0 million

注:

1. 美国航空贸易公司误报了当地实际的付款条件。
2. 不同地区间的单个客户之间差异的区别非常大。
3. 假设了一些收款活动。特定的顾客被定期追踪。
4. 有争议的发票也被包括进来了。这部分的金额是针对所有的产品、服务和交易的。
5. 获得“有利”的定价的一个标准是 30 天的 DSR。10% 的折扣已足够,但这仅能激起大客户的兴趣。

Honeywell 的付款期限是收到发票之日起 30 天内。尽管如此,付款期限和惯例因国别和地区的不同会有很大的变化。付款期限一般不会公布(一些信贷评级机构给出的私人报告是例外)。Honeywell 过去并没有对客户施加苛刻的信贷条款。例如,合约和发票上都没有提出对延迟付款的惩罚。许多航空公司都按时付款,但也有些公司通过延迟付款的方式得到 Honeywell 成本低廉的融资。

PIA 的应收账款历史表明它们一向是延期付款。PIA 当前平均的 DSR 是 264 天。PIA 经常被收款部门列入黑名单,收款公司会强迫营销代表向代理人施压,而后者又会转向对 PIA 施压。Honeywell 非常看重本次交易,事实上它已经要求 PIA 确保能按时付款。Honeywell 的担心同样反映在合约中要求 20% 预付款的条款中。尽管 SCR 的营销部已经对 PIA 和代理人提出了很高的 DSR 比率,然而对当前交易的预期是,即使不是很糟糕也好不到哪里去。

拟定的合约中有一项正面条款是合约签署一年后才会发货。全额未偿付货款的发票也会在此时开出。如果 DSR 的改善预期得以实现,那么 PIA 交易上的 DSR 还可能降到在亚洲其他交易的一般水平。20%的预付款也可为前期工程的工作提供资金。

Honeywell 的全球财务总部与公司均位于在美国明尼苏达州的明尼阿波利斯。公司财务部门是一个利润中心,它对所有的销售收取1%的佣金。尽管如此,财务部还是将货币风险转移给了业务部门。如果国外子公司需要当地的货币,那么财务部将试着通过承兑以当地货币标价的应收账款来满足此需求。财务部已经建议 SAC,对于那些 Honeywell 有很少或没有业务活动的发展中国家,如巴基斯坦,上述措施只作为例外进行。给定延长的付款期限,全球财务部门也会根据现值来评估所有的交易,在评估中公司的资本成本被设定为12%。

谈判

Honeywell 推测本币付款的要求是因20%预付款条款而起。该项目被认为是 SAC 所承担的风险最大的项目之一,而20%的预付款有助于公司达到集团的 DSR 目标。部门的管理者每天都在盯着 DSR。该项目已经被强令得到集团的批准,因为它已经落到了最低的销售回报目标值以下了。SAC 的管理层还指望此次交易能使其达到年度销售目标,而这个交易现在似乎很悬。要想达到目标,SAC 就要马上行动了。

案例思考题

1. 估计可能产生的现金流,最终将收到的期望美元价值是多少?
2. 你认为 Makran 正在提供的服务值得吗(按成本计算)?
3. 如果你在领导 Honeywell SAC 小组商谈该笔交易,你会怎么做?

小结

- ◎ 跨国公司的营运资本管理要求公司在面临政治、外汇、税收和流动性约束的时候转移现金流、管理当前的资产和负债。
- ◎ 经营周期和现金周转周期可以分为五个阶段:报价、投入品采购、存货、应付账款、应收账款。
- ◎ 跨国公司将它们的资金转移拆分为有着特定目的的独立的现金流,而不是仅仅以红利的形式汇给母公司。
- ◎ 净营运资本(NWC)被定义成应收账款加上存货减去应付账款。
- ◎ 许多公司(包括跨国公司)都试图通过缩短公司的经营周期来最小化公司的净营运资本余额。
- ◎ 测试基准运营资本的一般方式是在日销售额的基础上计算并最小化公司的净营运资本余额。
- ◎ 公司的营运现金流入主要源于对独立客户和相关子公司的应收账款的回收。
- ◎ 自由贸易区是一个古老的概念——免税港和在贸易区内组织经营活动的零售商或制造商可以获得关税的减免的法律的结合。
- ◎ 跨国公司主要使用四项技术来降低跨国支付成本:电汇、现金池、净额支付、电子资金转移。
- ◎ 集中化的现金托管至少给跨国公司带来四大优势:获得信息、持有预防性现金余额、降低利息成本、将成本置于合意的金融中心。

◎ 多边净额结算被定义通过相互抵消而取消一个实体与另一个相关实体之间的全部或部分债务的过程。

◎ 在为营运资本需求融资时，相对于国内公司而言，跨国公司拥有更多的银行资金来源的选择。

◎ 跨国公司可以获得的银行资金来源包括用未汇回资金建立的内部银行、国际银行和子公司所在地的当地银行。

◎ 跨国公司可以获得服务的商业银行部门包括代理行、代表处、分支行、子银行，以及美国独有的埃奇法公司。

思考题

1. **对转移资金的约束。**下列每一个因素都有可能成为资金跨国自由流动的约束。为什么一国政府要施加这些约束呢？跨国公司的管理层将如何证明这种约束对实施约束政府并不是最有利的？
   a. 政府对资金流出该国作出的限制
   b. 对国外所有者的分红征收预扣税
   c. 双重货币制度，进出口税率相异
   d. 不允许境内的国外公司将现金流入和流出合并为单个支付
2. **拆分。**拆分意味着什么？为什么对于来自国外子公司的国际现金流需要拆分，而国内子公司和其母公司之间的国内现金流不需要拆分？
3. **渠道。**拆分从子公司流向母公司的现金流，解释下面的每一项是如何创造各自的现金流渠道的。每一项的税收结果是什么？
   a. 从母公司进口元件
   b. 用来弥补母公司管理层的日常开支成本的支付暂时被分配给子公司
   c. 使用专利技术的版权费支付
   d. 子公司从母公司获得的中长期借贷资金
   e. 给母公司的红利支付
4. **姊妹子公司。**在 Able 国的子公司 Alpha 面临着 40% 的所得税率。在 Baker 国的子公司 Beta 的所得税率仅为 20%。现在每个子公司从另一个子公司那里进口一定量的商品和服务，每个子公司进出口的价值都相等。公司的管理层使用平衡公司内贸易的方法降低所有的成本，包括外汇交易成本（买卖价差）。每个子公司都是有利可图的，它们都可以以近乎相同的价格在国内购买所有的部件，该价格原本是支付给它们的国外子兄弟公司的。对你来说这种情况是最优的情况吗？
5. **费用分配(A)。**许可证费用和版权费用的差别是什么？你认为许可证费用和版权费用被包括在转移定价的税收规则里吗？为什么？
6. **费用分配(B)。**管理费用、技术援助费用和许可证费用的差别是什么？以所得税征税，它们应该被区别对待吗？
7. **管理费用分摊。**美国国税局应该使用何种方法来判定公司的管理费用是否公平地分摊给了每个国外子公司？
8. **费用处理。**在拆分从子公司到母公司的现金流时，为什么东道国政府对待费用比对待红利要宽容许多，它们对子公司和母公司有什么不同？
9. **周期。**不论是国内公司还是跨国公司的营运周期都包含下列四个阶段：
   a. 报价阶段
   b. 投入品采购阶段
   c. 存货阶段
   d. 应收账款阶段

   解释每一个阶段的现金流出或现金流入是否与该阶段的开始和结束相关。
10. **应付账款阶段。**图表 22.1 显示应收账款

4. **Futebal do Brasil, S. A. 公司**。Futebal do Brasil, S. A. 公司从巴基斯坦供应商那里购买足球,并在阿根廷、巴西和智利销售。所有的营运都是通过全资控股子公司进行的。三个子公司已经提交了后续的日现金报告(所有金额以千美元计),巴西母公司就利用这些日现金报告进行现金管理。两个国外子公司都可以持有 $1 000 000 的现金余额过夜,剩余部分须汇到圣保罗的美元账户,除非收到巴西金融部门职员的指令。一般地,资金转移的成本不应今天转走明天又折回,而应该是两天移动一次,然后再修正,这才具有融资方面的优势。巴西总部将额外的超过 $5 000 000 的余额现金投资于美国货币市场工具,这些货币市场工具是通过公司巴西银行在迈阿密代理行购买的。预期的现金流如下(以千美元计):

	Companhia Futebal do 巴西	Compania Futbal de 阿根廷	Compania Futbal de 智利
日现金余额	$6 000	$5 000	$5 000
最低营运现金流余额需求	$5 000	$1 000	$1 000
预期收入(+)或支出(-)			
+1 天	+3 000	-2 000	+5 000
+2 天	-0-	+1 000	-3 000
+3 天	-5 000	-3 000	+2 000

制定一个有利的现金转移计划,该计划要与 Futebal do Brasil, S. A. 公司的总体政策相一致。

5. **Earth 科技公司**。Earth 可以公司在中国、西班牙、美国伊阿华州制造基础农业生产设备。每个子公司都对其他的子公司拥有月度未清算的应收或应付余额。截止到 12 月底,公司内部未清算的美元债务如下:

   Earth 中国:欠西班牙子公司 $8 000 000;欠伊阿华州母公司 $9 000 000;

   Earth 西班牙:欠中国子公司 $5 000 000:欠阿华州母公司 $6 000 000:

   Earth 伊阿华州:欠中国子公司 $4 000 000;欠西班牙子公司 $8 000 000。

   平均外汇交易价差为转移资金额的 0.4%。

   a. Earth 科技公司怎样通过净额结算清算公司内部的债务?相对于比非净额结算,公司可以节省多少交易费用?

   b. 在结清这些账户之前,Earth 科技公司决定在菲律宾苏比克湾的新自由工业区投资 $6 000 000 用于建造新的农业设备制造厂。这个决定应该怎样纳入结算过程?总的银行费用是多少?请解释。

6. **Crystal 出版公司**。Crystal 出版公司通过在几个国家的独立子公司在欧洲出版书籍。在欧洲出版市场上,Crystal 出版公司的现金流很不稳定。在任何一本书的写作和出版阶段都会产生现金流出,随着该书的销售发行,在接下来的几个月或几年内将产生现金流入。为了解决这种不平衡状况,Crystal 出版公司决定建立内部银行。

   四月初,Crystal 出版公司的内部银行吸收的存款的利率为 4.8%:

Crystal 德国	€ 200 000
Crystal 西班牙	€ 50 000
Crystal 英格兰	£ 120 000

   在四月初,Crystal 出版公司的内部银行的预付款(利率为 5.4%)如下:

Crystal 法国	€ 120 000
Crystal 意大利	€ 80 000
Crystal 希腊	€ 60 000

英镑兑欧元的汇率€1.6000/£ 。

a. 在四月份,Crystal 内部银行的净利息收入(管理费用支出之前的利息收入减去利息支出)是多少?

b. 如果 Crystal 的母公司对于内部银行的所有经营费用进行补贴,则内部银行在四月初能多贷款多少?

7. **Balanced 轮胎公司(A)**。Balanced 轮胎公司生产的汽车轮胎是通过邻国加拿大的全资销售子公司在美国零售的。该公司美国生产厂的年生产能力是 700 000 个轮胎,但是目前的产量仅为 450 000 个,其中 300 000 个在美国销售,150 000 个出口到加拿大。两国的联邦和州政府所得税率加起来分别都是 40%。

在美国本土,Balanced 轮胎公司卖给零售商的美元计价的轮胎售价等价于 80 加元,每个轮胎的税后利润为 10.8 加元,计算如下(用与美元等价的加元价格表示)。

直接劳动力成本包括工厂工人的小时工资成本,直接原材料成本就是在美国购买的原材料成本。制造管理费用是固定成本,包括监管和折旧。销售费用和管理费用是管理人员的工资、办公室费用和租金等固定支出。

Balanced 轮胎公司的美元利润计算

(单位:加元)

Balanced 轮胎公司的每件轮胎的美元销售价格	C$80.00
减 直接劳动成本	-20.00
减 直接原材料成本	-20.00
减 美国制造管理费用	-12.00
总制造成本	52.00
美国工厂利润	28.00
减 销售和管理费用	-10.00
每件轮胎的税前利润	18.00
减 美国 40% 的所得税	-7.20
每件轮胎在美国的税后利润	C$10.80

对加拿大的出口,Balanced 轮胎公司按照等价于 56 加元的美元转移价格卖给加拿大子公司,这是美国的制造成本 52 加元加上 4 加元的利润得到的。每只轮胎的运输和销售成本一共是 2.00 加元,轮胎被卖给加拿大零售商的售价是 80 加元,这是与美国价格等价的价格。这个价格是基于对加拿大的需求弹性分析得到的。

Balanced 轮胎公司

(单位:加元)

在加拿大的单位产品销售价格	C$85.00	C$80.00	C$75.00	C$70.00	C$65.00
减 进口	-56.00	-56.00	-56.00	-56.00	-56.00
减 运输	-2.00	-2.00	-2.00	-2.00	-2.00
单位产品税前利润	27.00	22.00	17.00	12.00	7.00
减 40% 的加拿大税收	-10.80	-8.80	-6.80	-4.80	-2.80
单位产品的税后利润	16.20	13.20	10.20	7.20	4.20
预期销售数量	×110 000	×150 000	×180 000	×250 000	×400 000
总利润(千加元)	1 782	1 980	1 836	1 800	1 680

在计算时,Balanced 轮胎公司认为产品在加拿大的单位需求仅是价格的函数。这样对于 Balanced 轮胎公司管理层来说,每只轮胎 80 加元的转让价格可以使加拿大子公司的利润最大,达到了 1 980 000 加元,这是显而易见的。Balanced 轮胎公司在加拿大的现行策略正确吗?

8. **Balanced 轮胎公司(B)**。假定 Balanced 轮胎公司想把销售利润在美国和加拿大之间平均分配,以避免与两国税收当局的摩擦。

a. 在加拿大,公司最终应该采用的转移价格和每单位轮胎的价格各是多少？

b. 如果加拿大的所得税率还是40%，而美国的税率降为25%，那么公司是否应采用一个新的转移价格？这将会涉及哪些政策问题？

9. **外科手术器具公司**。伊利诺伊州的外科手术器械公司想建立一套规范程序从韩国新开设的制造子公司向美国母公司转移资金。这套转移程序能避免与任何政府目标冲突，否则这种资金转移还要推迟到以后进行。韩国子公司制造外科手术器械是用于向亚洲国家出口。下列预期财务信息描述了第一年运营的期望结果：

销售额	Won 2 684 000 000
制造费用	1 342 000 000
折旧	335 500 000
税前利润	1 006 500 000
韩国 28% 的税收	281 820 000
税后利润	Won 724 680 000
汇率	Won 1 342/$
韩国所得税税率	28%
美国所得税税率	34%

比较下列两种方案的税收和收入方面的影响：

a. 宣布支付价值 36 340 000 韩元的红利，这个数额等于的税后利润 50%。该红利在缴纳了韩国的税收以后还要在美国交税。

b. 在费用中加上 36 340 000 韩元的许可证费用，并且每年汇出该款项。许可证费用在美国将按照全额征税。

10. **Adams 公司(A)**。Adams 公司(美国)是最近从 Pfizer 剥离出来的一个单位。Adams 公司拥有一系列有价值的消费者品牌，如 Listerine 和 Halls，该公司还持有 Adams 巴西子公司 100% 的股权。今年 Adams 巴西子公司的收入为 R$52 000 000，按现行汇率 R$2.60/$ 折算为 $20 000 000。汇率预期不会变化。现在 Adams 公司想将它在巴西收入的一半转移到美国，并考虑该笔汇款要以下面两种方式之一进行：(1) $10 000 000 的现金红利汇款；(2) $5 000 000 的红利加上 $5 000 000 版税汇款。巴西的所得税率是 15%，美国的是 30%。你建议采用何种方式汇款？为什么？

11. **Adams 公司(B)**。在卢拉领导下的巴西政府已经制定了一项新的税收政策，该政策旨在鼓励国外的跨国公司进入巴西，并且将利润在巴西再投资，而不是把利润抽走。假定所有的条件都与前一个问题相同，但是现在假定巴西已经制定了对红利、版权费，以及许可证费用汇款的预扣税，如下表。

汇款类型	预扣税率
红利	30%
版税	5%
许可证费用	5%

在将上述 $10 000 000 汇回 Adams(美国)时，你建议 Adams 公司采用何种方案？

网上练习

1. **营运资本管理**。许多主要的跨国银行都提供各种营运资本和跨国现金管理服务，本章也对此作了描述。利用这些跨国银行的网站，了解哪些银行提供了银行业务和外汇管理业务相结合的跨国现金管理服务。哪些银行通过地区或地理的服务中心提供了这些特别的服务？

Bank of America

http://www.bankamerica.com/corporate/

Bank of Montreal

http://www.bmo.com/cebssite/

2. **清算所协会**。纽约清算所协会之类的组织在几个世纪中都在国际金融体系中扮演了重要角色。利用下列网站准备两页执行简报，说明清算所在历史上和在当代金融中所扮演的角色。利用CHIPS的网站估计国际金融交易量。

New York Clearinghouse Association

http://www.theclearinghouse.org

Clearing House Interbank Payments System

http://www.chips.org

文献选读

Gentry, James A., Dileep R. Mehta, S. K. Bhattacharya, Robert Cobbaut, and Jean-Louis Scaringella, "An International Study of Management Perceptions of the Working Capital Process", *Journal of International Business Studies*, Spring-Summer 1979, pp. 28—38.

Houpt, James V., "International Trends for U. S. Banks and Banking Markets", Staff Study of the Board of Governors of the Federal Reserve System, No. 156, May 1988.

"International Working Capital Practices of the Fortune 200", *Financial Practice & Education*, Vol. 6, Issue 2 Fall/Winter 1996.

Laporta, R., Lopez-de-Silanes, A. Schleifer, and R. Vishny, "Agency Problems and Dividend Policies Around the World", *Journal of Finance*, No. 55, 2000, pp. 1—33.

Srinivasan, VenKat, Susan E. Moeller, and Young H. Kim, "International Cash Management: State-of-the-Art and Research Directions", *Advances in Financial Planning and Forecasting*, Vol. 4, Part B, 1990, pp. 161—194.

译后记

21 世纪最贵的是什么？是人才！中国要在 21 世纪继续充当世界经济的火车头，就必然会产生一大批在世界产业版图中占有较大份额的跨国公司。而通晓国际金融知识和跨国公司财务管理技能的人才，必然成为这些跨国公司争夺的焦点。因此，金融、财务以及企业管理专业的学生，要使自己能够在未来的就业竞争中拥有比较优势，就必须培养自己敏锐的国际眼光和卓越的管理才能。正是基于这一认识，当北京大学出版社张燕女士表示希望我能领衔翻译艾特曼等人合著的《跨国金融与财务》一书时，我毫不犹豫地应允了。

将本书书名译作《跨国金融与财务》，是我们译完全书后所作出的决定。此前的两个备选书名是《跨国公司财务》和《跨国金融管理》。翻译进行得越深入，我们就越觉得该书是一部跨国公司金融和财务管理的小百科全书，只有现在的书名才能涵盖其全部内容。本书的涉及面广，从国际金融环境、汇率与货币制度变迁、外汇与投资理论、跨国公司财务管理、跨国公司融资与避税等话题几乎无所不包。但更难得的是，作者并没有因为涉及面广而浅尝辄止，每一个重要话题都有深入的理论推演和案例讨论，是一本难得的教材。可以说，该书不仅可作为国际金融、跨国公司财务等本科课程的教科书，而且是一本非常优秀的 MBA 教材。作者行文深入浅出而又不失深度，取材视角独特而又兼顾不同背景。细读全书，相信你会与我们一样感慨于作者字里行间的独具匠心。而令译者欣喜的是，作者在很多章节中安排了与中国有关的案例解析，其中既体现了国际学术界对中国经济金融形势的关注(如人民币汇率改革的案例)，又能反映出中国企业的成长历程(如青岛啤酒的案例)。这也是我们对该书中译本的市场前景充满信心的一个重要因素。

本书还有一个显著的特点，就是时代感很强，同时表达形式多样。这首先表现在作者在每一版中所选择的案例都紧跟国际金融形势的发展变化。如本书中就及时反映了安然危机、人民币汇率改革等内容。另外，本书在教学素材的处理形式上，表现出极强的时代特色。不仅每章后面都有切合时代脉搏的思考题、练习题及文献目录；而且还设计了网上练习，就每一重要的主题，教会学生使用网络资源，独立解决数据、文献及学术问题。此外，本书还有配套的网络支持。这不仅使本书适用于自学，而且也使教师对教学素材具有很大的选择余地。这些独具匠心的设计使本书成为一本性价比极高的作品。也正是这些匠心,使本书出版到第11版仍然经久不衰。

本书可以作为"国际金融学"、"国际投资学"、"跨国公司财务管理"、"跨国风险管理"等课程的主要教科书,也可作为"外汇理论"、"外汇风险管理"、"跨国公司经营管理"等课程的辅助教科书。如果认真对待本书所提供的素材,我相信教师和学生都会有不菲的回报!

翻译此书是一项浩大的工作。我们组织了一个由贺学会、陈净、王海峰、梁志兵四人组成的团队共同完成此项工作,每人承担大约四分之一的篇幅。初稿完成后,由贺学会教授总撰和审校,直至最终定稿。在对初稿的审校过程中,除译者外,还有魏鹏辉、王小方、李孟来、黄犁岗、胡勇、牟晓鸣、刘婵等人做了大量的协助工作,王海峰负责处理了书中大部分图表。

当然,由于译者的知识背景和能力所限,虽然我们力求尽善尽美,但本书的翻译肯定存在不少缺陷。我们恳切地希望得到读者的批评指正。

贺学会

2008年12月

影印版教材可供书目

经济与金融经典入门教材 · 英文影印版

	书号	英文书名	中文书名	版次	编著者	定价
1	08961	Public Finance: A Contemporary Application of Theory to Policy	财政学:理论在政策中的当代应用	第 8 版	David N. Hyman/著	59.00 元
2	08132	Fundamentals of Investments: Valuation and Management	投资学基础:估值与管理	第 3 版	Charles J. Corrado 等/著	58.00 元
3	08126	Microeconomics for Today	今日微观经济学	第 3 版	Irvin Tucker/著	45.00 元
4	08125	Macroeconomics for Today	今日宏观经济学	第 3 版	Irvin Tucker/著	48.00 元

管理学经典入门教材 · 英文影印版

	书号	英文书名	中文书名	版次	编著者	定价
5	08128	Information Technology and Management	信息技术与管理	第 2 版	Ronald L. Thompson 等/著	45.00 元
6	08665	Marketing: An Introduction	营销学导论	第 1 版	Rosalind Masterson 等/著	45.00 元

经济学精选教材 · 英文影印版

	书号	英文书名	中文书名	版次	编著者	定价
7	12633	World Trade and Payments: An Introduction	国际贸易与国际收支	第 10 版	Richard E. Caves, Jeffrey A. Frankel 等/著	68.00 元
8	08130	Economics: Principles and Policy	经济学:原理与政策	第 9 版	William J. Baumol 等/著	79.00 元
9	08127	Microeconomic Theory: Basic Principles and Extensions	微观经济理论:基本原理与扩展	第 9 版	Walter Nicholson/著	59.00 元
10	09693	Macroeconomics: Theories and Policies	宏观经济学:理论与政策	第 8 版	Richard T. Froyen/著	48.00 元
11	14529	Econometrics: A Modern Introduction	计量经济学:现代方法(上)	第 1 版	Michael P. Murray/著	54.00 元
12	14530	Econometrics: A Modern Introduction	计量经济学:现代方法(下)	第 1 版	Michael P. Murray/著	41.00 元

管理学精选教材 · 英文影印版/双语注释版

	书号	英文书名	中文书名	版次	编著者	定价
13	23303	Communicating at Work: Principles and Practices for Business and the Professions	商务沟通:原理与实践(双语版)	第 10 版	Ronald B. Adler 等/著	65.00 元
14	22511	Management: Skills and Application	管理学:技能与应用(双语版)	第 13 版	Leslie W. Rue 等著	65.00 元
15	12091	Operations Management: Goods, Services and Value Chains	运营管理:产品、服务和价值链	第 2 版	David A. Collier 等/著	86.00 元
16	18239	Management Fundamentals: Concepts, Applications, Skill Development	管理学基础:概念、应用与技能提高	第 4 版	Robert N. Lussier/著	68.00 元
17	06380	E-Commerce Management: Text and Cases	电子商务管理:课文和案例	第 1 版	Sandeep Krishnamurthy/著	47.00 元

金融学精选教材 · 英文影印版/双语注释版

	书号	英文书名	中文书名	版次	编著者	定价
18	23025	International Corporate Finance	国际财务管理(双语版)	第 11 版	Jeff Madura/著	75.00 元
19	23024	Financial Markets and Institutions	金融市场和金融机构	第 10 版	Jeff Madura/著	79.00 元
20	21898	Money, Banking and Financial Markets	货币金融学(双语版)	第 3 版	Stephen G. Cecchetti/著	86.00 元
21	20606	International Financial Management	国际金融管理(双语版)	第 2 版	Michael B. Connolly/著	49.00 元
22	16314	Investments: Analysis and Behavior	投资学:分析与行为(双语版)	第 1 版	Mark Hirschey 等/著	68.00 元

23	12306	Fundamentals of Futures and Options Markets	期货与期权市场导论	第5版	John C. Hull/著	55.00元
24	12040	Financial Theory and Corporate Policy	金融理论与公司决策	第4版	Thomas E. Copeland 等/著	79.00元
25	09657	Bond Markets: Analysis and Strategies	债券市场:分析和策略	第5版	Frank J. Fabozzi/著	62.00元
26	09767	Takeovers, Restructuring and Corporate Governance	接管、重组与公司治理	第4版	J. Fred Weston 等/著	69.00元
27	13206	Management of Banking	银行管理	第6版	S. Scott MacDonald 等/著	66.00元
28	05965	Principles of Finance	金融学原理(含CD-ROM)	第2版	Scott Besley 等/著	82.00元
29	10916	Risk Management and Insurance	风险管理和保险	第12版	James S. Trieschmann 等/著	65.00元

会计学精选教材 · 英文影印版

	书号	英文书名	中文书名	版次	编著者	定价
30	17348	Advanced Accounting	高级会计学	第10版	Paul M. Fischer 等/著	79.00元
31	14752	Advanced Accounting	高级会计学	第9版	Joe Ben Hoyle 等/著	56.00元
32	17344	Management Decisions and Financial Accounting Reports	中级会计:管理决策与财务会计报告	第2版	Stephen P. Baginski 等/著	56.00元
33	13200	Financial Accounting: Concepts & Applications	财务会计:概念与应用	第10版	W. Steve Albrecht 等/著	75.00元
34	13201	Management Accounting: Concepts & Applications	管理会计:概念与应用	第10版	W. Steve Albrecht 等/著	55.00元
35	13202	Financial Accounting: A Reporting and Analysis Perspective	财务会计:报告与分析	第7版	Earl K. Stice 等/著	85.00元
36	12309	Financial Statement Analysis and Security Valuation	财务报表分析与证券价值评估	第3版	Stephen H. Penman/著	69.00元
37	12310	Accounting for Decision Making and Control	决策与控制会计	第5版	Jerold L. Zimmerman/著	69.00元
38	05416	International Accounting	国际会计学	第4版	Frederick D. S. Choi 等/著	50.00元
39	14536	Managerial Accounting	管理会计	第8版	Don R. Hansen 等/著	79.00元

营销学精选教材 · 英文影印版/(双语注释版)

	书号	英文书名	中文书名	版次	编著者	定价
40	23015	Essentials of Marketing Management	营销管理精要(双语版)	第1版	Greg W. Marshall/著	56.00元
41	20285	Marketing for China's Managers: Current and Future	市场营销学	第2版	Noel Capon 等/著	56.00元
42	16713	Consumer Behavior	消费者行为	第5版	Wayne D. Hoyer 等/著	64.00元
43	13205	Services Marketing: Concepts, Strategies, & Cases	服务营销精要:概念、战略与案例	第3版	K. Douglas Hoffman 等/著	63.00元
44	13203	Basic Marketing Research	营销调研基础	第6版	Gilbert A. Churchill, Jr. 等/著	66.00元
45	12305	Selling Today: Creating Customer Value	销售学:创造顾客价值	第10版	Gerald L. Manning, Barry L. Reece/著	52.00元
46	11213	Analysis for Marketing Planning	营销策划分析	第6版	Donald R. Lehmann 等/著	32.00元
47	09654	Market-based Management: Strategies for Growing Customer Value and Profitability	营销管理:提升顾客价值和利润增长的战略	第4版	Roger J. Best/著	48.00元
48	09655	Customer Equity Management	顾客资产管理	第1版	Roland T. Rust 等/著	55.00元
49	09662	Business Market Management: Understanding, Creating and Delivering Value	组织市场管理:理解、创造和传递价值	第2版	James C. Anderson 等/著	45.00元
50	10013	Marketing Strategy: A Decision Focused Approach	营销战略:以决策为导向的方法	第5版	Orville C. Walker, Jr. 等/著	38.00元
51	10983	Principles of Marketing	市场营销学	第12版	Louis E. Boone 等/著	66.00元

52	11108	Advertising, Promotion, & Supplemental Aspects of Integrated Marketing Communication	整合营销传播：广告、促销与拓展	第7版	Terence A. Shimp/著	62.00元
53	11251	Sales Management: Analysis and Decision Making	销售管理：分析与决策	第6版	Thomas N. Ingram 等/著	42.00元
54	11212	Marketing Research: Methodological Foundations	营销调研：方法论基础	第9版	Gilbert A. Churchill, Jr. 等/著	68.00元

人力资源管理精选教材 · 英文影印版

	书号	英文书名	中文书名	版次	编著者	定价
55	08536	Human Relations in Organizations: Applications and Skill Building	组织中的人际关系：技能与应用	第6版	Robert N. Lussier/著	58.00元
56	08131	Managerial Communication: Strategies and Applications	管理沟通：策略与应用	第3版	Geraldine E. Hynes/著	38.00元
57	07408	Human Resource Management	人力资源管理	第10版	Robert L. Mathis 等/著	60.00元
58	07407	Organizational Behavior	组织行为学	第10版	Don Hellriegel 等/著	48.00元

国际商务精选教材 · 英文影印版

	书号	英文书名	中文书名	版次	编著者	定价
59	14176	International Business	国际商务	第4版	John J. Wild 等/著	49.00元
60	12886	International Marketing	国际营销	第8版	Michael R. Czinkota 等/著	65.00元
61	06522	Fundamentals of International Business	国际商务基础	第1版	Michael R. Czinkota 等/著	45.00元
62	11674	International Economics: A Policy Approach	国际经济学：一种政策方法	第10版	Mordechai E. Kreinin/著	38.00元
63	06521	International Accounting: A User Perspective	国际会计：使用者视角	第2版	Shahrokh M. Saudagaran/著	26.00元

MBA 精选教材 · 英文影印版

	书号	英文书名	中文书名	版次	编著者	定价
64	12838	Quantitative Analysis for Management	面向管理的数量分析	第9版	Barry Render 等/著	65.00元
65	18426	The Economics of Money, Banking, and Financial Markets	货币、银行和金融市场经济学	第8版	Frederic S. Mishkin/著	85.00元
66	11221	Analysis for Financial Management	财务管理分析	第8版	Robert C. Higgins/著	42.00元
67	21243	A Framework for Marketing Management	营销管理架构	第4版	Philip Kotler/著	49.00元
68	14216	Excellence in Business Communication	卓越的商务沟通	第7版	John V. Thill 等/著	73.00元
69	20916	Understanding Financial Statements	财务报表解析	第9版	Lyn M. Fraser 等/著	38.00元
70	10620	Principles of Operations Management	运作管理原理	第6版	Jay Heizer 等/著	72.00元
71	21546	Introduction to Financial Accounting	财务会计	第10版	Charles T. Horngren 等/著	79.00元
72	21781	Introduction to Management Accounting	管理会计	第15版	Charles T. Horngren 等/著	89.00元
73	11451	Management Communication: A Case-Analysis Approach	管理沟通：案例分析法	第2版	James S. O'Rourke/著	39.00元
74	10614	Management Information Systems	管理信息系统	第9版	Raymond McLeod 等/著	45.00元
75	10615	Fundamentals of Management	管理学基础：核心概念与应用	第4版	Stephen P. Robbins 等/著	49.00元
76	10874	Understanding and Managing Organizational Behavior	组织行为学	第4版	Jennifer M. George 等/著	65.00元
77	15177	Essentials of Entrepreneurship and Small Business Management	小企业管理与企业家精神精要	第5版	Thomas W. Zimmerer 等/著	68.00元
78	11224	Business	商务学	第7版	Ricky W. Griffin 等/著	68.00元
79	11452	Strategy and the Business Landscape: Core Concepts	战略管理	第2版	Pankaj Ghemawat/著	18.00元

80	13817	Managing Human Resources	人力资源管理	第5版	Luis R. Gomez-Mejia 等/著	60.00 元
81	09663	Financial Statement Analysis	财务报表分析	第8版	John J. Wild 等/著	56.00 元

经济学前沿影印丛书

	书号	英文书名	中文书名	版次	编著者	定价
82	09218	Analysis of Panel Data	面板数据分析	第2版	Cheng Hsiao/著	48.00 元
83	09236	Economics, Value and Organization	经济学、价值和组织	第1版	Avner Ben-Ner 等/著	59.00 元
84	09217	A Companion to Theoretical Econometrics	理论计量经济学精粹	第1版	Badi H. Baltagi/著	79.00 元
85	09680	Financial Derivatives: Pricing, Applications, and Mathematics	金融衍生工具:定价、应用与数学	第1版	Jamil Baz 等/著	45.00 元

翻译版教材可供书目

重点推荐

	书号	英文书名	中文书名	版次	编著者	定价
1	06693	The World Economy: A Millennial Perspective	世界经济千年史	第1版	安格斯·麦迪森(Angus Maddison)/著	58.00 元
2	14751	The World Economy: Historical Statistics	世界经济千年统计	第1版	安格斯·麦迪森(Angus Maddison)/著	45.00 元
3	14749	A Monetary History of The United States, 1867—1960	美国货币史(1867—1960)	第1版	米尔顿·弗里德曼(Milton Friedman)等/著	78.00 元
4	18236	American Economic History	美国经济史	第7版	Jonathan Hughes 等/著	89.00 元
5	10004	Fundamental Methods of Mathematical Economics	数理经济学的基本方法	第4版	蒋中一(Alpha C. Chiang)等/著	52.00 元
6	08088	Essentials of Economics	经济学基础	第6版	曼昆(N. Gregory Mankiw)/著	68.00 元
7	20828	Principles of Economics	经济学原理(微观经济学分册)	第6版	曼昆(N. Gregory Mankiw)/著	64.00 元
8	20827	Principles of Economics	经济学原理(宏观经济学分册)	第6版	曼昆(N. Gregory Mankiw)/著	52.00 元
9	20647	Study Guide for Principles of Economics	曼昆《经济学原理》学习指南	第6版	大卫·R.哈克斯(David R. Hakes)/著	58.00 元

经济与金融经典入门教材译丛

	书号	英文书名	中文书名	版次	编著者	定价
10	11274	Fundamentals of Investments: Valuation and Management	投资学基础:估值与管理	第3版	Charles J. Corrado 等/著	76.00 元
11	09320	Public Finance: A Contemporary Application of Theory to Policy	财政学:理论在政策中的当代应用	第8版	David N. Hyman/著	78.00 元
12	09847	Microeconomics for Today	今日微观经济学	第3版	Irvin Tucker/著	58.00 元
13	09750	Macroeconomics for Today	今日宏观经济学	第3版	Irvin Tucker/著	66.00 元

管理学经典入门教材译丛

	书号	英文书名	中文书名	版次	编著者	定价
14	10006	Marketing: An Introduction	营销学导论	第1版	Rosalind Masterson 等/著	58.00 元
15	10003	Information Technology and Management	信息技术与管理	第2版	Ronald L. Thompson 等/著	68.00 元

经济学精选教材译丛

	书号	英文书名	中文书名	版次	编著者	定价
16	23322	Introduction to Spatial Econometrics	空间计量经济导论	第1版	James Lesage 等/著	45.00 元
17	15917	Microeconomics	微观经济学	第1版	B. Douglas Bernheim 等/著	89.00 元
18	13812	Macroeconomics: Theories and Policies	宏观经济学:理论与政策	第8版	Richard T. Froyen/著	49.00 元

19	13815	World Trade and Payments: An Introduction	国际贸易与国际收支	第 10 版	Richard E. Caves 等/著	69.00 元
20	13814	Macroeconomics	宏观经济学	第 2 版	Roger E. A. Farmer/著	46.00 元
21	12289	Microeconomic Theory: Basic Principles and Extensions	微观经济理论:基本原理与扩展	第 9 版	Walter Nicholson/著	75.00 元
22	11222	Economics: Principles and Policy	经济学:原理与政策(上、下册)	第 9 版	William J. Baumol 等/著	96.00 元
23	10992	The History of Economic Thought	经济思想史	第 7 版	Stanley L. Brue 等/著	59.00 元
24	13800	Urban Economics	城市经济学	第 6 版	Arthur O'Sullivan/著	49.00 元

管理学精选教材译丛

	书号	英文书名	中文书名	版次	编著者	定价
25	22968	Management: Skills and Application	管理学:技能与应用	第 13 版	Leslie W. Rue 等/著	69.00 元
26	14519	Operations Management: Goods, Services and Value Chains	运营管理:产品、服务和价值链	第 2 版	David A. Collier 等/著	79.00 元
27	11210	Strategic Management of E-business	电子商务战略管理	第 2 版	Stephen Chen/著	39.00 元
28	10005	Management Fundamentals: Concepts, Applications, Skill Development	管理学基础:概念、应用与技能提高	第 4 版	Robert N. Lussier/著	82.00 元
29	16772	Applied Multivariate Statistical Analysis	应用多元统计分析	第 2 版	Wolfgang Härdel 等/著	65.00 元

会计学精选教材译丛

	书号	英文书名	中文书名	版次	编著者	定价
30	23159	Auditing Cases: An Interactive Learning Approach	审计案例:一种互动学习方法	第 5 版	Mark S. Beasley 等/著	54.00 元
31	14531	Fundamentals of Financial Accounting	财务会计学原理	第 2 版	Fred Phillips 等/著	82.00 元
32	14532	Managerial Accounting	管理会计	第 8 版	Don R. Hansen 等/著	99.00 元
33	16780	Introduction to Management Accounting	管理会计	第 14 版	Charles T. Horngren 等/著	99.00 元
34	20091	Advanced Accounting	高级会计学	第 9 版	Joe B. Hoyle 等/著	66.00 元

金融学精选教材译丛

	书号	英文书名	中文书名	版次	编著者	定价
35	23074	Corporate Finance: A Focused Approach	公司金融:理论及实务精要	第 4 版	Michael C. Ehrhardt 等/著	89.00 元
36	16298	International Corporate Finance	国际财务管理	第 9 版	Jeff Madura/著	82.00 元
37	13806	Principles of Finance	金融学原理	第 3 版	Scott Besley 等/著	69.00 元
38	12317	Management of Banking	银行管理	第 6 版	S. Scott MacDonald 等/著	78.00 元
39	12316	Multinational Business Finance	跨国金融与财务	第 11 版	David K. Eiteman 等/著	78.00 元
40	10007	Capital Budgeting and Long-Term Financing Decisions	资本预算与长期融资决策	第 3 版	Neil Seitz 等/著	79.00 元
41	10609	Money, Banking, and Financial Markets	货币、银行与金融市场	第 1 版	Stephen G. Cecchetti/著	75.00 元
42	11463	Bond Markets, Analysis and Strategies	债券市场:分析和策略	第 5 版	Frank J. Fabozzi/著	76.00 元
43	10624	Fundamentals of Futures and Options Markets	期货与期权市场导论	第 5 版	John C. Hull/著	62.00 元
44	09768	Takeovers, Restructuring and Corporate Governance	接管、重组与公司治理	第 4 版	J. Fred Weston 等/著	79.00 元

营销学精选教材译丛

	书号	英文书名	中文书名	版次	编著者	定价
45	19303	Consumer Behavior	消费者行为	第 5 版	Wayne D. Hoyer 等/著	79.00 元
46	13808	Basic Marketing Research	营销调研基础	第 6 版	Gilbert A. Churchill, Jr. 等/著	78.00 元
47	12301	Principles of Marketing	市场营销学	第 12 版	Dave L. Kurtz 等/著	65.00 元

48	15716	Selling Today: Creating Customer Value	销售学:创造顾客价值	第 10 版	Gerald L. Manning/著	62.00 元
49	13795	Analysis for Marketing Planning	营销策划分析	第 6 版	Donald R. Lehmann/著	35.00 元
50	13811	Services Marketing: Concepts, Strategies, & Cases	服务营销精要:概念、战略与案例	第 2 版	K. Douglas Hoffman 等/著	68.00 元
51	12312	Customer Equity Management	顾客资产管理	第 1 版	Roland T. Rust 等/著	65.00 元
52	16316	Marketing Research: Methodological Foundations	营销调研:方法论基础	第 9 版	Gilbert A. Churchill, Jr. 等/著	62.00 元
53	11229	Market-based Management: Strategies for Growing Customer Value and Profitability	营销管理:提升顾客价值和利润增长的战略	第 4 版	Roger J. Best/著	58.00 元
54	10010	Marketing Strategy: A Decision-Focused Approach	营销战略:以决策为导向的方法	第 5 版	Orville C. Walker, Jr. 等/著	49.00 元
55	11226	Business Market Management: Undertstanding, Creating and Delivering Value	组织市场管理:理解、创造和传递价值	第 2 版	James C. Anderson 等/著	52.00 元

人力资源管理精选教材译丛

	书号	英文书名	中文书名	版次	编著者	定价
56	16619	Human Relations in Organizations: Applications and Skill Building	组织中的人际关系:技能与应用	第 6 版	Robert N. Lussier/著	75.00 元
57	10276	Human Resource Management	人力资源管理	第 10 版	Robert L. Mathis/著	68.00 元
58	15982	Fundamentals of Organizational Behavior	组织行为学	第 11 版	Don Hellriegel 等/著	56.00 元
59	09274	Managerial Communication: Strategies and Applications	管理沟通:策略与应用	第 3 版	Geraldine E. Hynes/著	45.00 元
60	10275	Supervision: Key Link to Productivity	员工监管:提高生产力的有效途径	第 8 版	Leslie W. Rue 等/著	59.00 元

国际商务精选教材译丛

	书号	英文书名	中文书名	版次	编著者	定价
61	16334	International Economics: A Policy Approach	国际经济学:政策视角	第 10 版	Mordechai E. Kreinin/著	45.00 元
62	14525	International Business	国际商务	第 4 版	John J. Wild 等/著	62.00 元
63	10001	Fundamentals of International Business	国际商务基础	第 1 版	Michael R. Czinkota 等/著	58.00 元

全美最新工商管理权威教材译丛

	书号	英文书名	中文书名	版次	编著者	定价
64	19036	Managing Human Resources	人力资源管理	第 5 版	Luis R. Gomez-Mejia 等/著	79.00 元
65	18646	Contemporary Business Statistics with Microsoft Excel	基于 Excel 的商务与经济统计	第 1 版	Thomas A. Williams 等/著	76.00 元
66	16318	Essentials of Managerial Finance	财务管理精要	第 14 版	John V. Thill 等/著	88.00 元
67	16319	Understanding and Managing Organizational Behavior	组织行为学	第 5 版	Jennifer M. George 等/著	75.00 元
68	13810	Crafting and Executing Strategy: Concepts and Cases	战略管理:概念与案例	第 14 版	Arthur A. Thompson 等/著	48.00 元
69	14518	Management Communication: A Case-Analysis Approach	管理沟通:案例分析法	第 3 版	James S. O'Rourke/著	44.00 元
70	16549	Quantitative Analysis for Management	面向管理的数量分析	第 9 版	Barry Render 等/著	85.00 元
71	13790	Case Problems in Finance	财务案例	第 12 版	W. Carl Kester 等/著	88.00 元
72	13807	Analysis for Financial Management	财务管理分析	第 8 版	Robert C. Higgins/著	42.00 元
73	22456	Understanding Financial Statements	财务报表解析	第 9 版	Lyn M. Fraser 等/著	36.00 元
74	13809	Strategy and the Business Landscape	战略管理	第 2 版	Pankaj Ghemawat/著	25.00 元
75	16171	Principles of Operations Management	运作管理原理	第 6 版	Jay Heizer 等/著	86.00 元
76	13500	Managerial Economics	管理经济学	第 3 版	方博亮、武常岐、孟昭莉/著	80.00 元

77	16011	Managerial Economics: A Problem Solving Appreach	管理经济学：一种问题解决方式	第 1 版	Luke M. Froeb 等/著	35.00 元
78	11609	Management: The New Competitive Landscape	管理学:新竞争格局	第 6 版	Thomas S. Bateman 等/著	76.00 元
79	09690	Product Management	产品管理	第 4 版	Donald R. Lehmann 等/著	58.00 元
80	12885	Entrepreneurial Small Business	小企业创业管理	第 1 版	Jerome A. Katz 等/著	86.00 元
81	16780	Introduction to Management Accounting	管理会计	第 14 版	Charles T. Horngren 等/著	99.00 元

经济与管理经典教材译丛

	书号	英文书名	中文书名	版次	编著者	定价
82	06415	Business Economics	企业经济学	第 2 版	Maria Moschandreas/著	47.00 元
83	08651	International Finance	国际金融	第 2 版	Ephraim Clark/著	68.00 元
84	07048	Fundamentals of Investment Appraisal	投资评估基础	第 1 版	Steve Lumby 等/著	28.00 元
85	07047	Electronic Commerce and the Revolution in Financial Markets	金融市场中的电子商务与革新	第 1 版	Ming Fan 等/著	36.00 元
86	06455	Management Accounting	管理会计	第 3 版	Robert S. Kaplan 等/著	52.00 元
87	08101	International Accounting: A User Perspective	国际会计：使用者视角	第 2 版	Shahrokh M. Saudagaran/著	32.00 元
88	08323	E-Commerce Management: Text and Cases	电子商务管理：课文和案例	第 1 版	Sandeep Krishnamurthy/著	45.00 元

增长与发展经济学译丛

	书号	英文书名	中文书名	版次	编著者	定价
89	05742	Introduction to Economic Growth	经济增长导论	第 1 版	Charles I. Jones/著	28.00 元
90	05744	Development Microeconomics	发展微观经济学	第 1 版	Pranab Bardhan 等/著	35.00 元
91	05743	Development Economics	发展经济学	第 1 版	Debraj Rag/著	79.00 元
92	06905	Endogenous Growth Theory	内生增长理论	第 1 版	Philippe Aghion 等/著	75.00 元

国际经典教材中国版系列

	书号	英文书名	中文书名	版次	编著者	定价
93	23120	Financial Statement Analysis and Security Valuation	财务报表分析与证券定价	第 3 版	Stephen H. Penman,林小驰,王立彦/著	85.00 元
94	22803	Integrated Marketing Communication in Advertising and Promotion	整合营销传播:广告与促销	第 8 版	Terence A. Shimp,张红霞/著	82.00 元
95	19263	Public Finance: A Contemporary Application of Theory to U. S. and Chinese Practice	财政学:理论在当代美国和中国的实践应用	第 9 版	David N. Hyman,张进昌/著	69.00 元
96	14516	Investments: Analysis and Behavior	投资学:分析与行为	第 1 版	Mark Hirschey, John Nofsinger,林海/著	58.00 元
97	11227	International Financial Management	国际金融管理	第 1 版	Michael B. Connolly,杨胜刚/著	38.00 元

其 他 教 材

	书号	英文书名	中文书名	版次	编著者	定价
98	21378	International and Comparative Employment Relations	国际与比较雇佣关系	第 5 版	Greg Bamber,赵曙明等/编	59.00 元

PEARSON

北京培生信息中心
北京东城区北三环东路 36 号
北京环球贸易中心 D 座 1208 室
邮政编码：100013
电话：(8610)57355175
传真：(8610)58257961

北京大学出版社
经济与管理图书事业部
北京市海淀区成府路 205 号 100871
联系人：徐 冰 张 燕
电话：010-62767312 / 62767348
传真：010-62556201
Q Q：552063295

尊敬的老师：

您好！

为了确保您及时有效地申请教辅资源，请您务必完整填写如下教辅申请表，加盖学院的公章后传真给我们，我们将会为您开通属于您个人的唯一账号以供您下载与教材配套的教师资源。

请填写所需教辅的开课信息：

采用教材			□中文版 □英文版 □双语版
作　　者		出版社	
版　　次		ISBN	
课程时间	始于　　年　月　日	学生人数	
	止于　　年　月　日	学生年级	□专科　□本科 1/2 年级 □研究生　□本科 3/4 年级

请填写您的个人信息：

学　　校			
院系/专业			
姓　　名		职　　称	□助教 □讲师 □副教授 □教授
通信地址/邮编			
手　　机		电　　话	
传　　真			
official email (eg:XXX@crup.edu.cn)		email (eg:XXX@163.com)	
是否愿意接受我们定期的新书讯息通知：	□是　□否		

系 / 院主任：________________ （签字）

（系 / 院办公室章）

____年____月____日

Please send this form to: **em@pup.cn 或 Service.CN@pearson.com**
Website: www.pearsonhighered.com/educator